瀋陽年鑑

SHENYANG YEARBOOK

（总第二十六卷）

2010

沈阳市统计局 编

中国统计出版社
China Statistics Press

(京)新登字 041 号

图书在版编目(CIP)数据

沈阳年鉴. 2010 / 沈阳市统计局编 . —北京: 中国统计出版社, 2010 . 8
ISBN 978-7-5037-6048-8

Ⅰ. ①沈… Ⅱ. ①沈… Ⅲ. ①沈阳市—2010—年鉴
Ⅳ. ①Z523.11

中国版本图书馆 CIP 数据核字(2010)第 164916 号

沈阳年鉴—2010

作　　者 / 沈阳市统计局
责任编辑 / 佘竞雄
责任校对 / 梁家平　阎　力
出版发行 / 中国统计出版社
通信地址 / 北京市丰台区西三环南路甲 6 号　中国统计出版社
邮　　编 / 100073
电　　话 / (010)63376907
E-mail / yearbook@gj.stats.cn
印　　刷 / 辽宁省统计局印刷厂
经　　销 / 新华书店
开　　本 / 890×1240 毫米　1/16
字　　数 / 1300 千字
印　　张 / 37.375
印　　数 / 1000 册
版　　别 / 2010 年 8 月第 1 版
版　　次 / 2010 年 8 月第 1 次印刷
书　　号 / ISBN 978-7-5037-6048-8/Z·36
定　　价 / 200.00 元

1949
2009

1949-2009

浇水

南湖桥改造施工

三星地块绿地

机场路通车

于洪区环卫局铲车在迎宾路作业

夜幕下的三好桥

五里河公园全景

城市浪花

科普公园

沈阳站站台

地铁

中街站站台

建设

2009年3月30日，沈阳地铁一号线铁西广场以西左线轨通，提前实现节点工期目标

地铁

沈阳地铁首列组装车上马镫

列车试跑

二号线展览馆工程

建设

车站出入口

二号线松山路站隧道二衬施工

沈阳数字

2009

国土面积	12881	平方公里
户籍人口	716.5	万人
地区生产总值	4268.5	亿元
第一产业增加值	207.1	亿元
第二产业增加值	2127.4	亿元
第三产业增加值	1934.0	亿元
地方财政一般预算收入	320.2	亿元
地方财政一般预算支出	475.9	亿元
全社会固定资产投资额	3676.0	亿元
社会消费品零售总额	1778.6	亿元
外贸进出口总额	657028	万美元
新签利用外资项目	710	个
实际利用外资额	541039	万美元
接待国际旅游者	49.6	万人次
城市居民人均可支配收入	18475	元
农村居民人均纯收入	8753	元
城市居民人均住房建筑面积	30.91	平方米
城镇非私营单位在岗职工平均工资	38576	元／人

地区生产总值及增长情况

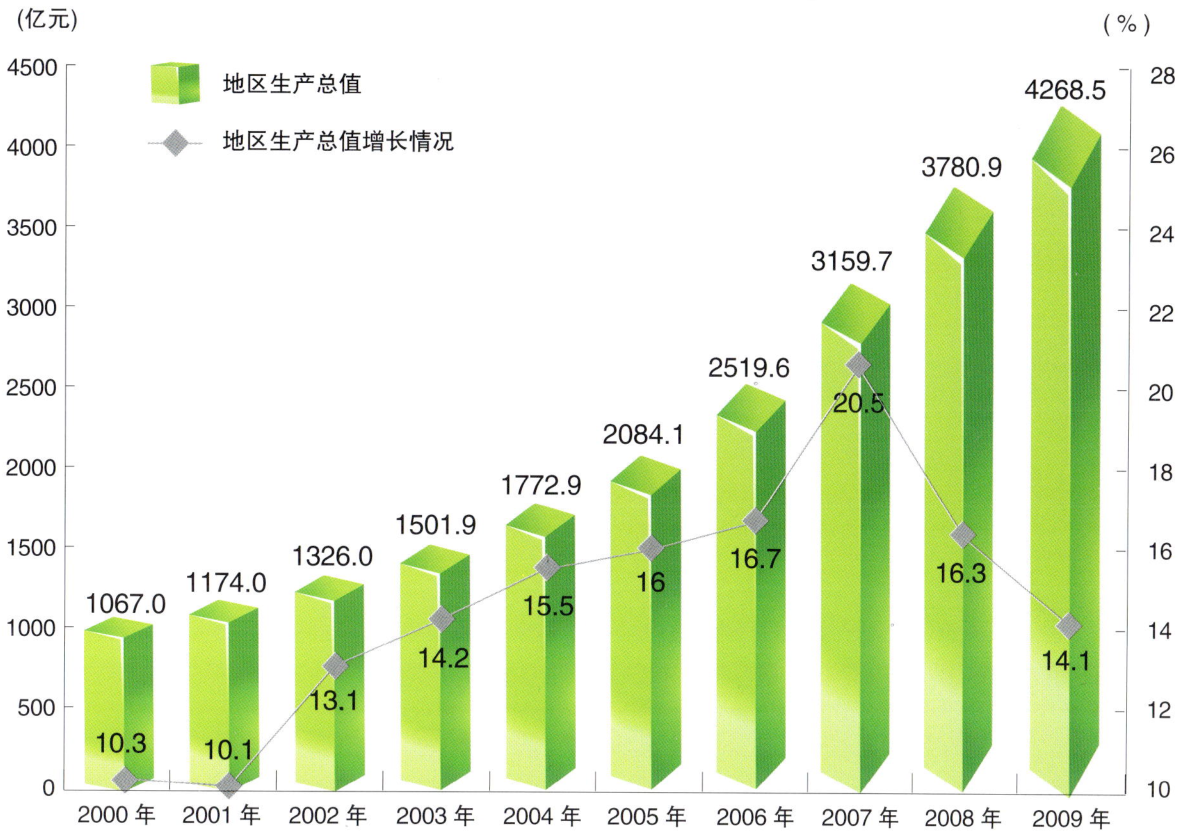

规模以上工业企业增加值及增长情况

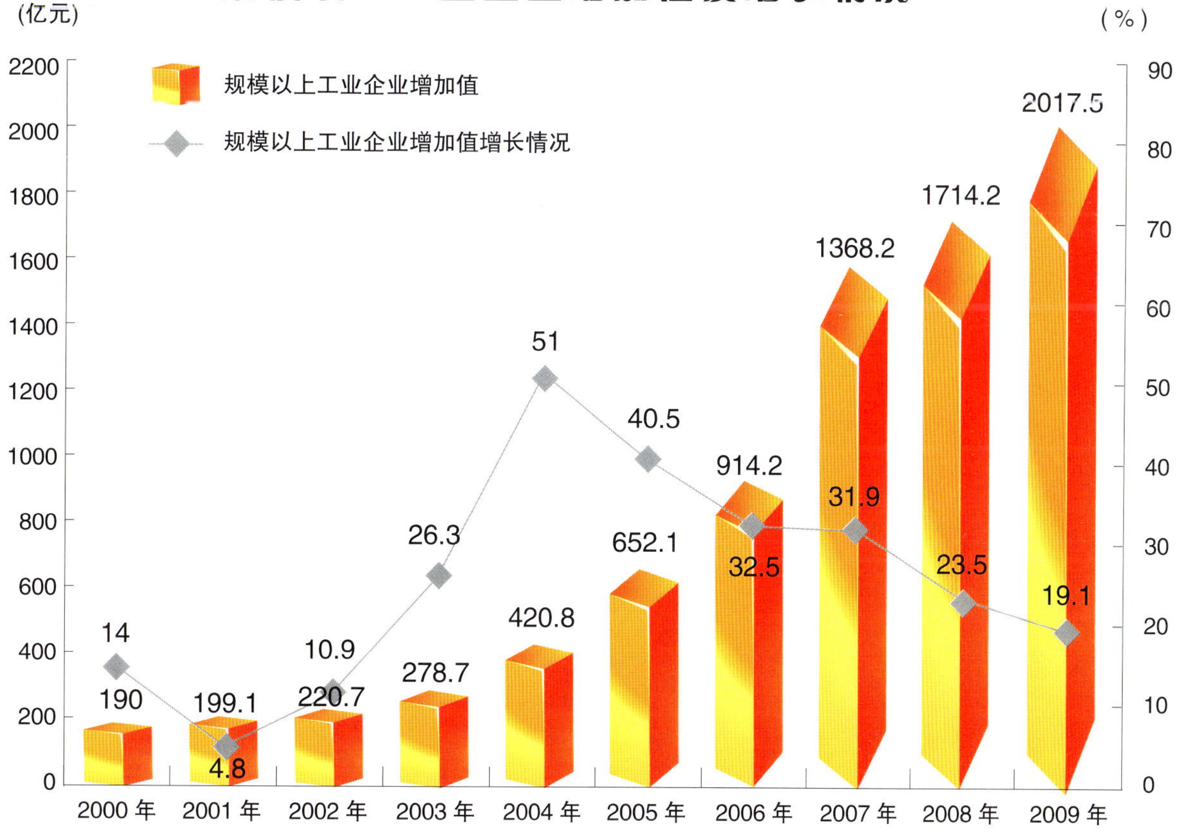

第三产业增加值及增长情况

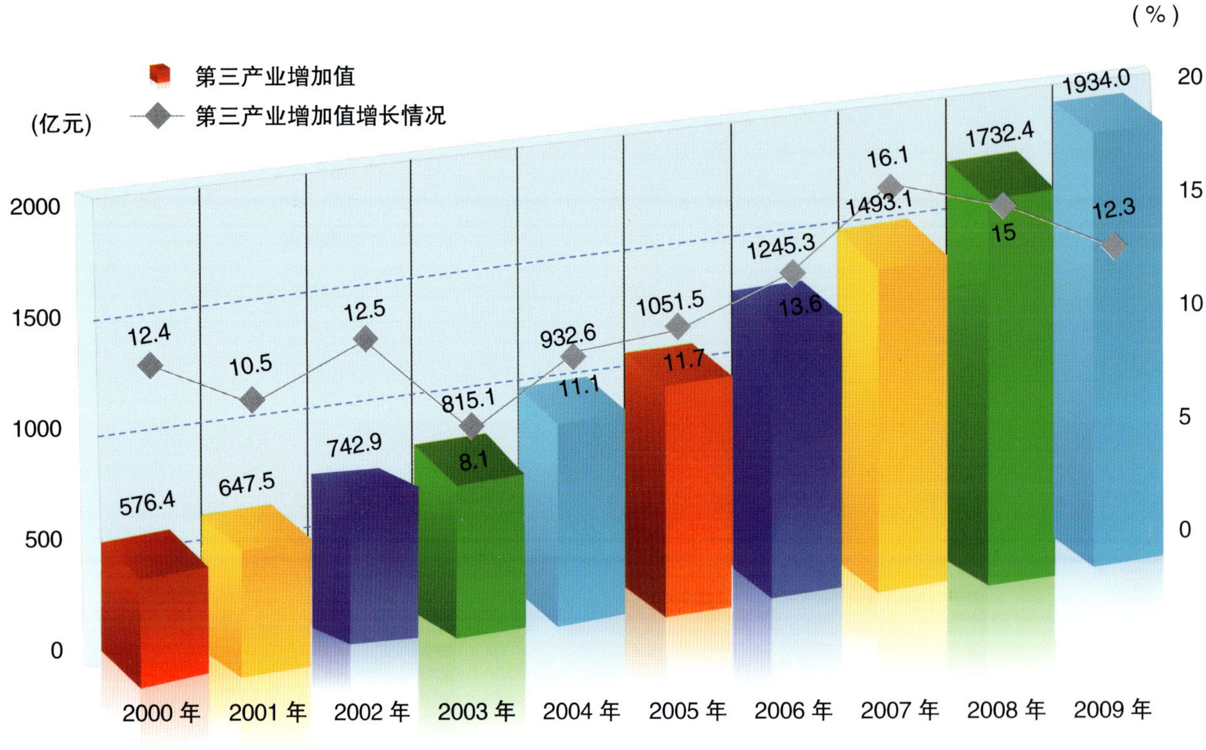

全社会固定资产投资及增长情况

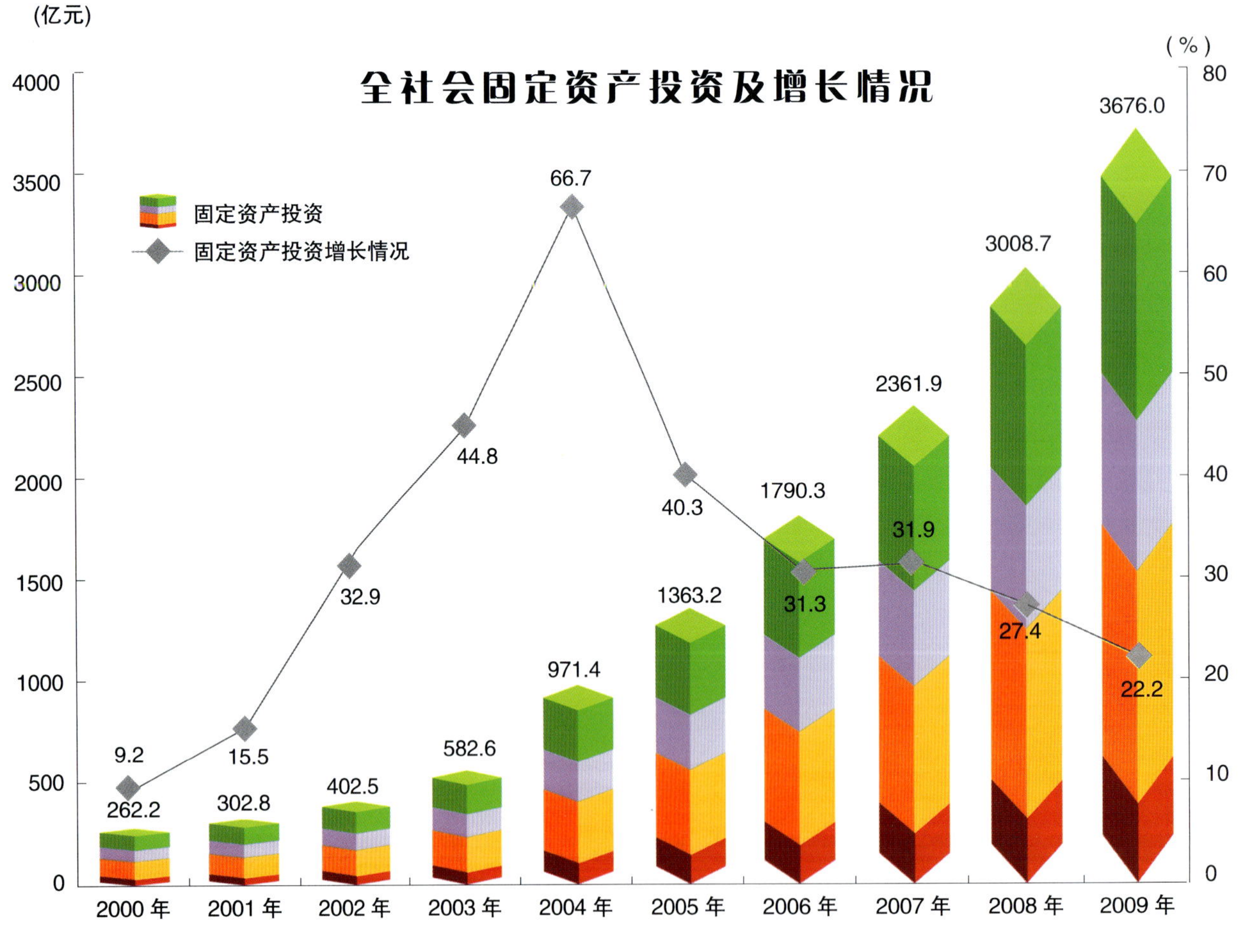

房地产开发投资额

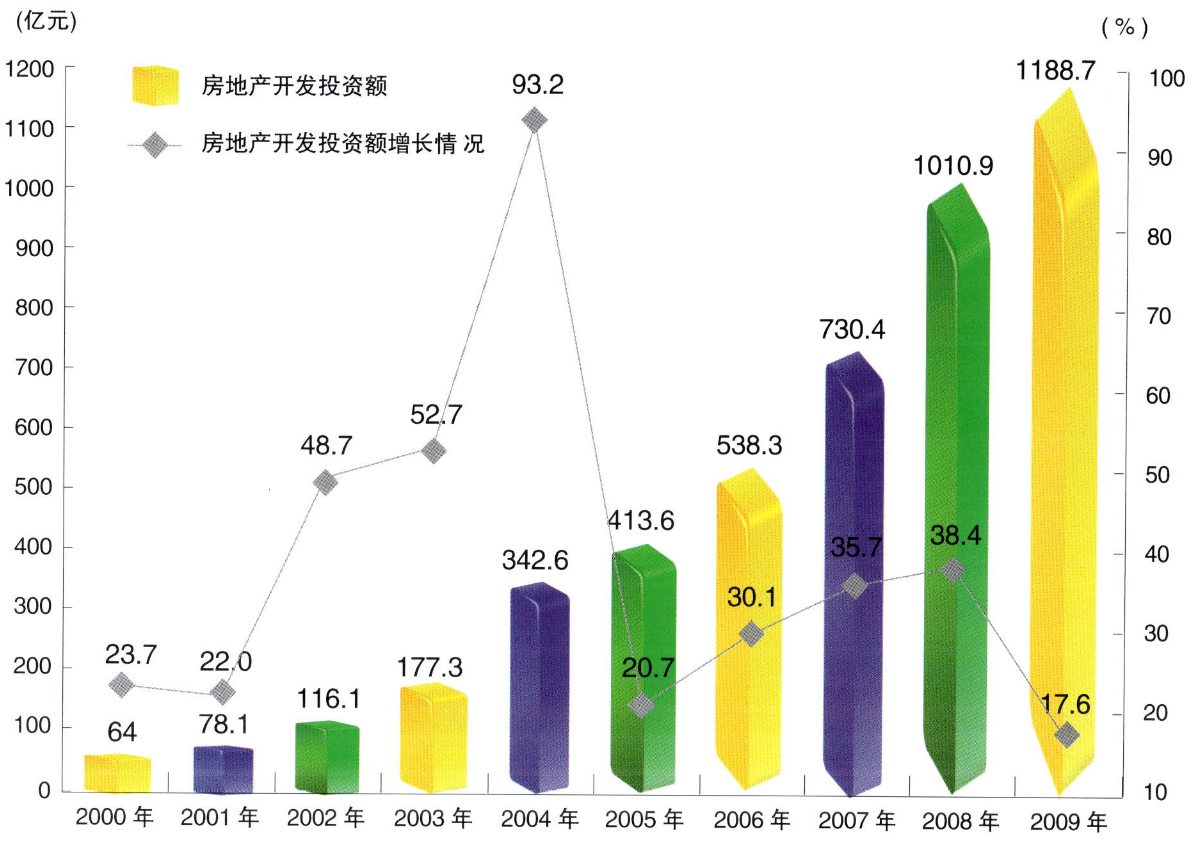

社会消费品零售总额及增长情况

（单位：亿元）

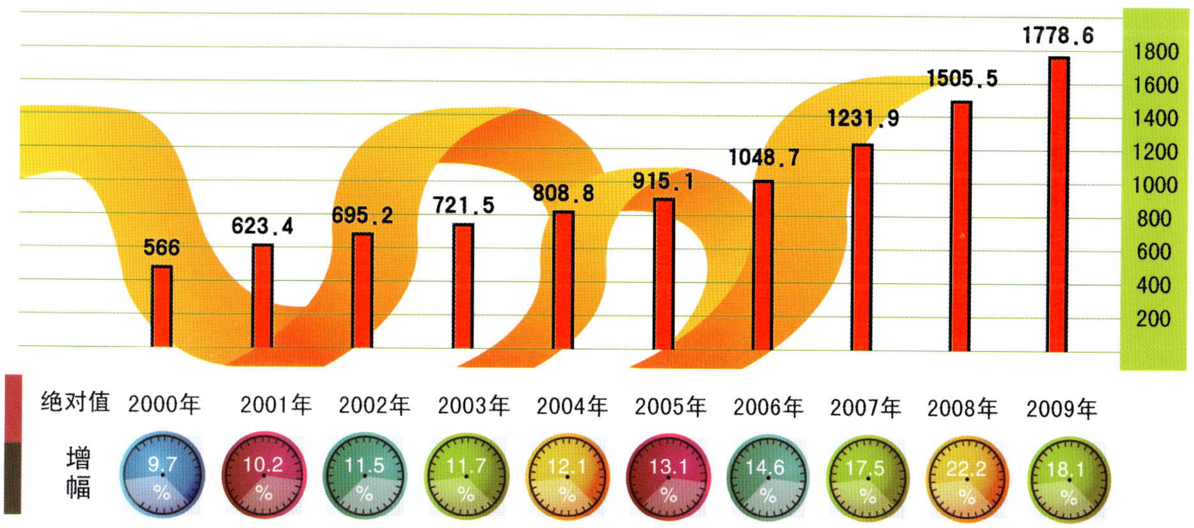

实际利用外资额及增长情况

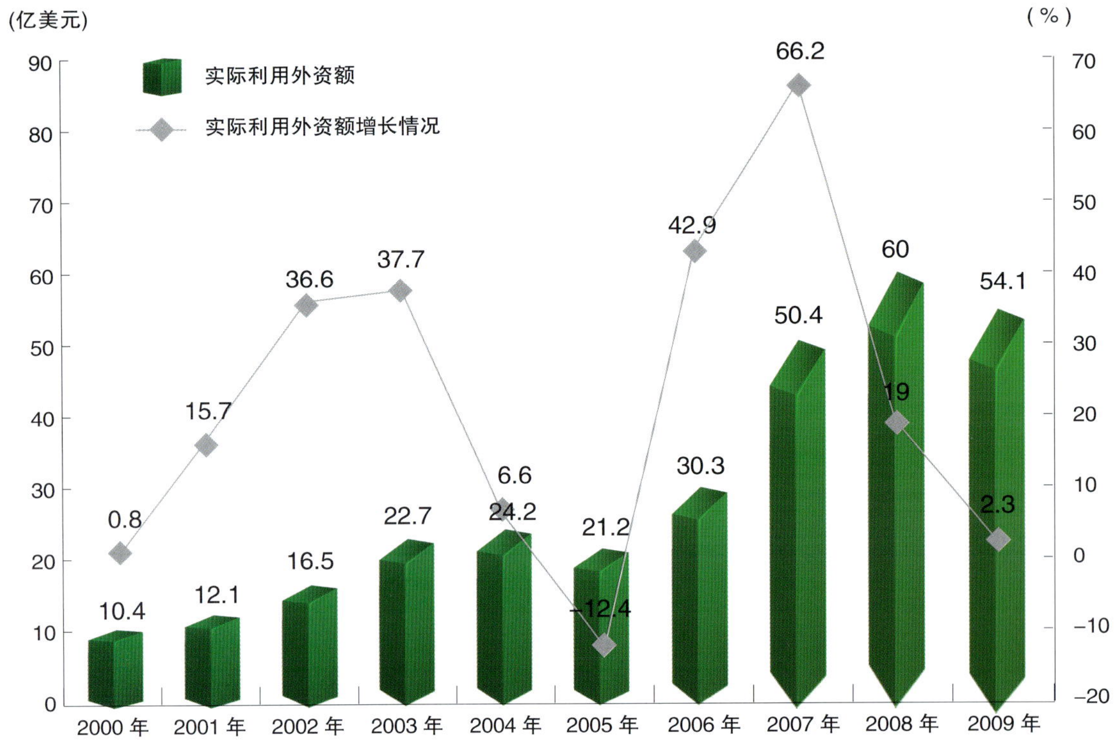

地方财政一般预算收支

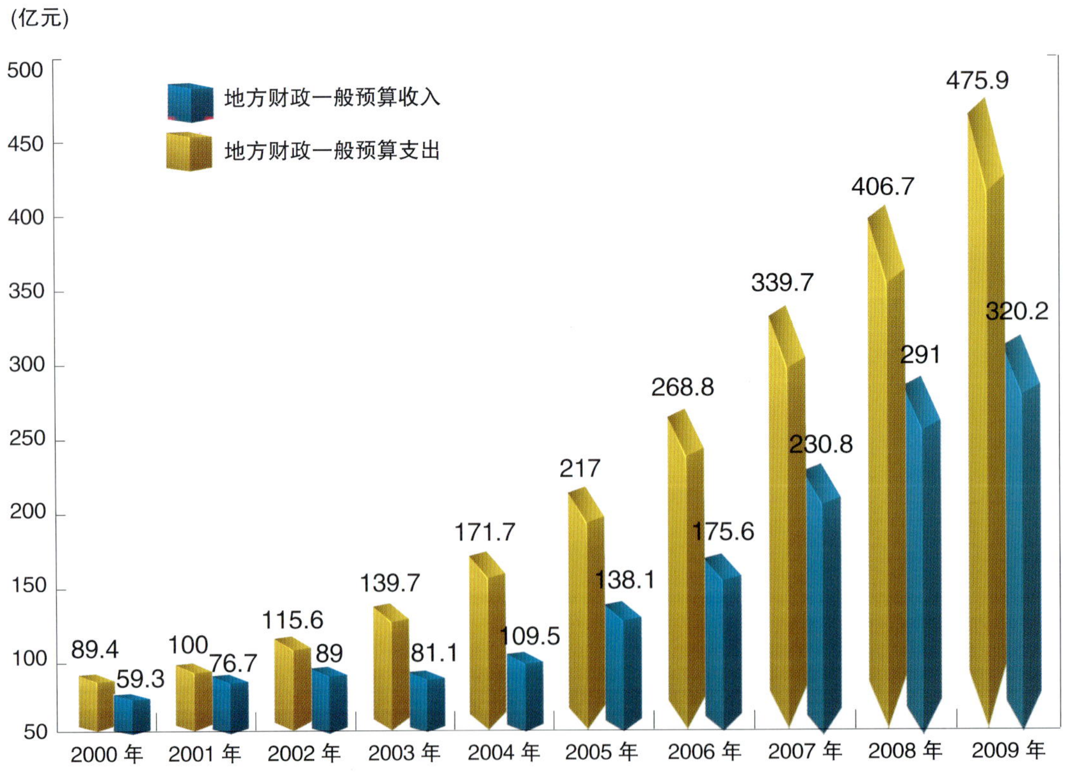

城镇非私营单位在岗职工平均工资及增长情况

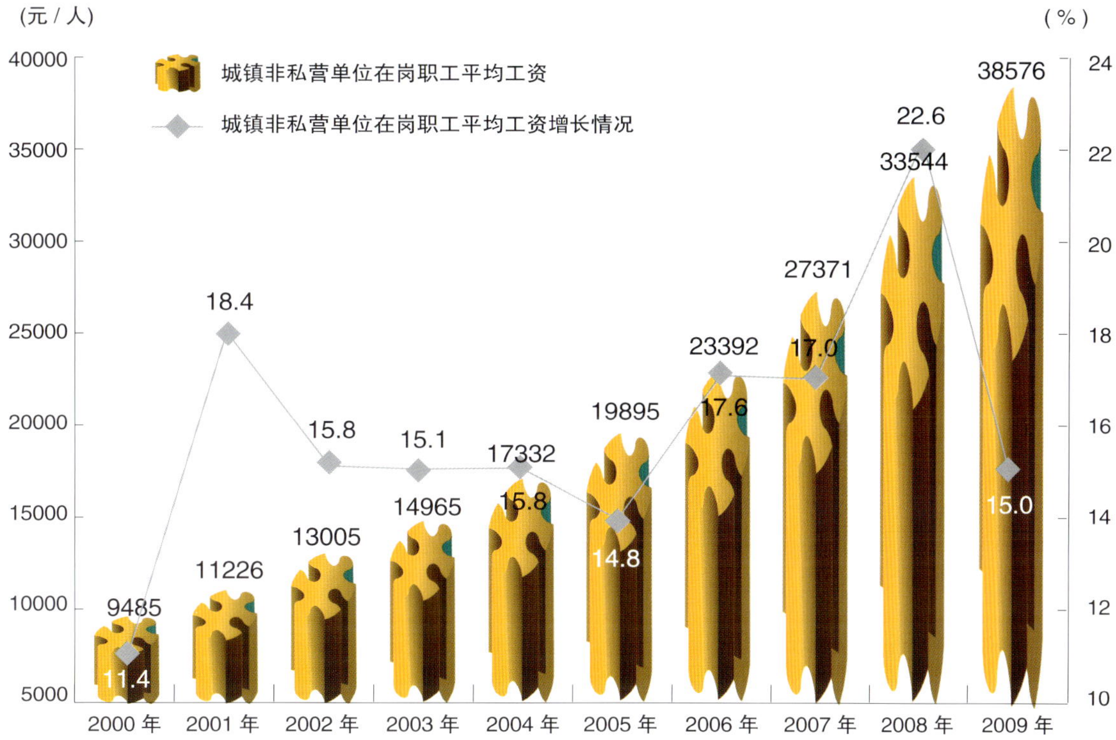

城镇居民人均住宅建筑面积及增长情况

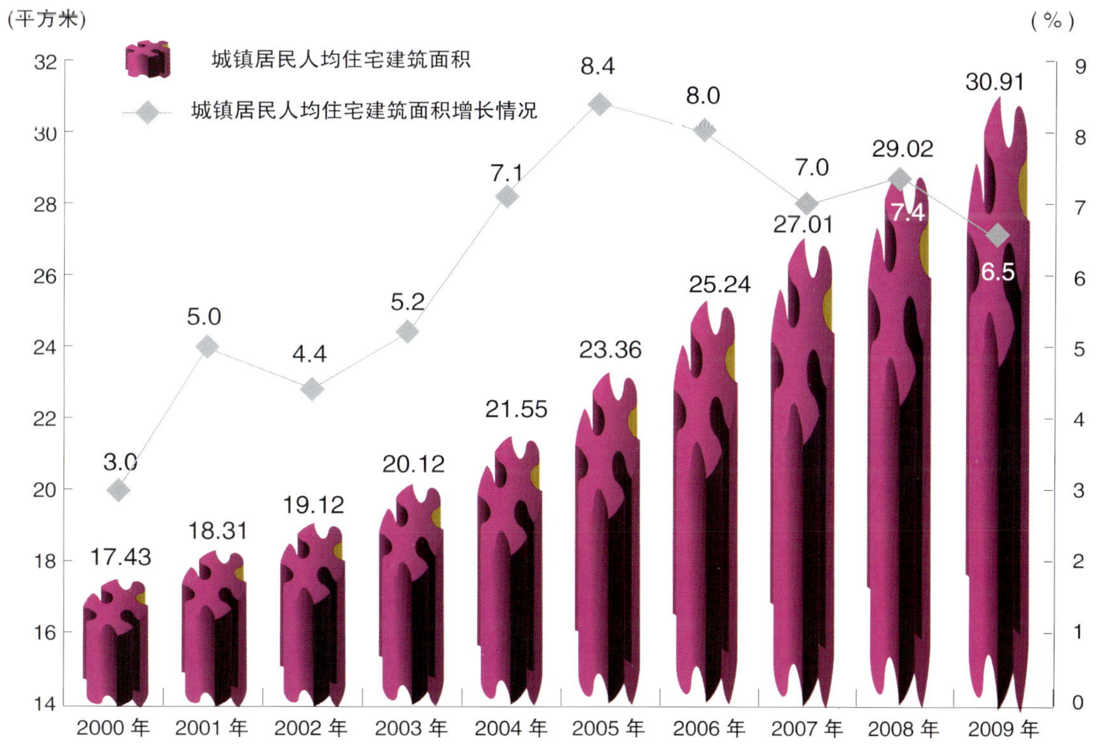

城市居民生活(人均可支配收入、人均消费支出)

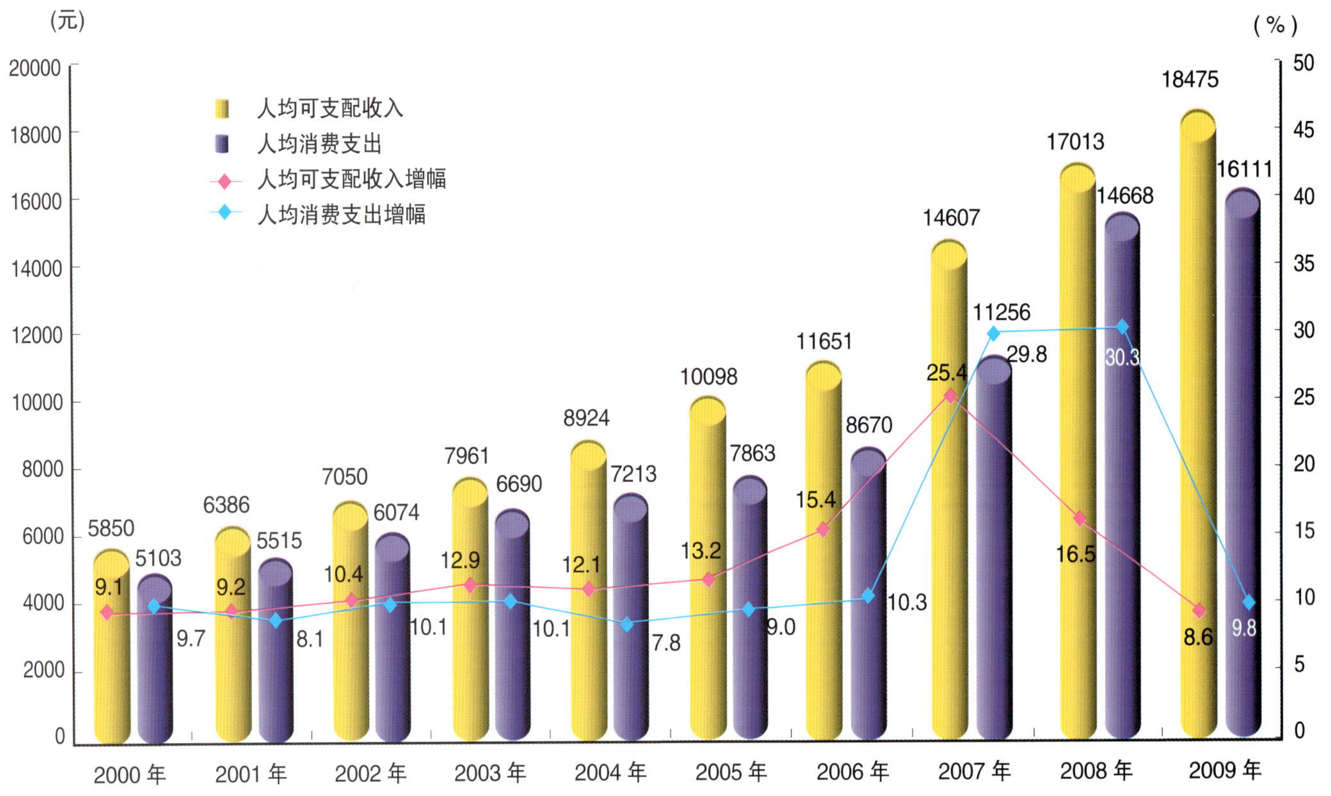

农村居民生活(人均纯收入、人均消费支出)

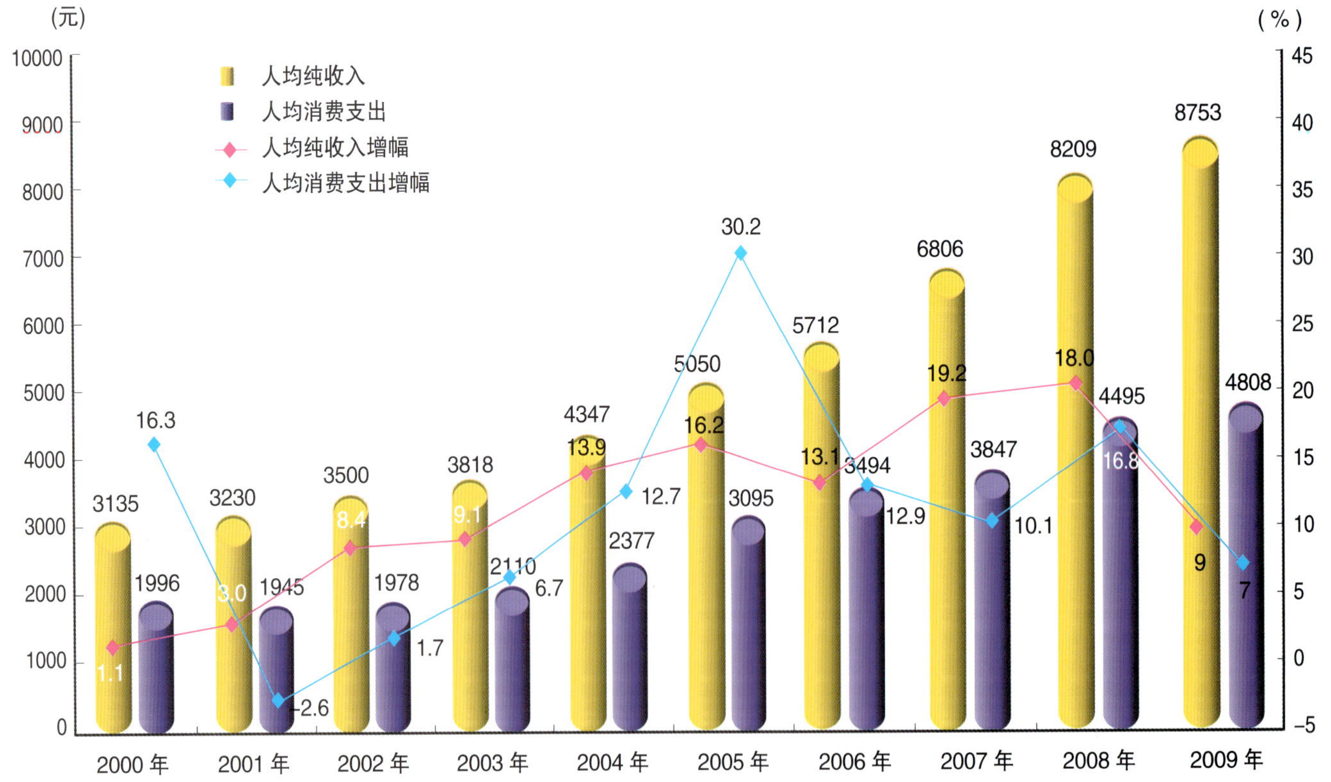

《沈阳年鉴》编纂委员会

主　任： 陈海波（市委副书记、沈阳市人民政府市长）
副主任： 顾春明（市委常委、沈阳市人民政府常务副市长）
马占春（市委常委、市委秘书长）
张　宁（沈阳市人大常委会秘书长）
张景辉（沈阳市人民政府秘书长）
铁　岩（沈阳市政协秘书长）
徐大地（沈阳市人民政府副秘书长、办公厅主任）
路玉甫（沈阳市统计局局长）

编　委：（以姓氏笔画为序）
于　波（沈阳市农村经济委员会主任）
王克林（国家统计局沈阳调查队队长）
文静子（沈阳市国家税务局副局长）
李长斌（沈阳市统计局副局长）
李争时（沈阳市统计局副局长）
苏文捷（沈阳市教育局局长）
宋锡坤（沈阳市科学技术局局长）
陈　勇（沈阳市财政局局长）
陈玉涛（沈阳市统计局副局长）
张宝钥（沈阳市地方税务局巡视员）
王洪涛（沈阳市经济和信息化委员会主任）
秦文军（沈阳市城乡建设委员会主任）
彭　林（沈阳市发展和改革委员会主任）
程云伟（沈阳市工商行政管理局局长）
董　玥（辽宁省统计局沈阳调查队队长）

《沈阳年鉴》编辑部

《沈阳年鉴》编辑部

地址：沈阳市沈河区奉天街305号

邮编：110013　电话：(024)22739160

E—mail：nj. sy@163. com

编 辑 说 明

一、《沈阳年鉴》是沈阳市人民政府主办的综合性地方年鉴。自1985年创刊以来，已连续出版26卷。是国内外公开发行的集知识、信息、资料为一体的具有公报性、资料性、权威性的工具书。

二、《沈阳年鉴－2010》旨在全面、系统、翔实地记载2009年沈阳市社会经济和社会发展的基本情况和基本资料，为海内外各界人士了解沈阳、研究沈阳和建设沈阳提供翔实的资料和信息，为“让沈阳走向世界，让世界了解沈阳”提供窗口，发挥桥梁作用。

三、《沈阳年鉴－2010》，在编纂体例上基本保持了类目的相对稳定。全书共设32个部类：(1)特辑；(2)沈阳概貌；(3)党政机关；(4)群众团体；(5)地方军事；(6)政法；(7)开发区建设；(8)工业；(9)民营经济；(10)交通·邮政；(11)信息产业；(12)城乡建设和管理；(13)建筑·房地产；(14)国内贸易；(15)旅游；(16)对外经济贸易；(17)农村经济；(18)经济管理；(19)财政·税收；(20)金融；(21)科学技术；(22)教育；(23)文化；(24)卫生·体育；(25)社会生活；(26)区、县(市)概况；(27)人物；(28)光荣榜；(29)统计资料；(30)文献·法规选编；(31)沈阳大事记；(32)附录。

四、《沈阳年鉴》统计资料版采用中英文对照，为海外各界人士了解沈阳经济和社会发展提供方便。

五、《沈阳年鉴》采用分类编辑法，以条目为主体。体例分一、二、三级目。一级目为大类，二级目为分目，三级目为条目，用黑体字加【】号作标题。

六、《沈阳年鉴》采用的稿件均由各有关部门和行业专人撰写，并经撰稿单位领导审定。统计资料由沈阳市统计局提供。因统计口径等原因，有关部门所用的个别数据与“统计资料”中的不尽一致，采用时请予注意。凡涉及沈阳市地区国民经济和社会发展的全局性数据，概以沈阳市统计局提供的资料为准。

七、《沈阳年鉴》的编撰工作得到了沈阳市各级领导和社会各界的大力支持，在此谨表谢意。并恳祈各界人士继续给年鉴工作以更多的支持和帮助，对书中错漏之处给予批评指正，以期不断完善提高。

目　录

特　辑

·党和国家领导人来沈视察·

江泽民来沈考察 …… 1
温家宝来沈考察 …… 1
贾庆林来沈考察 …… 1
习近平来沈考察 …… 1
周永康来沈考察 …… 1

·专　文·

始终不渝地坚持以科学发展观为指导
　立足新起点谋求新发展实现新跨越 …… 1
求真务实开拓进取全面完成“十一五”
　各项工作任务 …… 7
沈阳市人民代表大会常务委员会工作报告 …… 13
政府工作报告 …… 16
中国人民政治协商会议沈阳市第十三届
　委员会常务委员会工作报告 …… 21

·重大活动·

举办2009东北亚发展论坛 …… 24
第八届中国国际装备制造业博览会 …… 24
2009东北亚发展论坛大型歌会暨中国
　沈阳韩国周 …… 25
2009年东北亚高新技术博览会 …… 26
第三届中国东北文化产业博览交易会 …… 26
2009年中国(法库)国际陶瓷博览交易会 …… 27
第六届(沈阳)国际农业博览会 …… 27
2009中国(沈阳)国际中小企业大会 …… 28
2009中国(沈阳)国际现代建筑产业论坛 …… 28
2009中国沈阳旅游节 …… 28
2009中国沈阳国际冰雪节 …… 29

·沈城美誉·

沈阳市获“全国文化体制改革先进
　地区”称号 …… 29
沈阳市获得国家知识产权工作示范城市 …… 29
沈阳市被授予“国家节水型城市”称号 …… 30
沈北新区曙光村获“中国人居环境范例奖” …… 30
沈阳市政府被授予“全国民族团结进步模范
　集体”称号 …… 30

沈阳概貌

·自然概况·

位置与地貌 …… 31
历史沿革 …… 31
经济地理位置 …… 32
气候与着装 …… 32
人口 …… 32
民族 …… 33
宗教 …… 33
行政区划 …… 33
旅游景点 …… 34

·国民经济与社会发展·

经济总量 …… 34
农业 …… 35
工业 …… 35
建筑业及固定资产投资 …… 35
国内贸易 …… 35
对外经济贸易与旅游 …… 35
财政、金融及保险业 …… 36
交通运输、邮政和信息传输业 …… 36
价格指数 …… 36
城市建设 …… 36
环境保护 …… 36
人口与就业 …… 37
人民生活和社会保障 …… 37
社会事业 …… 37

·精神文明建设·

首届沈阳全民读书月 …… 38
2009年度“感动沈阳”人物评选 …… 38
爱国歌曲大家唱活动 …… 38
全面实施农村道德信贷工程 …… 38
开展“清洁城乡环境,建设和谐沈阳”
　宣传教育活动 …… 39
选树“道德小模范”马鹏飞 …… 39

完成国家净化社会文化环境和未成年人思想道德建设测评达标工作 …… 39

·经济协作·

概况 …… 40

党政机关

·中共沈阳市委·

市委十一届七次全会 …… 41
市委十一届八次全会 …… 41

市委常委会议

研究“保增长”和工业项目 …… 42
审议铁西装备制造业聚集区发展规划 …… 43
研究贯彻全国“两会”精神，做好三项重点工作 …… 43
研究创建全国环境样板城市 …… 43
学习贯彻党的十七届四中全会精神 …… 44
传达全国信访工作经验交流会议精神 …… 44

重要会议

开展学习实践科学发展观动员大会 …… 44
学习实践科学发展观，做优发展空间现场会 …… 45
召开第二批深入学习实践科学发展观活动会议 …… 46
坚持科学发展观，做强县域经济观摩交流会 …… 46
国庆安保工作总结表彰大会 …… 47

组　　织

全市组织工作会议 …… 47
慰问援藏援疆干部 …… 47
票决市管正职领导干部 …… 48
选拔任用干部工作 …… 48
面向海内外公开选拔领导干部 …… 48
完成提高部分离休干部医疗待遇 …… 48
完成选派挂职锻炼干部工作 …… 48
市管领导干部年度考核及反馈工作 …… 48
县（市）党政正职集中考核工作 …… 48
区、县（市）领导班子届中调整工作 …… 49
青年干部培养及管理工作 …… 49
完成市人大十四届二次会议和市政协十三届二次会议筹备及大会人事选举工作 …… 49
干部培训工作 …… 49
著名高校高级研修班培训 …… 50
召开全市干部监督工作会议 …… 50
出台干部选拔任用工作新制度 …… 50
开展市管领导干部离任经济事项交接工作 …… 50
开展区、县（市）委“一报告两评议”工作 …… 50
开展干部选拔任用工作自查 …… 50
开展深入学习实践科学发展观活动 …… 50
“三建三送”工作 …… 50
举办全市非公有制企业经营者和党务工作者培训班 …… 51
开展第十个“共产党员社区奉献日”活动 …… 51
举办社区党组织书记和社区主任培训班 …… 51
面向社会公开选拔百名村党组织书记 …… 51
推行为民服务全程代理工作 …… 51
设立“12371”党员咨询服务热线电话 …… 51
召开区、县（市）机关党建工作会 …… 51
部分市管企业党组织完成换届 …… 51
对部分市直党委（党组）进行调整 …… 51
建立全市党内基本信息库 …… 51
“讲党性、重品行、作表率”活动 …… 51
人才资源开发专项资金资助工作 …… 52
加强县域人才队伍建设 …… 52
组团参加第十届中国海外学子辽宁（大连）创业周活动 …… 52
加强选聘生革命传统教育 …… 52
“凤来雁归”工作主题宣传 …… 52
推进高层次人才引进 …… 52
承办全国副省级城市党员干部现代远程教育工作年会 …… 53
组织开展“深入学习实践科学发展观网上答题”活动 …… 53
“三进三保”系列实践活动 …… 53

宣　　传

全市宣传部长会议 …… 53
学习实践科学发展观成果交流会 …… 53
学习宣传党的十七届四中全会精神 …… 54
举办沈阳文化强市高层论坛 …… 54
潘作良同志先进事迹巡回报告会 …… 54
庆祝新中国成立60周年系列活动 …… 54
重要主题宣传报道 …… 54
重点会议宣传报道 …… 55
重大活动宣传报道 …… 55
举办“沈阳市宣传文化系统首期‘高级人才培训班’” …… 55
首届“四个一批”人才命名表彰大会 …… 55
全国“两会”新闻宣传 …… 55
开展整体对外宣传 …… 56
建立和规范新闻宣传管理工作制度 …… 56
举办“应对金融危机，促进经济平稳增长”形势报告会 …… 56
开展“双百人物”评选活动 …… 56
命名首批市级国防教育基地 …… 56
勿忘“九一八”撞钟鸣警仪式 …… 56
组织“德中同行——走进辽宁沈阳”对外宣传活动 …… 57

评选命名沈阳市首批企业文化建设示范基地 …………… 57
思想政治工作网改版上线 …………… 57
举办“粽香端午·我爱沈阳——沈阳市中外朋友同乐会” …………… 57
第三届网络好新闻评选 …………… 57
拍摄大型历史纪录片《沈阳·1949》 …………… 57
拍摄制作《中国沈阳》电视宣传片和广告片 …………… 57
市委宣传部获“全国国防教育先进单位”殊荣 …………… 58

统　战

全市统战部长会议 …………… 58
统战宣传 …………… 58
统战理论研究 …………… 58
统战调查研究 …………… 58
民主党派工作 …………… 59
经济统战工作 …………… 59
光彩事业 …………… 59
非公有制经济代表人士培养教育工作 …………… 59
海外统战工作 …………… 59
民族宗教工作 …………… 60
党外知识分子工作 …………… 61
统战信息工作 …………… 61

政策研究

重要会议筹备和重要文稿起草 …………… 61
调查研究 …………… 61
信息编研 …………… 62
决策咨询 …………… 62

对台工作

对台经济工作 …………… 62
对台交流交往工作 …………… 62
对台宣传与涉台教育工作 …………… 63

信　访

“三个一模式”信访经验 …………… 63
全国信访工作经验交流现场会在沈召开 …………… 63
落实中央“两个文件”长效化 …………… 63
一批信访积案得到有效化解 …………… 64
越级访明显下降 …………… 64
关键敏感时段信访秩序良好 …………… 64

老干部工作

落实离休干部政治待遇 …………… 64
离休干部生活待遇 …………… 65
阵地建设 …………… 65
队伍建设 …………… 65

·纪检监察·

市纪委十一届四次全会 …………… 65
加强对新增投资项目监督检查 …………… 66
开展“讲党性修养、树良好作风、促廉洁自律”主题教育活动 …………… 66
推进领导干部廉洁自律 …………… 66
组织开展“小金库”专项治理 …………… 67
开通市民服务热线 …………… 67
开展“反腐倡廉制度创新年”活动 …………… 67
预防和治理腐败 …………… 68
通报高同宇等9起违纪违法案件 …………… 68

·市人大常委会·

市十四届人大三次会议 …………… 68
第十四届人民代表大会常务委员会第九次会议 …………… 69
第十四届人民代表大会常务委员会第十次会议 …………… 69
第十四届人民代表大会常务委员会第十一次会议 …………… 69
第十四届人民代表大会常务委员会第十二次会议 …………… 70
第十四届人民代表大会常务委员会第十三次会议 …………… 71
第十四届人民代表大会常务委员会第十四次会议 …………… 71
第十四届人民代表大会常务委员会第十五次会议 …………… 71
第十四届人民代表大会常务委员会第十六次会议 …………… 72
第十四届人民代表大会常务委员会第十七次会议 …………… 73
积极推进地方立法 …………… 73
增强监督实效 …………… 73
审议决定重大事项 …………… 74
加强和改进人事任免工作 …………… 74
充分发挥代表主体作用 …………… 74
加强常委会自身建设 …………… 74

·沈阳市人民政府·

市政府十八届三次全体(扩大)会议 …………… 75
建议提案办理 …………… 76
为城乡群众办实事 …………… 76
行政审批 …………… 77
政务公开 …………… 77
公共资源交易 …………… 78
应急管理能力建设 …………… 78
应急信息体系 …………… 78
应急组织体系 …………… 78
应急预案体系 …………… 79
应急指挥平台 …………… 79
应急宣传和培训 …………… 79
“进企业解决难题,实施保增长工程”实践活动 …………… 79

外 事

市领导出访 …… 80
市领导会见外国重要团组 …… 80
斯里兰卡总理访沈 …… 80
日本前首相羽田孜访沈 …… 80
韩国前总理高健访沈 …… 80
蒙古前总理恩赫赛汗访沈 …… 80
澳门特别行政区行政长官何厚铧访沈 …… 80
“德中同行——走进辽宁·沈阳”活动在沈举办 …… 80
举办国际友好交流日 …… 81
沈阳市与日本鹿岛建设株式会社签署全面合作协议 …… 81
举办“中国沈阳·奥地利日” …… 81
举办沈阳—捷克友好交流日 …… 81
沈阳市政府代表团出席“芝加哥全球城市论坛” …… 81
沈阳市花坛作品在国际立体花坛博览会上获奖 …… 81
向俄罗斯伊尔库茨克市赠送铜雕“沈阳故宫大政殿” …… 81
波德别列兹科就任俄罗斯驻沈阳总领事 …… 82
辛亨根就任韩国驻沈阳总领事 …… 82
开展使、领馆交流 …… 82
加强领事保护 …… 82
加强因公出国审批管理 …… 82

侨 务

加强与海外华侨华人联络 …… 82
落实侨法为侨服务 …… 82
举办沈阳侨界茶话会 …… 82

机构编制

党政群机关机构编制 …… 82
事业单位机构编制 …… 83
行政体制改革 …… 84
事业单位改革 …… 84
机构编制调整 …… 84
机构编制管理 …… 84
政府大部制改革 …… 85

·政协沈阳市委员会·

市政协十三届三次全体会议 …… 85
市政协常委会议 …… 85
履行职能 …… 86
学习宣传文史工作 …… 86
政协提案工作 …… 87
海外联谊工作 …… 87

·民主党派和工商联·

中国国民党革命委员会沈阳市委员会 …… 88
中国民主同盟沈阳市委员会 …… 89
中国民主建国会沈阳市委员会 …… 90
中国民主促进会沈阳市委员会 …… 91
中国农工民主党沈阳市委员会 …… 92
中国致公党沈阳市委员会 …… 93
中国九三学社沈阳市委员会 …… 95
台盟民主自治同盟沈阳市委员会 …… 96
沈阳市工商业联合会 …… 97

群众团体

·市总工会·

振兴竞赛 …… 99
职工素质工程 …… 99
职工技协 …… 99
劳模评选 …… 99
集体合同 …… 99
民主管理 …… 99
帮扶救助 …… 99
职工慈善 …… 100
就业再就业 …… 100
农民工维权 …… 100
产业工会建设 …… 100
街道乡镇工会建设 …… 100
基层组织建设 …… 100
选派职业工会干部 …… 100
工会文化建设 …… 100
对外交流 …… 100

·团 市 委·

团市委十四届二次全会 …… 100
纪念“五四”运动90周年大会 …… 101
青年创业大会暨创业周开幕式 …… 101
农村青年创业示范园成立 …… 101
“走进青少年”爱心万里行正式启动 …… 101
“奋斗第一季创业在东北”颁奖 …… 101
哈斯巴根来沈视察青年创业工作 …… 102
青年创业孵化基地揭牌仪式 …… 102
青年创业工作 …… 102
团中央专家组来沈考察青年创业项目 …… 103
网络频道正式开通 …… 103
第五届“振兴杯”全国青年职业技能大赛决赛 …… 103
开办动漫设计专业双证技能班 …… 103
青年就业见习基地建设 …… 103
青少年维权月主题实践活动启动 …… 103
开展“法官进校园”活动 …… 103

“共青团与人大代表、政协委员面对面”座谈会 …… 104
青少年服务中心试运行 …… 104
预防青少年违法犯罪预防体系建设 …… 104
中青年科学发展观研究会成立 …… 105
开展纪念中国少年先锋队建队 60 周年系列活动 …… 105
青年工作合作框架协议签约仪式 …… 105
高校毕业生从事家教享受社会保险补贴 …… 106
开展大学生“送温暖、送岗位、送健康”活动 …… 106
“寻找我的行业偶像”演讲大赛 …… 106
启动患重大疾病青少年救助金发放活动 …… 107
举办“高雅艺术进校园”活动 …… 107
举办沈阳大学生知识产权主题辩论赛 …… 107
“阳光行动”之“助老、助学、助耕”活动 …… 107
百村百点丰产示范田工程 …… 108
节能减排青少年行动 …… 108
农村青年就业(见习)洽谈会 …… 109
“阳光行动”惠及广大返乡青年 …… 109
《雷锋精神论》出版发行 …… 109
北京奥运会足球比赛沈阳赛区志愿者雕塑落成 …… 110
中国未成年人网脉工程在沈实施 …… 110
组织青年志愿者赴塞拉利昂开展援非志愿服务 …… 110

·市妇女联合会·

纪念“三八”国际劳动妇女节 99 周年系列活动 …… 110
举办儿童节庆祝活动 …… 111
“巾帼建功”活动 …… 111
实施“妇女就业创业促进行动” …… 111
市女企业家协会第五次会员大会 …… 111
“双学双比”活动 …… 111
“快乐农博会和谐大家庭”农家大嫂厨艺大赛 …… 111
组织农村妇女抗击历史罕见伏旱 …… 112
庆祝新中国成立 60 周年宣传教育活动 …… 112
万名巾帼家庭志愿者公益活动周 …… 112
推进“妇女家庭节能减排行动” …… 112
家庭读书活动 …… 112
维护妇女儿童合法权益 …… 112
“平安家庭”创建活动 …… 112
信访稳定 …… 113
推进两个《规划》重难点指标达标 …… 113
成立家庭教育暨留守流动儿童工作指导中心 …… 113
开展走近“千名妇联干部走进妇女,共促和谐”主题活动 …… 113
基层妇联组织建设 …… 114
组织妇女代表参加辽宁省妇女第九次代表大会 …… 114

·科学技术协会·

第六届沈阳科学学术年会 …… 114
国内外民间科技交流与合作 …… 114
院士工作站建设 …… 115
“讲理想、比贡献”活动 …… 115
百家学会“双创双建”活动 …… 115
第三届百佳科技创新能手评选 …… 116
调研宣传 …… 116
市科协与沈阳日报报业集团合办《青年科学》 …… 116

·市台湾同胞联谊会·

庆祝中华人民共和国成立 60 周年系列活动 …… 116
加强台胞教育 …… 117
为台胞服务 …… 117
活跃台胞生活 …… 117
全球闽南语歌曲创作演唱大赛沈阳赛区选拔赛 …… 118
参政议政 …… 118
促进两岸发展 …… 118
对台联络 …… 118

·市残疾人联合会·

残疾人服务体系建设 …… 118
维护残疾人合法权益 …… 118
无障碍设施建设和改造 …… 119
残疾人劳动就业 …… 119
残疾人救助 …… 119
残疾人康复 …… 119
残疾人教育 …… 119
残疾人婚姻家庭服务 …… 119
残疾人宣传文体活动 …… 119
基础建设 …… 119

·市黄埔军校同学会·

国庆中秋座谈会 …… 120
对台双向交流 …… 120
重阳节座谈会 …… 120
送温暖活动 …… 120

地方军事

·沈阳警备区·

部队建设 …… 121
军事训练 …… 121
征兵工作 …… 122
完成直招士官的征集任务 …… 122
完善各项优待政策 …… 122
女兵征集措施更加完善 …… 123

民兵整组工作…… 123
后勤工作…… 123
国防动员…… 123
国防教育…… 124
双拥工作…… 124
拥军优待推出新举措…… 124
优抚保障水平不断提高…… 125
拥政爱民活动取得新成果…… 125
完成急、难、险、重任务…… 125

·陆军预备役部队·

梁光烈上将来师视察…… 126
全国人大《国防动员法》调研组来师调研…… 126
慰问师应急行动演练官兵…… 126
一体化防空作战演练官兵…… 126
召开领导班子部分成员调整交接大会…… 126
鲍铁印少将来师检查指导工作…… 127
张林少将来师检查指导工作…… 127
召开一届十三次全委(扩大)会议…… 127
领导干部理论轮训班…… 127
检查验收学习实践科学发展观活动…… 127
预备役部队和民兵整组工作电视电话会议…… 127
《前进报》创刊60周年纪念活动…… 127
师应急值班分队纳入沈阳市应急体系建设…… 128
沈阳防空联训区首长机关训练…… 128
团党委班子进行考帮建工作…… 128
开展“爱心助学”活动…… 128
抓好国庆节前后特殊时段安全稳定…… 128
完成冬季适应性野营训练…… 128

·武装警察·

支队建设…… 128
军事工作…… 129
后勤保障…… 129

·人民防空·

人防工程建设…… 129
平战结合与国有资产管理…… 130
指挥通信…… 130
应急救援…… 130

政　法

·政府法制·

政府立法…… 131
行政执法监督检查…… 131
行政复议应诉…… 131
推进依法行政…… 131

·社会治安综合治理·

概况…… 131
平安建设…… 132
组织机构建设…… 132
社防体系建设…… 132
严打整治…… 132
社会服务管理…… 132
表彰见义勇为人员…… 132

·公　　安·

完成国庆安保工作…… 132
命案现案侦破…… 133
打黑除恶专项斗争…… 133
追捕逃犯名列全省第一…… 133
违法犯罪活动整治…… 133
集中整治治安问题…… 134
加大社会面巡逻防控力度…… 134
打击假币“2009 行动”…… 134
酒后驾车整治…… 134
消防安全隐患整治…… 134
监管工作…… 135
整治精麻药品和处方药代替毒品滥用问题…… 135
开通“网上公安机关”…… 135
“阳光执法”活动…… 135
“和谐警民关系”建设…… 136
出台“保增长、保民生、保稳定”百项新举措…… 136
用公安队伍管理“零容忍”…… 136
2009 年十大刑事案件…… 136

·检　　察·

依法惩治刑事犯罪…… 138
依法查办和预防职务犯罪…… 138
强化诉讼监督…… 138
加强检察队伍建设…… 139
自觉接受监督…… 139

·审　　判·

概况…… 139
刑事审判…… 140
民事审判…… 140
行政审判…… 140
案件执行…… 140
审监信访…… 140
审判管理…… 140
纪检监察…… 141

·司法行政·

律师工作…… 141
公证服务…… 141
监狱劳教…… 141
基层司法建设 …… 141
法律服务…… 141
法制宣传教育…… 142
法律援助…… 142

开发区建设

·经济技术开发区·

招商引资…… 143
经济发展…… 143
产业集群…… 143
区域环境…… 143

·浑南新区·

经济发展…… 144
科技创新…… 144
数字医疗产业…… 144
动漫产业…… 144
风电产业…… 144
招商引资…… 144
基础设施…… 145
民生工程…… 145

·棋盘山旅游开发区·

经济发展…… 145
项目建设…… 145
基础设施建设…… 145
大型活动…… 145
民生工程…… 145

·金融商贸开发区·

招商引资…… 146
规划建设…… 146
优化投资环境…… 146
经济发展…… 146

工　业

·综　述·

工业经济又好又快发展…… 147
工业固定资产投资…… 148
工业新开工项目突破 1000 个 …… 148
重大项目建设进展顺利…… 148
制造业…… 149
机械装备制造业…… 149

·轻　工　业·

概况…… 150
食品制造业…… 150
饮料制造业…… 151
电气机械及器材制造业…… 151
家用电力器具制造业…… 152
印刷业…… 152

·纺织工业·

概况…… 152

·化学工业·

化学原料及化学制品制造业…… 152
橡胶制品业…… 153

·医药制造业·

概况…… 153
东药集团…… 153

·建材工业·

非金属矿物制品业…… 154

·冶金工业·

黑色金属冶炼及压延加工业…… 155
有色金属冶炼及压延加工业…… 155

·煤　炭　业·

沈阳煤业(集团)有限责任公司 …… 156

·机械工业·

通用设备制造业…… 156
专用设备制造业…… 156
北方重工集团有限公司…… 157

·航空航天器制造业·

概况…… 157
中航工业沈阳飞机工业(集团)有限公司 …… 157
中航工业沈阳黎明航发(集团)公司 …… 158

·汽车及零部件产业·

概况…… 159
汽车整车企业经济运行情况…… 159
产业发展特点…… 159

汽车产业重大项目建设情况…… 160

· 电子工业 ·

概况…… 160

民营经济

· 综　　述 ·

非公有制经济发展…… 161
持续发展的民营经济…… 162
沈阳市非公有制经济工作会议…… 164
出台《关于促进非公有制经济和中小企业加快加展的若干意见》…… 164
支持非公有制经济做大做强…… 164
营造非公有制经济发展的舆论氛围…… 165
商会工作…… 165

· 服务体系建设 ·

中小企业发展专项资金…… 165
银保企合作…… 165
经营管理人才引进…… 165
完善信用担保体系…… 166
专业技术职称评审…… 166
科技型中小企业创新基金…… 166

· 企业发展及项目建设 ·

招商引资…… 166
工业园区和产业集群发展…… 166
沈阳市非公有制经济十强企业名单…… 166
沈阳市非公有制经济明星企业名单…… 166

交通 · 邮政

· 铁路运输 ·

概况…… 169
运输组织…… 169
货物运输…… 170
旅客运输…… 170
沈阳市辖内铁路概况…… 171
沈阳市铁路运输概况…… 171
铁路车站…… 171
铁路机车…… 172
铁路线路…… 172
铁路车辆…… 173

· 公路运输 ·

公路运输市场…… 173
运输保障…… 173
市场监管…… 173
交通科技…… 174

· 公路建设 ·

公路建设概述…… 174
交通固定资产投资…… 174
重点项目…… 175
普通公路与大中修工程…… 175
公路绿化…… 175
交通行业安全监管…… 175
路政执法…… 176
公路建设质量监督…… 176
城际轨道交通建设…… 176
续建五爱客运站…… 176
续建沈阳站客运枢纽站…… 176
开工建设西站综合枢纽…… 176
改造长客总站…… 177
续建沈北客运站…… 177
新建辽中客运站…… 177
续建和新建农村客运站…… 177
公交场站设施改建…… 177

· 城市公共交通 ·

概况…… 177
公交服务…… 178
推广新技术…… 178
公交行业管理…… 178
开通调整线路…… 178
出租汽车行业管理…… 178
行业稳定…… 179

· 航空运输 ·

概况…… 179
航空客货邮运输…… 179
航线网络化…… 179
市场营销体系…… 179
航空安全…… 179
品牌服务…… 180
新开通航线…… 180

· 邮　　政 ·

概况…… 180

信息产业

·信息化建设·

电子政务…… 181
社会信息化…… 181
企业信息化…… 181
农业信息化…… 181

·信息产品制造业·

概况…… 182
软件业…… 182
动漫游戏产业…… 183

·无线电管理·

概况…… 183

·通　信　业·

中国移动通信集团辽宁有限公司沈阳分公司

概况…… 183
规模发展…… 184
发展3G业务…… 184
服务管理体系建设…… 184

城乡建设和管理

·综　　述·

城市建设…… 185
村镇建设…… 185
重点工程…… 185

·市政建设·

排水设施维护…… 186
桥梁设施维护…… 186
道路挖掘管理…… 187
道路改造工程…… 187
结转工程…… 187
城市防汛…… 187

·市容环卫·

市容环境综合集中整治…… 187
城市亮化…… 187
依法规范户外广告管理…… 188
牌匾、小招贴整治…… 188
环境专项整治活动…… 188
城乡一体化…… 189
废弃物管理…… 189
环卫科研…… 189
除运雪…… 189

·爱国卫生运动·

爱国卫生月活动…… 189
城乡卫生环境综合整治…… 189
病媒生物防治…… 189
农村改厕…… 190
卫生创建活动…… 190
健康教育…… 190

·园林绿化·

重点街路绿化…… 190
春季绿化…… 190
运河水系绿化…… 190
公园绿化…… 190
义务植树…… 190
花卉装饰…… 190
日本·滨松世界立体花坛博览会…… 191
济南国际园林花卉博览园沈阳园建设…… 191
植物保护…… 191
抗旱浇水…… 191

·地铁工程建设·

地铁工程建设…… 191
工程建设管理…… 191
地铁装备产业化进程…… 191

·城管行政执法·

服务重点建设项目…… 191
参与拆迁拆除…… 192
住宅小区综合执法…… 192
冬季执法检查…… 192
清洁城乡环境建设…… 192
治理影响市容环境的各类违规行为…… 192
解决城市管理中的难点问题…… 192
整合城市管理资源…… 192
健全完善市容执法长效机制…… 192
推进行政执法勤务区管理模式…… 192
开展执法共建活动…… 193
保稳定…… 193

·公用事业·

沈阳燃气有限公司…… 193
气源构成与供应…… 193
煤气管网建设…… 193

用户发展与服务…… 193
自来水供应与服务…… 193
二次加压泵站接收与改造…… 194
城市供水管网…… 194
上水设备维修…… 194
电业概况…… 194
电网建设…… 195
电网安全生产…… 195
电力营销…… 195
电力科技进步…… 195
路灯建设…… 195

·规划和国土资源管理·

规划编制和管理…… 195
用地审批…… 196
土地市场建设…… 196
土地资源保护…… 196
矿产资源管理…… 196

·环境保护·

概况…… 197
生态城市建设…… 197
污染减排…… 197
辽河流域污染治理…… 197
环境污染防治与管理…… 197
环境执法…… 198
环境科研…… 198
环境监测与监控…… 198
环境国际合作…… 198
环境宣传教育…… 198

建筑·房地产

·建　　筑·

概述…… 199
整顿规范建筑市场…… 199
工程质量管理…… 199
施工现场整治…… 199
建筑安全…… 199
建筑业企业生产经营情况…… 200

·房 地 产·

房地产市场综述…… 201
房地产市场管理…… 201
住房改革…… 202
住房保障…… 202
产权产籍管理…… 203
城市房屋拆迁管理…… 203
城市供热管理…… 204
住宅区物业管理…… 204
春季房交会…… 205
夏季房交会…… 205
秋季房交会…… 205
公积金归集…… 205
公积金使用…… 205
公积金运营…… 206
转变服务理念…… 206

国内贸易

·综　　述·

商贸流通业…… 207
城乡市场运行监测体系…… 207
引进服务业项目…… 208
服务业建设项目…… 208
特色商业街建设…… 208
节日市场…… 209
万村千乡市场工程…… 209

·供销社商业·

概况…… 209
服务“三农”体系建设…… 209
“新网工程”建设…… 210
社有企业稳步前进…… 210
管理工作…… 211
创一流业绩…… 211

·粮食市场·

粮食购销…… 211
社会粮食流通…… 211
加工企业…… 211
生产能力…… 211
粮油产量…… 211
粮食清仓查库…… 211
仓库建设…… 212
机械设备…… 212
粮油保管…… 212
粮仓管理…… 212
粮油科技…… 212
行政许可…… 212
行政执法…… 212
人员培训…… 212
粮食品质测报原粮卫生调查…… 212
粮食质量检测…… 212

企业管理…………………………………………………… 213

·餐饮服务业·

餐饮业…………………………………………………… 213
住宿业…………………………………………………… 213
传统服务业……………………………………………… 213
家政服务业……………………………………………… 213
典当、拍卖业 …………………………………………… 214
猪肉市场………………………………………………… 214

·烟草专卖·

概况……………………………………………………… 215
卷烟营销管理…………………………………………… 215
卷烟销售网络建设……………………………………… 215
烟草专卖管理…………………………………………… 216

·生产资料市场·

概况……………………………………………………… 216
沈阳物资集团…………………………………………… 216

·会　展　业·

综述……………………………………………………… 217
沈阳经济区汽车展销会………………………………… 217
中国沈阳汽车展销会…………………………………… 218
第七届中国东北连锁经营及特许加盟展览会………… 218
中国(沈阳)食品博览会 ……………………………… 218

·行业管理·

成品油市场管理………………………………………… 218
煤炭市场管理…………………………………………… 218
二手车、报废车行业管理 ……………………………… 219
典当行业提供融资服务………………………………… 219

·商品交易市场·

中国电脑城市场………………………………………… 219
东北陶瓷城市场………………………………………… 219
东北通讯市场…………………………………………… 219
沈阳大西电子市场……………………………………… 220
东北炊具城市场………………………………………… 220
沈阳瑞盛国际汽配城…………………………………… 220
公园商场市场…………………………………………… 220

旅　　游

·规划发展·

旅游导示系统建设……………………………………… 221
建成网上沈阳旅游项目库……………………………… 221
推出精品特色旅游线路………………………………… 221
编印重点旅游项目招商手册…………………………… 222
工农业旅游……………………………………………… 222
争创全国特色景观旅游名镇(村) …………………… 223
红色旅游………………………………………………… 223
沈阳经济区旅游合作…………………………………… 224
沈阳旅游网外文版投入使用…………………………… 225
旅游规划编制…………………………………………… 225

·宣传推广·

全市旅游宣传促销工作会议…………………………… 225
东北“4+1”城市旅游联合体年会 …………………… 225
开展“沈阳人游沈阳”活动 …………………………… 226
参加国内促销活动……………………………………… 226
组织旅游企业参加旅游展会…………………………… 227
第二届国际著名旅游景区商品展示会………………… 227
沈阳旅游资源宣传……………………………………… 227
开展互动交流活动……………………………………… 227
参加2009中国国际旅游商品博览会
　暨旅游商品大赛……………………………………… 227

·节庆活动·

假日黄金周……………………………………………… 227
沈阳旅游采摘节………………………………………… 228
沈阳风情摄影大赛……………………………………… 229
“沈阳风情”诗歌、散文征文大赛 …………………… 229

·行业管理·

旅游星级饭店评定……………………………………… 229
旅游星级饭店复核……………………………………… 229
绿色旅游饭店创建……………………………………… 230
旅行社管理……………………………………………… 230
旅行社服务质量评价…………………………………… 230
导游员管理……………………………………………… 230
导游员考试……………………………………………… 231
旅游行业培训…………………………………………… 231
出境游管理……………………………………………… 231
农业旅游………………………………………………… 231
旅游品质示范线路……………………………………… 231
旅游团队接待推荐单位管理…………………………… 232
沈阳经济区旅游集散中心成立………………………… 232

·旅游区建设·

推进棋盘山旅游开发区发展建设……………………… 232
大型旅游项目建设改造………………………………… 233
关东文化特色实景演出………………………………… 233
浑河游船项目开发……………………………………… 234
五爱市场争创全国4级旅游购物区 …………………… 234
沈阳植物园通过省5级景区复核……………………… 234

对外经济贸易

·对外贸易·

对外经济技术合作……235
外贸进出口……235
机电产品出口……235
服务贸易……236
沈阳市与日本经济工商界高层人士恳谈会……236
沈阳市与韩国大型跨国企业交流会……236

·利用外资·

概况……236
招商引资……237
改善外商投资环境……237

·口　　岸·

口岸建设……237
开通沈阳至台北航线……237
签署互助合作协议……237

·出入境检验检疫·

概况……237
沈阳出入境检验检疫局荣获全国精神文明建设先进单位……238
“质量和安全年”活动……238
防控甲型H1N1流感工作……238
服务地方经济建设……238
科技支撑和保障能力明显增强……239

·海　　关·

概况……239
关税征收……239
进出口监管……240
推进大监管体系建设……240
海关稽查管理……240
统计监测预警……240
促进地方经济平稳发展……240

农村经济

·综　　述·

农村经济发展……241
新农村建设……242
阳光工程……242
县域经济……243
村会计委托代理制……243
村务公开……243
扶贫开发……244
规定记帐户观察点……244
高效特色农业……244
化解村级债务……244
减轻农民负担……245
良种补贴……245
粮食直补……245
农产品标准化生产……246
农产品市场准入制度……246
农产品质量安全监管……246
农村产业带头人……246
农村集体资产产权管理……247
农村能源……247
农村土地承包……248
农村土地承包经营权流转……248
农村土地承包仲裁……248
农经网络建设……249
农民科技培训……249
农业保险……249
农业法制……249
农业技术推广普及……250
农业远程科技培训……250
农资打假……251

·种 植 业·

粮食产量……251
种子管理……251
设施农业……252
设施农业科技培训工程……252
“沃土工程”……252
病虫害防治……253
测土配方施肥……253

·林　　业·

造林绿化……254
集体林权制度改革……254
林业信息化建设……255
公共服务整体推进……255

·畜 牧 业·

概述……256
政策扶持……256
养殖优势区建设……256
畜牧小区建设……256
产业化龙头企业建设……256
畜禽品种改良……256

农民专业合作组织建设…………………………… 256
畜牧业预警监测………………………………… 256
动物疫病控制…………………………………… 257
畜产品安全监管………………………………… 257
兽医医政………………………………………… 257

·水 产 业·

水产业发展概况………………………………… 257
苗种生产………………………………………… 257
渔业增殖放流…………………………………… 258
养殖品种结构调整……………………………… 258
渔业产业化初具规模…………………………… 258
富民经济小区建设……………………………… 258
水产品质量安全显著增强……………………… 258
渔政执法………………………………………… 258
倍增计划稳步发展……………………………… 259

·水　　利·

农田基本建设…………………………………… 259
农村饮水安全工程建设………………………… 259
河道生态工程建设……………………………… 259
农业产业化基地建设…………………………… 259
灌溉工程………………………………………… 259
防汛及河道整治………………………………… 260
水政工作………………………………………… 260
水资源管理……………………………………… 261
水土保持………………………………………… 261
水利科技………………………………………… 261

·农业机械化·

概述……………………………………………… 262
农用航空站建设………………………………… 262
农机作业………………………………………… 262
农机新机具、新技术推广 ……………………… 262
农机示范村、示范户建设 ……………………… 262
农机化科普和培训……………………………… 262
行业管理………………………………………… 262
农机具补贴……………………………………… 262
农机服务体系建设……………………………… 263

·乡镇企业·

概况……………………………………………… 263
农产品加工业…………………………………… 264

经济管理

·综　　述·

沈阳经济区建设………………………………… 265
地区经济与资源环境…………………………… 266
铁西装备制造业聚集区………………………… 268
中国改革论坛…………………………………… 268
“十二五”规划编制 …………………………… 268
信用体系建设…………………………………… 268
经济体制改革…………………………………… 268
重点空间产业发展规划………………………… 270
中央扩大内需项目……………………………… 270
经济动员工作…………………………………… 271
康平电厂并网发电……………………………… 271
沈西热电厂新建工程获国家发改委核准……… 271
风力发电项目…………………………………… 271
金山热电厂扩建工程…………………………… 271
社会事业………………………………………… 272
重点项目建设…………………………………… 272
固定资产投资…………………………………… 273
国有企业改革…………………………………… 275
国有资产监督管理……………………………… 275
国有资本运营…………………………………… 275
重点国有企业发展……………………………… 275
信访稳定………………………………………… 275
国有企业党建工作……………………………… 275

·统　　计·

第二次全国经济普查…………………………… 275
统计方法制度改革……………………………… 276
统计信息化建设………………………………… 276
统计服务………………………………………… 276
依法行政………………………………………… 276
深入开展学习实践科学发展观活动…………… 276
统计队伍建设…………………………………… 276
国家统计局局长马建堂来沈调研……………… 277

·审　　计·

概况……………………………………………… 277
新增投资项目跟踪审计………………………… 277
财政预算执行审计……………………………… 277
经济责任审计…………………………………… 278
民生审计………………………………………… 278
效益审计………………………………………… 278
“小金库”治理 ………………………………… 278
交办事项审计…………………………………… 278

·质量技术监督·

质量管理

名牌产品战略…………………………………… 279
宏观质量管理…………………………………… 279
动物防疫标准体系……………………………… 279
主要农产品标准体系…………………………… 279

循环经济标准化…… 279
节能标准体系…… 279
服务业标准化…… 280

计　　量

能源计量节能降耗工作…… 280
计量监督抽查工作…… 280
计量服务工程…… 280
“计量”专项活动…… 280

质量监督

生产领域食品质量监管…… 281
强制性产品认证工作…… 281

认证认可

强制性产品认证…… 282
特种设备安全监察…… 282
高耗能特种设备节能监管…… 282
实验室建设…… 282
科技管理…… 283
依法行政…… 283
党风和行风建设…… 283
强化信访举报…… 283

·安全生产监督管理·

概况…… 284
贯彻落实法律法规…… 284
安全生产…… 284
强化两个主体责任…… 284
隐患排查治理…… 284
专项安全整治…… 284
危险源监控…… 285
应急救援管理…… 285
市场准入…… 285
培训与宣传教育…… 285

·食品药品监督管理·

食品安全监管机构调整和职能交接…… 285
开展药品、医疗器械专项整治…… 286
药品安全监管模式建设…… 286

·工商行政管理·

依法行政…… 286
各类市场主体登记…… 286
强化服务职能…… 286
整顿和规范市场经济秩序…… 287
流通环节食品安全监管…… 287
合同与信用分类监管…… 287
商标、广告监管…… 287
支持新农村建设…… 287
个体劳动者协会和私营企业协会发展…… 288
红盾文化建设…… 288
消费维权…… 288

·物价管理·

发挥价格职能作用…… 289
规范收费行为…… 289
研究保增长价格政策…… 289
稳妥推进水价改革…… 289
做好成品油调价后续工作…… 289
试行居民热计量收费…… 289
价格监督检查…… 289
解决价格热点问题…… 290
价格监测及预警预报…… 290
价格法制…… 290
价格认证…… 290
成本监审…… 290
价格协会…… 290
价格公共服务…… 290
价格政务公开…… 290

财政·税收

·财　　政·

财政收支…… 291
完善社会救助体系…… 291
县域经济和社会主义新农村建设…… 292
家电下乡财政补贴…… 293
政府投融资体系建设…… 293
资产管理体系…… 294
开展“小金库”专项治理”…… 294
“财会之家”建设…… 294

·国　　税·

税收收入…… 296
税收征管…… 297
税务稽查…… 299
纳税服务…… 299

·地　　税·

税费收入…… 300
税收征管…… 300
税(费)种管理…… 300
税务稽查…… 300
依法行政…… 301
税收信息化…… 301
纳税服务…… 301

队伍建设…………………………………………………… 301

金　融

·综　　述·

东北区域金融中心建设…………………………………… 303
资本市场建设……………………………………………… 303
金融要素市场建设………………………………………… 303
金融机构引进……………………………………………… 303
创新农村金融服务………………………………………… 303
改善金融生态环境………………………………………… 303
处置非法集资……………………………………………… 303

·银　　行·

人民银行

金融业概况………………………………………………… 303
居民储蓄…………………………………………………… 304

工商银行

存款业务…………………………………………………… 305
贷款业务…………………………………………………… 305
中间业务…………………………………………………… 305
风险防范…………………………………………………… 305
服务提升…………………………………………………… 305

中国银行

概况………………………………………………………… 306
业务发展…………………………………………………… 306
内控管理…………………………………………………… 306
基础建设…………………………………………………… 306

农业银行

概况………………………………………………………… 307
存款业务…………………………………………………… 307
贷款管理…………………………………………………… 307
中间业务…………………………………………………… 307
国际业务…………………………………………………… 308

盛京银行

概况………………………………………………………… 309
资产质量…………………………………………………… 309
金融创新…………………………………………………… 309
内控建设…………………………………………………… 309

中信银行

概况………………………………………………………… 310
业务发展…………………………………………………… 310
内部管理…………………………………………………… 310
企业文化…………………………………………………… 310

·保　　险·

保险市场…………………………………………………… 311

财产保险

概况………………………………………………………… 311
主要险种…………………………………………………… 311
防灾理赔…………………………………………………… 312
经营管理…………………………………………………… 312

平安财产保险

概况………………………………………………………… 312
业务发展…………………………………………………… 313
渠道建设…………………………………………………… 313
平台建设…………………………………………………… 313
队伍建设…………………………………………………… 313
品牌建设…………………………………………………… 313
小资料:沈阳市境内外上市企业一览表 ………………… 314

科学技术

·科学研究与发展·

综述………………………………………………………… 315
科技政策…………………………………………………… 316
科技计划…………………………………………………… 316
科技统计…………………………………………………… 316
高新技术产业化…………………………………………… 316
中国风险投资论坛………………………………………… 316
工程中心和重点实验室建设……………………………… 317
应用基础研究……………………………………………… 317
争取国家项目支持………………………………………… 317

·高新技术·

国际科技交流……………………………………………… 317
产学研合作项目实施与产业联盟建设…………………… 317
高新技术企业孵化器……………………………………… 317
实施国家重大科技专项…………………………………… 317
高新技术企业认定………………………………………… 317
中科院沈阳科技创新园建设……………………………… 318
高新技术产业带…………………………………………… 318
争取新三板试点…………………………………………… 318
高新技术产品出口………………………………………… 318
实施科技特派员示范工程………………………………… 318

·科技普及·

青年农民上大学…… 318
发展社区科普大学…… 318
科普惠农兴村活动…… 319
青少年科技创新活动…… 319
“名人、名家、名师”讲座 …… 319
科学普及…… 319
沈阳科技活动周…… 320
沈阳科学宫…… 320
沈阳技术市场…… 320

·知识产权·

知识产权宣传周…… 320
《沈阳市知识产权战略纲要》颁布实施 …… 320
专利新技术对接洽谈会…… 320

·科技成果·

科技奖励…… 321
2009 年度沈阳市获国家科学技术进步奖项目(通用项目) …… 321
2009 年度沈阳市获国家科学技术发明奖项目(通用项目) …… 321
2009 年度沈阳市获辽宁省科技奖励项目…… 321
2008 年度沈阳市科技振兴奖 …… 325
2009 年沈阳市科技进步奖奖励项目 …… 325

·社会科学·

课题研究…… 328
学术交流…… 329
辽海·沈阳讲坛…… 329
社会科学普及…… 330
学会建设…… 330

·气　　象·

概况…… 330
农作物生长季气候评价…… 331
人工影响天气的科技水平…… 331
灾害性天气监测预报…… 331

·地　　震·

地震监测预报…… 331
地震灾害预防…… 332
地震应急救援…… 333
东陵 3.1 级地震应急处置…… 333
防震减灾宣传…… 333
地震安全示范区…… 333
地震安全示范校…… 334
防灾减灾高层论坛…… 334
2009 年沈阳市地震活动 …… 334

教　　育

·综　　述·

学校与教师概况…… 335
义务教育实行绩效工资制…… 335
教育督导…… 335
教师队伍建设…… 336
教师资格认定…… 336
教师招聘…… 336
专业技术人员评聘…… 336
教育专家遴选…… 336
教师节表彰…… 336
第 12 届推广普通话宣传周 …… 336
语言文字规范化示范校…… 336
对外交流合作…… 337
招生考试…… 337

·学前教育·

100 所公办幼儿园改造 …… 337
《沈阳市学前教育管理规定》出台 …… 337
开展城乡“手拉手”活动 …… 337
学前教育表彰会…… 338

·基础教育·

学区化管理…… 338
城乡义务教育共同体建设…… 338
农村九年一贯制学校质量再提升工程启动大会…… 338
标准化普通高中建设…… 339
学校常规管理…… 339
特色学校建设…… 339
绿色学校建设…… 340
附件:第 4 批沈阳市绿色学校 …… 340
德育督导检查…… 340
宣传学习道德小模范事迹…… 340
开展全民读书月活动…… 341
“法官进校园”活动 …… 341
发展科技教育…… 341
学校体育…… 342
甲型 H1N1 流感防控…… 342
中小学生艺术教育成果展演…… 343

·市属高校发展·

专业学科建设…… 343
实施人才强校战略…… 343
推进产学研一体化进程…… 343

·中等职业技术教育·

职高优化重组…… 344
中等职业技术学校内涵建设…… 344
教师培训…… 344

·终身教育·

概况…… 344

·民办教育·

概况…… 345
民办教育发展…… 345
规范管理监督体系…… 345

·民族教育·

概况…… 345
学科教师培训…… 345
招收第四批新疆班…… 346

·特殊教育·

概况…… 346
特教教师培训…… 346

文　化

·综　述·

出台《关于推进重大文化产业项目带动战略的实施意见》…… 347
推进文化产业发展经验交流会…… 347
发展文化产业座谈会…… 347
文化信息资源共享工程…… 347
中央文化体制改革督查组来沈…… 347
“五个一工程”评选…… 347

·群众文化活动·

概况…… 347
公共图书馆评估…… 348
文化大篷车…… 348
群众歌咏活动…… 348
大学生文化节成为全国“群众文化品牌”…… 348
“东城群众文艺创作奖”评选…… 348
“和平杯”京剧票友大赛…… 348
“迎新春、赞家乡、颂和谐”春联征集大赛…… 348
“送戏下乡面对面，辅导培训手拉手”活动…… 349

·文艺创作与表演·

文艺演出…… 349
第七届沈阳艺术节…… 349
对外文化交流…… 349
《我那呼兰河》获奖…… 349
文艺工作座谈会…… 349
莱茵河畔社区老年合唱团走进央视春晚…… 350
商国华工业交响诗歌朗诵会…… 350
获奖文艺作品表彰大会…… 350
新年音乐会…… 350

·文物及文化保护·

第三次全国文物普查…… 350
《沈阳历史文化名城保护条例》颁布实施…… 350
沈阳金融博物馆获全国博物馆十大精品奖…… 351
“帅府杯”全国讲解员大赛…… 351
非物质文化遗产…… 351
二战盟军战俘营旧址陈列馆建设…… 351

·文化产业·

文化产业项目推介会…… 351
沈阳杂技演艺集团获“国家优秀文化出口企业”和“文化体制改革先进企业”…… 351
沈阳动漫品牌列入国家动漫扶持计划…… 351
浑南动漫基地被文化部评为“文化艺术科技创新基地”…… 351
“文化部4D技术中心”落户浑南…… 351

·文化市场管理·

启动网吧监管平台建设…… 351
网吧连锁整合…… 352
强化卡拉OK场所技术监管力度…… 352
文化市场从业人员全覆盖培训…… 352
维护出版物市场经营秩序…… 352
整治报刊市场…… 352

·档　案·

出台《关于加强新形势下档案工作的实施意见》…… 353
省委常委、市委书记曾维视察市档案局馆…… 353
家庭建档…… 354
市档案馆成为全市科普教育基地…… 354
沈阳经济区八城市网上档案与法制知识竞赛…… 355
档案服务…… 355
强化对市直机关文件材料归档监管…… 355
一批珍贵的档案资料进馆…… 356
科技成果获奖…… 356

·新闻出版·

主要媒体刊播安全专项大检查…… 357
编校质量抽检…… 357
印刷产业发展…… 357
印刷产业集群建设…… 357

保护版权系列宣传活动…… 357
企业软件正版化…… 357
建设农家书屋…… 358

·广　　播·

概况…… 358
广播节目…… 358
基础设施建设…… 358
经营创收…… 358

·电　　视·

概况…… 358
电视宣传…… 359
事业建设…… 359
经营创收…… 259
管理改革…… 259
第三届沈阳电视观众节…… 360
沈阳电视台建台30周年庆典活动 …… 360

卫生·体育

·卫　　生·

医药卫生体制改革…… 361
疾病预防控制…… 362
社区卫生工作…… 364
新型农村合作医疗…… 365
医政工作…… 366
中医工作…… 367
卫生监督…… 368
科教工作…… 371
妇幼卫生…… 371

·体　　育·

第十一届全运会火炬传递起跑仪式在沈举行…… 372
第六届少数民族传统体育运动会…… 373
市第十二届运动会…… 373
体育产业发展研讨会…… 373
市体育局被省政府授予第十一届全运会贡献单位…… 373
成功举办2009世界女子9球锦标赛 …… 373
市体校被国家体育总局命名为“国家田径中长跑奥林匹克高水平后备人才基地” …… 373
体育彩票销售…… 373
贯彻落实《全民健身条例》 …… 374

社会生活

·人口与计划生育·

概况…… 375
国债项目建设…… 375
关注民生…… 375
拓展服务领域…… 375
品牌宣传…… 375
依法行政…… 376
稳定机构、队伍 …… 376

·人力资源管理·

大学生就业…… 376
引进人才与智力…… 376
军转安置…… 376

·就业再就业·

就业工作目标全面落实…… 377
健全就业创业政策体系…… 377
失业预警机制…… 377
就业困难群体援助…… 377
创业带动就业环境…… 377
普惠制培训…… 378
农民工就业…… 378
完善就业工作机制…… 378

·社会保障·

养老保险制度…… 378
医疗保险…… 379
失业保险…… 380
工伤保险…… 380
发挥社会保险功能为企业减负…… 380
专业技术人员管理…… 380
公务员培训…… 380
事业单位管理…… 381
公务员管理…… 381
政府绩效评估…… 381
收入分配制度改革…… 382
人才服务保障…… 382
和谐劳动关系…… 382
农民工权益保护工作…… 383
执法监察…… 383
信访和劳动仲裁…… 383
行政审批和政务公开工作…… 383

·民　　政·

农村五保供养…… 383

社会福利…… 384
基层政权和社区建设…… 384
救灾救济…… 385
扶贫帮困…… 386
双拥共建…… 386
优待抚恤…… 387
退伍军人安置…… 387
军队离退休人员安置管理…… 388
社会团体登记管理…… 388
民办非企业单位登记…… 388
界线管理…… 389
婚姻登记管理…… 389
殡葬管理…… 389
慈善事业…… 390
福利彩票发行…… 390
老龄事业…… 391
流浪乞讨人员救助管理…… 391
地名管理…… 391
城市居民最低生活保障…… 392
农村低保…… 392
城市特困居民医疗救助…… 392
农村特困居民医疗救助…… 392
城市低保边缘户救助…… 392
农村低保边缘户救助…… 392

·民　　族·

“民族团结进步宣传月”活动举行启动仪式 …… 393
国家民族政策督查组来沈…… 393
少数民族美术、书法、摄影展开幕…… 393
省政协和省民委联合调研组来沈调研…… 393
朝鲜族文化艺术馆举行建馆60周年庆典大会 …… 393
纪念颁金节374周年座谈会…… 394
第六届少数民族传统体育运动会…… 394
二期回族公墓建成并启用…… 394
“民族政策法规和民族知识网上有奖答题活动” …… 394
纪念锡伯族西迁245周年…… 394
成吉思汗诞辰847周年纪念活动…… 394
少数民族中青年干部培训班…… 394
召开第五次民族团结进步表彰大会…… 394
庆祝新中国成立60周年座谈会 …… 394
新疆代表参观团来沈参观…… 394

·宗　　教·

国家宗教局调研组来沈调研…… 395
佛教界举办大型宗教活动…… 395
佛教界举办首届讲经交流会…… 395
宗教文化交流协会成立…… 395
弘扬道教优秀传统文化讲经会…… 395
举办宗教教职人员培训班…… 395
太清宫道众为台湾灾区捐款救灾…… 396
宗教界“双文明”活动总结表彰大会 …… 396
开展“祝福祖国”庆祝活动 …… 396
组织僧团参加省首届讲经说法大会…… 396
组织参加“省首届弘扬道教优秀文化研讨会” …… 396
伊朗客人参观清真南寺…… 396

区、县(市)概况

·和　平　区·

经济发展…… 397
生态城区建设…… 397
保障百姓民生…… 397
民主法制建设…… 398

·沈　河　区·

概况…… 398
经济发展…… 398
东北金融中心建设…… 398
重点地区项目建设…… 398
城市拆迁…… 398
城市建设管理…… 399
民生工程…… 399
平安城区建设…… 399
政府自身建设…… 399

·大　东　区·

区域经济…… 399
项目建设…… 400
招商引资…… 400
科技创新…… 400
城区建设…… 400
社会事业…… 400
民生工程…… 401
社会稳定…… 401
政府自身建设…… 401

·皇　姑　区·

概况…… 401
项目建设…… 401
招商引资…… 401
产业结构…… 402
财政运筹…… 402
人居环境…… 402
社会稳定…… 402
社会事业…… 402
政府自身建设…… 403

·铁　西　区·

工业经济 403
城市环境建设管理 403
社会事业 404
社会保障体系 404
新农村建设 404
对内对外开放 404

·于　洪　区·

经济运行 404
招商引资 405
投资发展环境 405
社会保障 405
社会事业 405

·苏家屯区·

综述 405
第一产业 405
第二产业 406
第三产业 406
对外开放 406
城乡建设 406
社会事业 406

·东　陵　区·

区域经济 407
招商引资 407
社会事业 407
依法治区 408

·沈北新区·

综述 408
环境建设 408
产业发展 408
新农村建设 409
城市基础设施建设 409
社会事业 409

·新　民　市·

综述 409
农业 409
工业 410
第三产业 410
城市建设 410
财政 410
教育 411
卫生 411
文化体育 411
科技 411
劳动就业与保障 411
招商引资 412

·辽　中　县·

综述 412
战略平台 412
产业结构 412
对外开放 412
城乡建设 412
福祉民生 412

·康　平　县·

工业 413
农业 413
第三产业 413
社会事业 413
林业 414
城乡建设 414
康平电厂建设 414

·法　库　县·

农业经济 414
工业经济 415
第三产业 415
改革开放 415
城乡建设 416
社会事业 416

人　物

·新任副市级领导·

李梦玲 417
王淮延 417
张　颖 417
刘兴烈 417

·感动沈阳人物·

王秀珍 417
29 个父母的希望工程 418
刘　军 418
马常利 418
庞　程 418
马鹏飞 418
李金萍 418
张　振 418
陈德香 418
温暖同路车志愿者团队 418

·领导人名单·

中共沈阳市委及各部、委、办、局
现任领导人名单…… 418
市人大常委会现任领导人名单…… 419
市政府及各委、办、局现任领导人名单…… 419
中国人民政治协商会议辽宁省沈阳市委员会
现任领导人名单…… 424
检察院、法院现任领导人名单 …… 424
中共沈阳市纪律检查委员会(监察局)
现任领导人名单…… 424
群众团体现任领导人名单…… 424
各区、县(市)、开发区现任领导人名单 …… 425

光荣榜

全国劳动模范…… 429
全国先进工作者…… 429
感动沈阳60年——劳动功勋 …… 429
沈阳市特等劳动模范…… 429
沈阳市劳动模范…… 429
沈阳市先进单位…… 434
沈阳市先进集体…… 435
沈阳市“五四”荣誉奖章获得者 …… 436
沈阳市“五四”奖章获得者 …… 437
沈阳市“五四”奖状获得者 …… 438
全国“三八”红旗手 …… 438
全国“三八”红旗集体 …… 438
第六届辽宁省十大女杰…… 438
辽宁省“三八”红旗手 …… 438
辽宁省“三八”红旗集体 …… 438
沈阳市“三八”红旗手标兵 …… 438
沈阳市“三八”红旗手 …… 439
沈阳市“三八”红旗集体 …… 440

统计资料

·综合平衡·

行政区划…… 441
分地区土地面积、户数和人口数 …… 442
人民物质文化生活…… 442
平均每天主要社会经济活动…… 443
国民经济和社会发展结构…… 443
国民经济主要指标…… 444
国民经济主要指标发展速度…… 445
地区生产总值及指数…… 446

·人口与就业·

人口及构成…… 447
人口自然变动情况…… 448
总户数及总人口…… 449
职工人数…… 450
职工工资总额和平均工资…… 451

·工业、能源、物资、交通、邮电·

规模以上各行业工业总产值…… 452
主要工业产品产量…… 453
规模以上工业企业主要经济指标…… 456
全社会能源物资消费总量…… 458
全市民用车辆拥有量…… 458
运输量…… 459
邮电业务量…… 460

·农村经济·

农村基层组织、户数、人口及劳动力…… 461
农林牧渔业总产值(现价) …… 462
农林牧渔业总产值(2005年价) …… 464
农林牧渔业增加值…… 466
农作物播种面积…… 468
分地区农作物播种面积…… 469
农作物总产量…… 470
主要农产品产量…… 471
畜牧业生产情况…… 472

·固定资产投资·

全社会固定资产投资和房屋建筑面积…… 473
城镇固定资产投资和新增固定资产…… 474
城镇工业固定资产投资额和新增固定资产…… 474
房地产开发投资主要指标…… 475
建筑安装企业主要经济指标…… 475

·国内贸易·

国内贸易主要综合指标…… 476
社会消费品零售总额…… 477
社会消费品零售额发展速度…… 478

·外经外贸、旅游业·

出口商品供货总值…… 479
进出口总额…… 480
国际旅游事业发展情况…… 480
利用外资…… 481

·财政、金融·

地方财政收入…… 482
地方财政支出…… 482
金融机构现金收入构成…… 483
金融机构现金支出构成…… 483
金融机构存款…… 484
金融机构贷款…… 484

·文化、卫生·

各类学校数…………………………………… 485
学校专任教师数……………………………… 486
在校学生数…………………………………… 487
各类学校毕业生数…………………………… 488
卫生事业基本情况…………………………… 489
文化事业基本情况…………………………… 489
城市火灾与交通事故………………………… 490

·城市建设、环境保护·

城市公用设施………………………………… 490
城市市政工程设施及绿化…………………… 491
城市房屋住宅及用电情况…………………… 492

·其他经济指标·

重点城市地区生产总值……………………… 493
重点城市地区生产总值增长速度…………… 493
全社会固定资产投资及实际利用外资……… 494
国内外贸易…………………………………… 494
地方财政一般预算收支……………………… 495
金融机构存贷款余额………………………… 495
城市居民人均可支配收入及农民人均纯收入…………… 496
城乡居民储蓄及居民消费价格指数………… 496

文献·法规选编

·文　　献·

中共沈阳市委关于加强和改进领导班子
　思想政治建设的规定……………………… 497
中共沈阳市委关于开展深入学习实践科学
　发展观活动的实施意见…………………… 498
在全市开展深入学习实践科学发展观活动
　动员大会上的讲话………………………… 501
中共沈阳市委沈阳市人民政府关于促进
　非公有制经济和中小企业加快发展的若干意见……… 505
中共沈阳市委沈阳市人民政府关于贯彻落实
　《中共中央国务院关于2009年促进农业稳定
　发展农民持续增收的若干意见》的实施意见 ………… 507
沈阳市双拥模范区、县(市)创建命名
　管理办法…………………………………… 510
中共沈阳市委关于开展向曹佰库、马鹏飞和市公安局
　消防支队启工中队学习活动的决定……… 512
中共沈阳市委关于建立健全保障和促进科学
　发展长效机制的决定……………………… 513
中共沈阳市委沈阳市人民政府关于进一步加强
　安全生产工作的意见……………………… 514
中共沈阳市委沈阳市人民政府关于加快推进
　残疾人事业发展的实施意见……………… 516
中共沈阳市委沈阳市人民政府关于加快城区
　经济发展的若干意见……………………… 519
中共沈阳市委关于开展“讲党性修养 树良好作风
　促廉洁自律”主题教育活动的实施意见 ………… 521
中共沈阳市委沈阳市人民政府关于进一步
　深化集体林权制度改革加快现代林业发展
　的实施意见………………………………… 523

·法规·规章·

沈阳市城市轨道交通运营特许经营管理办法…………… 525
沈阳市作业场所职业卫生监督管理办法…… 527
沈阳市城市地下管线工程档案管理办法…… 529
沈阳市地名管理办法………………………… 530

沈阳大事记(2009年)

一　月………………………………………… 533
二　月………………………………………… 534
三　月………………………………………… 534
四　月………………………………………… 535
五　月………………………………………… 536
六　月………………………………………… 537
七　月………………………………………… 538
八　月………………………………………… 539
九　月………………………………………… 540
十　月………………………………………… 542
十一月………………………………………… 543
十二月………………………………………… 543

附　　录

2009年沈阳市新增国家驰名商标 ………………… 545
2009年沈阳市新增辽宁省著名商标 ……………… 545
2009年新增沈阳市著名商标 ……………………… 546
2009年沈阳市新增辽宁名牌产品 ………………… 547
2009年新增沈阳名牌产品 ………………………… 548
沈阳市旅游星级饭店一览表……………………… 549
沈阳市旅行社一览表……………………………… 553

CONTENTS

SPECIAL ARTICLES

Inspection of the Leaders of the Party and Nation ······ 1
Report ······ 1
Significant Activities ······ 24
Good News in Shenyang ······ 29

GENERAL SURVEY OF SHENYANG

Natural Survey ······ 31
Economic and Social Development ······ 34
Spiritual Civilization Construction ······ 38
Economy Cooperation ······ 40

POLITICS

Shenyang Committee of the CPC ······ 41
Standing Committee of Shen Yang Municipal Committee ······ 42
Organization Work ······ 47
Propaganda Work ······ 53
United Front Work ······ 58
Policy Investigation ······ 61
Affairs Concerning Taiwan ······ 62
Old Leader Work ······ 64
Shenyang Commission for Inspecting Discipline ······ 65
Shenyang People's Congress ······ 68
Shenynag Municipal Government ······ 75
Foreign Affairs ······ 80
Affairs Concerning National Living Abroad ······ 82
Establishment Work ······ 82
Shenyang Committee of the People's Political Consultative Conference ······ 85
Democratic Parties ······ 88

SOCIAL ORGANIZATION

Shenyang General Labor Union ······ 99
Shenyang Committee of the Chinese Communist Youth League ······ 100
Shenyang Woman's Federation ······ 110
Shenyang Association of Science and Technology ······ 114
Shenyang Municipality Committee of Taiwan League for Friendship ······ 116
Shenyang Federation of the Handicapped ······ 118
Shenyang Union of Students of Huangpu Military School ······ 120

LOCAL MILITARY AFFAIRS

Shenyang Military Command of PLA ······ 121
Reserve Duty ······ 126
Armed Police ······ 128
People's Air Defense ······ 129

LEGAL SYSTEM

Administrative Legal System ······ 131
Public Order and Synthetic Management ······ 131
Public Security ······ 132
Procuratorial Work ······ 138
Judgment ······ 139
Judicial Work ······ 141

DEVELOPMENT ZONE CONSTRUCTION

Shenyang Economic and Technology Development Zone ······ 143
Shenyang Hunnan New Development Zone ······ 144

Shenyang Qipanshan International Scenery and Tourist Development Zone ···················· 145
Shenyang Banking Commercial and Business Development Zone ···················· 146

INDUSTRY

Summary ···················· 147
Light Industry ···················· 150
Textile Industry ···················· 152
Chemical Industry ···················· 152
Medical Industry ···················· 153
Building Products Industry ···················· 154
Metallurgy Industry ···················· 155
Coal Industry ···················· 156
Machinery Industry ···················· 156
Aerospace and Aviation Apparatus ···················· 157

PRIVATELY MANAGED ECONOMY

Summary ···················· 161
Building of Privately Managed Service System ···················· 165
Development and Item Building of Privately Managed Economy ···················· 166

TRANSPORTAION AND POSTAL SERVIC-ES

Railway Transportation ···················· 169
Highway Transportation ···················· 173
Highway Construction ···················· 174
Public Transport in city ···················· 177
Air Transportation ···················· 179
Postal Services ···················· 180

INFORMATION INDUSTRY

Construction of Information ···················· 181
Manufacture of Information Products ···················· 182
Management of Wireless ···················· 183
Communication Industry ···················· 183

CITY AND VILLAGE CONSTRUCTION AND ADMINISTRATION

Summary ···················· 185
Municipal Works ···················· 186
Environmental Sanitation ···················· 187
Health Activity ···················· 189
Green Area ···················· 190
Building of Subway ···················· 191
Urban Administration of According to the Law ···················· 191
Public Utilities ···················· 193
Land Management ···················· 195
Environmental Protection ···················· 197

CONSTRUCTION AND REAL ESTATE

Building Industry ···················· 199
Real Estate ···················· 201

DOMESTIC TRADE

Summary ···················· 207
Supply – sell Combination Enterprise ···················· 209
Grain Market ···················· 211
Food Market ···················· 213
Tobacco Sales ···················· 215
Markets for Factors of Production ···················· 216
Exhibition Industry ···················· 217
Trade Management ···················· 218
Commodity Markets ···················· 219

TOURISM

Planning and Development ···················· 221
Spreading of Tourism Market ···················· 225
Special Celebration Activity ···················· 227

Tourism Management ································· 229
Construction of Tourism Sites ······················· 232

FOREIGN ECONOMY TRADE

Foreign Economy Trade ······························ 235
Utilization of Foreign Capital ························ 236
Ports ·· 237
Inspect and Quarantine of Exports and
Import ··· 237
Commodity Inspection ······························ 239

RURAL ECONOMY

Summary ·· 241
Planting ·· 251
Forestry ·· 254
Animal Husbandry ·································· 256
Freshwater Fishing ································· 257
Water Conservancy ································ 259
Mechanizatinon of Agriculture ···················· 262
Town and Township Enterprises ·················· 263

ECONOMY MANAGEMENT

Summary ·· 265
Statistics Work ····································· 275
Audit Work ··· 277
Quality and Technical Supervision ················ 279
Safe Product ·· 284
Food and Medicine Supervision Bureau ··········· 285
Industrial and Commercial Administration ········ 286
Price Control ······································· 289

FINANCE AND TAX

Finance ·· 291
National Tax ·· 296
Local Tax ·· 300

BANKING AND INSURANCE

Banking

Summary ·· 303
People's Bank of China
Shenyang Branch ································· 303
Industrial and Commercial Bank of China
Shenyang Branch ································· 305
Bank of China Shenyang Branch ·················· 306
Agriculture Bank shenyang Branch ················ 307
Shenyang Shengjing Bank ························· 309
China Trust Bank Shenyang Branch ··············· 310

Insurance

China People's Insurance Company
Shenyang Branch ································· 311
Shenyang Branch of China Ping – an
Insurance Limited Company in Property ········ 312

SCIENCE RESEARCH AND COMPREHENSIVE TECHNOLOGY SERVICE

Science Research and Development ··············· 315
High – new Technology ···························· 317
Popularization of Science and Technology ········ 318
Knowledge Property ······························· 320
Achievements in Science and Technology ········· 321
Social Science ····································· 328
Meteorology ······································· 330
Work of Earthquake ······························· 331

EDUCATION

Summary ·· 335
Preschool Education ······························· 337
Foundation Education ····························· 338
Institutions of Municipal Higher Education and ··· 343
Middle Vocationgal Education ···················· 344
Whole Life Education ····························· 344
Nationality Education ····························· 345
Special Education ································· 346

CULTURE

Summary ············ 347
The Mass Culture ············ 347
Cultural Creative and Show ············ 349
Protection in Historical Relic and Culture ············ 350
Culture Industry ············ 351
Administration of Culture Market ············ 351
Files ············ 353
Press and Publishing ············ 357
Broadcast ············ 358
Television ············ 358

PUBLIC HEALTH AND SPORTS

Public Health ············ 361
Sports ············ 372

SOCETY AND LIFE

Family Planning ············ 375
Labor Resource Management ············ 376
Employment ············ 377
Social Insurance ············ 378
Civil Administration ············ 383
Nationality ············ 393
Religious Affairs ············ 395

SURVEY OF DISTRICTS

Heping District ············ 397
Shenhe District ············ 398
Dadong District ············ 399
Huanggu District ············ 401
Tiexi New District ············ 403
Yuhong District ············ 404
Sujiatun District ············ 405
Dongling District ············ 407
Shen Bei New District ············ 408
Xinmin City ············ 409
Liaozhong County ············ 412
Kangping County ············ 413
Faku County ············ 414

FIGURES

Political Figures ············ 417
People Moved Shenyang ············ 417
Leader's List ············ 418
Glory list ············ 425

STATISTICAL DATA

Comorehensive Statistics ············ 441
Population and Emploree ············ 447
Industry, Energy, Material, Communication and Post ············ 452
Rural Economy ············ 461
Fixed Assets Investment ············ 473
Domestic Trade ············ 476
Tourism, Foreign Economy and Trade ············ 479
Finance and Banking ············ 482
Culture and Health ············ 485
Urban Public Facilities and Environment Protection ············ 490
Other Statistics Data ············ 493

SELECTED DOCUMENTS AND LOCAL LAWS

Selected Documents ············ 497
Local laws ············ 525

CHRONICLE OF EVENTS IN 2009 ······ 533

APPENDIX ············ 545

特　辑

党和国家领导人来沈视察

【江泽民来沈考察】 原中共中央总书记、国家主席、中央军委主席江泽民于2009年7月11日至15日在省委书记张文岳、省长陈政高陪同下来沈阳考察。江泽民先后考察了沈阳高压成套开关股份有限公司、特变电工沈阳变压器集团有限公司、沈阳鼓风机集团有限公司、沈阳北方重工集团有限公司、沈阳机床集团有限责任公司、沈阳故宫、辽宁省博物馆。

市领导曾维、李英杰、李继安、马占春、王玲、王英陪同考察。

（邹常辉）

【温家宝来沈考察】 中共中央政治局常委、国务院总理温家宝于2009年3月20日至22日，在辽宁省委书记张文岳陪同下，就企业生产经营情况调查研究。期间，20日下午在沈阳调研，温家宝先后考察了特变电工沈阳变压器集团有限公司、沈阳装备制造工程学校、北方重工集团有限公司、沈阳远大企业集团有限公司、三一重型装备有限公司、沈阳华晨金杯汽车有限公司。

20日晚，温家宝在沈阳召开企业负责人座谈会。他强调，必须从内部和外部两个方面解决企业目前面临的困难。企业要变压力为动力，把力量用在结构调整、技术改造和提高企业竞争力上，积极调整产品结构，提高产品质量和企业效益，特别要开发新产品，培育自主知识产权。政府要减轻企业负担，清理有碍于企业发展的政策，给企业发展创造一个宽松的环境，降低企业生产成本，提高企业竞争力。

市领导曾维、李英杰、李继安、马占春、王英陪同考察调研。

（邹常辉）

【贾庆林来沈考察】 中共中央政治局常委、全国政协主席贾庆林，于2009年6月11日至15日在全国政协副主席兼秘书长钱运录陪同下，就认真贯彻中央关于经济社会发展的一系列决策和部署，充分发挥统一战线和人民政协的优势和作用，为促进辽宁老工业基地振兴、加快辽宁沿海经济带开发建设问题到辽宁进行考察调研。期间，6月14日至15日在沈阳考察。贾庆林先后考察了沈阳鼓风机（集团）有限公司、沈阳机床（集团）有限责任公司、沈阳华晨金杯汽车集团公司、沈阳装备制造工程学校、沈阳世博园、辽宁省博物馆等。贾庆林专程看望了辽宁省政协、统战部机关干部以及各民主党派、工商联负责人和无党派人士。

市领导曾维、李英杰、刘雅琴、李继安、马占春等陪同在沈考察。

（邹常辉）

【习近平来沈考察】 中共中央政治局常委、中央书记处书记、国家副主席习近平于2009年7月6日至8日在辽宁省委书记张文岳、省长陈政高陪同下到沈阳考察。

调研结束时，习近平在沈阳召开了辽宁党政干部座谈会。他对国家实施振兴东北地区等老工业基地战略以来辽宁发生的巨大新变化给予充分肯定，希望辽宁的同志始终保持团结奋斗、奋发有为的精神状态，努力把辽宁的事情办得更好。

市领导曾维、李英杰参加了座谈会。

（邹常辉）

【周永康来沈考察】 中共中央政治局常委、中央政法委书记周永康，于2009年2月15日至17日在国务委员、公安部部长孟建柱，辽宁省委书记张文岳、省长陈政高等陪同下，在辽宁就经济社会发展和社会稳定特别是政法维稳各项部署的落实情况进行考察调解。期间，2月16日至17日，在沈阳考察，周永康先后考察了沈阳鼓风机（集团）有限公司、沈阳消防支队启工中队、沈阳中级人民法院、沈阳市信访接待大厅。

市领导曾维、李英杰、苏宏章、李继安、常明、马占春、许文有陪同考察。

（邹常辉）

专　文

始终不渝地坚持以科学发展观为指导立足新起点谋求新发展实现新跨越

——曾维同志在中共沈阳市第十一届委员会第七次全体会议上的讲话

（2009年8月24日）

同志们：

这次会议的主要任务是，深入贯彻党的十七大和省委十届八次全会精神，认真总结全市第一批深入学习实践科学发展观活动成果，进一步明确今后一个时期的发展思路，安排部署年内各项重点任务，审议《中共沈阳市委关于建立健全保障和促进科学发展长效机制的决定》（以下简称《决定》），动员全市广大党员、干部和群众始终不渝地坚持以科学发展观为指导，立足新起点，谋求新发展，实现新跨越，努力完成“五大任务”，实现“三大目标”，加快推进沈阳老工业基地全面振兴。下面，我受市委常委会的委托，讲三个问题。

一、精心组织，周密部署，全市深入学习实践科学发展观活动取得丰硕成果

在全市开展深入学习实践科学发展观活动，是用马克思主义理论创新最新成果武装广大党员干部头脑的重大战略

举措，是积极应对挑战、加快沈阳全面振兴的迫切需要。年初以来，按照中央和省委的部署，全市上下紧紧围绕“党员干部受教育、科学发展上水平、人民群众得实惠”的总体要求，坚持以“完成五大任务，加快全面振兴”为主题，把“保增长、促和谐、抓党建”作为最大实践，扎实开展学习实践活动，全面推进经济社会各项建设，取得了思想认识、制度创新和振兴发展的丰硕成果，有力地推动了沈阳老工业基地的全面振兴。

总结全市第一批学习实践活动，主要有以下几个方面的突出特点：

1. 坚持超前谋划，扎实做好各项准备工作。开展好学习实践活动是全市的一项重大政治任务。为保证学习实践活动高起点开局、高标准推进、高质量完成，从去年开始，市委就坚持抢前抓早，通过加强学习、深入调研等方式，提前做好思想准备，适时召开了市委十一届五次全会，对推动沈阳在科学发展道路上加快全面振兴作出了全面部署。学习实践活动启动前，市委又适时举办8期科学发展观系列专题讲座，培训市管领导干部6400人次，从思想上进行了再发动。同时，市委经过广泛深入调研和反复论证，制定出台了适合我市实际的学习实践活动具体实施意见，明确提出了“完成五大任务，加快全面振兴”的主题和“三进三保”的实践载体，成立了以党委(党组)主要负责同志为第一责任人的领导小组，抽调精干力量组成高效的办事机构，细化责任分工，健全工作制度，为学习实践活动的开展提供了坚实的思想基础和组织基础。

2. 坚持领导带头，充分发挥示范引领作用。在学习实践活动中，市委始终把自身的学习实践活动摆在突出位置，四大班子成员坚持学在前、干在前，以身作则、率先垂范。一是带头学习调研。市委理论学习中心组利用双休日多次进行集中学习和专题讨论，四大班子主要领导积极作专题辅导报告，副市级以上党员领导干部分别深入各自联系点调查研究、指导工作，保证了学习实践活动的正确方向。二是带头征求意见和分析检查。市委常委分别主持召开35个座谈会，下发征求意见函1000余份，共整理形成6个方面、27个问题、204条意见和建议。在此基础上，市级四大班子分别召开了专题民主生活会，深入查找班子和个人存在的突出问题，认真开展批评与自我批评，进一步明确了科学发展的思路和举措。三是带头整改和解决问题。市级四大班子结合查找出来的问题，从人民群众最关心、最迫切需要解决的问题入手，认真制定整改落实方案，由各位市级领导干部分别牵头，集中力量解决了一批群众反映强烈的突出问题。各地区、各部门、各单位领导班子成员也都主动当表率、作示范，推动了整个学习实践活动的扎实开展。

3. 坚持解放思想，着力破除影响和制约科学发展的思想观念。解放思想的程度取决于理论学习的深度。在开展学习实践活动过程中，市委坚持通过强化理论武装推进思想解放，重点围绕如何实现又好又快发展展开大讨论，引导广大党员干部在要不要科学发展、能不能科学发展、怎样实现科学发展等重大问题上不断深化认识，进一步增强了又好又快发展的自觉性。市人大、市政府、市政协党组精心组织系列学习讨论会，深入思考、认真研究，提出了很多有价值的意见和建议，进一步形成了科学发展的共识。在此期间，市委还把对照先进地区查找不足作为学习实践活动的重要环节，先后组织党政代表团赴天津、唐山和上海、合肥等地学习考察，认真借鉴这些地区坚持解放思想、推动科学发展、切实真抓实干的基本经验和大手笔规划、大规模建设、大项目聚集的主要做法，使广大干部进一步解放了思想、认清了差距不足、明确了努力方向，增强了推动科学发展的责任感和紧迫感。

4. 坚持典型引路，积极营造推动科学发展的浓厚氛围。注重培养、选树和宣传推动科学发展的先进典型，运用身边的典型教育、鼓舞和激励党员干部，更具感召力和说服力。在学习实践活动中，市委认真贯彻胡锦涛总书记的重要批示精神，继续深入开展向潘作良同志学习活动，组织20余万名党员观看宣传潘作良“为党分忧，为民解难”的先进事迹和崇高精神的话剧、电影、报告会等，极大地激发了广大党员干部的斗志。继潘作良同志之后，市委又选树了一批在振兴发展中涌现出来的先进集体和先进个人，北方重工集团曹伯库团队、市公安局消防支队启工中队、好少年马鹏飞的先进事迹通过媒体宣传报道后，在全市引起了强烈反响。特别是为了形成有利于科学发展的政策导向和工作导向，市委适时召开了全市学习实践科学发展观做优发展空间现场会，认真总结和推广了沈北新区的好做法、好经验，使各地区坚持科学发展学有榜样、赶有标杆。目前，全市上下崇尚先进、学习典型、争当模范的热情空前高涨，团结一心加快发展、众志成城共克时艰的强大合力进一步形成。

5. 坚持突出特色，注重解决制约科学发展的实际问题。学习是实践的前提，实践是学习的目的。市委坚持把开展学习实践活动与“保增长、保民生、保稳定”相结合，与解决人民群众最关心、最直接、最现实的利益问题相结合，与突破发展瓶颈、破解发展难题相结合，紧紧围绕“完成五大任务，加快全面振兴”这一主题，创新实践活动载体，扎实开展富有沈阳特色的“三进三保”系列实践活动，把保增长作为学习实践科学发展观活动的最大实践，认真贯彻落实中央应对金融危机保增长一揽子计划，支持政府出台了扶持企业发展促进经济增长、活跃房地产市场、加快开发区体制机制创新、促进非公有制经济和中小企业稳定健康发展、稳定就业岗位促进就业创业等一系列政策措施，组织党员干部深入1000户产值超亿元的工业企业和1000个投资超亿元的重点项目，有效解决了企业生产经营中955个问题和项目建设中927个问题，帮助企业克服了国际金融危机带来的不利影响，使全市经济保持了平稳较快发展的良好势头；组织党员干部深入城乡困难群众家庭，体察民意、排忧解难，向困难家庭捐助资金及物资折合人民币3095万元，解决上学、就业、看病等实际问题4.8万多件，使人民群众实实在在感受到党的温暖，共享沈阳振兴发展成果；组织党员干部深入基层，有效化解信访积案，积极探索建立新时期处理人民内部矛盾的新体制、新机制、新制度，初步形成具有沈阳特色的信访稳定工作模式，巩固发展了和谐稳定的大好局面，得到国家和省委的高度肯定。围绕解决事关沈阳振兴发展的全局性、战略性问题，高标准、高水平完善全市各重点空间发展规划，启动现代建筑产业园、棋盘山泗水科技产业园建设，加大航高基地基础设施建设力度，发展空间不断优化和拓展；坚持一企一策、因企施策，支持和推动重点骨干企业创新体制机制、优化产品结构、实现做强做大，全力打造具有国际竞争力的世界级装备制造业基地；坚持全面推进与重点突破相结合，先后召开专题工作会议，研究推进全市非公有制经济、县域经济和服务业发展的具体措施，全市经济结构进一步优化，发展质量和效益明显提升，有力地推动了科学发展。

6.坚持着眼长远，建立健全促进科学发展的长效机制。科学发展必须有科学的体制机制作为长效支撑。从学习实践活动一开始，市委就十分重视体制机制创新，扎实推进各项政策制度的“废、改、立”工作，探索建立完成“五大任务”、实现“三大目标”的政策制度支撑体系，形成保障和促进科学发展的长效机制。这次提交全会审议的《决定》，就是市委在充分调查研究、广泛科学论证、反复征求意见的基础上，围绕深入贯彻落实科学发展观、进一步加强体制机制创新作出的一项重大举措。我市的体制机制创新工作成为沈阳学习实践活动的最大亮点，得到省委的充分肯定。目前，具有沈阳特色、充满活力、富有效率、更加开放、有利于保障和促进科学发展的长效机制正在形成，必将为推动沈阳在科学发展道路上加快全面振兴提供有力的制度保障。

回顾半年来的学习实践活动，我们始终坚持把开展学习实践活动与推动沈阳振兴发展相结合，自觉用科学发展观指导老工业基地振兴的伟大实践，切实把科学发展观贯彻落实到沈阳经济社会发展的各个方面，推动沈阳经济社会实现了又好又快发展。全市经济工作在确保一季度“开门红”的基础上，实现了“双过半”的任务要求，为完成全年任务奠定了坚实基础。上半年，全市实现地区生产总值2045.2亿元，同比增长14%；固定资产投资1384亿元，增长29.4%；地方财政一般预算收入153.9亿元，增长11.5%；实际利用外资24.3亿美元，下降20%；社会消费品零售总额848.9亿元，增长17.4%；城市居民人均可支配收入9059元，增长11.3%，农民人均现金收入6510元，增长12.1%，部分主要指标增幅在全国副省级城市中位居前列。政治建设、文化建设、社会建设和生态文明建设同步推进，经济社会发展的协调性进一步增强。更为可喜的是，通过学习实践活动，全市党员干部对科学发展观的理解更加全面深刻，思想认识高度统一，工作作风明显转变，全市上下呈现出政通人和、团结奋进的大好局面。

二、认清形势，明确方向，推动全市经济社会实现科学发展

当前，沈阳正处在应对国际金融危机、推动科学发展、加快全面振兴的关键时期，面临的形势依然很严峻。国际金融危机仍在蔓延和深化，对实体经济的负面作用继续显现，国际金融领域还存在较大的潜在风险，各方面不稳定不确定因素仍然较多，世界经济走势仍不明朗。国内一些先进地区紧紧抓住国际金融危机形成的倒逼机制，加快结构调整步伐，促进产业转型升级，不断提升经济发展质量和水平，千方百计积蓄发展势能，力图为今后更长时期的又好又快发展奠定基础。特别是一些先进城市如广州、深圳，经过近些年的高速发展，已经步入了科学发展的轨道；一些发展基础与沈阳相似的城市如天津、成都，后发优势明显，发展态势咄咄逼人；一些发展基础不如沈阳的城市如唐山、合肥，抢抓发展机遇，发展活力和发展后劲不断增强，这对我们推动科学发展、加快全面振兴带来了巨大压力。尤其应该看到，与科学发展观的要求相比，我市经济社会发展还存在一些亟待解决的矛盾和问题，结构性矛盾仍比较突出，自主创新能力不强，土地节约集约利用水平不高，节能减排压力较大，民生工作还需进一步加强。对面临的形势和存在的问题，我们一定要保持清醒的认识和准确的判断。与此同时，还要充分认识到我们面临的有利条件很多。因此，必须审时度势，增强发展的紧迫感，立足新起点，谋求新发展，实现新跨越。

立足新起点，就是要更加深刻认识和准确把握基本市情，切实增强推动科学发展、加快全面振兴的坚定信心。

1.从理论武装来看，科学发展的思想更加深入人心，科学发展的理念实现了新的升华。党的十七大召开之后，市委把学习贯彻党的十七大精神过程中形成的新认识、新判断、新举措系统化、理论化，形成了《关于深入贯彻落实党的十七大精神，推动沈阳在科学发展道路上加快全面振兴的意见》，对科学发展观丰富内涵的认识有了新的提高，并紧密联系沈阳实际，提出把完成“五大任务”、实现“三大目标”作为全市上下的统一行动，作为沈阳贯彻落实科学发展观的具体体现和生动实践。在这次深入开展学习实践科学发展观活动中，我们进一步加深了对科学发展观的理解，正确认识和把握“好”与“快”的辩证关系，把又好又快统一于振兴老工业基地的伟大实践中，切实做到在“快”上不松劲，在“好”上下功夫，坚持又好又快、好中求快不动摇，在思想认识和发展理念上实现了新的升华，加深了对科学发展观的政治认同、理性认同和感情认同，切实把科学发展观作为政治信仰、价值追求和行为准则，内化为世界观和方法论，转化为推动科学发展的坚强意志、谋划科学发展的正确思路、领导科学发展的实际能力、促进科学发展的政策措施，为在新一轮竞争中加快全面振兴奠定了坚实的思想理论基础。

2.从现实基础来看，老工业基地振兴取得重大阶段性成果，发展水平实现了新的提高。中央振兴东北地区等老工业基地战略实施以来，沈阳紧紧抓住发展第一要务，不断加大改革开放力度，基本完成老工业基地调整改造的任务，经济发展进入了增长速度加快、质量效益改善的时期。党的十七大以来，我们采取了一系列重大举措，推动经济社会实现持续快速发展，改革不断深化，开放继续推进，空间不断拓展，产业不断壮大，城市建设和管理出现新变化，社会建设全面进步，人民生活水平不断提高。特别是今年以来，我们积极应对国际金融危机，坚持科学发展不动摇、推进“五大任务”不放松，突出“保增长、促和谐、抓党建”的工作主线，发展思路清晰，应对措施有力，确保了在国际金融危机的严峻考验下，继续保持了又好又快发展的良好势头。经济社会发展取得的这些巨

大成就,标志着沈阳已经进入全面协调可持续的发展轨道,步入了加快实现全面振兴的新阶段。

3. 从发展条件来看,振兴老工业基地的战略机遇期不但没有改变,而且迎来了新的发展机遇。一是中央为应对金融危机,加快振兴老工业基地,出台了新的支持政策。国务院通过的《装备制造业调整和振兴规划》,加大了对东北地区装备制造业发展的政策支持,为我市发挥先进装备制造业优势,加快结构调整,推动产业优化升级,增强自主创新能力,全面提升产业竞争力提供了难得的发展机遇。近日,国务院又出台了《关于进一步实施东北地区等老工业基地振兴战略的若干意见》,充实了加快振兴的工作内涵,制定了9条新的政策措施,必将进一步加快沈阳老工业基地全面振兴步伐。二是辽宁沿海经济带开发建设上升为国家战略,这是党中央、国务院完善我国沿海经济布局,促进区域协调发展和扩大对外开放作出的重大决策,必将对辽宁沿海乃至广大腹地产生深远影响、注入强大动力。我们要抓住这一重大机遇,寻找切入点和突破口,主动搞好对接和衔接,努力实现沿海与腹地优势互补、良性互动和共同发展。三是省委、省政府作出加快实施沈阳经济区一体化总体规划的战略决策,全面启动沈阳经济区建设,积极申报国家新型工业化综合配套改革试验区。我们要以此为契机,充分发挥沈阳作为经济区核心城市的作用,切实提高沈阳的城市承载力和辐射力,努力把沈阳经济区建设成为东北地区乃至全国更具活力的新经济增长极。

谋求新发展,就是要进一步丰富和拓展"五大任务"的内涵,完善和细化推动科学发展、加快全面振兴的工作思路和重大举措。

1. 关于做优发展空间。科学规划是科学发展的前提。没有科学的规划,就没有科学的发展。要按照科学发展观的要求,坚持高水平、高标准地参与制定和修订沈阳经济区、沈阳全域和重点产业空间的总体规划和控详规划,并加强与国民经济和社会发展规划相衔接,依法确立,严格实施,确保规划的权威性和约束力。一是积极推进沈阳经济区建设。要积极争取省里更大支持,强化统筹区域协调发展的行政职能,完善促进区域经济一体化发展的政策支持体系,加快建设有利于区域资源共享的新体制新机制。进一步加强与周边城市的交流与合作,大力推进沈抚同城化、沈本一体化、沈铁工业走廊建设,切实在联合招商引资、共建基础设施、产业协同发展方面取得新进展。加快推进城际铁路建设,不断完善以沈阳为中心、辐射带动周边地区的综合交通运输体系,促进生产要素在区域内自由快捷流动。二是着手制定沈阳全域发展规划。按照科学发展观的要求,借鉴天津、唐山等地的经验,在科学调整全市行政区划的基础上,高水平地将沈阳1.3万平方公里的全域空间规划好,实现各行政区和功能区的有效衔接、统筹布局和协调发展,形成主体功能定位清晰,人口、资源、环境相协调的空间发展格局。三是加大重点产业空间规划和建设力度。要借鉴天津滨海新区、唐山曹妃甸新区和沈北新区的经验,坚持规划先行和有所为有所不为的原则,严格按照功能定位来加快发展,促进项目按照功能定位要求加速聚集,避免结构趋同和无序竞争,避免低水平重复建设。重点空间要集中人力、物力和财力,先把核心区、起步区做好,然后再逐渐扩大、有序推开。要加快水、电、气及道路等重要基础设施建设,完善生活服务配套设施,为项目聚集和产业发展创造良好条件。继续坚持工业立市思想,做大做强装备制造业,加快建设具有国际竞争力的先进装备制造业基地。

2. 关于做大中心城市。要大力提升沈阳区域中心城市的功能,增强中心城市的聚集力、承载力和辐射力。一是把服务业做强。进一步加快发展服务业特别是现代服务业,大力发展生产性服务业,积极发展公共服务业,全面提升传统服务业,加快发展中介组织和行业协会,加快建设现代服务业集聚区,充分发挥保税物流中心的作用,努力把沈阳建设成为区域性金融、商贸、物流、信息、文化中心。二是把城市功能做优。着力加强城市重大基础设施建设,加快地铁等重点工程建设步伐,努力建成较为完善的城市交通体系。统筹搞好市政基础配套设施建设,不断提高基础设施对城市发展的承载能力。建立完善城市管理的长效机制,提高城市管理水平,全面塑造良好的城市形象。三是把文化特色做足。进一步推动文化事业的大繁荣大发展,充分发挥国家历史文化名城的重要优势,深入挖掘清文化、关东文化、工业文化的丰富内涵,鼓励创作和传播反映本地生活的优秀文艺作品,反映热火朝天的经济社会发展,宣传不断涌现的劳动模范和优秀人物典型,切实满足人民群众不断增长的精神文化生活需求,形成鲜明的城市文化特色,提升沈阳的文化品位,建设文化强市。大力发展文化产业,实施重大文化产业项目带动战略,加快棋盘山国家级文化产业示范园区建设,高标准规划建设艺术中心、博物馆等一批标志性文化设施,提高城市文化软实力。四是把城市品位做高。在进一步突出地方建筑风格、美化城市外在形象的同时,充分挖掘和整合城市资源,打造富有个性的城市品牌,实现城市"形"和"神"的完美统一,彰显中心城市的独特魅力。创新人才工作的体制机制,使沈阳成为人才辈出、人才聚集、人才创业的高地。以创建文明城市为载体,按照全国城市公共文明指数测评的要求,认真开展各种竞赛活动和宣传教育活动,提高市民文明素质和城市文明程度。

3. 关于做强县域经济。深入贯彻党的十七届三中全会精神,按照统筹城乡发展的要求,坚持以富民强县为目标,以工业化为主导,以农业产业化为基础,以城镇化为支撑,加快实现县域经济跨越式发展,走出一条富有沈阳特色的城乡一体化发展道路。一是在工业化方面实现新突破。大力实施工业强县战略,把县域工业放在全市发展大格局中统筹推进,加快建设一批高标准工业园区,做大做强特色产业集群,积极发展有专业化特色的中小企业集群,引导市区工业企业向县域梯度转移,推动县域工业快速发展。各涉农区县的乡镇要因地制宜,在适当发展本地具有比较优势的特色加工业的同时,大力发展为城市配套的服务型产业,走出一条特色农业生产、农副产品加工、促进农民增收的新路子。二是在农业产业化方面实现新突破。加快发展现代农业,继续推进13个农业经济区和20个主导产业区发展,重点扶持产值超亿元的农产品加工龙头企业，形成一批农业品牌生产基地，加快传统农业向现代农业转变。大力扶持农民专业合作社，加快发展现代农业经营组织。三是在推进城镇化方面实现新突破。重点抓好县城及重点新城建设，搞好小城镇规划，加强基础设施建设，大力发展社会事业，不断拓展城镇功能，加快人口、资源、产业和基础设施向重点镇集中，加快郊区城市化和县域城镇化步伐。

4. 关于加强生态建设。加强生态建设关系到人民群众福祉，关系到城市长远发展，已经成为各地区谋求可持续发展的重大选择。各级党委和政府必须坚持正确的政绩观，切实把生态建设摆在更加突出的战略位置，将经济发展与生态建设紧密结合，加快建设国家生态市，创建全国环境建设样板城。一是实施生态环境改善工程。落实节能减排工作责任制，加强环境基础设施建设，全面提高城乡废水和生活垃圾无害化处理水平。加大植树绿化、水系建设力度，加强水、大气和固体废弃物等污染源的监管和整治，加强流域水治理，进一步加大城市地源热泵、中水回用、建筑节能等节能降耗工程推进力度。二是实施循环经济示范工程。大力发展循环经济，制定循环经济和静脉产业发展规划，建立基本完备的废物回收利用和处置体系，引进和推广应用一批废物利用先进实用技术，以沈阳近海经济区为依托，加快建设现代环保产业园区，培育壮大再生资源综合利用产业，从根本上解决经济发展与环境保护的矛盾。三是实施工业生态改造工程，按照当今世界最先进的生态工业规划设计理念，制定沈阳生态工业发展规划。从现在开始就要用生态工业的标准建设沈阳经济技术开发区等重点工业园区，积极打造一批零排放或接近零排放产业园区，构建生态产业链。

5. 关于着力改善民生。着力改善民生是我们一切工作的出发点和落脚点，也是我们实现全面振兴的根本目的。我们一定要坚持以人为本，顺应人民群众提高生活质量和水平的新期待，解决好人民群众最关心、最直接和最现实的利益问题。一是建立完善劳有所得的就业和分配制度体系。千方百计稳定就业形势，不断完善和认真落实促进就业创业的政策措施，稳定企业就业岗位，高度关注高校毕业生和返乡农民工的就业工作。建立企业职工工资正常增长和支付机制，积极发展和谐稳定的劳动关系。更加关注城乡困难群体的生活。二是建立完善学有所教的公平教育体系。坚持教育优先发展，优化教育结构，均衡发展义务教育，打造职业教育高地，加快高等教育发展，构筑终身教育体系。三是建立完善病有所医的医疗卫生服务体系。加快建立覆盖城乡居民的公共卫生服务体系、医疗服务体系、医疗保障体系、药品供应保障体系，用两年时间建立覆盖城乡的全民医保体系，进一步解决看病难、看病贵问题。四是建立完善老有所养的保障体系。在巩固和完善城镇职工社会保障体系的基础上，探索建立新型农村养老保险制度，严格落实被征地农民社会保障政策，加快建立农民工医疗工伤综合保险制度，不断完善新型农村合作医疗和城镇居民基本医疗保险制度，逐步提高最低生活保障标准，努力形成覆盖城乡、惠及全民的社会保障体系。五是建立完善住有所居的城乡住房体系。完善廉租房和经济适用房政策，拓宽住房供应渠道，在全国率先解决城市低收入家庭住房困难。六是不断完善正确处理新时期人民内部矛盾的新体制、新机制、新制度，形成具有沈阳特色的维护稳定工作长效机制，推动社会和谐稳定。

实现新跨越，就是要按照完成“五大任务”、实现“三大目标”的要求，促进全市经济社会发展迈上新的台阶。

面对新形势、新任务，我们必须坚持以科学发展观为统领，顺应时代发展大势，抢抓发展机遇，进一步解放思想，凝聚力量，奋力拼搏，开拓进取，全面完成“五大任务”，实现“三大目标”，推动经济社会又好又快发展，力争用3年时间在以下四个方面实现新跨越。

1. 综合经济实力实现新跨越。继续保持经济又好又快发展的强劲势头，各项主要经济指标增幅继续居副省级城市前列，发展质量不断提高，科技创新能力不断增强，产业竞争力明显增强，县域经济占全市经济的比重大幅提高，投资、消费、出口协调拉动的发展格局基本形成，实现经济社会全面协调可持续发展，综合经济实力力争进入国内城市十强，在新一轮科学发展中走在前列。

2. 结构调整实现新跨越。新一轮结构调整取得显著成效，三次产业实现协调发展，内部结构进一步优化提升。服务业特别是现代服务业发展水平明显提升，服务业占经济总量的比重稳步提高。工业结构显著改善，主导产业和优势产业发展壮大，拥有一批世界级装备制造业企业和高附加值的国际知名产品，形成上下游产品配套的完整产业链条和产业体系，具有国际竞争力的先进制造基地初步建成。所有制结构进一步优化，非公有制经济发展水平不断提高，经济发展后劲和活力明显增强。

3. 城市建设实现新跨越。城市基础设施建设更加完善，城市地铁、城际轨道交通快速便捷，现代化综合交通体系基本形成。城市建设速度、质量和水平进一步提高，全覆盖、高效率、数字化的城市管理长效机制建立，“金廊”、“银带”基本建成，城市功能不断完善，城市品位和形象明显提升，服务和带动区域发展的能力明显增强，成为立足沈阳经济区，服务东北、面向东北亚，具有较强聚集力、辐射力和综合服务能力的区域中心城市。

4. 人民生活实现新跨越。社会就业更加充分，分配制度更加完善，人民生活更加宽裕，城乡人民收入水平在副省级城市中的位次明显前移，文化、教育、社保、医疗卫生等社会事业发展水平居副省级城市前列。生态宜居之都建设步伐加快，人居环境得到极大改善。社会治安状况明显好转，社会稳定局面进一步巩固，人民群众安全感、幸福感、自豪感明显增强。

立足新起点，谋求新发展，实现新跨越，事关沈阳在全国新的格局中的位置，事关沈阳老工业基地全面振兴的进程，也事关全市人民的福祉。这是市委作出的重大决策，是时代赋予我们的重要使命，更是全市人民的共同期待。在新的历史起点上，完成“五大任务”，实现“三大目标”，需要全市上下不懈地努力，更需要以好的体制机制作为保障。全市上下一定要按照这次全会通过的《决定》的要求，通力合作，抓好落实，促进各项工作步入科学化、规范化、制度化的发展轨道,推动沈阳老工业基地在科学发展道路上加快全面振兴。

三、坚定信心,攻坚克难,全面完成今年的各项任务

从现在起到年底,只有四个多月时间。各地区、各部门和各单位一定要切实增强紧迫感和责任感,继续保持旺盛的斗志,以不获全胜决不收兵的精神,紧紧围绕完成“五大任务”、实现“三大目标”,全力以赴做好“保增长、促和谐、抓党建”三项重点工作,圆满完成全年各项任务,以优异成绩迎接新中国成立60周年。为此,要切实抓好以下几个方面的工作。

1. 继续扎实开展好深入学习实践科学发展观活动。目前,全市第一批学习实践活动已基本结束,第二批学习实践活动即将全面展开。我们一定要按照中央和省委的要求,坚持统筹兼顾,强化组织领导,抓好批次衔接,确保整个学习实践活动有序开展、扎实推进,不断取得新的成效。要认真做好第一批学习实践活动整改落实“回头看”工作,不断巩固和扩大学习实践活动成果。要精心组织开展好全市第二批学习实践活动,将学习实践活动与在基层党组织和党员中开展的“共产党员工程”、“党员责任区”等活动结合起来,针对不同类型单位和不同群体党员特点,精心设计每个阶段的活动和各具特色的实践载体,增强活动的针对性和实效性,切实把学习实践活动办成“人民满意工程”。与此同时,要抓好即将召开的党的十七届四中全会精神的贯彻落实工作,认真总结近年来我市加强党的自身建设的宝贵经验,深入分析党的建设面临的新情况新问题,进一步明确加强和改进新形势下党的建设的主要思路和工作重点,大力加强领导班子和干部队伍建设,充分发挥基层党组织的战斗堡垒作用和党员的先锋模范作用,扎实推进惩治和预防腐败体系建设,不断提高全市各级党组织的执政能力和领导水平。

2. 确保全面完成今年各项经济指标。能否全面完成今年各项经济指标,直接关系到我市明年的发展和“十一五”规划目标的如期实现。全市上下要继续把“保增长”作为首要任务,进一步突出重点,抓住关键,确保全面完成或超额完成全年预期目标。

一是进一步扩大固定资产投资规模。坚持把扩大内需作为保增长的根本途径,加紧落实全市固定资产投资计划,进一步加大资金筹措力度,加快推进一批关系沈阳未来发展的重大基础设施和重大产业项目建设,切实增强投资对经济增长的拉动作用。要强化市级领导重大项目跟踪协调负责制,完善项目策划、引进、建设、服务的全程目标责任制,加强跟踪调度和督促检查,抓紧解决重大项目建设中遇到的各种问题,推动新上项目加快开工,在建项目加快进度、早日竣工。要加大城建计划的落实力度,进一步拓宽融资渠道,加大融资力度,确保国家和地方共建项目以及重点民生工程项目的建设进度。

二是不断扩大消费需求。继续保持消费需求旺盛的良好势头,进一步优化消费环境,活跃消费市场,积极培育和发展信息产品、家政服务、休闲旅游、文化教育、体育健身等消费热点,继续组织开展好“汽车摩托车下乡”、“农机家电下乡”等活动,大力推进“万村千乡”市场工程,不断增强消费对经济增长的拉动作用。要进一步巩固和扩大房地产业回暖成果,认真梳理和落实好已经出台的各项激活房地产市场的政策措施,加速盘活存量土地,抓紧解决影响项目开工建设的净空限高等问题,切实搞好新建住宅小区周边商业服务设施和供水、供电、教育、医疗等社会化服务设施配套建设,确保我市房地产业实现平稳健康发展。

三是切实为企业发展营造良好环境。保增长关键在保企业,保企业重中之重在工业企业。要进一步增强保企业特别是保工业企业的责任意识,不折不扣地落实好支持企业发展的各项政策措施,切实帮助企业解决制约发展的实际困难和搬迁改造中遇到的各种难题,扶持和推动企业进一步做大做强。要针对部分工业企业出现的因产品订单不足而导致开工率可能下降的趋势性问题,及时采取应对措施,帮助企业开拓市场,增加订单,实现满负荷生产。要深入研究和用好用足国家关于贯彻实施十大产业调整和振兴规划的政策举措,推动装备制造等八大优势产业尽快实现更大跨越。要围绕提高本地化配套能力,大力推进各产业园区建设,使更多的产业园区成为我市优势骨干企业的配套产业园区,努力形成重点骨干企业与各区县(市)产业园区相互促进、联动发展的良好局面。

四是进一步扩大对内对外开放。要千方百计扩大开放领域,优化开放结构,提高开放质量,不断加大招商引资力度,努力引进一批符合国家产业政策、产业关联度高、功能性强、支撑作用大的新项目,确保完成省里下达的外资指标任务。要积极搭建招商引资平台,精心组织好东北亚论坛、制博会、东博会、文博会等重要品牌展会活动,进一步扩大沈阳对外影响力和吸引力。要认真落实好国家有关出口退税等政策,积极引导企业用足用好各项鼓励出口的优惠政策,全力帮助企业开辟新兴市场,坚决扭转外贸出口下滑局面。在全力抓好对外开放工作的同时,要充分利用沿海经济带开发建设上升为国家发展战略的历史性机遇,抓紧研究与沿海经济带良性互动、借势扩大开放的对策措施,认真做好沈阳经济区申报国家新型工业化综合配套改革试验区工作,进一步深化沈阳经济区一体化合作,推动对内开放取得新突破。

五是千方百计做好财政税收工作。针对财政收支矛盾十分突出的现实状况,要严格预算管理,不断加大开源节流、增收节支的工作力度,努力推动财政税收状况从根本上实现好转。要进一步加强税收征管工作,在坚持保企业、保增长的前提下,深入挖掘增收潜力,加大稽查力度,做到依法征收、应收尽收,并坚决杜绝征“过头税”的现象。要进一步优化财政支出,大力压缩会议、接待、因公外出等一般性支出,严格预算执行刚性,确保行政经费支出“零增长”。

六是全力以赴抓抗旱、调结构、保增收。要切实把抗旱救灾工作摆到重要位置,进一步采取有力措施,大力加强组织领导和技术指导,有效发挥好抗旱救灾专项资金作用,推动抗旱物资和专业队伍全面及时到位,最大限度地把旱灾带来的损失降到最低程度。要立足当前,着眼长远,在大力支持农村群众改种抢种其他作物的同时,加快发展设施农业、高效农业、特色农业,积极推动传统农业

向现代农业转变,努力把被动抗旱救灾的过程变为主动加快结构调整、促进农民增收的过程,确保广大农村群众受灾不减收。要结合开展深入学习实践科学发展观活动,充分发挥各级党组织和广大党员干部的作用,认真做好帮扶救助受灾群众的工作,千方百计安排好受灾群众的生产生活。

3.进一步保障和改善民生。要继续深入实施以20件实事为重点的民生工程,认真落实社会保障、教育文化、农村饮水、住房交通等方面的惠民措施,切实加大工作协调推进力度,强化项目资金保障,确保如期全面兑现年初向全市人民作出的庄严承诺。坚持不懈地实施更加积极的就业政策,抓紧落实稳定就业的各项措施,健全完善就业服务体系,确保大学毕业生、零就业家庭人员等重点群体实现稳定就业。防止企业无序裁员减薪,继续解决好农民工工资支付问题。要牢牢把握医改的正确方向,继续扩大基本医疗保险覆盖面,完善城乡基本医疗服务体系,提高基本医疗保障水平,落实好国家基本药物制度,加快促进基本公共卫生服务的均等化,确保医改工作积极、稳妥、有序地向前推进。

4.切实做好维护社会稳定工作。要着眼于从源头上减少和化解各类矛盾纠纷,进一步完善具有沈阳特色的信访稳定工作新模式,特别要充分发挥信访稳定风险评估机制的作用,对重要建设项目和改革措施进行认真分析和充分论证,坚决避免因决策不当而引发新的突出信访问题。大力推进平安沈阳建设,进一步加强社会治安综合治理,依法严厉打击各种刑事犯罪活动,不断增强人民群众的安全感。要以对人民群众生命财产安全高度负责的精神,强化安全生产工作,严格落实各项安全生产责任制,突出抓好重点行业和重点领域的专项治理,坚决防止和杜绝重特大事故的发生。认真借鉴奥运安保工作的成功经验,举全市之力做好国庆期间的安保工作,切实维护政治安定和社会稳定,确保各项国庆活动安全顺利地进行。

5.深入开展"迎国庆"主题系列活动。纪念新中国成立60周年是今年党和国家政治生活中的一件大事,要紧紧抓住这一有利时机,广泛开展"迎国庆、讲文明、树新风"活动,充分运用展演、展播、展览、歌咏比赛等载体,宣传新中国成立60年来的辉煌成就和沈阳经济社会发展的新面貌,弘扬各类英雄模范人物的先进事迹和崇高精神,树立关爱他人、热爱家乡、奉献社会的时代风尚,充分展示沈阳市民的文明风貌,为国庆60周年营造热烈喜庆、文明和谐的社会氛围。深入开展迎国庆城乡环境专项整治活动,突出解决小街小巷、非物业和弃管住宅小区、建筑工地、城乡结合部、铁路沿线等重点区域市容环境薄弱的问题,积极推进城市管理数字化,探索建立城市管理的长效机制,努力使城市形象发生新变化、群众满意度有新提升、管理标准达到新水平,把一个整洁、优美、文明、生态的新沈阳展现在世人面前。

6.及早做好明年及今后一个时期工作的谋划。明年是全面完成"十一五"规划、科学谋划"十二五"规划的关键之年。为此,我们要在确保完成今年各项任务的同时,坚持超前思考,积极谋划明年工作和"十二五"规划编制工作,切实增强工作的主动性、前瞻性和创造性。要密切关注宏观经济形势发展特别是国际金融危机的走向和国家宏观政策的变化,在深入调查研究的基础上科学确定明年的总体工作思路,统筹安排经济发展指标,抓好重点工程建设准备和重大项目储备,为做好明年工作奠定坚实基础。要切实做好"十二五"规划编制的前期准备工作,全面分析"十二五"期间国际国内经济发展面临的形势,准确把握我市经济社会发展进程,认真组织开展规划前期重大问题的研究,扎实做好相关基础工作,推进规划编制工作有序开展。

做好后四个月工作,全面完成今年各项工作任务,关键在于狠抓落实。各级党委要充分发挥领导核心作用,坚持总揽全局、协调各方,全力支持人大、政府、政协按照各自的职能开展工作,注重发挥各民主党派、工商联以及工会、共青团、妇联等人民团体的作用,努力形成齐心协力促发展、一心一意保增长的强大合力。各级领导班子和领导干部要始终保持昂扬向上、拼搏进取、奋发有为的精神状态,克服松劲厌战思想,进一步提高工作效率。要大力弘扬求真务实的工作作风,脚踏实地,埋头苦干,敢于面对矛盾,敢于承担责任,认真研究解决工作中遇到的实际问题,推动各项工作的落实。对于牵动全局的重点工作,要细化工作措施,落实领导责任,搞好任务分解,强化协调调度和跟踪检查,务求取得实效,坚决打赢"保增长、促和谐、抓党建"攻坚战。

同志们,沈阳老工业基地已经步入全面振兴的发展阶段,立足新起点、谋求新发展、实现新跨越,是时代赋予我们的光荣使命。让我们更加紧密地团结在以胡锦涛同志为总书记的党中央周围,在省委的正确领导下,高举中国特色社会主义伟大旗帜,坚持以邓小平理论和"三个代表"重要思想为指导,深入贯彻落实科学发展观,同心同德,开拓进取,扎实工作,为完成"五大任务"、实现"三大目标",推动沈阳在科学发展道路上加快全面振兴而努力奋斗!

求真务实开拓进取
全面完成"十一五"
各项工作任务

——曾维同志在中共
沈阳市委十一届八次全会
暨经济工作会议上的报告
(2009年12月28日通过)

各位委员、同志们:

现在,我受市委常委会的委托,向全会作工作报告,请予审议。

一、2009年工作的简要回顾

即将过去的2009年,对沈阳来说,是新世纪以来困难最大、压力最重的一年。面对国际金融危机蔓延深化、改革发展稳定任务繁重的严峻考验,在中央和省委的正确领导下,全市各级党组织团结带领广大党员、干部和群众,坚持以科学发展观为统领,深入贯彻落实党的十七大和十七届三中、四中全会精神,紧紧围绕全面完成"五大任务"、加快实现"三大目标",开拓进取,合力攻坚,扎实推进"保增长、促和谐、抓党建"三项重点工作,经济社会继续保持了平稳较快的发展势头。预计全市地区生产总值实现4350亿元,比上年增长14.1%;固定资产投资3670亿元,增长22%;地方财政一般预算收入320亿元，增长10%；利用外商直接投资53亿美元，与上年持平；社会消费品零售总额1777亿元，增长18%；城市居民人均可支配收入18560元，农民人均纯收入9129元，分别增长9.1%和14%。与此同时，政治建设、文化建设、社会建设以及生态文明建设和党的建设全面加强，沈阳老工业基地振兴发展又迈出了新步伐。

一年来，市委主要抓了以下几个方面工作：

1.采取切实有效措施，全力以赴保增长，全市经济实现平稳较快发展。我们始终坚持把保增长作为经济工作的首要任务，注重从挑战中捕捉和把握发展机遇，从逆境中发现和培育有利因素，及时采取了促进经济发展的一系列措施，并围绕加快非公有制经济发展和做优发展空间、做强县域经济召开工作会议和现场会，总结推广了沈北和辽中经验，有力地推进了事关全局的重点工作。全市固定资产投资规模进一步扩大，一大批国家和省重点项目落户沈阳，一大批重大设施快速推进，航高基地、现代建筑产业园、泗水科技城全面启动，机床集团重大型数控机床生产基地、沈鼓集团百万千瓦核电机组自主研发实验基地、远大集团节能环保电梯生产基地开工建设，沈化集团50万吨CPP项目、特高压输变电生产基地、北方重工新基地竣工投产，“金廊”建设步伐加快，地铁工程进展顺利，一号线全线洞通。消费需求不断扩大，家电下乡、汽车摩托车下乡等惠农政策得以有效落实，农村地区消费市场得到拓展，消费对全市经济增长的拉动作用明显增强。产业结构进一步优化，工业继续保持快速增长，先进装备制造业和新兴产业发展步伐不断加快，机床、东药、九星等10家企业入围“2009年中国大企业集团竞争力500强”；高新技术产业快速发展，新松机器人、诺康生物制药等5家企业成功上市，自主创新能力全面提升，我市被评为“国家知识产权工作示范城市”；县域经济发展势头更加迅猛，对全市经济增长的贡献率不断攀升，已经成为支撑全市经济增长的生力军；服务业特别是现代服务业发展步伐加快，房地产市场进一步活跃，东北内陆唯一的保税物流中心正式封关运行，金融商贸开发区正在成为全市第五大发展空间，辉山农业科技园区晋升为国家级农业科技园区。沈阳经济区建设快速推进，影响力不断提升。改革迈出新步伐，政府机构“大部制”改革全面完成，医疗卫生体制改革稳步推进，国有企业和公共事业改革不断深化。对外开放取得新成果，利用外资结构得到进一步优化，新增世界500强企业5家，成功并购海外科技型企业10家，企业“走出去”取得新突破，对外交往水平不断提高。

2.着力突出工作重点，千方百计促和谐，民生和社会稳定工作进一步加强。我们始终坚持越是在困难的时候，越是高度关注民生，确保社会和谐稳定。从解决好人民群众最关心、最直接、最现实的利益问题出发，不断加大财政投入，深入实施重点民生工程，让广大人民群众共享改革发展成果。城乡居民收入快速增长，就业再就业工作进一步加强，10万大学生就业安置任务圆满完成，实名制就业25.1万人，城镇登记失业率控制在3.2%。社会保险覆盖面进一步扩大，最低生活保障标准和新型农村合作医疗人均筹资标准大幅提高。和谐社区建设成效显著，沈河区成为全国示范城区。城乡环境日益改善，全国环境建设样板城创建工作开始启动，生态市建设步伐加快，东陵区通过国家生态区验收，沈北新区、棋盘山开发区通过国家技术核查，和平区、苏家屯区成为全省生态城区。城乡义务教育均衡发展，6所万人规模职业技术学校全部投入使用，公共卫生服务体系更加完善，7所重点医院改扩建进展顺利，文化事业进一步繁荣，8部文艺作品获得13个国家级奖项，我市荣获“全国文化体制改革先进地区”称号，沈阳体育健儿在全运会上取得骄人战绩。民主法制、新闻出版、民族宗教、残疾人事业、“双拥”和民兵预备役工作取得新的进步，全市人民幸福感、自豪感进一步增强。

始终把解决信访稳定问题摆在突出位置，积极探索建立妥善处理新时期人民内部矛盾的新体制、新机制、新制度，进一步完善了具有沈阳特色的信访稳定工作模式，实现了“事能解决不积累、人能留住不上行、依法有序不混乱”，大量信访问题得到及时处置，进京访高发多发势头得到有效遏制，特别是全国人大、政协“两会”期间，控制进京访取得历史性突破，“国庆安保”实现了“大事不出、小事也不出、万无一失”的庄严承诺，全市信访稳定形势发生了根本性好转，中央专门在我市召开了现场经验交流会。认真落实安全生产责任制，强化食品、药品等重点领域的安全监管。深入开展群众关心的治安问题专项整治行动，不断加大各类严重刑事犯罪打击力度，积极推进司法改革，维护了社会总体稳定和公平正义。

3.深入开展学习实践活动，聚精会神抓党建，执政能力和领导水平进一步提高。我们紧紧围绕“党员干部受教育、科学发展上水平、人民群众得实惠”的总体要求，以“完成‘五大任务’，加快全面振兴”为主题，以领导班子和领导干部为重点，把“保增长、促和谐、抓党建”作为最大实践，坚持超前谋划、领导带头、解放思想、典型引路，创新活动载体，突出实践特色，扎实开展“三进三保”主题活动，集中解决了一批影响和制约科学发展的突出问题以及党性党风党纪方面群众反映强烈的突出问题，确保学习实践活动健康发展、取得实效。适时召开了市委十一届七次全会，对第一批学习实践活动进行了全面总结，审议通过了《中共沈阳市委关于建立健全保障和促进科学发展长效机制的决定》，为推动沈阳老工业基地全面振兴提供了强有力的制度保障。全会作出了“立足新起点、谋求新发展、实现新跨越”的重大部署，进一步统一了思想、形成了共识，明确了当前和今后一个时期的发展方略，为推动沈阳老工业基地在科学发展道路上加快全面振兴进一步指明了方向。

结合开展学习实践活动，大力加强干部队伍建设，树立正确用人导向，注重在应对金融危机、完成急难险重任务、解决复杂问题中考察和识别干部，出台了“公推比选”干部选拔办法，完善了领导班子和领导干部年度综合考核评价办法，加大了干部教育培训工作力度，干部队伍的综合素质得到进一步提高，党外干部队伍建设取得新成效。加强基层党组织带头人队伍建设，面向社会公开选拔百名村党组织书记，非公有制企业党建工作经验在全省推广，我市选派后备干部到信访部门挂职的做法和在农村全面推广为民服务全程代理工作的经验，得到中央和省委领导同志的充分肯定。开展机关作风建设集中整治，广大党员干部宗旨观念、责任意识普遍增强。宣传思想战线围绕中心、服务大局，为“保增长、促和谐、抓党建”提供了强大精神动力，营造了浓厚舆论氛围。加强对中央和省、市委关于推动科学发展政策措施执行情况的检查和对中央投资项目的监管，深入开展反腐倡廉警示教育，加大从源头上治理腐败工作力度，严肃查处了一批违纪违法案件，认真解决了一些侵害群众利益的突出问题，党风廉政建设和反腐败斗争取得明显成效。

回顾一年来的工作，我们深切体会到，完成中央提出的保增长、保民生、保稳定的各项任务，最根本的就在于始终坚持深入贯彻落实科学发展观，将保增长与调结构、保民生紧密结合起来，将促进经济发展与维护社会稳定紧密结合起来，将立足当前与着眼长远紧密结合起来，继续保持了经济社会平稳较快发展的良好势头。

以上这些成绩的取得，是党中央、国务院和省委、省政府亲切关怀、正确领导的结果，是市委、市人大、市政府、市政协通力合作、奋力拼搏的结果，是各民主党派、工商联、无党派人士和工会、共青团、妇联等各个方面团结奋斗、大力支持的结果，是全市广大干部群众和衷共济、攻坚克难的结果。在此，我们向为沈阳振兴发展作出贡献的同志们、朋友们表示衷心的感谢和崇高的敬意！

二、正确分析当前形势

做好明年工作，要求我们必须对面临的形势作出科学的分析和准确的判断，正确把握机遇，沉着应对挑战，趋利避害，牢牢把握工作的主动权。

首先要看到我们面临的发展机遇很多：一是宏观经济逐渐好转。全球经济呈现出积极变化，金融危机正在催生一场新的科技革命，必将对全球产业结构调整带来深远影响。党中央、国务院应对国际金融危机的一揽子计划及相关政策措施效果显著，国内经济形势总体回升向好，随着积极的财政政策和适度宽松的货币政策的深入实施，外资北上、南资北移的趋势将进一步增强，这为我市继续保持投资适度增长、加快经济发展创造了有利条件。二是国家进一步加大了对东北老工业基地的扶持力度。为推动东北等老工业基地加快全面振兴，前不久国务院正式下发了《关于进一步实施东北地区等老工业基地振兴战略的若干意见》，又出台了9个方面28条新的政策措施，这为我市发挥基础优势，加快结构调整，建设具有国际竞争力的先进装备制造业基地提供了难得机遇。三是沈阳经济区建设正在上升为国家战略。党中央、国务院和省委、省政府对沈阳经济区建设高度重视，国家新型工业化综合配套改革试验区申报程序已经启动，并取得实质性进展，沈阳经济区战略地位和影响力将进一步提升，这为我市做大中心城市、提高集聚和辐射能力注入了强大动力。四是沈阳振兴发展的思路更加清晰。面对国际金融危机的考验，市委、市政府统筹兼顾、远近结合，采取有力措施沉着应对，共克时艰，发展目标更加明确，发展思路更加清晰，工作重点更加突出，制约经济社会发展的一些薄弱环节得到加强，发展的协调性进一步提高，全市上下思想高度统一，力量高度凝聚，这为明年乃至更长远的发展奠定了坚实基础。

在看到机遇的同时，我们更要清醒地看到面临着不少严峻挑战：一是宏观经济形势依然不容乐观。全球经济复苏基础并不稳固，国际金融危机影响仍然存在，尤其是贸易保护主义抬头，针对中国的贸易摩擦明显增多。国内经济回升的内在动力不足，结构性矛盾突出，需求不足、出口下降、就业困难等问题短期内难以根本缓解，经济整体回暖还面临很多困难，我市经济发展的外部环境仍很严峻。二是国内市场竞争将更趋激烈。当前，各地区都在竞相发展，千方百计扩大投资，城市之间的竞争将更加激烈。与此同时，一些传统行业产能严重过剩，部分新兴行业的装备制造产能也出现了新的过剩。沈阳作为以装备制造业为主的城市，在激烈的竞争中抢占更多国内市场份额的压力将进一步加大。三是我们自身发展中还存在一些亟待解决的深层次矛盾问题。经济增长的质量和效益不高，部分主要经济指标下行压力较大，具有牵动力、影响力的重大项目不多，自主创新能力不强，经济发展的活力和后劲不足。产业结构不够合理，财政收入增长乏力，有的地区财政一般预算收入和税收收入出现负增长，收支矛盾十分突出。土地节约集约利用水平较低，个别地块出现土地出让价格与成本倒挂。利用外资和外贸出口的难度加大，对外开放水平有待进一步提升。软环境不尽人意，一些机关干部办事效率低下、工作激情不高的现象比较突出。影响社会稳定的热点难点问题依然存在，维护社会稳定的任务仍很繁重。

总之，我们既要看到宏观经济运行中出现的积极变化，看到我们自身所拥有的各种优势和良好基础，又要看到经济形势的严峻性，看到转变经济发展方式刻不容缓，调整经济结构迫在眉睫。全市上下必须切实增强忧患意识和危机感、紧迫感、责任感，坚定发展信心，保持发展激情，抢抓发展机遇，推动经济社会实现又好又快发展。

三、2010年的主要任务

2010年既是应对国际金融危机挑战、迎来经济全面复苏的关键一年，也是全面完成“十一五”规划、科学谋划“十二五”发展的关键一年。做好明年工作，对于推动沈阳老工业基地在科学发展道路上加快全面振兴意义十分重大。明年工作的指导思想是：全面贯彻党的十七大、十七届三中、四中全会、中央经济工作会议和省委十届九次全会暨经济工作会议精神，以邓小平理论和“三个代表”重要思想为指导，深入贯彻落实科学发展观，围绕全面完成“五大任务”、加快实现“三大目标”，按照“立足新起点，谋求新发展，实现新跨越”的要求，求真务实，开拓进取，调结构，优环境，惠民生，大力加强党的建设，推动发展方式转变，保持经济社会平稳较快发展，全面完成“十一五”各项工作任务。为此，安排明年全市地区生产总值增长确保14%、力争16%，全社会固定资产投资增长确保20%、力争36.2%，努力实现“两个5000亿”的目标。明年重点要抓好以下三个方面工作：

（一）调结构。全面把握“后危机时代”的经济发展趋势，着眼于抢占新一轮发展的制高点，更加注重推动经济发展方式转变和经济结构调整，突出做好“优化、突破、提升”工作，做大经济总量，提高增长质量和效益，坚持在调整中扩增量，在发展中促转变，切实增强发展的稳定性、协调性、可持续性。

优化，就是要进一步优化投融资、开放和财税结构，积极促进经济增长上层次、增后劲，实现又好又快发展。

一是优化投融资结构。在继续扩大固定资产投资规模的基础上，坚持把优化投融资结构作为优化资源配置、调整产业结构、实现经济跨越式发展的重要抓手，加大资金多元筹措力度，积极争取国家资金，大力鼓励社会及外商投资。继续强化投资拉动作用，努力引导更多资金投向关乎沈阳未来的战略性、先导性产业，投向事关经济发展的优势产业，投向增长潜力大、牵动作用强、附加值高的重大项目以及重大公益项目和民生项目。进一步规范土地出让，加大土地一级整理力度，努力提高土地综合收益，推动房地产有序开发，促进房地产业平稳健康发展。加强和规范投融资平台建设，加大机构整合力度，拓宽融资渠道，搞好资金筹集与项目投资的有效衔接，强化对资金融入、使用、偿还的动态监管，建立债务测算预警机制，适当控制政府贷款规模，有效防范政府债务风险，切实维护政府的良好信誉和形象。

二是优化开放结构。坚持以项目为中心，千方百计扩大开放领域，提高开放质量和水平。加大招商选资力度，把利用外资的重点转到提升传统产业、做强新兴产业、增强经济竞争力上来，特别是要积极引导外资扩大对研发外包业务及研发合作的投资，鼓励外资在沈设立投资性公司和研发中心，发展核心技术，切实优化利用外资结构。充分发挥沈阳保税物流园区和出口加工区的口岸功能，加快转变外贸增长方式，积极调整和优化进出口结构，支持有自主品牌的高新技术产品、机电产品、农产品扩大出口，鼓励有条件的企业开展国际化经营，不断加大收购境外优势企业的工作力度，切实打造全方位、多层次、宽领域的大开放格局。

三是优化财税结构。牢固树立税源意识，强化招商引税和税收征管服务工作，巩固扩大老税源，培育涵养新税源，发展壮大地方税源，加大骨干税源建设力度，确保财政持续增收。逐步优化财税结构，努力提高财政收入占地区生产总值的比重、税收收入占财政收入的比重、主体税种收入占税收收入的比重，逐步建立起良性增长机制，切实增强财政增收的稳定性和可持续性。加强专项资金管理，提高资金使用效率。进一步优化财政支出结构，坚持量入为出，强化过紧日子思想，全力保证重点支出需求，千方百计确保财政收支平衡。

突破，就是要努力实现区划规划、重点空间、重大项目和体制机制的新突破，切实增强经济发展的活力和动力。

一是实现区划规划的新突破。抓紧实施行政区划局部调整，摆脱目前行政区划对做优发展空间、推动科学发展的束缚，合理配置空间资源，促进各行政区域加快发展、均衡发展、持续发展。全面开展城市总体规划修编工作，科学划分主体功能区，把城市建设规划与产业发展规划结合起来，促进各行政区和功能区有效衔接、统筹布局、协调发展。完善相关地方性法规，切实维护规划的权威性和严肃性。认真做好“十二五”规划编制工作，为又好又快发展提供科学指导。

二是实现重点空间的新突破。进一步加强与沈阳经济区各城市的交流与合作，加快建立有利于区域资源共享的新体制新机制，推进重大基础设施建设，全面启动沈抚连接带的规划建设和产业布局，充分发挥沈阳中心城市的辐射带动作用。继续做优铁西装备制造业聚集区、东部汽车产业聚集区、浑南新区、沈北新区、棋盘山开发区、金融商贸开发区等重点发展空间，进一步完善区域规划和控详规划，强化基础设施建设，做大做强主导产业，提高空间承载能力和产出效益，更好地发挥重点空间对沈阳经济发展的支撑作用。不断做优新的产业发展空间，加快航高基地建设步伐，加强与中航集团、南航集团和庞巴迪公司的战略合作；大力推进现代建筑产业园建设，进一步整合优势资源，拉长产业链条，加快建设现代建筑产业之都；积极推进泗水科技城建设，以现代生物技术为支撑，着力打造产业特色鲜明的科技园区。

三是实现重大项目的新突破。着力引进和培育一批科技含量高、牵动作用强、发展后劲足的重大项目，促进世界500强企业和中央直属大型企业落户沈阳，加快米其林、沈阳烟厂搬迁改造、华晨宝马新工厂、五洲龙节能汽车、新民林浆纸、辽中中钢、法库陶瓷、康平碳纤维等一批重大工业项目建设，力争沈化集团300万吨CPP、大唐IGCC等重大项目尽快落地，积极培育一批产值超百亿的重大项目，务求突破“山多峰少”的问题。进一步完善项目推进机制，加大项目推进力度，确保在谈项目早签约、签约项目早开工、开工项目早投产、投产项目早见效。

四是实现体制机制的新突破。继续深化国有企业改革，加强国有资产监督管理，完善公司法人治理结构，加快国有大型企业股份制改造和上市融资。推进重点骨干企业实行跨区域、跨行业、跨所有制战略重组，打造具有国际竞争力的大型企业集团。要认真落实支持非公有制经济发展的各项政策措施，鼓励中小企业加快发展，放宽市场准入条件，落实专项扶持资金，改善融资环境，促进全民创业，不断壮大非公有制经济和中小企业规模，提升经济发展的内生动力。继续深化行政管理体制改革和事业单位分类改革，加快转变政府职能，不断提高服务水平和办事效率。积极推进农村综合改革，推动土地承包经营权流转。

提升，就是要巩固传统优势产业，全面提升装备制造业、现代服务业、新兴产业和县域经济发展水平，加快形成支撑沈阳经济发展的现代产业体系。

一是提升装备制造业发展水平。抓住铁西装备制造业聚集区产业发展规划得到国家发改委批准的有利时机，加快建设具有国际竞争力的先进装备制造业基地，大力推进信息化与工业化的融合发展，积极用现代信息手段和先进技术改造传统产业，加快公共服务平台建设，实施高档数控机床、IC装备、重型燃气轮机等国家重大科技专项，不断提高装备制造业的数字化、智能化水平，努力实现传统制造向现代制造的转变。进一步加快科技创新体系建设，全面提高自主创新能力，积极探索和建立产学研用合作的长效机制，充分发挥驻沈高校、科研院所的作用,引进一批急需人才,建设一批国家级工程研究中心、工程实验室和技术中心,突破一批重大核心技术和关键共性技术,力争创造更多的"沈阳标准",不断增强装备制造业的持续创新能力与核心竞争力。落实好国家鼓励购买和使用国产首台套重大技术装备的优惠政策,依托国家重点工程,积极发展成套设备、高技术设备和高附加值设备,培育壮大地铁装备产业,不断提高重大技术装备的国产化水平。打造一批具有国际竞争力的产品,做大做强机床、沈鼓、北方重工、动力集团、远大集团等一批骨干企业,加快建设机床、输变电、现代建筑、通用装备和汽车及零部件等一批千亿元产业集群。

二是提升现代服务业发展质量。大力加强金融商贸开发区建设,争取晋升为国家级开发区,切实增强沈阳作为区域性金融中心的辐射带动能力和综合服务功能。精心组织"金廊"的开发建设,完善配套工程,改进房屋拆迁方式,加快规划审批、项目落地和工程建设进度,对确因开发商自身原因在规定时限内没有开工建设的项目,要依法依规严格处理。进一步落实支持服务业发展的政策措施,大力发展现代物流、研发设计、营销管理、科技服务等生产性服务业和信息服务业,推进东北总部基地建设,加快服务业聚集区建设步伐,促进现代服务业集群式发展。充分挖掘和利用沈阳的文化资源,推进深圳华强文化科技产业基地、棋盘山国际创意谷、中南卡通城等重大项目建设,积极发展文化产业,努力打造具有沈阳地方特色的文化品牌,推动沈阳由文化大市向文化强市转变。增强消费对经济增长的拉动作用,进一步做好家电、汽车摩托车下乡工作,改善消费环境,完善消费政策,提高消费能力,扩大消费需求。

三是提升新兴产业发展速度。要紧紧抓住国家和省扶持新兴产业发展的大好机遇,立足我市现有的基础和优势,大力发展电子信息、新能源、新材料、生物制药、节能环保、民用航空等新兴产业,高起点编制产业发展总体规划和各个专项产业发展规划,从资金、技术、土地、人才等方面加大对新兴产业发展的政策扶持力度,加快一批重点项目和园区建设,不断壮大新兴产业的发展规模。

四是提升县域经济发展实力。坚持以工业化为主导,以农业产业化为基础,以城镇化为支撑,进一步做强县域经济。深入实施工业强县战略,积极引导县域工业为市区工业企业配套,加快县域重点工业园区建设,提高园区承载能力和配套功能,培育和引进一批知名度高、牵动力强的企业和企业集团,做大做强一批特色产业集群,提升产品档次,努力形成以主导产业为主、上下游产业配套、产业集群式发展的良性格局。稳定粮食产量,大力发展设施农业和高效特色农业,扎实推进农业经济区建设,加快发展农民专业合作组织,扶持壮大龙头企业,加快农业产业化步伐。加强县城和小城镇基础设施建设,放宽城镇户籍限制,促进农业人口向城镇转移,切实加快农村城镇化进程。

(二)优环境。紧紧抓住筹备第十二届全运会的有利时机,进一步加强城市建设和管理,加快推进生态建设,健全完善社会信用体系,努力打造中国北方一流的发展环境、生态环境和人居环境。

1. 加强城市建设和城市管理。不断完善城市功能,高标准推进城市重大基础设施建设,加快哈大、京沈和沈丹客运专线沈阳段以及沈阳南站建设步伐,启动桃仙机场改扩建工程,开工建设地铁一号线东延线和二号线北延线,确保地铁一号线如期建成通车。实施主城区、"金廊"及二、三环之间基础设施配套工程和地下管网改造工程。加快城市快速道路系统建设,抓好城市桥梁、市政道路改造和地下人行通道建设,优化停车场规划布局,有效缓解市区交通拥堵问题。启动全运会比赛场馆及相关配套服务设施建设工程,切实加快艺术中心、少儿图书馆、博物馆等公共设施建设步伐,加强城市绿化、美化、亮化工作,努力把城市建设提高到一个新水平。着眼于建立城市管理的长效机制,大力推进数字化管理,推动城市管理再上新台阶。

2. 全面启动全国环境建设样板城创建工作。充分借鉴国内外先进经验,高起点、高标准制定好创建工作的总体规划和专项规划。加快国家现代环保产业基地建设,努力打造全国一流的循环经济和静脉产业示范基地。扎实推进生态市创建工作,实施雨污分流、中水回用、污泥无害化处理和垃圾分类回收工程,抓好辽河、浑河、南北运河、白塔堡河的治理和改造,重点搞好蒲河全流域综合治理,加强秀湖、丁香湖、珍珠湖水系建设,带动全流域生态环境明显改善。继续狠抓节能减排工作,支持低碳技术的开发和应用,大力发展清洁能源,积极推进排污集中控制,加快高耗能、高排放企业整体搬迁改造,切实解决环境污染问题。大力加强农村环境改造,广泛开展绿色社区和绿色家庭创建活动,让建设资源节约型和环境友好型社会的理念更加深入人心,成为广大市民的自觉行动。

3. 积极推进"信用沈阳"建设。以"信用沈阳"建设为重点,切实改善发展环境。突出抓好政务诚信建设,全面提高政府工作的公信力,充分发挥其在社会信用体系建设中的引领示范作用。着力抓好商务诚信建设,推动企业增强依法经营意识,切实强化信用管理,叫响沈阳企业、产品在市场上的信用品牌。积极推进个人诚信建设,引导市民增强信用理念,不断夯实社会信用体系建设的群众基础。大力加强法制建设,探索建立信用管理长效机制,特别要依法加大对失信行为的惩戒力度,集中整治政府项目拖欠工程款、商业项目拖欠工资款、企业产品质量欺诈和个人偷逃税款债务等严重失信行为,进一步优化全社会的信用环境。

(三)惠民生。坚持以人为本,顺应人民群众提高生活水平和质量的新期待,深入实施以办实事为重点的各项民生工程,推动公共资源配置进一步向民生领域倾斜,着力解决关系群众切身利益的热点难点问题,真正让振兴发展成果越来越多地惠及全市人民。

1. 千方百计做好就业和社会保障工作。要把扩大和稳定就业摆在更加突出的位置,认真落实各项扶持政策,坚持以创业带动就业,多渠道、多层次开发就业岗位,加大就业援助力度,突出抓好高校毕业生、下岗失业人员、农民工和残疾人等重点群体的就业工作,确保城镇"零就业家庭"动态为零,登记失业率控制在4%以内。落实集体合同制度,调整最低工资标准,不断增加城乡居民收入特别是工资性收入。按照企业职工基本养老保险省级统筹的要求，进一步完善企业职工基本养老保险制度，积极开展农村新型养老保险试点，做好被征地农民的社会保障工作，加快事业单位养老保险制度改革步伐。认真抓好基本医疗保障扩面和提高保险待遇工作，全面实现职工基本医疗保险和生育保险的市级统筹。健全完善低保户和低保边缘户救助制度，合理调整医疗救助与医疗保险政策。继续加大保障性住房建设力度，完善廉租房和经济适用房政策，切实改善城乡低收入群体的居住条件。

2. 加快推动各项社会事业协调发展。扎实开展教育强区（县）创建活动，积极推进义务教育高质量、高水平均衡发展，加强普通高中标准化、特色化建设，大力发展职业技术教育，力争使我市成为国家职业教育综合改革试验区。支持在沈高校加强内涵建设，增强办学实力。加快构建终身教育体系，推进学习型城市建设。紧紧围绕创建全国文明城市，大力加强社会主义核心价值观教育，深入开展群众性精神文明创建活动，着力增强市民文明素质，进一步提升城市的公共文明指数。巩固和扩大我市文化体制改革成果，深入实施公共文化服务六大重点工程，切实加大对市属文艺院团的扶持力度，努力打造更多的精品力作。加快发展体育事业，广泛开展全民健身运动。扎实推进和谐社区建设，认真做好“双拥”、老龄工作，进一步发展残疾人事业。深入推进医药卫生体制改革，认真落实国家基本药物制度，积极推进公立医院改革试点工作，完善城乡基本医疗服务体系，促进基本公共卫生服务均等化。做好甲型H1N1流感等重大传染病疫情的防控工作，确保人民生命健康和城市安全。

3. 切实抓好维护社会稳定工作。要认真贯彻全国信访工作经验交流现场会精神，进一步完善信访稳定工作“沈阳模式”，健全信访稳定风险评估机制，严格落实信访稳定工作责任制，充分发挥信访大厅“一站式接待、一条龙办理、一揽子解决”的职能作用，及时解决土地征用、社会保障和农民工工资支付等方面群众反映强烈的信访问题，积极预防和妥善处置群体性事件，把各类不稳定因素化解在当地，切实巩固和发展和谐稳定的社会局面。坚持不懈地抓好平安沈阳建设，大力加强社会治安综合治理，全面构建打防管控一体化的社会治安防控体系，切实提高对社会治安动态管控的能力，不断增强人民群众的安全感。进一步加强安全生产工作，严格落实安全生产责任制，突出抓好食品、药品、交通、消防等重点领域和重点行业的安全监管，及时消除各类安全隐患，坚决防止和杜绝重特大事故的发生。深入推进社会管理创新，切实解决社会管理存在的薄弱环节，健全完善突发事件应急机制，切实提高应急管理工作水平，及时应对和有效处置各类突发事件。

四、大力加强党的建设

全面完成“十一五”各项工作任务，关键在党。要按照党的十七届四中全会的总体部署，坚持以建设学习型党组织为抓手，全面推进党的建设新的伟大工程，不断提高党的建设科学化水平，为振兴发展提供坚强保证。

1. 努力建设学习型党组织。为深入贯彻落实党的十七届四中全会精神，市委在充分调查研究、广泛咨询论证的基础上，研究制定了《关于建设学习型党组织为加快全面振兴提供坚强保证的决定（讨论稿）》，经本次全会审议通过后，将成为指导当前和今后一个时期全市党的建设的纲领性文件。各地区、各部门、各单位要紧密结合各自实际，认真抓好落实。市委决定，从明年开始，在全市深入开展以争做“学习型党员、学习型干部”和创建“学习型党组织、学习型领导班子”为主要内容的“双争双创”活动，全面提高各级党组织和领导干部推动科学发展、促进社会和谐的能力水平，确保学习型党组织建设取得扎实成效。

2. 不断把学习实践科学发展观活动引向深入。要在巩固和扩大全市第一批学习实践活动成果的基础上，善始善终地开展好第二批学习实践活动，扎实有效地抓好整改落实阶段的各项工作，真正使学习实践活动成为群众满意工程。尤其要适应新形势新任务新要求，不断推动学习实践向深度和广度发展，扎实开展“三级联创”、“共产党员工程”、“共产党员承诺制”、“三建三送”等活动，逐步建立起长效的党员教育管理机制、城乡统筹共建机制、服务人民群众机制和高素质基层党组织带头人建设机制，努力把基层党的建设提升到新的水平。

3. 坚持干事创业的用人导向。要进一步创新干部选拔任用机制，建立并实行干部初始提名、民主推荐和测评结果内部公开制度，扩大“公推比选”范围，推行任用重要干部票决制，探索差额选拔干部办法，加大干部交流力度，不断提高选人用人的透明度和公信度。坚持把完善政绩考核评价机制作为加快经济发展方式转变的抓手，严格落实领导班子和领导干部各有侧重、差别化的政绩考评具体实施办法，强化考核结果运用，真正让那些不事张扬、埋头苦干，打基础、重长远的干部有为有位，引导各级干部聚精会神谋振兴，专心致志求发展。

4. 坚决惩治和预防腐败。深入开展“讲党性修养、树良好作风、促廉洁自律”主题教育活动，使广大党员干部自觉筑牢拒腐防变的防线。深入整治领导干部收送钱财、违规操办婚丧嫁娶、公款消费等突出问题，加强对专项资金使用情况的监督，积极开展工程建设领域的专项治理，继续加大对腐败分子的惩治力度，坚决遏制一些领域腐败现象易发多发势头。切实抓好惩防体系工作规划的落实，加强权力运行的重点领域和关键环节反腐倡廉制度建设，全面落实党风廉政建设责任制，严格实行党政领导干部问责制，健全党员领导干部报告个人有关事项制度，坚持用制度管权、管事、管人，为振兴发展营造风清气正的良好环境。

5. 进一步转变工作作风。党的作风特别是干部工作作风事关党的形象，事关沈阳振兴大业成败。要大兴密切联系群众之风，坚持问政于民、问需于民、问计于民。大兴求真务实之风，真正把全部心思用到干事业、谋发展上，把精力用到抓工作、抓落实上。大兴艰苦奋斗之风，倡导厉行节约，坚决反对铺张浪费。大兴批评和自我批评之风，在党内形成敢于坚持原则、勇于承担责任、善于纠正缺点错误、时时处处以振兴发展大局为重的氛围。转变作风的关键在各级领导干部，关键在“一把手”。对那些官僚主义严重、工作推诿扯皮，服务意识淡薄、工作效率低下，不敢触及矛盾、工作得过且过，机关建设混乱、基层和群众反映强烈且问题长期得不到解决的单位"一把手",下决心进行必要的组织调整。

要进一步加强和改善党的领导,不断提高各级党组织的执政能力和领导水平。坚持和完善人民代表大会制度、共产党领导的多党合作和政治协商制度,进一步完善党同各民主党派合作共事机制,适时召开市委人大、政协工作会议,支持和保障人大、政协履行各项职能。加强和改进党的群众工作,充分发挥工会、共青团、妇联等人民团体联系和服务群众的桥梁纽带作用,把方方面面的智慧和力量充分凝聚起来,把全市上下的积极性充分调动起来,形成共谋发展、共促振兴、共谱和谐的强大合力。

同志们,沈阳正处于振兴发展的关键时期。全面完成"十一五"各项工作任务,努力在新的起点上实现新的跨越,是历史和时代赋予我们的光荣使命。让我们更加紧密地团结在以胡锦涛同志为总书记的党中央周围,在省委的坚强领导下,坚定发展信心,保持发展激情,咬定"五大任务"、"三大目标"不放松,求真务实、开拓进取,推动沈阳在科学发展道路上加快全面振兴。

沈阳市人民代表大会常务委员会工作报告

——2010年1月16日沈阳市第十四届人民代表大会第三次会议通过

赵长义

各位代表:

我受市人民代表大会常务委员会委托,向大会报告工作,请予审议。

2009年的主要工作

过去一年,市人大常委会在中共沈阳市委的领导下,紧紧依靠全体代表和全市人民,坚持以邓小平理论和"三个代表"重要思想为指导,深入贯彻落实科学发展观,坚持党的领导、人民当家作主和依法治国的有机统一,紧密围绕全市工作大局,认真履行宪法和法律赋予的职责,创造性地开展人大工作,圆满完成了市十四届人大二次会议确定的各项任务,为沈阳的振兴发展和社会主义民主法制建设作出了应有贡献。

一、坚持科学立法和民主立法,不断提高立法质量

常委会从我市经济社会发展需要和人民群众的愿望出发,突出急需为先,注重管用有效,不断推进地方立法的科学化、民主化。在立法工作中,坚持科学选择立法项目,实行正式项目、预备项目和调研项目相结合的立法滚动计划制度,并通过公开征集立法项目、公布法规草案、聘任立法顾问、组织立法座谈和专家论证等方法措施,广泛听取各方面意见,扩大了公民对立法工作的有序参与。坚持从实际出发,注重体现地方特色,努力在反映本行政区域特殊情况和实际需要上下工夫,增强了地方性法规的针对性和可操作性,发挥了地方立法对经济社会发展的保障和促进作用。

全年共完成9件立法项目,其中制定3件,修正1件,废止5件。为使我市历史文化名城保护更加有法可依,制定了《沈阳历史文化名城保护条例》,对历史文化名城保护的规划、内容、措施和法律责任做了明确规定。为了提高全市防灾减灾水平,保障人民群众生命财产安全,制定了《沈阳市防御雷电灾害条例》,从管理体制、执法主体、监测预警和风险评估等方面做出了具体规定。为了鼓励和保护发明创造,推动自主创新,制定了《沈阳市专利促进条例》,对专利创造、运用、保护、管理等重点环节做出了明确规范。坚持立、改、废并重,开展了地方性法规清理工作,修正了《沈阳市公路路政管理条例》,废止了《沈阳市个体工商户条例》等5部地方性法规,使我市地方性法规更加符合科学发展的实际需要,维护了法制统一。

二、紧密围绕全市工作大局,不断增强监督实效

常委会在监督工作中坚持围绕中心、服务大局,以推进保增长、保民生、保稳定为重点,综合运用多种监督形式,加大监督工作力度,促进了"一府两院"依法行政和公正司法。

以保增长为主题,加强了对经济工作的监督。面对国际金融危机的严峻挑战,根据市委保增长的总体部署,常委会先后开展了两次集中调研活动,既推动全市保增长举措的加快落实,也为有效开展监督工作奠定了基础。

为了推进落实工业发展举措,多次听取全市工业经济运行情况的汇报,并组织开展对铁西装备制造业聚集区、重点工业企业和工业园区、高新技术产业以及地铁装备产业化等有关情况的调研视察,针对工业经济运行中的问题,就做大做强优势企业、加强基础设施配套、健全社会化服务体系、加大公共研发投入、扩大本地成套配套等方面提出了意见建议,促进政府对工业发展给予更大关注,保持工业经济增长势头。常委会还组织代表在十届全国人大二次会议上提出"支持沈阳经济区申报国家新型工业化综合配套改革试验区的建议",得到国家有关部委采纳,相关申报工作正在积极推进。

为了推进"三农"工作,听取审议了我市加快农村改革发展情况的报告,就调整农村产业结构、推进综合改革、加强市场体系建设、拓宽农民增收途径等方面提出意见建议,督促政府进一步落实好强农惠农的各项措施。为推动我市农业产业化发展,提高农民组织化程度,在认真组织相关工作视察的基础上,对我市贯彻实施农民专业合作社法的情况进行了执法检查,就扩大规模、丰富形式、规范运营、增强带动力等问题提出了具体意见建议,对推动农民共同致富发挥了积极作用。常委会还对我市林权制度改革、春耕生产和防汛等工作进行了视察,听取审议了基层农技推广机构建设的议案办理情况报告,促进我市农业科技服务体系的加快完善。

加强了对计划和预算执行情况的监督,听取审议了2009年上半年计划和预算执行情况的报告、2008年决算和审计工作报告,批准了2008年市本级决算和2009年预算调整方案,对市本级50个部门预算进行了审查。在监督工作中,坚持日常监督与会议审查相结合,听取了农业专项资金安排使用情况汇报,对财税、金融等相关情况进行了调研,针对预算执行中的问题,促进政府提高专项资金使用效益,合理安排财政支出,严肃执行部门预算,不断提高依法理财水平。针对审计工作报告提出的问题,常委会加强了跟踪督办,听取审议了审计问题整改情况的报告,督促政府以落实责任追究制度、解决屡审屡犯等问题为重点,认真进行整改。

着力推进依法行政和公正司法，加强了对法律法规实施情况的监督。为推进职业教育事业发展，听取了我市贯彻实施职业教育法的情况报告；为推动政府依法加强宗教事务管理，听取了我市贯彻实施国务院和省宗教事务条例的情况报告。此外，还听取了我市贯彻实施农业法、人口与计划生育法、省旅游条例的情况汇报，配合全国和省人大常委会对工会法、土地法、省旅游条例的贯彻实施情况进行了检查，对政府提报的规章进行了备案审查。

为了推动解决申诉难、执行难问题，听取了“两院”贯彻实施民事诉讼法情况的汇报，促进“两院”进一步加强司法救济、畅通申诉渠道，努力实现司法为民和公正司法。对“两院”工作开展了调研视察，组织市、区人大代表旁听了110件两级法院审理的案件，对170名法官、13名检察官开展了评议监督，对促进“两院”提高办案质量、增强司法公信力发挥了重要作用。常委会还高度重视群众诉求，共受理群众来信来访4316件次，加强对重点信访案件督办工作，使群众反映的一些突出问题依法按政策得到了处理和解决。

着力推进解决人民群众普遍关注的问题，加强了对改善民生工作的监督。听取了我市养老和医疗保险体系建设、发展老龄事业、解决城市低收入家庭住房困难工作的情况汇报，针对群众关注的新型农村合作医疗、职业教育发展等问题开展了工作视察。为了推进解决看病难问题，对6所重点医院改扩建工程实施了连续跟踪监督，督促政府确保及时兑现向群众所做的承诺。为创造平安和谐的社会环境，增强人民群众的安全感，对平安沈阳建设情况进行了视察，听取审议了我市加强社会治安管理、推进“平安沈阳”建设的专项报告，推动社会治安综合治理举措的落实。

围绕推进城市的可持续发展，加强了对城市建设管理以及污染整治工作的监督。听取了我市城乡规划法实施情况的汇报，推动政府认真解决规划管理中的突出问题，提高城乡规划整体管理水平。对金廊、地铁等城建项目进行了视察，推进重点城建项目的加快建设。一年来，常委会坚持把生态环境保护摆在监督工作的重要位置，听取审议了我市生态市建设总体规划修编情况的报告，组织了中华环保世纪行宣传活动，对水环境保护情况进行了视察，听取审议了我市水污染防治的专项工作报告，对水污染防治法的贯彻实施情况进行了执法检查，针对污染企业监管、农村面源污染治理、城市雨污分流、中水回用、污泥无害化处理等重点问题，督促政府加强统筹规划、综合整治，取得了较好效果。此外，还积极参与辽河流域水污染治理协调行动，在十届全国人大二次会议上与其他城市人大联合提出“给予辽河流域水污染防治更大支持”的建议，得到了国家环保部的采纳。

三、认真行使讨论决定重大事项和人事任免权，推进科学决策和依法任免工作

常委会对我市经济社会发展中带有全局性、长远性和人民群众普遍关注的计划和预算执行、地方政府债券发行、生态环境建设、重点民生工程、农村改革发展等方面的重大事项，及时纳入审议议题，依法进行了审议。为了保证和促进全市重大决策的贯彻实施，先后就沈阳经济区建设、铁西装备制造业聚集区建设、发展新兴产业、建设东北区域金融中心核心功能区等事关我市长远发展的重大问题，深入开展调研视察，并坚持把讨论决定重大事项与开展监督工作有机结合起来，进一步提高了常委会工作的实效性。在行使人事任免权方面，始终坚持党管干部和人大依法任免相统一的原则，严格人事任免工作的法定程序，认真落实组成人员在干部任用上的知情权，对人事任免办法进行了修订，使人事任免工作更加规范有序，保证了人事任免权的正确行使。全年共依法任免了86名国家机关工作人员，为“一府两院”开展工作提供了组织保证。探索推进了对依法任命人员的任后监督工作，健全了任后监督工作机制，提高了人事任免工作水平。

四、坚持推进代表工作创新，充分发挥代表主体作用

常委会在认真总结我市人大代表工作实践的基础上，召开了全市人大代表工作会议，总结交流了工作经验，对当前和今后一个时期的代表工作进行了全面部署，制定了《沈阳市人大常委会关于进一步加强市人大代表工作的意见》，提出了保障代表知情知政、支持代表依法履职、提高代表议案建议质量等8方面29条举措，对调动代表履职积极性，优化代表履职环境，推动全市代表工作的创新发展，起到了重要的指导推动作用。

为充分发挥人大代表在服务保增长、保民生、保稳定工作大局中的应有作用，增强代表闭会期间活动实效，组织全市人大代表开展了“深入调研，为沈阳科学发展献良策；深入基层，为保增长促和谐解难题；深入走访，为人民群众办实事”活动。这项活动得到了全体市人大代表的积极响应和踊跃参与，共进行实地调研189次，提出了541条建议，走访群众559次，推动解决了694件事关群众切身利益的实事。“三深入”活动激发了全体代表的履职热情，在社会及人民群众中产生了良好反响，既为代表闭会期间活动搭建了新平台，也展示了人大代表在助推全市振兴发展中的新作为。

为加强代表议案建议的办理工作，推进议案建议的落实，常委会对市十四届人大二次会议主席团交付的加快东北区域金融中心核心功能区建设、打造东北亚国际物流中心等五个方面的8件议案，进行了认真审议，并围绕议案办理组织了视察和专项检查，听取了市政府关于议案办理情况的报告，并通过办理工作现场会、请领衔代表参加督办等形式，加强了督办工作。对市人大代表提出的847件建议，实施了主任会议组成人员重点督办、跟踪督办等多种办法，督促政府对正在解决或列入计划逐步解决的代表建议，采取“二次办理”、“回头看”等措施进行连续承办。经过各方面的共同努力，现在代表建议已经解决或基本解决了588件，占69.5%；列入计划解决的213件，占25.1%；因政策或客观条件所限暂不能解决、并已向代表说明的46件，占5.4%，代表反映集中、群众普遍关注的一些重点工作和难点问题得到了推进和解决。

为提高代表依法履职能力，加强了代表培训工作，通过集中培训、分层培训、以会代训等多种形式，对400多人次

市人大代表和80余名省、市人大代表组长进行了培训，并以帮助代表提出高质量议案建议为重点内容，增强了培训的针对性。为使代表更好了解常委会工作，把握全市工作大局，坚持拓宽代表知情悉政渠道，及时向代表通报有关重大事项，扩大了代表对常委会的工作参与，共有90名省、市人大代表列席了常委会会议，360多人次市以上各级人大代表参与了常委会执法检查、工作视察和调研活动。此外，还开展了履职优秀代表和先进代表小组的评选表彰活动，对激励和调动代表依法履职积极性，发挥了促进和引导作用。

五、认真开展学习实践科学发展观活动，全面加强常委会自身建设

常委会按照市委统一部署，深入开展了学习实践科学发展观活动，紧密联系人大工作实际，全面分析查找了常委会及机关思想、工作、作风等方面的问题原因，并进行了认真整改，取得了显著成效。推进了学习型机关建设，结合审议议题，有针对性地加强了理论业务学习，邀请专家学者就人大理论、宏观经济形势以及有关法律法规等内容，先后举办5次专题讲座，增强了理论业务素质。常委会组成人员、各专门委员会和工作机构，进一步转变作风，坚持深入基层群众，认真开展调查研究，共形成41项调研报告，对提高审议质量、增强工作实效发挥了基础作用。加强了制度建设，健全和完善了议事规则、工作制度，在促进常委会工作规范化、程序化和制度化方面有了新的进展。结合新中国成立60周年开展了系列文化活动，展现了人大机关和谐有序、积极有为的良好精神风貌。

密切了与区县（市）人大常委会的联系，坚持市与区县（市）人大常委会主任联系会制度，对相关重点工作和重要活动，坚持两级人大协调联动，密切配合，共同推进全市人大工作开展。加强了对内联系与对外交往工作，承办了东北四城市人大常委会主任会议，接待了12个外国城市议会代表团，同12个国家的13个友好城市议会开展了外联和友好交流活动，宣传了沈阳，增进了友谊，促进了合作与交流。

总结市十四届人大二次会议以来的工作，我们也清醒认识到，常委会工作与代表和人民群众的期望相比还有一定差距，在发挥立法主导作用方面还应继续努力，监督工作有些地方还不到位，讨论决定重大事项工作开展得还不够，自身建设与新形势要求相比仍有不相适应的地方。对于这些问题和不足，我们将在今后工作中不断加以解决和改进。

各位代表：市十四届人大二次会议确定的常委会工作任务已经全面完成。常委会工作所取得的成绩，是在市委的正确领导下，经全体代表、组成人员、各专门委员会以及工作机构共同努力的结果，也得到了"一府两院"的积极配合，得到了区县（市）人大的大力支持，得到了广大人民群众和社会各界的关心帮助。在此，我代表市人大常委会，向大家致以崇高的敬意和衷心的感谢！

2010年的主要任务

今年既是应对国际金融危机挑战、加快沈阳老工业基地全面振兴的关键一年，也是全面完成"十一五"规划、科学谋划"十二五"发展的关键一年。市人大常委会2010年工作的指导思想是：以邓小平理论和"三个代表"重要思想为指导，全面贯彻落实科学发展观，深入贯彻党的十七大、十七届四中全会精神和市委十一届八次全会的部署，紧紧围绕完成"五大任务"、实现"三大目标"和"立足新起点、谋求新发展、实现新跨越"的工作大局，依法履行宪法和法律赋予的职权，充分发挥地方国家权力机关作用，全力助推调结构、优环境、惠民生，努力为我市经济社会发展创造良好的民主法制环境。

第一，扎实推进地方立法工作。要突出人大及其常委会在地方立法中的主导作用，坚持"针对问题立法，立法解决问题"的工作思路，在做好经济领域立法工作的同时，加强以改善民生为重点的社会领域立法，努力发挥地方立法在全市科学发展、和谐发展中的规范、引导和保障作用。在今年的立法任务中，针对城乡规划管理上的盲目性、随意性和无序性等问题，拟制定沈阳市城乡规划管理条例，进一步规范我市城乡规划管理工作；针对人民群众反映强烈的物业管理不规范不到位、城市养犬扰民、绿化休闲空间不足等问题，拟制定我市物业管理条例、犬类管理条例和绿化空间管理条例，为创造"绿、静、美、安"的人居环境提供法律保障。要坚持与时俱进，及时修改完善与经济社会发展不相适应的地方性法规，拟对水污染防治、机动车维修、社会保险费征缴、道路客运市场管理、节约能源等条例进行修订或修正，继续做好现行地方性法规的清理工作。

要按照科学立法和民主立法要求，不断完善立法工作程序，坚持"开门立法"，广泛听取社会各方面对法规草案的意见建议，最大限度地兼顾不同群体的利益诉求，扩大公民对地方立法的有序参与，畅通群众参与地方立法的渠道，使立法更加符合客观实际和人民意愿。要发挥立法顾问、立法顾问单位和专家学者作用，深入开展地方立法工作研究，提高地方立法的专业化水平。要加强立法工作统筹，发挥专门委员会和立法工作机构的职能作用，搞好立法调研，认真组织审议，积极为组成人员审议法规草案创造有利条件，保证所制定的地方性法规客观全面、公正规范。要做好人大立法的宣传工作，保证立法成果在法治实践中得到正确运用。

第二，努力加强和改进监督工作。认真履行监督法赋予的各项职权，把推进调结构、优环境、惠民生摆在监督工作的首要位置，不断改进监督方式，完善监督方法，努力在推进"一府两院"依法行政、公正司法和服务全市大局上取得新的成效。

加强对事关我市经济和社会发展重大问题的监督。围绕建设具有国际竞争力的先进装备制造业基地、发展现代服务业、新兴产业和县域经济等内容，适时安排调研和视察活动。围绕城乡统筹发展，听取审议我市2010年城建计划的执行情况报告，听取城建重点项目安排情况的汇报，支持政府加强城市建设管理，加快推进城市重大基础设施建设。围绕推进县域经济发展，听取审议我市县域经济发展情况的报告，听取农业科技服务体系建设情况的汇报，视察农田基础设施建设情况，依法推动"三农"工作。

认真做好对计划和预算执行情况的监督工作，听取审议计划和预算执行情况报告以及审计工作报告，审查批准2009年市本级财政决算，听取我市"十

二五”规划编制情况汇报。今年，我市财政收支矛盾依然十分突出，我们要进一步加强预算审查监督工作，尤其要推动解决部门预算完整性问题，提高预算编制质量，在做好预算内资金审查监督的同时，加强对预算外资金的监督，要将政府重大资金使用、重大债务举借等纳入监督范围，认真解决监督缺位问题；要依法加强对政府投资项目的监督，选择事关全局、群众关注的重点项目，借助中介机构开展监督工作，努力提高预算审查监督实效。

加强对依法治市工作的监督。为推进水环境保护，保障人民群众喝上干净水，将对我市水污染防治法贯彻实施情况进行连续检查，听取市政府对水污染防治法执法检查意见的整改落实情况报告，并结合水污染防治法的贯彻实施，对实施雨污分流等代表议案落实情况进行跟踪问效，开展好环保世纪行活动，积极参与依法推进辽河水污染治理“协调行动”。为保障食品安全，使人民群众吃上放心食品，将对我市贯彻实施食品安全法情况进行检查，听取相关情况汇报。为推进农民专业合作社加快发展，将对我市农民专业合作社法的贯彻实施情况继续进行检查。常委会还将听取审议我市贯彻实施体育法和全民健身条例、企业国有资产法、省散居少数民族权益保障条例的情况报告，听取台湾同胞投资保护法贯彻实施情况汇报，适时进行相关工作视察，保证法律法规在我市的贯彻实施。

针对群众普遍关心的司法公正问题，听取审议检察机关开展诉讼监督工作情况的报告，推进检察机关不断完善诉讼监督机制，提高诉讼监督的能力水平。针对社会普遍关注的“执行难”问题，听取市法院关于解决“执行难”问题的情况汇报，支持法院加强改进执行工作，依法维护和保障当事人合法权益。此外，还要听取我市村民委员会换届选举情况汇报，监督促进农村基层建设；认真做好人大信访工作，督促有关部门切实解决群众反映的突出问题；进一步做好规范性文件备案审查工作，适时召开全市规范性文件备案审查工作会议。

加强对改善民生问题的监督。要继续加大对解决就业、养老、医疗、教育、住房等民生问题的监督力度，依法推动公共资源配置进一步向民生领域倾斜，有效解决人民群众最关心、最直接、最现实的利益问题。为促进教育公平，拟听取我市义务教育均衡发展情况的汇报；针对医改过程中群众普遍关注的重点问题，拟听取我市基层医疗卫生服务体系建设情况的汇报，适时安排视察调研，监督促进各项民生工程、惠民举措的加快推进和落实。

第三，认真做好讨论决定重大事项与人事任免工作。要以对全市人民负责、对沈阳长远发展负责的精神，站在战略和全局的高度，认真开展重大事项审议工作，针对计划和预算执行、城建计划安排执行、县域经济发展和城市生态建设等事关全局、事关长远发展和人民群众普遍关注的重大问题，统筹安排常委会议题，适时进行审议并提出意见，必要时作出决议决定。要适时修订市人大常委会讨论决定重大事项规定，对重大事项进行明确界定，不断完善程序规范，健全对重大事项审议意见和决议决定落实的监督机制，保障讨论决定重大事项职权的有效行使。要认真贯彻党管干部和民主集中制原则，坚持依法按程序审议和表决人事任免事项。加强与“一府两院”的沟通衔接，落实好常委会组成人员对干部任用的知情权，进一步提高人事任免工作水平。

第四，继续深化创新代表工作。要充分利用“三深入”活动载体，深化和拓展代表闭会期间的活动内容，创新代表活动方式，支持和引导代表积极为“调结构”献计献策、为“优环境”尽心尽力、为“惠民生”尽职尽责，使“三深入”活动更富实效。要从代表需求出发，利用多种有效形式，做好专项培训工作，为提高代表履职能力创造条件。要落实好保障代表知情知政的办法措施，针对代表关心的问题，组织代表与政府有关部门进行沟通咨询活动，扩大代表对立法、监督、视察检查和专题调研等各项工作的参与。要拓宽代表联系渠道，通过开展走访慰问、代表接待日等活动，进一步密切与代表的联系。要通过重点督办与跟踪督办相结合、现场办理、领衔代表参与督办、实地视察检查等多种形式，加强代表议案建议督办工作，特别是对跨年度办理的议案建议要加强跟踪督办，督促政府切实提高对代表议案建议的办结率。

第五，进一步加强常委会自身建设。要巩固学习实践科学发展观活动成果，始终把加强思想政治建设放在首位，努力推进“学习型”机关建设，通过集中辅导、专题讲座、业务培训等多种方式，不断提高理论素养、业务素质和依法履职能力。要根据依法履职需要，适时修订常委会议事规则，使工作机制更加健全，工作程序更加规范。要坚持深入基层实际，扎实开展调查研究，广泛听取群众意见、反映群众意愿，使人大工作更加符合实际、顺应民意。要按照政治坚定、业务精通、作风务实、团结协作、勤政廉洁的要求，加强人大干部队伍建设，为完成常委会各项工作任务提供有力保证。要努力做好市委人大工作会议的有关筹备工作，认真总结我市人大工作经验，不断加强和改进新形势下的人大工作。要密切与区县(市)人大常委会的工作联系，进一步提高全市人大工作整体水平。继续开展同兄弟城市人大之间的学习交流，加强与国外友城地方议会间的友好交往，促进沈阳扩大对外开放。

各位代表：推动沈阳在科学发展道路上加速全面振兴，市人大及其常委会肩负着重要责任与使命。让我们紧密团结在以胡锦涛同志为总书记的党中央周围，在市委的坚强领导下，以高度的政治责任感、饱满的精神状态和务实的工作作风，认真履行宪法和法律赋予的职责，为加强我市民主法制建设、加速沈阳老工业基地的全面振兴作出新的更大贡献！

政府工作报告

2010 年 1 月 16 日沈阳市
第十四届人民代表
大会第三次会议通过
陈海波

各位代表：

现在，我代表市人民政府向大会报告工作，请予审议，并请市政协委员提出意见和建议。

一、2009 年政府工作回顾

2009 年，是新世纪以来我市经济发

展最为困难的一年。面对严峻复杂的国际国内经济形势，在省委、省政府和市委的坚强领导下，市政府带领全市人民戮力同心，共克时艰，全力以赴保增长、保民生、保稳定，完成了市十四届人大二次会议确定的各项任务。

预计全市地区生产总值实现4359亿元，比上年增长14.1%；全社会固定资产投资完成3676亿元，增长22.2%；社会消费品零售总额实现1778.6亿元，增长18.1%；实际利用外商直接投资54.1亿美元，增长2.3%；地方财政一般预算收入完成320.2亿元，增长10%；规模以上工业增加值实现2017.5亿元，增长19.1%。预计主要经济指标在全国副省级城市中继续位居前列。

（一）以保增长为首要任务，全力推动经济平稳较快发展

坚持立足当前、着眼长远，把保增长与调结构结合起来，努力增强经济发展后劲。全面实施保增长各项政策措施。及时出台支持企业发展促进经济增长30条，筹集30亿元产业发展资金，减轻企业负担16.4亿元，加强生产要素调度，开展“进企业解难题、实施保增长工程”，有效扭转了经济增速下滑态势。出台促进开发区和城区加快发展的若干意见，激发活力，释放潜力。压缩行政开支，全力保证重点支出，发挥了财政对经济增长的促进作用。

努力扩大投资促进消费。坚持以项目建设带动投资增长，全年开工建设投资3000万元以上项目1849个。争取中央投资项目322个，总投资97.5亿元，争取地方债券15亿元，发行信托计划15亿元、企业债券12亿元，与中国建设银行等5家银行签订2700亿元贷款战略合作协议，金融机构本外币贷款增加1204亿元。推动“家电下乡”、“汽车摩托车下乡”和“汽车以旧换新”，进一步挖掘消费潜力。房地产开发投资完成1188.7亿元，增长17.6%；商品房销售面积达到1532.9万平方米，增长4.6%，充分发挥了拉动投资、带动消费的双重作用。

积极推动产业结构优化升级。加快建设具有国际竞争力的先进装备制造业基地，规模以上装备制造业增加值占全市比重达到48%。《沈阳铁西装备制造业聚集区产业发展规划》获国家批准，北方重工新基地、沈化集团50万吨CPP等重点项目竣工投产。现代建筑产业园全面启动，航高基地建设步伐加快。汽车产业扭转下滑局面，实现大幅回升。加快服务业集聚区建设，服务业增加值实现1948亿元，现代服务业比重达到52.4%。全国第一个金融外包服务中心在沈揭牌，金融要素市场建设取得突破性进展，金融商贸开发区正在成为全市第五大发展空间。泗水科技城、华强文化科技产业园等重大项目扎实推进，浑南动漫产业基地综合实力进入全国前列，保税物流中心封关运行，商务会展交易额突破1200亿元。大力发展县域经济，新增设施农业20万亩，农业生产战胜严重旱灾、再获丰收，于洪五金等8个县域产业集群达到百亿规模，县域地区生产总值增长16.7%，占全市比重达到39.8%。

进一步提升自主创新能力。全市高新技术产品增加值实现840亿元，增长22%。中科仪罗茨干泵等20个项目列入国家重大科技专项。成功并购9家海外科技型企业，引进海外研发团队50个。辉山农业科技园跻身国家级行列，我市成为“国家知识产权工作示范城市”。

（二）以创建“样板城”为契机，加快推进生态市建设

坚持资源节约和生态保护，推进城乡重大基础设施建设。城建投资完成360亿元，增长26.8%。启动全国环境建设样板城创建工作。制定了五年建设总体目标，规划了100平方公里国家现代环保产业园，中钢北方金属资源加工等一批静脉产业项目成功签约。我市被联合国环境规划署列为全国唯一的生态城示范项目。加强城乡基础设施建设。哈大客运专线、沈铁城际铁路等重点工程取得积极进展，沈抚城际铁路、沈康高速二期实现通车，地铁1号线全线轨通，1号线东延线、2号线北延线开工建设。94座危旧桥梁完成改造，沈北、五爱客运枢纽全面竣工。沈阳展览中心开工建设，奥体中心网球馆、游泳馆投入使用。启动大伙房水库输水配套工程，康平电厂并网发电。

着力改善城乡生态环境。建成22座辽河流域污水处理厂和一批村镇污水、垃圾处理设施，高标准实施浑河生态提升工程。植树1205万株，造林49万亩，完成500个中心村绿化建设。东陵区通过国家生态区验收，沈北新区、棋盘山开发区通过国家技术核查，和平区成为全省首个生态城区，30个乡镇通过国家环境优美乡镇验收。

深入推进节能减排。金山热电、沈西热电“上大压小”项目开工建设，新北热电等6家企业脱硫工程全面展开，沈海热电脱硫改造全面完成。全市单位地区生产总值能耗下降4.5%，化学需氧量、二氧化硫排放量分别减少3.2%和4.5%，提前完成“十一五”减排目标。

（三）以增强发展动力和活力为目的，不断深化改革开放

坚持用改革的办法解决前进中的问题，通过扩大开放谋求发展机遇，不断创新体制机制，努力提高对外开放水平。加快重点领域和关键环节改革。完成商业城集团整体改制。新松机器人等5家企业成功上市。组建和完善基础产业集团等5家投融资平台，沈阳联合产权交易所获得金融企业省级国有产权交易机构资格，首家村镇银行和15家小额贷款公司正式开业，法库成为“全国农村金融产品和服务方式创新试点县”。出台促进非公有制经济和中小企业发展20条，沈北新区成为全国唯一的国际中小企业创业基地，非公有制经济增加值占全市地区生产总值比重提高到65.1%。开展农村土地承包经营权流转市场建设试点，政策性农业保险工作全面推进。积极稳妥实施水价和环保收费改革，圆满完成政府机构改革，医药卫生体制改革走在全国前列。

努力扩大对外开放。创新招商方式，优化引资结构，全年引进超千万美元外资项目64个，新增世界500强企业6家，引进投资500万元以上内资项目1809个，调入资金617.2亿元。成功引进日本精工、安川电机、油研工业等一批世界著名装备制造企业，世界最大的现代建筑及开发企业日本鹿岛建设进入我市。积极开展对外经贸合作，全市实现外贸出口35亿美元，新签对外工程承包与劳务合作合同额10.2亿美元，沈阳动力集团参与兴建美国第二大风能项目，

并在美国投资建厂。成功举办制博会、“德中同行”等10余项大型活动，沈阳国际知名度和影响力显著提升。

加快沈阳经济区一体化进程。道路交通等基础设施建设扎实推进，旅游集散中心正式挂牌运行，沈抚连接带浑河南岸工业园区建设步伐加快。积极发挥沈阳经济区首位城市作用，推动国家新型工业化综合配套改革试验区申报工作取得重大进展。

（四）以保障改善民生为重点，全面加强社会建设

坚持把保障和改善民生作为政府工作的出发点和落脚点，克服财政减收增支的突出矛盾，完成民生工程投入226.6亿元，增长13.2%。千方百计稳定和扩大就业。出台促进就业创业70条，推动以创业带动就业，加大就业援助力度，全市实名制就业25.1万人，城镇登记失业率控制在3.2%。10万名高校毕业生实现就业，困难家庭大学生全部安置工作。扩大集体合同覆盖面，加强农民工工资清欠和困难职工帮扶，促进了劳动关系和谐发展。

不断完善社会保障体系。启动新型农村社会养老保险试点和大学生参加居民医保工作，实施农民工医疗工伤综合保险，新型农村合作医疗参合率达到99.3%，人均筹资标准提高到150元以上。11类低收入居民及部分特殊群体待遇标准得到进一步提高。建设5个中心城区示范性区域养老中心，新建和改扩建12所农村区域性中心养老院。为2.2万户城市低收入住房困难家庭新建经济适用住房和发放货币补贴，为农村贫困户建房2250套。

切实提高城乡居民生活质量。城市居民人均可支配收入达到18560元，增长9.1%，农民人均纯收入实现9129元，增长14%。推进事业单位工资制度改革，在全省率先实施义务教育学校教师绩效工资制度，落实义务教育阶段教师津贴补贴政策。发放农资综合直补等政策性补贴。改造256个老旧小区、149条街巷路，新开和调整60条城市公交线路和农村客运班线，新建511公里农村公路，建成395处农村饮水安全工程。

大力发展社会事业。全面完成104所农村九年一贯制学校建设和质量再提升工程，完成20所普通高中标准化建设，6所万人规模职业技术学校全部投入使用。市四院、七院、奉天医院交付使用，市骨科医院和妇婴医院完成主体工程，儿童医院完成改扩建一期工程，新建和改扩建35所乡镇卫生院和14个社区卫生服务中心，甲型H1N1流感得到有效防控。文化事业蓬勃发展，8部文艺作品获得13个国家级奖项，我市荣获“全国文化体制改革先进地区”称号。沈阳体育健儿在全运会上取得12.5枚金牌的骄人战绩。

全面加强社会管理。积极探索信访工作新模式，加大调处力度，解决了4万多户居民无法办理房证、“荷兰村”历史遗留问题等一大批信访积案，全市信访稳定形势发生根本性好转，得到国家充分肯定，“沈阳经验”在全国推广。沈河区、大东区被评为全国和谐社会建设示范单位。96123“一号通”市民服务热线开通，铁西区数字化城管系统通过国家验收。加强食品药品等安全监管，有效防范重特大安全事故发生。深入开展社会治安综合整治行动，加大对各类严重刑事犯罪打击力度，国庆安保实现了“大事不出、小事也不出、万无一失”的庄严承诺，人民群众的安全感和满意度明显上升。

全面推进法制政府建设，依法行政能力和水平进一步提高，拥军优属、军民共建活动深入开展，民兵预备役工作不断加强，人口与计划生育、统计、监察、审计、参事、民族、宗教、侨务、广播、电视、新闻、出版、税务、工商行政管理、气象、防震减灾、人防、档案、修志、文史、红十字会、残疾人事业和老龄工作也都取得了新成绩。

各位代表，过去一年，面对国际金融危机的严重冲击，我市继续保持了经济社会平稳较快发展，成绩的取得极为不易。这是省委、省政府和市委正确领导的结果，是市人大、市政协大力支持的结果，是全市人民同舟共济、拼搏奋斗的结果。我代表市政府，向全市各族人民致以亲切问候和崇高敬意！向人大代表、政协委员，各民主党派、工商联、各人民团体和各界人士，向参与沈阳发展建设的中央和省在沈单位、驻沈部队指战员、武警官兵、港澳台同胞、海外侨胞及国际友人表示衷心感谢！

在充分肯定成绩的同时，我们必须清醒地看到，我市经济社会发展仍面临许多困难和问题。主要表现在：经济增长质量还不够高，部分城区财政收入增长乏力，收支矛盾比较突出；具有牵动力、影响力的重大项目还不够多，经济发展后劲还不太足；土地节约集约利用水平不高，土地综合收益较低；一些政府工作人员服务意识淡薄，软环境建设亟待加强；涉及群众切身利益的问题仍然较多，保障改善民生的任务还很繁重。对此，我们必须高度重视，切实加以解决。

二、2010年政府工作安排

今年是实施“十一五”规划的最后一年，也是全面完成“五大任务”、加快实现“三大目标”的关键之年，做好今年工作意义十分重大。我们要满怀发展激情，抢抓发展机遇，精心谋划，扎实工作，推动经济社会又好又快发展。

今年政府工作的总体要求是：认真贯彻党的十七大、十七届三中、四中全会和省委十届九次全会精神，深入贯彻落实科学发展观，按照市委十一届八次全会部署，紧紧围绕促进发展方式转变，着力调整优化经济结构，大力推进改革开放和自主创新，切实加强城市建设管理和生态环境建设，更加注重保障和改善民生，立足新起点，谋求新发展，实现新跨越，全面完成“十一五”规划确定的各项任务，为“十二五”规划启动实施奠定坚实基础。

全市经济社会发展主要预期目标是：地区生产总值增长14%，全社会固定资产投资增长20%，社会消费品零售总额增长16%，实际利用外商直接投资增长10%，地方财政一般预算收入增长11%，城市居民人均可支配收入和农民人均纯收入分别增长11%和13%，城镇登记失业率控制在4%以内。

（一）加大结构调整力度，积极促进经济平稳较快发展

全面落实国家重点产业调整振兴规划，把推进产业结构调整与做优重点发展空间结合起来，以增量调结构，在调整中扩增量，进一步提高经济增长质量和效益。

继续加大投资力度。强力推进投资

3000万元以上项目建设，重点推进900个在建项目和1000个新开工项目，着力引进和培育一批重大项目，促进世界500强企业和中央直属大型企业落户沈阳，确保600个项目签约落地。优化投资结构，重点投向城乡重大基础设施和"三农"、民生、节能环保、自主创新、技术改造等领域。加大土地一级整理力度，进一步规范土地出让，努力提高土地综合收益。积极争取国家资金，鼓励社会及外商投资，加强资金筹集与项目投资的有效衔接。努力扩大消费需求，鼓励住房、汽车等大宗消费，促进教育、文化、旅游、家政、养老等服务消费，进一步开拓农村消费市场。

大力促进产业优化升级。推进信息化与工业化融合发展，努力扩大工业发展规模、提升工业发展质量，进一步提高装备制造业比重，全市规模以上工业增加值增长18%。紧紧抓住铁西装备制造业聚集区发展上升为国家战略的有利时机，加快建设机床、输变电、现代建筑、通用装备和汽车及零部件等5大千亿元产业，做大做强机床、沈鼓、远大、北方重工、三一重装等一批骨干企业，培育一批具有国际竞争力的世界级产品，积极发展工程成套和装备成套，加快装备制造业公共检测等服务平台建设，启动实施投资5.6亿欧元的华晨宝马扩能、投资15亿美元的米其林搬迁扩产等重大项目。加快发展现代建筑产业，整合优势资源，重点推进现代建筑产业园建设，努力打造现代建筑产业之都。加快航高基地建设，加强与中航集团、南航集团和庞巴迪公司的战略合作。积极推进汽车产业聚集区建设，扩充产业链，扩大品牌影响力，提高市场占有率。

切实发挥城区发展服务业实施主体作用，推动服务业特别是现代服务业大发展、快发展，全市服务业增加值增长13.5%，现代服务业比重达到55%。加快沈阳金融商贸开发区和金融街建设，大力引进国内外金融机构，积极发展沈阳钢材期货等金融要素市场，建设东北区域金融中心。加强国药物流等重点项目建设，引进培育一批第三方物流企业，推动保税物流中心升级为综合保税区。加快大中街、太原街、南塔、长江街等商贸集聚区改造升级，积极引进国内外一流的商贸服务企业和总经销商、总代理商。推进华强文化科技产业园等重大项目建设，发挥棋盘山国家文化产业示范区先导作用，做强文化旅游产业。大力发展楼宇经济和总部经济，积极引进和培育国际国内品牌展会。促进房地产业平稳健康发展，增加普通商品住房供给，鼓励居民自住和改善性购房，大力发展二手房市场和住房租赁市场。加大金廊建设力度，完善基础设施配套，加快在建项目建设，做好重点地块招商和在建项目、闲置楼宇的二次招商。

进一步做大做强县域经济，县域地区生产总值增长20%。推进法库辉山乳业、新民林浆纸等重大项目建设，培育于洪装备制造业配套工业园、苏家屯有色金属加工园等新型工业园区，形成一批新的百亿元产业集群。加强农田水利等基础设施建设，改善农业生产条件，提高农业综合生产能力，稳定粮食生产，保障主要农产品供给。突出抓好现代农业示范区建设，加快发展"一县一业"，新增设施农业10万亩、高效特色农业21万亩，新增投资1000万元以上农产品深加工项目80个。加强农产品产地市场和批发市场建设，深入推进"万村千乡"市场工程和"新网工程"。加强4个县城及胡台、近海、空港等新城规划建设，加快14个中心镇基础设施和公共设施建设，促进人口、资源、产业向重点城镇集中，形成城镇化与新农村建设良性互动的新局面。

立足我市现有基础和优势，大力发展新兴产业。高水平编制总体规划和专项规划，制定扶持政策，推动电子信息、新能源、新材料、生物制药、节能环保、民用航空等产业发展。加快康平碳纤维、沈北五洲龙混合动力客车等重大项目建设。积极推进泗水科技城建设，以现代生物技术为支撑，着力打造产业特色鲜明的科技园区。

推进自主创新和节能减排。加快实施国家重大科技专项，积极推进"双百工程"，支持国家级工程研究中心、工程实验室和企业技术中心建设，加强核能、纳米、物联网、新型动力设备等领域的技术研究与应用。加大企业技术改造力度，积极争取东北地区等老工业基地调整改造专项。加强产学研一体化合作，支持东北大学、沈阳工业大学等国家级大学科技园建设。积极申报国家创新型城市。大力推进节能减排，单位地区生产总值能耗下降4.5%，化学需氧量、二氧化硫排放量分别控制在6.6万吨和10.5万吨以内。大力发展清洁能源，推广使用高效节能产品，推进工业领域电机系统变频改造，实施沈煤公司等重点企业节能工程。推行清洁生产，推进排污集中控制，加快沈化、东药等高排放企业整体搬迁改造，淘汰沈阳热电、金山热电小发电机组，继续实施35吨以上燃煤锅炉脱硫工程。

大力推进沈阳经济区一体化发展。抓紧编制实施《沈阳经济区城际连接带发展规划》，推进基础设施、产业、新兴城镇的连接。加快城际交通、能源、环保等重大基础设施建设，大力推进通讯、市场、户籍管理等方面一体化。加快重要节点上的产业园区建设，明确功能定位，实现错位发展。采取同城化、珠链式、组团式发展模式，加快沈阳经济区城际连接带建设，围绕母城扩大城市规模。制定和完善各项政策措施，加强土地、资金、人才等要素保障。积极申报国家综合配套改革试验区，争取沈阳经济区发展上升为国家战略。

（二）加强基础设施建设和生态环境建设，切实提高城市宜居水平

抓住筹备第十二届全运会的有利时机，统筹规划建设基础设施，完善城市运行保障体系，提升城市功能，加强生态环境保护，全面推进环境样板城建设。高水平制定城市发展规划。抓紧实施行政区划局部调整，合理配置空间资源，进一步做优发展空间。科学制定沈阳全域发展规划，完成《沈阳市城市总体规划》修编。完善重点产业空间规划，促进各行政区与功能区有效衔接。增强规划意识，切实维护规划的权威性和严肃性。

加大基础设施建设力度。启动第十二届全运会比赛场馆、运动员村、媒体公寓及相关配套服务设施建设。加快建设艺术中心、新世界会展中心等公共设施，建成沈阳展览中心。全面实施《沈阳市综合交通规划》，启动南北二干线等城

区快速交通系统建设，改造和建设一批城市桥梁、市政道路、地下人行通道，规划建设一批停车场。加快综合交通客运枢纽、公交换乘枢纽和县级客运站建设。确保地铁1号线建成运营，2号线基本完成土建工程，加快1号线东延线和2号线北延线建设。加快沈铁城际铁路、京沈、沈丹客运专线及沈阳北客站等铁路客运专线枢纽站建设，积极推进新铁高速公路、沈本开发大道、沈抚2号公路、沈铁2号公路建设。加快大伙房水库输水配套工程建设。

进一步加强城市管理。健全城市管理长效机制，全面推进数字化城管。加大综合执法力度，开展市容环境和交通秩序综合整治，清理整顿街路市场，强化市政设施、园林绿化、户外广告管理。出台弃管小区管理办法，加强弃管小区管理。

努力改善生态环境。全面推进辽河、浑河、白塔堡河、南北运河综合整治，加大卧龙湖生态环境保护力度，实施蒲河生态建设三年规划，加强秀湖、丁香湖、珍珠湖等水系建设，打造沈阳北部生态廊道。新建一批污水处理厂和村镇污水处理设施，启动污泥无害化处置，推进中水回用、雨污分流、垃圾分类回收。实施规模化畜禽养殖企业污染治理。开展大规模绿化造林，实施荒山生态恢复、沈西北防风阻沙带工程，加快辽河水系绿洲、蒲河湿地森林景观带和县域工业园区生态绿化隔离带建设，实施500个中心村绿化，植树造林40万亩。

深入推进全国环境建设样板城创建工作。高标准制定总体规划和专项规划。加快国家现代环保产业园建设，大力发展静脉产业。启动国家级生态工业园区试点。发展绿色建筑和绿色交通，推进政府绿色采购，广泛开展绿色机关、社区、家庭创建活动。积极申报国家低碳经济试点城市。

（三）不断深化改革开放，进一步完善有利于科学发展的体制机制

加快推进重点领域和关键环节改革，不断拓展对外开放的广度和深度，进一步增强经济社会发展的动力和活力。推进行政管理体制改革。完善大部门管理体制，深化行政审批制度改革，健全政府绩效评估指标体系。积极稳妥地推进事业单位分类改革。整合土地储备交易机构，依法严格实行土地集中统一管理。深化政务公开，加强信用政府建设，切实发挥政务诚信在“信用沈阳”建设中的引领示范作用。

加快医药卫生体制改革。继续扩大基本医疗保障覆盖面，提高保障水平。在政府举办的基层医疗卫生机构建立基本药物制度，努力实现零差率销售。逐步完善基层医疗卫生服务保障体系，推进基本和重大公共卫生服务项目建设。积极探索公立医院改革试点。

深化国有企业改革。积极引进战略投资者，鼓励各类投资主体参与国有企业改革重组。加快重点国有企业股份制改造，推动东药集团与红梅集团重组。支持重点骨干企业实行跨区域、跨行业、跨所有制战略重组，着力打造具有国际竞争力的大型企业集团。

切实抓好财政金融体制改革。推进政府预算体系建设，加强社保基金预算管理。优化财税结构，切实增强财政增收的稳定性和可持续性。强化政府性债务管理，控制债务规模，防范债务风险。拓展沈阳联合产权交易所功能，推动盛京银行上市。支持沈阳金融商贸开发区晋升国家级开发区。积极争取我市成为跨境贸易人民币结算试点城市。稳步推进资源性产品价格改革和环保收费改革。

深化农村综合改革。创新土地流转方式和途径，推进土地适度规模经营，继续深化集体林权制度配套改革。加快农村信用社、村镇银行、小额贷款公司等金融服务机构建设。支持农民专业合作社和产业带头人队伍发展壮大。推动供销合作社、农垦总公司改革发展。

大力支持非公有制经济和中小企业发展。支持民间资本进入基础设施、公用事业、金融服务和社会事业等领域。鼓励中小企业向“专精特优”方向发展，与汽车、机械装备等重点骨干企业协作配套，增强市场竞争力。落实专项扶持资金，完善创业融资服务体系，支持中小企业上市。

进一步扩大对外开放。努力改善投资环境，加大招商引资力度，优化利用外资结构，引进超千万美元外资项目50个，实际利用外商直接投资60亿美元；引进投资500万元以上内资项目1800个，调入资金700亿元。扩大高新技术产品、大型成套设备出口，大力发展服务贸易和服务外包，全市出口总额增长20%。支持企业“走出去”，开展境外资源合作开发、劳务合作、工程承包。精心办好制博会、东北亚发展论坛，加快沈阳桃仙国际枢纽港建设。

（四）大力发展社会事业，着力保障和改善民生

继续实施“为城乡群众办实事”工程，集中力量办一些涉及人民群众切身利益的大事实事，为人民群众谋求更多福祉。加大就业促进力度。完善就业和再就业各项政策，促进创业带动就业，支持群团组织“牵手同行”就业创业联合行动，多渠道增加就业岗位，实名制就业25万人。做好高校毕业生、复员军人及城镇新增劳动力就业工作。加大零就业家庭等困难人员就业援助力度，加强农村劳动力转移就业培训，普惠制就业培训6万人。规范人力资源市场秩序和企业用工行为，进一步落实集体合同制度，维护劳动者合法权益。

增加城乡居民收入。完善职工薪酬制度和公务员津贴补贴政策，推进事业单位绩效工资制度改革。提高低收入居民及部分特殊群体待遇标准。落实涉农补贴政策，增加农民务农收益和务工收入。采取积极有效措施预防和解决农民工工资拖欠问题，确保农民工工资按时足额发放。

完善城乡社会保障体系。强力推进养老保险参保扩面，积极开展农村新型社会养老保险试点，加大事业单位养老保险制度改革力度。大力推进大学生参加城镇居民基本医疗保险、农民工参加医疗工伤综合保险，职工医疗保险和生育保险实行市级统筹，进一步提高新型农村合作医疗补助标准和参合率。完善低保户、低保边缘户救助制度，加强对困难职工的帮扶。大力发展社会福利和慈善事业，完善城乡养老服务体系，认真做好残疾人工作。切实解决城乡低收入家庭住房困难，加快非集中联片棚户区改造。解决农村人口饮水安全问题。

加快教育卫生文化体育事业发展。启动教育强区县创建活动，推进城乡义务教育高水平均衡发展，加强普通高中标准化、特色化建设，推进职业学校开展国际化合作，积极申报全国职业教育试点城市，加快构建终身教育体系，支持在沈高校发展。启动市精神卫生中心等改扩建工程，加快市一院改扩建进度，市儿童医院、骨科医院、妇婴医院新建和扩建工程全部完成并投入使用，推进4所县级中心医院建设，建成35所乡镇卫生院、14个社区卫生服务中心，做好甲型H1N1流感和重大传染病疫情的防治工作。建设沈阳博物馆、艺术大厦等文化设施，打造艺术精品。开展全民健身活动，办好第十一届省运会。

保持社会和谐稳定。进一步完善信访稳定工作"沈阳模式"，健全信访稳定工作风险评估机制，及时解决群众反映强烈的信访问题，积极预防和依法妥善处置群体性事件。提高应急管理工作水平，有效应对各类突发事件。完善市场供应保障体系，加大食品药品监督抽查力度，保障食品药品和公共安全。加强安全生产监督管理，坚决遏制重特大事故发生。加快构建社区服务体系，深入推进社会治安防控体系建设，依法严厉打击各类犯罪行为，增强人民群众安全感。加强民兵预备役工作，积极支持驻军建设，做好优抚安置工作，开创"双拥共建"新局面。

认真做好"十二五"规划编制工作，为我市经济社会又好又快发展提供科学指导。

各位代表，完成全年各项任务对政府自身建设提出了新的更高要求。各级政府要把软环境建设放在更加突出的位置，坚持依法行政，自觉接受人大依法监督和政协民主监督，支持人民团体发挥作用，努力提高科学民主决策水平，进一步加强廉政建设。各级政府工作人员特别是领导干部，要切实转变工作作风，增强服务意识，提高行政能力，加强廉洁自律，重实际、求实效、办实事，打造一支作风过硬的公务员队伍，让人民放心，让人民满意。

各位代表，全面振兴沈阳老工业基地，任务艰巨而繁重，使命神圣而光荣。让我们在省委、省政府和市委的正确领导下，深入贯彻落实科学发展观，咬定发展目标，只争朝夕，埋头苦干，为加快实现沈阳老工业基地全面振兴而努力奋斗！

中国人民政治协商会议沈阳市第十三届委员会常务委员会工作报告

——2010年1月11日

政协沈阳市第十三届

委员会第三次会议

刘雅琴

各位委员：

我代表政协沈阳市第十三届委员会常务委员会，向大会作工作报告，请予审议。

一、2009年工作回顾

2009年是我市应对挑战、加快发展的重要之年。市政协在中共沈阳市委的正确领导下，坚持以邓小平理论和"三个代表"重要思想为指导，以科学发展观为统领，按照市委十一届六次、七次全会的部署，组织政协各界别和全体委员，认真履行政治协商、民主监督、参政议政职能，积极投身全市"保增长、保民生、保稳定"等重点工作，为全面振兴沈阳老工业基地做出了新的贡献。

（一）深入学习实践科学发展观，在巩固人民政协团结合作的思想政治基础上取得了新进展。科学发展观是指导新形势下人民政协工作的根本方针。一年来，常委会把学习贯彻科学发展观作为政协工作的首要任务，组织开展了多种形式的学习教育活动，切实把科学发展观贯穿于履行职能的各个环节、落实到政协工作的各个方面，不断增进了参加政协的各民主党派、各人民团体和各族各界人士对中国特色社会主义的政治认同和思想认同。

通过开展深入学习实践科学发展观活动，常委会坚持领导带头，加强理论武装，不断解放思想，以组织专题学习讨论、举办专题报告会和印发学习参考资料等形式，引导广大委员学习领会科学发展观的深刻内涵、精神实质和根本要求，牢牢把握政协工作正确的政治方向，认真查找市政协领导班子在工作中存在的与科学发展观不相适应的突出问题并积极抓好整改，努力提高政协履行职能、服务大局的能力，增强贯彻落实科学发展观的坚定性和自觉性。

通过组织学习中共十七届四中全会和胡锦涛总书记在庆祝人民政协成立60周年大会上的重要讲话精神，切实把思想和行动统一到中共中央对新时期人民政协工作的新部署和新要求上来。以搞好市政协中心组学习为抓手，有效带动了各党派、各界别和全体委员的学习，加深理解了中共十七届四中全会提出的"以党内民主带动人民民主"等重要论断，进一步明确了坚持和完善中国共产党领导的多党合作和政治协商制度，按照团结和民主两大主题履行职能，以改革创新精神推进人民政协事业发展等重大任务，进一步促进了人民政协组织的思想政治建设。

通过举行庆祝建国60周年和人民政协成立60周年主题系列活动，全面回顾人民政协与共和国一道成长的光辉历程，认真总结人民政协工作的宝贵经验。先后举办了以庆祝人民政协成立60周年为主题的座谈会、报告会、理论研讨会、归国创业人员联谊会和主题征文、书画征集等活动；出版了纪念专刊、理论研讨文集和《闯世界的沈阳人》文史资料集；在沈阳日报等新闻媒体上发表纪念文章和专题报道30多篇，与沈阳电视台共同录制播放了展示沈阳政协60年光辉历史的电视专题片《辉煌历程》。这些形式生动、内容丰富的主题教育活动，极大地激发了广大委员做好政协工作的责任感和使命感，进一步扩大了人民政协的影响，为巩固和发展最广泛的爱国统一战线，增进各党派团体和各族各界人士的团结合作，共同致力于沈阳振兴大业奠定了坚实的思想政治基础。

（二）围绕重大问题协商议政，在服务沈阳科学发展大局上做出了新贡献。一年来，面对国际金融危机的严重冲击，参加市政协的各民主党派、工商联、各人民团体、各族各界人士和全体委员，在市委的领导下，与全市人民一道团结奋进、共克时艰，为完成我市"保增长"的艰巨任务发挥了重要作用。

在常委会的主持下，市政协就我市经济社会发展的一些重大问题，组织开展了卓有成效的协商议政。在大力促进非公有制经济发展方面，组织开展了跨年度调研并及时召开专题协商会议，邀请市委、市政府领导和相关部门负责人到会进行协商讨论，提出了《关于应对金融危机，加大扶持力度，进一步促进我市非公有制经济快速发展的建议》，其中大部分建议在全市非公有制经济工作会议上得到综合采纳，被人民日报、人民政协报、沈阳日报等新闻媒体称为"关键时期的一份关键建议"。在加强科技支撑，大力发展现代农业方面，组织220余名政协委员、民主党派成员和专家学者，进行了五个多月的专题调研，并通过举办专题论坛、召开专题协商会议，向市委、市政府报送了重要建言成果，常委会提出的《关于依靠科技支撑，大力发展沈阳现代农业的建议案》，得到市政府及相关部门的充分肯定和高度重视。在进一步推动做好"三农"工作方面，市政协主席会议围绕我市农民专业合作组织健康快速发展问题，与各民主党派、工商联和部分涉农区县(市)政协联合开展专题调研，提出了"关于大力发展农民专业合作组织，健全农业社会化服务体系"的若干建议，为政府部门提供了可资借鉴的良策。

积极推进沈阳经济区建设与发展。在全国政协十一届二次会议上，市政协提交的"建议将沈阳经济区设立为国家新型工业化综合配套改革试验区"大会发言和"建议国家尽快批准在沈阳设立装备制造产业投资基金和基金管理公司"等提案，得到国务院有关部门的高度关注；与七个兄弟市政协在铁岭成功举办了沈阳经济区政协论坛第六次会议，共同围绕"新型产业基地——创新与发展"这一主题，向省委、省政府提出意见和建议，有力地推动了沈阳经济区发展战略的实施。

(三)发挥政协独特优势，在创新委员界别活动上实现了新突破。一年来，市政协通过增强专委会工作活力，有效地组织各界别委员开展了内容丰富、卓有成效的履职活动，较好的展示了广大委员在加快沈阳发展、促进社会和谐中的智慧和力量。

市政协多次组织各界委员围绕我市经济发展、城市建设、社会保障和医疗教育等多个专题，进行了广泛深入的协商讨论；针对搞好经济结构调整、加快科技进步等重要问题，提交提案573件，提出了许多重要建议。为了更好地履行参政议政职能，常委会依托政协各专门委员会，先后组织委员针对我市生态市建设、农村公共文化服务体系建设、文博事业发展等问题进行了专题调研；针对我市城建年度重点项目、水价调整方案、地方法规规章草案进行了专题协商；针对我市生态示范区和文化产业示范区建设、林业和湿地保护、沈阳国家航空高新技术产业基地建设、外贸出口企业发展等工作情况和"柳绕地区生态建设产业化、产业发展生态化"提案办理落实情况进行了专题视察；围绕妥善处理宗教事务、推进少数民族聚居区经济社会发展等问题进行了调研考察，并向市政府提出建议，得到市政府领导的批示办理；为拓展委员视野，加强交流合作，与有关单位联合举办了"能源战略与新能源开发高层论坛"。为使委员进一步知情明政，组织进行了"发展现代服务业"、"市属部分医院改扩建"、"地铁工程建设"及听取市法院、检察院工作通报等专题的委员大视察活动。前后历时8个月的"完善现代交通体系，促进城市交通发展"专题调研活动，对我市交通发展现状、存在的问题、发展趋势进行了深入的分析论证，委员们对我市公共交通、道路、客货运枢纽建设情况进行了视察，形成专题材料24份，召开了有市政府及相关部门负责人参加的沈阳市交通发展问题专题协商会议，得到了社会各界的广泛关注，省市新闻媒体在重要版面和专题节目中进行了集中报道。加强了政协海外联谊服务工作，组织港澳委员进行考察，开阔眼界，拓展投资渠道，及时协调解决港澳委员在沈企业运行中遇到的困难，使港澳委员在沈放心投资、安心创业。一年来，港澳委员在沈企业新增投资39.1亿元人民币，为沈阳发展做出了积极贡献。

(四)积极关注民生，在促进和谐社会建设上展示了新作为。一年来，市政协把维护人民群众根本利益作为履行职能的出发点和落脚点，组织各界委员多渠道、多形式地反映社情民意，抓住关系民生的突出问题开展民主监督，努力解决人民群众最关心、最直接、最现实的切身利益问题。先后组织了"国际金融危机对我市职工权益影响情况"的调研和大学生就业创业情况、改革殡葬事业管理、促进学前教育健康发展、制止林地开荒行为以及少数民族食品安全问题的调研、视察。针对我市病患儿童就医难问题，市政协组织部分委员进行专题调研并提出"建议加快实施儿童医院改扩建工程"的提案，得到市政府的高度重视并及时纳入重要议事日程，做到了当年立项、当年开工，主体工程当年封顶，成为市政府2009年为百姓办的20件实事之一。为了控制我市人口出生缺陷率，组织部分委员进行了视察、调研，召开专题协商会，并围绕提高我市出生人口素质向市政府提出建议，市政府领导在协调会上现场办公，落实各项建议。为解决我市冬季大白菜销售难题，经济界委员积极向政府部门献计，使问题得到妥善解决。市政协与沈阳人民广播电台联办的《委员在线》节目，将民主监督与舆论监督相结合，93名委员参与45期节目，认真倾听民意，为百姓解决实际困难50余件。许多委员通过提案或持证视察等形式推动了街路改造、社区建设、污水排放等涉及民生问题的解决。针对社会弱势群体，开展了"关爱女孩"、捐赠"农村书屋"活动，组织了为农村贫困人员送医送药的义诊活动，协调解决了部分贫困低保家庭医疗、住房维修和子女就学就业问题。许多委员慷慨解囊，为民分忧，向贫困学生、儿童和残疾人捐款捐物。据不完全统计，全年各界委员开展"献爱心、促和谐"惠民服务活动200余人次，捐款捐物折合人民币近百万元，受益群众达4000余人。这些活动充分体现了广大委员勇担道义、情系民生的社会责任感，体现了广大委员同心同德、共建和谐的良好精神风貌。在此，我代表常委会向全体委员致以崇高的敬意！

(五)广泛形成工作合力，在政协自身建设上迈出了新步伐。一年来，市政协加强了与社会各方面的联系合作，坚持多方联合议政、上下联动履职，努力形成体现政协组织性质和特点的工作机制，不断提高议政建言的质量，拓宽参政议政的渠道。

注重发挥民主党派参政议政的重要作用。全年联合民主党派、工商联开展专题调研20余项，办理民主党派、工商联集体提案30余件，向市委、市政府报送民主党派、工商联及其成员撰写的调研报告、议政论文等重要建言60余份。各民主党派、工商联及其成员想大事、谋要事，调研深入、言之有据，其许多建言成果都充分体现了很强的议政能力和较高的议政水平，得到了市委、市政府的高度评价，展示了人民政协智力密集、人才荟萃的独特优势。

注重发挥区县（市）政协联动互动的重要作用。通过联合开展调研视察、共同建立工作载体、定期召开工作通报会和协调会等形式，进一步密切了与区县（市）政协的联系。一年来，各区县（市）政协配合市政协开展调研、视察30余项，推进了全市两级政协工作的协作化和一体化。

注重加强与党政部门的经常性联系。坚持和完善了工作对口联系制度，及时通报工作安排、做好工作衔接；坚持市政协开展重要活动事先与党政部门沟通，取得支持与配合；坚持市政协及常委会提出的重要意见建议草案，事先与相关党政部门研究论证，取得认同。

在市党群系统、市政府各部门和市法院、市检察院等政协提案承办单位的大力支持下，提案工作质量不断提高，发挥了提案在政协履职中的独特作用。部分委员和承办单位在市政协提案工作经验交流会上介绍了经验，推动了提案征集、督办、沟通协调机制的不断完善。

在各新闻媒体的大力支持下，我市人民政协新闻宣传工作不断取得实效，“政协园地”、“委员在线”等专栏专题节目异彩纷呈，既反映了市政协的履职活动，更展示了广大委员的履职风采。在我市“宣传政协好新闻”评选活动中，新华社、人民日报等24家中央、省市新闻单位的36件作品获奖。

各位委员，市政协一年来所取得的工作成绩，是中共沈阳市委加强领导、市政府大力支持的结果；是参加市政协的各民主党派、工商联、各人民团体和全体委员共同努力的结果；是上级政协加强指导、区县（市）政协通力配合的结果；也是各级党政部门和社会各界密切协作的结果。在这里，我代表常委会表示衷心的感谢！

在总结成绩的同时，常委会也清醒地认识到工作中还存在着一定的差距和不足，主要是政治协商机制有待进一步规范，民主监督有待进一步完善，工作创新有待进一步增强，对区县（市）政协工作的指导还有待进一步加强。对此，常委会在今后工作中将认真研究，加以改进。

二、2010年工作安排

2010年是我市全面完成“十一五”规划，谋划“十二五”发展的关键之年。市政协全年工作的总体思路是：高举中国特色社会主义伟大旗帜，以邓小平理论和“三个代表”重要思想为指导，深入落实科学发展观，认真贯彻中共十七大、十七届四中全会精神，按照中共沈阳市委十一届八次全会的部署，牢牢把握团结和民主两大主题，全面履行政协职能，充分发挥协调关系、汇聚力量、建言献策、服务大局的作用，为沈阳立足新起点、谋求新发展、实现新跨越，完成“五大任务”，实现“三大目标”做出新贡献。

（一）积极探索和把握政协工作规律，推动我市人民政协事业实现新的跨越。要继续认真学习、深刻领会胡锦涛同志在庆祝人民政协成立60周年大会上的重要讲话，全面贯彻落实中共辽宁省委政协工作会议精神，继承发扬人民政协的优良传统和宝贵经验，坚持按照政协章程独立负责、协调一致地履行政协职能、开展工作。要积极协助市委筹划开好市委政协工作会议，与有关部门通力配合，开展好调查研究，认真总结近年来全市政协工作的基本经验，查找分析存在的问题，深入研究政协工作面临的新情况、新问题，积极探索新时期促进政协工作发展的新途径、新办法。要认真研究我市建立政治协商规则、将政治协商纳入决策程序、拓宽政协民主监督渠道、建立中长期协商议政选题机制等重要课题。在总结实践经验的基础上，认真研究人民政协理论，积极探索和把握政协工作规律，深化理性认识，完善工作思路，创新工作机制，提高政协工作的前瞻性和实效性，开创我市政协工作的新局面。

（二）充分发挥政协优势，为沈阳科学发展建言献策。要把保持我市经济平稳较快发展作为全年工作的重要任务，在围绕中心、服务大局中继续有所作为。要充分发挥人民政协人才荟萃、智力密集、联系广泛的优势，以政协全体会议为全面协商平台，以常委会议为专题协商平台，以专委会为对口协商平台，围绕我市调结构、优环境、惠民生等中心工作积极奉献智慧、贡献力量。

常委会议和主席会议的专题协商，要以推动发展方式转变，加大经济结构调整力度为主线，重点围绕提升现代服务业发展质量、推动产业结构调整，建设国家生态市、创建全国环境建设样板城、协商编制我市“十二五”规划等全局性、战略性、前瞻性的重大课题，进行协商议政，提出意见建议，为市委、市政府提供决策参考。

要认真组织好对口协商、专题视察和专项调研等工作。按照市委十一届八次全会提出的各项要求，针对我市新农村环境建设、创建创新型城市、发展职业教育和中小学校现代管理制度、非物质文化遗产保护、特色文化产品开发、泗水科技城建设等事关振兴发展的重要问题和人民群众普遍关心的热点难点问题，组织各界委员广泛参与，重点研究；关注国际金融危机和“后危机时代”的发展态势，以调研报告、协商议政、提案和反映社情民意等形式积极建言献策，与党和政府同舟共济、共谋发展。

要在“沈阳经济区政协论坛”中继续发挥好应有的作用，积极配合营口市政协共同做好论坛第七次会议的有关工作，进一步促进沈阳经济区一体化合作与发展。

（三）拓展反映社情民意的渠道，进一步提高政协民主监督实效。民主监督是政协的重要职能，是我国社会主义监督体系的重要组成部分，是历史发展赋予人民政协的重要使命。要进一步提高开展民主监督的自觉性，采取有力措施反映社情民意，不断提高民主监督的质量和实效，积极推进政协民主监督与党内监督、司法监督、行政监督、舆论监督的有机结合，增强民主监督的社会影响力。

按照省委的部署，市政协将从今年

开始，每年组织对1—2个政府部门或司法机关的履行职责、政务公开、办事效率、服务质量、廉政建设以及提案办理等工作进行民主评议，并将评议结果提供给有关部门，作为考核被评议部门的重要依据。今年市政协将组织政协委员，对我市法院系统的工作和教育部门的相关工作进行民主评议，促进被评议单位和部门切实改进工作作风，提高行政效能。

要充分发挥政协提案的民主监督作用，紧紧围绕经济和社会发展中的重大问题履行监督职能，提出意见建议，不断增强政协委员以政协提案履行民主监督职能的参与性和实效性。积极支持担任相关部门特邀民主监督员的政协委员开展工作，协调有关部门为他们履行民主监督职责创造有利条件。

（四）巩固发展爱国统一战线，促进社会各界大团结、大联合。人民政协是大团结大联合的组织。我们要充分发挥政协优势，坚持民主协商、平等议事、求同存异、体谅包容的原则，加强与各民主党派、工商联和无党派代表人士的团结合作，广泛调动一切积极因素，切实把各方面的智慧和力量凝聚到共谋我市全面振兴、共促沈阳科学发展上来。

认真贯彻党的民族政策和宗教政策，充分发挥民族、宗教界代表人士在人民政协中的作用，协助党和政府做好民族工作和宗教工作。要围绕进一步促进民族团结进步、推动民族地区经济发展和全市基层宗教活动场所管理情况，组织委员开展视察和调研，协助解决我市宗教工作中的有关问题。

要坚持以人为本，切实关注民生，把实现好、维护好、发展好最广大人民群众的根本利益作为政协工作的出发点和落脚点。认真倾听群众呼声，关心群众疾苦，围绕群众普遍关心的民生问题开展调查研究，反映社情民意，关注不同阶层利益诉求，协助党和政府妥善处理好各方面利益关系，做好化解矛盾、理顺情绪的工作，营造团结奋进的社会氛围。

做好港澳台侨和外事工作。进一步加强与港澳台同胞、海外侨胞的联络联谊，多层次多渠道地与港澳台各界人士进行沟通交流，推动沈阳对外交流合作。对台资企业发展状况进行调研，精心组织港澳委员开展活动，引导港澳委员发挥优势，为港澳地区繁荣与稳定，为沈阳经济和社会发展增添力量。

（五）增强政协工作活力，提高履职科学化水平。加强政协自身建设是政协永葆生机与活力的重要前提。要着力加强政协委员和政协工作队伍的思想建设，进一步破除与科学发展观要求不相适应的思想观念，坚持不懈地推动思想解放，以改革创新精神谋划政协履行职能的新思路、新举措，努力实现政协工作的科学化。要着力加强参政议政能力建设，针对政协委员队伍的实际，全面抓好教育、培训、管理和服务工作。要着力加强政协专门委员会建设，提高专门委员会组成人员政治和业务素质，积极探索专门委员会工作的新思路、新方式，切实增强工作活力和成效。要着力加强政协机关建设，教育和引导政协机关党员干部，努力增强大局意识、服务意识，提高服务能力和协调能力，进一步转变工作作风，始终保持奋发有为的精神状态，牢固树立真抓实干的工作理念，努力提高政协机关工作效能。密切政协组织之间的联系，加强对区县（市）政协工作的指导，搭建区县（市）政协工作交流和联谊的平台。

各位委员，同志们，新时期的人民政协事业正面临着新的发展机遇和更加美好的前景，全市政协委员肩负着时代和人民赋予的历史使命与崇高职责。让我们更加紧密地团结在以胡锦涛同志为总书记的中共中央周围，在中共沈阳市委的坚强领导下，团结奋进，扎实工作，为推动沈阳在科学发展道路上加快全面振兴贡献力量！

重大活动

【举办2009东北亚发展论坛】 2009东北亚发展论坛于2009年9月14日至16日举办，来宾规模和层次大大超过往届，盛况空前。全国政协副主席李金华，日本前首相羽田孜、韩国前总理高建、蒙古前总理恩赫赛汗等出席论坛并发表讲话。包括巴西、阿根廷、喀麦隆等驻华大使在内的17个驻华使（领）馆的23位外国使节，以及25个外国城市代表团、25个国际组织、49家跨国企业、12位外国著名专家学者等近千名（累计人次）中外嘉宾参加了论坛开幕式、分论坛、博览会等各项主体活动，与会外宾遍及世界23个国家和地区。东北亚地区以外的美国、芬兰、新加坡、越南等国也派出团组参会，充分体现了论坛的国际开放性和东北亚地域特色。本年度论坛以“应对金融危机，谋求共同发展”为主题，切合了当前各国共同应对全球金融危机挑战的形势要求，引起东北亚各国以及世界有关国家和地区的高度关注和积极参与，在区域合作、金融、环境、航空、汽车等领域进行了广泛的讨论与合作。

论坛紧扣时代主题，致力于促进东北亚地区开展多领域合作，举办了论坛开幕式暨高峰论坛，并在涉及东北亚各国共同关注而又可实现优势互补的区域合作、金融、环境、航空等领域设立了分论坛。还将“第三届中国东北亚（沈阳）进口商品博览会”、“2009中国沈阳韩国周”、“2009国际汽车技术年会”等经贸活动纳入论坛主体活动之中，涉及友好交流、经贸合作、文化艺术等多个领域，体现了突破与创新，活动内容异彩纷呈。论坛活动期间，沈阳市与东北亚地区有关国家和城市间深入开展经贸洽谈合作，共与国外企业签约187项，成交额近6亿美元。《辽宁日报》、《沈阳日报》9月15日一版头条对论坛活动进行了报道，中央人民广播电台、凤凰卫视、经济日报、新华网等近30家电视、广播、平面和网络新闻媒体对论坛盛况进行了全方位报道。

（何　刚）

【第八届中国国际装备制造业博览会】 由商务部、国家发改委、中国贸促会和辽宁省政府主办，中国机械工业联合会、中国机电产品进出口商会协办，以沈阳市人民政府为主承办的第八届中国国际装备制造业博览会（以下简称制博会）于2009年9月1日－5日在沈阳（国际）会展中心成功举办。

本届制博会以“高新技术与装备制造”为主题，集中展示了代表国内外装备制造业领域具有最先进水平的装备与技术。展会现场共设置机床及其功能部件、工业自动化与仪器仪表、动力传动、能源技术与装备、专用与通用设备、工程机械与大型设备等5个专业专区，展位2802个，参展企业598家，其中国内企业491家，来自23个省市自治区；外国和外商投资企业107家，来自16个国家和地区。

全国人大副委员长陈昌智，国家商务部、国家发展改革委、中国贸促会、国家工信部、国家能源局、中国机械工业联合会、中国机电进出口商会的领导，中共辽宁省委书记、省人大主任张文岳，省长陈政高，中共沈阳市委书记曾维，市长李英杰，市政协主席刘雅琴等领导出席开幕式并参观展会。美国、日本、韩国、俄罗斯、加拿大、伊朗、苏丹等22个国家的外交使节专程来沈参加制博会。展会客商云集，日本日中经贸中心、英国制造业协会、美国机械制造技术协会、台湾工具机暨零组件工业同业公会以及上海外高桥保税区国际机床展示中心等19个代表团和新疆、山西、上海、哈尔滨、石家庄等18个省市组织了代表团参加制博会；中国航天科工集团、航空工业集团、船舶重工集团等中央直属企业也组织了旗下众多企业参加制博会。参观展会观众总计12.4万人次，其中专业观众超过6万人次。

制博会还本着"公平、公开、公正"的原则对展品进行了分类评奖。DMG（中国）公司DMUP duo BLOCK五轴加工中心、菲尼克斯电气中国公司PSR系列安全控制设备及QUINT系列电源和沈阳北方交通重工集团S32型自行式高空作业车分别荣获第八届制博会机床类、自动化与控制类和工程机械类展品金奖。

制博会围绕装备制造业发展、市场、技术和信息等举办了特变电工东北输变电科技产业园落成揭牌仪式、国际输变电节能技术论坛、沈阳铁西现代装备制造业与现代建筑产业研讨会、2009国际装备制造业信息化高峰论坛暨国际装备制造业CIO峰会、工业机械设备的国际市场准入法规专题讲座、真空设备采购商大会、构建基于信任向导的中国特色工业品营销管理体系主题报告会、CDA软件成果体验展示会、大学生工业品外观设计大赛等活动。

制博会成效显著，参展企业产品交易额达到了11亿元，其中在现场直接销售1.4亿元。沈阳市各级政府也利用制博会举办契机，开展了招商引资、项目推介等活动，共签约合资合作项目149项，投资（意向）总额约51亿美元，其中外资额约18.2亿美元。

制博会吸引了众多媒体的目光，共有36家新闻媒体、58家专业媒体采访和报道了本届制博会。中央电视台的新闻联播和整点播报栏目对制博会开幕式进行报道，新华社、辽宁日报等多家媒体都以"第八届制博会在沈阳隆重开幕"为题发表了文章；国际商报陆续发表"中国制博会助推东北振兴的产业平台"、"振兴规划凸显中国制博会价值"等系列专题文章。制博会期间，参加报道的记者人数达到400余人次，共发表和转载文章累计达1000多篇。

本届制博会是在国际金融危机和我国扩内需、保增长和国务院通过《关于进一步实施东北地区等老工业基地振兴战略的若干意见》的大背景下举办的，本届制博会是在展览面积达到6万平方米，展位总数较上届增加1%；参展企业较上届增长7.9%，首次参加展会的企业达到参展企业总数的32.6%。展会不仅规模数量有所增长，活力有所增强，展会的科技含量、产品档次、布展水平、展会形象、交易功能、配套服务等方面也都有了新的提高，充分体现了制博会国家级水平和专业性、国际性、权威性、时效性特点，显示了强大的生命力和勃勃生机。

（*李颂东　赵建光*）

【2009东北亚发展论坛大型歌会暨中国沈阳韩国周】　由沈阳市人民政府和大韩民国驻沈阳总领事馆主办、中国沈阳韩国商会协办，以"友谊、交流、合作、发展"为主题的2009东北亚发展论坛大型歌会（韩国KBS歌唱比赛）暨中国沈阳韩国周于2009年9月13日至18日在沈阳举行。

本次"韩国周"以经贸交流为中心，以文化、体育等活动为平台，全面展示了沈阳市对韩全方位开放、多层次交流、宽领域合作的巨大潜力和广阔前景，有效推动了沈阳市会展经济的发展，向全世界展示了沈阳独有的魅力。韩国周的主要活动包括韩国周开幕式、韩国百名企业家沈阳行、韩国KBS歌唱比赛、中韩诗人作品研讨交流会和诗歌朗诵会、中韩铁人三项友谊赛、韩国语大赛等；呈现的突出特点是经贸交流活动丰富务实，文化交流活动盛况空前；韩国周期间全市累计洽谈和签约项目150项，签约总额5.6亿美元。

开幕式气势恢弘，现场气氛隆重热烈，市民参与热情空前高涨。韩国周在国内首次引进了韩国KBS电视台多年打造的最具影响力的精品文艺栏目—KBS歌唱比赛，开创了中国国内城市与韩国国家级电视台直接进行文化交流与合作的先河。韩国周开幕式安排在KBS歌唱比赛之前举行，韩国国会议员安炅律、李春植、赵源震、姜成天、韩国在外同胞财团理事长权宁建、韩国韩亚金融集团社长金宗烈、沈阳市政府顾问张景焕、韩国KBS电视台艺能制作局局长吴世英、韩亚银行（中国）有限公司行长金仁焕、中国韩国商会首席副会长韩三洙、沈阳韩国商会会长权裕铉和韩国大总统国情咨询委员金南祚在内的398名韩国嘉宾出席开幕式，韩国首尔、釜山、大田、光阳等8个城市政府的代表，韩国中小企业中央会、韩国汽车零部件协会等5个行业协会代表团，韩国部分跨国公司的负责人，韩中国际产业园地开发株式会社等259家韩国企业的首席执行官和高管人员，驻北京、天津、上海、青岛等15个城市的韩国商会会长，韩国LG、SK、浦项制铁等500强企业的在华高管人员和员工代表以及韩国媒体、文化、体育、演艺等各界人士也出席了当天的开幕式，共有2.8万名观众现场目睹开幕式盛况。

开幕式不仅在活动规模和影响力上超过历届韩国周开幕式活动，也创KBS歌唱比赛活动规模之最，现场录制的《中秋特辑中国沈阳篇》和中国沈阳专题片，在韩国法定假期中秋节当天播放，韩国各地的广大侨民第一次更加深入的了解了中国沈阳。

开幕式后，KBS歌唱比赛随即开始，随着韩国著名主持人宋海、SUPER JUNIOR、SS501等超人气组合的登场，整个奥体中心内韩流涌动，观众的热情被彻底点燃，奥体中心成为一片欢乐的海洋，中韩文化在这一时刻实现了真正的碰撞和交流。整个开幕式突出友谊、交流、合作、发展的时代主题,弘扬友谊和谐进步的主旋律,顺应了沈阳与韩国交流合作日益升温的发展形势,成为本届韩国周的精彩开篇。

突出以经贸活动为主,"韩国百名企业家沈阳行"更富实效。韩国周的经贸交流活动以韩国百名企业家沈阳行活动为主线,通过前期的广泛摸底和宣传邀请,后续的主动衔接和精心策划,策划了大量满足中韩双方需求的务实活动,为中韩企业间搭建了形式多样的交流平台。9月14日开始的"韩国百名企业家沈阳行"系列经贸活动,将2009中国沈阳韩国周推向高潮。中韩双方以共同应对金融危机,共同探索发展新途径,共同总结发展经验为出发点,进行了面对面的商贸洽谈,既加速了韩资落地,也为沈阳经济发展提供了有力的支持,在金融危机背景下,为韩国企业在海外的发展提供了一条沈阳路径。

在铁西区招商说明会上,众多韩商签下了12个项目。在浑南一韩国汽车零部件产业投资座谈会上,中韩双方将会谈内容转向高端汽车领域的投资。韩国汽车零部件协会会长申达锡表示,有意在汽车排气管、发动机铸件、模具等方面进行投资与合作。沈阳市各区、县(市)也围绕本地区特色产业,准备了优势项目,与韩商进行对接,上百位韩商与沈阳各县区的招商人员进行了面对面的恳谈。东陵区的韩国企业家沙龙,邀请驻区的韩国企业家共同探讨投资环境等问题,韩国企业家纷纷表示,要介绍更多的韩国企业到东陵区发展。韩国权威媒体《东亚日报》的民意调查显示:沈阳韩国周在韩国掀起的投资热情一轮轮高涨,有60%的韩国中小企业愿意到中国东北投资,其中有九成左右首选沈阳。

韩国周先后举办了韩国百名企业家沈阳行启动仪式暨铁西新区招商推介大会、沈河区美博城韩国美容饰品商贸洽谈会、五爱韩国城精品服饰推广会、于洪区招商推介座谈会、浑南新区汽车配件产业招商恳淡会、法库陶瓷产业项目推介会、东陵区韩资企业家座谈会、皇姑区秀水65巷修桥开工仪式暨韩国特色风味美食街招商说明会、海丽德韩国精品商厦招商会等一系列经贸活动,共达成签约项目150项。其中包括韩中国际产业园地开发株式会社投资建设的沈阳国际新再生能源、环保建材园项目;韩国新世界百货大型超市项目;群达行模具国际有限公司、易拓迈克制造有限公司投资建设中高档汽车模具生产项目和韩国尤尼申株式会社风力发电设备生产项目等。

社会影响前所未有。通过韩国KBS歌唱比赛和Super junior等著名组合的网上推荐和宣传,韩国周及歌唱比赛活动在网上的关注度不断升温,共有1000多人参加预赛。沈阳的一些主流媒体也主动前来组委会了解韩国周各项活动的筹备进展情况。

2009东北亚发展论坛大型歌会暨中国沈阳韩国周开幕式宏大壮观、中韩诗人文化研讨交流会通过文学皇冠上的璀璨明珠——诗歌来体现中韩两国人民心灵的沟通和拥抱、中韩铁人三项友谊赛展开了力与美的角逐,精神与意志的较量,大赛锻造出来的铁人精神,蓄积起来的昂扬斗志,给广大观众留下了难以磨灭的印象。上述活动不仅吸引了众多中韩嘉宾和广大市民的参与,也使韩国嘉宾有机会与沈城市民近距离交流,韩国周期间的沈城到处洋溢着欢乐祥和的节日气氛。

国内外媒体广泛关注韩国周,沈阳的知名度和影响力进一步提高。韩国周期间,共有新华社、中央电台、中新社、中央电视台,香港文汇报、大公报,韩国KBS、中央通讯社、文化日报,日本读卖新闻、朝日新闻,以及新浪网、人民网等100多家海内外媒体,300多名记者,对韩国周盛况进行了报道,共刊发稿件2300余篇(条)。中央电视台在多个频道和时段播发韩国周宣传广告和新闻;外省市许多媒体特别是省市媒体更是全方位参与了韩国周的宣传报道。沈阳日报、沈阳电台和沈阳电视台在宣传报道韩国周盛况的同时,特别策划了韩国嘉宾专访,收到了很好的宣传效果,营造了浓厚的舆论氛围。

(李颂东　赵建光)

【2009年东北亚高新技术博览会】 2009年9月24－26日,东北亚高新技术博览会在沈阳举行。本届东博会展览总面积近3万平方米,共设展位2000个,6大展馆。特装展位达到1706个,占全部展位的85%。展示项目(产品)近700项。全国政协副主席、科技部部长万钢出席了开幕式,朝鲜科学院副院长李成旭,日本民主党代表、国会议员山口壮、韩国高新技术企业协会常务副会长全大烈、蒙古国总理顾问团团长巴·额尔登苏仁、俄中经贸合作中心理事长萨那科耶夫等50多名国际友人和政要,以及来自东北亚5国和其他16个国家和地区的63个代表团630多人,中国科学院12个分院,厦门、银川、宁波、长春、大连等20多个城市的代表团1020多人前来参会参展。

东博会期间,举办了中国风险投资论坛、2009亚洲生物技术商务对接会等具有较高层次和水平的国际国内论坛、学术会议以及其他各类活动共15项,搭建东北亚地区国家间科技经贸对话、合作与交流的平台。

本届东博会参展企业产品交易额达到14.2亿元;签约项目689项,签约金额69.6亿元,吸引外资额6300万美元。签约项目主要集中在先进制造、新材料、电子信息、节能环保等领域。

(张　玲)

【第三届中国东北文化产业博览交易会】 2009年8月28日至9月1日,第三届中国东北文化产业博览交易会在辽宁工业展览馆隆重举办。本届东北文博会按照"繁荣文化事业,发展文化产业"的宗旨,紧扣"彰显文化内涵,创造文化价值"的主题,全面展示了东北地区的文化产业行业和门类,历史文化风貌,当代文化发展成就,优秀文化产品、服务和项目,促进了文化产品和服务交易,推动了区域文化产业项目合作,成功地打造了文化产业展示、文化产品交易和文化信息交流的平台,显现出品牌效应。本届展会规格高、规模大,展示展览内容丰富,文化产品交易和文化项目投资活跃。整个展会展示、展览面积15万平方米,展位数6500个,境内外参展文化机构800余家,展示文化产品和文化服务内容有8大门类5万余种,涵盖了广播电视、IT动漫、工艺美术、网络文化、文博旅游、文化用品等方面。展会期间,现场观者如潮,每天参观展会和参加活动的群众都在50万人次以上,整个展会期间参观展会和参加活动人数超过300万人次。展会期间还举办了文化产业项目推介会，推出东北三省文化产业投资项目451项，项目签约额达到330亿元，其中，亿元以上项目71项，10亿元以上项目16项，推介会现场签约合作项目10项，现场签约额高达75亿元人民币。整个展会宣传报道1500多篇次。展会从开幕式、各项活动、10个分会场、宣传、接待等方面呈现出诸多亮点，多项指标创历史新高。文化部副部长赵少华，国家广电总局副局长张丕民，新闻出版总署副署长蒋建国，辽宁省委书记张文岳，辽宁省省长陈政高，辽宁省委常委、沈阳市委书记曾维，沈阳市市长李英杰等省市主要领导，吉林、黑龙江、云南等省主管领导出席了开幕式并参观了展会现场。各级领导参观后一致认为，第三届东北文博会是东北三省历史文化的一次大博览，文化产业发展潜力的一次大展示，东北文化资源的一次大整合，在东北文化发展史上书写了精彩一页。

（白　旭）

【2009年中国（法库）国际陶瓷博览交易会】 2009年10月15日——17日，由国家工业和信息化部、辽宁省人民政府主办，沈阳市人民政府、中国建筑卫生陶瓷协会、中国中小企业国际合作协会、辽宁省中小企业厅承办，法库县人民政府、东北瓷都商会、新中源陶瓷企业集团、西班牙博士盖陶瓷有限公司协办的中国（沈阳）国际中小企业大会暨2009中国（法库）国际陶瓷博览交易会在沈阳隆重举行。主会场设在沈阳五爱国际美博交易中心，分会场设在法库大东北陶瓷城。

本届“陶博会”是沈阳市举办的第三届陶瓷专业展会。整个展会的层次、规模、内容都较前两届有新的提升，国际化、市场化、专业化水平进一步提高，搭建了“东北瓷都”企业与国内外陶瓷经销商、房地产开发商之间的产销合作平台，在产业投资、产品贸易、技术合作、文化交流等方面都取得了丰硕成果，对有效应对国际金融危机，全面提升法库乃至沈阳市的对外开放水平，促进法库陶瓷产业的更好现快发展起到了积极作用。

参加本届陶博会的国家、省、市领导和国内外嘉宾200余人，经销商600余家，有20万余人次参观。本次展会共设展位400余个，主要展现东北瓷都七年来的发展成果，参展陶瓷有创意陶瓷、艺术陶瓷、工业陶瓷、日用陶瓷、建筑陶瓷、卫生洁具和精细陶瓷等7大系列、千余个品种，全面展示了当今国内外陶瓷产业的新技术、新产品，体现了区域性和国际化接轨、多样性与专业化融合、独特性与标准化交汇、传统性与现代化交融的特点。本届“陶博会”紧紧围绕“搭建平台、开拓市场、创优品牌”的主题，成功举办了盛大的开幕式、陶艺现场制作、投资项目签约仪式、中国当代陶瓷艺术展等活动。会展期间，共签订投资合同5个，投资总额3.9亿元人民币。展销场面十分热烈，现场交易和达成销售意向总额18.7亿元人民币。

在本届展会上，围绕陶瓷向外全方位展示了法库风貌。让更多人了解了法库农产品、畜牧、风电、林业等特色产业、地域文化和发展成就。法库传统优势产业——农产品在展会上获得巨大成功，共展出25类100多个品种，签定协议及订单20余笔，交易量高达150余吨。其中富硒鸡蛋与兴隆大家庭、乐购、特易家等超市现场签订了4600箱的购货合同，500箱五龙山牌葡萄展品展出第一天就被抢购一空。

展会期间辽宁法库陶瓷行业协会正式成立，这标志着法库陶瓷规模迈上一个新的台阶，法库陶瓷从企业行为转变为行业行为，从松散配套转变为集群拓展。

（周广东）

【第六届（沈阳）国际农业博览会】 第六届中国辽宁（沈阳）国际农业博览会（以下简称农博会）于2009年9月17日至20日在辽宁工业展览馆隆重举行。开幕式由沈阳市人民政府副市长王翔坤主持，市委常委、常务副市长顾春明致欢迎词。国家农业部领导梁田庚作了讲话。辽宁省副省长陈海波在开幕式上致开幕词。辽宁省常委、沈阳市委书记曾维宣布“第六届中国辽宁（沈阳）国际农业博览会”开幕。出席开幕式的国家省市领导还有原全国人大农业与农村委员会副主任委员，农业部党组副书记、常务副部长万宝瑞；辽宁省政协副主席贺旻；沈阳市委副书记、市长李英杰；沈阳市政协主席刘雅琴；辽宁省政府副秘书长王世伟；辽宁省人大农经委主任万福民；国务院研究室农村经济司巡视员李希荣；国家农业部贸促中心主任倪洪兴等。美国驻沈阳总领事馆总领事魏思文、法国驻沈阳总领事馆总领事孔颂龙、日本驻沈阳总领事馆总领事松本盛雄、韩国驻沈阳总领事馆副总领事金哉垣（源）、朝鲜驻沈阳总领事馆领事承炳日、俄罗斯驻沈阳总领事馆副领事亚力山大等驻沈外国使节也应邀出席开幕式。大连等13个市的相关领导、各区、县（市）主要领导也应邀出席了开幕式。

本届农博会是首次由辽宁省政府主办，沈阳市政府承办，国家农业部作为支持单位的农事盛会。展会为期四天，以“绿色·和谐·创新·发展”为主题，以“建国六十周年大庆”为契机，在专业性、创新性方面有所突破，使之成为促进辽沈地区农业对外开放、交流与合作的盛会。本届农博会参观市民达到38万人次，现场交易额5008万元人民币，合同签约额25.6亿人民币。

与往届相比主要呈现出四个方面特点：一是展会主办方规格提高。由原来沈阳等7城市举办，变为由辽宁省政府主办，沈阳市政府承办，辽宁省内14个市共同参与。举办方规格的提高，更加扩大了展会的影响力和知名度、丰富了展会的内容和形式，彰显了农博会强大的生命力。二是国内外参展企业是历年农博会最多的一次。本届展会共安排室内展位700个，参展企业总数达到536家，其中省内14个市参展企业286家，海南、福建、四川、等省外企业168家，台湾及日本、韩国、马来西亚等17个国家共35家企业。三是增加室外展区和美术馆展区。展会首次在辽展广场上设置了2800平米的农机展区和农业设施展区，美术馆里设置了高新技术展区和农资展区。这些展区的设立丰富了参展产品的种类，促进了农业生产新技术、新设备的推广和传播。四是参展产品的种类更加丰富、档次更高。参展的国内外产品达26大类、1万多个品种。其中，日本北海道特色美食，台湾特色水果和茶叶，海南水产品等特色产品首次亮相农博会。五是展馆设计别致，形式新颖。

本届展会共设4个展厅12个展区。农博会综合馆设计,重点宣传辽宁农业六十年发展历程和14个市农业发展成果,综合馆的中央标志物是由电子屏组成的巨型辽宁地图,以不同颜色来区分省内各市,动感演示各市农业发展情况,四周采取灯箱图片、滚动文字、影视资料等方式宣传辽宁各市农业发展成果。

在四天展会期间,组委会举办了一系列丰富多彩的活动。一是9月17日下午,在辽宁工业展览馆一楼举行"海口——营口农产品绿色航线开通"新闻发布会。二是9月19日晚,在八一剧场农博会组委会举办农博会"新大地杯"颁奖晚会;三是优质农产品评选活动。采用印制农博会参观券,将附联设计成选票的形式,在展会期间吸引观展群众参与农产品评选,选出不同类别最受市民欢迎的农产品,组委会印制了1万张选票,展会期间由观展群众从1200多个参展产品中评选出300种最受欢迎农产品奖,由组委会颁发证书和牌匾。

(邓　奇)

【2009中国(沈阳)国际中小企业大会】 由中华人民共和国工业和信息化部、辽宁省人民政府主办,沈阳市人民政府、中国中小企业国际合作协会、辽宁省中小企业厅承办的"中国(沈阳)国际中小企业大会"于2009年10月15日至17日在沈阳举行。辽宁省委书记张文岳、工信部部长李毅中、中小企业国际合作协会会长郑斯林、辽宁省人民政府省长陈政高、辽宁省委常委、沈阳市委书记曾维、沈阳市人民政府市长李英杰等会议主办单位、承办单位的党政主要领导同志出席了会议。开幕式由沈阳市市长李英杰主持,辽宁省省长陈政高代表辽宁省委、省政府致欢迎辞,李毅中部长发表了"树立信心、把握机遇,促进中小企业健康发展"的重要讲话。国家工业和信息化部中小企业司领导,国内各省(市)、自治区和省会城市中小企业主管部门领导,省内各城市主管领导和中小企业主管部门领导,国内相关行业协会、中小企业服务机构和部分企业负责人,美国、日本、韩国、乌克兰等国家中介组织高层管理人员和代表,以及部分国家和地区驻沈机构代表等近千人参加了开幕式。

大会围绕"交流、合作、创新、发展"主题,成功组织了中小企业发展论坛、全国中小企业厅局长论坛、中小企业服务体系建设论坛和大小企业配套对接会、中小企业与大专院校、科研院所产学研项目对接会和沈北新区中小企业创业基地挂牌仪式等活动,并取得了丰硕的成果。同时与会代表还一致讨论通过了《全国中小企业厅局长倡议书》。

(于海洋)

【2009中国(沈阳)国际现代建筑产业论坛】 由中国建筑材料联合会与沈阳市共同主办的2009中国(沈阳)国际现代建筑产业论坛于10月16日在皇朝万鑫酒店举办。此次论坛,突出体现了"创新、融合、发展"的主题,促进了沈阳市企业与国内外领军型企业的交流与合作,为推动沈阳现代建筑产业的发展搭建了有效平台。

本次论坛的主要特点:一是组织规格层次较高。省委常委、市委书记曾维,国家住房和城乡建设部副部长郭允冲,中国建筑材料联合会会长张人为,全国政协常委、九三学社中央委员会副主席赖明和辽宁省政府副省长赵国红等领导到会并致辞,大大提升了论坛的层次和水平,同时也充分地体现了国家部委、省政府和专业协会对沈阳市发展现代建筑产业的高度认同。二是论坛国际化、专业化水准高。沈阳提出大力发展现代建筑产业的决策,开发建设现代建筑产业园的举措以及适时举办大型国际论坛的做法,受到国内外业内人士的广泛关注。本次论坛共邀请到来自12个国家地区的120余家国际知名企业参会,其中包括世界500强企业13家;参会外宾超过200人,其中日本嘉宾120多人。三是活动安排和对接洽谈务实性较强。论坛期间,集中推介了包括沈阳铁西现代建筑产业园在内的八个现代建筑产业集群区,特别是通过安排论坛主题演讲、体验行和集中展示等活动,为这些县区引进现代建筑产业项目创造了条件。在项目对接会上,来自国内外的近400名嘉宾围绕建筑装备、建筑制品、建筑服务业等22个项目进行了对接洽谈,其中有3项合资合作,2项技术引进,5项销售代理、12项外贸出口,另有5家国外企业表示将在沈阳设立办事处。四是境内外媒体关注度较高。论坛期间,包括《人民日报》、新华社、《中国建设报》、《中国改革报》以及日本《朝日新闻》在内的41家国内外媒体参加论坛并作报道。此外,中国驻新加坡大使馆网站也登载了举办论坛的信息。五是筹备工作扎实高效有序。为确保此次论坛取得圆满成功,市委、市政府主要领导多次召集会议,对办好论坛提出了明确要求。成立了论坛筹备工作领导小组和工作机构,全市22个成员单位互相沟通、密切配合。论坛筹备期间,实行定期汇报和督办制度,对重点、难点和限期完成的工作,各分管领导亲自抓,局主要领导亲自督办,及时发现和解决筹备过程中存在的问题,确保了各项工作万无一失。

(郝俊松)

【2009中国沈阳旅游节】 2009中国沈阳国际旅游节由国家旅游局、辽宁省人民政府主办,沈阳市人民政府、辽宁省旅游局承办;主题为"生态沈阳、关东风情",时间2009年8月28日—10月8日。主体活动:2009中国沈阳国际旅游节开幕式暨周杰伦演唱会;"沈阳风情"诗歌、散文征文大赛;第二届国际著名旅游景区·旅游商品展示会;消夏啤酒节;"关东风味情"美食节;"魅力沈阳"摄影大赛;沈阳百店酬宾购物欢乐游;金秋原生态采摘节;百万市民游沈阳;浑河花船景观游;各区、县(市)结合当地资源实际策划举办了20余项子活动。省市领导和来自印度尼西亚、瑞士、俄罗斯、韩国等22个国家及国内四川等16个省的贵宾和4万多名观众,共同出席"2009中国沈阳国际旅游节"盛大的开幕式。

总结本届旅游节有以下六大特点:一是以节为媒、搭建平台,促进了国际国内旅游交流与合作。2009中国沈阳国际旅游节吸引了来自22个国家和地区的城市、旅游组织以及企业参加,瑞士日内瓦州政府作为旅游节主宾城市,由副州长带近百人的经贸代表团参加旅游节,开展"瑞士日内瓦经贸洽谈会"交流活动;印度尼西亚派出由旅游部副部长为团长的百余人代表团参加旅游节各项活动;俄罗斯派出布拉戈维申斯克市市长为团长的代表团参加了旅游节。二是精心策划、认真组织,开幕式营造良好的节日氛围。2009中国沈阳国际旅游节开幕式实现了三大突破，一是在万人体育场内举行开幕式；二是选择在夜间，星光与灯光遥相呼应，风光无限；三是与歌坛巨星周杰伦合作，显得独具匠心。开幕式构思精巧，营造梦幻。四是打破常规、大胆尝试，实现了政府主导与市场化运作的完美结合。政府搭台、企业参与、市场化运作，大胆尝试将周杰伦演唱会引入到旅游节开幕式当中，与花车巡游盛装行进表演共同组成一个大型文艺晚会，为国内外来宾呈现出一台别具一格的开幕式演出。五是打造品牌、强化宣传，提升了沈阳知名度和影响力。本届旅游节加大了宣传的深度和广度。市政府专门举行了新闻发布会，面向境内外媒体发布旅游节活动信息，省市内主要媒体对节庆进行了全方位的预热报道，以最广的覆盖面，最快的速度向外界宣传了旅游节的信息；辽宁电视台、沈阳电视台对旅游节开幕式进行了现场直播。台湾东森卫视，香港凤凰卫视，大公报，文汇报，香港商报、中国旅游报、辽宁日报、沈阳日报等60多家境内外媒体都相继报道了开幕式的盛况，多家媒体做了跟踪报道，刊发或转载新闻报道。媒体的累计发稿字数达到了60多万字。电视媒体新闻及专栏的播出时长达到了5个多小时，互联网GOOGLE上搜索“2009中国沈阳国际旅游节”，累计查询结果超过100万条信息。六是领导重视、部门协作，确保了旅游节圆满成功。沈阳市政府于5月就召开2009中国沈阳国际旅游节准备工作会议，并多次召开专项调度会议，市旅游局（组委会办公室）多次召开相关部门负责人专题会议部署和落实旅游节各项筹备工作，市旅游局领导多次带队实地检查各会场准备及各项任务落实情况，从而为本次旅游节的成功举办提供了坚实的组织保证。组委会成员单位和各区县（市）相关部门协同作战，确保旅游节活动秩序井然安全平稳运行。

（梁　凯）

【2009中国沈阳国际冰雪节】 由沈阳市人民政府主办，沈阳市旅游局和棋盘山开发区共同承办的2009中国沈阳国际冰雪节各项活动已顺利结束，游客数量和旅游收入稳步增长。冰雪节期间，棋盘山冰雪大世界、东北亚滑雪场、白清寨滑雪场、北陵公园四个会场共接待游客131.3万人次，同比增长11.84%，旅游收入4377万元，同比增长2.7%。

2009中国沈阳国际冰雪节设一个主会场——棋盘山冰雪大世界，三个分会场——东北亚滑雪场、白清寨滑雪场、北陵公园。共举办高山滑雪、冰雪摄影大赛、雪雕大赛、冰雕大赛、冰雪观赏、冰雪平安夜、冬季趣味运动会等近百项冰雪活动。冰雪节雪雕和冰雕数量和规模超越历届冰雪节，用雪量达到50万立方米，用冰量达到2万立方米，比2008年增加一倍。雪雕设计增添了城市元素和民俗元素，象征振兴东北装备制造业的辽宁工业展览馆、在金融危机背景下体现沈城人民迎难而上的天下“第一牛”等大型雪雕，营造了浓厚的时代和地域气氛。

棋盘山冰雪大世界举办了冰雪摄影大赛、雪雕大赛、冰雕大赛、牛年迎春大联欢、冰雪平安夜、雪上婚礼、冬泳表演赛、冬季趣味运动会、百牛大联欢冬季趣味运动会、冬令营、圣诞烛光滑雪、家庭冰雪创意元旦、狂欢冰雪春节乐翻天、情定冰雪情人节、团圆夜色元宵佳节、全民健身等活动。棋盘山冰雪大世界作为冰雪节的主会场，将“国际冰雪节”、“盛京灯会”、“关东庙会”有机整合，推出“赏灯、闹雪、闯关东”主题活动，吸引了大批来自韩国、日本、俄罗斯等国际游客和来自鞍山、抚顺、铁岭等沈阳经济区城市游客。

东北亚滑雪场举办了“国家森林公园”杯高山滑雪比赛、“媒体记者”杯高山滑雪比赛、“东北亚”杯高山滑雪比赛、高山回转滑雪比赛、高山速降滑雪比赛、“青少年”杯高山滑雪比赛、“青少年”杯单板滑雪比赛、“大众健身”杯高山滑雪比赛、迎新年“牛牛”杯少儿趣味滑雪比赛等活动。

白清寨滑雪场举办了“平安夜、圣诞节大型滑雪狂欢”活动、“新年滑雪大联欢”、“全国自由式空中技巧冠军赛”、“U型槽单板空中技巧全国冠军赛”、“相约白清寨，共享甜蜜爱”情人节主题滑雪活动、寒假期间“滑雪冬令营”等活动。

北陵公园举办了冰雪娱乐（雪孩子童话世界、勇闯迷城、雪域反恐、滑冰、雪地足球、冰滑梯、冰车等）；冰雪观赏（冰雕、冰花、雪雕、冰灯、花灯等）；满族民俗风情展（服饰、祈福、祭祖、狩猎等）；热酒节（热啤酒，热白酒、美味小吃等）；平安、圣诞夜篝火晚会等活动。

（佟胜富）

沈城美誉

【沈阳市获“全国文化体制改革先进地区”称号】 2009年8月16日，在全国文化体制改革经验交流会上，沈阳市被中宣部、文化部、国家广电总局、新闻出版总署评为“全国文化体制改革先进地区”。沈阳市作为文化体制改革九个试点城市之一，不断深化文化体制改革，本着全面铺开、整体推进的工作原则，按照中央的要求，圆满完成改革第一阶段的各项任务。一是对全市一般性国有出版社、艺术院团及电影公司、演出公司、影剧院、新华书店等45个市、区县（市）属经营性文化事业单位全部实行“转企”。二是将国有文化资产归口财政管理，完成管理职能划转。三是组建了市、区、县（市）文化广电新闻出版局，市、区两级文化市场综合行政执法机构。四是全市62个公共图书馆、博物馆、艺术馆、文化馆内部全面推进“三项制度”改革。五是实施了文化、艺术、生活、科普等非时政类报刊退出机制。实施了电台电视台制播分离。六是整合资源，支持沈阳传媒网络有限公司做优做强做大，“一城一网”的整合工作正在推进。实现全市非连锁网吧100%加入连锁经营。七是实现了30万户进村入户点播，60万农户收看图文信息，受到省委常委、宣传部长张江的批示表扬。同时带动了“农家书屋”建设工程扎实推进，带动了农村“2131”电影放映工程顺利开展。八是加强组织协调，形成精品迭出、佳作纷呈的良好局面。

（胡峻源）

【沈阳市获得国家知识产权工作示范城市】 2009年11月17日，在第二届知识产权与城市发展市长论坛上，邹大挺副市长从国家知识产权局局长田力普手中接过“国家知识产权工作示范城市”牌匾，标志着沈阳市正式进入全国知识权示范城市行列。

2007年国家知识产权局批准沈阳市为国家知识产权示范城市创建市。三年来，全市知识产权创造、运用、保护和管理能力不断提高，知识产权在沈阳经济社会发展中的重要作用日益显现。2009年，全市专利申请7708件，同比增长23.25%。其中发明专利申请2920件，同比增长8.96%，占全部申请量的37.88%。全市获得专利授权3637件，同比增长17.13%；其中发明专利授权802件，同比增长15.56%。全市现有注册商标26000多件，其中，中国驰名商标14件、中国名牌产品19个，获得授权农业植物新品种保护12个。先后成立了国家专利技术（沈阳）展示交易中心、中国（沈阳）知识产权维权援助中心，沈阳高新区成为国家知识产权试点园区，铁西区进入全国知识产权强区工程行列。

（杨 靓）

【沈阳市被授予“国家节水型城市”称号】 沈阳市是全国四十个严重缺水的城市之一。多年来，市委、市政府高度重视节水工作，把它作为实践科学发展观、实现城市经济社会又好又快和可持续发展的重要工作来抓，始终把成为国家级节水型城市作为现实工作的奋斗目标。2005年12月沈阳市成功进入省级节水型城市行列后，全市进一步加大工作力度，市政府主管市长亲自挂帅，市建委、经委、水利局、环保局等17个部门积极参与，按照国家级节水城市标准深入开展节水工作，经过两年多的努力，沈阳市在各项指标方面均基本达到了国家节水型城市的标准。

2008年7月，沈阳市创建国家节水型城市工作顺利通过了由省建设厅、省经委组织的省级验收。同年9月4日至5日，国家住房和城乡建设部、国家发展和改革委员会的领导及专家组成的全国节水型城市考核验收组来到沈阳市，对创建节水型城市工作进行了考核验收。2009年12月，住建部举行的“国家节水型城市”授牌仪式上，沈阳市被正式授予“国家节水型城市”称号。

随着城市节水工作的不断深入，沈阳市工业用水单位已基本纳入计划用水管理范围，对日供水量5立方米以上的大生活用水单位也逐步实行了计划管理。在工业用水方面，积极采用循环用水、一水多用、串联使用和污水处理回用等节水技术措施，使全市工业用水重复利用率达到80%，间接冷却水循环利用率达到95.5%，城市污水处理率达到81%，工业废水排放达标率达到100%。通过强化节水管理，沈阳市节水量曾逐年递增趋势，2008年节水量达到5000万立方米，比2007年增加500万立方米。2009年节水量达到5500万立方米。多年平均节水量为4500万立方米，相当于节省一个日产水12万立方米的供水水源，为缓解沈阳市用水紧张状况起到了积极的作用。

（孙健 富饶）

【沈北新区曙光村获“中国人居环境范例奖”】 曙光村坐落在沈阳西北部距市区24公里处，是一个朝鲜族行政村。有居民143户、691人，村域总面积237.36公顷。近年来曙光村通过环境整治村容村貌发生了巨大变化。2008年1月，沈北新区曙光村荣获了建设部“人居环境范例奖”，这是全国惟一获此殊荣的村庄。

曙光村曾经垃圾遍地，污水横流，坑洼不平的道路两侧杂草堆、柴草堆、垃圾堆随处可见，是一个环境脏乱差的村庄。2003年以来，沈阳市率先在全国开展了“村镇环境整治”活动，市区两级政府先后投入200余万元帮助曙光村进行基础设施和环境的建设与改造。村民们自觉自愿、出资出力，在村党支部和村委会的率领下，按照规划实施治理和建设，大打了一场环境整治的翻身仗。

翻身河是流经曙光村里惟一的一条灌溉河渠，由于年久失修，已基本被垃圾填平，发臭的河水距村民饮水的泵房仅有20米之遥。村干部多方寻求支援，村民们自觉投资投劳，在河两岸修建了护坡，岸边实施了绿化。如今的翻身河清澈见底，两岸绿柳成行。

整治前，曙光村里的主要干路也仅仅是一条坑坑洼洼的砂石路，每逢雨雪天气，寸步难行，村民形容说：“伸出一只脚也能拔出两碗泥”。行路难一直是曙光村最需解决的问题。在村干部的带动下，村民们自发筹集了20多万元用于道路建设，并得到了市、区各部门的大力支持，按照村庄环境整治规划，曙光村先后修建了12条共4.3公里柏油路，处理翻浆、坑槽路面3000余平方米，新建跨越翻身河桥梁一座。

几年来，曙光村坚持不懈地开展村庄绿化，田边路旁、街头庭院、房前屋后、广场河边，杨柳榆槐，桃李松柏随处可见。在2006至2007年市委、市政府号召开展的“绿色村庄”活动中，曙光村更是捷足先登，小村大气魄，一口气又种下了4万余株不同品种的树木。“树在村里，村在林中”在曙光村成为现实。

与此同时，村里自己买来铁管焊制了路灯灯杆，在广场周围、道路两旁安装了路灯，曙光村有史以来第一次有了路灯。

曙光村在环境建设中，始终坚持和谐、生态、安全、环保的理念，在建设大环境的同时，彻底进行“四清四改”。村里建设了秸杆燃气站，家家户户用上了洁净的秸杆燃气；改造了水源地，村民们都喝上了标准的清洁水；改造了传统的旱厕，全部实现了水冲，室内厕所也超过了50%；修建了垃圾箱，实行了生活垃圾定点排放、定期清理。路边垃圾堆、粪肥堆、柴草堆、污泥堆荡然无存。村里的公益设施也日渐完善，新建的村委会楼内设置了浴池、老年活动中心、图书室，安装了有线电视和宽带。村里还修建了一座3000平方米的文化广场，健身设施一应俱全，不论是清晨还是夜晚，村民们都兴高彩烈的到这里开展各种活动，一片祥和、欢乐的景象。

（孙健 姜子平）

【沈阳市政府被授予“全国民族团结进步模范集体”称号】 为大力表彰近年来在维护民族团结和推进民族团结进步事业中做出显著成绩的模范集体和模范个人，不断开创民族团结进步事业的新局面，向国庆60周年献礼，国务院决定于2009年9月29日在北京召开第五次全国民族团结进步表彰大会。按照各区、县（市）和市直各部门申报、市政府审核、省政府推荐、国务院批准的评选程序，沈阳市人民政府、和平区西塔街道安图社区被评选评为全国民族团结进步模范集体。

9月28日，以陈海波副省长为团长的辽宁省代表团一行22人启程进京，沈阳市人民政府副市长王翔坤代表沈阳市，卢大艳同志代表和平区西塔街道安图社区，与省代表团一起赴京参加国务院第五次全国民族团结进步表彰大会和国庆60周年系列观礼活动。

（关艳萍）

沈　阳　概　貌

自然概况

【位置与地貌】 沈阳位于中国东北地区的南部，辽宁省的中部，在东经122度25分9秒—123度48分24秒、北纬41度11分51秒—43度2分13秒之间。东西长115公里，南北宽205公里。

沈阳市国土总面积为12881平方公里，其中建成区面积390平方公里。沈阳地区以平原为主，地势平坦，平均海拔50米左右，山地丘陵集中在东北、东南部，属辽东丘陵的延伸部分。西部是辽河、浑河冲积平原，地势由东向西缓缓倾斜。全市最高海拔高度为447.2米，在法库县境内；最低海拔高底为5.3米，在辽中县于家房镇。

沈阳市现有林木面积40万公顷，林木绿化率为31%，水资源总量为27.91亿立方米，地下水资源量为20.95亿立方米，地表水资源量为9.09亿立方米，沈阳的周围有风景秀丽的辉山、天柱山和碧波荡漾的浑河、辽河、北沙河、新开河、南运河等。

（*鉴　闻*）

【历史沿革】 沈阳市位于浑河北岸，浑河古称沈水，因古代以水北为阳，故称沈阳。沈阳历史悠久，远在7200年前，先民们便在这里农耕渔猎，繁衍生息，创造出新乐文化，经测定属新石器时期。春秋战国时期，秽貊、肃慎、东胡、华夏等各族共同开发着这块土地，据郑家洼子出土的青铜短剑等文物表明，那时沈阳已进入青铜文化时代。公元前300年（燕昭王十二年），燕国名将秦开在此屯兵戍边，设立候城，为沈阳建城之始。秦始皇统一六国后，分天下为36郡，沈阳属辽东郡境。西汉时沈阳是东北的军事重镇，为中部都尉治所，已初具县邑规模。公元前108年（汉武帝元封三年）设玄菟郡。经魏晋至隋唐，沈阳地区部分属辽东郡，部分为玄菟郡所辖。公元668年（唐总章元年）后，隶安东都护府。公元921年（辽神册六年），在沈阳境内设置沈州，筑有土城。1116年金太祖完颜旻攻克沈州后，在境内设驿站多处，扼守交通，并发展了瓷器、铜镜等手工业。13世纪初元金交兵时，沈州土城被毁。1296年（元元贞二年），元改沈州为沈阳路，至此沈阳见于史册，并重筑土城，沈阳已成为关内外交通要冲、商品交易集散地和文化联系纽带，是东北重镇之一。1372年（明洪武五年）明军攻克沈阳，1386年改沈阳路为沈阳中卫。为加强防御，1388年在元代土城基础上新建砖城，设东南西北4门，并在城内修"十"字街通向各门。此时，在沈阳附近有开原、广宁、抚顺3大马市，促进了沈阳商业、手工业发展。1621年（清天命六年），后金汗王努尔哈赤领兵攻占沈阳，1625年把都城从辽阳迁至沈阳，将明代砖城加宽加高，改4门为8门，将城内"十"字街改为"井"字街，并大兴土木，修建了融汉、满、蒙、藏等各族文化艺术特色的宫殿及寺塔。1634年（清天聪八年），皇太极改沈阳为盛京（汉文为天眷盛京、满文音为谋克敦、英译MUKDEN）。1644年（清顺治元年）迁都北京后，清以沈阳为陪都，并于1657年（清顺治十四年）以"奉天承运"之意在沈阳古城区设奉天府，这便是沈阳又名奉天的由来。19世纪中后期，沈阳城内民族手工业和工商业迅速发展，关内外交往规模不断扩大，沈阳逐渐成为关外政治、经济、文化中心。1911年辛亥革命后，沈阳成为奉系军阀首领张作霖统治东北的中心，修铁路、开矿山、办工厂、建银号，使沈阳近代工业得到长足发展。1923年8月，奉天省划沈阳县城区及商埠地一带为市区，正式设立奉天市政公所，沈阳首次出现市的建制。1928年6月3日，张作霖被日军炸死于皇姑屯三洞桥后，张学良执政，于同年12月29日在沈阳宣布"东北易帜"，并于1929年4月2日将奉天市改名为沈阳市。1931年日本帝国主义发动"九一八"事变并侵占沈阳，将沈阳市改为奉天市。1945年8月，抗日战争胜利，八路军进驻沈阳，奉天市恢复沈阳市名称。10月10日，沈阳市民主联合政府成立，白希清任市长，焦若愚任副市长。1946年3月，国民党军队进驻沈阳并发起内战。1948年11月2日，沈阳获得解放。11月3日，沈阳特别市政府成立，隶属东北行政委员会，朱其文任市长，焦若愚任副市长兼秘书长。同月20日，市政府决定将市内22个区合并为沈河、大东、北关、北市、南市、铁西、皇姑、和平8个区。1949年5月1日，沈阳特别市政府改为沈阳市人民政府，同年8月沈阳市隶属东北人民政府领导。1953年2月，苏家屯镇改为苏家屯区，沈阳市辖区增至9个。1953年3月12日，沈阳市改为中央直辖市。1954年8月11日，沈阳市改为辽宁省辖市。1955年1月21日，沈阳市人民政府改称沈阳市人民委员会。1959年1月1日，辽宁省人民政府决定将原铁岭地区的铁岭、法库、康平、开原、昌图、西丰和原辽阳专区的沈阳、辽中、新民、台安10个县划归沈阳市领导，沈阳市共辖9个市区、10个县。同年2月24日，市人民委员会撤销北市、南市、北关3个区的建制，并入和平、沈河、大东等区。同年12月31日，撤销沈阳县建制，其所辖地区分别划入市内邻近各区，并设立新城子区。1964年3月16日，中共辽宁省委决定设立沈阳专区，将沈阳市所辖的铁岭、法库、康平、昌图、开原、西丰、新民、辽中、台安9县划归沈阳专区领导。1964年3月24日，市人民委员会决定设立东陵、于洪两个郊区。1968年5月10日，沈阳市革命委员会成立。1969年12月26日、1970年1月1日，辽中县、新民县分别划归沈阳市领导。1980年4月19日，沈阳市革命委员会改为沈阳市人民政府。1993年1月1日经国务院批准，原铁岭市的法库、康平县划归沈阳管辖。同年经国务院批准，新民县撤县设市。至2004年末，沈阳市辖和平、沈河、大东、皇姑、铁西、于洪、苏家屯、东陵、新城子九个市区以及新民、辽中、法库、康平四个县（市）。2006年10月8日，经国务院批准将新城子区和辉山农业高新技术开发区合并，成立沈北新区。

（鉴　闻）

【经济地理位置】　沈阳地处东北地区的南部，辽宁省的中心。她背倚长白山麓，面向渤海之滨，是辽东半岛的腹地。在以沈阳为中心的150公里半径内，有中国著名的钢都鞍山、煤都抚顺、煤铁之城本溪、煤电之城阜新、石油之城盘锦、轻纺之城丹东、化纤之城辽阳和粮食煤炭基地铁岭，这些资源丰富、实力雄厚的辽宁中部工业城市形成了世界上罕见的城市群。沟通世界各大港口的大连港，正在开发的营口新港和锦州港、距沈阳不超过400公里。

沈阳作为中国东北地区最大的经济中心城市和通往中国长城以南地区必经之路，长期的经济发展，形成了密如蛛网的航空、铁路、公路运输网络。

中国南方航空股份有限公司北方分公司（以下简称南航北方分公司）前身系原中国北方航空公司。2004年底，经国家有关部门批准，北方航空公司正式将航空主业资产注入中国南方航空股份公司。作为中国南方航空股份公司在沈阳设立的分支机构，南航北方分公司从2005年1月1日起，正式按照分公司模式运营，该分公司位于沈阳东塔机场，以沈阳桃仙国际机场为基地机场，主要经营沈阳出港至国内外大中城市的航线。2009年底，北方分公司经营沈阳始发航线49条，国际航线连通日本、韩国、新加坡等多个国家。

沈阳的铁路是东北地区最大的铁路枢纽，沈山线、沈吉线、长大线、沈丹线、苏抚线等铁路干线，沟海线、辽溪线、开本线、溪田线、铁法线、丹大线等支线都交汇在沈阳。

沈阳的公路四通八达。不仅农村实现了村村通公路，而且与大连、本溪、抚顺、铁岭、锦州等省内城市全部实现高速公路化，形成了全国少有的高速公路网络。

（鉴　闻）

【气候与着装】　衣服的功用，不仅仅是御寒避热，免受风霜雨雪对身体的侵害。在人类社会中，衣服还有表示民族、宗教、职业、社会地位和起人体装饰等功用。但其中最基本最主要的功能还是适应环境和气候。各地气候的不同，孕育了各地不同的衣着文化。世界上寒冷地区的居民，大都就地取材，以动物毛皮作为材料，缝制各种衣裤和袍子。赤道和热带地区的居民为了便于散发身体热量，衣着短小且轻薄透气。

沈阳属于北温带受季风影响的半湿润大陆性气候，全年气温、降水分布分别由南向东北和由东南向西北方向递减。全年气温变化范围在－29℃～36℃之间，年平均气温为6.2～9.7℃，极端最高气温38.3℃，极端最低气温－33.1℃。全年降水量600－800毫米，全年无霜期150－170天。受季风影响，降水集中，温差较大，四季分明。沈阳地区气候特点是沈阳的冬季漫长；春季回暖快，日照充足；夏季热而多雨，空气湿润；秋季短促，天高云淡，凉爽宜人。冬季时间较长决定了沈阳人的穿着特点通常是冬棉夏单，在春秋两季穿毛线衣、羊毛衫，夏季着单衣。

无论湿度和风速如何，只要气温在25℃以下，一般全裸人体的体表温度就会降低到32℃以下，从而有了凉的感觉，需要着装。人类着装除了文化因素外，主要功能还是抵御天气变化的保护措施，从这个角度看，着装是人类为了获取舒适的小气候环境，对外界环境偏离舒适水平的一种修正，以获得舒适的体表温度。沈阳市气象局从2002年开始开展环境气象指数业务开发和服务工作，对公众媒体发布穿衣指数预报，根据未来环境气象条件的变化做出未来24小时穿衣指数的等级预报，并给出合适的着装建议。穿衣指数的研制是在考虑了空气热阻、太阳辐射、大气蒸发及气流的作用，利用人体热平衡方法来计算一定的环境温度下，在室外环境下人体所需着装的衣服热阻值，从而给出所需的着装厚度建议（见附表）。

（张　菁）

【人口】　2009年，沈阳市总户数为247.6万户，户籍人口为716.5万人，比2008年分别增加3.5万户和3万人。其中市辖区户数为179.3万户，占全市总户数72.4%，人口为512.2万人，占全市总人口的71.5%。在全市13个区、县（市）中，铁西区人口最多，为84.5万人，沈北新区人口最少，为31.9万人。

在总人口中，男性人口为357.3万人，占总人口的49.9%，女性人口为359.2万人，占总人口的50.1%，性别比为99.5。出生人口中，男性人口27129人，女性人口25077人，性别比为108.2。非农业人口为464.1万人，占总人口的64.8%，农业人口为252.1万人，占总人口的35.2%。

2009年，全市出生人口52206人，出生率为7.30‰，比上年降低0.4个千分点，死亡人口51014人，死亡率为7.13‰，比去年下降1.4个千分点，自然增长率为0.17‰。全市共迁入人口6.7万人，比上年减少1.3万人。其中，省内迁入人口2.9万人，省外迁入人口3.8万人；迁出人口3.5万人，比上年减少5000人。其中，迁往省内人口1.1万人，迁往省外人口2.4万人。全年人口机械增加3.2万人，比上年减少8000人。

全市人口密度为557人/平方公里，其中市辖区人口密度为1476人/平方公里，市辖县（市）人口密度为218人/平方公里。市内中心区人口密度都超过万人，其中，沈河区人口密度为32869人/平方公里，高居首位。其次依次为铁西区21589人/平方公里，皇姑区21289人/平方公里，和平区17419人/平方公里，大东区16193人/平方公里；其余区、县(市)人口密度均不超过千人，人口分布不平衡。

人口年龄结构与上年相比变化不大，2009年全市18岁及18岁以下人口92.8万人，比上年减少8000人，占总人口的13.0%，比重下降0.1个百分点；19—35岁人口182.7万人，减少1.7万人，占总人口的25.5%，比重下降0.3个百分点；36—60岁人口324.0万人，增加0.4万人，占总人口的45.2%，比重下降0.2个百分点；60岁以上人口117.1万人，比上年增加5.2万人，占总人口的16.3%，比重比上年提高0.6个百分点，人口老龄化程度愈发严重。

(赵艳霞)

【民族】 据2000年全国第五次人口普查，沈阳有41个少数民族。即：满族、朝鲜族、蒙古族、回族、锡伯族、土家族、壮族、彝族、苗族、维吾尔族、藏族、达斡尔族、布依族、侗族、白族、黎族、畲族、瑶族、土族、高山族、羌族、鄂温克族、哈尼族、仡佬族、俄罗斯族、赫哲族、傣族、哈萨克族、仫佬族、鄂伦春族、水族、纳西族、珞巴族、毛南族、景颇族、撒拉族、柯尔克孜族、京族、拉祜族、塔吉克族、东乡族。

全市少数民族人口为70.5万人，占全市总人口的9.79%。其中，满族38.3万人，占全市少数民族总数的54.38%；朝鲜族9.5万人，占13.42%；蒙古族9.5万人，占13.41%；回族7.3万人，占10.33%；锡伯族5.5万人，占7.75%；其他36个少数民族5099人，占少数民族总数的0.72%。全市有7个少数民族相对聚居的街道、8个民族乡(镇)和268个民族村。

(关艳萍　包玉蓉)

【宗教】 沈阳市有佛教、道教、伊斯兰教、天主教、基督教5种宗教，7个市级爱国宗教团体，依法登记的宗教活动场所280处，另有一处外国人临时基督教活动点，全市信教群众约40万人，宗教教职人员451人。

佛教于魏晋时传入沈阳。现有一个市级爱国宗教团体，即沈阳市佛教协会，有寺庙及固定处所46处，宗教教职人员175名，信教群众约15万人。

道教于唐代传入沈阳。现有一个市级爱国宗教团体，即沈阳市道教协会，有宫观及固定处所10处，全真派乾、坤道45人，信教群众约1万人。伊斯兰教传入沈阳的最早文字记载始于1352年。现有一个市级爱国宗教团体，即沈阳市伊斯兰教协会，有清真寺23座，阿訇37人，全市穆斯林约8万人。天主教于1696年传入沈阳。现有2个市级爱国宗教团体，即沈阳市天主教爱国会和沈阳市天主教教务委员会，有教堂13处，天主教教职人员14人，信教群众约1.5万人。基督教于鸦片战争后传入沈阳。现有2个市级爱国宗教团体，即沈阳市基督教协会和沈阳市基督教三自爱国运动委员会，有教堂及活动点188处，基督教教职人员180人，信教群众约15万人。

(关艳萍　包玉蓉)

【行政区划】 截至2009年11月底，沈阳市辖：和平区、沈河区、大东区、皇姑区、铁西区、苏家屯区、东陵区、沈北新区、于洪区9个市区，辽中县、康平县、法库县、新民市4个县(市)。区、县(市)下设街道办事处112个，乡政府46个，镇政府54个。

和平区设12个街道办事处：西塔、南湖、马路湾、新华、集贤、北市场、八经、长白、太原街、南市场、浑河湾、沈水湾。

沈河区设10个街道办事处：大西、大南、滨河、万莲、朱剪炉、风雨坛、山东庙、新北站、五里河、皇城。

大东区设13个街道办事处：万泉、长安、东塔、新东、珠林、津桥、大北、小北、洮昌、辽沈、东站、二台子、文官。

皇姑区设10个街道办事处：辽河、舍利塔、寿泉、三台子、明廉、塔湾、黄河、新乐、华山、三洞桥。

铁西区设14个街道办事处：凌空、卫工、七路、兴工、启工、霁虹、重工、兴华、工人村、贵和、兴顺、艳粉、笃工、保工。

苏家屯区设5个街道办事处、5个乡政府、7个镇政府。街道办事处：解放、临湖、中兴、湖西、民主；乡政府：王纲堡、永乐、白清寨、佟沟、大沟；镇政府：陈相屯、十里河、红菱堡、林盛堡、八一、姚千户屯、沙河铺。

东陵区设18个街道办事处、1个乡政府。街道办事处：南塔、泉园、马关桥、丰乐、东陵、英达、前进、浑河站西、桃仙、深井子、白塔、祝家、李相、东湖、五三、浑河站东、满堂、高坎；乡政府：王滨沟。

沈北新区设7个街道办事处、5个乡政府、2个镇政府。街道办事处：新城子、清水台、道义、虎石台、财落、辉山、望滨；乡政府：尹家、新城子、马刚、黄家锡伯族、石佛寺朝鲜族锡伯族；镇政府：清水台、兴隆台锡伯族。

于洪区设17个街道办事处、1个乡政府、2个镇政府。街道办事处：迎宾路、城东湖、陵西、北塔、于洪、南阳湖、北陵、陵东、沙岭、大兴、马三家、平罗、造化、大潘、翟家、大青中朝友谊、西三环；乡政府：光辉；镇政府：彰驿站、高花。

新民市设5个街道办事处、13个乡政府、11个镇政府。街道办事处：东城、西城、辽滨、新柳、新城；乡政府：高台子、金五台子、红旗、卢家屯、姚堡、周坨子、于家窝堡、新农村、东蛇山子、陶家屯、罗家房、三道岗子、张家屯；镇政府：大红旗、梁山、大柳屯、公主屯、兴隆、兴隆堡、胡台、法哈牛、前当堡、大民屯、柳河沟。

辽中县设3个乡政府、17个镇政府。乡政府：老大房、大黑岗子、牛心坨；镇政府：潘家堡、老观坨、城郊、六间房、养士堡、辽中、茨榆坨、朱家房、于家房、满都户、肖寨门、杨士岗子、冷子堡、刘二堡、新民屯、长滩、四方台。

康平县设1个街道办事处、7个乡政府、7个镇政府。街道办事处：北三家子街道办事处；乡政府：两家子、北四家子、海洲窝堡、沙金台蒙古族满族、柳树屯蒙古族满族、东升满族蒙古族、西关屯满族蒙古族；镇政府：康平、东关屯、张强、小城子、方家屯、郝官屯、二牛所口。

法库县设11个乡政府、8个镇政府。乡政府：冯贝堡、慈恩寺、双台子、卧牛石、和平、五台子、十间房、依牛堡子、包家屯、孟家、四家子蒙古族；镇政府：法库、秀水河子、登仕堡子、叶茂台、柏家沟、大孤家子、三面船、丁家房。

（蒋志刚）

注：2009年9月18日，经省人民政府批准（辽政字[2009]210号），撤销辽中县六间房乡、城郊乡、养士堡乡、老观坨乡、潘家堡乡，分别设立六间房镇、城郊镇、养士堡镇、老观坨镇、潘家镇，所辖行政区域和政府驻地不变。

2009年11月24日，经省人民政府批准（辽政字[2009]259号），撤销康平县山东屯乡，与康平监狱所辖区域合并设立北三家子街道办事处，驻地设在北三家子社区，实行街道管村体制。

【旅游景点】 沈阳市是全国著名的历史文化名城和首批中国优秀旅游城市，有着悠久灿烂的历史文化。早在7200年前，沈阳人的祖先就在这里生息繁衍。沈阳的旅游资源丰富多彩，经《沈阳旅游总体规划》编制组在2006年的普查，沈阳旅游资源单体总量共903处，数量庞大，类型丰富，其中，有较高开发价值的人文景观、自然景观及社会旅游资源200余项，其中：截至2009年已经评定世界文化遗产3个；评定国家A级旅游景区（点）33个，包括5A级1个（沈阳世博园），4A级13个，3A级10个，2A级9个；评定全国工农业旅游示范点11个；沈阳抗美援朝烈士陵园、沈阳“九一八”历史博物馆成为全国红色旅游经典景区。沈阳还有众多的各类休闲游乐场所，有可以通行大型游船的五里河公园、浑河沿线观光大道和沈水湾等公园、环城带状公园（包括13座公园和38座游园）、市属公园（8个）、辽宁广播电视塔、沈阳科学宫、沈阳少儿活动中心、市政府广场、中山广场、盛京皇城清代一条街、盛京高尔夫球场、沈水湾高尔夫球场、世纪高尔夫球场、陨石山森林体育俱乐部、格瑞斯马术俱乐部等。清沈阳故宫、清福陵、清昭陵经过内外环境全面整治后，于2004年7月份申报世界文化遗产成功。自此，沈阳“一宫两陵”被列入世界文化遗产名录。沈阳成为中国拥有世界文化遗产仅次于北京的城市。

（1）沈阳世界文化遗产。沈阳故宫，1961年国务院公布为全国重点文物保护单位，已被评为国家4A级景区。清昭陵，1982年国务院公布为全国重点文物保护单位，已被评为国家4A级景区。清福陵，1988年国务院公布为全国重点文物保护单位，已被评为国家4A级景区。（2）文博旅游产品。辽宁省博物馆，已被评为国家4A级景区，建筑面积达2.8万多平方米，展览面积8000多平方米，设有12个展厅，可为各类文物的展出提供国际一流水平的展馆，成为辽宁省标志性文化基地。张氏帅府博物馆，全国重点文物保护单位，已被评为国家4A级景区。沈阳金融博物馆，是目前国内同类型博物馆中规模最大、内容最丰富、观众参与项目最多样的专题博物馆。沈阳科学宫，已被评为国家4A级景区。还有中共满洲省委旧址纪念馆、沈阳“九一八”历史博物馆、刘老根大舞台等。（3）自然景观。棋盘山国际风景旅游开发区位于沈阳东部，由棋盘山风景区、植物园（沈阳世博园）、冰川（野生）动物园、关东影视城、国家森林公园、清福陵（东陵公园）、花果山神秘谷、中华饮食文化博物馆、麓鸣谷生态旅游度假区等一系列景点共同组成。植物园成为国家首批5A级景点之一，棋盘山风景区成为国家4A级旅游区之一。还有沈阳水洞、沈阳陨石山国家森林公园等。（4）工业旅游产品。2009年，沈阳市共有沈飞航空博览园等6家单位被评为全国工业旅游示范点。（5）生态农业旅游产品。自2001年初国家旅游局正式倡导开展工农业旅游后，沈阳市共有沈阳三农博览园等5家单位被评为全国农业旅游示范点。（6）宗教旅游产品。包括中华寺景区、南关天主教堂、南清真寺、慈恩寺、实胜寺、太清宫、清初四塔、沈阳舍利塔。（7）一日游旅游产品。2009年5月1日，沈阳经济区（虎跃）旅游集散中心正式挂牌营业，是现代化的东北地区第一家、也是东北地区规模最大的旅游批发中心。

（田　毅）

国民经济与社会发展

【经济总量】 2009年全市实现地区生产总值4268.5亿元，比上年增长14.1%。其中，第一产业增加值207.1亿元，增长7.3%；第二产业增加值2127.4亿元，增长16.4%；第三产业增加值1934.0亿元，增长12.3%。三次产业结构为4.9∶49.8∶45.3。三次产业对经济增长的贡献率分别为2.3%、56.9%和40.8%。按常住人口计算，人均GDP为54654元，增长12.3%。

非公有制经济实现增加值2780.9亿元，比上年增长15.6%。其中，第一产业增加值增长7.2%，第二产业增加值增长18.3%，第三产业增加值增长12.7%。实现规模以上工业增加值1494.4亿元，增长21.5%；全社会固定资产投资2778.3亿元，增长30.0%；社会消费品零售额1580.3亿元，增长19.7%。

县域经济实现增加值1744.1亿元，比上年增长16.8%。其中，第一产业增加值增长7.6%，第二产业增加值增长21.8%；第三产业增加值增长10.6%。实现规模以上工业增加值1093.5亿元，增长23.9%；全社会固定资产投资1664.1亿元，增长25.4%；社会消费品零售额397.4亿元，增长16.1%；地方财政一般预算收入78.3亿元，增长18.1%；实际利用外商直接投资14.5亿美元，下降17.7%。

（赵　红）

【农业】 2009年，全市农林牧渔业总产值395.5亿元，比上年增长7.4%。其中，种植业产值146.3亿元，林业产值7.4亿元，畜牧业产值208.1亿元，渔业产值17.5亿元，农林牧渔服务业产值16.2亿元。

全市农作物播种面积64.8万公顷，

其中粮食作物播种面积50.9万公顷。粮食总产量344.6万吨；水果产量17.35万吨，下降0.7%；蔬菜产量422.1万吨，增长18.3%。完成造林面积3.63万公顷，增长11%。肉类总产量79.7万吨，增长11.5%，其中猪、牛、羊肉分别增长7%、43.6%和28.2%；禽蛋产量57.5万吨，增长7.1%；牛奶产量37.1万吨，增长15.1%。

全年农业机械总动力289.07万千瓦，比上年增长4.6%。农用化肥施用量(折纯)19.7万吨，地膜覆盖面积5.4万公顷。

现代农业发展。全市现代农业示范基地130个，其中省级现代农业示范基地44个。规模以上农业产业化龙头企业686个，其中省级以上重点龙头企业36个；年销售额513.7亿元，比上年增长25.6%。新增农民专业合作社1909个。新增设施农业面积1.2万公顷，累计达到9.1万公顷；新增高效特色农业面积3万公顷，累计达到18.9万公顷。全市耕地全部通过环境质量检测，无公害产地认证面积38.3万公顷。

社会主义新农村建设。绿化中心村500个，累计达到1000个。建成395处农村饮水安全工程，解决40万农村人口饮水安全问题。到2009年末，“一村一业”专业乡村发展到800个。

(赵　红)

【工业】 2009年，全市规模以上工业增加值2017.5亿元，比上年增长19.1%。其中，重工业增加值1461.8亿元，增长19.2%；轻工业增加值555.7亿元，增长18.9%。国有及国有控股工业企业实现增加值411.2亿元，增长11.8%；股份制企业实现增加值1189.6亿元，增长21.5%；外商及港澳台商投资企业实现增加值443.7亿元，增长16.0%。机械装备、汽车及零部件、医药化工、IT产品、农副产品加工、黑色金属冶炼及压延、有色金属冶炼及压延、航空航天器制造业等八大优势产业实现增加值1620.7亿元，增长20.4%。装备制造业实现增加值967.4亿元，增长18.6%，占全市规模以上工业增加值的48.0%。规模以上工业实现高新技术产品产值3216.2亿元，增长19.1%。工业出口产品交货值240.4亿元，下降17.4%。工业拥有市级以上名牌产品146种，其中国家级名优产品19种，省级名优产品91种。

全市规模以上工业企业实现利税总额693.9亿元，比上年增长56.0%；利润总额383.0亿元，增长39.5%。工业经济效益综合指数273.25%，比上年提高35.98个百分点；工业产品产销率98.2%，提高0.3个百分点。

铁西装备制造、东部汽车、航高基地三大聚集区建设加快推进，《铁西装备制造业聚集区产业发展规划》获国家批准，铁西区入选新中国60大地标。

(赵　红)

【建筑业及固定资产投资】 2009年，建筑业实现增加值202.9亿元，比上年增长19.1%。全市资质等级以上企业完成建筑业总产值671.2亿元，增长28.8%；按建筑业总产值计算的全员劳动生产率17.6万元/人，比上年提高33.7%。

全年全社会固定资产投资3676亿元，比上年增长22.2%。其中，城镇固定资产投资3434.3亿元，增长20.8%；农村固定资产投资241.7亿元，增长45.4%。从投资主体看，国有经济投资613.3亿元，增长16.3%；外商及港澳台经济投资709.8亿元，增长21.5%；民间投资2352.9亿元，增长24.0%。从产业分布看，第一产业投资110.9亿元，增长77.1%；第二产业投资1389.6亿元，增长23.4%，其中工业投资1352.2亿元，增长22.4%；第三产业投资2175.5亿元，增长19.5%。全年新增固定资产2350亿元，增长35.0%。

全年计划总投资3000万元以上项目完成投资1446.3亿元，比上年增长18.8%，占全社会完成投资的39.3%，其中10亿元以上项目完成投资322.5亿元，占8.8%。地铁工程完成投资32.5亿元，特高压输变电生产基地一期、沈化集团50万吨CPP、Q400飞机大部件转包等重点项目竣工投产，华晨金杯A级车工厂扩建、华晨宝马F18新产品、欧直公司直升机及航空结构件基地等项目积极推进，世贸五里河、华润万象城等项目进展顺利，华强文化科技产业园、沈阳国际展览中心等项目开工，现代建筑产业园建设全面启动。

全年房地产开发投资1188.7亿元，比上年增长17.6%。其中商品住宅投资802.1亿元，增长10.0%，占房地产开发投资的67.5%。房屋施工面积6847.9万平方米，增长17.1%；房屋竣工面积1293.5万平方米，增长0.1%。商品房销售面积达1532.9万平方米，比上年增长4.6%；商品房销售额684.4万元，增长13.2%。

(赵　红)

【国内贸易】 2009年，全市社会消费品零售总额1778.6亿元，比上年增长18.1%。按商品用途分，吃的商品零售额621.7亿元，增长18.2%；穿的商品零售额398亿元，增长17.6%；用的商品零售额758.9亿元，增长18.3%。按地区分，市的零售额1658.3亿元，增长18.1%；县及县以下零售额120.3亿元，增长18.2%。

限额以上贸易企业实现零售额707亿元，增长8.9%。其中，中西药品类零售额62.6亿元，增长24.6%；汽车类零售额199亿元，增长17.1%；家用电器和音像器材类零售额50.3亿元，增长16.0%；服装、鞋帽、针纺织品类零售额114.8亿元，增长15.0%。

全市处于营业状态的5000平方米以上大型综合超市、专业店和专卖店90家，其中10000平方米以上超市31家。连锁店铺达5800余个。全年成交额超亿元的商品交易市场67个，交易额1102亿元。

(赵　红)

【对外经济贸易与旅游】 2009年，全年进出口总额65.7亿美元，比上年下降7.7%。其中，进口总额30.5亿美元，增长1.4%；出口总额35.2亿美元，下降14.3%。出口商品供货值199.1亿元，下降19.0%。

全年新签外商直接投资合同项目710个，合同外资额120.5亿美元，实际利用外商直接投资额54.1亿美元，增长2.3%。全年新签对外承包工程与劳务合同金额10.8亿美元，下降1.1%；实现营业额6.1亿美元，增长8.1%；外派人员1.3万人次。

成功举办沈阳国际冰雪节、旅游节。2009年全市旅行社182家，星级饭店108家，国家A级旅游景区33家，国家工农业旅游示范点11家。全年接待国内外旅游者5339.6万人次，比上年增长2.5%。其中，接待国内旅游者5290万人次，增长2.5%；接待入境旅游者49.6万人次，增长4.0%。实现旅游总收入453亿元，增长10.4%。其中，国内旅游收入428亿元，增长10.5%；旅游外汇收入3.7亿美元，增长12.1%。

（赵 红）

【财政、金融及保险业】 2009年，全市地方财政一般预算收入320.2亿元，比上年增长10.0%。地方财政一般预算支出475.9亿元，增长17.0%。其中，医疗卫生支出增长71.3%，城乡社区事务支出增长49.5%，环境保护支出增长35.3%，农林水事务支出增长29.9%，教育支出增长10.8%，科学技术支出增长8.6%。

2009年末，全市银行机构营业网点1100余个。金融机构本外币存款余额6809.8亿元，比年初增长22.4%，其中城乡居民储蓄存款余额3011.3亿元，增长19.0%；本外币贷款余额5170.9亿元，比年初增长30.4%。银行现金收入10155.3亿元，现金支出9862.7亿元，收支相抵，货币回笼292.6亿元，比上年增长5.1%。

全市证券营业部72个。全年证券交易额12825.1亿元，比上年增长58.5%。其中，股票交易额11702.6亿元，增长70.4%；基金交易额94.9亿元，增长38.5%。

全市保险机构及网点260余家。全年实现保费收入111.1亿元，比上年增长28.3%。其中，国内财产险保费收入27.8亿元，增长8.1%；人身险保费收入82.1亿元，增长35.5%。支付各类保险赔款总额40亿元，增长26.0%。其中，国内财产险赔款金额16.5亿元，增长12.7%；人身险赔付金额22.7亿元，增长33.5%。

（赵 红）

【交通运输、邮政和信息传输业】 全年货物运输总量15164.3万吨，比上年增长8.5%。其中，铁路430.9万吨，公路14728万吨，民用航空5.4万吨。全年旅客发送量27667.8万人次，增长6.0%。其中，铁路3982万人次，公路23316万人次，民用航空369.8万人次。

年末全市民用汽车保有量70.6万辆，比上年末增长17.1%。其中，载客汽车53.8万辆，载货汽车12.2万辆。年末私人汽车保有量45.9万辆，增长22.6%。

沈阳与国际26个城市、国内49个城市（地区）通航。沈阳机场航线达到132条，其中国际航线27条，国内航线105条。运输飞机起降6.63万架次，增长9.0%；机场旅客吞吐量750.1万人次，增长10.2%。

全年邮电业务总量236.9亿元，比上年增长18.9%。其中，邮政业务总量7.4亿元，电信业务总量229.5亿元。年末固定电话交换机总容量539.3万门。城乡固定电话用户336.6万户，其中住宅电话用户218.4万户。移动电话交换机总容量1081万户，新增269.7万户；移动电话用户747.05万户，新增234.5万户。国际互联网络登记注册用户128.3万户，增长19.1%，其中宽带接入用户123万户，增长19.4%。固定电话普及率47部/百人，移动电话普及率104.3部/百人。

（赵 红）

【价格指数】 2009年，居民消费价格总指数99.9。其中，服务项目价格指数99.2，消费品价格指数100.1。分类别看，食品类指数103.4，烟酒及用品类指数101.1，衣着类指数91.5，家庭设备用品及维修服务类指数102.1，医疗保健和个人用品类指数102.4，交通和通信类指数95.0，娱乐教育文化用品及服务类指数98.5，居住类指数99.0。

房屋销售价格指数101.5，其中，新建住宅销售价格指数102.6；二手房住宅销售价格指数99.0。工业品出厂价格指数98.7，原材料、燃料、动力购进价格总指数93.5。

（赵 红）

【城市建设】 2009年，全市城建投资360.4亿元，比上年增长26.5%。地铁1号线全线实现洞通、轨通，铁西广场以西实现车通；2号线土建工程完成60%，8个车站完成主体工程。沈康高速公路二期、辽新高速、机场高速改扩建工程完工，完成南湖桥、滂江桥等38座危旧桥梁改造。沈北客运站、五爱客运枢纽竣工。奥体中心网球馆、游泳馆竣工并投入使用。实施弃管房维修工程，改造256个老旧小区、149条街巷路。

城市公共交通网络体系不断完善。公交运营线路199条，其中新开、调整城市公交线路30条；公交运营线路长度达到3677公里。年内新增、更新公交车辆522辆，公交标准运营车辆6242标台，比上年增长1.5%。全年公共交通客运总量达到11.6亿人次，增长4.5%。年末全市出租汽车20642辆，其中市区17357辆。

年末市区铺装道路总长度2833公里，总面积5261万平方米。排水管道长度3850公里，路灯21万盏，永久性桥梁273座。全年新增供水管网25公里，供水管道总长度2821公里，供水量6.94亿立方米，综合日供水量196.1万吨。供热面积2.1亿平方米，其中新增地源热泵应用面积1625.8万平方米，累计应用面积5085万平方米。天然气供气管道总长度2575公里，燃气人口达到424万人。

全年植树1205万株，建成区绿化覆盖率41.83%，城区人均公园绿地面积12.77平方米。

（赵 红）

【环境保护】 2009年，关停各类污染企业20家，建成22座辽河流域污水处理厂、30个村镇污水处理设施，城市污水处理率提高到85%；3个垃圾填埋场和20个垃圾转运站投入使用。金山热电、沈西热电“上大压小”项目开工建设，全面完成沈海热电厂脱硫工程，新北热电、皇姑热电等6家热电企业脱硫工程全面展开，78台35吨以上燃煤锅炉脱硫工程投入使用。年度环境空气优良天数达328天。机动车尾气达标率达到90.3%，水源地水质达标率继续保持100%，危险废物处置利用率100%，医疗废物无害化处置率100%。

启动全国环境建设样板城创建工作,沈阳市被联合国环境规划署列为全国唯一生态城示范项目。东陵区通过国家生态区验收,沈北新区、棋盘山开发区通过国家生态区技术核查,和平区成为全省第一个生态城区,30个乡镇通过国家环境优美乡镇验收。

(赵 红)

【人口与就业】 根据人口抽样调查推算,年末全市常住人口786万人,比上年末增长1.3%。全市户籍人口716.5万人,增长0.4%。户籍人口中,市区人口512.2万人,县(市)人口204.3万人;农业人口252.1万人,非农业人口464.1万人。人口出生率7.30‰,比上年下降0.4个千分点,出生人口性别比108.2;人口死亡率7.13‰,下降1.4个千分点。人口自然增长率0.17‰。计划生育率99.07%。

全市城镇单位从业人员105.2万人,比上年增长0.8%。在岗职工99.7万人,增长1.0%。其中,国有经济单位57.2万人,减少0.1万人;集体经济单位5.8万人,减少0.5万人;其他经济单位36.7万人,增加1.6万人。在岗职工产业分布,第一产业0.7万人,增加24.4%;第二产业40万人,增加0.3%;第三产业58.9万人,增加1.2%。年末离岗职工11.8万人,减少3.2万人。

全年实现实名制就业25.05万人。10万名高校毕业生实现就业。建设24个创业基地,扶持创业带头人2581人,16222人带动就业。安置就业困难人员393人,援助就业困难群体就业3.4万人,普惠制就业培训12.8万人。新增农村劳动力转移输出6.6万人。发放小额担保贷款6938万元。年末,城镇登记失业人员7.75万人,城镇登记失业率3.14%。

(赵 红)

【人民生活和社会保障】 2009年,城市居民人均可支配收入18474.61元,增长8.6%;人均消费支出16110.85元,增长9.8%。农民人均纯收入8752.87元,增长9.0%;人均生活消费支出4807.73元,增长7.0%。

城镇住宅建设投资810.7亿元,比上年增长9.7%;新建成住宅1099.9万平方米,其中商品住宅1075.7万平方米。全年新建经济适用房91万平方米,完成2250户农村贫困户危房改造任务。城镇居民人均住宅建筑面积30.9平方米,比上年增加1.9平方米。农村居民人均住房面积26.93平方米,比上年增加0.63平方米。

全市参加城镇基本养老保险279.5万人,其中职工189.1万人,分别比上年末增加12万人和7.6万人;参加城镇职工基本医疗保险307.5万人,增加32.9万人;失业保险123.5万人,减少2.2万人;工伤保险163.2万人,增加10.4万人;生育保险226.3万人,增加51.3万人。新型农村合作医疗参合人数238.5万人,参合率99.3%,人均筹资标准提高到150元。启动新型农村社会养老保险试点和大学生参加居民医保,实施农民工医疗工伤综合保险。

全市7.1万户、13.4万人享受了城市居民最低生活保障,累计发放保障金2.98亿元;4.7万户、9.6万人享受了农村居民最低生活保障,累计发放保障金7927万元。6945户、1.6万人享受了城市低保边缘户救助;3605户、8383人享受了农村低保边缘户救助。对城乡低保户、农村五保户发放临时物价补贴。城市医疗救助0.99万人次,累计救助金额138万元;农村医疗救助6.5万人次,累计救助金额2640万元。

企业离退休人员基本养老金人均每月1095元,比上年提高132元。失业保险金人均支出标准为每月506元,提高34元。职工月最低工资标准:市区和开发区700元,三县一市600元。城镇居民最低生活保障标准:三县一市每人每月280元,其他区每人每月340元,均比上年提高40元。农村最低生活保障标准:三县一市每人每年1600元,其他区每人每年2100元,均比上年提高300元。

完善城乡养老服务体系。建设5个中心城区示范性区域养老中心,新建和改扩建12所农村区域性中心养老院,新建100个示范性社区老年人日间照料站、10个街道阳光之家,为45万老年人发放乘车优惠卡,为全市2.3万户空巢特困老人免费安装应急呼叫系统。到2009年末,全市各类收养性社会福利机构158个,床位18634张,收养各类人员23133人。

全年福利彩票销售突破11亿元,筹集福利彩票公益金4亿元,全年共募集慈善资金1505万元。

(赵 红)

【社会事业】 2009年,全市承担国家863计划、科技支撑计划、973等计划立项245项。举办重大科技活动30项。中科仪罗茨干泵等20个项目列入国家重大科技专项,沈阳IC装备产业基地成为国家集成电路装备高新技术产业化基地,辉山农业科技园晋升为国家级科技园区。沈阳市成为“国家知识产权工作示范城市”。2009年,全市拥有市及市以上独立科学研究与技术开发机构107个;省级以上工程(技术)研究中心136个,其中国家级14个;省级以上重点实验室166个,其中国家级10个。全年市以上登记认定的科技成果312项,其中应用技术成果281项。应用技术成果中,达到国际水平139项(国际领先35项,国际先进104项);达到国内水平136项(国内领先93项,国内先进43项)。软科学成果及基础理论成果31项。各类技贸机构技术贸易成交额67.47亿元。专利申请7708件,其中发明专利申请2920件;专利授权3637件,其中发明专利授权802件。

完成10所农村九年一贯制学校建设,累计已建成104所,覆盖了90%的乡镇。完成100所城乡幼儿园改建和449所学校、4506个班级的“班班通”建设,职业学校开始迈上全面提高技能型人才培养的新征程。到2009年末,全市普通高等院校40所(含独立学院9所)。招收本、专科学生9.8万人,在校生34.2万人,本、专科毕业生8.3万人。普通高等院校和科研机构招收研究生1.32万人,在校研究生3.5万人,毕业研究生1.04万人。高等教育毛入学率47.5%。普通中学334所,在校生31.6万人;普通中专41所,在校生7.1万人;

职业高中52所，在校生3.2万人；技工学校37所，在校生1.96万人。初中毕业生升学率99.8%，高中阶段毛入学率91.2%。小学校482所，在校生34.3万人。小学学龄人口入学率100%。全市学前三年幼儿入园率90%。

举办第七届沈阳艺术节。评剧《我那呼兰河》连续夺得三项国家级赛事的金奖第一名；承办第九届全国"桃李杯"舞蹈大赛。杂技演艺集团被评为2009-2010年度国家文化出口重点企业和全国文化体制改革先进企业。全年开展基层文化活动2.33万次，参加群众达1500万人次。承办了全国少年儿童校园剧大赛和辽宁省首届农民艺术节等重大群文活动。建立图书流动站点278个。成功举办了第三届东北文博会，共吸引境内外800余家文化机构参展，签约额达330亿元。

进一步完善公共卫生服务体系，新建和改扩建35所乡镇卫生院、15个社区卫生服务中心，完成72所乡镇卫生院标准化建设。到2009年末，全市卫生机构1771个（不含村级卫生组织）。其中，医院179个；卫生院122个；社区卫生服务中心（站）76个；疾病预防控制中心（防疫站）20个；妇幼卫生保健机构15个；专科疾病防治机构25个；卫生监督所14个。年末实有病床37528张，各类卫生技术人员49699人，其中执业医师18615人，执业助理医师1688人，注册护士19655人。

成功举办2009世界女子9球世锦赛，成为我国第一个主办世界女子9球锦标赛的城市。沈阳体育健儿在第十二届全运会上为辽宁体育代表团夺得12.5枚金牌、15枚银牌、10枚铜牌，居全省前列。大力实施"健身促和谐工程"。成功举办了沈阳市第十二届运动会。为全市500个村屯配置了篮球架和乒乓球台，更新107套健身路径器材。新建国民体质监测分站11个、配置监测器材11套。到2009年末，全市体育人口达375万人。加强体育彩票的管理和服务，全年完成体育彩票销售额4.76亿元。

（赵　红）

精神文明建设

【首届沈阳全民读书月】　沈阳市以4月23日世界读书日为契机，于4月23日至5月23日成功举办首届沈阳全民读书月活动。共开展了16项重点活动，51项主体活动以及百余项群众读书活动。组织开展沈阳人最喜欢的十本好书评选活动，在全市各行业广泛组织读书演讲、读书作文竞赛等活动，激发市民读书热情策划组织聆听经典——名家名篇经典朗诵会；开办名家讲坛，邀请钱文忠等多位文化名人来沈作专场报告；免费为全市特困群体送去50万元图书消费券和价值50万元的新书，开展了图书漂流、读书心语征集活动，举办全市中小学生作文大赛，激发市民读书热情。沈阳二十九届书市整体销售额达到485万元，接待购书读者突破10万人次，营业额较往届提高了15%。组织全市各地区、各系统、各单位开展全民捐赠图书活动，全市捐赠图书107万册。为农家书屋建设做出了重要贡献。开展十大藏书家庭、市民最喜爱的十本好书和书香单位、书香校园、书香社区、书香家庭评选活动，引导全民阅读成为风尚。开展大规模的图书漂流活动，2万册图书通过不同的渠道向社会免费放漂，有近10万人参与了图书漂流。沈阳全民读书月活动被中宣部、中央文明办、国家新闻出版总署评为全民阅读活动优秀项目。

（张云路）

【2009年度"感动沈阳"人物评选】　2009年度"感动沈阳"人物评选活动自2009年11月上旬开始，历时两个月，经过单位推荐或个人自荐、事迹演讲、专家评审、特邀评委投票等环节从近千名获荐者中确定20名候选人。经社会公示、群众投票，收到社会各界有效选票51万余张，最终王秀珍、29位爱心父母、刘军、马常利、庞程、马鹏飞、李金萍、张振、陈德香、温暖同路车团队等10名个人（集体）脱颖而出，被评选为2009年度"感动沈阳"人物。2010年1月18日晚，在中华剧场举行了盛大的颁奖晚会。本次活动引发的社会反响强烈，博得广泛赞誉。广大干部群众普遍认为这次评选活动贴近普通市民，富有真情实感，具有深远教育意义，体现社会道德力量，群众关注度、支持率高，活动时效性和影响力大。广大市民倡导持续举办这样的活动，每年评选一批百姓身边的好人，在全社会倡导学好人，争做道德模范的良好社会风尚。

（张云路）

【爱国歌曲大家唱活动】　为庆祝新中国成立60周年，激发广大群众爱国热情，中宣部、中央文明办等十部门在全国组织广泛开展"爱国歌曲大家唱"活动，并选定在新中国革命、建设和改革中最具代表性的15个城市作为中央电视台《激情广场》演出城市，沈阳市是其中之一。2009年6月10日，中央电视台《激情广场》"爱国歌曲大家唱"辽宁·沈阳篇在沈阳世博园凤之翼广场隆重举行。整场演出以互动、合唱为主，沈鼓集团、沈阳市工商局、沈阳市公安局、解放军代表队、沈阳水务集团、中兴大厦等20支合唱队、3000余观众参加了演出。此台节目真实、全景式地反映了沈阳老工业基地改造成果和沈阳人崭新的精神风貌，唱出了沈阳人加快实现全面振兴的豪迈气概和应对金融危机的必胜信心。（孙清清）

【全面实施农村道德信贷工程】　为提高农村文明程度和农民文明素质，倡导文明是发展资本、诚信是发展机遇的理念，真正解决过去"银行有钱不敢贷、农民缺钱贷不来"的两难现象，市文明办联合人民银行沈阳分行、市农村信用联合社共同制订出台了《沈阳市"十星级"文明户评选管理办法》和《关于"十星级"文明户信贷的指导意见》，并统一设计制作《沈阳市农村道德信贷工程》手册下发到各区县（市），在评选"十星级文明户"过程中，严格握好申报、评选、考核等重点环节，确保评选工作公平、公正、公开，进一步增强活动的公信力、吸引力；对申请农户贷款的"十星级文明户"加强动态管理，做好跟踪服务。及时了解"十星级文明户"的道德行为状况，对"十星级文明户"在评选届期内发生不道德行为且产生恶劣影响的，及时取消了“十星级文明户”称号和贷款资格，确保文明户贷款项目产生效益，保证贷款资金安全。9月份在苏家屯区召开了沈阳市农村道德信贷工程动员现场推进会，截至年底，全市有1242个行政村开展了农村道德信贷工程，全市已为9.5万户农户发放了道德信贷贷款，贷款额达7.8亿元。实施农村道德信贷工程，不仅进一步拓展了农村精神文明建设的广度和深度，还促进了农村经济发展和农民增收，深受基层群众欢迎。

（孙清清）

【开展“清洁城乡环境，建设和谐沈阳”宣传教育活动】 为开展好全市“清洁城乡环境，建设和谐沈阳”活动，市委宣传部制定下发了《清洁城乡环境宣传教育工作方案》和《清洁城乡环境，建设和谐沈阳》实施方案。利用辽海沈阳讲坛和各级各类宣讲团、报告团，通过专题讲座、居民论坛、社区聊天室等形式和载体，大力宣传开展“清洁城乡环境，建设和谐沈阳”主题活动的重大意义和具体要求。创意制作了公益广告宣传片，放到各楼宇电视、公交车载电视和沈阳电视台进行宣传，在全市各主要路口、广场电子大屏幕上连续播放；设计印制下发1.5万套宣传海报，分发到全市机关、企事业单位、社区和公共场所；组织新闻媒体记者深入采访，搞好新闻监督和深度报道，对各地区、各责任主体单位领导进行专访，推动活动向纵深发展；与市爱卫办联合组织开展三次全民志愿卫生大清扫活动，共清理30余吨垃圾残土；与市建委、市行政执法局、市城建局一同对全市15个区县（市）、开发区进行联合大检查；本着问计于民、问策于民、问需于民、问效于民的原则，组织开展“今天我是环卫工人”、“我是一名城乡管理者”市民体验日活动，感受环卫工人和管理者的辛劳，形成爱护环境卫生、遵守社会秩序人人有责的理念，招募并组建市民环境卫生志愿者监督团，及时反映环境卫生和管理中出现的问题，形成全社会广泛参与，人人都是环境主人的良好氛围。

（孙清清）

【选树“道德小模范”马鹏飞】 2009年，市文明办加大对辽宁省“道德小模范”、全国十大真情人物、感动中国人物候选人马鹏飞的的典型培育力度，积极宣传、推介马鹏飞孝老爱亲的感人事迹，成效明显。一是领导充分肯定。新华社《国内动态清样》刊发马鹏飞事迹，得到中央政治局常委、中央文明委主任李长春同志批示表扬，称赞马鹏飞是“独生子女教育的好教材”。6月，市委专门作出《关于开展向曹佰库、马鹏飞和市公安局消防支队启工中队学习活动的决定》，召开“曹佰库、马鹏飞和市公安局消防支队启工中队先进事迹报告会”，号召全市向马鹏飞学习。二是媒体广泛宣传。6月，人民日报、光明日报、中国青年报、新华每日电讯等中央媒体、新浪、搜狐、网易等全国重要门户网站广泛宣传报道马鹏飞事迹。9月，教育部和中央电视台联合举办的“开学第一课”节目，专门邀请马鹏飞和全国亿万青少年共上“开学第一课”，宣传他孝老爱亲，勇于担当的优秀品质，马鹏飞成为全国重大典型。三是教育效果明显。市文明办、市教育局在全市中小学生中广泛开展“学习马鹏飞，争做道德小模范”活动，通过向中小学生发倡议，召开座谈会，启动网络平台，举行事迹巡回报告会，制作事迹光碟，编印《做一个有道德的人》一书，编排话剧《水晶之心》等系列宣传教育活动，使马鹏飞的事迹和精神得到广泛宣扬，涌现出了一大批马鹏飞式的“道德小模范”，在全市营造了“争做马鹏飞式好少年”的浓厚氛围。

（倪　锋）

【完成国家净化社会文化环境和未成年人思想道德建设测评达标工作】 2009年，沈阳市按照《中央办公厅、国务院办公厅关于进一步净化社会文化环境，促进未成年人健康成长的若干意见》文件要求，在市文明委的统一领导下，市文明办发挥组织协调作用，各地区、各部门积极开展净化社会文化环境和未成年人思想道德建设测评达标工作，取得良好成效。一是部署工作任务。成立市委副书记苏宏章任组长，市委常委、宣传部长王凤波、副市长王玲任副组长的全市净化社会文化环境暨未成年人思想道德建设测评达标工作领导小组，办公室设在市文明办。4月2日，召开全市未成年人思想道德建设测评体系达标暨净化社会文化环境工作会议，市委常委、宣传部长王凤波同志出席会议并讲话，市政府副秘书长曾波主持。全市69个相关部门、单位主管领导，各区、县（市）常委宣传部长、主管区长、文明办主任，各开发区主管领导、党委宣传部长参加会议，下发了《沈阳市净化社会文化环境任务分工》和10万字的《沈阳市未成年人思想道德建设测评达标工作操作手册》，全面部署净化社会文化环境暨未成年人思想道德建设测评达标工作任务。二是开展专项整治。各地区、各部门按照全市统一安排部署，积极开展联合执法大行动，重点查处违规经营网吧、收缴非法出版物、整改学校及周边安全隐患、清理校园周边违规娱乐场所，全市共查处违规经营网吧230家次，收缴非法出版物4.4万册（盘），整改学校及周边不安全隐患1549处，清理校园周边网吧、电子游艺室、歌舞厅、彩票投注点210家。先后两次抽调市教育局、团市委、市妇联等相关部门60多人组织开展全市检查，共实地检查备检单位15类74个，针对检查出来的问题，制定《整改意见通知书》，要求限期整改并予以通报。推动形成市级未成年人思想道德建设测评达标档案174卷、活动场所档案121卷、社区档案1040卷、学校档案1.5万卷。三是顺利通过国检。为迎接中央督查，召开全市27个部门、15个地区参加的迎检工作调度会，市委常委、宣传部长王凤波出席会议并讲话，副市长王玲对落实会议精神提出具体要求。市文明办起草了《沈阳市净化社会文化环境工作汇报》，编辑整理30万字的《沈阳市净化社会文化环境工作资料汇编》，先后4次召开工作协调会。11月23日至25日，由工业和信息化部副部长杨学山率领的中央督查组一行，对全市净化社会文化环境工作进行督查。中央督查组对沈阳市净化社会文化环境工作给予高度评价。中央文明办称赞沈阳市“把测评达标同净化环境紧密结合起来，测评促净化，净化带测评,取得明显成效”。12月31日,中央电视台《焦点访谈》栏目报道了沈阳市开展青少年“网奥赛”,净化网络文化环境,引导青少年文明上网的做法。

(倪 锋)

经济协作

【概况】 2009年,沈阳市的经济协作工作以加强区域间产品配套为重点,全面开展区域间合作,有效地促进了全市经济的发展。经济协作工作呈现下面几个特点:

一、区域发展的活力和主动性显著提高,沈阳市对沈阳经济区域发展的带动作用更加明显

1. 组织大企业(集团)与阜新市装备制造业企业进行对接。2009年,本着统一规划,重点突破的原则,全面开展沈阳、阜新产业合作。依托沈阳装备制造业等产业优势,加强沈阜产业链接,为两市生产要素的流动和合理配置搭建合作平台。两市有关部门组织沈、阜两市装备制造业大企业(集团)进行了多次点对点接触,对两市已有合作关系的企业研究了扩大合作的范围,并对两市有合作愿望的企业进行了相互考察。两市企业相互走访了沈阳鼓风机集团有限公司、沈阳水泥机械有限公司、沈阳兴远东汽车零部件有限公司、东北大学风电研究所、阜新力劲北方机械有限公司、阜新市德尔转向泵机械有限公司等单位,为两市装备制造业企业合作奠定了基础。

2. 组织召开“沈阳阜新装备制造业企业合作洽谈会”。沈阳、阜新市政府于2009年5月在沈阳宾馆组织召开了“沈阳阜新装备制造业企业合作洽谈会”。出席本次会议的有沈阳、阜新两市政府领导,政府有关部门及两市企业代表、两市新闻单位等。沈阳市政府副秘书长陈惠仁作了讲话,并指出了沈阜两市合作下一步工作重点。沈阳机床股份有限公司、沈阳鼓风机(集团)有限公司、三一重型装备有限公司、辽宁大金钢结构工程(集团)有限公司、阜新德尔汽车转向泵有限公司等两市企业代表就装备制造产业合作展开座谈,并分别介绍了本企业发展情况和合作意向。会上,阜新市铸造协会与沈阳市铸造协会;阜新德尔机械与沈阳华晨金杯;阜新光韧金属与沈阳顺达重矿机械制造有限公司在会上进行了合作项目签约。签订产品配套额4500万元。

3. 组织企业参加阜新市铸造产业发展合作洽谈会。组织了沈阳华晨金杯汽车有限公司、北方重工沈矿集团有限责任公司、沈阳鼓风机(集团)公司、三一重型装备有限公司、沈阳金杯车辆制造有限公司、沈阳水泥机械有限公司、沈阳顺达重矿机械制造有限公司、沈阳仁丰铸造有限公司等18家企业参会。会上,沈阳市企业与阜新市企业就产品配套问题进行了洽谈与交流,进一步推进了沈阜两市企业的合作。

二、区域合作的深度和广度进一步加强,区域发展的协调性明显增强

1. 组织沈阳三丰橡胶有限公司等多家企业,参加中国(沈阳)国际中小企业大会的大小企业配套对接会。通过大会举办的中国(沈阳)中小企业发展论坛、中小企业厅(局)长论坛和中小企业服务体系建设论坛。全国大小企业配套对接活动,助推大小企业协作配套建设,提高中小企业配套能力。

2. 以优化装备制造业产业和产品结构为目的环渤海区域产业合作全面展开。经天津市人民政府、沈阳市人民政府、大连市人民政府、青岛市人民政府、济南市人民政府等37个环渤海区域合作市长联席会成员城市友好协商,达成共同加快环渤海装备制造业基地建设合作框架协议。该协议将于2010年9月,在沈阳召开的环渤海区域合作市长联席会第十四次会议上正式签署。

(陈明辉)

党　政　机　关

中共沈阳市委

【市委十一届七次全会】 中共沈阳市第十一届委员会第七次全体会议于2009年8月24日举行。这次会议的主要任务是,深入贯彻党的十七大和省委十届八次全会精神,认真总结全市第一批深入学习实践科学发展观活动成果,进一步明确今后一个时期的发展思路,安排部署年内各项重点任务,审议《中共沈阳市委关于建立健全保障和促进科学发展长效机制的决定》(以下简称《决定》),动员全市广大党员、干部和群众始终不渝地坚持以科学发展观为指导,立足新起点,谋求新发展,实现新跨越,努力完成"五大任务",实现"三大目标",加快推进沈阳老工业基地全面振兴。省委常委、市委书记曾维代表市委常委会作题为《始终不渝地坚持以科学发展观为指导,立足新起点,谋求新发展,实现新跨越》的讲话,市委副书记苏宏章作《关于〈决定〉的说明》。会议审议通过了《决定》,并对市委常委会深入学习实践科学发展观活动进行群众满意度测评。市委副书记、市长李英杰,市人大常委会主任赵长义出席会议。

会议在总结全市深入学习实践科学发展观活动成果时指出,按照中央和省委的部署,全市上下紧紧围绕"党员干部受教育、科学发展上水平、人民群众得实惠"的总体要求,坚持以"完成五大任务,加快全面振兴"为主题,把"保增长、促和谐、抓党建"作为最大实践,扎实开展学习实践活动,全面推进经济社会各项建设,取得了思想认识、制度创新和振兴发展的丰硕成果,有力地推动了沈阳老工业基地的全面振兴。全市第一批学习实践活动主要有以下六个突出特点:坚持超前谋划,扎实做好各项准备工作;坚持领导带头,充分发挥示范引领作用;坚持解放思想,着力破除影响和制约科学发展的思想观念;坚持典型引路,积极营造推动科学发展的浓厚氛围;坚持突出特色,注重解决制约科学发展的实际问题;坚持着眼长远,建立健全促进科学发展的长效机制。

会议认为,当前沈阳正处在应对国际金融危机、推动科学发展、加快全面振兴的关键时期,面临的形势依然很严峻。国际金融危机仍在蔓延和深化,世界经济走势仍不明朗。国内一些先进地区已经步入了科学发展的轨道,一些发展基础与沈阳相似的城市发展态势咄咄逼人,一些发展基础不如沈阳的城市发展活力和发展后劲不断增强,给沈阳带来了巨大压力。尤其是与科学发展观的要求相比,沈阳市经济社会发展还存在一些亟待解决的矛盾和问题。对面临的形势和存在的问题,一定要保持清醒的认识和准确的判断。要充分认识到面临的有利条件很多。因此,必须审时度势,增强发展的紧迫感,立足新起点,谋求新发展,实现新跨越。全市上下一定要按照《决定》的要求,通力合作,抓好落实,促进各项工作步入科学化、规范化、制度化的发展轨道,推动沈阳老工业基地在科学发展道路上加快全面振兴。

会议强调,要坚定信心,攻坚克难,全力以赴做好"保增长、促和谐、抓党建"三项重点工作,圆满完成全年各项任务,以优异成绩迎接新中国成立60周年。一是继续扎实开展好深入学习实践科学发展观活动。二是确保全面完成全年各项经济指标。三是进一步保障和改善民生。四是切实做好维护社会稳定工作。五是深入开展"迎国庆"主题系列活动。六是及早做好2010年及今后一个时期工作的谋划。做好2009年后四个月工作,全面完成各项工作任务,关键在于狠抓落实。各级党委要充分发挥领导核心作用,坚持总揽全局、协调各方,努力形成齐心协力促发展、一心一意保增长的强大合力。要大力整顿工作作风,引导各级领导班子和广大党员干部始终保持昂扬向上、拼搏进取、奋发有为的精神状态,克服松劲厌战思想,敢于面对矛盾,勇于承担责任,认真研究解决工作中遇到的实际问题,进一步提高工作效率,坚决打赢"保增长、促和谐、抓党建"攻坚战,为完成"五大任务"、实现"三大目标",推动沈阳在科学发展道路上加快全面振兴而努力奋斗!

出席会议的有市委委员、候补委员。市人大常委会、市政府、市政协领导同志,市纪委委员,各区、县(市)和开发区党政主要领导,市委各部委、市政府各委办局主要领导和有关方面负责同志列席了会议。离退休副省级老领导和市委老领导应邀参加了会议。各民主党派、工商联负责人、无党派人士代表和市决策咨询委员会部分成员应邀列席了大会。

(*邹常辉*)

【市委十一届八次全会】 中共沈阳市委十一届八次全会暨经济工作会议于2009年12月28日举行。这次会议的主要任务是:全面贯彻党的十七大、十七届三中、四中全会、中央经济工作会议和省委十届九次全会暨经济工作会议精神,以邓小平理论和"三个代表"重要思想为指导,深入贯彻落实科学发展观,总结2009年工作,分析面临形势,部署2010年任务,审议《中共沈阳市委关于建设学习型党组织,为加快全面振兴提供坚强保证的决定》(以下简称《决定》),动员全市广大党员、干部和群众求真务实,开拓进取,立足新起点,谋求新发展,实现新跨越,为全面完成"十一五"各项工作任务、推动沈阳老工业基地全面振兴而努力奋斗。会议由市委常委会主持。省委常委、市委书记曾维代表市委常委会作了题为《求真务实,开拓进取,全面完成"十一五"各项工作任务》的工作报告,市委副书记苏宏章作关于《决定》的说明。会议审议通过了曾维同志代表市委常委会所作的工作报告和《决定》。会议期间，曾维同志代表市委常委会作了《中共沈阳市委2009年度干部选拔任用工作专题报告》，对2009年度干部选拔任用工作和选拔任用的市管正职干部进行了无记名书面民主评议。

会议认为，即将过去的2009年，对沈阳来说，是新世纪以来困难最大、压力最重的一年。面对国际金融危机蔓延深化、改革发展稳定任务繁重的严峻考验，在中央和省委的正确领导下，全市各级党组织团结带领广大党员、干部和群众，坚持以科学发展观为统领，紧紧围绕全面完成“五大任务”、加快实现“三大目标”，开拓进取，合力攻坚，扎实推进“保增长、促和谐、抓党建”三项重点工作，继续保持了平稳较快的发展势头，政治建设、文化建设、社会建设以及生态文明建设和党的建设得到全面加强，沈阳老工业基地振兴发展又迈出了新步伐。

会议强调，2010年既是应对国际金融危机挑战、迎来经济全面复苏的关键一年，也是全面完成“十一五”规划、科学谋划“十二五”发展的关键一年。既要看到宏观经济运行中出现的积极变化，看到自身所拥有的各种优势和良好基础，又要看到经济形势的严峻性，看到转变经济发展方式刻不容缓，调整经济结构迫在眉睫。全市上下必须全面正确认识当前形势，继续增强忧患意识和危机感、紧迫感、责任感，坚定发展信心，保持发展激情，抢抓发展机遇，推动经济社会实现更好更快发展。

会议提出2010年工作的指导思想是：全面贯彻党的十七大、十七届三中、四中全会、中央经济工作会议和省委十届九次全会暨经济工作会议精神，以邓小平理论和“三个代表”重要思想为指导，深入贯彻落实科学发展观，围绕全面完成“五大任务”、加快实现“三大目标”，按照“立足新起点，谋求新发展，实现新跨越”的要求，求真务实，开拓进取，调结构，优环境，惠民生，大力加强党的建设，推动发展方式转变，保持经济社会平稳较快发展，全面完成“十一五”各项工作任务，努力实现地区生产总值、全社会固定资产投资等主要经济目标的新突破。

会议提出了2010年经济工作的主要任务。

一、调结构。更加注重推动经济发展方式转变和经济结构调整，突出做好“优化、突破、提升”工作，做大经济总量，提高增长质量和效益，坚持在调整中扩增量，在发展中促转变，切实增强发展的稳定性、协调性、可持续性。优化，就是要优化投融资结构，要优化开放结构，要优化财税结构。突破，就是要实现区划规划的新突破，要实现重大项目的新突破，要实现体制机制的新突破。提升，就是要提升装备制造业发展水平，要提升现代服务业发展质量，要提升新兴产业发展速度，要提升县域经济发展实力。

二、优环境。紧紧抓住筹备第十二届全运会的有利时机，努力打造中国北方一流的发展环境、生态环境和人居环境。一是加强城市建设和城市管理，高标准推进城市重大基础设施建设，启动全运会比赛场馆及相关配套服务设施建设工程，大力推进数字化管理，推动城市管理再上新台阶。二是全面启动全国环境建设样板城创建工作，加快国家现代环保产业基地建设，抓好河流综合治理和水系建设，狠抓节能减排工作，切实解决环境污染问题。三是积极推进“信用沈阳”建设，突出抓好政务诚信建设，着力抓好商务诚信建设，积极推进个人诚信建设，进一步优化全社会的信用环境。

三、惠民生。深入实施以办实事为重点的各项民生工程，真正让振兴发展成果越来越多地惠及全市人民。一是千方百计做好就业和社会保障工作，突出抓好重点群体的就业工作，进一步完善企业职工基本养老保险制度，积极开展农村新型养老保险试点，切实改善城乡低收入群体的居住条件。二是加快推动各项社会事业协调发展，积极推进义务教育高质量、高水平发展，深入开展群众性精神文明创建活动，加快发展文化、体育事业，深化医药卫生体制改革，做好甲型H1N1流感等重大传染病疫情的防控工作。三是切实抓好维护社会稳定工作，进一步完善信访稳定工作“沈阳模式”，坚持不懈地抓好平安沈阳建设，加强安全生产工作，推进社会管理创新，切实巩固和发展和谐稳定的社会局面。

会议要求，各地区、各部门、各单位要深入学习贯彻好这次会议精神，切实加大对各方面工作的协调推进力度，确保实现2010年首季开门红。要着力抓好近期几项重点工作，精心筹备和开好人大、政协“两会”，安排好元旦、春节期间的群众生活，强化安全生产，维护社会稳定。

会议号召，全市各级党组织要更加紧密地团结在以胡锦涛同志为总书记的党中央周围，在省委的坚强领导下，坚定发展信心，保持发展激情，咬定“五大任务”、“三大目标”不放松，推动沈阳在科学发展道路上加快全面振兴。

出席会议的有市委委员、候补委员。市人大常委会、市政府、市政协领导，市纪委委员，各区、县（市）和开发区党政主要领导，市直各部门主要领导及市属企业、部分驻沈企业、民营企业负责人列席了会议。离退休副省级老领导和市委老领导应邀参加了会议。各民主党派、工商联负责人、无党派人士代表和市委决策咨询委员会部分委员应邀列席了大会。

（邹常辉）

·市委常委会议·

【研究“保增长”和工业项目】 2009年1月19日，市委召开常委会议，分析当前工业经济形势，研究部署工业经济发展任务。省委常委、市委书记曾维主持会议并讲话。

会议认为，2009年，全市工业战线认真贯彻落实市委、市政府的决策部署，围绕完成“五大任务”、实现“三大目标”，全力组织完成工业发展任务，特别是积极克服国际金融危机带来的不利影响，沉着应对新挑战，全力解决工业经济运行过程中遇到的新情况、新问题，全市工业经济实现了平稳较快发展，工业投资和工业项目建设进展顺利，为确保全年工业经济稳步发展奠定了坚实基础。

会议强调，要认清形势，坚定信心，全力以赴抓好工业经济发展。在应对金融危机中，“保增长”是首要任务，而从沈阳的实际来看，“保增长”重点是保工业、保企业，确保工业经济稳步发展，这是巩固好、发展好老工业基地调整改造成果的重要体现，是完成“保增长”任务的重要基础，是保持社会大局和谐稳定的重要手段。全市上下特别是工业战线，一定要进一步增强责任感和紧迫感，切实把确保工业经济稳步发展，既作为一项重大经济任务，又作为一项重大政治任务来完成，作为沈阳改革发展稳定的关键环节扭住不放，切实把工业经济这一事关全市经济社会发展全局的重要工作抓紧抓实、抓出成效。

会议强调，要加强领导，精心组织，形成共渡难关、共克时艰的强大合力。各地区、各部门、各单位特别是工业主管部门，要强化跟踪调度，把任务分解到位、责任落实到位，坚持“月分析、周调度、日督促”，分行业、分企业加强指导，及时解决工业企业发展中遇到的现实问题，切实消除影响工业经济健康平稳运行的各种障碍。要主动提供支持，强化服务第一的意识，树立效率至上的观念，走进企业了解所需所求，深入一线开展现场办公，在第一时间解决项目建设中遇到的问题，促进大项目、好项目早日投产、早见效益。要形成强大合力，坚持与企业同呼吸、共命运，找准为企业服务的结合点和切入点，切实减少检查和评比活动，让企业把全部精力用在保生产、抓市场、强管理、促增长上。要全方位宣传企业发展和项目建设取得的崭新成果，进一步鼓舞斗志、激发干劲，为全市工业经济稳步发展创造良好的舆论环境。

（邹常辉）

【审议铁西装备制造业聚集区发展规划】 2009年2月20日，市委召开常委会议，审议铁西装备制造业聚集区产业发展规划。省委常委、市委书记曾维主持会议并讲话。

在获得“铁西老工业基地调整改造暨装备制造业发展示范区”称号后，沈阳市立即围绕建设具有国际竞争力的世界级装备制造业基地，着手编制铁西装备制造业聚集区产业发展规划。经过近两年的工作，在国家和省有关部门的指导下，在广泛征求重点企业负责人、知名专家学者等各方面意见建议的基础上，编制完成了铁西装备制造业聚集区产业发展规划，明确了加快建设铁西装备制造业聚集区的战略构想、产业发展方向和重点及相关保障措施。

会议认为，装备制造业是国民经济发展的战略性产业和国家综合实力的集中体现，也是沈阳加快振兴发展的基础所在、优势所在、动力所在。近年来，铁西作为沈阳发展装备制造业的核心区域，迈出了调整改造的新步伐，聚集区建设初具规模和形象，为沈阳巩固和提升装备制造业发展水平发挥了极其重要的作用。铁西装备制造业聚集区产业发展规划的制定出台，对于贯彻落实国家战略、加快振兴装备制造业，积极应对国际金融危机挑战、继续保持经济平稳较快发展，建设具有国际竞争力的世界级装备制造业基地、加快沈阳全面振兴步伐，具有十分重要的意义。

会议强调，要以科学发展观为指导，按照做优发展空间的要求，认真抓好规划的贯彻实施，不断深化改革，继续扩大开放，加快结构调整，转变发展方式，努力开创铁西装备制造业聚集区建设的新局面。要以抓好主导产业和重大项目建设为核心，着力做强做大现有重点企业，进一步加强与世界500强企业和中央所属大型企业的合资合作，大力引进建设一批配套产业集群，吸引更多的国内外装备制造业优势企业向这里聚集，形成更加鲜明的产业特色和更加完善的产业体系，不断提升聚集区的竞争实力。要以完善基础设施为前提，优质高效地推进道路、供水、供电、供气等配套服务设施建设，加快公共制造、公共研发、金融服务、现代物流和人才培养等公共平台建设，为聚集企业、引进项目创造良好的产业发展环境。要以加快体制机制创新和科技创新为动力，加大企业股份制改造力度，鼓励优势企业以市场为导向实施跨地区、跨行业、跨所有制兼并重组，支持企业加快技术进步，提升企业自主创新能力和系统集成能力，提高重大装备国产化水平和国际竞争力，努力建设一批拥有自主知识产权、成套设备制造能力强、产业集中度高的大型企业集团。要以提高土地集约利用水平为根本，切实优化项目布局，合理预留发展空间，牢牢把住投资强度关，实现单位土地面积的效益最大化。要以保护和改善环境为保证，加强项目筛选，坚决不上污染项目和高耗能项目，确保聚集区可持续发展。要以大力加强文化建设为支撑，切实营造与装备制造业发展相适应的浓厚文化氛围，不断增强聚集区的吸引力和影响力。

会议指出，铁西区要进一步增强使命感和紧迫感，以高度负责的态度抓好规划的贯彻实施，并切实做好专项规划和控详规划的编制工作，把聚集区建设不断引向深入。各部门、各单位要各司其职、各负其责，共同抓好规划的贯彻实施，积极为聚集区的发展提供有力支持、高效服务，切实形成推进聚集区建设的强大合力。

（邹常辉）

【研究贯彻全国“两会”精神，做好三项重点工作】 2009年3月16日，市委召开常委扩大会议，传达学习全国“两会”精神，就做好贯彻落实工作提出具体要求。省委常委、市委书记曾维主持会议并作重要讲话。市委副书记、市长李英杰出席会议，市人大常委会主任赵长义、市政协主席刘雅琴分别传达十一届全国人大二次会议、全国政协十一届二次会议精神。

会议指出，刚刚闭幕的全国“两会”，是在全党全国各族人民积极应对国际金融危机冲击、努力保持经济平稳较快发展的形势下召开的，是一次集中智慧、共商国事，坚定信心、共谋发展，群策群力、共促和谐的大会，对进一步动员全党全国各族人民同心同德、努力拼搏，为继续推进全面建设小康社会进程而团结奋斗，具有非常重要的意义。全市各级党政组织和广大干部，一定要把学习好、贯彻好、落实好全国“两会”精神作为一项重要政治任务抓紧抓好，切实把思想和行动统一到中央对经济形势的分析判断上来，统一到中央的决策部署上来。

会议强调，贯彻落实全国“两会”精神，必须紧密联系实际，积极投身到加快全面振兴的实践中来。全市上下一定要把贯彻落实全国“两会”精神与贯彻落实党的十七届三中全会和中央经济工作会议精神结合起来，与贯彻落实市委、市政府的部署和要求结合起来，以更加主动的姿态和更加创新的举措，积极做好“保增长、促和谐、抓党建”三项重点工作，推动沈阳在科学发展道路上全面振兴。

（邹常辉）

【研究创建全国环境样板城市】 2009年9月4日，市委召开常委会议，听取关于创建全国环境建设样板城的汇报，研究部署下一步工作措施。省委常委、市委书记曾维主持会议并讲话。

为学习借鉴日本川崎市经验，在中

央和省委、省政府的大力支持下,沈阳市以建设体现循环经济和生态工业特色的国家生态城市为总目标,力争用5年时间,建成具有示范意义的全国环境建设样板城。

会议认为,创建全国环境建设样板城,体现了中央和省委、省政府对沈阳的亲切关怀和殷切期待,符合深入贯彻落实科学发展观、加快老工业基地全面振兴的内在要求,是坚持走新型工业化道路,建设资源节约型、环境友好型社会的重要途径,是加快结构调整、促进产业升级的重要手段,是加强生态建设、切实改善民生的重要举措,对于完成"五大任务"、实现"三大目标"具有极其重大的意义。

会议强调,要突出重点,完善措施,不断加快创建全国环境建设样板城步伐。要广泛借鉴国内外先进经验,紧密结合沈阳实际,高起点、高标准制定好总体规划和专项规划。要搭建国际交流合作平台,在加强人员交流、产业对接、学术研讨等方面取得实质性进展。要实施工业生态改造工程,积极打造一批零排放或接近零排放的产业园区。要大力发展静脉产业,切实加强循环经济技术研发、储备和应用,建设国家级环保产业示范园区。要着力改善城市生态环境,进一步加大基础设施建设力度,全面解决传统工业遗留的环境问题。要加快体制机制创新步伐,努力构建全国领先的生态保护和循环经济管理体系。

会议强调,创建全国环境建设样板城,涉及领域广,要求标准高,工作任务重。要切实加强领导,严格落实责任,搞好跟踪调度,确保各项工作启动及时、推动有力、落实到位。要不断加大投入,在强化财政资金支持的同时,坚持加大招商引资力度,不断拓展社会融资渠道,在探索建立完善多元化投入机制上取得实质性突破。要动员全市上下积极参与,主动争取有关方面支持,形成共同创建全国环境建设样板城的强大合力。

(邹常辉)

【学习贯彻党的十七届四中全会精神】 2009年9月22日,市委召开常委(扩大)会议,学习贯彻党的十七届四中全会精神以及省委召开的省级党员领导干部会议精神,并结合沈阳实际研究部署贯彻落实措施。省委常委、市委书记曾维主持会议并作重要讲话。市委副书记、市长李英杰出席会议。

会议指出,党的十七届四中全会是在新中国成立60周年、国际形势继续发生深刻变化、我国全面建设小康社会进入关键阶段召开的一次重要会议。全市上下一定要从战略和全局的高度,充分认识四中全会的重大意义,深刻认识和把握我们党加强自身建设的基本经验,面临的新形势新考验,深刻认识和把握我们党加强和改进新形势下党的建设的总体要求,深刻认识和把握我们党加强和改进新形势下党的建设的重点任务,切实提升党的建设科学化水平。

会议强调,深入学习贯彻党的十七届四中全会精神,是全市当前和今后一个时期的首要政治任务。要迅速掀起学习贯彻十七届四中全会精神的热潮,各级党组织要把学习贯彻十七届四中全会精神摆上重要日程,利用好理论学习中心组等各种载体,采取报告会、专题讲座、上党课等多种有效途径,把四中全会精神传达到全体党员。要深入调查研究,抓紧研究制定沈阳市贯彻落实四中全会精神的《实施意见》。要抓住重点工作不放松,突出抓好重大项目建设,做大做强重点骨干企业,继续做强县域经济,进一步完善重点空间发展规划,确保圆满完成全年保增长的目标任务。要把保障和改善民生放在更加突出的位置,千方百计增加城市居民收入,努力提高人民生活水平,切实解决好群众普遍关心的热点难点问题,促进社会和谐。要全力做好国庆60周年期间的安保工作,确保国庆期间全市社会大局平稳,确保国庆活动绝对安全。要认真谋划好2010年工作,以党的十七大和十七届四中全会精神为指导,深入贯彻落实科学发展观,紧紧围绕立足新起点、谋求新发展、实现新跨越,完成"五大任务"、实现"三大目标",按照坚持科学发展、正确判断形势、突出工作重点的总体要求,在充分研究论证的基础上,提出更加清晰、更加完善的工作思路和具体措施,并全力抓好落实。

市人大、市政府、市政协党员领导干部,市委各部门主要负责人、市直部门党组(党委)主要负责同志和各区县(市)委书记、开发区党工委书记列席了会议。

(邹常辉)

【传达全国信访工作经验交流会议精神】 2009年12月4日,市委召开常委会议,传达学习全国信访工作经验交流现场会精神,就做好贯彻落实工作进行部署。省委常委、市委书记曾维主持会议并讲话。

会议认为,中央联席会议在沈阳召开全国信访工作经验交流现场会,总结交流近年来各地信访工作的成功做法,全面推广沈阳一站式接待群众来访、一条龙办理信访事项、一揽子解决实际问题的实践经验,既是对沈阳市的巨大鼓舞和有力鞭策,也为向兄弟地区学习提供了难得机遇。中共中央政治局常委、中央政法委书记周永康和国务委员兼国务院秘书长马凯出席会议并讲话,充分肯定了全国信访工作取得的成绩,为做好新时期信访工作指明了方向。

会议强调,要按照中央提出的加强源头预防、完善相关政策、解决疑难复杂信访个案、加强探索创新、加强组织领导的要求,推动信访工作再上新台阶。要进一步加强两级信访大厅建设,有效解决信访问题。要健全多元矛盾纠纷解决机制,不断提高信访工作的科学化、规范化、法制化水平。要完善考核办法,强化引导激励,充分调动各方面共同抓好信访工作的积极性和主动性。要加强组织领导,严格落实领导责任制,为做好新时期信访工作提供坚强保证。要继续加大支持力度,加强信访部门和信访干部队伍建设,努力打造一支过得硬、叫得响的信访工作专业队伍。

(邹常辉)

·重要会议·

【开展学习实践科学发展观动员大会】 2009年3月23日,市委召开全市深入学习实践科学发展观活动动员大会。省委常委、市委书记、市委深入学习实践科学发展观活动领导小组组长曾维作动员讲话。省委深入学习实践科学发展观活动指导检查组组长张敏出席会议并讲话。市委副书记、市长、市委深入学习实践科学发展观活动领导小组副组长李英杰主持会议。市人大常委会主任、市委深入学习实践科学发展观活动领导小组副组长赵长义,市委副书记、市委深入学习实践科学发展观活动领导小组副组长苏宏章,省委深入学习实践科学发展观活动指导检查组副组长梅玉良出席会议。辽中县委和沈鼓集团党委在会上分别介绍开展深入学习实践科学发展观活动试点工作经验。

按照中央和省委的统一部署,沈阳市深入学习实践科学发展观活动分两批展开,第一批从3月开始,到8月基本结束;第二批从9月开始,到2010年2月基本结束。

曾维在动员讲话中深刻阐述了开展深入学习实践科学发展观活动的重大意义。他指出,开展深入学习实践科学发展观活动,是党的十七大作出的重大战略部署,是坚持与时俱进、用马克思主义中国化最新理论成果武装广大党员干部的重大举措,是积极应对挑战、加快沈阳在科学发展道路上的全面振兴的现实需要,是提高党的执政能力、以改革创新精神全面推进党的建设新的伟大工程的内在要求。全市各级党组织和广大党员干部,一定要认清形势,统一认识,真正把思想和行动统一到中央的决策和部署上来,更加主动地投身到学习实践活动中来,不断增强贯彻落实科学发展观的自觉性和坚定性,切实用科学发展观引领沈阳振兴发展的伟大实践。

曾维强调,沈阳市学习实践活动的总体要求是,全面贯彻党的十七大精神,按照"党员干部受教育、科学发展上水平、人民群众得实惠"的总体要求,以"完成五大任务,加快全面振兴"为主题,把"保增长、促和谐、抓党建"作为学习实践活动的最大实践,着力转变不适应、不符合科学发展要求的思想观念,着力解决影响和制约沈阳科学发展的突出问题以及党员干部党性党风党纪方面群众反映强烈的突出问题,着力构建有利于科学发展的体制机制,提高领导科学发展、促进社会和谐的能力,努力把各级党组织建设成为贯彻落实科学发展观的坚强堡垒,把干部队伍建设成为贯彻落实科学发展观的骨干力量,把全社会的发展积极性引导到科学发展上来,为推动沈阳在科学发展道路上加快全面振兴,提供牢固的思想基础、坚强的政治保证和完善的体制机制。

曾维指出,要把握关键,扎实推进深入学习实践科学发展观活动有序开展。一是加强理论武装,着力在深化思想认识上有新提高。二是突出实践特色,着力在解决突出问题上有新突破。三是推进改革创新,着力在健全体制机制上有新进展。四是坚持科学发展,着力在加快全面振兴上有新成果。要紧紧围绕应对国际金融危机、保持经济平稳较快发展开展学习实践活动,把"保增长"作为学习实践活动最大的实践、最重要的实际和最需要取得的实效,确保全市地区生产总值增长14%以上,为最终完成"五大任务"、实现"三大目标"奠定坚实基础。

曾维强调指出,开展学习实践活动是全党政治生活中的大事,也是全市工作的重中之重。全市各级党组织一定要本着对党和人民高度负责的精神,自觉地把学习实践活动摆上突出位置,切实加强领导,精心组织,周密安排,统筹推进,确保深入学习实践科学发展观活动取得扎实成效。要坚持领导带头,率先垂范,增强示范性;要大胆探索创新,在不折不扣地做好各项"规定动作"的同时,认真开展"进企业解决难题,实施保增长工程;进万家体察民意,实施保民生工程;进基层化解积案,实施保稳定工程"三项实践载体活动,增强创造性;要加强分类指导,针对不同地区、不同行业、不同单位实际情况提出具体要求,增强针对性;要贯彻群众路线,坚持开门搞活动,增强开放性;要加强舆论宣传,坚持典型引路,增强导向性;要坚持统筹兼顾,正确处理好开展学习实践活动与做好当前工作的关系,增强实效性,真正把学习实践活动成果转化为"保增长"的强大动力,用"保增长"的实际成效来检验学习实践活动的成果,做到两手抓、两不误、两促进。

张敏在讲话中对沈阳市开展深入学习实践科学发展观活动前期各项准备工作给予了充分肯定。李英杰在主持会议时要求,各地区、各部门、各单位要立即行动起来,认真传达学习和贯彻落实好这次动员大会精神,进一步把广大党员干部的思想和行动统一到中央和省、市委的总体部署上来,按照"党员干部受教育、科学发展上水平、人民群众得实惠"的总体要求,紧紧围绕"完成五大任务,加快全面振兴"这一主题,精心组织、周密安排,确保学习实践活动取得实实在在的成效。

省委指导检查组成员,市委、市人大常委会、市政府、市政协领导班子成员,市法院、市检察院主要领导,副市级干部,各区、县(市)党委、人大常委会、政府、政协和法院、检察院主要领导,党委组织部长、分管副部长,市直各委办局党政主要领导,组织(人事)处长;市属国有企业党政主要领导及党委组织部长,部分中省直企业和高校党政主要领导,市委学习实践活动领导小组办公室、市委派出学习实践活动指导检查组成员及各试点单位党组织主要负责同志共计600余人参加了会议。

(*邹常辉*)

【学习实践科学发展观,做优发展空间现场会】 2009年7月3日,沈阳市学习实践科学发展观做优发展空间现场会在沈北新区召开。省委常委、市委书记曾维出席会议并做重要讲话。市长李英杰主持会议。市人大常委会主任赵长义,省委学习实践科学发展观活动指导检查组副组长梅玉良出席现场会。

市委、市政府对此次现场会议非常重视,会前,专程组织各区、县(市)、开发区及市直有关部门负责人到天津、唐山进行学习考察。会议期间,与会人员参观了沈北新区道义开发区、虎石台开发区、辉山农高区的发展规划及部分项目,副市级干部蹇彪介绍了沈北新区做优发展空间的情况。会议还印发了铁西区、浑南新区、棋盘山开发区和航高基地的书面交流材料。

曾维强调,要认清形势,提高认识,进一步增强做优发展空间的紧迫感和责任感。"五大任务"提出之后,全市上下迅速形成高度共识,并转化为实际行动。特别是在做优发展空间方面,各地区、各部门、各单位认真贯彻市委、市政府的战略部署,紧密结合自身实际,在做优发展空间上做了有益探索,取得初步进展。沈北新区牢固树立科学发展理念,正确处理改革发展稳定、质量速度效益、生态资源环境的关系,呈现出全面协调可持续发展的良好势头,在做优发展空间上率先迈出一步,成绩和经验在全市具有代表性和典型性。

曾维指出,要理清思路,突出重点,不断将做优发展空间推向新水平。要以科学发展观为指导,以应对金融危机为背景,以天津和唐山的先进经验为借鉴,以振兴发展取得的成就为起点,以过去发展的经验教训为财富,进一步深化认识市情,丰富"三大目标"内涵,加深理解"五大任务",立足新起点、谋求新发展、实现新跨越,推动沈阳在科学发展道路上的全面振兴。要抓住做优产业发展空间这个关键环节,在完善发展思路上,处理好总体规划和重点突破的关系;在优化空间结构上,处理好全面提升和不断拓展的关系;在做强主导产业上,处理好自主成长和开放引进的关系;在土地开发利用上,处理好眼前发展和长远发展的关系;在发展路径选择上,处理好自我发展和争取支持的关系;在营造空间品位上,处理好有形塑造和无形培育的关系,进而搞好沈阳全域发展空间的规划,全力推进沈抚一体化建设,推动沈阳经济区加快发展。

李英杰就如何贯彻落实好会议精神提出要求。市领导顾春明、邢凯、李继安、马占春、王凤波、李楷、韩晓言,副市级干部黄凯、沙波涛,各区县(市)、开发区党政主要领导,中省直和市直有关部门负责人参加会议。

(邹常辉)

【召开第二批深入学习实践科学发展观活动会议】 2009年9月10日,市委召开全市第二批深入学习实践科学发展观活动动员大会。省委常委、市委书记、市委学习实践活动领导小组组长曾维作动员讲话。省委学习实践活动巡回检查组组长李晓光出席会议并讲话。市政协主席、市委学习实践活动领导小组副组长刘雅琴,省委学习实践活动巡回检查组副组长杨剑秋出席会议。市委副书记、市委学习实践活动领导小组副组长苏宏章主持会议。

按照中央、省委部署,沈阳市第二批学习实践活动从9月份开始,到2010年2月份基本结束,主要在乡镇、街道,村、社区,中等职业学校、中小学校、医院和新经济组织、新社会组织等单位开展。

曾维在讲话中指出,根据中央、省委部署,全市参加第一批学习实践活动的党组织紧密结合实际,按照"党员干部受教育、科学发展上水平、人民群众得实惠"的要求,突出"完成五大任务,加快全面振兴"的主题,把"保增长、促和谐、抓党建"作为最大实践,不断把学习实践活动引向深入。通过开展学习实践活动,在推动思想解放上有了新收获,在解决突出问题上有了新突破,在科学发展水平上有了新提升,在制度机制建设上有了新进展,得到各方面一致好评。要切实抓好"回头看"等后续工作,不断巩固和扩大第一批学习实践活动成果。

曾维强调,扎实开展第二批学习实践活动,是把科学发展观贯彻落实到基层、全面加强基层党的建设、推动沈阳在科学发展道路上加快全面振兴的必然要求。一定要充分认识开展第二批学习实践活动的重大意义,切实做到标准不变、力度不变、措施不变,继续把学习实践活动引向深入。要按照"坚持解放思想、突出实践特色、贯彻群众路线、正面教育为主"的原则,紧紧围绕"完成五大任务,加快全面振兴"的主题,坚持更加注重取得实效、更加注重简便易行、更加注重分类指导、更加注重强化基层、更加注重统筹协调,切实做好第二批学习实践活动各项工作。要重点抓好学习讨论、调研走访、召开专题民主生活会和组织生活会、形成分析检查报告或分析检查材料、制定整改落实方案、解决突出问题等6项工作,全面完成学习调研、分析检查、整改落实等各阶段任务,努力达到"提高思想认识、解决突出问题、加强基层组织、促进科学发展"的目标。

曾维要求,要切实加强领导,精心组织实施,积极探索创新,确保第二批学习实践活动高起点开局、高标准推进。要强化领导责任,进一步加大指导检查力度,确保学习实践活动健康有序开展。要加强舆论引导,切实增强宣传的针对性、生动性、实效性,大力营造浓厚的舆论氛围。要坚持统筹兼顾,切实做到"两手抓、两不误、两促进",促进各项工作取得新突破、党员队伍展现新风貌、人民群众得到新实惠,为沈阳立足新起点、谋求新发展、实现新跨越提供强大动力。

李晓光在讲话中对沈阳市第一批学习实践活动给予充分肯定。他强调,要充分认识搞好第二批学习实践活动的重大意义,认真贯彻落实中央、省委对学习实践活动的总体要求,全面把握学习实践活动的指导思想、目标定位、主要原则、方法步骤和工作要求,确保学习实践活动取得预期效果。要紧密联系实际,创造性地开展工作,使学习实践活动符合中央、省委要求,贴近党员实际、富有自身特色。要努力增强学习实践活动的整体效果,把两个批次的学习实践活动紧密结合起来,上下联动,左右互动,把第一批学习实践活动形成的科学发展共识和政策制度成果进一步贯彻落实到基层。

省委巡回检查组成员,市委、市人大常委会、市政府、市政协领导班子成员,市委学习实践活动领导小组办公室、市委派出学习实践活动巡回检查组成员,各区、县(市)、开发区负责同志,以及参加沈阳市第二批学习实践活动有关单位的党组织负责同志,共计700余人参加会议。

(邹常辉)

【坚持科学发展观,做强县域经济观摩交流会】 2009年10月10日,市委、市政府在辽中县召开坚持科学发展、做强县域经济观摩交流会,总结和交流发展县域经济的成功经验,进一步明确坚持科学发展、做强县域经济的思路和举措,推进县域经济在新的起点上实现新的跨越。省委常委、市委书记曾维出席会议并作重要讲话。市政协主席刘雅琴出席会议。市委副书记苏宏章主持会议。

会议期间,与会人员观看了专题片《走进辽中,融入近海》,实地参观了近海经济区的开发建设情况,考察了辽中县的部分工业企业、设施农业、生态工程和保税物流中心。辽中县、新民市、法库县和康平县党政主要领导分别作了发言和汇报。

曾维指出,要立足新起点,进一步增强做强县域经济的责任感和紧迫感。市委、市政府提出做强县域经济的重大战略部署以来,全市上下认识高度统一,贯彻态度坚决,县域经济发展取得了阶段性成果。县域地区发展的思路更加清晰,发展的态势更加迅猛,发展的协调性更加增强,干部队伍的精神状态更加振奋,全市县域经济呈现了突飞猛进、竞相发展的可喜局面。但也要看到,沈阳市县域发展的潜力还没有全面激活,全域发展的格局还没有真正形成,县域经济总量仍然较小,杀出一条"血路"的任务仍很繁重。当前我国经济社会已经进入科学发展的新时期,新一轮县域经济发展要求更高、难度更大、竞争更加激烈,走出一条"新路"的任务迫在眉睫。全市上下必须有准确的判断和清醒的认识,立足于新的起点,进一步增强紧迫感和责任感,推进县域经济在新的起点上两条路一起走,不断加快发展步伐。

曾维强调,要谋求新发展,进一步明确做强县域经济的重点任务。做强县域经济,是完成"五大任务"、实现"三大目标"的重点和难点,要坚持以富民强县为目标,以工业化为主导,以农业产业化为基础,以城镇化为支撑,进一步明确工作重点,推动县域经济又好又快发展。要以做优产业发展空间为重点,高标准制定和完善县域规划,进一步强化规划的科学性、前瞻性和权威性;要以加强县域工业园区建设和培育特色产业集群为重点,深入实施工业强县战略,加快县域工业化进程;要以发展设施农业和特色农业为重点,进一步扩大农业经济区规模,加快农业产业化步伐;要以加强县城和小城镇建设为重点,加速推动农业人口向城镇转移,加快农村城镇化步伐;要以增强可持续发展能力为重点,加强县域生态环境保护,推进绿色县域建设;要以着力改善民生为重点,落实好稳定第一责任,推进和谐县域建设。

曾维要求,要实现新跨越,全面提升县域经济发展的整体水平。坚持以科学发展观为统领,顺应发展大势,抢抓发展机遇,经过不懈的努力,到2015年之前,确保县域经济在综合实力、结构调整、民生水平和生态环境等方面实现新跨越,新民、辽中进入全国百强县行列,法库、康平跻身全省县域经济第一集团,把"一市三县"建成科学发展先进县(市)。为此,要健全工作机制,进一步加大对全市县域经济发展的领导力度,强化工作责任,细化目标任务,加大政策扶持,提供人才保障,举全市之力,推动县域经济又好又快发展。

苏宏章就贯彻落实好这次会议精神提出明确要求。市领导顾春明、初立生、马占春、李宝权、王翔坤,副市级干部蹇彪,市委巡视员王淮延,各涉农区、县(市)党政主要领导、有关领导和市直有关部门负责人参加了会议。

(邹常辉)

【国庆安保工作总结表彰大会】 2009年10月12日,国庆60周年沈阳市安全保卫工作总结表彰大会在辽宁人民会堂隆重举行。省委常委、市委书记曾维出席会议并讲话。市长李英杰、市政协主席刘雅琴出席会议。市委副书记苏宏章宣读了《中共沈阳市委、沈阳市人民政府关于表彰国庆60周年安全保卫工作先进集体和个人的决定》,授予市公安局、市信访局、市安全生产监督管理局突出贡献奖,命名和平区委政法委等101个单位为先进集体,并授予"沈阳五一劳动奖状";命名高智海等501名同志为先进个人,并授予"沈阳五一劳动奖章"。与会领导向受到表彰的先进集体和先进个人代表颁奖。

曾维在讲话中充分肯定了国庆安保工作取得的成绩,并向为之努力的各单位和工作人员致以崇高的敬意。曾维指出,之所以能够取得国庆安保工作的全面胜利,得益于中央和省委、省政府的坚强领导,得益于全市各级党政组织的科学指挥,得益于业已积累形成的工作基础,得益于广大一线同志的奋力拼搏,得益于全市方方面面的密切配合。事实再次证明,全市各级党政组织是完全经得起考验的,我们干部队伍的素质是过硬的,沈阳是一座英雄的城市。

曾维强调,在国庆安保工作中,全市广大党员干部表现出了非常可贵的精神。这就是心系大局、不辱使命的责任意识,团结拼搏、连续奋战的顽强意志,迎难而上、敢于胜利的昂扬气势,无私奉献、忘我付出的优秀品质。通过近年来维护安全稳定工作的实践锻炼,全市上下统筹改革发展稳定大局的理念越来越强化,依靠体制机制制度创新解决信访问题的措施越来越完善,真心诚意为群众排忧解难的行动越来越自觉,驾驭复杂局面和应对突发事件的能力越来越高。

曾维要求,在今后的工作中,全市上下要进一步发扬成绩,以更加高昂的斗志、务实的举措、优良的作风,投身全面振兴的火热实践,为推动沈阳立足新起点、谋求新发展、实现新跨越作出新的更大贡献。要继续把学习实践科学发展观活动引向深入,坚持一手抓发展第一要务不动摇,一手抓稳定第一责任不放松,努力创造推动沈阳科学发展的崭新业绩。要积极投身推动经济平稳较快发展的各项工作中来,全面完成年初确定的各项目标任务,并超前谋划好明年工作,促进沈阳加快全面振兴。要加快完善正确处理新时期人民内部矛盾的新体制、新机制、新制度,建立长效工作机制,确保沈阳长治久安。要大力造就一支素质更加过硬的干部队伍,让完善自我、提高能力、勇于攻坚、情系群众成为每一名干部的自觉行动,进一步树立沈阳干部队伍的良好形象。

市委常委、常务副市长顾春明主持会议,副市级干部、市公安局局长许文有在会上作国庆60周年沈阳市安全保卫工作总结。市领导马占春、陈雍、王凤波、徐璐,各区、县(市)和开发区、市直各部门及有关单位负责人,国庆安保工作先进集体和个人代表以及各方面代表,约1500人参加大会。

(邹常辉)

·组　织·

【全市组织工作会议】 2009年2月24日,全市组织工作会议在沈阳宾馆召开,市委各部委、市直各单位、市管企业党委(党组)、市属高等院校主要负责人及组织(人事)部(处)长,各区、县(市)委副书记、常委组织部长共约280人参加了会议。市委副书记苏宏章出席会议并作讲话,市委常委、组织部长初立生对2008年全市组织工作进行总结,并对2009年组织工作进行部署。

(研究室)

【慰问援藏援疆干部】 2009年6月28日,按照市委、市政府的统一安排,以市委常委、市总工会主席鞠秀礼为团长的沈阳市党政代表团一行20人启程赴藏慰问援藏干部。西藏自治区党委常委、秘书长公保扎西,自治区政协副主席珠康,自治区党委组织部副部长、全国援藏干部总领队许鹏,那曲地委书记边巴扎西、行署专员谭元寿和省援藏干部总领队刘自康等领导,先后会见了代表团一行。在藏期间,党政代表团慰问了援藏干部,并在拉萨召开沈阳市第五批援藏工作座谈会,听取了援藏干部工作汇报,还向安多县赠送了20万元援助资金。党政代表团实地考察了屠宰加工厂、县城安全监控系统、县政府广场等援藏建设项目,听取了援藏干部组织设计的安多2009-2020年城镇发展规划汇报;同时与自治区党委和那曲地委、行署领导深入交流,研究探讨做好下一步援藏工作的重点和方向。9月1日,以市委组织部副部长陈仲兴为团长的沈阳市工作访问团一行8人赴疆考察慰问。在疆期间,工作访问团看望慰问了14名全体援疆干部和医生,考察了沈阳在阿图什市的援建项目,会见了自治州和阿图什市的领导同志,并就进一步拓宽两地多领域合作与发展进行了深入探讨。此外,

2009年市委组织部还组织援藏干部家属代表团赴藏考察慰问。

（干部一处）

【票决市管正职领导干部】 根据《中国共产党地方委员会工作条例（试行）》、《中共沈阳市委全委会对区、县（市）及市属正局级单位党政正职拟任人选和推荐人选表决的实施意见》和《关于深入整治用人上不正之风，进一步提高选人用人公信度的意见》，并参照省委的做法，市委研究决定，凡调整任命市管党政正职领导干部（含市管企业正职领导人员），都要通过全委会进行无记名投票表决或征求市委全委会成员意见的方式进行。2009年度，中共沈阳市第十一届委员会共对30名市管党政正职领导干部（含市管企业正职领导人员）拟任人选和推荐人选进行了表决。其中，全委会票决干部1次，共15人；征求市委全委会成员意见5次，共15人，全部获得通过。

（干部一处）

【选拔任用干部工作】 根据中央纪委、中央组织部《关于深入整治用人上的不正之风进一步提高选人用人公信度的意见》和省委组织部《关于在地方党委全委会上对干部选拔任用工作进行民主评议和民主测评的通知》的有关要求，按照省委组织部明传电报《关于开展2009年地方党委干部选拔任用工作"一报告两评议"的通知》部署，中共沈阳市委在2009年12月28日召开的十一届八次全会上，由曾维书记代表市委常委会作了《中共沈阳市委2009年度干部选拔任用工作专题报告》；市委委员（含候补委员）根据专题报告和日常掌握的情况，对市委2009年度干部选拔任用工作进行了无记名书面民主评议，并对市委2009年度讨论决定新选拔任用的34位正职干部以书面无记名方式进行了民主评议。在列入2009年度民主评议的34名市管党政正职领导干部（含市管企业正职领导人员）中，平级交流（含兼职）的15人，新提拔的11人，因"大部制"机构改革到新组建机构重新任职的8人。

（干部一处）

【面向海内外公开选拔领导干部】 2009年7月－2010年1月，按照省公选办统一部署，沈阳市圆满完成了辽宁省面向海内外公开选拔领导干部工作的报名、笔试、面试、考察、决定任职等工作。沈阳市在这次公开选拔领导干部工作中，市、区县（市）共提出16个公选职位。在公开报名阶段，沈阳报名站共完成306人的报名和初审工作。在笔试阶段，圆满完成了2个省公选笔试考点、沈阳本地和省外、海外共1200多名考生的笔试考试任务。经周密部署，认真准备，不断提高服务水平，实现了笔试各项工作"零"差错率，受到省公选办的充分肯定和考生的一致好评。在面试阶段，按照省公选办统一抽调组建评委会的要求，高质量完成了沈阳市12个公选职位36名入围人选的面试工作。在人选考察阶段，按照省公选办要求，抽调精干力量，组成由局、处级领导干部32人参加的干部考察组对人选进行差额考察。同时，按照《条例》规定对12名公选干部履行了相关任职程序。通过这次公开选拔领导干部工作，有力地推动了全市干部人事制度改革的实践与探索。

（干部一处）

【完成提高部分离休干部医疗待遇】 根据中组部《关于提高部分离休干部医疗待遇的通知》和省委组织部有关要求，经过认真审查，按标准完成了提高部分离休干部医疗待遇的审查与审批工作。审查基层上报的离休干部档案600余人，并将符合条件的离休干部材料呈报省委组织部和中组部。其中，1937年7月6日前参加工作、尚未享受副省（部）长级医疗待遇的17名离休干部，上报中组部提高享受副省级医疗待遇；1937年7月7日至1945年9月2日参加工作的县处级及以下的520名离休干部，上报省委组织部提高享受副司局级医疗待遇。

（干部一处）

【完成选派挂职锻炼干部工作】 2009年5月，沈阳市根据省委选派优秀年轻干部挂职锻炼工作座谈会及《关于选派优秀年轻干部进行挂职锻炼的实施意见》精神，市委组织部立足组织工作更好地为科学发展提供干部人才保证，切实采取有效措施，加大培养选拔优秀年轻干部力度，积极推进优秀年轻干部培养选拔和后备干部实践锻炼。先后圆满完成省委选派到沈阳市区、县（市）挂职锻炼5名干部的安置和从沈阳市5个区党政领导班子副职中选派5名干部到省直机关挂职锻炼的选派工作；完成选派12名优秀年轻处级领导干部赴市政府驻杭州、厦门和深圳办事处挂职锻炼6个月；完成40名市直党政机关与4个县（市）优秀年轻干部互派挂职锻炼1－2年的选派工作；完成沈阳市选派5人到阜新市和阜新市选派10人到沈阳市挂职锻炼的互派工作。同时，做好市管后备优秀年轻干部到市信访大厅挂职锻炼工作，继续选派第二批20名市管后备优秀年轻干部到市信访大厅挂职锻炼一年。这一做法得到了中央有关领导和中组部的充分肯定。

（干部一处）

【市管领导干部年度考核及反馈工作】 为进一步提高区县（市）及开发区领导班子和市管干部的领导水平和执政能力，推动区域经济又好又快发展，促进社会和谐，按照部务会统一部署，2009年1月至4月，对13个区、县（市）和4个开发区的市管领导班子和市管领导干部开展了年度考核及结果反馈工作。此次年度考核按照动员准备、考核评议、梳理汇总、总结反馈4个步骤逐步开展，通过述职述廉、民主测评、民主评议、统计结果、客观分析、逐一反馈等程序，对13个区、县（市）及4个开发区内43个领导班子和541名市管干部进行了年度考核及结果反馈。在原有经验基础上，对年度考核工作进行了创新，在指标体系设计方面，结合市委中心任务，对考核指标项目进行了部分调整，将客观评价内的34项考核指标调整为32项，同时，侧重对民生建设方面的考核。考核环节方面，通过"上下互评"、"同级互评"和"内外共评"等方式，把组织评价与部门评价、群众评价有机地结合起来，建立起多层次、开放式、立体式的评价方式。在评价方法选择上，采用类型分析、数据分析、比较分析、量化分析等办法，通过电脑软件处理等现代科技手段对区县（市）和开发区领导班子和领导干部的考察信息进行了数据处理和综合分析。此次年度考核，对于加强领导班子建设，激励干部队伍树立昂扬向上的精神，引导领导班子和领导干部集中精力求发展，坚持科学的发展观和正确的政绩观，起到了较好的促进和推动作用。

（干部二处）

【县（市）党政正职集中考核工作】 按照省委组织部关于开展全省县（市）党政正职集中考核工作的有关要求，结合市委中心任务，在省委组织部的指导下，

2009年4月，利用一周的时间对辽中县、新民市、法库县、康平县4个县（市）的8名党政正职领导干部进行了集中考核。为确保考核工作取得实效，制定了详细的工作实施方案，明确指导思想及考核要点；建立健全了组织机构，成立了以分管部长担任组长、主管干部处室有关同志组成的考核组。通过民主测评和个别谈话的形式，把组织评价与部门评价、群众评价有机地结合起来，建立起多层次、开放式、立体式的评价方式。集中考核期间，先后召开县（市）领导干部大会4个，分发民主测评票580余张，组织开展个别谈话120余人次。从不同层面、不同视角对县（市）党政正职领导干部在完成重大任务中的现实表现、实际成效和领导干部的思想素质及工作作风等方面进行全面系统的评价，保证了考核结果更加趋近于真实，确保了集中考核工作各项任务的圆满完成。通过开展这次集中考核，深入了解党政主要领导的工作绩效和社会评价，有效推动了县（市）各项工作的落实，为加强县（市）党政正职队伍建设奠定坚实基础。

（干部二处）

【区、县（市）领导班子届中调整工作】 2009年，部分区、县（市）市管领导职务出现了较多空缺，市委组织部10月至12月，以优化班子结构为重点，扎实开展区、县（市）领导班子届中调整工作。为确保届中调整工作顺利开展，对部分区、县（市）党委、人大、政府、政协领导班子及法检"两长"的年龄结构、文化结构、专业结构及退转情况进行摸底调研及多个方案的测算和综合分析，制定了详细的工作预案。换届过程中严把程序，通过前期筹备、沟通酝酿、推荐考察、综合评价、调整交流等5个阶段的工作，对8个区、县（市）领导班子进行了届中调整，共召开区县（市）领导干部推荐大会10余次，参加人员近2000余人，提拔、交流38名市管领导干部。同时，在区、县（市）"两会"期间，向各区、县（市）派驻选举工作指导组，做好巡视及指导工作，及时了解和掌握有关情况，各区、县（市）相关职位候选人均全部高票当选，实现了领导班子的平稳调整和对干部的妥善安排。这次干部调整选配工作，极大地激发了区、县（市）干部的工作积极性，为加强区、县（市）干部队伍建设和推动全市经济社会又好又快发展提供了坚强的组织保障。

（干部二处）

【青年干部培养及管理工作】 为了认真贯彻落实全国组织工作会议精神，有针对性、有计划性地培养选拔高素质领导人才和德才兼备的优秀年轻干部，逐步建立起能够在实践中锻炼提高干部执政能力的工作机制。市委组织部从完善制度建设入手，扎实推进下派任职锻炼青年干部的选拔培养和日常管理工作，取得新成效。积极探索和完善年轻干部选拔管理工作机制，认真总结近年来年轻后备干部在选拔、培养、管理、任职过程中积累的经验，逐步形成了有利于优秀年轻干部脱颖而出的制度环境。2009年2月，制定出台了《沈阳市选派到乡镇（街）任职锻炼青年干部暂行管理办法》，规范并指导对任职锻炼青年干部的各项管理工作，促进青年干部健康成长。根据《办法》有关规定，针对干部的自身特点，制定明确培养规划，为年轻干部成长提供多岗位锻炼平台，进一步提升了青年干部的综合素质和业务能力。2009年2月，组织第四期青年干部强化培训班学员赴清华大学进行岗前系统培训，并于同年10月，组织开展了学习交流座谈会和拓展训练培训班，增进下派干部间的交流与学习，不断提高下派干部的工作能力。近年来，共选拔培养95名青年干部到基层任职锻炼，为区、县（市）领导班子换届提供了充足的人才储备。一批政治素质高、综合能力强、群众基础好的青年干部，在发展地区经济、维护社会稳定等一线领导岗位上逐步成长起来，充实到市管干部队伍，已有34人先后走上了市管领导岗位，有效地改善了区、县（市）领导班子结构。

（干部二处）

【完成市人大十四届二次会议和市政协十三届二次会议筹备及大会人事选举工作】 2009年1月5日、6日，市十四届人大二次会议和政协十三届二次会议相继召开。按照大会统一安排和程序要求，市委组织部加强领导，精心组织，超前谋划，确保了大会的顺利召开，并圆满地完成了大会各项人事选举任务。在整个大会筹备及召开过程中，市委组织部先后承担并完成以下几个方面工作：一是关于大会组织机构。提出大会主席团、秘书长，大会主席团常务主席、大会副秘书长以及大会党组成员、各分党组成员名单；配合市人大有关部门提出特邀列席人员名单和各代表团团长、副团长名单，并将有关名单提交市委常委会进行审议。二是关于大会选举工作。提前分析市人大常委会和市政协委员会的构成情况，提出选举1名市政协副主席、1名市中级人民法院院长和3名市人大常委的意见；起草并印制了候选人名单、登记表及主要表现材料；起草并印制了代表联合提名有关材料；配合市人大有关部门起草选举办法（草案）；配合市人大有关部门提出大会总监票人、监票人建议名单；顺利圆满完成了大会的各项选举工作。三是关于大会所需有关材料。负责起草党员大会、党组会议主持人用语和市委领导讲话材料，在大会主席团会议上关于候选人的情况说明以及主席团会议的相关材料等。2009年1月9日和1月7日，沈阳市十四届人大二次会议和市政协十三届二次会议圆满完成大会各项议程，补选卞富学为沈阳市中级人民法院院长，选举邢鹏、赵春平、袁昭等3名同志为沈阳市第十四届人民代表大会常务委员会委员，选举韩晓言为政协沈阳市第十三届委员会副主席。

（干部三处）

【干部培训工作】 2009年9月全市干部教育培训工作进入新阶段。坚持加强管理、突出重点、夯实基础、开拓创新的工作思路，有关工作取得实效。一是干部教育培训制度创新再上新台阶。下发了《关于加强干部教育培训工作的若干意见》，这是当前和今后一个时期，全市干部教育培训工作的纲领性文件。二是充分发挥市委党校主渠道、主阵地作用，高起点开局，重点做好党政领导干部培训工作。市管干部培训规模不断扩大，市管后备干部培训针对性不断提高。三是切实加强干部教育工作队伍建设。4月，在新一轮大规模干部培训工作开始前，市委组织部精心组织了干部教育管理者培训班，共培训了39名工作骨干。

以"名家讲堂"为重要平台，切实开展好大规模干部培训工作，针对共同关心的问题，急需领会的新精神、新要求和新政策，邀请著名专家学者来沈讲学。2009年讲座具体时间、题目及主讲人分别为：3月3日，《全球金融风暴对中国经济的影响及应对策略》，魏杰，清华大学；4月17日，《深入贯彻科学发展观，切实推进体制机制创新》，彭向刚，吉林大学；5月18日，《组工干部领导素质与能力提升》张智勇，北京大学；6月3日，《科学发展观指导下的我国行政法制建设》，应松年，中国法学会；10月23日，《学习贯彻党的十七届四中全会精神，加强党的建设》，汪玉凯，国家行政学院；11月3日，《改革创新提高党的建设科学化水平》，高新民，中央党校；12月10日，《社会主义核心价值观在学习型政党建设中的地位与作用》，吴倬，清华大学。

（干部教育处）

【著名高校高级研修班培训】 高端培训紧紧围绕全市中心工作，以清华大学、北京大学等国内著名高校为重要基地，并积极拓展与人民大学、复旦大学、对外经济贸易大学和著名经济学家论坛的合作，形成了主要以国内著名综合性大学为支撑的干部高级研修格局。2009年高端培训规模为历史之最，涉及优秀中青年干部、市直机关工委、司法、质监、民委、计生、统计、水利、宣传文化、企业等10多个领域的干部培训，得到了相关单位的好评，在全市产生了良好的影响。全年共举办了27期高级研修班，培训1425人次，同比增长77.2%。

（干部教育处）

【召开全市干部监督工作会议】 为落实全国和全省干部监督工作会议精神，8月10日，召开了全市干部监督工作会议。这次会议是沈阳市干部监督工作历史上规模比较大、规格比较高的一次会议。307名市管党委（党组）主要领导和组织人事部门负责人参加了会议。会上，铁西区等5个单位交流了工作经验，16个单位进行了书面交流。市委副书记苏宏章出席了会议，对全市2005年以来干部监督工作情况进行了总结和回顾，并就贯彻落实中央、省委深入整治用人上不正之风，提高选人用人公信度工作提出四项要求：一是明确“一个目标”，即，确保实现十七大提出的提高选人用人公信度的目标。二是抓好“两大举措”。即，一要狠抓治本，深化干部选拔任用制度改革。二要严抓治标，加强对干部选拔任用工作的全过程监督，从严查处违法违纪违规行为。三是把握“三个环节”。即，一要抓基础，加强教育；二要抓关键，树立导向；三要抓重点，加强监督，加强对选人用人权的监督。四是做到“四个强化”。即，一要强化责任落实，党委（党组）要负起首要责任。二要强化督促检查，要全面开展一次干部选拔任用工作自查自纠。三要强化工作创新，要用创新的精神来解决工作中出现的新情况、新问题。四要强化队伍建设，要支持组织人事部门的工作，进一步加强干部监督机构建设，切实打造一支敢战斗、能战斗、会战斗的队伍。

（干部监督处）

【出台干部选拔任用工作新制度】 按照建设科学规范的选人用人制度体系的总体思考，本着于法周严、于行简便、于事有效的原则，在广泛征求意见的基础上，制定并下发了《定期分析干部工作和定期定量选拔任用干部暂行办法》和《市直单位党（工）委（党组）干部选拔任用工作“一述双评”暂行办法》两项制度。

（干部监督处）

【开展市管领导干部离任经济事项交接工作】 为进一步建立健全领导干部经济责任监督管理制度，规范领导干部经济管理行为，部会同经济责任审计工作联席会议成员单位制定并下发了《沈阳市市管领导干部离任重要经济事项交接办法（试行）》。规定对已经离任但暂无法安排离任审计的市管单位“一把手”进行离任重要经济事项交接。《办法》下发后，已向15名市管领导干部下发了《离任经济事项交接通知书》。其中，12名市管领导干部完成了离任经济事项交接工作。

（干部监督处）

【开展区、县（市）委“一报告两评议”工作】 按照省委组织部《关于开展2009年地方党委干部选拔任用工作“一报告两评议”的通知》要求，自2009年12月2日开始，13个区、县（市）委陆续召开全委会，各区、县（市）委主要领导报告了2009年本地区干部选拔任用工作情况，并对2009年干部选拔任用工作和新提拔任用干部进行了民主评议和测评。

（干部监督处）

【开展干部选拔任用工作自查】 按照省委组织部《关于在全省进行干部选拔任用工作自查的通知》要求及市委主要领导批示，市委组织部对2008年7月至2009年12月期间，全市学习宣传《干部任用条例》情况，坚持用人原则、资格、条件情况，执行工作程序和公开选拔、竞争上岗规定情况等10个方面开展自查，经过认真细致的工作，形成了《沈阳市干部选拔任用工作自查情况报告》，并报送省委组织部。

（干部监督处）

【开展深入学习实践科学发展观活动】 沈阳市两批深入学习实践科学发展观活动共有6490个单位，2.6万个基层党组织，54万名党员参加。其中，第一批深入学习实践科学发展观活动于3月23日启动，共有1607个单位、20.8万名党员参加，同时，选择了63家单位进行试点；第二批深入学习实践科学发展观活动于9月10日全面启动，共有4820个单位，29.2万名党员参加活动。在市委的正确领导下，全市各级党组织按照“党员干部受教育、科学发展上水平、人民群众得实惠”的总要求，紧紧围绕“提高思想认识、解决突出问题、加强基层组织、促进科学发展”的具体目标，以“完成五大任务，加快全面振兴”为主题，把“保增长、促和谐、抓党建”作为学习实践活动的最大实践，把开展学习实践活动与推动沈阳振兴发展相结合，自觉用科学发展观指导老工业基地振兴的伟大实践，扎实开展党员干部“进企业解决难题，实施保增长工程”、“进万家体察民意，实施保民生工程”、“进基层化解积案，实施保稳定工程”和“环保攻坚惠民工程”系列载体活动，切实把科学发展观贯彻落实到沈阳经济社会发展的各个方面，在提高思想认识、解决突出问题、创新体制机制、推动全面振兴等方面取得了丰硕成果。中央和省委巡回（指导）检查组认为沈阳市学习实践活动准备充分、部署周密、工作扎实、成效显著。中央和省级新闻媒体刊发沈阳市学习实践活动经验做法18篇，中央和省委简报刊发我市经验做法41篇。

（组织一处）

【“三建三送”工作】 2009年，从市管党费拨出200万元，扶持100户非公有制企业，全市累计投入资金430万元，建成设施齐全的党组织活动场所1015个，建立宣传专栏、党报党刊阅览区1009个，帮助1176户企业规范了党建工作制度。在全市选择200家企业统一了“三簿三册”，选择6项基础工作制度制成展示板，布置党建活动场所，按照“四有”标准建立党建工作示范点209个。2009年4月21日，省委组织部以《沈阳市以开展“三建三送”活动为切入点大力加强非公有制企业党建工作》为题，下发文件在全省推广沈阳市非公有制企业党建工作经验。

（组织一处）

【举办全市非公有制企业经营者和党务工作者培训班】 2009年12月中旬，举办了非公有制企业党务工作者和经营者培训示范班，投入40万元，组织100人到北京大学集中学习。设计了科学发展观与企业创新、十七届四中全会精神与非公党建、传统文化与现代管理、金融危机与中国经济走势分析、企业文化与品牌战略等课程，着力提高他们贯彻科学发展观的能力、协调利益关系的能力、务实创新的能力和构建和谐企业的能力。

（组织一处）

【开展第十个“共产党员社区奉献日”活动】 2009年4月11日是沈阳市第十个“共产党员社区奉献日”，主题为“生态社区、清洁社区、人文社区”。当天，全市共有23万名社区党员和在职党员参加社区奉献日活动，来到各自所在社区开展卫生大清扫，总计清理垃圾、残土8350余吨，清理二环沿线重点部位、街心绿地及住宅小区的绿地230余万平方米，并植树20余万株。

（组织一处）

【举办社区党组织书记和社区主任培训班】 2009年12月21日至26日，市委组织部、市民政局、市委党校联合组织全市800多名社区党组织书记社区主任分两期在市委党校进行全员培训，中组部、民政部以及社区建设领域的有关专家和学者就学习实践科学发展观、落实党的十七届四中全会精神、推动社区建设科学发展等方面对社区书记主任进行了专题培训。

（组织一处）

【面向社会公开选拔百名村党组织书记】 按照党的十七届三中全会精神和省委组织部关于在沈阳市进行公开选拔村党组织书记试点工作的要求，从2009年初开始，面向社会公开选拔村党组织书记。市委于5月7日印发了《关于在全市开展公开选拔村党组织书记工作的意见》，6月5日召开全市动员大会，全面推开这项工作。按照公开、公平、公正、竞争、择优原则，经过严格的报名筛选、笔试面试、实地考察、答辩测评、任职上岗等环节，在423名报名人员中选出了112名公选村党组织书记。此次公选工作，彻底打破了本村人当本村“官”的传统模式，文化结构、年龄结构明显改善，进一步推进了党内选举制度的民主化，实现了公选的预期目标。公选工作和成果受到了社会各界的高度关注和各级领导的高度重视。新华社、人民日报、中央电视台、农民日报、中国人事报等中央媒体都给予了充分报道。中组部《组工通讯》2009年第92期刊载“沈阳市公开选拔百名村党组织书记”工作经验。中组部部长李源潮在《人民日报情况汇编》（第820期）批示：“辽宁沈阳加强村党组织书记队伍建设措施很好，可以推广”。在《人民日报情况汇编》（第1688期）批示：“辽宁沈阳公选百名‘村书记’加强基层组织建设的经验很好，请《组工通讯》介绍推广。”

（组织二处）

【推行为民服务全程代理工作】 2009年2月23日，市委组织部在法库县召开全市为民服务全程代理工作现场会，总结法库县的经验作法，部署在全市农村推行为民服务全程代理工作。全市142个乡镇全部设立了为民服务办事大厅，建立村为民服务代理点1643个，全市累计投入资金1793万元，配备乡镇办事大厅工作人员1266名，村代理员4743人，设立代理、代办业务达33类200余项，乡镇、村开通全程代理、代办专线。为进一步规范此项工作，2009年12月4日市委印发了《关于在全市农村深入开展为民服务全程代理工作的意见》。截至2009年底，全市乡镇服务大厅共受理、承办服务事项21900多件；村代理点完成代理、代办服务事项28100多件，群众满意度达98%。此项工作，新华社、人民日报、中央电视台、农民日报、辽宁日报等各大媒体给予了充分报道。

（组织二处）

【设立“12371”党员咨询服务热线电话】 2009年4月1日，沈阳市正式开通“12371”党员咨询服务电话。咨询服务电话服务内容主要包括：为广大党员提供政策理论学习方面咨询、协调解决工作中遇到的困难和问题、保障党员行使权利、听取情况反映和收集意见建议等。

（组织二处）

【召开区、县（市）机关党建工作会】 按照十七大提出的建立健全基层党组织互帮互助工作机制的总体要求，为充分发挥机关党建的引领和辐射作用，2009年11月23日－24日，组织召开了沈阳市区、县（市）机关党建工作会，会上传达了全国机关党建工作会议精神，对下步机关党建工作提出了明确要求，各区、县（市）机关工委专职副书记就如何以改革创新精神加强和改进机关党建工作，进行了充分的交流和研讨。

（组织三处）

【部分市管企业党组织完成换届】 2009年3月初，组织召开了市直企事业单位（13户市管企业和沈阳日报报业集团）党委书记和组织部长座谈会，对换届工作提出了具体要求。中兴——沈阳商业大厦、沈阳副食集团、沈阳水务集团、沈阳鼓风集团完成了换届工作。

（组织三处）

【对部分市直党委（党组）进行调整】 结合沈阳市政府机构改革方案，印发了《关于调整部分市直党委（党组）的通知》，撤销了市商业局党委、市文化局党委，市经委党组、市信息产业局党组、市人事局党组、市劳动局党组、市广电局党组、市动监局党组等8个党委（党组）。新组建了市文化广电新闻出版局党委，市经济和信息化委员会党组、市服务委党组、市人力资源和社会保障局党组、市政府法制办党组等5个党委（党组）。

（组织三处）

【建立全市党内基本信息库】 党内基本信息库，是采取“实名制”办法建立的，对党组织、党员和入党申请人等各类党内基本信息进行综合管理的信息系统和应用平台。2009年8月，市委组织部开展了全市各级党组织党内基本信息库的更新和汇总工作，并建立了市级党内基本信息汇总库。截至到2009年底，全市的26853个基层党组织、56.6万名党员的基本信息，已经录入到市本级党内基本信息汇总库，初步形成了以市委组织部为数据和信息调度中心，各区、县（市）委组织部、市直各单位及基层单位党组织分级管理的全市党内基本信息资源管理体系，进一步推进了党务管理工作的标准化、规范化和科学化水平。

（信息管理处）

【“讲党性、重品行、作表率”活动】 2009年是全国组织系统“讲党性、重品行、作表率”活动“深化拓展年”。全市组织系统坚持思想统一到位、组织领导到位、学习规划到位、活动开展到位，顺利完成了“深化拓展年”各个环节的工作任务。在活动中，各级组织部门不断创新活动载体，把深化拓展活动与开展科学发展观学习实践活动结合起来，着力强化学习提高；与全市促增长保民生工作大局结合起来，切实推进载体创新；与完善组织系统自身建设制度保障体系结合起来，不断强化机制建设；与解决组织系统深层次存在问题结合起来，确保活动取得实效。通过大力实施“机关干部综合能力提升”工程，深入开展“创一流业绩、创一流形象，争当先进集体、争当优秀组工干部”活动、“全部都搞大调研，人人都当指导员”活动、“争做机关好干部、争做社会好公民”活动和“讲党性修养、树良好作风、促廉洁自律”主题教育活动，使“讲党性、重品行、作表率”活动得到全面深化和拓展。

(机关党委)

【人才资源开发专项资金资助工作】 2009年，沈阳市人才资源开发专项资金本着“突出重点、面向高端、鼓励创新、重奖优秀”的原则，对急需引进、培养的高层次人才特别是海外留学人才及团队、自主创新领军人才及团队予以重点资助。首次开通并使用了《沈阳市人才资源开发专项资金申报和管理系统》，实现了网上申报、分级管理、网上信息传递、交流和监管，大大缩短了信息的分类、排序和汇总的时间，提高了申报、审批、管理工作效率和质量。经过预审、评审、审核，全年累计资助院士项目22个，院士22人，资助资金642万元；管理类项目11个，高层次经营管理人才19人，资助资金100万元；科技创新项目185个，高层次专业技术人才426人，资助资金1383万元。累计拟资助人才团队87个，其中引进团队27个，创新团队60个。

(人才办)

【加强县域人才队伍建设】 为进一步加强全市县域人才队伍建设，实现做大做强县域经济，贯彻落实省委常委、市委书记曾维同志关于县域人才队伍建设工作的批示意见，2009年9月，在辽宁省人才研究所所长、研究员姬养洲提出的《沈阳市县域人才队伍发展的现状与对策建议》基础上，市委组织部会同市委办公厅、市农经委、市人事局等单位深入全市各区、县(市)及市直相关部门进行调查研究，组织人员赴部分全国百强县考察学习，召开座谈会向有关专家征询意见，专题研究县域经济发展的人才支撑问题。结合沈阳实际，借鉴专家建议及国内先进地区经验，撰写了《加强我市县域人才队伍建设的实践与思考》调研报告。报告对全市县域人才队伍建设现状进行了分析，总结了县域人才队伍建设取得的成就，分析了当前县域人才队伍建设存在的主要问题及原因；针对存在的问题，结合全市县域经济发展规划，提出了改进和加强县域人才队伍建设的建议和工作设想。该报告得到了有关领导的高度认可，为进一步加强县域人才队伍建设工作提供了理论依据和现实参考。

(人才办)

【组团参加第十届中国海外学子辽宁(大连)创业周活动】 2009年6月29日—7月1日，市委组织部牵头组织了市人事局、市科技局、市中小企业局、市国资委等部门及部分企事业单位、优秀归国海外学子代表参加了在大连召开的第十届中国海外学子辽宁(大连)创业周活动。在创业周上，对全市现行的人才工作政策进行了认真梳理，利用各种载体和平台进行宣传；对引进的优秀海外人才进行筛选，选取20名在沈发展取得卓越成果的海外人才设专版介绍事迹；协调相关部门和单位，多渠道与海外人才取得联络，宣传人才需求信息和为引进高层次人才提供的优越环境及优惠政策。通过多种渠道、全方位的宣传工作及与海外学子的密切接触，不仅向海外学子展示了沈阳市良好的经济社会环境及为人才发展提供的优越空间，还充分表达了我们对人才的尊重和希冀，为沈阳市大力引进高层次海外人才工作打下了良好的基础。

(人才办)

【加强选聘生革命传统教育】 2009年4月10日—15日，为加强选聘生的革命传统教育，培养其坚定的理想信念和艰苦奋斗精神，市委组织部会同市人事局在江西省委组织部井冈山党员干部培训中心及南昌市举办了2008届省派选聘生革命传统教育培训班。共有43名选聘生参加了培训，他们倾听了专家讲座，参观了八角楼、红军医院等革命遗址，瞻仰了烈士墓，向革命先烈敬献了花圈，重走了“红军挑粮小道”，与烈士后代进行了互动交流。通过参与这些情景式教学和体验式学习等生动的教育活动，选聘生进一步理解了井冈山精神的内涵与实质，受到了深刻的革命传统教育，为选聘生树立坚定的理想信念奠定了基础。同时，选聘生还参观考察了江西省新农村建设示范点—井冈山菖蒲古村，该村发挥自身优势、敢闯新路的发展模式，让选聘生进一步感受到了井冈山精神在革命老区的深远影响，也为他们开展新农村建设工作提供了新的思路。

(人才办)

【“凤来雁归”工作主题宣传】 通过开展沈阳市引进海内外高层次人才“凤来雁归”工程主题宣传，打造“凤来雁归”品牌，推动“凤来雁归”工程深入实施，吸引更多高层次人才来沈创业发展，为加快沈阳振兴、科学发展提供人才保证和智力支持。一是创作《凤来雁归—引进人才之歌》。聘请国内著名词曲艺术家铁源、胡宏伟作词、作曲，弘扬人才文化和主旋律，填补全国人才工作歌曲空白，打造沈阳市人才引进品牌工程，向建国60周年和全国第二次人才工作会议献礼。此曲先后作为第十届“海创周”和“沈阳经济区海归人才论坛”会议背景音乐，并向省委组织部及沈阳经济区其它七城市作广泛推广，受到好评。歌曲已被制作成MTV，荣获市“五个一工程”入选作品奖，发送到中央、省、市相关单位，在电视、广播、报纸、网络媒体上充分宣传报道，产生良好社会反响。二是拍摄《凤来雁归喜鸣春》人才工作专题片。全面回顾、总结全市人才工作会议以来的人才工作成果，宣传沈阳人才环境和政策，展示我市人才工作典型，为构建和谐沈阳营造良好的人才工作舆论氛围。

(人才办)

【推进高层次人才引进】 紧紧围绕经济发展中心，完善配套政策，采取有力措施，大力开展高层次人才引进工作，加强青年后备人才培养，增强了人才实力，改善了人才结构，推动了全市经济社会的快速发展。一是推进“引博”工程。进一步完善政策，出台《关于从清华、北大等著名高校引进高层次人才特殊政策预案》。2009年，引进2名清华大学和1名中科院高层次人才留任沈阳市。二是举办招才引智活动。组织重点企事业单位赴长沙、北京招才引智，以现场对接和岗位洽谈等方式签约合作项目21项，达成签约意向院士2人，教授级专家18人，博士275人，硕士917人，其它各类人才4317人。三是筹备建立沈阳市高层次人才储备基地。为落实曾维书记在视察沈阳大学时有关指示精神，会同沈阳大学深入调研，结合实际，提出并经人才工作领导小组成员审议通过《关于建立沈阳市高层次人才储备基地的报告》。8月初，召开高层次人才储备基地筹备小组协调会，研究基地有效集成人才资源、实现优势互补、改善人才结构和提升区域竞争力等事宜。四是加强省派选调生队伍建设，提升青年后备人才队伍整体素质。科学设定分配原则，完成2009年69名选调生安置工作。借助“沈阳人才工作网”和《沈阳人才》宣传平台，对选调生进行培训和指导，组织全市2006届省派选调生参加专题培训。创造性提出以干代训的理念，有计划地开展“基层—机关—基层”模式，灵活抽调58名选调生，进行为期3个月的上挂锻炼。

（人才办）

【承办全国副省级城市党员干部现代远程教育工作年会】 本次年会以发挥党员干部现代远程教育工作优势，围绕中心服务，推动科学发展，促进党的执政能力建设和先进性建设为主题。与会代表就新形势下如何加强和改进党员干部现代远程教育工作进行了深入探讨，共收到交流材料16篇，共有17部党员教育电视片获得年会颁发的“玫瑰杯”精品奖。与会同志深入和平区北市场街道皇寺路社区、太原街街道洪福社区，对社区开展党员干部现代远程教育工作情况进行了实地考察。全国15个副省级城市和4个直辖市党委组织部均派代表参加。中组部、省委组织部和《党员电教与远程教育》杂志社领导，应邀参加。本届年会，与会代表30人，特邀嘉宾13人，规模创历次年会之最。

（电教中心）

【组织开展“深入学习实践科学发展观网上答题”活动】 为配合在全市开展的深入学习实践科学发展观活动，促进全市各级党组织和广大党员深入学习科学发展观理论体系重要内容，营造学习氛围，检验学习效果，不断增强全市党员干部完成“五大任务”、实现“三大目标”的自觉性和坚定性，从2009年4月20日到6月20日，市委组织部在“沈阳党建”网站开展了“深入学习实践科学发展观网上答题”活动。在这次活动中，各级党组织认真组织，广大党员、积极分子踊跃参与，使活动取得了良好效果。本次活动首页点击量达70.1万余人次，为历届网上活动之最；注册答题人数为33.6万人，占全市党员总数的61%；答满分人数为9.8万人，占注册答题人数的29.2%；共评选出优秀组织单位16个，电脑随机产生个人奖300个。

（电教中心）

【“三进三保”系列实践活动】 沈阳市坚持把开展学习实践活动与推动沈阳振兴发展相结合，紧紧围绕“完成五大任务，加快全面振兴”这一主题，创新实践活动载体，把保增长保民生保稳定作为学习实践科学发展观活动的最大实践，扎实开展富有沈阳特色的“三进三保”系列实践活动。在“进企业解决难题，实施保增长工程”活动中，组织党员干部深入1000户产值超亿元的工业企业和1000个投资超亿元的重点项目，有效解决了企业生产经营中955个问题和项目建设中927个问题，全市经济保持了平稳较快发展的良好势头。在党员干部“进万家体察民意，实施保民生工程”实践活动中，组织66852名党员干部“一对一”走进困难家庭，在省委规定解决7个方面问题的基础上，增加“帮助城镇低收入住房困难家庭解决住房问题”和“帮助城乡困难家庭残疾人解决出行不便问题”，补充了城乡困难职工作为联系对象。向困难家庭捐助资金及物资折合人民币4125万元，解决上学、就业、看病等实际问题8.7万多件。在党员干部“进基层化解积案，实施保稳定工程”实践活动中，组织党员干部深入基层，有效化解信访积案，全市确定的2964件信访积案，已有2466件得到有效解决，息访率为83.2%。进一步完善了具有沈阳特色的信访稳定工作模式，全市信访稳定形势发生了根本性好转。

（组织一处）

·宣　　传·

【全市宣传部长会议】 2009年1月20日，市委宣传部召开全市宣传部长会议。会议传达贯彻了全国和省宣传思想工作会议精神，下发了《中共沈阳市委宣传部2009年宣传思想工作要点》（征求意见稿）和《2009年市委宣传部重点工作项目推进工作方案》（征求意见稿），市委常委、宣传部部长王凤波在会上做工作报告，对2009年全市宣传思想工作进行总结，对2009年工作任务进行部署。市委副书记苏宏章出席会议并讲话。

苏宏章首先对过去一年全市宣传思想文化工作给予充分肯定。2008年，全市宣传思想文化工作按照中央、省委和市委的统一部署，坚持围绕中心、服务大局，举全战线之力，服务力进一步增强，引导力进一步强化，影响力进一步扩大，创造力进一步提高，在办好大事，应对难事的关键时刻发挥了重要作用，为沈阳市坚持科学发展、加快全面振兴作出了积极贡献。

对于2009年的工作，苏宏章指出，第一，要切实增强做好宣传思想文化工作的责任感、使命感和紧迫感。要充分认识三方面的形式要求：一是实现经济平稳较快发展这一目标，要求宣传思想文化工作必须围绕中心、服务大局；二是应对意识形态领域面临的严峻挑战，要求宣传思想文化战线、必须保持清醒、全力跟进；三是发挥文化建设所具有的重要作用，要求宣传思想文化部门必须施展作为、贡献力量。第二，要准确把握宣传思想文化工作的着眼点、着力点、突破点。一要抓住首要任务不放松，全力服务“保增长、促和谐、抓党建”的大局；二要抓实基础工程不动摇，全力做好理论武装和意识形态工作。三要抓紧改革创新不停步，全力推进文化强市建设。第三，要不断强化对宣传思想文化工作的领导力、创造力和保障力。一要加大领导力度；二要加大创新力度；三要加大队伍建设力度。

（秦密宝）

【学习实践科学发展观成果交流会】 为总结交流全市党委中心组深入学习实践科学发展观的成果，进一步探索和完善发挥党委中心组理论学习作用的长效机制，切实把科学发展观的学习实践不断引向深入，2009年8月18日，市委宣传部召开全市党委中心组深入学习实践科学发展观成果交流会。围绕“学习实践科学发展观、完成五大任务、加快全面振兴”这一主题，和平区、大东区、沈北新区、法库县、市房产局、东药集团等6家单位作了发言交流。市委常委、宣传部部长王凤波对基层党委理论学习中心组学习实践科学发展观的做法和成效给予了肯定，并就如何富有实效地组织好全市党委中心组学习，提高学习的针对性和实效性，提出了新要求。省委宣传部、省委讲师团、省社科联等有关领导出席会议。各区县（市）委、开发区党工委，市委各工委、各局，市直企业党委宣传部长，市直宣传文化部门有关负责人80余人参加会议。

（曹金萍）

【学习宣传党的十七届四中全会精神】 2009年9月22日，市委召开传达贯彻十七届四中全会精神大会，市委常委、宣传部部长王凤波就组织好十七届四中全会精神学习宣传工作作了讲话。9月29日，市委宣传部组织召开建设学习型政党——沈阳市理论界学习十七届四中全会精神座谈会，来自辽宁行政学院、省委党校、辽宁大学、东北大学等单位的理论工作者，围绕为什么建设学习型政党、什么是学习型政党、如何建设学习型政党等问题进行了交流，《沈阳日报》理论版和沈阳网刊发了6位学者发言摘要。10月9日，市委宣传部邀请中央党校张希贤教授为市委理论学习中心组作十七届四中全会精神专题报告。市委书记曾维就深入学习十七届四中全会精神作了重要讲话，并提出具体要求。10月12日，市委宣传部以文件形式印发了《关于全市党委中心组认真学习十七届四中全会精神的通知》，对全市党委中心组学习十七届四中全会精神作出了安排部署。11月2日至11月3日，市委宣传部举办"全市学习贯彻党的十七届四中全会精神理论骨干培训班"，市委宣传部副部长唐明，省委讲师团团长姜晓秋博士、市委党校刘工力教授作了专题辅导。

（曹金萍）

【举办沈阳文化强市高层论坛】 为贯彻落实市委、市政府建设文化强市的重要战略部署，2009年12月21日，由市委宣传部主办，市发改委、市社科联、市社科院协办的沈阳文化强市高层论坛在沈阳召开。这次论坛以"推进文化振兴、建设和谐城市"为主题，原中国社会科学院常务副院长、沈阳社科院院长汝信教授、华东理工大学鲍宗豪教授、中国传媒大学范周教授、南京大学顾江教授、辽宁社科院梁启东教授、鲁迅美术学院张伟教授等专家学者，围绕实施文化强市战略的重大意义、沈阳建设文化强市面临的困难和挑战、沈阳建设文化强市的目标任务、基本原则、重点环节和政策措施等进行了发言交流，《辽宁日报》理论版刊发了论坛述要，《沈阳日报》刊发了论坛发言摘要。论坛由副市长王玲主持，市委常委、宣传部部长王凤波出席论坛并讲话。王凤波在讲话中指出，文化强市建设要立足新起点，谋求新发展，实现新跨越，为加快推进沈阳老工业基地全面振兴，提供有力的思想保证、精神支撑、道德基础和文化条件，要进一步动员全市各方面力量，形成文化强市建设的凝聚力和向心力。市委宣传部选取38篇论坛优秀论文编辑成册，公开出版了《沈阳文化强市高层论坛文集》。

（张君胜）

【潘作良同志先进事迹巡回报告会】 2009年2月27日，由中宣部、国家信访局和中共辽宁省委联合组织的潘作良同志先进事迹报告团在北京人民大会堂小礼堂举行首场报告会，首都各界代表共计900余人参加了报告会。报告会前，中共中央政治局常委、中央政法委书记周永康，全国人大常委会秘书长李建国，国务委员、国务院秘书长马凯等中央领导同志亲切会见了潘作良同志先进事迹报告团全体成员。潘作良同志先进事迹巡回报告团从3月17日至4月3日、4月8日至4月30日、5月7日至19日，分3个阶段，历时54天，行程近4万公里，先后到广东、广西、四川、重庆、湖北、湖南、江西、安徽、浙江、上海、江苏、山东、河北、河南、陕西、新疆（新疆建设兵团）、黑龙江、吉林、内蒙古、天津等20个省（区、市），进行了21场报告会，收听收看人数6万余人。

（张君胜）

【庆祝新中国成立60周年系列活动】 沈阳市开展庆祝新中国成立60周年活动。有在基层开展的面对面的"大宣讲活动"共100余场，有新闻媒体围绕新中国成立60周年安排专门的"我与我的祖国"征文活动、"眸动60年"、"60个突破"、"沈阳之变"等版面和节目，有各级开展的走访慰问老战士、老同志、革命烈士遗属等活动，有推选全国"为新中国成立做出突出贡献的100名英雄模范人物和100名新中国成立以来感动中国人物"、"感动沈阳60年—劳模功勋"等先进人物评选活动，有《潘作良》电影展映、"巨变—庆祝新中国成立60周年沈阳成就展"、"映像沈阳—沈阳市名家名画名城大型书法、美术作品展"等各种展览展出活动，特别是"爱国歌曲大家唱"系列红歌演唱活动，全市各机关、企事业单位、各高校、各部队、各中小学，各区县（市）的社区、农村，基本都举办或参与了红歌演唱活动，可谓遍及城乡各地。截至9月底，全市城乡从市级到各区、县（市）到各乡镇到各村屯社区，大小文化广场的群众文化演出已达8000多场次，面对面参与观看的群众就达千万人次以上。仅市文化局组织的市级广场文化演出就达28场，直接观众达5万多人次。共有400多个有组织有规模的群众文化团体，活跃在全市城乡，有的群众团体特别活跃，多次参加各种演出。市总工会的职工合唱团，由省市各单位的合唱爱好者组成，参加各种庆祝新中国成立60周年的演出就达40多场。"莱茵河畔"群众合唱团，由社区合唱爱好者组成，共参加了15场演出。9月27日的"新中国 新沈阳—沈阳市庆祝新中国成立60周年群众歌咏大会"将全市的各项庆祝活动推向了高潮。歌咏大会由2.2万多人的演唱队伍和1万人的观众队伍组成，全场3.2万多人高唱红歌，场面宏大，气势磅礴。整个大会由《崛起篇》、《振兴篇》、《和谐篇》等篇章构成，全场高唱《红旗颂》、《没有共产党就没有新中国》等21首红歌，并配以各种大型团体操。歌声响彻云霄、震天动地，团体操优美和谐、气势恢宏，整体节目极具震撼力和感染力。中央电视台在27日晚《新闻联播》节目中第一个内容就播出了沈阳市的群众歌咏大会，中央电台等其它中央媒体也相继刊发了沈阳群众歌咏大会的报道。省市媒体更是进行了大篇幅地进行了宣传报道。

（张君胜）

【重要主题宣传报道】 2009年，市委宣传部按照全市宣传部长会议精神，紧紧围绕全市中心工作，相继推出了"积极应对挑战，推动科学发展"、"深入开展学习实践科学发展观活动"、"庆祝新中国成立60周年"等重要主题宣传，取得了良好的社会效果。一是"积极应对挑战，推动科学发展"主题宣传。市属媒体紧紧围绕保增长这一中心任务，通过开辟专栏、策划专题、组织专访，强力推出了确保首季"开门红"措施和成果系列报道、保增长典型和措施系列报道、推动房地产业发展宣传战役、“双过半”系列报道、“立足新起点、谋求新发展、实现新跨越”系列报道等一系列宣传战役和专题报道，为全市上下提振士气，增强信心，积极应对金融危机，保持经济社会持续健康快速发展，提供了强大的舆论支持，营造了良好的舆论环境。2009年市属各新闻媒体共播发保增长宣传稿件1100余篇(条)。二是“深入开展学习实践科学发展观活动”主题宣传。按照学习调研、分析检查和整改落实3个阶段，制定了具体的宣传方案，并通过专版、专题、专访、系列报道、系列评论、系列综述及理论宣传等多种形式，持续不断地推出了一系列大篇幅、高质量、有特色的报道，形成了强大的舆论推动力和影响力，为学习实践科学发展观活动的深入开展创造了有利的舆论环境。三是“庆祝新中国成立60周年”主题宣传。市委宣传部提早谋划宣传思路，设计宣传载体，确定宣传方式，并紧紧抓住中央、省特别是全市开展的一系列庆祝活动以及一些重大纪念事件和重要时间节点，通过媒体联动、栏目互动、整体推动的方式，有步骤、分阶段地推出了一系列多角度、深层次、大剂量的报道，形成了持续不断、特色鲜明、高潮迭起的宣传局面。

(隋鸿刚)

【重点会议宣传报道】 2009年，市委宣传部将重点会议报道作为一项重要任务来抓。一年来，市委宣传部紧紧围绕全国、全省人大、政协“两会”，市委十一届七次、八次全会，市十四届人大二次会议和市政协十三届二次会议，沈阳经济区书记市长联席会议等一系列重点会议，按照会前、会中、会后三个报道阶段，精心组织编采力量，准确定位报道角度，细致策划报道内容，合理安排版面时段，统筹程序性报道和特色性报道，统筹领导活动报道和代表委员报道，统筹会内报道和会外报道，统筹市内报道和市外报道，统筹传统媒体和新兴媒体，强力推出了一批系列综述、专题报道、深度解读和理论文章，使百姓第一时间了解并熟知中央、省、市的重大方针政策、惠民举措等与之息息相关的重要信息，一方面为会议的胜利召开营造了浓厚的舆论氛围，另一方面也通过报道拉近了党和人民群众之间的距离。

(隋鸿刚)

【重大活动宣传报道】 2009年，市委宣传部紧紧围绕全市开展的各项重大活动，超前策划，精心组织，协调中央、省、市媒体通力协作，强力造势，分别就全国“桃李杯”舞蹈比赛、沈阳市知识产权周、辽宁中部城市群汽车展、全民读书月、五四运动90周年纪念活动、沈阳市节能宣传周、沈阳市科技活动周、沈阳市全民健身日启动仪式暨沈阳市第十二届运动会开幕式、2009中国·沈阳食博会、第三届东北文化产业博览会、“清洁城乡环境，建设文明沈阳”活动、东北亚动漫电玩节、汽车摩托车下乡、家电下乡、自行车展览会、汽车展销会、“聚集三农乡村行”、沈阳市第七届艺术节、首届中国沈阳动漫节、庆祝澳门回归10周年、中国沈阳冰雪节、第五届“振兴杯”全国青年职业技能大赛、2010年新年音乐会等50余项大型活动进行了宣传报道，既为各项活动的成功举办营造良好的舆论氛围，同时也为沈阳市政治、经济、社会、文化的繁荣发展发挥了重要作用。

(隋鸿刚)

【举办“沈阳市宣传文化系统首期‘高级人才培训班’”】 2009年12月1日至7日，全市宣传文化系统首届高级人才培训班在中国人民大学举办，参训学员57人，分别是来自各区、县(市)、开发区党工委的宣传部长(副部长)，市委党校、市直宣传文化系统各单位领导，及沈阳市宣传文化系统首届“四个一批”人才。市委宣传部、市委组织部和中国人民大学对此次培训高度重视，对教学方案进行了精心设计、周密安排。培训内容结合宣传思想工作实际，紧紧围绕文化事业文化产业发展这一主题，涵盖了政治经济、新闻、文艺、文化产业发展等多个领域，受到参训人员的一致好评，取得了良好的培训效果。喻国明、朱立言、王连义等13位来自中国人民大学、北京大学、国家行政学院、及文化部的著名专家、学者和领导登台授课。市委宣传部常务副部长何淑华、中国人民大学培训学院党委书记刘京建出席开班典礼并讲话。

(王立勋)

【首届“四个一批”人才命名表彰大会】 2009年10月29日，市委宣传部、市委组织部和市人力资源和社会保障局联合召开了沈阳市宣传文化系统首届“四个一批”人才命名表彰大会，对市宣传文化系统33名“四个一批”人才进行了命名表彰。市委宣传部常务副部长何淑华主持了会议并宣读了中共沈阳市委组织、中共沈阳市委宣传部、沈阳市人力资源和社会保障局《关于表彰沈阳市宣传文化系统首届“四个一批”人才的决定》，市委常委、宣传部长王凤波做了重要讲话，对全市宣传思想战线人才培养工作给予了充分肯定，对当前和今后一段时期的宣传思想战线干部培训和人才培养工作提出了具体要求，希望各地区、各单位要提高认识、优化环境、深度开发，抓好落实，为实现文化强市的目标做出贡献。会议上，沈阳市文化局谢石局长、沈阳电视台白明路台长介绍了人才建设工作经验，关金等3名同志代表“四个一批”人才做了发言。市委宣传部全体工作人员，市委组织部副局级组织员张红军同志、市人力资源和社会保障局副局长王东同志，市直宣传文化系统各单位领导班子成员及组织人事部门负责人，各区、县(市)、开发区党委宣传部长、副部长和获得“四个一批”人才称号的同志参加会议。

(王立勋)

【全国“两会”新闻宣传】 2009年的全国“两会”在京召开，按照部领导的要求，沈阳市新闻中心派专人提前进京做好准备工作，大会召开期间，协调人民日报、光明日报、经济日报、中央电台、中央电视台等中央媒体大力宣传沈阳以及沈阳人大代表和政协委员。人民代表大会开幕式时，积极协调央视各个频道，在CCTV1、CCTV新闻频道并机播出时段里，李英杰市长画面2次，赵长义主任画面2次，孙淑君画面1次，刘芝旭画面1次，并且李英杰市长的镜头又在当晚《新闻联播》中重现；3月5日《经济日报》两会特刊刊登李英杰市长署名文章：全国人大代表、辽宁省沈阳市市长李英杰——更加注重保障和改善民生。据初步统计：2月27日至3月11日，半个多月时间里，在《人民日报》、新华社、中央人民广播电台、中央电视台、《经济日报》、《光明日报》等中央主要新闻媒体刊播发稿件47篇(条)，省市媒体开辟两会专刊、专栏发送稿件200篇(条)。其中，中央媒体刊播发沈阳市代表稿件27余篇(条)，刊播发市政协委员稿件20余篇(条)，省市媒体刊播发市代表稿件110余篇(条),刊播发市政协委员稿件90余篇(条),为沈阳营造了和谐稳定的舆论氛围。

(候月彬)

【开展整体对外宣传】 在全年对外宣传中,沈阳市新闻中心围绕市委市政府中心工作,积极协调相关新闻单位选择亮点、报道成绩,宣传沈阳顺利推进“十一五”规划,积极应对挑战、加快全面振兴可持续发展。为进一步活跃沈阳经济,营造更好的发展氛围,市委宣传部借中央媒体采访团来沈的契机,积极组织人民日报、中央人民广播电台、中央电视台等主要媒体到辽中县、铁西区进行采访,这些全国主流媒体的宣传报道为沈阳市的发展注入了强劲的动力。在宣传报道沈阳市工业发展,集中展示沈阳装备制造业振兴成果中。市委宣传部积极协调中央电视台、中央人民广播电台、辽宁电视台集中对沈阳市经济发展进行了专题采访。《沈阳经济夺取首季开门红》在中央人民广播电台《新闻和报纸摘要》栏目头条播出,年中经济特稿《行走第一街——沈阳市铁西区北二马路》在中央电视台《新闻联播》中播出,在国内外产生了极大的影响。为沈阳市各项工作的开展营造了良好氛围。

(候月彬)

【建立和规范新闻宣传管理工作制度】 为了进一步推进新闻宣传工作的制度化、规范化,2009年市委宣传部相继出台了9项制度,其中有3项制度以“两办”名义印发,有6项制度以市委宣传部名义印发。这是历年来出台制度最多、创新力度最大的一年。一是根据省委要求,以“沈委办发[2009]3号”转发了《关于支持省直新闻媒体采访工作的通知》;二是根据中央、省委相关文件精神,结合沈阳实际,制定并以“沈委办发[2009]11号”文件印发了《沈阳市突发公共事件新闻报道应急办法》;三是作为《沈阳市突发公共事件新闻报道应急办法》的补充,又以“沈宣发[2009]15号”文件印发了《沈阳市应对突发公共事件新闻报道工作细则》,进一步明确了突发公共事件新闻报道的范围、基本原则、组织机构、工作机制、工作流程以及相关要求,对现场管理及采访报道的细节做了明确规定,使突发公共事件新闻报道工作更具操作性;四是依据中央、省相关文件精神,以“沈委办发[2009]16号”文件印发了《关于进一步改进会议和领导同志活动新闻报道的若干规定》,进一步明确了中央、省、市领导活动的报道原则和版面、篇幅等具体事宜,进一步规范了时政类的新闻报道;五是为了加强对重要稿件的报道管理,以“沈宣发[2009]7号”文件印发了《沈阳市属新闻媒体重要稿件审核播发管理办法(试行)》,明确了重要稿件审核播发的责任主体、部署部门,以及审核程序和相关工作规范,确保重要报道不出现失误;六是为了做好社会热点和敏感问题的新闻报道,以“沈宣发[2009]16号文件印发了《沈阳市属新闻媒体社会热点和敏感问题新闻报道管理办法(试行)》,明确了社会热点和敏感问题的主要范围、新闻报道的基本原则、工作规范、工作要求等,进一步完善了新闻管理制度,有效规范了采访报道行为;七是为了确保重要时段、敏感时期新闻宣传导向正确、引导有力,以“沈宣发[2009]17号”印发了《关于加强重要时段、敏感时期市属新闻媒体报道稿件审核、管理工作的通知》,明确了重要时段、敏感时期的范围,明确了日报告、重要稿件审核、现场把关等制度,进一步规范了市属新闻媒体的报道行为,保证新闻媒体充分发挥围绕中心、服务大局的作用;八是为了做好人民群众的来信来访工作,进一步加强新闻信访工作的管理,以“沈宣发[2009]18号”文件印发了《沈阳市新闻信访管理暂行规定》,明确了新闻信访的范围、工作机制和工作程序等,提高了新闻信访工作的规范化、制度化水平;九是为了进一步规范公益类宣传报道,更好地发挥新闻媒体在公益宣传方面的独特优势和重要作用,推动全市新闻单位新闻宣传与媒体经营的全面发展,以“沈宣发[2009]23号”文件印发了《沈阳市属新闻媒体公益类宣传管理办法(试行)》,进一步明确了公益类宣传的种类、基本原则、执行标准及公益类宣传的具体办法,从制度上保证了新闻单位服务公益和经营发展的基本权益。九个文件的出台,既完善了已有的工作制度,更填补了沈阳市在新闻宣传与管理方面的制度空白。

(隋鸿刚)

【举办“应对金融危机,促进经济平稳增长”形势报告会】 2009年5月,市委宣传部邀请著名学者、中青年经济学家、国务院发展研究中心金融研究所副所长、博士生导师巴曙松教授在市委党校报告厅举办“应对金融危机,促进经济平稳增长”专场报告会,阐述应对金融危机等方面的观点和资讯。市委、市人大、市政府、市政协领导及有关部门、单位人员700人参加了报告会。

(张君胜)

【开展“双百人物”评选活动】 2009年7月,由中央和省委有关部门开展了“100位为新中国成立作出突出贡献的英雄模范人物和100位新中国成立以来感动中国人物”活动(以下简称“双评”活动)。经层层推荐冼星海等8人和尉凤英等18人分别被推选为沈阳市“双评”人物上报省委宣传部。经全国评委会评选,张学良、马恒昌最终入选全国“双评”人物。

(张君胜)

【命名首批市级国防教育基地】 根据《国防教育法》和《沈阳市国防教育基地命名管理办法》,经市国防教育委员会批准,下发沈国教发[2009]1号文件,命名沈阳炮兵学院、中国人民武装警察部队沈阳指挥学院、辽宁陆军预备役高射炮兵第一师第四团、沈阳警备区教导队、苏家屯区民兵训练基地、法库县秀水河子战役纪念馆、大东区中小学生国防教育中心、和平区青年大街小学、沈北新区望滨素质教育基地等9个单位为首批市级国防教育基地,与沈阳“九一八”历史博物馆等4处省级国防教育基地相衔接,形成了国防教育基地网络,增加了国防教育学习、普及和体验的场所,为市本级深入开展全民国防教育提供了阵地和资源。

(白云鹏)

【勿忘“九一八”撞钟鸣警仪式】 2009年9月18日,是“九一八”事变78周年。按照惯例,9月18日晚21时在沈阳“九一八”历史博物馆残历碑广场举行了辽宁省暨沈阳市勿忘“九一八”撞钟鸣警仪式。广大市民踊跃参与沈阳晚报组织的“九一八”撞钟手征集活动,确定沈阳军区后勤史馆馆长徐文涛、沈阳鼓风机集团有限公司首席工人专家杨建华、市纪委信访室副主任邵军、市消防支队沈河大队政治教导员赵俊宏和全国十佳少先队员马鹏飞为撞钟手,与省市领导参加仪式并撞钟。2006年起全省14市同时拉响警报,现在全国已有200多个城市组织了同类的仪式，氛围浓厚，覆盖面扩大，影响力增强，已经成为国防教育的重要工作品牌。仪式上省委常委、宣传部部长张江讲话，市委常委、宣传部长王凤波主持。

（白云鹏）

【组织“德中同行——走进辽宁沈阳”对外宣传活动】　“德中同行”活动是中德两国领导人共同商定，并得到两国政府和各界人士广泛关注和支持的国际文化交流活动。2009年5月—7月，“德中同行——走进辽宁沈阳”活动在沈阳市隆重举办。在活动筹备和举办过程中，市政府新闻办公室精心策划宣传主题，周密制定落实宣传方案，确定会前、会中和会后各阶段的宣传重点，组织开展了系列宣传活动，进行全程报道，为推动各项活动的顺利开展，营造了良好的舆论氛围，进一步提高了沈阳在德国乃至欧洲的知名度，促进了沈阳与欧洲全方位、多领域的交流与合作。

（徐增军）

【评选命名沈阳市首批企业文化建设示范基地】　2009年8月3日沈阳市思想政治工作研究会下发了《关于全面启动沈阳市企业文化建设示范基地测评认定工作的通知》。经过基层推荐、现场调研，评委把关，沈阳鼓风机集团有限公司、东北制药集团有限责任公司、中航工业沈阳飞机工业（集团）有限公司、中航工业沈阳黎明航空发动机（集团）有限公司、中航工业沈阳飞机设计研究所、沈阳玫瑰大酒店有限公司、辽宁禾丰牧业股份有限公司、沈阳天江老龙口酿造有限公司、沈阳兴隆大家庭购物中心有限公司、辽宁法库陶瓷产业集群10家企业被评选命名为沈阳市首批企业文化建设示范基地。

（林纯杰）

【思想政治工作网改版上线】　《思想在线》——“沈阳思想政治工作网”于2009年5月11日重新改版上线，网址为www.syzyh.com，改版后的网站共分为沈阳宣传、思想工作、企业文化、政工职评、典型风采、八面来风、理论前言和互动园地八个板块，并开创沈阳市思想政治工作网上论坛及博客。《思想在线》的开通为广大思想政治工作者的信息沟通搭建了一座新平台，为企业文化建设与时俱进的风采展示提供了一种新途径，为新时期思想政治工作研究的成果交流开辟了一片新天地。

（林纯杰）

【举办“粽香端午·我爱沈阳——沈阳市中外朋友同乐会”】　在全球金融危机背景下，围绕沈阳“保增长、促和谐”的年度工作安排，为进一步增强与在沈外国人的交流和友谊，市政府新闻办公室于2009年5月26日，举办了“粽香端午·我爱沈阳——沈阳市中外朋友同乐会”对外文化交流活动。通过这项活动，加强了与在沈工作、学习、生活的外国人的交流，使驻沈外国人更深刻地感受到沈阳经济社会的发展变化，增加了外商在沈投资合作的信心，使常驻沈阳的外国人更加喜欢所在城市。很多外国友人表示，要把沈阳作为第二故乡，要和沈阳人民一起，把沈阳建设得更美好。外国驻沈领事馆官员、在沈外企CEO、专家学者、留学生等共计340余人参加了活动。“沈阳市中外朋友同乐会”还通过电视节目播出，产生了很好的对外影响。

（徐增军）

【第三届网络好新闻评选】　为推动沈阳市对外宣传，鼓励网络媒体以积极的态度宣传沈阳，营造良好的网上舆论环境，并向中国新闻奖推荐优秀网络作品，根据年初市委宣传部2009年重点项目规划，开展沈阳市第三届网络好新闻评选活动。参评单位：中央驻沈新闻网站，省属新闻（新闻单位）网站，市属新闻（新闻单位）网站，政府网站，在舆论导向上做出贡献的商业网站。第三届网络好新闻评选设网络传播创新奖、网络好专题奖、网络好专栏奖、网络原创好新闻奖、好论坛奖、好博客奖、好博文奖等奖项。第三届好新闻评选工作主要征集2009年1月1日至2009年11月27日期间在网上发表的作品。共收到有效参评稿件316篇。经过专家评委的严格审评，沈阳网姜红、韩颖撰写编辑的“学习道德小模范马鹏飞”等7件作品获网络好专题奖；中国沈阳网集体编辑制作的“我们与汶川人民在一起”等2件作品获好专栏奖；东北新闻网钱文胜采写编辑的“系列报道：沈阳房地产市场全国最好”等11篇作品获网络原创好新闻奖；辽一网创建制作的“虚拟沈阳”等5件作品获好频道奖；东北新闻网创建制作的“金虎论坛”获好论坛奖；任晓彬同志创建制作的个人博客“紫气东升”等2件作品获好博客奖；田新娟等50名同志撰写的博文分获网络好博文一、二、三等奖；评选出邹婉祯等23名同志为优秀网络评论员；北国网等7家单位获网络传播创新奖。

（张　辉）

【拍摄大型历史纪录片《沈阳·1949》】　庆祝新中国成立60周年，由中央电视台《探索·发现》栏目、中共沈阳市委宣传部、中共沈阳市委党史研究室共同摄制的大型革命历史题材纪录片《沈阳·1949》于2009年7月30日在沈阳市和平广场正式开机，历时近一个月时间的拍摄，于11月2日至4日在央视《探索·发现》进行播出。《沈阳·1949》全片长126分钟，共分《故都拂晓》、《战火新生》、《钢铁后方》三集。全面讲述从1945年八路军进入东北，沈阳光复，到1949年10月1日新中国成立，这一历史转折时期沈阳乃至东北作为全国解放战场的大后方重要意义以及东北全境解放后，在新中国成立前夜，沈阳这座被称为共和国长子的城市对于随后进行的战略决战以及全国解放的重要性。同时以历史和现实穿插交替的方式，讲述新中国成立60周年沈阳发生的巨大变化。本片在沈阳、锦州、长春、秦皇岛、北京多个地点进行拍摄，全市30家单位参与，演员200余人。大型历史记录片《沈阳·1949》的成功拍摄并在央视的顺利播出，充分展示了沈阳的光辉历史以及60年来取得的巨大成就，在全社会产生了强烈的反响，对于扩大沈阳知名度、提升城市的影响力、振奋全市人民打好“保增长”战役的信心具有重要意义。同时也为新中国成立60周年和沈阳解放61周年献上了一份厚礼。

（隋鸿刚）

【拍摄制作《中国沈阳》电视宣传片和广告片】　2009年5月6日至6月30日，为积极应对国际新形势，塑造沈阳振兴发展的新形象，市委外宣办在全市各部门的支持下，重新拍摄制作了“活力之都·中国沈阳”城市形象电视宣传片。该片全新展示了沈阳城市建设、经济发展、招商引资、现代服务、历史文化、旅游风光、发展远景等内容，提升了沈阳市的知名度和美誉度。全市90余家单位、600余位演员参加了拍摄工作。在拍摄城市宣传片的同时，市委外宣办还新制作了沈阳城市形象广告片（5秒、10秒、

15秒)，并继续在国内最具影响力和权威性的媒体——中央电视台的新闻频道、综合频道《朝闻天下——媒体广场》黄金时段播放，在香港无线TVB8卫星频道和香港TVB无线收费电视台播放，进一步塑造了“工业基地、文化名城、活力沈阳”的城市新形象，增强了城市的影响力。

(徐增军)

【市委宣传部获“全国国防教育先进单位”殊荣】 中共沈阳市委宣传部深入贯彻科学发展观，全面落实《国防教育法》和《全民国防教育大纲》的要求，站在建设和巩固国防基础、增强民族凝聚力和提高全民素质的高度，全力推进全民国防教育工作。全市13个区、县(市)建立“1223”的工作体制(一套人马、两块牌子、两种职能、3万元经费)，还进一步完善了“六位一体”联席会制度，建立了国防教育讲师团，打造了勿忘“九一八”撞钟鸣警仪式工作品牌，首批命名了沈阳炮兵学院等9处市级国防教育基地，教育深入，活动经济，影响扩大，成效显著，在2009年11月全国国防教育工作会议上受到表彰，中共沈阳市委宣传部首次进入“全国国防教育先进单位”行列。

(白云鹏)

·统　　战·

【全市统战部长会议】 2009年2月10日，全市统战部长会议召开。市委副书记苏宏章出席会议并讲话，市委统战部赵晓川部长作工作报告。会议表彰了统战理论研究、信息工作、招商引资、光彩事业等工作中的先进集体和先进个人。

苏宏章同志从3个方面概括评价了2008年全市统战工作：“服务大局取得新成效”，“促进和谐施展新作为”，“政治参与呈现新局面”。苏宏章同志代表市委对2009年全市统战工作提出新的要求：越是在复杂形势面前，越需要坚定信心、统一思想；越是在艰巨任务面前，越需要迎难而上，施展作为；越是在困难挑战面前，越需要强化领导、把握方法。

赵晓川同志在报告中总结了2008年工作，对2009年统战工作任务作出部署。提出全年工作的指导思想：坚持以邓小平理论和“三个代表”重要思想为指导，深入贯彻落实科学发展观，学习贯彻党的十七大、十七届三中全会、中央经济工作会议精神，围绕实现市委十一届六次全会确定的工作目标，充分发挥统一战线优势，和衷共济凝聚人心，统筹兼顾汇聚力量，全力服务科学发展，着力巩固政治基础，努力促进社会和谐，进一步开创统一战线服务科学发展和实现自身科学发展的新局面，以优异成绩迎接新中国成立60周年。

全市各区、县(市)、市直有关委办局及直属单位、各高校、科研院所、各大型企业党委统战部长、统战团体负责人等共130余人参加会议。

(黄　山)

【统战宣传】 以深入学习实践科学发展观活动为契机，努力宣传广大统战干部、统战成员在学习实践中的生动实践、典型经验、实际效果。积极开展中国特色社会主义理论体系学习宣传，进一步巩固了广大统一战线成员的共同思想基础。以抓好重大纪念活动宣传为契机，大力宣传沈阳市统一战线纪念新中国成立和多党合作制度确立60年的活动态势，进一步扩大统一战线的社会影响。

根据《沈阳市统一战线庆祝新中国成立60周年活动方案》，在全市统一战线开展了系列活动。7月初至9月底，在全市举办统一战线庆祝新中国成立60周年征文活动，收到各类体裁征文50余篇，向《人民政协报》选送11篇。8月中旬至10月中旬，在全市各区县、高校、民主党派开展了《光辉的60年(1949－2009)》图片展览活动。9月初，在沈阳同舟网开辟了“庆祝新中国成立暨多党合作确立60周年”网页，编印了《沈阳统一战线》(国庆专刊)。市委统战部与沈阳市社会主义学院共同举办了“统一战线与多党合作”主题报告会，由中央统战部副秘书长兼政策理论研究室主任庄聪生同志作了题为“深入贯彻落实科学发展观，坚持和完善多党合作制度”的报告。全市统战系统150余人参加了报告会。组织中共领导干部和各民主党派、统战团体和无党派代表人士撰写纪念文章11篇，在《沈阳日报》连载。9月16日，沈阳统战系统直属机关举办了“祝福祖国 喜迎国庆——沈阳统一战线庆祝新中国成立暨多党合作制度确立60周年”文艺联欢会，省政协副主席、省委统战部部长高鹏同志应邀莅会。全市统战系统干部、职工200余人参加了联欢会。协助市委筹备召开了统一战线庆祝中华人民共和国成立60周年暨纪念多党合作制度确立60周年座谈会。

(吕　丹)

【统战理论研究】 2009年，全市统战理论研究工作按照中央和省委统战部有关文件精神，着眼总结经验、把握规律、创新工作、多出成果的基本思路，深入开展研究，取得了一定的成绩。年初制定下发了《沈阳市2009年统战理论研究工作安排意见》，对全市统战理论研究工作做出了安排和部署。全年继续采取重点课题招标立项制，通过聘请统战理论研究会学术委员会9名专家学者，对各单位申报的43个课题进行评审，选择27个课题作为市委统战部立项课题，并确定其中10个课题为立项资助课题，每个课题给予3000元经费支持。为进一步规范统战理论研究工作，参照中央和省委统战部有关统战理论研究方面的一些政策文件，结合沈阳实际情况，制定下发了沈阳市《关于加强统一战线理论建设的意见》。2009年，全市统战理论研究成绩比较显著，统战理论研究工作被省委统战部授予优秀组织奖，1篇文章被中央统战部评为三等奖，2篇文章被省委统战部评为二等奖，6篇文章被省委统战部评为三等奖，10项统战理论研究课题在省委统战部立项。从基层择优上报的研究成果131篇中，组织评选出优秀研究成果69篇，分别评选出10个统战理论研究先进单位和统战理论研究优秀组织奖。

(李明国)

【统战调查研究】 2009年，统战调查研究工作以调研课题“民主党派思想政治工作研究”为重点，通过发放调查问卷及召开座谈会等方式，深入开展调研，摸清当前民主党派思想政治工作现状，分析存在的问题及原因，并有针对性地提出在新形势下加强民主党派思想政治工作的方法和途径。定期召开市各民主党派、统战团体调研工作负责人会议，讨论研究统战部协助他们开展调研工作的具体事宜，畅通民主党派的调研工作渠道。组织市各民主党派和工商联申报市直部门重点课题。全年，市各民主党派和工商联共有9个课题被列为市重点调研课题计划，并已经全部圆满完成。

(李明国)

【民主党派工作】 坚持和完善中国共产党领导的多党合作和政治协商制度，不断加强和完善相关工作机制，切实发挥各民主党派的参政党作用。协助市委制定《2009年中共沈阳市委同各民主党派、工商联、无党派人士进行民主协商的安排计划》，全年召开党外人士民主协商会、座谈会、情况通报会7次。进一步完善市委常委与党外代表人士联系交友制度，拟定《关于坚持和完善中共沈阳市委常委与各民主党派市委会负责人、无党派代表人士和市级统战团体负责人联系交友制度的意见》，以市委办公厅通知印发全市县团级党委。推动了多党合作制度的进一步落实。

协助各民主党派结合各自的特点和实际，加强思想建设、组织建设、领导班子建设。召开了各民主党派市委年度工作安排情况交流会，协调各民主党派市委围绕中心，结合实际，确定工作重点。推动各民主党派市委深入学习贯彻科学发展观，重点抓好民主党派市委领导班子成员和基层骨干的学习，市委统战部举办了民主党派负责人学习贯彻科学发展观辅导讲座。举办了各民主党派兼职副主委学习培训班，围绕加强民主党派领导班子建设、提高参政议政能力的主题，邀请市政协提案委的领导作《如何写好提案，提高参政议政水平》的专题辅导讲座。组织民主党派负责人赴外地学习考察，帮助他们全面了解国情，增进思想共识，发挥参政党作用。

协助民主党派加强思想建设。以学习贯彻科学发展观活动为重点，组织各党派负责人及基层骨干成员通过座谈会、参观考察、学习研讨等形式，扎实有效地开展学习贯彻科学发展观活动。以纪念新中国成立60周年和中国共产党领导的多党合作和政治协商制度确立60周年为契机，组织协调各民主党派开展形式多样的主题教育活动，引导党派成员继承传统，强化合作意识。组织民主党派负责人参加沈阳市统一战线纪念新中国成立暨多党合作60周年座谈会。组织各民主党派积极参加统一战线纪念“双60”文艺汇演活动。

协助各党派按照《辽宁省民主党派组织发展工作细则》要求，坚持“三个为主”的原则，严把质量关，做好民主党派的组织发展工作。截至2009年12月30日，全市民主党派成员总计11002人。

（赵廷志）

【经济统战工作】 为更好地统筹全市统一战线发挥优势，服务大局，市委统战部制发了《关于发挥统一战线整体优势，为经济社会又好又快发展服务的实施意见》。在各区、县（市）委统战部、工商联开展了“进企业、解难题、促发展”活动，取得了扎实成效。2009年，各级统战部门已实地走访企业502家，征求意见建议545条，帮助协调解决融资、土地纠纷、房屋产权等问题233件。市委统战部积极发挥自身优势和作用，广泛开展“应对金融危机，促进民营经济健康发展”调研活动。市委统战部主要领导亲自带队，深入到沈阳振浩企业集团、沈阳蒲兴禽业集团、沈阳华浩企业集团、沈阳宏发企业集团等民营企业实地调研，针对企业提出的一些建议和问题，积极帮助协调解决。市委统战部与市工商联组成联合调研组，深入各区、县（市）及非公有制企业，走访了30余家企业，邀请了120余名企业家参加了10次座谈会，提出了建议案并被纳入市委市政府出台的沈阳市《关于促进非公有制经济和中小企业加快发展的若干意见》和《沈阳市中小企业服务体系建设指导意见》等文件之中。积极引导非公有制经济代表人士深入开展“我为应对金融危机影响献计策”活动。2009年，全市统战系统共完成招商引资和推动民营资本增加投入项目614个。其中招商引资项目396个，民营资本增加投入项目218个；提合理化建议674件；邀请客商2403位。为沈阳市的“三保一促”战略目标的实现做出了统一战线应有的贡献。

（郑知易）

【光彩事业】 深入开展引导非公有制经济人士参与“光彩事业五项工程”活动，取得了较好的社会效果。广大非公有制经济人士参与项目扶贫工程70项；投入资金3.6亿元；实施民企帮村工程，帮村数达到166个；投入资金2.4亿元；安排就业31495人次；开展捐资助教工程，投入资金324.9万元，使1831人受益；开展扶贫帮困工程，捐助资金411.6万元，帮扶贫困户2200户。积极组织广大非公有制经济人士开展“光彩事业乡村行”活动。仅上半年，全市非公有制企业就与97个村进行了项目对接；投入资金达3.2亿元；安排就业4008人次。积极开展对口扶贫工作。有效实施“整村推进”项目。经市委统战部多方协调，姜家村的“整村推进”资金落实到位62.6万元。其中，由“整村推进”项目资金配套14万元修建的闵家村3.4公里的沙石路已竣工；用“整村推进”项目资金发展养猪户130户，投入资金21.9万元；发展养鸡户15户，投入资金2.8万元；发展养牛户85户，投入资金8万元；为棚菜种植户补助15.8万元。经市委统战部领导多方协调，兴建了文化广场、暖棚蔬菜小区示范园；修建了6.8公里的板油马路，投入资金达186.5万元；帮助姜家村协调资金到位达249.2万元；捐赠办公座椅、铁皮卷柜等物品价值达2万多元。市委统战部被评为沈阳市对口扶贫工作先进单位。

（郑知易）

【非公有制经济代表人士培养教育工作】 为加强对非公有制经济代表人士的思想引导，市委统战部举办了沈阳市非公有制经济代表人士培训班，非公有制经济代表人士共计140余人参加了培训。沈阳市中小企业局主要领导应邀介绍了沈阳经济社会发展现状，解读了沈阳市近期出台的有关促进非公有制经济发展的政策措施。市委统战部有关领导就如何争做优秀中国特色社会主义事业建设者作专题讲座，收到了良好的效果。组织44名担任各级政协委员的非公有制经济代表人士参加了省委统战部在北京清华大学举办的辽宁省新的社会阶层人士第二期研修班的学习，学习成果比较显著。积极开展“优秀建设者”典型示范工程活动。先后在省“建设者”和“沈阳商会”等刊物上，开辟了建设者风采专栏，系统宣传了沈阳市优秀中国特色社会主义事业建设者标兵的先进事迹，引导广大非公有制经济人士积极争做优秀中国特色社会主义事业建设者。积极开展推荐全国优秀建设者和全省“建设者奖章”候选人活动。市委统战部推荐的辽宁禾丰牧业股份有限公司董事长金卫东等6人获得省委统战部表彰。

（郑知易）

【海外统战工作】 积极为外商牵线搭桥，推动侨企在沈做大做强。引荐留美博士、北美投资控股集团主席毛克强先生在法库建立了中国三元杂交高档肉羊生产、屠宰、深加工和销售一体的现代化大型企业。推动其增加投资5000多万元兴建了年屠宰加工能力50万只肉羊的屠宰加工厂。协助其办理清真许可证相关手续并实现按期开工。推动其与新民市达成投资兴建高档肉羊良种繁育和养殖基地的协议。积极与银行协调，帮助沈阳市西华赛维莱房产置业有限公司董事长、西班牙华人叶正敏解决资金问题，促成了其投资的法库博士盖陶瓷项目顺利开工。促成未来置业（沈阳）有限公司董事长、美籍华人魏明忠先生到大东区投资房地产签订意向合同。

深入调查研究，为侨企排忧解难。在侨商中积极开展“我为应对国际金融危机影响献一策”活动，推动“三保一促”，切实为海外朋友办实事、解难题。走访了16家侨商、港商、台商企业，召开了2次座谈会。在调研过程中，了解了企业经营发展的状况和问题以及国际金融危机给企业造成的影响，并结合沈阳市情探讨了企业所面临困难的解决办法，共归纳出14个问题，及时反映给有关部门，帮助企业协调解决了一些实际问题。

突出引智，做好留学人员工作。坚持引资引智并举，积极探索留学人员工作新途径。大力宣传留学人员事迹，鼓励报效祖国。编辑出版了《留学岁月与人生》一书。全书17.5万字，图片84幅，收录了35位与沈阳有缘的海内外优秀留学人员的作品，弘扬了爱国主义精神。利用多种渠道开展吸引人才工作。组团参加中国海外学子辽宁（大连）创业周活动，以沈阳海外联谊会的名义制作了介绍沈阳招商引资引智项目展板在会场展示了128个项目。沈阳市相关侨资企业取得了一系列引进人才、项目和合作伙伴等成果。扩大了沈阳海外统战工作的影响力。

（曾丽艳）

【民族宗教工作】 1.做好中央统战部第四期少数民族代表人士培训班即全国人大代表、政协委员考察团和新疆克孜勒苏柯尔克孜自治洲爱国宗教人士考察团在沈参观考察的接待工作。中央统战部第四期少数民族代表人士培训班即全国人大代表、政协委员考察团一行36人和新疆克孜勒苏柯尔克孜自治州委员会爱国宗教人士考察团一行31人分别于2009年下半年来沈参观考察，这也是“7.5事件”后，沈阳市首次接待全国少数民族代表人士和新疆维族宗教代表人士来沈活动。按照省委的通知，沈阳市委高度重视，把做好接待工作作为增进民族团结，抵御境外三股势力破坏活动的政治任务，协调各方精心组织，热情接待，确保安全，获得好评。为了使考察团一行耳闻目睹祖国改革开放30来的巨变、特别是实施振兴东北老工业基地战略促进沈阳的发展变化，增强对中国共产党的领导、对维护促进祖国统一、对坚持社会主义、实现中华民族伟大复兴的认同，安排他们参观了沈阳市机械制造业示范基地，工人村生活馆，沈鼓集团，沈北新区设施农业基地，沈河区的华府天地大型购物中心，棋盘山旅游开发区世博园，沈阳“九一八”博物馆，沈阳故宫，张氏帅府，金融博物馆以及沈阳市的市容市貌等。

克州考察团在新民市高级中学看望在沈学习的克州维族学生班89名学生时，向新民高中赠送了写有“情系边疆育人才，民族团结传万代”的锦旗。

2. 加强协调，破解难题，严厉打击非法宗教渗透活动。围绕敏感节点和“国庆”维稳安保，特别是结合专项任务展开系列排查、治理、整改工作，收到了明显的效果，确保了社会的和谐稳定。在市委统战部主管部长的协调下，圆满解决了原市第二纸箱厂陈欠市佛教协会127万元的租金问题和市伊斯兰协会落实房产政策应得到补偿109万元的问题。妥善地处置了北塔法轮寺地产纠纷和天主教修女院房产遗留等问题。成功地阻止了境外敌对势力利用宗教进行的渗透活动13起，其中4起规模较大、人员复杂、涉及面广、需要协调部门较多的大案都是由统战部领导在现场直接指挥完成的。如：“中国基督教家庭教会联合会”骨干成员在东陵区南塔街道八一宾馆组织的非法宗教培训活动，新加坡某组织在“沈阳棋盘山华夏民俗村举办传福音音乐布道会”等等。同时，针对基督教西关教会部分教徒不断上访和内部不稳定因素，部领导果断决定，更换主任牧师，调整党委会班子，致使控制住了混乱局面。

3. 加强引导，切实做好宗教人士思想政治工作。为进一步加强与宗教代表人士的联系和加强宗教界代表人士队伍建设，增强爱国爱教意识和提升自觉抵御境外渗透的能力。制定了四项工作制度：一是走访制度。平时走访与节日走访相结合，一般走访与重点走访相结合，宗教活动场所走访与爱国宗教团体走访相结合。二是培训制度。每季度对教职人员进行一次爱国主义、社会主义教育，进行独立自主、自办原则教育和政策、法制教育的培训。定期与高等院校联合举办宗教界中青年教职人员培训班。三是考察制度。按照市委领导关于组织宗教界“三看”，即“看沈阳变化、看祖国新貌、看世界现状”的指示精神，每年组织宗教界代表人士外出考察2次（每半年一次）。四是谈话制度。不定期找宗教界代表人士谈话，沟通思想，增进了解，听取意见和建议。

4. 加强基础，进一步推进区、县（市）、高校基层宗教工作。完成了全市各区、县（市）贯彻落实辽委办发〔2009〕25号文件和落实市委统战部《关于贯彻科学发展观 完善现有工作格局 进一步加强宗教工作的通知》执行情况的调研和督查。同时，为了更好地贯彻落实辽委办发〔2009〕25号文件精神，市委办公厅、市政府办公厅专题下发了《关于加强基层宗教工作的若干意见》。特别是加大了高校反渗透工作的指导力度，应沈阳师范大学、辽宁中医院、沈阳医科大学等高校的邀请，李书鲤副部长到高校为师生就抵御境外敌对势力利用宗教进行渗透活动作专题辅导讲座；实现了区、县党委统战部、民宗局与高校党委统战部的工作对接，理顺了关系。

5. 贯彻中央指示，协调推进各区县重视做好少数民族来沈务工人员的服务工作。为了深入贯彻《中共中央办公厅、国务院办公厅印发〈关于进一步做好新疆少数民族群众到内地务工经商服务管理工作的意见〉的通知》精神，切实做好少数民族群众来沈务工经商服务管理工作，并结合沈阳市的实际，组织召开了区、县（市）党委统战部长、民宗局长专题工作会议，赵晓川部长在会上重点讲了5个方面的问题。一是进一步统一思想，充分认识做好少数民族群众来沈务工经商服务管理工作的重要意义；二是切实加强对少数民族群众来沈务工经商服务管理工作；三是及时妥善处理涉少数民族案件和矛盾纠纷；四是进一步加强民族团结进步宣传教育和舆论引导工作；五是建立和完善涉少数民族工作的组织领导体制。

（范世生）

【党外知识分子工作】 2009年，党外知识分子工作以奠定工作基础，创建工作载体，加强政治引导，鼓励建功立业，促进自身科学发展和服务科学发展为主线，切实推进了工作。市委统战部组织力量对全市无党派人士、党外知识分子和新的社会阶层自由择业知识分子基本情况进行了摸底调查，调查范围涉及各区县（市）、开发区，国有企业，市直单位、高校、科研院所及新的社会阶层的有关组织，形成了沈阳市党外知识分子工作调查报告、国有企业统战工作调研报告和市直单位统战工作调研报告，提出了加强党外知识分子工作的意见和建议，加强国有企业统战工作的实施意见和加强市直单位统战工作的意见。

在党外知识分子中开展“我为应对国际金融危机影响献一策”、“爱企业、献良策、做贡献”主题活动及以应对危机保增长促和谐为主题的“建言献策、建功立业”活动，发挥党外知识分子的才智优势，为地区经济社会发展服务。进一步加强对党外知识分子的政治引导。举办了党外知识分子联谊会骨干会员培训班，130余人参加培训。举行了无党派人士、党外知识分子纪念新中国成立和多党合作制度确立60周年报告会，100余人参加报告会。组织代表人士参加省委统战部在清华大学举办的辽宁省新的社会阶层代表人士研修班，沈阳市新的社会阶层自由择业知识分子15人参加了为期5天的培训，占全省参加培训自由择业知识分子的近三分之一。

6月12日成功召开了沈阳市党外知识分子联谊会成立暨第一届会员大会，通过了联谊会章程，选举产生了103名理事，由一次理事会选举产生了以无党派代表人士张振忠为会长的第一届领导班子。联谊会的成立，创新了沈阳市党外知识分子工作的载体和机制，是市委统战部学习实践科学发展观创新工作机制的一个具体成果。

（朱立保）

【统战信息工作】 2009年，制定了《中共沈阳市委统一战线工作部关于2009年统战信息工作安排意见》，根据意见安排，进一步完善全市统战信息工作机制，举办信息员培训班，定期召开信息工作通报会、重点信息研讨会，定期印发信息采集要点。部领导高度重视信息工作，市政协副主席、市委统战部部长赵晓川多次批示，经常指导。全年及时、准确地向上级报送了沈阳市统一战线围绕“纪念双60周年”、应对国际金融危机、维护社会稳定、服务科学发展与实现自身科学发展方面的重要信息，使之在服务领导决策、交流工作经验、推动工作落实等方面发挥了应有作用。共计上报信息450条，被中央统战部采用55条，省委统战部采用150条，荣获全国统战信息工作先进单位二等奖，省委统战部信息工作特殊贡献奖。4条信息被中央统战部《零讯》增刊采用，其中《沈阳市党外人士认为撤销“驻京办”不如杜绝“跑部钱进”潜规则》、《莫让大学生村官成“摆设”当“花瓶”》的信息分别得到中央领导同志的批示。还有7条信息得到省政协副主席、省委统战部部长高鹏同志的批示。

（刘　钢）

·政策研究·

【重要会议筹备和重要文稿起草】 坚持超前思考、科学谋划，集中骨干力量，精心起草好市委十一届七次、八次全会市委主要领导讲话、工作报告和《中共沈阳市委关于建立健全保障和促进科学发展长效机制的决定》、《中共沈阳市委关于建设学习型党组织为加快全面振兴提供坚强保证的决定》等会议文稿，高质量地完成了全会的筹备工作。

认真做好市委重要会议的筹备工作，先后参与了全市非公有制经济工作会议、学习实践科学发展观做优发展空间现场会、坚持科学发展做强县域经济观摩交流会、一季度和上半年全市经济形势分析会等重要会议的筹备，起草了市委主要领导贯彻党的十七届四中全会精神讲话材料，参与起草了市委主要领导在全国信访工作经验交流现场会上的发言材料，全年共完成了29篇市委领导讲话和市委重要文件的起草工作。这些文稿都准确体现了市委决策意图，有力地推进了事关全局的重点工作。

在充分发挥以文辅政作用的同时，大力拓展服务市委决策的广度和深度，积极参与全市开展深入学习实践科学发展观活动，不仅认真起草了市委主要领导的活动动员讲话、专题报告、中心组学习时的讲话等材料，参与制定工作方案、活动主题和实践载体，而且承担了体制机制创新组的工作任务，组织完成了《决定》的任务分解，在全市第一批开展深入学习实践科学发展观活动中发挥了重要作用。

（寇今宇）

【调查研究】 坚持围绕全市中心工作，全面加强调查研究这一基本职能，形成了一大批有深度、针对性强的调查报告，调研成果向市委决策的转化率明显提高。全年共完成调研报告36篇，有9篇得到市委主要领导批示。围绕完成“五大任务”、实现“三大目标”和“保增长、促和谐、抓党建”三项重点工作，深入开展调查研究，形成了《关于加快发展我市新兴产业的研究报告》、《关于金廊沿线配套基础设施建设情况的调查报告》、《关于加快推进东北区域金融中心建设的几点建议》、《市属文艺院团改革发展面临的困难与对策》、《关于我市就业政策落实情况的几点建议》、《充分发挥家电下乡和农机购置补贴拉动效应，进一步拓展我市农村消费市场的几点建议》、《关于当前我市做好农业抗旱减灾工作必须抓紧解决的几个问题》、《关于进一步做大做强我市农业产业化龙头企业的几点建议》等调研报告，得到市委主要领导和有关市领导的充分肯定和批示，为正确研判经济形势、有效应对金融危机、做出科学决策提供了重要依据。

围绕筹备全市性重大会议开展调研，通过赴天津、唐山和盘锦的考察，起草形成了《做优发展空间——新一轮城市竞争的战略选择》的调研报告，引起市委主要领导重视，并亲自带队到这些地区学习，为进一步做优发展空间起到了促进作用。为推动全市高新技术产业加快发展，起草形成了《关于上海、深圳、成都、西安4城市发展高新技术产业情况的考察报告》和《赴上海高新区学习考察报告》，获得市委主要领导的批示。赴外地学习考察和到辽中环保产业园区实地调研，起草了《加快发展静脉产业大力培育新的经济增长点》的考察报告，引起市委、市政府领导的高度关注，推动了全市静脉产业的发展。一系列针对性强的高质量调研有力推动了全市重点工作的深入开展。

（寇令宇）

【信息编研】 紧跟市委主要领导的关注点和事关全局的重大问题，围绕为市委决策服务、对国内外发展大势的研判、重大理论前沿动态及先进地区的重大思路和举措等方面搜集信息，提高信息的编研速度和质量，信息的针对性、时效性和实用性、综合性明显增强。同时，认真做好资料分析工作，紧扣中央的重大工作部署和沈阳经济社会的发展实际，起草了《专家研判2009年中国经济走势，U型V型L型各抒已见》、《加快转变经济发展方式，促进经济平稳较快发展——专家解读中央经济工作会议精神》等资料分析报告，为市委决策提供了重要参考。全年共编发《沈阳政研》57期，其中信息37篇，资料分析报告6篇，形成信息专报5个，有5篇信息得到市委主要领导和其市领导的批示。

（寇令宇）

【决策咨询】 不断创新咨询工作的方式和方法，通过定期给专家学者提供题目、思路、提纲乃至参考资料，协助搞好调研等多种有效形式，积极组织咨询委员建言立论、献计献策，决策咨询工作的针对性和可操作性都有显著提高，为推动决策的科学化、民主化作出了积极的贡献。全年共编发《决策咨询》30期，其中《关于加快沈阳快速路系统规划建设的建议》、《沈阳县域人才队伍发展的现状与对策建议》、《关于沈阳创建全国环境建设样板城的对策建议》等9期获得市委主要领导同志的肯定性批示，批示数量创历年新高，部分咨询建议进入市委、市政府决策，充分发挥了决策咨询推动经济社会发展的作用。

（寇令宇）

·对台工作·

【对台经济工作】 以系列招商活动为牵引，沈台经贸合作实现新突破。一是市领导带队入岛招商，推进系列活动开展。2009年，全市组织8个市级招商团赴岛开展经贸交流，是市领导赴台历史上最多的一年。由李英杰市长带队赴台的市政府经贸考察团，积极推介沈阳投资环境，开发新的合资合作项目，现场解决投资合作问题。由杨亚洲副市长带队的经贸考察团在台与各行业公会对接，有针对性地拜会了一些企业家，洽谈了一批重点项目。由祁鸣副市长带队赴台参加海峡两岸企业家论坛，促进了沈台连锁业的交流合作。和平、皇姑、铁西、于洪、大东、法库等区县分别组成14个团组进岛考察和项目洽谈。全市25家企业赴台进行技术交流和商务洽谈。通过积极组织赴台交流活动，推进系列招商活动开展，促进了沈台经贸交流与合作。二是结合系列活动的开展，夯实招商引资平台。为推进系列活动的开展，在第八届辽宁台湾周期间，成功接待了4个台湾行业公会考察团，推动铁西区、大东区分别与台湾工业总会、车辆公会进行项目对接，建立了长期交流合作平台，拓宽了系列招商活动渠道。成功接待了第二批海外台商辽宁行团组。积极参加杭州国际电子信息博览会，参与承办沈阳食品博览会、农业博览会、中小企业发展论坛等大型活动，进一步搭建对台招商引资的平台。三是保障系列活动的开展，搞好相关协调服务。为增强对台招商的系统性和针对性，市台办广泛收集大陆重点台资企业、台湾百大企业、台湾重要公会组织和全国各台商协会会长等共计2000余家台商企业信息，制作成《2009台湾企业名录》，为有关招商部门开展针对性招商提供重要参考。加强了对台协的管理，把握台商的思想动态，指导台协积极配合政府开展对台招商引资工作。为加大台商投诉案件协调力度，建立了台商协会、台办、主管市长三级协调网络机制。台办系统每周定期到台商协会和台资企业了解情况，及时将问题解决在萌芽状态，逐步为台资企业发展创造良好环境。四是通过系列活动的开展，重大项目突破瓶颈。通过系列活动有效的开展，特别是通过李英杰市长带队赴台考察洽谈，一批重大项目取得突破性进展。台湾玉晶集团拟投资1亿美元在沈北新区建立光电产业基地，台湾润泰集团拟投资7亿元人民币在沈北新区建立东北物流配送中心，康师傅（沈阳）饮品有限公司拟投资9000万美元建设二期扩建项目，台湾虎邦五金塑料制品有限公司拟投资1000万美元在铁西区建设宏竹塑胶五金制品项目。台湾和鑫生技术开发股份有限公司、台湾六和集团、台湾中兴电工机械股份有限公司也有在沈投资的意向。另外，富士康（沈阳）科技工业园、台湾联电集团联诚数字科技、台湾国泰人寿、硕远水果城等在建项目取得积极进展。

（王　勇）

【对台交流交往工作】 以推进沈台直航为契机，进一步拓展沈台交流交往。一是拓展了沈台特色文化交流的渠道。借首航之机，组织沈阳故宫博物院赴台，与台北故宫博物院开展了正式交流活动，并与台北故宫博物院就合作愿景达成了“四项共识”。此后，沈阳故宫博物院再次赴台，参加了北京故宫与台北故宫联合举办的“雍正皇帝大展”，达成建立联络机制等“四点共识”。二是拓展了与台湾上层沟通联络的空间。年初以来，成功接待了宋楚瑜先生一行来沈参访，郁慕明先生来沈投资考察。借首航和市领导赴台之机，拜会了国民党荣誉主席吴伯雄、海基会董事长江丙坤、亲民党主席宋楚瑜、新党主席郁慕明、前“立法院”副院长钟荣吉先生、国民党政策会执行长“立法委员”林益世先生、台交通委员会“立法委员”杨丽环等，促进沈台两地的交流合作。三是推进了沈台对口交流向纵深发展。在首航期间，沈阳与台湾有关县市就党际交流和城市交流进行广泛会谈与磋商。沈阳市总工会与台中市总工会，签订了对口交流合作协议，搭建了职工文化教育及产业技术等方面的交流合作平台。8月份，和平区少年宫少年儿童与台北100名少年儿童在沈开展了丰富多彩的对口交流活动。四是推进了沈台各领域交流合作和往来。接待了以秘书长黄恭喜带队的台南市议会参访团来沈参访，参访团与市政协港澳台侨联络委员会进行了交流座谈；接待了台北市内湖区乡镇里长访问团来沈参访。台湾“8·8”水灾期间，市政府向台湾灾区捐款100万元人民币，沈阳市总工会等单位及个人开展了相关捐助活动，体现了两岸人民血浓于水的亲情。9月份，举办了“2009年沈阳市台胞台属迎中秋茶话会”。通过各领域交流，为进一步做好台湾人民工作奠定了基础。五是完成国台办重点交流项目取得突破。2009年，是沈阳市承办国台办重点交流项目最多的一年。成功举办了

“台湾大学生辽沈历史文化研习营”活动、接待了台南县(市)高雄(市)中小学校长代表团来沈交流访问、邀请了台南市议会来辽宁参访3项国台办立项的重点交流项目,通过细心筹划和热情接待,使沈阳同台湾南部、青年、基层的交流联络工作取得新突破。

(王　勇)

【对台宣传与涉台教育工作】　以“活力沈阳、魅力台湾”为主题,进一步宣传沈阳。一是结合形势,涉台教育扎实有效。对台宣传教育紧跟对台工作和两岸形势发展,组织专人进一步完善了《和平发展、复兴中华》、《活力沈阳、魅力台湾》等主题的“台海形势报告”宣讲材料,精心设计了多媒体演示课件,分阶段、分层次到各区、县(市)直机关、台办系统开展专题报告。组织专场台海形势报告会3次,各区、县(市)组织座谈会、茶话会40余次。积极指导各区、县(市)台办制定涉台教育计划,取得了较好效果。二是突出特色,宣传入岛效果明显。邀请台湾中天电视、工商时报、联合报等12家岛内主流媒体,对沈阳市赴台团组进行积极宣传报道,扩大了沈阳在岛内的影响。TVBS电视台、年代电视台等13个岛内媒体团组,先后来沈对沈阳历史古迹、相关区县及企业进行专题采访,进一步宣传了沈阳。现在沈阳已成为台湾主流媒体重点宣传24个大陆魅力城市之一。三是发挥优势,网络宣传有声有色。依托“华夏经纬网”的“沈阳与台湾”城市网页优势,利用“沈阳视窗”等20余个栏目,全面报道沈阳市情况。积极向省台办“辽台往来”栏目供稿,及时报道沈阳在两岸交流及招商引资的大事。2009年,在华夏经纬网发稿980余篇,位全省第一。同时,确立了信息通报制度和通讯员培训制度,以保证市区互动,扩大信息来源。

(王　勇)

·信　　访·

【“三个一模式”信访经验】　2009年,信访工作在资源整合上,由2008年19个驻厅部门新增3个(市建委、工商局、环保局)调整1个(外经贸委)变为21个市直部门进驻市信访大厅,接待、解决群众信访问题。在制度建设上,先后出台了《沈阳市关于进一步加强和改进涉法涉诉信访工作的意见》、《沈阳市关于处理信访活动中无理缠访等违法行为适用法律的意见》等法规和无理访认定制度。在调处问题上,邀请国家信访局建立来沈下访调处制度和大厅成立专门调处进京访办公室。国家信访局先后两次来沈帮助调处、解决问题,共调处进京访案件29件、息访8件、稳定15件。在理论提升上,进一步总结沈阳经验内涵,就是依据“属地管理、分级负责”和“谁主管、谁负责”的信访工作原则,组织有权处理信访问题的相关职能部门开展联合接访,通过一站式接待、一条龙办理、一揽子解决,实现依法及时就地解决信访问题的经验。一站式接待,就是在一个地区设立一个专门接待场所,由信访部门组织信访问题突出的责任单位在此联合接待,提高效能,方便群众,使上访人的所有诉求都能够在联合接待场所提出。一条龙办理,就是从信访事项的提出、受理、办理、督办到回复等各个环节都在联合接待场所完成,形成环环相扣的工作链条。一揽子解决,就是对应该解决的信访事项,不管是涉及一个部门还是多个部门,也不管是一般的还是疑难复杂的,都能够在联合接访场所实现“件件有着落、事事有回声”。

(李文录)

【全国信访工作经验交流现场会在沈召开】　2009年11月30日至12月1日,中央联席会议在沈阳召开了建国以来全国第一次关于信访工作经验交流现场会。胡锦涛总书记、温家宝总理等中央领导同志亲自审定会议方案;中共中央政治局常委、中央政法委书记周永康出席会议并作重要讲话;国务委员兼国务院秘书长马凯主持会议。各省、自治区、直辖市和新疆生产建设兵团、副省级城市联席会议主要召集人、联席会议办公室或信访部门主要负责同志,中央联席会议各专项工作小组组长、政策协调小组组长、联席会议成员或成员单位分管信访工作的负责同志、中央联席会议办公室和国家信访局负责同志等,共149人出席了会议。省委书记王珉、省长陈政高等省委、省政府领导同志也出席了会议。会上,曾维书记代表市委、市政府做了经验介绍,与会代表观看了反映沈阳信访工作创新与实践的资料片。沈阳市信访大厅、市公安局、市房产局、沈河区、辽中县分别介绍了各自做法。会议期间,与会人员分成5组,循环式实地考察参观了沈阳市信访大厅以及沈河、铁西、皇姑区信访大厅等10个单位,全面了解沈阳市开展联合接访的做法。会议对沈阳“三个一模式”信访经验给予了高度评价,全面推广了沈阳经验。沈阳市信访大厅作为市委锻炼培养干部的基地,引起中组部重视。10月22日,中共中央政治局委员、中央组织部部长李源潮同志在《新华社国内动态清样》——“沈阳选派后备干部到信访部门挂职”的通讯上批示:“沈阳派后备干部到信访部门挂职的做法很好,可以推广”。省委常委、组织部长唐军同志批示,“在全省推广沈阳的好做法”省委常委、市委书记曾维同志批示:“认真落实源潮同志的重要批示,不断总结经验,把此项工作做得更好。”一年来,先后有人民日报、光明日报、经济日报、工人日报、法制日报、新华社等多家全国知名媒体报道了沈阳经验;8月8日、10月17日,中央电视台“焦点访谈”和“新闻调查”栏目先后专题进行了报道。请出去、走进来反响强烈。年初,按照中央和省里部署,协助省局组织了潘作良先进事迹报告团,分阶段到全国20个省(区、市),进行了21场报告并产生强烈反响。同时,赠送了沈阳市“三新”建设纪实和电影《潘作良》主题曲光盘4200张,宣传了“沈阳信访经验”;全年,市信访大厅接待全国209批次3000余人次来沈阳参观考察信访模式;10月下旬,中纪委组团来沈考察了市信访大厅,给予了充分肯定,并表示要学习沈阳模式。9月和10月,受深圳市委和昆明市委的邀请,沈阳市分别组团到深圳和昆明市介绍了沈阳信访经验。

(李文录)

【落实中央“两个文件”长效化】　2009年,全市认真抓好中发[2007]5号文件和中办发[2009]3号文件的贯彻落实,各区、县(市)信访局长享受副区、县(市)级干部待遇,矛盾纠纷排查、机关干部下访和领导干部接待群众制度进一步规范。全市形成了每半月排查并上报一次矛盾纠纷制度,组织了16个80人的市直机关干部下访工作组,各级领导干部共接待群众来访3289案次,涉及人数27665人次。其中,市级领导干部接待群众来访69案次、1553人次,区(县、市)和市直部门领导干部接待群众来访1723案次、17443人次,街道(乡、镇)领导干部接待群众来访1497案次、8669人次。领导干部接访共累计办结信访事项1665案,涉及14679人,其中息访1483案、8274人。

(李文录)

【一批信访积案得到有效化解】 全市化解积案总计3297件。其中,"学习实践活动"交办涉法涉诉类案件1649件、息访1431件,息访率86.8%;交办涉行政类案件1317件、息访1100件,息访率84%;中央、省交办483案,到期应结429件、已办结410件、结案率96%,已息访327件、息访率76%;通过市级领导包案息访17件,两级信访大厅息访422件。同时,"华、克、寿"棚户区改造遗留问题和"木兰"、"金信"、"第三开关厂"4个信访疑难问题专案组工作进展顺利。

(李文录)

【越级访明显下降】 沈阳市建立两级信访大厅以来,始终坚持以事要解决、人要留住为目标,以及时就地调处、解决问题为核心,有效发挥了吸访、化访、稳访作用。全年(截止12月20日),两级信访大厅累计接待群众来访6.1万案次12.6万人次。其中,现场化解1.9万案、立案调处5829案、直复3.6万案。市信访大厅累计接待群众来访4.1万案次5.6万人次。其中,现场化解1.1万案、立案调处537案、直复3万案。受理电话投诉10.3万件次,即时办结7.6万件次,向网络单位交办2.8万件次,办结率98.5%;受理网上投诉590件,办结576件,结案率97.6%;收到群众来信6635件,转送6360件、交办275件,结案率98%;视频接访4件、化解4件。有效促使沈阳市群众进京和到省访总量的明显下降。截至12月20日,沈阳市累计进京正常访登记559案次614人次,同比上年(896案次1151人次),案次下降38%、人次下降47%;非正常访登记38案38人,同比上年(1078案次1302人次),案次下降96%、人次下降97%;累计发生到省访1101案次1.1万人次,同比上年(1666案次2万人次)案次下降34%、人次下降42%。其中,集体访408案次1万人次,同比去年(525案次1.8万人次)案次下降22%、人次下降42%。

(李文录)

【关键敏感时段信访秩序良好】 全国"两会"期间沈阳实现进京访"六个为零"(进京非正常访登记为零、极端滋事行为为零、集体访为零、回流为零、突发事件为零、在京维护稳定工作人员违法违纪为零);"六四"敏感期实现"八无"(无大规模聚集事件,无堵塞铁路、公路交通事件,无规模性冲击党政机关、使领馆事件,无游行示威事件,无打、砸、抢、烧事件,无进京集体访,无进京非正常访,无在京发生极端滋事事件);国庆60周年敏感期实现"进京非正常访、进京集体访和进京滋事"3个为零。制定下发了《沈阳市在区、县(市)开展信访事项代理工作的实施方案》,推行了基层村、社区"信访代理员制度",先后培训25期2300名代理员,保证了一村(社区)1名,挂牌上岗。截至年底,代理信访案件468件,息访268件。

(李文录)

·老干部工作·

【落实离休干部政治待遇】 2009年,全市各单位在保障老干部政治待遇落实的基础上,不断创新工作思路,调整工作方式,使落实政治待遇的活动内容更加符合"双高期"的实际。

一是深化离退休干部党支部和思想政治建设。通过举办全市离退休干部党支部书记培训班和召开部分市直、各区和中直(驻沈)单位离退休干部党支部建设工作座谈会,按照"支部班子好,党员作用好,组织设置好,活动开展好,群众反应好"的要求,全面推进全市离退休干部党支部建设工作。2009年,市机床集团离退休干部党支部和老干部凡兵、孙兰英、宁殿云分别获全国先进离退休干部党支部和先进老干部称号,他们的事迹在《晚晴报》连载。

二是精心组织参观考察活动。为了使全市老干部共享改革开放成果,市委老干部局先后组织全市老干部代表参观考察了和平区、沈阳110指挥中心、沈北新区、苏家屯区。并组织市级老领导20余人赴丹东参观考察。全市各单位也都结合本单位实际自行组织2－3次参观考察活动,参加活动的老干部累计达万人次。

三是组织形势报告活动。市委曾维书记亲自向部分副市级以上老领导通报全市经济社会发展情况;市委苏宏章副书记先后在全市地专级离休干部读书班和沈阳市老干部庆祝老年节座谈会上通报全市经济社会发展情况;市委老干部局主要领导先后在全市老干部党支部书记培训班、地专级老干部读书班通报全市老干部工作情况。根据老干部普遍关心的热点问题,还邀请专家为老干部作了全球性金融危机的形势报告。及时组织老干部代表观看市委曾维书记在全市领导干部警示教育大会上讲话和查处腐败案件警示教育片。各单位也都分别组织2－3场不同内容的报告会,参加报告会的老干部累计达1.4万人次。

四是开展老干部读书活动。举办副市级老领导和地专级老干部2期读书班,围绕老干部关心的重大思想理论和时事政治问题开展读书活动,取得了较好的效果。

五是开展献计献策征文活动。为了让老干部的政治优势、经验优势和智慧优势在全市发展大局中进一步发挥出积极的促进作用,市委老干部局与《晚晴报》社联合在全市离退休干部中开展"如何保增长、促和谐、抓党建"建言献策征文活动,得到众多老干部的积极响应和参与。共收到征文343篇,征集建议500余条,15篇征文在《晚晴报》上发表,有的建议得到了市领导的具体批示。

六是精心组织大型歌会。先后在辽宁工业展览馆广场、北陵军人俱乐部和八一剧场,分别以祖国颂、祖国万岁、我和我的祖国为主题举办全市老干部庆祝新中国成立60周年大型歌会。全市4000多名老干部参加了活动。在此期间,还举办了沈阳市老干部庆祝建国60周年书画展和各类文体比赛活动。

七是为市属90周岁离休干部赠送彩电。为让老干部更多享受改革和发展成果,鼓励老干部健康长寿,为2009年年满90周岁的108名市属离休干部赠送了32寸液晶彩电。

八是深入开展走访慰问活动。春节前,市四大班子领导分8组走访慰问副市级以上老领导、老红军;十一前夕,市主要领导亲自带队分4组对建国前参加革命的副市级老领导、老红军进行走访慰问。市委老干部局领导分组重点对老红军、特困老干部代表进行走访慰问,送去慰问金和慰问品。全市各单位普遍开展了走访慰问活动,常年坚持了对生病、住院、家庭有特殊困难离休干部的走访慰问。

九是做好各项政务活动的组织实施。较好地完成了沈阳市老干部迎新春茶话会、全市老干部工作会议、全市老干部系统调研宣传信息工作会议、全市老干部局(处)长培训班、全市老干部信访稳定工作培训班和沈阳市老干部庆祝老年节座谈会等举办工作。

(林　琳)

【离休干部生活待遇】 积极协调市卫生、财政和各干诊医院,促进"双高期"离休干部医疗保健工作。通过召开联席会、座谈会等形式,使离休干部大病特病转诊、药品目录范围和价格、放宽用药量、医疗服务等方面有了明显改进。及时提高离休干部护理费标准和调整津贴补贴等。出台了沈阳市关于提高部分离休干部护理费标准的文件。配合协调纪委、组织、人力资源和社会保障部门完成了为离休干部调整津贴补贴和为红军和抗战时期参加革命工作的离休干部提高医疗待遇工作。深入走访易地安置离休干部。在建国60周年之际,市委老干部局组成5个慰问小组,分赴六省一市走访易地安置离休干部,送去4万多元慰问金。并一次性解决了易地安置离休干部2008年发生的57万元医药费。为确需护理的离休干部办理享受护理手续、解决易地领取离休费缴纳手续费问题。为市直抗战离休干部安装"一键通"呼叫器。为有效提升和满足"双高期"老干部的服务需求,进一步完善老干部家庭应急求助系统。投资14万元,为市直660名抗战离休干部安装了"一键通"呼叫器。市局还联合李文锁城(辽宁)分公司推出"关爱开锁行动",为市内5区老干部提供免费服务。精心组织离休干部健康疗养。5－8月份组织5批500多名离休干部到东湖度假村健康疗养。积极引导基层单位深入探索"双高期"离休干部服务管理模式。注意及时总结推广一些先进经验,倡导为"双高期"离休干部服务的新模式。和平区老干部局开展了老干部党建、医疗服务、文体活动"三进社区"活动;大东区开展了服务老干部"十进家庭"活动;沈河区在新北站、山东堡街道进行了利用社区资源开展老干部"四就近"工作的试点;机床集团开展"五必访、十慰问"活动等。和平区的经验还在省局召开的现场会进行了交流。

(林　琳)

【阵地建设】 认真做好信访稳定工作。继续坚持把老干部信访稳定工作作为重点来抓。各单位在认真落实信访稳定工作领导责任制和信访接待制度的基础上,进一步畅通全市信访工作网络,保证工作快捷高效。对日常来信来访反映的问题不积不压,认真办理,件件有结果有回音;充分发挥基层作用,把问题化解在基层,解决在萌芽状态,保证了老干部队伍和谐稳定。

进一步开展满足老干部精神文化生活需求的文体活动。市老干部活动中心举办了沈阳和抚顺离休干部乒乓球、台球、麻将、象棋友谊赛。市老干部大学在开展教学的同时还组办了庆祝建国60周年征文、书画、摄影作品及趣味运动会。机关工委办公室以创建"五老说和团"、"英雄中队",拍摄《托起明天的太阳》专题片和建立教育基地等多种形式深入开展关心教育下一代工作。各区县(市)和市直、中直单位也都组织开展了各种丰富多彩的精神文化活动。

加大老干部工作宣传力度。充分利用各种载体宣传全市老干部工作。在新闻媒体刊登(播发)新闻稿件140余篇。及时向省局、市委办公厅上报信息,全市共有520条信息被采用,另有7篇信息被《沈阳信息》采用,宣传信息工作在全省14个市名列第一。另编发《沈阳老干部工作动态》29期。营造了尊老敬老的良好社会氛围。各区县(市)和市直、中直单位也能积极撰写稿件并通过《晚晴报》等新闻媒体宣传本单位老干部工作。和平、皇姑、辽中、市政府办公厅、统计局等单位还自办了老干部工作刊物。

(林　琳)

【队伍建设】 一是深入学习实践科学发展观,进一步明确了工作理念、思路和措施。全市老干部工作系统,积极开展学习实践活动,在深入动员的基础上,按照规定动作要求,组织辅导报告,举办短期培训,自学与集中学习讨论相结合等,在进一步加深对科学发展观科学内涵、精神实质、根本要求深刻理解的基础上,紧密结合市老干部工作实际,着力破解影响和制约老干部事业科学发展的问题。通过广泛征求意见,认真查找差距、形成分析检查报告、制定整改方案等,强化了老干部工作者的责任感和使命感,形成并确立了实现老干部事业科学发展必须坚持明确一个目的、围绕一个中心、突出一个重点、坚持一个标准、强化一个动力、健全一个机制、优化一个队伍"七个一"的工作理念,进一步明确了工作发展思路和具体措施,并已成为全系统老干部工作者思想上的共识和工作上的依循。

二是坚持每月一次局理论中心组学习制度,有组织、有计划集中系统地学习了有关理论文献和上级有关老干部工作的政策规定,及时组织学习了省局、市委重要会议和领导讲话精神,进一步强化了老干部工作的理论武装。

三是坚持调查研究工作制度。局各位领导结合工作实际,选定课题,对老干部工作重点、难点、热点和亮点进行深入调研,分析原因,总结经验,推广先进,高质量、高效率地推进工作。

四是在学习实践科学发展观活动中,紧密结合老干部工作实际,建立完善23项管理制度,并汇编成册,使机关管理工作更加制度化和规范化。

五是注重老干部工作队伍综合素质的培养和提高,积极按照省委老干部局和市委组织部计划先后安排12人次参加省、市委党校、清华大学以及国外的培训。对具备条件,考试考核合格的年轻干部,选送到英国学习1人。

六是注重强化机关文化建设,利用业余时间开展文体活动,丰富职工文化生活。团结和谐,风清气正的氛围正在形成。通过完善和坚持行之有效的制度,转变了工作作风,提高了工作效率和质量,强化了老干部工作队伍建设,全面推进了老干部工作科学发展,赢得了老干部的满意和各级党委、政府的肯定。

(林　琳)

纪检监察

【市纪委十一届四次全会】 中共沈阳市第十一届纪律检查委员会第四次全体会议于2009年2月18日举行。全会传达了中纪委十七届三次全会、省纪委十届四次全会精神,回顾总结了2008年全市党风廉政建设和反腐败工作,对2009年反腐倡廉工作进行了全面部署。全会审议通过了市委常委、市纪委书记陈雍代表市纪委常委会所作的题为《深入贯彻落实科学发展观,扎实推进惩防体系建设,为促进沈阳经济社会又好又快发展提供有力保证》的工作报告。

全会认为,在过去的一年里,全市各级纪检监察机关紧紧围绕加快全面振兴与构建和谐沈阳的大局,坚持改革创新,狠抓任务落实,惩治和预防腐败体系建设扎实推进,事关科学发展的重大决策部署得到有效落实,反腐倡廉教育和廉洁自律工作不断深化,一批严重违反党纪政纪的腐败分子受到惩处,一些损害群众利益的突出问题得到妥善解决,腐败现象赖以滋生蔓延的土壤被进一步铲除,全市反腐倡廉工作保持了良好的发展势头。全年共查办违纪违法案件649件,给予党政纪处分651人,通过查办案件挽回直接经济损失1.26亿元。

全会提出,2009年,全市党风廉政建设和反腐败工作要以邓小平理论和“三个代表”重要思想为指导,深入贯彻党的十七大精神,全面落实科学发展观,以推进《建立健全惩治和预防腐败体系2008－2012年工作规划》的落实为主线,按照中央和省、市委的部署,坚持围绕发展反腐败、反对腐败促发展,坚持标本兼治、综合治理、惩防并举、注重预防的方针,坚持改革创新、求真务实,严格执行党风廉政建设责任制,在加大惩治腐败强劲势头的同时,努力拓展从源头上防治腐败的工作领域,为促进沈阳经济社会又好又快发展提供有力保证。

全会要求,各级纪检监察机关要加强对科学发展观贯彻落实情况的监督检查,保证沈阳经济社会平稳较快发展。重点加强对中央扩大内需促进经济增长等政策规定贯彻落实情况的检查,加强对重大工程项目关键环节的监管,切实解决群众反映强烈以及影响和制约科学发展的突出问题。要强化对领导干部的教育、监督和管理,推进领导干部作风建设,引导广大党员干部加强党性修养和党性锻炼,提高党员干部拒腐防变的意识和能力。要进一步加大查办案件力度,继续保持惩治腐败的强劲势头,重点查办发生在领导机关和领导干部中滥用职权、贪污贿赂、腐化堕落、失职渎职的案件,严肃查办违背中央和省、市关于扩大内需、促进经济增长政策措施的违纪违法案件,领导干部失职渎职导致国家、集体和群众生命财产遭受严重损失的案件,在企业转制中企业领导人员隐匿、私分、侵占、转移国有资产的案件。要认真开展专项治理,切实纠正损害群众利益的不正之风,着重解决食品药品安全、安全生产、饮用水环境、征地拆迁、社会保障性住房以及社保基金、住房公积金、扶贫资金等社会关注程度高、群众反映强烈的问题,深入治理教育收费、医药购销和医疗服务、涉农负担中的突出问题。要深入推进体制制度改革,进一步深化治本抓源头工作,积极推进各项体制改革措施的落实,切实解决工程建设、房地产开发、土地管理和矿产资源开发等领域中的突出问题。要切实做好农村、国有企业和高等学校反腐倡廉工作,推动基层各项事业健康发展。

(陆晓东)

【加强对新增投资项目监督检查】 2008年底以来,国家陆续安排沈阳市4批288个扩大内需中央投资项目,总投资82.6亿元,年度计划投资34.7亿元,其中中央预算内投资9.79亿元,地方政府配套3.82亿元。为加强对中央投资项目的监管,沈阳市成立了专门的检查工作领导小组,市纪委会同相关部门下发了《关于对我市新增中央投资项目实施情况开展监督检查的通知》、《关于进一步加强中央扩大内需促进经济增长政策措施情况监督检查的通知》等4个文件。为加强项目监管,建立健全了项目联络员制度、项目法人承诺书制度、项目会签制度、项目社会公开和责任追究等制度,着力从源头上防范违纪违法行为和腐败现象的发生。为减少项目单位负担,避免重复检查,市扩大内需促进经济增长政策落实检查工作领导小组明确了成员单位的职责分工,发改、监察、财政、审计等部门组成联合检查组,多次对已下达的全市新增中央投资项目逐一进行调度和检查,对重点项目的重点环节进行跟踪督办,及时纠正了有关配套资金不到位、项目审批手续不健全、建设速度迟缓、项目管理不规范等问题,有效推进了中央提出的项目要100%开工建设、配套资金要100%落实、存在问题要100%整改到位的“三个百分之百”要求的落实。这项工作受到了中央扩内需保增长检查工作领导小组的充分肯定,同时也荣获了“市长特别奖”。

(陆晓东)

【开展“讲党性修养、树良好作风、促廉洁自律”主题教育活动】 为深入贯彻落实党的十七届四中全会精神,2009年11月17日,沈阳市召开全市领导干部警示教育大会。四大班子领导和市管干部1300余人参加会议。会上,播放了以公安系统及科技局个别领导干部违纪违法典型案件为素材拍摄的警示教育片,市委常委、市纪委书记陈雍宣读了《中共沈阳市委关于开展“讲党性修养、树良好作风、促廉洁自律”主题教育活动的实施意见》,省委常委、市委书记曾维出席会议并讲话。为了更加深入地开展主题教育活动,会后组织全市7万余名党员干部观看警示教育片,在党内外取得较好反响。与此同时,廉政公益广告的热播也为主题教育活动营造了浓厚的舆论氛围。在全国“扬正气,促和谐”廉政公益广告创作评选活动中,由沈阳市纪委组织创作的作品荣获两个特等奖、一个一等奖和两个三等奖,获奖的数量和质量都居全国副省级城市首位。全市2000余台公交车、1万余台出租车,1500余台楼宇电视,32块重要街路的LED,路街标牌以及出租车乘降站广告牌400余块,都在播放或张贴廉政公益广告。各单位还从思想、制度、监督、作风等方面查缺补漏,并着眼于长远,完善风险防范机制,提高了单位和个人的自律意识。通过深入开展主题教育活动,着力解决了领导干部在党性党风党纪方面群众反映强烈的突出问题,为全面推进沈阳“立足新起点、谋求新发展、实现新跨越”的重大决策部署,营造了风清气正的政治环境。

(陆晓东)

【推进领导干部廉洁自律】 按照中央“两办”印发的《关于党政机关厉行节约若干问题的通知》所提出的八项要求,结合全市经济社会各项事业发展和党政机关日常工作运行的实际,市纪委与市发改委、市财政局、市审计局和市外办就贯彻落实八项要求联合下发文件,建立了联席会议制度,完善了日常工作机制,研究制定了贯彻落实八项要求的工作方案，按照党风廉政建设责任制的规定，将八项要求提出的任务分解到有关职能部门，明确每项工作的牵头单位和配合单位，做到了任务、目标、责任、时限“四个明确”。并先后两次召开联席会议，听取成员单位承担的工作任务落实情况和问题建议。组织调研组深入基层单位，探索总结贯彻落实厉行节约八项要求的思路和方法，对检查中发现的问题进行了通报。为切实保证八项要求落到实处，制定了2009年各级党政机关经费缩减指标，要求公务接待和一般性经费开支要在2008年基础上降低10%；节电、节油、节水指标比2008年降低5%；车辆购置及运行费用支出、因公出国境经费要在近三年基础上分别压缩15%和20%。同时，严格控制各种庆典、节会等活动等方面的经费支出。经过全市各级领导和有关部门的共同努力，中央厉行节约八项要求得到了很好的落实。截至年底，全市因公出国(境)团组比上年下降21%，公务接待开支比上年下降14%，购置公务用车比上年下降20%，全市没有批准一个办公楼建设项目。

(陆晓东)

【组织开展“小金库”专项治理】 年初以来，按照中央和省市关于“小金库”专项治理工作的部署，市纪委配合有关部门，积极创新思路和方法，在治理“小金库”方面实现了新的突破。一是强化责任意识。协调有关部门层层建立了由政府分管领导和纪委主要领导挂帅的领导小组，召开专题会议进行部署，市领导及时就推进全市“小金库”治理工作作出指示。全市各基层单位普遍建立了“一把手”负总责，一级抓一级的责任体系，并组织各级“一把手”填报了《“小金库”问题自查和整改情况承诺书》，装入廉政档案，作为责任追究的依据。二是强化宣传教育。协调市委宣传部制定了《“小金库”治理工作宣传报道方案》，协调市财政局开办了《“小金库”专项治理工作简报》和政策咨询电话，充分利用新闻媒体、工作简报和咨询电话，面向社会和党政机关、事业单位宣传中央和省市的部署要求、政策纪律以及工作进展等方面情况，发动群众参与，鼓励群众监督。三是强化监督检查。协调市财政局下发《“小金库”自查自纠工作方案》、《“小金库”重点检查方案》和《“小金库”举报奖励办法》，坚持每半月召开一次协调会议，每周进行一次电话督导，组织46个检查组，对全市546个单位的“小金库”治理工作进行了重点检查，并将检查组的责任和受检单位领导的责任挂钩，使检查督导责任落实到人。针对部分单位治理工作走过场、不到位的问题，在全省率先组织了“小金库”治理“回头看”工作，并总结推广了相关项目逐一检查、重点人员逐一谈话、账户账目逐一审计、举报线索逐一核实的“四逐一”检查法。四是强化案件查办。坚持把案件查处作为推进工作的重要抓手，积极研究探索发现“小金库”问题的手段和方法。分别在市区两级纪委、财政、审计、检察、新闻单位设立了举报电话，在所有单位的局域网和宣传栏上进行公示，发动群众举报“小金库”问题。直接组织和具体指导有关单位，对苏家屯区统计局、市交警支队等27个单位的小金库”问题进行查处，对大东区人防办等四个单位的“小金库”案件在全市进行了通报。五是强化规范管理。以市委、市政府名义下发了《沈阳市“小金库”治理工作实施方案》和《“小金库”问题具体处理办法》，对“小金库”专项治理各个阶段的工作提出了明确和严格的要求；协调领导小组办公室先后六次召开会议了解基层情况，研究阶段工作，解决各类问题，部署督导调研任务。坚持纠建并举方针，把专项治理和规范管理结合起来，联系全市人防、教育、公安系统等单位存在的倾向性问题，协调有关部门制定了有针对性的整改措施；针对全市存在的问题，协调市财政局、市审计局组织力量进行专题调研，从完善制度、深化改革、规范管理、强化监督等方面制定对策措施，逐步建立和完善防治“小金库”的长效机制，有效铲除了滋生“小金库”的土壤和环境。通过开展“小金库”专项治理工作，查出涉嫌“小金库”资金3000余万元，61名有关责任人受到党政纪处分和组织处理，

(陆晓东)

【开通市民服务热线】 按照市政府2009年为城乡群众办好20件实事的要求，市纪委不断完善解决群众诉求和查办不正之风案件的工作平台，在原有“沈阳市政风行风热线“的基础上，于2009年9月16日开通了“96123沈阳市民服务热线”。该热线将全市100多部诉求电话、80多个网站诉求窗口、120多个诉求信箱整合在一起，实现了一个窗口受理、解决群众诉求的目标。通过实行一个号码统一受理群众的各种诉求，各相关单位根据工作职责分头去办理，然后将办理结果通过网络、电话和信件等方式直接向群众反馈，由群众对办理结果进行公开监督，促进了群众诉求问题的解决。为保证“市民服务热线”可持续发展，使其切实成为一项规范性、常态化的工作，还制定了一套科学的考核办法，把办理群众诉求的求助办结率、投诉办结率、案件结案率、群众满意率、问题息访率、星级质量评价等指标做为考核依据，进行动态考核，客观地反映各地区各部门办理群众诉求的工作情况。“96123市民服务热线”开通以来，群众诉求渠道逐步畅通，损害群众利益问题得到了及时有效的解决。热线开通三个月来，共受理群众诉求827879件，组织办结了797804件，办结率96.37%，制止和纠正违纪违法行为23620件，389人被追究了相关责任，开展专项治理5项，深受社会各界的关注和广大市民的欢迎。同时，有效促进了政府部门和公共服务行业服务意识的增强。“市民服务热线”工作被授予“市长特别奖”。

(陆晓东)

【开展“反腐倡廉制度创新年”活动】 为进一步推进惩防体系建设，市纪委以制度改革创新为核心，组织开展了反腐倡廉制度创新年活动。4月份，以市惩防体系建设工作领导小组的名义印发了《关于开展反腐倡廉制度创新年活动的意见》，对这项活动进行了全面部署，同时明确了5类71家单位为本次活动对象。为将这项工作切实抓出成效，加大了宣传动员和工作指导力度，督促各地区和各单位及时召开动员大会、制定工作进度表，将工作抓好抓实。通过系统培训、基层调研、电话询问等方式进行跟踪督办，根据活动进程特点，于5月底和8月底分2次共计7批次召开调度会，对62家单位负责该项工作的责任人进行了集中培训，收到良好效果。并选取了条件较成熟、涉及权力运行重要领域的苏家屯区、市财政局、市房产局等单位开展了廉政风险防范机制试点工作，通

过认真梳理权力事项,调整权力配置,明确用权尺度,完善业务流程,理顺权责关系,强化基础管理,公开制度规范,压缩权力寻租空间,初步建立了集分权制约、流程制约、风险制约、问责制约为一体的权力运行监管机制。全市57家单位共建立各项制度470项,修订制度162项,废止制度40项,为从源头上防止腐败提供了制度保障。

(陆晓东)

【预防和治理腐败】 2009年,全市各级纪检监察机关以深化改革与制度创新为重点,积极推进预防腐败工作。在行政审批制度改革方面,进行了第七轮审批事项清理,加强了行政审批电子监察系统建设,对市行政审批服务中心办理的审批事项进行实时监督,审批事项办结率99.6%,即办率90%。在财政管理体制改革方面,进一步扩大了部门预算、国库集中支付制度改革的覆盖面,继续实行收费目录和以票管费的监督管理办法。在干部人事制度改革方面,积极推进全委会票决制、廉政征询和干部选任公示制度的落实,市委常委会实行票决制讨论干部9批次185人,进行廉政征询和听取意见85人次,受理干部任前公示21批202人。在投资体制改革方面,进一步完善了《政府投资项目"代建制"管理暂行办法》,出台了《沈阳市公共资源交易中心工程建设项目招投标管理办法》。此外,全市政务、厂务、村务"三公开"工作也得到了进一步推进。

(陆晓东)

【通报高同宇等9起违纪违法案件】 2009年2月,中共沈阳市纪律检查委员会对市委宣传部原副部长高同宇贪污、受贿案,市环保局原巡视员刘海德贪污、受贿出逃案,市经济委员会巡视员郑吉娟受贿、工作失职、违反廉洁自律规定案,市公安局苏家屯分局原副局长董振迁受贿案,大东区国有资产管理办公室主任、区工业总公司副经理吴中平等贪污、挪用、侵占国有资产案,大东区房产系统工作人员在办理房改过程中违纪违法案件,铁西区大潘街道四台子村、林台村征地拆迁过程中有关人员违纪违法案,皇姑区粮油经销总公司原总经理张秉玉、总经理助理韩庆良贪污、受贿、私分国有资产案,沈阳新城子化工厂行政处长赵景学等滥用职权侵害残疾人利益案进行了通报。

通报指出,上述9起违纪违法案件进一步说明了深入开展反腐败斗争的必要性和紧迫性,同时也向广大党员干部再一次敲响了拒腐防变的警钟,广大党员干部一定要从上述案件中汲取深刻教训,以此为鉴。要求党员干部和国家公职人员必须正确对待手中的权力,牢固树立领导就是服务、权力就是责任的思想,防止滥用职权或不履行职责,决不能不给好处不办事,给了好处乱办事,更不能搞权力寻租,用权力谋取私利,最终自毁在权力的"双刃剑"之下。各级党政组织要切实加强对党员干部和国家公职人员的管理和监督,要建立健全并严格执行民主集中制等各项制度,切实加强对权力运行重点环节和重点部位的监督,抓好党风廉政建设责任制的落实。要进一步加大对腐败行为的惩戒力度,把查办违纪违法案件工作摆到更加突出的位置,始终保持惩治腐败的强劲势头,以更加坚决的态度,更加有力的措施,更加扎实的工作,抓好查办案件工作,努力推进党风廉政建设和反腐败斗争向纵深发展。

(陆晓东)

市人大常委会

【市十四届人大三次会议】 沈阳市第十四届人民代表大会第三次会议于2010年1月12日在辽宁人民会堂开幕,1月16日闭幕。会议应出席市人大代表508名,实际出席483名。沈阳市委、市政府、市政协领导,原市委、市顾委、市人大、市政府、市政协领导,市政府组成人员、市法院和检察院主要负责人,市委、市人大常委会、市政府有关部门负责同志和有关机关、企事业单位、人民团体及金融机构负责人,市委、市政府决策委员会委员,市政府参事室参事,外省市驻沈办事机构和驻沈外埠商会负责人列席了会议。出席市政协十三届三次会议的全体委员列席了本次大会的三次全体会议。

这次会议的主要任务是:听取和审议沈阳市人民政府代市长陈海波沈阳市人民政府工作报告;审议沈阳市发展和改革委员会主任彭林关于沈阳市2009年国民经济和社会发展计划执行情况与2010年国民经济和社会发展计划草案的报告;审查沈阳市2009年预算执行情况的报告及2010年市本级预算;听取和审议沈阳市人大常委会主任赵长义关于沈阳市人民代表大会常务委员会工作报告;听取和审议沈阳市中级人民法院院长卞富学关于沈阳市中级人民法院工作报告;听取和审议沈阳市人民检察院检察长李丰关于沈阳市人民检察院工作报告;补选沈阳市人民政府市长,增选一名沈阳市第十四届人大会常委会副主任。

1月11日,召开了党员大会和预备会议。预备会议选举了大会主席团和秘书长,通过了会议议程。正式会期四天半,共举行3次全体会议,4次主席团会议,大体分三个阶段:第一阶段,听取和审议市政府各项报告,酝酿选举办法(草案)。在12日上午召开的第一次全体会议上,代市长陈海波作了《政府工作报告》。12日下午和13日,各代表团进行全团或分组讨论,审议政府工作报告、计划报告和预算报告,酝酿了选举办法(草案)等有关事项。第二阶段,听取和审议市人大常委会、市中级人民法院和市人民检察院工作报告。酝酿选举等事项。14日上午,举行第二次全体会议。市人大常委会主任赵长义作了《沈阳市人民代表大会常务委员会工作报告》,市中级人民法院院长卞富学作了《沈阳市中级人民法院工作报告》,市人民检察院检察长李丰作了《沈阳市人民检察院工作报告》,表决通过了沈阳市第十四届人民代表大会第三次会议选举办法。12日下午至15日,审议市人大常委会和"两院"工作报告,酝酿大会主席团提出的正式候选人名单,酝酿各项决议(草案)。第三阶段,进行大会选举,通过各项决议。16日上午,举行了第三次全体会议,全体与会代表以无记名投票的方式,选举陈海波为沈阳市人民政府市长,初立生为沈阳市第十四届人民代表大会常务委员会副主任。通过了《关于政府工作报告的决议》、《关于沈阳市2009年国民经济和社会发展执行情况及2010年国民经济和社会发展计划的决议》、《关于沈阳市2009年预算执行情况和2010年预算的决议》、《关于沈阳市人民代表大会常务委员会工作报告的决议》,《关于沈阳市中级人民法院工作报告的决议》、《关于沈阳市人民检察院工作报告的决议》。16日上午,大会闭幕。

(胡士俊)

【第十四届人民代表大会常务委员会第九次会议】 沈阳市第十四届人民代表大会常务委员会第九次会议于2009年2月26日举行。(1)会议对《沈阳历史文化名城保护条例(草案)》进行了一审。常委会组成人员认为,为了加强对沈阳历史文化名城的保护,制定一部具有沈阳地方特色、操作性强的《沈阳历史文化名城保护条例》是必要的。(2)会议审议了《沈阳市私营企业条例废止案》、《沈阳市个体工商户条例废止案》、《沈阳市科学技术投入条例废止案》、《沈阳市劳动教养人员保外就医管理条例废止案》,通过了市人大常委会关于废止上述四个条例的决定。(3)会议审议并通过了沈阳市第十四届人大常委会2009年工作要点。(4)进行了人事任免事项,任免了一批审判人员和检察人员。

(胡士俊)

【第十四届人民代表大会常务委员会第十次会议】 沈阳市第十四届人民代表大会常务委员会第十次会议于2009年4月27日至28日举行。(1)对《沈阳市专利促进和保护条例(草案)》、《沈阳市防御雷电灾害条例(草案)》进行了一审;对《沈阳历史文化名城保护条例(草案)》进行了二审。(2)听取审议并通过了市政府副市长王翔坤作的关于贯彻落实党的十七届三中全会和2009年中央1号文件精神,加快沈阳市农村改革发展安排情况的报告。为进一步加强农村工作,常委会组成人员提出如下意见和建议:一要加强农村基层干部队伍建设。适应农业产业化发展和农民增收的需要,进一步加大农村基层干部队伍建设力度,建设一支守信念、讲奉献、有本领、重品行的农村基层干部队伍。二要确保“三农”资金投入及时到位。切实体现公共财政向“三农”倾斜的要求,强化预算约束,优化支出结构,保证“三农”资金投入的落实。三要加快推进农业结构调整。大力发展设施和高效特色农业、畜牧养殖业,深入研究和解决推进农业产业化发展中,在土地流转、金融服务、技术保障等方面存在的困难和问题。四要加强农业科技服务体系建设。要采取强有力的措施,切实解决农业科技服务工作体系薄弱的问题,突破这一制约现代农业发展和农民持续增收的瓶颈。五要进一步加大农村改革力度。积极推进以促进农村土地流转为重点的农村改革,加强农民经济合作组织建设,加强农业技术服务推广体系建设。六要努力推进农村民生的不断改善。着力推进农村生态建设,做好农村环境保护工作,加快农村公共事业的发展。(3)听取审议并通过了市政府副市长邢凯作的关于《沈阳市生态市建设总体规划》修编情况的报告。为确保规划目标按期完成,常委会组成人员提出以下意见和建议:一要加强组织领导,强化目标责任落实。市政府要加强创建工作组织领导,依据国家生态市标准和《总体规划》目标,进一步明确工作责任,落实各阶段创建目标。二要建立多元投资融资体制,保障生态市建设资金投入到位。各级政府要积极采取措施,按照“政府引导、政策支持、市场运作、全民参与”的要求,通过明晰所有权、放开建设权、搞活经营权,吸引各种资本参与生态市项目建设,逐步形成多渠道、多元化的投资融资体制。三要加强农村环境基础设施建设,保障设施正常运行。要把生态市创建工作和新农村建设紧密结合,加强污水、垃圾处理等基础设施建设,努力改善农村生产生活条件,全面提升农村生态环境水平。四要加大宣传工作力度,动员全社会力量积极参与生态市创建工作。要充分利用报刊、广播、网络和电视等媒体对生态市创建工作进行广泛深入的宣传。(4)听取审议了市政府关于《2009年全市及市本级预算调整方案》,通过了市人大常委会《关于批准2009年全市及市本级预算调整方案的决议》。(5)听取审议并通过了市人大财政经济委员会副主任委员张利作的关于市十四届人大二次会议主席团交付审议的《关于加快东北区域金融中心核心功能区建设的议案》审议结果的报告、市人大财政经济委员会主任委员张继良作的关于市十四届人大二次会议主席团交付审议的《关于整合物流资源,树立一盘棋思想,全力打造东北亚国际物流中心的议案》审议结果的报告、市人大农业与农村委员会副主任委员冯振和作的关于市十四届人大二次会议主席团交付审议的《关于加快基层公益性农技推广机构建设的议案》审议结果的报告、市人大环境与资源保护城乡建设委员会副主任委员陈苏玉作的关于市十四届人大二次会议主席团交付审议的《关于改造城市排水系统,实施雨污分流,提高污水集中处理能力的议案》等议案审议结果的报告、市人大环境与资源保护城乡建设委员会副主任委员马广文作的关于市十四届人大二次会议主席团交付审议的《关于加强北陵公园等城市公园管理的议案》等议案审议结果的报告。(6)进行了人事任免事项。决定免去:李荣玺的沈阳市体育局局长职务。决定任命:徐兴家为沈阳市体育局局长。还任免了一批审判人员和检察人员。

(胡士俊)

【第十四届人民代表大会常务委员会第十一次会议】 沈阳市第十四届人民代表大会常务委员会第十一次会议于2009年6月29日至30日举行。(1)审议《沈阳市防御雷电灾害条例(草案)》(二审)。提交二审的《沈阳市防御雷电灾害条例(草案)》充分采纳了组成人员一审时提出的意见和建议,《条例(草案)》更加科学、合理。(2)审议并通过了《沈阳历史文化名城保护条例(草案)》、《沈阳市人民代表大会关于代表建议、批评和意见的规定(修订草案)》和《沈阳市人民代表大会常务委员会人事任免办法(修订草案)》。(3)听取审议并通过了市政府副市长王玲作的关于贯彻实施《中华人民共和国职业教育法》情况的报告。常委会组成人员提出以下意见和建议:一要切实加强对职业教育的领导。大力宣传职业教育的地位和作用,转变“重普通教育、轻职业教育,重学历型人才、轻技能型人才”的观念。二要建立职业教育经费保障机制。用足用好国家扩大内需的各项政策,争取更多的财政投入,切实解决职业教育经费不足的问题。三要加强职业学校教师队伍建设。把加强“双师型”教师队伍建设作为发展职业教育的重点,拓宽面向社会招聘专业技术人才的渠道,对职业学校急需的高技能人才,应放宽年龄、专业、学历等条件限制,鼓励专业技术人才到职业学校任教。四要深化职业教育的教学改革。科学合理地设置专业,加强骨干专业、品牌专业、特色专业建设。五要推进校企合作。建立完善行业企业主动参与职业教育的激励和保障机制,制定出台鼓励校企合作的政策措施,引导行业企业在职业学校培养目标制定、专业设置、实习实训基地建设等方面发挥作用。(4)听取审议并通过了市政府副市长戴均良作的关于贯彻实施《宗教事务条例》和《辽宁省宗教事务条例》情况的报告。常委会组成人员提出以下意见和建议:一要加大宣传力度,切实提高各级政府和广大干部对做好新形势下宗教工作重要性的认识。二要依法强化管理,不断完善宗教工作管理体制和机制。结合宗教工作实际,借鉴外省市宗教工作经验,合理设置区、县(市)宗教工作机构,进一步理顺基层宗教事务管理体制。三要认真落实党的宗教政策,妥善处理宗教方面的有关问题。坚持"保护合法、制止非法、抵御渗透、打击犯罪"的党的宗教工作原则,依法加大对宗教活动场所的管理力度,规范宗教活动秩序;妥善处理宗教界人士普遍关心的社会保障、房产遗留等问题,切实维护宗教界的合法权益。四要注重"积极引导",充分发挥宗教界人士和信教群众在促进经济社会发展中的积极作用。不断拓展"积极引导"的途径,鼓励和支持宗教界发扬爱国爱教、团结进步、服务社会的优良传统,始终与党和政府同心同德,充分发挥他们在促进经济社会全面协调发展中的积极作用。(5)进行了人事任免事项。任命:刘伟为沈阳市中级人民法院副院长、审判委员会委员、审判员;王武范为沈阳市中级人民法院副院长、审判委员会委员、审判员;曲阿翔、杨洪斌为沈阳市中级人民法院审判委员会委员;宋丽君为沈阳高新技术产业开发区人民法院院长;王勇为沈阳市人民检察院副检察长。免去:安锦荣的沈阳市中级人民法院副院长、审判委员会委员职务。(6)补选了沈阳市出席辽宁省第十一届人民代表大会代表。补选关锡友、牟景旭、何西斋为沈阳市出席辽宁省第十一届人民代表大会代表,人事工委要按照有关规定及时上报省人大代表资格审查委员会。

(胡士俊)

【第十四届人民代表大会常务委员会第十二次会议】 沈阳市第十四届人民代表大会常务委员会第十二次会议于2009年7月23日至24日举行。(1)审议并通过了《沈阳市防御雷电灾害条例(草案)》。《沈阳市防御雷电灾害条例(草案)》,历经常委会会议三次审议,本次常委会会议表决通过。(2)审议并通过了《沈阳市人大常委会关于进一步加强市人大代表工作的意见(草)》。(3)听取审议了市发展和改革委员会主任彭林受市政府委托所作的《关于沈阳市2009年上半年国民经济和社会发展计划执行情况的报告》。常委会组成人员建议:一要认真研判把握经济形势。加强国内外宏观经济形势研究,密切关注各种不确定性因素的变化,不断增强工作的主动性、前瞻性和预见性,抓住经济企稳回升的有利时机,统筹兼顾,突出重点,突破难点,确保完成全年经济社会发展目标和任务。二要全力扶持工业发展。结合贯彻实施国家"十大产业调整和振兴规划",推动优势产业进一步做大做强;切实帮助企业解决制约发展的实际困难和问题,推动重点骨干企业加快发展;围绕重点企业和产品本地化配套,加快工业园区建设,搞好产业园区与重点企业配套衔接;继续做好沈阳经济区新型工业化道路国家综合配套改革试验区的申报工作。三要推动县域经济快速发展。加快农村产业结构调整步伐,在巩固农业生产基础上,提高二、三产业比重;创新农村发展方式,大力推进高效特色农业和设施农业的规模化、专业化、基地化;抓好重大项目建设,用项目支撑县域经济发展;加快推进城市工业向县域转移工作,抓好农村工业园区和产业集群建设。四要大力发展现代服务业。加快现代服务业聚集区建设,重点发展现代物流、连锁经营、工业设计、工程咨询、软件服务外包等生产性服务业和总部经济;加快沈阳保税物流中心建设,打造东北亚国际物流中心;加快沈阳金融商贸开发区建设,做好申报国家级开发区相关工作,努力建设东北区域金融中心。五要促进房地产业健康发展。加大协调力度,盘活和消化存量土地,提高土地出让效益;合理引导房地产市场,加快热点地区的楼盘开发,保证合理户型供给,满足市场需求;有效解决住宅小区配套设施建设滞后问题,切实搞好新建住宅小区社会化服务设施建设,促进房地产销售,繁荣房地产市场。六要确保完成城建重点工程。本着统筹兼顾,突出重点,有保有压的原则,优先保证已经启动和开工建设的项目、国家和地方共建项目及重点民生工程项目。七要着力改善民生。落实好促进就业和创业的各项政策措施,全面推进就业和再就业。加大对困难群体帮扶救助工作力度,认真做好保障性住房建设、低收入困难家庭购买经济适用房补贴等相关救助、帮扶、保障工作。(4)听取审议了市财政局局长陈勇受市政府受托所作的《关于沈阳市2008年市本级决算和2009年上半年全市预算执行情况的报告》。常委会组成人员提出如下建议:一要强化收入征管,加强财源建设。要继续加强税源建设,加强对税源的培植、服务和管理,进一步夯实财政收入基础,促进财政收入持续稳定增长;加强对重点税源的监控,严厉打击偷漏税行为,做到应收尽收;加大非税收入征管力度,确保非税收入及时足额上缴财政。二要合理安排财政支出,确保预算平衡。要按照"一要吃饭、二要建设"的原则和"保运转、保民生、保稳定、保重点"的总体要求,确保预算平衡。三要严格预算执行,加强预算管理。财政预算一经人大批准,必须严格执行。预算执行中需要调整的,要按照法定程序提请市人大常委会审查和批准。四要加强政府性债务管理,防范债务风险。要加强政府债务管理,提高债务资金使用效益;要科学测算财政偿债能力,合理确定债务规模,使政府债务规模与本地区国民经济发展和可支配财力相适应,重大政府债务举借,应提请同级人大常委会审查批准。五要加强专项资金管理,提高资金使用效益。建立专项资金使用责任制度和考核机制,防止专项资金被挤占、挪用、闲置、滞留,财政和审计部门要加强对专项资金使用情况的监督,提高专项资金使用效益。六要加强国有资产管理,防止国有资产流失。建立健全国有资产使用管理制度,防止国有资产流失,实现国有资产保值增值。(5)听取审议了市审计局局长毕华峰受市政府委托所作的《关于2008年度沈阳市本级预算执行和其他财政收支的审计工作报告》。为了进一步加强预算执行和其他财政收支的审计工作,不断提高财政资金的使用效益,常委会组成人员提出如下建议:一要加强预算执行审计,不断提高审计监督水平。要依据《审计法》和《监督法》的有关规定,按照真实、合法和效益的要求,进一步加大对本级预算执行情况的审计监督力度，确保预算严格执行。二要加强重点项目审计监督，确保资金安全有效使用。要继续加大对重点领域、重点部门、重大投资项目的审计监督力度，把工程建设规模较大、财政性资金投入较多、社会各界关注度高、群众关心的重大建设项目和固定资产投资作为审计工作重点。三要加强民生保障资金审计监督，切实维护群众利益。要进一步强化对“三农”、社会保障、公共卫生、就业再就业等民生类项目资金的专项审计，认真开展对各项惠民政策措施落实情况的监督检查，切实维护好人民群众的利益。四要推进经济责任审计，强化对权力的监督和制约。进一步拓展经济责任审计领域，加强对重点部门和单位领导干部的经济责任审计。五要重视审计问题整改，进一步完善制度建设。(6)听取审议了市政府副秘书长田家受市政府委托所作的《沈阳市人民政府关于市十四届人大二次会议以来代表建议、批评和意见办理情况的报告》，审议了《沈阳市中级人民法院关于市十四届人大二次会议以来代表建议、批评和意见办理情况的报告(书面)》和《沈阳市人民检察院关于市十四届人大二次会议以来代表建议、批评和意见办理情况的报告(书面)》。为了进一步做好“一府两院”对代表建议、批评和意见办理工作，常委会组成人员建议“一府两院”要从全面落实科学发展观和“保增长、保民生、保稳定”工作大局出发，充分认识办理代表建议工作的重要性，进一步深化办理工作；抓紧做好尚未办复建议的办理工作，确保在法律规定的时限内办复；做好对列入计划办理建议的跟踪督办工作，在下一年要向市人大常委会报告办理情况；加强综合协调，通过召开现场会等形式，推进代表建议的办理和落实；进一步完善工作举措，形成长效机制，着力提高办复率、解决率和满意率，提高办理工作的水平和实效，以更加扎实、更为规范的办理工作，促进依法行政、公正司法，让群众受益，让代表满意。

(胡士俊)

【第十四届人民代表大会常务委员会第十三次会议】 沈阳市第十四届人民代表大会常务委员会第十三次会议于2009年8月27日举行。(1)审议了《沈阳市专利促进和保护条例(草案)》。提交二审的《沈阳专利促进和保护条例(草案)》充分采纳了一审时组成人员提出的意见和建议，《条例(草案)》更加科学、合理。审议过程中，常委会组成人员对条例(草案)提出了许多修改意见和建议。(2)听取、审议了邢凯副市长代表市政府作的《关于我市辽河流域水污染治理工作情况的报告》。常委会组成人员提出以下意见和建议：一要加大筹资力度，加快污水处理厂及配套管网建设。二要加大污水处理费征收力度，研究制定污水处理厂有效运行机制。三要提高中水利用率，逐步实现雨污分流。科学规划污水处理厂建设布局，注重小节点、小区域适用型污水处理厂建设工作。四要加强对重点染污源监管，加大农村面源污染整治力度。要加大对重点污染企业监督力度，加快污染企业搬迁工作进度；对现存的高污染项目，抓紧做好改造升级和转产关停工作，对新上项目，要严把审批关，杜绝“先上马再治理”现象；将农村面源污染治理纳入整体规划，强化农村面源污染防治工作。五要做好迎接环境保护部际联席会议暨重点流域水染污防治专题会议的相关准备工作。(3)听取、审议了副市级干部、市公安局局长许文有作的关于加强社会治安管理，推进平安沈阳建设情况的报告。常委会组成人员提出以下意见和建议：一要继续保持打击防范的高压态势，维护社会治安稳定。公安机关要重视重特大案件特别是命案侦破工作，坚决遏制刑事犯罪多发势头。加大“打黑除恶”、打击“两抢一盗”的工作力度，努力形成长效机制。二要全面落实社会治安综合治理的各项举措，着力推进社会治安防控体系建设。要积极构建专群结合、打防结合、人防物防技防措施完善的社会治安防控网络，进一步建立完善社会治安管理的协调联动机制。三要着眼于提高人民群众安全感指数，切实抓好公安机关基层基础建设。要把工作重点放在基层，力争用3年至5年时间，规划建设好标准化的基层派出所。四要更加重视和支持公安工作，努力为公安机关履行职责创造有利条件。市财政要加大对“平安沈阳”建设的投入，将相关项目建设经费纳入财政预算，给予必要保障。(4)听取审议了市人大常委会秘书长张宁作的市人大常委会执法检查组关于检查实施《中华人民共和国农民专业合作社法》情况的报告。根据市人大常委会2009年工作要点安排，7月9日至10日，市人大常委会对贯彻实施《农民专业合作社法》情况进行了执法检查。从检查总体情况看，《农民专业合作社法》得到了认真的贯彻落实，农民专业合作社呈现出迅速发展的良好态势，涌现了一批典型示范社，在农村改革发展中发挥了重要作用。(5)进行了人事任免事项，任免了一批审判人员和检察人员。

(胡士俊)

【第十四届人民代表大会常务委员会第十四次会议】 沈阳市第十四届人民代表大会常务委员会第十四次会议于2009年9月19日举行。会议审议通过了市政府有关人事任免事项。决定任命：王洪涛为沈阳市经济和信息化委员会主任；刘健为沈阳市民政局局长；冯连旗为沈阳市人力资源和社会保障局局长；陈弘为沈阳市中小企业局局长；张士勇为沈阳市服务业委员会主任；谢石为沈阳市文化广电新闻出版局局长；陈建智为沈阳市安全生产监督管理局局长；李宏吉为沈阳市政府法制办公室主任；王勇进为沈阳市人民防空办公室主任。决定免去：戴均良的沈阳市政府副市长职务；赵世宏的沈阳市经济委员会主任职务；张颖的沈阳市民政局局长职务；冯连旗的沈阳市人事局局长职务；刘健的沈阳市劳动和社会保障局局长职务；杨洪峰的沈阳市信息产业局局长职务；王洪涛的沈阳市中小企业局局长职务；刘祥的沈阳市商业局局长职务；谢石的沈阳市文化局局长职务；于连胜的沈阳市广播电视局局长职务；陈永祥的沈阳市动物卫生监督管理局局长职务。

(胡士俊)

【第十四届人民代表大会常务委员会第十五次会议】 沈阳市第十四届人民代表大会常务委员会第十五次会议于2009年11月10日举行。(1)会议审议并通过了《沈阳市专利促进条例(草案)》、《沈阳市公路路政管理条例修正案(草案)》和《沈阳市城市房产管理条例废止案》。(2)听取审议并通过了市政府副秘书长陈小平作的《关于加快东北区域金融中心核心功能区建设的议案》办理情况的报告。为进一步做好议案办理工作，常委会组成人员建议：一要进一步完善金融产业发展规划。结合沈阳市金融业发展的实际和经济社会发展的需要，借鉴国内外先进经验，突出金融产业发展重点和特色，进一步完善全市金融产业发展总体规划及区域性票据业务中心、资金结算中心、产权交易中心等九大中心具体规划，统筹发展资源，科学合理布局，引导金融业态向沈阳金融商贸开发区有效聚集。二要积极做好创建全国优化金融生态综合实验区和申报国家级金融开发区工作。积极推进沈阳金融商贸开发区晋升为国家战略，努力争取把沈阳建设成为东北区域金融中心纳入国家“十二五”发展规划。三要努力促进金融资本与产业资本有效融合。积极引进国内外金融机构，加快推进金融产业重大项目建设。巩固扩大金融要素市场建设成果，引导企业不断创新金融产品，拓展金融服务领域，促进金融资本与产业资本的有效融合，形成金融业集聚程度高、辐射带动能力强、与其他产业协同发展的新格局。四要加快推进基础设施建设。要将沈阳金融商贸开发区重大基础设施建设项目列入城建计划，保证投入、加快进度，为金融产业聚集提供必备的条件。五要加强金融生态环境建设。坚持市场主导与政府推动相结合，进一步加大政府对金融商贸开发区的支持力度，大力改善金融生态环境，推进信用体系以及金融软环境建设，维护金融稳定和安全。(3)听取审议并通过了市政府副秘书长刘祥作的《关于整合物流资源，树立一盘棋思想，全力打造东北亚国际物流中心的议案》办理情况的报告。为进一步做好议案办理工作，常委会组成人员建议：一要完善发展规划编制工作。尽快完成东北亚国际物流中心建设发展规划的编制工作，进一步明确发展思路，确定近期、中期和远期发展目标、建设内容，规范东北亚国际物流中心的建设。二要加快基础设施建设。加快推进保税物流中心基础设施建设，尤其是铁路、公路交通网络和物联网建设，不断增强聚集和分拨功能。三要强化招商引资工作。大力引进并加快推进物流领域重点项目建设，吸引更多企业进入沈阳保税物流中心开展保税业务，积极寻求战略合作伙伴，共同投资开发建设东北亚国际物流中心。四要继续加大资金扶持力度。加大对东北亚国际物流中心基础设施和重点项目建设的资金扶持力度，对符合财政资金支持的项目应优先安排，重点支持，加快东北亚国际物流中心的建设步伐。(4)听取审议并通过了市政府副秘书长公维伦作的《关于加快基层公益性农技推广机构建设的议案》办理情况的报告。为进一步做好议案办理工作，常委会组织人员建议：一要继续把基层农技推广机构建设列为全市涉农工作的重要内容。着眼农业和农村经济发展需要，以满足农民的科技和市场服务需求为出发点，以对农民科技服务和市场服务的成效为检验标准，采取切实可行的有效措施，逐步建立健全运行高效、服务到位、让农民满意的基层农技推广机构。二要切实把农技推广中心站建设抓实抓好。坚持公益性定位，在人员编制、财政经费、服务条件等方面加大支持保障力度，确保基层农技推广机构有效履行职能。尤其要抓好农技推广人员队伍建设。三要进一步完善农业技术推广服务体系建设。从创新运行机制、发挥科研单位作用、扶持专业合作组织发展等方面入手，不断完善农技推广服务体系。(5)听取审议并通过了市政府副秘书长陈荣礼作的《关于加强北陵公园等城市公园管理的议案》、《关于对北陵公园加强管理和保护的议案》办理情况的报告。为了进一步做好城市公园的管理工作，常委会组成人员建议：一要尽快出台《沈阳市城市公园管理办法》。以政府规章的形式，对公园建设、保护和管理认真加以规范，提高公园建设管理工作的规范化、法制化水平。二要加大对城市公园管理的投入。三要加强对北陵公园等城市公园的长效管理。建立城市公园长效管理机制，努力实现公园的常态化管理，使城市公园得到有效的维护和管理。四要搞好城市公园建设规划。搞好新城区的公园建设规划，对新建住宅小区严格执行公园绿地配建标准，新建一批富有文化内涵，提升城市形象的城市公园，改善市民生活环境。(6)进行了人事任免事项，任免了一批审判人员和检察人员。

(胡士俊)

【第十四届人民代表大会常务委员会第十六次会议】 沈阳市第十四届人民代表大会常务委员会第十六次会议于2009年12月10日举行。(1)审议并通过了《沈阳市人民代表大会常务委员会关于召开沈阳市第十四届人民代表大会第三次会议的决定》。会议决定：沈阳市第十四届人民代表大会第三次会议于2010年1月12日召开。建议会议审议的主要事项是：听取和审议沈阳市人民政府工作报告；审查和批准沈阳市2009年国民经济和社会发展计划执行情况与2010年国民经济和社会发展计划草案的报告；批准沈阳市2010年国民经济和社会发展计划；审查和批准沈阳市2009年预算执行情况和2010年预算草案的报告；批准沈阳市2010年市本级预算；听取和审议沈阳市人民代表大会常务委员会工作报告；听取和审议沈阳市中级人民法院工作报告；听取和审议沈阳市人民检察院工作报告；其他。(2)审议并原则通过了市人大常委会向市十四届人大三次会议所作的工作报告(草)(以下简称《工作报告(草)》)。(3)听取审议了市人大常委会秘书长张宁作的市人大常委会执法检查组关于检查贯彻实施《中华人民共和国水污染防治法》情况的报告。(4)听取审议并通过了副市长邢凯作的《关于改造城市排水系统，实施雨污分流，提高污水集中处理能力的议案》、《关于新建住宅小区应实施雨水污水双管线设计的议案》、《关于沈阳市应对市内老排水管线进行雨水污水分流改造的前期调研和可行性论证工作的议案》办理情况的报告。(5)听取审议了市政府关于提请审议2009年全市及市本级预算调整方案(草案)的议案，通过了市人大常委会关于批准2009年市本级预算调整方案的决议。(6)审议市政府关于《2008年度沈阳市本级预算执行和其他财政收支审计工作的报告》提出问题整改情况的报告(书面)。为进一步加强审计监督工作，常委会组成人员建议：一要加强审计工作领导，不断提高审计监督水平。市政府要高度重视审计工作，支持审计部门依法开展审计，充分发挥审计监督的职能作用。二要充分运用审计结果，切实提高财政管理水平。对屡审屡犯的单位和反复出现的问题，要从体制和机制上研究治本之策，防止类似问题的再次发生。三要突出审计重点，强化预算执行审计。加大对预算执行的审计监督力度，确保预算严格执行，增强预算的约束力。四要巩固审计整改成果，全面完成整改任务。加强对审计整改的跟踪检查，加大整改督办工作力度，巩固审计整改成果。(7)听取审议了市政府和市法院关于市十四届人大二次会议以来代表建议、批评和意见办理情况的报告。常委会组成人员建议：一要对办理人大代表建议工作高度重视，紧紧围绕解决实际问题这个核心，加大工作力度，着力提高建议解决率和代表满意率；二要强化综合协调和跟踪督办，推进涉及部门多、办理难度大和列入计划解决的建议的办理；三要进一步加强办理代表建议工作人员队伍建设，抓好代表建议转办环节之间的衔接，不断提高办理工作水平；四要充分利用市十四届人大三次会议召开前的这段时间，对全年代表建议办理工作进行认真梳理，对尚未办理的要抓紧办理，确保高质量地完成办理任务，让群众受益，让代表满意。

（胡士俊）

【第十四届人民代表大会常务委员会第十七次会议】 沈阳市第十四届人民代表大会常务委员会第十七次会议于2009年12月29日举行。（1）审议通过了沈阳市第十四届人民代表大会第三次会议议程（草案）和日程（草案）。会议议程（草案）：听取和审议沈阳市人民政府工作报告；审查和批准沈阳市2009年国民经济和社会发展计划执行情况与2010年国民经济和社会发展计划草案的报告，批准沈阳市2010年国民经济和社会发展计划；审查和批准沈阳市2009年预算执行情况及2010年预算草案的报告，批准沈阳市2010年市本级预算；听取和审议沈阳市人民代表大会常务委员会工作报告；听取和审议沈阳市中级人民法院工作报告；听取和审议沈阳市人民检察院工作报告；选举事项。（2）听取了市人大常委会副秘书长、办公厅主任李志伟作的关于沈阳市第十四届人民代表大会第三次会议筹备工作情况的报告。（3）审议通过了沈阳市第十四届人民代表大会第三次会议主席团和秘书长、主席团常务主席、副秘书长及列席人员建议名单。（4）听取审议了市人大常委会副主任连加诚作的关于市十四届人大常委会代表资格审查委员会关于代表变动和补选代表的代表资格审查报告。沈阳市第十四届人民代表大会代表名额为509名，2009年1月召开第二次代表大会时，实有代表508名。二次会议以来，代表出缺9名。根据有关法律规定，最近，和平区、皇姑区、东陵区、于洪区、法库县、康平县和沈阳驻军补选代表8名：刘晓先、胡清泉、刘斌、赵世宏、王淑娥、何忠良、赵连渤、马温元，经市十四届人大常委会代表资格审查委员会审查，刘晓先等8名代表资格有效。现在沈阳市第十四届人民代表大会实有代表507名。（5）审议通过了关于接受季建中、张士勇同志辞去辽宁省第十一届人民代表大会代表职务请求的决定。（6）补选陈超英、赵世宏、赵国红、徐凤翔、戴贺臣5名同志为沈阳市出席辽宁省第十一届人民代表大会代表，选举结果将报省人大常委会代表资格审查委员会审查。

（胡士俊）

【积极推进地方立法】 2009年，市人大常委会从全市经济社会发展需要和人民群众的愿望出发，突出急需为先，注重管用有效，不断推进地方立法的科学化、民主化。在立法工作中，坚持科学选择立法项目，实行正式项目、预备项目和调研项目相结合的立法滚动计划制度，并通过公开征集立法项目、公布法规草案、聘任立法顾问、组织立法座谈和专家论证等方法措施，广泛听取各方面意见，扩大了公民对立法工作的有序参与。坚持从实际出发，注重体现地方特色，努力在反映本行政区域特殊情况和实际需要上下工夫，增强了地方性法规的针对性和可操作性，发挥了地方立法对经济社会发展的保障和促进作用。全年共完成9件立法项目，其中制定3件，修正1件，废止5件。为使历史文化名城保护更加有法可依，制定了《沈阳历史文化名城保护条例》，对历史文化名城保护的规划、内容、措施和法律责任做了明确规定。为了提高全市防灾减灾水平，保障人民群众生命财产安全，制定了《沈阳市防御雷电灾害条例》，从管理体制、执法主体、监测预警和风险评估等方面做出了具体规定。为了鼓励和保护发明创造，推动自主创新，制定了《沈阳市专利促进条例》，对专利创造、运用、保护、管理等重点环节做出了明确规范。坚持立、改、废并重，开展了地方性法规清理工作，修正了《沈阳市公路路政管理条例》，废止了《沈阳市个体工商户条例》等5部地方性法规，使地方性法规更加符合科学发展的实际需要，维护了法制统一。

（胡士俊）

【增强监督实效】 2009年，市人大常委会在监督工作中坚持围绕中心、服务大局，以推进保增长、保民生、保稳定为重点，综合运用多种监督形式，加大监督工作力度，促进了“一府两院”依法行政和公正司法。以保增长为主题，加强了对经济工作的监督。面对国际金融危机的严峻挑战，根据市委保增长的总体部署，常委会先后开展了两次集中调研活动，既推动全市保增长举措的加快落实，也为有效开展监督工作奠定了基础。为了推进落实工业发展举措，多次听取全市工业经济运行情况的汇报，并组织开展对铁西装备制造业聚集区、重点工业企业和工业园区、高新技术产业以及地铁装备产业化等有关情况的调研视察，针对工业经济运行中的问题，就做大做强优势企业、加强基础设施配套、健全社会化服务体系、加大公共研发投入、扩大本地成套配套等方面提出了意见建议，促进政府对工业发展给予更大关注，保持工业经济增长势头。常委会还组织代表在十届全国人大二次会议上提出“支持沈阳经济区申报国家新型工业化综合配套改革试验区的建议”，得到国家有关部委采纳，相关申报工作正在积极推进。（1）为了推进“三农”工作，听取审议了加快农村改革发展情况的报告，就调整农村产业结构、推进综合改革、加强市场体系建设、拓宽农民增收途径等方面提出意见建议，督促政府进一步落实好强农惠农的各项措施。为推动农业产业化发展，提高农民组织化程度，在认真组织相关工作视察的基础上，对贯彻实施农民专业合作社法的情况进行了执法检查，就扩大规模、丰富形式、规范运营、增强带动力等问题提出了具体意见建议，对推动农民共同致富发挥了积极作用。常委会还对林权制度改革、春耕生产和防汛等工作进行了视察，听取审议了基层农技推广机构建设的议案办理情况报告，促进农业科技服务体系的加快完善。（2）加强了对计划和预算执行情况的监督，听取审议了2009年上半年计划和预算执行情况的报告，2008年决算和审计工作报告，批准了2008年市本级决算和2009年预算调整方案，对市本级50个部门预算进行了审查。在监督工作中，坚持日常监督与会议审查相结合，听取了农业专项资金安排使用情况汇报，对财税、金融等相关情况进行了调研，针对预算执行中的问题，促进政府提高专项资金使用效益，合理安排财政支出，严肃执行部门预算，不断提高依法理财水平。针对审计工作报告提出的问题，常委会加强了跟踪督办，听取审议了审计问题整改情况的报告，督促政府以落实责任追究制度、解决屡审屡犯等问题为重点，认真进行整改。(3)着力推进依法行政和公正司法，加强了对法律法规实施情况的监督。为推进职业教育事业发展，听取了贯彻实施职业教育法的情况报告；为推动政府依法加强宗教事务管理，听取了贯彻实施国务院和省宗教事务条例的情况报告。此外，还听取了贯彻实施农业法、人口与计划生育法、省旅游条例的情况汇报，配合全国和省人大常委会对工会法、土地法、省旅游条例的贯彻实施情况进行了检查，对政府提报的规章进行了备案审查。(4)为了推动解决申诉难、执行难问题，听取了“两院”贯彻实施民事诉讼法情况的汇报，促进“两院”进一步加强司法救济、畅通申诉渠道，努力实现司法为民和公正司法。对“两院”工作开展了调研视察，组织市、区人大代表旁听了110件两级法院审理的案件，对170名法官、13名检察官开展了评议监督，对促进“两院”提高办案质量、增强司法公信力发挥了重要作用。常委会还高度重视群众诉求，共受理群众来信来访4316件次，加强对重点信访案件督办工作，使群众反映的一些突出问题依法按政策得到了处理和解决。(5)着力推进解决人民群众普遍关注的问题，加强了对改善民生工作的监督。听取了养老和医疗保险体系建设、发展老龄事业、解决城市低收入家庭住房困难工作的情况汇报，针对群众关注的新型农村合作医疗、职业教育发展等问题开展了工作视察。为了推进解决看病难问题，对6所重点医院改扩建工程实施了连续跟踪监督，督促政府确保及时兑现向群众所做的承诺。为创造平安和谐的社会环境，增强人民群众的安全感，对平安沈阳建设情况进行了视察，听取审议了加强社会治安管理、推进“平安沈阳”建设的专项报告，推动社会治安综合治理举措的落实。(6)围绕推进城市的可持续发展，加强了对城市建设管理以及污染整治工作的监督。听取了城乡规划法实施情况的汇报，推动政府认真解决规划管理中的突出问题，提高城乡规划整体管理水平。对金廊、地铁等城建项目进行了视察，推进重点城建项目的加快建设。

（胡士俊）

【审议决定重大事项】 2009年，市人大常委会对全市经济社会发展中带有全局性、长远性和人民群众普遍关注的计划和预算执行、地方政府债券发行、生态环境建设、重点民生工程、农村改革发展等方面的重大事项，及时纳入审议议题，依法进行了审议。为了保证和促进全市重大决策的贯彻实施，先后就沈阳经济区建设、铁西装备制造业聚集区建设、发展新兴产业、建设东北区域金融中心核心功能区等事关沈阳市长远发展的重大问题，深入开展调研视察，并坚持把讨论决定重大事项与开展监督工作有机结合起来，进一步提高了常委会工作的实效性。

（胡士俊）

【加强和改进人事任免工作】 2009年，市人大常委会在行使人事任免权方面，始终坚持党管干部和人大依法任免相统一的原则，严格人事任免工作的法定程序，认真落实组成人员在干部任用上的知情权，对人事任免办法进行了修订，使人事任免工作更加规范有序，保证了人事任免权的正确行使。全年共依法任免了86名国家机关工作人员，为“一府两院”开展工作提供了组织保证。探索推进了对依法任命人员的任后监督工作，健全了任后监督工作机制，提高了人事任免工作水平。

（胡士俊）

【充分发挥代表主体作用】 2009年，市人大常委会在认真总结人大代表工作实践的基础上，召开了全市人大代表工作会议，总结交流了工作经验，对当前和今后一个时期的代表工作进行了全面部署，制定了《沈阳市人大常委会关于进一步加强市人大代表工作的意见》，提出了保障代表知情知政、支持代表依法履职、提高代表议案建议质量等8方面29条举措，对调动代表履职积极性，优化代表履职环境，推动全市代表工作的创新发展，起到了重要的指导推动作用。(1)为充分发挥人大代表在服务保增长、保民生、保稳定工作大局中的应有作用，增强代表闭会期间活动实效，组织全市人大代表开展了“深入调研，为沈阳科学发展献良策；深入基层，为保增长促和谐解难题；深入走访，为人民群众办实事”活动。这项活动得到了全体市人大代表的积极响应和踊跃参与，共进行实地调研189次，提出了541条建议，走访群众559次，推动解决了694件事关群众切身利益的实事。“三深入”活动激发了全体代表的履职热情，在社会及人民群众中产生了良好反响，既为代表闭会期间活动搭建了新平台，也展示了人大代表在助推全市振兴发展中的新作为。(2)为加强代表议案建议的办理工作，推进议案建议的落实，常委会对市十四届人大二次会议主席团交付的加快东北区域金融中心核心功能区建设、打造东北亚国际物流中心等五个方面的8件议案，进行了认真审议，并围绕议案办理组织了视察和专项检查，听取了市政府关于议案办理情况的报告，并通过办理工作现场会、请领衔代表参加督办等形式，加强了督办工作。对市人大代表提出的847件建议，实施了主任会议组成人员重点督办、跟踪督办等多种办法，督促政府对正在解决或列入计划逐步解决的代表建议，采取“二次办理”、“回头看”等措施进行连续承办。经过各方面的共同努力，现在代表建议已经解决或基本解决了588件，占69.5%；列入计划解决的213件，占25.1%；因政策或客观条件所限暂不能解决、并已向代表说明的46件，占5.4%，代表反映集中、群众普遍关注的一些重点工作和难点问题得到了推进和解决。(3)为提高代表依法履职能力，加强了代表培训工作，通过集中培训、分层培训、以会代训等多种形式，对400多人次市人大代表和80余名省、市人大代表组长进行了培训，并以帮助代表提出高质量议案建议为重点内容，增强了培训的针对性。为使代表更好了解常委会工作，把握全市工作大局，坚持拓宽代表知情悉政渠道，及时向代表通报有关重大事项，扩大了代表对常委会的工作参与，共有90名省、市人大代表列席了常委会会议，360多人次市以上各级人大代表参与了常委会执法检查、工作视察和调研活动。此外，还开展了履职优秀代表和先进代表小组的评选表彰活动，对激励和调动代表依法履职积极性，发挥了促进和引导作用。

（胡士俊）

【加强常委会自身建设】 2009年，市人大常委会按照市委统一部署，深入开展了学习实践科学发展观活动，紧密联系人大工作实际，全面分析查找了常委会及机关思想、工作、作风等方面的问题原因,并进行了认真整改,取得了显著成效。推进了学习型机关建设,结合审议议题,有针对性地加强了理论业务学习,邀请专家学者就人大理论、宏观经济形势以及有关法律法规等内容,先后举办5次专题讲座,增强了理论业务素质。常委会组成人员、各专门委员会和工作机构,进一步转变作风,坚持深入基层群众,认真开展调查研究,共形成41项调研报告,对提高审议质量、增强工作实效发挥了基础作用。加强了制度建设,健全和完善了议事规则、工作制度,在促进常委会工作规范化、程序化和制度化方面有了新的进展。结合新中国成立60周年开展了系列文化活动,展现了人大机关和谐有序、积极有为的良好精神风貌。密切了与区县(市)人大常委会的联系,坚持市与区县(市)人大常委会主任联系会制度,对相关重点工作和重要活动,坚持两级人大协调联动,密切配合,共同推进全市人大工作开展。加强了对内联系与对外交往工作,承办了东北四城市人大常委会主任会议,接待了12个外国城市议会代表团,同12个国家的13个友好城市议会开展了外联和友好交流活动,宣传了沈阳,增进了友谊,促进了合作与交流。

（胡士俊）

沈阳市人民政府

【市政府十八届三次全体(扩大)会议】2009年7月10日,市政府在深入贯彻落实科学发展观,积极应对国际金融危机,全面落实中央保增长一揽子计划并取得初步成效的重要时刻召开了市政府十八届第三次全体会议。会议通报了上半年全市经济运行情况,分析存在问题,研究部署下半年工作,确保实现全年保增长各项目标。会上,市委常委、常务副市长顾春明代表市政府通报了全市上半年经济运行情况,对下半年工作做出了全面部署,要求各地区、各单位认真抓好贯彻落实。

会议认为,年初以来,面对国际金融危机的严重冲击,市委、市政府认真贯彻中央关于保增长的重大决策,按照“出手快、出拳重、措施准、工作实”的总体要求,及时果断出台一系列政策措施,打“组合拳”推动经济发展,取得明显成效。上半年全市地区生产总值实现2054.2亿元,增长14%,形势比预期的要好,主要经济指标高于全国副省级城市平均水平,经济运行继续保持在平稳较快增长区间。

会议指出,全市经济运行中存在的主要问题是:部分经济指标增幅出现回落;利用外资大幅下降、出口明显下滑;税收增长缓慢,财政收支矛盾突出。

会议要求,各级政府和有关部门要增强忧患意识和紧迫感,紧紧抓住保增长这条主线,全面做好扩内需、调结构、重民生、保稳定各项工作,坚定信心,真抓实干,推动全市经济实现平稳较快发展,加速沈阳老工业基地全面振兴。

1.坚定不移地把保增长作为首要任务。一是全面增强内需对经济增长的拉动作用。进一步加大固定资产投资力度。着力抓好投资3000万元以上的1796个重点项目建设,保证当年完成投资2620亿元。积极扩大消费需求。开展家电下乡、汽车下乡等活动。二是保持农业稳定发展。要落实好粮食直补、农资综合补贴等政策,推进商品粮生产基地建设。抓好秋季设施农业建设,确保完成全年新增1万公顷目标。大力发展高效特色农业,加快畜牧业发展。三是推动房地产业平稳健康发展。全面落实活跃房地产市场25条、住房公积金贷款11条以及“押旧买新升级计划”等政策措施,组织好秋、冬季房交会。加大土地储备和拆迁力度,做好金廊沿线、重点产业园区净地储备工作。四是进一步做好财政金融工作。充分发挥基础产业集团等投融资平台作用,鼓励企业上市、发行企业债券和信托产品,拓宽融资渠道,扩大融资规模,确保实现全年新增贷款1500亿元目标。

2.大力推进自主创新,为更长时期又好又快发展奠定基础。发挥科技支撑作用,深入实施IC装备等重大科技专项。加快构建以企业为主体、市场为导向、产学研相结合的科技创新体系,推进科技成果转化。进一步推动企业技术改造、兼并重组和淘汰落后产能。加快高新技术产业集群建设,积极培育创意、动漫、软件服务外包等新兴产业。做大做强优势产业。加快推进三大聚集区建设,依托国家重点工程,提高重大装备国产化水平。加快推进东部汽车产业集群建设,提高配套能力,积极培育汽车产业新的增长点。大力发展现代服务业。包括金融、信息、商贸、现代物流、文化旅游业等,逐步形成以服务业为主导的产业结构,把沈阳打造成为东北地区金融、商贸、物流和休闲旅游中心。大力发展现代农业。加快设施农业、高效特色农业建设,推动农业经济区主导产业升级。进一步深化改革开放。抓好重点领域改革,加快体制机制创新,大力推进企业兼并重组。积极发展非公有制经济和中小企业,鼓励各类投资主体参与老工业基地调整改造,加大对中小企业融资担保力度。加快行政管理体制改革,进一步深化行政审批制度改革,适时启动政府机构改革,深化医药卫生体制改革。进一步扩大对外开放,坚持扩大内需与稳定外需相结合,抓紧推出稳定和扩大利用外资的综合性政策,科学谋划招商引资的重大项目,努力扭转外贸出口下滑局面。切实抓好节能减排。要加强资源节约、环境保护和生态建设。大力发展环保产业、循环经济和绿色经济,积极发展风电、太阳能发电等清洁能源。突出抓好工业、交通、建筑三大领域节能工作,推进节能减排、污染治理重点工程建设。加快城市绿化和水系建设,提高生态环境质量。认真学习借鉴日本川崎经验,积极创建全国环境建设样板城市,促进环境与经济社会的协调可持续发展。加快推进沈阳经济区建设。要充分发挥中心城市的示范辐射作用,加快沈阳经济区建设,实现腹地与沿海良性互动发展。要抓住有利时机,争取国家有关部委支持,做好沈阳经济区新型工业化道路国家综合配套改革试验区申报工作。要加快经济区交通、能源、信息等基础设施建设。

3.切实保障和改善民生。千方百计扩大就业。实施积极的就业政策,坚持扩大就业和稳定就业“两手抓”。严格控制企业规模性裁员。开辟新的就业增长点。继续抓好高校毕业生就业工作。加大就业援助力度,做好零就业家庭等困难群体就业帮扶工作。不断完善覆盖城乡居民的社会保障体系。突出抓好社会保障制度薄弱环节,推进新型农村养老保险制度试点,建立农民工医疗工伤综合保险制度,加快推进大学生参加城镇居民基本医疗保险工作,逐步扩大最低生活保障制度和医疗救助制度的保障范围。完善失业保险制度，逐步提高城乡低保、农村五保等待遇水平，实现城乡统筹、应保尽保。加快保障性住房建设。做好对5.6万户低收入困难家庭购买经济适用房补贴工作，保证补贴资金尽快发放到位。做好为农村贫困家庭建房工作。解决农村人口饮水安全问题。年内要基本完成90万农村人口饮水安全工程建设，让广大农民喝上安全水、放水心。切实办好20件实事。要继续加大工作力度，着力解决存在问题，特别要多渠道筹措资金，确保兑现承诺，取信于民。

4. 全力维护社会和谐稳定。做好涉疆人员稳定工作。各级政府、各部门要切实做好涉疆人员的稳定工作，关心他们的工作、学习和生活，让他们感受到中华民族大家庭的温暖。要强化信息情报工作，密切注意舆情动态，防止境内外敌对势力渗透煽动、散布谣言、策划暴力事件；要加强对重点人员的排查监控，做好重点地区、要害部位的安全保卫工作，完善各种应急预案，切实做好处置突发事件的充分准备。加大信访案件调处力度。要以化解信访疑难积案为重点，明确责任主体，落实领导包案，完善信访制度，畅通诉求渠道，积极预防、妥善处置群体性事件。加强食品药品和生产安全监管。要深入开展食品药品安全专项整治，加强对食品药品生产流通全过程监管，加大重点产品抽查力度，引导企业增强社会责任意识，坚决杜绝不合格产品进入市场。进一步做好甲型H1N1流感防控工作。要切实加强对学校、医院等公共场所的重点防控工作，坚决防止疫情传播；要加强重症病例的救治工作，确保沈阳市不发生死亡病例；要加强口岸检疫检验工作，完善检疫检验措施；积极做好应对疫情的物资储备。强化社会治安综合治理。要加快建立以区县(市)为单位的治安防控体系建设，完善人防、物防、技防措施，加强社会面、居民区、内部单位的巡逻防范，形成严密的治安防控网络，最大限度地预防违法犯罪活动。要依法严厉打击各种刑事犯罪，增强人民群众的安全感，努力建设平安和谐社会环境。

5. 真抓实干确保工作落到实处。各地区、各部门要结合深入学习实践科学发展观活动，进一步转变政府职能，提高办事效率，坚持依法行政，强化公共管理和社会服务。要保持奋发有为的精神状态，切实转变工作作风，深入基层、深入实际，敢于承担责任，敢于接触矛盾，敢于动手解决问题，狠抓各项工作落实。要加强反腐倡廉制度建设。审计部门要集中力量，对保持经济平稳较快发展的重大事项开展全过程跟踪审计，保证中央、省、市各项政策措施的贯彻落实。特别要加强对中央新增投资项目的跟踪审计和监督，切实提高投资效益。要加强对重点领域和关键环节权力运行的监督，健全责任追究和问责机制，建立健全应对重大经济、财政、金融风险的有效监督、预警和应急机制。

(王炜暐)

【建议提案办理】 沈阳市十四届人大二次会议和市政协十三届二次会议以来，市政府共收到市人大代表建议、政协提案1351件，其中人大代表建议810件，政协提案541件，分别交由78个单位办理。市人大常委会主任会议组成人员重点督办的12件建议和市政协主席会议确定由主席亲自督办的24件重点提案的见面率、办复率、满意率均达到100%。从办复结果看，可分为三类：一是代表委员所提问题已经解决或基本解决的有1017件，占已办复件的75.3%；二是代表所提问题列入计划解决的有277件，占已办复件的20.5%；三是代表所提问题因受政策或客观条件所限暂不能解决，已做说明解释的有57件，占已办复件的4.2%。

1. 加强组织领导，严格落实办理工作责任制。市"两会"闭幕后，市政府立即召开常务会议，专题研究建议提案办理工作，李英杰市长明确要求，各级政府和有关部门要深入贯彻落实科学发展观，实行严格的"一把手"负责制，落实建议提案办理长效机制，全面提高办理质量和效率。2月25日，顾春明常务副市长主持召开市政府系统建议提案办理工作会议，要求努力提高办理满意率、解决率。各承办单位将建议提案办理工作作为"一把手工程"纳入了重要议事日程，逐步实现了办理工作的制度化、规范化和程序化。

2. 强化工作措施，努力提高办理工作质量。一是领导高度重视，明确办理工作方向。9月23日市人大常委会、市政府联合召开了议案建议办理工作现场会，实现了代表建议"提"、"办"双方良性互动。二是认真分析调研，增强办理工作的针对性和有效性。三是创新办理方式，提高解决率和满意率。四是加强经常性检查和协调督办，确保办理实效。

3. 紧密联系实际，着力解决和落实建议提案。2009年的建议提案主要集中在积极应对国际金融危机、切实保障和改善民生、加强城市建设和管理等热点难点问题上。市政府要求对能够解决的建议提案，必须尽快落实；对难点问题，必须认真研究，不回避、不应付了事。一年来，按照"件件有着落、事事有结果"的要求，建议提案得到了较好落实。

4. 抓好制度落实，完善办理工作长效机制。一是完善办理制度，将办理工作纳入绩效考核。二是严格执行"三访"要求，规范办理工作程序。三是实施"二次办理"和"回头看"，加大办理工作力度。

5. 转变工作作风，密切与代表委员的经常性联系。年初市"两会"期间，市政府领导积极参加"两会"各项活动，深入各代表团、各界别组与广大代表委员进行交流和沟通，提高了政府决策的科学化、民主化水平。各承办单位按照"三访"制度的要求，坚持"三见面、三反馈、两报告"的工作程序，加强了同代表委员的密切联系，提高了建议提案办理质量和水平。

(张志友)

【为城乡群众办实事】 2009年在国际金融危机影响下，沈阳市财政减收增支因素明显增多、收支矛盾十分突出，市委、市政府在坚持保增长的同时，仍然致力于改善民生，千方百计筹措资金，为城乡群众办实事，而且是自2001年开展办实事活动以来投入最大、事项最多的一年。2009年办实事事项共有20件、48个小项，在各级政府、各部门的共同努力下，在广大群众的积极支持参与下，已基本完成。20件实事是：

一、全年新增实名制就业25万人，城镇登记失业率控制在4.2%以内；加大对零就业家庭、残疾人等11类困难群体的就业援助；确保有就业愿望的困难家庭大学生及残疾人大学生100%实现就业；鼓励和促进高校毕业生、军转干部等8类人员自主创业，年内帮助1000人实现创业。

二、提高全市企业退休人员基本养老金；提高城乡优抚对象生活补助、农村低保和低保边缘户等11类低收入及特殊群体的保障标准。

三、提供购买经济适用住房货币补贴，为城区5.6万户低收入、住房困难家庭解决住房问题；新建住房4500套，让农村低保户、五保户和重点优抚对象等农村贫困群体迁入新居。

四、在5个中心城区各建一所区域性养老中心，新建100个示范性社区老年人日间照料站；新建和改扩建22所农村中心敬老院；新设10个街道阳光之家，对残疾人进行职业康复；在城区推广建立“一号通”老年人应急呼叫系统，为重度残疾人家庭等困难群体和70岁以上的空巢老人免费安装“一号通”应急呼叫器；年内实行70周岁以上老年人免费乘坐城市公交车、未满70周岁老年人半价乘坐公交车优惠。

五、完成规划内农村饮水安全工程，新建农村饮水工程800处，让680个村的90万农民喝上卫生达标的自来水。

六、新增设施农业面积333公顷，特色农业面积3万公顷，畜牧标准化小区320个；加大扶贫开发投入，使贫困地区农民人均纯收入增加700元，惠及41.3万人；新增农村劳动力转移就业5万人。

七、年内清理化解农村义务教育“普九”全部债务；分两年为全市义务教育阶段中小学校所有班级配备一套多媒体教学设备，使中小学校享受现代化远程教育，年内完成总量的50%。

八、分两年完成所有乡镇卫生院标准化建设，年内完成70所；组织社区、乡镇医护人员到上级医院培训、进修，省、市大医院选派200名专家定期到各社区卫生中心坐诊，充分发挥基层医疗服务机构的作用。

九、提高新型农村合作医疗参合农民人均筹资标准，由120元提高到150元以上。

十、建设沈西北边界防风固沙带生态屏障45公里；完成造林2.3万公顷，绿化达标村600个。

十一、为农村公交线路修建候车廊1000个；新增、更新农村校车300台；新建、维修损坏农村公路500公里。

十二、完善“村收集、乡镇中转、区域填埋”的农村垃圾收运处置体系，新建3个卫生无害化垃圾填埋场；新建20个垃圾中转站，垃圾收集覆盖300个村以上。

十三、建设日处理能力80万吨的南部污水处理厂，使城区污水全部得到处理；建设10座农村污水处理厂、30个村镇简易污水处理设施。

十四、编制并实施公交优先的城市规划；在一、二级道路上开辟公交专用线，显著提高公交车通行速度；新开、调整市区30条公交线路，新增、更新500台环保型公交车，消除三环内居民小区不通公交的死角；建设10处环保型公交港湾换乘站，在交通枢纽地区安装500个盲文公交站牌；新建7处行人立体过街设施。

十五、完成1193个旧小区、524万平方米道路和252条、360万平方米小街巷整修改造；实施城市自来水泵站和管网改造工程，改造二次加压泵站164处、管网170公里。

十六、在有条件的居民小区和人群密集的公共场所安装监控摄像头，进一步完善动态视频监控系统，加强“平安城市”建设。

十七、完成市儿童医院改扩建一期工程建设；建设市少年儿童图书馆；继续改造100所公立惠民幼儿园，惠及2万名儿童。

十八、启动建设全民健身中心、艺术中心、博物馆；启动建设旅游集散中心和旅游导示系统等一批公共服务设施。

十九、建设社会保险公共服务平台，统一办理养老、医疗、失业、工伤、生育等“五险”及就业等方面业务。

二十、整合现有市民公共服务资源，在全市设立统一的“市民服务热线”，“一个窗口”受理、解决市民诉求、咨询。

(孙振山)

【行政审批】 2009年，全市审批系统共受理各类审批事项207.7万件，办结205.6万件，办结率99%。全市新注册500万元以上企业1181户，注册资本634.6亿元人民币，同比增长27.4%。全市投资额500万元以上新立项项目1376个，投资总额1508.1亿元人民币，同比增长13.6%。

1.审批流程进一步规范。沈阳市行政审批中心设立了“一窗式”综合受理窗口，对前来办理的审批事项实行集中登记，日均登记审批事项300余件。对现有的《房地产开发流程》、《工商企业设立流程》、《外资企业设立流程》进行了调整，中心审批工作整体提速10%以上。重新修订了《沈阳市行政审批若干规定》，对全市1200余名审批人员展开业务培训，收到较好的效果。

2.审批方式不断创新。全市审批系统积极推行“一审一核”和“一审一验”制度，简化审批环节，提高审批效率，企业登记审批时间比原来缩短了20%。出台了《沈阳市联合审批实施办法》，确定了项目会签、联审会议、联合踏勘、网络联办等工作形式，全市建设工程审批项目，从规划许可到开工，总体审批时限压缩10%。

3.审批网络实现互联互通。全市审批系统不断加强电子政务建设，实现了市区两级审批中心、市区两级审批部门间的资源整合、互联互通和信息共享，并开始建立企业基本信息数据库和企业审批信息库，使申请人信息在政府部门间实现无纸化流转。同时，市行政审批中心网站完成升级，采用内外网数据交换的方式，实现了网上申报、网上查询、网上投诉等功能。

4.服务领域不断扩大。各级审批部门积极参与全市保增长政策措施的制定与落实，出台了支持企业发展的有效举措：放宽市场准入，降低审批门槛，凡重大投资项目不受现行审批程序和时限的限制，快速办理，全年共有126个超亿元建设项目在市行政审批中心通过立项审批，投资总额846.7亿元。市政府在市行政审批中心设立“30条政策措施”服务办公室，累计接待咨询3.3万人次，受理企业申请260项，得到社会各界和企业的肯定。

(张俊周)

【政务公开】 全市政务公开部门以实施《政府信息公开条例》为主线，在规范公开内容、拓宽公开形式、促进行政权力公开运行等方面取得了好的效果。沈阳市政务公开基础不断夯实，先后在全国相关会议上作经验介绍，政务公开工作继续走在全国前列。

1.政务公开载体不断巩固创新。扩充了沈阳政务公开网站功能，增设20万条便民信息，网站点击率达145万次。拓展“114政务咨询热线”内容，累计接听群众电话345万人次。在沈阳日报设立“民生连线”栏目，累计办理群众诉求2013件；编辑出版《农民办事通》手册和

《政务公开报》,利用“民心网”搭建网络诉求平台,全年为群众办理政策咨询投诉件772件,五星件687件,办结率、反馈率、满意率、优秀率均为100%,位居全省第一。

2.政府信息公开进一步规范。按照《政府信息公开条例》的有关规定,积极公开各类政府信息,全市各部门累计公开各类信息80余万条,更新信息近30万条,政府信息主动公开率和更新率实现100%。建立依申请公开备案制度,全年受理依申请公开信息223件,答复219件,群众对答复结果基本满意。

3.基层政务公开工作结硕果。全市128个街道、102个乡镇和908个社区建立了“政务服务中心”和便民全程代办窗口,1402个村建立了便民全程代办服务点。在全市积极推行全程代办制服务,将医疗保险、社会保障等事项纳入服务范围,群众不出家门就能享受到政府提供的高效服务,累计办理便民服务事项3.2万件。市政务公开办定期组织政府有关部门,走进社区、企业和农村,为企业、群众提供服务,累计解答、解决各类问题720件,深受群众、企业的欢迎。

4.社会监督评议不断加强。为加强社会群众对全市公共企事业单位的监督评议,政务公开部门不断创新工作方式,形成了硬性指标与动态监督相结合的工作机制。借助新闻媒体在全市开展了“沈阳公共服务单位百姓口碑榜评选”和“我为民心工程献一言”的活动,促进了行政权力的公开透明运行。

(张俊周)

【公共资源交易】 按照市政府“统一进场、规范交易、专业管理”的要求,市建筑工程交易中心、政府采购中心和土地交易中心已全部进驻市公共资源交易平台,统一开展市本级的建设工程招投标、政府采购和土地交易工作。

1.健全规章制度,规范交易行为。为规范驻厅人员的工作行为,市公共资源交易管理办公室制定了《交易中心工作人员管理暂行办法》,强化对交易中心工作人员的管理;出台了《信息发布暂行办法》和《信息统计报告制度》,交易中心全年发布各类招投标公告信息2857条;出台了《享有市级经济管理权限地区交易分中心设置暂行办法》,指导相关地区建立本地区的交易中心,沈北新区、铁西新区已分别建立了本地区的建设项目交易平台。

2.推进网络建设,提高工作效率。市公共资源交易中心不断加强信息化建设:开通了沈阳市公共资源交易网站,完成了与政府采购、建筑工程招投标和土地交易三个网站的兼容;实现了政府采购协议供货网上投标;开发了《评标专家远程随机抽取和语音通知系统》,在全省率先实现评标专家远程抽取功能和语音自动通知功能。

3.加强监管力度,打造阳光平台。市公共资源交易中心不断完善电子监察系统建设,加强各类交易活动的监管。启用了门禁系统,防止评标人员携带通讯设备进场,确保评标公正;启用了全程录音录像系统,对开标、评标、定标、拍卖和答辩的全过程录音录像,并刻成光盘存档备查;启用了背靠背答疑系统,评标专家与投标人隔离,最大限度杜绝人为因素。

2009年,沈阳市公共资源交易中心共完成各类交易项目2497项,成交额508.2亿元。其中,政府采购成交项目918项,成交额7.6亿元,节支率为8.43%;建筑工程成交项目1026项,成交额125.2亿元,节支率为11.3%;土地交易553宗,规划用地面积3384万平方米,成交额375.6亿元。

(张俊周)

【应急管理能力建设】 2009年,沈阳市人民政府以全面提高基层应急管理能力为主线,进一步贯彻实施《中华人民共和国突发事件应对法》和《辽宁省突发事件应对条例》,重点加强应急救援队伍建设和应急救援装备物资储备,进一步加强了应急救援队伍体系建设,整合辽宁预备役高炮一师队伍,组建市应急预备队,通过演练特别是综合演练,不断提高队伍之间的协同作战能力,从而提升队伍整体联动处置能力。努力实现了“政府统筹协调、群众广泛参与、防范严密到位、处置快捷高效”的工作目标,做到了周密安排、及时报告、快速反应、处置有力。成功处置了棋盘山与沈北新区交界处森林火情、沈阳化工集团聚氯乙烯分厂闪爆及大东区、和平区地面坍塌等突发事件,参与了“六四”敏感时期、“国庆60周年”值守应急及甲型H1N1流感等公共卫生事件防控的协调服务工作,较好地发挥了职能作用。12月24—25日,由国务院应急办副主任郭晓光带队的检查组,对沈阳市《应对法》贯彻落实情况和应急管理工作进行了检查。检查组检查了和平区太原街道洪福社区应急物资储备情况;检查了沈北新区民兵应急分队装备储备库、应急避难场所、森林防火监测指挥中心和国家防震减灾示范社区。对沈阳市贯彻落实《应对法》工作和应对能力建设给予充分肯定。

(马仁舜)

【应急信息体系】 加强了对重要信息的研判,跟踪突发事件进展情况,研判次生、衍生事件的可能性,为现场处置提供可靠依据。年初,市政府办公厅下发了《沈阳市政府系统值守应急工作意见》,全市建立健全了信息报告制度,进一步明确了信息报告的责任主体,对紧急重大情况报告程序进行了规范,强化对重要值班信息的查询、跟踪和汇总,杜绝迟报、漏报和瞒报现象。市和区、县(市)两级都加强了信息网络建设,设立专门联络员、信息员,明确了工作职责,保证了重大应急信息报告及时、准确、畅通。全年市政府值班室共接听受理电话约3万余次,转交处理来文来函150余份,接报公安信息及各区、县(市)应急信息1400余期,转办省、市领导批示300余件,处置协调各类突发事件和群体性事件200余起,通过短信平台发布预警信息20余条,向市政府领导报告值班要情快报600余期,向省政府报送沈阳市重要情况报告120余期。

(马仁舜)

【应急组织体系】 沈阳市突发公共事件应急管理委员会是沈阳市应急管理的领导机构。年初,根据市应急委人员变化情况和市政府领导意见,本着精干、高效、有利于发挥应急委整体领导作用的原则,对市应急委组成人员进行了调整,使人员结构更趋合理。调整前,应急委有副主任13人、委员68人;调整后,副主任9人,委员31人。上半年,遴选推荐出涉及自然灾害、事故灾难、公共卫生事件、社会安全事件和综合管理等五大类的50名专家候选人。经报市政府批准,确定首批沈阳市应急管理专家组成员29名,明确了应急管理专家组工作规则,编辑了《应急管理专家名录》。各地区、各部门对应急管理办事机构进行了调整,做到了职责明确,人员落实,责任落实。全市13个区、县(市)及2个开发区,210个街道(乡镇),1993个社区(村屯)和57个市政府相关部门和单位都建立了应急管理办事机构,其作用发挥的比较明显。

(马仁舜)

【应急预案体系】 2009年,市应急委着重加强了对市、区两级预案的规范完善工作、重点企业预案的编制工作和应急预案的演练工作,完善预案体系。年初下发了《关于做好应急预案编制和修订工作的通知》,对各地区、各部门现有应急预案进行筛查和甄别,列出预案编制和修订目录,于7月上旬完成了预案编制和修订工作。全年全市共编制和修订各类预案181个。其中,修订区、县(市)总体预案7个、专项预案41个、部门预案25个、街道(乡镇)预案49个;修订市级专项预案1个、部门预案56个;编制市级部门预案2个。围绕国庆60周年安保工作,采取室内模拟演练、实战专项演练、综合演练等形式,共组织各类预案演练174次,区、县(市)107次,市有关部门67次。其中,市公安局为确保国庆60周年沈城的安全稳定开展了各项安全保卫演练,市水利局结合汛期情况组织的防汛应急演练,市供电公司组织的2009年电力反恐应急演练和市交通局地方海事局组织的水上事故应急演练质量高,效果好,达到了预期目的。

(马仁舜)

【应急指挥平台】 进一步完善了应急指挥平台的功能。开发了三维模拟现场处置等各项应用功能,实现了政府系统对上对下的网上信息报送和视频日报告功能,交互式指挥救援和会商网上演练功能,城市高空影像定位功能,综合数据库信息采集、查询、事件分析、辅助决策等功能,应急预案启动和应急联动处置功能,进一步促进了科技应急的有效应用。在国庆安保、棋盘山森林火情等突发事件中投入使用并发挥了重要的作用。上半年,市政府值班室指挥调度平台安装调试完毕并投入使用。其中,数字电话一键通设置了市领导、各区、县(市)政府领导和市政府应急核心部门领导紧急情况下的一键式拨号通信方式,为信息报告、传达指示、指挥调度提高了效率。此外,继续完善市、区两级预案库、队伍库、专家库、物资库、案例库建设,最大限度地发挥应急指挥中心作用,实现了市区两级视频会议系统的连接和无线调度的基本覆盖,通过设置无线传输基站,实现市政府值班室与各区、县(市)及相关部门的无线通信调度功能。

(马仁舜)

【应急宣传和培训】 市政府围绕贯彻实施《应对法》和《应对条例》,积极开展宣传培训工作。依托市委党校年度领导干部轮训和市公务员培训平台,将《应对法》纳入每期领导干部和公务员培训内容。通过不同类型的案例分析及模拟教学,使各级领导干部进一步明确了责任,增强了危机意识。全市各地区、各部门共组织不同层次的培训班达50余期,参加培训人员达2万余人。市政府应急办先后组织了2次600人以上的《应对法》及公共危机管理专题讲座,专门邀请了清华大学、中国财经大学等有关专家、学者就《应对法》的立法背景、宣传要点、国内外危机形势、领导干部处置突发事件的对策和方法等进行了专题讲座。8月份,组织了300多名应急管理人员到驻军接受军事培训,进行"一日兵"体验,使应急管理人员的快速反应能力得到了极大提高。在集中宣传方面,10月19日—23日,开展了以"依法实施应急管理,全面贯彻《应对条例》"为主题的应急管理宣传周活动。活动期间,在全市各主要广场、商业街等人员密集场所设立宣传点60余处,发放各类宣传用品百万余份,摆放展版近600余块,现场咨询万余人,直接参加宣传活动人员达10余万人。在社会面宣传方面,充分利用各种媒体加大对《应对法》、《应对条例》及应急知识的宣传和普及。在防灾减灾日和国庆安保期间,联合全市各职能部门,与市属新闻媒体开展了为期一个月的应急知识进万家活动,与《沈阳晚报》联合组织了《应对法》、《应对条例》知识答题活动。印制张贴《应对法》、《应对条例》和防范甲型H1N1流感宣传画报2万张。同时开办了沈阳市政府应急管理网站,较好地营造了社会面的舆论氛围,增强了公民应急避险、自救、互救能力。同时,还开展了有针对性的理论研究并取得一些成果。在国家期刊发表3篇经验文章,参加国家级学术成果交流2篇,参加市级学术研讨交流4篇,完成了市应急体制机制建设研究的2个课题,其中,《沈阳市突发公共事件应急管理体系建设对策研究》获2009年沈阳市哲学社会科学优秀成果二等奖。

(马仁舜)

【"进企业解决难题,实施保增长工程"实践活动】 为积极应对国际金融危机挑战,保持沈阳市经济社会平稳较快增长,市委、市政府于2009年3月至8月,在全市深入开展了"进企业解决难题,实施保增长工程"实践活动,并将其作为全市深入学习实践科学发展观活动的重要载体之一。从全市筛选出1000户产值超亿元的工业企业和1000个投资超亿元的重点项目,组织全市各级党员干部开展帮扶,集中解决了1925个突出问题,有力促进了企业健康发展和项目顺利实施,为实现保增长目标提供了有力支撑。

一是领导重视,精心组织。省委常委、市委书记曾维在活动筹备阶段就亲自听取工作汇报,并明确提出六点指示,成为活动中始终坚持的重要原则;市长李英杰亲自审定活动方案,确定活动内容,并做出重要批示,为活动的深入开展指明了方向。市委、市政府成立实践活动指导组,由市委常委、常务副市长顾春明任组长,副市长王英任副组长,市政府办公厅、发改委、经信委等41个市直相关部门和15个区县(市)、开发区为成员单位,下设综合协调组,企业协调组和项目协调组,层层健全机构,明确任务,落实责任,为活动扎实开展提供了坚持的组织保障。

二是突出重点,注重实效。紧紧围绕资金、要素、订单、就业和融资、用地、配套、审批等制约企业发展和项目建设、影响保增长的最突出、最紧迫问题,以全面落实《沈阳市支持企业发展促进经济增长的若干政策措施(30条)》等一系列扶持政策为核心,创新服务方式,转变工作作风,全方位、多层面帮助企业和项目单位解决突出困难和问题,使帮扶工作始终做到目标明确,重点突出,成效显著。

三是协调配合,推进有力。市指导组坚持每月集中调度一次,并由市领导带队,经常深入重点企业和项目单位进行检查指导,现场协调解决问题。工作中,通过建立并全面落实分类帮扶制度、现场办公制度、联席会议制度、督查考核制度以及帮扶实名制、协调函制、闭环式工作流程等一系列工作制度,形成了完善的工作体系和工作机制,确保了整个活动配合顺畅,运转高效,有序推进。

四是积极参与,深受教育。在五个月实践活动中,全市共有2.7万人次党员干部深入一线,忘我工作,拼搏奉献,急企业之所急,帮项目之所需,涌现出许多先进事迹和感人场面,赢得了广泛赞誉。通过帮扶活动,不仅提高了广大党员干部在实践中解决问题的能力,而且树立了党和政府的形象,真正做到了党员干部受教育,科学发展上水平,人民群众得实惠。

五是广泛宣传,营造氛围。沈阳日报、沈阳晚报、沈阳电视台和沈阳电台,全程关注活动的进展,先后对15个区县(市)、5个市直部门、4户企业和3个项目进行了宣传报道,精心采写编发各类新闻稿件100多篇次,营造了良好的舆论氛围,有力推动了活动的深入开展。

(办公厅)

·外　　事·

【市领导出访】 2009年,市领导率团重点访问了日本、韩国、欧美和香港等国家和地区,扎实推进务实交流,积极开展宣传推介活动,扩大沈阳的国际影响,与世界500强企业及跨国公司洽谈对接,推进重点项目百余个,在装备制造业、航空制造业、现代服务业等方面取得突破性进展。李英杰市长率团访问了德国、瑞士和俄罗斯,推进重点项目30余个,引进了德国直升机等重点项目;李英杰市长访问台湾期间,洽谈推进签约项目近50个,进一步加强了与台湾的交流与合作。赵长义主任出访了南非、埃及、塞舌尔,推进了北方重工、沈阳机床等沈阳市重点企业在南非和埃及的发展,与埃及亚历山大省签署了建立友好关系的协议书。杨亚洲副市长受曾维书记委托访问了美国、加拿大和韩国,洽谈和推进了24个重点项目,与美国有关企业签署了15亿美元的风能合作投资协议,是中美企业在新能源领域最大的合作协议,美国众议院议长南希·佩洛西会见了沈阳市代表团,并对成功签约表示祝贺。

(何　刚)

【市领导会见外国重要团组】 2009年,市级领导出席各类外事活动800余批次,会见外宾8000余人,其中省部级以上外宾150多人。先后接待了斯里兰卡总理维克拉马纳亚克、日本前首相羽田孜、韩国前总理高健、蒙古前总理恩赫赛汗等外国政要和前政要及澳门特别行政区行政长官何厚铧。加拿大、德国、韩国、捷克等国驻华大使代表团也先后来访,推进了相关合作项目。来访的重要经贸团组包括美国IBM、GE,加拿大庞巴迪,德国宝马、汉莎、西门子,日本精工、东芝,新加坡维信集团,荷兰飞利浦,韩国乐天,香港新世界等500强企业。

(何　刚)

【斯里兰卡总理访沈】 2009年10月19日至21日,斯里兰卡总理维克拉马纳亚克一行10人对沈阳进行友好访问,省委常委、市委书记曾维会见了维克拉马纳亚克总理。代表团在沈期间,参观了沈阳机床集团、沈北高新农业技术园区、沈阳高压成套开关股份公司。

(何　刚)

【日本前首相羽田孜访沈】 2009年9月13日至15日,日本前首相、众议院议员、民主党最高顾问羽田孜对沈阳市进行友好访问,并出席了2009东北亚发展论坛开幕式等系列活动。国家政协副主席李金华、辽宁省委书记张文岳、省长陈政高、省委常委、沈阳市委书记曾维等省市领导分别会见了羽田孜先生一行。

羽田孜先生在2009东北亚发展论坛开幕式上发表演讲,认为2009东北亚发展论坛的召开,将在促进东北亚地区经济、文化和人员交流,携手应对国际金融危机,推进环保领域合作,加快形成东北亚共同体,以及加强沈阳市、东北三省乃至全中国和东北亚及世界各国的合作,振兴东北老工业基地,加快建设大沈阳经济圈和辽宁沿海经济地带等方面具有深远的意义。东北亚地区各国应在相互理解与合作的基础上,共同推进地区合作,实现东北亚地区的长期稳定和繁荣。羽田孜先生表示回国后要大力宣传沈阳,让更多的日本国民了解沈阳,并愿意推动日本经济界、企业界、教育界等各界人士来沈阳参观考察,寻找合作空间。

(何　刚)

【韩国前总理高健访沈】 2009年9月14日,韩国前总理高建访问沈阳,并参加2009东北亚发展论坛。高建在论坛开幕式上发表演讲,认为世界经济中心正在向东北亚转移,此次论坛的召开具有十分深远的意义,并对实现东北亚区域合作,在金融、能源、物流、环境、安全等方面提出了具体建议。

(何　刚)

【蒙古前总理恩赫赛汗访沈】 2009年9月14日,蒙古前总理恩赫赛汗访问沈阳,参加了2009东北亚发展论坛。恩赫赛汗在开幕式上发表了"睦邻互动与和谐并存"的演讲,认为东北亚各国需要相互理解、相互依存,此次论坛提供了地区间合作与交流的平台,一定会进一步推动东北亚地区的经济发展。恩赫赛汗对东北亚发展论坛的举办印象深刻,认为活动的组织和接待都是高水平的,沈阳市是中国东北的中心,沈阳市会很快发展成为东北亚的中心。论坛的举办恰逢全球性经济危机,非常及时,必须建立有效而运行良好的地区合作机制。

(何　刚)

【澳门特别行政区行政长官何厚铧访沈】 2009年5月18日至19日,澳门特别行政区行政长官何厚铧率澳门政商界东北考察团一行近200人访问沈阳,代表团成员包括特区政府经济财政司司长谭伯源、行政会委员唐志坚等,澳门100多名企业家代表也随同出访。

中共辽宁省委书记张文岳会见何厚铧一行,双方共同表达了在经贸、科技、教育、文化、旅游领域加强全面合作的强烈愿望。在沈期间,代表团还参加了"辽宁——澳门经贸合作交流会"。这是自澳门回归祖国以来澳门特区最高行政长官对沈阳市的首次访问,也是沈阳市对澳交流历史上规格最高、规模最大的一次,使沈阳市对澳交流工作上了一个新台阶。

(何　刚)

【"德中同行——走进辽宁·沈阳"活动在沈举办】 "德中同行——走进辽宁·沈阳"活动于2009年5月21日开始,6月20日闭幕。"德中同行"活动是中德两国为纪念建交35周年,由国家主席胡锦涛与德国联邦总统霍斯特·克勒共同商定举办的系列活动。该活动由德国外交部主办,2007年以来先后在北京、南京和重庆举办了相关活动,于2010年在上海世博会期间结束。活动涉及科技、经济、文化、教育等多个领域,通过开展各种巡展、表演和经贸活动,向中国公众展示一个富有创意、面向未来的现代德国，加深中德两国人民之间的了解和友谊，是德国在境外举办的范围最广、时间最长、规模最大的国家展示活动。活动长达1个月时间，是沈阳市近年来举办大型活动时间最长的一个。

活动期间，德国教育与研究部部长沙范，环境、自然保护和核反应堆安全部部长加布里尔，前国防部长沙尔平等德国政要团组，德国驻华大使馆、经济和科技部等10个德国联邦机构和经济文化组织代表团，65个高级别企业代表团以及经济界、学术界、文艺界、体育界和媒体的121个团组，共计563人来访。活动围绕"可持续发展的城市化进程"为主题，在经贸、城建、环保、科技、文化、教育、体育等7个领域共举办了包括展览展示、交流研讨、工作坊、设计竞赛、话剧表演、体育比赛、群众讨论、儿童游戏等形式在内的41项整体活动、106项分项活动。为期9天的"德中大道"活动，参与人数逾30万人。此次"德中同行—走进辽宁·沈阳"活动是沈阳与德国开展的规格最高、时间最长、合作内容最丰富、影响最广泛的一次活动，增进了沈阳与德国之间的了解与友谊，加强了合作，受到了德国来访政要、德国外交部、德国驻华大使馆、国家外交部和省市领导的高度赞扬，以及社会各界的广泛好评。

（何　刚）

【举办国际友好交流日】 2009年，沈阳市分别与日本、捷克、瑞典、加拿大等国的城市、政府部门和企业举办了15次国际友好交流日活动，分别为："沈阳—川崎环保特别日"、"中日友好植树日"、"沈阳—城南友好城市青少年交流日"、"中国沈阳—加拿大日暨中加建筑节能论坛"、"2009中国沈阳—捷克友好交流日"、"中国沈阳—日本佐世保市友好交流日"、"2009中国沈阳—瑞典环保科技合作交流日"、"沈阳·德国日暨中德先进材料及技术研讨会"、"2009沈阳·乌法日"、"2009中国沈阳·奥地利日"、"日本前首相羽田孜先生与中国沈阳学生交流日"、"沈阳·马尼拉友好活动日"、"沈阳与香港知名金融企业家交流与合作日"、"泰国农产品巡展沈阳日"、"领事官员看沈阳东陵日"。举办国际友好交流日的同时，举行了有相关企业参加的经贸洽谈活动，在环保节能、旅游开发、文化教育等领域加强了沈阳市与这些国家和地区的友好往来和经贸合作。

（何　刚）

【沈阳市与日本鹿岛建设株式会社签署全面合作协议】 2009年12月20日至22日，日本鹿岛建设株式会社副社长金子宏先生一行17人来沈访问，与市政府、铁西区政府、沈阳兆寰现代建筑产业园有限公司签署全面合作协议，在铁西现代建筑产业园合作建设2平方公里的沈阳兆寰（日本）建筑产业园，项目预计总投资48亿元。

（何　刚）

【举办"中国沈阳·奥地利日"】 2009年11月24日，奥地利驻华大使赛迪科博士率27人企业代表团对沈阳市进行友好访问，出席了由市外办、欧盟开发区、奥地利驻华使馆和奥地利联邦商会沈阳代表处共同举办的"中国沈阳·奥地利日"系列活动。

在活动日上，赛迪科大使及奥方企业代表详细介绍了与沈阳市在医疗、教育、卫生、环保、机械加工等领域的合作需求，并通报了奥地利政府将积极提供政府长期、低息贷款支持合作项目的相关信息。双方达成了四方面合作意向：加强奥地利政府长期低息贷款项目合作；推动沈阳市与萨尔茨堡建立友好合作关系进程；做好2010年奥地利汽车零部件企业代表团来访的项目对接工作；力争每年举办一次"中国沈阳·奥地利日"活动。

（何　刚）

【举办沈阳—捷克友好交流日】 2009年5月6日至7日，中国沈阳—捷克友好交流日活动于在沈阳举办。活动由捷克共和国驻华大使馆与沈阳市政府共同举办，由市外办承办，举办了"捷克儿童书籍插图精品展览"和"介绍欧盟框架体系中的捷克"主题演讲活动。

以捷克共和国驻华大使馆特命全权大使维捷斯拉夫·格雷普尔先生为团长的捷克驻华使馆代表团一行6人应邀来沈，出席了"捷克儿童书籍插图精品展览"开幕式和"介绍欧盟框架体系中的捷克"主题演讲活动，并对辽宁大学等地进行了实地考察。

（何　刚）

【沈阳市政府代表团出席"芝加哥全球城市论坛"】 2009年4月27日至29日，副市长戴均良率沈阳市政府代表团赴美国芝加哥市出席了"芝加哥全球城市论坛"和"理查德·戴利城市论坛"来自世界24个国家的28名市长出席了论坛，呼吁各国城市为世界经济复苏和经济长期稳定发展而努力。美国副总统乔·拜登做了主旨演讲，中国商务部部长陈德铭在论坛正式晚宴上致辞并接见了沈阳市代表团一行。副市长戴均良代表沈阳市多次围绕主题做了精彩发言，提高了沈阳市的国际知名度和美誉度，得到多国市长的赞许。代表团还以论坛为契机，巩固老关系、广交新朋友，与众多与会城市市长广泛交流，并积极为今年举办的"东北亚发展论坛"做前期邀请工作。

此外，代表团促成了沈阳市与生产预制建筑的著名企业ATMI公司的合作；推进了与著名的绿色环保企业Smart Home公司在利用新型环保材料生产预制结构住宅建筑方面的合作等，还拜会了亚特兰大商会并接触了近20家当地企业，积极促进两地经贸合作。

（何　刚）

【沈阳市花坛作品在国际立体花坛博览会上获奖】 2009年11月23日，沈阳市制作参赛的"祈福门"大型立体花坛作品在"2009浜松国际立体花坛博览会"上获得"设计整体结构奖"。国际立体花坛博览会是由国际立体花坛委员会组织的国际赛会。此次博览会于9月19日至11月23日在日本静冈县浜松市举行，共有25个国家和地区出展了91件立体花坛作品。

（何　刚）

【向俄罗斯伊尔库茨克市赠送铜雕"沈阳故宫大政殿"】 2009年5月1日，沈阳市政府代表团访问友好城市俄罗斯伊尔库茨克市，并赠送了铜雕"沈阳故宫大政殿"，作为沈阳市标志物雕塑放置于伊尔库茨克市友城园内。

铜雕由著名铜雕艺术大师采用中国传统工艺手工制成，价值37万多元。伊尔库茨克市常务副市长希琴科和副市长哈里托诺夫盛赞铜雕"沈阳故宫大政殿"，称铜雕是伊市友城园中最贵重、最精美、艺术性和文化内涵达到最完美结合的精品。中国驻伊尔库茨克总领事郭敏称，沈阳市与伊尔库茨克积极开展友城交往活动，为中俄两国加强区域合作做出了贡献。

（何　刚）

【波德别列兹科就任俄罗斯驻沈阳总领事】　2009年2月11日，波德别列兹科接替穆拉夫斯基就任俄罗斯驻沈阳总领馆第六任总领事。波德别列兹科总领事是第二次到沈阳工作，他表示对沈阳有浓厚的感情，这次来沈首先感觉到沈阳在城市建设及环境改善方面的巨大进步。他将以2009俄语年为契机，加强俄罗斯城市与沈阳的交流与合作，特别是青少年交流和旅游项目，开展更多的经贸、文化活动，推动双方深入交流。

（何　刚）

【辛亨根就任韩国驻沈阳总领事】　韩国第六任驻沈阳总领事辛亨根于2009年3月6日到沈赴任。辛亨根总领事表示到沈阳工作很高兴，来沈仅一周时间就感到沈阳经济的活跃，没有感觉到金融危机的影响。在沈期间，他会尽自己努力，邀请韩国政要和高级别代表团参加东北亚发展论坛和韩国周等活动，促进韩国城市与沈阳在更多领域开展交流，使沈阳在经济、文化以及人居环境等方面成为韩国人最喜欢的地方。

（何　刚）

【开展使、领馆交流】　2009年，市外办先后6次赴京，与德国、加拿大、瑞典、波兰、捷克、泰国、马来西亚、南非、丹麦等30余家驻华使馆进行了工作协商联络，邀请接待访沈外国驻华使节团52批、450余人次。通过加拿大使馆促成了加拿大国际贸易部和加中贸易理事会在沈设立办事处，还与捷克、瑞典、奥地利等驻华使馆共同举办了友好交流日和文化周活动。共安排各类领馆活动192次，其中拜会活动67次，友好交往活动125次。邀请驻沈阳总领馆官员列席了市政协会议开幕式，参加了沈阳国际冰雪节、“粽香端午，我爱沈阳同乐会”、东北文博会等友好交流活动。

（何　刚）

【加强领事保护】　领事保护细致妥善。充分发挥领馆区域安保联席会议机制的作用，与省、市有关部门协调配合，共处理各类领事案件31件。积极维护沈阳市公民的海外权益，圆满解决了沈阳81名在白俄罗斯劳务人员工资纠纷事件、沈阳市市民在日本出入境管理局被拘留死亡、沈阳2名留学生在美国遇车祸身亡等领事保护案件，并妥善处理了巴基斯坦外宾因心脏病突发在沈死亡等案件。

（何　刚）

【加强因公出国审批管理】　2009年，围绕落实沈阳市“保增长”任务，采取措施加强因公出国审批管理，保证了有实质性任务因公出访团组走得快、走得好、走得方便。同时坚决贯彻落实国家及省加强因公出国（境）管理工作的要求，对各团组的出访目的、出访人员组成和实质性内容进行了严格审查，使一般性考察和重复考察团组出访得到有效控制，有效保证了经贸类等实质性团组的顺利出访。全市共审批各类因公出访团组651批、1787人次，同比分别减少15％和27％。办理因公出国护照（通行证）及签证申请864批、2467人次。因公出访团组结构更加合理，人员更加精干，效果更加明显，基本杜绝了“顺风搭车”现象。根据中央有关要求，按照《沈阳市因公护照收缴管理规定》，运用新的护照追缴管理系统，公务护照收缴率达98.6%，因公普通护照的收缴率达98%。

（何　刚）

·侨　　务·

【加强与海外华侨华人联络】　2009年，沈阳市加强与海外华侨华人联络工作，对港澳交流开创新局面。共接待来自美国、新加坡、马来西亚、加拿大、泰国、西班牙、菲律宾、印尼、日本、港澳等11个国家和地区的华侨华人和港澳同胞28个团组、370人次，新结识来自不同国家和地区的12个华人华侨社团和近百名重点人物。建立了海外重点华侨华人和侨团、商会、企业的“海外侨务工作联络网”。积极促成了澳门特首何厚铧访沈，这是自澳门回归祖国以来澳门特区行政长官对沈阳市的首次访问，也是沈阳市对澳门地区交流中规格最高、规模最大的一次，开创了沈阳市对澳门交流的新局面。通过海外华侨华人渠道在国外举办了一系列经贸洽谈活动，引进了菲律宾裕景中心项目、华润万象城等重点项目。

（何　刚）

【落实侨法为侨服务】　沈阳市坚持把为侨服务落到实处，围绕贯彻落实《归侨侨眷权益保护法》，开展了“学习实践科学发展观，全面推进政务公开——市外侨办‘5·15政务公开日’”活动，全面宣传侨法及有关侨务政策。坚持做好侨务信访工作，切实帮助归侨侨眷解决实际困难，共接待来信来访102件次，做到事事有着落，件件有回音。积极实施“温暖侨心”活动，在国庆前夕举办了侨界茶话会，走访慰问了沈阳市侨界知名人士、贫困归侨侨眷140余人次，发放慰问款物3万余元。为62名高考生和31名中考生办理了升学照顾录取证明，办理归侨证241人次，办理华侨回沈落户80户98人。

（何　刚）

【举办沈阳侨界茶话会】　2009年9月23日，沈阳市侨界茶话会在沈阳宾馆举行，来自沈阳市各条战线的归侨侨眷、华侨华人及港澳同胞和侨务干部代表近150余人参加了茶话会，共庆祖国六十华诞。3位侨界代表先后发言，表达了爱国爱乡、积极投身沈阳老工业基地建设的经历和感受。

杨亚洲副市长在讲话中要求各级政府和侨务部门要继续深入实践科学发展观，进一步牢固树立“大侨务”观念，思侨之所思、想侨之所想、急侨之所急，举全市之力做好侨务工作。一是实现好、维护好、发展好归侨侨眷和海外侨胞的合法权益，切实抓好抓实，抓出成效；二是紧紧围绕沈阳对外开放和经济发展的需求，积极引导侨智、侨资参与沈阳老工业基地振兴的伟大实践；三是解放思想、抢抓机遇、创新方式、求真务实，大力加强全市各级侨务干部队伍建设，使沈阳市侨务工作再上新台阶。

（何　刚）

·机构编制·

【党政群机关机构编制】　截至2009年12月31日，沈阳市、区、县（市）、街道、乡镇党政群机关机构总数835个，编制总数24963名（国家核拨行政编制

20930 名,地方自定事业编制 2618 名,机关工勤人员编制 1415 名),实有在职人数 21122 人(不含政法系统专项编制和在职人员,以下同)。其中:中共党委机关编制 3980 名(国家核拨行政编制 3648 名,机关工勤人员编制 332 名),实有在职人数 3731 人;人大常委会机关编制 517 名(国家核拨行政编制 417 名,机关工勤人员编制 100 名),实有在职人数 512 人;人民政府机关编制 19148 名(国家核拨行政编制 15899 名,地方自定事业编制 2403 名,机关工勤人员编制 846 名),实有在职人数 15653 人;政协机关编制 329 名(国家核拨行政编制 266 名,机关工勤人员编制 63 名),实有在职人数 342 人;民主党派机关国家核拨行政编制 123 名,实有在职人数 98 人;人民团体组织机关编制 866 名(国家核拨行政编制 577 名,地方自定事业编制 215 名,机关工勤人员编制 74 名),实有在职人数 786 人。

1. 市级机关机构编制。市级党政群机关机构总数 110 个。其中:中共党委工作机构总数 12 个(含部门管理机构 1 个),人大常委会工作机构 4 个,人民政府工作机构 44 个(含部门管理机构 2 个),政府派出机构 24 个,政协工作机构 2 个,人民法院机构 1 个,人民检察院机构 1 个,民主党派机构 8 个,人民团体组织 14 个。

市级党政群机关编制总数 8595 名(国家核拨行政编制 6459 名,地方自定事业编制 1353 名,机关工勤人员编制 783 名),实有在职人数为 7032 人。其中:中共党委机关编制 965 名(国家核拨行政编制 789 名,机关工勤人员编制 176 名),实有在职人数 856 人;人大常委会机关编制 181 名(国家核拨行政编制 136 名,机关工勤人员编制 45 名),实有在职人数 171 人;人民政府机关编制 6746 名(国家核拨行政编制 5071 名,地方自定事业编制 1177 名,机关工勤人员编制 498 名),实有在职人数 5386 人;政协机关编制 103 名(国家核拨行政编制 78 名,机关工勤人员编制 25 名),实有在职人数 107 人;民主党派机关国家核拨行政编制 123 名,实有在职人数 98 人;人民团体组织机关编制 477 名(国家核拨行政编制 262 名,地方自定事业编制 176 名,机关工勤人员编制 39 名),实有在职人数 414 人。

2. 区级机关机构编制。区级党政群机关机构总数 359 个。其中:中共党委工作机构 68 个,人大常委会工作机构 9 个,人民政府工作机构 203 个,政协工作机构 9 个,人民法院机构 9 个,人民检察院机构 9 个,人民团体组织 52 个。

区级党政群机关编制总数 7082 名(国家核拨行政编制 5429 名,地方自定事业编制 1244 名,机关工勤人员编制 409 名),实有在职人数 6173 人。其中:中共党委机关编制 1072 名(国家核拨行政编制 961 名,机关工勤人员编制 111 名),实有在职人数 988 人;人大常委会机关编制 243 名(国家核拨行政编制 202 名,机关工勤人员编制 41 名),实有在职人数 249 人;人民政府机关编制 5317 名(国家核拨行政编制 3902 名,地方自定事业编制 1211 名,机关工勤人员编制 204 名),实有在职人数 4484 人;政协机关编制 162 名(国家核拨行政编制 133 名,机关工勤人员编制 29 名),实有在职人数 171 人;人民团体组织机关编制 288 名(国家核拨行政编制 231 名,地方自定事业编制 33 名,机关工勤人员编制 24 名),实有在职人数 281 人。

3. 县(市)级机关机构编制。县(市)级党政群机关机构总数 154 个。其中:中共党委工作机构 29 个,人大常委会工作机构 4 个,人民政府工作机构 90 个,政协工作机构 4 个,人民法院机构 4 个,人民检察院机构 4 个,人民团体组织 19 个。

县(市)级党政群机关编制总数 2652 名(国家核拨行政编制 2451 名,地方自定事业编制 21 名,机关工勤人员编制 180 名),实有在职人数 2273 人。其中:中共党委机关编制 505 名(国家核拨行政编制 460 名,机关工勤人员编制 45 名),实有在职人数 489 人;人大常委会机关编制 93 名(国家核拨行政编制 79 名,机关工勤人员编制 14 名),实有在职人数 92 人;人民政府机关编制 1889 名(国家核拨行政编制 1773 名,地方自定事业编制 15 名,机关工勤人员编制 101 名),实有在职人数 1537 人;政协机关编制 64 名(国家核拨行政编制 55 名,机关工勤人员编制 9 名),实有在职人数 64 人;人民团体组织机关编制 101 名(国家核拨行政编制 84 名,地方自定事业编制 6 名,机关工勤人员编制 11 名),实有在职人数 91 人。

4. 沈阳市所辖街道机构编制。街道办事处机关编制 2981 名(国家核拨行政编制 2938 名,机关工勤人员编制 43 名),实有在职人数 2833 人。其中:中共党委机关国家核拨行政编制 508 名,实有在职人数 490 人;人民政府机关编制 2473 名(国家核拨行政编制 2430 名,机关工勤人员编制 43 名),实有在职人数 2343 人。

5. 沈阳市所辖乡镇机构编制。乡镇机关国家核拨行政编制 3653 名,实有在职人数 2811 人。其中:中共党委机关国家核拨行政编制 930 名,实有在职人数 908 人;人民政府机关国家核拨行政编制 2723 名,实有在职人数 1903 人。

(张江华)

【事业单位机构编制】 截至 2009 年 12 月 31 日,沈阳市、区、县(市)、街道、乡镇事业单位机构总数 5000 个(全额拨款事业单位机构 3092 个,差额补贴事业单位机构 543 个,经费自理事业单位机构 1365 个)。编制总数 195322 名(全额拨款事业编制 102435 名,差额补贴事业编制 51493 名,经费自理事业编制 41394 名),实有在职人数 168004 人(全额拨款在职人数 94260 人,差额补贴在职人数 41937 人,经费自理在职人数 31807 人)。

1. 市级事业单位机构编制。市级事业单位机构总数 1004 个(全额拨款事业单位机构 490 个,差额补贴事业单位机构 88 个,经费自理事业单位机构 426 个)。编制总数 61481 名(全额拨款事业编制 25770 名,差额补贴事业编制 18809 名,经费自理事业编制 16902 名),实有在职人数 45481 人(全额拨款在职人数 20355 人,差额补贴在职人数 16319 人,经费自理在职人数 8807 人)。

2. 区级事业单位机构编制。区级事业单位机构总数 2077 个(全额拨款事业单位机构 1248 个,差额补贴事业单位机构 292 个,经费自理事业单位机构 537 个)。编制总数 90100 名(全额拨款事业编制 49361 名,差额补贴事业编制 24799 名,经费自理事业编制 15940 名),实有在职人数 75145 人(全额拨款在职人数 46693 人,差额补贴在职人数 16872 人,经费自理在职人数 11580 人)。

3. 县(市)级事业单位机构编制。县(市)级事业单位机构总数 1292 个

（全额拨款事业单位机构856个，差额补贴事业单位机构109个，经费自理事业单位机构327个）。编制总数39031名（全额拨款事业编制24598名，差额补贴事业编制6842名，经费自理事业编制7591名），实有在职人数43636人（全额拨款在职人数24716人，差额补贴在职人数8087人，经费自理在职人数10833人）。

4. 沈阳市所辖街道事业单位机构编制。街道办事处事业单位机构总数165个（全额拨款事业单位机构107个，差额补贴事业单位机构2个，经费自理事业单位机构56个）。编制总数1841名（全额拨款事业编制979名，差额补贴事业编制45名，经费自理事业编制817名），实有在职人数1438人（全额拨款在职人数898人，差额补贴在职人数39人，经费自理在职人数501人）。

5. 沈阳市所辖乡镇事业单位机构编制。乡镇事业单位机构总数462个（全额拨款事业单位机构391个，差额补贴事业单位机构52个，经费自理事业单位机构19个）。编制总数2869名（全额拨款事业编制1727名，差额补贴事业编制998名，经费自理事业编制144名），实有在职人数2304人（全额拨款在职人数1598人，差额补贴在职人数620人，经费自理在职人数86人）。

（张江华）

【行政体制改革】 加强服务型政府建设，进一步深化行政管理体制改革。一是深入贯彻落实中央《关于深化行政体制改革的意见》精神，继续围绕经济社会平稳较快发展，在巩固已有改革成果的基础上，加强对基础性、前瞻性、战略性问题的研究，抓住关键环节，继续深化行政体制改革，着力构建有利于科学发展的体制机制。先后完成了《关于加快我市政府机构改革的总体思路》和《关于我市行政管理体制和政府机构改革的初步设想》。二是强力推进，审批制度改革持续深化。认真做好上级取消和下放行政审批项目的衔接工作，会同市审批办、法制办等部门，对市级行政审批项目进行了第七轮清理，共减少审批项目8项，其中调整下放2项、转为审批前置1项、转为备案5项，另外承接省政府下放的审批项目8项，市级行政审批项目仍保留110项。同时，积极创新审批体制，在全国同类城市中率先建立市、区行政审批服务中心基础上，进一步完善部门审批职能向一个处室集中、审批处室向行政审批服务中心集中的"两集中"体制，规范审批程序，缩短审批时限，提高行政审批效率，优化沈阳市软环境空间，得到了省领导的肯定。三是全面清理议事协调机构。对确需设立的议事协调机构，严格按照有关规定进行审批，不单独设置实体性办事机构，不单独核定人员编制和领导职数。已经设立的，进行全面清理和规范。四是重点理顺市、区县（市）与开发区和街道乡（镇）关系，为推动区域经济发展、构建和谐沈阳提供了组织保障。

（张江华）

【事业单位改革】 统筹兼顾，事业单位改革稳步推进。结合行政管理体制改革，以结构调整和资源重组为主线，不断探索政府机构改革后的事业单位新格局。一是会同有关部门提出了《深化沈阳市事业单位机构改革和人事制度改革方案实施意见》，为全面推进沈阳市事业单位改革做好了准备工作。二是上划了区、县（市）医疗保险等机构，强化了事业单位社会公共管理服务职能，成立了市应急信息中心等机构，提高了应对公共突发事件的能力，优化调整了交通、卫生、食品药品监督系统所属事业单位的机构和职能，对构建大部门体制改革后的事业单位新格局进行了探索。三是按照"成熟一个推进一个"的原则，对市属10余家事业单位进行了撤并转，共收回事业编制72名，稳步推进了事业单位机构改革。

（张江华）

【机构编制调整】 突出重点，围绕中心工作加大服务力度。一是创新体制机制，解决消除制约经济社会发展的机构编制问题。调整信访工作体制，构建了以"各级党委负总责，两级联席会议为龙头，两级信访大厅为载体，基层信访网络为支撑"的新时期信访工作新模式。此项工作得到了国务院和中办领导的高度评价，相关媒体也进行了专题报道。调整理顺了市区两级公安管理体制，改进了公安工作，增强了公安队伍的整体组织力，调整整合了市、区县（市）两级维稳组织机构，加强了社会稳定工作；二是建立组织机构，为经济社会发展提供组织保障。先后组建了市投融资管理、深化医药卫生体制改革、社会信用体系建设、环境样板城建设、东北亚发展论坛等10余个机构，为促进改善城市投资环境、加强环境保护和推动经济社会又快又好发展提供了坚强保障；三是动态调整机构编制，破解严格控制机构编制与满足事业发展需要之间的一些突出矛盾和问题。先后对教育、环保、质监、市政府驻外办事处等20余个部门及所属事业单位进行了动态调整，共内部调剂各类编制400余名，加强了民生工程、社会稳定等方面力量；四是完成了接收军转干部编制核定工作，为军转干部安置工作的顺利完成创造了条件；五是认真做好人大建议和政协提案的办理工作，9件人大建议和政协提案已全部办结，满意率达到100%。

（张江华）

【机构编制管理】 大力推进机构编制实名制，完善机构编制和领导职数核验制度，加大监督检查力度，有效控制机构编制增长。一是严格控制机构编制数量。本着科学配置、从严控制的原则，加大机构编制管理力度，按程序执行"一支笔"审批制度，通过采取横向调整、内部调剂等方式，破解了机构编制需求的难题。特别在政府机构改革中，坚决守住行政编制、部门内设机构、领导职数不突破的"三条底线"，共减少内设机构7个、行政编制28名、局级领导职数18名（6正12副）、正处级领导职数2名，区、县（市）局级领导职数20名；二是严格执行机构编制核验制度。联合下发了《规范全市机关事业单位人员变动办理程序的通知》，凡进人、配备干部必须先进行编制和职数核验，实现了对全市机构编制的动态管理，有效地控制了人员增长；三是严格实行实名制管理。下发《关于全市实行机构编制实名制管理的通知》，建立市和区、县（市）机关事业单位机构编制实名制管理系统。完成了市和区、县（市）机关及市属参照公务员法管理事业单位实名制数据的录入；四是严格规范事业单位登记管理程序，加大了对事业单位法人的监管，全市共有4257家事业单位参加了年检，年检合格率达94.7%，变更登记率达100%；五是严格机构编制监督检查。按照上级有关文件精神，采取多种形式，加大对全市机构改革落实情况和机构编制规定执行情况的监督检查力度，规范"12310"机构编制举报电话的受理工作，巩固了机构改革和机构编制管理成果。全年接听“12310”电话举报2件，接待来访1人次，受理省编办转来的举报信3件，一件两投举报信1件，所受理的举报件，均做到了事实清楚、责任明确，并做出相应的结论。

（张江华）

【政府大部制改革】 市政府机构改革4月份启动调研，历时8个月的不懈努力，以大部制为主要特征的市政府机构改革圆满完成，部门职责、机构和人员调整员基本到位，“三定”规定全部印发实施；区、县（市）政府机构改革方案已获市委，市政府审批，省编办审核备案，现已进入实施阶段。通过改革，一是进一步转变了政府职能。按照“四个分开”的总体要求，共减少、取消、下放、划出了12个部门承担的20项职责。二是进一步调整理顺了部门间的职责关系。按照一件事原则上由一个部门管理的要求，调整和理顺了涉及14个部门的13项职责，解决了部门间职责交叉和关系不顺问题。三是强化和明确了部门的责任。按照以责定权，权责对等的原则，在明确部门职责权限的同时，强化了29个部门的70项工作职责，为18个部门增加了36项职责；改变了过去有权无责、有责无权、权责不清的现象，有力地加强了责任政府建设；四是继续探索了职能有机统一的大部门体制。按照上下对口、优化机构的原则，新组建经济和信息化委、服务业委、文化广电新闻出版局、人力资源和社会保障局4个机构。同时，为加强法制政府建设，完善行政执法体制，减少政府管理层次，将市政府法制办公室、城市管理行政执法局、人防办公室调整为市政府工作部门，将市畜牧兽医局、物价局调整为部门管理机构。通过改革，市政府工作机构由47个调整到42个工作部门和2个部门管理机构，比改革前减少了3个，基本建立起与沈阳市经济社会发展相适应的市政府组织机构；五是超常规完成了政府各部门“三定”工作。历时2个多月，反复研究协调，聚焦重点难点，着力攻坚克难，完成了行文达35万多字的政府各部门“三定”方案；六是稳步实施了区、县（市）政府机构改革。各区、县（市）围绕市委、市政府决策做工作，确保了改革任务的完成。和平等5个中心城区政府工作部门设置22个，东陵等4个涉农区设置23个，辽中等3个县设置22个，新民市设置24个，比改革前减少了21个机构。区、县（市）级政府机构改革方案备案工作已全部完成，正在抓紧进行“三定”工作。沈阳市政府机构改革工作在全国15个副省级城市中进展最快，不仅得到了中央编办的充分肯定，也得到了省政府主要领导同志的认可。11月26日和27日，中央电视台以“沈阳改革的北方特色”为题，两次播发沈阳市经验，在全国特别是编制系统产生了良好反响。

（张江华）

政协沈阳市委员会

【市政协十三届三次全体会议】 中国人民政治协商会议沈阳市第十三届委员会第三次会议，于2010年1月11日至14日举行。会议审议并通过了刘雅琴主席代表常务委员会所作的工作报告；审议并通过了李峰副主席代表常务委员会所作的关于十三届二次会议以来提案工作情况的报告。

会议赞同陈海波代市长所作的政府工作报告；赞同关于沈阳市2009年财政预算执行情况和2010年财政预算（草案）的报告；赞同关于沈阳市2009年国民经济和社会发展计划执行情况及2010年国民经济和社会发展计划（草案）的报告；赞同沈阳市中级人民法院工作报告和沈阳市人民检察院工作报告。与会委员对重要人事事项进行了协商讨论，赞同提名陈海波同志为沈阳市人民政府市长人选，赞同增补沈阳市第十四届人民代表大会常务委员会副主任提名人选。

会议认为，2009年在中共沈阳市委正确领导下，市政协常务委员会组织政协各界别和全体委员，围绕沈阳市“保增长、保民生、保稳定”，认真履行政治协商、民主监督、参政议政职能，为推动沈阳市经济社会发展做出了积极贡献。会议同意常务委员会提出的2010年工作任务，并对进一步做好政协工作提出了建议，希望常务委员会认真抓好落实。

会议要求，市政协各参加单位和全体委员，在新的一年里，要深入学习贯彻中共十七大和十七届三中、四中全会精神，全面贯彻落实科学发展观，牢牢把握团结和民主两大主题，按照中共沈阳市委十一届八次全会的部署，把推动全市发展方式转变，促进经济社会平稳较快发展作为全年工作的重要任务，围绕“调结构、优环境、惠民生”，全面履行政协职能，积极反映社情民意，努力推动和谐社会建设，充分发挥协调关系、汇聚力量、建言献策、服务大局的作用，进一步开创政协工作新局面，为沈阳“立足新起点、谋求新发展、实现新跨越”，全面完成“十一五”各项工作任务作出新贡献。

（朱佳音）

【市政协常委会议】 2009年，市政协共召开6次常委会议。

1月5日，市政协召开十三届六次常委会议。会议酝酿增补政协沈阳市第十三届委员会副主席、协商市中级人民法院院长候选人预备人选、审议政协沈阳市第十三届委员会第二次会议选举办法（草案）、审议市政协十三届六次常委会议决议（草案）。

1月6日，市政协召开十三届七次常委会议。会议听取小组讨论综合情况的汇报、审议通过政协沈阳市第十三届委员会第二次会议决议（草案）。

1月7日，市政协召开十三届八次常委会议。会议讨论通过市政协2009年工作要点。

3月17日，市政协召开十三届九次常委会议。会议传达全国政协十一届二次会议精神、听取关于促进沈阳市非公有制经济发展专题调研活动的汇报、审议通过《关于应对金融危机，加大扶持力度，进一步促进我市非公有制经济快速发展的建议》。

10月12日，市政协召开十三届十次常委会议。会议审议通过《关于依靠科技支撑，大力发展沈阳现代农业的建议案》。

12月4日，市政协召开十三届十一次常委会议。会议传达省委政协工作会议精神和辽委发［2009］21号文件精神；听取市党群系统、市政府系统关于市政协十三届二次会议以来提案办理工作情况的通报；听取市法院、市检察院关于市政协十三届二次会议以来提案办理工作情况的通报（书面）；讨论通过市政协十三届三次会议相关事项；协商通过市政协专门委员会设置调整及相关人事事项。

(朱佳音)

【履行职能】　深入学习实践科学发展观,组织开展多种形式的学习教育活动。组织学习中共十七届四中全会和胡锦涛总书记在庆祝人民政协成立60周年大会上的重要讲话精神;举行庆祝建国60周年和人民政协成立60周年主题系列活动,举办以庆祝人民政协成立60周年为主题的座谈会、报告会、理论研讨会、归国创业人员联谊会和主题征文、书画征集等活动;出版纪念专刊、理论研讨文集和《闯世界的沈阳人》文史资料集。在沈阳日报等新闻媒体上发表纪念文章和专题报道30多篇,与沈阳电视台共同录制播放了展示沈阳政协60年光辉历史的电视专题片《辉煌历程》。

围绕重大问题协商议政,为服务沈阳科学发展大局做贡献。在大力促进非公有制经济发展方面,组织开展跨年度调研并召开专题协商会议,邀请市委、市政府领导和相关部门负责人进行协商讨论,提出《关于应对金融危机,加大扶持力度,进一步促进我市非公有制经济快速发展的建议》,其中大部分建议在全市非公有制经济工作会议上得到综合采纳,被人民日报、人民政协报、沈阳日报等新闻媒体称为"关键时期的一份关键建议"。在加强科技支撑,大力发展现代农业方面,组织220余名政协委员、民主党派成员和专家学者,进行五个多月的专题调研,举办专题论坛、召开专题协商会议,向市委、市政府报送重要建言成果。常委会提出的《关于依靠科技支撑,大力发展沈阳现代农业的建议案》,得到市政府及相关部门的充分肯定和高度重视。在进一步推动做好"三农"工作方面,围绕沈阳市农民专业合作组织健康快速发展问题,与各民主党派、工商联和部分涉农区县(市)政协联合开展专题调研,提出"关于大力发展农民专业合作组织,健全农业社会化服务体系"的若干建议。积极推进沈阳经济区建设与发展,在全国政协十一届二次会议上提交的"建议将沈阳经济区设立为国家新型工业化综合配套改革试验区"大会发言和"建议国家尽快批准在沈阳设立装备制造产业投资基金和基金管理公司"等提案,得到国务院有关部门高度关注。协助兄弟城市政协成功举办沈阳经济区政协论坛第六次会议,围绕"新型产业基地——创新与发展"的主题,向省委、省政府提出意见和建议。

发挥政协优势,创新委员界别活动。组织各界委员围绕沈阳市经济发展、城市建设、社会保障和医疗教育等多个专题,进行广泛深入的协商讨论;针对搞好经济结构调整、加快科技进步等重要问题,提交提案573件;组织委员针对生态市建设、农村公共文化服务体系建设、文博事业发展等问题进行专题调研;针对城建年度重点项目、水价调整方案、地方法规规章草案进行专题协商;针对生态示范区和文化产业示范区建设、林业和湿地保护、沈阳国家航空高新技术产业基地建设、外贸出口企业发展等工作情况和"柳绕地区生态建设产业化、产业发展生态化"提案办理落实情况进行专题视察;围绕妥善处理宗教事务、推进少数民族聚居区经济社会发展等问题进行调研考察;与有关单位联合举办"能源战略与新能源开发高层论坛";组织进行"发展现代服务业"、"市属部分医院改扩建"、"地铁工程建设"及听取市法院、检察院工作通报等专题的委员大视察活动;针对交通发展现状、存在的问题、发展趋势,开展"完善现代交通体系,促进城市交通发展"专题调研活动,组织委员对公共交通、道路、客货运枢纽建设情况进行视察,召开专题协商会议,形成专题材料24份;加强海外联谊服务工作,组织港澳委员进行考察,及时协调解决港澳委员在沈企业运行中遇到的困难,港澳委员在沈企业新增投资39.1亿元人民币。

积极关注民生,促进社会和谐。先后组织了"国际金融危机对我市职工权益影响情况"的调研和大学生就业创业情况、改革殡葬事业管理、促进学前教育健康发展、制止林地开荒行为以及少数民族食品安全问题的调研、视察。针对病患儿童就医难问题,组织部分委员进行专题调研并提出"建议加快实施儿童医院改扩建工程"的提案,得到市政府的高度重视并纳入重要议事日程,做到当年立项、当年开工,主体工程当年封顶,成为市政府2009年为百姓办的20件实事之一。为了控制人口出生缺陷率,组织部分委员进行视察、调研,召开专题协商会,围绕提高出生人口素质向市政府提出建议;与沈阳人民广播电台联办《委员在线》节目,93名委员参与45期节目,为百姓解决实际困难50余件;针对社会弱势群体,开展"关爱女孩"、捐赠"农村书屋"活动,组织为农村贫困人员送医送药的义诊活动,协调解决部分贫困低保家庭医疗、住房维修和子女就学就业问题。全年各界委员开展"献爱心、促和谐"惠民服务活动200余人次,捐款捐物折合人民币近百万元,受益群众达4000余人。

加强联系合作,注重自身建设。联合民主党派、工商联开展专题调研20余项,办理民主党派、工商联集体提案30余件,向市委、市政府报送民主党派、工商联及其成员撰写的调研报告、议政论文等重要建言60余份;注重发挥区县(市)政协联动互动的重要作用,推进全市两级政协工作的协作化和一体化,与区县(市)政协联合开展调研、视察30余项;注重加强与党政部门的经常性联系,坚持和完善工作对口联系制度;通过"政协园地"、"委员在线"等专栏专题节目反映市政协的履职活动,开展"宣传政协好新闻"评选活动,评选出新华社、人民日报等24家中央、省市新闻单位的36件获奖作品。

(朱佳音)

【学习宣传文史工作】　以深入学习实践科学发展观为主要内容,采取集中学习和自主学习相结合的形式,全年共组织中心组集中学习5次。会同市政协办公厅组织召开庆祝人民政协成立60周年座谈会。邀请市政协老领导、民主党派、人民团体、新老政协委员和区县(市)政协负责同志,一起畅谈60年来,特别是改革开放以来人民政协事业的伟大业绩和光辉历程。先后主办3次政协委员报告会,共有500多名委员参加。全年编发科学发展观、党和国家领导人的重要讲话、应对金融危机、统战理论和人民政协理论等相关内容的《学习参考资料》6期21余万字,总计发放约3720多册。历时2个多月的时间,撰写出五辑《辉煌历程—纪念沈阳市政协成立60周年》提纲,连续在沈阳电视台《沈阳新闻》节目中播放五辑系列专题报道。在《沈阳日报》刊发市政协主席刘雅琴撰写的《和衷共济创伟业,继往开来谱华章》署名文章。组织全市近40家新闻媒体全面地报道市政协十三届二次会议的盛况，报道大会和委员讨论的意见，宣传政协委员履职情况和委员风采，会议期间共发稿520余篇条。全年在《人民日报》、《人民政协报》等中央媒体上发表报道沈阳政协的文章30余篇条，在省级媒体发稿40余篇条。对政协开展的视察、调研、协商等重大活动采取跟踪式、连续性的全程报道，并注重活动成果的深度挖掘，共发稿270余篇条。全年与沈阳日报联办的“政协园地”栏目共发刊12期，与沈阳电台联办的《委员在线》节目共播出45期，参与委员93人，为民办实事50余件。在征集文稿73篇，约45万字，图片270幅的基础上，编辑出版文史资料《闯世界的沈阳人》。征集文史资料《我与共和国同行》21篇、《纵横春秋五十年——我与文史资料》7篇。参与辽宁省政协文史委组织的专题协作项目《老工业基地一装备制造业篇》。积极开展《关于开展文史资料工作摸底调查》工作。将收集的全市政协文史资料工作机构设置、人员编制、征集出版等情况上报全国政协。承办省市文史委主任联席会议并圆满完成会议的服务工作。针对沈阳市文物保护工作现状，组织部分委员对博物馆建设、资金投入、民营博物馆管理和服务、非物资文化遗产保护等工作开展视察，形成《关于推进我市文博事业发展的建议》。

（朱佳音）

【政协提案工作】 市政协十三届二次会议以来，共征集提案716件。经审查，立案573件。其中，委员提案438件，各民主党派、工商联、有关人民团体提案120件，市政协专门委员会提案15件。提案全部得到办复，提案所提出的问题得到解决或基本解决的506件，占88.3%；已列入计划逐步解决的61件，占10.7%；留作今后工作中参考的6件，占1%。对办理答复表示满意的545件，占95.1%；表示理解的25件，占4.4%；表示进一步关注的3件，占0.5%。对未立案的143件提案，根据不同情况分别作为社情民意或信息进行妥善处理。

以“保增长、促振兴”作为政协提案关注的重点，先后提出“关于抓住‘危机’下的机遇，加快实现沈阳产业优化升级”、“积极应对金融危机影响，促进县域经济高速发展”、“关于加快实现我市经济结构调整”和“大力发展沈阳IC装备产业”等提案。以“保民生、促发展”作为政协提案关注的热点，先后提出“关于尽快实施沈阳市儿童医院改扩建工程”、“关于发展沈阳市公共交通”、“完善养老体系”、“提高60年代精简职工待遇”、“解决社区采暖费用”等39件与人民群众切身利益息息相关的提案。以“保稳定、促和谐”作为政协提案关注的要点，与党政部门沟通协调，针对“关于对《交通刑事附带民事案件指导意见》进行修改”、“关于切实增强我市新农村建设中预防职务犯罪”以及“我市目前信访工作亟待解决的问题”等40多件涉及人民群众人身财产安全的政协提案给予高度重视，并积极研究落实。

注重发挥民主党派、有关人民团体的示范作用，听取各民主党派、有关人民团体对提案工作的意见建议，组织党派团体参与提案的审查、督办、调研等工作。2009年团体提案占提案总数的20.9%，被确定的重点提案占年度重点提案的57.7%。注重发挥政协专门委员会的基础作用，将提案工作纳入专委会年度工作要点，基本形成市政协专门委员会参与提案工作的机制。注重发挥提案工作的组织协调作用，通过加强与市委办公厅、市政府办公厅的协调和联系，加强与各专门委员会的协作和配合，加强对区县（市）政协的指导与联动等工作，形成提案工作整体合力。注重发挥规章制度的制约作用，重新修订了《沈阳市政协提案工作制度》、《沈阳市政协提案委员会提案审查和立案办法》、《沈阳市政协提案委员会委员议事规则》等八项工作制度。

积极探索解决制约提案工作质量的“瓶颈”问题。组织召开提案者、承办单位和市政府办公厅、市政协提案委员会共同参与的督办协商会，使提案者对提案结果的落实过程更加了解，承办单位对提案的意见建议更加理解和重视，设计并印发了《提案办理情况反馈表》和《提案落实意见反馈表》，及时准确地反映出承办单位对提案的办理情况和提案者对提案的满意程度；努力搭建提案工作交流平台。组织并举办提案工作经验交流会，以《文集》形式编印具有学习借鉴作用的经验材料和理论文章，组织提案知识培训，运用新闻媒体宣传报道提案工作；认真督办重点提案，市政协班子成员每人督办1件重点提案，用重点提案办理和落实效果带动提案落实质量的普遍提高；大力宣传表彰先进，评选出2008年度、2009年度优秀提案和先进承办单位及先进个人。

（朱佳音）

【海外联谊工作】 组织部分委员和民主监督员，深入外贸出口企业调研视察，与企业负责人进行座谈，听取市外经贸局关于沈阳市外贸出口企业情况通报。组织外经外贸民主监督员与市外经贸局领导进行座谈，为沈阳市外经外贸工作献计出力。鼓励并协助港澳委员为“保增长”做贡献，2009年港澳委员企业在沈投资39.1亿元人民币。全年组织委员共提交了53件提案，其中《关于促进归国留学人员在沈创业发展的提案》、《关于取消桃仙机场送站收费的建议》等提案得到主要领导重视和批示，得到较好的落实。组织10名委员参加沈阳国际旅游节开幕式。在全会召开期间，先后组织了市长与港澳委员座谈会、港澳委员参观地铁建设工程、港澳委员参加沈北新区项目推介会等活动。组织港澳委员积极参与预防H1N1流感、捐资助学、项目洽谈等履职活动。7月份，组织8名港澳委员赴呼和浩特、包头、鄂尔多斯三城市进行了为期五天的学习考察。围绕资源有序开发、区域经济发展、促进社会和谐等方面提出意见和建议。9月份，政协有关领导赴港参加了“庆祝中华人民共和国成立60周年暨港区省级政协委员联谊会成立三周年大会”。拜会中联办、全国政协港澳台侨外事委员会、港区政协委员联谊会的领导以及参会的港区各界知名人士，看望部分在港委员及顾问，通报沈阳市经济工作运行情况（书面）。围绕庆祝中华人民共和国和人民政协成立60年周年活动，成功举办以“桑梓情、赤子心，家乡·沈阳永远在我心中”为主题的沈阳市归国创业人员庆祝中华人民共和国、人民政协60华诞联谊大会，并举行“沈阳归国创业人员活动基地”揭牌仪式。组织10名委员代表，参加第十届中国海外学子辽宁（大连）创业周活动。联合开展“闯世界的沈阳人”海外文史资料征集活动，先后召开由"五侨"部门、民主党派、县区政协参加的座谈会,重点联系涉外部门和海外侨领,征集文稿50余篇,填补了沈阳市文史资料(海外内容)的空白。协助邀请六国驻沈总领事旁听了政协沈阳市十三届二次会议开幕大会。先后组织3个出访团组(香港),11人赴境外考察访问,并接待澳大利亚、日本、韩国、台湾等6个来沈考察团。全年,委员调研、视察、考察、报告会等活动的参与率达97.61%。其中16名委员参加了外贸出口企业情况调研视察,10名委员参加了市旅游节开幕式活动,28名委员参加了"双庆"联谊大会,5名委员参加了"五侨"中秋联谊活动,4名委员参加专委会外出考察。为辽中小帮牛村小学捐助8台电脑,帮扶4户贫困户,共计4.5万元。

(朱佳音)

民主党派和工商联

【中国国民党革命委员会沈阳市委员会】 参政议政。在2009年召开的各级"两会"上,民革各级人大代表和政协委员,围绕全市的各项工作及社会关注的重大问题积极建言献策,认真履行参政党的职能。在市政协十三届二次全会上,民革沈阳市委共提出集体提案14件,其中《关于发行高新企业债券,促进我市高新产业带建设的建议》得到邹大挺副市长的批示,被市政协列为重点提案。关于《提升我市装备制造业持续创新能力的建议》被列为市委统战部赵晓川部长督办的重点提案。提交大会发言材料7件,其中《关于加快推进政府职能转变建设公共服务型政府的建议》作了大会发言。苏家屯支部提出的《关于治理北沙河的建议》得到省人大及有关政府部门的重视,省人大副主任闫丰亲自到现场考察。沈河区副主委潘玉提交的调研报告《促进沈阳市农业机械化发展进程的基本对策》被市政协评为优秀论文一等奖;民革党员、辽宁大学教授、沈阳市皇姑区人大代表常怀春提的《百鸟公园内道路改造》议案,被列为皇姑区2009年十件大事之一。

加大调查研究工作的力度。2009年,民革市委召开了二次参政议政工作会议,及早确定2009年度重点调研课题,研究部署调研任务。民革市委领导亲自参加调研活动,先后参加了市政协组织的"完善现代交通体系,促进城市交通发展"的调研活动,完成了《以人为本,构建我市文明畅通的交通体系》的调研报告并提交市政协常委会。参加了市政协组织的"发展现代农业,加快农业科技支撑体系建设"的调研活动,先后走访了辽中、沈北新区、于洪高力村等多个县区及乡镇,完成了《因地制宜,发挥优势,做强我市高效特色种植业》的调研报告。在市政协组织的"发展现代农业,加快农业科技支撑体系建设论坛"中,民革市委提交的《关于推进我市特色种植业发展的对策与建议》、《促进沈阳市农业机械化发展进程的基本对策》、《大力发展农村职业教育,为农业科技发展提供人才支撑》等三篇论文获一等奖,《关于大力发展有机农业和有机食品》的论文获优秀奖。

民革市委针对沈阳市农村承包经营权流转开展了专题调研。先后与市农委赴新民、辽中、康平、法库四县及近郊东陵、于洪、苏家屯区进行实地考察。经过近半年的深入调研,完成了《关于我市农村地区土地承包经营权流转情况》的调研报告,上报中共沈阳市委政研室。

民革市委就"中小学文明礼仪教育"和"加强生态城市建设工作"等专题,赴江苏省苏州市进行考察,并与苏州市民革领导和专家就"中小学文明礼仪教育"和"加强生态城市建设工作"进行了座谈交流。

社会服务工作。2009年,民革市委继续加强和完善对秸杆生物反应堆技术的推广工作。市委会参加了民革中央在甘肃白银举行的秸杆生物反应堆技术示范推广现场会和社会服务工作研讨会。会上,沈阳民革作为全国五个重点单位之一介绍了在沈阳市农村推广秸杆生物反应堆的经验。民革市委领导参加了民革辽宁省委在丹东举行的秸杆生物反应堆技术推广现场观摩交流会并参观了示范基地。民革市委主要领导带队,对辽中县秸杆生物反应堆技术推广情况进行专题调研。2009年辽中县推广此项技术333.3公顷。

民革市委继续办好民革北方八城市旅游摄影风光展,分别参加了在长春和在武汉举办的第八届民革北方八城市旅游摄影风光展。在展览中,民革市委更新了沈阳参展的作品,进一步宣传了沈阳的优势和形象,提升了沈阳这一历史名城的知名度。

面对全球金融危机的新形势,民革市委举办了中小企业家发展研讨培训班,在培训班中邀请了中共沈阳市委党校副校长朱惠教授,专题讲授了《在当前经济危机条件下,中小企业如何面对经济危机进而谋求企业发展的问题》的讲座。

民革市委组织沈阳音乐学院支部优秀音乐教师一行7人,赴法库县教师进修学校开展音乐教育义务送教活动。并与法库县教育局签署送教下乡培训活动备忘录,从而建立了义务送教下乡活动长效机制。"六一"前夕,民革市委组织妇委会委员和部分女党员到市儿童福利院慰问残疾儿童并赠送了节日礼物。

民革市委在上海刘海粟美术馆成功举办了民革党员白传巨个人书画作品展,拓展了民革市委在社会上的影响力。在纪念新中国成立60周年活动中,民革市委还举办了民革市委社会服务工作图片展。用生动感人的真实写照,汇报了民革市委在社会服务工作中的成果。沈河区支部主委冯述同志2009年多次担任中共沈阳市委、市政府及市总工会组织的大型公益性活动的总策划、总撰稿,其创作的反映沈阳振兴、和谐、发展的文艺作品在社会上引起强烈反响,为沈阳市落实五大任务、促进科学发展作出了突出贡献。

自身建设。根据民革十一届十一次常委会的部署,民革市委制定了《民革沈阳市委2009年度理论学习安排意见》和民革市委关于落实《民革辽宁省委关于深入学习贯彻科学发展观活动的方案》的实施意见,在全市民革党员和机关干部中全面开展深入学习贯彻科学发展观的系列活动。使广大党员深刻领会科学发展观重大意义,全面理解中共中央的指导方针和一系列战略决策,不断增强党员干部学习贯彻科学发展观的自觉性和坚定性。并通过召开学习宣传文史委员会工作会议、举办宣传骨干培训,请市委党校于天英教授讲授现阶段宣传工作的意义和实质等活动,使全市民革宣传干部在理论水平和业务能力上得到进一步提高。

2009年,市委召开了学习贯彻科学

发展观交流会，暨2009年度宣传工作表彰大会。会上金福、李诗、郑向东、何凯四位同志做了经验交流。表彰了和平支部等9个先进支部，冯述等32名先进个人。全年出刊了新改版《沈阳民革》3期。为加大对学习贯彻科学发展观活动及沈阳民革工作动态的宣传报道工作力度。一年来共向《团结报》、《沈阳日报》、《沈阳政协》、《辽宁民革》、《友报》提供稿件60余篇，被采用50余篇，较往年有了可喜的进步。

2009年民革市委信息工作得到进一步加强。机关设专人负责信息收集和上报工作，全年共上报信息50余条，分别被中共沈阳市委、市政协及民革辽宁省委采用。在学习贯彻科学发展观活动期间，针对有的基层单位不知道或不了解中发[05]5号文件精神的情况，向市委统战部提交了"贯彻落实中共中央5号文件不应有盲区"的信息，该信息得到市政协副主席、市委统战部部长赵晓川的批示。民革市委被市委统战部评为信息工作三等奖，一名机关干部被中共沈阳市委统战部评为优秀信息员。

为纪念新中国成立60周年暨多党合作制度确立60周年，民革市委开展了一系列庆祝活动。一是成功举办了民革市委庆祝新中国成立60周年书画作品展，市委、市人大、市政协领导和全市200多名民革党员出席了开幕式；二是召开了庆祝新中国成立60周年、多党合作制度确立60周年座谈会，并撰写多篇理论纪念文章。三是组织党员和机关干部参加沈阳市统战系统纪念新中国成立60周年暨多党合作制度确立60周年大型文艺演出。四是在全市民革党员中组织开展了新中国成立60周年纪念征文活动中，征集纪念理论文章20余篇，《沈阳民革》为此设专刊。

2009年，民革市委共发展新党员30名，全部具有本科以上学历，其中具有研究生学历7名，硕士学位的5名，博士学位的2名，具有中高级职称的20名。截至2009年12月底，全市共有民革党员720名，其中在政府中担任副局级以上领导职务3名。

2009年组织建设工作中，完成了新组建民革东北大学小组工作。指导民革沈阳市卫生局支部、民革沈阳药科大学支部成功完成了换届工作。市委会召开了基层支部组织建设工作研讨会，针对如何做好基层支部领导班子建设、制度建设和后备干部队伍建设，针对如何更有效地组织创新支部活动以及支部在组织发展等方面遇到的问题和困难进行了交流和研讨；市委会组织15位基层支部主委参加了民革省委举办的为期五天的第二期基层支部主委培训班，听取了民革中央联络处章仲华处长作的题为《两岸关系和平发展的机遇和挑战》的报告；市委会举办了基层支部主、副委培训班，特邀省社会主义学院教研室主任王淑华做了《发扬优良传统、搞好政治交接》的讲座。

祖国统一工作。面对海峡两岸新形势，民革市委号召广大党员以科学发展观为指导，深入学习胡锦涛总书记在纪念《告台湾同胞书》发表30周年座谈会上的重要讲话精神和中共中央各项对台方针政策，认真领会中央提出的"四个转变"精神，以两岸关系和平发展为主题，努力开展民革的祖国统一工作。

2009年，应中华全国理事长学会邀请，省台联、市民革、市致公党、市九三学社、市台盟、市台联共16人组成沈阳经贸参访团。市委会领导作为参访团成员专程赴台湾参观考察。市委会与团市委、市台盟、市台联等单位共同接待了台湾岭东科技大学一行28人，并举办了"沈阳——台中EMBA学术教育交流研讨会"。市委会为进一步搞好涉台参政议政工作，组织部分高校、企业的党员赴台考察。

受"莫拉克"台风的影响，台湾遭受50年来最严重的水灾，造成人员和财产的重大损失，特别是台湾中南部地区损失惨重。为了表达骨肉同胞关爱之情，民革市委号召广大党员积极行动起来，短短一个月时间，全市民革党员就捐款23350元。中共中央台湾工作办公室和海峡两岸关系协会为此发给市委会"捐赠证书"以资鼓励。市委会与市台盟、市台联共同举办了对台工作报告会，邀请专家为统战系统干部职工传达了全国对台工作座谈会精神及目前台海形势。

（*蔡金峰*）

【中国民主同盟沈阳市委员会】 2009年，中国民主同盟沈阳市委员会（简称民盟市委）盟务工作迈上新台阶。荣获盟中央盟务工作"先进集体"称号，民盟省委参政议政工作先进集体、盟务工作先进集体称号。

思想建设。深入开展学习贯彻科学发展观活动。开展庆祝新中国、人民政协成立暨多党合作制度确立60周年系列活动。举办征文活动，优秀征文在《沈阳民盟网》专栏中刊登；与民盟省委共同举办《祖国在我心中》大型文艺演出；举办电影招待会；编辑印刷《庆祝中华人民共和国成立60周年沈阳市盟员摄影、书画作品集》；参与民盟省委书画、摄影展；参加统战系统征文和联欢会；民盟市委主要领导的《在多党合作中坚持中国共产党的领导地位不动摇》一文，在中共市委召开的统战系统纪念会上发言，并在《人民日报网络版》、《沈阳日报》刊登。巩固多党合作思想政治基础。民盟市委加强宣传工作，拓宽沈阳民盟网宣传渠道，增设"引导页"，开辟"图片新闻"、"激荡六十年"和"民盟先哲"三个专栏，增加"语音播报"，树立民盟良好形象。

组织建设。民盟市委领导班子成员坚持联系基层工作制，主要领导带队先后到民盟沈阳化工学院、辽宁大学、辽宁社科院等7个基层组织进行调研。2009年，民盟市委共发展新盟员160人，新盟员发展率为6.3%，净增率为4.8%，是近年来发展最快的一年。截至2009年底，全市盟员共计2801人。后备干部队伍建设做到了数量、结构、素质、梯次同领导班子建设，实职安排、政治安排的需要相适应。

参政议政。民盟市委主要领导和班子成员认真参加中共市委、市政府召开的民主协商会、情况通报会、专题座谈会、征求意见会、人事推荐会以及市政协组织的各类视察活动20余次。围绕"保增长、促和谐、抓党建"的中心任务建言献策，受到中共市委、市政府的高度重视和采纳。民盟市委向市政协十三届二次全会提交提案20份，向省政协全会提交提案1份，以市政协名义向全国政协全会提交提案1份。其中，《关于加速推进沈阳市建设生态城市的建议》等5份提案被列为大会发言和书面发言。《关于沈阳市交通发展对策的建议》被列为市政协重点提案。《关于促进沈阳市农业产业化发展的建议》被列为市政协重点提案，评为优秀提案。"中小企业发展和完善社会保障"等十多个提案中的有关建议,得到政府相关部门采纳。民盟市委积极响应中共中央统战部发出的"我为应对金融危机献一策"号召。盟员郭广珍撰写的《经济回落背景下中国内陆地方政府刺激经济发展的对策》在中央统战部《零讯》杂志上发表。赵红和李冬梅撰写的《关于在逆势中发展沈阳房地产的几点建议》,崔日明撰写的《金融危机背景下,我国贸易政策选择的几点建议》,罗静撰写的《金融危机下大东区房地产业分析与对策》,被提交市政协全会或上报有关部门。民盟市委分别与市政协科技委、人资环城建委围绕"发展现代农业,加快农业科技支撑体系建设"和"完善现代交通体系,促进城市交通发展"展开专题调研。撰写的《关于提高沈阳市农业劳动力科技素质的建议》、《关于对新开发项目实行交通影响评估的建议》、《关于加快沈阳市快速路系统规划建设的建议》、《创新思路,加快我市停车场设施建设》、《关于全面加强交通安全社会化管理工作的建议》等调研报告,受到市政府领导的充分肯定。妇委会形成的《创新体制机制,建设充满生机活力的多元化农业技术推广体系》调研报告,提交市政协常委会专题协商会。民盟市委努力探索民主监督的有效途径和方法。其中《加强民主党派民主监督初探》一文在民盟全国副省级城市第五次盟务工作联席会议上交流。盟员市政协委员对提案办理落实情况进行跟踪,就《关于加强在押人员劳动技能培训的建议》与市司法局举行座谈,并到康家山监狱实地调研。组织科技委、综合一支部联合赴东陵区就《关于发展树莓、蓝莓种植业》的提案落实情况进行调研督办。

社会服务。民盟市委积极组织各专委会、基层组织全力开展农村教育"烛光行动"。普教委、沈河区盟委会组织沈阳二中、七中等校名师,赴新民市第一高中、辽中、昌图县做高考辅导和对口支教;省实验中学支部开展多种形式支教助学,先后到义县、建昌等农村高中送教下乡,捐赠电脑、图书、课桌椅等教学设备,做示范课、交流教学经验;和平区盟委会到长白中学开展对口支教;皇姑区盟委会多次到法库送教下乡;青委会到西丰县开展高考义务辅导讲座;于洪区、省图书馆两支部携手于洪地税,开展"捐书进校园"。大东区盟委会组织一中、五中盟员资深教师到社区,举办高考辅导咨询现场会;辽宁中医药大学支部到社区为居民开展健康咨询义诊;浑南新区支部与综合一支部共同开展"民盟专家进社区"活动,启动"民盟社区学堂",组织一批盟员专家为社区居民开展系列讲座;沈阳市妇女会馆的盟员吉成晟针对社会热点问题,开展讲座近百场,听众达万余人;富红梅、曲阳、左韬等盟员在辽海·沈阳讲坛奉献健康、法律等专题讲座26场。沈阳药科大学的盟员吴英良在社区为居民作"合理使用抗生素讲座"。医药委、中国医大盟委会在北陵公园为儿童开展"六一"医疗义诊服务,教师节组织盟员医生赴翔宇中学进行义诊咨询,与省肿瘤医院支部、沈阳农业大学盟委会赴大洼县赵圈河乡开展义诊、赠书及农业知识讲座;市第四医院盟委会组织盟员到祝家镇等地义诊,为市12所中小学进行近视眼筛查;省农科院盟委会为农民举办各类培训班达20余次,组织盟员专家下乡,免费发放培训资料3万多册;省图书馆支部先后10次携带约6万份科技资料及书刊下乡,为农民发放。沈阳化工学院盟委会赴新宾县下夹河乡扶贫,向中心小学捐助5000元体育器材,捐款3000余元、捐书万余册;沈阳工业大学集体资助贫困学生15人,盟员张凤阁资助3人;省实验中学支部开展"携手共进,共创和谐"活动,资助品学兼优的贫困学生;沈阳市第120中学盟员马丹梅累计资助10多个贫困学生上大学。沈阳农业大学陈温福获2009年全国模范教师,成功当选中国工程院院士,成为沈阳市乃至全省首位当选院士的盟员;沈阳二中王淑荣获2009年全国模范教师称号;中国医科大学王玉新获中国医师奖;沈阳化工研究院的刘长令获国家科技发明二等奖,中国青年科技奖;东北大学唐家福当选国务院学科评议组成员;民盟市委原副主委金厚家获全国民族团结进步模范个人;沈阳化工学院肖林久、中国医科大学钟鸣获国务院特殊津贴。

(白艳立)

【中国民主建国会沈阳市委员会】 自身建设。市委会机关以加强学习为基础,以创新思维转变机关作风建设为重点,以提高履职质量为目标,认真开展"学习实践科学发展观,做好民建市委工作"为主题的教育活动。

市委会承办了第一届民建辽宁省市级组织专职主(副)委工作研讨会;探索举办跨地区、跨支部的支部活动,先后协调民建和平区委与民建大连市中山区委、市直工委一支部与辽阳文圣区总支建立友好关系;支持民建市直工委三支部与民建浑南新区支部共同组织学习交流会。2009年,民建中央张少琴、辜胜阻两位副主席先后来沈阳民建视察,并对民建沈阳市委会的各项工作予以充分肯定。

市委会注重提高会员的整体素质,吸纳各行各业优秀人员入会。首次将新会员培训工作前置到入会前,邀请社会主义学院的专家、教授,就"新时期如何做合格的党派成员"等内容对会友进行专题培训。2009年共发展新会员60人。其中:研究生学历12人,大学本科学历37人;经济界人士54人。

市委会以宣传会员及会员企业为重点,进行了《沈阳民建》会刊的改版工作。加强与各直辖市、省会市、计划单列市和省内市委会的会刊交流,采取直接邮寄《沈阳民建》到会员的试点工作,扩大了《沈阳民建》发行范围和影响。宣传稿件先后被《人民政协报》采用1篇,民建中央《民讯》采用1篇,民建中央网站采用14篇,民建省委网站采用18篇,《辽宁民建》采用18篇,《沈阳日报》采用12篇,沈阳电视台宣传报道3次。通过举办图片展、征文等活动,纪念新中国成立暨中国共产党领导的多党合作和政治协商制度确立60周年。民建中央画院在京成立,市民建会员梁达明被民建中央画院聘为艺术委员会副主任;王元石、卢玉福被聘为首批民建中央画院画师。

参政议政。市委会围绕"转变经济发展方式,促进国民经济又好又快发展"和"改善民生、推动和谐社会"建设等重大问题开展调查研究,完成调研成果67篇,被省级表彰9篇,市级表彰14篇。报送市政协材料13件,其中十三届三次会议大会发言材料5件,集体提案6件。其中,《关于完善廉租住房准入标准的建议》和《关于推行沈阳市公交一卡通的建议》被列为沈阳市政协重点提案。

市委会注重社情民意，充分发挥参政议政、民主监督的作用，报送各种社情民意信息48篇。其中：《水环境的恢复与改造是抗旱救灾基本前提》被民建中央采用，《大力发展职业教育，为劳动力转移就业服务》得到中共辽宁省委原书记张文岳同志批示。市委会被中共辽宁省委统战部评为2009年度统战系统信息工作先进单位。

2009'中国（辽宁）非公有制经济发展论坛在沈阳举办。市委会组织会员围绕论坛主题积极撰写论文，报送24篇，有7篇获奖。会员孙靖《提升我国非公有制企业跨国并购效率的对策探析》的论文获得二等奖，赵丽娟《中小企业抓住机遇走出去》一文获优秀奖。

社会服务。市委会首次搭建政府、企业、民建互动的平台，组织召开"支持企业发展，促进经济增长"座谈会，积极为会员企业服务，并为会员企业的发展寻求政策支持。面对金融危机，广大会员企业主动承担社会责任，做到不裁员，不降薪。会员赵准林、王静波、胡国强、鄂小泉、王贵虹、李继红、何吉东等创办的企业被沈阳市人民政府列入2009—2010年成长型中小企业名单。会员爱岗敬业，业绩突出，共有27人荣获省市级表彰。民建市委原主委姜克让同志研制的"一次性医用内窥镜防护系统"获得国家多项专利，并被国家科技部和国家发改委列为"2008－2009国家重点新产品"，他以75岁高龄被省人力资源和社会保障厅授予教授研究员级高级工程师职称。会员李文欣放弃国外优厚待遇回国创办辽宁迈迪生生物科技有限公司，她作为辽宁省仅有的两名优秀海外归国人才代表，被推选参加了新中国成立60周年国庆观礼活动。

为有效应对金融危机，促进沈阳经济平稳较快发展，市委会领导亲自带队，多次赴南方考察，协助政府和会员企业开展项目推介招商活动，共参与签订引进合同10项，已开工建设4项，合同引资额17.78亿元，已到位金额8.6亿元。

在开展公益事业活动中，共开展活动240次，累计捐资捐物折合人民币262万元。民建沈河区委一支部主任高薇带领会员坚持十余年资助沈阳市儿童福利院的残疾孤儿及市盲校的学生。

（李　阳）

【中国民主促进会沈阳市委员会】 思想建设。2009年，市委会把深入学习贯彻科学发展观作为首要任务，深化坚持走中国特色社会主义道路主题教育活动，不断强化会员的政治意识和责任意识，思想建设扎实推进。

一是深入学习贯彻科学发展观。建立了学习科学发展观的组织领导体系，通过举办学习谢严森同志先进事迹报告会、学习贯彻科学发展观问卷调查和知识竞赛、"我为民进科学发展建一言"等活动，将中国特色社会主义主题教育活动与学习贯彻科学发展观活动结合起来，推动了全会各项工作更加符合科学发展观的要求，使广大会员思想更加统一，方向更加明确，进一步增强对中国特色社会主义的政治认同和思想认同。

二是寓主题教育于各项活动之中。以庆祝新中国和人民政协成立60周年、我国多党合作制度确立60周年为契机，开展了丰富多彩的庆祝活动。先后组织会员参加了民进中央举办的书画展，开展了"巾帼不让须眉，争做三八红旗手"及系列征文活动，得到广大会员的积极响应，有1000余人次参加活动，共撰写论文108篇，并编辑出版了《辉煌六十年，多党合作谱新篇——新中国成立60周年纪念文集》。在民进省委编辑出版的《祖国在我心中》和《探索与创新》两书中，收录的市会员文章分别占文章总数的48%和70%，充分展示了沈阳民进的风采。

三是宣传信息工作实现了新跨越。创办了《沈阳民进信息简报》，缩短信息发布周期，及时宣传报道各级组织和会员的工作动态和先进事迹，得到基层会员肯定。民进市委获得了2009年度沈阳市统战系统宣传工作第一名和全市统战系统信息工作先进集体二等奖等荣誉；向《民进辽宁省委工作简报》报送信息数量及采用信息数量均居全省首位，实现了历史性突破。

四是会史编撰工作全面启动。截至2009年末，已经整理了从1952年至1962年间的档案资料，完成了沈阳市地方志关于1986年至2005年二十年志沈阳民进部分的撰写工作，各基层组织的会史编撰工作也在有序进行。

队伍建设。市委会从建设适应新时期需要的高素质参政党的战略高度出发，全面提高各级组织整体素质，为履职尽责提供坚强的组织保证。

一是全面加强领导班子建设。积极参加中共中央和中共省、市委统战部及民进中央、民进省委举办的培训班，先后两次对基层干部进行政治理论和会务知识培训。同时实施基层支部后备干部推荐工作，建立起切实可行的后备干部遴选和动态管理机制。截至2009年底，已储备基层组织后备干部87名，各级领导班子充满生机与活力。

二是继续完善各项规章制度。将会员发展、后备干部管理、会员教育培训等11项规章制度进行宣传贯彻，编制了《基层组织工作记实手册》和《会友考察手册》，推动组织工作走上制度化、程序化和规范化的轨道，得到中共市委统战部及兄弟党派的一致肯定。

三是推进基层组织建设与发展。新组建了民进辽宁省交通高等专科学校和126中学支部，撤销了民进沈阳市第172中学和第105中学支部，促成了沈抚两市4个支部签订携手共建协议，有力推动了基层组织跨地域交流。开展了年度先进支部、优秀会员的评比工作，并增加了"十佳会员"评比内容，有22个支部、188名会员荣获了荣誉称号。

四是加强对离退休会员的关爱。将离退休会员优抚慰问工作纳入了重要日程，先后走访探望了老领导、老会员15人，各基层组织也都按照市委会要求，在重要节日前夕慰问、问候老会员，使老会员感受到组织的温暖和关怀。

参政议政。把推动科学发展作为履行职能的第一要务，注重研究国内外大环境不断变化的新情况、新问题，发挥整体优势，在参政议政方面取得新成果。

一是高度重视提案（建议）工作。多次召开专委会及提案线索征集会，广泛征求意见，动员全体会员积极参与提案工作并得到积极响应。2009年，市委会共收到各类建议、提案素材92件，形成大会发言6件、提案34件，向民进省委提交提案素材4件。其中，《科学推进我市文化建设的繁荣发展》被推选为市政协大会口头发言。

二是不断提升建言献策水平。把提案辅导工作纳入工作日程,培训基层支部和会员掌握撰写提案的具体方法,切实提高了广大会员参政议政意识和能力。有2件提案被列为重点提案,1件提案被列为党派督办提案,11件提案被评为市政协优秀提案,《努力提高农村基层医疗服务水平,使"新农合"切实惠及广大群众》等提案,分别得到市领导批示,多家媒体给予关注并作了相关报道,一些建议得到市委、市政府积极采纳。

三是深入开展重点课题的调研。建立了以课题为纽带,以专门委员会为依托,与党政部门、大专院校密切配合,省、市联动的专题调研工作机制,相继开展了"沈阳文化建设"和"新型农村合作医疗运作情况"两个重点课题调研,形成了大量具有重要价值的调研成果,得到有关部门肯定,并用作省政协常委会议发言材料。

关注民生。按照"发挥优势、突出重点、量力而行、尽力而为"的原则,务实创新,上下联动,社会服务工作有声有色。

一是继续坚持送教送医下乡活动。先后组织会内优秀骨干教师及教育、医疗界会员开展送教、送医下乡活动17次,累计150人次参加。送教送医下乡活动已经成为社会服务传统,界别特色更加凸显,受到当地群众的欢迎和好评。

二是社会服务活动参与面不断扩大。各基层组织结合自身特点,因地制宜、因时制宜地开展了形式多样的社会服务活动。一年来,共开展慰问演出2场,捐赠图书1100册,资助8名品学兼优、家境贫寒的学生完成学业,3次到养老院看望孤寡老人,以实际行动树立了民进良好社会形象。

三是招商引资工作有新突破。发挥招商引资骨干队伍作用,成功引进沈西燃气、和旺饮料等4个项目,到位资金4350万元人民币。

机关建设。面向社会公开招考补充机关工作人员,对部分领导职务和非领导职务实行竞争上岗,强化了机关的激励机制;对6名新招录公务员全部进行岗前培训,对2名处级干部进行任职培训;继续坚持每周半天学习制度和外出学习成果交流作法。一批中、青年干部迅速成长,形成了讲团结、讲合作、讲事业、讲奉献的积极的机关文化主流。

(刘庆国)

【中国农工民主党沈阳市委员会】 2009年,农工党沈阳市委主要领导先后51次参加中共沈阳市委、市政府和市政协举办的情况通报会、座谈会,就沈阳市的经济建设和社会发展等重大问题进行协商,受到中共市委的高度重视和好评,充分体现了民主党派与中国共产党"肝胆相照、荣辱与共"的亲密关系。沈阳市人大代表、农工党沈阳市委副主委王莉被市纪委监察局聘为第六届特邀监察员,同时王莉还被中共沈阳市委政法委员会聘为沈阳市政法系统特邀监察员。农工党辽宁省委授予农工党沈阳市委为"2005—2009年度参政议政工作优秀组织奖"荣誉称号,王惠生、孔璋、杨悦、王俊才等4名农工党员为"2005—2009年度参政议政工作先进个人"荣誉称号。

充分发挥在人民政协中的作用。广大党员在各级人大、政协会议上共提交建议、提案282件。在市政协举行十三届二次会议上。农工党沈阳市委向大会提交了《关于创建健康城市的建议》、《关于建立权威的食品安全信息发布机制的建议》、《关于科学理性和有序规范开展医疗对口扶贫工作的建议》、《关于强化沈阳市果品批发市场建设和管理的建议》、《关于进一步加强我市应急避难场所建设的建议》、《关于及早根治沈北新区铬污染的意见与建议》、《关于进一步提高我市社区卫生服务水平的建议》、《关于搞好沈阳地铁运营规划的建议》、《关于建立精神病人防治网络化管理体系的建议》、《关注学生心理健康,切实加强中小学生心理健康教育》、《关于下大气力整治沈阳市机动车辆尾气污染的建议》等11件提案和4篇大会书面发言,赵午主委代表农工党沈阳市委作了《关于创建健康城市的建议》的大会发言,建议沈阳市在建设生态城市的同时,也响亮地提出创建健康城市的目标。

深入开展调查研究,提高参政议政水平。召开参政议政会议,围绕加快经济发展和社会进步的6项重大课题,确定了2009年调研课题。2009年,相继开展专题调研活动80余次,参加调研活动的党员有90多人,形成有价值的调研报告9篇。与市政协举行控制出生缺陷提高人口素质专题调研活动,并由陈新兰副主委作了《关于加大政府实施出生缺陷干预工程力度的建议》的发言。市政协办公厅向市政府提交了《关于有效控制人口出生缺陷的建议》,受到了市政府的高度重视。4月底,赵午主委在率队赴黑龙江省及哈尔滨市、牡丹江市学习考察期间,就加大公务车改革问题的进行了调研,完成了《关于加大公务用车制度改革力度的建议》的调研报告,作为市委会提交给市政协十三届三次全会的提案。6月下旬,协调各级组织接待全国政协常委、副秘书长、农工党中央副主席刘晓峰来沈就"公立医院改革"等相关问题进行专题调研,市委副书记苏宏章会见了刘晓峰一行,为促进沈阳医疗卫生事业又好又快发展奉献力量。参与了市政协"发展现代农业,加快农业科技支撑体系建设"专题调研,科教支部副主委赵永会撰写的《进一步加大支持力度,完善农产品质量安全监管体系建设》的调研报告,入选市政协《"发展现代农业,加快农业科技支撑体系建设论坛"论文汇编》,并荣获优秀论文奖。李铁男副主委撰写的《关于完善定点医疗机构医保运行补偿机制的建议》,被评为2007—2008年度沈阳市优秀调研成果三等奖。

开展"两个一"活动,积极反映社情民意。2009年是农工党沈阳市委开展的以"人人提出一条有价值的信息,人人提出一件高质量的提案或建议"为主题的"两个一"活动的第十个年头。基层支部及广大党员踊跃参与活动,积极反映社情民意。截至年底,市委会共收到中国医大二院等33个支部57名党员报送的112条信息、10条建议和11件提案。胡舒颖同志被农工党中央授予"2008年度全党社情民意信息工作先进个人"荣誉称号。

开展"保增长、保民生、保稳定"和社会服务活动,为沈阳又好又快发展献计出力。决定在全市农工党组织和党员中开展"学习实践科学发展观,我为沈阳又好又快发展献良策"活动。发挥资源优势，充分调动广大党员的主动性和积极性，以“医疗服务公益活动”、“国际和平周”和“中国环境与健康宣传周”活动为重点，积极开展社会服务活动。组织10名医疗专家参加庆祝第三届“中华母亲节”大型健康咨询活动，为上百名群众进行了健康咨询；组织沈阳医学院奉天医院支部专家，会同中共市委统战部有关部门同志到辽中县走访特困户；为30多名78岁以上的黄埔同学会成员举办了一次健康咨询活动；组织医疗专家与沈阳市回民联谊会为几百名回民社区居民义诊、健康咨询；邀请省环境监测中心站党员高级工程师李健，为八经街道宝环社区居民和党派机关干部进行了“家居环境与健康”知识讲座；社会服务委员会与医药卫生委员会组织医疗专家到东陵区祝家镇卫生中心医院开展义诊，并送去了上万元的药品，受到了该中心医院与当地百姓的热烈欢迎。与此同时，各基层支部积极开展义诊、助学等社会服务。市第七医院支部组织党员到辽中县刘二堡镇医院开展专家技术指导；市传染病院支部到和平区养老院进行义诊服务；市红十字会医院支部赴东陵区前进街道榆林村开展了全天义诊活动，为300多人健康检查和咨询；市四院支部主委张羽长到沈阳市妇女会馆为50余位妇女做“如何安全渡过更年期”健康讲座；医药支部捐献大量药品服务社会，筹钱筹物资助贫困学生，让他们安心学习，为他们回报社会打下了基础。

以开展庆祝新中国和人民政协成立60周年、中国共产党领导的多党合作制度确立60周年为契机，大力加强思想建设。下发《关于开展庆祝新中国成立60周年暨纪念多党合作制度确立60周年征文活动的通知》，在历经半年的征文活动中，共收到基层党员的踊跃投稿23篇，文稿涵盖了诗歌、散文、议论文、记叙文等文体，并出版了《沈阳农工》专刊。与农工党辽宁省委联合举行“纪念新中国成立60周年和多党合作制度确立60周年报告会”，邀请农工党中央宣传部部长石光树作“多党合作六十年”主题报告。市委会还召开多党合作和政治协商制度理论研讨会，举办“庆祝新中国成立60周年多党合作理论报告会”，进一步激发全市农工党员坚持改革开放、坚定走中国特色社会主义道路的决心和信心。在2009年度《前进论坛》杂志社与青岛海瑞国际交流有限公司合办的“海瑞杯·庆祝中华人民共和国成立60周年征文大赛”活动中，赵春杰的应征作品《祖孙三代话祖国60年沧桑巨变》荣获三等奖。与此同时，机关全体同志参加了中共沈阳市委统战部与沈阳市社会主义学院共同举办的以“统一战线与多党合作”主题报告会和沈阳统一战线“祝福祖国，喜迎国庆”主题文艺联欢会。各基层组织也举行了形式各异的庆祝活动。

不断加强组织建设。一是加强后备干部队伍建设。结合加强领导班子建设、基层组织建设和发展党员、做好后备干部人选的物色和培养，一方面遴选后备干部人选以充实后备干部队伍的人才库，另一方面积极开展对后备干部的培养工作。市委会为后备干部人选的成长铺台阶、搭舞台，主动推荐、逐步培养。市委会领导主动与各级党委、统战部门联系，争取得到指导和帮助，到培养对象所在单位了解情况，争取单位领导的支持和推荐。二是积极稳妥地做好组织发展工作。按照发展与巩固相结合、有计划地稳步发展的方针，全年共发展44名党员。其中：医药卫生界26人，占发展总数59%，其他界别18人，占发展总数41%；副高级职称以上13人，占发展总数29%，中级职称27人，占发展总数61%；平均年龄37岁，具有博士学位党员3人，具有硕士学位的党员13人，2009年的发展率为3%，净增长率为3%。在组织发展工作中，注重质量，保持特色，把发展高素质人才作为组织发展的工作重点，扩大界别，拓宽视野，有目的地在大学发展党员。三是做好基层支部的换届工作。对皇姑区支部班子进行了调整，选拔了2名中青年党员骨干进入领导班子，推动了支部工作良好发展。成立农工党沈阳市骨科医院支部，机关综合支部换届工作顺利完成。市委会荣获“中国农工民主党组织工作先进集体”称号；市委会原办公室主任李洋、组宣部副部长赵丽被授予“中国农工民主党优秀组织工作者”荣誉称号。

推动广大党员爱岗敬业，建功立业。2009年，全市广大党员立足本职，服务大局，勤奋工作，默默耕耘，为沈阳市全面建设做出了积极贡献，涌现出大批先进人物和优秀人才。沈阳市政协常委、农工党沈阳市委会副主委、市第七人民医院院长李铁男，荣获2008年度国务院政府特殊津贴。沈阳市政协委员、沈阳金贸医药集团、沈阳慈铭健康体检中心总裁史霞，荣获“辽宁省三八红旗手”称号，被共青团中央授予“中国青年创业奖”、全国妇联授予“巾帼新锐人物”奖、辽宁省妇联授予“辽宁省三八红旗手”称号，并荣获全国第五届“十大中国青年创业奖”，受到国家领导人的亲切接见。农工党员、中国医科大学附属第一医院干诊副主任张惠敏教授，荣膺2009年“沈阳五一劳动奖章”。农工党员、沈阳药科大学药剂系副教授、高级工程师孙长山博士，荣获“沈阳市五四奖章”。沈阳药科大学何仲贵教授荣获2009年辽宁省科技进步一等奖，东药支部主委路永强获得2009年辽宁省科学技术二等奖。沈阳市政协文教体卫委员会顾问、市疾病预防控制中心食品安全与营养科科长张迅，当选为首届辽宁省公共营养师协会会长。沈阳药科大学支部副主委杨悦，作为代表参加了辽宁省妇女第九次代表大会。机关综合支部副主委王玉鹏、委员李针红分别担任政府部门的正处级领导职务，科教支部主委胡胜担任了辽宁大学文学院院长，为农工党争光添彩。

（王　勇）

【中国致公党沈阳市委员会】 参政议政。2009年，在市政协十三届二次全会上，市委及本党22名市政协委员提交提案39件。其中《新经济形势下加快调整我市产业发展战略的建议》、《关于建设沈阳特色生态城市的建议》等10件提案作为市委集体提案提出。《新经济形势下加快调整我市产业发展战略的建议》作为市委的大会发言，并被市政协列为重点提案。《关于整合沈阳市新老城区供水设施资源，实现水资源优化配置、集约利用的建议》被市政协列为重点提案。《关于加速行业协会体制改革，促进中小企业健康发展的建议》、《关于从速完善民营企业监督预警机制的建议》、《加大科技创新力度，全面提升辽宁粮食综合生产能力的建议》、《关于提升城市森林品质,推进生态城市建设的建议》4 件提案报本党省委。《关于切实加强新农村建设中预防职务犯罪工作的建议》被市政协带到全国政协十一届二次会议,被列为重点提案。党员中的 6 名市人大代表在市人大十四届二次会议上提出建议 12 件。

2009 年,围绕全市重点调研项目,市委认真组织党员开展调查研究工作。周启星、刘睿撰写的《保护土壤环境,建设生态农业》的论文被市政协评为一等奖。胡筱敏《关于把沈阳建设成有特色的生态城市的研究与建议》作为全市重点调研课题成果受到中共市委政研室的好评。富莹撰写的《社会主义新农村建设的难点与对策》被致公党中央评为致公党参政议政优秀调研报告。在 2009 年致公党中央召开的参政议政表彰大会上,致公党沈阳市委被评为致公党参政议政先进集体。荣伟东、应其元被授予"致公党参政议政工作先进个人"。

有 48 名党员被市、区政府有关部门聘请为特邀监察员、社会监督员。他们认真履行职责,积极参与民主监督活动并提出了许多好的意见和建议。在市工商局召开的"红盾文化"建设座谈会上提出应从速建立非公有企业风险监督预警机制,为非公有企业实现更好更快的发展提供保障。

自身建设。一是组织建设健康有序。2009 年,市委召开 2 次主副委会、1 次常委会、1 次全委会。对 34 名党外积极分子建立培养考察档案,对 2007 年以来入党的党员及进入组织考核程序的党外积极分子进行党章、党史和多党合作、统战理论培训,对 30 名党外积极分子进行入党前考核、谈话。全年发展新党员 28 名。其中女党员 10 人,博士 1 人,硕士 8 人,具有高级职称的 8 人。截至 2009 年 12 月31 日,共有党员 532 人,党员队伍保持健康有序的发展状态。二是基层组织调整稳步进行。对直属二支部、沈河区支部、东陵区支部班子进行了届中调整。完成了沈北新区支部换届工作。组织各基层支部围绕三个 60 周年纪念、我为金融危机献一策、学习实践科学发展观及中共十七届四中全会等主题开展了活动。三是组织培训开辟新途径。利用社会主义学院这个培训教育平台对新老党员和积极分子进行培训。11 月初,市委在市社会主义学院举办了组织工作培训班,对市委所属 23 个基层组织的支委会组成人员和 2007 年 – 2009 年上半年发展的党员及已经进入组织考核程序的党外积极分子百余人进行了培训。四是宣传思想理论研究取得新成绩。市委会把学习贯彻科学发展观作为贯穿全年工作的主线,组织市委班子成员、全市基层组织和党员开展学习实践活动。下发了《关于转发致公党中央关于深入学习贯彻科学发展观的实施意见》和《各民主党派省委深入学习贯彻科学发展观座谈会纪要的通知》,通过培训学习、社会实践、考察调研等实践形式,将学习实践科学发展观与加强自身建设和履行参政党职能结合起来。市委班子成员多次参加市委统战部、市社会主义学院举办的学习实践科学发展观学习培训活动,市政协理论中心组的学习、报告、座谈会。市委机关召开学习贯彻科学发展观专题会议并开展包扶贫困户活动。各基层组织也结合自身特点,开展了学习实践活动。开展了纪念新中国成立 60 周年、人民政协成立 60 周年、多党合作和政治协商制度确立 60 周年活动。组织市委委员、各基层支部主委、副主委及党员骨干参加了市委纪念新中国成立 60 周年多党合作培训班学习。举办了老归侨和部分党员参加的"话发展、促和谐中秋茶话会"。开展了纪念征文活动并出版纪念专刊。市妇委会在女党员中开展了"应对新挑战,施展新作为,创造新生活"为主题的纪念活动。市老年委组织全体老党员开展了"赞祖国大发展,看沈北新变化"的参观考察活动。开展"我为应对国际金融危机献良策"活动。市委根据中共市委和本党省委有关通知精神向各基层支部发出《关于开展"我为应对国际金融危机影响献一策"活动的通知》,号召党员积极响应撰写文章献计献策。其中《从速完善民营企业监督预警机制》、《加速行业协会体制改革》、《应对金融危机"信心比黄金和货币更重要——关于危机中正确引导和稳定公众心理预期的建议》、《破解大学生就业难的建议》,被《人民政协报》、《辽宁日报》、《沈阳日报》、辽宁致公网、沈阳同舟网等采用刊载。

市委积极组织党员参与各级统战理论重点课题研究活动,荣获 2009 年度沈阳市统战理论研究优秀组织奖。姜彬慧的《深入贯彻落实科学发展观,巩固壮大新时期统一战线》被本党中央选为重点论文,并在致公党学习贯彻科学发展观暨参政党理论建设研讨会上进行了大会交流。姜彬慧、胡筱敏撰写的《以科学发展观统领新时期统一战线工作,正确处理"五大关系"》的论文获全省统战理论研究成果二等奖。王艳红和马今合作的《统一战线与农村改革发展问题研究》被列为 2009 年省统战理论研究重点课题,撰写的《统一战线服务辽宁农村改革和发展的思考》荣获 2009 年度全市统战理论研究优秀成果三等奖。董艳菊和王大力合作的《新中国成立60 年来统一战线的历史发展、辉煌成就和基本经验研究》作为本党省委 2009 年优秀理论研究成果评选论文向中共省委统战部报送,同题论文荣获 2009 年度全市统战理论研究优秀成果二等奖。荣誉撰写的《特邀监察员制度是加强多党合作的有效形式》获省统战理论研究成果三等奖。

为"三个文明"建设服务。一是"引资引智"取得新成果。李大明参加沈北新区和于洪沙岭镇城乡建设项目论证,协助市政府引进亚洲开发银行 1 亿美元贷款,用于该项目的基础设施建设。姜跃华全程参与奥鲁昆项目的竞标及可行性研究,并成功中标,该项目总投资超过 30 亿美元,建成后将成为中国对澳大利亚最大的投资项目。胡宝钢协助筹办"中国商品市场发展论坛",邀请国家部、司级领导及 100 多家公司的高级管理人士 200 多人参加中国商品市场发展战略论坛。协助举办"东北亚"生物技术对接会,邀请俄罗斯、日本、韩国等 10 多个国家和地区近 200 多人参加会议,并制作了相关网站、项目册和推介说明,协助温泉开发项目引进 5000 万元人民币。二是慈善活动社会服务深入开展。5 月,组织中国医科大学支部的医疗专家赴苏家屯区大沟乡敬老院开展义诊服务,为敬老院 50 余位孤寡老人做了体检及健康咨询服务,向敬老院捐赠了价值 1000 余元的药品。在"六一"国际儿童节前夕,市委和市总商会、鲁园古玩城等联合举办了“为了孩子的快乐成长”暨为“金氏孤儿之家”募捐大型书画表演义卖活动。市委主要领导参加活动并捐款,将募捐到的9000余元人民币全部捐赠给“金氏孤儿之家”。沈阳农业大学支部与致公党本溪市直属支部联合开展共建社会主义新农村活动,在本溪市桥头镇桥头村开展科技讲座,赠送农业科普图书200余册,并为一贫困户捐款1000元人民币。由驻会副主委带队,开展了机关干部“包户到家”活动,连续三次对于洪区南阳湖街道青海西路的困难户杨立文家进行走访帮扶。机关全体干部还向康平、法库两县捐款人民币2000元人民币。三是对外联络更加活跃。一年来,市委及基层支部和党员共接待海外友好华人及华人社团、海外亲友来沈探亲、讲学、商务洽谈、旅游观光50多人次。市委副主委李帼昌与美国佐治亚理工学院合作,成立了国际创新研究团队。6月份,市委接待并宴请了回沈探亲的美藉华人杜顺利女士。市委还向多年保持往来的澳大利亚、新西兰、加拿大、荷兰、西班牙等国家友好社团和华人组织通过电子邮件,邮寄贺卡等方式联络感情,宣传沈阳,并邀请他们到沈阳来参观考察和投资兴业。在做好对外联络工作的同时,市委还积极开展与各省、市致公党的沟通和联系,接待了致公党南宁、厦门、昆明、黄山等市委来沈进行调研考察。同时还走出去到致公党锦州、厦门等市委进行学习考察和交流。四是爱岗敬业取得新成绩。一年来,党员立足本职工作岗位,在各自领域取得了新的成绩。完成各类科技项目28项,提出各类学科建议近120条,其中受到省级表彰的8人次,市级25人次,本单位近50人次。陈洪铎荣获“感动沈阳60年——劳动功勋”殊荣,还进入辽宁省“100位为新中国成立做出突出贡献的英雄模范人物和100位新中国成立以来感动中国人物”评选活动候选人行列。周启星在污染环境生态修复及机理的研究中取得了可喜的成绩,在国内外核心刊物上发表学术论文60余篇(其中SCI论文34篇),申报国家发明专利12项,获得国家发明专利4项,多次在国际和国内学术会议上作主题发言和专题报告,完成国家科技部973项目的研究,为东北老工业基地环境保护提供了科学依据。李帼昌主持完成的“钢结构课程的立体化教学”获得辽宁省教学研究成果一等奖,并在国内外重要学术期刊及会议上发表学术论文15篇。金柯“加快实施走出去战略”获省哲学社会科学学术一等奖。张延年入选辽宁省“百千万人才工程”千人层次,获得“沈阳市十大杰出青年创新人才”、“沈阳市百佳科技创新能手”称号。

(马　今)

【中国九三学社沈阳市委员会】 参政议政。20009年学社共收到提案材料30余篇,经过提炼、充实、完善,形成《关于加强我市汽车零部件配套体系建设的建议》等8篇党派提案提交市政协十三届三次会议。召开参政议政及信息工作表彰会,表彰了2008年度在参政议政及信息工作中取得成绩的先进基层组织10个;参政议政先进个人8名、积极分子45名;信息工作先进个人7名、积极分子12名。举办二期基层骨干参政议政及信息工作培训班,对来自基层组织的60余名骨干参加了培训。全年共上报信息110余条,被社中央采纳4条、中央统战部采纳1条、中共辽宁省委统战部采纳4条、市委统战部采纳3条、市政协采纳32条。社市委被中共沈阳市委统战部评为信息工作先进集体二等奖”。朱微被中共市委统战部评为信息工作先进个人。

以纪念新中国成立暨多党合作制确立60周年为契机,全面加强自身建设。年初召开主委会议,确定了将纪念活动与加强思想建设相结合,下发《关于开展中华人民共和国成立、中国共产党领导的多党合作和政治协商制度确立60周年系列纪念活动的通知》。开展纪念征文活动。共征集了34篇征文,选出25篇出一期《热烈庆祝新中国成立暨多党合作制确立60周年》纪念专刊。组织社市委领导班子和机关干部赴重庆特园参观民主党派历史博物馆。9月24日,举办了《盛世中华 灿烂辉煌》大型联欢会。100余位社员参加了在此举办的联欢会,在沈的副主委悉数出席。会上,副主委张颖、原副主委汪林、妇委会主任赵桂芝作了发言。与会社员演出了丰富多彩的节目。在网站上及时登载时事政治、社市委活动要闻、基层社务活动信息、提案建议、文苑随笔等内容,增设纪念征文专栏。全年更新网站信息近200条,编印《沈阳九三社讯》四期。

加强组织建设。坚持主委办公会议制度,坚持将政治学习与主委办公会议相结合。年内共召开4次主委办公会议,重大事项集体决策,驻会副主委负责实施,保证了社务及机关工作有序开展。与庆祝新中国成立与多党合作制确立60周年相结合开展委员活动日活动,召开座谈会,与会者结合自身的工作、生活经历,畅谈了建国以来祖国发生的巨大变化,畅谈了民主党派发展壮大的历程。全年完成11个基层组织换届,2个基层组织提前换届。全年共发展成员71名。其中,具有博士学位27人,硕士学位21人;具有高级职称的50人;平均年龄39.3岁。截至2009年底,全市有社员1623人,基层组织34个,其中基层委员会6个,支社28个。结合“一先两优”的评比工作,召开基层组织工作经验交流会。评选省、市先进集体和省、市优秀社务工作者、优秀社员。举办新社员培训班,强化入社后教育。加强后备干部队伍建设,充实后备干部数据库。举办后备干部培训班,将加强参政党的参政意识与加强参政议政工作有机结合,调动后备干部履行职能并发挥作用的积极性。

承办全国副省级城市九三学社参政党建设研讨会。全国13个副省级城市九三学社的主委、专职副主委、秘书长等30余人参加了会议,社中央副主席邵鸿、研究室主任岳庆平亲临会议指导,会议交流了各市的经验并对社中央工作提出了许多建议及关注问题,邵鸿副主席给予充分肯定。

社市委要求各专委会工作要突出特色,发挥优势,吸纳更多的成员参与专委会的工作,以点带面推动社务工作有序开展。科技工作委员会根据工作安排,适时举办科技沙龙活动,邀请社员肖宏和邵佳麟分别就地理信息系统及应用、冶金产业链工艺流程和钢铁企业生产工作流程做了介绍,邵佳麟还从技术认知角度分析了“力拓间谍案”,使大家开宽了眼界。12月份前往新民市柳河沟镇开展科技支农活动,沈阳农业大学何莉莉教授为柳河沟镇16个村的村干部和甜瓜种植专业户80余人作了题为“日光温室甜瓜栽培技术”的科技讲座。现场解答了种植专业户在生产实践中遇到的具体问题，受到了全体村干部和甜瓜种植专业户的热烈欢迎。妇女工作委员会在5月份组织成员赴和平区长白岛对现代服务业发展等情况进行了考察，社员们就所关注的问题与区委、区政府及管委会领导进行讨论并提出了一些针对性较强的建议；9月份，委员会组织部分女社员前往新民市柳河沟镇，向三名受助学生赠送了助学金和书包等学习用品。对外联络工作委员会在庄严、成会明、原忠虎三位副主委带领下，先后对北胜通用、华晨宝马、华晨金杯及金杯轻卡四家工厂进行了调研。参加调研的人员分别听取了四家工厂的负责人对本企业发展状况的情况介绍，并就如何加快发展汽车产业进行了交流。此外，还积极开展招商引资工作。社员林丽引资600万元；社员王莉引进中国百强企业之一“中天建设”，引资6000万元；并在庄严和初良广副主委帮助和协调下，为和平区科技园引进外资5000万元，经过社员王然的协助，使该公司成功收购“沈阳市天成科技有限公司”，使该公司业务得到迅速提升和发展。社员王晔引进资金8.5亿元；社员冯哲参与宝马汽车二期工作和混合动力汽车引进项目工作，这两个项目合同金额分别为50亿元和35亿元，混合动力汽车项目到位资金7000万元；社员寿波为三好街地下商城项目引进资金4500万美元，引进IBM公司三个项目总资金达10亿元人民币。共引进资金约合人民币104.6亿元。在中共省委统战部统战理论课题招标中，张淑华和杨丽两位社员中标，6位社员的理论文章获社省委统战理论研究优秀成果奖。

全市各基层组织开展主题突出、内容丰富多彩、特色鲜明的活动。沈河综合支社带领社员开展扶贫活动，先后2次为贫困户及在读大学生刘波购置生活用品约合人民币1300元，社员肖宏捐款1000元，王莉捐款500元；2008年与沈河区迎宾社区共建科普阅览室活动启动后，2009年又捐赠图书1000册，该阅览室共收集图书5000册。辽宁大学基层委员会积极参加各个层面的调研，撰写提案。如韩毅、杨丽参加社省委刘政奎主委带队的课题组，并承担完成2个子课题。金属所支社在丹东举办社员活动日，成立“九三学社金属研究所支社退休社员活动小组”，发挥退休社员的作用，收集和整理九三学社金属所支社50多年来珍贵的历史档案和资料。和平基层委员会围绕和平区在政治、经济、文化、社会建设等方面提出合理化建议12条，所提建议大部分被纳入区政府报告或被采用；撰写4篇高质量调研报告。其中《加快社区文化设施建设保障居民基本文化权益》的调研报告被选为区政协大会发言。共撰写市、区提案近20余篇。沈阳工业大学支社在“政治交接主题学习教育活动”中取得可喜成绩，获九三学社中央“政治交接主题学习教育活动”先进集体荣誉称号。

（*邢占文*）

【台盟民主自治同盟沈阳市委员会】

参政议政。参与协商议政活动。一是盟市委的主要领导代表盟市委参加中共沈阳市委、市政府、市政协召开的座谈会、协商会、通报会40余次，并就中共沈阳市委、市政府的工作报告、市级领导班子人选、统战工作、现代农业建设等，提出意见建议；二是参加省委、省政府、省政协的协商会、座谈会、报告会等10余次，就其工作报告、科学发展观等提出意见建议。

参加省、市政协会议。一是在市政协十三届二次全会上，台盟市委主委代表台盟市委所做的《发展民用航空产业，为沈阳市工业插上翅膀》的大会发言，被评为市政协的重点提案和优秀提案。另外，盟市委递交的《强势推进沈阳物流业加速发展》、《关于建设环城高架轻轨的构想与建议》、《创新思路办法，加强艾滋病防治工作》被确定为大会书面发言。会上，递交集体提案7件；递交个人提案8件，内容涉及经济、城建、教育、劳动、医疗等方面问题，多数得到较好的评价和答复。市政协全会期间，盟员中9位委员在协商议政、大会发言、专题协商、小组讨论中，积极提出意见和建议，王光华主委、赵文江副主委分别就饮水安全、艾滋病防治做了发言。政协委员黄春丽、吴滔、黄建宁接受了沈阳电视台、《华商晨报》等媒体的采访，就2009年就业形势、应对危机和大学生就业、加大城建投入、扩大内需等提出了意见和建议。二是在省政府举办的协商会上，王光华主委代表省台盟就《政府工作报告》，提出了关于教育、政府职能转变等建议。

积极开展专题调研。2009年年初，盟市委提出了2009年调研选题方向，拟定了调研课题，落实了责任人，制订了调研计划。继续落实台盟市委《台盟沈阳市委参政议政工作考核奖励办法》，使参政议政及提案工作进一步制度化、规范化。赵文江副主委提出的《艾滋病防治要有更为积极的新思路和新举措》课题，被评为中共沈阳市委、市政府优秀调研成果三等奖。吴庆元撰写的《关于实施文化瑰宝工程的建设》获市政府参事室二等奖。台盟市委提出的《发挥沈台直接三通优势 进一步推进沈台两地交流合作》课题，被中共沈阳市委政研室选中。盟市委调研组分别赴沈阳辽中县就统一规划农村房基地实施退宅还耕开展调研；到市环保局就餐厨垃圾问题进行调研；到沈阳市职业教育学院进行调研；到三好街就IT产业发展状况进行调研；分别形成了《规划开发“西运河”，建设沈阳生态城》、《建议全市统一管理餐厨垃圾，将其变废为宝》、《乘两岸交流之大势，促沈台职业教育交流》、《激发沈阳科技“原动力”，构筑“大三好”创新平台》等提案或调研报告11篇，为2010年市政协全会做准备。

积极参与民主监督活动。在沈阳市担任各级部门特约监察员和社会监督员的盟员有13人次，分别在监察、医疗、旅游、民政、公安等部门参加各种民主监督活动，就医德医风、科技强警，促进社会稳定等提出意见建议。

做好信息工作。结合《台盟沈阳市委员会信息工作条例》，在信息工作规范化、制度化基础上，加强信息工作领导，强化了信息的数量和质量。并针对重大事件积极上报信息。全年就“两会”、沈阳经济发展、对台工作、抗震救灾等上报信息20余条，得到有关部门重视、采纳。机关干部王琦被评为统战系统优秀信息员。

在盟市委“迎新春总结表彰会”上，

表彰了上一年度参政议政及盟务活动先进个人赵文江等20余人。

对台工作。关注台情，把握政策。盟市委与民革市委、市台联举办台情报告会，请全国台联副会长、全国政协委员、辽宁省台盟主委、省台联会长王松传达了学习贯彻胡锦涛总书记对台重要讲话报告会精神；请市台联赵贵玲副会长介绍了赴台交流考察团情况。盟市委与市台联利用端午节，举办了在沈台湾大学生端午节联谊会，并组织参观了沈阳故宫、大帅府和金融博物馆。

两岸交流，促进合作。一是台盟市委机关干部石莹、肖继强随“辽宁经贸参访团”赴岛内进行9天的交流考察，开阔了眼界、拓宽了思路、推介了沈阳，为进一步引资引智、沈台交流合作打下了基础。二是盟市委会同民革沈阳市委、沈阳市台联、共青团沈阳市委，共同举办了“沈阳一台中EMBA教育交流研讨活动”，28名来自台中岭东科技大学EMBA学员在校方的带领下，分别到辽宁大学和东北大学访问，与两所高校MBA学院进行了学术交流与研讨，并与沈阳市青年企业家进行了座谈交流，还参观考察了和平区、大东区、浑南新区、铁西新区等。通过交流活动，搭建了沈台两地沟通、交流、合作的桥梁。

宣传沈阳，扩大交流。8月31日，沈阳直飞台北的定期往返航班正式开通，为了共同见证沈台直航的历史时刻，盟市委精心组织、积极策划制作了专题纪念邮封，并加盖了沈阳桃仙机场当日邮政日戳寄往岛内、外，扩大了沈台两地的交流交往，扩大了沈阳对外宣传的力度。

接待台胞，增进共识。8月15日，盟市委接待了台湾中央研究院研究员许雪姬一行4人；9月6日，盟市委接待并宴请了来沈参加2009年全国外贸商品巡回展的台湾农业整合行销发展协会成员。

自身建设。台盟市委会以学习贯彻中共十七大、十七届三、四中全会精神为重点，认真学习“三个代表”重要思想，结合学习实践科学发展观活动，加强自身建设，提高整体素质。

领导班子建设。一是以学习实践科学发展观活动为主题，加强学习。首先，坚持以市委会委员和机关中层干部参加的中心组学习制度，紧跟形势，自觉学习，以学习贯彻中共十七大精神为主线，以贯彻科学发展观和胡锦涛总书记涉台讲话为重点，推动盟员和机关干部地学习，努力把全体盟员的思想和行动统一到十七大精神上来，统一到中共沈阳市委的工作部署上来；其次，参加省政协、省盟、市委统战部、市政协举办的报告会、专职干部培训班、中心组学习等；学习传达了市委曾维书记在与市各民主党派协商会上的讲话精神，“以改革创新精神推进党的建设”；学习中共沈阳市委十一届五次全会精神；盟市委领导班子成员还参加了中共沈阳市委统战部举办的“沈阳市各民主党派负责人学习实践科学发展观培训班”；二是坚持民主集中制。全年召开盟市委（扩大）会4次，坚持重要决定和人事推荐经过集体讨论决定。三是班子成员严于律己，做好表率。主副委在参政议政、扶贫捐款和盟务活动中以身作则、率先垂范。

思想建设和组织建设。以思想建设为重点，以建设高素质的参政党为目标，不断加强组织建设；以盟的组织活动为载体，有的放矢地将思想教育贯穿于整个盟务活动之中。全年组织活动11次。一是盟市委开展庆祝中华人民共和国、人民政协成立60周年暨多党合作制度确立60周年系列活动。为纪念新中国成立60周年，7月10日，台盟沈阳市委与市台联共同组织全市的盟员及所联系的台胞，赴铁西新区参观新区新貌，考察了沈阳鼓风机集团，并观看了反映铁西新区发展历程的专题片《凤凰涅槃》，使全体盟员亲身感受祖国六十年建设和发展所带来的巨大变化。盟市委还开展了《祖国儿女》的征文活动；参与了党派机关组织的纪念新中国成立六十周年图片展；完成了盟市委纪念新中国成立六十周年暨多合作制度确立六十周年的纪念文章《回首六十年风雨同舟，共创多党合作辉煌明天》。二是围绕加强自身建设，举办系列活动。举办了第22期盟员学习班，盟市委与市台联举办了学习实践科学发展观专题报告会，请中共沈阳市委党校教授戴文柏作了报告，使广大盟员了解了科学发展观提出的历史背景、科学发展观的内涵和提出科学发展观的重要意义；与市台联共同举办“应对新挑战，施展新作为”座谈会等。三是注重后备干部培养。盟市委把做好盟员的思想教育，提高盟员的思想素质作为自身建设的首要任务。推荐报送后备干部材料，选派到中央社院学习，参加市委党校培训班。四是配合自身建设，做好宣传工作。召开了盟市委思想宣传工作会议；全年出刊《沈阳台盟》4期、《台盟周报》40期、《台情参考》12期；加强了同舟网平台建设，丰富了台盟网页内容，宣传报道稿件被各宣传媒体采用20余篇。

心系灾区，奉献爱心。一是参加了台盟中央联络、支边工作会议，并同与会人员进行了经验交流。二是8月初“莫拉克”台风使台湾一些县市遭受重大灾害，大陆各界一直予以高度关切并积极提供援助。盟市委与市台联共同举办了赈灾捐款活动，在沈盟员、台胞和机关干部积极参与，共计援款14,670元通过全国台联转往台湾灾区。三是为了贯彻落实科学发展观，体察民情，帮解民困，救济了城镇特困户王建伟。盟市委领导及机关干部通过三次走访，送去了现金、米、面、油、沙发和茶几及健身器材等，合人民币4000余元。四是爱心捐赠学校，倾尽真情扶贫。台盟沈阳市委赴辽中县辽中镇小帮牛村调研，在调研过程中了解到该村小学校只有一台电脑，学生们几乎没有接触过电脑和网络，回到沈阳后，副主委赵文江筹款，个人出资近4万元，为小帮牛村小学校购买了8台三星牌电脑。6月2日，盟市委领导及机关干部再次赴小帮牛村，送去电脑，并与副主委赵文江走访了贫困户，捐款5000元。

（董　宇）

【沈阳市工商业联合会】　招商引资。2009年，市工商联协助新民市政府在长春招商工作中取得了重要成果，吉林修正药业与新民市达成合作协议，投资总额超过5亿元。组织广东、绍兴、温州、宁波等异地商会协助省、市政府赴南方开展招商引资工作。全市工商联系统共达成招商引资落地项目53个，合同金额589亿元，到位资金144亿元。市工商联被市委统战部评为2009年度招商引资工作突出贡献奖。

参政议政。市工商联针对国际金融

危机对沈阳民营企业的冲击和影响，通过深入企业、召开座谈会、问卷调查等多种形式，大力开展调研活动，并迅速向市政府提出了《关于积极应对金融危机促进民营经济发展的若干建议》，大部分建议被市政府出台的《沈阳市支持企业发展促进经济增长若干政策措施》，以及《关于促进非公有制经济和中小企业加快发展的若干意见》中所采纳。与此同时，会同市总工会在全国率先组织254户企业的董事长、总经理及工会主席发出"不减员、不减薪、不欠薪"倡议，开展企业与职工"风雨同舟，抱团应对，共同约定"行动。此外，积极参与市政协、省工商联、市委统战部等单位联合开展的各类调研活动，形成了"国际金融危机对沈阳市民营经济的冲击和影响的情况调查"、"积极应对国际金融危机，大力实现沈阳市非公经济突破性发展"等9份有价值调研报告，并在政协第十三届二次全会、第十三届九次常委会和沈阳市城市交通发展问题协商会议上，分别以"用科学发展的思想和方法实现民营经济突破性发展"、"积极应对国际金融危机促进沈阳市民营经济平稳较快发展"、"关于进一步促进沈阳市公共交通事业快速发展的建议"等3个主题作了发言。全市工商联系统在人大、政协组织中提出建议、提案近300件。市工商联被市委统战部评为2009年度沈阳市统战理论研究先进单位。

结合非公有制经济代表人士在新时期的思想观念变化和特点，市工商联与市委统战部共同起草下发了《关于加强和改进非公有制经济人士思想政治工作的实施意见》，为今后一个时期做好非公有制经济人士思想政治工作提供了重要依据。继续在全市会员企业中深化"争做社会主义合格建设者"思想教育，大力开展"庆祝中华人民共和国成立60周年"征文征图和"民营企业家进校园演讲"活动。市工商联被市委统战部评为市统战系统纪念新中国成立暨多党合作制度确立60周年特别贡献奖。

组织建设。经市工商联批准并指导成立了安徽、河北和江苏泰州3个异地商会，以及五金机电商会线缆和水暖2个分会，指导铁西区、大东区、新民市等工商联分别成立了社区商会和行业商。组织会员企业参加了"中国国际五金博览会"，指导五金商会、美容美发商会分别成功举办了"东北国际五金工具展"、"春秋两季全国美博会"等大型活动。与会员企业世星国际集团等单位共同承办了"2009世界女子九球锦标赛"。市工商联被省工商联评为组织建设先进单位。

光彩事业。市工商联把发动会员企业吸纳大学生和农民工就业作为一项重要工作来抓，在全系统开展了"民生援助行动"，并在会员企业中创建"四大基地"，即就业基地、实习基地、培训基地和创业基地。截至年底，共有154家会员企业建立了243个基地，实现服务人数1.75万人次。同时，还会同市劳动和社会保障局等单位联合举办"民企助民生，百企献千岗"、"为民营企业招聘员工搭桥，为高校毕业生农民工就业铺路"等各类招聘会达10场次，组织1500多家会员企业参加招聘会，提供岗位4万多个，服务人数1.2万人。在开展"光彩事业五项工程"活动中，全年市各级工商联组织共完成扶贫项目80多个，投入资金3.6亿元。组织20多家企业参与省工商联"一会一乡"创富活动，签订协议额达千万元，并与北镇市广宁乡等6个乡结成创富帮扶对子。在会员企业的积极参与下，举办了第二期"千人复明"工程——乡村大行动，全年新筹措善款33.47万元，完成复明手术1009例。指导直属商会举办了有百名企业家参与的"爱心企业家义工行动"系列活动，同时发起成立了"爱心企业家义工俱乐部"，众多会员企业捐钱捐物，关心帮助残疾人。川渝商会在"5.12"汶川大地震一周年之际，组织企业家积极参与社会捐助行动，共募集善款20多万元。

对外联络。协助市经委举办了"德中同行——走进辽宁"盛京论坛活动。组织会员企业参加了"架起沟通桥梁，携手共托商机"香港优势研讨会等重大对外交流活动。与澳大利亚国际商会、苏州市工商联等国内外商会组织签订了友好商会协议。推荐企业家参加境外管理培训，帮助会员企业"走出去"开拓国际市场。市工商联主要领导应邀参加了"中美"、"中加"贸易论坛、第十届华商大会、美国建国233周年纪念等重要活动。

会员服务。组织召开了融资服务工作座谈会，东陵区工商联等3个单位在会上交流了先进经验。全市各级工商联组织共帮助80余家会员企业获得银行贷款1.7亿元。指导部分基层商会组织成立了维权中心和维权委员会。全市工商联系统已成立维权组织153个。在开展维权工作中，全年市工商联系统共办理维权案280件，挽回经济损失2968万元。开展法律培训163次，培训人员达8514人，接受法律咨询5828次。在向全联推荐的3个经济纠纷典型案例，被编入全联《民营企业商事纠纷仲裁案例选编》。 （朱小江）

群 众 团 体

市总工会

【振兴竞赛】 2009年1月16日，市总工会第十五届委员会第二次全体会议通过了《关于在全市职工中广泛开展“同舟共济保增长，建功立业促振兴”竞赛活动的决议》，全市百万职工积极响应各级工会组织的号召，投身竞赛活动。全市共有6159个企事业单位，近百万职工，4.9万个班组参加；全市职工提出合理化建议1.9万余条，采纳6947条，已实施2863条，创造和节约价值达到2.2亿元。五大创新竞赛活动突出了原始创新、引进技术二次创新、科研成果转化，职工实现技术创新成果4128项，攻克技术关键2724项，其中有60%具有独立知识产权。全市郊区有144个乡镇(街道)、234个乡镇企业、322个自然村参与“三化一业”竞赛，促进了乡镇经济发展。全年新增14个乡镇企业、产业集群骨干企业12个、优秀工业园区8个、具有规模“一村一业”10个，创造总价值达到5.1亿元。

(李靖天)

【职工素质工程】 “百千万技能人才培育工程”和职工职业技能竞赛继续推进，覆盖工种和参赛人员创历史新高。全市共组织开展职业技能培训和竞赛活动4800余场，参赛职工达60万人次。市级组织了37个工种的强化培训和决赛，报名参加培训和竞赛的选手达6231名，创历史新高。经过角逐，产生技术大王37名，技术标兵335名，技术能手645名，优秀选手312名，获奖选手为前两年的总和，使全市技术大王总数达到76名、技术标兵达到705名、技术能手达到1316名。

(李靖天)

【职工技协】 2009年，市职工技术协会组成新一届技协委员会，同时成立了钳工等八个专业技术协会，分批分期吸收了市职工职业技能大赛中优胜选手、部分大专院校的专家名师、企业能工巧匠634人加入专业技术协会。各协会针对会员和职工的需求，组织开展了技术培训、技术交流、技术攻关和技术协作等活动，培训人员1680人。各基层技协组织按照市职工技术协会的要求，恢复、整顿技协组织，发展技协会员，3个县区总工会、5个局(公司、集团)工会整顿了技协组织，建立技协领导机构；24个较大型企业整顿技协组织，发展新会员1241名。

(李靖天)

【劳模评选】 2009年，市总工会充分贯彻面向基层、面向一线的原则，将五一劳动奖章、奖状评授向应对挑战和国庆安保一线的先进典型倾斜，先后评选推荐了“全国五一劳动奖章”获得者13人，“全国五一劳动奖状”获得单位5个，全国工人先锋号5个；评选推荐辽宁省先进集体5个，辽宁省特等劳动模范2人，辽宁省劳动模范95人；评选出沈阳市五一劳动奖章310人，五一劳动奖状50个，并于4月29日召开表彰大会。开展“感动沈阳60年—劳动功勋”评选活动，全市职工群众积极参与，共投票34.9万张，评选出在各个不同历史时期为沈阳经济发展和社会进步做出突出贡献的劳动模范60人，在社会上引起了强烈的反响。

(李靖天)

【集体合同】 2009年，市总工会为营造团结一心、共渡难关的社会氛围，组织254户企业工会主席与投资经营者联合倡议，广泛开展企业与职工“风雨同舟，抱团应对，共同约定”行动，推动出台了劳动关系三方指导意见。把抱团应对与制度保障结合起来，大力推进以稳定岗位、稳定工资为重点的集体合同工作，下发了《集体合同样本》，明确提出了“内容两具体，程序两必须”的要求，不仅扩大了覆盖面，运行质量也得到了提高。4月，会同劳动局、企联、工商联、外企协会联开展“双合同月”活动，组织基层工会代表职工向企业发出“关于开展集体协商签订集体合同建议书”和“关于企业与职工签订劳动合同建议书”7000多份。年底前，利用3个月的时间，对全市集体合同企业进行大检查。经过努力，集体合同覆盖的企业不仅没有出现无序裁员、减薪的问题，部分企业职工工资还有所增长。

(李靖天)

【民主管理】 2009年，市总工会深入区县、开发区和基层企业，就职代会制度、厂务公开等进行调研，发现典型，进行具体指导。总结和推广了大东区、沈河区、东陵区推行和深化区域(行业)性职代会方面的经验与做法。调查显示，全市已建立区域(行业)性职代会286个，覆盖企业1.35万个，职工9.2万名，有效提高了非公有制企业职代会的建制率和覆盖面，探索了工会维权上提一级的工作方式和机制。

(李靖天)

【帮扶救助】 2009年，市总工会扩大帮扶资金规模、提高帮扶救助标准，帮扶资金由1200万元增加到2400万元，凡在工会三级帮扶组织建档的困难职工，生活救助标准由400元提高到700元；患大重病困难职工，医疗救助标准由500元提高到1000元。同时，按照与政府低保户、低保边缘户救助制度相衔接的原则，将符合高于低保边缘户标准20%以内，没有得到政府长期政策性救助的低收入家庭和受金融危机影响严重的企业职工均纳入救助范围。建立受金融危机影响的下岗和困难职工信息管理系统，对排查出的6576名困难职工给予帮扶。帮助全市困难集体企业4万多名在职困难职工参加医保，为特困女职工提供免费救治。开展“树信心、送温暖、促和谐”系列活动，发放帮扶资金1482万元，受益职工4万人次，同比增长63.4%和73.1%。建立常态帮扶体系，工会帮扶站遍及全市112个街道，创建“五一”爱心超市，实行统一品牌、统一价格、统一配送、统一管理、统一核算的连锁经营方式。以成本价格的商品救助困难职工，以优惠价格的商品服务工会会员。

（李靖天）

【职工慈善】 完善慈善工作网络，职工慈善工作站延伸到各区县（市）及开发区。继续开展“职工一元捐”爱心慈善行动，全市募集善款616万元。台湾遭受“莫拉克”台风侵袭后，举行了“海峡两岸心连心”老劳模幺喜龙书法作品专场义卖捐助活动，募集善款61.8万元，全部捐赠给台湾同胞。实施捐助“爱心午餐”慈善项目，共捐助2750名农民工子弟，捐助资金137.5万元。开展“爱心光明行动”，为3250余名患白内障的困难职工进行了免费复明手术。开展“爱心大病救助”活动，先后为22名患大病的困难职工捐助20余万元。

（李靖天）

【就业再就业】 市总工会会同团市委、市妇联、市科协、市残联开展了“牵手同行”就业创业联合行动，有近千家企业提供21395个用工岗位，3万余名求职人员参加了洽谈会，7369人达成用工意向。全年工会组织实名制安置职工4.2万人。加强就业安置、培训双基地建设，针对农民工需求，在各培训基地开辟培训就业维权绿色通道，为6.8万名农民工提供培训就业服务；为困难劳模、困难家庭大学毕业生多渠道安排公益岗位98个；为各类创业人员筹集400万元创业小额贷款。为更好地服务失业职工、农民工和困难家庭的毕业生，联合市人事局、市就业局分别在市区县29个职业介绍中心、工会帮扶中心先后组织38场“民营企业服务周”、“就业援助月”和“农民工帮扶就业”等系列活动；与人事局3次联合开展困难家庭毕业生专场招聘会，帮助1300余名新毕业的困难职工家庭子女找到工作。同时，为配合政府做好大学生就业工作，在沈阳地区24所高校工会建立毕业生就业帮扶站，提供1.6万个就业信息，为5600多名大学生提供各类咨询服务。

（李靖天）

【农民工维权】 2009年，市总工会开展农民工援助行动，充分运用市、区农民工业余学校和劳动部门的技工学校，为企业开展订单式、定向式培训，共培训农民工3.78万人次。会同市劳动、建设、安监、行政执法、税务、公安、监察等单位组成联合督查执法组，就全市建筑领域农民工工资支付和安全生产情况进行了为期3个月的执法检查，共检查了全市102个工地、137家企业。开展“9·25”维权日系列活动，举办沈阳市首届农民工集体婚礼，编写下发《农民工维权常识100问》，建立500个“工地农民工网吧”，为农民工文艺演出50场，建设500间工地夫妻间，优惠销售“零利肉”，赠送1000台半导体收音机，举办农民工维权日颁奖文艺晚会。

（李靖天）

【产业工会建设】 按照“双措并举、二次覆盖”的要求，对全市工会组织领导体系的现状进行了认真调查研究，在此基础上，调整理顺市级产业工会，下发了《关于调整理顺全市工会组织领导体系的通知》，按照国民经济分类、社会分工、产业性质合理组织工会，把同一行业或性质相近的几个行业的企、事业单位工会纳入同一产业工会。将驻市总工会的市级产业工会由4个增设为5个，将挂在市总工会的15个局（委）、集团（公司）工会和4个协管单位工会，按产业、行业原则分别划归有关产业工会。起草了《关于加强区、县（市）产业（行业）工会建设的指导性意见》，指导各县区的产业、行业工会联合会建设。

（李靖天）

【街道乡镇工会建设】 2009年，市总工会积极探索创新乡镇街道工会的管理体制和工作机制，出台《关于加强街道乡镇工会规范化建设的指导意见》，探索通过调整乡镇街道的工会组织形式，解决乡镇街道工会的工会干部队伍建设和工作经费来源等实际问题，明确资源向乡镇街道工会倾斜的具体办法，为乡镇街道工会组织发挥作用创造条件，使乡镇街道工会真正发挥承上启下的作用，成为指导中小型非公企业工会工作的重要力量。

（李靖天）

【基层组织建设】 2009年，全市新建基层工会634个，新发展会员3.1万名，并在部分区县（市）建立出租车行业工会。根据全总关于增强基层工会活力的要求，制定了不同类型的企业、事业单位和机关建设合格职工之家的标准，下发基层工会、特别是非公企业基层工会，深入开展形式多样的建家活动，合格的“职工之家”已达到一半以上，提高了基层工会规范化建设水平。对国防工会所属单位黎明发动机公司工会、组织部直属单位华晨宝马汽车有限公司工会的建家工作进行了重点指导，并把这两个单位作为沈阳市国有企业工会、外资企业工会贯彻落实《企业工会工作条例》的典型，推荐给省总工会和全国总工会。

（李靖天）

【选派职业工会干部】 2009年，市总工会向街道乡镇工会和非公企业工会派遣职业工会干部，全市各区、县（市）自主招聘职业工会干部总数达到30人。同时，市总工会把库存的36名职业工会干部全部派遣到各区的非公企业，全市职业工会干部总数达170人。

【工会文化建设】 市总工会开展“树信心、保增长、促和谐”形势任务教育，把团结动员职工与企业同舟共济、共克时艰作为重点，在职工中深入开展“企业有困难，职工怎么办”大讨论。推出曹佰库重大典型，组织职工参加曹佰库先进事迹报告会，在全市职工中掀起“学佰库、知佰库、做佰库”的热潮。举办庆“五一”、迎国庆大型电视直播晚会，弘扬工人阶级时代风采和劳动模范精神风貌。开展了职工书屋建设工作，在全市各级工会组织建设市级职工书屋200个，全国示范书屋10个。推动“创建学习型组织，争做知识型职工”活动，举办工会知识竞赛，进一步提高全市各级工会干部理论知识、工作水平和业务能力。与沈阳日报合作，重新创办《劳动者》周刊，组建编采队伍，进一步扩大了市工会宣传阵地。

（李靖天）

【对外交流】 市总工会从促进两岸和平发展大局出发，加强与台湾地区工会和劳工界的联系，建立了同台中市总工会的交流合作关系。同时，与韩国城南市劳动组合建立了友好工会关系，对日本札幌市劳联进行了工作访问，促进了工会组织国际间的友好交流

（李靖天）

团市委

【团市委十四届二次全会】 2009年2月24日，共青团沈阳市十四届二次全委

(扩大)会议在辽宁大厦隆重召开,市委常委、市总工会主席鞠秀礼,市总工会秘书长曹洪出席会议,鞠秀礼代表市委作重要讲话,团市委书记邢鹏作工作报告,团市委副书记郭忠孝作总结讲话。会议表彰了2008年度沈阳市“五四红旗团委标兵”、“五四红旗团委”、市直团委“特色工作项目”、“重点活动项目”,通过了《关于开展“保增长、促和谐、助振兴”主题实践活动的决议》和《关于工作报告的决议》。

(高　鑫)

【纪念“五四”运动90周年大会】 2009年5月4日,沈阳市纪念“五四”运动90周年大会在中华剧场隆重举行,省委常委、市委书记曾维,市长李英杰,市人大常委会主任赵长义,市政协主席刘雅琴,市委常委、市委秘书长马占春,市委常委、市总工会主席鞠秀礼,市人大常委会副主任连加诚,副市长王玲,市政协副主席李峰、赵晓川,市政府秘书长张景辉,市政府副秘书长曾波,团省委副书记高宏斌,原团市委书记赵云岫等领导出席会议,鞠秀礼代表市委、市人大、市政府、市政协作重要讲话。会议表彰了“沈阳市五四荣誉奖章”、“沈阳市五四奖章”和“沈阳市五四奖状”获得者。会后,与会领导和各界青年代表共同欣赏了“我是青年”主题新诗会。

(高　鑫)

【青年创业大会暨创业周开幕式】
2009年11月25日,沈阳市青年创业大会暨创业周开幕式在辽宁大厦隆重举行。市委常委、市总工会主席鞠秀礼,市政府副市长祁鸣,市政协副主席、沈阳市青年创业促进会会长李峰,团省委副书记高宏彬,市政府副秘书长刘祥,团市委书记邢鹏等领导出席开幕式。

开幕式由市人力资源和社会保障局局长冯连旗主持。市委常委、市总工会主席鞠秀礼作重要讲话,团市委书记邢鹏就沈阳市青年创业工作作报告,与会领导为沈阳创业青年、沈阳优秀青年创业导师颁奖,为创业青年发放创业扶持资金,并为沈阳市青年创业基地、沈阳市KAB教育示范校授牌。

(王　全)

【农村青年创业示范园成立】 2009年9月10日,在新民市周坨子乡安坨子村举行了沈阳市首个农村青年创业示范园成立仪式,部分创业导师代表和创业青年代表共100余人参加仪式。团省委书记曹爱华,团市委书记邢鹏,新民市委副书记孙长福,团市委副书记郭忠孝,团省委组织部部长李光以及新民团市委、新民市周坨子乡党委的主要领导出席现场仪式。

仪式上,首先由团省委书记曹爱华为沈阳市农村青年创业示范园揭牌,为创业青年发放了21万元的创业扶助资金,并赠送了农业生产科技图书千余册;创业青年代表李向波代表农村创业青年发言。活动中,新民市委副书记孙长福表示:沈阳市首个农村青年创业示范园能够在新民落成,新民市委、市政府将在政策、人员、场地等方面给予大力支持,并借此机会加强和推进全乡团组织建设,“出青年招、打青年牌”,充分发挥共青团和青年的先锋示范作用。最后,团市委书记邢鹏在讲话中肯定了示范园成立的重大意义,并指出扶持农村青年创业,是一项具有探索意义的课题,也是一项惠及民生的实事,并就此对农村青年创业工作提出了几点要求:一要提高认识,深刻领会扶持农村青年创业的重要意义;二要把握规律,着力破解扶持农村青年创业的重点问题;三要完善格局,持续推动扶持农村青年创业工作取得实效。仪式结束后,农村创业青年通过内部选举组建了流动团支部。

与此同时,团市委、YBC沈阳办公室还特别聘请沈阳农业大学园艺学院副院长须辉教授、植物保护学院姜启良教授为农村创业青年开设了专场创业讲座,针对农村创业项目的特点,就项目的选择及经营技术的掌握到提高,产品的定位和营销等问题进行专门讲解,为农村青年朋友答疑解惑。

农村青年创业示范园的成立对促进农村青年自主创业有着积极的深远意义,通过开展“团建示范、扶持创业、技能培训、规划指导”等工作,切实加强了周坨子乡团组织建设,以此为牵动,推动新民市农村基层团组织建设整体活跃;帮助扶持首批进驻示范园青年成功创业,树立和扩大共青团组织的影响,把更多的青年凝聚在团组织周围,在农村掀起青年创业致富的热潮。

(王　全)

【“走进青少年”爱心万里行正式启动】
2009年8月16日由共青团沈阳市委和东北新闻网联合策划的大型公益活动“走进青少年”爱心万里行正式启动。为充分发挥联系青年企业家的桥梁和纽带作用,动员和引导广大青年企业家弘扬文明新风,服务公益事业,沈阳市青年企业家协会组织青年企业家在自身发展的同时,积极投身公益事业与慈善事业。

针对山区贫困小学由于资金困难,严重缺少教学办公设施,图书刊物及生活用品等现象,沈阳一些青年企业家代表走访了山区贫困小学并捐赠金属黑板18块、精美图书440本、精制水壶14个等。用实际行动投身到爱心事业之中。

此次活动旨在不断引导青年企业家服务社会公益事业,积极参加扶持青年就业、希望工程、灾区建设等社会公益活动,养成关爱社会、团结互助、扶贫济困的良好品德。发挥青企协联系党政部门、沟通社会各个方面的优势,协调解决贫困居民遇到的困难和问题,多做得人心、暖人心、稳人心的工作。

(王　全)

【“奋斗第一季创业在东北”颁奖】
2009年3月1日,“奋斗第一季创业在东北”颁奖盛典暨沈阳市青年创业大讲堂09第一讲在沈阳师范大学文体馆隆重举行,市政协副主席李峰及相关部门领导同志出席大会。同时,来自沈阳地区有志创业青年、YBC导师及在校大学生3500余人参加了大会。团市委、YBC沈阳办公室开展的沈阳市青年创业大讲堂校园巡讲活动也随即拉开帷幕。

典礼上,与会领导首先为《奋斗第一季创业在东北》五强选手颁奖,并为获得一、二、三等奖的选手颁发100万元创业基金。五强选手分别就自己的创业项目谈了参赛的切身体会和创业感想。随后,与会领导为首批进驻青年创业产业园的6个项目颁发了金钥匙。最后,严介和先生的讲座掀起了本期大讲堂的高潮。他与在场的创业青年分享了他的创业历程和“严式商道”:一是太平洋“常在河边走,就是不湿鞋”的企业经营风险规避;二是太平洋一年内资产飙升上百亿的盈利模式之奥秘;三是太平洋“一流企业做文化”的商道深度解析;四是太平洋招招致胜的金牌商道策略;五是太平洋危机第一桶金与危机处理的案例分析。

此次活动是YBC沈阳办公室开启

2009年青年创业工作的第一讲，旨在通过这些创业成功的先行者现身说法，解读当前经济形势下沈阳青年创业所面临的机遇与挑战。帮助广大青年掌握更多的创业知识，借鉴更多的创业案例，理清脉络，把握方向，引导学生赢在创业起步。树立创业意识，激发创业热情，弘扬创业精神。

（王　全）

【哈斯巴根来沈视察青年创业工作】 2009年11月28日，全国人大常委会委员、全国人大民族委员会副主任委员哈斯巴根一行来沈视察沈阳市青年创业工作。考察过程中，在辽宁友谊宾馆举行了青年创业座谈会。团省委书记、辽宁省青年创业基金会监事长曹爱华，团省委副书记、辽宁省青年创业基金会秘书长高宏彬，共青团沈阳市委书记邢鹏，共青团沈阳市委副书记郭忠孝，YBC辽宁办公室主任参加座谈。座谈会就促进青年创业工作组织机构及运作模式、如何推动青年创业工作等议题展开了研讨和交流，与会领导积极思考，各抒己见，对今后如何更好地帮扶创业青年、如何促进青年创业等工作达成共识并做了详细部署。随后，全国人大常委会委员、全国人大民族委员会副主任委员哈斯巴根视察了沈阳市创业青年典型—沈阳后天文化传播有限公司，哈斯巴根亲切地向沈阳后天文化传播有限公司创办人黄更灿详细了解了公司的发展经历及其运营情况，并鼓励他继续努力实践，用心创业，把创业事业做大、做强，争取带领有志创业的青年们一起创业。

考察活动结束后，全国人大常委会委员、全国人大民族委员会副主任委员哈斯巴根对沈阳青年创业工作和沈阳市青年创业促进会的工作给予充分肯定，并鼓励沈阳市青年创业促进会在取得原有成绩的基础上再接再厉，充分发掘青年的创业热情和潜能，保证有创业计划和创业能力的青年成功创业，创稳业，创好业。

（王　全）

【青年创业孵化基地揭牌仪式】 2009年9月26日，由团市委、YBC沈阳办公室与二手车交易市场联合创办的沈阳市青年创业孵化基地在苏家屯区金宝台二手车交易市场隆重举行揭牌仪式。市政府副市长祁鸣，市政协副主席韩晓言，团市委书记邢鹏，团市委副书记郭忠孝等领导同志出席揭牌仪式活动。

仪式由市服务业委员会主任张士勇同志主持。在仪式上，副市长祁鸣同志作了重要讲话，讲话中对沈阳市青年创业孵化基地的建立给予充分肯定，同时表达了对创业青年们在创业之路的殷切希望，希望创业青年要勇往直前，不畏困难，在创业之路上描绘自己的蓝图；希望创业青年努力实践，刻苦钻研，在实践中积累经验，为下一步的发展做好充分准备；希望创业青年不被复杂的外界经济环境所干扰，加强自身市场竞争力，提高对市场信息准确的判断力，把握自身正确的发展方向，为腾飞的沈阳经济锦上添花。随后，与会领导为沈阳市青年创业孵化基地剪彩并揭牌。

沈阳市青年创业孵化基地的建立，是响应市委、市政府号召，全面推进“沈阳青年就业创业行动”，积极扶持青年创业的一项重要举措。同时，也是当前共青团服务大局、服务青年、促进青年创业工作的具体举措。团市委从为青年办实事、办好事的角度出发，把建立沈阳市青年创业孵化基地作为促进青年创业的重点工作，积极筹划，扎实推进。具体从两方面着手：一是多渠道宣传，营造浓厚创业氛围，通过报纸、广播、电视等媒体从多个渠道对创业孵化基地进行宣传，扩大宣传覆盖面，加深青年对创业孵化基地的了解。二是积极为青年创业争取各项优惠政策，在政策上向青年倾斜，向创业倾斜，将沈阳打造成为创业型城市，为沈阳经济提供新的发展引擎，从而实现沈阳经济又好又快发展。

该创业孵化基地的建立，为创业青年提供了一个良好的创业平台。对带动青年积极创业，引导青年投身创业实践，挖掘青年的创业潜能，激发青年的创业热情和创新意识，营造活跃的创业氛围，打造属于沈阳地方特色的创业文化，都具有重要意义，让有创业计划和创业能力的创业者都能成功创业、创稳业、创好业。

团市委、YBC沈阳办公室与金宝台二手车交易市场共同选拔优秀的创业项目进驻创业孵化基地，基地内提供50个档口，三年内免费使用。进入创业孵化基地的创业者可享受金宝台二手车交易市场提供的专业骨干团队进行培训和指导。合同期满，同等条件下金宝台二手车交易市场优先考虑与原有创业人员续签场地使用合同，并在租金方面予以优惠，以市价的80%收取。

（王　全）

【青年创业工作】 2008年11月24日，为了更好地推动中国青年创业国际计划（YBC）在沈阳实施，拓展YBC项目工作载体，共青团沈阳市委员会特成立沈阳市青年创业促进会。市委、市政府通过财政列支配套了500万创业扶持资金作为启动基金，形成强有力的资金支持。人员配备精干，将8名优秀的机关工作人员安排到窗口服务大厅；场地配备优先，依托沈阳市青少年宫装修出150余平方米的创业促进会服务大厅，提供了一站式服务的必要条件。

促进会的成立对促进青年自主创业有着积极的、深远的意义，促进会充分的整合了社会资源，形成青年创业合力，积极探索工作思路并积累经验，已经初步形成了一套比较完善的服务青年创业的政策和制度。沈阳市青年创业促进会是由沈阳市有志创业青年、青年企业家、青年精英管理者以及辅助青年创业的人士自愿组成非营利性的社会互助组织及创业综合服务机构，是具有独立法人资格的社会团体。促进会为创业青年提供三年“一对一”的创业导师辅导，为创业青年提供3－5万元的无息无抵押贷款以及免费提供创业教育创业培训等工作。

全年开展的创业讲师培训，为高校和社会培训KAB创业讲师26名，SYB创业讲师25名。依托青创学校举办了SYB、SIYB培训19期，培训创业青年813人。依托KAB创业教育示范校，在22所驻沈高校中开展了32期KAB培训班，培训大学生1230人。依托沈阳市青年创业导师俱乐部和沈阳大学生创业联盟开展青年创业大讲堂、青年创业沙龙50余场，培训创业青年2万余人次。促进会受理创业项目892份，其中通过筛选，入库创业项目计划书333份。开展创业项目评审19次，对240个创业项目进行初评，182个项目通过YBC市级初审，92个项目通过省级评审，35个项目获得了3－5万元的YBC创业资金支持，共发放创业资金161万元，92个项目给予了导师扶持，创业项目带动就业1300余人次。在受到扶持的创业企业中，有的已经初显规模，如沈阳音乐学院莱茵河畔艺术中心可同时容纳学员35人，月培训学员1000多人次，已经解决见习就业人员39人,实现了以创业带动就业的目标。

(王 全)

【团中央专家组来沈考察青年创业项目】 2009年6月11日,团中央国际联络部副部长、全国青联副秘书长董霞、团中央国际联络部副处长、全国青联国际部副部长杜东、想象国际集团研究部总监伊丽莎白·道林(ElizabethDowling)等一行5位专家来沈考察青年创业项目,团省委副书记田野,团市委副书记郭忠孝陪同。

团中央专家组实地考察了由创业青年王兴创建的沈阳万类生物科技有限公司和由沈阳师范大学创业青年黄更灿创建的沈阳后天文化传播有限公司。团中央领导和专家组对两位创业青年的创业热情和创业模式大加赞赏,详细了解了公司的发展经历及其运营情况,并鼓励他们继续努力实践,用心创业,把创业事业做大、做强,争取带领有志创业的青年们一起创业。

在随后的交流会上,专家组的各位专家与创业青年进行了面对面的交流,对他们的项目进行了详细的了解和论证;与大学生创业者进行了宽松式的座谈,细心解答他们的疑问,极大地激发了在校大学生自主创业的激情;与高校KAB授课教师进行深入的教学研讨,进一步明确了培训目的、丰富了培训内容、拓宽了培训思路。

专家组对沈阳市的青年创业工作表示肯定,并对沈阳市青年创业促进会下一步的青年创业工作提出四点宝贵建议:一是要不断完善法规、政策,确保将沈阳市促进青年创业工作落到实处,督促相关部门将各种优惠政策落实到位,以降低创业风险,提高成功率。二是要注重创业理念的培育,把创业教育提升到生存教育和发展教育的高度,通过着力培养提高青年的创业意识、创业思维、创业技能等综合素质,使青年的创业能力有实质性的改变和提高。三是要着力营造舆论氛围,积极倡导"自主择业,灵活择业,自主创业"的新型就业观,鼓励更多的青年人更新观念,敢冲敢闯,在新时期演绎"闯关东"的历史传奇。四是各级党委、政府、群团组织、社会各界要相互协调配合,采取有力措施,形成推进合力,为青年创业搭建更加宽广的平台。

(王 全)

【网络频道正式开通】 2009年11月26日,"创业东北,活力沈阳"青年创业网络频道开通仪式在东北新闻网直播室隆重举行。团市委书记、党组书记邢鹏,团市委副书记郭忠孝,东北新闻网总编辑武雪梅、青年创业导师代表、创业青年代表、媒体记者共50余人参加了开通仪式。

仪式上,东北新闻网总编辑武雪梅作了致辞,团市委副书记郭忠孝作了讲话,团市委书记、党组书记邢鹏和东北新闻网总编辑武雪梅共同开通了"创业东北,活力沈阳"青年创业网络频道。

(王 全)

【第五届"振兴杯"全国青年职业技能大赛决赛】 第五届"振兴杯"全国青年职业技能大赛决赛于2009年12月26日至12月29日在沈阳举行。共青团中央、人力资源和社会保障部有关领导及省市领导出席了大赛开幕式。大赛定级为国家一类竞赛,决赛包括汽车修理工、涂装工、多媒体作品制作员三个(职业)工种,分团体赛和单项赛。来自全国各省市及中直企业29支参赛队的208名选手参加了大赛。经过4天的激烈技能比拼,沈阳选手取得了三个工种中的两个单项冠军,9名选手都进入前20名的好成绩,辽宁代表团也连续第五年赢得振兴杯。

(肖 浩)

【开办动漫设计专业双证技能班】 为丰富全国高技能人才"双证"技能班内容,提升全国青年高技能人才培养示范基地的内涵,进一步推进青工技能振兴计划,增强共青团服务全市就业大局,服务经济发展的能力,经过大量的社会调研,团市委新开办了动漫设计专业技能班,面向全社会招生22人,其中2人为免费培养,22名学员已经顺利毕业,通过了相关认证考试,并且全部实现推荐就业。

(肖 浩)

【青年就业见习基地建设】 围绕沈阳就业工作大局,积极探索服务青年就业创业的有效载体,全面动员,广泛挖掘,围绕"三个依托"建设就业见习基地。一是依托一体化模式建基地,整合开发见习基地单位的培训、竞赛等功能,融入市场化因素,开展青年就业技能竞赛、"双证"技能班培训、大学生推荐就业等工作项目。二是依托团的组织网络建基地,挖掘企业资源,收集就业见习岗位,动员市青联、青企协会员企业参与基地建设,承担企业社会责任。三是依托社会化征集建基地,面向全社会广泛征集就业见习岗位,并为企业做好招聘等服务。在全市范围内建立青年就业见习基地314家,征集就业见习岗位5610个,接受就业见习个人、见习基地单位咨询1.2万余人次,向企业推荐见习人员5000多人次,并成功介绍1217人到企业就业见习,为广大青年求职、企业用工搭建了卓有成效的平台,有效服务了全市"保增长、促和谐、抓党建"工作大局。

(肖 浩)

【青少年维权月主题实践活动启动】 2009年5月25日,团市委在沈阳市第五中学举办了"反映青少年诉求、关注青少年成长"沈阳市青少年维权月主题实践活动暨青少年心理学讲座,现场全国知名心理学专家应力老师为学生、家长、老师等400余人讲述了如何处理伙伴关系、提升亲和力等相关问题。本次讲座主要是通过人际倾听小测试让参加活动的人员了解自己的人际交往模式,为大家讲解如何赢得他人,如何构建良好的亲子关系,对待不同类型的学生要采用不同的交往方式;通过体验性辅导,让同学们理解良好伙伴关系的重要意义,学习人际交往技能,并且通过亲子互动增进家庭和谐。在现场咨询环节,应力老师对家长和学生提出的相关问题给予了现场指导与解答,现场气氛热烈。

本次青少年心理学讲座的开展,标志着沈阳市第三届青少年维权月拉开了帷幕。在维权月期间,团市委以"两法宣传周"、"维权行动周"、"心理咨询周"、"12355行动周"为主体内容,将陆续开展青少年维权岗特色服务、举办青少年维权自护专业讲座、大型公益性青年交友联谊会、心理学拓展等活动,发挥以"12355"沈阳市青少年综合服务平台为中枢,各级优秀"青少年维权岗"为终端的青少年维权工作网络的作用,全面推进青少年权益维护工作。提升共青团组织、引导、服务青少年与维护青少年合法权益的服务能力和服务水平。

(李 媛)

【开展"法官进校园"活动】 2009年6月1日,沈阳团市委、市预青办、市法院、市教育局在沈阳市第五中学礼堂联合开展了沈阳市"法官进校园"活动的启动仪式。

启动仪式上，现场法官代表、市法院机关党委副书记曹蕾宣读了“全市法官致中小学生的一封信”，市法院院长卞富学向学校代表、市第五中学副校长常大勇赠送“法官说法”、“未成年人诉讼指南”书籍和“法官进校园”活动宣传画。与此同时，沈河区法院、和平区法院分别在中街、太原街两个商务中心区进行了宣传及法律咨询；铁西区法院和经济开发区法院当日开设了示范审判及“我当小法官、公正断案子”的模拟审判庭、选拔优秀法官走进八所学校进行普法专题讲座并设立青少年维权信箱及热线电话。宣传活动在全市的各区、县(市)的开展，标志着“关护成长、远离犯罪”的主题实践活动全面拉开。

在“法官进校园”活动期间，沈阳团市委、沈阳市预青办在积极关注预防青少年违法犯罪问题的同时，不断整合资源，完善工作机制。联合市法院、市教育局等相关单位以全市中小学为活动载体，开展贴近学生实际的法律实践活动、“百名法官进百校”活动。即走进学校、走进课堂、走到学生中间，通过法律讲座、模拟法庭、与学生结对子等宣传方式进行法律常识教育；通过让学生走进法院旁听案件及服刑少年犯现身说法等形式，让学生切身体验法律的威严，深切体会到违法犯罪行为对家庭、社会的危害、对个人前途命运的影响；通过市法院在沈阳电视台新闻台设立“托起明天的太阳——法官之声”专题节目，安排两级法院少年庭法官“以案说法”，用生动真实的案例教育学生。使广大中小学生掌握法律常识，提高自身法律意识，自觉与违法犯罪行为作斗争，增强抵御犯罪诱惑和自我防范的自觉性，引导中小学生远离违法犯罪，有效地预防未成年人违法犯罪和保护未成年人的合法权益，使之形成特殊优先保护未成年合法权益的合力。

(李　媛)

【“共青团与人大代表、政协委员面对面”座谈会】 2009年1月8日，沈阳团市委召开了2010年“共青团与人大代表、政协委员面对面”活动座谈会。团市委副书记郭忠孝出席座谈会并做重要讲话。同时出席本次座谈会的还包括市人大代表、政协委员、市青少年权益代表、青少年联络员等20余人。

本次座谈会的主题是“互联网与青少年健康成长”。会上，大家各抒己见，就社会、家庭、学校共同关注的互联网与青少年健康成长的问题进行了热烈讨论并形成初步达成共识。并将此次座谈会的讨论内容进行整理，形成最终提案，交由人大代表、政协委员在两会期间申报。

此次活动旨在架起一座沟通的桥梁，通过加强共青团与人大代表、政协委员的联系，畅通反映青少年普遍性利益诉求的渠道；密切联系广大青少年权益代表，真实反映青少年现实需求；形成高质量、富有价值的建议，逐级传递，切实维护青少年合法权益。

(李　媛)

【青少年服务中心试运行】 沈阳市青少年服务中心9月正式试运行，服务中心3月开始筹建，选择了铁西区兴工街道、大东区辽沈街道东方俪城社区、和平区文安路社区作为青少年服务中心的固定工作地点，在经过半年的精心准备、全面装修的基础上，配备了桌椅、电脑、打印机等必备的办公设施，为有效开展青少年服务工作提供了必要的资金、物质等方面的准备。

服务中心的建设模式采取的是社会化模式与职业化模式并重的方式。在社会化模式下，中心面向司法工作者、公务员、教师和“五老”等，招募了一批热爱青少年工作的社会志愿者队伍。职业化模式下，团市委招募了11名辽西北计划志愿者为青少年提供相关服务。

沈阳市青少年服务中心有五大服务职能：维权助困职能、就业创业职能、婚恋交友职能、文化交流职能、社会服务职能。结合青少年的实际情况，确定了以罪错青少年帮扶为重点，深化社会服务职能。中心工作人员已掌握了校园内的倾向性边缘问题学生的基本情况，对该类183名青少年建立了档案，随时跟访，防微杜渐；掌握了社区闲散青少年的情况，对该类95名青少年进行了建档跟踪，以防患于未然。同时中心工作人员与市法院、公安局等相关部门联系，对罪错青少年都建立了个人档案，与大多数建档的罪错青少年结成了对子，确保对接的服务对象都有专人负责。

青少年服务中心的工作宗旨是为青少年朋友提供全面的服务。中心自建立开始就秉承了这一原则，在重点项目实施的同时，全面推进了其他几方面职能的实施。维权助困职能，包括为青少年提供心理健康教育、法律知识专题讲座、为贫困家庭提供助学金申请、为贫困大学生提供勤工助学补助金、重大疾病救助金发放、返乡车费补助申请等；就业创业职能，包括就业信息咨询及发布、技能培训、提供就业创业见习岗位、定期举办用人单位与待就业青年的对接等；婚恋交友职能，为青少年提供婚介服务、举办交友联谊活动、婚庆服务等；文化交流职能，包括协调凝聚青年的组织、组建多专业多类别的青少年社团、提供艺术教育培训、暑期实践等。

(李　媛)

【预防青少年违法犯罪预防体系建设】 为了预防和减少未成年人犯罪，促进未成年人健康成长和社会稳定，团市委召开沈阳市预防青少年违法犯罪预防体系建设情况座谈会。团市委副书记刘智勇、市人大内务司法委内务处处长顾元明、市综治办综合协调处处长李飞出席了座谈会，17家市预防青少年违法犯罪工作领导小组办公室成员单位负责人参加了座谈。

座谈会上，市教育局安全处处长富景荣首先发言，他建议应当一如既往的加强中小学生的思想政治教育，并提出应进一步加强“生命教育”的理念。市关工委办公室主任路站稳汇报了“五老”帮教罪错青少年的具体措施和做法。市文化执法总队大队长曲堃汇报了预防全市未成年人网络成瘾问题及对策分析，并且提出“绿色上网、上绿色网”的建议。市检察院高鹏列举了沈阳市未成年人犯罪基本情况及研究，并向预青办上报《论传统教育与恢复性司法对未成年人犯罪的矫治》的调研报告，为市预青办明年预防工作提供了宝贵的数据和案例。会议中，17个预防青少年违法犯罪领导小组办公室成员单位分别进行了发言，通过列举案例、具体活动分析、探讨解决办法等，对本年度的预防工作进行了总结。同时，座谈过程中还引出了一些预防青少年违法犯罪工作中所遇到的难点问题，各成员单位各抒己见，会场气氛十分热烈。

会议邀请的市人大代表徐弛律师就香港的“火凤凰计划”和上海的“阳光工程”中义工参与未成年人帮教活动提出了自己的看法，对市预青办预防工作申请立项给予了参考意见。市综治办综合协调处处长李飞对本年度市预青办的工作给予充分的肯定，就明年工作提出了三点意见，并从工作制度、信息报送、调研立项等方面提出了具体要求。

会议最后，团市委副书记刘智勇发表讲话。建议各个预防青少年违法犯罪工作领导小组办公室成员单位加强沟通配合，立体联动，充分整合资源，做到工作职能上的互补，不断推进预防青少年违法犯罪工作的深度和广度。并要求市预青办制定2010年各成员单位预防工作规划，针对有特色，有影响、有普遍意义的活动项目，由团市委统筹协调，各部门积极配合，争取做大做强，让更多的青少年从中受益。

（李　媛）

【中青年科学发展观研究会成立】 为贯彻落实《中共沈阳市委关于开展深入学习实践科学发展观活动的实施意见》，引导广大青年学习实践科学发展观，为沈阳老工业基地全面振兴提供理论支持和智力保障，为沈阳经济平稳较快发展和社会和谐稳定作贡献，团市委发起成立沈阳市中青年科学发展观研究会。

4月13日，沈阳市中青年科学发展观研究会成立大会暨"科学发展与全面振兴"青年论坛在辽宁大厦隆重举行，市委常委、市总工会主席鞠秀礼同志出席成立大会。各市直团委书记，高校青年学者、专家及青年代表共计300余人参加了成立仪式。会议审议通过了《沈阳市中青年科学发展观研究会章程》，选举产生了沈阳市中青年科学发展观研究会会长1人、常务副会长2人、副会长12人、秘书长1人、常务理事32人、理事62人、席位制理事36人，市委副书记苏宏章被推荐为研究会顾问，市委常委、市总工会主席鞠秀礼被推荐为名誉会长，团沈阳市委书记邢鹏当选会长。会上确定了2009年"青年马克思主义者培养工程"重点培养对象28名，并举办了"科学发展与全面振兴"青年论坛。论坛邀请市委党校副校长、教授朱慧，辽宁大学区域经济研究中心主任、教授崔万田，辽宁社会科学院省情研究所所长、文化产业研究中心主任、研究员梁启东，辽宁行政学院副院长、教授邓泉国4位主讲嘉宾，他们分别从"十七大在科学发展观上的新意"、"中国区域经济科学发展指数分析"、"沈阳振兴与青年使命"、"以科学发展观指导振兴"等视角对青年学习和实践科学发展观进行了深层次探讨。

沈阳市中青年科学发展观研究会是由辽沈地区学习、研究科学发展观的专家、学者组成的地方性、学术性、非营利性社会团体。它的成立填补了国内全市性中青年科学发展观研究团体的空白，推动了沈阳市学习实践活动的深入发展。

研究会成立后，开展了扎实而卓有成效的工作。在沈阳共青团网和沈阳青少年网上开设课堂，在《沈阳青年》开设科学发展观讨论专栏；精心打造"科学发展与全面振兴"论坛，邀请国内知名专家学者来沈讲学，组织会内理事到兄弟省市开展交流，学习和借鉴先进经验和优秀学术成果，促进研究会理论研究水平的整体提升；积极参与和承担省、市、国家级项目，申请市委、市社科联、省委、团省委的立项；抓住全国开展第二批科学发展观学习实践活动的有利契机，深化科学发展与青年工作的相关研究，深入调研，完成3个精品项目；做好优秀理论成果的收集、整理工作，整理编辑《研究会优秀成果论文集》；在企业、县区建立实训基地，展示科学发展的成果，解决发展过程中遇到的实际问题；树立一批贯彻落实科学发展观的优秀个人和集体，发挥先进人物的示范和带动作用。通过开展贯穿全年的主体活动，切实发挥了研究会在"保增长、促和谐、抓党建"过程中的作用。

（李　勇）

【开展纪念中国少年先锋队建队60周年系列活动】 为庆祝新中国成立60周年、中国少年先锋队成立60周年，沈阳团市委、市教育局、市少工委围绕少先队组织的根本任务，开展了以"祖国发展我成长"为主题的"畅想新生活"全市儿童画征集活动；"我是中国'小记者'"寻访新变化摄影作品征集活动；"祖国发展我成长——寻访新变化"红领巾小课题征集暨"祖国发展我成长——铭记好传统"知识竞答活动；"'小作家'、'小记者'采写行动"活动；"争当好队员"中国童谣、儿歌征集活动；"我与红领巾"活动以及"祖国发展我成长"主题大队、中队会方案征集等一系列活动。全面展示全市少先队组织在党的领导下、在团的带领下，与新中国同行的光荣历程，为全市少先队员营造勤奋学习、快乐生活、全面发展的良好社会氛围。沈阳团市委、市少工委于10月13日在沈河区朝阳一校举行沈阳市暨沈河区纪念中国少年先锋队建队60周年"红领巾与祖国同行"主题活动。省委常委、市委书记曾维给全市少先队员回信并向全市32万少先队员表示诚挚的问候和美好的祝愿。10月13日纪念日当天，全市各级少先队组织同时开展了形式多样的纪念活动。中国青年报在头版显著位置报道了沈阳市开展纪念中国少年先锋队建队60周年系列活动，辽宁日报、沈阳电视台、沈阳日报等多家新闻媒体报导了此次活动，营造了较好的舆论氛围。

（姜旸扬）

【青年工作合作框架协议签约仪式】 2009年12月16日，沈阳、抚顺、营口、本溪四市共青团和青年工作合作框架协议暨四地青年企业家投资协作签约仪式在沈阳宾馆会议厅举行。为提高共青团组织在加快推进沈阳经济区建设和辽宁沿海经济带大开发，大开放、大发展热潮中的贡献率，沈阳、抚顺、营口、本溪四市共青团组织经过充分酝酿、探讨交流后达成共识，认为应充分利用四市的区位优势，在辽宁老工业基地从背对海洋搞建设到面向海洋谋发展的战略转变中作出实实在在的贡献。

仪式上沈阳、抚顺、营口、本溪四市团市委领导签署合作框架协议，向互派青联副主席、青企协副会长颁发聘书，市委常委、市总工会主席鞠秀礼、团省委书记曹爱华，团省委副书记高宏彬三位领导出席活动并讲话。框架协议主要包括四个方面，一是经济项目合作，通过两市共青团、青联组织之间的合作，推动四市之间企业之间的投资。二是社会事务合作。四市在文化交流、教育培训、志愿者服务等方面工作开展全面合作。三是青年人才培养合作。通过青联副主席、青企协副会长互派互挂等手段，联合搭建青年人才开发平台。四是青年就业创业合作。四市共同建立青年创业俱乐部，成立沈营创业就业孵化基地，扶持两市青年实现异地创业。

团省委副书记高宏彬在讲话中充分肯定了此次活动的重要意义，提出四市在合作共赢的基础上，以科学发展观为指导，以丰富有效地活动为载体，以强有力的组织保障去寻求突破，资源整合、强抓机遇，凝聚和引导广大青少年为全面振兴老工业基地贡献青春力量。本次活动促进青年企业家签约项目16项，投资金额达10.3亿。

（李　烨）

【高校毕业生从事家教享受社会保险补贴】 2009年6月18日，团市委、市劳动和社会保障局共同召开了“沈阳市高校毕业生从事家教实行社会保险补贴培训工作会议”。此项工作以深入实践科学发展观为统领，根据市政府《关于稳定就业局势促进就业创业工作的实施意见》文件精神，以“切实服务青年学生成长成才”为宗旨，以“提高认识、明确职责，强化机制、科学发展，加强管理、实事求是”为要求，高质量推动沈阳市高校毕业生从事家教服务工作，全面促进青年学生灵活就业。各区、县（市）团委书记、项目负责人，各高校团委书记，市内五区各街道团委书记，于洪、东陵、沈北、苏家屯部分街道（乡镇）团委书记参加了会议。会议讲解了沈阳市高校毕业生从事家教实行社会保险补贴有关政策；介绍了高校毕业生从事家教实行社会保险补贴有关政策操作流程。会议要求全市各级共青团组织提高认识、明确职责，强化机制、科学发展，加强管理、实事求是，高质量推动高校毕业生家教服务工作。活动开展初期，团市委通过座谈、调研等形式，就全市高校毕业生从事家教实行社会保险补贴相关工作征求了意见，为高校毕业生从事家教实行社会保险补贴工作做了先期的铺垫，并通过新闻媒体、《沈阳大学生家教网》等渠道进行先期宣传。通过前期工作，全市各级团组织达成共识，一致认为，这项工作实现了高校毕业生家教工作市场机制、整合机制和补助机制的新突破，形成了一个实实在在的协调合作平台和有效服务平台，能够把各部门的职能充分整合起来，共同推动这项工作。在具体操作过程中，街道团委负责初审工作，每月17日前，将初审通过人员有关材料和复印件上报区县团委。区县团委于每月20日前，将复审通过人员的材料报送沈阳市大学生服务中心。市大学生服务中心指派专人进行认真审核，并于每月25日前，将已认定人员名单及申请认定表逐级返回街道团委，对于符合条件家教高校毕业生基本信息录入沈阳市社会保险补贴系统。以此为推进，团市委在扶持、服务、帮助全市广大青年学生灵活就业方面重点开展了三项工作：一是加强大学毕业生灵活就业理念建设。打造符合时代要求、具有青年特点的青年灵活就业文化，使其真正被青年认同，帮助青年学生树立积极的灵活就业态度和取向。二是加强大学毕业生灵活就业环境建设。充分利用电视、报刊、广播、互联网等媒体，宣传青年灵活就业典型，为青年学生提供更好的政策环境。三是加强大学毕业生灵活就业机制建设。通过建立青年学生人才库、就业数据库等途径，切实加强人才管理、项目管理和网络管理，激发大学毕业生灵活就业和各方面支持大学毕业生灵活就业的热情。

（吕晓波）

【开展大学生“送温暖、送岗位、送健康”活动】 2009年1月11日，沈阳市大学生市长奖学金发放仪式暨“送温暖、送岗位、送健康”启动仪式在东北大学汉卿会堂隆重举行。仪式上，团市委书记、党组书记邢鹏做了大学生服务中心工作汇报；市政府副秘书长曾波宣读了市长奖学金获得者表彰通报；与会领导为获奖学生和受助学生代表颁发了市长奖学金、市政府奖（助）学金、重大疾病救助金、贫困大学生返乡车费和就业聘书；为100名来自四川的贫困大学生发放免费体检卡；市长奖学金的获得者——东北大学资源与土木工程学院2005级谢越同学代表所有获奖大学生表达了拼搏进取、感恩社会、回报沈阳的决心；来自东陵区榆园社区喜良小学三年级的患有白血病的佟紫依小朋友代表所有获重大疾病救助金的青少年发言；沈阳市冠亚外国语培训学校总裁胡忠伟为全市青年学生提供就业岗位500个，并就新形势下企业的社会责任和义务作了发言。市政府副市长王玲在讲话中充分肯定了团市委、市大学生服务中心三年来取得的可喜成绩，并希望社会各界服务全局，为贫困大学生提供切实服务；希望青年学生们立志成才，为沈阳振兴贡献青春力量；希望全市团组织再接再厉，认真实践科学发展观。启动仪式拉开了团市委2009年“送温暖、送岗位、送健康”系列活动的序幕。“三送”活动发放各项奖学金、补助金等375万元，受奖、受助学生超过7000人。“送温暖”活动中，为1250名返乡务工青年和返乡特困大学生每人发放200元车费补助金共计25万元；向全市100名优秀大学生每人发放6000元的市长奖学金，共计60万元；向3880名贫困大学生发放市政府奖、助学金共计240万元；到进城务工青年较为集中的工地现场和留守青少年所在学校、社区，开展文化交流、文艺联欢活动等。“送岗位”活动中，应对当前金融危机造成的紧迫的就业形势，团市委通过“校企联动，工岗对接”等方式，首批向全市青年学生提供就业岗位500个，并不断增加岗位数量，扩大岗位范围；通过开展《就业促进法》宣传、岗位洽谈、用工招聘等活动，推动青年学生与用人企业、用工岗位的有效对接；继续开展“沈阳市青年创业计划大赛”，重点扶持可行性创业项目。“送健康”活动中，向50名身患重大疾病的青少年每人发放1万元救助金共计50万元；向来自四川的100名贫困大学生发放免费体检卡；在全市范围内大力开展以赠阅健康手册、派发宣传单、组织健康讲座等健康知识宣传普及活动。

（吕晓波）

【“寻找我的行业偶像”演讲大赛】 2009年12月18日，沈阳市中职学生“寻找我的行业偶像”演讲大赛在沈阳市装备制造工程学校拉开序幕。活动旨在提高全市中职学生的职业技能和社会化技能，培养其良好的道德品格，坚定崇高的理想信念，全面提升沈阳中职学生的综合素质，推动沈阳市中等职业教育事业的健康发展。来自金杯汽车股份有限公司、沈阳鼓风机集团有限公司、沈阳化工学院和沈阳大学的专家、评委，以及400余名来自沈阳市中职学校的学生共同参加了活动。来自沈阳市17所中职学校的29名选手经过校级初赛、复赛层层选拔以后，脱颖而出，参加了决赛的角逐。比赛中，选手们有的幽默诙谐，有的沉熟稳重，有的激情昂扬，展现出了自己高超的口语表达能力和各具特色的人格魅力，更是运用最真切的语言表达出了行业偶像对于迷失了方向的他们重塑了自我，指引了人生方向。为深入贯彻落实党的十七大精神，全面推进中等职业教育事业的科学发展，结合中职学生成长成才的现实需求，团市委以沈阳市中职学生“寻找我的行业偶像”演讲大赛为牵动，开展了主题教育系列活动，主要包括以下几个方面：开展了市级演讲大赛。通过市级示范活动的开展，在全市范围内掀起爱专业、学技能的学习热情，营造人人学技能的浓厚社会氛围；开展了“我爱我的专业”征文比赛。通过增强学生对所学专业及其对应职业群的了解和热爱，树立“三百六十行，行行出状元”的观念；开展了“我是技能明星”技能比赛。通过专业技能的比赛，按照即将从事的职业对从业者的要求，提升职业技能素养，立志成才；开展了“技能状元大讲堂”活动。通过开展在历届国家和省、市各级技能大赛获得的技能冠军巡讲活动，发挥典型示范作用，引导学生树立正确的职业观，激发学习成才的内在动力。“寻找我的行业偶像”主题教育活动的广泛开展，在基层组织中引起了强烈反响，得到了各中职学校的高度重视，成立了以校长为组长的工作领导小组，确保了活动的顺利开展，取得实效；为大力宣传“寻找我的行业偶像”主题教育活动，各团组织广泛动员组织学生参与到活动中来，以活跃基层、丰富校园文化生活为重点，以增强活动的实效性和扩大参与面为突破口，组织开展了各具特色的系级、校级活动。此外，各中职学校团委还充分利用新闻媒体及校园广播、校园网、报刊、橱窗等载体加大对活动的宣传报道，并及时上报活动进展情况、创新做法和取得的成效，为活动的成功举办营造良好的氛围。“寻找我的行业偶像”演讲大赛，引导学生树立了正确的职业观，发挥了典型示范作用，激发了学习成才的内在动力，推动了沈阳市中等职业教育事业的健康发展。

（吕晓波）

【启动患重大疾病青少年救助金发放活动】　2009年8月5日，沈阳市困难家庭患重大疾病青少年大病救助金发放活动全面启动。此次活动由团市委、市大学生服务中心共同举办，第一期为78名患病青少年发放重大疾病救助金63万元。受救助青少年张涵、张羚羚分别于8月10日、8月12日给团市委、市大学生服务中心送来锦旗表示感谢。此次活动作为团市委“走进青少年——学习实践科学发展观”系列活动之一，旨在贯彻落实市委关于“进一步深入落实和有效推进特殊青少年群体的层次化帮扶工作”的要求，真正为困难家庭患重大疾病青少年解决实际困难，使其真切感受到党政、社会和共青团组织的关心和爱护。在8月26日举行的“青春圆梦行动”助学金发放仪式上，全市350名被全国普通高等院校录取的贫困家庭和城市低保家庭的学生受到资助，团市委、市大学生服务中心为每名学生发放3000元资助卡。12月23日，沈阳市困难家庭患重大疾病青少年大病救助金第二期发放活动全面启动，为77名患病青少年发放重大疾病救助金38万元。沈阳市大学生服务中心作为全省第一家全方位服务大学生学习、生活的专业性社会公益机构，4年来，借助党政的主导力、发挥共青团的协调力、汇聚社会的关爱力，以创新品牌、拓展职能为重点，不断扩大服务项目，最大限度、最广范围、实实在在地提供服务，让大学生服务中心在诠释“大学生之家”内涵的同时，不断扩展服务的覆盖面，帮助青少年健康成长，围绕着大学生扶困救学、勤工助学、家教服务、就业创业、心理咨询等项目开展工作，已救助重大疾病青少年387人，办理大病救助保险1.2万人，资助贫困大学生30270名。“有困难找中心、有困难到中心”在青少年中形成了共识，沈阳共青团公益性服务工作品牌已形成。

（吕晓波）

【举办“高雅艺术进校园”活动】　2009年5月24日，“2009年高雅艺术走进校园活动”首场演出在东北大学举行，《十面埋伏》、《战马奔腾》、《打枣》等经典表演博得了在场师生的阵阵掌声。中央民族乐团在沈期间先后到沈阳体育学院、沈阳师范大学和沈阳职业技术学院进行了巡演。6月9日，继中央民族乐团后第二个中央级文艺演出团体——中央歌剧院来到沈阳，先后为辽宁大学、沈阳化工学院、沈阳航空工业学院和沈阳工程学院的大学生们演出了歌剧《卡门》、《茶花女》和《图兰朵》等经典选曲。“高雅艺术进校园活动”获得了广大师生的高度赞誉，师生们认为此次活动给他们带来了心灵的愉悦、文化的熏陶和艺术的享受，本次活动对提高在校大学生艺术修养和文化品位，促进广大青年学生全面发展产生重要影响。

（吕晓波）

【举办沈阳大学生知识产权主题辩论赛】　2009年4月26日，第四届沈阳大学生知识产权主题辩论赛的总决赛在沈阳电视台演播大厅开战。经历预赛阶段的20场激烈比拼，获得A、B组冠军的沈阳农业大学和辽宁大学参赛队进入了最后决逐。省知识产权局局长胡权林出席了决赛现场的颁奖活动。本届辩论赛共有22支驻沈高等院校代表队参赛，采取单场淘汰制，从3月29日开赛至总决赛结束，共进行了21场激烈的角逐，历时一个月。辩论赛提高了大学生对知识产权知识的了解，对知识产权创造、运用、保护的认识水平和实践能力，也为在校大学生提供了一个普及知识产权知识的平台和相互学习交流的机会。

（吕晓波）

【“阳光行动”之“助老、助学、助耕”活动】　2009年2月17日，团市委在全市开展了服务外出务工返乡青年“阳光行动”之“助老、助学、助耕”活动，本次活动继“阳光行动”统一行动日之后，以“三助”活动为服务载体，在全市掀起“保增长、促和谐—关爱外出务工返乡青年”的新一轮高潮，旨在关爱农村弱势群体，解决外出务工青年后顾之忧，真正从青年实际需求出发，加大帮扶力度，实现由输血变为造血，实施长效帮扶，为建设和谐家园做出贡献。全市各郊区、县（市）团组织将立足实际，走进青年，开展形式多样的“三助”活动。

“助老”活动。3月19日，由10名来自区卫生局、医疗机构的青年志愿者组成的医疗志愿者服务队走进苏家屯区临湖街道新兴屯村，免费为留守老人体检，及时解决病痛困扰，并教授急救常识，增强他们的自救能力。随后，团区委、乡、村的党团员干部来到留守老人家中，为老人清扫庭院、整理房间，使老人感受到如子女般的贴心和温暖，给老人创造一个舒适的生活环境。老人们脸上流露出欣慰的笑容。

“助学”活动。关心下一代是团市委“走进青年、关爱成长”工作的重中之重。针对农村的弱势群体——农村留守儿童，共青团给予最大的关注。活动当天，苏家屯区城郊中心学校的教室里歌声不断、笑声不断。在“心手相牵快乐童年”的阳光行动主题班队会上，学校的老师、青年志愿者和留守儿童在这里结成对子，在学习、心理、文艺等方面，对少年儿童进行辅导，为他们送上新学期的礼物——漂亮的书包、文具等文体用品，鼓励少年儿童学会乐观向上、自立自强，让孩子们能够在关爱中茁壮成长，能够在爱心中学会坚强。

“助耕”活动。为解决青年农户实

际生产问题,市农林专家、苏家屯区科技工作者和青年志愿者们成立的“助耕”服务队,走进农村青年家中,深入田间地头,了解农户家中农作物品种和种植情况,指导他们适时春耕、播种,并就温室栽培进行了实地指导,帮助农民实现科技种田,收获绿色希望,招纳掌握好时节,取得好收成,提高科学产量,改善生活水平。当日,向农村青年、外出务工返乡青年发放了《农业信息网报》、《农民进城务工法律常识汇编》、科普年画等科普读物。

截至年底,已在东陵区、于洪区、苏家屯区、沈北新区、新民市、辽中县、法库县、康平县、铁西区和棋盘山开发区10个涉农区、县(市)发放“阳光行动”联系卡近万张,畅通团组织与基层青年的沟通和联系;成立了50支助耕服务队,指导春耕播种;建立了80支助老服务队,关爱空巢老人健康生活,结成了1100个助学对子,关心留守儿童成长。

团市委将从青年实际出发,真正从“授之以鱼”向“授之以渔”的转变,将“阳光行动”引向深入,做实、做大、做出成效,切实为返乡青年提供全程式、一条龙式的贴心服务,解决他们在生产、生活中遇到的困难,解决他们的后顾之忧,使他们无论外出就业,还是自主创业,都能感到安心、舒心和放心,同时,不断地引导广大返乡青年坚定信心、把握机遇,在新农村建设的道路上开天辟地,在沈阳经济建设和社会发展中增光添彩。

(孙　路)

【百村百点丰产示范田工程】 2009年4月28日,团市委、中国移动沈阳分公司联合主办的“沈阳市百村百点丰产示范田工程启动仪式”在辽中县养士堡乡养前村举行。

启动仪式上,中国移动沈阳分公司、大光科技的同志就此次示范田工程进行了说明。团市委青农部副部长张子明代表主办方作了讲话。仪式上,沈阳大光农业服务中心与示范田主代表进行了签约,并向示范田主赠送了农业化肥和农药,拉开了大光科技与示范田主合作的序幕。签约仪式后,与会来宾共同启动了“沈阳市百村百点丰产示范田工程”。

“沈阳市百村百点丰产示范田工程”是团市委与中国移动沈阳分公司联合开展的一项惠民工程,是团市委开展深入学习实践科学发展观的一项重要举措,是“走进青少年”活动的重要载体。活动从农民实际需求出发,以农村信息化平台建设为载体,为广大农户特别是贫困农民开辟了一条新的增收成才途径,增强农村青年的实用技能,促进高产增效,服务社会主义新农村建设。“丰产示范田工程”走访了近百个乡村,在各村选出丰产试验田农户,通过信息化手段传播现代农业种植理念、科学种植方法等,帮助农民提高农业生产力、练就生产技能、提高生活质量。

(孙　路)

【节能减排青少年行动】 2009年,团市委以“四进”即:“进企业、进学校、进社区、进村屯”活动为工作主线,有效地开展“节能减排青少年行动”,通过“青年节能减排环保月”、“节能宣传周”等开展集中行动,充分发挥青少年的先锋带头作用,使环保节能理念深入青少年心中。

1. 节能减排进学校,共做校园小主人。多家中小学以多种形式开展思想教育活动,并将节能减碳活动推向深入。勋望小学少先大队在学校内部设立了节能先锋模范榜,评选出6名节能先锋,将他的照片和事迹刊登在模范榜上,让更多的同学了解他,学习他,增强同学们节能意识,从小养成节约能源的好习惯。在节能宣传周期间,各中小学大队部利用周一国旗下讲话向全校学生发出了“节能减排”倡议书,学生集体宣誓,做节能减排小主人。各校还充分利用学校现有资源的优势,以广播站、宣传栏、宣传画、标语、板报等渠道,以国旗下讲话、班队会、晨会等形式开展各种宣传活动,并开展以知识竞赛、绘画、征文、手抄报等形式的“节能减排”主题系列活动,营造了浓厚的宣传氛围。开展了“节能减排,从我做起”主题队会,以小品、游戏、讨论、采访等形式,让学生了解浪费资源带来的危害,倡导有利于保护环境的生产、生活方式,进一步增强学生的能源忧患意识、节约意识和环境保护意识,动员他们踊跃参与节能减排工作,使减少污染物排放、与环境友好相处成为全社会的自觉行动。

沈阳各大高校纷纷开展形式多样的节能减排宣传活动。中国医科大学、沈阳大学等高校积极开展节能减排知识普及活动,在校内以展板、广播、网站、校园滚动字幕等形式图文并茂宣传节能减排环保知识,医科大学通过一系列以“环保”为主题的宣传和实践活动,先后在中山公园、太原街天桥、交通干道开展多种形式的节能减排宣传活动,同时在校内开展了环保常识有奖竞猜活动、环保海报展及“绿色一代,我们在行动”环保主题征文比赛;沈阳体育学院和沈阳建筑大学充分结合本专业特点,开展了别具匠心的活动。体育学院举行了“绿色环保,节能减排‘四进四出’”系列活动(即“进校园,进社区,进村屯,进企业”和“出思想,出倡议,出责任,出实践”),同时在进校园活动中,举行了以“绿色环保,节能减排”为主题的宣传和十五米长卷主题条幅签名活动。沈阳建筑大学的“建节能精品,筑学子风采”节能设计大赛,将节能活动与专业特色结合,广大同学共同分享关于“节能、环保、可持续发展”方面的知识,效果显著。

2. 节能减排进社区,共做社会好市民。在节能宣传活动中,充分发挥学生的积极作用,将校园活动与社区活动进行有机结合。各大高校纷纷走进铁西区勋望社区、林校社区等社区,通过展板宣传、废旧电池回收、环保袋发放等形式向居民宣传了节能生活常识。沈阳建筑大学学生在和泰社区举办校外宣讲活动,由宣讲员针对日常生活中的浪费、节能问题进行讲解;市内五城区开展节能宣传活动,悬挂了宣传横幅,在全社会营造节能降耗的良好氛围。

沈河区的100名学生代表,来到了606社区,与那里的居民进行了“爱护地球母亲,节能减排我先行”主题升旗仪式。同学们与社区居民一起了解了节能减排的重要性及节能减排常识,少先队员代表向社区居民发出了倡议书,呼吁:地球是我们的母亲,我们都是她的孩子,你爱母亲吗?请不要再给她增添痛苦。

进社区活动通过宣传贯彻《节约能源法》等国家政策措施,宣传限制塑料购物袋对我国节能环保事业的重要性,普及节能法律法规,引导消费者树立节约能源和保护环境的消费理念和消费意识,共做环保节能的好市民。

3. 节能减排进企业,共树工业新理念。深入开展了“青工节能保增长、促和谐”行动,在节能减排进企业活动号召广大团员青年争做节约能源先锋队,通过节水、节油、节电、节煤、节气等多种形式的节能减排宣传活动,增强团员青年节能意识，树立青年文明号模范先锋的良好形象，营造良好的节能减排氛围。

除了在青年文明号中开展节能减排宣传外，节能减排进企业活动还广泛动员全市广大团员青年在工作期间做到“四个不”，即：天不热不开空调，电脑不用不开机，洗手不浪费水，楼层低不坐电梯。通过身体力行，从自身做起，用自己的行为去感染身边的人，为单位节约能源，共同营造健康绿色的工作空间，进一步在日常工作中深化了节能减排意识。公安局铁西分局团委在全区各街道派出所开展了“四个不”活动，引起了强烈的反响。部分警员表示，通过此次活动，部分闲置的电脑都关机了，热量小了，不用开空调了，即节约能源又环保。城管局园林绿化二处建大站青年中心通过“四个不”活动，路程近的工作都骑车前往，既节约了燃油的消耗，又减少了污染的排放，同时还锻炼了身体。

各大高校也纷纷走进企业，与企业共同节能减排。辽宁大学、辽宁林业职业学校、沈阳体育学院等高校走进北部污水处理厂、金土地种子公司、龙源公司等企业将宣传资料环保思想和节能理念带进了企业，共同学习环保知识、宣传环保理念。

4. 节能减排进村屯，共建和谐新农村。各郊区县依托驻地高校、中小学开展了环保知识宣传活动，推广节能灯、环保袋等产品的使用，帮助村民转变观念；组织高校绿色环保协会，如沈阳体院学院绿色环保协会成员来到苏家屯区开展“环保袋、节能灯换废品”主题活动，通过“以物换物”的环保宣传方式，深得群众欢迎，使群众获得环保物质的同时从中了解了环保知识，受到了节能教育。

除各高校开展的进村屯活动之外，各区、县(市)也积极开展了节能减排主题宣传活动，先后组织农村团干部进行节能减排知识普及活动。东陵团区委联合区环保分局共同举办“传播生态文化，共建生态东陵”系列活动。系列活动围绕“六五”世界环境日主题——“减少污染、行动起来”，以传播生态文化、共建生态东陵为主题，广泛深入宣传可持续发展战略，大力提升全区青少年生态文化理念，充分发挥团员青年在构建生态东陵进程中的积极作用。

(孙 路)

【农村青年就业(见习)洽谈会】 2009年5月19日，沈阳市农村青年就业(见习)洽谈会暨农村青年信息化平台开通仪式在辽中县近海文体中心举行。团省委、团市委、市劳动局、市农委、市科技局、市人才办、辽中县等各级领导出席了活动。沈阳市34家企业、近千名农村青年参加了当天洽谈会。

本次活动由团市委、市劳动局、市农委、市科技局、市人才办和中国移动沈阳分公司联合举办，由团辽中县委、县劳动局等单位承办。活动以“激情五月放飞希望”为主题，旨在深入贯彻市委、市政府关于开展青年就业创业工作的指示精神，全面落实市群团组织“牵手同行”就业创业联合行动的工作部署，以科学发展观为指引，服务“保增长、促和谐、抓党建”三项重点工作，有效地凝聚青年，科学地引导青年，切实地服务青年，为青年就业创业创造良好的社会环境，为青年与用工岗位之间搭建及时、有效的对接平台，畅通农村信息化服务渠道，促进农村青年有序转移和稳定就业。

仪式结束后，举行了农村青年就业(见习)洽谈会。在洽谈会现场，专业的职业指导师为农村青年进行就业指导，帮助农村青年转变就业观念，树立正确的择业观，为农村青年发放了《农民进城务工常识汇编》、《农民务工培训读本》、《现代农业实用技术》等书籍。还在现场大屏幕上对630余家企业提供的3500余个用工岗位进行滚动播放，还将在农村青年就业创业网站上进一步为农村青年提供就业岗位信息。当天参加洽谈会的农村青年与34家企业进行了充分对接，企业对应聘青年基本情况进行了用工登记，部分青年当场与企业签订了就业见习协议，达成用工意向。

(孙 路)

【“阳光行动”惠及广大返乡青年】 2009年2月17日，团市委组织实施的服务外来务工返乡青年“阳光行动”统一行动日在东陵区拉开帷幕。与此同时，全市各郊区、县(市)分别进行了走访慰问、召开了座谈会、主题教育实践活动，文化育人工程，完善农家书屋建设活动。活动深受各地返乡青年欢迎，成效显著。

行动日当天，在东陵区白塔街道办事处，30名返乡青年在团支部的组织下观看了励志及爱国主义教育影片。“送电影下乡”是团市委实施文化育人工程的载体，积极丰富返乡青年的文化生活，帮助他们励志就业，勇于应对金融危机所带来的挑战；在东陵区白塔街道苏家村观赏鱼养殖基地，20名农村青年接受了实地技能培训。沈阳共青团农村青年技能培训基地团支部书记、农村青年致富带头人向他们讲授了养殖技能、创业经历，使返乡青年真切感受到发生在身边的就业创业的成功经验，从而激励他们奋发图强、自主创业进取精神；作为共青团服务青年就业创业的一项重要举措，本次活动还在沈阳市万泉商业服务中心开展了东陵区返乡农村青年就业见习洽谈会。会上，团市委为沈阳市万泉商业服务中心颁发了“共青团青年就业创业见习基地”牌匾，见习基地的建立将在帮助青年积累工作经验、提高就业创业能力等方面发挥积极作用，为企业搭建一个选人用人的平台。在企业与返乡青年充分洽谈后，部分返乡青年签订了就业见习协议。

统一行动日之后，团市委组织全市各涉农区、县(市)进行走访慰问、召开了座谈会、主题教育实践活动，传播兴农科技信息、实施了文化育人工程、完善农家书屋建设、开展了农业实用技术培训、创建“共青团农村青年就业创业见习基地”、共青团农村青年技能培训基地等重点活动。

(孙 路)

【《雷锋精神论》出版发行】 为推动学雷锋活动进入深入发展的崭新阶段，为新时期继承和弘扬雷锋精神的生动实践提供科学思路和理论支撑，团市委与市雷锋精神研究会共同筹划编写《雷锋精神论》理论文集，并于3月5日正式出版发行。该书是全国首部论述雷锋精神的理论文集，整合了近年来市雷锋精神研究会会员的研究成果，同时，省委党校、省社科院等单位的有关专家学者积极供稿。理论文集从雷锋精神的源起与发展、雷锋精神的时代价值与多维视角、新时期雷锋精神的弘扬与践行等三大方面，详细精辟阐述雷锋精神的源起、雷锋精神的实质内涵、时代意义和发展进程，并深刻剖析了雷锋精神与青少年思想教育、和谐社会建设的辩证关系。《雷锋精神论》是在新的历史背景下，用全新的视角，多方位，多层面深刻地阐述了雷锋精神的丰富内涵以及极强的现实意义和深远的历史意义，是站在时代的高度，用现代的表达方式揭示雷锋精神的内涵，便于当代青少年及至广大人民群众学习和研究的理论文集。

（刘 明）

【北京奥运会足球比赛沈阳赛区志愿者雕塑落成】 为纪念北京奥运会沈阳赛区志愿者的服务历程，沈阳奥赛办、团市委、沈阳建筑大学共同设计制作了北京奥运会足球比赛沈阳赛区志愿者纪念雕塑。雕塑的上层为北京奥运会志愿者的标志，心心相扣的心形，象征志愿者与运动员及奥林匹克大家庭和所有宾客心连着心，用心服务、奉献爱心，为奥林匹克运动增添光彩。寓意为志愿者真挚的笑容、出色的服务、友善的行为，将唤起每一位奥运会参与者的心灵共鸣。雕塑的下层为黑色大理石底座，底座的四周雕刻了北京奥运会足球比赛沈阳赛区1046名赛会志愿者的名字。北京奥运会足球比赛沈阳赛区志愿者纪念雕塑将承载着沈阳广大青年志愿者真诚阳光的微笑、热情周到的服务、奔波劳碌的汗水，历经风雨沧桑，永远巍峨伫立。

（刘 明）

【中国未成年人网脉工程在沈实施】 2009年6月2日，由团市委、市教育局、文明办共同举办的“中国未成年人网脉工程沈阳行”活动的启动仪式在沈阳市朝阳一校隆重举行。全国中小学思想道德教育工作办公室副主任、教育部基础教育一司学校德育处处长于长学、团中央青少年服务中心网络部副部长王夕丹等参加了活动。“中国未成年人网脉工程”是由共青团中央、国务院新闻办、教育部、文化部、中央文明办等部委共同发起的、面向未成年人的网络环境和网上导航平台，它对消除网络的负面影响进行了新尝试和探索。实施“中国未成年人网脉工程”，为未成年人营造一个属于他们自己的互联网环境，为他们认知世界、展示才华、增进交往、健康成长服务，网脉工程是一项惠及亿万青少年的民心工程。中国未成年人网脉工程首先是通过“网脉e管家”来屏蔽网络不良信息和成瘾游戏，从时间和空间上达到监控和管理孩子上网的目的。另外还专门为未成年人整合了大量优质的网校和学习资源，能够让孩子在网络中高效学习。网脉工程自2006年“六一”前夕在北京人民大会堂正式启动以来，相继在全国各省市展开，取得了阶段性的成果，受到了学校、家长和广大学生的广泛好评。网脉工程联合了人民网、新华网、新浪网、搜狐网等多家具有代表性的网站，共同构建了一个面向未成年人的网络导航平台，推出了一批为未成年人度身订做的互联网优质内容。

（刘 明）

【组织青年志愿者赴塞拉利昂开展援非志愿服务】 2009年10月28日，中国（沈阳）2009年援外青年志愿者赴塞拉利昂服务队出征仪式在沈举行。团市委经过2个多月赴非洲志愿者的招募、选拔等工作，终于圆满完成了首次选派14名援助塞拉利昂青年志愿者工作，他们其中年龄最大的43岁，最小的21岁分别从近百名候选人选出，包括4名研究生、9名本科生、1名专科生，在塞拉利昂开展汉语、武术教学、中医诊疗服务。他们于10月29日赴非洲塞拉利昂进行为期一年的援外志愿者服务工作。

海外青年志愿者事业是党和国家对外友好事业的重要组成部分，是我国适应形势发展，增进中国和发展中国家友谊、帮助发展中国家发展的一项重大举措，也是培养优秀青年人才的途径和舞台。根据团中央的安排，沈阳团市委承办了2009年中国青年志愿者海外服务计划——塞拉利昂青年志愿服务项目。由于是首次选派援非志愿者，团市委高度重视，认真细致的做了大量的工作，首先是对志愿者候选人的严格甄选，按照公开招募，自愿报名，组织选拔的方式，从近百名候选人中选出了20名比较优秀的同志，又通过体检和考核，最终确定了14名援非志愿者。为了保证志愿者在非洲的生活和工作都顺利开展，按照国家商务部制定的《援外志愿者生活待遇内部暂行办法》有关规定，国家商务部负责提供志愿者服务期间的基本生活费每月300美元、保险费及往返旅费。团市委在此基础上，通过积极努力，又为志愿者免费提供了大量的日用品，和其他的相关补助，确保了志愿者们在非洲的生活和工作无忧。志愿者服务期满后，中国青年志愿者协会和沈阳团市委将在征求中国驻塞拉利昂大使馆经商处意见的基础上，对青年志愿者在塞拉利昂服务期间的表现进行考核，考核结果将通知志愿者原工作单位。圆满完成服务任务的援外青年志愿者，将获得援外青年志愿者荣誉证书以及中国青年志愿服务相应奖章；表现优秀的，根据实际推荐参评中国青年志愿者行动有关表彰活动。

（刘 明）

市妇女联合会

【纪念“三八”国际劳动妇女节99周年系列活动】 3月6日，市妇联组织全市各条战线的优秀妇女典型100余人在沈阳宾馆以“应对新挑战，施展新作为，创建新生活”为主题召开“铿锵绽放”——沈阳市优秀女性座谈联欢会。会议表彰了2009年沈阳市“三八”红旗手标兵、沈阳市“三八”红旗手和沈阳市“三八”红旗集体。市委常委、市总工会主席鞠秀礼出席座谈会并做重要讲话，市政府副市长、市妇儿工委主任王玲，市政协副主席李楷等领导参加座谈。市妇联主席初立华向全市妇女致节日贺词。省“三八”红旗手沈阳金贸医药集团董事长史霞等五位优秀女性，围绕“应对新挑战，施展新作为，创造新生活”的主题，结合各自成长进步的经历，就如何发扬女性“四自”精神，在完成全市“五大任务”和“保增长、促和谐、抓党建”三项重点工作中建功立业等方面进行了发言。

3月8日，沈阳市妇联、沈阳电视台、沈阳市慈善总会共同举办“美丽新时代”——沈阳市庆“三八”电视文艺晚会。晚会现场播放了记录市“三八”红旗手标兵陆虹、史江宁、冯丽霞以及环卫女工工作和生活片段的短片。

基层妇联和市直、党派妇委会开展了形式多样、内容丰富的纪念活动。东陵区妇联召开庆“三八”展巾帼风采座谈会暨女干部联谊会和民间女性精英联谊会成立大会，团结、动员、组织各行业、各界别妇女参与东陵建设。康平县妇联组织全县各界妇女代表召开“庆‘三八’、说变化、谈发展、话未来”茶话会，共同庆祝节日，共话创新破难，共谋加快发展。沈北新区妇联举办“庆‘三八’、话发展”联谊会。新民市妇联召开“党建带妇建、和谐保增长”座谈会。市直机关工委、市检察院、市公安局、市司法局妇委会等开展了评选表彰、演讲比赛、座谈交流等活动。民建、农工党、致公党妇委会等举办了健身、保健等知识讲座,民进党妇委会还进行了扶贫助学现场募捐活动。辽宁大学妇委会表彰了巾帼建业先进个人。

(刘　辉)

【举办儿童节庆祝活动】 5月31日,由沈阳市政府妇女儿童工作委员会主办,沈阳市妇联、沈阳儿童活动中心承办的"放歌童年"——沈阳市"六一"国际儿童节庆祝活动在沈阳儿童活动中心隆重举行。市委常委、市总工会主席鞠秀礼,市政府副市长王玲出席活动,并为留守流动、贫困儿童代表赠送免费艺术培训卡。

6月1日,省长陈政高在市长李英杰的陪同下,到沈阳市儿童福利院看望孤残儿童,向孩子们赠送节日礼物,与孩子们一起欢度"六一"国际儿童节。同日,副省长陈绍英在副市长王玲陪同下先后来到和平一校和南宁幼儿园,向孩子们致以节日的祝贺并送去节日礼物。5月31日,市委常委、宣传部长王凤波,副市长王玲共同看望了"沈阳市感动校园好少年"、"辽宁省道德小模范"、"全国十大真情人物"市147中学学生马鹏飞。6月1日,市委常委、市总工会主席鞠秀礼与副市长祁鸣共同来到皇姑区聋校、和平区砂山四校和市慈爱儿童康复基地,看望了部分残疾儿童和流动儿童,为他们送去节日问候。

(刘　辉)

【"巾帼建功"活动】 全市各级妇联紧密围绕"两提高一做优"的目标,以突出"拓展内容,更新形式,以人为本,和谐发展"为主题,不断创新活动载体,使全市"巾帼文明岗"创建活动充满生机和活力。指导各级"巾帼文明岗"单位结合行业实际制定竞赛标准,建立创建工作台账,增强了文明岗的公信力,东陵区源盛树莓种苗繁育基地被全国妇联评为2009年全国"巾帼文明岗"。加强"巾帼文明岗"管理监督工作,对2001年以来全市146个全国、省级"巾帼文明岗"进行检查。基层妇联举办的"争创科学发展示范窗口"等竞赛活动,在凝聚女职工建功热情、提高女职工服务技能等方面发挥了重要作用。

6月8日,全国人大常委会副委员长、全国妇联主席陈至立,全国妇联党组副书记、副主席、书记处书记孟晓驷在辽宁考察期间,听取了初立华主席代表市妇联所做的女性就业创业工作的专题汇报,视察了我市"巾帼建功"活动的开展情况,专程到中航工业沈阳黎明航空发动机(集团)有限责任公司亲切看望并慰问了全国"巾帼文明岗"转包厂火花班的女职工,鼓励她们拼博实干,努力工作,为女职工争光、为企业发展献力。

(刘　辉)

【实施"妇女就业创业促进行动"】 2009年,市妇联主动对接市政府出台的70条促进就业新政,大力实施"妇女就业创业促进行动",在促进女性普遍就业方面取得了显著成效。一是送技能,抓实公益性职业技能培训行动。共以实名制、公益性的方式,培训失业妇女、女大学生、女农民工、女创业带头人1.3万人次。二是送项目,抓实妇女会馆女性创业孵化基地建设行动。成功孵化了英特教育等141家企业,所孵化的企业在数量上与全市同类基地相比处于领先位置。三是送资金,抓实女性创业贷款行动。小额贷款的额度由200万元提高到413万元,解决了43名创业女性的资金困难。四是送岗位,抓实女大学生就业创业导师行动。累计建立国家和省、市级女大学生就业见习基地101家,提供就业见习岗位1680个,895名女大学生通过参与就业见习提高了职业技能;招募女大学生创业导师团成员97名,培养创业典型40人。五是送服务,抓实"春风送岗位"、劳务输出和女性闲置劳动力弹性就业行动。举办各级女性专场招聘会35场,提供就业岗位2.8万个;通过市县乡村四级劳务输出网络,转移农村女富余劳动力8020人次,发展和巩固"无围墙工厂"1000余个,安置2.1万余名妇女在手工编织、居家养老等岗位弹性就业。

4月16日,全国妇联党组书记、副主席、书记处第一书记黄晴宜率全国妇联调研组围绕妇联基层组织建设、如何在应对金融危机中积极发挥妇女作用等情况在沈阳市进行考察调研,听取了初立华主席代表市妇联所做的金融危机背景下沈阳市女性就业创业工作专题汇报,并亲临大东区莱茵河畔社区实地调研了社区妇女工作。她高度评价了沈阳市的妇女工作尤其是女性就业创业工作。认为沈阳市妇联围绕党和政府的工作大局、服务大局,紧密结合沈阳实际,从广大妇女最关心、最直接、最现实的问题入手,出实招、办实事、重实效,让妇女群众真正得到了实惠。沈阳的经验值得学习和推广。

(刘　辉)

【市女企业家协会第五次会员大会】 3月5日,市女企业家协会在沈阳仁济妇产医院召开第五次会员大会。省妇联副主席白鹭,市委常委、市总工会主席鞠秀礼,副市长王玲出席会议。王玲副市长在讲话中充分肯定了广大女企业家在沈阳市经济发展中取得的成绩,支持女企协依照章程独立自主地开展工作,鼓励女企业家坚定信心,大胆实践,积极应对全球金融危机,在不断提高自身素质、引领企业发展的同时,奉献爱心、承担社会责任。大会通过了修改后的《沈阳市女企业家协会章程》,选举产生了新一届协会领导集体,黄晓冬等14名女企业家当选为执行会长,市发改委等25家相关单位被聘为市女企业协会顾问团成员单位。

(刘　辉)

【"双学双比"活动】 各级妇联以"双进家"活动为总抓手,通过举办农村技能培训班、建设巾帼致富示范基地、推广致富项目、提供项目资金扶持、发展专业合作组织等措施,引导妇女发展现代农业,走科技致富之路。全年共举办各类农业实用技术培训班378期,培训妇女8万余人次,发放农业科技书籍4000余本;新建各级各类"巾帼科技致富示范基地"133个,提供致富项目77项,使5000余名妇女依托示范基地实现了增收致富。新创市级"巾帼文明村"100个,在引领农村妇女建设绿色庭院、依靠科技致富等方面发挥了重要作用。同时,注重将"双学双比"活动与"整村推进"工作相结合,在"两村一院"(即"巾帼示范村"、"巾帼文明村"、"巾帼绿色庭院")创建活动中,发挥妇女典型的引领示范作用,在表彰"新农村建设女带头人"的基础上,推荐省科技致富女能手7名,周晓艳、白静分别被评为省"十大"科技致富女状元、省"十佳"专业合作组织女带头人。

(刘　辉)

【"快乐农博会和谐大家庭"农家大嫂厨艺大赛】 8月7日,由沈阳市妇联主办,苏家屯区妇联、苏家屯区白清寨乡政府协办的"快乐农博会和谐大家庭"农家大嫂厨艺大赛在沈阳水洞隆重举行。

市政府副市长王翔坤出席大赛开幕仪式。来自全市10个涉农区、县(市)约50名选手参加大赛,苏家屯区获得集体一等奖,大东区代表获得个人一等奖。

(刘　辉)

【组织农村妇女抗击历史罕见伏旱】 2009年,沈阳市遭遇了历史罕见的严重伏旱,尤其是康平、法库等北部地区旱情较为严重,给当地农业生产和群众生活带来严重影响。面对严重的旱情,各级妇联组织积极行动起来,发动受灾农村妇女全面参与抗旱救灾工作。康平、法库两县参与抗旱妇女达10万余人次,完成浇灌农作物8万公顷,在抗旱工作中充分发挥了主力军的作用。市妇联还适时启动了"情暖乡村"受灾妇女抗旱自救援助工程,争取和协调市财政"双学双比"专项资金、发动社会力量筹措资金总计约84万元,用于支持妇女抗旱自救、发展特色经济,挽回经济损失。

(刘　辉)

【庆祝新中国成立60周年宣传教育活动】 为营造庆祝新中国成立60周年浓郁氛围,激发全市广大妇女和家庭成员的爱国热情,全市各级妇联广泛开展了形式多样、各具特色的群众性宣传教育活动。面向广大妇女和家庭以爱党、爱国、爱社会主义为主要内容,举办知识竞赛、诗歌朗诵、征文演讲、书画大赛、老照片征集、座谈交流等宣传教育活动,激发广大家庭成员爱党、爱祖国、爱家乡的热情。广泛开展爱国歌曲大家唱活动,全市约有600多个社区、5万余户家庭参与其中。围绕"迎国庆、讲文明、树新风",开展"祖国伴我成长、向祖国献礼"和小公民道德实践成果展示等系列活动,引导少年儿童树立热爱祖国、奉献社会的远大理想。面向青少年免费开放各类爱国主义教育基地、图书馆、青少年宫、儿童活动中心,切实发挥儿童活动阵地作用。

(刘　辉)

【万名巾帼家庭志愿者公益活动周】 2月26日,辽宁省暨沈阳市万名巾帼家庭志愿者"关爱他人,奉献社会"公益活动在大东区莱茵河畔社区正式启动,拉开了"万名巾帼家庭志愿者公益活动周"的帷幕。省委常委、省总工会主席王俊莲,市委常委、市总工会主席鞠秀礼出席启动仪式并为巾帼家庭志愿者代表授旗。巾帼家庭志愿者形象大使向全市广大妇女和家庭发出了"争做志愿者,创造新生活"的倡议。活动周期间,广大巾帼家庭志愿者因地制宜地开展了创建"促科学发展,做和谐家庭"、"爱心手牵手"送温暖、"平安沈河·美好家园"、"巾帼维安义工"等各具特色志愿服务活动,共解决法律纠纷463件,解决法律问题310件,帮助2746名妇女就业,为1310名老人、儿童解决实际困难。

(刘　辉)

【推进"妇女家庭节能减排行动"】 2009年,市妇联以巩固和扩大"妇女家庭节能减排行动"工作品牌为重点,通过开展"节能减排进家庭、进社区"宣传周、参与"德中同行——走进辽宁·沈阳"大型活动等方式,在全市妇女和家庭中深入推广节能环保知识、倡导生态文明理念。共发放宣传资料3万余份,组织节能环保知识讲座40余场,受众达1.2万余人,推动全市7万户家庭建立了节能减排家庭档案。

7月8日至10日,国家环境保护部宣教中心在沈阳召开了全国节能减排家庭档案交流研讨会。市妇联主席初立华作了《携手联动,多措并举,共同做好节能减排家庭档案的建立与推广》的主旨发言,向与会代表介绍了沈阳市建立和推广家庭节能减排档案的工作经验。国家环保部宣教中心主任焦志延在参观后指出,沈阳节能减排家庭行动主题突出、方法得当,为各地社区和家庭节能减排宣传教育工作提供了很好的借鉴,值得在全国范围内推广。

(刘　辉)

【家庭读书活动】 2009年4月,市妇联在全市家庭中广泛开展沈阳市书香家庭、十大书香家庭评选活动,帮助家庭成员进一步养成文明、健康、科学的生活方式。历时一个月的评选活动得到了广大市民、社区和各相关单位的热烈支持和积极响应,共有101户家庭被推荐参选"沈阳市书香家庭",最终评选出了王淑云、罗芝耀家庭等"沈阳市十大书香家庭",其余91户家庭被命名为"沈阳市书香家庭"。市妇联还在全市家庭中开展了"春风伴我读好书"主题活动,通过"读书明理、读书和谐"妇女读书活动、"好书漂流"阅读实践活动、"新时期我们如何做家长"家庭教育大型读书交流等活动,激发了广大家庭成员的读书热情,取得了提高家庭生活质量和文明程度、净化社会风气的良好社会效果。

(刘　辉)

【维护妇女儿童合法权益】 2009年,各级妇联组织牢牢把握维护妇女儿童合法权益的根本职责,从解决好妇女儿童最关心、最直接、最现实的利益问题入手,大力实施"妇女儿童维权促进行动",推动妇女儿童在经济社会发展中得实惠、普受惠和长受惠。权益维护工作更有力度。注重源头参与,与市人大法制委联合撰写《妇女权益保障法制概述》,填补了沈阳市妇女权益保障法规方面的空白。积极做好妇女群众信访工作,全年市妇联共接待来电来信来访500余件,结案率达99%。举办"三八"维权周宣传服务活动,来自市公安局、检察院、法院、司法局、劳动局和部分律师事务所的巾帼维权志愿者,为广大妇女群众进行了法律宣传和咨询服务,发放各类宣传资料1万余份。弱势妇女儿童帮扶工作更加务实。发放妇女儿童救助资金60万元,解决了单亲母亲、贫困母亲和贫困儿童生产、生活中的燃眉之急。启动"2009沈阳市女性健康建档工程",向城乡贫困妇女发放免费妇科体检卡10万张,农村妇女"两癌"检查工作在苏家屯区试点启动。启动"农村单亲贫困母亲安居工程"和"关爱贫困母亲,共享文化资源"活动,为5户单亲贫困母亲提供住房援建,为75户农村单亲贫困母亲捐赠电视机。做强"大手牵小手、爱心1+1"扶贫助学品牌,发动社会力量筹集60万元,为2000名贫困儿童提供助学援助。承接中国儿基会沈阳"让我玩"体育公益项目,惠及全市16所中小学、千余名流动儿童。市儿童活动中心坚持公益原则,建立流动艺术课堂和公益性艺术培训基地,指导和服务薄弱地区的校外教育,为200名贫困儿童、农村留守流动儿童提供了免费培训。发动社会力量捐建留守流动儿童"爱心书屋"62个,捐赠图书4万余册,总价值达40万元。

(刘　辉)

【"平安家庭"创建活动】 6月4日,沈阳市召开维护妇女儿童权益暨平安家庭创建工作会议。市委常委、市委政法委书记、市维护妇女儿童权益暨平安家庭创建领导小组组长常明参加会议并做重要讲话。市妇联主席、市维护妇女儿童权益暨平安家庭创建领导小组副组长初立华，对过去几年来沈阳市维护妇女儿童权益和平安家庭创建工作进行了总结，对当前和今后一段时期的维护妇女儿童权益和平安家庭创建工作进行了部署，对开展新一轮创建活动的指导思想、总体目标、工作重点和主要措施、工作要求做了具体的规定。

组织妇女、家庭参加全国妇联开展的“平安·健康家庭大行动”活动。通过收看《向家庭暴力说“不”》、《妇女防诈骗与自救常识》等10部“平安健康家庭生活理念”优秀科普影片，填写“平安健康家庭调查问卷”，参与“全国平安健康家庭征文征图大赛”、参加“全国平安健康家庭”电视评选活动等，让妇女和家庭在参与充满趣味的系列平安健康科学知识普及活动同时，提高了平安健康意识，获取了专业的健康生活知识和理念，展示了参与者及家庭的美好风采。全市共有1000余个家庭参加了此项活动。

开展“珍爱家庭幸福、拒绝交通违法行为”——交通安全宣传进家庭主题宣传活动。12月2日，市妇联联合市公安局交警支队在中街兴隆大家庭商业广场共享大厅开展宣传活动，现场共发放交通安全宣传单30万份。还组织交通民警走进妇女之家、文化活动中心、家长学校等工作阵地，通过开展专题讲座、召开座谈会等形式，进一步提高广大妇女交通安全法律法规常识的普及率；对于开展交通安全教育效果明显的妇女及其家人代表，邀请她们走进电台直播间，现身说法传播文明出行理念，在全社会形成“争做文明出行表率”的浓厚社会氛围。

（刘　辉）

【信访稳定】 2009年，市妇联制定下发了《沈阳妇联关于做好2009年维护稳定工作的意见》、《关于做好全国“两会”期间妇联系统信访稳定工作的通知》、《沈阳市妇联系统关于做好国庆60周年期间维护社会稳定工作的通知》等文件，强化各项措施，扎实做好信访稳控工作。深入社区、村屯建立妇女诉求舆情信息直报点100个，发展舆情直报信息员1000名，畅通了了解和反馈社情民意的渠道。抽调专人参与“木兰”案件处理工作，积极协助市委、市政府做好信访稳定工作。

慰问国庆安保一线的公安民警、模范警嫂和优秀警察母亲。9月29日，省妇联副主席宋晓茹与市妇联主席初立华、副主席赵月英、杨利群带领由部分行业妇女代表、社区妇女代表组成的慰问团，先后来到大东分局东逸女子警务室、特警支队北李官警务工作站慰问了战斗在国庆安保第一线的公安民警。随后又来到交警支队皇姑大队民警李栓良和特警支队民警陈百峰的家中，看望了李栓良的妻子杨慧芬、陈百峰的母亲刘淑芝，代表全市妇女给她们送去了节日的问候和祝福。

（刘　辉）

【推进两个《规划》重难点指标达标】
3月31日，市妇儿工委召开由各成员单位参加的实施两个《规划》重难点指标推进会，全面总结了2008年沈阳市实施两个《规划》的工作情况，并重点研究部署了两个《规划》重难点指标落实工作。

启动“尊重生命尊重爱，健康婚检促和谐”主题咨询宣传活动。市区两级妇儿工委在全市繁华街路、人口密集场所开展宣传活动，共发放婚检知识宣传手册10万份，为近20万人提供了婚检咨询，有效地提高了婚育人员自觉婚检的健康意识。

召开“降低出生缺陷，提高人口素质”专题研讨会。卫生、妇幼保健、人口计生、民政部门及部分区县市妇儿工委分别作了专题发言，深入研究相关工作的现状及问题，集思广益、建言献策，为沈阳市出台具有前瞻性和可行性的政策、措施提出了建设性意见。

接受省妇儿工委督导组检查。11月17日—20日，省妇联副主席、省政府妇儿工委委员宋晓茹率省妇儿工委督导组到沈阳市检查妇女儿童两个《规划》工作实施情况。先后听取了沈阳市政府妇儿工委实施两个《规划》工作情况汇报，并深入到辽中县、康平县检查农村改厕工作、县妇儿活动中心和婚登服务中心。督导组对沈阳市两个《规划》的实施工作给予了充分肯定。

（刘　辉）

【成立家庭教育暨留守流动儿童工作指导中心】 4月21日，省、市妇联联合在沈阳儿童活动中心召开辽宁省暨沈阳市家庭教育、留守流动儿童工作指导中心成立大会，沈阳市妇联在全省率先成立家庭教育暨留守流动儿童工作指导中心。这标志着沈阳市家庭教育指导体系建设迈出了新的步伐，关爱留守流动儿童工作指导体系实现了新的发展。家庭教育暨留守流动儿童工作指导中心主要承担家庭教育指导和服务的主渠道、家庭教育知识传播的主阵地、留守流动儿童关爱工作的新平台、家庭教育及未成年人成长的研究基地四个功能。市家庭教育暨留守流动儿童工作指导中心成立后，各区、县（市）也迅速成立了区级指导中心，全市已形成了由40个市区两级指导中心和示范之家组成的纵向到底、横向到边的家庭教育工作网络体系。沈阳市家庭教育暨留守流动儿童工作指导中心荣获全国示范指导中心称号。

（刘　辉）

【开展走近“千名妇联干部走进妇女，共促和谐”主题活动】 4月7日，市妇联在全市各级妇联组织中正式启动“千名妇联干部走进妇女、共促和谐”活动，通过深入基层、深入家庭、走进妇女，及时了解妇女群众的愿望和诉求，达到扶持一批妇女就业，解决一批信访案件，化解一批社会矛盾，帮扶一批困难家庭的目标。建立了市、县、乡三级妇联干部实名制帮扶制度。由市妇联干部带头，各区、县（市）妇联干部和乡（镇、街）妇联主席（妇代会主任）全员参加，采取实名制、一对一的方式，重点包扶单亲母亲、贫困母亲和重病母亲，做到对包保对象的贫困原因清、生活状况清、就业需求清、矛盾问题清，竭尽所能地帮助其解决实际困难。全市共有720名妇联干部与妇女群众结成了帮扶对子，并根据每个家庭的具体情况提供了有针对性的援助。进一步完善了重大舆情报告制度。广大妇女干部在走进妇女群众的过程中，及时摸清妇女儿童信访中的苗头性、倾向性问题，迅速上报，积极防控，加大对重大疑难案件的协调处理力度，切实发挥维护受害妇女儿童权益和促进社会和谐稳定的作用。制定明确了市妇联机关的调查研究制度。围绕当前妇女儿童发展中的热难点问题，通过召开座谈会、走访社区妇联、走进困难妇女家庭等方式，查找影响和制约妇女事业科学发展及广大妇女群众最关心的突出问题。在调研的基础上完成的《影响沈阳妇女事业发展的突出问题与解决途径》、《进城务工及流动妇女现状调查》、《沈阳市贫困儿童情况调查》、《沈阳市女大学生就业现状调查》等调研报告，为解决影响和制约妇女事业和妇联工作的实际问题起到了积极的推动作用。

(刘 辉)

【基层妇联组织建设】 2月10日,沈阳市召开"党建带妇建,和谐促发展"区、县(市)妇联工作座谈会,邀请各区、县(市)分管妇联工作领导和妇联主席共议新形势下妇联工作的思路与举措。此次座谈会是近年来市妇联组织的首次区、县(市)主管领导会议,得到了参会领导的一致好评,他们认为此类座谈会的召开很有意义,抓住了妇联工作和党委工作的最佳结合点,增强了他们做好"党建带妇建"工作的责任感和荣誉感,各区、县(市)介绍的先进经验,对今后工作的开展有很好的示范作用。

加大了在"两农一家"即城市农贸市场、农村经济合作组织和家政服务企业中建立妇女组织的力度。在全市各大型农贸市场中推进建立妇委会,及时填补了农贸市场中女业主居多却没有妇女组织的空白点。吸纳以女性为主的农业专业合作组织为妇联组织的团体会员,组织她们引领农村妇女增收致富。在家政公司,积极探索建立妇女组织,以此作为搭建家政公司、家政服务员和用户三方的桥梁,在维护家政服务员的合法权益、提高服务水平、促进家政服务业健康发展方面发挥重要作用。全年全市新建农贸市场妇委会5个,农村经济合作组织17个,家政公司妇委会3个。

努力培育高素质妇联干部队伍。采取"请进来与走出去"相结合,"老师讲解与经验交流"相结合的方式,组织广大基层妇联干部参加了各级各类业务培训班。同时,指导各区、县(市)妇联和街道、乡镇妇联以培训班或以会代训的形式完成了对社区妇联主席的全员培训,全面提高了综合素质和业务水平。全年共举办各类妇联干部培训班79期,培训妇联干部2562人。

在2月16日至19日召开的全国妇联基层组织建设"示范"创建活动经验交流会会上,沈河区被授予首批"全国妇联基层组织建设示范区"荣誉称号,是全省惟一获此殊荣的城区。

(刘 辉)

【组织妇女代表参加辽宁省妇女第九次代表大会】 9月7日至10日,辽宁省妇女第九次代表大会在沈阳召开。市妇联经过严格筛选、层层把关,最终确定17条战线的各界妇女代表共70人组成沈阳代表团参加大会。经大会选举,沈阳市的初立华、陈弘、韩春丽、韩燕子、赵霞、张颖、郝萍、史霞等8名代表当选为省妇联第九届执委。

(刘 辉)

科学技术协会

【第六届沈阳科学学术年会】 2009年8月27日,第六届沈阳科学学术年会暨第八届国际粉体检测与控制学术会议开幕式在沈阳建筑大学文体馆举行。年会由中共沈阳市委、沈阳市人民政府主办,国际粉体检测与控制联合会、沈阳市科协、沈阳市社科联和沈阳建筑大学共同承办。年会的主题是"促进自主创新,应对金融危机,确保振兴发展"。

市委常委、市总工会主席鞠秀礼,市政府副市长邹大挺,市政协副主席李峰,韩国粉末冶金学会副会长金炳基,中国工程院院士、华中科技大学校长、教育部机械工程教学指导委员会主任委员、中国机械工程学会副理事长李培根,中国社会科学院原常务副院长、沈阳社科院院长汝信,著名军事评论家、国防大学军事后勤与军事科技装备教研部副主任、海军少将张召忠,清华大学建筑学院教授李道增,中国科学院院士、中国科学院理论物理研究所研究员何祚庥,中国工程院院士、沈阳大学校长、沈阳市科协主席孙铁珩,国家发改委能源研究所副所长李俊峰等领导和知名专家出席了开幕式。辽宁省各市科协负责人、国内外学术界的专家学者和沈阳建筑大学部分师生共计2000多人出席了开幕式。

开幕式上,表彰了第三届沈阳市百佳科技创新能手和积极分子。聘请澳大利亚纽卡斯尔大学教授马可琼斯、韩国粉末冶金学会副会长金炳基、韩国粉末冶金学会教授安银燮、美国贝克曼库尔特公司首席科学家徐人良、英国迪塞德大学高级讲师张建勇、德国BGN公司副总裁郝尔特、意大利罗马大学教授马凯、德国FSA公司教授史建业、日本山口大学教授岛村修治、韩国庆尚大学教授林水根、日本好利巴公司教授意串辰夫、英国利兹大学教授王学中等12位专家为沈阳市科学技术协会特邀外国专家。

沈阳建筑大学校长吴玉厚主持大会特邀报告。著名军事评论家、国防大学军事后勤与军事科技装备教研部副主任、海军少将张召忠,中国工程院院士、华中科技大学校长、教育部机械工程教学指导委员会主任委员、中国机械工程学会副理事长李培根,中国科学院院士、中国物理学会磁学专业委员会副主任都有为,中国工程院院士、清华大学建筑学院博士生导师李道增在大会上分别作了题为《国际战略形势与军事热点》、《数控装备发展的思考》、《创新,社会发展的动力》、《建筑文化的传承与发展》的特邀报告。

年会期间安排了20个专题会场和百场配套学术活动,来自美国、澳大利亚、德国、韩国等国家和地区的5000多名专家学者参加活动。收集优秀论文1600篇,编辑出版了一套四册400万字大型文集《创新沈阳》。首次组织开展"晨光计划",资助青年学者出版专著5部。首次编辑出版《沈阳学会学术年鉴》。征集报送辽宁省自然科学成果奖推荐材料430多项,其中280项分获一、二、三等奖。

(姜素文)

【国内外民间科技交流与合作】 2009年初,市科协承接中国科协海智专家来沈举办"复苏地球环境的益生菌技术"报告会。2009年6月,市科协党组书记、副主席王运升会见了来沈洽谈合作的俄罗斯科学院院士库兹涅佐夫教授,就加强开展科技和学术交流达成合作意向。2009年11月中旬,市科协特邀以色列农业专家安迪·舒默、凯姆摩西在沈阳乳业有限责任公司举办了"以色列高产奶牛培育技术及牛奶质量控制技术"实用技术培训班,为进一步提高沈阳乳品加工和奶牛养殖技术起到了积极作用。

2009年5月19日,由沈阳市科协、福州市科协和台湾中华创意发展协会共同主办,沈阳建筑大学承办的"第二届海峡两岸大学生创意设计作品巡回展暨海峡两岸动漫产业对接合作论坛"在沈阳建筑大学举办。应沈阳市科协邀请,台湾师范大学副校长张国恩、台湾创意设计中心副执行长黄振铭代表台湾主办单位出席了巡回展开幕式。来自沈阳市高等院校、动漫企业的200余名代表参加了活动。沈阳巡回展以"节能减排·

生态城市”为主题，动漫作品科学原理准确、创意新颖、结构独特，用通俗易懂的动漫语言从科学角度对所选择的题材进行诠释。展览的近400幅作品是在沈阳市的6所大学，国内其他城市的76所大学和台湾的22所大学的近千幅优秀创意设计作品中挑选出来的，体现了当代大学生创意设计的先进性和科学性。活动的举办成功地推动了海峡两岸数字艺术、创意设计的交流。

在“海峡两岸动漫产业对接合作论坛”上，台湾创意设计中心副执行长黄振铭先生作了《谈美学经济与创意产业机会》特邀报告。台湾师范大学副校长张国恩教授作了《悦趣化教育软件》特邀报告。来自沈阳航空工业学院、沈阳药科大学和沈阳建筑大学的师生代表参加了报告会，双方就创意人才培养及产业发展的成功经验，以及如何促进两岸的交流与合作，共同推动创意产业的发展进行了交流。

2009年8月11日，欧洲头颈外科治疗现状研讨会在辽宁省肿瘤医院举行。这次研讨会邀请到北欧头颈肿瘤协会主席、芬兰Turku大学中心医院耳鼻喉－头颈外科主任、博士生导师瑞德·格瑞曼教授来沈讲学，与沈阳市的专家学者共同探讨头颈外科治疗技术。这次研讨会作为第六届沈阳科学学术年会的一项配套活动，由沈阳市科协主办，沈阳医学会和辽宁省肿瘤医院协办。

（姜素文）

【院士工作站建设】 2009年，市科协在17家建立院士工作站的企业继续推进产学研合作，引进专家16名，新签合作项目11个，院士专家来企业指导咨询89人次，解决技术难题34个。邀请叶声华、谭建荣、雷源忠等院士专家与三一重装集团合作，组建了三一重装集团院士工作站，就采煤机滚筒过断层能力等关键技术开展合作攻关。支持民营企业大陆企业集团院士工作站承接全国激光修复标准制订，使其成为“全国激光修复技术标准化技术委员会”牵头企业，并成功举办了该委员会成立大会暨学术研讨会。在沈阳医学院、沈阳大学、东北大学、沈阳化工学院和沈阳农业大学等建站单位进一步发挥院士作用，有11个项目在院士指导参与下形成科研成果，新增硕士点1个，新建重点实验室1个。截至2009年底，全市创建院士专家工作站42个，有164位院士专家进站工作。

2009年1月12日，在中国科协召开的七届四次全委会议上，沈阳院士工作站建设经验得到了中央书记处和中国科协的充分肯定，中共中央政治局委员、全国人大常委会副委员长王兆国，全国人大常委会副委员长、中国科协主席韩启德在讲话中高度评价了在企业建立院士专家工作站的做法，沈阳院士工作站被中国科协写入全委会工作报告。

2009年3月29日，辽宁省科协在沈阳宾馆召开创建院士专家工作站经验交流会，全面总结和推广沈阳创建院士专家工作站经验，动员全省科协组织施展作为，创新工作，为全省“保增长、扩内需、调结构”的工作大局提供有效服务。中国科协计划财务部部长彭友东，中国科协咨询中心副主任王志舜，中国工程院院士刘大响等特邀专家出席会议，辽宁省14个城市科协的主要负责人，30家辽宁省省级学会负责同志，14个城市科协机关干部和沈阳市基层科协的负责同志，共230多人参加会议。

2009年12月23日，中国工程院、中国科学院、国家科技部和中国科协联合组成院士专家工作站调研组来沈，专题调研沈阳市创建院士专家工作站情况。中国工程院院士、北京航空航天大学教授刘大响任调研组组长。调研组首先到全国首家院士专家工作站建站单位沈阳黎明航发集团公司，了解公司成立院士工作站以来对公司自主创新、人才培养等方面起到的积极作用；调研组到重型燃机的装配车间进行了实地考察，并详细了解了项目进展情况。调研组还到北方重工集团进行了实地调研，了解盾构机立项、研发和生产等情况，了解院士工作站对这一项目开发所做的突出贡献；调研组到盾构机装配车间考察、了解盾构机功能、部件安装、施工关键环节等有关情况。

（姜素文）

【“讲理想、比贡献”活动】 2009年，企业科协广泛开展以“六比”为主要内容的“讲比”竞赛活动。至2009年底，各企业科协“讲比”立项1709项，大部分项目已取得成果。成功举办“企业科技创新讲坛”活动。邀请北京市机电研究院名誉院长、清华大学教授张武城来沈推广技术创新方法和TRIZ理论。邀请中国机械工程学会秘书长张彦敏到沈阳造币厂讲学，受到企业好评。

沈阳鼓风机（集团）有限公司科协认真履行联系科技工作者的桥梁和纽带职责，围绕集团工作中心，深入开展“讲理想、比贡献”等活动，增强了科协组织的凝聚力、影响力、向心力和生命力，为企业的科技进步、人才成长和经济发展做出了重要贡献。

新光集团公司科协结合企业实际，积极创新组织管理模式，不断深化“讲理想、比贡献”活动内涵，为科技人员施展才华搭建舞台。公司科协先后制定了《“讲、比”活动实施办法》、《“讲、比”活动组织及奖励办法》等一系列文件和制度，对开展“讲、比”活动的宗旨、范围、内容及立项申报、实施、检查、评审、表彰奖励程序等都作了明确的规定，从而为活动的顺利开展提供了有力的组织、制度保障。公司通过院士、专家研究团队与企业技术创新团队的结合，有效发挥了高端人才在企业重大项目研发、高层次人才培养、科技合作与交流等方面的作用。通过院士与企业董事长、总工程师对接，与攻关项目研发人员对接，与分厂、车间科技人员对接，不仅把院士专家突破关键技术制约的能量充分发掘出来，形成了拳头产品，而且也把他们各自的技术“存量”留给了企业，解决了多年困扰企业发展的技术难题，开辟了“讲、比”活动的新载体。公司聘请的三位院士积极配合特种飞行器核心技术的攻关，为发展公司的三大支柱产品、为公司的发展注入了强大的技术支持。五年来，公司提出“讲、比”活动合理化建议400多条，采纳245条，立项416项，创造经济效益1.2亿元，科技人员参与率达到70%以上，为公司科技创新、企业长远发展做出了突出贡献。

（姜素文）

【百家学会“双创双建”活动】 市科协组织和发动各市级学会、协会、研究会进一步搭建科技工作者为经济和社会发展贡献才智的服务平台，有计划、有重点地选择工作项目，依靠会员和广大专家学者，以技术和学科综合优势为依托，开展多形式、多层次的项目合作和科技服务，取得丰硕成果。围绕项目提供技术服务，促进产学研结合成果突出。各高校科协和市级学会、协会、研究会积极搭建校企协作、厂会协作平台，推动项目与成果的有机结合，在科技成果研究开发和转化应用方面发挥作用突出。全年签订“四技”合同共236项，合同额1.28亿元；完成技术开发合作120项，合同额5679万元。

为更好地推动《全民科学素质行动计划纲要》的实施，全市各级学会加大科学普及工作力度，取得了显著成效。市医学会、心理学会、能源学会、农机学会、气象学会、防震减震学会等19家学会利用纪念日、科普活动周等活动载体，开展了现场义务咨询、讲座、发放宣传资料、科普展等一系列主体活动共计186次，惠及百姓约13万人次。各市级学会根据自身的特点，广泛开展新理论、新技术、新知识、新方法的培训，专业技术培训586场次，3.2万人次参加培训。各市级学会切实加强实用技术成果推广工作，市农机学会、林果学会等学会推广保护性耕作机械化技术等实用技术136项。各市级学会充分利用学会自身优势和学科特点，通过出版期刊和创建网站的形式，不断强化学会信息化建设。2009年，全市有18家学会编印期刊128期，科技信息与学会期刊建设有了明显提高。

全年百家学会开展技术转让和开发合作项目356项，开展技术论证27项；项目评估235项，技术鉴定210例；科技培训586场次，培训3万余人次；主持和参与制定国家级行业标准3项，市级标准16项；专家建言15项；推广实用技术136项；开展科普宣传120场。

（姜素文）

【第三届百佳科技创新能手评选】 2009年初，市科协、市委组织部、市经委、市科技局、市人事局、市劳动和社会保障局、市中小企业局等七部委共同研究决定在全市范围内开展第三届沈阳市百佳科技创新能手评选活动。

为做好评选工作，市科协等七部委联合下发了关于开展第三届沈阳市“百佳科技创新能手”评选活动的通知。通知中明确了评选工作的指导思想、评选范围、评选条件、组织机构、评选程序、评选原则、报送要求等内容。为保证评选工作公开、公平、公正，市科协等七部委成立了专家评审委员会，聘请中国科学院院士、沈阳飞机设计研究所研究员李天担任专家评审委员会主任。制定了评审工作实施细则和评分标准。根据基层单位推荐候选人专业情况，组成了5个专业评审小组，分别为材料与机械工程组、农林牧与环境工程组、信息与自动化控制组、医药化工组、边缘科学与交叉科学组。评审委员会优先评选在生产一线工作的工程类、技术类、技能类等创新人才，突出在实践中取得的科技创新成果，体现技能性、实用性、创新性和权威性；在重视业绩成果的基础上，兼顾各系统、各行业的覆盖面，体现先进性和代表性；保证民营科技人员入选比例。经评选，程思学等124人获得沈阳市百佳科技创新能手称号，黄选章等102人获得科技创新积极分子称号。市科协还积极做好中国科协和省科协高层次人才专家库录入工作，录入专家近百名。积极做好第七届辽宁青年科技奖沈阳评审推荐工作，推荐12人为第七届辽宁青年科技奖沈阳市人选，5人入选辽宁青年科技奖，其中2人入选十大英才。

（姜素文）

【调研宣传】 2009年，市科协被中国科协确定为全国科技工作者状况调查站点。市科协配合中国科协完成了全国科技工作者心理状况调查和学习胡锦涛总书记在中国科协成立50周年大会上的讲话问卷调查工作。了解院士专家工作站的进展情况、科研成果、项目情况、院士建议体会、科技规划等信息，做好院士专家工作站的调查研究。通过调研，制定了院士专家工作站的操作规范。在辽宁教育电视台开办《科技与生活》栏目，至2009年底已播出52期。编发《沈阳科协工作》简报62期、《沈阳科协》杂志4期。积极参与市级五家人民团体联合行动，开展了就业创业联合行动，联合举行“牵手同行、爱心助残”联欢晚会，为残疾人艺术团捐款6万元。

为贯彻和落实《全民科学素质行动计划纲要》，了解和掌握沈阳市公民科学素质的基本情况，沈阳市科协与沈阳市科技局于2008年11月至2009年11月进行了大规模沈阳公民科学素养抽样调查，这是继2001年和2004年后的第三次调查。本次调查采用PPS抽样，从本市抽取了52个街道、33个乡镇，143个社区、87个村为观测点，调查对象为沈阳市18—69周岁公民，调查样本量为3700个。共回收答卷3695份，确认有效答卷为3687份，占总样本量的99.65%，达到成功调查所需要的样本量。调查的内容主要包括：沈阳公民对科学术语和科学基本观点的了解程度，获取科学技术信息的渠道和手段，对科学技术发展的看法，对环境问题的认识，对信息技术和生物技术发展的认识，对科学方法和科学研究过程的认识，对科学技术政策的认识，对迷信的认识，以及上述问题对全民科学素质的影响等。调查所获得的有关数据，显示了沈阳市公民科学素质的现状及其发展变化规律，为沈阳市制定相关的科技政策和发展规划提供参考依据，也为科学地实施《全民科学素质行动计划纲要》奠定了基础。

（姜素文）

【市科协与沈阳日报报业集团合办《青年科学》】 为进一步丰富和发展科普的内涵，延伸科普的领域，扩大沈阳科普工作的社会影响，根据市科协党组意见，经市科协和沈报集团双方多次探讨协商，达成了由市科协主办的《沈阳科协》与《青年科学》合刊的意向。市科协与沈报集团合作，实行资源整合、优势互补，联合出刊《青年科学》。2009年12月8日签订双方合作协议，2010年起，市科协与沈报集团合办《青年科学》。

（姜素文）

市台湾同胞联谊会

【庆祝中华人民共和国成立60周年系列活动】 为隆重庆祝中华人民共和国成立60周年，市台联组织了系列庆祝活动，台联机关参加市委统战系统庆祝中华人民共和国成立60周年文艺演出，组织台胞参加沈阳市庆祝中华人民共和国成立60周年群众歌咏大会，组织台胞参观铁西新区，组织台胞前往锦州辽沈战役纪念馆参观，以及隆重召开沈阳市台胞庆祝中华人民共和国成立60周年文艺联欢会。

9月27日，沈阳市在铁西区体育场举办了气势恢宏的“沈阳市庆祝中华人民共和国成立60周年群众歌咏大会”。市台联组织了20名台胞作为观众参加了歌咏大会。在歌咏大会上，台胞们尽情高歌《我们走在大路上》、《歌唱祖国》、《国歌》等歌曲，展示了台胞的良好的精神风貌。

7月10日，市台联组织60余名台

胞参观铁西新区和沈阳鼓风机集团。台胞亲身感受新中国成立60年来沈阳发生的变化和各项社会事业建设所取得的丰硕成果。在鼓风机集团，台胞们听取了沈鼓集团发展的介绍，参观了企业的生产流程和沈鼓集团发展史展厅，听取了铁西新区发展变化的情况介绍，观看了铁西老工业基地调整改造纪实片《凤凰涅盘》。

7月24日—26日，市台联组织台胞夏令营活动。30余名台胞及家属前往锦州辽沈战役纪念馆参观。在纪念馆内，大家听取了义务讲解员的讲解，参观了展馆，台胞们被英烈事迹所感动，感受到新中国建立的艰辛和今天美好生活的来之不易，部分台胞还在纪念馆的留言簿上留言签名。

9月25日，市台联、台盟沈阳市委在玫瑰酒店召开文艺联欢会，隆重庆祝中华人民共和国成立60周年，全市台胞及家属160余人欢聚一堂，共同回顾伟大祖国60年风雨历程。省台联王松会长、市委统战部王晓明副部长应邀出席并讲话。会上，台胞们通过歌曲和舞蹈，唱响了共产党好、社会主义好、改革开放好、伟大祖国好的时代主旋律，歌颂了新中国成立60年的伟大历程和辉煌成就。

（*蔡鸿文*）

【加强台胞教育】 1月20日，沈阳市台联举办学习胡锦涛在纪念《告台湾同胞书》30周年座谈会上的重要讲话座谈会，120余名台胞及家属参加了会议。台胞们纷纷发言，结合自身所见所闻所感，畅谈了《告台湾同胞书》发表30年来，两岸关系走过的不平凡的历程和“三通”成果的来之不易。大家表示，一定要认真学习、深刻领会、联系实际、积极实践，学好胡总书记讲话，紧密结合当前个人的工作实际，统一思想，进一步做好对台工作。将通过自己和在台亲属广泛宣传大陆政策和建设发展情况，进一步促进两岸关系健康向前发展，为沈阳的经济建设和推进祖国和平统一大业做出积极的贡献！

3月25日下午，市台联、市台盟、市民革联合举办对台工作报告会，邀请全国政协委员、辽宁省台联会长王松宣讲胡锦涛总书记六点意见重要讲话精神。王松会长全面系统讲解了胡锦涛总书记的重要讲话精神，认真分析了当前两岸关系特点和台湾岛内局势变化。通过学习使台胞认识到，和平发展主题是和平统一方针的必然要求，也是和平统一的必由之路，要深入理解和把握胡锦涛总书记的重要讲话精神，认清当前对台工作的客观形势，把思想认识统一到中央对台政策上来，统一到总书记讲话的重要思想上来，统一到市委、市政府重要部署和措施上来。要充分利用岛内形势发展的转机和两岸关系发展的难得机遇，积极推动两岸经济、政治、文化等层面的大交流大合作，积极开展对岛内海外台胞的宣传，做到入耳入脑入心，运用各种方式方法争取台湾民心，实现两岸同胞的大团结。

10月16日，沈阳市台联、台盟沈阳市委邀请市委党校戴文柏教授为全市台胞作专题报告。戴文柏教授对科学发展观作为中国共产党的理论创新的最大成果、成为中国共产党开展全面工作的指导方针形成的过程、科学内涵、解决五个领域突出问题等作了深入浅出的讲解。会上，戴文柏教授还从两岸关系发展方面对台胞、台盟和台联机关工作如何贯彻落实科学发展观作了辅导。

8月18日，沈阳市台联举办青年台胞学习班，32名青年台胞参加了学习活动。孙桂芬副会长结合胡锦涛总书记在纪念《告台湾同胞书》发表30周年座谈会上的重要讲话精神和中央、省、市对台工作会议精神，阐述了当前中央对台政策的内涵。赵贵玲副会长以“台联工作与祖国统一”为题，介绍了台联组织的性质、宗旨、工作任务，并对青年台胞如何提高自身素质、做好本职工作、为社会做贡献、加强与岛内台湾亲人的联系提出具体希望和要求。办公室负责人廖艳芳向青年台胞介绍了台湾历史。通过学习，青年台胞了解了台联组织的性质，进一步理解了中央的对台政策，明晰了台湾自古就是中国领土的历史事实，增强了对台湾乡亲内心的理解。

（*蔡鸿文*）

【为台胞服务】 市台联以为台胞办实事为重点，竭诚为台胞服务。市台联先后为老台胞解决采暖费1500元；为已去逝2年多的台胞配偶办理补助金7800余元；帮助1位来沈发展的台湾同胞在沈阳办理了个体工商执照；为在沈就读台湾大学生继续考研入学考试考政治科目事宜，进行了调查和了解，解除了台生的疑问和误解；为台商故宫医院解决了合同纠纷，使之正常开业；为台商雇用的个体工商户经营人员与沈阳茶城保安人员纠纷进行协调解决。全年为台胞、台商、台生办实事10余件，维护了台胞、台商的合法权益。

2009年，市台联继续落实中央六部门关于解决困难台胞生活问题的文件精神，形成《关于解决我市部分定居台胞生活困难问题的请示》，提出了两套解决方案报送市政府审批，并已得到市领导批示。

市台联先后就解决10余户台胞没有住房及住房拥挤问题、制定台湾在沈就读大学生实行同等就业地方政策问题、解决台湾同胞在沈阳办理个体工商执照事宜、增补县区政协台联界别政协委员事宜等，向市政协等部门提出提案及建议。

（*蔡鸿文*）

【活跃台胞生活】 2009年，市台联先后举办了春节联谊会、端午节联谊会等活动9次。

2009年，市台联以“应对金融危机，为沈阳保增长促和谐服务”为主题，在全市台胞中继续开展“爱沈阳做贡献”活动，台胞群体中涌现出自主创业、全国先进等典型台胞，全年共20余名青年台胞受到各类表彰。

3月4日，沈阳市台联、台盟沈阳市委会共同举办了“应对新挑战，施展新作为”台胞妇女座谈会，女台胞、台胞女家属代表参加了座谈会。与会女台胞与台胞家属围绕“保增长，促和谐”、“我为应对金融危机献良策”等主题，结合胡锦涛总书记在纪念《告台湾同胞书》发表30周年座谈会上的重要讲话精神进行了座谈讨论。

5月23日，沈阳市台联、台盟沈阳市委联合中国医科大学、辽宁中医药大学共同举办了“在沈台湾大学生端午节话乡情联谊会”。邀请在中国医科大学、辽宁中医药大学就学的30余位台湾大学生以及沈阳台湾省籍大学生等台胞共同欢度端午节。会上，中国医科大学老师和台湾学生代表、辽宁中医药大学台湾学生代表、沈阳市台胞大学生代表都先后发言，表达了两岸同胞血浓于水的亲情，希望两岸台胞青年共同为中华民族的伟大崛起而努力奋斗。当天，市台联还组织台湾学生参观了沈阳故宫、大帅府和金融博物馆。

8月，台湾遭受台风“莫拉克”灾害，市台联迅速行动，在第一时间向全市台胞发出倡议，组织台胞为台湾受灾地区捐款。我市台胞积极响应，70余台胞为台湾风灾捐款共计1.47万元并上缴到全国台联。

10月30日，市台联、台盟市委联合举办健康知识讲座，使台胞们对预防甲型流感有了进一步的认识，了解了预防的方法以及如何利用多种形式降低流感的发生。

（蔡鸿文）

【全球闽南语歌曲创作演唱大赛沈阳赛区选拔赛】 由沈阳市台湾同胞联谊会和沈阳市台商投资企业协会协办的2009《全球闽南语歌曲创作演唱大赛》沈阳赛区海选赛，于11月28日上午在欢唱KTV沈阳建大店举行，共有40余名选手参加比赛。

全球闽南语歌曲创作演唱大赛由中华文化联谊会、中国音乐家协会、福建省对外文化交流协会、福建省广播影视集团联合主办，福建省海峡电视台、福建东南卫视等承办，在全球共设38个赛点，分别在美国、加拿大、马来西亚、新加坡、厦门、台湾、沈阳等地。“爱拼才会赢，真情最动听”为本次比赛主题。

经过一天的比赛，共3名选手入围2009《全球闽南语歌曲创作演唱大赛》50强。通过在沈阳举办闽南语歌曲大赛，弘扬了闽南文化，弘扬中华民族文化，凝聚海峡两岸同胞的感情，也激起了全市台胞、沈阳市民学习闽南语的热情。

（蔡鸿文）

【参政议政】 2009年初，市台联根据两岸关系和平发展的新变化，抓住沈阳——台北直航契机，写出“把握沈阳——台湾直航契机为沈阳‘保增长、促和谐’服务”的团体提案，受到市委书记曾维和市委副书记苏宏章的批示表扬，被市政协评为优秀提案。

市台联在深入学习实践科学发展观活动过程中，围绕沈阳市三大目标和五大任务，促进沈阳市经济发展，邀请并接待了大陆及岛内许多台商来沈阳参加各种展会。市台联先后到市贸促会、市服务业委会展办及台商中进行了深入调研，了解沈阳会展业的发展现状。针对存在问题，市台联提出做大做强沈阳会展业的提案，该提案被列为市政协重点提案。

2009年，市台联关于“建设生态城市实行分装垃圾”的团体提案被评为优秀提案。黄华芬、赵贵玲、黄春丽关于“加强中小学生德育建设”提案被评为优秀提案。在对台交流交往中，根据台湾同胞的意愿，研讨并撰写了“加强两岸交流，促进沈阳——台中建立城市对口交流关系”的建议，报市台办、省台办，明确了市台联对台联络工作思路和重点，进一步促进了沈阳与台中及台湾中南部地区的交流。全市台胞共写出提案23件。

（蔡鸿文）

【促进两岸发展】 2009年，市台联邀请接待和参与接待了台湾团组13批次、220余人次。市台联邀请并接待了台湾福兴利华酒业股份有限公司到沈阳考察，与老龙口酒厂交流了造酒工艺。之后，沈阳老龙口酒厂邹长顺总经理一行赴台参访并到福兴利华酒业股份有限公司做了进一步考察。邀请并接待了台湾辜氏集团全资子公司—台湾御玺股份有限公司执行总裁、副总经理陈冠哲先生一行，先后三次来沈调研、考察。协助组织沈阳百名企业家赴台参访进行经济交流。促成了东北大学EMBA学员与台中岭东科技大学EMBA学员的交流。促成辽宁省高低压成套设备开关质量监督协会秘书长秦尔东先生与台湾昆禾科技董事长郑芳昆先生的合作，达成组织辽宁沈阳经济区百名电器行业企业家参访团于2010年春节期间赴台，与台北电器协会进行参访交流的意向，促进了沈阳与台湾行业协会间的交流。

协办了“首届中国（沈阳）食品博览会”。市台联作为协办单位，发放邀请函50余份，协商落实了台商参展优惠政策、展位和住宿安排等前期工作。邀请台商30余人，参展10余个展位。市台联获得了“中国（沈阳）首届食品博览会”优秀组织奖。2009年9月，经台湾岭东科技大学周少凯先生推荐，收到台湾中区（辖22所大学）教学资源中心职业技术教育交流参访团商请函，提出2010年春节前夕来沈阳交流研讨参访的请求，经市台联发邀请，并按其要求组织安排了接待日程。

（蔡鸿文）

【对台联络】 积极组团进岛，加强沈阳与台湾中南部的联系。2009年3月8日—16日，应台湾省“中华全国理事长协会”的邀请，由市台联赵贵玲副会长为团长的“辽宁经贸参访团”一行16人，赴台湾进行了为期7天的经贸参访活动。参访期间探讨了沈阳与台中EMBA学术研讨、建立对口交流关系、台湾的休闲农业先进经验，介绍了沈阳及相关投资项目，并邀请台商到沈阳参加（沈阳）2009中国食品博览会。本次出访，受到台湾有关组织、民间社团及各界友好人士的热烈欢迎。在台期间，参访团先后参访了10家企业团体组织，拜会了各界人士70余人，会见了老朋友，看望了当地的沈阳籍乡亲。这次考察借鉴了经验，广交了朋友，同时也达到了推介沈阳、加强合作的预期目的，为进一步做好引资引智与加强合作打下了基础。

6月13日－15日，经沈阳市台联邀请，台湾岭东科技大学EMBA参访团一行28人来沈阳进行了为期3天的交流研讨。在沈期间，参访团先后到东北大学、辽宁大学进行EMBA教育交流。由于此次参访团赴沈研讨有投资考察的意向，在市台联的陪同下，参访团先后考察了浑南新区、铁西新区等地，以及老龙口酒厂、沈阳鼓风集团等企业，了解了沈阳的退税政策和优惠条件。此次来沈交流研讨，参访团了解了沈阳的投资环境，同东北大学，辽宁大学校际间建立了联系，达成了双向互访、互派大学生学习考察和继续探讨交换生、学分相互承认可行性等意向。

（蔡鸿文）

市残疾人联合会

【残疾人服务体系建设】 2009年，市残联依托市、区智力、精神残疾人托养服务中心及“阳光工场”、街道“阳光之家”、社区“日间照料站”、家庭“居家服务”及民间开办的残疾人托养服务机构，为各类残疾人尤其是老、重、智、精残疾人提供个性化托养及职业康复服务的“五位一体”托养服务体系进一步完善和拓展，做法被中、省残联推广。全年新建10个街道“阳光之家”。

（张　帆）

【维护残疾人合法权益】 坚持“主动维权、依法维权、科学维权”，积极宣传《残疾人保障法》。“两会”和国庆期间无越级访事件发生。本级信访接待4566件，办结率92%，完成上级领导交办信访件26件。邀请义务法律顾问坐客残疾人服务热线，并到基层开展普法讲座。组织召开残疾人维权示范岗现场经验交流会，开展了“沈阳市万名残疾人法律知识百题答卷”活动。完成全市残疾人法律援助案件106件，为残疾人提供政策咨询3462人次，问题求决831件，法律咨询169件，理事长接待104件。

（张　帆）

【无障碍设施建设和改造】 成立了“沈阳市创建全国无障碍建设城市领导小组”，开展了无障碍进社区、进家庭活动，制定下发了《沈阳市开展无障碍设施进社区、进家庭活动实施方案》。圆满完成中、省残联沈阳市无障碍建设中期检查工作。“电视数字手语”节目在《沈阳新闻》重播中播出。全市新增盲人公交站牌500个，公共场所无障碍设施进一步完善。

（张　帆）

【残疾人劳动就业】 2009年，全市共安置残疾人就业1983人，完成省任务指标的134%。征收残疾人就业保障金1.4亿元，完成省征收任务的139%。制定下发了《关于稳定就业局势促进就业创业工作实施办法》。与相关部门配合，先后举办7场就业洽谈会、招聘会，87人实现就业。开发居家服务及智障残疾人社区保洁护绿公益岗位303个。安置往届残疾人大学生就业43名。实施品牌建设工程，成立了沈阳市盲人按摩协会，并统一标识。召开了沈阳市首届“十佳”盲人按摩院和盲人按摩师表彰大会，对121家盲人按摩院进行了设备扶持。在培育肢体残疾人个体杂修、智障残疾人“阳光工场”及保洁护绿、聋人高端就业等方面已显初步成效。沈北新区建成全国第一条残疾人就业一条街——“爱心街”。

（张　帆）

【残疾人救助】 第三个“沈阳助残月”期间，近10万名残疾人和健全人参加了220多项扶残助残系列活动。与相关部门联合制发了《关于调整低收入一级残疾人救助标准的通知》，将补贴标准调整到当地低保标准，全年共救助残疾人1020人，发放救助资金276.47万元。走访慰问贫困残疾人家庭173户，款物折合人民币2.05万元。近万名残疾人享受到优惠电话卡、上网卡、免费乘车证和报销采暖费等优惠服务。“96113”服务热线接听电话5882件，解答5661件，解答率为96%。接收聋人短信737个，解答率100%。为469户重度残疾人安装了“一键通”应急呼叫器。完成了省残联下达的120万元各项扶贫资金贷款和康复扶贫贷款的资金落实工作，使216名残疾人受益。

（张　帆）

【残疾人康复】 启动“慈爱儿康行动”，培训90名康复专业人员，212名学龄前贫困残疾儿童在儿康基地接受免费康复，为100名家长进行了康复知识和技能培训。为贫困残疾人免费装配大小腿假肢100例、提供辅助器具3082件，实施白内障复明手术2588例（免费救助1133例），救助4652名精神病患者（免费服药4652人，免费住院56人），为283人配戴了低视力助视器。8690人接受免费救助康复服务。举办36期培训班，培训基层康复管理和技术人员2958人。组织康复医疗小分队深入社区和残疾人家庭提供康复技术指导。积极促进康复项目纳入医保范围，将10岁以下脑瘫儿童康复手术纳入医保支付范围，完成了部分康复项目纳入医保的会签工作。皇姑区、于洪区通过了“省社区康复示范区”检查验收。为全市社区康复站（活动站）下发了9000册《学龄前残疾儿童早期干预丛书》。

（张　帆）

【残疾人教育】 增设沈阳广播电视大学残疾人本科班，在康平县开设分校，春、秋两季招收本科生22名、专科生53名。制发了《关于沈阳市2009年普通高等学校残疾人考生录取工作的通知》，18名残疾人学生考入大学，为21名残疾人及残疾人子女大学生发放资助金2.8万元。举办各类培训班近100期，培训残疾人4677人次，完成省培训任务指标的159%。开设手语、盲文培训班，举办了残疾人职业技能竞赛、盲人计算机大赛和盲文大赛。与市科协共同筹建了230所残疾人科普学校，编写了《社区残疾人科普教育系列教材》。

（张　帆）

【残疾人婚姻家庭服务】 2009年，市残联对全市各类残疾人婚姻家庭状况进行了调研，形成了《沈阳市残疾人婚姻家庭基础分析调研报告》。完成了残疾人婚介网的开发设计。举办了残疾人家庭婚姻知识讲座，500多名残疾人参加了沈阳市第三届残疾人交友联谊会，有3对残疾人通过“96113”服务热线喜结连理。

（张　帆）

【残疾人宣传文体活动】 成功举办了沈阳市第二届残疾人运动会和第三届残疾人趣味体育进社区活动。为全市859个社区购买了适合残疾人特点的小型体育器材。沈阳市选手在第21届世界听障奥运会上夺得2枚金牌。积极打造残疾人艺术精品，成立沈阳市残疾人杂技艺术团，为企事业单位和社会演出20余场，接受社会赞助564.7万元。成功举办了“爱的阳光”感恩晚会，中国残疾人艺术团与市残疾人杂技艺术团联袂奉献了视听盛宴。近5万名残疾人参加了沈阳市首届残疾人文化艺术节。编辑出版了《2008年沈阳市残疾人工作新闻报道集萃》、《我市冠军——沈阳市体育健儿风采录》。超额完成“两刊”订阅任务。全市各级新闻媒体共刊播宣传各类残疾人事业和活动稿件1000余篇（条）。

（张　帆）

【基础建设】 编印下发了《中共沈阳市委沈阳市人民政府关于加快推进残疾人事业发展的实施意见》。创建“全国残疾人工作示范城市”申请获得中、省残联批准。深入开展了基层工作大调研活动。各级残疾人专门协会桥梁纽带作用发挥明显，活动开展经常，促进了各类残疾人队伍的团结稳定。编辑下发了《沈阳市残疾人工作者实用手册》，对基层残协专干（委）进行了业务培训。召开了全市基层残疾人工作档案标准化建设现场会，统一规范了街道（乡镇）、社区和村残疾人工作档案。为全市社区残协配齐办公微机，形成了市、区、街（乡镇）、社区四级残疾人基础信息管理服务网络。换发第二代新版残疾人证工作进展和质量居全省各市前列。以“五讲、四不、三满意”为载体，开展了学习实践科学发展观和“讲党性修养、树良好作风、促廉洁自律”主题教育活动。开通了沈阳市残联盲人网站。市残疾人服务中心功能进一步拓展。确定形成了沈阳市残疾人事业文化理念，并注重用理念引领事业发展，向全社会广泛宣传。

（张　帆）

市黄埔军校同学会

【国庆中秋座谈会】 为庆祝新中国60华诞和中华民族传统佳节中秋节，9月25日，沈阳市黄埔同学会召开座谈会。尹皓坤副会长在座谈会代表市同学会向全市黄埔同学致以节日的问候和良好祝愿。希望同学们今后要老骥伏枥，为祖国统一事业尽心尽力，积极开展与台湾和海外同学、亲友的沟通联系，多多介绍大陆辉煌的发展成果，促进两岸同学和亲友间的交流，做好联系两岸民间感情的桥梁纽带。

同学们在发言中表示，建国以来，特别是改革开放以来，中国不断强大繁荣，国际地位空前提高，人民安居乐业生活幸福，大家感到非常满足。

座谈会上，同学们纷纷对做好同学会今后工作提出宝贵建议，表达了对台湾同学的想念，希望他们身体健康，生活幸福。在新中国成立60周年的新起点上，共同为实现国家的早日统一，为中华民族新的复兴做出贡献。

（颜　飞）

【对台双向交流】 2009年3月，市黄埔同学会参加了省同学会组织的赴台交流考察活动，实地考察了台湾社会面貌。在台期间，与台湾四海同心会、台湾19期黄埔同学会等组织进行了互动交流，结识了新朋友，增加了新的联系渠道。这次考察冲破了阻隔，扩大了大陆同学会在岛内的影响，迈出辽宁省同学会入台考察交流的第一步，实现了多年来与台湾同学会之间双向交流的工作设想。

2009年5月25日，应沈阳市黄埔军校同学会邀请，来自台湾的原国民党炮兵少将，黄埔23期同学姜凤鸣，在沈阳金城宾馆与在沈同学和朋友欢聚一堂，追忆同窗之谊，倾述离别之情。大家一致认为，台湾在国民党主政以来，两岸关系得到明显改善，相互间都释放出合作交流的良好愿望，对推动台海两岸经贸合作和建立互信具有重要作用，对下一步两岸的政治接触也会产生积极效应。

（颜　飞）

【重阳节座谈会】 10月26日上午，沈阳市黄埔同学会在沈阳军区金城宾馆召开了每年一度的九九重阳节座谈会，为12名年届八十的黄埔同学贺寿。尹皓坤副会长和同学会理事、同学代表以及同学会机关工作人员参加。座谈会上，大家畅谈祖国繁荣昌盛国力日强，人民生活迅速提高的盛世美景；赞颂党和政府以人为本，关心民生交流这些年国家政治上尊重老年人、生活上照顾老年人，真正使广大老年人老有所学、老有所养、老有所为、老有所乐、老有所依的亲身感受。同学们说：在市委、市政府的关怀下，同学会的工作条件不断改善，黄埔同学的生活不断提高，纷纷表示要继续发扬“黄埔精神”，做到：古枫吐艳，晚菊傲霜。真正做到老有所为，为完成黄埔同学会肩负的历史使命生命不息奋斗不止。

（颜　飞）

【送温暖活动】 一是帮助黄埔同学解决生活困难。在省黄埔同学会和市委统战部以及市财政局的支持下，为部分收入较低、生活困难的抗日黄埔同学，发放了生活补助金，使他们的生活水平得到相应提高，切实解决了部分同学治病和生活中的燃眉之急。二是为黄埔同学送健康。在沈阳市黄埔军校同学会和市农工民主党的共同主持下，组织沈阳市多家医院的内科、外科、眼科、中医科、皮肤科等8个科室的12位医疗专家，为全市黄埔同学及家属进行了全面细致的医疗咨询和健康体检，并为每人提出合理的健康保健和医疗建议，受到大家热烈欢迎。三是为黄埔同学送温暖。在新春佳节来临之前，给海内外各位黄埔同学寄去贺卡，送去新年祝福；在中秋节的时候，为全市抗日黄埔同学送去了月饼和问候，使他们感受到同学会的关心和温暖；还走访了部分90岁以上的同学，为他们送去慰问金和营养品。

（颜　飞）

地　方　军　事

沈阳警备区

【部队建设】 学习实践活动富有特色。认真贯彻总政、军区和省军区部署,高标准完成了学习调研、分析检查和整改落实3个阶段11个环节的工作。全年安排6次学习体会交流,两级班子成员围绕分管工作开展专题调研,撰写64份质量较高的调研报告;召开专题民主生活会,从思想观念、能力素质、精神状态、工作标准、作风形象等5个方面进行深入剖析检查;整改扎实有效,围绕思想政治、军事训练、应急动员、安全稳定等7个方面制定了34项整改措施,有力促进了各项建设科学发展。

主题教育开展扎实有效。全年安排6个专题辅导,组织党员到沈飞公司、沈鼓集团和军区后勤史馆参观学习,收看专家教授和国企领导做的辅导报告,深化对核心价值观的认识理解;利用大集中训练时机,集中开展宣传教育,在训练场悬挂楷模灯箱、英模画像和战斗标语,组织观看红色经典影片,学唱红色歌曲,学习全国"双百"模范人物事迹,增强践行核心价值观的自觉性;围绕庆祝新中国成立60周年开展主题歌咏和球类比赛,营造浓厚文化氛围,使培育践行核心价值观有效融入官兵的日常学习、工作和生活之中。

民兵训练改革成效明显。狠抓核心军事能力建设,改革创新民兵训练方式,依托教导队探索实行模拟化、大集中组训模式。先后投入220万元,在教导队建成了10个专业训练场所,购置引进了三大仿真训练系统,搭建了基地化、模拟化训练平台,组建专兼聘相结合的教练员队伍。全年共组训10期,合格率达到100%,3个民兵高炮分队在省军区"09"防空作战演练与考核中,取得2项第一、3项优秀、4项第三的优异成绩。紧贴使命任务,组织了以非战争行动为课题的首长机关演习和18次应急抢险实兵演练,组织应急值班分队3000人出色完成了两次山火及新民市大棚失火扑救任务,做法被省军区转发。

报废弹药销毁圆满完成。认真落实军区赋予的民兵报废弹药销毁现场观摩演示任务,针对18处隐患制定21条规避措施,先后对弹药拆分作业人员进行6次岗前培训,3次组织应急处置演练,5次组织搬运装载作业现场模拟演练。坚持严把重要关口,严守作业规范,严格武装押运,圆满完成了173吨报废弹药销毁处理任务,做法被省军区转发,现场演示得到军区肯定,警备区被省军区评为"报废弹药处理先进单位"。

兵员征集工作创新发展。采取专题部署、入户摸底、逐级负责、分总结合等办法开展预征,通过新闻发布会、答记者问、宣传日、宣传周和播放公益广告等形式广泛宣传发动,协调政府出台政策提高优待标准,实施签订廉洁征兵监督卡、公布举报电话和信箱、纪委监察部门明查暗访等举措狠抓廉洁征兵,女兵征集任务圆满完成。面向社会公开征集女兵实现新突破,做法被总政转发,沈阳市首次被评为"全国征兵工作先进单位"。

安全稳定工作全面加强。确立"紧紧抓住依法从严治军不放松,牢牢守住安全稳定底线不动摇"的指导思想,建立安全管理责任制,签订责任状,设立风险基金,全年持续开展"六项整治"和"识险、化险、避险"教育实践活动,不间断地进行安全稳定督导检查,坚持组织重大活动安全风险评估,有针对性制定整改措施,有效提高了安全防范能力。特别是国庆期间,强化政治责任意识,采取超常措施,严密组织"安全稳定50天"活动,确保了安全稳定,实现了"安全年"的目标。

军用土地确权取得成果。按照"着眼国防、统筹力量、军地联合、突出重点"的思路,联合地方国土资源部门,对警备区两处试点宗地分布位置、权属面积、利用现状、营房及附属设施等情况进行调查核实,对土地权属进行确认,协调军地测绘部门对确权土地进行坐落界址测绘。

机关营区建设稳步推进。精心研究论证新营区建设规划方案,成立营建组织领导机构,研究制定了《党委审议工程建设重大问题制度》、《工程建设经费使用管理规定》等10项规章制度,积极协调落实建设经费和新址动迁用地,如期完成了工程设计任务书报批、施工队伍考察以及招投标准备工作,为开工建设准备了必要条件。进一步完善武器库基础设施建设,翻建了以1216平方米警勤综合楼为主体的新营房,对技术区、生活区进行全面维修和更新改造,达到了环境优美、设施一流的标准,被省军区评为"红旗仓库"。

(隋福先)

【军事训练】 2009年,沈阳警备区从5月至10月份历时6个月,在全省率先实行以模拟化、大集中为主要形式的民兵军事训练改革,并圆满完成了10期、5大专业的训练任务,合格率达到了100%。参训民兵军事训练质量与日常管理水平得到明显改观,收到了很好的军事效益和社会效益,使长期以来民兵训练"统不起来、质量不高、手段落后"的问题得以解决。

2009年,沈阳市民兵军事训练着力解决"统起来"的问题。依托改扩建的警备区教导队建立沈阳市民兵训练中心,对全市约40%的民兵技术兵专业科目和13支应急值班分队共同科目实行统一集中训练。警备区抽调人员组建教学、管理机构,统一投资购置部分模拟化训练器材,初步建立起“基地化、模拟化、大集中”的民兵训练体系。抓巩固。重点抓好“基地化、模拟化、大集中”训练模式的成型与提高,着力解决“训起来”的问题。

2009年,沈阳市民兵军事训练改革成效显著。一是在组训模式上,改变以往以人武部分散自训为主的组训模式,逐步形成“以警备区教导队为主体、人武部训练基地为补充”的组训模式,实行全市民兵重点专业技术兵和应急值班分队骨干基地化大集中训练;二是在场地建设上,逐步构建起以高炮、通信、工兵、防化、轻武器和应急六大专业为重点的十个训练场所;三是在教学和训练手段上,大力推行展开了防空、通信、防化为重点的模拟化训练;四是在训练组织与考核上,成立统一的训练管理和考核机构,专门成立考核委员会,于每期大集中训练结束前进行考核,对各人武部自训内容巡回考核;五是在教学组织上,初步建立了教练员人才库,完善了相应的任用和聘用制度,形成了“专、兼、聘”相结合的较为稳定的教练员队伍;六是在训练保障上,建立了警备区与人武部“统分结合”的保障机制;七是在日常管理上,形成了上下结合、军警共管的管理机制;八是在医疗保障上,建立了警备区重点医疗保障、人武部一般医疗保障与统一办理短期意外伤害保障相结合的保障体制。

为切实搞好新装备训练,警备区于2009年6月初,分别组织和平区、大东区和皇姑区3个有基层人武部的编兵单位共计120余人进行了为期15天的封闭式训练。为保证训练效果,还协调省军区先后从郑州防空兵指挥学院和重庆152厂、扬州5308厂等生产和保障厂家调派6名教练员和专业技术人员进行现场指导。经过近半个月的强化训练,使参训人员从火炮理论、基本操作、战术动作等都有了较为全面的了解和掌握,为参加实兵实弹射击演练奠定了坚实基础。

9月上旬,警备区本着锻炼队伍、培养骨干的目的,从3个人武部分别抽编2个战炮班组成1个实兵连参加了省军区“09”活动。按照战术要求和作战进程,分别演练了集结机动、占领阵地、城市防空行动和撤离战场等4个战术课题,并组织了基础训练考核。

(隋福先)

【征兵工作】 2009年,沈阳市针对国家为鼓励高校应届毕业生应征出台的《关于做好普通高等学校应届毕业生征集工作的通知》和《应征入伍服义务兵役高等学校毕业生学费补偿国家助学贷款代偿暂行办法》,上半年,采取专题部署、深入发动、逐级负责、分总结合等办法,先后两次召开全市的2009年普通高校应届毕业生预征动员部署和再动员电视电话会议,祁鸣副市长亲自参加会议并提出要求,各级兵役机关和学校迅速行动,全市共预征应届毕业生3170人,其中高校应届毕业生993人,高级中学应届毕业生2177人。一是进行了深入的调研。组织对全市各级各类院校应届毕业生进行了摸底和普查,经查全市共131所学校,登记应届毕业生66687人,有意愿参军6644人。其中34所高校应届毕业生38355人,有意愿参军3969人;97所高中应届毕业生28332人,有意愿参军2675人。二是进行宣传发动。结合直招士官工作,警备区和人武部会同驻沈的34所院校对应届毕业生进行了广泛宣传。为高校师生做专题国防演讲20余场,先后10余次到省、市电台、电视台做宣传节目,发放宣传单10万余份,积极响应沈阳市的“阳光6月启航校园”活动,多次深入院校开设咨询站、参加人才招聘会,为做好冬季的兵员征集工作摸清了底数,打下了基础。三是研究制定政策。面对今年征兵改革的新形势,根据国家和省有关精神,在政策上认真分析研究,与政府有关部门联合制定出台了《关于做好普通高等学校应届毕业生入伍优待安置和扶持就业工作实施意见》。

(隋福先)

【完成直招士官的征集任务】 2009年,辽宁省赋予沈阳市的直招士官任务为298人,涉及航空、电子、通信、计算机、工程、汽车、测绘等40个专业。沈阳市征兵办按照“着眼需求、对口征集、坚持标准、确保质量”的工作思路,坚持领导到位、宣传到位、组织到位、保障到位的原则,与市委、市政府和驻沈高校联合,做到了思想合拍、机构合建、行动合力。市、区两级兵役机关充分发挥主导和协调作用,认真制定工作方案和计划,注重与公安、卫生、民政、宣传、劳动、人事等职能部门的联系,主动通报情况,争取工作支持;采取以会代训的形式组织人员培训,熟悉直招士官工作的程序、方法、政策和要求。协调各部门就招收过程中遇到的问题进行认真研究,听取各方的意见和建议,合力寻求解决途径。经过全市各部门及高校的共同努力,沈阳市共为陆、海、空军和武警部队输送直招士官221人。

(隋福先)

【完善各项优待政策】 2008年,沈阳市出台了历史最好的优待政策:入伍前是农业户口的,发给优待金每人每年8000元;非农业户口的发给优待金5000元。非农业户口退役后选择自谋职业的,由入伍前常住户口所在地政府发给一次性经济补助金4万元,服役满2年继续服役的,每年增加1000元,至5万元止。服义务兵期满退出现役,参加沈阳市事业单位公开招聘的,笔试总成绩加5分(单科加2.5分);市公安、监狱劳教系统基层一线招收公务员(警察)的,按照30%的比例专门招录。退役士兵选择首次自主创业给予创业补贴,免收典当融资综合费用;从事个体经营给予小额担保贷款,最高可达50万元,3年内免征营业税、城市维护建设税等费用;现役士兵家属自主创业,享受退役士兵创业补贴、典当融资和小额担保贷款等优惠政策。2009年,在去年优待基础上又制定新的优待政策:对城镇户口入伍的进藏兵每人每年增发优待金3万元,农业户口进藏兵每人每年增发优待金2至2.5万元。进疆义务兵每人每年增发优待金5000元。为鼓励应征青年到部队建功立业,还出台了为立功受奖义务兵增发优待金的奖励政策:获大军区以上荣誉称号,当年增发5000元;荣立一等功,当年增发3000元;荣立二等功,当年增发1000元;荣立三等功,当年增发500元。

(隋福先)

【女兵征集措施更加完善】 2009年,沈阳市为高质量完成100名女兵公开征集任务,市征兵办在坚持以往成功经验的基础上,进一步采取超常措施保证女兵公开征集的公正公平。一是在报名组织上,利用身份识别系统确认身份。在由公安、教育、纪检、卫生等部门对报名青年年龄、学历、身体条件进行初审的基础上,专门购置身份识别系统进行数据采集,防止冒名顶替。二是在体检上,利用自动测试仪进行测试。投资10万元购置身高、体重自动测量仪和视力自动检测仪,自动检测、自动打印,确保准确,防止出现人为误差。三是在面试组织上,临时组成评委现场公布结果。从政审、教育、纪检、人事、接兵部队等单位临时选调人员组成面试评审组,对应征女青年形象气质、语言表达、才艺专长等方面进行考查,并现场公示得分。四是在政审和学历审查上实行"双网"核查。通过教育网和公安网对应征青年的学历、政治表现进行逐一核查,防止将不合格人员征入部队。五是在预定新兵上实施公开录取。在应征青年及家长和社会各界的监督下,依托《公开征集女兵辅助决策系统》实行网上公开录取,保证公开透明。六是在分配兵员去向上实行电脑派位。将预定女兵信息输入电脑,由接兵干部现场按键确定人员分配,避免了新兵去向的分配不公。

(隋福先)

【民兵整组工作】 沈阳警备区2009年在民兵整组中突出解决三个重点问题,在编实上狠下功夫,务求实效。一是着眼任务,突出应急。按照省军区统一部署,年内全市民兵应急值班分队增编了抗震抢险人员,增配各种装备器材600余台(件)。为抓好这项工作的落实,警备区及早动手,认真部署,指导各人武部落实人员装备。在人员选配上,将18至30岁青壮年、退伍军人、民兵骨干作为重点,优先编入应急分队。4月份,警备区组织了专项点验,通过逐单位逐分队检查验收,各应急值班分队抗震抢险人员、退伍军人和党团员比例均符合要求,通用和专用装备基本落实。同时,加强了民兵应急救援分队建设,会同地方有关部门,完善了通信、工兵、油料、运输、医疗、水电气热抢修分队建设,并按要求指定专业应急机动救援分队。二是着眼准备,抓好预编。在去年全面落实反"台独"应急作战预编预备役人员动员任务的基础上,继续巩固成果,着重在加强人员管理教育上狠下功夫。继续发挥《沈阳市应急作战行动动员人员管理规定》法律效力,严格奖惩,以准战时标准要求预编预备役人员必须24小时通信联络畅通,人武部每月电话检查,做到了解其位、掌控行踪,警备区不定期进行抽查,确保各类人员100%落实到位,使每名预编人员时时处在管理之中、掌控之中,保证联得上,召得来。三是着眼实战,抓好防空队伍建设。结合沈阳要地防空作战的需求,按照均衡负担的原则,重点对民兵高炮分队编组布局和规模进行了调整。在编兵布局上,由原来编在市内9区和沈煤集团的10个单位,扩大到13个区、县(市)和沈煤集团14个单位。同时将基础较好的和平、皇姑、大东区各编组1个双25高炮营,提高了高炮分队建设的质量,为年内大集中训练形成作战能力奠定了基础。

(隋福先)

【后勤工作】 分析形势,提高认识,确立指导思想和原则。一是依法维护利益。在严格按照国家和军队有关法规办事的同时,采取多种措施,积极与相邻单位和个人签订协议,解决了矛盾纠纷;另一方面在营区边界建立了围墙和刺网,形成了边界清楚、权属明确的事实,确保军用土地的不流失、不失管。二是尊重历史面对现状。面对历史权源资料不完善、边界面积地籍与档案不符的实际困难,深入宗地周边群众和知情的老干部、老职工中了解情况,共走访询问群众36人次,得到权源证实材料10余份;到军区营房档案库和市、区国土资源局地籍部门查阅历史资料100余册;会同区、乡、村三级领导深入现场逐点勘察,确定了边界界址5200余延长米。三是密切军民关系。积极走村串屯,到相关农户家里,宣传军用土地调查的目的、意义,使群众了解部队的现实需求,认识到国防的重要性,争取群众理解与认同。同时也从群众的切身利益出发,提出多种方案,从而得到了群众的理解和支持。

规范操作,军用土地调查有序实施。一是在参加省军区培训的基础上,组织工作人员进行了为期2天的业务培训,通过对军区《第二次军用土地调查文件汇编》等内容的系统学习,使大家掌握了土地调查政策要求、技术规范、工作流程,明确了工作思路,掌握了方法步骤,为高标准开展土地调查提供了业务技能支撑。二是积极协调军区测绘队和沈阳市测绘院严格按照《技术规程》对确权后的土地进行坐落界址测绘,,并突出了审查权源资料、踏勘坐落界址、检查测量记录、核对现状数据"四个重点",杜绝了调查工作的"浅、偏、少、漏"现象。三是严格按照国家技术标准和军队有关规定,准确形成了图文资料,并注重档案资料的留存,逐步完善土地调查成果,为深入开展打下了坚实的基础。四是对所属土地档案完整、历史资料清楚的土地重新确认了权属,对资料不完备、权属有争议的土地,采取了"先行勘界测量,再行明确权属"的方法,较好地解决了土地权属问题,也为沈阳市一些驻军部队提供了示范性的参考。

(隋福先)

【国防动员】 2009年,沈阳市按照"任务牵引、着眼全局、就地就近、便于指挥"的原则,在全市13个区、县(市)各组建1支,共计×××人的具备防汛、防火、防核生化和抗震救灾4种功能的民兵应急值班分队。利用地方人才、科技优势,新组建了网络攻防、电子对抗、导弹应急维修和机动通信4支信息化分队,提高了编兵质量。结合全市防空作战需要,将原有防空分队的单位扩大到13个区、县(市)和沈煤集团,同时在和平、皇姑、大东区各编1个双25高炮营,提高了防空分队编组质量。

沈阳警备区与市人防办、应急办、反恐办和地震局建立了良好的协作关系，形成了互商、互通和互动的联合指挥体制和应急响应机制。全年，共接收应急办信息通报35条，接收地震局信息通报47条，在市反恐办组织的“国庆安保”定期会上共提供有价值信息24条，受到反恐办和市领导的一致好评。征兵工作取得较大突破。积极协调市相关部门，出台了历史最优的优待安置政策，组织全市各新闻媒体开展广泛立体宣传发动。全市共有7000余人报名，高标准完成征集任务。其中，大学毕业生358人、在校大学生534人。在女兵征集上，严密组织，科学筹划，实行全程公示，接受社会各届的监督，使整个征集过程更加适应主体调整转变的要求，更加科学规范，更加体现公开公平公正的主旨。

（隋福先）

【国防教育】 2009年，沈阳市市委常委在沈阳警备区教导队组织了“军事日”活动，各区、县（市）领导班子都开展“军营一日兵”活动，领导干部参与国防教育的载体和内容进一步规范和丰富。“兵字号”和“预备役军人号”工程不断深入，在军民共建、岗位示范和塑造形象方面起到积极的促进作用。以国防生国防教育为重点、以军训为载体的大中小学国防教育工作成效明显，东北大学、沈阳农业大学、沈阳建筑大学、沈阳理工大学、市38中学、市120中学、市95中学、和平区青年大街小学、大东区上园路小学等9所学校拟为全省国防教育示范学校。

沈阳市成功组织了2009年辽宁省暨沈阳市勿忘“九一八”撞钟鸣警仪式、“勿忘‘九一八’振兴我中华”中小学主题升旗仪式、东北新闻网“九一八”国防教育名人大讲堂、全民国防教育主题日和群发手机短信以及日常的国防教育宣讲等活动，时间集中，力量整合，形式多样，氛围浓厚，覆盖面扩大，影响力增强。“感动军营人物”评选活动推出了一批爱国拥军模范典型，建立了200个双拥网站，“爱心献功臣”行动日益深入，军民共建社会主义新农村的“百团大战”取得新成果，全国双拥模范“七连冠”创建活动健康发展，通过了省中期评选考核工作，得到好评。

2009年，沈阳市完善了全市政治动员潜力资料库相关数据的充实和调整工作，完成了全省首次政治动员演练脚本的起草工作，得到了省国教办的通过，为搞好演练提供了一个良好的基础。依据辽委办发［2007］20号文件，按照“1233”（1间办公室、2块牌子、3名干部、3万元经费）标准，对全市各区县（市）政治动员办公室建设情况进行一次督查，全市政治动员工作体系基本形成。进一步完善宣传、人武、人防、预备役、教育、民政“六位一体”国防教育工作运行机制和联席会议制度，加强了经常性交流和沟通，形成国防教育共同谋划、共同参与、共享成果的工作局面。

2009年5月11日，《辽宁省领导干部国防教育培训基地》、《沈阳市国防教育基地》揭牌仪式在沈阳警备区教导队举行，沈阳警备区第一期基地化大集中军事训练也于当日在市国防教育基地拉开序幕。省军区司令员钱南忠带省军区首长机关，警备区首长机关，沈阳市委宣传部马丽部长、陈弘秘书长参加了揭牌仪式。国防教育基地设施完善、功能齐全，除用于民兵训练外，可组织500人以内的领导干部集训、“军营一日兵”、中小学生军训等活动。2009年，先后组织了10期民兵军事训练，组织沈阳市领导干部“军营一日兵”活动40余场共2000余人次，组织中小学生军训3500余人次。

（隋福先）

【双拥工作】 建立资金保障制度。2009年，沈阳市各级、各部门支持部队建设和优待、抚恤、补助经费累计投入近3.5亿元。其中，用于支持部队建设1.1亿元：包括双拥慰问经费1019万元，支持民兵预备役、武警部队建设等支出2248万元，为部队减免乘车、公园门票、各类管网、医疗、入学、培训等支出3707万元，为部队修建道路投入1772万元，为部队基础设施配套建设投入1908万元，开展国防宣传教育活动、奖励经费336万元。用于各项优待、抚恤、补助投入2.38亿元：包括发放优抚对象抚恤金及生活、医疗补助金2767万元，发放义务兵优待金4160万元，发放退役士兵自谋职业培训安置费1347万元，军队移交地方安置的离退休干部及无军籍职工生活及医疗补助5032万元，用于企业军转干部等四方面人员生活补助和医疗补助7598万元。

（隋福先）

【拥军优待推出新举措】 一是加大优待安置工程。沈阳市政府加大宣传动员力度，把政府的拥军优待政策宣传到千家万户，让每位适龄青年都清楚入伍后的相关待遇。不断加大对现役军人的优待力度。其中，城镇义务兵优待金每人每年由原来的3000元提高到5000元；农村义务兵由原来的6000元提高到8000元。由于优待政策到位，激发了社会青年踊跃献身国防的热情。2009年，全市有3750名青年应征入伍，圆满完成了省赋予的征兵任务。40%以上的退役士兵走上了自谋职业、自主创业的就业新路。以普惠制就业培训为载体，城乡一体化多形式、多层次的职业技能和实用技术培训广泛开展，退役士兵培训率达到90%以上。600余人参加了市订单式就业培训，培训后100%被企业录用。

在安置军转干部方面，市委、市政府领导提出要把军转干部作为重要的人力资源，克服种种困难，竭尽全力妥善安置。全年共接收安置军转干部836名、军休干部713人、无军籍退休职工428人。充分利用人力资源市场，市、区举办军嫂就业洽谈会10余次，400余人上岗就业。教育部门采取特事特办的办法，尽最大努力解决驻沈部队军官子女入学。市双拥办经常征求驻军部队意见，对部队提出的意见和建议认真对待。

二是完善后勤保障工程。在支持军队住房社会化保障方面，市委、市政府高度重视，成立了组织机构，在划拨用地、简化审批程序、税费优惠、财政补贴等方面做了大量的工作。沈阳警备区新办公楼易地重建无偿提供3万平方米土地并减免配套设施费、93277部队营区扩建。在部队住房建设审批及军产公有住房出售等方面，实行简化审批程序，坚持特事特办,全力支持配合。市军队饮食供应站,每年都接待百批万名新兵入伍、老兵退役和部队演习等应急性的饮食保障任务。

三是实施人才战略工程。充分发挥沈阳在产业、科技、人才等方面的综合优势,积极组织社会力量,大力开展文化拥军活动,为基层部队援建流动图书馆室400余个,赠送图书50万余册、电脑1000台,为基层部队举办各种文化进修班200批次,培训各类人才15000名。组织动员社会“两新组织”近千家开展拥军活动,帮助部队建立信息化网站平台100个,更新和改造装备技术100套,解决部队应急训练、战备交通、野战指挥等急需高新项目近百个,有力地推动了部队军事训练的创新发展。

(隋福先)

【优抚保障水平不断提高】 在解决优抚对象医疗难问题方面,建立了“以城镇职工(居民)医疗保险、新型农村合作医疗制度为依托,以政府补助为支撑,以社会优惠减免为补充”的新型优抚医疗保障制度。制定了《沈阳市优抚对象医疗保障暂行办法》。在深入调查的基础上,制定残疾军人、“三属”、在乡复员军人,带病回乡退伍军人医疗补助办法,建立医疗救助保障体系。全市一至六级残疾军人建立了“一站式”重病报销医疗保障机制。重点优抚对象全部纳入城乡居民医疗保险和新农合范围。农村优抚对象医疗补助标准,由原来的每人每年650元提高到了每人每年1000元。农村优抚对象住院医疗救助标准由原来每人每年5000元提高到了每人每年6000元。

进一步深化“爱心献功臣”行动。安排400名城乡重点优抚对象开展健康疗养;协调驻军部队医院,为全市5000户军烈属送“光荣之家”牌匾;送对联5万副,双拥挂历1.5万册。

(隋福先)

【拥政爱民活动取得新成果】 2009年,驻沈机关、部队对沈阳老工业基地的全面振兴倾心尽力,并表现出极大的热情。充分利用人力、物力和智力资源优势,积极参加沈阳基础设施、生态环境建设、扶贫帮困和建设社会主义新农村活动。驻沈部队100个团级单位,对口帮扶100个村屯开展军民共建社会主义新农村活动,这是驻军官兵情系沈阳、奉献第二故乡的一个伟大工程,也是和平时期军民共建新农村的“百团大战”。活动期间,驻沈部队投入兵力1万余人次,机械、车辆1000台次,投入资金500万元,帮建村级党支部(村委会)100个,修建村级公路850公里,改造农田1万公顷,送科技图书5万册,帮扶贫困学生3000名,义务巡诊100次,救治群众3万人次。驻沈部队5000名官兵参加义务植树100万株,营造双拥林近333公顷,清扫市容卫生,净化路面1万延长米。2008年以来,驻沈部队开展了“支持振兴沈阳老工业基地医疗扶贫、捐资助学”活动。向贫困地区捐赠了300万元的爱心助学款,资助1000名贫困学生。为农村重点优抚对象送去御寒衣被2万套。驻沈部队在康平、法库帮建希望小学5所,对口帮建乡镇医院4所,救助重点优抚对象1000名。驻军部队还派出近千个学雷锋活动小组,开展为驻地贫困户送粮油、送衣物、送医疗等活动。

2009年,沈阳市400个社区与部队基层连队建立了共建关系,参加活动人数达50余万。军民互帮互学,联手开展扶贫帮困、社会治安、小区环境整治、计划生育、青少年教育等活动。全市城乡1500个军民共建点,已创建高标准双拥模范社区100个,80%的共建点受到区、县(市)表彰。

(隋福先)

【完成急、难、险、重任务】 根据省军区要求,2009年11月7日至15日,沈阳警备区和5个人武部担负军区首长机关检验评估指挥演练交通保障任务。在沈阳市委、市政府的领导下,在市发改委、公安局、交通局和信访局的积极配合下,警备区和5个人武部从讲政治的高度,顾全大局,克服困难,圆满完成了任务。

为完成此次演练任务,和平、沈河、大东、铁西和东陵区人武部,先后5次、共出动民兵1200人次,共完成演练梯队和保障部(分)队往返交通保障32梯次。所有执勤民兵始终按线部署、按点站位、姿态端正,在严寒中坚守数小时,直至各梯队顺利通过,充分展现了沈阳市民兵能吃苦、能战斗、守纪律的良好作风。

2009年,按照省军区计划安排,沈阳警备区在省军区首长高度重视和专家技术组有力指导下,圆满完成173吨报废弹药就地拆分和上交调运任务,受到省军区首长机关好评,其经验被转发。

领导高度重视。警备区专门召开党委和首长办公会议,研究落实民兵报废弹药销毁工作,并成立了祁鸣副市长、袁昭司令员、徐学东政委任组长,参谋长、后勤部长、副参谋长任副组长的工作领导小组。确定将民兵报废弹药销毁工作为7月份警备区重中之重的任务,袁司令员、徐政委先后6次分别到拆分现场指导拆分工作,指派参谋长、副参谋长全程24小时现场指挥,组织技术检查、拆分作业和装载运输。设立综合计划组、拆分作业组、装载运输组、安全警戒组和后勤保障组,明确分工,责任到人,确保了各个环节的有序、顺畅和安全。

组织风险评估。警备区领导和机关,对可能发生的弹药数量核查和质量鉴定过程中的差错事故、分解拆分过程中的引信掉落和起火伤亡事故、搬运装卸过程中的倒垛摔箱和爆炸事故进行了认真的分析和预测,针对18处隐患制定了21条规避措施。对弹药拆分作业人员进行了6次岗前培训,确保每个人熟练掌握操作技术;组织5次搬运装载作业现场模拟演练,做到了万无一失。

落实拆分规范。在距离弹药库100米以外的非危险品库房前设置了预备作业间和弹药封箱间;在距离弹药库80米以外的枪械库房前设置了引信暂存间和弹药暂存间。操作间距离与其它危险物距离不小于50米,禁止泄爆面正对其它建筑物;引信暂存间和弹药暂存间与拆分作业间达到了35米安全距离,各工间防护墙高度达到1.8米、厚度达到0.6米。在拆分过程中,严格把住四关,即:清点核对关,逐一核对每个标识和弹种数量;引信取出存放关,由干部、技术员取出清点后装入专用箱,并进行安全填充;引信搬运关,由仓库主任专门负责将引信专用箱搬至引信暂存间；铅封和标识粘贴关，指派干部专门负责检查封箱和标识粘贴情况，确保无差错。

（隋福先）

陆军预备役部队

【梁光烈上将来师视察】 2009年10月12日，中央军委委员、国务委员兼国防部长、国家国防动员委员会副主任梁光烈上将、副总参谋长孙建国中将率国家国防动员委员会有关领导，在军区张又侠司令员、黄献中政委，省军区钱南忠司令员、张林政委的陪同下来师视察。梁光烈部长观看了各应急抢险分队装备器材展示，参观了师史馆，与全师团以上干部合影留念并作了重要讲话。

梁光烈指出，辽宁陆军预备役高射炮兵第一师是最早组建的一批高炮预备役部队。部队全面建设有了很大的进步和发展，特别是党委班子建设、思想政治建设、武器装备建设、基础设施建设以及机关的组织训练、实兵实弹演练和作战指挥能力都有了很大的提高。

梁光烈强调，预备役部队除担负作战任务提高核心军事能力之外，还要担负应急任务。高炮一师在省军区和地方党委政府的正确领导下，结合遂行多样化军事任务，组建了抗洪、防震、扑火和维稳等应急分队，配备了一些通信、气象、电力等装备器材，并进行了有针对性的演练。

梁光烈要求，预备役高炮一师党委要认真学习贯彻科学发展观，特别是要把学习实践活动每一阶段每一步骤扎扎实实搞好。要按照科学发展观的要求，大力加强部队的全面建设，努力提高遂行多样化军事任务的能力，再为这支部队增添新的光彩，为党和人民再立新功。

（丁立平　王晗赛男）

【全国人大《国防动员法》调研组来师调研】 2009年,7月14日，全国人大法律委员会洪虎副主任委员带全国人大《国防动员法》调研组一行12人来师进行调研。胡德山师长作了工作汇报，孙汉友政委、艾民参谋长、政治部陈勇主任、后勤部李忠山部长、装备部邵恩祥部长参加了座谈。军区动员部安卫平部长陪同调研。

（丁立平　王晗赛男）

【慰问师应急行动演练官兵】 2009年7月28日，辽宁省委副书记张成寅率省委副秘书长姜宏、省民政厅厅长徐铁南、沈阳市委常委组织部部长初立生组成的辽宁省“八一”慰问团，在省军区马学义副政委、政治部丁春副主任陪同下，来师应急行动演练现场东陵区丰乐村进行慰问。慰问团在听取孙汉友政委关于师应急行动演练情况汇报后，张成寅副书记代表慰问团讲了话，他对师积极适应预备役部队职能拓展需要，着眼“应对多种安全威胁，遂行多样化军事任务”要求，组织预备役部队进行应急行动演练给予充分肯定。慰问期间，慰问团向师演练官兵赠送了价值10万元慰问品，并现场观看了一团水上救援科目演示。

高炮一师组织这次应急行动演练是根据省军区整组任务部署和预备役部队遂行非战争军事行动要求组织实施的。这次应急行动演练，主要依托重点建设分队，采取精编抽组的方式，在4个团和师直属队共组建了5个计1000人应急值班分队，分别担负防汛救灾、抗震救灾、扑火救灾和核生化救援、反恐维稳等应急任务。2009年7月30日，师组织5个应急值班分队预备役官兵，采取全员、全装拉动的方式，对全师应急力量建设和训练情况进行了检查验收。

（丁立平　王晗赛男）

【一体化防空作战演练官兵】 2009年9月11日，副市长祁鸣率市政府陈弘副秘书长、民政局张颖局长、冯凯副局长组成的慰问团，代表市委、市政府来到师训练基地看望并慰问即将赴大连参加省军区组织的大连要地一体化防空作战演练官兵，并赠送了10万元慰问金。

祁鸣副市长代表慰问团讲了话，她指出，近年来高炮一师在省军区党委和沈阳市委市政府的正确领导下，以科学发展观为指导，充分发挥预备役部队自身优势，在大力提高核心军事能力的同时，积极参加驻地“三个文明”建设，实现了战斗力和生产力双赢，为沈阳市夺取全国双拥模范城“六连冠”做出了贡献。高炮一师全体参演官兵要以使命任务为牵引，着眼“应对多种安全威胁，遂行多样化军事任务”要求，认真践行当代革命军人核心价值观，忠实履行军人职责，苦练军事战术技能，高标准完成省军区赋予的演练任务，以优异成绩向建国60周年献礼。

师长胡德山代表师党委和全师官兵讲了话。表示一定要把市委、市政府的关怀变为建设部队、服务人民的强大动力，狠抓战备训练，加强应急建设，切实提高核心军事能力；一定要把参建共建活动开展好，努力为老工业基地振兴和“和谐沈阳”做贡献；一定要把应急维稳做为预备役部队的重要职责，高质量完成沈阳市赋予的急难险重任务，努力建设一支让沈阳市放心、能用、敢用的一流预备役部队。

这次演练是年度例行军事演练。此次演练全师共参演官兵433人，动用各型车辆71台、火炮24门，先后完成了应急动员集结、向作战地域机动、城市防空作战行动指挥及高炮连战斗准备、实兵战术演习、观摩、阅兵和撤离战场等内容的演练，并组织了基础训练和实弹射击考核。

（丁立平　王晗赛男）

【召开领导班子部分成员调整交接大会】 2009年4月28日，师召开领导班子部分成员调整交接大会。省委常委、省军区政治委员庄红军主持会议。庄政委宣读了中央军委关于刘建英师长、宋世涛政委退休和胡德山师长、孙汉友政委任职命令。刘建英师长、宋世涛政委和胡德山师长、孙汉友政委分别作了离职和任职发言。庄政委就进一步加强师党委班子和部队建设讲了四点意见：一要把思想政治建设摆在首位，确保部队始终听从党中央、胡主席指挥；二要着眼“两多”要求，扎实做好军事斗争各项准备；三要注重抓好党委班子自身建设，不断提高领导部队科学发展的能力；四要进一步强化安全发展理念，确保部队高度稳定和集中统一。省委常委、市委书记、师第一政委曾维希望新的党委班子要再接再厉，乘势而上；要不辱使命，出色履职；要率先垂范，凝心聚力，不断推动部队建设创新发展。

（丁立平 王晗赛男）

【鲍铁印少将来师检查指导工作】 2009年11月9日，省军区司令员鲍铁印少将来师检查指导工作。师政治委员孙汉友代表师党委汇报了部队沿革编成及主要任务，近年来部队建设的主要特点，2009年主要工作完成情况。鲍司令员对师党委班子和部队全面建设情况给予了充分肯定。认为，师党委一班人政治敏锐，工作思路清晰，作风务实，尽心尽责尽力，贯彻落实科学发展观成效明显，很多工作走在省军区部队的前列。就如何做好年底前的收尾工作，科学筹划好明年的工作，结合当前形势任务，鲍司令员强调：一要进一步抓好班子自身建设；二要谋求抓好干部队伍建设的措施办法；三要确保部队安全稳定。检查期间，鲍司令员还观看了反映师应急力量建设的录像片，参观了师史馆和师庆祝建国60周年摄影展。

（丁立平 王晗赛男）

【张林少将来师检查指导工作】 2009年9月21日，省军区张林政委带机关有关人员来师检查指导工作。在听取孙汉友政委关于师全面建设情况汇报后，张政委对师党委班子和部队全面建设情况给予充分肯定。认为，师党委一班人政治敏锐、把握大局能力强，落实上级指示坚决、善于抓大事议大事，工作思路清晰、贯彻落实科学发展观成效明显。一是思想政治建设坚强有力；二是军事斗争准备扎实有效；三是党委班子核心领导作用明显；四是部队全面建设标准较高；五是工作作风扎实、部队风气良好。就如何加强党委班子建设，张政委强调：一要深入扎实开展学习实践科学发展观活动，确保部队建设的正确方向；二要以军事斗争准备为牵引，不断提高核心军事能力和完成多样化军事任务的能力；三要以党委班子良好的作风形象影响带动部队，切实做到坚强有力奋发有为；四要坚持依法从严治军，确保部队正规有序安全稳定。

（丁立平 王晗赛男）

【召开一届十三次全委（扩大）会议】 2009年2月3日，师党委在师部召开一届十三次全委（扩大）会议，总结2008年工作，部署2009年任务。会议传达了省军区全委（扩大）会议精神；师党委书记、政委宋世涛同志代表师党委常委作了题为《深入学习实践科学发展观，努力推进部队建设又好又快发展》的工作报告；师纪委书记、副政委于秋阳做了书面纪委工作报告；各团第一政委分别进行了述职；沈阳市委副书记、师副政委苏宏章宣读了2008年度受到省军区以上表彰的先进单位和个人以及师2008年度先进单位和个人的表彰通令；省委常委、沈阳市委书记、师党委第一书记曾维到会并做了重要讲话。一是要进一步加强思想政治建设，牢牢把握部队建设的正确方向；二是要进一步做好军事斗争准备，加快推进部队建设全面发展；三是要进一步搞好参建共建工作，努力实现地方和部队工作双促进；四是要进一步提高组织领导水平，积极为部队建设创造良好环境。师党委副书记、师长刘建英围绕如何确保部队安全稳定，抓好年度工作落实提出了具体要求。

（丁立平 王晗赛男）

【领导干部理论轮训班】 2009年6月2日至11日，师、团党委机关百余名干部通过电视电话会议系统，网上同步参加了沈阳军区师以上领导干部理论轮训班学习。先后听取了国防大学、军事科学院、中央党校、国家计生委等单位领导（专家）和沈阳军区首长以及辽吉黑三省省军区政委关于如何学习理解“三个确保”时代课题的科学内涵精神实质和基本要求，如何适应新世纪新阶段履行使命任务的要求加快军队现代化建设，如何加强党的民主集中制建设等内容的辅导报告。学习期间，师召开了领导干部学习成果交流会。

（丁立平 王晗赛男）

【检查验收学习实践科学发展观活动】 2009年8月10日至14日，省军区王静雨副司令员带工作组一行6人，来师检查学习实践科学发展观活动情况、考核党委班子并指导召开常委民主生活会。工作组听取了师党委贯彻落实科学发展观和党委班子建设情况汇报，组织全师副团职以上干部进行了民主测评，分别与师党委常委、党委委员和部分机关科长进行了谈话，到4个团进行了检查调研。8月14日，在工作组指导下，师党委常委召开了以“深入贯彻落实科学发展观，推动部队建设科学发展”为主题的民主生活会，常委成员对照中央军委《关于进一步加强军队高中级干部作风建设的意见》，重点查找了党委班子和常委个人在确立科学发展的观念、增强科学发展的能力、提高科学决策的水平、保持科学发展的作风“四个方面”存在的问题，分析了影响班子和部队建设的主要矛盾和原因，认真开展了批评与自我批评，研究制定了加强党委班子自身建设的措施。王副司令员代表省军区工作组对师党委贯彻落实科学发展观和党委班子建设情况进行了讲评。

（丁立平 王晗赛男）

【预备役部队和民兵整组工作电视电话会议】 2009年3月10日，根据省军区整组工作会议精神和师年度整组工作计划安排，师与沈阳警备区联合召开了“沈阳市2009年预备役部队和民兵整组工作电视电话会议”。陈光辉副师长传达了辽宁省军区整组工作会议精神；沈阳警备区王辅东参谋长部署了2009年沈阳市预备役部队和民兵整组工作任务；刘建英师长和沈阳警备区袁昭司令员分别做了指示。会议由副师长陈光辉主持。会议要求，一是认清形势任务，切实把整组工作摆上议程。二是树立创新观念，探索整组工作新路子。三是把握工作重点，不断提高整组质量。

（丁立平 王晗赛男）

【《前进报》创刊60周年纪念活动】 2009年2月25日，师组织沈阳人和机电工程设备有限公司的电力应急保障分队部分预任官兵，动用发电机组2台，参加了军区《前进报》创刊60周年纪念活动，并完成了应急电力保障任务。师领导就师电力应急保障分队组建和参加地方经济建设情况向军区首长作了汇报。此次活动很好地展示了预任官兵的精神风貌，较好地发挥了预备役部队在参加地方经济建设中的作用，有效推动了工作深入开展。

（丁立平　王晗赛男）

【师应急值班分队纳入沈阳市应急体系建设】 根据沈阳市要求，师应急值班分队纳入市应急体系建设。2009年11月上旬，师首长机关先后与沈阳市应急办、市城建局、棋盘山管委会等单位进行沟通和协调，就除雪救灾和防火救灾中涉及到的指挥关系、应急响应机制和出动程序、经费以及器材保障等问题进行了研讨和座谈，初步达成了一致意见。师已组建了800人的除雪救灾和防火救灾值班分队，制定了除雪救灾和防火救灾预案，组织了现场堪察，补充和完善了部分除雪、防火装备及器材，完成了基本常识学习和基本技能训练，初步具备了遂行多样化任务能力，确保沈阳市一声令下立即出动。

（丁立平　王晗赛男）

【沈阳防空联训区首长机关训练】 根据省军区年度军事训练指示，2009年7月5日至10日，师组织所属4个高炮团和沈阳防空联训内沈阳、鞍山、抚顺、本溪、辽阳、铁岭6个军分区（警备区）的9个民兵防空团首长机关计202人，采取理论授课、现场观摩、综合演练、交流研讨、考核评比的方法，进行了以组织指挥要地防空战斗行动为主要内容的集训。通过集训，既提高了首长机关各级指挥员的组织指挥能力，熟悉了作战编成和作战预案，又加强了联训区首长机关的沟通协调，探索了联训的方法、路子。

（丁立平　王晗赛男）

【团党委班子进行考帮建工作】 11月份，师组成由政治部主任陈勇任组长的考帮建工作领导小组，按照计划对全师4个团级党委班子进行了考帮建和干部考核。听取了各团党委班子建设和学习实践活动整改落实情况汇报，对营以下干部进行了议论文写作测试，组织副团职和营职现役干部述职，并进行了民主测评。工作组分组同团班子成员、机关和分队现役干部谈了话，征求了预任党委委员的意见建议，查看了反映党委班子和团队全面建设的有关资料。陈主任代表工作组对各团党委班子建设情况进行了讲评，并就如何建设学习型班子、事业型班子、创新型班子、民主型班子和和谐型班子提出了建设性意见。

（丁立平　王晗赛男）

【开展"爱心助学"活动】 2009年11月上旬，师组织官兵到法库县秀水河子镇大觉堡村开展了"爱心助学"活动，并带去了价值2万余元的老师办公桌、学生课桌椅和部分学习用品，辽宁电视台做了现场报道。自1994年师与法库县秀水河子镇大觉堡村建立扶贫助学共建关系后，已保持了15年不间断，累计投资已达100余万元，捐助贫困学生近200名。中央电视台、《中国国防报》、《前进报》、《东北后备军》等军地媒体多次给予报道。

（丁立平　王晗赛男）

【抓好国庆节前后特殊时段安全稳定】 按照上级统一部署，师以省军区"全力抓好国庆节前后特殊时段安全稳定"和军区"迎国庆·50天安全稳定活动"为契机，结合"安全工作专项整治"和"识险、化险、避险教育实践活动"，全面排查整治安全隐患，狠抓安全稳定各项工作。按照上级要求，制定活动方案，深化学习教育，加强检查督导。2009年9月8日，师专门召开"两委会"（安全委员会、保密委员会），听取各团和机关各部关于第三季度安全形势分析情况汇报，全面分析了人员管控、车辆安全、信息保密、营院管理、实弹射击等五个方面安全隐患；针对存在的倾向性问题，有针对性地提出了整改措施和建议；部署了年底前特别是"国庆节"前后安全稳定工作。

（丁立平　王晗赛男）

【完成冬季适应性野营训练】 2009年1月12日至16日，师组成3个工作组指导各团现役官兵及部分预任官兵190余人进行了冬季适应性野营训练。这次冬季适应性野营训练，动用指挥及保障车辆19台、火炮6门，徒步行军100余公里，摩托化行军160余公里。主要进行了摩托化行军、徒步行军、首长机关现场作业、通过沾染地带、设露营等科目的训练。训练期间，军区动员部刘维副部长带检查组对3团冬季野营训练情况进行了检查。通过这次野营训练，不但全面提高了部队严寒条件下走、打、吃、住、藏、通、管、保的能力，而且还强化了预任官兵的"军人"意识，较好地达到了训练目的。

（丁立平　王晗赛男）

武装警察

【支队建设】 2009年，沈阳市支队党委按照"新一轮发展"的目标要求，凝心聚力，抢抓机遇，主动作为，部队建设保持了健康协调的发展态势，实现了展示形象、争创先进的工作目标。年内，被总部评为管理教育工作先进单位，被总队评为先进支队；四、五大队被总队评为基层建设先进大队，十九、十五中队被总队评为基层建设标兵中队，二、六、七、八、九、十三、十七、十八、二十八、二十九、皇姑区和康平县中队被总队评为基层建设先进中队。

支队始终把抓基层打基础作为工作重心紧紧抓住不放，通过深入抓好《纲要》等法规文件、上级首长关于加强基层建设的一系列指示精神的学习，全面提升了各级对推进经常性基础性工作落实的认识层次。通过深化干部"三心"教育，开展"四知"群众性大讨论，定期组织大、中队主官培训，组织干部参加全国计算机等级考试等活动的深入开展，基层干部素质能力进一步增强。连续三年在总队组织的"四会政治教员"评比竞赛中，取得优异成绩。持续开展五个"暖心工程"。支队拿出60万元资金作为人才建设基金，引导广大官兵学习成才；为患病的干部、战士及家属发放困难补助20余万元，捐款50余万元；为结婚、直系亲属病故的干部发放慰问金10多万元；先后为统考考生举办了3期文化补习班；妥善解决了10起官兵涉法问题，使官兵切身感受到组织上的温暖，进一步激发了官兵安心本职、用心工作的内在动力。同时，狠抓干部队伍集中轮训、岗位练兵和帮教帮带，按照总队《关于狠抓经常性基础性工作落实，进一步推进部队质量建设的意见》，大力实施重点帮建和普遍抓建，建立完善了大队"两下两上"和基层干部"轮流驻班"制度，先后组织20批次工作组对所有中队实施了普遍帮建，常委、部门副职和机关科长对20个多年与先进无缘的中队进行了重点帮建，基层"一个班子，两支队伍"建设普遍加强，先后有16个重点帮扶的中队跨入先进行列。

（吴兴亚）

【军事工作】 在年度军事工作中，紧紧围绕国庆安保任务，加强组织指挥，严密勤务部署，正规组勤模式，有效整合力量，确保了以执勤、处理突发事件为中心的各项任务圆满完成。"议中心"、"议训"等制度有效落实，总队新大纲试点任务完成圆满。精心抓好机动大队战备力量建设，进一步规范了战备设施建设标准和战备力量紧急出动基本程序等内容，确保了有情况能够迅速到位、妥善处置。全年，先后出兵11万余人次，圆满完成警卫、押运、押解、处置突发事件、国庆安保等重要任务629次。有5起突发事件，因官兵处置得当，得到总部首长的签批表扬。围绕实现部队秩序正规、纪律严明、内部和谐、安全稳定的目标，通过深化治理"五个重点问题"，规范部队"四个秩序"，不断完善和坚持党委统安全、经常议安全、全员抓安全、合力保安全的各项制度，及时分析研究，超前谋划预测，普遍排查隐患，有效解决问题，牢牢把握了工作的主动权。突出抓好"条令学习月"、经常性管理和事故案件预防工作。扎实开展"五个过一遍"、"学法规、用法规、守法规"、"深知兵、真爱兵"、思想骨干培训和专题教育整顿活动，认真抓好安全大检查、机关"两下两上"和个别人排查管控工作，部队安全发展基础进一步巩固。深入贯彻落实总队党委近几年抓基层建设的思路和举措，紧紧围绕打牢基础、提升层次，强化基层组织功能发挥，讲求经常性工作质量，认真研究动中抓、散中建、变中管的特点规律，严格依法抓建、持续开展"五个整治"活动和精心筹备总部管理教育工作现场会，基层规范化水平得到进一步提升。4－9月份，依托教导队组织了1批单兵专业教练员和4批骨干培训，提高了教练员队伍的整体素质。

（吴兴亚）

【后勤保障】 围绕"保中心、保生活"要求，认真研究完善了处突保障机制，整合优化了后勤骨干力量和动态保障体系，国庆安保背景下的后勤保障任务圆满完成。坚持量力而行搞建设，出台了《支队预算科目管理规定》，将四类经费管理工作纳入党委的议事日程，全支队经费收支平衡率和财务管理"三好五无"率分别达到了100%和98%以上，部队事业任务保障率达100%，官兵工资发放业务全部采用工资卡和网上银行系统进行发放。不断巩固和发展基础设施建设成果，以深化后勤规范化管理、抓好基层基础设施建设为着力点，完善了集中配菜制度和各类应急保障预案，依托三级网和支队"司务长之家"，先后参加和举办了卫生员、炊事员、军械员、驾驶员、司务长、四小工、种养植（殖）技术骨干等培训班7期238人次，后勤队伍的政治素质、法规意识和管理能力有了较大的提高。加强"四配套"建设，对支队机关、9个大队、50个中队和12个单独执勤点的营房进行了重建和装修改造；为全部队400个战斗班安装了冷暖变频空调；为48个单位进行了"七室三场一廊"建设和政治环境建设，基层单位"四项设施"建设配套率达到98%。基层以小种植、小养殖、小作坊、小巡诊和小维修为主要内容的"五小"活动丰富扎实。狠抓了农副业生产规划的落实，帮助2个中队建猪舍、大棚，养猪37头、羊52只、家禽308只，新增种植面积1公顷，全年投入农副业生产4万元，收益8.7万余元。发放新式服装76个品种20万余件（套），并积极做好跟踪服务，及时为官兵调整了不合体服装，官兵适体率达到98%。狠抓军械规范化管理，对全支队42个中队的27.7万发（枚）弹药进行清查、鉴定和核查，完成了武警部队管理教育现场会中对31中队兵器室的规范试点工作。狠抓车辆运输的安全管理，现安全行驶300余万公里，使用油料220吨无差错。完成了对车辆的改装和维修，完善了车场、门禁、指纹派遣系统等配套设施，组织了车辆四无检查，统一了派车命令、派车单、加油卡等17种登记簿、卡、表。对车辆号牌、档案进行清理，新增1辆多功能防爆车、2辆运兵车，利用GPS车辆跟踪定位系统，对支队车辆、车速和行驶路线及驾驶员遵交守规情况进行全面检查监督。加强卫生建设，组织医疗小组对新兵进行了体格复检，开展了爱国卫生月和H1N1流感防病活动，组织参加了各项临时勤务的卫勤保障工作，为基层发放各类药品价值10万余元，为官兵会诊1000多人次，收治住院病号160多人次，转送总部医院5人次，深入基层巡诊6次，组织官兵体检1550人次，为7800余人次官兵注射H1N1流感、乙脑、流脑、乙肝、破伤风疫苗接种率达到95%以上。

（吴兴亚）

人民防空

【人防工程建设】 2009年是沈阳市利用社会资金建设人防工程取得重大成果的一年。市人防办和具有独立审批权限的区、县（市）严格执行国家"结建"政策，及时把握房地产业的变化形势，加大对新开项目的源头控制，坚持"以建为主、应建必建"的原则。强化政策执行，规范审批程序，落实监督机制，提高服务质量，严把审批关。积极探索和实践投资主体多元化，利用社会化资金建设人防工程取得重大成果，吸引社会资金建设了长江街人防工程。组织开展了全市已建工程普查工作，在进一步摸清底数的前提下，因地制宜地支持一些区、县对能够利用的老旧工程进行重点改造，使之更好地发挥平时和战时的作用,组织了“十二五”人防规划的编制工作。加大了对有关区、县(市)结合民用建筑修建防空地下室工作的监督检查,保证了年度任务目标完成。

(许建磊)

【平战结合与国有资产管理】 把人防工程产权界定与人防行政审批工作结合起来,从人防工程建设的源头把住国有资产管理的关口。在新建工程立项的同时,对应建人防工程面积进行产权确认,将人防国有资产产权确定作为人防行政许可的一个前置审批要件,加强了行政审批与人防工程国有资产管理的有效衔接,避免了审批与管理的脱节,堵住了新建人防工程产权管理的漏洞。为进一步强化和规范管理,制定并下发了《沈阳市人防工程国有资产管理规定》,使全市人防工程国有资产管理工作纳入法制化和规范化的轨道。与市财政局、物价局协商确定了人防工程国有资产的定价收费标准。形成了较为完整的、可操作性较强的沈阳特色的人防工程国有资产管理模式。

北站地下商业城在努力提高灯饰批发市场经济效益的同时,利用营业通道兼作地下人防过街道,缓解了站前广场地面人车混行交通拥堵现象,发挥了很好的社会效益。各区、县人防办利用早期工程开展仓储等经营,扩大了平战结合收益。2009 年,市、区两级人防部门上缴财政的平战结合收入超过 2000 万元,为全市经济发展和壮大人防经济实力做出了应有的贡献。严格落实了人防工程防火、防汛等安全生产措施,安排专项资金维修早期险危人防工程,确保了安全稳定。

(许建磊)

【指挥通信】 着眼防空抗毁能力和应急保障能力的提高,按照“拉得出、连得上、保障好”的要求,沈阳市人防指挥通信“软”、“硬”件建设进一步得到加强。市人防办着眼于提高人防指挥通信建设的防空抗毁能力和应急保障能力,努力做到“拉得出、连得上、保障好”。积极开展多种形式的专业训练,提升专业人员素质,在提高档次、拓展功能和发挥效能上下功夫。进一步整合了全市各类信息资源,开发了指挥通信应急软件,完善了数据库建设,配齐了指挥车、通信车、炊事车和发电车,实现了功能的完整配套,为市委、市政府平时应急工作处置指挥提供了有力保障,也为战时防空指挥保障奠定了坚实基础。加强对全市重要经济目标防护、人口疏散基地建设、人防专业队伍建设和区、县(市)人防战备基础建设等方面工作的重点研究与实践。组织对全市重点目标进行全面普查,摸清底数,开展了战时防护措施的调研论证。组织皇姑区与新民市人口疏散地域的对接试点。组织人防防化专业队伍赴驻军防化部队进行集中训练,提高了人防专业队伍遂行应急救援任务的能力。

(许建磊)

【应急救援】 市人防办依托人防指挥通信信息平台为市政府防空防灾和应对突发公共事件搭建了固定与机动相结合、功能强大的应急指挥通信平台。该应急指挥通信平台纵向实现了与国务院应急办和省应急办的联通,横向达成了与市政府 23 个具有相关应急工作职能部门和单位的互联,同时实现了对全市交通枢纽、奥体中心、发电厂、水源地等部分重点地区、重点目标、重点部位的实时监控,在各种突发公共事件的应急处置中发挥了重要的保障作用,受到国家人防办和省、市领导的肯定。在 2009 年国庆 60 周年前后,市人防办按照市政府反恐工作的部署和要求,积极落实应急备勤,加强了应急指挥平台和防化救援值班,在市应急办及有关部门组织的多次应急拉动中都准时到位。在沈北新区和东陵区森林火险应急处置工作中,应急机动指挥车和应急机动通信车遂行事故现场应急保障任务中发挥了重要作用。

(许建磊)

政　法

政府法制

【政府立法】　2009年，按照市人大立法计划，市政府法制办认真开展审办工作。按时向市人大提报了《沈阳市专利促进和保护条例》、《沈阳市历史文化名城保护条例》、《沈阳市防御雷电灾害条例》、《沈阳市公路路政条例修正案》、《沈阳市科技投入条例废止案》、《沈阳市保外就医管理条例废止案》、《沈阳市个体工商户条例废止案》、《沈阳市私营企业条例废止案》、《沈阳市城市房产管理条例废止案》等9件地方性法规草案。同时，出台了《沈阳市作业场所职业卫生监督管理办法》、《沈阳市城市地下管线工程档案管理办法》、《沈阳市地名管理办法》、《沈阳市学前教育管理规定》等4件政府规章；发布实施了《沈阳市人民政府关于取缔露天烧烤经营行为的通告》1件政府通告；审查备案由区、县政府及市政府部门制订的《沈阳市生产经营单位主要负责人履行安全生产管理职责暂行规定》等34件规范性文件。按照市委开展学习实践科学发展观的要求和市人大的工作安排，法制办开展了制度建设清理工作，下发了《关于进一步清理地方性法规、政府规章和规范性文件的通知》，除按要求完成了1991年以来制定的现行有效的42部地方性法规、140部政府规章清理工作任务外，又对591件规范性文件进行全面清理，得到了市人大的充分肯定。

（张春权）

【行政执法监督检查】　一是认真开展了行政执法案卷评查工作。按照2009年年初确定的工作计划，市政府法制办在上半年，下发了《关于开展行政执法案卷评查工作的通知》。按照通知要求，全市13个区、县（市）、3个开发区和市直41个单位普遍认真开展执法案卷自评自查工作。在此基础上，法制办抽调了全市行政许可、处罚、裁决、确认共521宗行政执法案卷，经认真阅评，评出优秀案卷50宗，对部分行政执法案卷中存在的问题提出了指导意见。行政执法案卷评查工作结束后，及时下发了《关于2009年行政执法案卷评查情况的通报》。这项工作的开展，对规范行政执法行为，提高执法案卷质量起到推动作用。二是建立了行政处罚自由裁量权基准制度。在2008年完成全市各级执法机关行政处罚自由裁量权细化工作的基础上，2009年法制办重点加强了建章立制工作，在市本级31个行政执法部门，建立了行政处罚自由裁量权基准制度。三是开展了行政执法人员培训和资格确认工作。全年共举办行政执法人员培训班五期，培训新增行政执法人员932人。审查办理行政执法证件2186个，其中办理申领执法证件718个，换发执法证件1468个。确认行政执法机构的执法主体资格13个，并发布了公告。办理执法委托书审查备案近300件。加强执法人员执法资格和执法证件统一管理，进一步完善了行政执法人员数据库。

（张春权）

【行政复议应诉】　一是依法办理行政复议案件。2009年，全市各级行政复议机关共受理行政复议案件2144件，其中，市政府本级新收行政复议申请162件，比上年下降46.2%。立案前协调处理70件，占收案总数的43.2%；立案审理92件，占收案总数的56.8%。受理案件中100%审结，其中维持51件，占55.4%；协调处理后当事人撤回申请40件，占43.5%；审理期间申请人放弃复议的1件，占1.1%。答复不服市政府向省政府申请行政复议案件7件，现已审结6件，市政府全部胜诉。二是不断提高行政复议办案质量。为进一步提高办案质量，法制办在办理行政复议案件中，按照公开、高效、便民的原则，坚持“五公开”阳光办案方式，积极探索简易程序和立案前协调处理机制，充分运用和解、调解等手段，提高办案效率和化解行政争议的能力。同时，进一步规范行政复议文书，下发了《沈阳市行政复议文书格式规范》，推行了50种标准格式的行政复议法律文书。三是积极出庭应诉和答复省政府行政复议案件。2009年，全市行政应诉案件627件，其中，市政府作为被告的行政应诉案件14件（含往年结转3件）。

（张春权）

【推进依法行政】　2009年上半年，市政府法制办对全市近五年来贯彻落实《纲要》和《决定》，推进依法行政情况，进行全面的检查调研。认真总结了全市五年来推进依法行政的工作成果和存在的问题，提出了下一步工作思路，并形成了工作报告上报省政府。法制办在全市开展了依法行政示范单位活动，并下发《关于开展依法行政示范单位试点工作的通知》，确定在铁西区等5个地区政府和市交通局等7个部门开展“依法行政示范单位”试点工作。为圆满完成2009年度依法行政考评工作，法制办认真做好与市考评办有效衔接，科学制定依法行政考核方案，统一考评标准。在实施考评工作中，法制办抽调基层法制工作人员作为考评监督员，集中时间，深入基层，采取听取汇报、查验档案、抽查所属执法单位、现场对行政执法人员进行法律法规测试等方式进行实地考评。

（张春权）

社会治安综合治理

【概况】　2009年，全市各级党政组织和综治部门坚持以科学发展观为统领，紧紧围绕“保增长、保民生、保稳定”工作大局，坚持“打防结合、预防为主，专群结合、依靠群众”方针,以“争创综治工作先进市”活动为牵动,以解决群众普遍关心的治安问题为重点,大力构筑社会治安防控体系,全面加强社会服务和管理,深入排查化解矛盾纠纷,在更高的层次上推进了综治各项工作措施的落实,圆满完成了国庆60周年安全保卫工作,有效地维护了社会治安稳定和政治稳定,全年没有发生有影响的重特大刑事案件、治安灾害事故和群死群伤交通事故。

(吴　宪)

【平安建设】 启动实施了新一轮“争创综合治理工作先进市”活动。对300个校园周边问题进行了专项整治,解决实际问题272个,为大部分中小学校聘用了专职保安。扎实开展了无刑事案件、无治安灾害事故、无群体性事件、无邪教活动、无传销活动、无黄、无赌、无毒等“八无”社区(村)创建工作,全市有215个社区、502个村达到“八无”标准,分别占全市社区和村总数的31.1%和34.2%。深入推进“平安金融”创建工作,通过加强金融机构内部管理、强化社会诚信体系建设、严厉打击金融违法犯罪、强化法律服务和司法保障等措施,有效防止和打击了乱集资、乱设金融机构、非法集资等活动。全市有9个基层单位被评为省级基层平安示范单位,100%的区、县(市)被评为省级平安区、县(市),沈阳市被评为全省社会治安综合治理先进市。人民群众安全感指数同比增加了3个百分点,达到了96.6%。

(吴　宪)

【组织机构建设】 以贯彻落实中办发14号和省委办发30号文件精神为契机,积极与市编办等有关部门研究全市综治机构设置、人员编配问题。在市综治办增设矛盾纠纷排查调处办公室。13个区、县(市)综治办设立了综合协调科、督察指导科和矛盾纠纷排查调处办公室,人员编制不少于6人。完成了街道(乡镇)综治委、办的人员编制定位。街道综治委主任由党工委书记担任,综治办主任由同级副职干部专任,进同级党委。乡镇综治委主任由党委书记担任,综治办主任由政法综治委员专任,进同级党委。市、区(县)、街道(乡镇)综治专项经费分别按照每人0.5元、1元、2元标准纳入市、区(县)财政预算。

(吴　宪)

【社防体系建设】 2009年围绕国庆60周年安保工作,在人防方面,全市共动员发动14.6万名安保志愿者参与国庆安保,在重点部位、交叉路口设立固定治安岗亭1860多个,组建自行车巡防队伍58个,对全市重点场所、企事业单位和社区(村)进行全天候、不间断的巡逻防控。在物防方面,通过财政拨款、社会投入共筹集资金1.6亿元,在老旧小区共安装单元对讲门2953樘,在一、二楼缓步台安装内置式铁栅栏8115扇,安装和维修小区及楼道亮化灯69769盏。在技防方面,加强视频监控系统建设,建成监控点位40.3万个,实现了市、区县(市)、街道、社区及单位内部视频监控系统全覆盖。在100个老旧社区(小区)安装电子眼4172个。高标准落实各项安保工作措施,组织五部委对国庆安保工作开展督导检查,保证了国庆大型活动及重点保卫工作万无一失。

(吴　宪)

【严打整治】 积极推进了“命案专项整治”、“两抢一盗”、“打黑除恶”、“扫黄打非”、“禁毒禁赌”、地下“六合彩”和贷款、保险、合同诈骗等多发性经济犯罪及涉众型经济犯罪活动等“七大专项打击整治”活动,社会管控能力得到新提升。全年共破获各类刑事案件47223起,刑事案件发案数同比下降了9.9%,八类主要案件同比下降了17.1%。多发性侵财案件同比下降了27.7%。全年共发生命案218起,死亡212人(比上年少死亡51人),同比分别下降了15.18%和13.11%,命案现案破案率达到了100%。破获命案积案69起,破获命案比值为131.65%。继续保持了对社会治安热点问题严查、严管、严控态势,取缔“黑足疗”、“黑旅店”、“黑游戏厅”1289家,查处“黄赌毒”、“六合彩”案件4406起,沈阳整治“黄赌毒”的经验在全国进行了推广。

(吴　宪)

【社会服务管理】 深化“为了明天”工程示范区、县(市)创建活动,组织开展了“关护成长,远离犯罪”为主题的“法官进学校”活动,加大了对未成年人特殊群体的管理服务力度。对流动人口和出租房屋实施动态管理,建立了长效管理机制,全年共登记流动人口130.3万人,出租房屋52.1万套。多渠道解决刑释解教人员的就业和生活保障问题,为383名刑释解教人员纳入了“低保”或“社保”,为133名“三无”人员解决了住房、工作等实际困难。

(吴　宪)

【表彰见义勇为人员】 2009年6月24日凌晨,江苏省盐城市来沈务工人员项某下夜班步行回家时,被两名持刀劫匪逼到了角落,歹徒抢到手机等物品后分头逃窜。此时,辽宁出版集团股份有限公司干部刘军恰巧驱车路过,听到喊声立即下车追赶,在与歹徒搏斗中被歹徒刺中胸部,经抢救无效英勇牺牲,年仅46岁。事情发生后,市、区综治办立即启动见义勇为评选程序。29日,市政府决定授予刘军“见义勇为先进分子”荣誉称号,和平区政府决定授予刘军“见义勇为积极分子”荣誉称号,并分别奖励18万元和15万元。刘军还被追认为“革命烈士”、追授为“辽宁省见义勇为英雄”和“全国见义勇为英雄”称号。全年,市政府共对5名见义勇为先进分子进行了表彰,支付奖金45万元;和平、皇姑、大东、东陵等区表彰奖励了14名见义勇为积极分子,支付奖金27万元。

(吴　宪)

公　安

【完成国庆安保工作】 沈阳市公安机关把国庆安保工作作为压倒一切的政治任务,坚持一切工作围绕国庆安保、一切工作服从国庆安保、一切工作为了国庆安保,严格落实“严之又严、细之又细、慎之又慎、实之又实”的工作要求,举全局之力、聚万警之心,全警动员,全员参战,全力以赴地开展国庆安保各项工作,实现了“大事不出,小事也不出,确保万无一失”和“8个坚决防止”、“3个确保”的工作目标。沈阳市公安局被省委、省政府命名为全省国庆安保先进集体,获市委、市政府国庆安保突出贡献奖,被省公安厅命名为全省公安机关国庆安保先进集体。全面构建了国庆安保战时工作体系。市公安局成立了国庆安保总指挥部，先后21次召开全局大会，53次召开调度会，对国庆安保工作进行动员部署。组成了11个局党委委员督导组、3个正局级巡视组和6个国庆安保办督导组，采取等量抽查、交叉互检、轮回督导的方式，开展24小时不间断、滚动式、全方位的督导检查。从8月15日开始，市局党委委员、全局各单位主要领导、主管领导和安保办同志全部实行封闭办公。从9月15日开始，全局科、所队长全部吃住在单位。从9月20日开始，全局实行禁酒令。9月25日，全局提前进入一级安保勤务模式。期间，先后有26个集体、225名个人被火线记功嘉奖，有101名领导及民警被追究责任。全力确保了社会大局持续稳定。收集重大有价值信息3100条，召开情报信息研判工作会议106次，发布预警性信息100余条，落实重点人员稳控信息300余条。组织开展了信访会战百日攻坚，1月至9月沈阳进京非正常访案次、人次同比分别下降96.9%和97.2%；被国家通报的进京登记人数由全省的34.53%下降到1.02%，实现了国庆安保期间，进京群体访、进京非正常访、进京极端滋事、进京正常访登记、进京回流登记、驻京信访人员违法违纪6个为零。全力夺取了反恐斗争全面胜利。以市反恐办名义先后5次召开全市反恐怖工作会议，对全市涉稳人员全部落实了包保稳控措施。完善了反恐防范新模式，对全市重点守卫目标开展不间断、滚动式督导检查，下发整改通报167件。严格落实重点地区、重点部位安全防范责任制，构建了全覆盖、无缝隙的反恐网络体系。组织开展了“0901”、“0902”全市性反恐实战演习，开展各类反恐技能培训41次。全力强化了社会治安整治行动。圆满完成了43项、83场次大型活动安全保卫工作任务及12次中央、省、市领导活动的警卫工作任务。先后四次对全市流动人口，出租房屋、公共娱乐等治安复杂场所开展统一清查行动，共抓获各类犯罪嫌疑人492人，其中网上逃犯205人。全力加强“环京护城河”重点工程。全面启动了全市12个警务工作站和11个涉稳堵卡点，先后抽调168名警力，充实到警务工作站和涉稳卡点，投入资金为警务工作站购置办公、防护、拦截设施77套，智能抓拍比对系统6套、公安查控系统37套。加大长途汽车站、火车站、出入城口和机场过往人员、车辆、物品的盘查、检查力度，共检查车辆17.2万台，比对人员47.8万人，抓获犯罪嫌疑人157人，其中网上逃犯55人，截获各类重点人员214人。同时，抽调77名警力充实驻京工作组力量，有效发挥了“环京护城河”作用。

（侯锦鹏）

【命案现案侦破】 2009年沈阳市发生的命案全部侦破，现案破案率为100%，破获年前命案积案81起，侦破比值达到137.26%，创历史新高。全面强化新发命案侦破工作。对所有新发命案严格实行各级领导到现场指挥、指导和三警联动的工作机制，抢抓侦破命案的黄金时段，避免形成新的积案，实现命案侦破率100%。强力攻坚遗留的未破命案。对遗留的未能及时侦破的5起命案，市局列为全市公案，举全局之力开展攻坚，确保当年发生的命案全部破获在当年，不留积案，实现“命案必破”目标。破积案提升命案侦破比值。以抓获未破命案逃犯为突破口，组织开展了追捕命案逃犯专项行动部署，明确四级追逃工作责任，做到“重点命案逃犯追不到，追逃小组不能撤”，用足、用好DNA、指纹等刑事技术、技侦、网监刑事信息等手段，切实将命案逃犯追到位，实现抓1人，破1案，最大限度提升命案破案比值。

（杨　义）

【打黑除恶专项斗争】 2009年，沈阳公安机关在公安部、省公安厅的坚强领导下，以“黑恶必除，除恶务尽”为目标，坚持“打早打小，露头就打”方针，积极推进打黑除恶专项斗争深入开展，取得显著成果，破获案件492起，缴获枪支5支。深入开展打黑除恶专项行动。进一步完善黑恶势力案件的侦查机制，强化经营意识，注重日常积累，提高案件办理质量和打击水平。特别是在线索摸排工作和提高发现能力上狠下功夫，对已掌握的涉黑涉恶线索，根据性质的不同，每一起都确定打击责任人，采取挂牌督办，异地用警、异地审讯、异地关押等超常措施，秘密搜集证据，把握最佳时机，予以一网打尽、彻底摧毁。做强做大打黑专业力量。在全局组建500人的打黑队伍。其中，在刑警支队组建100人的有组织犯罪侦查大队，在各区、县(市)局成立有组织犯罪侦查队，在全市所有公安派出所设立打黑除恶情报信息员，全面收集、摸排涉黑涉恶犯罪线索，为深入开展打黑除恶专项斗争做好基础准备。

（张　磊）

【追捕逃犯名列全省第一】 2009年，沈阳市共抓获各类网上逃犯6201名，其中，历年网上逃犯401名，杀人网上逃犯332名，外省网上逃犯2641名，本地户籍外地上网逃犯418名。大力采集社会信息，开展信息化追逃。公安机关充分借助信息化建设成果，利用全国在逃人员数据库信息即时比对、社会综合信息比对碰撞等十三种信息追逃技战法，有效提升全市追逃工作的整体效能。全年，沈阳市共采集旅店、网吧、房产、婚姻登记、医疗、银行业务、暂住人口和企业用工信息等各种信息4000余万条，实行实时监控系统批量比对，成功抓获各类逃犯664名。针对重要时期和敏感节点，开展集中清查追逃行动。在“春节”、“清明”、“五一”、“端午”、“国庆”节假日等重要时期和敏感节点，开展十余次集中清查缉捕逃犯专项行动，抓获各类网上在逃人员551名。深入开展落实全警追逃岗位责任制评估工作。根据《辽宁省公安机关“破案追逃”工作岗位责任制》和市局《“破案追逃”工作岗位责任制评估方案》，坚持采取月评估、月通报制度。通过对全市各级公安机关及警种追逃工作的评估，进一步提升了全警追逃工作能力。

（夏　杰）

【违法犯罪活动整治】 沈阳公安机关坚持外症内治、辨症施治、标本兼治、综合整治，采取严管、严治、严查、严处、严究的斗争策略，综合运用法制教育、督导检查、查禁打击等手段，严厉扫除“黄赌毒”等社会丑恶现象，用“零容忍”确保了“零发生”。2009年，在公安部组织的2次暗访检查中，沈阳是全国极少数没有发现“黄赌毒”问题的城市，并在全国推广沈阳经验。全年，相继组织开展了“严厉打击赌博卖淫嫖娼等违法犯罪活动专项行动”、“严厉打击赌博卖淫嫖娼等违法犯罪活动、严厉整治公共娱乐服务场所治安秩序专项行动”、“打击组织强迫妇女卖淫违法犯罪专项行动”、“站街女“拉客招嫖”违法活动集中整治行动”、“深入推进社会热点问题整治攻坚行动”,共破获涉丑案件1504起,其中行政案件1265起,刑事案件239起;“私彩”案件241起,赌博案件823起,卖淫嫖娼案件440起。处理违法人员6511人,其中逮捕162人,刑事拘留287人,行政拘留3975人,罚款2033人,其他处罚54人。收缴淫秽光碟38943盘,淫秽图片29463张,淫秽视频文件7543个,淫秽书刊813册,赌博机406台。取缔“黑游戏厅”84家,“黑足疗”400家、黑旅店760家。先后查处了一批大型洗浴场所涉娼问题;全面净化了金城宾馆、八一公园、方型广场等周边地区治安环境;成功侦破了公安部督办的利用互联网组织妇女卖淫案等三起特大案件。捣毁了以“51楼凤网”为依托,网上组织妇女卖淫的犯罪团伙;成功侦破了林耀廷、刘奎有为首的特大跨境网络赌博犯罪团伙。

(宫　魁)

【集中整治治安问题】　组织开展了违规燃放烟花爆竹专项整治工作,出台了《关于依法查处在禁放时间禁放地点燃放烟花爆竹违法行为适用法律的指导意见》,共查处违规燃放案件39起,行政拘留6人,罚款35人。组织开展了犬类管理专项整治行动和依法养犬宣传月活动,有效规范了养犬行为,有力打击了违规养犬活动。2009年共办理养犬许可证1.4万余个;查处违规犬3516条,整治犬害重点地区32处;受理、核查群众举报线索1480件。全面治理麻将社赌博、扰民问题。将棋牌(麻将)社纳入治安管理范畴,深入开展摸底调查和档案建设工作。采取舆论宣传、限时营业和从严查处等有效举措,进一步规范了经营行为。积极协调有关部门,组织开展了专项清理整顿行动,依法取缔了一批无照经营、存在严重隐患、群众反映强烈的棋牌社(麻将社);严厉查处了一批设赌“抽头”的经营业主。

(李鸿美)

【加大社会面巡逻防控力度】　沈阳市公安机关紧密结合沈阳实际,充分借鉴国内其他城市和省内兄弟城市的成功经验,不断深化社会面巡逻防控工作,先后组织开展了加强性武装巡逻、大巡逻大防控和全警大巡逻工作。常态情况下,全市公安机关每天组织3000余名警力、1000余台巡逻车辆,对全市主要街路和重点易发案部位实施全天候、全覆盖巡逻控制。特殊时期,组织近5000名警力,划分329处巡逻路段,96个巡组,覆盖全市17条交通干道、65个重点部位,在全市进行社会面武装巡逻。特别是7月8日至10月4日国庆安保期间,全局共出动巡防力量530余万人。其中,民警16.6万人次,社防队员52.7万人次,群防群治力量460余万人次,抓获各类违法犯罪嫌疑人222人,逃犯35人,破获各类案件416起,救助群众36476件次,收集各类信息1355件,盘查可疑车辆60478台,可疑人员19.3万人。与此同时,公安机关组织全市361个重点单位、25所大专院校、62家党政机关和科研单位,建立了1290个专(兼)职巡逻队伍,在全市70条主干道、952个开放式、无物业小区,加强夜间巡逻防控和打击现行工作。全市组织平安志愿者11.8万人,市内沿街商业网点建立246个巡逻守望小组,5203名巡逻人员。大力加强视频监控系统建设,指导新建视频监控系统1458个。不断强化流动人口和出租房屋管理工作,全市登记录入流动人口130万余人、出租房屋52万余户。

(宋振勇)

【打击假币“2009行动”】　根据上级公安机关的统一部署,自2009年1月20日开始,沈阳公安机关在全市范围内开展了为期近10个月的“2009打击假币犯罪专项行动”。成立了“2009行动”领导小组,制定了《沈阳市公安局打击假币犯罪“2009行动”工作方案》,提出了“以追源头、挖窝点、打团伙、破大案”为重点,积极打击和防范假币违法犯罪工作的指导思想,确定“侦破一批假币犯罪大要案件,深挖一批假币犯罪源头、窝点,打掉一批假币犯罪团伙组织,追捕一批假币犯罪重点逃犯”的工作目标。细化“09行动”的3个阶段(即:准备阶段、打击处理阶段、总结阶段),提出“摸排案件线索”、“完善联动机制”、“树立深挖意识”、“攻坚大案要案”等多项举措。加强与人民银行、各专业银行、金融机构及公安机关内部多警联动,采取强有力的工作措施,推进专项行动不断深入进行,并取得了辉煌的成果,先后破获了一批有影响的案件,共侦破假币案件27起(协助外省公安机关破获2起),打击处理涉案犯罪嫌疑人19人(协助外省公安机关抓获2人),收缴假币近300万元,有力打击了假币犯罪的嚣张气焰。2009年,沈阳市公安局被公安部评为“全国公安机关打击假币2009行动先进集体”。

(侯锦鹏)

【酒后驾车整治】　为贯彻落实公安部、省厅部署,沈阳公安机关集中警力、集中精力、集中物力,全警动员、全体参战、全面出击、全力以赴,严厉整治、严格处罚、严肃纪律,从2009年8月15日至12月底,在沈阳市集中开展严厉整治酒后驾驶交通违法行为专项行动,共查处酒后驾驶违法行为1170件,因醉酒行政拘留386人。对于酒后驾驶交通违法行为,一律依法严格查处。其中,对于饮酒后驾驶机动车的,罚款500元,记6分,暂扣3个月驾驶证。对于饮酒后驾驶营运机动车的,罚款500元,记12分,暂扣3个月驾驶证。对于醉酒后驾驶机动车的(含营运机动车),罚款2000元,记12分,暂扣6个月驾驶证,并处行政拘留15天。建立酒后驾驶黑名单制,对一年内醉酒驾驶机动车被处罚2次以上的,吊销机动车驾驶证,5年内不得驾驶营运机动车。对查处的酒后驾驶违法行为实施“即开即录”,在1个小时内录入违法处罚系统。通过整治,沈阳市酒后驾驶交通违法行为得到有效遏制,社会各界和广大市民反响热烈。

(杨　义)

【消防安全隐患整治】　加大治本力度,在全市推行消防安全标准化管理工作,下发《关于企事业单位、社区、村屯落实消防安全标准化管理工作的星级评价标准》及实施方案,开展争创无火灾社区、无火灾单位、无火灾村屯的“三无”活动,提高社会单位消防安全自我管理水平,为探索建立社会单位消防安全自查、火灾隐患自改、工作责任自负的新格局提供抓手。同时,加大对火灾隐患的检查整治力度,深入开展建筑工地、自动消防设施功能不完善、锁闭安全疏散出口、公众聚集场所、易燃易爆单位、“三合一"厂房和政府挂牌督办重大火灾隐患等专项整治活动，排查筛选一批存在重大火灾隐患的单位，提请政府挂牌督办，保持火灾隐患整治的高压态势；开展假冒伪劣消防产品专项整治行动；对设有建筑内部自动消防设施的场所进行一次全面复检。

（张　磊）

【监管工作】　2009 年，沈阳市监管工作机制不断完善，各项工作取得新发展。全年全市各监管场所及时发现、处置、制止在押人员预谋自杀、脱逃等事故险情，实现了监管场所"双无"工作目标。全年信息化应用技能培训民警 1210 人次，使监管民警的整体素质有了较大提高，全年监管民警队伍未发生任何违法违纪和严重违示问题。全年累计投资 790 余万元，用于对各单位进行改造和维修，投资 1400 余万元的新建行政拘留所落成，使监所基础设施得到有效改善。充分发挥第二战场深挖犯罪作用，全市监管场所通过开展坦检攻势获得各类刑事犯罪线索 5299 条，与上年同比增加 21%；破获案件 3451 起，与上年同比增加 45%，监管支队被省厅评为"全省公安监管系统深挖犯罪工作先进组织单位"。执法质量有了较大提高，全市 20 个监管场所累计收押各类违法犯罪嫌疑人 36441 人，与上年同比增加 79%，收押合法率达到 100%；全市犯人留所服刑、罪犯减刑、保外就医条件法律规定运用准确率达到 100%。看守所等级达标工作取得新进展，按照公安部新的《看守所等级评定办法》、《治安拘留所、收容教育所等级评定办法》和省厅《关于预申报 2009 年度看守所、拘留所、收容教育所等级的通知》要求，全市 15 个看守所，经省厅评定为一级所 2 个、二级所 2 个、三级所 10 个，全市 3 个拘留所全部达标。

（夏　杰）

【整治精麻药品和处方药代替毒品滥用问题】　2009 年，不法人员将毒品目光转向了以盐酸曲马多和复方磷酸可待因口服溶液类止咳药水为代表的未列入毒品打击范围的精麻药品和替代毒品处方药上。沈阳市公安局结合实际，制定出台了《关于依法查处第二类精神药品违法犯罪案件适用法律的指导意见》，明确了"非法贩卖国家管制的第二类精神药品的行为，无论数量多少，都是贩毒犯罪行为"，对以吸食、注射等方式非法滥用曲马多等国家管制的第二类精神药品的，依据《治安处罚法》予以治安行政处罚，"对贩卖盐酸曲马多等国家第二类精神药品人民检察院不予起诉或者人民法院判决免予刑事处罚的，应当予以劳动教养"。为净化公共娱乐环境，压缩药物滥用人员活动空间，专门出台了《沈阳市公安局关于依法查处娱乐场所及其从业人员毒品违法犯罪行为适用法律的指导意见》，规定："娱乐场所及其从业人员在本娱乐场所内向消费者贩卖、提供或者变相贩卖、提供国家管制的处方药品、毒品替代品的，应当认定为是毒品违法犯罪活动，依法予以查处"；"在娱乐场所内发现毒品替代品、处方药品包装箱、盒、瓶及其他吸毒用品、用具的，应当认定为娱乐场所及其从业人员对发现的毒品违法犯罪活动知情不举，依法予以查处"。对存在药物滥用行为的场所不论规模大小发现一家查处一家关停一家，并给予媒体曝光和公开处理，对场所内涉毒人员，发现一个查处一个，极大地打击了场所存在的药物滥用及涉毒问题嚣张气焰，极大地压缩了药物滥用人员的活动空间。从 2009 年 8 月份开始，在全市范围内开展了一场声势浩大的整治精麻药品和处方药替代毒品滥用问题专项行动，共破获涉及精麻药品和替代毒品处方药案件 268 起，抓获违法犯罪嫌疑人 241 人，缴获曲马多等精神药品 32.8 万余片，缴获新泰洛其等止咳药水类被滥用药物 2.2 万余瓶；关停大型迪吧等场所 7 家，打掉非法药房、保健品店、食杂店等窝点 39 个。

（宫　魁）

【开通"网上公安机关"】　2009 年 2 月 28 日，沈阳市公安局本着"以人为本、为民服务"的理念，从解决人民群众最关心、最直接、最现实的问题入手，经过半年多的认真调研、精心设计和自主研发，正式启动和开通了"网上公安机关"及网上服务大厅系统。"网上公安机关"集网上办事、警务公开、咨询服务、法制宣传和社会监督等功能于一体，主要由服务大厅系统、查询系统和评价系统三大板块组成。服务大厅系统主要由"网上 110 报警"、"在线申报"、"办事指南"、"表格下载"、"业务咨询"、"局长信箱"、"治安预报"和"防范常识"等八个模块组成。"网上公安机关"的开通，进一步推动了公安机关服务理念的转变、服务方式的创新，使各种行政审批项目实现了网上预约、在线受理，变"坐等群众上门办事"为群众"足不出户、轻点鼠标办理"，既大幅度地减少了社会管理成本，又大幅度提升了公安行政服务的质量和效率。群众登录"网上公安机关"即可在线预约申办二代居民身份证、护照，也可办理机动车注册、超限通行证审批等 16 项行政许可审批业务，极大地方便了群众，为服务群众开通了一个崭新渠道，已经成为公安机关与人民群众的"连心线"、服务民生的"新名片"，受到了社会各界的广泛关注和一致好评。

（李鸿美）

【"阳光执法"活动】　2009 年 3 月 16 日沈阳市公安局制定出台了《沈阳市公安局推行"阳光执法"实施方案》，迅速启动了以公开促公正为宗旨的"阳光执法"工程，全面推行"阳光办案"、"阳光执勤"、"阳光审批"，保证执法办案过程公开，确保公安执勤行为规范，保证行政审批公正透明。一是将执法办案过程公开。除涉及国家秘密、商业秘密、个人隐私等法律法规规定不能公开的案件外，执法办案工作都向当事人公开。二是将各项公安执勤工作规范公开，让群众了解执勤民警依法行使的权力和执勤的工作标准。三是将公安行政审批职能部门审批的事项、依据、条件、程序、时限、标准、费用、结果等方面的内容进行公开。为了实现"阳光执法"，沈阳市公安局要求各执法窗口单位设置宣传栏、发放宣传单，有条件的派出所和窗口单位设置电子显示屏、触摸屏、电话语音查询等形式进行执法公开，同时还利用"网上公安机关"这一载体，开通了案件查询系统，实现了案件查询、执法规范查询、公安执法信息查询、便民服务查询、监督救济查询等功能，让公安机关的执法行为曝光在群众的监督之下，使群众在更大范围内，以更有效、更便捷的方式感受到了公安机关信息化与执法规范化建设的丰硕成果。

（宋振勇）

【“和谐警民关系”建设】 2008年11月20日开始，沈阳市公安局集中开展了“公安民警进万家、千家万户评公安”大走访活动。活动开展以来，通过实施“维护稳定工程”、“平安建设工程”、“服务民生工程”、“阳光执法工程”、“群众工作工程”等一系列工作措施，有力地促进了“和谐警民关系”建设。2009年5月，沈阳市公安局被全国总工会授予“五一劳动奖状”。2009年“大走访”活动开展以来，沈阳市公安局主动将较为活跃的上访群体、各类上访人员全部列为民警走访联系对象，结成长期帮扶对子。通过实施“领导带头进万家”、“维护稳定进万家”、“特色帮扶进万家”、“便民服务进万家”、“警民共建进万家”、“普法宣传进万家”等一系列措施，积极帮扶特困群众，努力化解社会矛盾，构建和谐警民关系，有效地维护了社会大局稳定。全局各级领导干部承包的1388起重点信访案件，已办结1249起，办结率为90%。在走访工作中，沈阳市公安局确立了针对企业的“五必”走访原则：即重点单位必访、稳情动态必清、治安隐患必除、涉企重大案件必破、涉企困难必帮，使企业上访、闹访的问题明显减少。公安交警系统在“大走访”活动中，将5292名有过多次交通违章记录的司机作为“结对帮教”对象，在缓解交通违章肇事等方面发挥了重要作用。禁毒支队在特色帮扶活动中，开展了以教育和挽救吸毒边缘青少年为内容的“拯救一号”行动。全市禁毒系统已与1000名吸毒边缘青少年结成对子，与家长一道开展帮教工作，深受家长的好评。通过开展“警营开放日”、“当一天警察”、“走近110”等活动，开放一批供市民参观的警营和看守所，让人民群众充分了解公安工作；通过警民恳谈会、专题汇报会、座谈会和联谊会等形式，主动向人大代表、政协委员和群众汇报工作，广泛征求社会各界的意见建议，全力解决社会普遍关注的热点难点问题；先后出台了三个“百项承诺” 措施，特别是“警风热线”和局长网上信箱的开通，窗口单位上门服务、双休日、午休时间照常办公和“网上公安机关”等服务措施的推出，使老百姓真正品尝到公安机关提供的便利服务和实惠，促进了和谐警民关系建设。

（侯锦鹏）

【出台“保增长、保民生、保稳定”百项新举措】 2009年，全市公安机关把严格兑现“百项新举措”作为回馈社会、惠及百姓的“民生工程”来抓，在打击各类违法犯罪、提高服务效率、改进公安工作等方面取得了新的成效，迈出了新的步伐，受到了人民群众和社会各界的普遍赞誉，《保增长保民生保稳定百项新举措》被评为沈阳市2009年度十大经典实事之一。在创建一流的社会治安环境上加大工作力度。保护广大人民群众生命财产安全是最大的“民生问题”。在命案侦破方面，沈阳市公安局通过强力推进和落实命案侦破市局、分局、派出所三级责任制，实现了全年发生命案全部破获，命案现案破案率历史上首次达到了100%，名列全国省会城市现行命案破案率榜首。在打击“两抢一盗”等多发性侵财犯罪方面，将打击的战场前移，努力追求在沈阳发生的多发性侵财犯罪第一时间发现、第一时间处置，尽快依法打击。在打击黑恶势力方面，深入推进“打黑除恶”专项斗争，完善涉黑涉恶线索摸排工作长效机制建设，对重点行业和领域暴力垄断、敲诈勒索等黑恶犯罪，坚决做到打早打小、露头就打、除恶务尽。在解决群众关注的热点问题上加大工作力度。随着经济社会的快速发展和市民交通需求的不断增长，道路交通秩序已成为群众关注的热点问题之一。2009年，全市道路交通事故少死亡271人，挽救了200多个家庭。“黄赌毒”、“三黑”、“两非”、“六合彩”、“私彩”等涉丑违法犯罪活动严重扰乱社会治安秩序，毒化社会风气，广大人民群众对此深恶痛绝。在建设服务型公安机关上加大工作力度。沈阳市公安局从户口登记、证照办理等事关人民群众切身利益的问题入手，进一步加强和改进了户政、治安、出入境、消防、交通等公安行政管理工作，在户籍管理、身份证办理等出台了一系列“人性化”的服务民生举措，让人民群众实实在在感受到公安机关改进工作、服务民生带来的实惠。

（杨　义）

【用公安队伍管理“零容忍”】 2009年，沈阳市公安局领导班子将“零容忍”理念导入队伍管理实践，用以打造一支让党和人民群众放心、满意，特别能战斗、特别能吃苦、特别讲奉献的公安铁军。容忍执法者的过失，就是伤害了人民群众的利益和感情，降低了工作标准和效率，就是对公安事业的不负责任，对队伍从严管理“零容忍”才是真正意义上的爱警爱民。为把“零容忍”理念贯穿到公安工作和队伍管理的方方面面，沈阳市公安局边实践、边总结、边创新，在认真调研、广泛征求意见的基础上，针对当前队伍纪律作风建设中存在的突出问题，创造性地推出了《沈阳市公安局严明纪律“零容忍”规定》，对违规收送钱财、设立小金库、执法办案中刑讯逼供、履行职责中不作为、乱作为，工作中有令不行、有禁不止等五个方面33种行为，实行“零容忍”。为确保“零容忍”规定的落实，沈阳市公安局制定了《关于贯彻落实〈沈阳市公安局严明纪律“零容忍”规定〉的工作意见》，组织全警及家属认真学习“零容忍”规定，签订自觉遵守“零容忍”规定承诺书。此《规定》受到了公安部部长孟建柱、沈阳市委书记曾维等领导同志的高度肯定。沈阳市公安局党委书记、局长许文有在全国公安厅局长座谈会上专门进行了经验介绍。“零容忍”既为民警设立“禁雷区”，告诫民警不能“越线”，又为民警设立了宽容底线，避免“小病不治”而引发大患，真正架起了队伍管理的“高压线”。2009年，经国家统计部门抽样调查，市民对沈阳当前社会治安环境的“安全感”达96.6%，对公安机关满意率达95.1%，均为历史新高。

（张　磊）

【2009年十大刑事案件】 1.**“9·22”杀人碎尸案**。2009年9月21日至28日，在辽中县境内辽河红庙子大桥至台安县境内达牛渡桥之间的13公里河道内，共发现7包、19块高度腐败的人体尸块。经工作，认定尸块为一男一女两具完整尸体。案发后，各级领导高度重视，省厅刑侦总队先后3次召开沈阳、鞍山、辽阳等地公安机关案件协调会，市公安局主管领导多次听取案情汇报，为侦查工作指明了方向。通过多渠道查找尸源和调查走访，确定两名被害人是失踪的薛XX、温XX。又经工作查明，被害人温XX生前与远方侄子刘XX交往密切，并有经济来往关系。专案组重点围绕刘殿江开展侦查，发现诸多疑点，遂对刘XX进行拘传，经过连续48小时的突审，迫

使其交待杀人、碎尸,并自驾中华轿车抛尸的犯罪事实。

（夏　杰）

2.**“10·10”系列杀人抛尸案**。2009年10月10日和11月11日,在沈阳市青年公园青年湖附近接连发现两个白色编织袋包,内部各有一具女尸。经工作,认定两起杀人抛尸案件系同一案犯所为,决定并案侦查。市公安局领导对此高度重视,许文有局长亲自听取案情汇报,为侦查工作指明了方向。刑警支队、沈河分局主要领导第一时间赶到现场,组织刑事技术和侦查人员开展现场勘查和调查走访工作。通过分析视频资料,锁定重点区域和抛尸轨迹并开展地毯式排查,以物找人,以物要案,认定李德财就是本案犯罪嫌疑人。经审讯,李德财供述其因嫖资问题,先后将两名卖淫女杀害并抛尸的犯罪事实。在对本案的重点区域开展清查的同时,带破两起命案积案。

（宫　魁）

3.**“6·24”抢劫杀人案**。2009年6月24日0时,被害人项XX(女)至沈阳市和平区马路湾路口时遭一持刀男子抢劫,随后该男子逃跑。正路过的市民刘军见义勇为,与歹徒展开搏斗不幸牺牲,被追认为烈士。案发后,省、市各级领导高度重视,24日上午9时,市公安局许文有局长亲自主持召开案情分析会,刑警支队、行动技术支队、和平分局等领导参加了会议,许文有局长指示:克服一切困难,务必在最短的时间内侦破此案。专案组经过大量的走访、排查,确定了两名犯罪嫌疑人的衣着、发型等体貌特征。技侦部门经过筛查,确定了两名犯罪嫌疑人在铁岭、抚顺两市的落脚点。专案组兵分两路,将犯罪嫌疑人马月、王挽东分别在在铁岭和抚顺抓获。经审讯,二人对实施抢劫的犯罪事实供认不违。

（李鸿美）

4.**“8·17”伤害致死案**。2009年8月17日21时,张立国等3人在东陵区某超市门前一烧烤摊,与路过此处的四、五名男子发生口角。烧烤摊3名业主上前劝架,张立国当场将1名少数民族人刺死,1名刺伤,3名犯罪嫌疑人逃离现场。各级领导高度重视此案,要求必须在最短时间内抓获罪犯,消除可能对社会稳定和民族团结带来的影响。市公安局及刑警支队主要领导均身临一线指挥战斗。经现场勘查和调查访问,查明此案主犯名叫张立国,两名同伙分别是闫海波、梁兴志。又据一群众提供线索,在法库县一村庄发现犯罪嫌疑人出没,全体指战员克服一切困难,冒着暴雨、踏着湿滑的泥道,在山上全力搜捕,在富拉堡村外的山道上将主犯张立国抓获。经审讯,张立国对犯罪事实供认不诽。经工作,将另2名犯罪嫌疑人闫海波、梁兴专成功抓获。随后,专案组将涉嫌寻衅滋事的张喜等7名犯罪嫌疑人全部抓获归案。

（宋振勇）

5.**“12·04”抢劫案**。2009年12月4日15时许,被害人安XX、张X在铁西区兴顺南街100号工商银行兴顺八马路支行提取了35万元人民币后离开银行时,被突然从身后窜出的两名男子用疑似木棍的凶器猛击头部受伤。另两名男子将张X装有35万元人民币现金提包抢走。市公安局党委高度重视此案,要求刑警支队抽调专人与铁西分局成立联合专案组,全力开展侦破工作。刑警支队、铁西分局立即召开案情分析会,并做出工作部署。通过大量的走访调查和监控视频资料比对后,获取了重要线索,将犯罪嫌疑人之一的孙大鹏在昌图县红河大卖场门前抓获,当场收缴赃款7万元。经突审,犯罪嫌疑人孙大朋对实施抢劫的犯罪事实供认不违,并交待了所分得的其余赃款下落及另外三名犯罪嫌疑人的身份信息和落脚点。

（侯锦鹏）

6.**“4·19”特大系列消灾诈骗案**。以消灾诈骗为手段骗取财物案件,社会危害性极大。沈阳市公安局刑警支队领导对此案高度重视,抽调精干警力组成专案组对此类案件全力开展侦破工作。经特情反映线索和侦查员跟踪调查,在大东区白塔小区附近,将正在实施消灾诈骗的时XX及其同伙关XX、夏X抓获。经审讯,3人对以消灾手段诈骗被害人刘春荣5100元的犯罪事实供认不讳。专案通过梳理此类案件线索、深挖余罪,进一步扩大战果。经工作,在沈阳北站将何XX和张XX抓获,在和平区铁缘旅社将诈骗集团骨干成员田XX姐妹抓获。至此,打掉了一个成员来自于全国7省,流窜于辽、吉等8省、自治区疯狂作案的消灾诈骗犯罪团伙,共抓获犯罪嫌疑人9名,深挖案件100余起,核实8起,最高金额47万元,涉案总金额160余万元。

（杨　义）

7.**“10·26”特大杀死三人案**。2008年10月26日,苏家屯分局铁友派出所管内翠柏二路9号572室发生一起特大杀人案,3人被杀死在家中。2009年7月,市公安局开展国庆安保工作后,组织全市刑侦系统开展以“现案即发即破、积案逐一攻克”为重点的命案攻坚百日会战,特别是将抓捕未破命案逃犯作为攻坚命案积案的重要举措。经现场勘察和调查走访,专案组初步掌握曾经与被害人雷XX女儿谈过恋爱的李军具有重大作案嫌疑。经连续工作,在秦皇岛市芦龙县双旺镇将潜逃近10个月的命案逃犯李军抓获归案。经突审,李军对杀死雷XX等3人的犯罪事实供认不讳。

（张　磊）

8.**“串联100号”系列驾车抢劫案**。2009年4月12日23时许,被害人于XX在苏家屯区海棠花园楼下被4名男子用汽车劫持,抢走现金物品、威逼其说出工行卡密码后,将其拉至本溪市偏岭镇附近的山上看管,又将于的工行卡帐户存款提走后于13日将其放回。市公安局领导高度重视此案,立即部署务必尽快侦破此案。经串并,发现此案犯罪嫌疑人的体貌特征及作案手段与沈阳市2009年“串联100号”驾车抢劫系列案的4起案件十分相似,专案组决定将此案与“串联100号”驾车抢劫系列案并案侦查。4月24日将犯罪嫌疑人于X、刘XX、孙XX、王X、金XX抓获。经突审,犯罪嫌疑人对犯罪事实供认不讳。经进一步深挖,交待共驾车抢劫作案5起,获得赃款、赃物价值共计30余万元。

（夏　杰）

9.**“9·19”特大跨国走私、运输、贩卖毒品案**。2008年7月3日,沈阳市公安局禁毒支队得到特情报告:在沈阳西塔地区有一名叫金XX的人,长期贩卖冰毒,并且货源不断。经核查线索基本属实,遂立案侦查。鉴于该案涉及境外国家和人员且涉案毒品数量较大,2008年9月19日、9月28日,该案被辽宁省公安厅禁毒总队和公安部禁毒局相继列为督办毒品目标案件,专案代号

"9·19"。2009年3月16日,市公安局禁毒支队在公安部和省公安厅的协调指导下,多警种协同作战,在吉林省延吉州、龙井市、吉林市和辽宁省丹东市等地公安部门的配合下,经过近9个月的艰苦侦查,转战四省十市,行程数万里,成功破获了"9·19"特大跨国走私、运输、贩卖冰毒案件。打掉了一个长期潜伏、结构完整、联系紧密的贩毒集团,摧毁了由朝鲜边境通过吉林省延吉及辽宁省丹东市走私、运输毒品到沈阳的两条跨国贩毒通道。此案现已抓获违法犯罪嫌疑人17名,其中,朝鲜籍主犯2名、韩国籍主犯2名;缴获冰毒4.83公斤、钢珠枪和军用手枪各1支,子弹31发;打掉制毒工厂一处,收缴制毒设备及毒品原料一批。"9·19"案件的成功破获,为净化沈阳及周边地区社会治安环境、维护社会稳定做出了突出贡献,为中国在国际禁毒斗争中赢得了威望,为国际禁毒合作和外交赢得了发言权。

(宫　魁)

10. **信用卡团伙诈骗案**。2009年6月9日,沈阳市公安局经侦支队接到广发银行沈阳分行报案:称有一伙犯罪嫌疑人编造多家单位名称,假冒他人名义申领信用卡后恶意透支,实施信用卡诈骗活动,给银行造成巨额经济损失。经前期工作认定:该案系温X犯罪团伙所为,团伙成员5至6人,分工明确,是有计划、有预谋与银行内部人员勾结作案的信用卡诈骗案件,犯罪嫌疑人在一周内集中套现120余万元,在全国也属罕见。8月7日,沈阳市公安局成立专案组对该案立案侦查,同时上报公安部。8月25日,公安部将此案列为部督办案件。经昼夜奋战,10月21日,专案人员在西安市将温X抓获,经审讯,温X对其犯罪过程供认不讳。现查明,温X信用卡诈骗团伙共编造10家单位名称,冒用他人名义申领140张信用卡,诈骗沈阳4家银行,诈骗金额210万元。该团伙6名犯罪嫌疑人现已全部批捕。

(李鸿美)

检　察

【依法惩治刑事犯罪】 2009年,沈阳市两级检察院共受理审查批捕案件10639件14289人,受理审查起诉案件9870件13326人。批准逮捕8365件11139人,提起公诉8888件12029人。其中,批准逮捕严重暴力犯罪、黑恶势力犯罪,以及多发性侵财犯罪的犯罪嫌疑人4996人,提起公诉4745人。批准逮捕金融诈骗、非法吸收公众存款、生产销售伪劣商品、侵犯知识产权等危害国家金融安全、破坏社会主义市场经济秩序的犯罪嫌疑人531人,提起公诉635人。坚持对重大刑事案件侦查工作适时介入,引导侦查取证,确保打击力度。市检察院对重特大刑事犯罪案件依法提起公诉470件993人,同比上升30%。依法起诉了张秀武等36人涉嫌黑社会性质组织犯罪等一批重大案件,切实维护了社会治安稳定,保障了经济发展。

坚持宽严相济,对轻微刑事犯罪和未成年人犯罪,依法适用轻缓刑事政策。对涉嫌犯罪但无逮捕必要的,依法不批准逮捕1148人;对犯罪情节轻微、社会危害较小的,依法不起诉387人;对未成年犯罪嫌疑人落实帮教措施305人,努力化消极因素为积极因素。落实检察环节综合治理措施,积极参与社会治安防控体系建设。选派72名业务骨干到中小学担任法制校长,设立校长信箱,定期上法制课,加强普法教育,共开展送法进校园、进社区等活动500余次,受教育人数达12万人;在沈阳鲁园农民工法律咨询服务站进行法制宣讲并提供咨询6000余人次,促进公民法制意识的提升,减少了社会治安隐患。

(邹悦平)

【依法查办和预防职务犯罪】 2009年,沈阳市两级检察院共立案查办职务犯罪案件240件271人。其中,贪污贿赂犯罪案件189件216人,渎职侵权犯罪案件51件55人。通过办案为国家挽回直接经济损失6758.46万元。突出重点,深入查办大案要案,深挖窝案串案。查办国有住房改制、社会保障、劳动就业、征地拆迁、医疗卫生、教育等涉及民生领域的贪污贿赂、渎职侵权犯罪案件101件117人;查办商业贿赂犯罪案件34件35人;查办危害能源资源和生态环境的渎职犯罪及涉农职务犯罪案件33件42人;查办司法人员贪污贿赂、渎职侵权犯罪案件48件51人。共立案查办贪污贿赂犯罪数额超过5万元、挪用公款犯罪数额超过10万元,滥用职权造成直接经济损失超过50万元、玩忽职守造成直接经济损失超过100万元等大案128件;副处级以上干部犯罪的要案72件。

坚持标本兼治,惩防并举,重在预防,积极开展预防职务犯罪工作。共预防职务犯罪立项143件,努力遏制和减少职务犯罪。一是深入推进专项预防。开展以"防犯罪、保增长、保民生、保稳定"为主题,以"工程优质、干部优秀"为目标的"一防两优三保"预防职务犯罪专项活动。制定实施《沈阳市检察机关重大工程建设项目预防职务犯罪工作办法》。聘请16名在公用事业、建筑、土地管理、招投标等方面的专家,成立沈阳市人民检察院预防职务犯罪专家咨询委员会。对全市重大工程项目同步专项预防立项28件,纳入预防范围的项目资金近330亿元。二是不断强化个案预防。紧密结合职务犯罪案件查办工作,开展初查未立案预防、侦查中同步预防和侦查终结后预防,有针对性地开展案件剖析,向涉案单位发出检察建议154份,帮助其落实整改措施。三是积极开展调查研究和预防咨询。对2008年沈阳市查处的职务犯罪案件进行深入调研,提出预防对策,并书面报告市委、市人大常委会和市政协。围绕预防职务犯罪的重要环节向有关单位提供法律咨询37件次,取得较好效果。四是广泛开展预防警示教育。到沈阳水务集团等单位开展预防警示教育宣讲85次,受教育人数达4.5万人。

(邹悦平)

【强化诉讼监督】 按上级检察院要求,对检察机关直接立案侦查案件上提一级审查决定逮捕。应用现代科技方法和手段,对技术性证据进行文证审查,发现并纠正中介鉴定机构的错误鉴定和瑕疵鉴定20件。对应当立案而不立案的,督促侦查机关立案136件;对应当逮捕而未提请逮捕、应当起诉而未移送起诉的,决定追加逮捕194人,追加起诉136人,防止犯罪分子逃脱法律制裁。同时,对不应当追究刑事责任和证据不足的,决定不批准逮捕1610人,不起诉48人;依法纠正侦查机关在刑事立案、侦查活动中的违法取证、滥用强制措施等违法行为30件,保护了当事人的合法权益。

加强审判监督。全市两级检察院派员出庭支持公诉和出席民事行政再审法庭3686件。开展量刑建议试点,加强对法庭审判活动的监督。坚持对刑事抗诉案件有针对性复查,提高办案质量和抗诉水平。按上级检察院部署,开展刑事审判法律监督专项检查活动,自查有关刑事案件204件306人,深入分析存在的问题,提高监督能力。对符合抗诉条件的刑事判决、裁定,依法抗诉10件。改进对民事审判和行政诉讼活动的监督。深入贯彻执行修改后的民事诉讼法,强化对事关人民群众切身利益案件的监督力度,引导人民群众依法理性申诉。对认为确有错误的民事行政判决、裁定,依法抗诉12件,提请省检察院抗诉23件,提出再审检察建议34件。加快办案节奏,办案时间平均缩短50%。

加强刑罚执行和监管活动监督。推进驻所检察工作,增设驻市第二看守所检察室,强化对全市看守所的直接监督。开展打击"牢头狱霸"专项行动,对看守所在押人员的体表状况,以及近年来看守所非正常死亡事故处理情况逐一审查,发出检察建议12份。督促监管场所公示医药、食品价格,保障在押人员的合法权益。严肃查办监管场所职务犯罪,立案查办失职致使在押人员脱逃等刑罚执行和监管活动中的职务犯罪案件3件3人。深入开展对减刑、假释、保外就医等执法环节的监督,对不符合保外就医条件的监外执行人员收监执行18人,对刑期计算错误、减刑不当等违法行为发出检察建议7份,纠正违法30件次,维护了正常的监管秩序,促进监管机关依法正确行使职权。

(邹悦平)

【加强检察队伍建设】 2009年,沈阳市两级检察院在办案工作中,严格执行各项检察工作流程,规范执法行为,提高案件质量,从源头上防范涉检有理上访的发生。同时,对存在信访可能的案件当事人做说服解释工作1472人次,提供有关法律咨询6234人次,努力为其排忧解难。依法受理人民群众的控告、申诉和举报1563件,其中直接审查、办理和答复1391件,按管辖权限移送其他机关办理150件,正在办理22件。强化首办责任制和责任倒查制,建立领导干部下访制度,对重点涉检信访案件,严格执行领导包案制度。全市两级检察院正副检察长接待来访674人次,批办案件317件,已办结227件。市检察院历史遗留的涉检有理上访案件全部得到妥善解决。按上级检察院要求,开展12309职务犯罪举报电话平台建设,强化法制宣传,进一步方便群众举报。

一是加强政治素质建设。紧密结合检察工作实际,认真开展深入学习实践科学发展观活动,牢固树立社会主义法治理念,强化法律监督意识,增强服务大局的自觉性,坚持"一切依法办"的工作原则,坚持以"无违纪、无错案、无重大责任事故、无涉检有理上访"作为检验工作成效的标准。面向社会开展全市检察机关第四届"十佳检察官"评选活动,以身边的典型教育引导检察人员,强化宗旨意识,弘扬奉献精神。二是加强业务能力建设。充分发挥检察委员会作用,全市两级检察院检察委员会研究案件661件,不断增强对疑难复杂案件的决策能力。以提高法律监督能力为核心,深入开展岗位练兵活动,组织岗位培训和脱产培训1536人次。市检察院将新录用人员全部安排到办案工作第一线,并实行岗位轮换,有力提高了新录用人员岗位适应能力。三是加强纪律作风建设。坚持从严治检,扎实开展检务督察。对全市检察机关党风廉政建设责任制落实情况开展全面检查。按上级检察院部署,认真开展检察机关直接立案侦查案件扣押、冻结款物专项检查。市检察院面向社会重新聘请了10名执法监督员,促进检察人员规范执法。积极开展反腐倡廉制度创新年活动,着力强化对重点部门和执法关键环节的监督制约。坚持抓好警示教育,严肃查处违法违纪问题,对1名违纪人员给予了纪律处分。四是进一步抓好基层检察院的基础建设。制定了《沈阳市人民检察院加强基层检察院建设工作规划》。按上级检察院部署,指导基层检察院制定办案和专业技术用房规划,积极申请国家建设资金,争取各方面支持,努力提高基层检察院基础建设水平,推动整体监督能力不断提升。2009年,全市两级检察院涌现出省劳动模范1人,省、市五一劳动奖章获得者8人,二等功个人8人,三等功集体14个,三等功个人44人。

(邹悦平)

【自觉接受监督】 一是自觉接受党的领导。切实落实市委工作部署,及时向党委报告重要工作事项,紧密围绕全市工作大局开展工作,力求办案的法律效果与社会效果相统一。二是主动接受人大及其常委会和人大代表监督。向市人大常委会主任会议汇报贯彻执行修改后的民事诉讼法工作情况。认真办理代表建议和人大常委会督办案件,2件代表建议、1件市人大常委会督办案件已全部办结。进一步改进接受代表监督的工作方法,选择青少年犯罪调查研究、查办和预防职务犯罪、监所检察等9项工作,以及其他重大活动,邀请代表视察465人次,并按照代表提出的强化诉讼监督、加强检察队伍建设等建议和意见,完善工作措施,不断加强和改进检察工作。三是认真接受政协民主监督、人民群众和新闻舆论监督。积极向市政协通报工作,邀请政协委员视察和参加检察机关重大活动,认真听取、采纳政协委员及社会各界人士的建议、批评和意见。3件委员提案已全部办结。积极宣传检察工作职能,落实对当事人的各项告知制度,主动发布检察工作进展情况,在主要媒体播发有关检察工作的新闻稿件692件,增进人民群众对检察工作的了解,方便社会各界的监督。四是真诚接受人民监督员监督。按照有关规定,补充选任人民监督员16人。全市两级检察院直接受理侦查的案件中,不服逮捕决定和拟作撤案、不起诉处理等3类职务犯罪案件共22件,全部接受了人民监督员的评议监督,使检察执法行为更加规范公正。

(邹悦平)

审　判

【概况】 2009年,沈阳市两级人民法院共受理案件13.6万件,同比上升8.1%,审结12.7万件,同比上升7.7%,其中市中级人民法院共受理19323件,同比上升5.1%,审结17916件,同比上升6.2%。市中级人民法院被最高人民法院评为3个单项全国法院先进单位;市中级人民法院和大东、沈北新区、法库、于洪区县人民法院被省高级人民法院评为4个单项全省法院先进单位；全市两级人民法院22名法官被评为全国、全省法院先进个人，3名法官被市授予“市长特别奖”、“名法官”。

（刘庆春）

【刑事审判】 2009年，沈阳市两级人民法院平稳、顺利地审判了和正在审理涉及23名被告人的疆独分子分裂国家案、朝阳地区36名被告人的黑社会性质指定管辖案、55名被告人的“蚁力神”合同诈骗案、抚顺市国土资源局顺城分局罗亚平特大贪污受贿案、见义勇为英雄刘军被害案、多起“法轮功”人员利用邪教组织破坏法律实施案，有效地维护了国家安全、社会稳定，为社会经济发展提供了有力的司法保障。进一步加强少年法庭工作。积极探索、改革审判方式，在审判好未成年人犯罪案件的基础上，加大法制宣传教育、预防未成年人犯罪力度。采取走出去、请进来的方法，深入全市1200余所中小学校开展法制讲座、举办模拟法庭、组织学生到法院旁听审判，广泛开展“法官进校园”法制宣传教育活动。共有600余名法官被750余所学校聘任学校法制辅导员，开展法制讲座268次，组织模拟法庭25次，受教育者达5000余人次。同时，与沈阳电台联办29期“托起明天的太阳——法制之声”专题节目，38名法官走进沈阳电台直播室，通过剖析典型案件、现场解答问题等，讲解、宣传保护未成年人合法权益法律知识，有效地保护未成年人的合法权益和预防、减少了未成年人违法犯罪。在校学生犯罪率的增幅，2009年比2008年下降11.3个百分点。2009年，全市两级人民法院共受理刑事案件10172件，审结9994件，结案率92.3%，其中市中级人民法院受理1114件，审结1050件。

（刘庆春）

【民事审判】 2009年，沈阳市两级人民法院加强了调解、和解工作。全市两级人民法院一审民事案件调解和解率达53.7%，同比上升2.2个百分点，市中级人民法院民事第四审判庭调解、和解率最高，为66.6%。注重大案要案审判。积极、稳妥地审判了在沈阳有重大影响的荷兰村、木兰公司破产案、成功地调解了标的额达上亿元人民币的韩国晓星公司与沈阳某公司并购案等大案要案，有效地维护了当事人的合法权益。进一步方便群众诉讼。制定了司法便民20条措施；加大了司法救助力度，为经济困难的当事人缓、减、免交诉讼费3645件，1020.2万元；在农村地区设立巡回法庭，巡回审理案件1385件；在基层人民法院设立“假日法庭”、“上门法庭”，积极开展送法进社区、进村镇活动，为群众提供方便快捷司法服务，切实方便了群众诉讼。市中级人民法院、和平、大东、东陵区人民法院分别被评为全省法院落实司法便民20条先进单位、全省法院立案大厅改建为诉讼服务中心先进单位和全省法院信访窗口建设先进单位。2009年，全市两级人民法院共受理民事案件88165件，审结81549件，结案率92.5%，其中市中级人民法院共受理10601件，审结9742件。

（刘庆春）

【行政审判】 2009年，沈阳市两级人民法院实行行政庭下乡开庭审判案件，方便了当事人诉讼。邀请人大代表旁听行政案件庭审，增强审判案件透明度，促进公正司法。全市两级人民法院共受理行政案件1403件，审结1295件，结案率92.3%，其中市中级人民法院共受理527件，审结490件。

（刘庆春）

【案件执行】 2009年，沈阳市两级人民法院共清理出历史执行积案50623件，占全省法院清理出历史执行积案的三分之一。对确无财产可供执行的42284件执行案件，按照《通知》规定要求，退出本次执行程序；经过深挖线索、攻坚克难，清查出有财产可予执行的6139件执行积案全部予以执结。退出执行程序和实际执结的占95.7%，有效地化解了社会矛盾，保护了当事人的合法权益，缓解了执行难，维护了司法权威。除此，市中级人民法院召开了全市法院执行工作会议、“清积工作攻坚战”动员大会和基层人民法院执行分局局长述职大会，动员部署执行工作，推进了执行任务完成。市委常委、政法委书记常明用“领导重视、摸清底数、效果明显”给予了充分肯定和赞扬。2009年，全市两级人民法院共受理执行案件30771件，执结28730件，执结率93.4%，其中市中级人民法院共受理1802件，执结1406件。

（刘庆春）

【审监信访】 2009年，沈阳市中级人民法院共受理基层人民法院当事人上诉案件9592件，改判、发回重审1665件，并针对审判工作存在的问题编发《审判通报》35期；建立了新闻发言人制度，先后召开12次新闻发布会和通报会，发布有关审判工作；在坚持生效裁判文书上网公布的基础上，首次在互联网直播两起案件庭审实况等，促进了案件质量效率提高。真诚接受外部监督。努力打造“阳光司法”。共邀请人大代表、政协委员1628人次，旁听各类案件庭审、听证118件；共收到人大代表建议和政协委员提案等29件，全部办结，代表和委员对办理情况均表示满意。全市两级人民法院共受理申诉、申请再审案件931件，审结872件，其中市中级人民法院共受理651件，审结604件。

继续加强源头治理，注重提高审判质量效率，认真改进审判作风，完善坚持有效制度措施，从根本上加强信访稳定工作。在信访工作中，强化案件质量效率和检查监督，有效减少涉诉新访案件发生，全年涉诉新访案件953件，同比减少了46.5%。实行院长接待日制度，开设院长信箱；继续派出驻市信访大厅接访办公室和驻京接访工作组；认真办理上级交、督办案件，积极处理群众新老涉诉问题。市中级人民法院共接待群众来访1761案、4796人次，其中市中级人民法院领导接待重点来访群众127人次，处理群众来信814件，信访化解率达90%以上；接访劝返进京上访137人次，同比下降26.3%；息访化解全市“党员干部进基层化解积案实施保稳定工程”交办案件55件，息访化解48件，息访率87.2%；收到上级机关督办案件294件，办结268件，期限内办结率97.5%。实现了市委、市政府提出的目标，顺利完成了新中国成立60周年庆典期间的安全稳定工作。

（刘庆春）

【审判管理】 采取硬性措施，不断强化审判管理。在审判管理工作中，市中级人民法院成立了审判管理办公室，重新修订了审判绩效考评办法，加强了审判绩效考评制度。对基层人民法院设定了均衡结案率等9项审判工作指标和信访申诉等8项其他重要工作指标，每季度对其实行分组计分、分类排序。针对考评中发现的审判管理存在的问题，以《考评通报》形式下发全市两级人民法院，提出改进意见、措施，并将考评结果作为基层人民法院评先选优的基本依据，促进了基层人民法院审判管理，提高了案件质量和效率。进一步完善审判流程管理，严格审限审批，杜绝和减少超审限案件。进一步加强对审判运行情况的研究和调度，及时掌握情况、发现问题、解决问题。进一步强化案件承办人、审判长、庭院领导的质量效率意识和各个环节的工作责任，严格把好案件事实关、证据关、程序关和法律适用关，保证案件质量效率。

（刘庆春）

【纪检监察】 2009年，沈阳市两级人民法院进一步制定完善落实廉政制度。继续完善落实领导干部述职述廉、诫免谈话、重大事项报告制度，制定了《党风廉政建设领导责任追究办法》、《廉政建设、作风形象建设监督实施办法》、《兼职廉政监察员工作细则》，实行了廉政监督卡制度，用制度规范和保障队伍廉政建设。进一步强化纪检监察部门的职能作用。纪检监察部门加强与信访、立案、审监及案件评查等部门协作配合，不断提高自行发现案件线索的能力和自行突破案件的能力，使法院内部的违法违纪问题得以早发现、早纠正、早处理。加强对基层人民法院纪检监察工作的考评，对存在问题能主动发现、主动查处的单位予以肯定；对有案不查、瞒案不报的单位，实行“一票否决”。对违反“五个严禁”规定，任何腐败现象和违法违纪行为，特别是利用审判权、执行权索贿受贿、徇私舞弊、枉法裁判、违法执行的，坚决一查到底，严肃处理。进一步加大接受外部监督力度，在人大代表、政协委员及社会各界人士中聘请了100名廉政建设监督员和作风形象监督员，对全市法院廉政建设、审判执行、纪律作风进行全方位、全过程监督。采取多种形式向社会公布最高人民法院关于“五个严禁”规定内容。公开举报电话、电子邮箱，鼓励群众举报监督。建立新闻发言人制度，坚持生效裁判文书上网公布，扩大群众监督。认真组织人大代表、政协委员旁听庭审活动及参加刑事、民事、行政及信访案件听证会，将全市法院工作主动置于外部监督之下，努力打造“阳光司法”。

（刘庆春）

司法行政

【律师工作】 2009年，沈阳市强化律师法律服务。做大做强5个法律顾问团，为政府依法决策、招商引资、制定政策法规，企业自主创新、市场拓展、依法经营提供法律服务，担任130余家政府机关、160余家国有大中型企业、500余家民营企业、150余家外资与合资企业、300余家乡镇政府和企业的法律顾问，出具法律意见书4850份，涉及标的额20多亿元，减免收费380余万元，避免经济损失近20亿元。

主动参与涉法涉诉信访。2009年全市累计共有2120名律师参与信访值班，接待涉法上访群众7978批次，其中集体访227批次，完成市委、市政府交办的重大案件35件，参与疑难案件论证会115次。共代理各类诉讼案件1.5万件，办理非诉讼法律事务8140件。

（郑玉石）

【公证服务】 公证服务领域得到拓展，延伸到房地产流转、预防及解决拖欠工资、农村改革发展、维护市场经济秩序、保障和改善民生等方面，完成信息平台网络建设和部分系统升级，监管力度继续加大，严格执行公证文书质量标准，认真落实公示、首问负责和限时办结等制度。全年共办理各类公证事项11.4万件，实现无错证、无假证和公证文书合格率100%的工作目标，免费发放10万张《公证服务联系卡》，提供上门服务1163件次，减免服务费用86万元。

（郑玉石）

【监狱劳教】 2009年，沈阳市监所持续保持安全稳定。各监所以开展“基层基础建设年”活动为载体，积极开展“找差距、查隐患、抓整改、保安全”等专项教育活动，干警确保安全稳定的意识和执法能力明显增强，基层基础工作进一步夯实，安全稳定长效机制全面落实，圆满完成国庆60周年、“两会”等重点时段的安全保卫工作。康家山、东陵监狱分别连续14年和13年，张士、沈新劳教所分别连续7年和6年实现“四无”目标。

教育改造质量不断提高。各监所加强对罪犯、劳教人员的教育矫治工作，深化法制和道德教育，强化个别教育和“三心”教育，突出职业技能培训，教育转化成果不断深化。

执法行为更加规范。结合开展“两严格、两规范”活动，坚持公平、公开、公正和严格文明执法，认真落实执法责任，严格责任追究，执法质量进一步提高，两所监狱达到省级执法工作优秀单位标准，劳教场所执法规范化水平逐步提升。

（郑玉石）

【基层司法建设】 2009年，沈阳市司法所建设取得阶段性成果。市局以加快司法所建设为龙头，以开展争创“双优”活动为载体，全面加强基层司法行政工作，完成1乡镇（街）1所建设任务，经费全部纳入同级财政预算，所均达到两人以上，各项业务工作全面开展，司法所实现了人员、编制、经费、机构、场所和职能“六个落实”，已有70%以上的所达到省级规范化标准，和平、苏家屯、东陵和沈北新区司法所建设走在全市前列。

“双联”工作稳步推进。律师所与司法所、社区全部建立了联系制度，律师参加现场服务1479次，开展业务联系5853次，为乡镇（街）、企事业单位担当法律顾问614家，代理诉讼业务124件，非诉讼业务236件，协助司法所调处疑难纠纷970件，处理重大信访案件193起，受理法律援助案件129件，组织法制讲座388场，听课群众3.5万人次，解答法律咨询2万余人次。

充分发挥人民调解职能作用。组织全市2852个人民调解组织和2.6万名人民调解员开展以“抓矛盾排查促平安，抓纠纷调解促和谐”为主题的调处活动，调解成功率为97%，为维护社会稳定做出突出贡献。同时，编印《沈阳市人民调解案例选编》3万册，免费发放到各级人民调解员。

安置帮教工作取得进展。认真落实“两个纳入”政策，加强对刑释解教人员回归社会的衔接管理，完善机制，落实措施，建立工作数据库，创建较高标准的过渡性安置基地和安置点，聘用志愿者115人。

（郑玉石）

【法律服务】 2009年，沈阳市司法鉴定工作取得积极进展。全市49家司法鉴定机构共办理各类司法鉴定业务10265件,鉴定质量和规范化建设水平进一步提高。积极开展司法鉴定援助,对市法律援助中心确认符合条件的当事人,酌情减免鉴定费用;成立司法鉴定人协会,行业管理得到加强。

圆满完成第8次国家司法考试沈阳考区考务工作任务。共有7179名考生在沈阳考区参加考试,占全省总数的56%,沈阳市参考4447人,占全省的34.9%,通过692人,通过率17.4%。沈阳考区的考务工作实现了"四最四严"的工作目标。

（郑玉石）

【法制宣传教育】 2009年,沈阳市扎实开展"法律六进"。在全市20余家大型企业举办法制宣传巡回展,受教育职工达8万余人;坚持送"法宝"进千家万户,再版印刷市民、农民"200个法律问题解答"各20万册,编印行政执法人员、青少年"200个法律问题解答"各2万册,免费在全市发放;律师、公证员、基层法律服务工作者和法制宣传志愿者深入基层,共举办法制讲座1200余场次。

深入开展法治城市、区县(市)创建。市司法局与市委宣传部联合下发《关于推进法治城市法治区县(市)创建活动的意见》,沈北新区、苏家屯区和东陵区、铁西区结合实际,积极创建法治诚信城区、法治文化城区和法治城区,已经取得明显成效和初步经验。

丰富法制宣传载体。市局与市委政法委、宣传部、市文化局共同创作了反映法制宣传教育内容的现代评剧《和谐使者》,在全市巡演14场,1.2万名观众观看演出,产生强烈的教育效果和社会效应。

精心组织"12·4"法制宣传日系列活动。以"加强法制宣传教育,服务经济社会发展"为主题,组织全市百名律师和公证员、法律援助、司法鉴定人员及部分行政执法人员,在全市开展100余项法律服务和法律咨询活动;同时,利用各种新闻媒体,全方位、多角度的宣传我市"五五"普法工作成果。全市普法工作被《法制日报》列入全国司法行政工作的八大亮点之一。

普法网功能进一步放大。在中国沈阳普法网和法律服务网开设《中国法库》栏目,上传3918部法律法规,供市民检索查询;《律师讲法》栏目聘请百名律师为特约撰稿人,为群众网上答疑解惑517件次。

（郑玉石）

【法律援助】 2009年,沈阳市扩大法律援助覆盖面。按照《法律援助条例》的有关规定,放宽经济困难审核标准,全市低保边缘户和领取失业保险人员均被列为法律援助对象,并将涉及老年人、妇女儿童等弱势群体的部分案件纳入法律援助范围。

网络功能更加互补。在乡镇(街)设立196个工作站,在2402个社区(村)建立联络点,提供零距离服务;在原有10个横向联络部的基础上,成立市环保法律援助工作部,提供专业服务;建立志愿者队伍,组织500名志愿者积极开展非诉讼法律援助,提供志愿服务。

便民措施更加实惠。积极开展"法律援助便民服务"和"服务民生、促进和谐,法律援助在沈阳"主题活动;建立服务大厅,设立便民窗口,为群众提供"一站式"服务;免费发放法律援助指南、联系卡和弱势群体维权手册各10万份,宣传法律援助,方便群众申请法律援助;"12348"百名律师服务志愿团接听咨询电话2.8万余次,同比增长20%。

效率质量继续提高。沈阳市法律援助工作经验在全省予以推广,积极完善受理、审批、指派等工作制度和服务标准,强化监管,严格规范,将调解优先原则落实到法律援助之中,引导当事人采取调解、和解等非诉讼方式解决纷争,方便了群众,提高了效率,化解了矛盾。全市法律援助机构共受理案件3085件,同比增长40%;接待群众1.7万人次,同比增长17%。

（郑玉石）

开 发 区 建 设

经济技术开发区

【招商引资】 继续扩大对内对外开放，着力引进国内外重大项目，是开发区融入全球经济、保持旺盛活力和实现经济持续发展的保证。沈阳经济技术开发区不断创新招商方式，按照市场化机制运作，建立与市场经济相适应的招商工作方式和机制，实现招商引资新突破。在对外招商上，主要瞄准世界500强企业和跨国公司以及中央直属企业，在重大项目的引进上实现突破。在对内招商上，重点瞄准珠三角、长三角等重点地区，在基础配套产业集群项目的引进上实现突破。在产业链招商上，主要瞄准先进企业，在具有先进技术的项目引进上实现突破。同时，沈阳经济技术开发区还紧紧依托区域内优势企业，大力开展以企招商，在引进国外知名企业与区内企业合资合作上实现突破。

2009年共组成多批次招商团分赴欧洲、美、日、韩等境外国家和深圳、东莞、上海、温州等国内经济发达城市开展各类招商活动，在席卷全球的经济危机中抓住了机遇，经受了考验。全年实际利用外资5.3亿美元。

沈阳经济技术开发区把实施“双百工程”作为开发区招商工作的头等大事，取得了一定的成效。在并购国外企业方面，有30个项目在积极推进，其中远大集团海外欧洲设计研发中心、辽宁宝林并购加拿大莫洛瓦无极磁能灯专用灯具和远大集团并购瑞典易尔通变频器项目等3个项目通过省政府认定；在引进国外研发团队方面，有32个项目在积极推进，其中沈阳机床“高档车铣复合加工中心动态综合补偿技术”等9个项目通过省政府认定。

（郭春旭）

【经济发展】 2009年，沈阳经济技术开发区在“铁西老工业基地调整改造暨装备制造业发展示范区”和“五点一线”政策的强力支撑下，围绕建设世界级先进装备制造业基地、挺进全国一流开发区的目标，按照“拉开格局向西拓展空间，外引内育迅速扩张规模”的发展思路，大力实施“92125”工程，充分发挥沈西工业走廊的聚集作用，继续加大招商引资力度，突出抓好装备制造业等产业集群和重大项目的引进和建设，使开发区工业项目呈现出“核裂变”效应，形成新一轮大开发、大建设的浓郁氛围。

全年实现地区生产总值530.7亿元，同比增长16.8%；规模以上工业总产值1789.6亿元，增长16.3%；规模以上工业增加值465.6亿元，增长16.9%；固定资产投资265.1亿元，增长15.8%；实际利用外资5.3亿美元，增长7.3%；一般预算收入14.6亿元，增长20.7%；社会消费品零售总额37亿元，增长14.7%。工业经济实现了速度、规模、效益的同步协调增长。全区规模以上工业总产值和增加值、财政收入、利用外资、固定资产投资等主要经济指标连年实现30%以上的高速增长，且均在全市各县、区的经济建设综合评价排名中居首位，工业发展对财政增长的拉动十分显著。装备制造业的主导地位继续得到巩固。工业投资不断加大，外资结构不断优化。直接利用外资中的70%以上为外资工业项目，表明大批工业外资的聚集效应已经显现。

（郭春旭）

【产业集群】 2009年，开发区按照外引内育迅速扩张规模的发展思路，对外引进重大项目，通过异地搬迁改造扩大企业规模，提升企业核心竞争力；对内根据产业结构培育大批配套项目，延伸了产业链条，为装备制造业集群式发展提供了重要保障。形成了以沈鼓、沈重、远大等近200家企业为代表的装备制造业产业集群；以广汽日野、华晨E2发动机等150多家企业为代表的汽车整车及零部件产业集群；以东药、石蜡化工等60多家企业为代表的医药化工产业集群；以可口可乐、中富包装等30多家企业为代表的食品饮料及包装产业集群；以天利摩托等企业为代表的摩托车及零部件产业集群。电气、机泵阀、冶金、铸锻、表面精饰及有色金属等产业集群也正在加速建设和培育发展中。

装备制造业进一步聚集发展。全区装备制造企业实现总产值1230亿元、增加值330亿元，同比分别增长17.9%和17.5%。引进规模以上企业56户，其中世界500强企业15户。现代建筑产业园建设全面启动。编制并实施现代建筑产业发展规划，招商工作全面铺开。全区现代建筑产业实现总产值260亿元，增加值70亿元，成为工业体系中的战略性新兴产业。

49个重点项目签约落地。代表项目有：总投资6亿欧元的宝马汽车整车生产项目；总投资15亿美元、年产180万条客车轮胎和1000万条轿车轮胎的米其林轮胎生产项目等。

72个重点项目开工建设。代表项目有：总投资28亿元、占地面积80万平方米的远大博林特电梯项目；总投资6000万美元、占地面积40万平方米的日本安川电机伺服电机生产项目等。

54个重点项目竣工投产。代表项目有：占地面积72万平米的特变电工特高压输变电生产基地项目；总投资10亿元，占地面积25万平米的远大产业园二期项目等。

（郭春旭）

【区域环境】 2009年，开发区紧紧围绕招商引资和项目建设工作，在高水平规划，高标准建设的同时，继续加大基础公用设施的投入力度，大力优化区域投资发展环境，进一步提升了区域环境建设的档次和水平，开发区的城区功能日趋完善，区域面貌日新月异。通过抓好铁路、道路、给排水、电力、绿化、标准厂房等十大基建工程，使开发区的道路更加宽敞通畅，环境更加优美舒适，水、电、汽等供应紧张局面得到有效缓解，公建设施得到极大改善；通过加大对区域环境的综合整治力度，开发区的生态环境和综合服务品位得到全面提升，为打造区域环境最美、生态环境最优、人居环境最佳的新型园区提供了保障。

现代建筑产业园通过2009年的建设，一期5.6平方公里区域已形成道路12条，总长19.8公里，面积约45.6平方米，完成排水总长约40公里，完成给水管线总长约30公里；完成供热管线7.2公里；完成化开，化发，化东10千伏线路4.8公里。

开发区除大力建设区域“硬环境”外，更重视对企业投资“软环境”的建设和完善。全区上下以为投资者提供最佳创业发展环境为目标，不断创新服务理念，增强服务意识，完善服务体系，改进服务方式，提升服务水平，开发区的服务环境得到进一步优化，选择在开发区投资的企业，可以享受到一站式限时服务和全程跟踪代理制服务，“低门槛进入、无干扰建设、无障碍发展”已经成为开发区特色。开发区始终奉行“事不过夜、事无巨细、事必躬亲”的工作作风，努力为投资者提供一个阳光、公平、透明的投资空间。

（郭春旭）

浑南新区

【经济发展】 2009年，浑南新区实现地区生产总值239亿元，同比增长16%；规模以上工业总产值实现660亿元，同比增长18.4%；财政一般预算收入实现15.2亿元，同比增长20.2%，其中税收收入12.1亿元，同比增长19.6%；固定资产投资271亿元，同比增长10.1%；社会消费品零售总额65亿元，同比增长16%；实际利用外资8.16亿美元，超额完成市里下达的6.5亿美元任务指标；自营出口7.7亿美元，同比下降17%。

（王德忠）

【科技创新】 浑南新区坚持把科技创新作为保增长的核心工作。2009年，新增孵化面积10万平方米，在孵企业450家。总面积5.6万平方米的东软软件人才实训基地和总面积2.2万平方米的IBM软件外包实训基地投入使用。引进海外研发团队55个，海内外人才800余人次，新增省级技术研发中心7个，专利申请900余件，全年新增创新成果81项，为历年之最。编制完成了LED产业、风电产业、数字医疗产业、物联网产业、生物医药产业等产业基地发展规划。全年新增高新技术产品产值374亿元，占规模以上工业总产值的56%，增长近6个百分点。

年初，在国家科技重大专项“极大规模集成电路制造装备及成套工艺”项目推进会上，浑南新区IC装备产业基地内4家企业5个IC装备项目被列为国家科技重大专项，获得了3.55亿元重大科技专项资金的支持。这些项目分别是：中国科学院沈阳科学仪器研制中心有限公司承担的“等离子体增强化学气相沉积设备研发与应用”和“干泵与系列真空阀门产品开发与产业化”；沈阳芯源微电子设备有限公司承担的“凸点封装涂胶显影及单片湿法刻蚀设备的开发与产业化”；沈阳新松机器人自动化股份有限公司承担的“IC装备机械手及硅片传输系统系列产品研发与产业化”，沈阳中科博微自动化技术有限公司承担的“集束式控制平台与软件”项目。

（王德忠）

【数字医疗产业】 2009年7月，东软医疗系统有限公司自主研发的第一台16层CT正式发往美国客户，此举填补了中国在多层螺旋CT市场的空白。同时，由东软医疗公司自主研发的第一台PET机已成功获得了美国FDA认证，这是目前世界上最先进的大型影像医疗诊断设备，整机部件国产化率已经达到了90%以上，从而成为全球第4家高端医疗设备生产公司。长江源科技公司生产的高强度聚焦超声刀系统实现了治疗肿瘤不用开刀的目标，拥有多项专利，是我国首创的医疗治疗设备，国外尚无此类产品。

浑南新区已拥有包括CT系列、MRI系列、X线系列、彩超系列、激光成像系列、放射治疗系列、核医学系列、临床检验系列、监护系列、软件系列、耗材系列，以及正在研发中的核医学设备、医用电子直线加速器和计算机辅助诊断(CAD)系统、无创呼吸机、胰岛素泵等11大系列50余种产品，拥有5000余家客户，产品不仅遍布全国30多个省、市、自治区，而且还远销全球40多个国家和地区。

（王德忠）

【动漫产业】 2009年，浑南新区被文化部批准为国家文化艺术科技创新基地，新引进企业30家，基地动漫企业总数达到132家，就业员工总数超过5000人。共有17部作品全部制作完成，已有14部作品通过审查，获得发行许可证，总片长10366分钟，实现产值23亿元，原创动画片的制作在全国已处于领先水平。

沈阳非凡创意动画制作有限公司完成的3000分钟原创动画片《兜兜的世界》已在央视热播，并获得东北地区惟一一部国家级国产优秀动画片大奖，沈阳四维数码与国家文化部合作建设“中国4D艺术中心”和“中国4D艺术有限公司”项目签约，力争用2－3年时间打造成为产值超百亿的4D立体产业化基地。沈阳蓝火炬软件有限公司自主开发制作的两款大型网络游戏《炫舞吧》、《幻想之翼》正式上线运营，这是东北地区第一款正式上线运营的大型网络游戏。

（王德忠）

【风电产业】 2009年，沈阳能源集团、美国可再生能源集团与美国希艾罗风能集团三方共同在美国得克萨斯州建立600兆瓦风场，签约额为15亿美元，中方将向美方提供240部2.5兆瓦容量的风力发电机，这是中美两国在清洁能源领域合作的最大项目，也是中国风机出口的最大订单。此举标志着沈阳将成为全球风机生产中心。

浑南新区拥有4个风力发电项目，可生产从0.75兆瓦至2.7兆瓦全系列风力发电机组，所有的风力发电机组的生产国产化率都到达了70%以上，新区已成为我国重要的风力发电设备制造基地之一。

（王德忠）

【招商引资】 全年新注册内外资企业1024户，居全市各区县之首，其中外资企业159户，占全市476户的33.4%。引进世界500强项目5个，重点推进落实IBM工程中心、LG·CNS系统集成软件中心、GE风电齿轮箱、爱发科真空镀膜设备生产基地、红星美凯龙等50个重大项目。全年调资8.16亿美元，超出市里下达6.5亿美元指标1.66亿美元。

（王德忠）

【基础设施】 全年完成基础设施建设投资12亿元。重点完成了沈抚二号线、哈大客运专线等国家及省、市重点项目征地拆迁工作，完成了沈抚城际铁路浑南段管网排迁、七处平改立及会展中心乘降站广场及沿线绿化建设。

启动生态城区建设，全年植树13万株，新增绿化面积62万平方米；强化41平方公里建成区市容管理，生态化新城区建设稳步推进。

（王德忠）

【民生工程】 “双高普九”工作顺利通过验收，得分全省最高；浑南一小、二小被评为全国加强未成年人思想道德建设实践基地；与省实验中学合作的省实验中学浑南一中顺利招生开学。财政投资1.5亿元，新建10个标准城市化社区，完成总面积2300平方米残疾人就业培训中心建设。完成浑河堡和营盘两个村3016名被征地农民参加养老保险工作，新型农村合作化医疗参合率达99.4%。实名制就业4069人。

（王德忠）

棋盘山旅游开发区

【经济发展】 2009年，全区实现地区生产总值29.4亿元，同比增长22.5%；完成固定资产投资84.5亿元，同比增长20.7%；实现地方财政一般预算收入3.28亿元，同比增长23.3%；利用外商直接投资6278万美元，同比增长99%；实际到位内资17.8亿元，同比增长75%；实现文化产业增加值8亿元，同比增长31.1%；新开工3000万元以上项目17个，同比增长41.7%；农民人均纯收入9879元，同比增长16.5%；接待国内外游客900万人次，同比增长5.9%。

根据市委、市政府做优东部发展空间的战略定位，组织国际一流规划设计团队，完善空间发展规划，制定了《棋盘山开发区产业发展规划纲要》。在发展空间上，打造“一城、两带、五区联动”的空间格局。即：在沈抚连接带规划建设沈抚生态新城；规划建设沈棋路旅游风情景观带和浑河滨水生态休闲景观带；集中打造森林公园生态保护区、秀湖旅游休闲产业区、文化创意产业区、泗水生物技术产业区和高坎生态商务服务区等五个重点空间。明确了建设国际一流的生态旅游文化产业示范区的总体目标，建设“沈抚城市绿肺、东北生物硅谷、中国旅游胜地、国际创意平台”的具体目标。

（王　丹）

【项目建设】 一是项目数量多、体量大；二是产业特色鲜明、前景广阔；三是在文化产业、生物技术产业项目上有所突破。泗水科技城、中旅国际小镇、省环保科学园、麓鸣谷生态旅游度假村、全民健身户外活动基地、温泉谷、万科兰乔圣菲等31个在建项目在年内开工建设；中南卡通城、北方出版传媒产业园、路虎文化创意园、关东影视文化园、家庭视频游戏机产业园等7个拟开工项目有序推进；加快启动秀湖周边地区整理改造，打造国际一流的旅游休闲度假区；推动国际创意谷、世界名品展示销售中心、飞利浦文化谷等14个在谈项目的尽快落地。上述项目总投资预计突破800亿元。

（王　丹）

【基础设施建设】 完成了棋高路、泗水科技城中心路、泗水科技城跨河桥梁、欧陆小镇2号路延长线、浑河北岸滨河路建设工程；实施了棋盘山风景区环湖路拓宽工程、棋盘山正门道路改造工程；建设了日处理能力1万吨的欧陆小镇污水处理厂，填补了开发区大型集中污水处理的空白；启动了日处理量0.5万吨小河南污水处理厂，目前工程土建、污水主管线和设备安装已完工；成立了轨道交通建设协调工作机构，加强地铁建设协调服务；以国庆60周年大庆、举办东北亚论坛为契机，完成了棋盘山景区、三环桥居住区等亮化工程；结合创建国家生态区，节能减排工作，实施了生态移居工程、水系改造和湿地保护工程，集中进行了村屯改水、改厕、污水处理、桔杆利用、垃圾处理；组织实施了沈棋路、棋高路、浑河北岸、泗水河绿化等工程，种植树木10.6万余株，新增绿化面积70万平方米。

（王　丹）

【大型活动】 大型活动全年持续不断。2009中国沈阳国际冰雪节暨盛京灯会、关东庙会于年初成功举办。共接待游客110万人次，同比增长10%。旅游经营收入同比增长77.8%。提供就业岗位1000个，得到央视等国内外主流媒体的关注报道，知名度和品牌价值不断提高。4月至5月，在关东影视城举办了为期30天的关东民俗文化节；清明节期间举办了首届文明祭祀活动；5月至10月，在植物园举办了5次花展，在园区内新增设大型游乐项目64项；9月，成功承办了国际文化创意产业峰会暨第五届世界多媒体与互联网峰会。与市科技局共同承办了亚洲生物技术商务对接会，联合国官员和来自北美、欧洲、亚太、拉美和非洲20多个国家和地区的100余位嘉宾参加了峰会，22个国家的200余位嘉宾参加了生物技术商务对接会。两个国际性会议的召开，极大地提升了棋盘山开发区的国际知名度，为文化产业和生物技术产业的发展奠定了坚实的基础。在峰会闭幕式上，举行了国际数字媒体产业园项目奠基仪式，与世界多媒体协会联盟签署了峰会永久性会址合作协议，并确定第六届峰会于2010年10月在棋盘山举办。

（王　丹）

【民生工程】 进一步加大民生工程的投入，落实社会救助制度，提高救助水平和覆盖面。全年累计发放低保金196万元，发放救济、救助金121.5万元，新型农村合作医疗补助380万元，城乡低保实现了应保尽保。对零就业家庭、就业困难人员、双职工下岗人员、军人家属等特殊困难群体进行了重点帮扶，零就业家庭均已实现至少一人稳定就业，各项就业扶持政策所需资金筹集、配比和使用到位率100%；“4050”灵活就业人员社会保险补贴发放到位率100%；再就业小额贷款发放工作已经完成，发放金额50万元，完成指标率100%；推荐13名青年农民参加了畜禽、果树花卉、蔬菜食用菌、经营与管理等4个班的学习培训，被市科技局授予“青年农民上大学”培训工作先进集体。继续加大教育设施的投入，先后投资788万元建设了高坎中心小学新校舍，投入10万元建设东陵路小学幼儿园，投入103万元建设开发区学校“校校通”和“班班通”。进一步改善群众居住条件，建设了26万平方米的旧站河西回迁楼、6万平方米的望滨地区回迁楼和10万平方米的中水地区二期回迁楼。与此同时，全区安全生产、信访工作在全市名列前茅，特别是成功扑灭了4·19森林大火，有效预防了森林火灾事故，维护了社会稳定，为全区经

济社会等各项事业发展创造了良好环境。 （王 丹）

金融商贸开发区

【招商引资】 2009年，为进一步加速推进东北区域金融中心建设，积极应对国际金融危机对招商引资带来的不利影响，开发区进一步明确招商指导思想，深化项目落实，提高项目储备层次，强化服务意识，采取“四新”措施，使全区招商引资工作步入了持续发展的良性轨道。一是拓展新领域，扩大招商地域和行业，在原有基础上进行扩面，适时开拓日韩和欧美市场；二是寻找新项目，重点掌握可能入区投资企业，进行详细信息分析和筛选，明确重点工作目标，重点将世界跨国公司总部、500强企业中国区总部作为招商对象，有针对性的开展工作；三是制定新办法，加大项目储备和重点项目推进力度；四是打造新亮点，进一步加大对大地产、大商业、大总部、大税源、大外资的引进力度，通过这些措施，招商引资工作实现了新的突破，东北地区最大票据转贴现中心的工商银行票据营业部沈阳分部已落户开发区；大连银行、营口银行、锦州银行相继在开发区落户开业；引进国泰人寿、阳光人寿等保险公司；人民银行沈阳分行和辽宁省证监局迁址开发区工作正在有序进行中。2009年，开发区全年共引进世界500强国泰人寿、大连银行沈阳分行等各类金融机构83家，其中银行、证券、保险、期货类金融机构18家，其他金融服务类机构65家；全年引进总部企业55家，其中东北区域总部2家，辽宁区域总部42家，沈阳区域总部11家。

（曹兴国）

【规划建设】 2009年，开发区区域规划、基础设施建设和项目建设取得了新的进展。一是区域发展规划体系进一步完善，美国科尔尼咨询有限公司为开发区制定了《沈阳金融商贸开发区发展战略规划》，重点研究东北区域金融中心核心区的定位及总体发展战略，现已进入最后完善阶段；阿特金斯顾问（中国）公司为开发区制定了《沈阳金融商贸开发区城市风貌控制及城市设计》，重点研究开发区综合交通体系和地下空间综合利用，现已完成送审终稿及宣传多媒体制作工作，完成了该规划的环境影响评价，并获得环境保护部门审批通过；沈阳市城市规划设计研究院为开发区编制了《开发区基础设施专项规划》，为开发区长远发展提供有力保障，确保在建项目顺利投入使用，现已完成规划初稿。二是拆迁工作得到有力推动，先后完成了多个地块的拆迁准备工作。三是项目建设取得新进展，开发区在建项目和即将开工建设项目10个，2009年竣工项目2个，分别是东森商务广场一期和市政府后勤保障综合楼，总占地面积3.05万平方米，总建筑面积18.2万平方米，总投资额1亿元人民币；在建项目9个，分别是东森商务广场二期、华府天地二期、新华国际金融中心、东北世贸广场、恒隆市府广场、诺富特酒店、华晨中际大厦、富丽华大酒店一期、东北大厦，总占地面积31.7万平方米，总建筑面积359.4万平方米，总投资额296.6亿元人民币；即将开工项目1个，沈阳国际金融中心，总占地面积4.7万平方米，总建筑面积53万平方米，总投资额70亿元人民币。

（曹兴国）

【优化投资环境】 2009年，为进一步营造适宜东北区域金融中心发展建设需要的社会环境，开发区对区域投资环境不断进行优化。一是提升了东北区域金融中心建设的理论基础和高度，在2008年7月召开东北金融高层论坛期间，与中央政研室经济局合作开展了《从国家战略高度加快建设东北区域金融中心》的课题研究。2009年3月完成了课题报告，4月18日在北京成功召开了由开发区承办，由市政府主办的《从国家战略高度加快建设东北区域金融中心》课题报告评审会。中央政研室、中央办公厅、中财办、国务院研究室、国家发改委、商务部和“一行三会”等部门的19位司局长参加了评审会。二是搭建金融服务合作平台。建立政府间、政府与金融监管机构间工作协调机制，为金融机构提供适宜的监管环境、完善的服务功能和广阔的发展空间，推动金融服务工作实现全面提升。成立了沈阳金融家俱乐部，为在沈的金融企业家相互交流与合作搭建了平台。全年先后成功举办了三场银企对接会，为300余家金融机构、企业牵线搭桥，累计签约贷款融资额达145.5亿元。三是小额贷款公司初审工作顺利开展。全年共完成13家批筹工作，注册资本金达5.15亿元，获批数量在全市排名第一。四是积极承办大型会展活动。分别在北京、香港举办了东北区域金融中心建设推介会。成功举办了第二届东北金融高层论坛、2009辽宁·沈阳国际金融合作高峰论坛等大型会展活动，完成了北京国际金融博览会的参展工作。2009年11月，开发区荣获了中国金融生态发展战略（博鳌）峰会颁发的“中国金融生态区”奖，同月还荣获了第五届北京国际金融博览会颁发的“中国最具竞争力金融开发区”奖，使开发区在国内外的知名度得到进一步提升。

（曹兴国）

【经济发展】 2009年，开发区坚持以建设东北区域金融中心为统领，以发展现代服务业和楼宇经济为重点，以财税收入为核心，以税收服务为平台，加大税源建设力度，财税收入实现大幅增长，实现地区生产总值68.3亿元，同比增长15%；财政收入6.8亿元，增长58.6%；固定资产投资36.7亿元，增长20%；实际利用外资1.7亿美元。开发区已经成为东北地区单位面积投资强度、利用外资密度、财政收入和安置就业人数最高的地区，呈现出明显的品牌带动和产业聚集效应。

（曹兴国）

工　　业

综　　述

【工业经济又好又快发展】 2009年，在国际金融危机动荡、世界经济陷入衰退、国内外形势严峻复杂的情况下，全市工业系统沉着应对、励精图治，深入贯彻落实科学发展观，以保增长促发展为首要任务，开展“进企业解决难题，实施保增长工程”主题活动，从政策扶持、目标管理、预警监测、协调服务等多方面入手，强化工业经济运行管理，积极帮助企业协调解决实际困难，全市工业生产和经济效益呈现协调快速增长的态势，取得了令人瞩目的可喜成绩。

一、工业生产平稳较快增长，为全市保增长做出突出贡献

工业生产较快增长，经济总量继续攀升。全市规模以上工业企业完成工业总产值7611.4亿元，比上年增长19.6%；工业增加值突破2000亿大关，达到2017.5亿元，比上年增长19.1%，超出全年目标1.1个百分点，并分别高于全国和全省8.1和2.3个百分点。在全国15个副省级城市中，沈阳市工业增加值增速列第2位；工业增加值总量由上年的第5位提升至列第4位，继续巩固了“第一集团”的地位。

工业经济始终在平稳、高位的区间内运行，没有因金融危机而产生较大波动。从全年运行走势看，一至四季度，全市规模以上工业增加值增速分别为19.8%、19.1%、19.7%和19.1%，为全市经济平稳较快发展起到“稳定器”作用。

工业在全市国民经济的地位进一步提升，在应对金融危机、实现保增长过程中做出了突出贡献。在全市GDP的总构成中，工业增加值为2012.2亿元，比上年增长16%，占全市GDP的比重为46.2%，比上年提高0.7个百分点，对全市GDP增长的贡献率达到51.5%。

二、工业经济发展方式实现良性转变，经济运行质量和效益显著提高

工业经济效益显著提高。2009年，全市规模以上工业经济效益综合指数达到273.3%，比上年提高36个百分点，实现产销率98.2%，比上年提高0.3个百分点；实现主营业务收入7433.2亿元，比上年增长19.3%；实现利税509.7亿元，比上年增长23.4%；实现利润315.6亿元，比上年增长24.6%。

工业经济增长结构实现良性转变，经济效益增长快于工业生产增长。2009年，全市规模以上工业利税总额和利润总额增长分别高于工业总产值增长3.8和5.0个百分点。

工业品产销衔接保持较高水平，销售增长快于生产增长。2009年，全市规模以上工业实现销售产值7477.4亿元，比上年增长19.9%，高于产值增长0.3个百分点；实现产销率98.2%，较上年提高0.3个百分点。

轻重工业协调发展，重工业增长略优于轻工业。2009年，全市规模以上轻工业完成增加值555.7亿元，增长18.9%；实现利税137.6亿元，增长18.7%；实现利润91.8亿元，增长21.3%。重工业完成增加值1461.8亿元，增长19.2%；实现利税372.2亿元，增长25.2%；实现利润223.8亿元，增长26%。轻、重工业增加值的比重为27.5：72.5，重工业所占比重略有上升。

三、八个优势产业较快发展，工业总量占全市规模以上企业的八成

八个优势产业生产协调发展，对全市工业增长的贡献越加明显。2009年，八个优势产业合计完成工业增加值1620.7亿元，比上年增长20.4%，超过全市平均增幅1.3个百分点，占全市规模以上工业的80.3%，对全市工业生产的贡献率达到84.9%。其中，机械装备、汽车及零部件、航空航天制造、医药化工、农副产品加工、黑色冶金、有色冶金的增加值均达实现两位数增长。

八个优势产业经济效益较快增长，高于全市工业平均效益增速。八个优势产业合计实现利税总额388.1亿元，比上年增长24.9%，超过全市平均增幅1.5个百分点，占全市规模以上工业利税总额的76.1%；实现利润总额245.5亿元，比上年增长27.0%，超过全市平均增幅2.4个百分点，占全市规模以上工业利润总额的77.8%。其中，汽车及零部件制造业利润同比增长123.7%，机械装备、航空航天制造、医药化工、农副产品加工、有色金属冶炼及压延业利润总额增长均超过20%。

装备制造业生产较快增长，经济总量占全市工业的近半壁江山。全市大口径装备制造业完成工业增加值967.4亿元，比上年增长18.6%，占全市规模以上工业的48.0%。其中，机械装备制造业完成工业增加值714亿元，比上年增长20.0%，占全市规模以上工业的35.4%，经济总量居八个优势产业之首；汽车及零部件制造业摆脱了2008年低迷的状态，生产呈现快速增长的局面，整车产量达到48.2万辆，比上年增长50%，工业增加值达到168.9亿元，比上年增长20%。

四、工业企业总体生产状况良好，企业开工率逐步提高

重点工业企业生产保持较快增长。2009年，全市工业总产值超亿元企业有1285户，合计完成工业总产值6116.8亿元，比上年增长21.4%，高于全市平均增幅1.8个百分点，产值占全市规模以上工业的80.3%；实现销售产值5995亿元，比上年增长21.7%；实现产销率98.0%，比上年提高0.2个百分点。其中，八成以上企业生产保持增长，有七成以上企业产值保持两位数以上增长。特变电工沈阳变压器集团有限公司、新东北电气（沈阳）高压开关有限公司、北方交通重工集团、三一重型装备有限公司、华晨宝马汽车有限公司、上海通用（沈阳）北盛汽车有限公司、化工集团有限

公司、沈阳乳业有限责任公司等骨干企业产值增长超过20%。

停产、半停产企业数量逐步减少。2009年全市工业企业努力克服金融危机等不利因素的影响，企业开工率稳步提高。截至年末，全市停产、半停产规模以上工业企业有112户（其中，停产企业78户，半停产企业34户），较上年末减少228户，停产、半停产企业占全市规模以上工业企业仅为2.1%，已恢复到常年正常水平。

五、县域工业和非公有制工业生产保持快速增长，工业经济总量比重逐渐提高

县域工业保持快速发展。2009年，全市规模以上县域工业完成产值3993.4亿元，比上年增长23.8%，高于全市平均增幅4.2个百分点；完成工业增加值1093.5亿元，比上年增长23.9%，高于全市平均增幅4.8个百分点；实现利润179.2亿元，比上年增长21.5%。县域工业增加值占全市规模以上工业的54.2%，比上年提高1.1个百分点。

非公有制工业较快增长。全市非公有制工业完成产值5460.2亿元，比上年增长20.9%；完成工业增加值1494.4亿元，比上年增长21.5%，高于全市平均增幅2.4个百分点。非公有制工业增加值占全市规模以上工业的74.1%，比上年提高3.1个百分点。

六、生产要素供应基本稳定，保障了工业生产的总体需求

工业用电量稳步回升。受金融危机影响，2009年全市工业用电明显回落，随着工业经济的平稳较快增长，工业用电同比逐月回升。截至年末，全市工业用电量110.8亿千瓦时，增长6.35%，增幅比上半年提高9.49个百分点。

燃气供应满足基本需求。全市燃气销售量2.66亿立方米，比上年增长7.1%，其中工业用燃气销售量11031万立方米，比上年增长14.2%。

货运总量保持稳步增长。全市货运总量1.52亿吨，比上年增长8.5%。其中，公路运输1.47亿吨，比上年增长9%；铁路运输431万吨，比上年下降7.4%。

七、工业品出厂价格和原材料购进价格有所下降

2009年，全市工业品出厂价格比上年下降1.3%。在轻工业中，以农产品为原料的轻工业上涨0.7%，以非农产品为原料的轻工业下降0.7%。在重工业中，采掘业上涨7.8%，原料工业和加工业分别下降2.9%和2.3%。

全市原材料燃料动力购进价格比上年下降6.5%。其中，有色金属材料类下降19.6%，黑色金属材料类下降14.8%，化工原料类下降12.4%，建材及非金属矿类下降0.7%，燃料动力类上涨4.6%，农副产品类上涨5.1%，纺织原料类上涨2.1%。

（李日松）

【工业固定资产投资】　2009年，全市完成工业固定资产投资1352.2亿元，同比增长22.4%，占全社会固定资产投资的36.8%。其中，西部地区累计完成工业固定资产投资511.4亿元，占全市的37.8%；北部地区完成377.4亿元，占27.9%；南部地区完成350.7亿元，占25.9%；东部地区完成112.7亿元，占8.3%。

在工业投资中，装备制造业完成投资688.3亿元，占整个工业投资的50.9%。其中，机械行业479.3亿元，占35.4%；汽车产业98.5亿元，占7.3%；电子信息100.1亿元，占7.4%；航空航天10.4亿元，占0.8%。

农产品加工行业完成投资179.3亿元，占13.3%；医药化工业86.3亿元，占6.4%；冶金行业30.5亿元，占2.2%；轻纺建材及水、电、煤、气等其它行业367.8亿元，占27.2%。

（闫学堂）

【工业新开工项目突破1000个】　2009年，全市共组织落实新开工投资500万元以上工业项目1106个，计划总投资874.4亿元，项目平均投资额为7900万元。其中，3000万元以上项目424个，10亿元以上项目13个。主要呈现以下突出特点：

一是新开工项目向重点区域集中，体现区域布局方向。在1106个项目中，西部地区460个，计划总投资340亿元，分别占全市的41.6%和38.9%；北部地区299个，总投资323.5亿元，占27%和37%；南部区域263个，总投资137.4亿元，占23.8%和15.7%；东部地区84个，总投资73.5亿元，占7.6%和8.4%。

二是新开工项目向装备制造业集中，体现产业发展方向。这些项目中，装备制造业项目535个，计划总投资515.8亿元，分别占全市的48.4%和59%。其中，机械制造业项目411个，总投资260.2亿元；汽车及零部件业项目36个，总投资76.4亿元；电子信息业项目74个，总投资110.4亿元；航空制造业项目14个，总投资68.8亿元。

医药化工业项目78个，总投资31.5亿元；食品及农产品深加工业项目172个，总投资69.7亿元；钢铁及有色金属加工业项目53个，总投资63.6亿元；能源及轻纺建材等其它行业268个，总投资193.8亿元。

三是一批重大项目新开工建设，提升项目平均投资水平。2009年，全市上下加大工作力度，重点推进重、特大工业项目的投资建设，华晨宝马F18新产品扩建、华晨金杯15万辆A级车新工厂、沈鼓集团完善提高大型压缩机及泵类产品国产化等13个10亿元以上重大项目开工建设，有力提升了全市工业投资水平。

（闫学堂）

【重大项目建设进展顺利】　2009年，全市重点推进的投资10亿元以上重大工业项目共68个，计划总投资2277亿元。按项目进度分，投产项目11个，续建项目25个，计划新开工项目13个，在谈项目19个。

一是11个项目实现投产。主要包括：50万吨/年CPP项目、冲8－Q400飞机大部件转包项目一期、中车集团沈阳汽车车桥搬迁改造项目、九星集团30万吨铜材加工项目、康平电厂项目、沈阳同方科技园项目、新邮通信3G手机及基站项目、华润雪花100万吨啤酒搬迁扩建项目、沈西铸锻公司项目、贝卡尔特高精钢丝制品项目、以及沈西工业走廊铁路建设项目等。

二是25个续建项目加快推进。主要包括汽车产业的广汽重组沈飞日野项目，航天三菱60万台小排量发动机，掌握集团重组沈飞巴士及大客车扩产改造，伍尔特工业园等项目；装备制造业的特高压输变电生产基地项目、北方重工新基地建设项目、三一煤炭综采设备基地，远大产业园高效节能电梯及风电设备，沈车新基地、重型机床普车生产基地、华利电器C－GIS开关等项目；电子信息业的中兴沈阳软件产业园、方大半导体绿色照明产业园等项目；航空制造业的南航A320系列飞机维修基地，沈

飞公司C系列飞机转包等项目;医化产业的东药集团搬迁改造、双龙天宝橡胶工业园、辽宁方大集团炼焦煤气异地搬迁等项目;冶金产业的宝钢二期及辽宁地区总部基地项目、沈阳和世泰实业公司钛工业园项目;能源及其它产业的沈阳金山热电二期、康平风力发电(国电龙源公司)以及康平大强煤矿等项目。

三是有13个项目新开工建设。主要包括:华晨宝马F18新产品扩建、华晨金杯15万辆A级车新工厂、沈鼓集团完善提高大型压缩机及泵类产品国产化、国电东北公司沈西热电"上大压小"新建工程、沈北新区LCOS电视生产基地、辽宁联合物流沈北汽车零部件产业园、晨讯科技园3G手机、以及德信年产240万部手机研发及生产基地、东方钢铁160万吨超大型无缝钢管中试线、康平高性能碳纤维产业园、龙士达起重装备及物流中转装备产业园、加拿大亿通美加工业园,以及沈阳乳业有限公司奶牛良种繁育及乳品加工产业集群项目等。此外,东陵区投资60亿元的沈阳国际软件园项目也在年内开工建设。

四是19个在谈项目正在洽谈推进中。这批项目正在招商洽谈阶段,力争年内取得突破性进展。主要包括:米其林环保搬迁扩建项目、中国蓝星沈阳石化有限公司300万吨CPP项目、大唐国际沈阳IGCC项目、新民浆纸项目、沈鼓集团大型风力发电机组国产化基地、辽宁省信息产业厅ipark信息产业园、中电投东北分公司清洁能源装备制造产业基地、富虹集团100万吨花生油提炼及深加工项目、德国欧克西亚精细化工基地、浑南热电项目,以及康平电厂二期等项目。

(闫学堂)

【制造业】 沈阳市制造业门类齐全,基础雄厚,为沈阳市工业的主导产业。在国民经济行业分类30个制造行业大类中,沈阳市工业涉足了全部30个大类行业,行业覆盖面达100%。截至2009年底,沈阳市规模以上制造业企业户数已达到5122户,比2008年底增加21户,增长0.4%。按登记注册类型分,内资企业4434户,占制造业企业总数的86.6%。其中:国有企业131户,占制造业企业总数的2.6%;集体企业322户,占6.3%;股份合作企业101户,占2.0%;联营企业5户,占0.1%;有限责任公司561户,占11.0%;股份有限公司116户,占2.3%;私营企业3190户,占62.3%;港澳台及外商独资企业688户,占13.4%。按企业规模分,大型工业企业31户,占制造业企业总数的0.6%;中型企业198户,占3.9%;小型企业4893户,占95.5%。

2009年,沈阳市制造业共实现主营业务收入7096.3亿元,比上年增长17.8%;拥有资产4585.2亿元,增长14.2%;从业人员年平均人数为79.6万人,增加9.8万人,增长14.0%。以上三项指标分别占沈阳市规模以上工业的95.3%、85.5%和92.7%,分别比上年提高0.5个百分点、0.1个百分点和1.6个百分点。全年共完成工业总产值7279.9亿元,比2008年增长17.5%。其中,轻工业完成1967.3亿元,增长17.7%;重工业完成5312.6亿元,增长17.4%,轻重工业比例为27%∶73%,于上年持平。全年实现销售产值7135.8亿元,增长17.5%,工业产品产销率为98.0%。分行业看:30个大类行业中有23个行业生产实现正增长,占76.7%。其中通用设备制造业、电气机械及器材制造业、交通运输设备制造业、农副食品加工业对生产增长的贡献最多,贡献率分别达到16.7%、14.8%、14.5%、14.0%。有19个行业实现产值超百亿元,其中通用设备制造业实现产值最多,达到1003.2亿元,是沈阳市工业中惟一产值超千亿元的行业。

全年共实现利润总额361.3亿元,增长39.5%;实现利税654.8亿元,增长59.5%,应交增值税214.1亿元,增长1.4倍。从赢利能力来看,2009年制造业收入利润率为5.1%,较2008年提高0.8个百分点。分行业看:30个大类行业整体全部实现盈利。有12个行业实现利润在10亿元以上,其中通用设备制造业实现利润最多,达到41.5亿元,占制造业的11.5%。

2009年,沈阳市机械装备制造业完成工业总产值3884.7亿元,比2008年增长19.5%,高于全部制造业平均增幅2个百分点,比重占到制造业总量的52.5%。机械装备制造业所涵盖的七个大类行业中,除仪器仪表及文化、办公用机械制造业实现产值低于百亿元外,其他六个行业实现产值均到达百亿元以上。其中通用设备制造业实现产值最多,达到1003.2亿元,高居制造业行业榜首,比重占制造业的13.8%;其次是交通运输设备制造业,实现产值962.5亿元,占制造业的13.2%;电气机械及器材制造业实现产值757.3亿元,占制造业的10.4%;专用设备制造业实现产值485.5亿元,占制造业的6.7%;金属制品业实现产值399.8亿元,占制造业的5.5%;通信设备、计算机及其他电子设备制造业实现产值234.9亿元,占制造业的3.2%。

2009年,沈阳全年实现出口交货值236.4亿元,比2008年下降了21.3%,出口交货值占销售产值的比重为3.3%,下降1.6个百分点。分行业看,出口交货值在10亿元以上的行业有:金属制品业出口56.4亿元,比2008年下降33.9%;通信设备、计算机及其他电子设备制造业出口37.8亿元,下降32.6%;通用设备制造业出口26.7亿元,下降22.4%;交通运输设备制造业出口22.4亿元,下降23.6%;专用设备制造业出口31.0亿元,增长36.0%;医药制造业出口16.1亿元,下降6.4%。以上六大行业全年共出口交货190.4亿元,占制造业出口总量的80.5%。

2009年,沈阳市制造业主要工业产品产量:汽车比上年增长50.0%、汽车发动机增长20.9%、金属切削机床下降21.8%、变压器增长15.7%、输送机械增长48.0%、泵增长30.9%;风机增长9.8%、采矿专用设备增长2.7%、电力电缆增长23.0%;光缆增长69.4%、铅酸蓄电池增长30.3%、维生素C下降26.6%;化学药品原药下降22.2%、中成药增长33.3%、食用植物油下降24.2%、方便面增长16.6%、乳制品增长6.0%、白酒下降5.0%、家具增长17.5%、纸制品增长16.5%等。

2009年,沈阳市制造业共有438户企业生产经营呈亏损状况,亏损面为8.6%,较上年下降0.6个百分点。亏损企业的亏损额15.8亿元,比2007年减少3.9亿元,下降19.8%。分行业看,亏损额在亿元以上的有5个行业:交通运输设备制造业亏损4.6亿元,比上年下降48.3%;黑色金属冶炼及压延加工业和电气机械及器材制造业均亏损2.2亿元,分别上升29.4%和83.3%;通用设备制造业亏损1.5亿元,下降6.3%;专用设备制造业亏损1.3亿元,上升30.0%。

(贾　唯)

【机械装备制造业】 沈阳机械装备制

造业以重大项目建设和重点企业发展为中心,通过"调结构、抓创新、促升级",产业结构调整和优化升级取得重大突破,呈现平稳较快增长态势。

2009年,沈阳机械装备制造业实现工业总产值2703.1亿元,占全市工业总产值比重的35.5%,同比增长19.8%。实现工业增加值714亿元,占全市工业增加值比重35.4%,同比增长20%。实现工业产销率97.8%,同比增长0.4个百分点。实现利税总额157.9亿元,同比增长22.4%,经济效益有较大幅度提高。远大、北方重工、机床等三个百亿级企业再创新绩,工业总产值分别增长6.1%、4.7%和6%。沈鼓、沈变集团经济指标实现新突破,工业总产值分别增长10%和44%。新东北电气(沈阳)高压开关有限公司、北方交通、三一重装等企业实现快速发展,工业总产值分别增长79.9%、26.4%和44.3%。这批骨干企业壮大为国内同行业的领军企业,彰显了振兴政策的效果。

正在加快建设的铁西装备制造业聚集区,已上升为国家战略,其产业发展规划获得国家发改委批准,以机床、重矿、石化通用、输变电等6大优势产业和轨道交通、新能源等三大新兴产业为发展重点的产业格局正在形成;以沈阳机床、远大集团、北方重工、沈阳鼓风机、特变电工沈变集团等为代表的一批领军企业不断壮大;高档数控机床、全断面掘进机、重型燃气轮机、百万吨乙烯装置用压缩机组、特高压变压器等一批国内领先、国际先进的重大技术装备相继研制成功,"自主化的沈阳装备,装备中国"的重任正在不断落实。其中,机床集团高档数控机床市场占有率居国内首位,北方重工集团大型盾构机已形成国际竞争力,沈鼓集团研的百万吨级乙烯装置用压缩机填补了国内空白,特变电工沈变集团自主研制的特高压输变电装备率先进入世界发达国家关键领域;沈阳机床集团重大数控机床生产基地、沈阳鼓风机集团百万千瓦核电机组自主研发实验基地、远大集团节能环保电梯生产基地等开工建设,新组建的沈阳动力集团与美国可再生能源集团及美国天空风能有限公司合作的美国德克萨斯州600MW风场项目以及洽谈中的美国内华达州合作建设风机组装厂项目的逐步展开,特高压变电生产基地、北方重工新产业基地、沈阳铸锻产业园等重大项目竣工投产,使沈阳装备制造业发展实力进一步提升,呈现出装备制造主导产业聚集发展、配套产业集群发展的良好局面。

2009年,铁西装备制造业集聚区产值达到1230亿元,占工业总产值的65.6%,同比增长18.6%;实现工业增加值330亿元,占规模以上工业增加值的67.3%,同比增长22.2%。规模以上装备制造企业户数已达390户,44个产品的国内市场占有率居同行业之首,18种工业产品市场占有率居世界前10位。铁西装备制造业成为沈阳机械装备制造业振兴的关键力量。

(常 奇)

轻 工 业

【概况】 截至2009年年末,沈阳市共有规模以上轻工业企业1531户,比上年减少86户,占全市规模以上工业企业总数的29.2%。按国民经济行业划分标准,沈阳市规模以上轻工业企业共涉足农副食品加工业、食品制造业、饮料制造业、烟草制品业、纺织业、纺织服装鞋帽制造业、皮革毛皮羽毛(绒)及其制品业、家具制造业、造纸及纸制品业、印刷业和记录媒介的复制、文教体育用品制造业和医药制造业等25个大类行业。但50%以上的轻工业企业主要集中在农副食品加工业、食品制造业、纺织服装鞋帽制造业、家具制造业、造纸及纸制品业、医药制造业六大行业中。以上六大行业共聚集了900户企业,占轻工业企业总数的58.8%。

从登记注册类型看:60%以上的轻工业企业为私营经营企业。到2009年底,私营企业953户,占全行业的62.2%;其次是股份制企业214户,占14.0%;外资投资企业197户,占12.9%;港、澳、台商投资企业62户,占4.0%;集体企业57户,占3.7%;国有企业42户,占2.7%。从企业规模看:绝大多数企业为小型企业,共有1469户,占全行业的95.6%;中型企业54户,占3.5%;大型企业8户,占0.5%。

2009年年末,沈阳市轻工业企业共拥有资产1044.7亿元,比上年增长17.3%。其中,流动资产442.2亿元,占全部资产的42.3%;固定资产493.8亿元,占47.3%。全部负债总额为407.7亿元,比上年增长1.2%。其中流动负债301.4亿元,占全部负债的73.9%,长期负债62.9亿元,占15.4%。资产负债率为39.0%,比上年下降6.2个百分点。所有者权益为619.5亿元,比上年上升27.0%。全部从业人员年平均人数22.9万人,比上年增加1.8万人,增长8.5%。

全年共完成工业总产值1974.0亿元,比上年增长17.7%,占全部规模以上工业的比重为25.9%,比重较上年略有上升,上升0.2个百分点。实现销售产值1935.8亿元,增长18.8%,工业产品产销率为98.1%。全年实现主营业务收入1970.3亿元,增长19.4%,实现利润总额123.4亿元,增长48.0%;实现利税总额211.7亿元,增长71.7%。

2009年,25个轻工大类行业中,有6个行业实现产值超百亿元:农副食品加工业实现产值651.4亿元,居轻工行业榜首,占全部轻工业的33.0%;食品制造业实现产值187.8亿元,占9.5%;医药制造业实现产值173.0亿元,占8.8%;家具制造业实现产值149.9亿元,占7.6%;饮料制造业实现产值132.2亿元,占6.7%;纺织服装、鞋、帽制造业实现产值128.4亿元,占6.5%。以上6大行业实现产值占全部轻工业的72.1%。

2009年,轻工业主要产品产量:小麦粉(面粉)比上年增长20.5%、配混合饲料增长55.8%、食用植物油下降24.2%、方便面增长16.6%、乳制品增长6.0%、味精增长6.2%、饮料酒增长2.9%、软饮料增长36.0%、无纺布增长33.6%、服装增长26.9%、人造板增长30.0%、家具增长17.5%、化学药品原药下降22.2%、中成药增长33.3%。

2009年,沈阳市轻工业共有130户企业生产经营呈亏损状况,亏损面为8.5%,较上年下降0.1个百分点;亏损企业的亏损额为2.8亿元,较上年增加0.3亿元,上升12.0%。

(贾 唯)

【食品制造业】 2009年年末,沈阳市食品制造业规模以上企业共有94家,比上年增加4家。从登记注册类型分组看,内资企业73家。其中:国有企业4家,比上年减少1家;集体企业2家;有限责任公司14家,增加2家;股份有限公司6家,增加1家;私营企业48家,增加2

家;港澳台商投资企业8家;外商投资企业13家。从行业分组看,焙烤食品制造业18家,比上年减少1家;糖果、巧克力及蜜饯制造业11家,增加2家;方便面食品制造业20家,减少4家;液体乳及乳制品制造业4家;罐头制造业5家,增加1家;调味品、发酵制品制造业18家;其他食品制造业18家,增加6家。从企业规模上看,大型企业1家,中型企业11家,比上年增加2家;小型企业82家,增加2家。

2009年,食品制造业年末资产总计达107.3亿元,比上年增长23.5%。其中:流动资产合计40.0亿元,增长23.1%;固定资产净值53.8亿元,增长10.2%;从业人员年平均人数达19589人;完成工业总产值187.8亿元,增长34.1%;工业销售产值185.3亿元,增长34.3%;实现产品销售收入达187.3亿元,增长31.1%;利润额12.9亿元,增长1.0倍。

2009年,在食品制造业中,液体乳及乳制品制造业全年实现工业总产值67.5亿元,排在第一位;其次为方便食品制造业,工业总产值48.5亿元;再次为焙烤食品制造业,工业总产值为22.8亿元;创造利税方面,第一位为液体乳及乳制品制造业,实现利税达7.8亿元;第二位为方便食品制造业,利税为5.9亿元;第三位为焙烤食品制造业,利税为3.5亿元。

大中型食品制造业企业挑起了本行业的"大梁",各项经济指标均占到了食品制造业一半以上。12家大中型食品制造企业实现工业总产值达101.7亿元,所占比重高达54.2%,销售产值为99.8亿元,比重为53.9%;实现利税达12.1亿元,比重为52.1%;资产总计达66.7亿元,比重为62.1%。

2009年,食品制造业生产方便面18.6万吨,比上年增长16.6%;糕点1.4万吨,增长36.6%;糖果1.9万吨,增长11.2%;乳制品74.2万吨,增长6.0%;酱油4.2万吨,增长12.6%;味精4.0万吨,增长6.2%;冷冻饮品6.5万吨,增长21.3%;饼干1.5万吨,下降5.4%。

(刘　巍)

【饮料制造业】 饮料制造业是沈阳优势产业中农产品深加工业的一个重要组成部分,包括酒精制造业、酒的制造业、软饮料制造业等3个行业中类和10个行业小类,主要产品为白酒、啤酒、碳酸饮料、茶饮料和瓶(罐)装饮用水等。2009年末,行业共有规模以上工业企业69户,比上年增加4户;资产76.4亿元,其中固定资产38.3亿元;从业人员年平均人数为1.4万人。

饮料制造业全年实现工业总产值132.2亿元,比上年增长32.9%。产值在全市37个行业大类中排名第19位。全行业经济效益良好,实现主营业务收入120.7亿元,比上年增长32.6%;利税总额20.4亿元,增长54.5%;利润总额13.0亿元,增长51.2%。

在饮料制造业中,从事酒的制造的企业有32户,共实现产值54.4亿元,比上年增长33.3%,占行业41.1%。实现主营业务收入48.6亿元,增长34.3%;利税总额9.4亿元,增长16.0%;利润总额5.4亿元,增长14.9%。在酒的制造行业中类中,白酒制造企业数目最多,共有27户,产值超亿元的有沈阳妈妈街酒业有限公司、辽中县辽天酒业有限公司、沈阳马三酒厂等7家企业;啤酒制造是本行业中类中产值最大、产品知名度最高的行业小类,共有3户企业,即华润雪花啤酒(辽宁)有限公司、沈阳燕京啤酒有限公司和哈尔滨啤酒(沈阳)有限公司,其中沈阳华润雪花啤酒有限公司生产的雪花牌啤酒,为中国名牌产品,"雪花"商标为辽宁省著名商标;此外还有1家生产葡萄酒和1家生产清酒的企业。

从事软饮料制造的企业有35户,共实现产值76.8亿元,比上年增长32.6%,占行业58.1%。由于软饮料制造业生产的快速增长,生产规模超过酒的制造业而成为饮料制造业中第1大行业中类。2009年,实现主营业收入71.2亿元,增长32.1%;实现利税总额11.0亿元,增长1.1倍;利润总额7.6亿元,增长94.9%。软饮料制造业汇集多个国际和本地区知名品牌,如生产碳酸饮料的沈阳可口可乐、沈阳百事可乐和沈阳八王寺实业有限公司等;生产瓶(罐)装饮用水的沈阳润田食品饮料、乐百氏(广东)桶装水、沈阳娃哈哈饮料、乐百氏(沈阳)食品饮料、沈阳市金海饮品和沈阳大清宝泉饮品等;生产果菜汁及果菜汁饮料的沈阳五龙山葡萄辣椒加工有限公司、辽宁新大地食品饮料和沈阳麦金利食品有限公司等;生产含乳饮料和植物蛋白饮料的辽宁黑牛食品和娃哈哈乳制品有限公司等;还有生产茶饮料及其他软饮料的康师傅(沈阳)饮品、沈阳顶津食品和东西实业沈阳有限公司等。

(马晓红)

【电气机械及器材制造业】 沈阳市电气机械及器材制造业主要由电机制造业,输配电及控制设备制造业,电线、电缆、光缆及电工器材制造业,电池制造业,家用电力器具制造业,非电力家用器具制造,照明器具制造业和其他电气机械及器材制造业等8个中类行业和27个小类行业。其主要产品有电线电缆、变压器、压缩机、蓄电池、空调器、照明灯具等工业生产用品及居民日常生活用品,是与工业生产和人民生活密切相关的行业。

截至2009年年底,全行业共有规模以上工业企业477户,比上年增加25户。其中:大中型企业26户,比上年增加4户。

2009年,该行业共有14户企业全年主营业务收入超过10亿元,分别是特变电工沈阳变压器集团有限公司,新东北电气集团有限公司,新东北电气(沈阳)高压开关有限公司,沈阳北恒铜业有限公司,沈阳华润三洋压缩机有限公司,沈阳三洋空调有限公司,沈阳机电装备工业集团有限责任公司,沈阳昊诚电器有限公司,沈阳华创风能有限公司,沈阳九星线缆有限公司,沈阳宏顺变压器制造有限公司,沈阳工业大学科技园有限公司,沈阳长城长龙电缆实业有限公司,沈阳古河电缆有限公司。共实现主营业务收入286.1亿元,占全行业的39.2%。

从行业构成上看,电机制造42户,输配电及控制设备制造245户;电线、电缆、光缆及电工器材制造122户;电池制造6户,家用电力器具制造16户,非电力家用器具制造9户;照明器具制造32户;其他电气机械及器材制造5户。

从经济类型分组看,国有企业9户,集体企业33户,股份合作企业16户,国有独资公司2户,其他有限责任公司65户,股份有限公司18户,私营企业278户,港澳台投资企业14户,外资企业42户。

2009年,全行业资产总计520.1亿元,比上年增长29.2%;固定资产原值315.2亿元,增长6.7%;全部实收资本121.9亿元,增长21.8%;全部从业人员年平均人数7.53万人,比上年增长24.7%。

2009年,全行业实现工业总产值757.3亿元,比上年增长26.9%;实现工业销售产值732.1亿元,增长29.1%;实现利润总额30.7亿元,比上年增长35.8%,人均创利润4.08万元。

(毛英杰)

【家用电力器具制造业】 以空调器制造业为主体的沈阳市日用电器制造业,到2009年底共有沈阳华润三洋压缩机有限公司、沈阳三洋空调有限公司、沈阳龙泉空调制冷设备有限公司等16户规模以上企业,比2008减少6户。从企业规模看,大型企业共2户,小型企业14户;从登记注册类型来看,内资企业10户,外商投资企业6户。

2009年年末,该行业全部资产总计40.22亿元,比上年下降3.7%。其中固定资产合计15.10亿元,下降12.3%,流动资产合计23.67亿元,增长1.9%;负债合计18.06亿元,比上年增长11.0%;所有者权益合计21.93亿元,比上年下降14%。从业人员年平均人数为7004人,比上年增加1455人。

2009年,沈阳市日用电力器具制造业步入调整期,由于规模以上户数较上年减少,因此各项经济指标总量较上年有所下降。全年全行业共完成工业总产值37.59亿元,比上年下降24.7%;实现销售产值36.28亿元,下降16.2%,产销率为96.5%;完成出口交货值2.09亿元,比上年下降55.4%;实现主营业务收入39.36亿元,下降19.7%;实现利润总计0.37亿元,下降69.9%。

该行业发展变化的走势主要由沈阳华润三洋压缩机有限公司、沈阳三洋空调有限公司两户大中型企业来左右。2009年,这两户大中型企业共实现产值25.0亿元,占全行业的比重为66.5%;实现销售产值23.76亿元,占65.5%。

(姚 铁)

【印刷业】 沈阳市印刷业包括印刷和装订及其他印刷服务2个行业中类,其中,印刷中类中又含有书、报、刊印刷、本册印制和包装装潢及其他印刷等3个行业小类。

2009年年末,沈阳市印刷业共有规模以上工业企业79户,比上年增加1户,其中大中型企业有4户;资产总额26.7亿元,比上年增长18.7%,其中固定资产10.2亿元;全部从业人员年平均人数为7200人。沈阳印刷业主要由内资企业组成,港澳台商及外商投资企业仅有3户。

2009年,印刷业实现工业总产值40.2亿元,比上年增长37.7%;实现主营业务收入39.7亿元,增长40.3%;利润总额1.9亿元,增长1.3倍;利税总额3.6亿元,增长97.2%。印刷业在沈阳属于较小行业,企业数量在全市规模以上工业中的覆盖率为仅为1.5%,产值占0.5%。

2009年,在印刷业全行业中,产值超亿元企业有7户;利税总额超过千万有8户;利润总额超千万的企业有7户。沈阳市新友印刷有限公司、沈阳市学苑印刷厂、沈阳美程在线印刷有限公司、辽宁新闻印刷集团有限公司、沈阳时代包装印刷有限公司和沈阳新华印刷厂等骨干企业为行业的发展和兴旺做出了重要的贡献。

(马晓红)

纺织工业

【概况】 沈阳市纺织工业由棉、化纤纺织及印染精加工,毛纺织和染整精加工,纺织制成品制造,针织品、编织品及其制品制造,丝绢纺织及精加工5个中类行业,14个小类行业组成。截至2009年年底,沈阳市纺织行业共有规模以上企业75户,比上年减少了3户。从登记注册类型看:内资企业62户,其中,国有企业1户,比上年减少了1户,集体企业11户,股份制企业2户,私营企业39户,比上年减少了1户,其他类型企业9户,比上年增加了1户;外资企业13户,其中,港澳台商投资企业1户,中外合资企业3户,比上年增加了1户,外商投资企业9户,比上年减少了3户。从控股情况看,国有控股企业2户,比上年减少了1户;集体控股企业14户,比上年增加了1户;外商控股企业10户,比上年减少了3户;私人控股企业48户,港澳台控股企业1户,与上年持平。全行业从业人员年平均人数为9920人,比上年增长了22.3%。

2009年,沈阳市纺织行业的全部资产总值18.38亿元,比上年下降了6.4%。其中:流动资产7.84亿元,占全部资产的42.7%;固定资产9.1亿元,占全部资产的49.5%。全部负债总额为7.67亿元,比上年下降了18.4%。其中:流动负债6.22亿元,比上年下降了17.8%,占全部负债的81.1%;长期负债0.97亿元,比上年下降了23%,占全部负债的12.6%。资产负债率为41.75%。所有者权益为10.48亿元,比上年增长了2.4%。

全年共完成工业总产值49.34亿元,比上年增长了23%;实现销售产值44.44亿元,比上年增长了21.2%。工业产品产销率为90%,较上年下降了1.4%。实现出口交货值2.99亿元,比上年下降了22.3%。主要产品产量:纱3.1万吨,比上年增长了6%;布1551万米,比上年下降了7.4%;印染布115万米,比上年增长了13.8%;绒线(毛线)1737吨,比上年增长了828.7%;帘子布389吨,比上年增长了45.1%;无纺布(无纺织物)5521吨,比上年增长了33.6%。

2009年,沈阳市纺织行业实现主营业务收入47.41亿元,比上年增长了25.9%;主营业务成本为42.09亿元,比上年增长了26.5%;盈亏相抵后全行业共实现盈利1.48亿元,比上年增长了41%。实现利税总额2.81亿元,比上年增长了79%。其中,应交增值税1.09亿元,比上年增长了263.3%。

2009年,沈阳市纺织行业共有6户企业生产经营呈现亏损状态,亏损面为8%,较上年下降了7.4%。亏损企业的亏损额为1500万元,与上年保持平衡。

(孙侠飞)

化学工业

【化学原料及化学制品制造业】 2009年,沈阳市化学原料及化学制品制造业规模以上企业共有278家,比上年减少1家。从登记注册类型分组看,内资企业247家。其中:国有企业8家,集体企业23家,股份合作企业7家,有限责任公司32家,股份有限公司8家,私营企业168家;港澳台商投资企业6家;外商投资企业25家。从行业分布来看,基础化学原料制造48家,专用化学产品制造97家,涂料、油墨、颜料及类似产品制造

70家,肥料制造23家,日用化学产品制造15家,农药制造12家,合成材料制造13家。从工业企业大中小型分组看,中型企业1家,小型企业277家。

2009年,该行业全部资产总计年末达110.0亿元,流动资产年合计达37.0亿元,固定资产净值达54.5亿元;从业人员年平均人数为23505人。

2009年,该行业的生产和经济效益持续稳定增长,共计完成工业总产值206.1亿元,比上年增长15.3%;工业销售产值203.2亿元,增长16.2%;实现产品销售收入202.6亿元,增长15.4%;实现利润为8.3亿元,增长7.8%。

该行业中,专用化学产品制造业保持良好发展态势,并占绝对优势。2009年,专用化学产品制造业实现工业总产值达67.7亿元,所占比重高达32.8%;销售产值为67.5亿元,比重为33.2%;资产总计达26.6亿元,比重为24.2%;产品销售收入达67.6亿元,比重为33.4%;实现利税达4.4亿元,比重为31.7%;实现利润达2.8亿元,比重为33.7%。

在该行业中,专用化学产品制造业全年实现工业总产值67.6亿元,排在第一位;其次为涂料、油墨、颜料及类似产品制造业,工业总产值48.9亿元;再次为基础化学原料制造,工业总产值为29.0亿元;创造利税方面,第一位为涂料、油墨、颜料及类似产品制造业,实现利税达4.5亿元;第二位为专用化学产品制造业,利税为4.4亿元;第三位为基础化学原料制造,利税为1.4亿元。

在沈阳市的化学原料及化学制品制造业生产的主要产品产量:硫酸(折100%)4120吨,比上年增长64.3%;化学肥料1.8万吨,增长97.6%;合成洗涤剂3.3万吨,增长4.4%;烧碱17.8万吨,增长4.7%;涂料23.1万吨,增长1.0倍;化学农药原药4862吨,增长46.8%;盐酸9.9万吨,下降12.8%。

(刘　巍)

【橡胶制品业】 2009年,沈阳市橡胶制品业规模以上企业共有87家,比上年减少2家。从登记注册类型分组看,内资企业76家,其中:国有企业3家,集体企业10家,股份合作企业7家,有限责任公司7家,股份有限公司1家,私营企业48家;港澳台商投资企业3家;外商投资企业8家。从行业分布来看,轮胎制造业9家,橡胶板管带制造业31家,橡胶零件制造业29家,再生橡胶制造业2家,橡胶靴鞋制造业3家,日用及医用橡胶制品业1家,其他橡胶制品业12家。从企业规模看,大型企业1家,中型企业9家,小型企业77家。

2009年,橡胶制品业全部资产总计年末达72.9亿元,流动资产合计达35.5亿元,固定资产净值达24.7亿元;从业人员年平均人数为15166人。

2009年,沈阳市橡胶制品业共计完成工业总产值81.4亿元,工业销售产值81.0亿元,实现产品销售收入80.4亿元,实现利润为4.8亿元,实现利税为8.1亿元。

2009年,在橡胶制品业中,轮胎制造业排在第一位,工业总产值达36.1亿元;其次为橡胶板管带制造业,工业总产值为23.0亿元;再次为其他橡胶制品业,工业总产值为8.6亿元;从创造利润情况上看,第一位为轮胎制造业,实现利润达2.3亿元;第二位为橡胶板管带制造业,利润为1.4亿元;第三位为橡胶零件制造业,利润为4391万元。

2009年,橡胶制品业的大中型企业在本行业起到了举足轻重的作用。仅占该行业单位数11.5%的大中型橡胶制品企业实现工业总产值达40.4亿元,所占比重高达49.7%,销售产值为40.8亿元,比重为50.4%;实现产品销售收入达40.9亿元,比重为50.9%;资产总计达52.0亿元,比重为71.4%;实现利税达4.7亿元,比重为57.7%;实现利润达2.5亿元,比重为52.4%。

2009年,橡胶制品业生产轮胎外胎344万条,比上年减少7.4%。其中:子午线轮胎外胎344万条,减少7.4%;胶鞋328万双,减少4.9%。

(刘　巍)

医药制造业

【概况】 医药制造业是沈阳市的优势产业之一,主要由化学药品原药制造、化学药品制剂制造、中药饮片加工、中成药制造、兽用药品制造、生物、生化制品的制造和卫生材料及医药用品制造等7个中类行业组成。

2009年年末,医药制造业全行业拥有规模以上工业企业102户,比上年减少3户,其中大中型企业11户,减小1户;拥有资产197.9亿元,增长23.9%;全部从业人员年平均人数为2.3万人。2009年,全行业生产增速延续上年趋势继续放缓,累计实现工业总产值173.0亿元,比上年增长5.6%,同比回落19.1个百分点,低于全市工业11.4个百分点,产值总量在全市37个行业大类中排名第14位。

2009年,医药制造业虽然生产增长较慢,但增长的质量较好,具体表现在:

1.行业结构明显升级。在7个行业中类中,老牌的化学药品原药制造业的生产规模仍为最大,但产值占医药制造业全行业比重持续下滑。2009年,比重为30.2%,比上年下降4.9个百分点;具有较高技术含量的新兴行业生物、生化制品制造业持续较快成长,占医药全行业23.8%,提高6.1个百分点,比重超过化学药品制剂制造业成为医药制造业中第2大行业;化学药品制剂制造占18.6%;中成药制造占11.6%;兽用药品制造、中药饮片加工和卫生材料及医药用品制造占1%以下。

2.经济效益良好,主要效益指标增速远高于生产增速。全年实现主营业务收入205.7亿元,比上年增长29.5%;实现利税25.9亿元,增长37.0%;实现利润15.9亿元,比上年增长25.2%。

行业的持续壮大离不开骨干企业的推动。2009年,产值超亿元企业有37户,比上年增加7户,生产总量占全行业86.4%。东北制药集团有限责任公司、辽宁天成生物工程有限公司、安斯泰来制药(中国)有限公司、辽宁诺康生物制药有限责任公司、沈阳禾丰生物技术有限公司、辽宁中医学院药业有限公司、辽宁成大生物股份有限公司和沈阳格林制药有限公司等8户知名企业产值超过5亿元。利税超亿元企业8户,利润超亿元企业4户。

(马晓红)

【东药集团】 2009年,集团3年翻一番的总体发展目标圆满实现。销售收入3年增长99.15%;实现利润3年增长514%;出口创汇3年增长170%。其中,原料药业务3年增长70.01%;药品制剂业务3年增长24.28%;商业流通业务3年增长205%。

全年东药集团实现销售收入75.08亿元,同比增长18.65%;自营及代理出口创汇2.45亿美元,同比增长0.27%;实现利润5.73亿元,同比增长15%;完成纳税3.2亿元,同比增长12%,总厂、一药同被评为沈阳市纳税100强企业;人均收入同比增长12%。

一是制剂营销变革和终端战略全面启动。集团制剂营销变革工作于2009年11月正式启动。公司旗下总厂、第一制药公司、施德各企业的所有制剂营销业务、部门、人员,整合并入集团销售有限公司统一平台。

二是异地改造一期工程建成投产。2009年,异地改造工程完成项目投资总额10亿元。其中包括投资近7亿元的制剂厂区的全面投入使用、主导产品VC深加工项目的投产、质检研发中心、中试基地、新总部大楼等项目的建设、化学工业园筹建工作的全面展开等。

三是产品研发工作取得系列进展。长春西汀、头孢噻利、恩曲他滨等7个新品种完成试生产,部分新品种已经实现销售收入。在研产品涉及维生素、抗感染、抗病毒、心脑血管、微生态等7大品类,18个品种剂型。科技发展公司组建工作顺利完成,与中科院、复旦大学等国内科研机构和部分海外研发团队的合作项目进展良好,部分项目已经研发成功。依托国家级企业技术中心和高新技术企业管理运行模式,产品研发和技术升级工作全面推进。两个国家重大新药创制专项立项成功。由东北制药控股的“东北制药集团辽宁生物医药有限公司”的注册和选址工作已经完成。以“组合病原体分子诊断与血液筛查试剂系列产品”的研发和生产为起点,东北制药正式开始进军生物制药领域。

四是东北制药集团股份有限公司债券发行工作获得成功,6亿元资金到达公司账户。

五是财务升级拉动管理体系平台式提升。全面预算管理项目在2009年1月份实现了一次上线成功,在国内同行业获得领先地位。全面信用风险管理体系正式运行,应收账款的周转速度由2008年的70天,减少到2009年的62天。

六是现场支持系统持续进步。启动质量管理体系变革,东北制药的质量意识和执行力度达到新的规模和高度。6S管理办法推行试点工作全面铺开,有效促进生产、办公流程规范进步、效率提升。质量、环境、职业健康安全以及食品安全四体系年度审核、GMP认证审核、ISO10012换证审核顺利通过。出台或修订了“技改工程管理办法”、“检修工程管理办法”、“污水综合排放标准”等多项管理规范。耗资1.7亿元的东北制药历史上规模最大的单项技改工程——VC质量升级工程顺利实施。年度技改投资总额超过2.1亿元。装备设施检修项目全年投入3100万元。老厂区信息化建设硬件设施投入资金100万元。

以左卡尼汀通过日本厚生省审计为标志,东北制药质量体系启动了向高端迈进的步伐。全年实现综合节能创效521万元,超额完成年度计划。COD和二氧化硫排放量提前达到沈阳市政府下达的“十一五”减排目标。装备管理创效接近1600万元。信息化建设成绩获得各级政府肯定,得到国家工信部贴息贷款支持。

七是企业文化建设硕果累累。2009年,东北制药集团股份有限公司公开承诺:在国际金融危机范围蔓延的情况下,不停产、不减员、不降薪、不减少员工福利。实际不但没有减员降薪,还在2008年基础上全员加薪100元/月,并增加发放全年1000元绩效奖金。调高学位津贴、职称津贴、技能津贴,提高采暖费、午餐补助、交通补助支付标准。投入资金5200万元,购置商品房青年公寓。公积金交缴走在沈阳市大中型企业前列,被评为“沈阳市公积金交缴先进单位”。

东北制药集团股份有限公司荣获“2009中国上市公司市值管理奖”、“2009中国最具竞争力上市公司20强”、第五届中国证券市场年会“金鹰奖”;东药集团位列“2009中国制药业500强”、“2008中国大企业集团竞争力500强”;总厂荣获“辽宁省质量管理奖”、“全国实施卓越绩效模式先进企业”称号、“中国IT应用卓越创新奖”。

(周　延)

建材工业

【非金属矿物制品业】 沈阳市非金属矿物制品业主要包括水泥、石灰和石膏的制造,水泥及石膏制品制造,砖瓦、石材及其他建筑材料制造,玻璃及玻璃制品制造,陶瓷制品制造,耐火材料制品制造,石墨及其他非金属矿物制品制造等7个中类行业及25个小类行业。

2009年,沈阳市共有规模以上非金属矿物制品业工业企业357户,比上年增加4户,其中中型企业30户,比上年增加12户。

2009年,该行业共有107户企业全年主营业务收入过亿元。其中排在前10位的分别是:沈阳冀东水泥有限公司、沈阳浩松陶瓷有限公司、沈阳精品石材市场有限责任公司、沈阳茨榆坨鑫盛建材有限公司、沈阳闽南实业有限公司、沈阳舞龙复合材料制品有限公司、沈阳素坤日用玻璃有限公司、沈阳隆盛陶瓷有限公司、沈阳沈龙瓷业有限公司、沈阳日日升陶瓷有限公司,107户企业共实现主营业务收入321.4亿元,占全行业的78.2%。

从登记注册类型看:内资企业317户,同上年持平,其中国有企业11户,同上年持平;港澳台商投资企业12户,比上年增加2户;外商投资企业28户,比上年增加2户。

从行业构成上看,水泥、石灰和石膏的制造12户,水泥及石膏制品制造93户;砖瓦、石材及其他建筑材料制造156户;璃及玻璃制品制造53户,陶瓷制品制造5户,耐火材料制品制造19户,石墨及其他非金属矿物制品制造19户。

2009年,该行业有27户亏损企业,比上年增加2户;但亏损企业的亏损额由2008年的6457万元减少到6103万元。2009年该行业实现利润总额27.3亿元,增长10.0%;实现利税总额44.9亿元,增加12.2亿元,增长37.3%。

2009年,该行业拥有资产总额178.7亿元,比上年增长12.8%。其中:固定资产原值172.1亿元,增长54.1%;负债合计67.1亿元,比上年降低13.9%,其中流动负债36.8亿元,降低35.2%,长期负债7.0亿元，降低42.1%；所有者权益合计111.0亿元，比上年增长37.9%。2009年，该行业全部从业人员年平均人数为5.27万人，比上年增加1.2万人。

2009年，沈阳市的非金属矿物制品业全年实现工业总产值414.5亿元，比上年增长14.7%；实现主营业务收入410.7亿元，增长16.1%。其中：砖瓦、石材及其他建筑材料制造为主导产业，实现工业总产值218.8亿元，占全行业全部产值的52.8%；实现主营业务收入217.5亿元，占全行业的53%。另外水泥及石膏制品制造实现工业总产值96.8亿元，占全行业的23.4%；实现主营业务收入96.8亿元，占全行业的23.6%。

（毛英杰）

冶金工业

【黑色金属冶炼及压延加工业】 沈阳市黑色金属冶炼及压延加工业主要包括炼铁业、炼钢业、钢压延加工业、铁合金冶炼业4个行业中类。截至2009年年底，沈阳市黑色金属冶炼及压延加工行业共有规模以上企业97户，与上年持平。按登记注册类型分：内资企业87户，其中集体企业10户，股份制企业2户，私营企业60户、比上年减少了1户，其他类型企业15户、比上年增加了2户；外资企业10户，其中港澳台商投资企业1户、比上年减少了1户，中外合资企业7户，外商投资企业2户。按企业控股情况分：国有控股企业4户、比上年增加了1户，集体控股企业12户，私人控股企业75户、比上年减少了2户，外商控股企业4户，港澳台控股企业1户，其他控股企业1户、比上年增加了1户。全行业从业人员年平均人数为12399人，比上年增加15.9%。

2009年，沈阳市黑色金属冶炼及压延加工行业的资产总计110.19亿元，比上年下降了1.9%。其中流动资产53.8亿元，占全部资产的48.8%；固定资产41.33亿元，占37.5%。负债总额为65.76亿元，比上年增长了4.4%。其中流动负债53.61亿元，比上年增长了6.7%，占全部负债的81.5%；长期负债2.94亿元，比上年下降了9.8%，占全部负债的4.5%。资产负债率为59.7%。所有者权益为43.69亿元。

2009年，沈阳市黑色金属冶炼及压延加工行业生产较上年有所回落。全年共完成工业总产值278.88亿元，比上年下降了1.3%；实现销售产值272.83亿元，比上年下降了0.1%。工业产品产销率为97.8%，较上年增长了1.2%。实现出口交货值3.75亿元，比上年下降了30.2%。主要产品产量：粗钢21.74万吨，比上年下降了26.6%；钢材52.63万吨，比上年增长了4.3%；用外购钢材再加工生产的钢材120.6万吨，比上年下降了5.2%。

2009年，沈阳市黑色金属冶炼及压延加工行业实现主营业务收入281.39亿元，比上年增长了1.6%；主营业务成本为260.72亿元，比上年增长了0.7%。盈亏相抵后全行业共实现盈利4.98亿元，比上年增长了42.7%。实现利税总额10.88亿元，比上年增长了95.3%。其中应交增值税4.01亿元，比上年增长了141.6%。

2009年，沈阳市黑色金属冶炼及压延加工行业共有14户企业生产经营呈现亏损状态，亏损面为14.4%，较上年增长了3.1%。亏损企业的亏损额为2.21亿元，比上年增长了33.1%。

钢压延加工业为沈阳市黑色金属冶炼及压延加工业的主导产业。2009年，钢压延加工业完成工业总产值264.18亿元，占全行业的94.7%；实现主营业务收入266.79亿元，占全行业的94.8%；实现利税10.43亿元，占全行业的95.9%。

（孙侠飞）

【有色金属冶炼及压延加工业】 沈阳市有色金属冶炼及压延加工业由常用有色金属冶炼、贵金属冶炼、稀有稀土金属冶炼、有色金属合金制造、有色金属压延加工5个中类行业，18个小类行业组成。截至2009年年底，沈阳市有色金属冶炼及压延加工行业共有规模以上企业102户，比上年减少了8户。按登记注册类型分：内资企业88户，其中：国有企业4户，集体企业9户，比上年减少了5户，股份制企业3户，比上年减少了1户，私营企业66户，比上年减少了2户，其他类型企业6户，比上年减少了3户；外资企业14户，其中港澳台商投资企业1户，与港澳台商合资企业3户，比上年增加了1户，中外合资企业10户，比上年增加了2户。按企业控股情况分：国有控股企业4户，集体控股企业11户，比上年减少了6户，私人控股企业80户，比上年减少了3户，外商控股企业5户，港澳台控股企业2户，比上年增加了1户。全行业从业人员年平均人数为11758人，比上年减少了7.8%。

2009年，沈阳市有色金属冶炼及压延加工行业的资产总额69.23亿元，比上年增长了4.5%。其中：流动资产21.01亿元，占全部资产的30.3%；固定资产39.67亿元，占57.3%。负债总额为29.65亿元，比上年下降了9.2%。其中：流动负债16.81亿元，比上年下降了23.1%，占全部负债的56.7%；长期负债4.95亿元，比上年下降了17.1%，占全部负债的16.7%。资产负债率为42.83%。所有者权益为39.35亿元，比上年增长了17.3%。

2009年，沈阳市有色金属冶炼及压延加工行业生产较上一年有所回落。全年共完成工业总产值156.94亿元，比上年下降了3.3%；实现销售产值153.56亿元，比上年下降了3.4%。工业产品产销率为97.8%，比上年下降了0.1%。实现出口交货值4800万元，比上年下降了11.1%。主要产品产量：十种有色金属1.16万吨，比上年增长10.7%；黄金2683千克，比上年增长14.4%；铝合金11547吨，比上年增长3.4%；铜材14.47万吨，比上年增长28.6%；铝材4.06万吨，比上年下降22.2%。

2009年，沈阳市有色金属冶炼及压延加工行业实现主营业务收入154.86亿元，比上年下降了2%。主营业务成本为134.21亿元，比上年下降了3%。盈亏相抵后全行业共实现盈利4.89亿元，比上年增长了33.6%。实现利税总额9.25亿元，比上年增长了20.4%。应交增值税3.29亿元，比上年增长了69.6%。

2009年，沈阳市有色金属冶炼及压延加工行业共有18户企业生产经营呈现亏损状态，亏损面为17.6%，较上年增长了3.1%。亏损企业的亏损额为

7000万元,比上年下降了16.7%。

有色金属压延加工业为沈阳市有色金属冶炼及压延加工业的主导产业。2009年,有色金属压延加工业完成工业总产值123.48亿元,占全行业的78.7%;实现主营业务收入121.78亿元,占全行业的78.6%;实现利税6.9亿元,占全行业的74.6%。

(孙侠飞)

煤 炭 业

【沈阳煤业(集团)有限责任公司】 沈阳煤业(集团)有限责任公司,是2001年由原沈阳矿务局改制而成的国有独资公司。集团公司本部地处沈阳市沈北新区虎石台镇,现有职工46149人。

2009年,沈煤集团坚持以科学发展观为指导,凝神聚力谋发展,和衷共济克时艰。在国际金融危机影响持续深入的情况下,集团公司保持了煤与非煤同步发展、企业管理明显提升、安全形势持续稳定、企业员工安居乐业的良好局面。

沈煤集团在煤炭主业发展上,始终本着科学的态度和可持续发展的原则,在稳定发展沈阳矿区的同时,积极发展黑龙江矿区和山西矿区,初步形成了以沈阳矿区为本部,以黑龙江矿区和山西矿区为两翼的煤炭主业发展格局。通过一年的努力,沈阳矿区采掘主工艺改革取得重大进展,大部分矿井形成了"一矿一面"的生产格局。黑龙江矿区作为集团公司域外发展的先驱,加快自身滚动发展,无论是自身规模,还是企业社会影响力均创历史最好水平。山西矿区于2008年7月在山西省临汾市注册成立,目前已经初步打开了发展局面。

沈煤集团在产业结构调整上始终谋求煤与非煤并重的"大发展"格局,电力、水泥、焦化、物流、多种经营、机械制造、房地产等产业发展快速,非煤产业建设实现了密度大、速度快、档次高的发展目标。通过非煤产业的强力驱动,2009年,沈煤集团营业总收入首次实现跨越百亿的重大飞跃,全年实现营业收入103.3亿元,上缴税费9.6亿元。其中,非煤产业完成37.7亿元,占总营业收入的38%。

通过一年的发展,沈煤集团先后荣获"质量标准化集团公司"、"守合同、重信用单位"、"营造诚信环境、创诚信单位五星级单位"、"企业信用评价AAA级信用企业"、"最佳诚信企业"、"花园式企业"、"全国企业文化建设先进单位"、"辽宁省先进党委"、"辽宁省思想政治工作先进单位"等一系列荣誉称号。

(付佩亮)

机械工业

【通用设备制造业】 通用设备制造业是沈阳市传统支柱行业,是装备制造业的重要组成部分。在沈阳市37个行业大类中,通用设备制造业是企业户数最多,生产规模最大,吸纳就业人数最多的行业。

沈阳市通用设备制造业具有良好的行业基础和较为完备的行业和产品体系,全部拥有该行业的9个行业中类;并在31个行业小类中,拥有30个。行业的主要产品为金属切削机床、内燃机、风机、泵、制冷空调设备和工业锅炉等。

2009年年末,全市规模以上通用设备制造企业为880户,比上年增加37户,其中大中型企业28户,比上年减少4户;资产622.8亿元,同比增长6.0%;全部从业人员年平均人数11.5万人,比上年增加1.8万人。全年实现工业总产值1003.2亿元,同比增长22.0%,高于全市5.0个百分点;实现主营业务收入960.3亿元,增长21.6%;利润总额41.5亿元,增长25.1%;利税总额72.5亿元,增长43.4%。

通用设备制造业主要产品产量情况:金属切削机床7.34万台,下降21.8%,其中数控机床1.84万台,下降11.7%;工业锅炉5404蒸发量吨,增长0.4%;减速机1.78万台,下降46.0%;泵6.85万台,增长30.9%;风机4600台,增长9.8%;输送机械17.5万吨,增长48.0%;气体压缩机1.47万台,增长18.4%

沈阳通用设备制造业知名企业云集,沈阳机床(集团)有限责任公司、沈阳鼓风机集团有限公司、通用电气能源(沈阳)有限公司、沈阳三洋电梯有限公司和沈阳博林特电梯有限公司等企业享誉国内外。全行业年产值超亿元企业共有180户,比上年增加42户,其中14户企业超过10亿元,1户企业超过100亿元。利税上千万企业139户,增加33户,其中7户企业利税超过1亿元;利润上千万企业80户,增加1户,其中4户企业利润超过1亿元。

作为全市工业的领头行业,通用制造业的持续壮大对全市工业平稳较快发展具有重要意义。2009年,通用制造业企业在全市工业的覆盖率为16.8%,同比提高0.7个百分点;产值占全市13.1%,同比提高0.5个百分点,拉动全市工业产值增长2.8个百分点,对全市工业产值增长的贡献率为16.4%。

(马晓红)

【专用设备制造业】 2009年,沈阳市专用设备制造业规模以上企业共有367家,比上年增加18家。从登记注册类型分组看,内资企业324家,其中:国有企业15家,集体企业20家,股份合作企业6家,联营企业2家,有限责任公司49家,股份有限公司4家,私营企业228家;港澳台商投资企业7家;外商投资企业36家。从行业分布来看,矿山、冶金、建筑专用设备制造128家,化工、木材、非金属加工专用设备68家,环保、社会公共安全及其他专用设备制造61家,医疗仪器设备及器械制造24家,印刷、制药、日化生产专用设备制造18家,食品、饮料、烟草及饲料生产专用设备制造14家,电子和电工机械专用设备制造25家,农、林、牧、渔专用机械制造16家,纺织、服装和皮革工业专用设备制造13家。从工业企业大中小型分组看,大型企业5家,中型企业10家,小型企业352家。

2009年,该行业全部资产总计年末达390.3亿元,流动资产年合计达249.9亿元,固定资产净值达90.9亿元;从业人员年平均人数为63996人。

2009年,该行业的生产和经济效益持续稳定增长,共计完成工业总产值485.5亿元,比上年增长21.5%;工业销售产值478.2亿元,增长22.7%;实现产品销售收入464.9亿元,增长20.3%;实现利润为20.0亿元,增长16.3%。

该行业中,矿山、冶金、建筑专用设备制造业保持良好发展态势,并占绝对优势。2009年,矿山、冶金、建筑专用设备制造业实现工业总产值达250.5亿元,所占比重高达51.6%;销售产值为245.6亿元,比重为51.4%;资产总计达238.0亿元,比重为61.0%;产品销售收入达232.9亿元,比重为50.1%;实现利税达18.5亿元,比重为50.4%;实现利润达9.9亿元,比重为49.6%。

2009年,该行业中,矿山、冶金、建筑专用设备制造业全年实现工业总产值250.5亿元,排在第一位;其次为化工、木材、非金属加工专用设备业,工业总产值78.8亿元;再次为环保、社会公共安全及其他专用设备制造业,工业总产值为46.1亿元;创造利税方面,第一位为矿山、冶金、建筑专用设备制造业,实现利税达18.5亿元;第二位为化工、木材、非金属加工专用设备业,利税为5.1亿元;第三位为环保、社会公共安全及其他专用设备制造业,利税为4.0亿元。

2009年,沈阳市的专用设备制造业生产的主要产品产量:采矿专用设备23.2万吨,比上年增长2.7%;水泥专用设备7.4万吨,增长1.5%;金属冶炼设备3.6万吨,增长39.8%;炼油、化工生产专用设备1.2万吨,增长18.0%;金属轧制设备7687吨,下降27.1%;挖掘、铲土运输机械37台,下降87.4%。

(刘　巍)

【北方重工集团有限公司】 北方重工集团有限公司,是由沈阳重型机械集团有限责任公司和沈阳矿山机械集团有限责任公司于2006年12月合并组建的。2009年,面对世界性金融危机的巨大冲击,北方重工集团全体员工克服了重重困难,紧紧围绕保增长、保搬迁和建设具有国际竞争力企业集团的三大任务,坚持以科学发展观为指导,锐意创新,开拓进取,取得了令人瞩目的成绩。

一、实现主要经济指标情况

2009年,完成工业总产值130亿元,同比增长5.72%;实现销售收入120亿元,同比增长12.14%;实现工业增加值23亿元,同比增长2.6%;出口创汇1.7亿美元,同比增长119.18%;实现利润6578万元,同比增长29.97%;上缴税金3.03亿元,同比增长48.22%。

二、产业链条和工艺流程的构建整合成果

根据产品工艺特点和企业发展的需要,在搬迁的同时,集团对组织机构适时进行了调整,新组建了备料分公司、核电产品分公司、电控液压设备分公司等,使生产力要素得到整合,资源得到很好配置。在市区政府的支持下,北方重工集团对铸锻工业公司进行控股经营,这不仅同步提升铸锻公司的能力,也使得北方重工集团的制造工艺更加科学合理、产品工序能力完整统一。

三、产品研发和自主创新取得新成果

2009年,集团进一步加快了新产品研发和老产品改进速度。在新产品研发方面,完成了φ3780土压平衡盾构机、φ6140辐条式土压平衡盾构机的开发设计;开发了国内首创的1725mm高性能超薄镁板轧机;完成了MP4000热模锻压力机、每小时运量13000吨的带式输送机、每小时处理量7800吨的大型半移动破碎站、小时处理量3000吨的大型排土机和日产5000吨水泥生产线用管磨机、EBZ240、320硬岩掘进机等产品的开发研制工作。一是对破碎机、回转窑、洗选设备和各种粉磨机等老产品进行了升级改进,提高了产品的技术档次。二是利用承揽成套工程去搭建成套技术研发平台。以维旦塔项目为依托,开发研制出年产300万吨大型有色金属矿"破、运、排"成套技术;以淡水河谷项目为依托,开发研制出莫桑比克煤矿输出系统、阿曼球团港口机械化料厂成套技术。同时,研制开发出低品位铁矿选矿成套技术和大型钢管轧制成套设备。

四、搬迁改造已经完成

根据市委、市政府的部署安排,历经三年时间的新厂区建设、改造、搬迁工作于2009年11月全部结束。这次新厂区建设总建筑面积53万平方米,其中新建厂房40多万平方米,办公及公共建筑9.8万平方米;新购设备796台,90%以上的设备开始在新厂区运转生产。两厂区共搬迁设备1248台,物资10万多吨。如今,北方重工新厂区威严屹立在沈西工业走廊,企业厂房建设、工艺布局、装备能力、环境现场都堪称中国乃至世界一流。

(陆　璐)

航空航天器制造业

【概况】 2009年,沈阳市航空航天器制造业共有沈阳飞机工业(集团)有限公司、沈阳黎明航空发动机(集团)有限公司和沈阳兴华电器有限制造公司等14家企业,比上年减少2户。从企业规模看,大型企业共2户,中型企业3户,小型企业9户;从登记注册类型来看,内资企业12户,港、澳、台商投资企业1户,外商投资企业1户。

2009年年末,全行业资产总额311.21亿元,比上增长21.9%。其中:固定资产合计76.85亿元,增长10.5%,流动资产合计209.38亿元,增长33.8%;负债合计228.74亿元,比上年增长30.7%;所有者权益82.31亿元,增长2.5%;从业人员28402人,比上年减少2162人。

2009年,沈阳市的航空航天器制造业生产形势已经逐步走出了低谷,各项经济指标都呈现上升趋势。全年全行业实现工业总产值166.51亿元,比2008年增长14.6%;实现销售产值165.87亿元,增长15.2%,产销率为99.6%;出口交货值为9.14亿元,增长5.9%;实现主营业务收入147.11亿元,增长9.9%;实现利润总额4.85亿元,下降5.1%。

该行业发展变化的走势主要由沈阳飞机工业(集团)有限公司、沈阳黎明航空发动机(集团)有限公司两户大型企业来左右,2009年这两户大中型企业共实现产值150.50亿元,占全行业的比重为90.4%;实现销售产值150.35亿元,占90.6%。

(姚　铁)

【中航工业沈阳飞机工业(集团)有限公司】2009年,中航工业沈阳飞机工业(集团)有限公司广大干部员工秉承"航空报国、强军富民"的集团宗旨,大力践行"敬业诚信、创新超越"理念,坚持融入世界航空产业链和区域发展经济圈,面对压力和挑战,拼搏进取,攻坚克难,紧紧围绕公司任务目标狠抓落实,努力解决科研生产中的各种矛盾和难题,出色完成了全年各项任务。主要经济指标均比上年同期实现较高增长,营业收入同比增长3.62%。其中民机收入同比增长38.91%;非航收入同比增长9.53%。工业总产值同比增长16.5%。出口额完成9150万美元,同比增长31%。其中:民机出口交付额完成8455万美元,同比增长38.7%。工业增加值同比增长27.7%。利润同比增长18.45%。企业经营保持了良好势头。

军品科研生产取得新突破。一是沈飞公司上下共同努力,自加压力,超额完成了所承担的年度军品科研任务。二是出色完成了国庆阅兵保障任务,受到了上级嘉奖。沈飞公司专门成立了服务保障领导小组,并建立了任务绿色保障通道,出色完成了重大服务保障工作,为中航工业集团和沈飞公司赢得了荣誉。沈飞公司为此分别荣获总装备部"阅兵装备保障突出贡献奖"、国资委"国庆60周年阅兵保障服务先进集体"和中航工业"突出贡献单位"等荣誉称号。

民机产业发展开创新局面。一是民机转包生产能力进一步提升。总体上,民机各转包项目满足了客户需要,转包能力有了新提升。二是通用飞机研制实现历史性突破。在通航产业发展规划、通航产业基地筹划以及对外合作探索等方面,都取得实质性进展,通航发展步伐逐渐加快。三是C系列飞机项目取得重要进展。积极促成中航工业成立中航(沈阳)投资管理有限公司,并与沈阳达锐投资管理有限公司,签订组建沈阳沈飞商用飞机有限公司的框架协议,标志着民机发展在"两融"道路上迈出新步伐。

非航业务发展稳中有升。一是非航业务整体效益有所提高。沈飞民品公司,积极推进商业模式和管理模式创新,取得了较好效果,2009年当期经营基本扭亏。二是在非航业务管理上,健全完善了对外投资管理体系和制度,加强了对子公司的审计管理,并初步制定了沈飞公司非航发展规划。三是为纪念国庆60周年,按照辽宁省要求,沈飞公司圆满完成了辽宁省国庆彩车制造任务,并获得惟一团体奖。

能力建设取得新进展。全年投资数亿元资金,完成固定资产购置和工程项目的技术改造。新投入大型厂房和新增使用设备,有效提高了企业的生产能力。同时,加快厂房外环境建设和厂内体育场建设,有效地改善沈飞公司厂区环境和职工文化生活条件。

改革管理取得新实效。一是调整组织机构,优化组织结构。二是管理创新取得新成果。完成了沈飞公司"十二五"及中长期发展规划纲要的编订,加速推进了综合平衡计分卡的导入实施。以精益六西格玛文化节为平台,推进了管理创新工具、方法得到进一步应用。特别是沈飞公司进度计划体系实施、理顺厂级生产作业计划管理等10个系统改进项目的开展,有效提高了工作效率。基础管理日益加强,开展了生产单位基础管理评估,完成了29个基础管理改进项目。6S管理有了新提高,理顺了6S管理职能,完善了6S管理规章制度文件,整体6S建设得到显著改善,为沈飞公司顺利通过达标复评打下了坚实基础。EVA管理扎实起步,开展了EVA管理在沈飞公司内部管控系统中的应用研究,完成了基于EVA的价值管理模式框架方案。以工具采购预算、器材采购预算、工装费用预算为试点,加速推进了预算管理的贯彻实施。

技术创新迈出新步伐。以统筹兼顾技术创新能力提高与技术创新体系建设为指导,以完善技术中心组织架构为标志,深入推进了技术创新体系建设,技术创新步伐不断加快。数字化制造技术在重点工程上得到全面推广应用,既缩短了产品研制周期,又成功尝试了三维数字化无图设计制造,推动了企业数字化制造水平和能力的提升。在技术攻关上,突破了多种产品的关键技术,依靠技术进步,进一步增强了企业发展能力。技术创新成果不断增多,全年申请专利92项,同比增长48%。荣获国家科学技术进步特等奖1项。在承担国家及省部级科技项目中,获得国防科技进步奖1项,中航工业科技进步奖7项。公司荣获"国家认定企业技术中心成就奖"称号。

质量、安全及保密工作不断加强。一是质量体系持续有效运转。通过不断完善质量体系,加强质量程序文件的贯彻执行,公司各项质量指标保持稳定。先后通过了中国新时代认证中心对军品质量体系的第四次监督审核,以及二方质量管理体系认定审核。积极开展了"第三十次质量文化月"和"以质量促进度"等活动,有效增强了全员质量意识,提升了落实质量制度体系的执行力。公司先后荣获"全国实施卓越绩效模式先进企业"、"全国质量管理小组优秀企业"、"全国推行全面质量管理30周年优秀企业"等荣誉称号。二是安全生产工作保持平稳。建立了"沈飞公司安全生产标准化达标考核体系",实现了考核方式的标准化,初步形成了安全生产长效管理机制。三是保密工作取得新成绩。通过检查、培训和知识竞赛等活动,提升了保密工作水平。公司荣获中航工业集团"保密工作先进单位"荣誉称号。

人才队伍建设继续加强。一是领导干部队伍建设迈出新步伐。进一步补充完善领导班子,公司整体经营决策能力得到有效提高。二是员工队伍建设得到切实加强。修订完善了制度体系,加大了员工招聘和培养培训工作力度,初步形成了以服务科研生产为中心,以高校招录、内部招聘、社会引进等多种形式为支撑的人力资源招录工作体系。更加注重员工的职业发展和能力培养,拓宽了员工学习培训和进修渠道,通过研究生培养、"三高人才"和职业技能竞赛等行之有效的方式,进一步提升了员工队伍的整体素质,为公司发展提供了有力的人才支持。

员工生产生活条件持续改善。沈飞公司始终坚持以人为本的思想,和谐企业建设不断向前迈进。企业文化建设不断增强,科协、老干部、退管、统战等工作积极有效,有力维护了公司科研生产稳定大局。

(吴加舜)

【中航工业沈阳黎明航发(集团)公司】 2009年,是公司实现跨越式发展的关键之年,公司全体干部职工紧紧围绕"完善制度,深植文化,高效执行、员工成长"的工作主题,以企业发展战略为引领,狠抓管理创新和技术创新,大力推进企业文化建设,克服某重点型号排故中遇到的重重困难和国际金融危机带来的不利因素,面对内外部发展的严峻形势,奋发进取,放手一搏,努力在解放思想上开拓新境界,在推动科学发展上开创新局面,在促进各项工作上迈出新步伐,在构建企业和谐上谱写新篇章,较好地完成公司全年任务目标,实现公司又好又快地发展。

2009年,公司实现销售收入66亿元,同比增长29%;在岗职工年人均收入为4.5万元。公司荣获中国十大管理创新示范企业、中国制造业500强企业称号,荣获中航工业管理特别成就奖和国庆阅兵保障突出贡献单位称号;公司党委被中共辽宁省委授予"先进基层党组织"荣誉称号;公司领导班子被中航工业授予"优秀领导班子"荣誉称号。

转包在危机中求生存、谋发展。由于受到金融危机的强烈冲击,公司转包销售收入受到较大影响。面对挑战,转包业务明确市场方向,通过商务洽谈,强化商务运作,开发新领域客户,转包与意大利艾维奥公司、美国伊顿公司签署合作协议,为国际合作业务发展产生积极的作用。加快新件研制,全年完成新件研制99项,同比增长37%;公司积极与英国罗罗公司、沈阳市政府建立合作关系,投资4亿余元,首次走出厂区,向外埠发展,在浑南出口加工区建立转包罗罗大机匣与短轴两条转包零部件生产线,为公司转包长远发展奠定良好基础。公司荣获"2009年度沈阳市外贸出口明星企业"荣誉称号。

非航市场开发成果显著。全年完成销售收入2亿元。积极与中海油公司合作,首台套R0110燃机应用于海南洋浦电站达成协议,迈出了R0110燃机商业化发展可喜的一步;QD128机组燃气发生器安装完成后机组并网发电,运行7217小时期间的总运行率达到84%,为未来QD128燃机发电机组的设计制造、成套安装与调试积累了宝贵经验。

加快科技与管理创新步伐。以总经理工程为依托,推动重点项目科研水平和公司整体技术创新水平的提升。通过对某重点型号的X个零件进行工艺改进,调整工艺路线,优化工艺参数、数控程序和刀具等措施,累计为公司节约制造成本1726万元。这些目标的完成,标志着公司的整体制造水平向一流水准又迈进一大步。公司全年完成科研课题126项,课题应用216项;申报专利102项,获得国家、省部级以上奖励3项,获得中国专利奖和沈阳市专利项目奖。公司被中航工业授予专利工作先进单位称号。R0110重点燃机调试团队获"优秀科技团队"称号,王聪梅同志获聘中航工业"机械加工技术首席专家"。

2009年,公司全面修订、制定专家管理办法。制定并实施"大师级"人才培养计划,继续完善专家梯次培养机制。2009年专家岗位编制数量由1000个增加到1354个;经过评聘,专家总数由716人增加到999人。以综合平衡计分卡指标量化考核为推进重点,组织建立与推进专家绩效考核细则,促进了专家作用的发挥。

大力引进社会与院校优秀人才,引进应届毕业大学生347人,其中国家一类重点院校毕业生所占比例达到94.24%;引进中高职毕业生295人、社会人才17人。进一步优化职业生涯发展通道,形成了纵向晋升、横向交流的职业发展通道网络体系。

(高 菁)

汽车及零部件产业

【概况】 2009年,沈阳市共有主要汽车整车生产企业7家,专用车生产企业15家、摩托车制造企业1家、汽车发动机生产企业4家,其它主要零部件及相关配套产品生产企业170家。全市整车产能76万辆(其中轿车乘用车46万辆、轻型客车20万辆、轻卡及其它10万辆),发动机产能60万台。整车产品主要有宝马高级轿车(3系和5系)、雪佛兰科鲁兹系列轿车、中华系列轿车(尊驰、骏捷、FRV、FSV、CROSS、WAGON)、GL8高级商务车、阁瑞斯商务车、金杯系列轻型客车、中顺系列轻型客车、金杯系列轻型卡车、日野高档大客车等。专用改装车主导产品有道路清障车、消防车、炊事车、运钞车、洒水车、厢式车、散装水泥车、航空特种车等。发动机主导产品有三菱4G6系列、4A9系列发动机,新光491Q系列、G4系列发动机,华晨1.8T发动机。汽车零部件及配套产品涉及汽车车桥、汽车座椅、汽车制动器、汽车内饰件、安全气囊、汽车轮毂、汽车变速器、汽车空调、汽车线束、车身冲压件、汽车保险杠、汽车转向系统、汽车轮胎、汽车涂料等200余个品种。

(董立业)

【汽车整车企业经济运行情况】 2009年,沈阳市汽车整车生产实现较快发展,产销量均超出年初计划,其中产量增幅超过全国产量增幅1.8个百分点。

1. 通用北盛科鲁兹轿车成为2009年沈阳市汽车增长的最大亮点,全年共生产科鲁兹轿车9.24万辆,使得通用北盛汽车公司成为全市汽车企业中增长贡献率最大的企业,全年共生产整车(科鲁兹及GL8)13.2万辆,同比增长275%。

2. 华晨金杯汽车公司陆续推出骏捷FSV和CROSS等新车型,使得轿车产量增幅较大,全年轿车产量达到12.4万辆,同比增长49.8%。由于阁瑞斯车型改款,市场反响较好,因此产量也有很大提升,全年产量已超过1.5万辆,同比增长34.3%。

3. 华晨宝马推出新款318i和新320i后,市场反响很好,而且随着国产化率的不断提高,产品成本较以前有所降低,提高了市场竞争力。因此,宝马轿车产量也有了较大幅度的提高,全年产量达到4.4万辆,同比增长33.4%。

4. 金杯轻型卡车及海狮轻型客车产量分别为6.8万辆和9.6万辆,增幅分别为10.5%和11.8%,在连续四年保持在同类车型产销增幅第一的基础上,2009年继续位于增幅前列。

5. 广汽日野(沈阳)汽车公司9月份新车正式下线交付用户,成为正式恢复生产的标志,其它新车型的开发全面展开,到年底生产大客车19台。

(董立业)

【产业发展特点】 1. 产业集中度进一步提高,骨干企业对产业拉动作用越来越明显。2009年,华晨金杯、华晨宝马、通用北盛和金杯车辆四户整车企业共生产整车47.9万辆,占全部整车产量的99%,比2008年全年提高3个百分点。东部汽车产业聚集区的华晨金杯、华晨宝马、通用北盛三大整车企业实现工业总产值398.5亿元,占汽车及零部件产值的53.7%,比2008年提高1.5个百分点。

2. 汽车产品结构进一步优化。全年轿车产量达到26万辆,占全部整车产量的54%,比上年同期增长18个百分点。上海通用北盛科鲁兹轿车2009年全年产销量超过9万辆,宝马轿车及中华系列轿车产销量也都有较大幅度提高,这都加大了轿车在全市汽车产品中所占的比重,也使得轿车产品成为沈阳市汽车产品中最重要的支柱产品。

3. 车企重视产品研发,新车型不断推出。2009年,通用北盛全球同步上市雪佛兰科鲁兹轿车;华晨金杯推出骏捷FRV旅行车(cross)、骏捷FSV、新款阁瑞斯等新产品;华晨宝马推出新款318i和新320i;金杯车辆也根据市场需求,不断推出新款的金杯轻卡系列产品。

4. 以北方交通、捷通消防车和际华

三五二三为龙头的改装车企业发展情况良好。全年专用改装车产业实现工业产值56.2亿元,同比增长33.7%。

(董立业)

【汽车产业重大项目建设情况】 一、投产项目

1. 上海通用北盛二期项目。2008年12月竣工,新车型雪佛兰科鲁兹轿车4月份正式上市,上市以来,倍受广大客户青睐,产品一直处于供不应求的状态,因此,其生产也一直处于快速拉产状态,随着生产线正常运行和工人熟练程度的不断提高,其产能已达到设计产能40辆/小时的产能标准。

2. 广汽日野重组沈飞日野项目。广汽日野汽车公司于2008年12月正式重组原沈飞日野公司,并同时成立了广汽日野(沈阳)汽车有限公司,在完成职工安置和生产条件恢复等工作后,于2009年9月正式举行了新公司挂牌暨新车下线仪式。

3. 航天三菱小排量发动机项目。一期10万台生产线于6月26日正式投产,已经为一汽海马、东南汽车和华晨金杯批量供货。由于国内小排量发动机市场前景看好,公司决定启动二期建设,新建两条生产线,新增10万台生产能力。

4. 中车集团沈阳车桥有限公司搬迁改造项目。新厂位于于洪区五金工业园,厂房已全部建成,公司搬迁方案已经确定。

5. 辽宁联合物流汽车零部件产业园项目。产业园内首个启动的德尔福汽车空调项目,在完成设备安装和搬迁工作的基础上,已投入正式生产。

二、续建项目

华晨宝马F18新产品项目。由华晨金杯代建的F18车身车间厂房及内部设施9月底全部建成并交付华晨宝马,华晨宝马从10月份开始安装设备,到年底设备安装全部完成,计划2010年二季度新产品下线。

三、新开工项目

1. 华晨金杯15万辆中华A级车扩产项目。2009年1月22日奠基,6月初正式开始建设,截至2009年末,总装车间主体厂房已完成,2010年将进行涂装车间和冲压车间建设。

2. 五洲龙混合动力客车项目

项目总投资30亿元人民币,占地66万平方米,建设混合动力客车生产车间及生产线,电池部件生产车间及生产线,最终形成2万辆整车及3万套新能源电池的生产能力。项目于2009年10月正式签约,11月奠基。

3. 零部件配套项目。2009年,陆续有上海交运股份有限公司汽车零部件公司中瑞生产基地项目,沈阳金杯江森自控汽车内饰件有限公司宝马F18门板、仪表板国产化项目和沈阳硕成机械有限公司项目等三个项目开工建设。

(董立业)

电子工业

【概况】 通信设备、计算机及其他电子设备制造业作为沈阳市支柱产业之一,具有广阔的发展空间和潜力。该行业主要由通信设备制造业、广播电视设备制造业、电子计算机制造业、电子器件制造业、电子元件制造业、家用视听设备制造业和其他电子设备制造业7个中类行业组成。拥有长白计算机集团(沈阳)、沈阳东软软件股份有限公司、沈阳同方多媒体科技有限公司等众多的国内外知名的大企业集团公司。

截至2009年年末,该行业拥有规模以上工业企业119户,比上年增加21户。从企业规模看,大型企业2户,中型企业7户,小型企业110户;从登记注册类型来看,内资企业72户,港、澳、台商投资企业9户,外商投资企业38户。

2009年年末,全行业拥有资产总计171.02亿元,比上年增长9.0%。其中,固定资产合计38.68亿元,下降11.2%,流动资产合计96.64亿元,增长6.3%;负债合计71.49亿元,比上年下降13.0%;所有者权益合计99.06亿元,同比增长5.8%;从业人员27642万人,比上年增长10.5%。

在国际国内电子信息市场竞争日益激烈的形势下,沈阳市通信设备、计算机及其他电子设备制造业不断深化企业内部改革,转变经营观念,瞄准市场需求,扩大生产规模。2009年,该行业中完成工业总产值过亿元的企业达到54户,占全行业企业户数的45.4%。全年全行业累计完成工业总产值234.92亿元,比2008增长10.4%;实现工业销售产值230.04亿元,增长9.9%,实现出口交货值37.77亿元,增长3.8%,实现产销率97.9%;实现主营业务收入234.63亿元,下降32.7%;实现利润总额9.96亿元,下降30.4%。

(姚 铁)

民　营　经　济

综　述

【非公有制经济发展】 2009年，面对极其严峻复杂的国内外环境，市委、市政府把发展非公有制经济作为全市发展的重大战略，于3月27日召开了全市非公有制经济会议，并出台了《关于促进非公有制经济和中小企业加快发展的若干意见》，全市非公企业振奋精神，以保增长为主线，全力实施应对国际金融危机的一揽子计划，扩内需、调结构、促改革、重民生，经济运行中的积极因素不断增多，企稳向好的势头日趋明显，保持了平稳较快发展的态势。

综合实力明显提升。2009年非公经济实现地区生产总值2840亿元，增长15.6%，占全市的65.1%，比上年提高了0.4个百分点；实现固定资产投资2778.3亿元，占全市的75.6%，比上年提高了4.5个百分点；实现社会消费品零售总额1580.3亿元，占全市的88.9%，比上年提高了0.9个百分点；实现出口总值26.6亿美元，占全市的75.5%，比上年提高了3.8个百分点；实现税收总收入414.7亿元，占全市的79.4%，比上年提高了2.7个百分点；实现规模以上工业增加值1494.4亿元，占全市的74.1%，比上年提高了3.1个百分点。

结构调整初见成效。工业经济加速发展，主导产业不断壮大，非公经济三次产业结构由2008年的5.1∶56∶38.9发展为2009年的4.8∶57.3∶37.9，第二产业上升了1.3个百分点。县域经济成效显著，新民市借助建设沈阳西部工业副城，辽中县依靠建设近海产业基地，法库县通过建设“东北瓷都”，康平县依靠发展塑编产业，非公工业都得到了快速发展，与城区、郊区差距进一步缩小，2009年规模工业增加值增速超过全市21.6个百分点，非公经济区域结构得到改善。推动产业转型升级，不断提高质量效益。以打造具有国际竞争力的世界级装备制造业基地为牵动，以沈西工业走廊为龙头，大力发展先进装备制造业。2009年民营装备制造业增加值占全市规模以上工业增加值比重达23.3%，比2008年提高了0.4个百分点。在提升传统服务业的同时，大力发展现代服务业，国际软件园、沈阳数字识别产业园、沈阳奥园动漫产业园、皇姑区软件及软件外包产业基地、浑南动漫产业基地、沈阳华强文化科技产业基地等一批高端服务业基地项目进展顺利。农产品加工业逐渐发展壮大，沈北新区已成为全国最大的农产品深加工基地。

集群建设全面展开。2009年市中小企业局围绕“壮大产业集群规模、丰富产业集群内涵、创建百亿元产业集群”的工作目标，狠抓了工业园区和产业集群提升工程，35个产业集群完成工业总产值1939.5亿元，占全市规模工业总产值比重由14.4%上升到25.5%，入驻企业2477家，吸纳从业人员18.4万多人。其中于洪家具、于洪五金、苏家屯电力电器、苏家屯钢管、沈北新区食品、沈北新区农产品加工、法库陶瓷、康平塑编、铁西电气及配件、铁西汽车零部件等10个产业集群实现了超百亿元产出。新民药业产业集群被中国生物技术协会确定为医药发展基地，拟打造东北医药第一高地；以3G手机和新兴通讯设备生产为主的沈北光电产业集群3G手机的生产规模不久将超过深圳，位列全国第一。

创新能力不断增强。重点龙头企业研发能力不断增强，高技术产品陆续推出。特变电工沈变集团承担了变压器行业惟一的国家工程实验室建设任务，远大企业集团在苏黎世建立了欧洲设计研发中心，北方交通重工集团技术中心成为国家级技术中心，昂立信息技术有限公司建设的昂立信息产业园经过近4年的快速发展，已经建立起完善的基础服务和产业要素聚集平台，吸引了国内外60余家企业进驻，成为沈阳地区惟一民营国家级科技企业孵化器。“十一五”期间沈阳市非公大企业研发、生产了百万伏特高压电抗器、兆瓦级风力发电机组等一批具有自主知识产权和国际领先水平的产品。

对外开放取得进展。全年累计组织国内招商团组544个，分赴23个城市，召开29个专业招商会议，洽谈1295个项目，总投资额2600多亿元。全市共引进实际到位内资617.2亿元，引进规模以上内资项目1809个。美国GE、韩国浦项、SK、日本伊藤忠、英国特易购等世界500强企业在沈阳市新设立企业6家。诺康生物医药在美国纳斯达克上市，能源高科、太宇机电设备在美国纳斯达克再融资，累计融资1.6亿美元，三一重装在香港上市，融资24亿港元。辽宁诺康医药有限公司并购澳大利亚QRX-Pharma公司蛇毒技术平台项目、沈阳星舟通讯技术有限公司并购新加坡创值科技有限公司项目、辽宁高科能源集团有限公司收购日本EVATECH公司项目等一批海外并购科技型企业项目正在积极签约和洽谈。

服务体系逐步完善。2009年3月市政府办公厅颁布了《沈阳市中小企业服务体系建设指导意见》（简称《意见》）。围绕《意见》出台，沈阳市加强了中小企业服务体系建设，在市政府行政审批大厅设立了中小企业服务窗口，全面受理中小企业的各类服务需求；更新了中小企业服务大厅功能，开设了10大类窗口，大厅入驻率达100%；完成了市中小企业网改版功能，更新信息22521条，点击率达到700万次以上；组建了中小企业专家顾问团；指导中小企业申报国家、省中小企业发展专项资金项目860万元，申报国家技术改造资金1295万元。积极推进融资担保体系建设，2009年沈阳市信用担保协会成立，全年新增中小企业贷款担保机构7家；全年全市各担保机构为1789家中小企业提供贷款担保22.24亿元，同比增长197.6%；累计组织开展银企对接活动13次，为250多家中小企业解决了12亿元的贷款资金，一定程度上缓解了沈阳市中小企业融资困难。

维权机制初步建立。一是起草了《沈阳市民营企业维权工作实施意见》，并在2009年2月以市政府办公厅名义全市转发；二是2009年3月正式组建了沈阳市民营企业维权投诉中心；三是起草与市法制办、市纠风办联合会签和印发了《关于转发辽宁省维护民营企业合法权益联络点的通报的通知》。四是组织13个外埠商会与辽宁法信律师事务所签订常年法律援助协议，积极主动地为中小企业提供政策、法律、法规和咨询服务。五是积极帮助企业协调解决了一些生产经营中的具体问题。

（陈　武）

【持续发展的民营经济】 2009年，面对极其严峻复杂的国内外环境，全市民营经济在市委、市政府的正确领导下，深入贯彻科学发展观，认真落实市委十一届六次全会暨经济工作会议和市十四届人大二次会议精神，紧紧围绕完成"五大任务"、实现"三大目标"，全力实施应对国际金融危机的一揽子计划，市民营经济实现了平稳发展。

一、民营经济队伍进一步壮大

1、企业单位数

（1）按登记注册类型分组

单位：个、%

登记注册类型	企业个数	比重
总计	307332	100
1.内资企业小计	299029	97.3
其中：（1）集体企业	3247	1.1
（2）股份合作企业	4517	1.5
（3）联营企业	295	0.1
（4）有限责任公司	23090	7.5
（5）股份有限公司	9315	3.0
（6）私营企业	45789	14.9
（7）其他	212776	69.2
2.港、澳、台商投资企业	1488	0.5
3.外商投资企业	6815	2.2

2009年末，全市共有民营企业30.7万户，比2008年增加6530户，同比增长2.2%。从登记注册类型看，个体工商户21.3万户，占全市民营企业的69.2%；私营企业4.6万户，占全市民营企业的14.9%；有限责任公司2.3万户，占全市民营企业的7.5%；港澳台和外商企业8303户，占全市民营企业的2.7%。从发展情况看，个体工商户比上年净增8649户，私营企业比上年减少3494户，有限责任公司比上年减少49户，港澳台和外商企业比上年减少133户，个体工商户是民营企业的主要增长点。

（2）按行业分组

单位：个、%

行业	企业个数	比重	增幅
总计	307332	100	
1.工业	44222	14.4	1.8
其中：采矿业	337	0.1	-5.9
其中：制造业	43840	14.3	1.9
电力、燃气及水的生产和供应业	45	0.0	-22.4
2.建筑业	6043	2.0	-4.0
其中：资质等级企业	485	0.2	8.7
3.交通运输仓储业	33922	11.0	5.0
4.批发零售业	133101	43.3	2.9
5.住宿及餐饮业	27847	9.1	-2.6
其中：餐饮业	17983	5.9	-2.5
6.社会服务业	41525	13.5	-0.2
7.其他	20672	6.7	7.3

2009年末，全市共有5.0万户民营企业从事第二产业，占全市民营企业的16.4%，其中工业4.4万户，占全部民营企业数的14.4%。有25.7万户企业从事第三产业，其中批发零售业13.3万户，占全部民营企业的43.3%；交通运输仓储业3.4万户，占11%。在所有行业中，发展最快的是其他行业，增幅达到7.3%，交通运输仓储业紧随其后为5%。

2、从业人员

2009年末，全市民营企业从业人员217.7万人，比2008年末增加5.8万人，同比增长2.7%。从登记注册类型看，个体工商户88.9万人，占全市民营企业的40.8%；私营企业64.6万人，占全市民营企业的29.7%；有限责任公司30.4万人，占全市民营企业的13.9%；港澳台和外商企业10.8万人，占全市民营企业的3.7%。私营企业比2008年末多吸纳3.4万人，增幅达5.3%。

2009年末，全市民营企业共有94.6万人从事第二产业，占全市民营企业的43.5%，其中83.3万人从事工业，占全部民营企业数的38.3%；有123.1万人从事第三产业，其中批发零售业59.8万人，占全部民营企业的27.5%，在所有行业中，从业人员增长最多，比2008年末多吸纳7.2万人，增幅最高的是电力、燃气及水的生产和供应业，增幅达到53.5%。

二、民营经济增加值完成情况

2009年，全市民营经济完成增加值2388.1亿元，同比增长17.4%，占全市地区生产总值的54.8%，比上年提高2.1个百分点，呈逐年上升态势。

从各区、县（市）完成增加值情况看，沈北新区、于洪区、铁西区排在前三位，分别完成301.4亿元、300.1亿元和269亿元，占全市民营经济总量的12.6%、12.6%、11.3%。其中三县一市地区总体所占比重比上年提高了1.3个百分点，新民市、辽中县、法库县分别提高了0.4个百分点，发展势头强劲。

从各区县（市）民营经济占地区生产总值的比重情况看，东陵区、沈北新区、于洪区民营经济增加值占地区生产总值比重排在前三位，分别为97.3%、90.4%，88.8%。其中，沈北新区比上年提高9.4个百分点，民营经济比重进一步提高。

从各区县(市)民营经济发展速度看，浑南新区、法库县和新民市增加值增幅排在前三位，分别为39.9%、30.3%和27.6%。

三、规模企业总量持续增大

2009年民营工业企业实现增加值1502.2亿元，同比增长25.3%；实现总产值5630.5亿元，同比增长25.3%；上缴税金114.3亿元，同比增长13.8%；固定资产投资940.8亿元，同比增长6.1%。其中，规模以上工业企业实现增加值1209.1亿元，同比增长17.8%；规模以上工业企业4304户，比上年净增加333户，同比增长7.7%；超亿元企业996户，比上年净增加223户，同比增长28.8%，其中远大铝业集团、沈阳卡拉古斯食品有限公司、百科实业集团等35户企业年营业收入超过10亿元。远大企业集团实现营业收入72亿元，位居全市民营企业第一位。全市民营规模工业企业户均完成总产值1.1亿元，比上年提高1865万元，同比增长20.8%。民营规模工业企业产销率达到96.8%，比2008年降低1.5个百分点。

四、园区集群规模不断壮大，龙头企业创新竞争能力不断增强

2009年，各区、县(市)蓬勃发展的工业园区和产业集群成为扩大民营工业体系发展的重要力量。全市24个工业园区入驻企业2658家，从业人员24.4万人；完成产值2309.8亿元，上缴税金38.2亿元；新开工项目592个，计划总投资587.1亿元，实际到位资金238.9亿元。35个产业集群入驻企业2477家，从业人员18.4万人；完成产值1939.5亿元，比上年增加了372.4亿元，上缴税金39.6亿元；新开工项目491个，计划总投资439.3亿元，实际到位资金218.4亿元。其中有10个产业集群达到了百亿元产出，共完成产值1310.7亿元，比上年同期增加了190.1亿元。其中于洪家具产业集群完成产值195亿元；于洪五金产业集群完成产值158.2亿元；法库陶瓷产业集群完成产值146亿元；铁西电气及配件产业集群完成产值135亿元；沈北新区食品产业集群完成产值123.8亿元；苏家屯电力电器产业集群完成产值120.1亿元；苏家屯钢管产业集群完成产值120亿元；铁西汽车零部件产业集群完成产值110亿元；康平塑编产业集群完成产值102.3亿元；沈北新区农产品加工产业集群完成产值100.2亿元。新民药业产业集群被中国生物技术协会确定为医药发展基地，拟打造东北医药第一高地；以3G手机和新兴通讯设备生产为主的沈北光电产业集群3G手机的生产规模不久将超过深圳，位列全国第一。

远大企业集团完成与瑞士旭密林建筑设计研发公司联合成立欧洲设计研发中心；特变电工沈变集团与全俄列宁电工技术研究院签约建立沈阳分院项目；北方交通重工集团技术中心被评为国家级企业技术中心。沈阳昂立信息技术有限公司建设的昂立信息产业园经过近4年的快速发展，已经建立起完善的基础服务和产业要素聚集平台，吸引了国内外60余家企业进驻，成为沈阳地区惟一的国家级民营科技企业孵化器。

五、服务业发展特色突出

全市民营服务业企业共有25.7万户，比上年增加5988户，占全市民营企业的83.6%；从业人员123万人，比上年增加42590人，占全市民营企业的56.6%；实现增加值797.9亿元，同比增长8.2%；实现营业收入2686.5亿元，同比增长12.1%；实现上缴税金131.1亿元，同比增长14.3%。在服务业中，企业单位数比重最大的是批发零售业，所占份额达到51.8%，完成营业收入1485.3亿元，占民营服务业比重55.3%，比上年提高了2.5个百分点。各区都将房地产业、总部经济、楼宇经济作为各区发展的重点，物流配送、连锁经营和大型超市等现代服务业快速发展。永城财险、宝城期货等5家金融类总部企业和星拓微电子、先锋计算机等12家高科技企业落户和平区。由大连港和天津集团有限公司共同投资的辽中县东北亚国际物流中心项目，总投资5亿元。铁西新区的锦仓文华商务酒店、锦江之星酒店、如家快捷酒店、格林豪泰酒店、奔腾汽车“4S”店、家乐福云峰店、国美电器建设路店等7个项目建成营业；宜家家居广场、星摩尔购物广场、金碧辉煌国际俱乐部、兴隆大家庭、海韵五星酒店、宜必思酒店、三隆春天酒店、纺织服装城等20余个项目按预期进度实施；红星美凯龙二期、首席CEO商务会所、博宇有色金属中心、宝马城市广场、西秀城、十里河灯饰城、雷诺汽车专卖店等7个项目开工建设。

六、固定资产投资跃上新台阶

全市民营经济完成固定资产投资额2199.5亿元，投资额突破2000亿元大关，占全市全社会固定资产投资的59.8%，同比增长20.3%。其中工业企业完成固定资产投资940.8元，同比增长6.1%。

全市县区中浑南新区、皇姑区、辽中县、于洪区、铁西区的固定资产投资增幅超过了全市的增幅，总量增加最多的是皇姑区，净增加106.3亿元，增幅最快的是浑南新区，增幅为94.2%，近1倍。

2009年全市民营企业投资5000万元以上项目469个，完成投资1078亿元。其中10亿元以上项目43个，完成投资346.3亿元。

七、出口交货值降幅明显

受全球金融危机的影响，2009年，全市民营出口企业637户，比上年减少28户；实现出口交货值97.6亿元，同比降低15.7%。其中年出口交货值500万元以上企业223户，比上年减少34户，实现出口交货值86.5亿元，占民营出口总额的88.6%。其中沈阳远大铝业集团、望花铸铁、鑫利源矿产等10家企业为超亿元企业，龙头企业沈阳远大铝业集团公司实现出口11.1亿元，为沈阳市民营企业中惟一一家出口10亿元以上企业。

机械类出口交货值位居各行业出口之首，出口31.2亿元；其次是矿产类，出口17.7亿元。在6个主要出口国家和地区中，出口东南亚的总量以32.9亿元仍排在首位。除出口东南亚地区总量增加，其余地区都有不同程度的下降，欧洲地区出口总量降幅最为突出，降幅达到44.4%。

八、民营税收持续增长

2009年全市民营税收实现262.7亿元，比上年净增27.7亿元，增幅为11.8%。从分行业情况来看，工业、批发零售业、建筑业分别以43.5%、29.3%、6.6%的比重位于民营上交税金的前三位。民营工业税收占全市民营税收的

43.5%，比上年提高了0.8个百分点；批发零售业增幅为22.8%，占全市民营税收比重比上年提高了2.6个百分点，增长最快。

从分地区情况看，沈河区、和平区、东陵区、沈阳开发区分别以占全市民营税收比重的13.2%、12.6%、11.5%、11%的份额占据前四位，四区之和接近全市民营税收的一半。从增幅情况看，17个区县（市）中康平县增幅最高为108.1%，比上年翻了一番，苏家屯区和沈阳开发区紧随其后，分别为52.3%、51.4%。

（王 巍）

【沈阳市非公有制经济工作会议】 2009年3月27日，市委、市政府组织召开了沈阳市非公有制经济工作会议。省委常委、市委书记曾维出席会议并作重要讲话。他指出，要深入贯彻落实党的十七大精神，按照科学发展观要求，统一思想认识，积极应对危机，加大工作力度，促进沈阳非公有制经济加快发展。市长李英杰主持会议，并就贯彻落实会议精神提出要求。市委常委、常务副市长顾春明宣读表彰通报，市委常委、副市长戴均良做工作报告。会议表彰了沈阳市非公有制经济10强企业和30家明星企业。沈阳远大集团、于洪区政府、市工商局、广发银行沈阳分行四家单位作了大会发言。会议出台了《中共沈阳市委、沈阳市政府关于促进非公有制经济和中小企业加快发展的若干意见》和《沈阳市中小企业服务体系建设指导意见》等文件。市及各区、县（市）党政主要领导、主管领导、市直相关部门领导、非公企业代表共计1000余人参加会议。

（于海洋）

【出台《关于促进非公有制经济和中小企业加快加展的若干意见》】 2009年3月27日，沈阳市委、市政府出台了《关于促进非公有制经济和中小企业加快发展的若干意见》。这是在年初沈阳市出台三十条新政后，为积极应对金融危机，进一步加大对非公有制经济和中小企业的扶持力度，营造良好的发展环境而出台的新政策。该意见就放宽市场准入、降低企业设立条件、加大财税信贷政策扶持力度、支持企业做强做大、优化企业发展环境等五个方面出台二十条新政支持非公有制经济和中小企业发展。同时，该意见也是以市委、市政府名义出台的促进非公有制经济和中小企业加快发展的第一个规范性文件，这个文件的颁布实施将对全市非公有制经济和中小企业稳定健康发展起到积极的促进作用。

（于海洋）

【支持非公有制经济做大做强】 2009年沈阳非公经济工作会议上，沈阳市表彰了非公有制经济十强企业和30户非公有制经济明星企业。市中小企业局通过对受表彰的40户重点非公企业进行调研，深入企业了解情况，为切实帮助企业协调解决一些实际问题，采取多项措施同时推进，进而推动非公经济和中小企业不断发展壮大。主要措施有：

一、加大服务力度，坚定企业做强决心

一是强化技术咨询服务。组织技术专家队伍不断深入企业进行现场诊断，帮助企业答疑解难并制定整改方案，提高企业生产水平和生产效益。

二是强化培训及创业指导服务。结合“国家中小企业银河培训工程”的实施，开展相关培训工作。适时组织企业进行人力资源培训、骨干业务培训、融资培训、创业培训，会同沈阳市人力资源和社会保障局，对企业进行相关技术职称培训。对所承担的培训任务，可按照培训费用的实际支出予以适当补助。

三是开展精益化管理服务。在现有管理基础上，继续加大对企业精益化管理培训，帮助企业规范管理生产程序，不断向标准化延伸，推动企业快速发展。

四是做好投融资服务。通过对企业走访调研，切实掌握企业融资需求，进一步做好银企对接工作，为那些发展前景看好、产品附加值高的企业搞好融资服务。

五是提供资金支持。帮助企业申请国家、省、市专项资金支持，特别是“专、精、特、新”和技术改造项目资金。

六是建立动态考核体系。进一步了解并掌握200户企业的发展动态，建立监督考评机制，对那些发展前景不看好和经营状态不良的企业及时替换。

七是完善政策服务。为帮助企业及时了解政策，用好政策，对沈阳市近年出台的扶持企业发展政策进行筛选，将企业生产经营中经常使用的政策编辑成册并发至企业，在企业了解政策的同时，做到依法经营和守法经营。

二、进一步推动结构调整，加快企业改革步伐

按照国家发展改革委《产业结构调整指导目录》，结合沈阳市十一届八次全会精神，引导企业不断调整产业和产品结构，积极发展鼓励类项目，发展劳动密集型产业，发展现代服务业。缩减限制类项目，淘汰落后生产工艺和产品。对环保成长型中小企业，优先安排环保补助资金、清洁生产示范项目、循环经济试点项目。对专门生产或在技术改造项目中使用《当前国家鼓励发展的环保产业设备（产品）目录》中的国产设备，可享受投资抵免企业所得税优惠政策，实行加速折旧办法。鼓励和引导企业向特色园区和特色大厦集聚发展。鼓励企业增加产品出口，对出口成长型中小企业，可优先享受中小企业国际市场开拓资金政策支持。

三、强化与科研院所对接，推动企业自主创新

利用沈阳市大专院校和科研院所的科研能力，搭建产学研合作平台，构建成长型中小企业创新支持体系。鼓励建立企业研发机构和企业技术中心，开发具有自主知识产权的“专、精、特、新”产品，推动企业自主创新、联合创新、引进消化吸收再创新和信息化。鼓励和支持中小企业不断增加研究开发投入，创名牌、创商标、开发专利和非专利技术，提高自主创新能力。对获得国家和省名牌、著名商标、驰名商标的企业，按现行规定给予奖励。对认定的创新型中小企业，优先给予研发资金支持。对购买先进科学研究仪器和设备的企业，允许企业提高研究开发仪器设备的折旧率。

四、加强对区、县（市）服务的指导力度

各区县（市）经济主管部门、开发区管委会是当地“成长工程”的组织者和责任者，要把实施“十一五”规划与推动实施“成长工程”结合起来，制定与本地区实际相适应的实施办法，突出工作重点，明确目标要求，制定具体措施。要建立责任制，各项工作都要有布置、有检查，切实在抓落实、抓深入、抓成效上狠

下功夫。各级中小企业主管部门要转变职能,强化服务,深入基层,了解情况,解决问题,总结经验,加以推广。要统筹兼顾,突出重点,在扶优扶强的同时要注意扶小扶弱,从对单个企业的支持转向对中小企业公共服务和支持,既要注重营造良好的发展环境,又要注重中小企业整体素质的提高,使沈阳市成长型企业快速壮大起来。

(王生发)

【营造非公有制经济发展的舆论氛围】 沈阳市委、市政府一直致力于开展非公有制经济和中小企业的宣传工作,努力营造良好的舆论氛围。2009年的非公经济和中小企业宣传工作以3月份召开的全市非公有制经济会议和10月份成功举办的中国(沈阳)国际中小企业大会为契机,通过精心策划,按照前期宣传造势,中期集中宣传,会后跟踪报道的思路,认真开展会议系列活动宣传,再利用集中采访、专版专题宣传等方式,不断加大宣传报道力度。全市非公有制经济会议的胜利召开和中国(沈阳)国际中小企业大会的成功举办,赢得了各大新闻媒体的广泛关注,国家、省、市主流媒体都进行了相关报道。

截至2009年底,各媒体及刊物共发稿700余篇,其中《沈阳日报》刊发非公经济和中小企业消息220余条,头版刊发20余条,《沈阳非公有制经济走上发展主战场》等稿件在沈阳日报头版头条全文刊载;沈阳电视台播发非公经济和中小企业专题新闻240余条;沈阳电台发稿230余条。市委、市政府信息处、省中小企业厅等部门的刊物刊发非公经济和中小企业信息稿件40余篇。

(于海洋)

【商会工作】 2009年,在沈阳集中办公的商会总数达到16个,实现了全市市级外埠商会全员集中办公。政府组织商会集中办公这一工作方式的创新,是做好以商招商工作的有效途径。外埠商会已成为政府招商引资的得力助手和主力军。

2007－2009年,集中办公的16个商会实现招商落沈项目253个,合同金额1830亿元,到位资金1210亿元;赴外地招商150多次,招商人次达4000多人;应邀抵沈考察50多团组,抵沈人次达2800余人;为商会所属企业维权数量达93件。

截至2009年底,在集中办公的16个商会中共有独立法人资格企业774户,当年实现产值619亿元,利润73亿元,税收69亿元。主要行业包括:地产、建材、工业园、小商品、五金、汽车摩托车配件、食品、服装、钢铁、铸造、养殖、饮料、客运等。

(侯　英)

服务体系建设

【中小企业发展专项资金】 2009年沈阳市中小企业和服务机构共获得国家、省中小企业发展专项资金达1515万元。其中,沈阳市中小企业担保中心、恒信担保公司共获得中小企业信用担保业务补助资金130万元;沈阳市中小企业服务中心综合培训补助资金15万元;沈阳华铁企业集团、沈阳北方交通企业集团、沈阳东盛基汽车部件制造有限公司共获得固定资产建设类项目250万元。沈阳市24个项目获得省中小企业发展专项资金支持,补助金额为560万元。沈阳市中小企业服务中心、沈阳市民营企业发展服务中心等7家服务机构,获得综合培训项目补助资金190万元;法库县技术创新服务中心、沈阳东北大学冶金技术研究所有限公司2家单位,获得公共技术服务平台建设项目补助资金30万元;沈阳天维电气设备制造有限公司、沈阳大川玻璃钢有限公司、沈阳万森电力有限公司等11户企业,获得"专精特新"项目补助资金265万元;辽宁新大地实业发展集团有限公司、沈阳德氏冷饮食品有限公司等4户企业,获得稳定生产、扩大就业项目补助资金75万元。

市中小企业局与市发改委、市经委共同推荐45户企业申报国家中小企业技术改造资金,两批共有17户企业获得1455万元的国家资金支持,这是中央财政国债项目首次对工业中小企业技术改造项目予以扶持,两项累计获得资金支持2970万元。这是自2005年设立国家和省中小企业专项资金工作以来,获得支持额度最大的一年。 (王生发)

【银保企合作】 2009年,沈阳市中小企业局通过对全市中小企业资金需求情况和银行信贷产品的摸底调查,掌握了企业和银行在资金供需方面的具体情况及融资方式意向,完成了企业与银行的对接,深化了银保企的全面合作。分别组织和协调中行、建行、广发行、邮政储蓄银行、恒信担保、中小企业信用担保、创业担保参加对接,有效地缓解了中小企业资金紧张的状况,对达成合作意向的企业进行分类筛选,多渠道为中小企业融资创造条件。截至2009年底,开展各种形式的银企对接活动13次,为260多家中小企业解决贷款12亿元。其中,沈阳王者陶瓷有限公司和新东方陶瓷有限公司由于自有流动资金不足制约了企业的发展,急需贷款支持,在市中小企业局组织的银企对接会上,建行受理了此项业务,分别为两个企业发放贷款1500万元和1000万元,为企业的发展提供了资金支撑。

(张　程)

【经营管理人才引进】 沈阳市在经营管理人才引进和培育资助工作中,坚持以项目引进人才,人才促进项目发展的原则,充分利用现行政策,积极扩大对非公有制企业人才引进和培育的资助力度,向全市非公有制企业进行广泛的宣传,公布市人才办的整体工作部署和申报要求,使其了解受资助的条件和要求,并按照资助政策,对上报项目进行了严格的申报材料审查和实地核查,对历年来已资助过的项目和已经完成的项目严格筛选出列,对申报资料不翔实的项目要求项目申报人进行了完善充实。经过高级专家评审会评审,最终10家企业的11个项目通过评审答辩获得资金资助,合计资助金额100万元。这些项目是,沈阳老北味酒业有限公司的"满族洞藏酒"新技术项目及引进人才项目,辽宁禾丰牧业股份有限公司的企业规模倍增项目,沈阳北方交通重工集团有限公司高层次人才引进项目,华晨宝马汽车有限公司的F18新5系宝马轿车技术改造管理团队引进项目和宝马轿车3系车身冲压件国产化自有人才创新项目,沈阳国际软件园有限公司的沈阳国际软件园示范区建设项目,沈阳一天生物制药有限公司的引进企业高层次人才项目，沈阳安尔森管理咨询有限公司的高层次人才引进项目，沈阳一方饲料有限公司的饲料企业经营模式与生产过程管理人才引进项目，三一重型装备有限公司的超重型智能化 SGZ1000/3000 输送机工艺及管理流程设计和 MG1000/2610 - WD 型交流电牵引采煤机工艺及管理流程设计人才引进项目。

（李睿知）

【完善信用担保体系】 沈阳市中小企业局通过建立健全沈阳市中小企业信用担保体系和担保机构贷款风险补偿机制，鼓励各类主体组建信用担保机构。落实国家、省、市对中小企业信用担保机构的各项扶持政策。开展省级贷款担保风险补偿金申报工作，完成市级贷款担保风险补偿金审核工作，合计补贴金额 1414.56 万元。

2009 年 12 月 23 日，市中小企业局组织召开了沈阳市信用担保协会成立大会，省中小企业厅副厅长修海峰、市政府巡视员齐法滋参加会议并讲话。各担保机构负责人、部分中介机构负责人、部分驻沈银行业金融机构负责人、各区县（市）中小企业主管部门领导也参加了担保协会的成立大会。

截至 2009 年底，沈阳市注册中小企业信用担保机构已发展到 68 家，注册资本金 38.76 亿元。其中，开展业务的有 15 家，注册资本金 29 亿元，全市各担保机构为 1789 家中小企业提供贷款担保 22.24 亿元，比上年同期增长 197.6%。由各级政府出资的担保机构已达到 18 家，注册资本金达到 27.83 亿元，实际资本金 14.83 亿元，新增资本金 9.94 亿元。新民市、辽中县、法库县、康平县分别成立了由政府出资的担保机构。其中，由政府出资的政策性担保机构完成中小企业贷款担保 18.96 亿元，占全部担保额的 85.25%，比上年同期增长 189.2%。

（张　程）

【专业技术职称评审】 沈阳市 2009 年民营企业建筑工程专业技术职称评审工作，根据沈人发[2009]12 号文件精神及职称工作的总体要求，及时调整了职称评审政策和培训评审收费。在评审政策上仍然给予一定的倾斜，但条件提高，即只能破格资历或学历其中的一个条件，破格条件具体标准基本与以往相同。停止收取专业技术资格评审费、培训费、答辩费、证书工本费等。下发《关于 2009 年民营企业工程技术专业职务任职资格评审的通知》，同时将职称相关政策调整及停止收费的内容及时公示在中国沈阳中小企业网上，便于广大专业技术人员了解掌握。

截至 2009 年底，经过市、区、县（市）层层审核，共有 235 人通过审核参加评审例会，211 人通过评审答辩。其中中级 10 人，初级 194 人，初聘 7 人。

（李睿知）

【科技型中小企业创新基金】 根据科技部科技型中小企业创新基金管理中心的要求，2009 年沈阳市组织申报项目 44 项。其中，电子信息领域 10 项、新材料领域 3 项、光机电一体化领域 25 项、资源与环境领域 3 项、新能源与高效节能领域 3 项；监理项目 43 项、验收项目 8 项。立项 21 项，金额 1380 万元。

在科技部和财政部联合开展的科技型中小企业技术创新基金工作十周年先进评选中，沈阳市科技局被评为科技系统先进单位，沈阳东方钛业有限公司、沈阳芯源微电子设备有限公司被评为优秀企业，沈阳市科技局周晶同志被评为科技系统先进个人。

在 2009 年东北亚高新技术博览会上，设立了“科技型中小企业技术创新基金在沈阳”展区，面积 800 平方米，展出沈阳市典型创新基金项目单位、产品，并开展了创新基金的宣传、推广工作。

（孙　超）

企业发展及项目建设

【招商引资】 2009 年，沈阳市先后推出现代建筑产业园、“工业地产”、“主题概念”等招商模式，对国内外投资者产生了巨大的吸引力。

截至 2009 年底，累计组织国内招商团组 544 个，参加招商人员 1330 人次，分赴 23 个城市，召开 29 个专业招商会议，洽谈 1295 个项目，总投资额达 2600 多亿元。全市共完成引进实际到位内资 617.2 亿元，提前超额完成省里下达的 600 亿元的目标。引进规模以上内资项目 1809 个，提前完成引进 1800 个项目的任务。全市建设工业地产新开工面积 624.73 万平方米，提前超额完成全年 600 万平方米的任务指标。

（丁　飞）

【工业园区和产业集群发展】 工业园区、产业集群作为一种政策特区在沈阳市工业的发展中扮演了重要的角色。经过多年来的发展建设，园区、集群凭借较为优越的基础设施环境和优惠的政策，现已初具规模。在吸引投资，提高经济总量，创造就业机会，促进经济发展等方面都产生了良好效益。在 2009 年沈阳市做强县域经济的热潮中，工业园区、产业集群再次成为促进县域工业化、城市化、现代化，协调城市空间布局的重要手段，受到普遍重视。

2009 年，全市工业园区、产业集群新上开工项目 802 个，完成全年任务指标的 100.2%；完成固定资产投资 452 亿元，完成全年任务指标的 100.3%。

24 个工业园区入驻企业 2658 家，从业人员 24.4 万人；完成产值 2309.8 亿元，上缴税金 38.2 亿元；新开工项目 592 个，计划总投资 587.1 亿元，实际到位资金 238.9 亿元。

35 个产业集群入驻企业 2477 家，从业人员 18.4 万人；完成产值 1939.5 亿元，比上年增加了 372.4 亿元，同比增长 15.6%；上缴税金 39.6 亿元；新开工项目 491 个，计划总投资 439.3 亿元，实际到位资金 218.4 亿元。

工业园区、产业集群的功能定位进一步明确，产业聚集发展程度进一步提高，产业牵引效果进一步凸显，其承载力不断增强。大部分县（市）区工业园区和产业集群的工业产值已占本地工业总产值的 40% 以上。已成为县域经济发展的主要力量。新民包装印刷产业集群、新民经济开发区、沈阳近海工业区、辽中泵阀产业集群发展速度强劲，同比增长在 70% 以上。沈北新区五大产业集群累计完成产值 394.7 亿元，占蒲河新城规模以上工业总产值的 40% 以上。

其中:辉山乳业、燕京啤酒、金石豆业、蒙牛乳业、辽宁中稻、德信电子、新邮通通信等一大批龙头企业发展迅速,示范作用越来越大。

产业集群不断创新和发展特色。在法库陶瓷和康平塑编创出具有东北特色的集群后,新民药业产业集群又被中国生物技术协会确定为医药发展基地,准备打造东北医药第一高地;沈北光电产业集群新引进新邮通通讯,德信电子等一大批通讯电子项目,以3G手机和新兴通讯设备生产为主,其发展速度之快超乎人们的想象。

百亿产业集群建设进展顺利。全年有10个产业集群达到了百亿元产出,比上年新增了一个康平塑编产业集群。这10个集群共完成产值1310.7亿元,比上年同期增加了190.1亿元。

招商引资方式进一步创新。园区、集群招商引资正在由过去的数量规模型向效益质量型转变,在招商方式上明确打出"工业园区、产业集群招商牌"。总投资80亿元的中钢集团金属加工等一批大项目落户辽中,新民市的三九药业和北京双鹤以及沈北新区华强文化科技产业园、中兴通信软件园也已开工建设。

(杨政权)

沈阳市非公有制经济十强企业名单

序号	企业名称
1	沈阳远大企业集团
2	华晨宝马汽车有限公司
3	沈阳宏发企业集团有限公司
4	特变电工沈阳变压器集团有限公司
5	米其林沈阳轮胎有限公司
6	沈阳沈海热电有限公司
7	九星控股集团有限公司
8	康师傅(沈阳)饮品有限公司
9	辽宁禾丰牧业股份有限公司
10	沈阳兴隆大家庭购物中心有限公司

沈阳市非公有制经济明星企业名单

序号	企业名称
1	沈阳新元建设集团有限公司
2	百胜餐饮(沈阳)有限公司
3	沈阳北方建设股份有限公司
4	普利司通(沈阳)轮胎有限公司
5	新东北电气(沈阳)高压开关有限公司
6	安斯泰来制药(中国)有限公司
7	沈阳东软医疗系统有限公司
8	沈阳新世界百货有限公司
9	沈阳银基发展股份有限公司
10	松下蓄电池(沈阳)有限公司
11	沈阳振浩企业集团
12	沈阳乳业有限责任公司
13	通用电气能源(沈阳)有限公司

序 号	企 业 名 称
14	三星(中国)投资有限公司沈阳分公司
15	沈阳万科永达房地产开发有限公司
16	沈阳世代企业集团
17	辽宁成大生物股份有限公司
18	青岛润泰事业有限公司沈阳分公司
19	沈阳三生制药有限责任公司
20	沈阳古河电缆有限公司
21	辽宁吉隆房产开发有限公司
22	乐金电子(沈阳)有限公司
23	沈阳李尔汽车座椅内饰系统有限公司
24	哈尔滨啤酒(沈阳)有限公司
25	蒙牛乳业(沈阳)有限责任公司
26	沈阳统一企业有限公司
27	沈阳荟华楼黄金珠宝首饰有限公司
28	沈阳三洋重工集团
29	沈阳商贸饭店有限公司
30	埃迪亚(沈阳)橡胶制品有限公司

交 通 · 邮 政

铁路运输

【概况】 沈阳铁路统归沈阳铁路局管辖。沈阳铁路局是铁道部直属特大型运输企业，主要承担沈阳市及辽宁、吉林省、内蒙古自治区东部和黑龙江、河北省部分地区铁路客货运输工作。全局管辖铁路范围跨越辽宁、吉林两省和内蒙古自治区东部，以及黑龙江省南部、河北省东北部。共辐射4省1自治区，32个地级市、盟、自治州，194个县、县级市、旗、县级区。经济吸引区占地面积60多万平方公里，总人口8000余万人。

全局管辖线路营业里程9437公里，占全路营业里程的14.4%。其中，双线里程2908公里，电气化里程1967公里，内燃牵引里程7470公里；分布在辽宁省境内3962公里，其中电气化铁路1655公里；分布在吉林省境内3766公里，其中电气化铁路285公里；分布在内蒙古自治区境内1632公里，分布在河北省境内171公里，分布在黑龙江省境内113公里。

全局线路延展长度18440公里，其中：正线12660.8公里，站线4776.9公里，其他线路1238.3公里。无缝线路延展长度8602.1公里，其中：全区间无缝线路2082.2公里，跨区间无缝线路1337.5公里。

管内干支线55条，大型铁路枢纽7个（沈阳、锦州、吉林、长春、本溪、大连、通辽）。全局配属机车1596台，其中：内燃机车1274台，电力机车322台。全局配属客车4376辆，其中软座车71辆，硬座车1993辆，软卧车320辆，硬卧车1559辆，餐车206辆，其它车227辆。CRH5型动车组20组，CRH2型动车组2组。

全局共有车站（按作业量大小分）706个，其中：特等站5个（长春、沈阳、沈阳南、沈阳西、山海关）、一等站23个、二等站44个、三等站143个、四等站458个、五等站33个。

2009年末，全局固定资产原值1088.92亿元，固定资产净值740.05亿元。

全局管内有运输站段69个，其中独立车站15个，车务段15个，客运段3个，机务段5个，工务段15个，电务段5个，供电段4个，车辆段6个，通信段1个。全局职工总数28.2万人。

（崔志刚）

【运输组织】 2009年，铁路运输根据需要共编制和调整列车运行图53次，其中仅编制新图和大面积调整图就达到19次。在4月1日实施的新图中，共铺画客货列车运行线2830条，其中：旅客列车505列、货物列车2166列，与2007年相比旅客列车增加126列，增长33.2%，其中路局担当增加117列，增加41.5%；货物列车增加113列，增加5.1%。在7月1日实施的第二阶段调整图中，增开了大连—北京直达特快旅客列车1对，优化了部分旅客列车的运行时刻，增加了部分列车在路局和外局的停站，并将沈抚城际列车运行图纳入7月1日基本图调整，在沈阳（沈阳北）至抚顺北间铺画城际旅客列车10对。同时，根据暑期客流情况，增开跨局直通临客14对（路局担当9对），图定旅客列车延长运行区段1对，管内临时旅客列车17对，为暑期客运增运增收提供了运力保证。2009年11月11日零时起实行的第三阶段调整图中，路局增开乌兰浩特至天津2262/1次跨局旅客列车1对，延长运行区段1对，提高列车等级1对，变更运行径路1对。在做好大面积调整的基础上，根据节日旅客运输需求，编制了“清明节”、“五一”、“端午节”、“十一”等节假日临客运行图；根据施工的需要，编制哈大客专引入沈阳枢纽施工运行图，吉林站改造施工运行图；为充分利用新开通行车设备的能力，编制了梅河口运输组织结构调整列车运行图，锦承叶赤联络线、沈山沟海联络线、宝长联络线列车运行图，扎伊线和珠贺线列车运行图等，为运输持续上量提供了强有力的能力保证。

车流调整。结合新图实施及车流径路变化，不断对货物列车编组计划进行优化调整：在三间房编山海关远程直达列车车流去向范围中，增加了济南、上海局车流。取消了四平站编丰台西远程直达列车组号，增加了山海关技术直达列车组号，增加了长春北区段列车组号。长春北增加哈尔滨南空车直达组号，沈阳西、沈阳南技术直达组号，四平区段列车组号。在沈阳南至本溪湖间增加区段小运转列车组号。白城编山海关技术直达列车组号改为备用组号。增加了战略装车点始发直达列车13个组号。增加了江村至哈尔滨南五定班列组号。调整管内直通、区段列车组号及部分摘挂列车编组计划。特别是针对宝长联络线开通，围绕优化梅河口站运输组织结构，对沈阳西、沈阳南、棋盘、四平、通化、东通化、白山市、梅河口、红石砬子、霍林河等站编组计划进行了调整，解决了沈吉经梅通的车流在梅河口走折角的问题，达到了梅河口站车流拉通、机车拉通的目标。通过调整货物列车编组计划，进一步优化编组区段站分工，加大始发直达列车开行力度，使全局车流径路更加科学、合理、顺畅。2009年，在沈山线开行了7000吨重载列车。在通霍线开行了636列四组合列车、3344列三组合列车，提高了货物运输效率。

（崔志刚）

【货物运输】 2009年全局有货运办理站395个，其中：特等站5个，直属一等站7个，段管一等站13个，二等站44个，三等站133个，四等站193个。全局有货检站22个，其中：部定货检站7个，局定货检站15个。全局有专用线1525条，办理货物运输品类主要为煤炭、金属矿、非金属矿、钢铁、石油、矿建、粮食等。

2009年，全局货物发送量完成3.39亿吨，较上年多发送0.15亿吨，增长4.7%。其中煤炭发送量完成13538万吨，比上年增运580万吨。通霍线货物发送量完成6233万吨，比上年增运688万吨。日均装车15279车，比上年多装586车。全局日均卸空车完成17927车，超应卸360车；货物周转量完成2409.37亿吨公里，货车静载重（不含集装箱）完成62.0吨/车，较上年提高0.7吨/车。货运收入完成164.7亿元，同比增收10.1亿元，增长6.6%；运输收入完成295.5亿元，同比增收19.5亿元，增长7.1%；同比少完成50.02亿吨公里，下降2.0%；货车周转时间完成2.12天，同比压缩0.04天，延长1.9%。

大客户运输。本着成熟一家培育一家的原则，2009年又将沈阳铁道煤炭公司、沈阳铁道金属公司、北营钢铁集团3家企业纳入了大客户管理，使全局大客户企业达到22家。2009年，路局大客户企业运量累计完成12965.5万吨，完成年度计划的101.1%，占全局货物发送量的38.3%。

2009年，在货源阶段性严重不足的情况下，战略装车点累计发运货物11869万吨，同比增加1975万吨；开行始发直达列车31651列，同比增加3460列。由于直达列车开行比重的增加，全局货车中转距离同比延长29公里，加快了车辆的周转速度。

（崔志刚）

【旅客运输】 2009年基本图沈阳局担当旅客列车210对，其中直通70对，管内140对。全年完成客运收入83.67亿元，同比增收7.12亿元；日均完成2292万元，同比日均多收195万元，增幅达到9.3%。全年完成旅客发送量20413万人，同比增运1868万人；日均完成55.9万人，同比日均多运5.1万人，增幅达到10.1%；其中直通完成3323万人，同比增加134万人，增幅为4.2%。

春运期间，全局共开行临客78对3607列次，其中直通临客开行17对444列次，同比增加158列次。管内临客开行61对3163列次，同比增加681列次。管内临客套用车体开行57对，占93.4%；直通临客开行对数、管内临客开行对数及套用车体开行所占比例均创历年同期之最。春运40天，旅客发送量完成2460.7万人，同比增运313.3万人，增长14.6%。其中：直通旅客发送量完成408万人，同比增运28万人，增长7.4%；客运收入完成93929万元，同比增收10962万元，增长13.2%。

针对清明、“五一”和端午3个小长假客流集中的情况，超前部署，提前安排运能方案，以沈阳、长春、大连、吉林等枢纽地区为重点，以车体套用为主要手段，开行沈阳北—大连、沈阳—鞍山、沈阳北—锦州、长春—白城（松原）、长春—吉林等管内临客，大力增加管内运力，有效地缓解了客流高峰运力不足的矛盾。清明、“五一”和端午3个小长假共加开临客39对480列次，加挂客车2191辆次，安排硬卧代用硬座720辆次，及大地满足了旅客高峰时期的出行。同时，采取高峰日停售站台票、较大车站站台“一车一清”等组织措施，取得了明显效果。3个小长假日均完成发人69.8万人，日均完成客收2272万元，同比分别增长9.3%和9.1%。

暑运期间，全局发人日均完成62.8万人，较上年同期日均增加4.3万人，增幅达到7.4%；有44天发人超过60万人，其中8月29日达到71万人，创历年暑运单日发人最高纪录。全局客运收入日均完成2949万元，较上年同期日均增加515万元，增幅21.1%，有27天客运收入超过3000万元，其中8月11日达到3375万元，创暑运单日客收最好水平。

国庆、中秋两节相连，假期时间长。全局以沈阳、长春和大连枢纽为中心，共开行沈阳北—北京D16/5次、套用Z62/1次车体开行长春—北京Z162/1次、开行吉林西—北京L8/7次、通辽—北京北L14/3次等直通临客9对51列次；以套用车体为主要手段，开行长春—松原K7455/6次等管内临客19对303列次。在加开临客的基础上，还对61对重点列车扩编加挂客车2960辆次，对管内19趟列车硬卧代用硬座738辆次，对16趟重点列车甩行李车换挂硬座（卧）车辆载客车辆96辆次，有效地扩大了运能，为满足旅客出行和增运增收创造了条件。国庆节假期（9月28日—10月8日），全局共发送旅客762.2万人，日均完成69.3万人；较上年同期日均增加4.5万人，增幅达7.0%。9月30日、10月1日、10月4日、10月8日发人均超过73万人，10月1日全局客流达到最高峰76万人；长春、沈阳北站在9月30日和10月1日连续两天突破9万人，均创历史同期最好水平。全局客运收入完成26850万元，日均完成2441万元，较去年同期日均增加161万元，增幅达7.1%。

旅客列车运行图调整。2009年4月1日全路运行图调整，沈阳铁路局增开了沈阳北—太原D194/1、D192/3次，沈阳北—上海D198/5、D196/7次，大连—郑州K715/8/5、K716/7/6次，延吉—青岛1256/3、1254/5次和营口—漠河县2667/8次5对直通旅客列车；同时,对部分停站进行了优化,共增加停站63站次。7月1日全路运行图调整,沈阳铁路局增开了大连—北京Z81/80Z79/82次夕发朝至全列软卧直达列车,并对北京—吉林T271次吉林站终到时刻进行了优化;同时,D25次、D178次、K127次增加了锦州南站停车办理客运业务,D198/5次增加常州、苏州停车办理客运业务。11月11日全路运行图调整,沈阳铁路局增开了乌兰浩特—天津2261/2次直通旅客列车,并将原丹东—长春4204/54206/3次管内列车延长至哈尔滨东站始发、终到,车次改为2704/52706/3次;同时,将延吉—青岛1256/31254/5次提速改为快速旅客列车,车次改为K1056/3K1054/5次。

(崔志刚)

【沈阳市辖内铁路概况】 沈阳市辖内共有铁路单位15个,其中独立车站4个(沈阳、沈阳南、沈阳北、沈阳西),车务段1个、机务段2个、工务段1个、工务机械段1个、客运段1个、供电段1个、电务段1个、车辆段2个、通信段1个。

沈阳市辖内各站段因工作性质不同,经营范围和管辖范围不同。沈阳站、沈阳南站主要负责沈阳辖区内货物运输和旅客运输工作;沈阳北站主要担当客运列车的接发及旅客的乘降工作。沈阳西站主要承担沈阳枢纽货物列车的编组和解体任务;沈阳车务段主要负责沈阳市辖内15个车站(沈阳、沈阳北、沈阳南、沈阳西站除外)的客货运输以及铁岭、抚顺市辖内部份铁路的货运和客运任务。沈阳、苏家屯机务段主要负责客货列车的牵引运输和机车的维修和管理任务。沈阳工务段、沈阳工务机械段负责管内铁路线路的维修保养任务。沈阳客运段负责旅客列车的乘降服务任务。沈阳供电段负责铁路运输的供电和维护任务。沈阳电务段负责铁路信号、道岔等电气联锁的维修管理工作。沈阳车辆段负责全局大部分客车车辆的维修和管理任务,苏家屯车辆段承担货车车辆的维修和管理任务。沈阳通信段负责沈阳地区和辽宁部份铁路专网通信和电报等业务。

(崔志刚)

【沈阳市铁路运输概况】 2009年,沈阳市辖内26个承担客运任务的铁路车站(沈阳、沈阳北、沈阳南、沈阳东、北三家、大成、虎石台、皇姑屯、浑河、马三家、世博园、文官屯、新城子、陈相屯、姚千户、吴家屯、大红旗、高台山、兴隆店、三台、榆树台、孤家子、深井子、林盛堡、新民、辽中)共发送旅客4001.55万人,其中沈阳市内三大站(沈阳站、沈阳北站、沈阳南站)共发送旅客3536.70万人。占全市旅客发送人数的88%。

沈阳市辖内16个承担货物发送任务的车站(沈阳、沈阳南、沈阳东、大成、虎石台、文官屯、新城子、于洪、旧站、陈相屯、姚千户、榆树台、孤家子、深井子、林盛堡、新民),2009年共发送货物431.1万吨。

(崔志刚)

【铁路车站】 2009年沈阳市辖内共有铁路车站33个,按铁路客货运量分:特等站3个(沈阳、沈阳西、沈阳南);一等站2个(沈阳北、大成);二等站1个(沈阳东);三等站9个(浑河、孤家子、文官屯、虎石台、于洪、皇姑屯、新城子、林盛堡、新民);四等站17个(榆树台、东陵、旧站、马三家、深井子、揽军屯、田义屯、吴家屯、陈相屯、姚千户、辽中、姚堡、小梁山、大红旗、高台山、兴隆店、三台),其中揽军屯、田义屯、姚堡、小梁山站不办理客货运业务;五等站1个(转弯桥站、不办理运输业务)。特、一等站为独立铁路单位(大成站归沈阳车务段),二至五等站分别归沈阳、锦州、本溪车务段和大官屯站管辖。

——沈阳站

位于京哈、沈大、沈山、沈吉、沈丹、沈抚6条铁路干线交汇点,地处沈阳市和平区胜利南街2号。中心线地处沈大线自大连起396公里。2009年,车站取消货运业务,主要办理沈阳开往吉林、黑龙江省各主要城市和内蒙东部地区旅客列车运输业务,也是沈阳铁路局5个特等站之一。

客运设备有高架候车楼1座,内设候车室2个,软席候车室1个,军人候车室1个,贵宾室1个。站台3座,地道2座(其中通勤地道1座)出站口2处。车站设有2个售票大厅,其中售票一厅设有20个售票窗口,售票二厅设有13个售票窗口。固定资产原值5312.63万元,净值2457.99万元。

2009年,车站旅客发送量完成1509.3万人,日均发送旅客4.13万人,到达旅客4.2万人;日均办理旅客列车190列,货物发送量完成15000吨。全年运输收入完成5.23亿元。

——沈阳北站

车站位于京哈线下行703.4公里,沈吉线自沈阳北站起零公里610米处。车站北接文官屯、西连皇姑屯、南接沈阳站、东接沈阳东站。是沈大线终点、沈吉线起点,处于沈阳环形枢纽,东西与南北两直径线的交汇点。跨沈阳市沈河、皇姑、于洪三个区。按技术业务性质为一等客运站。站场总面积110公顷,主站房面积3.01万平方米。车站共有高一架候车室7个,总候车面积为8000平方米。售票处面积5896平方米,售票窗口56个。旅客站台6个,一站台为基本站台,长550米、宽25米,总面积为1.38万平方米,二至六站台长均为550米、宽12米,每个站台面积为6600平方米。

2009年1月1日起至9月10日,车站共有11条旅客列车的到发线,4条正线,1条机车走行线,日均办理旅客列车246列。其中:始发40列,终到41列,中转151列及通过车14列。9月10起,因车站施工改造,变更为9条到到发线,2条正线,1条机车走行线。沈阳北站主要办理进京、进沪、进穗及发往太原、包头等方向的旅客列车,日均办理旅客列车252列。其中始发42列,终到41列,中转149列,通过20列。车站现有职工1210人,固定资产8327万元。

2009全年发送旅客1882.7万人,

日均乘降旅客5.16万人,最高峰达9.2万人。运输收入预算目标14.9亿元,实际完成14.5亿元,完成计划的97%,欠收4542万元,与上年同期比较多1.23亿元,同比增长9.25%。

——沈阳南站

车站位于沈大线380.2公里处,南、北分别与沈大线的林盛堡站、浑河站,东北与苏抚线的榆树台站,东南与沈丹线的吴家屯站相邻,为沈大、沈丹、苏抚3条铁路干线交汇点,相邻区间均为双线(其中与浑河站为四线)区间。沈阳南站是综合性车站,按业务性质为客货运站,按业务量为特等站,按技术作业性质为编组站。车站分为南北两部分,共有7个车场,南部为客场,担当沈大、沈丹上下行接发列车作业并办理部分旅客列车的旅客乘降、行包装卸业务;北部运转场为双向三级六场,担当沈大、沈丹、苏抚上下行直达、直通、区段、摘挂列车及沈阳枢纽小运转列车的编组、解体任务。

站场内设有站线138条、简易驼峰1座、自动化驼峰2座,并配有2.0现在车信息管理系统,配有调车机车10台,站内设有南、北两个货场,货物站台3座。客运站舍占地2468平方米,总建筑面积6465平方米。车站固定资产净值1950万元。

2009年,旅客发送人数完成144.7万人,货物发送完成62.4万吨,车站日均办理辆数19467辆,一次作业时间实现11.4小时,中转车停留时间3.1小时。

——沈阳西站

沈阳西站位于沈阳市于洪区大兴乡,地处沈阳枢纽西部沈山线,上行方向与马三家站,下行方向与大成、转湾桥、于洪站相邻,站场为双向二级四场。站区占地226.7公顷,东西长7.4公里,南北宽1公里。按工作量为特等站,按技术作业性质为路网性编组站。主要担当京哈、沈大、沈山、高新、沈吉、苏抚线上下行直达、直通、区段、摘挂列车及沈阳枢纽小运转列车的编组、解体任务,不办理客货运业务。车站设有两座自动化驼峰(FTK-3型驼峰自动控制系统)、两座简易驼峰和相关牵出线,配属8台调车机车,设计改编能力12006辆。2009年11月11日调图后,图定旅客列车45对。其中行包专列3对,货物列车上行方向到达73列、出发85列,下行方向到达79列、出发84列。2009年实际日均接车130列,发车125列。列车中转时间完成3.9小时,办理列车编组及解体13653辆。

(*崔志刚*)

【**铁路机车**】 铁路机车按运输性质分客运机车和货运机车,按机车性质分内燃机车和电力机车。2009年,沈阳铁路地区共配属机车641台,其中电力机车322台,内燃机车319台。沈阳市辖内铁路机车的管理维修由沈阳机务段和苏家屯机务段承担。

沈阳机务段以客运为主。段配属机车270台,其中电力机车117台,内燃机车153台(东风11型48台,东风11G型6台,东风4D型68台,东风4B型13台,东风5型8台,HXD3型10台)。截至2009年9月末,具有内燃机车中修台位3个,年产中修机车73台;具有内燃机车辅(小)修台位6个,电力机车辅(小)修台位3个,年检修能力1347台。固定资产总值24亿元。段主要担当沈-京(秦-沈)、沈-济南、山-徐州、沈-津、沈-山、沈-哈、沈-大、山-连(沟-海)、沈-白、沈-叶、沈—赤、沈-阜、沈-丹、近郊合计198对旅客列车牵引任务(其中动车13对)。此外,还承担秦沈救援,沈阳、沈阳北站调车和客车体取送任务。2009年,全段完成机车牵引总重吨公里650.89亿吨公里;机车总走行公里完成81604千机公里;本务机公里完成72949千机公里,日车公里完成964公里/台日,日产量完成76.9万吨公里/台日,技术速度91.3公里/小时,旅行速度82.0公里/小时,平均牵引总重830吨。完成大修机车7台,中修机车73台;完成小辅修机车1347台,其中电力机车512台,内燃机车835台。

苏家屯机务段以货运为主。段配属机车371台,其中电力机车205台、内燃机车166台。主要担当沈大、京哈,长白、通让、沈丹、沟海等线的343.5对货运列车、43.5对客运列车,共计387对列车牵引任务。同时,还担当沈阳、长春、大连、本溪4个枢纽站以及40个中间站的调车作业任务。担当区段交路覆盖黑、吉、辽三省。全段有机车检修台位10个,其中电力机车中修台位4个,内燃机车中修台位6个,小辅修台位20个。机车检修设备1279台,固定资产29.21亿元。2009年,总重吨公里完成1311.24亿吨公里,日车公里完成579公里/台日,日产量完成192.1万吨公里,平均牵引完成3696吨,燃油单耗完成29.26公斤,机车小辅修完成1728台,电力中修完成76台,ND5机车中修完成28台,ND5机车大修完成4台。

(*崔志刚*)

【**铁路线路**】 沈阳铁路是中国铁路的重要枢纽地区,也是东北地区最大的铁路枢纽。(北)京哈(尔滨)线、沈(阳)大(连)线,沈(阳)山(海关)、沈(阳)吉(林)线,沈(阳)丹(东)线等多条铁路干线在此通过。其中京哈线在沈境内113公里,沈大线25公里,沈山线88公里,苏抚线31公里。沈吉线24公里,沈丹线29公里,联络线66公里,其他线路34公里,沈阳市辖内铁路总营业里程为410公里。辖内铁路经过6次提速改造,线路全部更换Ⅲ型轨枕,采用60公斤/米重型钢轨、无缝电气化铁路。其中京哈线是具备250公里/小时准高速铁路。

沈阳工务段主要承担沈阳市辖内铁路线路的大修、维修及保养工作。段管辖京哈线690.1公里至880公里,其区段包括:沈阳北、铁岭、开原、昌图等16个车站;沈山线零公里至58公里,其区段包括沈阳西、大成等7个车站;沈大线398.8公里至399.9公里,其区段包括沈阳车站;沈吉线零公里至141.3公里,其区段包括沈阳东、抚顺北等17个车站;开丰线零公里至89.5公里,其区段包括西丰等5个车站;铁法线零公里至22.7公里,其区段包括大青等2个车站;于虎线零公里至23.4公里,其区段包括2个车站;沈盘线零公里至39.2公里,其区段包括1个车站;苏抚线55.5公里至58.8公里。管内有正线996.8公里,其中:京哈上行187.1公里、下行187.1公里,沈山各线135.7公里,沈大上行9.9公里、下行10.1公里、三线5.1公里,沈吉上行25.3公里、下行程25.4公里、单线116.9公里、乙线6.9公里,开丰单线89.4公里,铁法单线22.7公里,于虎上行23.5公里、下行23.5公里,沈盘单线39.2公里,苏抚上行2.1公里、下行3.4公里。其它各联络线83.9公里,营业里程为627.8公里,正线无缝线路延长700.7公里,占70.3%。段有机械设备1449台,其中机床14台,电气设备(含发电机组)115台,工程机械(含捣固机)1069台,运输设备93台(含轨道车15台及拖车20台),其它机械设备158台。全段固定资产总值54.8亿元。

2009年正线综合修完成583.6公里,优良率100.0%,到发线综合维修127.9公里,优良率95.4%,其它站线综合维修223.1公里,优良率90.5%;正线道岔综合维修447组,优良率98.0%,到发线道岔综合维修176组,优良率94.3%,其它站线道岔综合修193组,优良率85.0%;调整曲线13处/4.4公里,优良率100.0%;完成桥梁综合修71座/5240.1米,优良率100%,涵渠综合修74座/1429.7米,优良率100%,整修必检桥梁8座,优良率100%,整修必检隧道1座,优良率100%,整修必检涵渠12座,优良率100%。

(崔志刚)

【铁路车辆】 铁路车辆分客车车辆和货车车辆,客车车辆为全路配属制,货车车辆为全路周转制(特种车除外)。车辆的管理和维修统一归车辆段负责。沈阳辖内有沈阳车辆段和苏家屯车辆段。

沈阳车辆段为客车段,2009年配属普通客车2836辆,其中硬座车1233辆,硬卧车9辆,软座车39辆,软卧车198辆,发电车71辆,餐车121辆,特种车59辆,待管行李车142辆。段现有动车25组(其中:CRH5型动车20组、CRH2型动车2组、长白山号2组、中华之星1组)。客车段修修车台位30个,空调车中修修车台位6个。全段有主要机械动力设备(固资)保有量1098台,全段固定资产总值97.32亿元,共有职工4817人。2009年,完成客车段修1509辆,完成空调车中修959辆,完成客车辅修(A1修)3234辆,完成客车临修2406辆。段修台位利用率90%,劳动生产率18.6辆/人,段修一次交验合格率98.0%。

苏家屯车辆段为货车段,主要担负铁路货车车辆的入段厂修、段修、辅修、临修等定检任务。以及红外线轴温探测、货车轮对装配和检修、罐车洗刷、自备车过轨检查等工作。2009年,全段共有设备2150台。其中,机械动力设备1612台,运输起重设备286台,信息技术设备252台。固定资产总计2.7亿元。2009年,入段厂修完成583辆;段修完成20015辆;提速改造车完成132辆;辅修完成3904辆;临修完成26264辆;通过修完成1600万辆;自备车厂修完成374辆。

(崔志刚)

公路运输

【公路运输市场】 2009年,全市新开、调整客运班线45条,客运班线布局日趋合理;全年完成客运量1.56亿人次,周转量87.5亿人公里,分别比上年增长5.29%和5.36%;完成货运量1.47亿吨,周转量223.76亿吨公里,分别比上年增长9.04%和9.01%;新增、更新客运车辆480台,中高级客车比例达69%,比上年增长两个百分点;新增、更新载货汽车2.15万台,9.5万个吨位,总量达到9.6万台、42.1万个吨位,分别比上年增长24%、23.9%。其中:新增、更新厢式货运车辆5860台,多轴重载车辆1096台,总量达到22500台和5495台,增幅分别为28.6%、25%,厢式化、多轴重载化比例分别达到23.5%和5.7%。

(陈千城)

【运输保障】 实施惠民运输服务工程。启动"城市货的"项目,发展城市货运出租汽车81台,为市民及企业提供便捷、安全、高效的货运服务;新建农村客运候车廊1000个,30条农村客运班线实施了公交化运营,农民出行更加便捷;新增更新农村校车302台,为农村地区中小学生安全上、下学提供了更加有力的保障。

重点时期运输组织调度有序。精心组织节日运输组织保障工作,实现了节日期间道路运输快捷舒适、安全有序的目标。春运期间共发送旅客653万人次,发送班次12.4万个,平均日发送旅客16.3万人次。加强了重点时期货运运力储备,确保了煤、电、油及生活必需品运输通道的畅通和运输供给。

完成国庆维稳安保任务。认真落实国庆60周年维稳安保各项要求,重点做好以场站安保为核心的运输组织工作和进京线路的维稳控访工作,对全市客货场站等重点部位实行不间断的巡查督查,实行进京旅客实名制售票乘车,保证了全行业在国庆期间平稳有序运行。

推进促发展和促就业工程。实施了危货车辆集中检测、年审,大幅缩短了工作时限,极大地方便了企业;广开服务渠道,实施了从业资格证一站式核发管理模式,为中国石油公司等10余家运输企业提供预约服务;落实实名制就业工程,共安排实名制就业人员17919人。

(陈千城)

【市场监管】 完善政策法规体系。修

订了《沈阳市机动车维修市场管理条例》，制定出台了经营信誉考核、农村校车规范化管理、从业资格管理等十余个规范性文件。

创新市场监管模式。深化道路运输企业经营信誉监督考核机制，细化、量化考核指标，及时掌握企业经营情况；建立健全年审管理规定，及时掌握车辆运营情况；建立从业人员计分考核体系，及时掌握从业人员动态情况。通过推行链条式、精细化管理模式，提高了行业监管能力。

规范企业资质和经营行为。深化经营信誉监督考核，向社会公布了2008年度82户AAA级道路运输企业；开展道路运输企业经营资质核查和市场整治工作，规范了经营行为，净化了市场秩序；强化从业人员资格管理，共核发从业资格证1.8万个，组织在岗从业人员考试1.75万人次，初步建立了从业人员诚信考核体系。

保障行业安全运行。编制了行业应急管理手册，建立了灾害性天气预警机制，交通应急体系进一步完善；开展行业安全大检查，对长客、包车、危货、校车、水运进行全面安全检查，共下达整改通知书42份，对存在重大安全隐患的65户运输企业进行通报；对在重大交通事故中负主要责任的16名驾驶员给予了吊销从业资格证的处理。

（陈千城）

【交通科技】 2009年，交通局完成了公交车辆智能化调度管理系统的试运行工作，实现了试点线路公交车辆动态监控和智能化调度管理，为今后在全市公交行业实现车辆动态监控和智能化调度管理工作奠定了基础；完成了长途客运站联网售票系统建设，实现了市内有条件的长途客运站微机联网售票；完成了沈阳公交出行信息查询服务系统的开发建设，并投入使用；完成了出租汽车防伪电子标签系统的研发、测试、试运行，现正在进行分批安装。

全局全年实施公路科技项目25项，推广应用了基层冷再生、碎石封层、SBS改性沥青、SBR改性沥青，纤维碎石封层、厂拌热再生、硫磺沥青等技术，同时完成了橡胶沥青混凝土、半柔性路面基层和典型路面结构加速加载试验工作，全年新技术应用及试验路段达到200多公里，为今后大面积推广积累了宝贵的经验。

在节能减排方面，制定了交通行业节能减排工作目标和任务，强化节能减排的宣贯工作；大力推进节能减排车辆、技术和产品在交通运输行业上应用，取得了较好效果；购置使用了场拌热再生、纤维碎石封层等大型节能环保设备，对促进循环经济和生态环保城市建设起到了重要作用。

（陈千城）

公路建设

【公路建设概述】 2009年，全市共完成公路投资44.1亿元，为近几年投资额度最大的一年。全年公路建设项目开工163项，竣工147项，结转16项。新改建各级公路建设1221.9公里。其中高速公路103.7公里，重点项目61.2公里（完成13.4公里），普通公路大中修494公里，农村公路511.2公里，经济园区道路51.8公里。新、改建及维修各类桥梁111座6979延米，创建省级文明样板路5条144公里，创建市级文明样板路4条117公里。

截至到2009年底，全市共有各级公路2235条，公路总里程达到11785公里。其中：高速公路12条581公里，国省干线公路17条1234公里，县乡（村）公路2206条9778公里。公路桥梁2359座5.6万延米，全市公路网密度达到90.8公里/百平方公里，较上年提高了0.7个百分点。

“两环八射一过境”的高速公路主骨架已基本形成，在省内率先实现县县通高速；以主城区为核心，呈发射状分布的公路干线主通道已基本打通；干支相连，城乡互通，村村贯通的农村公路网基本形成。

（陈千城）

【交通固定资产投资】 2009年，全局共办理了26个政府融资交通项目所需要件，全年落实了19个项目共计18.3亿元贷款，项目融资落实率、融资额均居全市前列，为完成全年交通固定资产投资任务提供了有力的资金保障。全市共完成交通固定资产投资86亿元，较上年增加4亿元，增长超过30%。涉及项目有：

1. 铁路项目。全局主要负责3条铁路项目，共完成投资14.8亿元，其中沈抚城际铁路已实现通车，沈铁城际铁路、沈丹客运专线设计、拆迁核量等前期工作稳步推进，实现了全局铁路建设的新突破。

2. 公路项目。全年建设和改善各级公路1221.9公里，完成投资44.1亿元，其中：实施高速公路项目6项，新增高速公路通车里程92公里，完成投资17.34亿元，进一步完善了高速公路网；实施新建重点公路项目21项，总规模61.2公里，完成投资5.7亿元，有力推动了城际通道建设，优化了“四大发展空间”路网结构；改善公路大中修494公里，完成投资8.9亿元，进一步提高了县域路网服务水平，提升了服务“县域经济”发展的能力；实施农村公路511.2公里，完成投资1.9亿元；建设经济园区道路11项，51.8公里，完成投资10.3亿元。全年新增二级以上公路通车里程179公里，有力提升了公路网的服务能力。

3. 场站设施项目。全年实施场站设施项目42项，完成投资3.8亿元，其中：开工建设了西站综合交通枢纽，实现了沈阳综合交通枢纽建设“零”的突破；建成了南站、五爱客运枢纽，进一步提升了全市客运形象和服务能力；开工建设了辽中客运站等客运设施，进一步优化了县域交通环境；建成了10处港湾式公交换乘枢纽等场站设施,进一步完善了公交基础设施,极大方便了市民乘车;引导社会资金建设了北域物流园区等设施。

4.车辆更新。通过政府补贴、政策引导,全行业共更新、新增车辆24861台,完成投资23.3亿元,其中:利用政府投资3615万元,鼓励公交企业更新环保公交车522台;通过政策引导,鼓励交通行业更新、新增客运车辆480台,货运车辆2.15万台,出租车2359台。

(陈千城)

【重点项目】 机场高速公路、沈康高速公路二期、辽新高速公路、沈西工业走廊出海通道浑河大桥、沈胡快速路、北部开发大道公铁立交桥、沈抚城际铁路框构桥及引线、机场高速下穿通道引线及连接线等工程顺利竣工。全市新增二级以上通车里程179公里,打造了更加便捷的公路交通网,提高了全市公路的总体服务水平,对于推动沈阳经济区发展战略的深入实施,充分发挥沈阳的核心带动和辐射作用,提升沈阳区域中心城市的枢纽地位,具有十分重要的意义。

2009年,全市高速公路建设实现了历史性跨越,机场高速公路改扩建工程、辽新高速公路、沈康高速公路二期3条高速公路共103公里同时竣工。全市境内现有高速公路11条,通车里程581公里,“两环八射一过境”的高速公路网主骨架已基本形成,实现了全市任意一点半小时上高速的目标,高速公路总里程跻身全国副省级城市第一集团。

机场高速公路改扩建工程是省政府2009年“拉内需,保增长”的重点项目,同时也是市政府“开门红”的重点项目。全长11.68公里,2009年2月份开工建设,投资概算9亿元,征地动迁总投资0.68亿元。此项工程交通局仅用2个月时间全面完成征地动迁工作,并于2009年9月26日竣工通车。它的建设有效缓解机场高速运能紧张矛盾,对加速推进沈阳经济社会发展具有重要的现实意义。

辽新高速公路是辽宁中部环线高速公路的重要组成部分,南起辽中县城郊乡下万子村,北止新民市城郊乡巨流河村西。路线全长67.28公里。该项目总投资24亿元,于2006年11月开工建设,2009年9月26日竣工通车。

沈阳至康平高速公路是辽宁省“十一五”期间规划建设的一条区域间高速公路。一期工程68.1公里于2008年10月建成通车。沈康二期工程全长24.1公里,路线起于沈阳市新城子,到达本项目终点法库县依牛堡子乡西拉马村,与沈康一期工程相连接。该工程总投资8.8亿元,于2008年3月开工建设,2009年9月26日竣工通车。

(陈千城)

【普通公路与大中修工程】 2009年,全市普通公路改善、大中修工程全部按期竣工,共完成路基改造137公里、黑色路面494公里、桥梁工程48座1910延米,工程内在质量和外观形象有了明显提高,达到全省领先水平。

新建、改建农村公路500公里是市政府为市民办实事项目之一,实际完成511.2公里,新增了87个自然村通油路,改善了65个行政村的出行条件。农村公路通油路里程已达5462公里,通达全市1514个行政村和1285个自然村,全市自然村通油路比重达到56.2%,广大农村地区的公路交通环境,得到了极大改善。

全市共投资1083万元,维修改造桥梁63座5069延米,施划交通标线19.3万平方米,安装标志658套、钢护栏24.2公里。全年共治理安全隐患点33个,确保了公路的通行安全。

全市共投入资金4773万元购置各类机械设备115台(套),特别是厂拌热再生、纤维碎石封层、橡胶沥青、桥梁综合检测等设备的投入使用,对建设生态型、环保型城市,延长道路使用寿命,改善通行能力及节省建设资金,都发挥了重要作用。

(陈千城)

【公路绿化】 在普通公路上实施了以沈环线为代表的高标准景观绿化。在与外市交界处、县区交界处、公路两侧三角地等公路节点地段,实施了景点绿化。完成了沈胡大道、沈西工业走廊出海通道、机场路绿化一期工程的绿化任务。全年共完成公路绿化里程500公里,完成投资1370万元,使公路的整体形象得到明显提升。

特别是绿化工程处在资金紧张,职工队伍存在不稳定因素等困难面前,打破常规,坚持一手抓市场,一手抓稳定,在圆满完成各项绿化工程任务的前提下,创造了良好的经济效益。石庙子苗木基地建设取得了实质性突破,历史遗留问题得到较好解决。

(陈千城)

【交通行业安全监管】 2009年,全市交通系统广大干部职工克服了安全生产工作诸多困难和问题,尤其是经受住了国庆60周年对安全生产工作的严峻考验,确保了全市交通行业安全生产形势稳定。一是全面落实安全生产工作责任,全市各级交通管理部门和交通行业生产经营单位层层签订《安全生产工作责任状》,并对《安全生产工作责任状》执行情况严格考核和验收。二是积极开展安全生产宣传教育和培训工作,举办各类安全培训班160余场次,培训从业人员1.2万余人次,开展了危险品运输、水路运输、公共交通等行业应急救援演练。三是积极开展安全生产隐患排查治理和专项整治活动。全年共检查企业、场站及重点部位近6000家次、车辆4.7万台次、从业人员3万多人次,整改各类隐患300余件,处理道路交通死亡事故主要责任人53人,吊销准驾证31个。四是全力以赴做好国庆60周年安保工作,制定工作方案,签定《责任状》,进行全方位“拉网式”排查,对重点行业、重点领域和重点部位实行全天候死看死守、重点监控。五是加大安全生产投入,公路系统投入980余万元,维修和改建病、险桥62座,施划公路标线16.6万平方米,设置警示、警告标志643套,安装护栏

18公里,治理隐患点31处。道路运输和公共交通行业加大了对老旧运营车辆的更新改造,提高了车辆安全技术性能。同时,大力推进GPS技术和视频监控技术在道路运输行业的应用,有效地提高了交通行业安全生产管理水平。

2009年,全市交通行业安全生产持续稳定,未发生重特大安全生产事故,未发生有影响的火灾事故,局属各单位生产事故为零。

(陈千城)

【路政执法】 全年处罚超限车辆1915台,收缴超限运输罚没款466.3万元,处理路产案件64起,制止违法建筑23处1493平方米,共收取路产赔(补)偿费490.8万元,路产案件的破案率、结案率均达到了98%以上,路产恢复率达到100%。

(陈千城)

【公路建设质量监督】 2009年实施监督计划项目共41项,项目里程708.74公里。其中沈阳市重点工程项目7项,国省干线3项,县级公路10项,桥梁工程2项,农网8项,中修工程11项。在建工程监督覆盖率达到100%。重点工程抽检频率为21.6%,普通公路项目抽检率为12.3%,农网项目抽检率为7.8%;抽查拌和站13家,处理违规生产单位1家;查处违规施工现象27次,停工返工15次,下发现场处理意见单和纠正通知单27份,下发督查组文件25份;组织综合督查2次,专项督查12次。全年接受试验委托1125份,完成试验组数13467组,合格率99.52%,签发试验报告10123份;完成监督抽检试验2034组。报告检测数据无差错率达到98%,其它内容无差错率达到98%以上,试验报告延误率不大于5‰。

在做好全市公路质量监督工作的同时,还按照省质监局部署进行沈康二期交通工程鉴定验收24公里,石庙子立交桥匝道路基、路面1公里,机场高速检测路基2公里,沈吉高速35公里。并组织开展超生回弹课题试验,完成试件354块,试验了290块。

(陈千城)

【城际轨道交通建设】 从2007年开始,市交通局负责市域内12条铁路建设的协调工作,经过两年的努力,现已组织完成沈抚城际铁路和西部工业走廊出海铁路一期工程;开工建设哈大客运专线、沈阳枢纽东北环线、沈铁城际铁路;沈丹、京沈铁路客运专线,沈阳新南站,沈辽鞍城际铁路,沈彰铁路,沈阜锦铁路扩能改造,出海铁路二期工程等7个项目前期工作全面启动,将陆续开工建设。其中,沈抚城际铁路是辽宁省历史上首条同城化城际快速铁路,于2009年7月30日建成通车。沈抚城际铁路起于沈阳站,止于抚顺北站,全长61公里,设计时速120公里/小时。其中沈阳境内34公里,公路与铁路平交道口改立交12处,乘降站9个,新建浑榆联络线3.6公里。

沈铁城际铁路工程是沈阳历史上首条独立立项投资、施工建设的铁路项目。项目线路全长49公里,其中沈阳段32公里,铁岭段17公里。全线共设车站14座,设车辆段一座,控制中心一座,主变电所3处。投资59亿元,其中沈阳段为40亿元,铁岭段为19亿元。2009年上半年,交通局积极履行国家基本建设程序,共组织完成并获得有关部门批复要件7个,即项目可行研究报告、工程可行性研究报告及批复、土地预审报告及批复、环境影响报告及批复、水土保持方案报告、地质灾害影响评估报告、压覆矿产资源评估报告。按照法定程序,经过公开招标,确定了铁道第三勘察设计院集团有限公司为勘察设计总承包单位,为工程开工建设提供了保障。下半年,沈铁城际铁路工程建设指挥部完成了整个工程的整体筹划,组建城际铁路管理机构、筹建了前端工程指挥部,并就沈铁线重大的建设方案进行了论证、初步理清了建设管理的思路、编撰了一系列规章制度、初步形成了征地拆迁的方案、完善了工程的保障监督体系,做好了开工前的准备工作。

(陈千城)

【续建五爱客运站】 五爱客运站项目于2006年9月正式开工扩建,占地面积2.8万平方米,总建筑面积20万平方米,其中客运站部分建筑面积5.3万平方米。计划总投资为4亿元,2008年底完成工程主体封顶。2009年进行了内外装修、消防、人防、设备采购安装及配套工程,完成投资1.5亿元。客运站项目于2009年10月16日竣工剪彩。车站年发送旅客能力达1400万人次。可同时停放157台大型客运车辆。是东北地区依托商贸最大的客运枢纽站。它的建成实现了人车分流、进出车辆分流,对提高运输效率,充分发挥交通服务功能、促进地区经济发展具有重要战略意义。

(陈千城)

【续建沈阳站客运枢纽站】 沈阳站客运枢纽站是沈阳公路主枢纽规划布局的中心枢纽站,是按交通部颁布标准设计的一级客运枢纽站,是客运站、商业和写字楼相结合的综合性建筑。工程于2007年开始建设,占地面积1.7万平方米,建筑面积2.8万平方米,工程计划总投资为2.41亿元,2008年完成主体工程封顶。2009年工程主要完成了内装修、钢结构、消防、人防工程、售票区吊顶及管网、设备安装和配套工程,完成投资8500万元。工程于2009年10月竣工。

(陈千城)

【开工建设西站综合枢纽】 西站综合枢纽项目从2009年2月份正式开展前期工作以来,各项工作加速推进。方案设计、立项、可研、环评、初步设计、地质勘测、办理土地证、规划用地许可证、消防人防手续、建筑工程规划许可等各阶段工作均已完成,并分别通过了省交通厅、市发改委、市环保、市消防、人防、卫生防疫、铁西区政府规委会、铁西规划局等有关部门的批复和专家评审论证会的审查。与此同时,施工图设计、预算编制工作相应开展,并完成了其中土建部分和基坑支护的施工图设计和预算编制,通过了市财政预算审核中心的审核。按基本建设程序做好开工前各项准备工作。组织客运集团和经纬公司拆除原有影响施工的建筑物,清理施工现场,完成了工程土建、基坑、监理的招投标工作。项目于10月15日开工建设,已完成基坑挖掘和支护工程,累计完成投资700万元。西站综合枢纽工程实现了当年报批手续完备,当年开工建设的可喜成绩。

(陈千城)

【改造长客总站】 长客总站改造工程分为三部分:一是改造客运站外立面,重新装修,提升客运站形象。二是对站前广场进行改造,新建公交港湾站,增强枢纽换乘功能。三是改造停车场路面。项目总占地面积1.7万平方米,建筑面积7500平方米,完成了外墙装饰、路面建设的方案设计、施工图设计及预算的编报、审核及招投标工作。项目于10月正式开工,进行幕墙装饰施工,累计完成投资290万元,路面工程2010年建设完成。

(陈千城)

【续建沈北客运站】 沈北新区客运站总占地面积3万平方米,总建筑面积1.1万平方米,计划总投资7135万元,2008年底主体工程全部完工。2009年完成投资2600万元。主要进行了内外装修、设备购置安装、站前广场、停车场、围墙及绿化工程的施工,工程于2009底全面竣工。

(陈千城)

【新建辽中客运站】 辽中客运站占地面积2万平方米,总建筑面积5000平方米,计划总投资1800万元。项目已完成方案设计、立项及可研批复、施工图设计、预算编制、审核、工程招投标等前期各项手续。工程于10月份开工建设,年内完成了工程基础部分的施工,共完成投资300万元。

(陈千城)

【续建和新建农村客运站】 2008年至2009年,陆续开工建设了8个农村客运站。项目总占地面积2.4万平方米,总建筑面积2400平方米,计划总投资640万元。8个农村客运站分别为:续建辽中大黑岗子、老关坨,新民三道岗子、兴隆镇,康平海洲、北四家子客运站,新建为东陵祝家和铁西大潘客运站。其中续建的6个农村客运站,2008年底完成了主体工程,2009年9月份工程全部竣工。新建的2个农村客运站,铁西大潘站主体完工,东陵祝家站完成前期工作。到年底完成投资560万元。

(陈千城)

【公交场站设施改建】 2009年新改造公交运营场2项、续建1项,新改造沈海和沈南运营场、续建浑南教场公交运营场。续建项目已竣工投入使用,新改造项目现已完成立项、可研和方案设计、环评、地质勘测工作和相关报批手续,年底前完成沈南公交场的基础工程。

建设10处公交港湾站是“2009年市政府为群众办好20件实事项目”之一。该项目从2009年5月份正式展开,半年多来,经过多次实地踏勘、测量及筛选,协调各区落实建设用地等工作,在全市重点区域和公交线路密集地区选择了10处适合建设的地块,结合不同的地域位置,共完成12套23个方案设计及投资概算、施工图设计、预算编制及送审和招投标等工作。9月份正式开工建设,截至11月底,全部完成了10处14个公交站点的港湾站建设。在14条公交线路上,共新建14个公交港湾站,建设候车廊总长度220米,新建公交站房11个,铺设路面1.3万平方米,新建电子站牌14个,分类垃圾箱28个,建设围栏598延米,共完成工程总投资700万元。

公交停车场建设项目共9项。总占地面积4.3万平方米,完成投资2230万元。其中:2008年续建项目4项,汪家、保利花园、东陵公园、于洪五金工业园公交停车场,项目已全部竣工,完成投资430万元。2009年新建公交停车场5项,其中市建委小区配套项目1项,协调区政府予以支持以及企业自筹投资建设的项目共4项。文大路公交停车场是市建委小区配套项目,现已完成立项、方案设计、可研、施工图设计、预算编制审批、地质勘探等工作,着手开展基础工程的施工准备。于洪新城等4项公交停车场均已竣工。共完成投资1800万元。

为进一步改善公交司乘人员工作环境,提升沈阳公交行业形象,从2009年6月开始全面启动公交站务室建设工作,完成了与各公交企业沟通、申报需求、实地勘察、积极协调落实公交站务室的用地等各项前期工作,在此基础上又完成了站务室施工图设计、预算编制和报送市建委、市财政、市预算审核中心审核等工作,并按照规定程序完成招投标。累计完成站务室31个。并已全部交付各公交企业使用,站务室的建设极大地改善了部分公交线路上的司乘人员的工作环境。

民营企业辽宁北域物流公司,在大东区观泉路,占地5万平米,投资建设了9000平方米的物流仓储库房和5000平方米的物流信息楼。共完成投资4300万元。工程已于8月竣工投入使用。

(陈千城)

城市公共交通

【概况】 2009年,沈阳市公共交通行业以服务民生、服务经济社会发展为目标,积极拓展公交线网,大力建设基础设施,不断提升服务能力,较好地完成了全年各项任务。全年共投入资金7.09亿元,其中:政府投入1.52亿元,企业自筹5.57亿元。公交完成客运量11.6亿人次,营运收入8.8亿元,分别比上年增长5.5%与3.2%;市民出行分担率由20%提高到22%;新建公交场站12处、港湾站10处、公交站务室31个,公交车进场率提升至61%。出租汽车行业共完成客运量4.5亿人次,比2008年增长7.1%;营业收入近34亿元,上缴国家税收3亿元。

(胡　博)

【公交服务】 2009年,沈阳市公交行业全面完成了为城乡群众办好20件实事中涉及公共交通方面的任务。一是公交线网不断优化。新开调整线路30条,市内公交线路达到199条,增加运营里程200余公里,填补空白87.5公里,解决了31处小区居民的出行难问题。二是实现市内小公汽全部退市。积极推进4348、4351、4357、4358等4条小公汽线路的退市工作,相继开通了161路、162路、175路、176路和163路等大公交线路,在实现小公汽平稳退市的同时,也为市民安全出行提供了更多的选择。三是实施老年人优待优惠乘车。4月1日起,70岁以上老年人免费乘车,60－69岁老年人半价乘车,并分别办理相应的IC卡。共办理"两老卡"41.1万余张,全年完成客量8800万人次,全市老年人每天约32万人次的出行得到了优惠和方便,保障了老年人的合法权益。四是深入开展"文明出行,排队乘车"活动。在市内100处终点站和200处中途站安装排队乘车护栏300处,乘客排队候车的良好习惯已逐渐形成。五是推广无障碍乘车,分别在沈阳北站、沈阳站、五爱市场、中街和铁西百货等5处繁华公交换乘站安装500个盲文站牌,为盲人乘客提供了便利条件。

(胡　博)

【推广新技术】 坚持推进节能减排工作,与环保部门联合开展车辆尾气达标执法检查活动,对不达标的公交车进行了全面治理。新增更新公交车辆522台,370台更新车辆为CNG环保公交车。CNG为清洁能源,在实际运营中可节约大量成本,延长发动机寿命。相关企业积极筹措资金,同步落实气源母站的建设工作,实现新车与加气站同步使用,确保气源供应,打造公交亮点。推动全行业运力水平环保化、高档化、形象化的进程,使全市国Ⅲ排放标准和高等级环保车辆比例提升至40%。

(胡　博)

【公交行业管理】 积极采纳人大代表、政协委员、行风热线的意见和建议,全行业不断提高服务质量和管理水平,全力打造市民公交。开展全员执法,重点针对早晚高峰、节假日公交运力配备和运营方案执行情况进行检查,开展了车辆夜间开灯行驶、清理公交车体广告、整顿运营车辆下线包车等专项执法检查,全年共处理违章案件300余件次。科学制订公交运营方案,侧重解决早晚高峰客量集中的问题,保证各线路运力充足、车隔合理;配合市政建设,对72条线路进行临时调流;42条骨干公交线路延长运营时间1700余分钟,61条线路实行双班制,配备双班503个,保障了市民顺利出行。推广GPS在公交车辆的应用,合理制订操作方案,签订合作协议,以广告资源置换方式解决了车载终端的安装费用及信息通讯费用。建立应急体系,确保特殊天气和重大活动公交运行顺畅,实现国庆安保万无一失的目标。设立热线电话,受理市民建议咨询8000余件,确保服务渠道畅通。推行"准点公交",3500台车实现"明亮公交"、4300台实现"温暖公交"的目标。签订地铁特许经营协议,积极协调相关部门,做好地铁与公交线路的衔接。

(胡　博)

【开通调整线路】 在新开调整公交线路中,充分发挥公共交通服务城市经济建设和城乡一体化的功能,公交线网通达深度不断扩大。开通153路,填补了沈胡公路全线20.7公里的公交空白,使新民居民享受到真正意义上的市民待遇;开通163路,填补了汾河街7公里公交空白,结束了当地无公交历史;开通165路,填补了胜利南大街9公里公交空白,实现了苏家屯至市内一元公交,为苏家屯居民提供了实惠;开通179路,填补了辉山大街近7公里的公交空白,促进了沈北新区经济发展;开通188路,增加了白塔堡地区的公交运力,结束了东陵白塔堡至市中心无一元公交历史。公交的快速发展,拉动了沈北新区、浑南新区、经济技术开发区、新民市等多个区域的经济发展,推动了县郊区城市化的进程,带动了恒大、万科、华润、碧桂园、保利等国内外知名地产项目40余处新建楼盘的销售。新民、沈北区域出租汽车的发展,为苏家屯区整治区域交通秩序,取缔三轮车工作提供了可行模式。周边三县一市及沈北、苏家屯区域出租汽车的发展相对平衡,基本能够满足区域居民出行需要。同时,区域出租汽车较大程度地提升了城区形象,改善了百姓出行环境,促进了地方经济的发展。在拉动内需、保增长工作中,积极提供8859个就业岗位,其中公交行业提供服务类岗位1004个、驾驶员岗位3611个;出租汽车行业提供驾驶员岗位4244个,在为社会安置就业人员的同时,也为行业发展储备了人员。

(胡　博)

【出租汽车行业管理】 2009年,沈阳市出租汽车行业以"保增长、保民生、保稳定"为核心,进一步加强行业管理,努力改善车辆面貌,提高行业服务水平,取得了较好的成绩。加快车辆更新步伐,改善运力结构,2009年实现更新出租汽车2359台,占车辆总数的13.7%,是年度计划的117.9%,完成社会投资2.12亿元。改造出租汽车计价器,实现了票据的选择打印方式,单车年降低运营成本600余元,全行业年节约支出近千万元。完善管理制度,行业诚信体系已经初步建立。先后制定实施了企业质量信誉考核办法、驾驶员诚信考核办法、从业人员管理规定、车容车貌达标标准等,健全了对企业、车辆、从业人员的管理制度,有效地加强和规范了行业管理。企业质量信誉考核工作在省运管局组织的全省道路运输行业信誉考核经验交流会上介绍了经验。出租汽车企业社会责任意识进一步提高,康福德高公司建设了GPS调度平台,开通了96818服务热线;安运公司开发应用了计算机管理系统,实现了业务联网、刷卡缴费等管理方式的变革。加强行业监管,维护良好的市场秩序。年初以来,陆续开展了出租汽车非法营运专项整治活动,出租汽车拒载专项治理活动和以“温馨在的士、文明迎国庆”为主题的行业文明创建活动,进一步改善了经营环境,市场经营秩序明显好转,出租汽车从业者收入水平稳步提高。

(胡 博)

【行业稳定】 受国际金融危机的影响,公交行业在发展中遇到了前所未有的压力和困难。一方面受大量运力更新的影响,企业处于车辆还贷高峰期,资金压力巨大;另一方面受国家油料补贴、市政府购置车辆补贴、公益人群补贴拨付环节的制约,企业生产资金受到严重影响;加之修桥修路造成的道路拥堵,公交车辆周转率下降,运营成本增加,企业收入下降。公交行业普遍面临资金短缺、油料供应、职工工资福利保障等方面的困难,生产经营面临着前所未有的挑战。市交通局高度重视公交企业面临的困难,一方面寻求政策支持,同时积极筹措资金,解决企业发展中的燃眉之急;另一方面认真听取公交职工的合理诉求,关心职工切身利益,为职工谋求福利,妥善解决发展中的各种矛盾。

2009年,国家税费改革政策的出台,燃油价格的频繁震荡,以及其他城市出租汽车罢运事件的发生,使出租汽车行业稳定形势面临着新的考验。市交通局及时采取有效措施,通过行业自律进一步平衡了企业和单车经营者的利益关系,及时足额发放了2009年上半年燃油补贴3308万元,并着手对运价等行业反映集中的问题进行了研究,进一步维护了行业稳定的良好形势。

(胡 博)

航空运输

【概况】 中国南方航空股份有限公司北方分公司(以下简称南航北方分公司)前身系原中国北方航空公司。2004年底,经国家有关部门批准,北方航空公司正式将航空主业资产注入中国南方航空股份公司。作为中国南方航空股份公司在沈阳设立的分支机构,南航北方分公司从2005年1月1日起,正式按照分公司模式运营,该分公司位于沈阳东塔机场,以沈阳桃仙国际机场为基地机场,主要经营沈阳出港至国内外大中城市的航线。截至2009年底,北方分公司拥有各类大、中型运输飞机25架,经营沈阳始发航线49条,国际航线连通日本、韩国、新加坡等多个国家。

(李小伶)

【航空客货邮运输】 2009年,北方分公司完成运输总周转量6.47亿吨公里,同比增长0.8%;旅客运输量370.1万人次,同比增长4.3%;货邮运输量5.37万吨,同比下降4.7%;平均客座率75.7%,平均载运率68.8%,同比分别提高2.7和3.8个百分点。在册飞机日利用率9.02小时,同比提高0.28小时。始发货邮净收入6891万元,同比减少13.0%。全年执行航班正常率77.7%,同比下降6.8个百分点;出港航班正常率86.1%,同比下降2.7个百分点。

(李小伶)

【航线网络化】 2009年,北方分公司坚持航班动态监控,及时调整运力,针对国际金融危机的不利影响,果断调减日韩航班,加大国内航线运力投入和营销力度,国内销售收入同比增长19.5%。针对入夏以来深航大幅增加沈阳运力投放,导致南航在沈阳市场份额急剧下降的情况,北方分公司一方面加强与省市政府及有关部门协调,争取支持;另一方面及时将情况上报总部,积极运作南航与沈阳市政府的战略合作,确保了北方分公司在沈阳市场主力基地公司的地位。截至2009年底,北方分公司拥有各类干线飞机25架。其中,A300-600型飞机4架、A321型飞机6架、MD90型飞机9架、A319型飞机6架。

(李小伶)

【市场营销体系】 2009年,北方分公司理性分析内外环境,积极寻找营销增长点。在收益管理上,建立多级运价协调机制,全面开展与竞争公司的运价协调工作,努力保持京、沪、穗、圳等主干航线运价稳定,国内始发平均运价同比提高3.7%。在渠道监管上,加强数据监控,规范市场走访工作,提高渠道管理的及时性,有效提升市场控制力,产投比达到104.9%,同比提高0.48个百分点。在客户发展上,以推进高端营销为突破,由分公司领导牵头,对党政军及大型企业、院校进行走访,全面铺开高端客户开发网络,两舱销售收入同比增长15.9%。在直销建设上,深挖呼叫平台销售潜力,将95539打造成集服务与销售为一体的高效能平台,直销收入同比增长20.7%。在货运营销上,狠抓市场开拓,加强国内营销、邮件营销和网络营销,实现了国内货量、收入同比双增长,沈阳出港中转货量和异地经沈中转国际货量大幅提升。

(李小伶)

【航空安全】 2009年,北方分公司以“两个杜绝,一个提升”为目标,深入开展安全工作。在工作思路上,以“安全基础强化年”为主线,针对飞行中常见问题制定并实施了87项工作措施,开展了“防松懈、反违章”、“大干三个月,决战四季度,确保安全年”等活动。在队伍建设上,要求安全管理干部提高发现问题、解决问题和抓落实的“三种能力”;加强机长、教员、检查员三支队伍建设,构建能经受考验的安全管理及运行队伍。在责任落实上,强化责任,传导安全压力;严格责任追究制度。在技术培训上,邀请华航专家举办航空管理与服务培训;有针对性制定十余项飞行培训重点。在监督检查上,完成年度内部安全审计;通过总部SMS验收检查;围绕61项考核内容推进飞行、乘务人员量化考核;加强事件分析,快速传递提示、警示信息,QAR监控事件率明显下降,飞行品质显著提高。在安全文化上,提倡“小事做大”的安全作风;开展“十佳机长、十佳副驾驶评选”等活动;组织安全生产大讨论;坚持安全重奖重罚机制,全年共奖励18个机组，处罚6个机组，营造并强化“以安全论英雄”的文化氛围。

2009年北方分公司实现安全飞行7.6万小时，同比增加3.4%，发生两起人为责任原因严重差错，同比增加一起，严重差错万时率0.26。杜绝了飞行、空防和航空地面事故，分公司连续192个月保证了空防安全，飞行安全实现连续78个月未发生严重差错(含)以上问题。

(李小伶)

【品牌服务】 2009年北方分公司品牌服务进一步提升。以高端服务为重点寻求突破，成立了高端客户服务小组，有效解决了高端信息收集、统筹指导、协调配合等问题。充分利用空地服务信息系统，理顺高端信息传递流程，实现了各节点的有效对接；设立高端服务客户经理，完善地面专属服务和空中特色服务。全年，分公司为省市政府领导、国企主要负责人等高端旅客办理礼遇金卡1370张，超额完成指标。在服务机制上，加强服务监控和考核，将服务考核纳入绩效考核、二次分配的考核体系中。在品牌提升上，全面落实“品牌服务提升年”活动要求，客舱部通过抓“标准化的高端品牌服务、空地高效联动服务、四项标杆创建评比、品牌效应辅射机制”等，引导员工树立品牌意识，提高品牌服务水平，适应南航国际化发展需要；地服部通过加强地面服务系统化管理，完善工作推进机制和量化考核制度，有效提高了品牌执行力。

全年，北方分公司受理服务咨询945起，杜绝了服务有效投诉，收到旅客电话、信件、锦旗表扬216次。在股份公司服务质量检查中，客舱部、地服部均获得系统排名第一的好成绩，分公司综合排名第二。

(李小伶)

【新开通航线】 2009年，北方公司进一步优化航线网络，开辟了沈阳－台北、沈阳－厦门－海口等9条沈阳始发国际、国内航线(详见附表)。

(李小伶)

附表：

2009 年 新 开 航 线

序 号	航 线 名 称	开 航 时 间
1	沈阳——运城——三亚	2009年10月25日
2	沈阳——厦门——海口	2009年10月25日
3	沈阳——台北	2009年8月31日
4	沈阳——合肥——贵阳	2009年8月2日
5	沈阳——哈尔滨——海拉尔	2009年7月11日
6	沈阳——合肥——桂林	2009年8月1日
7	沈阳——呼和浩特——银川	2009年8月1日
8	沈阳——鄂尔多斯——昆明	2009年8月1日
9	沈阳——太原——武汉	2009年3月29日

邮 政

【概况】 2009年，沈阳市邮电通信部门坚持以推进全社会信息化建设为核心，进一步深化企业改革，调整网点布局，优化资源配置，拓宽服务领域，狠抓服务质量，鼓励并加大市场竞争，不断满足市场需求的多样化、综合化、娱乐化和个性化，业务量实现快速增长，有力地促进了沈阳市经济的发展。

全市完成邮电业务总量237亿元，比上年增长18.9%，在国内外经济环境都不利的情况下，实属难得。

邮政业务总量完成7.4亿元，增长21.1%，增速比上年加快22.4个百分点，这也是邮政业务在近2年来最好成绩。邮政业依托现有资源优势，进一步转变发展理念、发展模式、发展方式、发展方法，加快业务发展，强化经营服务，不断拓展服务领域，培植新的业务增长点，使邮政业保持了平稳较快发展，特别是快递业务发展较快。全年完成特快专递425.7万件，增长20.6%；传统业务中，函件业务2312.9万件，下降10.3%，报纸累计份数9517万份，下降3.0%，杂志累计份数565万份，下降7.0%。

(王 姝)

信 息 产 业

信息化建设

【电子政务】 2009年,沈阳市党政信息网核心平台基本建成。市电子政务核心平台已初具雏形。完成了平台一期工程的系统集成、软件开发的政府采购、设备安装等工作;中心机房初步建成,现已具备正常使用条件;《市领导辅助决策支持系统》正在开发建设,现已完成相关功能及模块的研发。根据《关于加强沈阳市电子政务建设项目的管理意见》,完成了由市财政局提交的市城市执法局、市安监局、市水利局等部门提报的40个信息化项目的技术审核,本着技术可行、整合资源节约财政资金的原则,修改各类方案20余个,调整资金2400万元,核减资金1700余万元。积极推进市级重点业务信息系统建设工作。为加强沈阳市城市管理水平,有效提高城市管理的行政效率,建立全覆盖、高效率的数字化城市管理系统。市经济信息委员会作为数字城管筹备办的成员单位,积极参与项目的建设工作。截至年底,系统的软件安装与调试、指挥中心的电子设备总集成、市级平台与各区平台、市政府有关部门(单位)的联网调试已基本完成,项目一期工程已初步建成并试运行。

积极推进政府门户网站升级改造、政务信息公开和市民服务热线96123等信息系统的建设,为市民提供便捷的政务信息公开的渠道,实现市民多种求助热线的集中和整合,极大的方便了广大市民。

(吕贵杰)

【社会信息化】 "城市一卡通"IC卡功能进一步拓展。全年IC卡发卡370万张,发放"两老"卡40多万张。城市一卡通的功能也在不断拓展,并已拓展到小额消费领域,在市内部分蛋糕店、书店、药店、影城等小额消费领域已经开展应用。

积极推进数字化社区建设。2009年年初,沈阳市以铁西区为试点,开展了社区信息化网络体系建设。铁西区在7个街道办事处及14个社区进行试点建立了街道社区服务中心。该项目将实现社区居民以最快的速度、最便捷的方式、最佳的服务,在其生活的环境中解决日常医疗、安全、应急等诸多需求。

以电子商务为载体的现代服务业有了较快发展。经济信息委员会重点选择和支持的五爱集团电子商务等建设项目,已于10月建成。五爱集团电子商务网已成为覆盖商户最多、服务功能较为完善的集物流、人流、信息流于一体的现代服务业基地,为全市推进电子商务建设奠定了基础,积累了经验。

(吕贵杰)

【企业信息化】 在圆满实现企业信息化"十一五"目标和任务的基础上,着手制定"十二五"规划,确定沈阳市两化融合工作,在"十二五"末期进入全国副省级城市先进行列。

通过对重点企业安排信息化引导资金,推广沈鼓、东药等企业的信息化建设经验,带动全市各大企业集团和基础条件较好的中小企业加快两化融合步伐,提升企业的核心竞争力和产品的不断升级。

组织企业向工信部等上级有关部门推介优秀项目,争取专项资金570万元。东药集团获得工信部100万专项资金的支持;苏家屯区信息中心农业信息化项目获得省经济信息委员会20万元的专项资金支持;沈鼓集团北方电脑公司申报的"面向大中型装备制造企业信息化系统外包服务试点项目"被国家发改委授予"国家信息化试点工程"并获得450万元的资金支持。

全市大中型企业应用信息技术对产品的研发设计、生产过程控制、资源管理及营销服务等覆盖率得到了普遍的提高。重点支持的沈阳市中小企业信息化应用服务平台,在原有基础上服务功能进一步拓展和完善。装备制造业企业设计服务平台、沈阳数据中心等也在实践中得到了较快发展。

(吕贵杰)

【农业信息化】 2009年10月30日,《沈阳市人民政府办公厅转发市农委关于推进农业信息化建设意见的通知》出台。按照国家、省有关要求,结合沈阳市农业信息化发展的实际,以建立农业信息服务平台为重点,制定了《关于推进农业信息化建设的意见》,提出以农业信息共享服务、移动电子政务信息两个"平台",农产品质量安全监测管理、精准农业、农产品供求及价格监控三个"系统",信息化乡村建设、互动电视进村入户、县域涉农产业信息化、百万农民上网四项"工程"为框架的农业信息化建设规划,确定了2010—2012年沈阳市农业信息化建设的思路、目标和任务,为今后农业信息化建设指明了方向。

1. 积极完善农业信息报送、发布体系和制度建设,提高农业信息服务水平。按照信息采集、信息整理、信息发布和信息反馈等流程,沈阳市建立了7项信息员操作规章制度,使信息服务人员有针对性、系统地开展农业信息服务;加强了沈阳市农业信息员、沈阳市农村综合服务示范站信息员的管理平台建设,对全市信息员、示范站信息员进行统一管理,形成了政令、信息快速下达的便利通道,建立了信息员服务"三农"的方便、快捷、有效的机制。

2009年,为促进沈阳市农经信息工作再上新台阶,从抓制度入手,建立了

《沈阳农经信息收集发布制度》,促进农经信息工作的高效有序开展。全年共编辑、发布《沈阳农经信息》72 期,多次受到市领导批示。

2. 发挥沈阳农业信息网网络媒体的作用,为宣传"三农"工作在网络上搭建了舆论平台。全年共发布新闻 1383 条,农业实用技术类信息 1430 条。2009 年年末,以"引领农业,信息为先"作为网站的服务宗旨,对沈阳市农业信息网进行了改版升级,新网站设置了"三农"沈阳、政务公开、咨讯服务、互动交流、专题专栏等 5 个大栏目 20 余个子栏目,为广大农民及时、准确地提供了丰富、有价值的政策、技术、致富、市场等信息。网站平均日访问量达 200 人次以上,累计访问量超过 5 万人次。

3. 加大投入,提升软硬件实力。2009 年,沈阳市农委本着"市场主导、整合资源、互利共赢"的合作原则,于 7 月 28 日,由沈阳市农村经济委员会和中国移动通信集团辽宁有限公司沈阳分公司联合主办了由王祥坤副市长主持的以"推动农业信息化建设,加速县域经济发展"为主题的沈阳市农业信息化项目启动仪式,并与中国移动通信集团辽宁有限公司沈阳分公司签订了《沈阳市农业信息化建设框架协议》,共同搭建农业信息电子政务信息平台,加快了农业信息化建设步伐。2009 年 2 月 25 日,LED 屏终端信息发布平台竣工并开始试运行。这标志着 LED 屏终端信息发布系统现已完成第一步试点阶段。

4. 加强农村基层信息化,大力推进农村信息站建设。2009 年,沈阳市结合农村党员远程教育、百万农民上网工程等项目的实施,把工作重点放在了村级农业信息服务站建设上,以农民专业合作社为载体,建立了覆盖农村的综合信息服务示范站 120 个,其中省级核心站 32 个。全市已建立 1243 个村级信息站,占全市总村数的 86%。

5. 加强信息服务队伍建设。2009 年,在两个县区建立两处设备齐全,可一次培训 25 人的农村信息化综合培训室,新民市、康平县共组织 11 批次 275 人次的信息员培训,市县共培训信息员 400 人次。

6. 推广农业信息化技术应用。积极将现代高端科学技术应用于农业生产领域,提高生产管理水平。在种植业生产、畜牧业、农村专业合作社、农村财务管理等领域广泛应用 LED、RS、GPS 等技术,加快了科技成果转化为生产力的进程。在苏家屯区、新民市,建立了以温室监控自动化控制平台为主的信息化生产管理系统。

(邓　奇)

信息产品制造业

【概况】 2009 年沈阳市信息产品制造业完成主营业务收入 301 亿元,同比增长 30.9%;利润 11.7 亿元,同比增长 46.3%;税金 4.5 亿元,同比增长 36.4%;工业增加值 51 亿元,同比增长 37.8%;出口创汇 7.3 亿美元,同比下降 7.6%。全市信息产品制造业统计内共有企业 100 家,主要涉及七类产品:数字医疗、通信、视听、数字识别和传感、IC 装备、光电子、应用电子。

沈阳市电子信息产品制造业企业正在由弱变强。东软集团、长白集团入选 2009 年度全国电子信息百强企业。重点产品形成了比较集中的生产基地,主要有东软集团的数字医疗设备制造基地,LG 电子和同方的家用视听设备制造基地,晨讯、新邮通、德信为主的通讯产业基地,科仪、芯源等企业为主的 IC 装备制造基地以及以高精数控、新松机器人为代表的工业自动化产品制造基地等。

1. 产业发展空间不断向外拓展,多点并进发展格局初步形成。经过几年的发展,市信息产品制造业空间不断扩大,由原来的浑南一枝独秀,发展成现在的浑南、沈北、铁西多点开花的局面。

2. 产业链条不断纵向延伸,产业集群初露端倪。"十一五"时期,沈阳市电子信息产品制造业的产业结构发生了较大改变,初步形成了包括数字医疗、通信、视听、数字识别和传感、IC 装备、光电子、应用电子等七大类产业,产业链条渐渐向新城区、产业区延伸,各产业按空间功能分布,逐步向产业集群方向发展,凸现产业聚集效应。

3. 新项目不断涌现,产业发展后劲明显。以手机为代表的通信产业发展迅速。德信、新邮通、晨讯科技、大唐电信等 4 家手机生产企业达产后,可实现年产手机 3500 万部,将形成东北最大的移动通信产业生产基地。

沈阳联诚数字科技发展有限公司的大尺寸 LCOS 高清数显项目、晨讯产业园、沈阳方大半导体照明产业园、RFID 产业园、中兴通讯产业园、清华同方信息产业园、东软飞利浦数字医疗产业园等一批 IT 产业高端项目相继启动,形成了一大批新的增长点。

(于翔南)

【软件业】 2009 年,全市工商注册软件企业 2000 多家,"双软认证"企业 443 家,软件产品登记 1179 件。销售收入超 10 亿元企业 6 家,超亿元企业 29 家,超千万元的企业 65 家。全市软件服务业从业人员超过 5 万人,2009 年实现销售收入 301 亿元。登记软件园区 22 个,首批授牌 15 个,园区产值占行业总收入的 50% 以上。

特别是 2008 年在国家认定的纯软件销售收入沈阳首次超过了大连,销售收入在全国副省级城市排名第 7 位。

沈阳市软件服务业布局日趋合理,产业集聚效应初步形成。浑南新区的东软集团、沈阳动漫产业基地、昂立信息园、讴立德、新松机器人、东大自动化等一批大型企业和产业园区吸引了大批企业和从业人员,在汽车电子、动漫游戏、数字医疗、系统集成、工业自动化、数据录入等领域成绩显著,成为沈阳软件服务业的主力军。皇姑区软件园 A、B、C 座独树一帜,异军突起,从建成使用就以超常的发展速度吸引了包括上海晟峰、日本共兴达、日本沛麒等 80 多家软件服务企业入驻,在软件外包,特别是对日软件外包方面做出了巨大贡献。沈北新区规划了 16 平方公里的土地建设光电信息产业园,其中 3 平方公里作为软件服务业相关企业、园区、孵化器、研发中心、人才培养等用地，已经有香港晨讯科技集团、德信手机、新邮通等企业入驻。铁西区以装备制造业为依托，走出了一条具有强劲竞争力的装备智能化、企业信息化道路。沈河区以金融商贸开发区内入驻众多国际知名企业为契机，吸引了浙大网新、亚州商联等软件服务企业成功进驻，并与日立SAS建立金融开发中心，长期开展金融项目开发业务。大东区启迪孵化器，一期建筑面积1万平方米，园区共有31家企业，投入使用当年产值达到3000万元。二期将新建25万平方米，总投资额超过8亿元的新兴综合高科技园区，为企业发展提供坚实的平台。东陵区正在建设奥园动漫城、国际软件园、RFID产业园等重大项目。已经吸引和达成意向的国内外知名企业几十家，投产使用后将带来巨大的收益，为沈阳的软件服务业开辟更广阔的空间。和平区依托东北最大的电脑市场集散地——三好街，成就了一大批软件服务业企业，三好街目前依然散布着大大小小的软件服务业企业，与和平区众多的孵化器企业一起，构成了和平区独特的产业发展模式。

东软集团面向数字化医疗设备的嵌入式软件，已经拥有180余项专利，11大系列50余种产品，成为中国惟一能够提供全系列医学影像设备的企业，技术达到当代国际先进水平。新松机器人自动化股份有限公司是以先进制造技术为核心，真正拥有自主知识产权和核心技术的高科技企业。新松是目前国内规模最大、品牌产品线齐全、最具影响力的先进制造装备产业集团。沈阳昂立信息技术有限公司在软件技术服务领域取得骄人的业绩和良好信誉，用户遍及政府、企业、教育、电信等领域。自主研发的《昂立行政审批管理系统》、《昂立数字化城市管理信息平台软件》等产品被广泛应用。

面向国际市场的服务外包业务。沈阳市是国内开展国际服务外包业务最早的城市之一。上世纪90年代初，东软已经开始承接日本阿尔派公司软件发包订单，在国内率先开展了服务外包业务。截至2009年底，全市服务外包从业人员近2万多人；全市拥有服务外包企业100余家，形成了以东软为龙头，沈阳新思、共兴达、讴立德等一批企业齐头并进的格局。沈阳市在重点发展韩国和日本两个外包市场的同时，积极扩展欧洲和北美洲的服务外包市场，并与60多家跨国公司建立了稳定的接发包业务关系。

（王　龙）

【动漫游戏产业】 2009年，沈阳市动漫企业超过150家，位列全国原创电视动画片生产十大城市第5名，沈阳动漫产业基地进入全国基地第4名，1家企业位列全国10强的第7名，3部动画原创作品获得全国推荐播出优秀动画片。沈阳市动漫产业异军突起，最近几年取得了骄人的成绩。沈阳有动漫基地和动漫公共技术服务平台2个，正在建设的动漫园区3个，动漫创意类企业总数超过180家，沈阳动漫从业人员超过5000人，原创动画片产量超过1万分钟，已经跨入全国第一集团军。

（王　龙）

无线电管理

【概况】 2009年，沈阳市无线电管理规范有序，工作效率大幅提升。全年为11个单位办理了设台手续，批准双工频率9对，单工频率6个，数传频率3对，小调频1个，为26家单位办理了报废手续，报废设备139台，办理（换发）电台执照210个；全年共检查了107个单位、405部无线电设备；为无线电业余爱好者登记台站173个，换发执照69个，指配新呼号104个；固定站无线电监测10494小时，移动无线电监测424小时；为10家设置无线电台站用户进行了电磁环境测试；为17家用户无线电干扰进行了查处；全年有132天实行了24小时连续值班。

无线电监测系统建设取得突破进展。沈阳市无线电监控中心与市内5个无线电监测分站通过联网，已经基本形成了覆盖市区的无线电监控网。4台移动无线电监测车和30多台先进的分列式无线电监测仪器配合监测网在全市构建了固定和移动相结合的无线电监测体系，基本满足了市区无线电信号的监测需求。

无线电保障工作成效显著。圆满完成了全国研究生考试、高考、中考、国家及省公务员考试、司法考试、英语四、六级考试、省厅局级干部选拔考试等进行了无线电保障任务，考场涉及市内五区及苏家屯区、康平、法库、新民、辽中五地，保障考点累计达148个；圆满完成了“沈阳市全民健身日启动仪式暨沈阳市第十二届运动会开幕式”无线电保障任务；圆满完成了1月15日参加全国人大的辽宁省代表视察沈阳市地铁及城市建设会议、7月3日市委、市政府实践科学发展观沈北新区现场会议、10月10日市委、市政府实践科学发展观辽中县现场会议、11月27日市政协委员视察全市商业发展会议等进行了“边走边通”的无线电通信保障任务。

举办实战演练，提高应对突发事件能力。全年共举行了7次无线电干扰排查实战演练，委（局）领导亲自指挥、设置演练项目，全体人员通过无线电监控网、无线电监测车和各种分列式仪器，模拟可能发生的无线电干扰进行实战演练，收效显著。

2009年1月19日，无线电管理工作被市总工会授予奥足赛突出贡献奖“沈阳市五一劳动奖状”；被市招生考试委员会办公室评为“创建平安高考、中考活动先进单位”。

（郝维仁）

通　信　业

·中国移动通信集团辽宁有限公司沈阳分公司·

【概况】 中国移动通信集团辽宁有限公司沈阳分公司主要负责中国移动通信

集团在沈阳地区的移动通信网络建设、业务受理和综合管理。作为沈阳地区的移动通信运营商，主要经营移动话音、数据、IP电话和多媒体业务，拥有“全球通”、“神州行”、“动感地带”三大著名服务品牌，客户总数已达466万户，综合移动通信网络覆盖范围广、通信质量高、业务品种丰富、服务水平一流，国际漫游业务通达五大洲200多家移动通信运营公司。

（李静妮）

【规模发展】 开展渠道掌控能力提升工程，优化渠道网点布局，加强营业厅补点建设，全年新建营销网点358处。建立市内社会渠道二级管理体系，实施星级挂牌服务。电子渠道逐步完善，大力推广自助缴费业务，在沈阳地区布放320台自助缴费终端，开通了空中充值业务，为客户提供多种缴费方式，同时有效地缓解了营业厅收费压力。

规模发展短信、来电显示、移动互联网、彩铃、彩信等业务，加快推广无线音乐俱乐部、中央音乐下载、手机报、飞信、来电提醒、随e行、位置产品（车务通、车载导航）、移动气象站、12580、139邮箱、手机游戏、手机证券、快讯、号簿管家、二维码应用、全曲下载、手机电视、手机地图、手机支付、移动搜索等新业务，满足广大移动客户个性化的需求。

关注与社会经济发展和人民生命财产密切相关的信息化需求，把集团信息化嵌入用户管理、服务和生产核心流程，规模推广以移动终端为载体的行业应用，助力政务、交通、教育行业信息化。与沈阳市中小企业局合作，联合举办了“联合助力中小企业信息化发展论坛暨无线城市动力100工程签约启动仪式”活动并正式开展全方位合作，为中小企业提供综合信息化解决方案。深入开展农信通业务，推动农村信息化建设。

（李静妮）

【发展3G业务】 2009年，中国移动通信集团依托自主创新的TD－SCDMA技术，充分利用“支持民族工业，创新自主知识产权”的3G国家产业政策，推出G3网载标识，发挥“不换号、不换卡、不登记”的优势，采取融合发展的市场策略，相继推出视频通话、多媒体彩铃、无线上网等一系列优质3G业务，手机应用更加丰富，一机多用变成现实。在TD业务试商用的基础上，2010年2月18日，沈阳移动TD－SCDMA正式商用，专属188号段首日放号360户，标志着沈阳地区移动通信3G业务正式商用，引领新的通信时代。

（李静妮）

【服务管理体系建设】 从服务体系建设、服务营销、基础服务管理三个层面入手，重点开展构建客户导向的服务管理体系建设。开展常态化流程穿越活动，优化关键业务和服务流程。固化VIP客户商务论坛活动，组织开展了“全球通VIP客户新年音乐会”、“全球通VIP讲堂”等形式多样的VIP客户回馈活动。建立全球通VIP手机俱乐部、全球通VIP女性俱乐部并分类开展专题讲座。加大客户投诉的处理力度，高度重视客户投诉并不断提高处理效率，提高客户满意度。

加快基础设施建设，打造精品网络，提升支撑能力。2009年，新建传送网管道367管程公里，完成2G、3G网络融合工程，实现2G、3G网络的相互操作功能。加大网络优化力度，减少越区、弱区问题，降低网络掉话。加大网络安全管理力度，全面整治光缆同路由隐患，保证网络安全稳定运行。各类通信应急预案完备，圆满完成了国庆60周年相关庆典的通信保障任务。

（李静妮）

城乡建设和管理

综　述

【城市建设】 2009年，沈阳市城建投资和房地产开发建设投资规模占全市固定资产投资的42.2%，为全市“保增长”做出了突出贡献。其中：城建投资完成360.4亿元，比上年增长26.6%；房地产开发建设投资完成1188.7亿元，增长17.6%。建筑业总产值实现671.2亿元，增长27.5%，冬期施工完成产值138.4亿元。金廊建设取得阶段性成果，累计竣工31项，完成投资182.1亿元。

全年城建投资完成360.4亿元，比上年增长26.6%。全部330项工程竣工241项。地铁一号线全线洞通、二号线进展顺利，浑河东陵段滨水景观进一步提升改造，哈大客运专线、沈西工业走廊铁路建设的拆迁征地和排迁工作基本完成，沈抚城际铁路两侧绿化和综合整治顺利完工。展览中心主体封顶，奥体中心网球馆、游泳馆竣工并投入使用，艺术中心、少儿图书馆、博物馆已进行项目前期准备工作。奉天医院、市七院交付使用，骨科医院和妇婴医院完成主体工程，儿童医院完成改扩建一期工程，第一医院建设正在积极推进。大法寺周边环境整治、怒江东公园建成并投入使用，南阳湖下穿铁路桥完成桥涵顶进，浑河动漫桥、梅江街、联合路等工程做好了前期拆迁、招标等准备工作。

大伙房水库输水配套工程全面开工建设。实施新民市罗家房子、三道岗子乡自来水改造工程，新建供水管道315公里，使该地区1万户居民、约4万人口用上优质水。实施自来水二次加压泵站及老旧自来水、燃气管网改造工程，全年完成了164处自来水二次加压泵站、170公里老旧自来水管网、60公里老旧燃气管网的改造任务，泵站及管网的运行状况得到了较好的改善。

（孙健　李天泽）

【村镇建设】 2009年，沈阳市完成4座农村垃圾处理场和5座中转站建设；改造160公里村内道路；实施4个市级以上中心镇道路、排水等工程项目建设；组织编制70个村庄规划和10个乡镇总体规划修编；绿化中心村500个；配合市爱卫办完成7000座无害化厕所建设。

1. 农村垃圾处理。2008年接转至2009年实施的新民梁山垃圾场、康平城镇垃圾场、辽中潘家堡子、法库城镇垃圾场4座农村垃圾处理场已全部建成并投入使用。2009年计划启动建设3个垃圾处理场和5个中转站。新民公主屯、康平张强、法库秀水河子垃圾场完成招标具备了施工进场条件。5座中转站中新民市兴隆堡、前当堡、法库柏家沟、康平北四家子4座已经完成，辽中杨士岗中转站由于征地拆迁问题仅进场开槽施工，计划接转到2010年完成。

2. 村内道路。完成了东陵、新民、辽中、法库、康平等5个区县（市）50个中心村村内道路160公里。2009年3月，根据3年来固化土技术在全市村镇道路建设中的应用实践，《固化土技术在村镇道路建设中的应用研究》通过了沈阳市科技局的成果审查，被确认为“沈阳市科学技术研究成果”并获二等奖。

3. 中心镇建设。开展了茨榆坨等4个市级以上中心镇的基础设施项目建设。完成了张强镇带状公园、广场、道路改造工程；茨榆坨镇小小线道路改造；前当铺镇明渠清淤整理、土方回填；兴隆台镇道路等工程。

4. 村镇规划。完成了东陵区王滨乡中华寺村等72个村庄规划的测绘和编制工作；完成辽中县茨榆坨镇等10个建制镇的总体规划修编；完成了康平县域农村居民点布局规划编制。

5. 村庄绿化。2009年，全市完成“绿色村庄”活动绿化中心村500个，植树988万株（其中乔木652万株），全市绿化覆盖率达到25%以上中心村达到70%以上。完成了7000座无害化厕所建设；实施了辽中县刘二堡镇皮家堡村太阳能应用试点项目，在村内宅前及广场安装太阳能路灯56盏。

（孙健　姜子平）

【重点工程】 2009年，沈阳市在城市建设中，完成了以下六个重点工程。

1. 梅江街贯通工程。梅江街贯通工程为沈阳北部地区一桥三路工程之一，由下穿三环及于虎铁路工程和三环南侧道路工程两部分组成。一是梅江街下穿三环及于虎铁路工程。工程南起文大公路，北止尚小街。道路全长1060米，红线控制宽度40米，为双向六车道。路线自南向北下穿环城高速公路，下穿于虎上下行铁路，道路与蒲盛路十字交叉后接至尚小街。包括分离式立交桥一座，铁路框构桥一座，地道桥泵站一座。二是梅江街三环南侧道路工程。道路工程位于沈阳市皇姑区、于洪区，南起陵北街北至文大公路，道路全长2605.49米。断面形式为：4.5米（非）+21米（机）+4.5米（非）。于洪区段长1075.06米，征地面积4.08公顷，涉及拆迁住宅76户，企业13户；皇姑区段长1530.43米，涉及拆迁住宅39户，企业25户。新建排水工程，污雨水分流，分为万山路段和梅江街路段两部分，雨水管径700—800毫米，污水管径500—600毫米。

2. 奥体中心三馆。沈阳奥体中心游泳馆及网球中心、综合体育馆位于沈阳市浑南新区核心区，是辽宁省、沈阳市重点体育设施建设项目，是承办2013年第12届全国运动会的重要体育场馆设施。项目总占地面积16.77万平方米，总建筑面积12.58万平方米，工程于2007年5月开工建设，2009年9月实现竣工。2009年10月28日交辽宁省体育局使用。

游泳馆及网球中心位于沈阳奥体中心体育场东侧。包括：容纳3337名观众的游泳比赛馆,游泳比赛池可以满足花样游泳和水球比赛;容纳2847名观众的网球馆;10片室内网球训练场地的网球训练馆;室外12片网球场地(其中2片为半决赛场地,10片为训练场地)及相应配套设施。游泳馆及网球中心场馆设施能够满足国际、全国运动会游泳、跳水、网球、篮球等单项比赛要求,同时满足游泳、跳水、网球等项目的训练要求。赛事专用系统能够进行高清晰转播体育项目比赛,使游泳馆和网球中心达到举办国际单项比赛的标准。

综合体育馆位于沈阳奥体中心体育场西侧。包括容纳1万人比赛馆和训练馆。比赛馆可以满足篮球、排球、手球、羽毛球、乒乓球、国际体操比赛,以及艺术体操、举重、柔道、武术、击剑等室内体育项目的比赛要求。训练馆可满足排球、体操、手球、乒乓球、羽毛球等比赛项目的热身训练。

3. 大伙房水库输水配套工程。沈阳市大伙房水库输水配套工程是辽宁省大伙房水库输水工程的配套工程,计划投资19.8亿元,共分两期建设。一期工程投资11.94亿元,预计2010年底可达到送水条件,竣工后新增供水能力90万立方米/日;二期工程计划投资7.7亿元,将根据沈阳市城市用水发展情况适时建设,竣工后新增供水能力120万立方米/日。工程全部竣工后,可累计新增供水能力210万立方米/日。

沈阳市大伙房水库输水配套一期工程建设内容包括:新建东、西部两座净水厂(其中新建东部净水厂占地面积21.93公顷,建成后新增供水能力40万立方米/日,西部净水厂占地面积26.25公顷,建成后新增供水能力50万立方米/日);新建李官配水厂,新增供水能力32.8万立方米/日;改造现有北陵、南塔、竞赛、砂山四座配水厂;新辅设输配水管线46.4公里。

2009年计划总投资6.36亿元。其中,BOT项目合作方辽宁成德商贸有限公司计划投资4.99亿元,主要实施东、西部净水厂的土建工程、安装工程及部分输水管道施工工程。本年度市政府计划投资1.37亿元,全面建设李官配水厂、改造北陵配水厂以及部分管道的施工工程。

4. 展览中心。沈阳展览中心为政府工作报告中重点工程,地点位于苏家屯区中兴地区,项目南临山榆路,北至雪松路,东为沈苏快速干道,西为雪莲街。

该项目建设用地面积约为80万平方米,建筑面积16.8万平方米。其中:室内展区14.3万平方米,设标准展位4800个,共有8个展厅,单个展厅宽70米,最大长度180米,每个展厅面积约1.32万平方米;综合服务区2.5万平方米;室外展场约10万平方米;停车位5000余个。计划总投资8.49亿元,全部为政府投资。项目业主为市服务业委员会;由市服务业委和市建委共同组建项目指挥部负责项目实施;为东北建筑设计研究院;项目管理公司为上海市建设工程监理有限公司;施工总承包中建一局。

5. 舍利塔公园。舍利塔滩地公园位于沈阳市皇姑区西部,塔湾街与汾河街之间,北运河南北两岸滩地内,毗邻沈阳市现存最古老的建筑之一辽代无垢净光舍利塔,公园占地面积10万平方米。

舍利塔滩地公园原址为大面积棚户区,市委、市政府从保护古建筑、传承历史文化和为周边居民提供休闲娱乐场所出发,将舍利塔滩地公园建设列入城市重点民生工程。舍利塔滩地公园以北运河为界分为南北两个园区,建成了云海净土、回龙寺前广场、舍利塔院、放生池、紫山八岭和回龙寺六大主题景区。种植银杏、白桦、栾树、白蜡、油松等树种20余种,6000余株;铺植草坪7.5万平方米;铺设硬质广场砖2.3万平方米;新建跨北运河石拱桥1座。整体上构建了集宗教、文化、旅游、商业服务为一体的综合性休闲园区,形成了山水环绕、古塔耸立、水波涟漪、倒影粼粼的诗情画意景色,完美地重现了盛京八景之一"塔湾夕照"画面。

6. 南湖桥建设。南湖桥位于南五马路上,跨越南运河,该桥原桥由1954年修建的旧南湖桥和1982年扩建的加宽桥组成。原桥长46米,全宽47.4米,设计荷载为汽-20、挂-100,原桥经检测属于不合格桥,因此列入沈阳市2009年危旧桥梁改造项目。新建桥梁结构型式为三跨钢筋混凝土刚架拱桥,桥长53米,宽50米,设计荷载为城-A级,跨径布置为12.8m(边跨)+27.4m(中跨)+12.8m(边跨)=53m,桥梁横断面形式为2m(人行道)+4m(非机动车道)+38m(机动车道)+4m(非机动车道)+2m(人行道)=50m,远期规划河床桥下净空满足南运河通航(最小净空2.8米)的要求。南湖桥建设中大量应用了新材料、新工艺,如桥面防水采用了水泥基渗透结晶型防水新材料,首次在桥栏杆上镶嵌了导光板,将亮化照明与桥梁结构融为一体,使桥梁夜景更加靓丽美观。南湖桥工程总投资2268.49万元。其中:工程费1478.79万元,排迁费789.7万元,工程于2009年9月1日开工,2009年11月6日竣工通车。

(孙健　柳熠)

市政建设

【道路设施维护】 2009年,沈阳市道路集中维护工作从春季4月1日开始到5月10日结束。为开展迎国庆城乡环境专项整治道路维护活动迎接国庆60周年,市城建局于7月30日全面启动整治活动,对全市街路进行了集中整治,主要是整治路面坑槽、方砖破损、边石断条等问题,此次活动共对631条道路、931个点位进行了整治处理。全市共维修道路98.8万平方米。其中,补坑43.2万平方米、盖被19.3万平方米、处理翻浆1.9万平方米、新(翻)建路面12.1万平方米、调补(新建)方砖22.3万平方米、调补(新建)边石120.8公里。

(杨　萍)

【排水设施维护】 2009年,沈阳市从4月1日至6月30日,开展了汛期前排水设施集中维护,维护内容包括排水井清掏、管渠清扫及闸门、泵站的检修等;10月1日至10月30日进行入冬前集中维护,维护内容包括管道(渠)清扫、检查井清掏等,保证设施冬季安全运行;其他时间进行日常维护。全年共完成排水管渠清扫1165公里、清掏窨(雨)井42.4万座次、翻维修窨(雨)井8619座。全年市、区完成处理水患事故1751处。

(杨　萍)

【桥梁设施维护】 2009年,沈阳市维护桥梁维修140座、水洗43.9万平方米、粉饰8.6万平方米。共完成94座桥梁加固改造,其中南湖桥、滂江桥、和平桥等6座桥梁翻建,北海高架桥、珠江立交桥、沈抚立交桥等88座加固,共完成投资1.38亿元。4月份开始施工招标和施工排迁工作,5月开工,11月完工,历时半年时间。组织实施了南湖公园卧波桥翻建工程，完成投资320万元。编制了沈阳市桥梁检测计划，完成了139座桥梁的检测工作，其中结构检测16座、常规123座；编制并下发了《沈阳市桥梁管理规定》；设置桥梁限载标志57块；完成桥梁档案更新共计189座，其中：市管桥梁139座，浑南区管桥梁13座，铁西区管桥梁22座，于洪区管桥梁15座。

（杨 萍）

【道路挖掘管理】 2009年，沈阳市严格控制道路挖掘，确保道路修复质量和时限。加强了道路挖掘以及市政工程现场的文明施工管理，统一规范安全警示设施，施工围挡设置整齐，施工结束达到场清料净。全年道路挖掘审批235件，道路恢复面积4.7万平方米，征收挖掘费1849万元，占道审批205件，征收费用32.8万元。

（杨 萍）

【道路改造工程】 2009年，沈阳市完成改造街巷路149条、93.12万平方米老旧小区道路256条、100.74万平方米，总计完成投资2.02亿元。

（杨 萍）

【结转工程】 七二四明渠改造工程。完成七二四明渠管线铺设工程，2007年11月15日开工，2009年11月20日竣工，共铺设管线5093米，完成投资2689万元。北陵湖治污工程。2008年4月15日开工，2009年8月30日竣工，共铺设管线5931米，新建泵站1座，完成投资3475万元。

（杨 萍）

【城市防汛】 2009年，沈阳市召开了城市防汛工作会议，调整了城市防汛指挥成员，编制了《沈阳市2009年城市防汛预案》、《2009年城市灾害性天气防汛抢险工作预案》，对城市安全度汛工作进行了全面部署；对低洼易涝地区及易堵塞的排水管渠进行重点清扫疏通，对街路雨水井进行一次全面清掏，对泵站和闸门等设施设备进行了维修，维修各类机泵95台套，完成了泵站集水池的清淤工作，对防汛抢险所需的车辆、机泵、发电机组等进行了检修；对泵站、闸门、水库及排水管网等城市防汛重点设施和重点区域进行了汛期前的检查。6月15日开展了防汛演练，主要是检查指挥通信系统及榆树屯闸门、北陵湖闸门启闭运行。发布了城市防汛预警信息，从6月1日到9月30日，沈阳市共经历了43天降雨天气，总降雨量320.8毫米，共发布三级预警4次，转发、下发防汛文件共5件。

（杨 萍）

市容环卫

【市容环境综合集中整治】 2009年2月23日至4月30日沈阳市城建局联合市行政执法局在全市范围内开展了沈阳市市容环境综合集中整治活动，对125条重点街路的亮化牌匾、橱窗贴字等6项内容进行集中整治。截至活动结束，全市主要街路累计整治亮化牌匾1.1万块、修复亮化楼体637栋、清除橱窗贴字1.9万处、清理违规户外广告626处、清理违规宣传品2756处、清除招贴喷涂25万处、发放整治活动动员信2.42万份、提供供货单位信息67个、专业维修单位信息60个、成立上门修复队伍41支，并面向社会聘请了160名市容管理义务监督员。

开展迎国庆市容环境专项整治，按照《沈阳市迎国庆城乡环境专项整治活动实施方案》、《沈阳市城市建设管理局迎国庆城乡环境专项整治实施方案》工作要求，制订了《迎国庆市容环境专项整治实施方案》，组织各区开展了迎国庆市容专项整治活动，并组织成立了专项检查组，对各区整治落实情况进行检查、督导。坚持精细管理和长效管理相结合，采取群众投诉和新闻媒体曝光的办法，加强舆论监督，巩固成果，避免反弹，通报的69处招贴喷涂问题点位、70处夜景灯饰亮化设施问题点位及79处牌匾问题点位全部整改完毕，完成率为100%。

组织开展了精品街路提升工程，9月中旬，在前期店铺门面牌匾改造的基础上，向各区下发了《沈阳市迎国庆二十条精品街路提升工程整治方案》，对前期的20条重点街路的市容市貌环境进行综合提升改造，重点对街路两侧的牌匾、招贴喷涂、自行车停放架、道路边石、园林绿化、环卫设施、建筑物立面粉饰等进行综合整治。

（欧阳博宇）

【城市亮化】 2009年，沈阳市城建局在城市亮化过程中，主要作了以下工作。

1.健全夜景灯饰巡查应急体系。成立了夜景灯饰应急指挥部，负责对夜景灯饰应急工作进行总体安排、部署。同时设置了指挥部办公室，并按各区的管理范围将金廊沿线划分成浑南区组、沈河区组、和平区组、皇姑区组、市直抢修组及集控组六个工作组，具体负责完成本区内的各项应急抢修工作任务。

2.加强夜景灯饰设施巡管工作。建立了市灯饰巡查专业队伍，协调、组织相关各区对夜景灯饰设施进行全面检查维护，重点做好两会、春节、“五一”期间及各项政务活动的保障任务。全年保障政务活动21次，下发维修、安全等各类通知单28次、督办函4次，处理问题点位747处，维修各种灯具1.31万盏；对集中控制系统进行两次全网检测，修复存在问题点位28处，顺利完成随季节调整亮化开关灯时间工作；处理城建热线市民投诉3起，解决突发性问题、事故10次；金廊沿线夜景灯饰设施巡视到位率、整体亮灯率、设施完好率和维护及时率均达到98%以上。

3.做好节日景观亮化建设工作。“元旦、春节”期间，组织各区在全市35条重点街路、4个广场和文化路立交桥、浑河桥2座桥体的6500个路灯杆上悬挂1.3万个灯笼，并在市政府广场悬挂LED满天星彩灯。为迎接国庆60周年，组织各区在青年大街等20条重点街路及重点广场路灯杆上悬挂6000面国旗，在重要节点高杆灯上悬挂4米长人幅国旗和大型灯笼；在和平广场等4个广场、市人大门前等2块绿地、浑河大街过街桥等4座桥体、金廊八号地等5处重点部位和街路等共计15处点位实施市容景观建设，对北陵高架桥3座桥梁实施亮化改造提升工程，对市政府广场等4座立体花坛进行亮化建设。

4.做好夜景灯饰设施改扩建工作。组织专家对南阳湖桥、卧波桥亮化设计方案进行完善提升；完成了南运河水系文艺园到怡静园功能性照明方案设计；完成了滂江桥、和平桥、南湖桥、五爱桥等4座翻建桥的亮化设计、施工，并在和平桥、南湖桥使用亮化设施与桥栏杆相结合的新工艺，首次将亮化照明与桥梁结构融为一体，特别在南湖桥亮化建设中，根据桥梁结构造型设计制作了景观灯,同时将导光板与亮化桥栏结合一体;投资8万余元对北京街公铁桥2个快车道、2个慢车道进行功能性照明改造,安装120盏210瓦高效节能投光灯。

(欧阳博宇)

【依法规范户外广告管理】 2009年,沈阳市城建局在依法规范户外广告管理工作中,主要作了以下工作。

1. 坚持市场化运作,做好户外广告出让工作,挂牌出让。全年分3次对灯杆旗标、单立柱灯箱、果皮箱广告设置使用权进行出让,成交金额482万元。已收缴并上交市财政302万元。完善行业管理依据,结合实际,提出《沈阳市户外广告管理办法》(市政府第38号令)的修改意见,增加安全、商场自用广告等管理条款;会同法律顾问对《沈阳市户外广告设置使用权出让合同》进行修改;与路灯杆产权单位签订新版协议书;与工商局探讨户外广告内容双审管理模式;起草《户外广告分级管理办法》和《沈阳市户外广告及户外电子显示屏规划总则》,法制化建设提升到新层面。履行服务管理职能,妥善解决行业问题,形成"辽宁山水广告公司反映电子屏影响发布效果"、"沈阳海舶广告公司反映地铁工地遮挡广告"、"宁大宾馆产权问题"以及"沈阳汤姆传媒提出国贸大厦赔付款未到位"等法律意见书,并出具"博洋广告公司灯箱"处理意见,维护中心的行业管理形象。

2. 坚持规范化,做好户外广告监管工作,全程监控市场化运作点位。对46处市场化运作点位进行日常维护和安全监管。全年,进行重大活动保障检查16次,针对恶劣天气和节日安保下发安全通知8次,处理安全隐患17次、群众举报6起,杜绝了户外广告设施整体坠落、漏电等安全事故发生。动态监管违规设置广告,全年对80条街路户外广告进行检查43次,发现违规设置户外广告121处(212块)。市容综合整治工作期间,对30条重点街路和95条主要街路违规广告进行普查和动态监管,共涉及112处(297块)违规广告、82条街路灯杆旗标广告。规范管理户外电子显示屏,首次将户外电子显示屏纳入管理范围;建立56块户外电子显示屏设置档案,确定电子显示屏协议出让模式和流程;督促32块电子屏权属单位进行安检、备案;协调48块电子显示屏经营单位发布"扬正气、促和谐"纪检公益广告。

3. 坚持高质量,做好户外广告规划工作,储备信息实现系统化。以协议、申请、规划等方式储备1.1万处点位的资源信息,建立了户外广告现场勘察档案模板,实现了分类储备、系统管理的目标。规划设计实现科学化,完成《楼体、灯杆旗标、电子显示屏规划》,共计227处点位、80条街路,约2.2万平方米;规划10条户外广告精品街路,包括19个灯杆旗标、单立柱灯箱、出租车乘降站、地名牌、实物造型广告和39处楼体广告,约2800平方米;完成太原街、五爱街、三好街商业区市容景观规划,共计129个点位,约1.2万平方米;完成35条重点街路功能灯箱、路旗等公益广告选点、设计工作;完成《迎国庆60周年10处景观小品设计》;完成桃仙机场地保部、民心网电子屏点位设计规划,较好地展示了"精、新、奇"的设计水平。

4. 做好公益性广告的宣传管理工作。完成浑河大街、青年大街公益旗标的审批和管理工作,保障学习实践科学发展观、2009春季房交会等39次政府重要活动的公益宣传。

(欧阳博宇)

【牌匾、小招贴整治】 2009年,沈阳市在整治牌匾、小招贴过程中,主要作了以下工作。

1. 强化牌匾审批管理。责成各区在全市主要街路的新设置牌匾的审批过程中,严格按照《沈阳市牌匾标志设置管理规范》的相关规定执行,推广采用新材质、节能型、可发光新材料制作,通过提高改变牌匾设置材质、提高设置水平入手,逐步取缔霓虹灯亮化牌匾,以从根本上解决亮化牌匾易损问题。全市主要街路的牌匾主要采用以LED光源的亚克力、吸塑等高材质设置,不仅提高了我市户外广告、牌匾的设置档次,还有效的节约了能源。截至年底,全市累计审批牌匾总数为4.4万块;整治规范牌匾3.5万块。

2. 加强楼顶镂空大字的管理。要求各区进一步加强楼顶镂空大字的管理工作,新设置的楼顶镂空大字必须采用可发光材料,在全市范围内逐步推广以亚克力、LED为主要材质的设置形式,逐步采取中文、汉语拼音或英文对照方式,提高设置水平。

3. 开展重点街路店铺牌匾整治活动。组织各区市容管理部门去天津实地考察,制订并下发了《沈阳市重点街路店铺门面牌匾改造工作方案》,组织各区对全市重点街路的店铺门面牌匾进行改造,截至九月底,20条重点街路共拆除牌匾1025块,重新设置高标准牌匾965块,其中青年大街、十三纬路、文化东路(文化路至富民街)两侧全部重新统一设置了新式牌匾。

4. 抓招贴喷涂清理,彻底整治城市"牛皮癣"。明确清理整治工作责任。召开了各区、开发区管委会及各公共设施权属单位参加的落实清理整治小招贴、乱涂乱画工作会议,要求各相关责任部门加大全市小招贴清理整治力度。加强了招贴喷涂专业清理队伍的组建和作业频次、密度,基本实现了主要街路招贴喷涂清理24小时全覆盖,累计清除招贴喷涂120万处;增加完善了"市容综合管理便民信息网"的信息容量;采取疏堵结合办法整治招贴喷涂,下发便民信息手册2万册。

5. 提高清理整治工作科技含量。召开了运用高效清洗机等高科技专业清洗技术,清理整治小招贴、乱涂乱画现象现场会。同时督促各区、开发区管委会及各公共设施权属单位增配高科技设备,加大机械化设备作业数量,逐步形成以机械化方式和高科技作业为主的清洗模式,保证有效开展清除整治工作。

6. 开展招贴喷涂专项整治活动。以市政府办公厅名义下发了《沈阳市人民政府办公厅关于开展招贴喷涂专项整治活动的通知》,并依据《通知》精神制定并下发了《"美化居住环境、净化楼道空间"招贴喷涂专项整治活动工作方案》,从6月1日至9月30日在全市范围内开展以"美化居住环境、净化楼道空间"为主题的招贴、喷涂专项整治活动,组织对城区2682条街路两侧建(构)筑物、公共设施、地面上的招贴喷涂进行清理整治,同时首次将全市2744个非物业管理住宅小区楼道内的招贴喷涂纳入清理整治范围中。截至6月30日,全市累计清除街路两侧招贴25.9万处、喷涂13.5万处,清除社区、楼道内招贴28.7万处、喷涂16.2万处。

(欧阳博宇)

【环境专项整治活动】 沈阳市环卫系统从2009年3月开始,相继开展了"春季环境卫生整治"、"清洁城乡环境,建设和谐沈阳”和“迎国庆城乡环境专项整治”系列活动。整治期间，共清理越冬垃圾残土7.17万吨，清理街路及小区卫生死角974处，维修厕所79座，共查处违章工地84处，查乱倒渣土、车辆撒漏、车轮带泥污染路面方面的问题27起。在“迎国庆城乡环境专项整治”活动中，沈阳市环境卫生管理处牵头，抽调120名管理员，会同沈阳市城市管理行政执法局、沈阳市工商局等单位组成14个检查验收组，采取“逐个销号，以点带面”的方式进行检查验收，逐日推进工作进程。将城区1991条街巷路全部纳入环卫专业清扫范围，实行城市道路环境卫生一体化考核管理。对1991条街巷路及1641个非物业居民区的整治工作，群众满意率达到95%以上。

（篮　飞）

【城乡一体化】 2009年，沈阳市招标采购了42台大型洗路车，充实市环卫机扫力量。从4月29日开始，组织各区环卫部门对全市的88条精品街路实行了机扫、水洗、擦洗及延时保洁作业，对125条重点街路开展机扫作业，提高了街路保洁质量，实现机扫率30%、水洗作业率15%的目标。在二、三环地区巩固“环境卫生达标村”创建成果基础上，深入开展示范达标村竞赛活动，通过推进长效化作业与管理，使部分城中村率先达到城区环境卫生标准，涌现了赵家村等一批示范村、优美村、洁净村。完成二、三环地区城乡结合部15座垃圾中转站的建设任务，有效解决了城郊地区的垃圾收集和运输问题，改善了环境卫生状况，推进了沈阳市环境卫生城乡一体化进程。

（篮　飞）

【废弃物管理】 2009年，沈阳市加强固体废弃物管理，严格执行建筑垃圾、工业垃圾处置核准审批程序，全年共核准审批手续298件；对残土运输坚持实行“两点一线”（即出土点、卸土点和运输线路）的全过程跟踪管理。实现建筑垃圾办证率和定点排放率98%的目标。

（篮　飞）

【环卫科研】 2009年，沈阳市老虎冲和大辛两座生活垃圾处理场共处理生活垃圾190万吨，无害化处理率100%。处理污水45万吨。大辛垃圾场完成沼气发电建设项目，于2009年9月18日正式并网发电。环卫科研跃居全国先进行列，全年完成各类科研课题19项，在研项目7项。2009年8月初完成废水、废气、生活垃圾、融雪剂等31项资质认定扩项评审，完善了监测管理体系，扩大了检测服务范围，为环卫行业技术服务打下了坚实的基础。

（篮　飞）

【除运雪】 2009年，沈阳市为保证冬季除运雪质量，实现城市道路“雪中路通、雪停路净”目标，严格按照冬季除雪工作预案组织部署全市除运雪工作，组织专业除雪队伍和社会力量进行除雪，全年共完成除雪任务13场。联合市行政执法局，对23家拒不接受除雪任务、除雪质量不达标的除雪责任单位实施了行政处罚，通过媒体给予了曝光。

（篮　飞）

爱国卫生运动

【爱国卫生月活动】 2009年3月25日—6月30日，沈阳市爱卫会组织全市开展了以“营造清洁环境，迎接60年大庆，构建和谐沈阳”为主题的第21个爱国卫生月活动，并作为“清洁城乡环境，建设和谐沈阳”活动的第一个战役，开展了“八大整治”活动，重点整治了居民区、小街巷路、繁华商贸区等环境脏乱差部位的卫生环境，全市城乡共清运垃圾残土77.99万吨，清理乱堆杂物26.60万处；清理招贴喷涂31.29万处，粉饰137.02万平方米；清除橱窗贴字1.94万处，拆除违规牌匾广告4.67万块，清理违规宣传品2756处。

（白俊珊）

【城乡卫生环境综合整治】 2009年，沈阳市爱卫办组织相关部门开展了城乡卫生环境集中整治活动。从3月初开始，组织相关区，对5条临时机场路沿线的单位、村屯的环境卫生进行了集中整治，保证了临时机场路沿线的环境整洁及交通畅通；组织市交通局整治了14个城市出口路和县级以上公路1978公里，清理石砌边沟384公里，清除垃圾、杂物等2.26万立方米，新植绿化里程200公里；对二环路、三环路两侧防护林带、村屯等部位的垃圾、残土、白色污染等进行了集中清理，共整治重点部位32个，捡拾白色污染50万平方米；会同市铁管办，组织相关区、县（市），开展了为期6个月的铁路沿线环境卫生集中整治活动，重点对京沈线、秦沈线、沈大线、沈丹线等7条铁路沿线开展了环境综合治理工作，解决了七二四明渠、汪家地区、百齐里等一批难点问题；全市共整治三环内城区铁路沿线100公里，三环外城郊及农村铁路沿线240公里，投入整治资金514万元，清理环境脏乱点位100处，清除垃圾残土和残冰积雪1500吨，53个村屯新建垃圾收集设施427个，城区安排400名扫保人员负责铁路沿线日常清扫保洁。制定了迎国庆村屯环境卫生整治实施方案及整治标准，通过建立示范村屯、建立卫生脏点档案、检查督办等方式，落实整治任务，共清运垃圾残土4533吨，清理三堆杂物399处，捡拾白色垃圾20万平方米，完成了对85个重点村屯的环境整治任务。

（白俊珊）

【病媒生物防治】 2009年，沈阳市共投入公共地段消杀经费200万元。投放公共地段灭鼠、灭蚊蝇、灭蟑螂等药品近100吨，组织市疾控中心开展了四害密度灭前、灭后监测活动，鼠密度由2.5%，下降为1.1%，蚊蝇、蟑螂灭后密度均达到国家规定标准。组织全市开展了第21次春季和第22次秋季熏杀越冬蚊活动，在200万立方米的下水道、窨雨井、暖气沟、人防工事等地下空间投放了20吨高效氯氰菊酯熏蚊烟剂。开展了春、秋两季灭鼠和夏季灭蚊蝇活动，首次确定7月4日、14日、24日为全市灭蟑日，组织开展了为期1个月的灭蟑活动，向全市低保户免费发放灭蟑药品。7月4日，在大东区永丰社区举行了灭蟑活动，组织12家消杀公司对该社区的180户居民进行规范的服务。指导居民区和单位增补毒饵站、防鼠网和挡鼠板1000个；督促2300家宾馆、酒店、食品加工、集贸市场等重点行业完善纱窗（帘）等防蚊蝇设施；对公共场所、宾馆、酒店、医院等重点部位开展了专项检查，对300家整改不到位的单位进行了处罚；评选出51家市病媒生物防制先进单位；分期分批对各地区病媒生物防制专业人员800余人进行了病媒生物防制知识培训；通过爱国卫生工作网站（www.syagws.cn）及各新闻媒体，适时发布病媒生物防制常识及各种信息。

（白俊珊）

【农村改厕】 2009年，沈阳市的改厕项目涉及8个区县(市)，29个乡镇，36个村。选择了比较适用北方的室外三格化粪池直排型为改厕类型，厕具产品实行政府统一采购，施工队实行统一招标，按照“五统一”的原则，即“统一培训、统一标准、统一材料、统一施工、统一验收”，保质保量地完成改厕项目7000座无害化卫生厕所的建设任务。组织、协调和指导相关区、县(市)，完成了55个乡镇生态城市创建的改厕工作。制订了市医药卫生体制改革涉农改厕方案及长远规划，成立医改涉农改厕工作小组，完成了医改方案要求的11.34万座旧厕改造工作。根据市妇儿工委两个《规划》提出的要求，完成全市农村卫生厕所普及率达到75%的任务。

(白俊珊)

【卫生创建活动】 2009年，沈阳市评选出市卫生模范单位6家，市卫生先进单位27家，市卫生先进社区16家，市卫生先进乡(镇)3家，市卫生先进村14家。全市有3家单位、6个村获得了辽宁省卫生模范单位、辽宁省卫生村荣誉称号。市爱卫办对获得五年以上的各类卫生先进单位荣誉称号的实行重新申报和复核制度，对2004年获得荣誉称号并存在卫生管理水平滑坡的4家单位，撤销其荣誉称号，收回荣誉牌匾，13家单位保持了创建标准，获得重新命名。

(白俊珊)

【健康教育】 2009年，沈阳市全面推进健康教育与健康促进工作。7月10日，在沈河区红巾社区举行了全市公民健康素养促进行动及全民健康生活方式促进行动启动仪式。全面贯彻落实省卫生厅、省爱卫办等四部门联合下发的《转发卫生部、国家中医药管理局、总后勤部卫生部、武警部队后勤部关于2011年起全国医疗卫生系统全面禁烟的决定》，下发了《沈阳市医疗卫生系统全面禁烟实施方案》，重点在省直、市直医疗卫生机构开展了创建活动。沈阳市被确定为全国“无烟环境促进项目”7个试点城市之一，按照项目要求，签署了市长承诺书，各项工作已进入实施阶段。全市新增9个街道办事处通过省健康街道立项评估。全市评选出29家市无吸烟单位、34家市健康教育先进单位、23家市健康教育达标单位。

(白俊珊)

园林绿化

【重点街路绿化】 2009年，沈阳市实施了重点街路及绿地绿化景观提升工程，共实施青年大街、北京街、北陵大街、黄河大街、文化路、市府大路、北海街、南京街、泰山路、万柳塘路、二环部分路段等11条街路的绿化景观提升。完成栽植树木8.85万株。其中：乔木1.92万株，灌木6.93万株。完成了金廊沿线百联绿地、三星地块、夏宫三角地、二环沿线五爱隧道绿地、沈飞三角绿地、陵东加油站和金廊8号地等7块绿地的景观提升，完成栽植树木3.02万株，其中：乔木3900株，灌木2.63万株。栽植彩叶乔木金叶国槐、金叶榆树，开花亚乔光辉海棠、红肉苹果，开花灌木金钟连翘、什锦丁香、红花麦李，观果树种欧洲荚蒾、水栒子，常绿树种沈阳桧柏、万峰桧等大量阔叶和常绿树种及新优地被植物。

(关庆武)

【春季绿化】 2009年，沈阳市以树木补植为重点，特别是对街路沿线、重要景观绿地树木缺株、缺损等按照原品种、原规格进行全面补齐，维持街路原有绿化风格，完成全市100条主要街路和二环七六七库北墙外、荷兰村门前等30处的绿化补植，共完成补植树木9.56万株。

(关庆武)

【运河水系绿化】 2009年，沈阳市实施了南运河皂角园、怡静园，北运河辽河园、将军园、共青园、博雅园、新乐园、长江园的绿化植树工作。共完成栽植树木2.85万株。其中：乔木2100株，灌木2.64万株。完成卫工河护坡翻修工程，翻修工程分两部分，绿化部分(北一路至仙女湖闸门)；土建部分(北一路至建设大路)。共完成浆砌毛石护坡1577立方米，荷兰砖铺设1.20万平方米，砂底层(40厘米)1.20万平方米，压顶石377.43立方米，平整绿化用地5.49万平方米，铺种草坪5.49万平方米，完成种植土回填7597.8立方米。

(关庆武)

【公园绿化】 2009年，沈阳市完成了北陵公园、东陵公园、南湖公园、科普公园的春季绿化植树工作，共累计完成树木栽植1.05万株，其中乔木5781株，灌木4696株；南湖公园道路改造工程于9月3日开工，10月20日竣工，共完成道路铺装1.55万平方米；大东公园改造工程，共栽植树木1567株，其中：乔木834株，灌木733株。绿篱120延长米，草坪6200平方米。残土外运8697立方米、客土2673立方米、新增绿地面积3763平方米。拆除花窖、管理房、仓库、汽车库、甬路、沥青柏油路共计2539平方米。

(关庆武)

【义务植树】 2009年4月3日，省委、省人大、省政府、省政协，市委、市人大、市政府、市政协的领导，沈阳军区、沈空、96101部队、省军区和省武警总队的首长、官兵与省直机关、市直机关部分干部共500人，在浑南森林公园绿地，位于浑河南岸、长青桥东侧500米处参加全民义务植树活动。共栽植银中杨、白蜡、京桃、刺槐、皂角等树种3000株。同时完成新植树木的浇水以及整理绿地等任务。为保证绿化植树工作严格按照植树技术规范操作，确保树木成活率达到95%以上，市城市建设管理局选派30名技术人员在现场具体指导栽植树木。全民义务植树日当天，和平、沈河、铁西、皇姑、大东、东陵、于洪、沈北新区、浑南新区、棋盘山开发区也积极组织本区的领导班子及驻区单位，在胜利北大街西侧、五里河公园、机校街(上园路)、黄河北大街桥以北、铁西区森林公园、二环航翠园小区南、56中学、浑河南岸长青桥东侧、世博园、云峰社区等地段参加了义务植树活动。市区共有3.49万人参加了义务植树活动，共栽植树木10.9万株，同时还完成了挖坑、整地和清理绿地等工作。

(关庆武)

【花卉装饰】 为迎接建国六十周年，营造喜庆热烈的气氛，沈阳市在4月25日至10月15日，以金廊沿线为重点开展城市花卉装饰工作。以栽植新优品种草花和多年生宿根花卉为重点，在机场路、北陵大街、泰山路、文化路、和平大街、东陵路、五里河绿地、图书馆绿地、五爱隧道出口绿地、沈阳宾馆、市府广场等25条景观街路沿线及其重要点位实施全方位栽摆花卉，其它主要干道沿线及其重要点位按照设计要求实施花卉美化，在金廊重要地段实施灯杆挂花，计划栽植花卉825万株(盆)，实际完成栽植花卉845万株(盆)，其中宿根花卉200万株。组织完成市政府广场、金廊8号地、北陵公园正门、泰山广场四座立体花坛建设，其中市政府广场上的立体花坛由于立意新颖、构思精巧、施工严格、管理到位,花坛照片刊登于人民日报头版。各区完成五座立体花坛的建设。9月27日,在铁西体育场组织栽摆了60万盆时令花卉为"新中国 新沈阳"沈阳市庆祝新中国成立60周年群众歌咏大会营造出会场热烈、喜庆、和谐的气氛。

(关庆武)

【日本·滨松世界立体花坛博览会】 2009年9月19日至11月23日在日本滨松市举办了"2009日本·滨松世界立体花坛博览会",沈阳市完成参赛作品《祈福门》的施工工作,《祈福门》立体花坛采用轻型钢架,钢筋网做骨架,用钢筛网和培养土做基质,栽植近35万株五色草,配以近4000株地栽花卉,在日本滨松立体花坛国际博览会上获得最佳构成奖。

(关庆武)

【济南国际园林花卉博览园沈阳园建设】 2009年,沈阳市参加了第七届中国(济南)国际园林花卉博览会,完成了参展"沈阳园"的建设。展园总面积3103平方米,水面781.5平方米,绿地1283.5平方米,道路与建筑1038平方米。"沈阳园"的建设为增进两市的科学发展和生态文明的建设,宣传、展示沈阳近年来的园林绿化成就做出了良好的示范作用。

(关庆武)

【植物保护】 2009年,沈阳市先后下发了《关于做好沈阳市城市园林有害生物防控预警工作的通知》和《关于开展早春园林植保工作的通知》等,向全市各绿化部门下发了《沈阳市园林植物保护技术规程》(试行本)文件,编辑了《沈阳市常见园林有害生物防治管理办法》,并下发全市各绿化单位。3月13日举办了全市相关绿化部门《2009年沈阳市园林病虫害防治培训班》。拟建古树名木数据库和沈阳市园林病虫害综合防治示范区,在部分绿地示范性地开展了无公害防治技术在园林病虫害防治中的应用。于6月11日,在沈阳市五里河公园举行了突发园林有害生物灾害应急演练现场会。积极筹备开发了沈阳园林植保网,全市园林植保行业管理的监测信息、防治通知、防治通报、工作动态等有关信息可及时在网上发布,各种有害生物的信息交流报送等都可以通过网站达成。

(关庆武)

【抗旱浇水】 8月上旬,沈阳市气温持续偏高,没有有效的降水过程,土壤含水量持续下降。伴随旱情的出现,市区大部分行道树土壤含水量下降,部分街路行道树土壤含水量不足,部分树木出现枯黄、叶片卷缩甚至落叶等树木干旱现象。8月10日,召开了全市绿化抗旱确保树木成活的专项会议,整合所有浇水设备(包括水泵、绿化水车、环卫洒水车)全力投入到抗旱浇水工作中。从8月10日到16日16时,全市共出动绿化专用水车114辆、2052台次,动用水泵127台,累计对121条主要街路、107块绿地、51.64万株树木浇水4.65万吨,极大的缓解了旱情,确保了植物的成活、生长。

(关庆武)

地铁工程建设

【地铁工程建设】 2009年,市地铁建设指挥部在地铁全线开展"大干500天"活动,通过细化工程总体筹划,严格计划执行力度,加强现场施工管理等措施,全力加快工程建设。截至年底,沈阳地铁工程累计完成投资106.8亿元,其中2009年当年完成投资32.7亿元。

一号线工程:截至2009年底,地铁一号线工程累计完成投资76.53亿元,其中2009年当年完成投资19.5亿元。22座车站主体工程全部完成,7月实现西段"车通",12月9日实现双线"洞通",12月29日实现右线"轨通",车辆段与运营控制中心工程基本建成。

二号线工程(一期及南延线):截至2009年底,地铁二号线工程累计完成投资28.07亿元,其中2009年当年完成投资12.93亿元。除市府广场站外其余18座车站开工建设,其中10座车站完成主体工程,8个区间实现贯通。设备系统完成招标,开始生产制造。

(侯　颖)

【工程建设管理】 2009年,沈阳市地铁建设指挥部在科学组织工程建设管理中,重点抓了以下工作。

1. 强化质量管理,抓好"质量年"工作。开展"质量年"活动,通过控制施工工序、严格进场材料监督管理等措施,提高工作质量和工程实体质量。

2. 强化设计管理,规范档案管理。组织完成一号线全部土建及设备系统施工图和二号线车站、区间土建施工图及全部设备专业招标图等设计。实现了招投标、合同、施工图资料的电子文件同步归档。

3. 强化计划调度,规范预算合同管理。增加工程实物量计划、工程项目招标计划、非招标计划和旬计划,加大计划考核力度,增强计划执行力。加强招投标和合同管理,严格工程预结算和计量支付审核。

4. 强化成本管理,有效控制工程造价。加强设计变更和变更设计管理,严格变更程序和审批制度。在新线规划设计中,采取优化线位、站位和工法,减少房屋拆迁量和工程量等措施,降低工程造价。

5. 加强安全监管,治安保卫形势稳定。组织各种安全检查1200多次,消除安全生产事故隐患2000余个。全年没有发生重特大安全事故。继续完善"大保卫"工作格局,加强对重点区域巡查;较好地完成了国庆安保任务。

(侯　颖)

【地铁装备产业化进程】 2009年,新松机器人、东软集团、沈鼓集团、远大集团等24家地方企业参与地铁建设,一号线本地企业承担的设备系统占合同份额的46%。在国家发改委组织的审核中,一号线车辆及机电设备系统国产化率达76.62%。德国沙尔特宝、株洲时代电气、青岛朗进三家企业入地铁产业园开工建设。完成本地组装首列车工作。

2009年,市地铁建设指挥部获得"全国'五一'劳动奖状"。沈阳地铁有限公司获得沈阳市"安全生产先进单位";在全国地铁系统率先通过质量、环境和职业健康安全三体系认证审核。铁西广场站获得"哈长沈"三市优质观摩工程金杯奖,13个单位工程被评为"辽宁省优质主体结构工程",30个单位工程被评为"沈阳市优良结构工程"。

(侯　颖)

城管行政执法

【服务重点建设项目】 2009年,沈阳市行政执法局围绕全市重点项目开展"三进一访”活动，逐个项目发放《规范建设简明手册》，召开开发建设施工单位代表交流座谈会，建立了较为完善的建设市场服务机制，为建设项目提供执法服务1130次，帮助解决建设过程中遇到的问题230余件。按照预防为主的原则，对建设项目实行了全覆盖式的执法监查，努力减少违规行为发生，全年建设项目违规行为发生率14.2%，加大违规售房的查处力度，现场纠正违规售房行为近百起。加强对规划、施工、商品房销售违法行为的查处，维护公平、规范的建设市场秩序。深入23户企业解决难题，为企业发展提供帮助。同时，还出台建设市场执法10项工作制度，从项目负责人、项目建设重点环节等方面完善了建设市场执法工作的制度体系。

（谢子夫）

【参与拆迁拆除】 2009年，沈阳市行政执法局确定了“促开工、保增长，抓拆违、促拆迁”的工作思路，充分发挥执法队伍的优势，积极开展项目用地拆迁拆除及控违工作，全年参与128个项目用地的拆迁拆除工作，拆除面积446万平方米，减少项目落地成本4.4亿元。为项目建设和减少建设成本提供有力保障。同时，深入拆迁现场开展调研，召开全系统拆迁拆除工作座谈会，及时推广引入信访稳定防控机制进行信访风险评估、参与政府拆迁方案制定、实行拆迁预案和领导带班等作法，有效地避免了社会矛盾。

（谢子夫）

【住宅小区综合执法】 2009年，沈阳市行政执法局通过与物业、社区联合开展小区执法，建立了与物业、社区和小区居民沟通联系的桥梁，形成了“物业、社区负责日常管理，执法部门负责依法查处”的良性互动机制。拆除违章搭建16万平方米，清理楼道杂物1.1万处，查处房屋拆改问题1350件、“黑中介”39家。加大绿化执法力度，查处各类侵绿毁绿行为800余起，公开曝光7起案件，督促清除绿化带内垃圾残土8500余吨，实现补植树木8万余株。

（谢子夫）

【冬季执法检查】 2009年，沈阳市行政执法局开展供暖、除运雪等冬季执法活动，对320家供暖企业、1000余个锅炉房进行执法检查，查处实用非标煤、供暖不达标等供暖单位15家，查处用热单位和居民擅自拆改供暖管线、供暖设施、窃取供热用水等违法行为1260余起；对全市2300余个居民小区、1281条社会化除运雪街路的除运雪情况进行了大规模的执法检查，对3500余家社会化除雪责任单位进行动员和督促整改，对145家不按期整改的单位依法进行了查处。

（谢子夫）

【清洁城乡环境建设】 2009年，沈阳市行政执法局第三次承担起全市大型执法活动指挥部的重任，克服时间紧、任务重、资金缺乏等困难，统筹协调全市15个区县（市）、开发区，28个部门，圆满完成了环境卫生、市容秩序、维修养护及薄弱区域管理4个方面、18类、57项工作任务，最后一次社会调查群众满意度为96.79%，显示出普通市民对城市环境明显变化的认同，达到了“整治活动有新标准，城市管理有新变化，群众满意度有新提升”的既定目标。

（谢子夫）

【治理影响市容环境的各类违规行为】 2009年，沈阳市行政执法局对844个街路和点位存在的露天烧烤、沿街摆卖、违规广告牌匾、小招贴等难点问题，进行了全面整治，清理沿街摆卖、店外经营点位3万多处，取缔露天烧烤集中点434处，规范修车、修鞋、报刊点3940个，查处小招贴停机2678部，查处违规广告800处，清理条幅布幔5637个，拆除私搭乱建1365处，取缔无照废品收购站36个，查扣乱排乱卸车辆55台，市容环境得到了明显改善。

（谢子夫）

【解决城市管理中的难点问题】 2009年，沈阳市行政执法局充分发挥职能优势，解决了一批存在多年、群众反应强烈的顽疾。协调于洪区、皇姑区和市直有关部门，对朝一中周边存在的环境脏乱差、违规街路市场、交通堵塞、毁绿占绿等问题环境进行治理，恢复校园周边正常秩序；协调沈河区对中街纸行胡同垃圾积存、路面破损、违章商亭及占道经营等问题进行治理，督促相关街道办事处形成该地区综合改造规划方案；协调大东区对舟泉社区进行综合改造，并引导建立业主委员会，彻底解决该社区物业弃管问题；协调市直相关部门完成鸭绿江北街和文大线环境综合治理工作，使该地区市容环境得到明显改善。

市行政执法局还加强了对13家分支机构整治小招贴工作的指导和检查，严格规范了受理、核实、取证、处罚等重要执法环节，继续保持对小招贴行为的整治力度，2009年已封停电话1万余部。

（谢子夫）

【整合城市管理资源】 2009年，沈阳市行政执法局成立了数字化城市管理筹备办公室，在全国范围内进行调研，形成的建设方案先后通过了市信息产业局、国家住房和城乡建设部专家组的技术论证。在建设过程中，协调人防办、应急办等市直部门，整合现有城市管理资源，克服财政资金紧张、时间紧迫、招聘人员业务不熟等不利因素影响，昼夜兼程超常规工作，仅用4个月的时间就完成了数字化城市管理系统的建设工作，市级平台及部分城区系统已投入试运行。

（谢子夫）

【健全完善市容执法长效机制】 2009年，沈阳市制定出台了《沈阳市重点街路、点位市容环境长效管理责任制目标考核方案》、《沈阳市城市管理行政执法勤务区工作规范》和《沈阳市备案街路市场管理办法》，明确了执法重点区域、工作标准工作责任和运行机制。特别是根据沈阳市商业业态发展的实际，明确提出对街路市场实行备案制以及逐步予以取缔的原则，通过制定严格备案条件、管理原则、监管职责等办法，强化对备案街路市场的监管。

（谢子夫）

【推进行政执法勤务区管理模式】 2009年，沈阳市行政执法局在日常运行机制建设方面，指导各分局科学编排勤务区执法力量，实行新的《勤务区工作日志》，提高了勤务区执法工作的承载能力和办案水平。在基础设施建设方面，完善规章制度体系，统一装修风格和办公标识；在勤务区星级考核方面，将日常执法放在考核评比的首要位置，并将评比调整为一年两次，严格执行星级考评有上有下的机制。截至2009年底，全系统108个勤务区中，5星级勤务区达到14个、4星级27个、3星级29个，95

个勤务区实现了独立办案，40 个勤务区拥有独立办公场所，37 个勤务区完成了统一标识工作。同时，结合各项业务工作需要，培育了 31 个典型勤务区。

（谢子夫）

【开展执法共建活动】 2009 年，沈阳市行政执法局在年初开展的"转变思想观念，推进执法服务"大讨论活动和学习实践科学发展观活动中，深化对执法服务理念的认识，将共建活动确定为执法服务理念的实现载体，完成了开展执法共建活动的思想动员。在广泛签订共建协议后，执法共建活动的作用逐步显现，一大批执法难点问题得到有效解决，校园、医院、非物业小区市容环境明显好转，小区内侵绿毁绿、违规搭建、露天烧烤、饲养家禽等行为基本得到遏制。特别是通过帮助共建对象解决实际困难，拉近了与执法相对人间的距离，赢得了社会更多的理解和支持。同时，召开全系统执法共建工作会，及时对执法共建活动的典型经验进行总结和交流，继续推动执法共建活动的深入开展。

（谢子夫）

【保稳定】 2009 年，沈阳市行政执法局为 127 户贫困户捐款 12.7 万元。按照市信访稳定领导小组的安排，协助市国资委、法库县解决了大量信访积案。做好信访投诉工作，受理投诉案件 1.82 万件，办复率 100%，结案率 98.8%，信访工作始终保持了"四个为零"。提高"政风行风热线"和"民心网"投诉案件办理水平。全年共受理热线投诉 532 件，受理"民心网"投诉 410 多件，在受理量大幅上升的情况下，办结率 100%，息访率 100%，星级率 92%，群众满意率达到 96.7%。

（谢子夫）

公用事业

【沈阳燃气有限公司】 沈阳燃气有限公司是集燃气生产、输配、销售、燃气管网建设、管理、燃气客户服务为一体的大型城市公用企业。

2009 年共有燃气用户约 150 万户，工业和餐饮用户 6000 余户，年销售燃气 3 亿多立方米，销售收入 6 亿元，地下燃气管网 2700 多公里。公司共有在岗员工 4000 余人，其中各类、各层次、各专业技术和管理人员 800 余人。沈阳燃气设立 5 家营业分公司，负责经营市内五区的燃气市场；新北燃气有限公司、沈西燃气有限公司和沈南燃气有限公司，负责经营沈阳周边地区的燃气市场。沈阳燃气下设输配分公司、储配分公司、燃气网络监管中心、气源管理中心、燃气设计研究院、工程安装公司等单位。

（田春丽）

【气源构成与供应】 2009 年，沈阳市燃气销售总量为 2.66 亿立方米。沈阳市气源供应分为天然气、浅层煤成气、人工煤气、发生炉气、液化和压缩天然气、矿井瓦斯气、液化石油气、蜡化厂尾气等八种。

全市现有 16.5 万立方米干式储气罐 2 座、5 万立方米干式储罐 1 座、东北最大的 2500 立方米液化天然气储罐 2 座、3.5 万立方米湿式储气罐 1 座、存储 12 万立方米天然气液化石油气储罐 8 座，全市一次燃气储存能力达 400 万立方米。全市日供气量平均 80～90 万立方米，最大日供气能力 140 万立方米。

5 月 16 日，融麟制气有限公司发生炉正式生产并向用户供气，日产燃气 120～150 万立方米，完全能够满足沈阳市铸锻工业园内多家大型企业的用气需求，投产半年实现盈利 500 万元。

8 月 6 日，沈阳蜡化厂开始向沈阳燃气输送甲烷烃气，最高日供气量 35 万立方米，成为继辽河油田之后的又一个重要气源，为缓解沈阳的供气紧张发挥重要作用。为接收甲烷烃气，公司在蜡化厂安装了一套增富装置，包括混气机、气化器、一条长约 1000 米的中压管线以及附属建筑等。

2009 年冬季出现了全国性的天然气气荒。沈阳燃气有限公司采取一切有效措施，做到了"未停一天气，未停一户气"。公司抽调 100 多名干部成立六个气源采购小组，奔赴新疆、内蒙、青海、陕西、山东、河北、吉林等地，不惜一切代价组织气源，保证足够的气源采购量。沈阳燃气有限公司积极协调辽河油田、沈阳蜡化厂、沈阳炼焦煤气厂，最大限度地满负荷生产，弥补天然气供应的不足。沈阳市开发的抚顺煤层气资源与沈阳周边地区的浅层天然气资源在今年的冬季燃气供应中发挥了重要作用，日供气量达到了 12 万立方米。

（田春丽）

【煤气管网建设】 沈阳市管网总长 2575 公里。2007—2009 年，沈阳燃气有限公司共投资 1.2 亿元用于燃气管网改造。2009 年，共改造 3000 余个 1987 年以前敷设的进户管，沈阳市 20 年以上的进户管线全部改造完毕，全市进户管线运行进入良性循环。

2009 年末，沈阳燃气有限公司启动一批重点大项目，包括位于大青储配管理处院内的 20 万立方米干式气罐，与中石油辽河油田、中石化联合开发油气井、建立燃气热力公司等。这些项目将对沈阳燃气的经济规模和效益产生重大影响，成为新的经济增长点。

（田春丽）

【用户发展与服务】 2009 年，全市燃气用户总户数达到 149.14 万户，用气人口比 2008 年增长 11.86%。

2009 年，沈阳燃气有限公司创新设计、施工理念，为全市用户提供室内燃气管线个性化安装服务。用户可通过 96177 燃气客服热线预约开栓，这充分体现了沈阳燃气"把用户放在心上"的服务理念。

2009 年 3 月 16 日，沈阳燃气安全问检电话开通，改变过去登门宣传安全常识的传统做法。实施电话问检以来，累计问检用户 20 余万户，及时处理各类隐患 274 件。燃气安全电话问检已经成为沈阳燃气服务用户的新亮点。

从 2009 年 7 月 1 日起，燃气检表周期由两个月延长至三个月，减少了对用户的打扰。2009 年 10 月 1 日，全国首条燃气热线 96177 已经开通 10 周年。10 年中，沈阳燃气客服中心共受理用户电话 220 万个，处结率 100%，用户满意率 99.2%，为用户提供了高质量的服务，保障了全市用户的燃气安全。

（田春丽）

【自来水供应与服务】 2009 年，沈阳市供水量4.60亿立方米，售水量3.01亿立方米，同比增长2.2%。全年用水需求增加，采取增水挖潜措施，满足城市市用水需求，投资1322.1万元，完成更新改造井48眼,其中:新打井26眼,增加制水能力6.3万立方米/日;投资资金887万元,改造井22眼,洗井2眼,补井5眼,恢复供水能力3.2万立方米/日。沈阳现有9个水厂,水源地34处,生产水井528眼(其中待改造井21眼),大伙房取水竖井一处。保证了沈阳市夏、冬高峰用水需求。沈阳市重点建设项目,大伙房水库引水配套一期市街管网工程开始施工;确立目标,明确责任,加强监管,全面推行目标管理,水务集团将2009年定为"发展年",在企业面临可持续发展的关键机遇期,面对金融危机的诸多不利因素影响,围绕全年总体工作目标,确保经济平稳较快发展。在系统内全面推行目标管理,与各公司分别签定了"承包经营责任状"和"目标管理责任状";落实全年主要经济指标和管理指标。对辽中、法库自来水公司的管理模式做了相应改进与调整,重新设定了内部组织机构,职能与编制;组建水务集团融投资管理中心、沈阳水务集团物资供应中心、集团公司法律顾问室和沈阳水务科技产业集团有限公司,全面提升城乡供、排、污一体化运营的技术含量和科技水平;编制下发水务集团《企业管理制度汇编》,共15类,84项涉及企业生产经营活动的管理制度;组建水务集团终身教育学院,建立二级终身教育体系;全面推行服务网格化管理,建立凡事有人负责、凡事有章可循、凡事有据可查、凡事有人把关的管理控制体系;开展"履行责任,服务百姓,践行宗旨"等便民系列活动;"22702270"热线系统升级,实现与沈阳市民服务热线96123的对接,成为其分支机构,全年共受理电话10.81万件次,其中反映问题5020件,用户投诉率为0.301%,比上年降低0.095%,办理市人大代表建议11件,政协委员提案2件,办复率100%,代表满意率达到了100%;用户发展实行"一站式"服务,以沈阳市行政项目审批大厅作为对外服务窗口,实行用水户一站式用水项目受理、审批和咨询服务;在夏季H1N1甲流疫情高发期,采取积极措施,做到"早预防,早控制",保证沈阳市供水大局安全稳定,为沈阳市甲流疫情的有效控制起到重要作用。

(*黄贵忠*)

【二次加压泵站接收与改造】 2009年,沈阳市接收泵站152处(其中法库32处),涉及供水面积1159.9万平米、供水户12.9万户、供水人口38.9万人。改造164处自来水二次加压泵站和170公里老旧供水管网,提高入户水质、水压,改善城市居民的饮水条件,被列为市政府20项为群众办实事项目之一。其中泵站改造,完成14处存在水质问题泵站、80处机泵设备老化经常停水泵站、50处供暖与居民争水泵站、20处进户管线老化供水调节量不足泵站的改造工作,涉及供水面积1451万平方米,惠及供水人口64万人。合义泵站位于小北关街50号,始建设于1993年,负责小区20栋居民楼、1506户、5280人的供水任务,供水面积7.52万平方米,泵站给水设备老化陈旧,管道腐蚀严重,使得该地区经常出现供水异常,泵站房屋破损严重,改造后泵站的基础设施、给水设备及运行管网状况得到了彻底根治,满足该地区居民的日常供水需求;承德泵站位于沈河区承德路12—4号,供水面积2.7万平方米,供水户数646户。承德泵站建设于1995年,设备老化严重,耗能高,进水管线因锈蚀结垢严重,管流量大幅减少,泵站进水不足,8月份对该泵站的全面改造,新铺设管线120米,更换潜水泵3台,微机控制柜1台,改造后实现24小时连续供水,满足了居民的用水需求。截至年底,共接收泵站2605处,并网改造泵站1170处,实际运行泵站为1435处,供水面积为1.13亿平米,供水人口483.8万人。

(*黄贵忠*)

【城市供水管网】 2009年,沈阳市完成市街管网配套工程9732米,小区内网改造17.79万米,管网工程合计为18.77万米。其中配套工程13项:华润橡树湾(白山路)工程,490米,管径450毫米;保利上林湾(白山路)工程,959米,管径450毫米;国奥现代城三期(长江北街)工程,960米,管径560毫米;世贸五里河(文体路)工程,675米,管径560毫米;黎明昆山苑(苍山路)工程,240米,管径315毫米;白山路配套工程,1146米,管径560毫米;陵北街配套工程,1007米,管径560毫米;加华小城(规划路)工程,665米,管径450毫米;良城美景(和睦路)工程,345.5米,管径315毫米;名渠街配套工程,1368米,管径560毫米;锦联左岸(临河路)工程,556米,管径450毫米;奥林匹克花园(沈闫路)工程,700米,管径315毫米;铁路机械学校(宁山路)工程,620米,管径450毫米。截至年底,沈阳市市区管网总长度为2788.1公里,管径范围DN75－1400毫米,管网附属设施共有1.42万座,包括:水门8302座,消火栓5947座,测流井、排气井、吐泥井83座。

(*黄贵忠*)

【上水设备维修】 2009年,沈阳市共完成漏水维修3809件,其中:外网1198件,内网2523件,水源输水、导水管线88件,维修及时率98.1%。配备11台管网巡线专用车,提高巡线主动率,巡线主动率达96.5%。首次在供水行业推行管网暗漏检测市场化运作,引入竞争机制,与内外检测单位分别签订检测合同,放开检测市场,全年认证管网暗漏875件,认证避免水量损失2201万立方米。完成DN600以上水门普查及检修304件,排气阀、吐泥阀及测流井检修更换164座,更换消火栓152座,清理管网附属设施埋、压、占81座,保证供水管网的安全运行。

(*黄贵忠*)

【电业概况】 沈阳供电公司承担着沈阳地区9区、1市、3县及两个国家级开发区共计1.3万平方公里范围内的供电任务。公司主业在册人员6081人;集体职工3428人;路灯175人。下设16个供电分公司,拥有39个营业大厅,134个营业所,1个客户服务中心。资产总额100亿元。沈阳地区现有500千伏变电站3座,220千伏变电站18座,开闭站1座,66千伏变电站232座。500千伏输电线路17条,220千伏输电线路76条。66千伏输电线路299条。共有营业户数350.96万户,2009年售电量累计完成181.06亿千瓦时,比上年增长5.85%。历史最大日供电量为7454万千瓦时,最大小时电力366万千瓦。

2009年,沈阳供电公司荣获全国质量活动优秀企业、国网公司内部审计工作先进单位、国网公司文明单位、国网公司离退休工作先进集体、省用户满意企业、省思想政治工作先进单位、省交通安全示范企业以及省公司双文明先进单位等荣誉称号,在市行风评议中实现了行风建设“十三连冠”。

(赵 博)

【电网建设】 2009年,沈阳供电公司完成固定资产投资18.29亿元,其中:基本建设完成12.01亿元,技术改造完成6.28亿元(城网4.12亿元;农网2.16亿元)。新建变电站5座,改扩建变电站19座,净增容量126.36万千伏安,输电线路净增163.20公里。调整了城网“十二五”规划,编制了农网“十二五”规划、配电网“十二五”规划和浦河等三个新区的电力专项规划,做到了沈阳电网与上级电网、城市电网与农村电网、主网与配网的统一规划。针对阻碍电网发展的运行管理、政策法规等突出问题,开展了专题调研,对优化电网结构进行专项研究和分析,搭建了220千伏及以上电网各年段的目标网架,确定了66千伏电网建设与改造的基本原则和方案,增加供电能力30万千伏安,月降损可达28万千瓦时。在细河工业区开展了20千伏配电网可行性研究,并获得了国网公司的立项批准。出台了《关于加快沈阳电网建设若干意见的实施细则》,促进了规划、审批、征地、拆迁等问题的统筹解决。超前做好了2010、2011年建设项目的前期准备。

(赵 博)

【电网安全生产】 截至2009年12月31日,沈阳供电公司实现连续安全生产1478天,实现了安全年。公司牢固树立“安全第一”的思想,以“规范程序、创新方法、提高标准、务求实效”为工作准则。在春、秋检查工作中,抓好“四个突出”(突出现场、突出老网、突出外力破坏、突出外包工程),严把安全关。强化了作业计划刚性管理,实行预案、预警“双预机制”。加大反违章工作奖惩力度,修编了《沈阳供电公司安全生产违章处罚实施细则》。引入三维动画安全虚拟培训系统,实现了《安规》网上培训考试。开展了安全生产执法、治理、宣传教育“三项行动”和“强责任、反违章、抓整改”主题活动,全面进行了隐患排查治理。启动了输变电设备的状态检修,建立了配电缺陷管理系统和设备健康档案,开展带电作业1217次,多供电量808万千瓦时。完成了应急指挥中心的三期建设和应急软件系统的升级,实现了与省电力有限公司和市人民政府的信息共享。公司共开展实战演练18次、1500余人次、160余台车辆参演,全年圆满完成94次298天的保电任务。

(赵 博)

【电力营销】 2009年,沈阳供电公司每月召开经济活动分析会,建立了量、价、费预测、预警、预控机制,实现了当年电费的百分之百回收,居民用户户均欠费压降额度全省最大。以出台制度、调整机构、设置岗位等多种方式全方位深化按台区承包、按线分析的管理模式,开展高损线路分析和营业普查,加大计量改造力度,通过内查与外查相结合打击窃电,努力降损增效。开展了以GPRS预付费、IC卡电能表为主要手段的营销数据自动采集系统研发,新安装GPRS台区表4618块。全方位梳理与规范了涵盖窗口服务、抄核收、计量等营销业务的9个工作标准,搭建了营销管理标准化、规范化的统一平台。继续加大了“一口对外”窗口建设,推行客户经理制度和报装绿色通道制度,接电时间缩短85天,极大地提升了服务质量和企业形象。

(赵 博)

【电力科技进步】 2009年,沈阳供电公司共承担辽宁省电力有限公司科技项目11项,科技创新投入资金2931万元,项目完成率100%,自有资金投入217.8万元。全年共获得辽宁省供电公司科技进步一等奖2项、二等奖2项,技术改进一等奖1项、二等奖2项、三等奖2项,管理创新特等奖1项、三等奖1项,星火激励奖2项;获得省公司质量成果评比一等奖1项,二等奖成果5项,二等奖成果3项;代表省电力公司参加了全国电力行业QC成果发布会,并获得全国电力行业优秀QC小组一等奖。组织并申报了市质量协会优秀QC成果6项,QC成果《提高客户用电异常监测能力》获得2009年辽宁省电力有限公司优秀QC成果发布奖。《新式抄表设备的研制》进入沈阳市前9名,成为沈阳市2009年国家级优秀QC成果预选项目。沈阳供电公司获得了2009年度全国质量活动优秀企业的荣誉称号,并有二项优秀质量成果(QC)获得全国优秀质量管理成果奖。2009年申请发明专利2项,实用新型专利6项,软件著作权3项。已有获得实用新型专利授权3项、软件著作权授权3项。全年共征集学术论文38篇,经过专家评审上报辽宁省电机学会36篇,核心期刊发表论文4篇。《镍钼钢芯耐热铝合金导线》技术标准通过国家电网公司组织的验收。自主创新型科技研发和应用取得重大突破。由公司电缆厂研制的碳纤维复合芯架空导线和间隙型软铝导线分别在220千伏燕龙一、二号线成功挂网运行。导线拥有自主知识产权,综合性能指标达到国际先进水平,填补了国内空白,被国家电网公司列为重大科技项目。

(赵 博)

【路灯建设】 截至2009年12月31日,公司路灯系统实现连续安全生产1536天,年内实现三个百日安全周期,实现了安全年。年度平均亮灯率完成98.04%。完成工程投资4800万元。圆满完成了国庆“保供电、保灯光”工作及各项重大活动期间的路灯保障工作。完成了市、区重点路灯新建及改建工程、2009年老旧社区亮化工程、小街巷照明工程及路灯提升、亮化工程等271项。全年组立金属灯杆2531基,安装小高杆26基;安装高杆灯5基;改造高杆灯8基;立水泥杆909根;敷设地埋电缆线近186.3公里;架设绝缘导线近101.5公里;安装及更换路灯4166盏;安装箱变7台;安装变压器81台。

完成了机场高速路、沈李线等18项市重点路灯新建及改建的工程施工任务;完成了小街巷照明工程共计29项;完成了沈苏快速路(二环—浑南西路)等6条道路的路灯提升工程;完成了浑河北岸6处新建码头亮化电源的电工工程;完成了棋望公路和欧盟工业等24项各区属重点路灯新建及改建的工程施工任务;完成了铁西区32项小街巷照明工程;完成了南湖桥等5项桥梁改造中的路灯迁移工程;完成了黄河北大街松山路站等8项地铁一、二号线站点工程中的路灯拆迁及恢复工程;完成了南湖桥等2处亮化电源工程。

(赵 博)

规划和国土资源管理

【规划编制和管理】 2009年,《沈阳市土地利用总体规划(2006－2020年)大纲》已通过国土资源部审核,并已形成基础资料汇编、规划文本、专题研究等规划成果。

沈阳市国土规划和国土资源管理局组织编制了《沈阳市综合交通规划》、《沈阳市核心区地下空间开发利用规划》、《沈阳市现代建筑产业发展总体规划》、《沈阳市历史文化街区保护规划》等专项规划15项;完成了沈阳市全民健身中心、沈阳市文化演艺广场与服务设施等选址规划项目15项;完成了《沈阳市雨污分流规划建设方案》、《沈阳展览中心交通组织规划方案》等交通、市政项目的规划方案28项。大力推进控详规划编制工作,完成市本级区域共计43个功能片区约280平方公里的控规编制,市本级区域的控规覆盖率达到100%。

加强规划管理,深入开展房地产领域违规变更规划调整容积率问题专项治理,顺利完成了自查自纠和省专项检查。制定了《沈阳市调整容积率指标程序的规定(试行)》、《沈阳市建设项目公示管理暂行办法》等文件,规范容积率等规划条件调整工作。组织召开市规委会18次,审议项目83项。组织完成沈阳市儿童医院扩建改造工程等重点项目建筑方案招标工作。

全年,共完成《建筑立面、环境景观设计方案审定》82件,《建筑立面改造设计方案》10件;核发《建设项目选址意见书》56件,《建设用地规划许可证》139件,《建设工程规划许可证》138件;完成《市政工程规划设计方案审定》211件,《建设工程规划许可证(市政)》242件,《市政工程项目选址意见书》7件。

(冯文彦)

【用地审批】 2009年,沈阳市规划和国土资源管理局通过土地利用计划实施、建设用地报批、土地执法监管等多方面措施,有效保障扩大内需项目用地,提高土地调控政策的应变能力和效果,维护土地管理秩序,坚守耕地红线,促进了全市经济平稳较快发展。

依据土地利用总体规划,共完成项目用地规划调整16项,修改规划总面积11.12平方公里。完成沈抚二号公路、沈丹铁路客运专线、汪家输变电工程等基础设施项目用地预审19项,完成市政府扩大内需项目用地预审42项。认真执行土地利用年度计划,科学合理分配农转用指标。2009年,省政府下达给沈阳市农用地计划指标24.6平方公里,耕地22.57平方公里。

华强集团、南航飞机维修基地、沈阳保税物流中心、中钢集团、龙湖地产、辉山乳业、碳纤维研发中心、沈抚城际铁路等一大批重点项目用地得到了保障。加强征占地批后管理。组织开展供地情况检查,供地水平进一步提高。

(冯文彦)

【土地市场建设】 2009年,沈阳市规划和国土资源管理局全面完成全市1.27万平方公里农村土地调查和597平方公里城镇土地调查,正在进行市、县两级成果编制和标准时点统一更新。完成了沈阳市2008年度城镇地籍调查数据汇总、分析工作。结合全国土地第二次调查和全国城镇地籍调查数据汇总工作,转换城镇地籍调查现状数据,更新历史发证数据库,保证三环范围内历史发证数据的现实性。

日常土地登记发证工作规范开展,全年共核发国有土地使用权证书185件,完成土地抵押登记262件。推进宅基地使用权登记发证工作,缩短他项权利登记的工作时限,积极为用地单位土地资产融资做好服务。

完成辽宁省土地权属状况调查试点示范工作,更新了2007年土地利用数据库,生成2008年土地利用现状数据库,保证了日常地籍管理工作的准确性。

加大了土地收购储备力度,为土地市场提供了充足的指导性地块。全年共储备土地29宗,面积331万平方米。加快地块公告频率和交易频率,促进地块成功出让。2009年,全局干部职工克服金融危机等重重困难,采取有效措施,圆满完成了2009年土地出让金及配套费收缴工作任务,为我市城市建设提供了资金保障。

(冯文彦)

【土地资源保护】 2009年,沈阳市规划和国土资源管理局制定了沈阳市双保工作计划并按照省厅的要求,稳步推进相关工作。通过土地利用计划实施、建设用地报批、土地执法监管等多方面措施,有效保障扩大内需项目用地,提高土地调控政策的应变能力和效果,维护土地管理秩序,坚守耕地红线,促进了全市经济平稳较快发展。

制定了《沈阳市占补平衡管理办法》,加强土地开发整理复垦信息化建设,实现了土地开发整理工作的网络化管理,调动各区积极性,全面调整全市补充耕地体制,有效缓解了全市耕地占补平衡的压力。

坚持依法行政,广泛开展法制宣传。利用"世界地球日"、"全国土地日"、测绘法宣传日集中开展法制宣传活动,完善行政执法责任制评议考核的各项制度,制定《沈阳市规划和国土资源听证暂行规定》、《沈阳市规划和国土资源行政执法监督检查办法》、《沈阳市城乡规划和国土资源管理公示办法》等规范性文件。依法进行行政复议、行政应诉和行政裁决工作,全年共受理行政复议申请52件,撤销1件,维持25件,未审结26件。办理行政诉讼案件17件,撤诉4件,维持4件、未审结9件。共受理行政裁决案件12件,维持5件,驳回1件,在审6件。

圆满完成2008年度卫片执法检查工作并一次验收合格。2008年度卫片执法检查共核实图斑1323个,涉及宗地1211宗,总面积2438.27公顷。发现违法用地261宗,面积346.73公顷,对符合立案条件的258件案件已全部立案,下达行政处罚决定246件,查处率95.3%。畅通案件举报渠道,开通12336国土资源违法案件举报电话,查处群众举报及上级交办违法案件22件。

逐步建立局信访办、驻市信访大厅办公室、各相关处室及分局配合的信访联动机制,开展"信访积案化解年"活动,上访总量比上年有所下降,确保了国庆60周年期间信访工作稳定。全年完成接访332批2561人次,办理信函125件,办复上级转办信访事项68件。

(冯文彦)

【矿产资源管理】 2009年,沈阳市规划和国土资源管理局组织编制沈阳市地质灾害防治规划,为全市地质灾害防治工作提供科学依据。强化储量管理,全面开展矿产资源储量动态监测工作。完成矿产利用现状调查,规范矿业权管理,逐步建立起良好的矿产资源开发秩序。积极开展矿业权核查工作,实地核查探矿权19个、采矿权178个,开展探矿权、采矿权招拍挂出让制度执行情况专项清理,加强矿业权审批管理,实行网上审批,规范审批程序。完成地质灾害危险性评估30项、矿产资源储量压覆审核12项,出具免做地质灾害危险性说明书27份。

(冯文彦)

环境保护

【概况】 2009年，沈阳市环保局深入开展学习实践科学发展观活动，扎实推进生态市创建、减排攻坚和辽河流域污染治理，有效促进了沈阳市经济社会与环境的持续协调发展。年度环境空气质量优良天数达到328天；辽河水环境质量改善明显，历史上首次达到Ⅲ类水质标准，主要污染指标连续十二年实现出境水质好于入境水质；浑河水质持续改善，主要污染指标达到国家地表水Ⅳ类水质标准；城市集中式饮用水源地水质达标率达到100%；城市区域环境噪声、道路交通噪声稳定达标；全市生活垃圾和危险废物安全处置率稳定在100%。

（刘 冰）

【生态城市建设】 2009年，沈阳市生态城市建设工作紧紧围绕"五大任务"和"三大目标"，加强生态环境建设，超额完成了年度生态市建设工作任务指标并取得了新突破。生态市创建考核指标达标率从2008年的62.5%提高到70.8%。一是东陵区通过国家生态区验收，成为东北地区首个国家生态区；沈北新区、棋盘山开发区通过了国家生态区技术核查；苏家屯区、辽中县、于洪区通过国家生态区(县)省级验收；和平区成为全省首个省级生态城区并在全国城区的生态创建工作中起到了示范作用。二是环境优美乡镇创建以村镇环境综合整治、环境基础设施建设等为重点，进一步扩大创建区县和范围，所有8个涉农区县全面参与创建。已有30个乡镇通过了全国环境优美乡镇的验收，使沈阳市全国环境优美乡镇数量达到了56个。三是在城区大力开展了"绿色社区"创建工作，500多个社区参与了创建。通过宣教和示范工程等软硬件建设，提升市民的环境保护意识和生态文明意识，改善人居环境质量。全市有101个社区通过市绿色社区的验收。四是建成了30个村镇污水处理设施，建设了2个县域垃圾填埋场、20个垃圾中转站，农村城镇污水和垃圾处理能力全面提高，污水和垃圾处理框架体系基本形成。五是全面开展了"村屯环境综合整治、畜禽养殖污染治理、垃圾处理系统、镇村污水处理、农村改水、绿色农业推广、绿化建设"等重点工作，整治了100多个村屯，50多个乡镇在污染治理、改水改厕、绿化美化、生态修复、农民人居改善等方面取得突出成效，受益人口120万人。全市无公害绿色农作物生产面积达到60%以上。实施乡镇、村屯、校园、园区等绿化建设，完成村庄植树700万株以上，绿化村屯600个。

（刘 冰）

【污染减排】 2009年，沈阳市化学需氧量在提前两年完成"十一五"减排任务指标基础上，又削减化学需氧量7000吨，累计削减率达到24.4%；二氧化硫削减1.5吨，累计削减率达到15.2%，提前一年超额完成"十一五"污染减排任务指标。一是重点开工建设了24座污水处理厂、7家热电企业锅炉脱硫工程和110台35吨以上燃煤锅炉脱硫治理工程；关停2家水泥厂立窑生产线，关停各类污染企业20余家，对36家污染企业实施了限期治理；按照国家减排要求，完成重点污染源在线监测系统建设工作。二是建立污染减排长效工作机制，将全市污染减排任务纳入绩效考核；加大污染减排工程督察力度，联合政府督查室、省环保厅、市人大等相关部门对污染减排工程建设情况进行督查，逐步建立健全了污染减排工作体系和运行保障机制；加强对减排工程的调度，有效组织各区开展污染减排工程建设。三是加大污染减排工程项目监管力度。充分利用"3×6+1"环境监察执法工作平台，加强污染减排监察执法力度。通过下发并落实《沈阳市城镇污水处理厂运行监督管理实施方案》及《沈阳市大气污染减排设施和国控大气污染源管理工作方案》，建立健全污染减排日常管理制度，落实环保报告制度，完善在线监测及中控系统，实行周监察、月调度制度，提高治理设施投运率和净化效率，确保减排设施良好运行，切实发挥其减排效用。四是创新污染减排工作管理方式。研发完成并在全市范围内推广使用《沈阳市主要污染物总量减排信息系统》，每月对全市各项污染减排工程实施调度，及时了解信息，解决问题。

（刘 冰）

【辽河流域污染治理】 2009年，沈阳市紧紧抓住辽河流域污染治理的有利契机，通过开展水污染治理，城乡水环境质量得到持续改善，辽河、浑河干流主要污染指标消灭劣五类水质，达到四类水质标准。一是加快污水处理厂建设。通过现场督办、月报和联合政府督查室督查等形式，全面促进污水处理厂建设进度(共建成22座污水处理厂)。二是实施全市跨行政区域河流出区断面水质考核。对全市辽河、浑河各支流河和北沙河共16条河流、21个出区断面的水质目标按月考核，要求出区断面水质超标的地区和单位按月向市财政局上缴生态补偿金。三是全面开展流域环境综合整治。落实全市八条河流九个行政区域的"河长"负责制，督促各辖区内的"河长"开展河流整治，每月通报全市主要支流河综合整治进展情况，针对存在的问题及时提出整治建议。有序开展了河流各河段河道疏浚、清淤、护坡、绿化等综合整治工作。四是深入开展饮用水源保护区整治。先后下发和转发了省环保厅关于加强水源地安全保障工作文件，各区、县(市)对辖区内集中式饮用水源保护区的周边环境进行专项检查，加强周边环境综合整治工作，确保全市饮用水源水质达标率达到100%；启动全市水源地保护区标志牌的安装工作；各区、县(市)进一步完善水源地保护区管理档案，核定保护区范围。在9个区、县(市)和开发区的18个乡镇开展全市典型乡镇集中式饮用水源地环境调查及评估和水质监测工作。

（刘 冰）

【环境污染防治与管理】 2009年，沈阳市以生态市创建"安静行动"为平台，全面开展建筑施工、餐饮娱乐、机动车、社会生活噪声整治行动。进行了全市噪声整治"攻坚月"行动，完成了100家餐饮娱乐重点噪声源和300家固定噪声污染场所的整治工作，餐饮娱乐信访量同比下降23%，商业宣传等社会生活噪声得到了明显的遏制，建筑施工扰民投诉量同比下降46%，机动车乱鸣笛问题得到有效查处，33个社会生活噪声集中区域的噪声污染问题得以解决。

沈阳市印发了《环境污染责任险试点建设方案》，并确定了铁西、大东、经济技术开发区、蒲河新城四个地区为首批试点地区，年内投保企业达到40家以上；着手开展企业环境行为评价，完成了

《沈阳市企业环境影响评价办法》草稿，开展了首批50家企业的名单选定工作。

沈阳市12座检测站开展机动车网络数据管理，对参加机动车环保检测的全部实施机动车环保智能IC卡管理，免费对201638辆机动车发放了机动车环保IC卡；与市公安局联合开展机动车排气污染道路抽查工作，与市交通局联合开展公交车治理工作，治理改造不达标柴油公交车744台。年检机动车25.65万辆，合格23.16万辆，合格率为90.3%。

沈阳市对涉及环境安全隐患的企事业单位进行环境安全专项检查，重新整理并初步确定了100家风险源名单；全面开展重点污染源动态数据库建设基础工作；加强了危险废物和废弃危险化学品全过程监管，确保了全市生态及环境安全；加大对医疗废物收运处置的监管力度，全面开展全市各级医疗机构安全百日专项检查行动；建立全市重点风险源24小时全天候监管机制，避免发生重、特大环境污染事件。

（刘 冰）

【环境执法】 2009年，沈阳市环保局以执法定量化、规范化、网格化、信息化为标志的"3×6+1"环境监察执法新模式得到全面推行，环境监察部门不断加强执法效力，推行全覆盖网络化定量化"3×6+1"执法新模式，建立新型长效环境执法模式。累计出动的环境监察执法人员5000余人次，检查企业6000余家，重点督察企业400余家。开展中、高考噪声污染专项整治行动，严厉打击建筑施工等噪声扰民行为，确保辖区中、高考生"静音参考、无噪音备考"；完善重点污染企业落实新标准提升改造工作；开展保障饮用水源安全专项执法行动，严厉打击二级及准保护区范围内的污染企业和污染地下水源的违法行为；开展全市污染源督察巡查工作，对沈阳市快乐迪餐饮娱乐管理有限公司、东北制药总厂张士分公司等长期严重违法企业给予重罚；及时发现处理解决了苏家屯危险废物违法排放事件及人大代表投诉的沈海热电有限公司储灰场存在扬灰和随意堆放生活垃圾等问题。

（刘 冰）

【环境科研】 2009年，沈阳市环保局申请国家、省、市各级各类立项课题19项。其中，沈阳市科技专项8项，沈阳市科技计划项目4项，国家环境保护标准项目6项，国家履约项目1项。独立申报国家环保公益项目1项，申报国家环保政策和标准项目2项，与中国科学院高能物理研究所合作申报国家环保公益项目1项，合作申报国家环保政策、标准项目2项。组织完成科技项目验收工作3项。完成了工程设计72项，实际开工项目近30余个，投入运行项目10余个，主要分布在沈北新区、棋盘山开发区、东陵区、苏家屯区、于洪区等。承担了国家水专项课题—城市重污染河道综合整治技术研究（2008－2010年）；细河铁西段污染控制与水环境建设、细河铁西段末端直排污水应急处置工程、进行了蒲河流域的现状调查，对细河、蒲河等重点流域进行了水质、水量调查，并提交了《蒲河污染控制与生态修复技术对策与规划》报告。

（刘 冰）

【环境监测与监控】 2009年，沈阳市建立了"市控重点污染源监测数据管理系统"，实现了用数据库形式上报的市控重点源总量监测数据统计工作，获得监测数据7000个，相关数据9000多个，达到了强化污染源监测数据管理的目的；开展自动监测数据库整理、数据核查、档案补充、现场端调试维护等工作，加大监控系统现场端的维护力度；做好监控系统建设以及验收比对监测；启动基于遥感技术的沈阳市生态环境动态评价与发展趋势预测的研究；同时开展沈阳市生物多样性调查研究，对浑河、辽河6个国控断面、重要湿地卧龙湖、棋盘山水库、团结水库生物监测以及13个自然保护区、浑河两岸植物标本的制作和建档，为沈阳市生态市（区、县）建设提供科学、准确的技术支持；沈阳市环境空气质量日报、预报平台正式投入业务应用。

（刘 冰）

【环境国际合作】 2009年，沈阳市环保局顺利完成第二轮澳大利亚青年大使项目，正式开展日本国际协力机构年长志愿专家项目；通过与美国旧金山美中交流协会、日本川崎市政府、新加坡南洋理工大学、新加坡外交部、日本川崎市环境局、联合国环境规划署和联合国工业组织的合作，顺利实施境外培训项目6个，涉及人员20余人次；组团参加在韩国首尔举办的"第三届C40大城市气候变化峰会"和在加纳召开的以"环境影响评估与人类健康"为主题的第29届国际影响评价协会年度会议；组织召开国际生态城市论坛会议，沈阳市成为全国唯一联合国环境规划署生态城示范城市；成功召开东北亚发展论坛环境分论坛。

（刘 冰）

【环境宣传教育】 2009年，沈阳市环保局大力开展节能减排、国家生态市和环境样板城创建工作，以及推广"3×6+1"环境执法新模式等环境保护工作，进行了大量宣传报道，全年各级各类媒体关于沈阳环保的报道和转载总数达2万余条。其中，在《人民日报》、CCTV、中央人民广播电台等中央级媒体发表了《沈阳被列为生态城示范项目》等报道6篇，在《中国环境报》上头版报道11篇，在《沈阳日报》发表头版报道30余篇。新闻宣传"三固定"模式日趋成熟，《中国环境报》沈阳地方版共刊发11个整版，文字总量近10万字，成为向全国环保系统展示沈阳环境建设成就和最新动态的窗口；在《沈阳晚报》开办的《张晶环保视线》受到了广大读者的欢迎，成为特色鲜明的全国首创的都市报环保品牌栏目；在沈阳电台的《环保讲坛》节目，共播出50期；在沈阳电台《沈阳新闻》节目中的环保报道固定时间段深受市民群众欢迎。在沈阳电视台《沈视早报》节目中开办的"空气质量预报专栏"深受市民群众欢迎。"六五"世界环境日，开展"绿动沈阳——环保形象大使评选"、生态沈阳生态游等20余项宣传活动，在沈阳日报、沈阳晚报同时刊发对开两版的长篇通讯，对沈阳环保的30年风雨历程进行了集中报道；与市妇联、市档案局联合开展节能减排家庭档案建立活动，全市5万户家庭建立了节能减排家庭档案，节能减排理念正在深入人心。环境教育不断深入，与相关部门联合举办沈阳市中小学生社会公益日活动、"地球一小时活动"，举办"新能源与环境"论坛，组织全市中小学参加第七届"ITT"杯全国中学生水科技发明比赛，组织编写《沈阳市小学生环保知识手册》，并印刷1万册向全市小学免费发放。制定沈阳市可持续发展企业援助行动实施方案，并成功申报成为中国环境意识项目2009年度地方项目。

（刘 冰）

建筑·房地产

建　　筑

【概述】 2009年,全市共有施工总承包、专业承包建筑企业1495家,建筑业签订合同额1249.6亿元,比上年增长39.9%。完成建筑业总产值671.2亿元,比上年增长27.5%。在沈阳市注册的法人建筑施工企业在外省完成的建筑业产值151.5亿元,比上年增长58.7%。房屋建筑施工面积3438.3万平方米,比上年增长2.6%;其中本年新开工面积1979.3万平方米,比上年增长0.4%。

(张健　洪斐)

【整顿规范建筑市场】 一是开展建筑工程分包市场检查。市区联动、市建委和市工商局共同配合,以贯彻市政府第9号令《沈阳市建设工程施工分包管理办法》为重点,对各区县建筑工程现场及企业进行了检查,进一步规范了建筑工程分包市场。

二是强化专业合同备案管理。出台了《关于实行建设施工合同和施工分包合同备案管理的通知》,从2009年4月1日起实行,规范了建设施工合同管理。同时,印发了《关于规范〈建设工程委托监理合同〉备案工作的通知》,进一步明确了委托监理合同备案管理工作的原则和责任。

三是开展建设领域突出问题专项治理。按照国家、省有关利用两年时间治理工程建设领域存在的突出问题的要求,沈阳市制定了工作方案,成立了工作领导小组办,对2008年以来城建项目清单提报工作和2008年以来已开工的政府投资和使用国有资金500万元以上以及非国有资金3000万元以上项目进行了清理。组成12个检查组对市直和各区县的项目进行了抽查检查,共抽查检查项目370项。其中,市政交通等类项目297个、公建类项目73个。

(张健　李健夫)

【工程质量管理】 2009年,以落实质量责任为目标,严厉查处各种违法违规行为,全年共下发质量问题通知单707份,停工单39份,责令结构检测通知单45份,查处未办质量监督手续的装饰装修和二次改造工程共110项。对2008年未经验收擅自使用的124项工程在全市工程质量安全大会上进行了通报。开展施工现场质保体系、冬期施工、住宅工程、雨期施工、节能工程以及商品混凝土工程质量的专项检查和专项治理活动;全面加强工程质量检测监督管理,促进工程质量检测诚信、规范。

是工程质量监督。全年共监督建筑工程11439项,7155万平方米,装饰装修工程268项,公用安装工程819项。全面加强市重点工程和大型公共建筑的监督管理,增加监督频率,开展质量巡查,进行重点监管,确保全市金廊工程、市属六所重点医院、地铁工程、奥体项目等重点工程的质量。特别是地铁土建工程项目大面积竣工,主体结构子单位工程验收优良率达85%以上,铁西广场站项目在沈、长、哈三市优质工程观摩项目评比中获优质工程金奖。

二是工程创优工作。全市创鲁班奖工程1项;沈、长、哈三市优质工程观摩金奖6项、银奖9项;创省世纪杯工程18项,省优质主体结构工程77项;创2008~2009年度沈阳市精品工程14项、优质工程81项;创2009年度沈阳市优良工程结构工程331项。

三是住宅分户验收。自2006年沈阳市推行住宅工程分户验收制度以来,做法日渐成熟,程序日趋完善。2009年竣工验收工程2569项、1180万平方米,其中住宅工程2147项、946万平方米,住宅工程"一户一验"覆盖率达100%。

(张健　李洁)

【施工现场整治】 以安全生产标准化的推广、组织和考核工作为重点,开展施工现场环境整治。全市施工现场合格率达到100%,其中特级企业现场优良率达到95%,一级企业达到95%,其他资质等级现场全部达到80%以上。开展了迎国庆施工现场环境综合整治活动。共整治施工现场955个。

开展了迎国庆施工现场环境综合整治活动,制定下发了《关于加强"十一"国庆节期间施工现场安保工作的紧急通知》,实行政府督办,部门负责,群众评议,舆论监督的强化措施。共整治施工现场955个,整治密目网70万平方米,整治围档31公里,整治出口硬覆盖10万平方米,合格率达到100%。特别对停缓建现场、拆迁拆除现场、基坑土方现场进行了专项治理,取得明显效果,满意度超过95%。

通过开展典型施工现场选树活动,集中选树了百个安全生产、文明施工达标施工现场;10个国家级建筑施工AAA工地;20个建筑施工管理"平安工地";对国检、省检取得优异成绩的14个施工现场和日常安全检查综合达标的77个施工现场给予了通报表彰。采取现场办公、综合协调等措施,配合卫生系统开展了施工现场食品卫生、甲流防控工作,起草了应急工作预案,召开专题会议,进行专项部署,开展宣传检查等活动,确保了施工现场未发生作业人员甲流病毒蔓延事件。

(张健　高群)

【建筑安全】 2009年是沈阳市建筑施工安全生产形势较严峻的一年。全市建筑施工2月25日全面开复工，开复工的时间比往年提前了20多天；下半年楼市开始复苏，而且集中新开了240多个项目，跨年的楼盘开始抢工期，赶在九、十月份开盘；地铁1号线加快施工进度，相继穿过滂江街高压线铁塔、中街商业区、太原街时尚广场、沈阳站等高危风险点。全年，坚持"安全发展"理念和"安全第一、预防为主、综合治理"的方针，以项目安全管理为核心，以隐患排查治理为重点，有效减少了事故总量、杜绝了较大以上生产安全事故，建国60年大庆期间实现了零死亡，确保了全市建筑安全生产形势的稳定。全市共发生建筑施工安全生产责任死亡事故6起，同比降低45.5%；死亡7人，同比降低50%，百亿元产值死亡率为0.81。未发生较大以上事故。

一是完善安全监管机构。市安全站编制由28人增加到31人，配备了5台车辆和防护服装。17个区、县（市）及开发区设置了建筑安全站，编制134人，实有158人，一线监管人员103人，车辆27台。

二是开展隐患排查治理。开展春季开复工安全生产大检查、消防安全隐患排查治理活动、拆除工程安全专项整治活动、建筑拆除及建筑施工安全生产联合执法检查、起重设备安全生产专项检查、冬期施工安全生产隐患排查治理活动等全市性检查活动。对每个施工现场的检查和巡查频次超过了4次。

三是实施安全生产许可动态监管。完成了485家安全生产许可证延期、97家企业延期申报、218家企业新办安全生产许可证的初审工作。开展了2次"三类人员"安全考核合格证培训考核工作，考核"三类人员"5000多人。

四是完善建筑起重机械设备管理制度。办理起重机械设备安拆告知手续3631件，告知率超过95%，办理起重机械设备登记860件，起重机械设备《准用证》3564件。同时与区、县（市）建立了起重机械设备安拆告知和登记联系单制度。

五是加大执法监察力度。坚决查处了无安全生产许可证施工、无"三类人员"证管理、无特种作业人员证操作、无安全生产管理机构开工以及不办理安全生产备案和安全生产条件确认、不按规定编制和审批安全生产措施、不办理起重设备安拆告知和使用登记的违法违规行为。全市共下达责令整改通知书3457份，停工整改通知书1825份。

（张健　候志远）

【建筑业企业生产经营情况】 2009年，沈阳市建筑业企业抢抓机遇，积极开拓外埠市场，建筑业生产保持稳步较快增长，企业经济效益明显提高。

2009年，全市共有施工总承包、专业承包建筑企业1495家，其中一级以上企业125家（施工总承包企业51家，专业承包企业74家），占8.4%，二级企业270家（施工总承包企业55家，专业承包企业215家），占18.1%，三级及以下企业1100家（施工总承包企业170家，专业承包企业930家），占73.5%。

1. 合同签订总额持续增长，发展后劲增强。建筑业企业延续2008年合同签订总额持续增长的良好态势，保持企业发展后劲。2009年，全市总承包、专业承包建筑企业签订合同总额1249.6亿元，比上年增加356.4亿元，增长39.9%，其中当年新签合同额815.5亿元，增加227.2亿元，增长38.6%，占合同总额的65.3%。从行业分布情况看，房屋和土木工程建筑业签订合同额为972亿元，比上年增长41.5%，占全部合同总额的77.8%；建筑安装业签订合同额为135.2亿元，比上年下降22.6%，占全部合同总额的10.8%；建筑装饰业签订合同额为136.2亿元，比上年增长4.8倍，占全部合同总额的10.9%；其它建筑业签订合同额为6.2亿元，比上年增长72.2%，占全部合同总额的0.5%。施工签订合同额的增加，为建筑业生产后续发展打下坚实的基础。

2. 建筑业总产值稳定增长，一级以上企业产值占六层以上。2009年，全市完成建筑业总产值671.2亿元，比上年增加145.2亿元，增长27.5%。从资质等级企业看，一级以上企业完成产值425.9亿元，增长18.5%，占全市完成产值的63.5%；二级企业完成产值130.5亿元，增长52.7%，占全市完成产值的19.4%；三级及以下企业完成产值114.8亿元，增长40.9%，占全市完成产值的17.1%。从构成情况看，建筑工程产值557.7亿元，增长22.8%，占全部总产值的83.1%；建筑安装产值111.4亿元，增长58.3%，占全部总产值的16.6%；其它建筑产值2.1亿元，增长4.1%，占全部总产值的0.3%。

3. 省外市场开拓能力增强，外埠建筑市场份额增大。2009年，在稳定本地建筑市场的同时，沈阳市建筑业企业积极开拓外埠市场，除海南、西藏外，在其他29个省均有工程建设，在外省完成的建筑业总产值迅速增长。2009年在外省完成的建筑业总产值为151.5亿元，比上年增加56.1亿元，增长58.7%；在外省完成的产值占总产值比重为22.6%，比上年提高4.5个百分点。

4. 房屋施工面积下降趋势扭转，竣工面积呈现增长趋势。2009年呈现了先降后升的发展态势，下降趋势得到抑制。房屋施工面积从4月下降59.3%，到11月下降12.5%，下降幅度逐渐减缓，到2009年年末，全市建筑企业施工面积达3438.3万平方米，比上年增长2.6%。房屋竣工面积从4月至8月连续下降，到9月起回升增长1%，全年房屋竣工面积完成1559.9万平方米，比上年增长25.3%。

5. 从业人员平均人数增加，劳动生产率与上年持平。2009年建筑业计算劳动生产率平均人数为51.3万人，比上年增加11.2万人，增长28%，按建筑业总产值计算的劳动生产率为13.1万元/人，与上年基本持平。从企业资质等级情况看，资质等级越高，建筑业劳动生产率越高，反之越低。2009年一级以上企业建筑业劳动生产率为14.4万元/人，高于全市平均水平，二级及三级以下企业建筑业劳动生产率分别为11.7万元/人、10.9万元/人，低于全市平均水平。从行业情况看，从事铁路、道路、隧道和桥梁工程建筑的企业劳动生产率为14.5

万元/人,从事装饰、安装的企业劳动生产率分别为14.2万元/人、14.1万元/人,而从事房屋工程建筑的企业劳动生产率为11.5万元/人,明显低于其他行业。

6. 企业经济实力不断壮大,经济效益得到明显提高。2009年,全市建筑企业拥有施工机械设备7.2万台,比上年增长16.6%,设备净值为21.6亿元,增长23.1%,实现利润总额20.4亿元,比上年增长23.8%。从行业分布看,房屋和土木工程建筑业实现利润12.7亿元,比上年增长1.2倍,占全部利润的62.3%,建筑安装业实现利润3.5亿元,比上年下降64.3%,占全部利润的17.2%,建筑装饰业实现利润4亿元,比上年增长4.9倍,占全部利润的19.6%;其它建筑业实现利润2000万元,比上年增长6.9倍,占全部利润的0.9%。

(王丽春)

房地产

【房地产市场综述】 2009年,沈阳市通过落实活跃房地产市场25条新政策,进一步推出提高公积金贷款额度、“押旧房买新房”等措施,积极吸引开发投资、鼓励住房消费,房地产开发规模不断扩大、开发投资平稳增长、商品房销售稳步回升,房地产市场保持了平稳健康的发展态势。

1. 房地产开发投资增速呈现前高后低走势。前8个月,房地产开发投资一直保持较快增长,平均增速达到28.6%,从9月份开始,投资呈现理性回归,增幅逐月回落。1—9月开发投资增长25.1%,1—10月增长23.1%,1—11月增长21.2%,到2009年年末,全市房地产开发投资完成1188.7亿元,比上年增长17.6%。其中,商品住宅投资完成802.1亿元,比上年增长10%;办公楼投资完成61.3亿元,增长32.3%;商业营业用房投资完成262.9亿元,增长50.5%。

商品房施工面积6847.9万平方米,比上年增长17.1%,其中,商品住宅施工面积5068.5万平方米,增长14.9%;办公楼施工面积255.9万平方米,增长31.7%;商业营业用房施工面积1222.4万平方米,增长39%。

2. 商品房新开工面积先抑后扬。2009年前5个月,房地产开发新开工面积急剧下滑,降幅达24.2%,为进一步扭转其颓势,市政府积极采取鼓励房地产市场发展的有关政策,使开发商投资信心得到恢复,新项目和分期施工的后续项目纷纷开工建设,新开工面积明显增多。1-6月新开工面积扭转下滑势头,出现0.3%的正增长,1-9月增长10.7%,到2009年年末,开发新开工面积实现2451.1万平方米,比上年增长3.6%。商业地产新开工情况较好,商业营业用房新开工面积395.5万平方米,比上年增长22.6%,占全市新开工面积的16.1%,比上年同期提高2.5个百分点;办公楼新开工面积99.1平方米,比上年增长1.9倍,占全市新开工面积的4%,比上年同期提高2.6个百分点;商品住宅新开工面积1879.7万平方米,增速基本与上年持平。

3. 商品房销售走出低谷,销售市场出现回暖。2009年前5个月,商品房销售面积呈下降趋势,1—5月,商品房销售面积下降19.8%。通过举办房产交易会,推出提高公积金贷款额度、“押旧房买新房”等政策,有效地拉动消费需求,6月份商品房销售市场开始出现回暖。1—6月商品房销售面积增长5.2%,1—9月增长12.8%,到2009年年末,全市商品房销售面积1532.9万平方米,比上年增长4.6%。其中,住宅销售1369.3万平方米,比上年增长4.8%。

存量房市场交易异常火爆。2009年市二手房成交731.8万平方米,比上年增长37.7%,成交金额227.1亿元,比上年增长55.6%,其中,住宅成交641.1万平方米,比上年增长68.6%,成交金额196.7亿元,比上年增长101.7%。

4. 商品房空置适度。2009年,全市商品房空置面积616万平方米,比上年增长14%,其中空置一年以上面积401.9万平方米,比上年下降7.2%,商品房空置消化的效果比较明显。在空置一年以上面积中,住宅空置292.4万平方米,比上年下降3%,办公楼空置21.2万平方米,比上年下降22.4%,商业营业用房空置66.5万平方米,比上年下降23.9%。

5. 开发资金对信贷依赖较大。2009年,全市房地产开发到位资金1496.3亿元,比上年增长23.8%,比同期房地产开发投资增幅高6.2个百分点,其中,本年到位资金1369.3亿元,比上年增长28.5%。从构成来看,适度宽松的货币政策,为房地产开发建设提供了资金保障,国内贷款增幅最大,为183.2亿元,比上年增长117.3%,占本年到位资金的13.4%,比上年同期提高5.5个百分点,个人按揭贷款68.1亿元,比上年增长65.5%;开发商企业自筹资金744.3亿元,比上年增长23.9%,占本年到位资金的54.4%,利用外资83.6亿元,比上年增长9.5%;定金及预收款238.1亿元,比上年增长21.1%。

(柳东升)

【房地产市场管理】 2009年,市房产局等相关部门按照国家解决涉及民生问题、降低住房交易税费、支持居民购买住房的政策精神,坚持落实市政府出台实施的“25条”房产新政有关政策,服务于全市“保增长”的工作大局,推动沈阳市房地产市场稳定健康发展,开创了房地产交易稳定增长的良好局面。全年采取的措施及取得的成效主要体现在以下四个方面:

1. 积极落实市政府“25条房产新政”。年初以来,在全国宏观经济逐步企稳和一线城市房地产市场出现较大波动的形势下,市房产局及各区房产部门积极贯彻落实市政府“25条房产新政”有关房产交易、房屋登记方面各项手续费减半收取的规定,个人购买商品房缴纳维修基金按现行标准75%收取的规定,房交会按原政策标准实行购买住房发给补助款的规定,大力促进居民住房消费,同时借助降税鼓励政策的强有力支持,拉动居民住房消费取得了好于其他同类城市的明显效果。特别是落实市

"25条"房产新政的税费优惠政策力度较大,对推动发展存量住房市场产生的效果更为明显,另外还在举办房交会期间推出了"押旧房买新房"主题活动,积极推动住房市场实现卖旧买新的有效联动,增加存量房转让成交量和商品房销售量。全年实现商品房销售面积1396.15万平方米,同比增长5.76%、突破了原定1380万平方米的目标,商品房销售额584.74亿元、同比增长17.61%、突破了原定520亿元和省政府下达同比增长15%的目标;存量房转让成交面积731.76万平方米,同比增长55.6%,其中存量住房转让成交面积641.05万平方米,同比增长68.6%。

2. 坚持办好房交会促进市场活跃繁荣。以举办春、夏、秋三季房交会为主要载体,同时配合开展了3月份的"百姓购房周"、"红五月百姓购房节"、赴沈阳经济区各市巡展和优质服务等系列活动,营造了活跃繁荣、健康良好的市场交易氛围和环境。自春季房交会以来,开设了百姓购房网,现已有房地产开发企业的66座楼盘入网展销,为市民群众搭建了新的购房服务平台,形成了不落幕的网上房交会。还积极指导举办区、县域房交会,辽中县、新民市、苏家屯区分别先后举办了本区域的春季房交会,铁西新区举办了春、秋两季房交会,使区、县房地产市场呈现了新的活跃局面。

3. 创新举措大力发展房屋租赁市场。一是组织市、区两级部门在全市范围内开展了租赁市场摸底调查,共收集整理房屋租赁基础数据信息30余万条。二是建设了房屋租金参考价格体系,实地调查街路69条,绘制市内七区电子地图63块,对主要街路的价格进行了多次测算,共测算租金参考价格发布信息1500余条。三是进一步加强了房屋租赁协管体系建设,与公安、综治部门联合开展了出租房屋和流动人口的清理整顿行动,共整理出租房屋信息11万余条;同时开展了建立《房屋租赁编码卡》的模拟试点工作,为完善社会化综合管理体系奠定了基础。2009年,全市完成房屋租赁登记备案面积446.4万平方米,其中市房屋租赁管理中心办理的非住宅房屋租赁登记备案8281件、面积254.5万平方米,同比分别增长17.5%和25.2%。

4. 做好房地产市场运行分析和预警引导工作。强化对房地产市场走势分析、研究和预测工作,着手开发房地产统计软件,建立健全房地产市场分析体系,全面提高房地产市场分析水平;通过发布房地产交易信息,突出市场销售、供应方面的重点内容,及时有效地引导房地产开发企业,面向市场主流需求增大中小套型、中低价位商品住房开发建设的供给量,促进继续改善沈阳市的住房供应结构;收集掌握国内外市场发展态势,完善房地产统计和信息披露制度,组织业内专家和企业家接受媒体采访、公开发表理论文章、举办形势分析及信息发布会、网上公布数据信息等方式,加强正面舆论宣传,促进稳定市场预期和信心,并及时有效地服务于政府决策,引导调控房地产市场持续健康发展。

（杨　剑）

【住房改革】　一、住房分配货币化补贴创历史新高

2009年,全市共审核发放货币化补贴资金单位481个,补贴职工12351人,补贴未达标面积4103万平方米,发放补贴资金3.78亿元。全市累计审核单位2256个,补贴职工52082人,补贴未达标面积242.17万平方米、20.68亿元。

一是加强引导稳固市直单位货币补贴。完成了2008及2009年度市本级指标资金1亿元的协调落实和审核划转工作,积极引导无指标资金单位利用自有资金发放补贴。二是积极推进指导城区县市补贴工作。通过下达指标计划、会议督导、实地指导和集中培训等方式,积极推进城区货币化补贴工作。浑南新区实现启动发放的突破性进展。三是探索创新建立货币补贴三级帐户。在沈阳飞机设计研究所等3个单位试点建立了货币化补贴三级帐户,固化补贴资金3995万元。拓展企业补贴形式,引导企业利用自有资金发放补贴5000多万元,是上年同期的6倍多。

二、出售公房疑难遗留问题取得新突破

2009年,全市共出售自管公有住房8741户,48.3万平方米;审批疑难代售公有住房3310户,14.34万平方米,处理1922户职工房改遗留问题,涉及住房17万平方米。全市累计出售公有住房5044.40万平方米,回收售房款79.42亿元。

一是解难破冰,打开疑难代售工作新局面。通过召开座谈会、调度会和协调会以及现场办公等多种方式和措施,推进疑难代售工作。二是认真研究,着力解决房改遗留问题。集中处理了东北大学、新光集团、刑警学院、水务集团等一批中直单位、科研院所的房改遗留问题,为维护社会稳定做出了贡献。

三、房改资金使用管理更加精细化科学化

2009年,全年共审批支取房改资金2520.15万元,其中维修资金1045.23万元,售房款1474.92万元。用于发放货币化补贴902.35万元,住房维修1608.08万元。全市累计审批支取房改资金35.05亿元,其中,维修基金1.58亿元,售房款33.47亿元。

一是通过管理精细化保证专款专用。建立了售房款和维修资金使用台账和明细账,加强了房改资金监管力度,确保房改资金的正确使用方向。二是通过管理科学化提高使用效率。建立了产权单位维修基金台帐,对支取维修基金的产权单位进行现场勘查和全程跟踪,满足百姓维修住房需要。

（郭丽秀）

【住房保障】　2009年,按照国家及省政府的要求,结合沈阳市的实际情况,将解决全市低收入住房困难家庭的住房问题写进了政府工作报告,并列为沈阳市2009年的20件实事之一,承诺以经济适用住房货币补贴的方式满足低收入家庭的购房需求。

一、经济适用住房货币补贴工作

按照全年总体目标,结合当前的经济及房地产市场的变化,参照外省市在开展经济适用住房保障取得的经验,将沈阳市经济适用住房保障由单一的实物

建设体制改变为以货币补贴为主，兼顾实物建设为辅，实行两条腿并行运行的方式。鼓励有条件的区县及独立工矿区，通过建设经济适用住房，以解决本区县（市）或本单位低收入住房困难家庭的住房问题。

按照规定和平区、铁西区、沈河区、大东区、皇姑区、东陵区、于洪区的低收入住房困难家庭经申请、审核后，可申请的经济适用住房货币补贴标准为5.5万元/户；苏家屯、沈北新区（含蒲河开发区）、浑南新区、棋盘山开发区的补贴标准为4.4万元/户；新民市、辽中县的补贴标准为1.8万元/户；康平县、法库县的补贴标准为1.3万元/户。

经过全市16个区县住房保障部门的努力，全市全年申请经济适用住房货币补贴的低收入住房困难家庭约9000多户，经审查合格的家庭为7816户，已发放经济适用住房货币补贴1.18亿元，其中市财政筹集资金5490.4万元（资金缺口为2.5亿元）。

于洪区、大东区、沈阳铁路局新开工经济适用住房面积91万平方米，年内完成投资约3亿元（不含土地购置及拆迁补偿费），可满足约1.4万户低收入住房困难家庭的购买需求。

二、廉租住房保障工作

2009年，按照市政府的工作要求，全市16个区（开发区）、县（市）共向14092户人均住房面积16平方米以下的低保和低保边缘家庭发放租赁住房补贴资金5002.36万元；为租住直管公房的2210户低保和低保边缘家庭核减租金44.8万元。全市累计发放租赁住房补贴1.3亿元；租金核减353.45万元。

一是开展住房核查夯实工作基础。开展低保和低保边缘家庭住房核查。完成了全市7.6万余户城市低保和低保边缘家庭住房情况核查工作，并建立了规范的市、区两级核查情况纸质档案和电子档案。

二是开发信息系统提升管理水平。在对低保和低保边缘家庭住房情况进行核查的基础上，建立了市、区、街三级信息管理系统，为实现网上申请、审核、审批及公示，全面提升沈阳市住房保障管理水平创造条件。

三是配合国家审计做实各项工作。配合国家审计署完成了对全市住房保障有关工作的审计，并按审计整改要求进行了自查整改，使沈阳市住房保障工作更加扎实。

四是加强政策研究探索创新思路。以学习实践科学发展观为指导，加强政策调研和创新研究，提出了调整廉租住房保障租赁住房补贴发放方式的新思路，并做好政策调整的准备工作，为全市住房保障实现新发展奠定基础。

（孙荣华　郭丽秀）

【产权产籍管理】 一、健全完善了信息网络平台和房屋登记相关制度

房地产市场信息系统大网二期工程（简称大网二期）于2009年1月4日上线运行，新的网络系统中增加了房屋登记管理系统功能，建立了从业主体管理和项目管理系统，丰富和完善了测绘及成果管理系统，建立了基础数据库和房屋电子登记簿，利用信息技术手段加强了房屋登记工作的安全性。6月24日完成了商品房网上备案系统的升级完善工作，提高了网上合同备案的速度，为统计分析提供依据，使网上备案与预告登记有机结合，并为开发企业提供了销售统计管理服务；7月1日建成了网上抵押预告登记系统，实现了与开发商、金融机构的网上联动。在房屋登记管理方面，通过广泛收集权属登记及交易部门实际工作中遇到的疑点和难点，科学分类、归纳，先后起草形成了《房屋初始登记等八项工作业务规范》和《关于房屋登记工作中若干问题的处理意见》。制定实行了《房屋登记数据规范》、《业务质量问题责任追究办法》等具体业务工作制度，对改进和规范房屋登记工作、加强业务管理起到了积极的推动作用。

二、推进规范化管理服务赢得了全国和省级先进称号

市房产局依托“大网二期”建设新平台，结合房屋登记及交易业务实际，完善网上业务流程及相关功能，于2009年11月份圆满完成了网上业务运行的阶段性验收工作。办理业务流程中增加了前置扫描采集人像、启用CA密钥认证等必要的安全保障功能；在全部完成了房产档案扫描入录和数据核查工作的基础上，建立了完整的房屋电子登记簿；现已实现了网上自动办理商品房买卖合同登记备案、与相关银行远程联网办理预购商品房抵押权预告登记，体现了信息化业务平台的快捷高效优势；通过编辑印制完整的业务工作手册，完善各项业务工作具体制度，促进全面提高了规范化管理水平。经国家住建部检查组考核验收，被住建部公布为“全国房地产交易与权属登记规范化管理先进单位”。

三、继续进行了商品房登记办证“解遗”工作

按照市委市政府确定由市信访局牵头处理历史遗留问题不能办证工作方式，结合实际逐渐形成了按“项目受理、现场调查、联席会议审定、形成文件、社区公示、协助完税、组织发证”一系列流程进行的相对固定程序。全年，共为“四季箐华”、“中华园”、“金科大厦”等15个项目、8318户居民办理了产权证。

（杨　剑）

【城市房屋拆迁管理】 2009年，沈阳市共完成拆迁建筑面积63.5万平方米（其中：住宅面积48.9万平方米，非住宅面积14.6万平方米），拆迁居民10862户；完成拆迁成本核算43项，涉及拆迁面积62.9万平方米，审核补偿安置资金47.6亿元；受理拆迁裁决案件573件，做出行政裁决336件；办理行政复议案件10件；办理行政诉讼案件18件；受理行政强制拆迁184户，报请审批134户，实施40户；全年接待群众来访725人次、来信48件、来电3545次，参与调解2511件，调解成功965件，全年未发生大规模集体上访事件。

1. 新开项目服务力度不断增强。为实现“保增长”任务目标，进一步加强服务意识，提高服务质量，为市招商引资重点项目和市政建设项目做好审批服务工作。对符合条件的项目，将审批时限由原来的15天缩短至5天，为及时启动项目创造有利条件。

2. 深入一线工作力度不断增强。为加快推进重点项目拆迁进度,全员深入拆迁一线,并派遣以业务骨干组成的工作组,长期驻扎重点拆迁项目,动态掌控项目进展情况,及时发现拆迁过程中存在的问题,并协助配合各区制定相应的措施和方案,对各区的具体操作,提出合理意见和建议,通过适时介入行政裁决和行政强制拆迁,以点带面,形成合力,有效促进剩余居民搬迁。

3. 信访案件调处力度不断增强。为确保全国"两会"和"国庆60年"期间信访工作稳定,不断增强信访调处力度,积极配合省厅"化解年"活动,继续落实"信访月例会制度",加强市、区两级沟通,共同研究化解矛盾纠纷;继续严格执行信访稳定区域负责制,坚持"以区级调处为主、市拆迁办协调配合"原则,督导各区妥善处理拆迁信访案件。

4. 历史遗留化解力度不断增强。拆迁历史遗留问题,时间久远,成因复杂,牵涉面广,为彻底解决因此带来的缠访、常年访、越级访等问题,通过采取领导包案,定期督办、定人定责等措施,集中化解了一批历史遗留案件。其中上访人杨明、杨树奇、赵慧、于赢、张秀莲等5个常年缠访的历史遗留案件均已结案息访。

(蔡方兴)

【城市供热管理】 沈阳市现有供热面积为2.1亿建筑平方米。其中:居民住宅供热面积为1.62亿建筑平方米,占总供热面积的77.14%;非居民住宅供热面积为4800万建筑平方米,占总供热面积的22.86%;热用户218万户。集中供热面积1.83亿平方米,集中供热率87%。全市现有供热企业(单位)320家。其中:国有供热企业(单位)117家;非国有供热企业(单位)203家。沈阳市现状热源为1202座燃煤锅炉房,868座换热站。供热管网总长度7551公里。

1. 落实区域管理责任,确保区域供热稳定。为进一步做好供热工作,市政府主要领导分别与各区政府主要领导签订了《供热工作目标责任状》,深入落实"行业管理、部门联动、区域管辖和行政首长负责制"原则;将供热工作纳入对各区绩效考评的重要内容,定期督查和考核,确保了责任落实和任务落实。开栓前,各区政府相继召开会议,安排本采暖期的供热工作,完善了区政府、街道、社区三级包保体系,定期检查供热工作。

2. 加大调度和督察力度,确保供热质量。市房产局按照"早三修、早收费、早储煤"和"加强监管"的原则,切实抓好供热各项准备工作,供热系统经试运行,2009年11月1日前全市热源开栓率达到了100%。开栓以来,供热运行情况总体良好。为进一步提高供热质量,市房产局对供热运行和服务工作提出具体要求;建立了每周调度会制度,及时部署供热工作;建立了调度令,根据气温变化,对供热单位进行工作指导;建立了供热运行监测中心,对规模以上热源运行参数进行在线监测。市房产局建立了全方位的供热指导巡查体系,加大了对各区、供热单位服务工作的监督检查力度,发现问题,及时处理,确保供热质量。

3. 做好供热系统节能改造和热计量工作。按照住房和城乡建设部、省政府关于供热计量改革的要求,2009年,与市建委建立了联席会制度,定期研究推进供热计量的具体措施;下发了《沈阳市开展供热计量改造实施方案》、《关于民用建筑采暖系统设计、安装热计量装置有关问题的通知》和《关于沈阳市国家机关办公建筑和大型公建开展供热计量改造工作的通知》;组织实施了供热计量产品的招标、采购,投资3700万元;在全市12个供热区域(153万平方米)开展了既有住宅热计量改造工作。

4. 进一步完善监管政策。2009年,在解决室温不达标退费方面有了新的突破,出台《沈阳市居民住宅供热室温检测及不达标退费标准暂行规定》,并对相关人员进行业务培训,做好居民室温检测及不达标退费的政策宣传和实施前的准备工作;制定《沈阳市供热质量保证金的补充规定》、《关于解决居民采暖收费工作若干问题的通知》和《沈阳市供热行业标准》;对全市供热单位进行资质年检;进一步完善供热质量保证金制度和信誉等级评定制度,规范供热市场秩序。

5. 加大供热保障力度。沈阳市进一步加大保障力度,继续对低保户、低保边缘户和特殊困难企业职工的采暖费实施补贴;继续实行供热价格补贴政策。本采暖期,全市供热保障金总计3.38亿元,其中1.22亿元用于对困难群体进行补贴,1.61亿元用于供热价格补贴,1000万元用于供热应急资金,采购供热应急煤炭7.5万吨。另外,各区政府共筹集供热应急资金3150万元、采购应急煤炭4.5万吨。

6. 完善供热应急预案。为有效应对供热突发事件和锅炉房弃管等情况,沈阳市进一步完善了《沈阳市冬季供热应急预案》,共组建了22支供热应急队伍,其中:市级供热应急队伍9支、区级供热应急队伍13支。市级应急队伍人员达到300多人,车辆、发电机、潜水泵、水电焊机等设备120多台。供热行业管理部门与信访、公安、行政执法、城建、电业、自来水、气象等相关部门建立了工作联系制度,建立了应对供热突发事件的协调联动机制。

(丁　丽)

【住宅区物业管理】 2009年,沈阳市房产局住宅区物业管理工作以关注民生、房产惠民为立足点和出发点,围绕房屋维修和物业管理两大方面开展各项工作。

一、房屋维修方面

1. 全市各区成立区域"房产110",解决房屋应急维修问题。为解决沈阳市老旧房屋出现紧急情况的应急维修问题,充分体现以人为本的观念,2009年,沈阳市房产局以市政府办公厅的名义印发了相关文件,在全市各区成立区域房屋应急维修站,简称区域"房产110"。区域"房产110"为市场化运作的服务性企业,负责本辖区内没有实行物业管理的老旧小区房屋的应急维修工作。全市各区借鉴"沈河110"成功运作模式,共成立了8个区域"房产110"即区域房屋应急维修站,明确了16项维修项目及对应市场参考价格,制定了房屋应急维修站工作职责,实现“54321”工作准则。

2. 实施屋面漏雨和下水疏通专项治理行动。2009 年,市房产局组织各区专项开展弃管房屋面漏雨及下水维修、疏通专项整治工程,解决弃管房居民的实际困难。全年完成屋面漏雨修缮工程 1432 栋,屋面防水面积为 113.91 万平方米,更换下水管道 8000 米,维修、疏通 11.4 万米。通过上述专项治理工程,极大地缓解了全市老旧房屋存在多年的维修难题。

二、物业管理方面

1. 创建物业管理信用考核和区域绩效考核体系。2009 年,市房产局首次在全市范围内开展了沈阳物业服务企业和项目经理诚信考核工作,共考核物业服务企业 503 家,项目经理 623 人。经过考核,物业企业诚信平均分为 91.2 分,项目经理平均分为 91.7 分。市房产局在市区范围内建立了区域物业管理工作监督检查体系以及考评体系,明确考核对象、考核部门、考核内容及评分标准等事项。每季度考核一次,每半年将考核结果在相关媒体上公布,并抄报各区人民政府。

2. 进一步规范物业管理各项工作。2009 年,为规范物业管理活动,市房产局组织各区开展了各项工作。全市共有 144 个新建住宅区物业项目通过公开招投标方式选聘了物业服务企业,公开招投标率达到 100%;组织了物业招投标专家评委、物业招投标代理机构的培训和考试,进一步充实了物业服务招投标专家评委库;推进沈阳市物业管理信息系统建设,物业行业信息管理网于 2009 年初开始正式研发,从研发到录入历时 8 个月时间;进一步规范业主大会、业主委员会组建工作,共组建业主委员会 343 个,占具备条件物业管理小区的 76%;全面推行“物业服务十公开”活动,全市 418 个小区安装“十公开”公示板;清理整顿物业服务企业违法违规行为,对物业服务企业未取得资质证书从事物业管理、超越资质等级承接物业管理项目等十项违规行为进行清理整顿。共清理整顿物业服务企业 137 家,进一步维护了广大业主的合法权益。

(唐卫东)

【春季房交会】 2009 年 3 月 18 日至 22 日,中国·沈阳经济区 2009 春季房地产博览交易会在沈阳(国际)会展中心举办,省长陈政高、国家住建部副部长齐骥、省委常委市委书记曾维、市长李英杰、市委常委副市长邢凯、省住建厅党组书记商向东等领导出席开幕式,得到了各级领导的高度重视。省长陈政高和市长李英杰在开幕式上发表了重要讲话,体现了省、市政府推动房地产业又好又快发展的坚定信心和坚强决心,极大地提振了开发企业和购房群众的市场信心。本次房交会上推出的“押旧房买新房”主题活动成效明显,得到了市政府领导的肯定和表扬。为期 5 天的房交会共签约房屋面积 159.35 万平方米、成交金额 52.21 亿元,助推一季度商品房销售实现了首季开门红。

(杨　剑)

【夏季房交会】 中国·沈阳 2009 夏季房地产展示交易会首次扩容移师沈阳(国际)会展中心,于 6 月 24 日至 28 日举办,本次房交会继续推出了“押旧房买新房”升级版主题活动。市委常委、副市长邢凯来到房交会现场,先后观看了商业地产、工业地产和土地推介展区,详细了解开发项目和地块推介情况,对商业地产和工业地产的重要地位给予了充分肯定。为期 5 天的房交会共签约房屋面积 111.8 万平方米、成交金额 40.4 亿元,刷新了夏季房交会成交量的历史记录。

(杨　剑)

【秋季房交会】 2009 年 9 月 15 日至 19 日,中国·沈阳 2009 秋季房地产展示交易会在沈阳(国际)会展中心举办。市委常委、副市长邢凯来到房交会现场,先后观看了工业地产、商业地产、地下空间等销售展示区,仔细听取了地铁一、二号线沿线楼盘和长江街地下空间开发等情况介绍,对全市交通环境改善给房地产市场带来深远影响给予了充分肯定。此次房交会通过推出“网上预展”、周末选房大会、拆迁居民购房平台等服务活动,体现了不断创新的品牌内涵,备受开发企业和购房居民的喜爱。此次房交会共签约房屋面积 162.04 万平方米,成交金额达 63.44 亿元,首创房交会最高纪录。

(杨　剑)

【公积金归集】 公积金归集额再创历史新高。2009 年,面对全球金融危机带来的诸多困难,管理中心积极应对,精心组织全年归集工作,各管理部和铁路分中心通过抓政策宣传、抓增人扩面、抓控高保低、抓规范缴存、抓属地化管理、抓基数比例调整、抓呆滞账户清理,抓欠缴单位补缴等得力举措,有效化解了资金筹集工作压力,实现了管理中心年归集额连续 3 年保持 20% 以上的迅猛增长态势。2009 年,全市归集住房公积金 72.78 亿元,比上年增长 32.6%。

增人扩面工作成绩显著。管理中心 2009 年共新增开户单位 1238 户。其中百人以上单位 44 户,共新增开户人数 9.47 万人。在 2009 年新增开户的 1238 个单位中,80% 以上是民营企业、三资企业,共带来新增开户人数 5 万人以上,实现了非公有制企业公积金扩面工作的历史性突破。清理呆滞账户工作进展顺利。管理中心全年共清理单位空户 320 个,清理个人呆滞账户 5.8 万个。

(宫积办)

【公积金使用】 出台房贷新政,个贷额呈“井喷式”增长。2009 年,管理中心围绕市委、市政府出台的 25 条房地产新政,配套制定并实施了住房公积金进一步扩大城乡居民住房消费需求的 11 条新政,提高了贷款额度,延长了贷款年限,降低了首付比例,刺激了住房消费,一举扭转了年初个贷工作的萎靡态势。根据人民银行统计,管理中心全年个贷额占全市住房消费信贷额当年累放的 28.34%,当年新增的 30.03%,住房信贷余额的 24.11%,当年累计投放与当年新增投放在全市 16 家有住房信贷业务的金融机构中名列第一。

全方位、多角度地深化异地贷款工作。2009 年,管理中心成立了独立办公的全省首家异地贷款管理部，加大了宣传力度，加强了与省内各住房公积金管理中心的沟通联系，进一步优化了工作流程，提高了服务质量，从而使“沈阳经济区”住房公积金异地贷款工作得到进一步深化。异地贷款管理部全年共发放个人住房公积金贷款1.5亿元，支持559户异地职工家庭购买住房5.8万平方米。与此同时，铁路分中心加强了与管理中心各项业务的衔接工作，全力拓展异地贷款范围，已先后在37个县（旗）以上地区开展了异地贷款，取得了很好的经济效益和社会效益。

强化提取工作。管理中心全年通过窗口及管理中心系统划转的购房类提取共78.9万笔，金额20亿元，同比增长16.8%。管理中心还努力使公积金提取政策向中低收入家庭倾斜，授权各管理部针对家庭生活困难的特定人群提取公积金上亿元。

（宫积办）

【公积金运营】 加强对银行账户的动态监管。2009年，管理中心各项资金严格按规定专户存储，各管理部按日核对银行存款账，按业务要求核对内部资金调拨账，做到了账账相符。中心实行“网银”实时监控，监督各管理部的资金使用情况和各委托银行的存款情况，按月形成与银行对账情况的报告。资金调拨严格执行审批制度，有效规避了运作风险。

提高财务核算质量。管理中心对上一年度的增值收益分配严格按规定执行，贷款风险准备金计提，公积金归集、个贷手续费计提、应付利息计提均准确无误，支取严格执行审批程序，无任何差错。

加大了业务稽核力量。管理中心通过制定出台多项稽核工作办法和筹集、个贷、财务三项业务稽查工作流程，强化了制度保障，并充分运用管理系统坚持定期对个贷审批、个贷逾期、公积金支取、大额资金调拨和公积金结存对账等情况进行系统监控和专项稽核，及时通报发现的问题，查找原因，督促整改，达到了堵塞管理漏洞、改进系统管理、强化管理责任的既定目标。

积极与政府有关职能部门联网。管理中心已完成人民银行征信系统和个人身份证核查核验系统的网络建设工作，开通了市房产局预购商品房网上抵押权预告登记网络，从而成功构筑起保障公积金安全运营的立体风险防范体系。

2009年，管理中心实现住房公积金增值收益2.59亿元，完成全年计划的112.6%，上缴城市廉租住房建设补充资金5000万元，已累计上缴城市廉租住房建设补充资金约1.41亿元，对沈阳住房保障及廉租房制度建设的贡献度稳步提高。资金使用率为86.8%，为全省第一，个贷逾期率为0.006%，资产质量居全国各省会城市前列。

（宫积办）

【转变服务理念】 改进了机关工作作风。2009年，管理中心各管理部变传统的守候式服务为主动上门服务，积极实施“走出去”战略，领导干部带头，跑乡镇，下企业，进社区，送政策上门，送资料上门，送缴存手续办理上门，对贷款户比较多的楼盘，采取集中办公的方式，为贷款户提供了极大的方便。

加强一站式服务大厅窗口建设。各管理部严格执行首问负责制、“一站式”服务、“延时服务”、“预约服务”和“上门服务”制度，还建立了手机短信服务系统，使缴存人和贷款户随时随地掌握公积金缴存、贷款变化情况。

畅通咨询渠道。管理中心领导参与了沈阳市政风行风热线——领导访谈节目，解答了全市职工普遍关心的住房公积金政策问题；管理中心组织业务骨干参加了第三届全省“5·15政务公开日”民生主题咨询活动，均得到了广泛关注和普遍好评。

客服工作迈出新步伐。管理中心对公积金网站、触摸屏及“96688”服务热线进行了全面整合，完成了与省民心网民情民意处理系统的连接等工作，并进一步拓展了“96688”服务热线语音自助服务功能，建立健全了各项规章制度，使群众举报投诉、政策咨询工作走向规范化、制度化。2009年，管理中心的百姓各类诉求的回复率、办结率、息访率均达到100%，满意率上升到99.84%以上，回复质量评定星级率上升到97.44%，市政风行风热线受理的群众来信情况综合评定上升到全市第五名，受到省政务公开办、民心网两次五星件专报表扬，管理中心领导被省民心网评为“百位重视民心民意好领导”。

（宫积办）

国 内 贸 易

综 述

【商贸流通业】 2009年,沈阳市社会消费品零售总额实现1778.6亿元,同比增长18.1%,占全省的30.6%。在15个副省级城市中,沈阳市社消额总量和增幅均位居第7位。批发和零售业、住宿和餐饮业等两大流通服务行业增加值实现534.9亿元,占全市GDP的12.3%,占第三产业的27.5%。全市批发和零售业、住宿和餐饮业、租赁和商务服务业、居民服务和其它服务业等四大类流通服务行业固定资产投资总额达343亿元,占全社会固定资产投资的9.3%,占第三产业的15.8%。

商业集聚区规划论证及建设步伐加快。和平区制定太原街地下商业空间规划,北市场和西塔改造规划积极推进,二好IT产品专业街项目布局和建设进行了调整,成为东北地区首个"中国商业名区";沈河区从"一城、一宫、一轴"改造建设入手,挖掘独特的"前朝后市"布局,制定沈阳路清文化街发展规划,并对沿线的经营业态和产业布局进行重新规划;铁西区北二路成为沈阳市第二条"中国特色商业街";东陵区南塔都市商贸中心改造进展顺利,沈阳新生活广场购物中心、沃尔玛超市、星美国际影院等高端项目投入运营;新民市前当堡镇成为全国首个"中国商业名镇"。

拉动消费成效明显。市政府相继出台《关于进一步搞活流通扩大消费的意见》、《转发市商业局等部门关于进一步加快我市特产食品业发展意见的通知》,进一步挖掘消费潜力,促进了城乡消费市场统筹协调发展。1月14日,沈阳市正式启动家电下乡活动。截至12月底共销售家电下乡产品13.4万台,销售额2.5亿元,补贴10.7万台,补贴额2490万元,直接拉动农村社消额增长近9个百分点。5月26日,沈阳市正式启动汽车摩托车下乡及"金客"下乡工作。截至12月底共销售"汽车摩托车下乡"产品1.8万辆,销售额4亿元,补贴1.67万辆,补贴额4000万元。全年以旧换新车辆150台,财政补贴129台,补贴金额85万元。继续深化"万村千乡市场工程",全市共发展"万村千乡市场工程"龙头企业11个,标准化农家店达到2560个。

市场监管进一步加强,市场经营秩序更加有序。完成对全市281户煤炭经营企业、612户成品油经营企业的全面审查。开展了全市乙醇汽油市场专项整治行动,共出动检查人员120余人次,检查加油站20余座,抽检油样30余份,严厉打击以次充好等违法违规行为,净化了成品油市场经营秩序。在全市开展了打击私屠滥宰和病死、病害猪非法交易的专项整治,对全市52家生猪屠宰企业进行巡回检查,对存在问题的22家企业下达整改通知书,取缔3家不符合条件定点企业的屠宰资格。

应急调控机制进一步完善,市场供应充足稳定。严格执行主要食品市场供应日监测、日报告制度,绘制重要生活必需品市场供应保障应急调控流程图,并按照流程图的规定进行调控。系统、全面地调度和安排11大类重要生活必需品,确保市场供应。积极协调中油、中石化两大驻沈公司向上级争取追加计划,确保了成品油市场供应。加大了全市重点成品油供应企业实施日报制度,及时监控全市成品油供应、销售及库存情况,保证全市重点项目用油和成品油市场的运行。

筹建沈阳展览中心,策划举办精品商贸会展活动。2009年,全市共举办各类会展活动195项,同比增长17.5%,展览面积131万平方米,同比增长43%。会展经济交易额1260亿元,增长44.8%。

便民服务体系不断完善。全市获国家主食加工配送中心试点企业3家,日配送能力50吨,早餐网点达4300个。金牌家政有限公司、华夏中青家政有限公司和职工大学被确定为沈阳市家政服务员培训企业(机构)。全年共培训家政服务员1000名,签订劳务合同,安排就业。认真落实2009年社区菜市场建设规划,首批确定铁西区肇工市场、三百利光明店、于洪区永强农贸市场为改造试点。经过考察筛选,东陵区丰乐街道万科社区被推荐为2009年度"全国社区商业示范社区",相关申报材料已报省服务业委,待商务部审批。

(奚文龙)

【城乡市场运行监测体系】 2009年,沈阳市城乡市场运行监测在进一步明确责任体制、健全工作制度的基础上,不断优化样本结构,狠抓监测信息报送质量,强化监测信息发布,从而进一步加强和完善了市场监测体系。经过市、区两级服务业主管部门和监测样本企业信息报送人员的共同努力,沈阳市的监测质量明显提高,监测信息的发布和应用范围逐步扩大,已经成为市场调控的重要依据,推动了全市市场监测工作再上新台阶。

1. 不断优化样本结构。市服务业委通过对现有的监测样本企业进行逐一调查和梳理,删除了部分规模较小、信息报送不及时的样本企业,并结合"促销费、保增长"的相关措施,特别是拉动农村消费的工作重点,侧重在郊区、县(市)选择规模较大、代表性强的各类流通企业纳入到市场监测系统中来,有效地优化了全市的市场监测样本结构。截至2009年底,全市共有监测样本企业达255家。其中,重点流通企业130家,生活必需品企业85家,重要生产资料企业16家,应急商品企业16家,农村市场8家。

2. 狠抓信息报送质量。为保证监测数据的及时、准确,市服务业委进一步加强了监测考核工作,通过月度考核、季度通报方式,及时督促县区开展催报工作,并通过采取报前提醒、报时催促等措施,认真做好监测数据的督报和催报工作,努力提高上报率、及时率和稳定性,使沈阳市监测数据报送质量得到较大幅度的提高,在商务部对全国36个大中城市市场监测工作考核排名中,沈阳市始终保持在前十位。

3. 强化监测信息发布。为加强市场运行监测成果的利用和转化,提高预测预警水平,沈阳市加强了市场监测信息的发布。首先,定期印发城乡市场监测简报,每周发布一次全市主要生活必需品监测信息,每半月发布一次全市重要生产资料监测结果,全年共发布监测简报60多期;其次,开通了"沈阳商务预报"网站,提供了市场监测信息发布的公共服务平台,为居民消费、企业经营、行业管理、政府决策提供相应的信息支持,有效拓宽监测信息发布渠道,提高监测成果利用率,为及时把握全市市场动态、实施宏观调控提供了有力保证。

(刘 浩)

【引进服务业项目】 2009年沈阳市共引进500万元以上服务业项目492个,与同期相比增加了108个,上升28.1%;投资总额为752.82亿元,资金到位190.28亿元。其中,投资3000万元以上的项目102个,投资亿元以上的项目68个。在宏观经济整体放缓的情况下,沈阳市引进服务业项目情况继续保持平稳较快发展态势。主要原因:

1. 充实完善了全市服务业招商项目库,精心包装了一批新的招商项目。推出了太原街商贸区、金廊五里河商贸区、金廊商业服务产业带、东北区域金融中心区、东城商务区等一大批特色突出的招商项目;皇姑区推出了33块招商地块;同时,将和平、沈河区一批闲置商业资产项目充实到招商项目库中。

2. 各区县市招商积极性高、行动快、措施多样化。和平、沈河、大东、铁西、东陵、于洪、沈北新区年初就先后赴国内外召开招商洽谈会,并成立驻外省市招商办事机构进行长期招商,对沈阳市商业项目招商工作起到了积极的促进作用。

3. 出台了沈阳市加快发展服务业若干政策的24条,随着政策的实施成果有所显现。全年新引进、开工、开业了一批大型服务业项目。新世界百货已落户东城商业街丰瑞·威士顿广场;家乐福八店落户于洪广场;和平区万象城购物中心引进了泰国中央集团的尚泰百货,经营面积占2.6万平方米;皇姑区引进的韩国乐天集团投资20亿美元的乐天广场,建筑面积80万平方米,已经开工;占地2万米,建筑面积3.6万米,投资额为50亿元的东北副食品交易中心于2月份开始动工建设。沃尔玛的长青店和家乐福云峰店于1月15日同时开业。长江街地下商场投资15亿元,总建筑面积17万平方米,于9月26日全面开业;家乐福于洪广场店于12月15日开业;东陵区南塔的国际鞋城将于12月10日开业,对拉动内需,繁荣和保障春节市场供应将起到了积极作用。

(陈宝君)

【服务业建设项目】 2009年,沈阳市投资3000万元以上服务业建设项目644个,投资总额7210亿元,完成投资1031.56亿元。其中:续建项目357个,投资总额4443.6亿元,完成投资827.9亿元;新开工项目200个,投资总额1062.6亿元,完成投资203.66亿元;已签约和近期正在洽谈的项目87个,投资总额1703.8亿元。

全市服务业固定资产投资和建设项目呈现出平稳较快发展的态势。2009年全市服务业固定资产投资完成2175亿元,占全市完成固定资产投资的59.2%,同比增长19.5%。总体呈上升势头,少数行业增幅下降。呈现"四增"、"一降"、"四缓"、"五快"、"一大"特点。

重点行业"四增"、"一降"。交通运输、仓储和邮政业、批发零售业、住宿和餐饮业、房地产业平稳增长。2009年交通运输、仓储和邮政业投资140.6亿元,同比增长31.2%;批发和零售业完成投资213.7亿元,同比增长49.3%;住宿和餐饮业全年完成投资54.2亿元,同比增长63.7%;房地产业完成投资1229.8亿元,同比增长14.3%。

金融业下降明显。金融业完成投资7.2亿元,增长为-44.9%,比2008年增幅下降了207.7个百分点。以信息传输、租赁商务、居民服务、文化、体育和发娱乐为主的其它营利性服务业上升较快。信息传输、计算机服务和软件业完成投资69.6亿元,同比增长82.1%;租赁和商务服务业完成投资59.4亿元,同比增长5.2%;居民服务和其它服务业完成投资15.7亿元,同比增长52.9%;文化、体育和娱乐业完成投资41亿元,同比增长67.7%。以科学研究、技术服务、教育、卫生、社会保障、公共管理为主的非营利性服务业上升平稳,水利、环境和公共设施管理业下降。科学研究技术服务和地质勘察业完成投资57.5亿元,同比增长70.4%;教育完成投资50.3亿元,同比增长6.9%;卫生、社会保障和社会福利业完成投资40.6亿元,同比增长56.1%;公共管理和社会组织完成投资27.4亿元,同比增长90.4%;水利、环境和公共设施管理业完成投资168.6亿元,同比增长-14.4%。

"四缓"为金融业、房地产、租赁和商务服务业、水利、环境和公共设施管理四行业增速明显放缓。金融业比上年增长点减207.7点;房地产比上年增长点减22.9点;租赁和商务服务业比上年增长点减50.2点;水利、环境和公共设施管理比上年增长点减46.6点。表明四行业增速明显放缓。

"五快"为信息传输、计算机服务和软件业、科学研究技术服务和地质勘查业、居民服务和其他服务业、文化、体育和娱乐业、公共管理和社会组织五行业增速加快。信息传输、计算机服务和软件业比上年增长49.5点;科学研究技术服务和地质勘查业比上年增长51.7点;居民服务和其它服务业比上年增61.9点;文化、体育和娱乐业比上年增长81.2点。表明四行业增速明显加快。

"一大"为房地产占项目比重较大。从项目数和完成投资情况看,房地产项目占投资比重较大。2009年房地产完成投资1229.8亿元,占全市固投总数的33.5%,占全市服务业固投的一半。

(于 潜)

【特色商业街建设】 2009年,沈阳市服务业委员会以突出商业街特色,改善消费环境,增强城市消费吸引力为出发点,特色商业街改造建设工作取得初步成效。全市有规模较大商业街(街长300米、能够集聚独立门店40家以上)39条,总长2万多延长米,经营商品涉及装备制造、电子通讯、金融贸易、日用消费、文体休闲、餐饮娱乐等行业。其中,中街、太原街被中国步行商业街工作委员会命名为"中国著名商业街",三好街、北二路被命名为"中国特色商业街"。

和平区北市地区特色商业街发展规划已开始启动;西塔街整体改造提升工作正在积极推进。

沈河区按照商业、旅游、文化一体化发展的思路，着力打造“新皇城”，区域内闲置多年的太阳广场、嘉濠商厦等大型商业设施改造建设全面展开。

皇姑区投资15亿元，总建筑面积17万平方米的长江地下商业街已开门纳客；建赏欧洲酒吧街改造建设正在对外招商。

大东区全面实施东中街商业区发展规划，总长650米的小东路步行商业街已经开街。沈阳大悦城A、B区正式营业，C、D区主体竣工；龙之梦亚太中心已完成建筑面积182万平方米；红星·美凯龙家具广场主体完工；天润广场等一批重大项目进展顺利。

铁西区北二路汽车贸易专业街被中国步行商业街工作委员会命名为“中国特色商业街”，成为以汽车销售和售后服务为特色的专业街。

东陵区紧紧抓住“两区一街”建设，以沈阳新天地商业步行街为核心，开发建设香港街、澳门街两条步行街。

浑南新区进一步拓展三好IT产品专业街发展空间，构筑“大三好街”，使其成为依托IT产业集群、拉动区域经济发展的“芯片”，区域诚大数码广场已经开业营业。

此外，沈北新区、于洪区、苏家屯区、新民市、辽中县、康平县、法库县等区、县（市）结合各自产业结构特点、历史文化传统和未来发展需要，也正在进行不同规模的商业街建设。

（杨　江）

【节日市场】 春节期间，各商业企业以“心系百姓献真情，欢乐购物迎新春”为主题，安排了丰富多彩的节日营销活动。如：中兴举办“美丽冬日，年终大放松”，汇集数千个品牌的新款服装；兴隆大家庭举办“2009会员大会”；铁西百货举办“55周年店庆大酬宾”；新世界百货举办3周年店庆主题活动；国美电器举办“22周年辉煌庆典”；苏宁电器举办“‘共享向上力量’苏宁2009全国年度回馈盛典”等等。

“五一”期间，中兴大厦举办了“中兴VIP购物盛会”和“2009中兴国际名品服饰发布会”；商业城举办“2009年婚庆节”；新玛特举办“五一”欢乐购物节；百盛购物广场举办“甜蜜浪漫季”大型打折促销活动；千盛百货举办“国内外知名品牌特卖会”等等。

国庆期间，全市各大商圈商业企业活动异彩纷呈。太原街商圈如中兴大厦的周年庆活动、伊势丹百货的购物满额增利、新世界百货中华路店的购物大抽奖、百盛购物广场的双节同贺赠礼、华联商厦太原街点的让利酬宾和秋季化妆品节活动。中街商圈沈阳商业城的欢乐购物节、兴隆大家庭的大庆16天、中街新玛特的购物级数赠礼、沈阳大悦城的时尚玩乐购物活动。长江街商圈中兴长江店的佳节献礼、千盛百货的超级购物盛典活动。兴华街商圈铁西百货的双节共庆大酬宾、铁西新玛特的幸运抽奖、友谊购物中心品牌折扣销售活动。

（田甲男）

【万村千乡市场工程】 2009年，沈阳市以开拓农村市场、扩大农村消费为突破口，加快了“万村千乡市场工程”的实施步伐，有力地推动了农村流通网络建设。一个以县区店为中心、乡镇店为骨干、村屯店为基础的农村现代流通网络初步形成。全年有8个承办企业，总投资2387.98万元，建设改造“万村千乡市场工程”配送中心6个、连锁化农家店368个，新增营业面积4.01万平方米（其中：配送面积2.03万平方米），新增销售收入2.22亿元，新增就业人员1018人，实现利税479万元。2005年以来，全市共有11个承办企业，已在101个乡镇、1451个行政村中，采取规范标准、商品配送、直营加盟等方式，累计建成连锁化农家店2628个，农村商品配送中心14个。“万村千乡市场工程”农家店覆盖了沈阳市100%的乡镇和95%的行政村。2009年，全市农家店实现商品销售收入14.99亿元，同比增长16.2%。

（杨　江）

供销社商业

【概况】 2009年，沈阳市供销社系统由2个事业单位、2个集团、34个市属参控股公司、8个区县（市）供销社、193个县属公司、129个基层供销社组成。其中有控股企业9家，分别是：沈阳市秋实贸易发展有限责任公司、沈阳金秋实炊具有限公司、沈阳市秋实再生资源有限公司、沈阳金秋实农资有限公司、沈阳鞭炮烟花有限公司、沈阳玫瑰大酒店有限公司、沈阳秋实棉制品有限公司、沈阳市秋实仓储有限公司、沈阳秋实经贸有限公司。参股企业1家：沈阳罕王商场有限公司。全资企业7家，分别是：沈阳果品集团公司、沈阳市日用杂品总公司、沈阳市物资回收总公司、沈阳市土产总公司、沈阳市农业生产资料总公司、沈阳市棉麻总公司、沈阳北方贸易大厦。新组建了沈阳秋实再生资源集团。沈阳市供销社系统拥有固定资产21亿元。有较大型仓库11座，占地面积72.8万平方米；铁路专用线6条，总计长度1610米。行业涉及资产经营、金属材料、机电产品、农业生产资料、生活资料、民用爆破器材、农副产品、土畜产品、干鲜果品、竹木制品、日用工业品、家电百货、棉花及棉制品、炊具机械、废旧物资再生利用及报废汽车回收拆解、酒店饮食服务、物业管理、食品加工、建筑材料、装饰材料、房地产开发、资产开发、仓储、房屋租赁、信息咨询等综合业务。

2009年，全系统实现商品经营额44.9亿元，同比增长21%；利润实现1683万元，同比增长21.8%；所有者权益实现4378.8万元，同比增长23%。

（张嘉良）

【服务“三农”体系建设】 2009年，沈阳市共有40个农民专业合作社的产品实现商标注册，新培育了15个农民专业合作社入选全国供销社系统“千社千品”富农工程。加大了农民专业合作社与城市连锁超市的农超对接力度，实现销售额1200万元。截至2009年底，全系统累计已发展182个农民专业合作社，入社农户达1万户，带动农户10万余户。

农村综合服务社的服务领域进一步拓展。在为农民提供生产、生活资料和科技服务的基础上，增加了农副产品购销信息和法律咨询、文化娱乐、代办业务等综合服务项目，有力地促进了公共服务向农村延伸。同时，对服务功能完备的综合服务社进行了升级改造。2009年，全系统累计已发展综合服务社（社区服务中心）635个，实现销售额2.9亿元，开展测土施肥4666.7公顷，提供培训、咨询服务4万余人次。组织开展农业科技、政策法规、职业资格等各类培训近200期。其中免费培训农产品经纪人、庄稼医生、物资供应员（农资）国家职业资格证书人员2005人，累计培训国家职业资格证书人员3114人(其中农产品经纪人2876人),培训工作在全省领先。免费向会员和农民发放新农村实用技术读本、全国统编和自编培训教材1万余册。为26个农民专业合作社组织项目,争取省、市扶持资金160万元。各类合作组织和农产品经纪人带动农户25万户,带动农民实现农产品销售达69亿元。

行业协会和农民经纪人的服务能力进一步提高。2009年供销社全系统各类行业、专业协会已经达到546个,覆盖农资、果品、蔬菜、农产品、水产品、茶叶、草食动物、再生资源、烟花爆竹、炊事机械、宠物等多个行业,并逐步从单纯的流通领域向生产、加工、科技、信息等多领域延伸。发展农民经纪人4.1万人,培训农民1.5万人,先后参与和组织了中国辽宁(沈阳)国际农业博览会和"展示绿色农业、促进安全消费、沈阳特色农产品进万家"沈阳地产特色农产品展销周农商对接会、产销对接会4次,为沈阳市地产特色农产品产销衔接搭建了快捷、畅通、方便的平台。减少了农产品流通环节,缩短了农民和消费终端的距离,推出了地产特色品牌,疏通了信息交流渠道,为百姓安全消费提供了有力的保障,也为政府情系"三农"做出了应有的贡献,有效促进了农销对接,为参展企业的农产品销售搭建了直销平台,满足了沈城的企业团购和百姓日常生活购买地产特色农产品的需求。将农产品从产地到百姓餐桌进行无缝对接,减少了农产品流通环节、降低流通成本,保障城乡居民消费安全,增加农民收入。发挥了供销社系统推进县域特色农产品流通、实现助农增收的作用。新民市蔬菜经纪人、沈阳市蔬菜流通协会会长何立兴,辽中县淡水鱼经纪人、沈阳市金山水产品养殖公司总经理赵戬两位农产品经纪人荣获全国百佳农产品经纪人荣誉称号。

信息服务进一步加强。加强了秋实网、中国农村经纪人网等网络的信息服务功能,全年发布信息2万余条;市供销社、市农民合作经济组织联合会、市农民经纪人协会开发的"为农服务一点通"农业综合信息查询系统,作为学习实践科学发展观为民办实事的惠农工程,使农民不出村通过手指点击触摸屏,就可以获得农业技术、农业生产资料、病虫害防治、农产品行情、政策法规、专家热线等十大项便民服务信息,实现"一对一"互动服务。实现供销惠农,信息下乡,方便农民生产、流通和消费,开创了沈阳市农村信息化建设新局面。首批查询机在带动作用大的农民专业合作组织、农产品批发市场中进行试点,推广30台。同时开通了"12582""供销惠农服务热线";合作搭建了"供销通"电子商务平台。较好地实现了信息下乡,助推了新农村建设。

(张嘉良)

【"新网工程"建设】 截至2009年底,沈阳市经营网点快速发展。全市供销社已建成各类经营服务网点1880个,其中:农资经营服务网点890个、日用品经营网点780个、再生资源回收站点210个;已建成配送中心23个。其中:农资配送中心14个、日用品配送中心4个;新建农产品物流企业1个;已建成农副产品市场23个。

经营成果显著。2009年,通过"新网工程"实现的连锁销售额已达8亿元,农副产品市场交易额28亿元,再生资源收购总额21亿元。由供销社网络供应的化肥达26万吨,实现销售额近7亿元,占全市市场份额65%。

发挥双向流通功能。在农资、日用品下乡的同时,积极推进农副产品进市场、进超市、进社区,实现农销对接。部分再生资源回收站增加了旧货经营业务。实现了"一网双用"、"一店双能"。在再生资源回收利用网络建设中,秋实再生资源公司已构建连锁回收站点148个、分拣中心4个,由回收站、分拣中心、产业园区组成的再生资源回收利用体系已基本建成,再生资源园区被国家发改委、环保部定为双示范园区、被市政府定为环保样板城示范基地。

加大了政策支持力度。市社与市财政局联合下发了《关于做好农资配送中心等项目固定资产投资补助工作的通知》,明确了对新网工程建设的补贴;与北京交通大学合作共同编制了《沈阳市新农村现代流通服务网络规划》;制订了《沈阳市供销社薄弱与空白县经营服务网络振兴工作方案》。经过改造建设,全市农村流通网络服务功能不断增强,拉动了农村消费。沈阳玫瑰酒店全体员工应对严酷的经营环境,通过采取全员营销、品牌经营等手段,全年营业收入实现2650万元。其中餐饮收入达1000万元,同比增长12%。客房出租率在全市29家高星级饭店中排名第4位,比同期前进了4位,圆满完成了"市场份额不退位,行业位次不退位"这一目标;鞭炮公司坚守"诚信互惠、共同发展"的经营理念,坚持"一流商品、一流质量",探索出一条适合自己的科学发展之路,全年销售实现2800万元;金秋实炊具城公司通过创新管理方式、突出全员营销、狠抓优质服务等措施,实现了经营效益和管理水平同步提高,11月份就完成了全年各项指标;秋实棉制品公司在正常做好商品生产、销售的同时,调整经营思路,利用地缘优势全年增加资产性收入40万元;玫瑰物业发展迅猛,经营收入达4500万元,员工队伍近2000人,已步入全国办公楼品牌物业管理行业的王者之列。

(张嘉良)

【社有企业稳步前进】 2009年,沈阳市供销社系统组建企业集团工作取得突破。秋实再生资源公司在稳固主业的同时,整合了中弘再生资源公司等七家企业的人、财、物及业务,集中1.8亿元资产,组建了沈阳秋实再生资源集团,在11月签约了省政府大院的独家回收权,实现行政事业单位回收模式新突破,扩大了行业和社会影响力,开拓了新效益增长点。

传统经营业务不断拓展。果品市场继续保持了果品行业龙头地位。全年交易额实现8亿元,交易量42万吨;农业生产资料经营继续保持主渠道地位;烟花鞭炮实现销售额2800多万元,满足了节日市场需求;棉制品实现销售额1535万元,完成省市政府救灾物资采购项目4个,总金额470万元;加强了报废机动车辆管理,全年回收报废机动车4000多辆;服务业持续发展,沈阳玫瑰大酒店实现经营收入2548万元,在同类级星级酒店位次靠前。玫瑰物业实现营业收入4500多万元,安排下岗职工2000人。

区、县(市)供销社企业经营活跃。沈北新区供销社粮油公司通过在省内、外建立玉米固定经销网,全年销售玉米2万吨;沈阳市供销超市连锁有限公司、法库县供销总公司、东陵区供销社农资公司、康平县农丰化肥农药销售中心等一批县域社社有企业通过配送中心项目建设,扩大了供销社经营网络覆盖面,提升了为农服务能力;秋实农产品加工、新民鲜切菜等一批农产品加工项目经过改扩建，进一步扩大了加工规模，提高了农产品附加值。

加强了项目储备。组建了全系统项目库，将“新网工程”、农产品市场、农产品物流、农产品深加工等14大类51个项目入库管理，其中储备超亿元项目10个。

（张嘉良）

【管理工作】 2009年，沈阳市供销社系统加强了管理工作，主要作了以下几点。一是加强了资产的管理。制定出台了《沈阳市供销社社有资产管理办法》《市供销社全资及控股企业重大事项审批与备案办法》等七项资产管理制度，加大了对社有资产的监管力度，确保了社有资产的保值增值。二是加强对领导干部的监管。制定了党风廉政建设责任追究制度、社有资产使用管理中违规违纪行为纪律处分的暂行规定等制度。同时完善了对企业主要经营者的激励约束机制。三是加强了安全管理工作。市供销社为了深入落实安全生产年总体部署和“安全生产月”活动要求，按照《沈阳市供销社“安全生产年”开展互检活动实施方案》和《关于开展2009年“安全生产月”活动实施方案》要求，于2009年先后两次，在全系统范围内开展“以反违章，除隐患，落实履职考核标准，杜绝事故发生为主要内容”的互检活动，制定了《沈阳市供销社“安全生产年”互检活动重点工作任务分解表》，对17家签立责任状单位确定了考评单位、主要内容、安全监控重点和监管措施，发现问题，不护短，不迁就，当场责令制定措施限期整改。2009年系统安全事故为零，在全市考核中考核等级为优秀。四是加强了稳定工作。通过完善信访稳定工作机制，深入开展矛盾纠纷排查，筹集稳定资金等措施，化解了大量不稳定因素。全年仅市属企业就筹集稳定资金504万元，解决了部分历史遗留问题，维护了全系统的稳定。五是盘活资产引进高端品牌项目有了新尝试。果品集团公司利用于洪仓库的抵押资产筑巢引风，成功实现与沈阳业乔投资发展有限公司的合作，共同建设宝马4S旗舰店经营公司，不仅盘活了抵押资产、最大限度地避免了银行收债风险，而且还有效地改善了资产的状态，同时资产的年综合收益从45万元跃升到210万元，增长率达到了367%；中街茶城、金秋实农资公司积极与全聚德集团等国内知名企业接触、洽谈，力争引进全国知名企业加盟供销社企业。

（张嘉良）

【创一流业绩】 2009年，沈阳市供销社连续第五年荣获全国计划单列市及副省级城市供销社综合业绩一等奖；荣获国家职业资格认证、农产品经纪人星火科技培训突出贡献单位；沈阳市再生资源回收体系被商务部、财政部确定为中央财政重点支持的12个试点之一；沈阳市再生资源协会被全国供销总社评为优秀行业协会；由供销社企业领办的省茶叶协会荣获全国茶业行业协会惟一的先进单位；沈阳市供销社被全国供销总社评为国家职业资格认证突出贡献单位，沈阳市农民合作经济组织协会被省民政厅评为全省先进社团，沈阳市农民经纪人协会被省供销社和省人事厅评为全省供销合作社系统先进集体。秋实牧业基地被评为辽宁省十大畜牧奶牛养殖场，胚胎生产技术荣获全国发明展览会银奖，公司被评为全国青年文明号单位；玫瑰大酒店被中国饭店协会授予“中国优秀品质饭店”、被国家旅游局授予“金叶级绿色饭店”、被全国妇联授予“全国巾帼文明岗”；玫瑰物业荣获2009年中国物业行业金管家最佳管理品牌企业，所服务的辽宁省高级法院项目被国家建设部评为国优项目。同时，区、县（市）供销社共有20多个集体荣获县以上先进单位称号。

（张嘉良）

粮食市场

【粮食购销】 2009年，沈阳市粮食总产量34.45亿公斤。其中，水稻10.9亿公斤，玉米22亿公斤，其它品种1.6亿公斤。粮食购进总量31.4亿公斤，销售总量26.6亿公斤。

（崔晓光）

【社会粮食流通】 2009年，沈阳市粮食局按时完成社会粮食供需平衡调查任务，对全市农户存粮、城镇居民存粮、国有和非国有粮食企业库存、转化企业库存及外省粮食购销情况进行认真统计并及时上报统计结果。加大统计工作覆盖面，全市已有420家具有一定规模的非国有粮食经营企业和转化用粮企业按照《粮食流通管理条例》规定，向当地粮食行政管理部门报送统计报表。完善全市粮油市场价格监测网络体系，及时、全面地掌握全市粮食市场动态和价格走势。

（崔晓光）

【加工企业】 2009年，沈阳市共有粮油加工企业192家，比上年增加19家。其中：国有企业10家；外商及港澳台商投资企业12家；大米加工业133家；小麦粉加工业1家；食用植物油加工业3家；玉米加工业5家；粮食食品加工业3家；杂粮加工企业1家；饲料生产企业46家。

粮油加工企业中省级龙头企业1个，市级龙头企业8个。粮油产品中有国家名牌产品1个；省级名牌产品3个；市级名牌产品6个；国家级放心粮油产品5个。

（崔晓光）

【生产能力】 2009年，沈阳市大米加工业年生产能力为34.9亿公斤；小麦粉加工业年生产能力为2.4亿公斤；食用植物油加工业年油料处理能力为9.8亿公斤，精炼能力1.5亿公斤；玉米加工业年生产能力为4.1亿公斤；粮食食品加工企业年生产能力为1亿公斤；杂粮加工企业年生产能力为150亿公斤；饲料生产企业年生产能力为27.4亿公斤。

（崔晓光）

【粮油产量】 2009年，沈阳市大米产量65.09万吨，比上年增加19.64万吨，增幅达43.2%；小麦粉产量16.60万吨，比上年减少2.88万吨，减幅达14.8%；食用植物油产量6.83万吨，比上年减少4.02万吨，减幅达37.0%；粮油食品产量10.63万吨，比上年增加2.47万吨，增幅达30.2%；饲料产量129万吨，比上年增加14.01万吨，增幅达12.2%；杂粮产量1313吨。

（崔晓光）

【粮食清仓查库】 2009年在全国范围内开展的粮食清仓查库工作，是建国以来的第三次，国务院对此高度重视，中共中央政治局常委、国务院副总理李克强同志亲自做动员讲话和工作总结。按照国务院的统一部署，根据“有仓必到、有粮必查、有账必核、查必彻底”的原则，沈阳市市县两级粮食部门认真履行职责，经过工作准备、县级自查、市级普查、省级复查、国家抽查和汇总整改6个阶段,全面完成了清查任务。期间,还邀请部分市人大代表和政协委员进行监督检查。经过对中央储备粮、国家临时存储粮、地方储备粮和国有企业商品粮的实物检查,全市粮食实际库存总量与省政府分解到沈阳市的“检查时点统计库存数”相符,库存数量真实,质量良好,储存安全。对照相应的统计账、保管账、财务账、银行资金账,经省检查组复查确认,全市粮食库存账实相符、账账相符。沈阳市粮食局被国家粮食局授予“全国粮食清仓查库工作先进单位”荣誉称号。

(崔晓光)

【仓库建设】 2009年,沈阳市有效仓容在1000吨以上的粮油仓储企业176个,其中:国有企业79个,民营企业97个。占地面积874.8万平方米,其中:国有企业589.7万平方米,民营企业285.1万平方米。有效仓容180.9万吨,其中:国有企业108.8万吨,民营企业72.1万吨。有效罐容5.3万吨,其中:国有企业4.7万吨,民营企业6000吨。

全年进行基础投资建设的企业43个。其中:国有企业21个,民营企业22个。计划投资总额5.04亿元。其中,中央财政投资1564万元,地方财政投资210万元,企业自筹4.86亿元。完成投资3.52亿元,完成项目38个,增加有效仓容55万吨。

(崔晓光)

【机械设备】 2009年,沈阳市粮油仓储企业拥有输送机1569台,清理设备138台,移动式机械设备166台,地中衡191台,运粮车辆112台,烘干设备131台,烘干处理量1515吨/小时。其中,国有企业日烘干能力914吨/小时。2009年度实际烘干粮食111.1万吨,装配环流熏蒸系统的仓容量为50.24万吨,安装粮情电子检测系统仓容量75.48万吨,通风机械设备222台,实现机械通风仓容量75.16万吨,检验设备2069台。国有骨干企业有散粮发放设施2个,每小时发放散粮600吨。

(崔晓光)

【粮油保管】 截至2009年12月31日,沈阳市粮油仓储企业粮油实物库存73.85万吨(粮食73.1万吨,油脂0.75万吨),比上年同期123.81万吨减少49.96万吨。全市最低粮食库存11月份是69.29万吨。2009年市内直属的各粮油仓储企业新粮入库33.31万吨,比上年19万吨增加14.01万吨。

落实国家农户储粮减损工程,编制《农户粮食产后减损安全储粮手册》3万册,发放给8个区县(市)农民,普及科学储粮知识,转变传统储粮方式,确保粮食安全。

(崔晓光)

【粮仓管理】 2009年,沈阳市直属企业共投资3489万元,建设2.37万平方米房式仓和罩棚,彻底甩掉席茓苫,既大幅度降低资材费用支出,提升了仓储设施管理水平,又消除了火灾事故隐患。利用国家拉动内需政策新上的8个烘干塔项目已全部完工,项目总投资1770万元,其中国家补贴506万元。中国沈阳粮食物流中心项目进展顺利,一期改扩建储备库房项目,3栋平房仓和4栋储备库房现已全部完工。

开展粮油仓储企业规范化管理活动,认真落实“三检一化”制度,直属粮油仓储企业均达到“一符四无”粮仓工作要求。在国内商贸流通系统首家全面实施电子监控,完成扩面、增点、升级工作,达到100%全覆盖,提高安全生产监管的信息化水平。

(崔晓光)

【粮油科技】 2009年,沈阳市粮食局完成6项“三农”对接项目和科学研究课题申报工作。其中《玉米秸杆生物饲料生产技术的开发》、《谷大哈喷施丰产剂的推广应用》、《农村储粮关键技术装备及农村储粮安全储备系统》、《生物有机无机复混肥在无公害农作物生产中推广与应用》和《菲汀生产新技术的研究》等项目已通过专家评审。《米糠生物活性肽的开发》项目荣获“2009年沈阳市科技进步奖”。以“科学消费植物油”为主题开展粮食科技周宣传活动,使城乡广大消费者对科学食用植物油有了更全面、更深入、更科学的认识。

(崔晓光)

【行政许可】 2009年,沈阳市粮食局对“一市三县”下放《粮食收购许可证》的审批权限,制定审批、变更、注销及管理工作要点,组织业务培训,做到审批工作无缝对接。按照公开、公正、便民、高效的原则,认真履行审批职责,提高服务质量,树立窗口形象。全年共新办理《粮食收购许可证》77件,群众满意率100%。全市428家企业进行年检,对其中46家不具备收购条件或拒不执行年检的企业,取消其收购资格。

(崔晓光)

【行政执法】 2009年,沈阳市粮食局组织开展粮食收购许可证专项检查、粮食流通统计制度专项检查、粮食收购价格专项检查、国家临时存储粮收购政策和粮食收购政策落实专项检查工作。全市共检查粮食经营企业806户,查出问题企业32户,下达整改通知10份,行政处罚7户,结案率100%。

以《粮食流通管理条例》颁布实施五周年为契机,以“加强宏观调控,保障国家粮食安全”为主题,开展多种形式粮食执法宣传教育活动。全面加强粮食监督检查信息员网络建设,全市各乡村共有信息员758名,为粮食行政工作提供第一手材料,形成了粮食监督检查齐抓共管的新局面。

(崔晓光)

【人员培训】 2009年,沈阳市粮食局开展全市粮油质检机构体系建设“三比三看”活动,更新仪器设备,改善实验条件,全面提高质检工作水平。粮油质量检测站建设取得显著成果,沈北新区、苏家屯区、辽中县粮油检测站被授予“省级粮油质量监测机构”资质。

完成对稻谷、玉米、大豆、大米等国家主要粮食品种质量新标准的培训工作。共举办7期培训班,培训人数825人。

(崔晓光)

【粮食品质测报原粮卫生调查】 2009年,沈阳市质量调查、品质测报和原粮卫生调查,共出动技术人员280人次,深入63个乡镇、283个村、842个农户的987个地块,扦取初级样品987个,整理混合成质量调查样品154份(稻谷70份、玉米70份、大豆8份、高粱6份),代表数量234,814.7吨。品质测报样品78份(稻谷36份、玉米42份),代表数量556,335吨。抽取卫生调查样品116份,会检样品29份。编写了2009年《沈阳地产粮食质量调查、品质测报和原粮卫生调查报告》。

(崔晓光)

【粮食质量检测】 2009年,沈阳市粮食局对市级储备粮进行了4次检查,对304个货位抽样检测,代表数量15.01万吨。其中:稻谷168个货位,代表数量

5.80万吨；玉米117个货位，代表数量7.45万吨；大米6个货位，代表数量2545吨；小麦7个货位，代表数量9579吨，大豆油6个货位，代表数量5500吨。对等级和质量达不到储备粮要求的及时进行更换，保证了市级储备粮质量安全。对军供粮油实施全程质量监控，保障了部队应急用粮需要。

对沈阳粮食批发市场的粮食产品共抽查样品105份，代表数量1362吨。其中大米31份，代表数量177吨，不合格1份，代表数量3吨（水分超标）；小麦粉57份，代表数量1016吨，不合格20份，代表数量324吨（19份水分超标，2份过氧化苯甲酰超标）；大豆油14份，代表数量139吨，全合格；杂粮3份，代表数量30吨，全合格。及时将检测结果通报粮食批发市场业务部门，对不合格产品进行查处、对经营业户进行教育，有效保证了粮食批发市场粮油质量安全。

（崔晓光）

【企业管理】 2009年，沈阳市直属粮食企业全面实行总经理聘任制和财务总监委派制。总经理竞聘上岗，聘期三年，签订任期工作目标责任状，保证利润稳步增长。建立和完善《领导干部责任追究办法》、《厂务公开实施办法》、《行政事业单位财务管理办法》、《基本建设项目管理办法》等16项制度，进一步加强干部队伍建设和企业经营、人事、资产和项目管理，提高领导干部依法行政、民主决策、科学决策水平以及用制度管人、管事的自觉性。

（崔晓光）

餐饮服务业

【餐饮业】 截至2009年底，全市餐饮业网点数已发展到2.1万家，从业人员20多万人。全年实现零售额309.8亿元，同比增长27.1%，占社会消费品零售总额17.32%，拉动社会消费品零售总额增长3.69个百分点，为沈阳市经济增长幅度较高的行业。

"假日经济"的市场效应持续升温，市民节日里在外就餐团聚已成为一种时尚，春节、"五一"、"十一"长假以及清明、端午、中秋、情人节和及圣诞节等中西传统节日都会形成不同程度的餐饮消费高峰，餐饮市场生意红火，其上座率比平时增加三成以上。

婚宴消费仍为餐饮消费的"热点"，全市有接待能力的酒店、饭店在春、秋两季节及假日、双休日的婚宴预定呈现爆棚景象，婚宴消费高达15多亿元。行业创新能力不断提升，各种新兴业态竞相发展，在现代营销方式推广、在经营业态更新、新菜品开发、风味设计和文化氛围等方面取得了进步。不同层次、不同特色的餐饮服务网点遍布全市，极大的方便了人民生活，成为推动经济增长的重要力量。大中型餐馆数量明显增加，面积5000平方米以上单体店发展到28家，其中面积在万平方米以上的6家，年零售额超亿元的企业7家。餐饮连锁企业发展较快，知名连锁企业已达80余家，店铺1000多个。

2009年，在国家级酒家酒店等级评定中，有2家企业顺利通过了国家特级（5钻）酒家酒店评审，使沈阳市通过国家级酒家酒店评审的餐饮企业达到10家。

早餐工程建设工作取得重大突破。沈阳冬冬食品有限公司被商务部确定为全国首批主食加工配送中心建设试点企业，西咪营养餐配送有限公司和东陵区双益食品加工厂（吉祥馄饨）被列为全国早餐示范工程建设试点企业。按照商务部颁发的《主食加工配送中心建设规范》和《早餐经营规范》要求，上述3家企业共投资3000余万元，完成了生产设备设施更新改造、物流冷藏仓储配送系统、食品安全检测系统、信息化管理系统等项目的投资建设。通过以上项目的建设，3家企业成为东北地区规模最大、设备设施一流、功能齐备的主食加工配送中心和早餐示范工程企业。日配送主食能力将达50余吨，早餐连锁网点达200多个，满足33万人吃放心早餐的需求。2009年全市新增早餐网点200余个，总量达4500个。

（刘绍鹏）

【住宿业】 住宿业总量规模持续扩张，产业结构趋于合理。截至2009底，全市住宿企业共有2553家，拥有床位20万张。客房出租率稳中有升，全市宾馆、招待所住宿率平均达63%左右。中高档酒店增势明显，2009年沈阳市星级酒店数量已达120家，其中皇冠假日酒店等已营业待定星级酒店以及在建的高端商务酒店近20家。经济型连锁酒店发展势头不减，"锦江之星"、"如家"、"汉庭"等品牌经济型连锁酒店总数发展到30多家，丰富了沈阳市住宿业的经营业态，全国连锁经济型酒店以其先进的营销策略，高品位的服务，完善的设备设施，错位的经营理念，实现客房入住率达90%以上。

大众化旅店总量规模持续扩张，整体设施水平不断提升，增强了中心城市的服务功能，满足了外来人员日益增长的住宿需求。

（刘绍鹏）

【传统服务业】 美发美容、洗染、沐浴、人像摄影扩印等传统服务业具有以常量消费为主、消费弹性相对较小的特点，2009年市场运行保持平稳增长态势。截至2009年底，全市传统服务业网点1.9万左右，从业人员21万人。

服务业中大型骨干企业数量增多、优势明显。近年来相继投入运营的"希尔斯池典"、"名都嘉年华"、"添嬴"、"喜来喜"、"金帝"等万米以上大型综合性洗浴企业10余家，其硬件设施和服务功能达到或接近国际现代化水平。其中希尔斯池典的日客流量均保持在千人以上；美容业的"珍茜摩尔"市内连锁店已发展到5家，在国内美容业中处于领先地位；人像摄影业的"时尚经典"、"龙摄影"、"金夫人"三大影楼经营优势依旧明显，牢固地占据了全市婚纱照市场的较大份额。大型骨干企业带动和促进行业进步与发展的作用明显增强。同时，面向普通居民具有生活保障性的大众洗浴、洗染、美发美容等服务企业保持平稳发展状态，其经营设施条件逐年改善。

（刘绍鹏）

【家政服务业】 截至2009年底，沈阳市共有家政服务企业1399家，家政服务从业人员7.2万人。

总体上看，沈阳市家政服务业处于初级发展阶段，规模化、专业化、品牌化的家政服务产业尚未形成，所能提供的服务项目相对单一，大多数家政公司提供的服务还停留在做家务、看孩子、看护老人、搬家、家教等低层次的基础性家庭服务阶段。随着居民对家政服务要求越来越细、越来越高，对综合能力强、高素质的家政服务人员的需求量也越来越大，家政服务市场家政服务人员供不应求的问题突出。

"家政服务工程"初见成效。为缓解沈阳市家政服务市场存在的供需矛盾,市服务业委认真贯彻执行《商务部财政部全国总工会关于实施"家政服务工程"的通知》文件精神,按照《辽宁省"家政服务工程"实施方案》文件要求,沈阳市金牌家政有限公司、华夏中青家政有限公司和职工大学3家单位,承接了"家政服务工程"家政服务员培训任务。上述3家单位按照《辽宁省"家政服务工程"实施方案》及《家政服务员培训大岗》要求,结合沈阳市家政市场实际,在厨艺、营养配餐、衣物洗涤和熨烫、家居保洁、婴幼儿照护、老人照顾和病人护理、花卉养护及宠物饲养等方面对学员进行实际操作训练,使家政服务员的技能得到全面的提升。共完成家政服务员培训1151人,签定合同安置就业1072人,超额完成了下发给沈阳市的1000名家政服务员培训和就业安置任务。经"家政服务工程"培训后,持证上岗的家政服务人员及时补充到家政服务市场,凭借专业的培训技能,立刻受到市民的热捧和好评,甚至出现排号预约的火爆局面,有效缓解了沈阳市家政服务市场供需紧张的局面,同时也提升沈阳市家政服务的整体档次和水平。

家政服务网络中心建设搭建公共服务平台。沈阳家庭服务业协会按照《商务部、财政部关于推进家政服务网络体系建设的通知》文件精神和《家政服务网络中心建设规范》要求,由沈阳市家庭服务协会承接家政服务网络中心建设任务。到2009年底,沈阳市家政服务网络中心建设项目如期竣工,累计完成投资362.64万元,中心建筑面积700平方米,分为呼叫中心、技术室、办公室、休息室、报告厅;硬件支持系统包括数据库服务器、应用库服务器、搜索服务器、防火墙、网络交换机、呼叫座席30席、电脑30台;开设的服务项目包括家庭服务、维修服务、养老服务、医疗服务、物业管理、社区导购、房屋租售、人才招聘、法律服务和生活百事等。网络中心共吸纳加盟服务企业453家。其中,家庭服务118家、房屋租赁18家、医疗21家、养老服务11家、维修服务52家、物业25家、人才招聘42家、法律16家、生活百事150家。网络中心在企业和市民之间建立起沟通和互动公共服务平台,有效解决了二者信息不对称问题。政府支持公共服务平台建设的举措深入民心,极大地方便了市民生活,成为市民生活的"大管家"、"百事通"。

(刘绍鹏)

【典当、拍卖业】 截至2009年底,全市典当企业已达67户,注册资本金总额7亿元,从业人数400人,全年典当额达到11亿元,同比增幅20%以上。典当业不断拓展融资服务功能,经营业绩逐年递增,正成为中小企业融资的重要渠道。

全市拍卖企业86户,注册资本金总额7.5亿元,从业人数1049人,拍卖业作为最有效的市场配置资源的交易方式之一,在促进商品流通、活跃文化市场、加速司法结案、盘活不良资产、促进国企改革和加强政府廉政建设等许多方面,发挥了积极的作用,正逐渐成为现代市场体系的有机组成部分。

(刘绍鹏)

【猪肉市场】 2009年,沈阳市服务业委员会紧紧围绕关注民生、服务民生和改善民生这个主题,强化市场监测、完善保障机制,实施应急调控,加强节日市场供应安排,从而使沈阳市猪肉市场运行平稳,结构优化,供需两旺。主要表现是:

1. 供给量大幅增加,价格保持相对稳定。据统计,全年日均供给量达5750头,同比增长42.9%。特别是进入9月份以来,日均供给量连续4个月突破6000头,达到了6470头,同比增长45.5%。与此同时,尽管受销售旺、淡季等因素影响,猪肉价格有升有降,但全年猪肉价格日与日之间的最大波幅仅为0.35元/公斤,没有出现明显波动。

2. 名优品牌猪肉占据主导,肉品质量显著提高。由于近年来连续采取了引进大型现代化屠宰企业和名优品牌猪肉、帮助本地中小企业改造升级、落实各项管理制度和责任、加大执法力度、不间断地开展猪肉质量安全专项整治行动、深化诚信经营等一系列政策和措施,使沈阳市名优和品牌猪肉的市场份额占据主导地位。据统计,沈阳市名优品牌猪肉的市场占有率已增加到95%左右。

3. 供给结构进一步优化,保障能力显著增强。重点扶持了辽宁千喜鹤食品有限公司、沈阳福润肉类加工食品有限公司两家年屠宰能力在300万头的大型现代化屠宰加工企业,使沈阳市猪肉市场供应保障能力显著增强,结束了主要靠外埠补充的历史,并开启了沈阳市猪肉走向外埠市场的新阶段。据监测,沈阳市地产猪肉占上市总量的60%左右,并在应对灾害天气中有效发挥了市场调控作用。

4. 应急体系不断完善,调控能力明显增强。一方面,转换责任主体,强化主体责任,有效加强了对生猪活储基地的监督管理。另一方面,进一步完善了生猪储备的四项体系。一是目标责任体系,市政府与相关区(市)政府签订了工作目标责任状,明确相关区(市)政府对生猪活储工作的责任。二是组织工作体系,相关区(市)政府均成立了由主管区(市)长任组长的生猪活储工作领导小组,并设立专门办公室、指定专人负责此项工作。三是法律保障体系,通过基地自报,区(市)审核,逐户勘验的程序下达储备计划。并由区(市)经济局与承储基地签订了储备合同,使市本级生猪活储有了法律保障。四是管理制度体系,制定了《饲养员职责管理制度》、《疫病控制制度》、《防疫制度》、《兽药使用管理制度》等12项制度和《工作人员登记表》、《消毒记录》、《兽药使用记录》等12本台帐,规范储备基地的日常经营和管理行为。与此同时,建立健全市本级储备制度。沈阳市年生猪活储10万头,猪肉冻储3990吨,可以满足全市居民7天的消费需求。

5. 切实依法监督管理,确保肉品质量安全。一是加强日常监督检查。全年市区(县、市)两级主管部门共出动执法人员3000余人次,端掉了一个生猪注水黑窝点,现场查获注水猪35头,病死猪2头。同时,依法规范3户定点屠宰企业的经营行为。二是强化重要时期肉品质量监管。主要是强化了全国"两会"期间肉品质量安全监管,建立了全国"两会"期间肉品质量安全值班制度和信息日报制度,设立了值班电话,安排了专人值班,并实施日调度、日报告制度。另外,从9月上旬开始,以"保增长、促消费、严监管"为主题,在全市范围内开展了"大干30天,加大执法力度,确保猪肉质量安全,为国庆60周年大庆献礼"活动,进一步加大依法监管力度。三是强化了重点区域、重点部位和重点环节的监管,增加执法频次,加大执法力度,并通过召开联席会议的方式,会同工商、质监、动监、卫生等相关部门,加强对生猪养殖、生猪定点屠宰、肉食生产加工、猪肉市场、猪肉餐饮等重点环节的监管,确保居民食肉安全。四是加强病害猪无害化处理监管。在建立屠宰企业病害猪无害化处理登记台帐和报表制度,并严格审核的基础上,为有效防范病害猪肉流入市场,保证财政资金使用安全,防止弄虚作假、虚报病害猪无害化处理数量,以及相关人员不履行职责,不按操作规程操作等问题的出现。强化了现场监管,使5734头病害猪被挡在了市场之外。

(林跃年)

烟草专卖

【概况】 2009年,沈阳烟草专卖局深入贯彻落实科学发展观、紧紧围绕“卷烟上水平,税利保增长”目标任务,坚定信心,主动应对,奋发进取,扎实工作,各方面工作取得明显成效。全年实现卷烟销售收入44.28亿元,同比增长9.58%;实现利税10.33亿元,同比增长12.38%;实现单箱卷烟销售收入13155元,同比增长6.44%。

(吴东胜)

【卷烟营销管理】 2009年,沈阳烟草行业面对市场环境重大变化和卷烟税收政策重大调整,坚持“两个适度、一个平衡”的经济运行指导方针,切实抓好“保牌、稳价、规范、增效”各项措施的贯彻落实,加强市场调研,根据供求变化合理把握投放节奏,努力在“市场需求基本满足、零售客户有所选择”上下功夫,使卷烟营销呈现了良好的发展态势。一是合理利用市场资源的能力明显增强,卷烟销售平稳增长。年初沈阳烟草行业加强市场分析,对卷烟消费习惯、市场规模、价格、品牌、客户等情况深入调查,进一步提高对市场的分析和把握能力,根据市场真实需求确定卷烟销量,从而在1月份克服时间短、任务重等诸多困难,实现卷烟销量3.57万箱,单箱销售收入达14805元。并努力处理好“开门红”与全年经济平稳运行的关系,坚持均衡投放,稍紧平衡,不断创新营销手段,提升服务水平,卷烟营销工作取得新进展。全年实现卷烟销售量33.43万箱,同比增长2.9%。二是营造和谐市场环境,销售结构适度调整。全市销售一类烟19934箱,占总销比重的5.96%,同比增长15.11%;二类烟15970箱,占总销比重的4.78%,同比增长12.56%;三类烟111023箱,占总销比重的33.21%,同比增长20.68%;四类烟121433箱,同比下降5.48%;五类烟65930箱,同比下降9.54%。三是重点品牌保持持续增长,集中度进一步提高。在严峻复杂的经济形势面前,重点品牌发展趋势良好,前10名卷烟重点品牌实现销售量235158箱,占销售比重的70.3%,同比增长5.86%。特别是红梅、七匹狼、红河、红塔山、长白山、玉溪等12个品牌的卷烟销量超过万箱。四是经济运行质量进一步提高,成本费用得到有效控制。深入贯彻“重心下移、着眼基层、突出服务、加强基础”方针,以预算管理、贯标、对标、基层创优四项工作为重点,全面加强基础管理和基层建设。并将预算管理、成本费用管理作为提升经济管理水平的重要手段,明确任务,突出重点,规范程序,促进节约发展。全年三项费用支出2.54亿元,三项费用率为5.73%,同比下降0.23个百分点,节约资金902万元。五是经济运行效益明显提升。卷烟期末库存12727箱,低于省局考核指标,仓储量控制在合理水平;在低档烟销售、重点品牌培育、存销比调控等方面均超过基本标准要求,取得明显成效。

(吴东胜)

【卷烟销售网络建设】 沈阳烟草专卖局紧紧围绕“以订单供货为核心,突出客户服务质量,做实做精十个制高点”的目标任务,坚持“三个过程”、“五个切实做到”,努力在高标准、精细化、求实效上下功夫,卷烟销售网络建设工作呈现了新起色。一是打牢网建工作基础,订单供货工作水平明显提升。以完善科学需求预测工作为重点,着力加强需求预测、货源组织、货源供应、品牌管理等方面工作,形成了以消费者为依托的预测指导采购、采购支持订单、订单满足需求的运行机制。并以“订单供货”和“新型工商关系”为重点,全面攻占网建工作的十个制高点,优质高效地完成了网建工作阶段性的目标任务。二是转变发展方式,创新营销手段。积极探索提高网建水平的新途径、新方式,构建了以电话订货为主、终端网上订货为辅的现代营销模式。组织工业企业进行网上配货工作研讨,搭建了18家工业企业驻沈机构与辽宁省烟草专卖局网上配货的对接平台。与四家银行联系,协同推进电子结算工作,在短短三个月内使农网区域的电子结算率从48.9%提升到97.45%,电子结算成功率达到90%以上。三是坚持优质服务,提高服务客户质量。在强化服务意识、打造服务品牌、服务零售客户等方面,积极发挥动销台帐的作用,根据动销存数据指导客户经营。通过动销台帐、营销杂志、短信平台、订单员及客户经理推介等多种方式,对卷烟货源、价格变动、促销措施等进行公示,增强了广大零售客户的获利能力。全年城镇零售客户月均获利2197元,同比增加138元;农村零售客户月均获利975元,同比增加73元。四是高度重视物流建设,不断提升现代物流的运行效率。深入开展7S现场管理,建立检查考核长效机制,有效推进了工作标准化、行为规范化、考核日常化。并对卷烟物流信息系统进行了创新升级,电子分拣线每小时平均分拣卷烟达5.4万条,超设计能力8%,创国内卷烟物流分拣速度最高效率。沈阳烟草专卖局同盘锦烟草专卖局通过建立合作机制、制定管理制度、优化工作流程,卷烟物流运行效率得到了明显提升,为建设现代物流模式积累了经验。五是积极推进信息化建设,充分发挥信息化支撑网建的作用。完成了信息化基础建设的“修路、建库、服务”和三大体系建设任务,工作重心由全面建设向以优化流程、精细化管理、维护应用、完善运行模式为主转变,营销、物流、专卖、财务、人事等部门信息化应用水平进一步提高,为“卷烟上水平”和网建提升工作提供了强而有力的信息技术支撑。

(吴东胜)

【烟草专卖管理】 沈阳烟草专卖局坚持“守土有责,守土尽责”,以卷烟打假、专卖内管、加强县级局职能建设为主要任务开展工作,维护规范有序的卷烟市场经营秩序,不断提高烟草专卖管理工作水平。一是以“打源头、端窝点、破网络、断渠道、抓主犯”为卷烟打假工作的突出重点,深入开展打假、打私、打网络工作。采取强化重点环节监控、提升侦破水平、完善联合打假机制、深挖隐藏的制售假烟窝点等措施,深入开展打击制售假烟网络专项斗争,有效遏制了制售假烟违法犯罪活动反弹。全年共查处涉烟案件1194起,查获违规卷烟5795.87

件(其中:假烟4860.5件,真烟935.37件),端掉假烟窝点41个,拘留21人,逮捕、判刑18人,打掉6个国家级假烟网络,有力打击了制假贩假份子的嚣张气焰,进一步净化了卷烟市场。二是加强市场监管,提升市场净化率。加强对卷烟零售市场的掌握和分析,注重研究市场管理特点和规律,灵活调整工作时间,创新管理方式,强化对各大早市、夜市的清理,加强对机场、铁路、货运站、繁华街面等重点部位、重点环节、重点业户的监管,以“杜绝公开摆卖违规卷烟,有效遏制串货行为,不断净化辖区市场”为目标,确保卷烟市场规范有序,全市平均市场净化率基本稳定在95%以上。三是做实做精专卖内部监管工作,注重解决自律问题。建立符合“坚持一个标准、关注两个变化、突出三个重点、快速反应异常、准确查出问题”的监控平台,实现了流程化操作、信息化管理、定量化考核、痕迹化管理。去年内管部门共计下发《质询函》141份,《整改通知书》2份,查处违规零售户65户,为促进企业规范经营起到了保障作用。四是县级局职能建设再上新水平。成功举办了以康平县局为试点的全省行业县级局职能建设现场会,初步形成了科学规范的新模式、新经验,建立了适应新形势下专卖基础管理的县级局职能建设体系,实现了工作效率有效提升、队伍活力持续增强、内部监管全面到位、客户满意度不断提高、市场控制能力明显增强的重要转变,进一步提升了专卖管理工作整体水平。

(吴东胜)

生产资料市场

【概况】 2009年,生产资料市场交投急剧回落的状况得到有效抑制,市场交易呈现逐步回升和升幅明显加快的趋势。全年生产资料市场交易额累计实现5050亿元,同比增长16.9%,增速较上年下降5.83个百分点。

生产资料市场运行特点

1.金属材料市场起伏跌宕,钢材价格有所反弹。2009年,我国刺激经济增长的一揽子计划不断发挥效应,经济运行中积极因素不断增多,由此带动国内钢材市场整体回暖,需求加快回升,出口持续增加,同时产量有所下降,供给压力有所减轻,加之受社会库存下降,原材料和燃料价格上涨,钢材市场价格出现回升态势。2009年1-12月份沈阳市限额以上贸易企业实现金属材料类交易额352亿元,同比下降7.9%。

2.成品油市场油价变动频繁,市场需求回暖。2009年1月1日开始实施的《成品油价格税费改革方案》将原成品油实施基准价格浮动改为最高限价。5月8日国家出台《石油价格管理办法》,成品油实行政府指导价,随国际油价调整国内成品油指导价。2009年,沈阳市成品油市场价格已经变动了7次,最大降幅达0.8元/升,形成一种新的市场竞争模式。全年沈阳市销售成品油169万吨,同比增长2.4%。其中,汽油76.4万吨,同比增长2.8%;柴油92.6万吨,同比增长2.1%。

3.煤炭市场供需宽松,价格大体平稳。2009年初,由于国际市场原油和煤炭价格双双走低,国内多数煤炭消费行业增长未见起色,市场煤价小幅下跌。4、5月份,国际市场原油价格小幅走高,国内产煤大省纷纷限产保价,同时煤炭流通中间商对未来几个月煤炭市场价格预期看好,开始陆续进入市场屯煤,市场煤价由连续下跌转为小幅缓慢回升。三季度,进入夏季煤炭消费旺季,限产保价的力度有所减弱,煤炭企业纷纷恢复生产,从而抑制了旺季到来之后煤炭价格的上升幅度,同时下游需求对市场煤价支撑力度不够,市场需求持续低迷,市场供大于求的迹象比较明显,供需总体一直呈宽松态势。四季度以来,市场价格由于时值冬季用煤高峰以及下游产业用电需求的增加,呈现持续高涨的向好走势,个别煤炭市场供需有趋紧势头,供需面总体仍较平稳。全年沈阳市实现煤炭市场交易量1630万吨,同比增长15.6%。

4.汽车市场增势强劲。2009年,全球性的金融危机虽然对汽车工业造成了一些影响,但国家制定的汽车产业振兴和调整规划、推出的机动车燃油税费改革方案和1.6L以下排量乘用车减半征收车辆购置税、开展汽车摩托车下乡、汽车以旧换新等一系列鼓励汽车消费的政策,刺激了汽车市场的活跃,促进了汽车工业的发展。2009年沈阳市限额以上批发零售业实现汽车类销售额228.1亿元,同比上涨28.7%,实现销售量22.5万辆。

5.二手车市场交易平稳运行。年初二手车市场交易量较上年同期有所下降,但随着汽车销售商采用新车降价、以旧换新业务模式等促销手段和国家汽车新政策,以及二手车市场经营规模、档次的提高,售后服务体系的建立,诚信经营机制的完善,激发了二手车市场的销售,价格和销售较年初有大幅回升。据统计,2009年沈阳市二手车市场实现交易量9万台,同比上涨44.8%。

6.其他类产品交易情况。其他类生产资料市场呈现平稳运行的态势。据统计,2009年沈阳市限额以上贸易企业实现机电产品类交易额74.3亿元,同比上涨51%;实现化工材料及制品类产品交易额174亿元,比上年增加128亿元;实现建筑及装潢材料类交易额12.5亿元,同比上涨1.6%。

(崔轶平)

【沈阳物资集团】 2009年,沈阳物资集团实现利润1384万元,比上年同期增长8%;实现市场销售收入(含企业销售额)118亿元;实现其他业务收入6807万元。管理费用比上年同期下降25.%;集团员工工资平均增长5.5%。

1.整体创利水平进一步提升。在以钢材市场、钢材配送中心、大连旭阳为代表的骨干企业的拉动下,全集团始终保持着稳步发展的良好态势,集团所属各公司全部完成了年度经济责任目标,全集团提前一个月完成全年利润指标。

2.经营工作在逆境中发展。集团在经营策略的调整上,着力抓仓储、抓租赁、抓管理,从而有效地规避了传统经营缺资金、销售难、市场风险大等不利因素,较好地掌握了经营工作的主动权。在深化经营结构调整上,重点抓三个方面。一是抓好重点骨干企业,充分发挥其效益示范作用。集团所属钢材市场、钢材配送中心和大连旭阳三家重点企业全年实现利润近千万元,占集团全年全部利润的70%以上。为全集团提前一个月完成保增长目标做出了突出贡献。二是抓好建筑租赁业务。组织所属租赁企业及时调整品种结构,淘汰老旧滞租的钢模板,集中有限资金购进了市场急需的升降机,全集团升降机已达60余台,整体租赁规模显著提升。面对沈阳建筑市场开工不足,出租难,租金回收难的局面，集团组织所属各租赁公司积极采取应对措施，在巩固本地市场的基础上，努力开拓外府市场，将租赁业务拓展到省内外各中小城市，全年实现租赁收入900万元。三是突出抓好多元化经营。集团在组织抓好以油品、煤炭、钢材和化工机电产品为主的传统经营的同时，继续加大了抓好多元经营的力度，社会供热、酒店管理、健身娱乐、商品超市等项目，坚持科学管理，规范运作，都取得了良好效果。

3. 抓“管理节约年”活动。为更好地应对金融危机，从集团所属企业实际出发，将2009年确定为集团的管理节约年。为确保“管理节约年”活动取得实效，紧紧围绕向管理要效益这一中心，集团提出了五大考核指标，要求所属企业从建立完善各项规章制度入手，从节约一滴水、一度电、一张纸做起，精打细算，严格把关，可花可不花的钱坚决不花，能自己干的事情，绝不外包。同时还针对管理上存在的薄弱环节，先后组织制定下发了《关于强化沈阳物资集团所属企业新增应收款管理的通知》、《企业各项费用支出实行联签字报销的通知》和《国有资产管理细则》。组织对全集团的土地资产情况和车辆产权使用情况进行了清查。在此基础上，建立了较为完整的企业资产档案。严把企业资产租赁审批关，认真履行资产处置审批程序，有效地保证了国有资产的安全运营。通过“管理节约年”活动，各企业全员管理意识、节约意识显著增强，整体管理水平有了新的提高，从上到下形成了“处处讲管理，人人抓节约”的良好氛围，全集团管理费可变费用比上年同期下降25.%。

4. 抓安全、保稳定，促进了大局平安。集团始终把安全和稳定工作列入重要日程，认真研究，精心部署。在安全工作上，认真落实安全生产责任制，以加强集团安全生产常态化管理为重点，强化了对特种设备、特种作业人员和高危场所危险源的动态管理，制定了统一规范的租赁安全协议，加强了对租赁业务安全监管，深入开展了安全生产宣传教育、培训，全面提升了全系统员工的安全素质。按照“分级管理、分线负责”原则和“三定、四不推、五落实”的要求，坚持把经常性检查和综合性检查相结合，对查出的问题和隐患，加大投入及时整改。全年集团共实施各种安全检查3605次，制止违章行为103人次，排查出安全隐患233处，已整改232处，共投入整改资金211万余元。在集团上下的共同努力下，全面完成了市里下达的安全生产指标。

在信访稳定工作上，开展了“党员进基层，化解积案，保稳定工程”活动，对各企业信访积案进行了认真地排查，落实责任，从上到下，实行领导干部层层包案制度。经过集团不懈努力，一些久拖未决的疑难案件，得到了有效化解，市里交办的重点案件全部息访。特别是在年初“两会”和国庆60周年期间，先后组织制定了集团“突发事件应急预案”和“信访稳定工作预案”，认真落实“四位一体”包保责任，全力做好重点人员进京访的稳控工作。由于各级领导高度重视，控访措施得力，较好地完成了“两会”和国庆60周年期间的稳定控访工作。集团全年信访量比上年同期下降了35%，案件量下降了26%。集团领导全年共接待来访17案91人次，为3595名特困企业职工办理了采暖费补贴，确保了职工温暖过冬，有效地维护了大局的稳定，为集团各项工作的顺利开展创造了良好条件。

（李宗俊）

会展业

【综述】 2009年，沈阳市全年举办各类会展活动195项，实现会展经济交易额1260亿元，展览总面积达到131万平方米，分别比2008年增长11.4%、37.9%、41.9%。会展业的强势发展，直接拉动了相关行业的增长，全年全市住宿和餐饮业零售总额281亿元，同比增长27.1%。其他与会展业关联度较大的行业如广告庆典、交通运输、旅游业等收入均有15%至30%不同幅度的增长。

许多区县组织了各类会展活动。铁西、苏家屯、辽中、新民等区县，先后举办了2009楼盘展示交易会，活跃了房地产交易市场，拉动了区域经济增长。法库县组织了国家级建材类展会——2009中国（法库）国际陶瓷博览交易会，夯实了“东北瓷都”地位，推进了法库陶瓷产业集群的整体迈进。棋盘山开发区、浑南新区等则借助自然地理、区域文化传承、市场聚集等优势，举办了一系列会展节庆活动，如：“棋盘山国际冰雪节及盛京灯会、关东庙会”、“2009沈阳新春皇寺庙会、金秋皇寺庙会”、“大东区首届茶文化节”、“浑南消夏文化节”、“沈阳长江街欢乐购物节”。

市会展办会同市展览业协会，组织沈阳市主要展览企业，召开了“沈阳会展业应对全球金融危机研讨会”、“沈阳市成功展会运营经验交流会”，并组织全市24家展览企业共同发起“应对危机、树立信心、抱团取暖、共渡难关”的倡议，引导企业培育和创立品牌展会，使得会展产业链中的展馆、组展公司、广告、庆典等行业企业互相支持，共同应对危机，全年未出现一家因严重亏损而倒闭的会展企业。

与此同时，发动沈阳市优势的行业协会和企业，创办、举办和申办国家级和区域性的专业展会。如：由中国汽车流通协会和沈阳市人民政府联合举办，市服务业委员会和市汽车流通协会承办的“沈阳经济区汽车展销会”，历时5天，参展汽车厂商397户，车辆1.13万辆，人数36.7万余人次，共销售车辆7463辆，成交额达1.63亿元。

完善软硬件建设，构建东北乃至全国最优化的会展市场环境。2009年3月，市委、市政府拆巨资建设沈阳市第一座大型现代化展览场馆—沈阳展览中心。它的兴建，保障了未来较长一段时期，沈阳市会展场馆基础设施水平保持在副省级城市前列，奠定了沈阳市会展业快速发展的硬件基础。

与此同时，为改善沈阳市会展业软件环境，市会展办会同相关部门起草了“沈阳市鼓励和支持会展业发展的若干政策措施”，针对创办展会、引进展会和品牌培育等三个方面进行重点扶持；起草了《沈阳市会展管理办法》，以此进一步规范展览市场秩序，为会展业的发展提供良好的环境。

（徐佐东）

【沈阳经济区汽车展销会】 由沈阳、鞍山、抚顺、本溪、营口、辽阳、阜新、铁岭市政府联合主办，沈阳市商业局、沈阳市服务业发展办公室、沈阳汽车流通协会共同承办的2009沈阳经济区汽车展销会，于2009年5月23日至27日在沈阳国际会展中心举办。本届展会展览总面积

21.2万平方米，设置汽车展位1.07万个、摩托车展位77个，参展企业397户，参展车辆1.13万辆，展会期间共销售各种车辆7463台，成交额达1.66亿元，近60万人次参展。本届展销会充分体现了“惠民、扩销、合作、发展”的主题，沈阳市商业局、财政局、国税局、交警支队等政府有关部门在展场同时设立了车辆报废、置换、补贴、缴纳税费、车辆上牌等政策咨询窗口；中国银行、光大银行、建设银行、招商银行、浦发银行等金融部门和保险机构在展场设立了贷款、保险等服务窗口；展销会不但免收门票，还设立了三条免费公交路线，共出动440辆车次免费接送参展群众3万人次。

（崔轶平）

【中国沈阳汽车展销会】　由沈阳市人民政府和中国汽车流通协会主办，沈阳市服务业委员会、沈阳汽车流通协会承办的2009中国沈阳汽车展销于2009年10月24日至28日在沈阳国际会展中心举办。本届汽车展的展览面积为9000平方米，75个国内外汽车品牌参展，共展出整车500余辆。内展场设置了地产汽车品牌区、国际知名汽车品牌精品展区、1.6升及以下小排量汽车区、国内外知名自行车精品展示区和特种车展区，外展场开设了大中型客车、大中型载货车、工程机械车等功能展区。展会期间观展观众超过31万人次，共销售车辆618辆，成交额7382.5万元。为体现便民和服务，本届汽车展实行全场免票参观，开通了由市政府广场和铁西广场免费乘车前往沈阳国际会展中心的两条“车展直通车”；并在外展场设立了试驾场地，为购车者提供试乘、试驾。

（崔轶平）

【第七届中国东北连锁经营及特许加盟展览会】　“第七届中国东北连锁经营及特许加盟展览会暨中小创业项目洽谈会”于2009年3月21日在辽宁工业展览馆隆重开幕。

本届展会共设计标准展位140个，报名参展企业70家，比上届增长20%，特装展位占65%，比上届高出30%，意向成交额近3000万元，到场观众总人数超过2万人次。

每之购便利店、联众便利店、百度餐饮烧烤、美之婷化妆品、皇士365便利店、欧迪良子足道、爱锅者火锅等本地连锁经营企业，在展会上形成一道靓丽的风景线。除此之外，市残联组织沈阳市两家残疾人兴办连锁企业参展。本届展会的连锁加盟行业涉及餐饮服务、商业服务、美容医疗保健、教育培训、电子数码、洗衣等10多个行业，给广大投资者提供更加广阔的选择空间。

（田甲男）

【中国（沈阳）食品博览会】　2009中国（沈阳）食品博览会于2009年5月15日至19日在辽宁工业展览馆举办。本届展会布展设计新颖，主展场交易成果显著，分展场人气旺盛，配套活动丰富多彩。共有包括香港、台湾地区以及法国、匈牙利在内的国内外36个城市的政府代表团，以及国内外生产商、经销商、代理商、零售商和餐饮服务企业7300多人参展参会，展出各类绿色食品、有机食品、各地风味特色食品、名优新特食品、中华老字号食品、进口食品等3000多种。展会期间共有24万多人次到会参观采购，签订购销合同协议1600余份，签约总额24.47亿元，主展场零售额达1130万元，分展场兴隆大家庭、大东副食商场、北方茶城和市糖酒公司客流量和销售额分别比平时增长20%左右。展会直接拉动了沈阳市相关行业的增长。据调查，辽宁工业展览馆周边的宾馆酒店，在展会期间入住率均由平时的60%左右增加到90%以上。同时，宾馆餐饮消费也比平时平均提高50%以上。

（徐佐东）

行业管理

【成品油市场管理】　2009年，沈阳市汽、柴油供求平稳，市场资源充足。受基础设施建设增加、汽车保有量增长等因素影响，沈阳市成品油销售量上升。全年销售成品油169万吨，同比增长2.4%。其中，汽油76.4万吨，同比增长2.8%；柴油92.6万吨，同比增长2.1%。

1.加强市场监管力度，强化市场经营秩序。为净化沈阳市成品油市场经营秩序，打击以次充好等违法行为，从3月份起，市发改委、工商局、物价局、质监局等部门对全市加油站油品质量进行了抽样检查，及时处理了检查中出现的问题。

按照国家商务部颁布的《成品油市场管理办法》，从1月份起，对全市599户成品油零售企业和29户批发、仓储企业开展了成品油经营资格年检工作。

2.严格市场准入制度，合理调整油站布局。伴随城市建设的发展和城市总体规划的调整，全年审批新建加油站11座，协调搬迁加油站1座。帮助企业解决恢复重建问题，协调上级主管部门尽快办理相关审批手续，化解企业与政府间的矛盾。

3.健全市场监测体系，建立行业管理系统。从年初开始，建立了以中石油、中石化驻沈公司为主体的市场监测体系，实行了周、月、季、年四级数据上报制度，全面监控全市成品油供应、销售、库存及价格等情况，为制定相关政策、确保成品油市场供应提供理论数据，保证全市重点项目用油和成品油市场稳定运行。11月底，结合全市成品油经营企业许可证变更工作，编制《沈阳市成品油企业管理系统》软件，为科学管理打下良好基础。

4.积极办理企业申请，保障城市能源供给。全年全市办理新建、搬迁加油站12座，原地改造加油站15座，为46座加油站办理地址、法人、名称变更手续。严格按照国家有关要求，进行审查。为了贯彻国家环保政策，沈阳市新增CNG燃料公交车300台。在接到企业申请后，审批新建4座CNG加气站，及时解决了公交车用气问题。

（张雪涛）

【煤炭市场管理】　2009年年初，由于国际市场原油和煤炭价格双双走低，国内多数煤炭消费行业增长未见起色，市场煤价小幅下跌。从二季度开始煤炭市场回暖，四季度又值用煤高峰，价格呈现持续高涨的向好走势，个别煤炭市场供需有趋紧势头，供需面总体仍较平稳。据统计，2009年沈阳市实现煤炭市场交易量1630万吨，同比增长15.6%。

1.认真搞好煤炭经营企业检查。按照辽宁省煤炭工业管理局工作部署，对全市281户煤炭经营企业经营资格和经营状况进行了全面检查。其中，合格229户，基本合格12户，取缔17户，放弃经营资格23户。按照合理布局、总量控制的原则、严格市场准入，积极调整沈阳市煤炭企业布局，至年底，全市共有291户煤炭经营企业。

2.推进东北煤炭市场网辽宁网络建设调研。为应对世界经济危机对国内煤炭市场的冲击和影响，充分发挥信息为市场合理配置资源的桥梁作用，促进经济协调、稳定发展，会同沈阳市煤炭交易中心到锦州、丹东、阜新等10个市进行网络建设专项调研，加快全省煤炭信息网络在沈阳煤炭交易中心的建设步伐，推动全省煤炭工业市场化进程。

3.开展打击非法煤炭买卖行为活动。为进一步净化全市煤炭市场，会同市工商局、质量技术监督局、行政执法局联合依法开展严厉打击非法经营煤炭行为的专项行动。全市商业、工商、行政执法部门共出动执法人员1000人次，检查各类煤炭经营户281家，检查中发现经营资格存在问题的单位8家，煤炭质量存在问题的单位3家。

（崔轶平）

【二手车、报废车行业管理】　二手车行业管理。按照国家《二手车流通管理办法》和《二手车交易规范》的规定，引导沈阳(金宝台)二手车交易市场完成六个项目升级改造，下拨升级改造扶持资金100万元，打造沈阳市样板二手车交易市场。为进一步规范沈阳市二手车行业奠定基础。改善二手车交易环境，增加市场配套设施，完善市场服务功能，打造二手车诚信交易和依法经营，实现了服务创新结构升级，促进了二手车交易量快速增长。据统计，2009年沈阳市二手车市场实现交易量9.0万台，同比上涨44.8%。其中，载货车1.48万台，同比上涨67.55%；客车2.78万台，同比上涨35.43%；轿车4.58万台，同比上涨41.33%；越野车1641台，同比增加1252台。

报废车行业管理。沈阳市于8月20日在沈阳二手车(金宝台)交易市场启动了汽车以旧换新联合服务示范窗口，市服务业委、财政、环保和报废汽车回收公司分别派专人进驻进行联合办公，为汽车以旧换新提供一站式服务。2009年全市申请汽车以旧换车辆150辆，其中老旧汽车24辆、黄标车67辆、符合20号公告的老旧汽车59辆，共补贴以旧换新车辆129辆，补贴资金85万元，补贴率为86%。其中单位车辆126辆，个人车辆24辆。全年沈阳市共回收报废汽车2809台。根据商务部等五部委《关于加强报废汽车监督管理有关工作的通知》的要求，沈阳市服务业委会同市公安局、市交通局、市环保局、市工商局、市财政局、市行政执法局、市国资委、市物价局、市委宣传部等九部门联合制定了《关于加强报废汽车监督管理有关工作的通知》、《强化报废汽车监督管理促进汽车以旧换新局际联席会议制度的通知》，会同市公安局、市环保局、市交通局、市工商局制定《关于整治报废汽车回收拆解市场强化监督管理的通告》，进一步规范沈阳市报废汽车市场。继续加强报废汽车拆解现场监督，严格报废汽车回收证明使用管理。

（江　林）

【典当行业提供融资服务】　为鼓励劳动者自谋职业、自主创业，使更多劳动者成为创业者，沈阳市商业局、沈阳市劳动和社会保障局于2008年联合下发了《关于对自主创业人员通过典当融资实行典当综合费用补贴的通知》，通过典当拓宽融资渠道，实行创业典当综合费用补贴。

《通知》中明确规定，创业者持有效证件，符合典当规则，经典当行同意典当，创业者向典当行领取并填写市统一印制的《创业实体典当综合费用补贴资格认定表》。创业者持《认定表》、营业执照副本、本人身份证明、创办企业吸纳就业人员的身份证、与吸纳人员签订的劳工合同等5个要件原件和复印件，到所在区创业指导中心办理典当综合费用补贴资格认定后，便可享受到这一优惠政策。

此项政策的出台使那些缺乏启动资金的创业者们找到了出路。从申请典当融资资金到资金到位，全程仅需不到半个月的时间，而且政府补贴还能为创业者省去数额不小的一笔费用。2008－2009年2年间，沈阳市5家试点典当企业为创业者提供优惠典当融资累计达到3850万元。

（崔　爽）

商品交易市场

【中国电脑城市场】　中国电脑城市场位于沈阳市和平区三好街，地处沈阳市城区南部，始建于1988年，是国家级沈阳高新技术产业开发区重要组成部分。市场沿三好街两侧分布，全长3.1公里，占地面积0.5平方公里。三好街作为"全国特色商业街"是远近闻名的"电子一条街"，以经销IT产品为主的IT市场，商铺密集，规模不断扩大。

"电子一条街"有百脑汇、赛博、东软电脑城、诚大数码广场、华强电子世界、中润科技等商厦19座，建筑面积70多万平方米，IT卖场面积10多万平方米，临街网点300家。东北最大的图书批发市场、苏宁电器、知名IT企业等均在此纷纷落户。2009年三好街企业近6000家，其中公司2400家，个体工商户3000多家，从业人数近4万人。三好街每年有近1700家企业诞生，日人流量10万人，节假日20—30万人。金融机构20家。

（代　峰）

【东北陶瓷城市场】　东北陶瓷城市场由东北陶瓷城和沈阳陶瓷大世界组成，座落于沈阳市大东区东望街18号，"102"国道进沈阳入口处，邻近沈阳大二环高速路东北大马路出口。东北陶瓷城是沈阳市"九五"规划重点市场建设项目，1996年将原沈阳陶瓷厂的厂区改造而成的陶瓷市场。

2007年4月，随着东北陶瓷城三期旗舰店广场的盛大开业，改建后的东北陶瓷城总占地面积为7万平方米，建筑面积6.3万平方米，云集了国内外陶瓷品牌约1400个。形成了集办公、洽谈、展示于一体的各大陶瓷卫浴品牌的营销总部基地。

随着市场经济的快速发展，东北陶瓷城现有的经营规模和业态水平远不能满足市场经济快速发展的需要。正在进行的东北陶瓷城专业市场群建设以东北陶瓷城全面升级改造和引入知名品牌厂商为重点，建成后市场总投资3.5亿元，建筑面积12万平方米，形成"墙地砖广场"、"卫浴名品广场"、"旗舰店批发市场"为组合的多业态、综合性陶瓷建材集散地，成为永不落幕的陶瓷卫浴博览会。

（代　峰）

【东北通讯市场】　东北通讯市场是沈阳市经销各类通讯产品的专业市场。市场创办以来，其市场的产品批发、客户服务维修、价格信息、新产品发布等功能辐射到东北三省及内蒙古的部分地区。

东北通讯市场先后获得了"沈阳市文明市场"、"辽宁省文明市场"、"辽宁省市场维权诚信单位"、"沈阳市通讯行业服务好单位”等荣誉。2003年，市政府将东北通讯市场所在的小北关街被列为沈阳八条特色商业街之一的“通讯产品专卖一条街”。同年8月，东北通讯市场被国家信息产业部评为“全国十大手机卖场”。

东北通讯市场南起天后宫路，北至联合路，东起边墙街，西至小北关街，经营面积3万平方米；经营业户600余户；通讯产品近千余种；从业人员近万人；日客流量每天约3000人；年销售额近百亿元。

东北通讯市场已发展成为中国北方最大的手机批发零售中心、手机配件批发中心、手机维修服务中心和沈阳市惟一合法的二手机交易中心。

（代　峰）

【沈阳大西电子市场】　沈阳大西电子市场位于沈阳市沈河区太清宫街90号甲，1993年从西顺城旧物市场中分离出来，1994年末投资兴建，1996年5月28日投入使用的多功能楼厅式大型专业市场。

市场占地面积4500平方米，建筑面积2万平方米。其中营业大厅三层1.25万平方米；地下停车场2000平方米；地下库2000平方米；写字楼3500平方米。场内设有经营面积8－10平方米封闭式摊档688个，共有业户630户，从业人员2000余人。经营包括家用电器、电子元器件、五金电料、灯饰灯具等四大类，三万多个品种的电子产品。市场以批发为主，兼营零售。

该市场地理位置优越，位于沈阳市商业区的腹地，东与沈阳故宫隔街相望，北邻中街、南靠五爱市场的大西路，是沈阳经营电子产品达40年之久的传统地域。内部设施先进，场内设有二部货梯、一部客梯、一部滚梯；微机、电子显示屏幕；每户一台电话；消防设有自动控制、自动报警、自动喷淋设备。建设功能配套齐全，除1.25万平方米的三层营业大厅外，还设有地下停车场和地下库；地上塔楼设有近120个写字间，是集经营、仓储、办公于一体的综合大厦。业户经营能力强，以沈阳市经营电子产品的200余颇具实力的老业户为骨干，采购网遍及全国，销售网覆盖全东北及关内数省，销售量居沈阳电子经营行业的首位。

（代　峰）

【东北炊具城市场】　沈阳东北炊具城，是由辽宁金信发展有限公司投资兴办的大型多功能楼式炊具专业批发零售市场。市场成立于1996年11月，位于沈阳市和平区南四经街78号，总投资3000万元，经营面积6000平方米，内设30余个写字间，1.5万平方米库房，外部设有3000平方米的停车场。驻场业户50余户。东北炊具城设施完善，拥有消防自动报警系统、大型中央空调系统、大型热风幕，市场宽敞明亮、整齐干净、服务周到。一楼经营不锈钢制品，日用陶瓷，玻璃器皿，宾馆和酒店用品系列；二楼经营冷藏设备，厨房装饰，炊具设备；三楼经营食品机械，炊具机械。

沈阳市和平区十三纬路，汇集了东北炊具城、金秋实炊具城和十三纬路炊具广场3个经营炊具的专业市场，炊具市场地理位置得天独厚，位于沈阳市和平区中心地带，交通发达，购物环境好，日客流量上千人。除沈阳地区用户外，炊具市场还吸引了来自抚顺、本溪、鞍山等省内的大量客户，商品不仅辐射东三省、内蒙、齐齐哈尔等地区，还有部分销往韩国、日本、朝鲜等国家，已成为东北地区炊具市场的主要集散地，同时也成为沈阳炊具交易的对外窗口。

（代　峰）

【沈阳瑞盛国际汽配城】　沈阳瑞盛国际汽配城位于沈阳市铁西区北二路汽车产业带，是沈阳是重点招商引资项目，总建筑面积25万平方米，总投资18亿元人民币。于2007年4月动工兴建的一期汽配城，占地10万平方米，共设商铺800余套，设有重型卡车、轻型卡车配件销售区域以及小轿车配件、装饰、灯具等销售区域。有配套住宅近800套、仓储近1万平方米、2万平方米生态停车位近500个。同时物流、餐饮、休闲、工商、税务、信息中心、商务办公等设施和服务系统一应俱全。

沈阳瑞盛国际汽配城由商务部、国家发改委认定为国家汽车及零部件出口基地企业。由胜华波集团有限公司、瑞明集团有限公司和亚伯兰集团有限公司以及沈阳市兴兴宇汽配销售公司共同投资兴建。这个由行业专业人士联袂打造的汽配专业市场，开创了汽配行业人士在沈阳兴建汽配专业市场的先例。该市场定位是建设沈阳新一代汽配市场，创建沈阳汽配市场的总代理聚集中心、品牌汇集中心、行业信息中心；构建现货交易平台和网上在线交易平台；计划举办一年一度大型产品展览交易会必将推动沈阳市汽车产业的快速发展和产业链的进一步完善。

截至2009年底，市场入住客户达530户，入住率80%。是全国工商联汽摩商会副会长单位，全国重点培育市场。

（代　峰）

【公园商场市场】　沈阳市苏家屯区公园商场，座落于沈阳市苏家屯区雪松路与迎春街交叉路口迎春公园内，始建于1989年初，是一座金黄色琉璃瓦装潢，厅廊贯通，绿荫环绕，溪水潺潺，拱桥倒映，花草繁茂的仿古建筑，是购物与休闲娱乐于一体的商品交易市场，并因此而得名“公园商场”。

公园商场由北楼、东楼、西楼三大部分组成。市场主营服装、鞋帽、小百货、针织、布料、箱包、家用电器、日用杂品、小食品、床上用品、家具、花草鱼鸟等14大类，1万余个品种。商品来源于北京、上海、广东、浙江、福建、江苏、湖北、沈阳、大连等省市，流向沈阳、辽阳、本溪、抚顺、东陵、于洪等市区。

公园商场占地4.8万平方米，营业面积1.5万平方米，经营摊位（挡口）1700余个，从业人员2600余人，日均客流达2万余人次，节假日可达3万余人次，2009年成交额达3.5亿元人民币，是享誉区内外的小商品集散地。

公园商场拥有得天独厚的地理位置和较为完善的市场服务配套设施，为市场的繁荣与发展奠定了良好的基础。公园商场距沈大高速公路苏家屯出口1公里、沈营公路3.5公里、哈大、沈丹铁路1.5公里、桃仙国际空港12公里，沈苏快速干道、胜利大街直抵商场；10余条跨市、跨区公交、铁路途经商场；市场拥有供业户使用的500余平方米仓储中心，运输车辆达50余台，货物年吞吐量5万余吨。

（代　峰）

旅　　游

规划发展

【旅游导示系统建设】 2009年，为落实《沈阳市人民政府办公厅关于印发沈阳市2009年为城乡群众办好20件实事任务分解表的通知》中关于旅游导示系统建设工作，沈阳市旅游局积极开展专项调研，认真拟订实施方案，严密组织抓好落实。组织部分区县旅游局和景区有关负责人召开了旅游导示牌建设座谈会，听建议、提要求；与桃仙国际机场广告公司进行商谈，前往市府广场、辽展广场、五爱市场、沈阳北站、京沈高速公路出入口和部分主要景区实地考察选址；与沈阳移动、联通公司、省通信管理局、省高速公路管理局等相关单位联系，调查信息流量、洽谈合作事宜；反复与市建委、城管局、交通局、文化局、行政执法局等单位进行沟通协调，听取建议。最终，确定首批在沈阳棋盘山旅游风景区、沈阳植物园、沈阳故宫、沈阳北陵、沈阳东陵和张氏帅府6个主要景区设置沈阳旅游景区导示牌，并于2009年12月按时完成了6个沈阳旅游景区导示牌建设任务。

沈阳旅游景区导示牌设计吸收了沈阳旅游图和沈阳交通图等设计思想，充分考虑了广大旅游者及市民需求，多次层层审核校对，做到不出差错。新设计的导示牌版面古朴大方，图文并貌，与景区周围环境相协调，内容囊括了沈阳市34个A级旅游景区、11个工农业旅游示范点和3个世界文化遗产获得单位的公开电话、详细地址、营业时间和图上位置等。为了方便中外游客，内容以中、英文对照形式进行了设计。

（*卢立祥*）

【建成网上沈阳旅游项目库】 沈阳旅游项目库于2009年3月初在网上建立。沈阳旅游项目库包括沈阳市旅游招商项目库和沈阳市重点旅游项目库以及相关的项目优惠政策。沈阳市旅游招商项目库的内容是沈阳市重点旅游招商项目，包括招商项目名称、项目概述、建设内容、市场预测、合作条件、项目投资额和效益分析、联系人、联系电话、传真和邮箱等或按地块划分包括范围、规划条件等内容。每个项目配有一张或两张图片，位于项目内容的右下角。沈阳市重点旅游项目的内容是沈阳市重点旅游项目的进展情况。包括新建、改建、扩建的项目。包括项目名称、项目所在地、项目筹建部门、项目负责人、联系方式、建设项目规模、建筑面积、项目主要内容等。项目投资优惠政策包括沈阳市各区县项目投资的优惠政策、沈阳市项目投资的有关政策、以及相关的项目优惠政策等。

（*刘旭方*）

【推出精品特色旅游线路】 2009年，沈阳市旅游局历时2个多月，编制了历史遗迹游、绿色观光游、生态休闲游、工业遗产游、农业观光游、冰雪娱乐游和红色经典游七大精品旅游线路，以及生态观光游、农事体验游、体育健身游、都市休闲游、工业文化游、冰雪休闲游、神奇体验游、民国风情游、宗教文化游和自助购物游十大特色旅游线路。并连同沈阳经济区的96条特色线路印制成册，在“活力之都魅力沈阳旅游产品特卖会”、“全国百城旅游宣传周暨沈阳人游沈阳”活动中广泛发放，进行宣传推广。并以沈旅发[2009]38号文件的形式，连同宣传品，一起下发全市旅行社，组织推广经营，受到媒体、区县旅游局、旅行社和旅游者的关注。

沈阳七大精品旅游线路包括：(1)历史遗迹游：新乐遗址、世界文化遗产、国家4A级景区清昭陵（北陵）、市政府广场、清代一条街及世界文化遗产、国家4A级景区清沈阳故宫、国家4A级景区张氏帅府和金融博物馆游览、刘老根大舞台或盛京红磨坊。(2)绿色观光游：世界文化遗产、国家4A级景区清福陵（东陵）、沈阳鸟岛、国家5A级景区沈阳植物园（世博园）、刘老根大舞台或盛京红磨坊。(3)生态休闲游：国家4A级景区沈阳冰川动物乐园、中华饮食博物馆、国家4A级景区棋盘山、向阳古刹、高句丽山城遗址、刘老根大舞台或盛京红磨坊。(4)工业遗产游：全国工业示范点、国家4A级景区沈飞航空博览园全国工业示范点、国家3A级景区沈阳老龙口酒博物馆、国家3A级景区铸造博物馆、国家2A级景区工人村生活馆、全国工业旅游示范点沈阳可口可乐有限公司或沈阳宝马汽车制造有限公司。(5)农业观光游：国家3A级景区沈阳白清寨风景区、沈阳水洞、马耳山（或台沟、杨城寨，按果品成熟季节而定）生态旅游区采摘基地、沈阳中顺汽车有限公司、妙味食品厂。(6)冰雪娱乐游：棋盘山冰雪大世界、关东影视城（赵本山影视基地）、神农科技观光园。(7)红色经典游：全国红色旅游景区沈阳“九一八”历史博物馆、沈阳抗美援朝烈士陵园、东北陆军讲武堂、二战盟军战俘营、周恩来少年读书旧址、中共满洲省委旧址。

沈阳十大特色旅游线路包括：（一）生态观光游。半日游（夏季晚间适用）：五里河绿廊一号俱乐部、五里河公园、沈水湾公园或南运河。一日游：(1)五里河公园、沈水湾公园、王家坝、南运河带状公园、全国农业示范点沈阳三山梅花鹿现代农业示范基地。(2)全国2A级景区七星山、石佛寺水库、全国4A级景区怪坡、东坡假日花卉基地、后腰堡葡萄园基地、蒲河水系观光带（农业高新区）、辉山乳业。(3)沈阳冰川动物乐园、关东影视城、沈阳国家森林公园、花果山神秘谷。（二）农事体验游。一日游：(1)全国3A级景区沈阳财湖景区、祖家坊传统酿酒工艺、全国2A级景区五龙山景区、万亩葡萄长廊采摘。(2)全国4A级景区新民三农博览园、全国3A级景区沈阳仙子湖、农业示范基地“沈阳棚菜第一村”方巾牛村。(三)体育健身游。二夜三日游:盛京高尔夫球场、刘老根大舞台或盛京红磨坊或西塔、沈水湾高尔夫球场或奥体中心公园。(四)都市休闲游。一日游:全国4A级景区沈阳科学宫或全国3A级景区兴隆大家庭室内公园、辽宁彩电塔、辽宁大剧院或全国4A级景区辽宁省博物馆、市政府广场(太阳鸟、古陨石)、刘老根大舞台或盛京红磨坊。(五)工业文化游。半日游:国家3A级景区铸造博物馆、劳动公园劳模大道、国家2A级景区工人村生活馆、铁西规划展示馆。(六)冰雪休闲游。半日游:沈阳白清寨滑雪场、农家小院;一日游:东北亚滑雪场。(七)神奇体验游。全国农业示范点沈阳三山梅花鹿现代农业示范基地、东陵李相新城陨石山科普基地、国家3A级景区、怪坡、东坡假日花卉基地、后腰堡葡萄园基地、全国工业旅游示范点辉山乳业。(八)民国风情游。一日游:张氏帅府和金融博物馆、杨宇霆公馆、常荫槐公馆、王明宇公馆、六一五造币厂银泉纪念币销售公司、八王寺汽水厂。(九)宗教文化游。半日游:皇寺广场、国家2A级景区实胜寺、西塔延寿寺;一日游:沈河区佛教寺庙群(慈恩寺、大佛寺、般若寺、中心庙、长安寺)、南关天主教堂、国家2A级景区、东北道教第一丛林太清宫、清真南寺。(十)自助购物游。一日游:伊势丹百货、中兴沈阳商业大厦、新世界百货。中街、五爱市场。

(*刘旭方*)

【编印重点旅游项目招商手册】　2009年初,沈阳市旅游局从区、县(市)调研、收集、整理了60余个招商项目材料,并从中优选了22个项目作为沈阳市重点旅游招商项目,设计编印了中英文、中韩文对照的招商项目手册各2500册。并在全国旅游交易会上发放,受到了与会者的好评。

沈阳旅游招商项目手册内容包括沈阳概况、沈阳市旅游业发展主要指标情况以及沈阳棋盘山城旅游度假村项目、圣诞村建设项目、皇城文博旅游产业聚集区、皇姑区北运河旅游文化特色产业带、万柳塘公园地块、沈阳滨水酒吧学艺特色街、大南佛教文化旅游街、锦联左岸百年老号特色美食街项目、魁星楼复建、沈阳国际旅游生态度假区、沈阳市东陵区红旗岭农业观光旅游区、沈阳市七星山风景区整体开发项目、沈北温泉度假村项目、沈阳白清寨大众滑雪场、沈阳兴隆温泉度假城、沈阳新民市辽滨塔法王寺建设项目、沈阳财湖生态旅游度假区、卧龙湖休闲度假区、万亩松旅游度假区、沈阳市铁西区创意产业中心、北市四期和近海经济区近海旅游观光招商项目等22个旅游招商项目。

(*刘旭方*)

【工农业旅游】　2009年,沈阳市工农业旅游接待人数和营业收入明显增加,工业旅游接待人数52.3万人次,同比增长25%;营业收入176万元,同比增长28%。农业旅游接待人数188.21万人次,同比增长23%;营业收入2.8亿元,同比增长11%。

1.各级政府高度重视,积极扶持,推动沈阳工农业旅游持续健康发展。2009年6月,以省人大常委会副主任王专为组长的省人大视察组一行先后视察了沈北新区蒙牛乳业、蒲河水系观光带、棋盘山旅游开发区中华饮食文化博物馆和苏家屯区杨城寨、马耳山农业旅游基地,对沈阳市的旅游资源开发建设给予了充分肯定,认为沈阳市旅游资源丰富,独具特色,产品定位准确,具有一定的市场竞争力。为沈阳市进一步发展工农业旅游打下了坚实的基础。2009年12月,改造投资2亿元的沈阳老龙口厂区规划方案出台。整体规划设计分新厂区建设和老厂区改造两步进行。新厂区建设将把重心东移,投资建设老龙口酒文化历史主题公园项目,从而形成大规模的白酒生产基地;老厂区作为总部,建成一个沈阳东部的仿古建筑地标和酒文化产业基地。“主推仿清式和新中国成立前老建筑风格,在1.7公顷范围内将建设非物质文化遗产传承保护区、老龙口酒文化景观区、文物展示区和工业旅游观光区。老厂区将保留中高档酒生产,规模不超过5000吨。改建后的“老龙口”与周边东北讲武堂、沈阳龙之梦亚太中心等相融,成为工业旅游观光、商务洽谈的文化产业链。加大对县域农业旅游经济的投入。市旅游局从沈阳市旅游发展基金中拔出150万元用于对县域农业旅游经济的建设。投资改造沈阳三农博览园项目费用40万元,投资建设沈阳法库县五龙山旅游风景区原生态乡村游项目40万元,投资建设沈阳经济区旅游综合服务中心项目40万元,投资建设沈阳新民大民屯镇方巾牛农业观光项目和沈阳辽中近海湖旅游休闲度假区等农业旅游项目。

2.整合旅游资源,打造农业旅游生态品牌。一是打造生态旅游采摘节活动。先后指导沈阳苏家屯、棋盘山、法库等区县旅游局举办农业旅游生态采摘节活动。2009年9月,苏家屯区组织实施以采摘为主的农事体验活动,在杨城寨采摘基地举办了以“品尝冬季鲜果、体验采摘乐趣”为主题的2009草莓自助采摘活动,在经济区五大采摘基地内推出了以“秋风送爽,硕果飘香”为主题的农事体验活动等,共接待采摘游客45万人次,实现旅游收入近7000万元;2009年8月至10月,棋盘山麓鸣谷生态度假采摘基地举办“开心农场、麓鸣谷藏宝图寻宝、劳模争霸赛——采摘速度大比拼等,“十一”期间采摘活动共计到访游客1800人左右,取得了良好的经济效益和社会效益;2009年9月,法库县旅游局举办了第四届葡萄采摘节,发展了10个采摘基地,采摘品种以葡萄和苹果梨为主,期间共接待游人10万人次,实现旅游收入1000万元。二是打造沈阳农业旅游精品线路。2009年,沈阳市旅游局编制了七大精品旅游线路以及十大特色旅游线路。其中绿色观光游、生态休闲游、农业观光游被列入了七大精品线路,生态观光游、农事体验游被列入了十大特色旅游线路。线路的编制体现了对全市农业旅游资源的组合提炼,又贴近旅游者的需求和旅行社经营的需要,实现了可行性和可操作性。组织指导东陵区旅游局整合本地农业旅游资源,调研东陵区朝阳寺、中华寺、大杏采摘基地、李相新城生态园、乐农庄园等产品,与沈阳经济区(虎跃)旅游集散中心联系开展经营,开通了乐农庄园生态采摘一日游等新线路。三是积极配合市农委等有关单位,开发了沈阳四大农业精品旅游线路。于洪——新民线参观路线:市府广场、三山梅花鹿园、沈阳德丰浮板菜生产基地、三农博览园、大民屯蔬菜生产基地、市府广场。苏家屯线参观路线:市府广场、万亩水稻种植基地、永乐万亩葡萄园种植基地、马耳山生态旅游区、杨城寨采摘基地、绿岛空港、市府广场。法库线参观路线:市府广场、登仕堡树莓生产基地、万亩葡萄长廊、财湖水库景区、财宫景区、爱新觉罗祖家坊、五龙山风景区、市府广场。沈北线参观路线:市府广场、辽宁千喜鹤养殖屠宰基地、辽宁中稻股份有限公司稻米加工生产线、辉山乳业生产线、蒲河风光、皇第龙邸瀑布、大溪地湿地公园、市府广场。

3. 打造工业旅游品牌。一是以沈阳老龙口酒博物馆、宝马汽车等工业旅游示范点为核心,全面推出工业之旅系列旅游品牌。充分利用老龙口酒博物馆现有的资源优势,将其打造成为吸引力强、震撼力大的工业旅游名牌产品,促进产业结构的升级。2009 年,沈阳老龙口酒被评为国家级非物质文化遗产。二是继续完善开发沈阳铁西工业旅游资源。以沈阳铸造博物馆、工人村生活馆为核心,组织打造沈阳工业一日游线路。完善规范场馆各项规章制度、提高讲解服务水平、完善场馆旅游导示系统,充实展出内容。2009 年,铁西工业旅游场馆共接待游客 7 万余人次。三是组织参加沈阳工业旅游经营单位参加 2009 中国国际旅游商品展销会暨全国旅游商品大赛,博览会聚集了全国 31 个省区市和新疆生产建设兵团的 20 多个大类、4000 余个品种商品,以及部分境外国家(地区)厂商和商品参展,超过十万人次参展、观展。其中沈飞航空博览园的苏-27 飞机模型在全国旅游商品大赛中,获得了荣誉。

(*刘旭方*)

【争创全国特色景观旅游名镇(村)】 2009 年初,国家住房和城乡建设部、国家旅游局联合开展了全国特色景观旅游名镇(村)示范工作。沈阳市旅游局根据全市有关区县村镇的实际情况,经过调研指导筛选,向辽宁省旅游局申报了苏家屯的马耳山村、棋盘山的阎家村、法库县的丁家房镇等三家单位,三家单位被列为了省级特色景观旅游名镇(村),等待国家旅游局的最后验收。

沈阳苏家屯区马耳山村位于姚千户屯镇西南部,是马耳山生态旅游区的核心景观及游览区域。为申报全国特色景观旅游名镇(村),苏家屯区旅游局积极做好创建的准备工作。一是通过采取增强景区的旅游功能、改善景区的旅游环境、提高景区的文化品质等重要举措,全面提升经济区的对外整体旅游形象,增强景区的吸引力和竞争力。在马耳山主峰和次主峰各建一处观景凉亭,修建和装饰游客中心 1 座,新建水冲厕所 1 座和移动水冲厕所 2 座,新增设太阳能路灯 38 盏,投放生态休息座椅 45 组,生态垃圾箱 60 个,新建民间艺术画影壁墙 50 处、装饰栅栏 300 延长米。通过上述举措,极大地改善了景区环境,提升了景区整体的对外形象。二是根据市场需求,积极引导和资金扶持业户,科学合理地开发建设农家乐旅游。在马耳山秋月湖附近新近开发建设农家院民俗一条街,约有 20 余户,使马耳山生态旅游区农家院达到 30 户,提升了景区的接待能力。三是不断扩充景区功能,丰富景区内涵。新建了深受广大市民喜爱的 CS 枪战项目,在秋月湖附近新增了能力拓展项目。

沈阳棋盘山风景区阎家窝棚村位于沈阳棋盘山东北隅,北与沈阳国家森林公园南门隔 103 省道相望,南与四家子村毗邻,形成于清王朝之前。现有农户 85 户,人口 281 人。区域占地面积 201.3公顷,其中:耕地面积54.1公顷,林地面积60.1公顷,果园面积 20 公顷。2004 年划入沈阳棋盘山国际风景旅游开发区以来,旅游村建设迈出的巨大步伐。依托棋盘山旅游优势,引资 1700 多万元,建成了占地面积约 100 万平方米集旅游、会议度假娱乐于一体的花果山"神秘谷"景区,生动再现了原始生态感想文化,奠定了阎家村旅游休闲产业的龙头,年接待游客 60 多万人,已成为棋盘山重要景点和赵本山影视拍摄基地之一。建设了 25 户 6600 平方米农家院,改造了 15 户村内农家院,年接待游客 2 万多人。建设了绿色蔬菜种植、采摘基地,健全了生态农业管理规程等。连续多年被市、区授予先进党支部、精神文明建设先进村、综合治理平安村等称号。

法库县丁家房镇是法库县四个中心小城镇之一,有省级公路 106 线和国道 101 线与沈阳相连,区域面积 132 平方公里,人口 2.2 万人。丁家房镇在清初名为"固山额真堡",是满语"八旗旗主居住过的地方",镇内的五龙山旅游风景区为沈阳市自然保护区,国家 AAA 级旅游风景区,沈阳市优秀旅游景区。丁家房镇历史文化资源厚重。丁家房连同镇内的五龙山是我国古代北方文明的一个代表,是法库古代文明的源头,有五处准省级文物保护单位。宗教文化氛围浓厚,佛道儒三教并存,其中佛教最盛,以中国菩提圣境、五观音寺和广慧寺为代表。农业旅游资源丰富。丁家房镇高效特色农业在法库县处于领军地位,其中五龙山牌葡萄成为沈阳特产,获 2009 年全国优质葡萄金奖。自然景观奇绝独特。有山巅避风的避风台、山体发声的天鼓山、珍稀树木佛树菩提树等。产业发展基础较好。丁家房南距沈阳 70 公里,处于沈阳市郊游 1 小时车程的旅游圈上。已被国家旅游局评定为"全国农业旅游示范点",被省旅游局评定为"辽宁省葡萄、菩提特色旅游乡镇",被沈阳市委宣传部等三个部门命名为"沈阳市民社区活动基地"称号等。

(*刘旭方*)

【红色旅游】 2009 年,沈阳红色旅游景点接待人数同比明显增加,其中:沈阳抗美援朝烈士陵园上半年接待人数 20 万人次(下半年改造停业),同比增长 25%;沈阳张氏帅府博物馆接待人数 43.3 万人次,同比增长 10%;沈阳"九一八"历史博物馆接待人数 83 万人次,同比增长 4%。

1. 国家、省、市政府高度重视,加大投入,积极发展沈阳红色旅游。2009 年,国家、省、市政府加大对沈阳市红色旅游点的投资力度,实际投入 4763 万元,其中:投资改造沈阳抗美援朝烈士陵园费用 2250 万元,包括基础设施投入 1725 万元,硬件设施改造 500 万元;恢复建设沈阳二战盟军战俘营费用2470万元;投资改造沈阳张氏帅府博物馆费用43万元。

2. 整合旅游资源,打造红色旅游精品线路。整合、推出沈阳2009年主要旅游线路,其中红色经典游被列为沈阳七大精品旅游线路。在4月11日开始的“全国百城旅游宣传周暨沈阳人游沈阳”活动中,沈阳市红色旅游景点单设了宣传展区,使红色旅游景点更加深入人心。

3. 按照国家“红办”等主办单位要求,组织沈阳“九一八”历史博物馆和沈阳抗美援朝烈士陵园等景区,参加人民网和中国经济网的免费专题宣传活动。沈阳抗美援朝烈士陵园入围了中国经济网主办的新中国建设创业和改革开放标志地展评活动候选名单。

4. 结合重大节日,开展活动,进一步扩大爱国主义教育的覆盖面和影响力。每年的9月18日,沈阳“九一八”历史博物馆都开展“勿忘‘九一八’撞钟鸣警”活动。该活动已经坚持了10多年,成为在国内外都有一定影响的纪念活动。市旅游局还组织学校、部队、企事业单位广泛开展活动,组织征文、夏令营、书画表演、签名、英雄中队创建等活动,组织宣讲团深入学校、部队、社区进行多种形式的讲座。并组建流动展览大篷车,把一些小型的专题展览送到学校、部队、社区及企事业单位,扩大了红色旅游点的知名度,使爱国主义教育深入人心。

5. 开展了共建共育活动。沈阳抗美援朝烈士陵园广泛开展了有组织、有计划的共建共育活动,先后与部队、学校等单位签定了共建共育活动协议,先后组建了黄继光中队、邱少云中队、杨连弟中队、孙占元中队、毛岸英中队、杨根思班等。

6. 加强业务培训,提高专业技能。通过组织红色旅游点举办演讲会和参加全国、省、市举办的讲解员大赛活动,提高了各景点讲解员的综合素质,为发挥爱国主义教育基地作用、加强未成年人教育打下了良好的基础。

(刘旭方)

【沈阳经济区旅游合作】 针对2009年旅游业发展面临的严峻形势,沈阳经济区各市旅游局研究确定了2009年旅游合作的总体思路,即坚持以科学发展观为指导,以建设区域旅游目的地为目标,以调整旅游市场结构为重点,进一步做精旅游产品、做优旅游项目、做强旅游企业、做好旅游服务、做大旅游宣传,全面推进旅游产业转型升级,确保经济区旅游经济又好又快发展。1月19日,包括经济区八城市在内的全省各市旅游局签订了《应对经济危机加强旅游合作互换游客协议》。协议要求:各市旅游局要充分发挥各地地域、资源和客源的优势,本着联手协作、共谋发展、互惠互利的原则,积极采取让利于旅游者、让利于市民的措施,鼓励各地旅游企业开展多种形式的旅游交流活动,实现旅游市场联动,客源互换。加强联合宣传促销工作,积极组织经济区各市旅游企业组成联合促销团,针对共同的重要客源地开展宣传推介活动。同时,联合编制旅游线路,联合制作旅游宣传品,联合对外开展宣传促销。启动仪式上,沈阳市棋盘山景区向各市赠送景区门票2万张。

1. 联合举行多项大型节庆旅游活动。一是共同开展了冰雪节系列活动。2009冰雪节期间,棋盘山冰雪大世界共接待游客6.4万人次,同比增长37%。辽阳弓长岭滑雪场接待游客5.36万人次,同比增长50.14%。鞍山汤岗子温泉等已成为春节黄金周旅游热点,游客同比增长20%。辽阳在冰雪温泉旅游项目的巨大牵动下,瓦子沟村30余家“农家院”家家爆满,春节黄金周期间入住率高达75%,接待游客4.77万人次,旅游总收入321万元。

2. 共同提升了国际旅游节系列活动档次。2009中国沈阳国际旅游节吸引了来自22个国家和地区的城市、旅游组织以及企业参加,异彩纷呈,抚顺皇家极地海洋世界、鞍山市高跷表演队、抚顺市卓姿表演队等参加了开幕式的花车巡游盛装行进表演,彰显了浓郁的民族特色。

3. 共同营造了“辽宁人游辽宁”系列活动氛围。2009“辽宁人游辽宁”大型系列活动分“冬”“春”“夏”“秋”四季分别在沈阳、抚顺、丹东、本溪四城市举行,是各个城市拉动旅游消费,繁荣旅游市场的一项重要活动,也是全省旅游业促发展、扩内需、保增长的一项重要举措,对活跃旅游市场,树立各市旅游形象,提升旅游人气具有重要的意义。

4. 沈抚、沈阜签署新的合作协议。一是“沈抚签署旅游一体化合作协议”。6月20日,沈抚旅行商大会暨沈抚旅游一体化合作签约仪式在抚顺友谊宾馆举行。协议要求两市共同开展旅游资源开发、旅游项目建设、旅游产品设计和整合、旅游宣传促销活动,建立旅游合作领导机制,旅游投诉处理协调工作机制,相互设立旅游广告及交通指示标识,双方共同推出旅游优惠政策,主打两地清文化旅游、红色旅游、工业旅游和生态旅游产品。双方约定通过旅游优势互补,旅游客源市场互换,旅游市场开发互惠,旅游经营管理信息互通,旅游宣传促销互动,旅游精品线路互联,互相支持旅游节庆活动,营造良好的大旅游、大产业、大合作发展氛围。二是沈阳、阜新两市达成旅游全方位合作协议。5月26日阜新市旅游局在沈阳举办“阜新旅游推介会”。会上,两市旅游局就互为客源地市场、合作开发精彩旅游线路、共同开展丰富多样的促销活动、互相介绍入境游客进入对方城市观光旅游、共同搭建旅游营销网络、合作运用旅游新媒体进行宣传等方面达成共识;两市旅行社负责人签订互换游客协议、阜新的景区与沈阳旅行社负责人签订门票优惠协议、阜新重点招商项目单位负责人与沈阳投资商签订合作开发协议等,共100余份。阜新市旅游局与沈阳经济区虎跃旅游集散中心合作开发了藏传佛教文化游、蒙古敖包相会风情游、世界工业遗产忆旧游3条精彩旅游线路。

5. 旅游宣传联动促销收效显著。开展了“全国百城旅游宣传周辽宁主会场暨沈阳人游沈阳活动”。活动期间,沈阳经济区百家旅行社积极开展国内游和省内游,鞍山玉佛苑景区、千山景区等省内知名景区还发放了让利于民的旅游消费券。

6. 创新整合推出新的旅游产品。2009年初,沈阳市旅游局一方面组织本地区县旅游局和旅行社提出沈阳市新的七大精品、十大特色旅游线路,另一方面积极协调其他七市旅游局和丹东市旅游局,推出了不同主题、不同特色的96条精品旅游线路,组合印制了新版旅游线路宣传品。4月9日,沈阳市旅游局召开了"活力之都、魅力沈阳——旅游产品特卖会",向新闻媒体和沈阳的各大旅行社隆重推出了以上精品线路。

7. 经济区旅游集散中心建成并投入使用。2009年,沈阳市政府将兴建沈阳经济区旅游集散中心列入为民兴办的20件实事之一,以彻底解决沈阳作为东北核心城市和辐射中心缺少旅游中转和枢纽的难题。5月1日,沈阳经济区虎跃旅游集散中心正式挂牌营业,中心位于沈阳北站地区辽宁省快速客运站内,总面积约800平方米,拥有独立的接待、候车及发车站位。该旅游集散中心以平价的模式,以80多条精品线路,打造东北规模最大的现代化旅游集散中心。在2009年"五一"和"十一"期间,新推出具有特色的游线路30多条,满足了游客了解"大沈阳"旅游需求。

(杨　芳)

【沈阳旅游网外文版投入使用】 2009年,沈阳旅游网的英文、日文、韩文版投入使用。外文版的内容包括沈阳简介、旅游概况、旅行社简介、宾馆饭店简介、景区简介、交通概览、节庆活动等内容,版面简洁,内容丰富。沈阳旅游网自2004年创办以来,本着真实、迅速、准确发布信息的原则,坚持365天实时更新,完整的反映了沈阳市旅游业的发展情况和沈阳市旅游局的工作动态。外文版的开通,大大了提升沈阳旅游网的档次和使用价值。2009年网站独立IP地址的访问量超过22万次,其中国外访问次数近1.2万次,分布在全球71个国家和地区;美国访问次数居第一位,占全部国外访问流量的58%;韩国、日本分别居第二位和第三位,分别占全部国外访问流量的13%和7.8%。

(杨　芳)

【旅游规划编制】 一是《沈阳市旅游总体规划》工作。沈阳市旅游局完成了向规划工作组收取最后评审修改稿的纸质文本、电子文本工作,撰写了6200余字的《沈阳旅游发展总体规划编制说明》,征求了市发改委、市规划局等相关部门的意见。在规划中细化"母港城市"概念的内涵与外延,如何确定城市配套设施和社会服务的发展目标,怎样对沈阳经济区各城市、全省乃至东北地区各城市旅游业起到带动作用与合作发展都提出了明确要求,市政府巡视员齐法兹,市政府副秘书长张中华也分别从资源开发、项目建设和节庆活动等方面提出了新的建议。

二是参与全省旅游规划工作。详细阅读省旅游总体规划初稿,针对沈阳市发展的需要提出了补充、修改意见59条,报送省旅游局,为沈阳市在全省一盘棋内争取更大的发展空间。

三是筹备全市十二五规划工作。编制了沈阳市旅游业十二五发展规划的写作计划草案,经局领导批准,连同联系人名单一并报送市发改委,并筹备开展相关编制工作。

四是参与全市其他规划工作,指导区县旅游局编制规划。参加了市发改委和部分区县组织的专项规划研讨会,对棋盘山、浑南新区、苏家屯区、沈河区故宫方城、大东区汽车发展基地等区域性的规划提出了指导建议。参加棋盘山中南卡通城规划设计会,与棋盘山开发区、项目设计单位请来的美国设计商交流意见,促进项目建设进展。指导东陵区开展规划工作。

(田　毅)

宣传推广

【全市旅游宣传促销工作会议】 根据国家、省旅游局的旅游市场工作计划,结合沈阳市实际情况,制定全年旅游市场宣传促销工作安排,沈阳市召开全市旅游市场宣传工作会议,为做好全年旅游市场工作奠定基础。主要目的是面对年初经济危机给旅游行业带来的诸多困难,进一步统一思想、坚定信心、迎难而上,在危机中捕捉商机、在逆境中开拓市场。动员全市旅游行业加大市场营销,通过不断营造旅游业的亮点,提振市场信心,引起国内外的广泛关注,招徕更多的海内外游客,树立沈阳旅游新形象;为扩大内需、刺激消费、拉动经济提供保证。通过总结2008年全市旅游市场工作情况,安排部署2009年市场重点工作,全面启动了2009年旅游市场宣传促销工作。

为树立典型,表彰先进,推动旅游市场宣传工作再上新台阶,会议表彰了为2008年全市旅游市场宣传工作做出突出贡献的旅游行业、新闻媒体。对苏家屯区旅游局、棋盘山开发区旅游局等53个旅游市场宣传工作先进单位,王时勤等24名为宣传沈阳旅游做出突出贡献的新闻媒体代表进行表彰。先进单位和先进个人代表做了经验交流发言。

(周建亚)

【东北"4+1"城市旅游联合体年会】 2009年2月27日,东北"4+1"城市(沈阳、大连、长春、哈尔滨+鞍山)旅游联合体第十届年会在沈阳黎明国际酒店举行。联合体各城市旅游局局长、市场处处长和辽沈地区新闻媒体的代表共同参加了会议。会议通过了2008年联合体工作总结,确定了2009年联合体工作安排。

东北"4+1"城市旅游联合体,作为我国东北地区旅游业发展的核心力量,于2000年在沈阳成立,2009年是联合体成立的十周年。自成立以来,各成员单位共同努力,本着"优势互补、资源共享、客源互换、利益互惠"的原则,在打造东北旅游目的地形象,旅游产品整合,旅游形象包装,旅游节庆活动相互支持,旅游城新体系建设等方面都取得了显著的成效。

在联合宣传促销方面,组织了近30余次的国内外宣传促销活动,先后赴美洲、欧洲、东南亚、中东、日本、韩国、台湾等境外客源市场,以及国内长三角、珠三角等客源市场开展整体宣传促销活动,积极树立东北旅游整体品牌形象,共同拓展和深度开发海内外客源市场,极大地提升了东北旅游的整体形象。

会议强调,国务院已经出台了关于拉动内需的十项措施,国家发改委制定了《大东北旅游协作框架协议》,联合体各成员单位必须把握这一重大机遇,充分发挥"4+1"旅游城市联合体在东北地区的核心作用,编制"大东北"特色旅游线路,以此推动东北地区旅游经济平稳较快发展。

会议提出,"4+1"旅游联合体各城市,要牢牢把握发展机遇,充分发挥旅游业在扩大内需和促进经济增长中的重要作用,不断创新联合体工作思路。整合"大东北"旅游项目和旅游线路,重组优势旅游资源,联合宣传,加大旅游宣传促销力度,并尽快策划赴国内外开展宣传促销活动,将成为"4+1"旅游联合体2009年工作的重中之重。

(周建亚)

【开展"沈阳人游沈阳"活动】 2009年初,在棋盘山冰雪大世界举办了以应对危机、提振信心、共度难关、再创辉煌为主题的"辽宁人游辽宁"活动启动仪式。全省十四个城市旅游局签订了《应对经济危机加强旅游合作互换游客协议》。

借助"辽宁人游辽宁"活动启动的有利时机,由沈阳市人民政府、辽宁省旅游局主办,沈阳市旅游局承办,沈阳经济区各城市旅游局及丹东市旅游局联办,沈阳铁路局、南方航空北方分公司、沈阳安运集团协办,各区县市旅游局、旅行社、景区点、媒体积极响应的全国百城旅游宣传周辽宁主会场暨沈阳人游沈阳活动(百家旅行社、百对专列、百辆大巴、百万游客国内游)于2009年4月11日在沈阳市府广场正式启动。活动贯穿全年,成为促进沈阳市旅游业持续增长的助推器,充分发挥了旅游业带动力大、关联度高的重要作用,推动全市旅游业实现平稳较快发展。

1. 搭建平台,策划活动,激发市民游览家乡热情。中国沈阳国际旅游节期间,举办了第二届国际著名旅游景区商品展示会、"沈阳风情"诗歌散文征文大赛、消夏啤酒节、"关东风味情"美食节、"魅力沈阳"摄影响大赛、沈阳百店酬宾购物欢乐游、金秋原生态采摘节、浑河花船景观游以及各区、县(市)举办的20余项子活动。沈阳故宫开展了各种传统旅游产品、专项旅游产品、特色旅游产品的宣传促销。举行了"故宫寻宝"和灯谜竞猜活动以及专题展览《吉祥——院藏文物吉祥纹饰展》和《娄东画派书画展》等,吸引了大批的海内外游客。张氏帅府与《辽沈晚报》合作推出了《大帅府钩沉》专栏。世博园先后举办了兰花展、郁金香展、百合花展、菊花展等,还推出牡丹芍药花开贺端午、暑期游乐套餐,七夕还推出"联票浪漫游"。关东影视城推出了以"盛世中华60载,欢聚影城度中秋"为主题的系列特色旅游活动。

2. 出台惠民举措,让利于民,调动市民出游积极性。世博园、国家森林公园、东陵公园、关东影视城等景区推出不同的优惠票价。端午节、"六一"、"十一"期间,棋盘山开发区三大热门景区,推出一日游联票,其中世博园更是推出门票7折的政策;为了更方便市内游客来世博园夜场游玩,沈阳世博园夜场开通四条旅游专线。沈阳经济区虎跃旅游集散中心"五一"和"十一"期间,推出各种让利促销,如亲情"2+1"活动、会员优惠、优惠券、赠送保险等吸引游客出行。沈阳(安运)旅游集散中心从5月1日起下调省际一日游车费价格10%。沈阳铁道国际旅行社1-9月份,先后在辽宁、吉林、内蒙古、河北等四省召集了30多个城市100多家旅行社召开"恳谈会"、"联谊会",以吸引更多的游客来沈,全年推出了130对旅游专列产品线路。

3. 开发特色产品,推出特色线路,满足市民出游需求。"沈阳人游沈阳"活动期间,各旅游经营单位适时推出新的旅游线路,开发各具特色的旅游产品。沈阳经济区虎跃旅游集散中心,在"五一"和"十一"期间,推出了具有特色的线路30多条,旅游旺季推出80条季节性线路。从5月1日成立至"十一",省内客流量约为4.46万人,发车数量1265台,比上年同期增长537%和319%。沈阳(安运)旅游集散中心为市民提供更多质优价廉的一日游精品线路,1—9月份沈阳(安运)旅游集散中心省内客流量约为8.6万人次,同比增加10%,发车1996台。凤凰旅行社大力推广生态旅游,组织大约2500余人赴沈阳周边农家果园的采摘之旅;推荐休闲健身旅游,组织赴棋盘山植物园登山踏青人数5800多人;向国有大中型企业和学生提供的红色之旅(张学良故居)、历史古迹之旅(沈阳故宫、北陵公园)收到良好成效。苏家屯区旅游局与沈阳经济区虎跃旅游集散中心签订旅游合作协议,推出了适合大众口味、可操作性强的旅游产品;针对不同季节推出春季踏青游、登山游、各种时令果蔬的采摘游等产品;积极与旅行社合作,与省内8家、市内48家旅行社签订了合作开发一日游线路协议;还与新民市旅游局签订游客互换协议,实现两地旅游业的优势互补,资源共享,推动了两地旅游业健康、快速和可持续发展。

4. 整合资源、优质服务,为市民出游提供便利。"沈阳人游沈阳"的开展,在吸引游客来沈的同时,也促进了各旅游经营单位加强基础设施建设,提高服务质量,促进了旅游产业链的良性循环。世博园内引进的新项目森林乐园游乐场,扩展了景区内的配套服务设施,不仅安排1000多人就业,也进一步整合并利用了资源优势吸引了大批量游客,使全区内门票收入均有明显增长,尤其是"五一"期间,门票收入428万元,比2008年同期增长了13.2%。沈阳经济区虎跃旅游集散中心用于基础设施建设投入资金80余万元,广告费用150万元。在黄金周到来前,对全体员工进行了服务礼仪、服务规范的培训,并通过游客满意度调查和导游日记对服务进行反馈,同时实行服务全程跟踪和管控,杜绝任何服务缺陷给游客来了的利益损失,打造沈阳旅游行业高品质的服务形象。为了方便游客报名,虎跃旅游集散中心还先后建立了沈阳站、铁西、三好报名咨询处,以及省快客站、铁西国税局、中山广场三个发车站点,旅客可以就近咨询报名、就近乘车,并且计划在未来建立更多报名咨询处和发车站点,从而为市民出游提供更多便利。

(周建亚)

【参加国内促销活动】 组织参加四次国内大规模促销活动,通过主动出击,走出去开展宣传促销,进一步拓展我市国内客源市场。

为加强沈阳市与吉、黑、京、津、晋、云、贵客源市场的旅游合作,增进旅游业界的交往,市旅游局组织部分旅游经营单位参加辽宁省旅游局组织的促销团,赴长春、哈尔滨和天津、北京、太原、贵阳、昆明,召开"满韵清风、多彩辽宁"旅游推介会。市旅游局积极开展"活力之都"城市整体形象以及沈阳国际旅游节的宣传,受到当地旅游业界高度评价,也得到了相关媒体的高度关注。

由东北"4 + 1"城市联合体共同组织的"东北风·关东情"大型旅游促销团于5月10日—14日赴山东客源市场开展联合促销。促销团分别在济南、青岛、威海举行了"东北风·关东情"大型旅游推介会。每个城市均邀请了当地旅游局领导、经营东北旅游线路的旅行社代表以及主要新闻媒体记者参加。各城市均派出优秀导游员、讲解员作为城市旅游形象代言人开展推介,配以多媒体演示,生动、直观、深入,并且增加了抽奖环节,奖品为旅游企业提供的景区门票,如沈阳世博园、棋盘山、怪坡、三农博览园、航空博览园、铸造博物馆、工人村生活馆等系列套票。所到城市旅游局高度重视,旅行社积极参与,新闻媒体对此次旅游宣传促销活动给予了报道,有效宣传了东北整体旅游资源。

(周建亚)

【组织旅游企业参加旅游展会】 2009年4月,2009中国国内旅游交易会暨第六届东亚旅游博览会在大连举办。沈阳市组成由沈阳市政府戴均良副市长为团长、200余家旅行社、旅游景区点及区县市旅游局、星级饭店参与的沈阳旅游代表团。展会上推出了2009中国沈阳国际旅游节、东北振兴工业之旅、棋盘山关东影视城等最新的优秀旅游景点,咨询和洽谈的人士络绎不绝,得到业内人士、新闻媒体、国内外游客的广泛关注。通过发放沈阳旅游图、沈阳旅游指南、沈阳国际旅游节花车光盘、邀请函等一系列旅游宣传品,进一步加深了海内外旅游界人士对沈阳旅游资源的了解,达到了预期的宣传效果。交易会期间,沈阳展位共接待2万余人次,发放80余万份宣传资料。市旅游局被组委会授予最佳组织奖。

5月下旬,市旅游局组织旅游经营单位参加了2009中国(烟台)北方旅游交易会。市旅游局通过烟台电视台向市民推出了以"老沈阳、大沈阳、小沈阳"为主题的系列精品旅游线路,得到了烟台旅游业界及市民的极大关注,反响热烈,尤其是对"小沈阳"、二人转等休闲娱乐旅游资源兴趣浓厚,均表示一定要到沈阳亲眼看看东北二人转。

此外,还参加了2009中国国际旅游交易会、2009北京国际旅游展、中国旅游产业节及第五届海峡旅游博览会。参会期间积极与各旅游机构、旅行商开展沈阳旅游资源以及节庆活动的推介,并利用展会期间与各省市代表进行交流沟通,为进一步合作打下基础。

(周建亚)

【第二届国际著名旅游景区商品展示会】 作为中国沈阳国际旅游节的重要主体活动,第二届国际著名旅游景区商品展示会通过开展一系列展示、展销活动,为旅游消费者与商家搭建沟通、互动的平台,推动旅游与商业的有机结合,进一步繁荣沈阳市的旅游消费文化,增加旅游购物的文化内涵,展示城市文化内涵,提升区域购物中心的形象,带动全市乃至周边城市的旅游购物消费的增长,促进社会经济的健康、快速发展。此次展会汇集了来自国内外著名旅游景区、旅游商品生产设计销售单位参加,展位300余家。境外有来自瑞士、俄罗斯、印尼等22个国家和地区的旅游机构、旅游企业参展,国内有四川、陕西、贵州、湖北等16个省市区的旅游机构、旅游企业参展。

(周建亚)

【沈阳旅游资源宣传】 一是通过公务护照开展沈阳旅游的宣传。国家外交部免费在2009年版公务护照的对开签注页印制沈阳市著名旅游资源、世界文化遗产——清沈阳故宫的图片,并标注图片的名称,计划两年内共印制200万册,公务护照有效期为5年。二是市旅游局组织在全市有VOD视频点播系统的星级饭店,播放具有中、英、日、韩四种语言配音,能够满足不同客人需要的沈阳旅游风光片。黎明国际、万豪、凯宾斯基、洲际、凤凰饭店、辽宁大厦、政协会馆等21家拥有VOD视频点播系统的星级饭店,在5000多间客房随时播出沈阳旅游风光片,供来沈住店客人观看。三是组织沈阳故宫参加省旅游局在首都机场国际航站楼,举办为期一个月的"文化国门满韵清风多彩辽宁"大型旅游图片展览。四是利用南航驻台北分公司成立之际,组织旅游企业积极参与,并提供宣传资料,为进一步扩展沈阳市与台湾的旅游业务往来打下了基础。五是利用"十一"黄金周旅游旺季,在省内各高速路口摆放沈阳市旅游企业提供宣传资料,扩展宣传渠道。

(周建亚)

【开展互动交流活动】 2009年,沈阳市先后接待了北京、上海、成都、峨嵋、青岛、九江、金华、云台山、酒泉、丹东、阜新等各城市促销团近40家。接待日本佐世保市观光产业振兴局、大阪府来沈召开旅游推介会,日本BS媒体采访、《中国神秘纪行》摄制组。在做好接待工作的同时,积极开展互动宣传,充分利用海内外旅游同行来沈促销的有利时机,组织我市旅行社积极参与其促销活动,向对方宣传沈阳市旅游资源,开展旅游节庆活动的邀请,使双方的旅游资源和客源市场得到充分补充。

(周建亚)

【参加2009中国国际旅游商品博览会暨旅游商品大赛】 2009年11月12日至11月15日,国家旅游局在浙江省义乌市举办了2009中国国际旅游商品博览会暨旅游商品大赛,这是全国首届此类博览会,共确认展位2181个,聚集了全国31个省区市和新疆生产建设兵团的20多个大类、4000余个品种商品,以及部分境外国家(地区)厂商和商品参展,超过十万人次参展、观展。沈阳故宫的瓷器纪念品、沈飞航空博览园的苏-27飞机模型与国内各地上千种旅游商品一起参加了博览会前的全国旅游商品大赛,获得了参赛荣誉证书。

(田　毅)

节庆活动

【假日黄金周】 2009年"春节"黄金周:1月25日至31日(除夕至初六),全市共接待旅游者79.19万人次,同比增长2.3%;其中,过夜旅游者41.29万人次,同比增长0.3%;一日游游客37.9万人次,同比增长4.6%。全市旅游总收入

5.64亿元人民币,同比增长9.8%。黄金周期间,全市无旅游投诉,旅游市场秩序良好。一是冰雪旅游异常火爆。“中国沈阳国际冰雪节”经过多年打造,已经成为享誉东北、辐射全国、吸引东南亚的冬季旅游品牌。棋盘山冰雪大世界、东北亚滑雪场、白清寨滑雪场、北陵公园等冰雪活动场所,积极利用自身资源,广泛开展集观赏、参与、游乐为一体的综合性冰雪活动。棋盘山冰雪大世界作为冰雪节的主会场,将“国际冰雪节”、“盛京灯会”、“关东庙会”有机整合,推出“赏灯、闹雪、闯关东”主题活动,吸引了大批国内外游客。春节黄金周期间,棋盘山冰雪大世界共接待游客6.4万人次,同比增长37%。二是“盛京灯会”流光溢彩。“盛京灯会”,将已举办多年的“沈阳市迎春灯会”进行创新,再现了老沈阳“四平灯市”这一清末盛景。“盛京灯会”以浓郁而独特的关东文化为主题,以祥牛贺岁和欢天喜地为辅助主题,设置近百组大型花灯、五大文化主题灯阵、5009盏各式灯笼,游客犹如置身于灯海,感受光与影的梦幻与绚丽。三是“关东庙会”喜庆热闹。关东大秧歌、街景民俗演艺、《关家班》绝技表演、古典戏法杂技、婚庆花轿队、彩楼抛绣球等妙趣横生的民俗演艺,关东美食坊、晋阳会馆等汇聚关东特色的美食小吃,关东风情油画展、《红色之旅》大型微缩景观展等,重现了昔日老北市的市井繁华。四是区域联动成效显著。市旅游局与省旅游局共同主办了主题为“应对危机、提振信心、共度难关、再创辉煌”的“辽宁人游辽宁”活动,全省14个城市旅游局签订了《应对经济危机加强旅游合作互换游客协议》,实现全省旅游市场联动,客源互换。五是区、县(市)活动异彩纷呈。黄金周期间,各区、县(市)都以“2009中国沈阳国际冰雪节”为契机,推出丰富多彩的旅游活动,和平区推出“2009中国沈阳(新春)皇寺庙会”,大东区推出“魅力东部—大东区2009庆新春、促内需、保增长、建和谐文化活动”,苏家屯区推出“感受关东民俗风情、享受农家生活乐趣”、“品尝冬季鲜果、体验采摘乐趣”活动,沈阳故宫推出“2009到沈阳故宫过大年”春节文化系列活动,张氏帅府(金融)博物馆推出“帅府民国文化游”活动,辽宁省博物馆推出“迎新春、辽博精品展”,沈阳科学宫推出“沈阳科学宫与您共享欢乐春节”活动。六是拉动内需,刺激消费。春节黄金周的旅游客流和市民的过节消费对沈阳商饮服务业的拉动作用也非常明显。据统计:沈阳市三家主要商业企业销售额超过1.2亿元,其中:沈阳兴隆大家庭购物中心有限公司销售额超过5000万元,增幅超过3成,坐上黄金周期间的头把交椅;中兴——沈阳商业大厦销售额超过4000万元,增幅超过1成;沈阳商业城的销售额也超过3000万元。沈阳凯宾斯基饭店的销售额超过70万元,沈阳华府天地莱星顿酒店取得了40万元的销售收入。

2009年国庆节、中秋节:10月1日至8日,全市共接待旅游者266.19万人次,同比增长10.71%;其中:过夜旅游者54.22万人次,一日游游客211.97万人次;全市旅游总收入16.15亿元人民币,同比增长11.98%。黄金周期间,全市无重大旅游投诉,无安全事故发生,旅游市场秩序良好。一是世博园成为沈阳热点景区。举办了金秋大型菊花展暨中秋节赏菊大会,共展出菊花120余个品种30万盆。第七届沈阳艺术节精彩节目汇演在世博园凤之翼广场舞台、中心舞台上演。以“欢乐世园”为主题的旅游节大型花车装饰一新,在世博园定点展示,典雅的老爷车也在园内进行巡游展示,增添了一道靓丽的风景线。园区与沈阳电视台共同主办的“谁敢来挑战”活动,吸引了大批游客踊跃参与。园内森林乐园的悬挂式过山车、大摆锤、激流勇进等60余项游艺项目令游客流连忘返。节日期间,世博园共接待游客13.25万人次,同比增加38%,成为辽宁全省有门票收费景点接待游客量之首。二是“短线游”受游客欢迎。国庆节、中秋节期间,市旅游局以沈阳经济区虎跃旅游集散中心和沈阳旅游集散中心为依托,推出“休闲度假游”、“乡村农家乐游”、“秋季采摘游”、“登山健身游”、“文化遗产游”、“工业遗迹游”等旅游产品,共计60余条旅游线路,线路以“一日游”和“二日游”等“短线游”为主,深受游客欢迎。沈阳经济区虎跃旅游集散中心和沈阳旅游集散中心在市内共设有市政府广场金融大厦、每家玛超市、滑翔生日城、省快客站(北站)、铁西国税局、中山广场6个发车点,极大方便了市民出游。两个集散中心节日期间发车近700辆,接待旅游者2.3万余人次。三是区县旅游活动丰富多彩。世博园的“金秋国庆赏菊游园会”,棋盘山风景区的“欢庆祖国60华诞大型游园活动”,苏家屯区的“2009绿岛空港原生态采摘节”,浑河航运公司的“浑河花船景观游”,关东影视城的“盛世中华60载·欢聚影城度中秋”,辽宁省博物馆的“迎金秋、辽博精品展”,张氏帅府的“游一座大帅府,观半部民国史”,沈阳国家森林公园的“森林旅游节”,清福陵的“满族文化展示周”,沈阳故宫的“皇家礼仪展演”、“沈阳故宫60年图片展”,冰川动物乐园的“礼赞祖国—海、陆、空,动物表演为祖国献礼”,花果山神秘谷的“金秋绿色生态采摘”等20余项旅游活动。四是拉动消费作用明显。中兴——沈阳商业大厦节日期间销售超过7000万元,同比增加8.53%;沈阳每家玛超市节日期间销售近300万元,同比增加1%;沈阳黎明国际酒店销售近300万元,时代广场酒店和金海岸大酒店销售都在100万元以上,七宝山饭店销售超过40万元,同比分别增长88.47%、183.94%、38.09%、20.81%。通过民航、铁路、公路等交通渠道抵达沈阳的客流量达到450万人次,同比增长36.4%。

(佟胜富)

【沈阳旅游采摘节】 2009年,全市逐步形成10个具有一定规模、比较规范的采摘基地,分别位于4个区(县)境内。其中棋盘山旅游开发区有3家,分别是:沈阳国家森林公园绿色生态采摘园、花果山采摘基地、鹿鸣谷采摘基地;东陵区1家,是乐农庄园;苏家屯区有5家,分别是:马耳山采摘基地、杨城寨采摘基地、台沟采摘基地、刘后地采摘基地、李英守采摘基地;法库县1家,是五龙山葡萄采摘基地。沈阳金秋原生态采摘活动从7月开始至10月结束,取得了良好的经济和社会效益。

1.政府主导,产生了较好的经济和社会效益。年初,各区(县)政府旅游部门坚持早计划、早安排，对旅游采摘活动实施全程指导，棋盘山旅游局、苏家屯旅游局、法库县旅游局分别制订并实施了沈阳国家森林公园等5个采摘基地绿色生态采摘节活动方案及启动仪式。10个采摘基地占地总面积达3271公顷，果蔬品种达40余种，年产果蔬达4769万斤，游客人数达到65.2万人次，实现旅游收入8144万元。

2.精心组织，采摘节内容丰富。各采摘基地在2009年又有新举措，沈阳棋盘山开发区旅游局组织花果山采摘基地开展了“自个家的果园—随意采摘、免费品尝”、“花果山杯钓鱼王争霸赛—免费钓鱼、免费带走，并有机会获得大奖”、“寻找大胃王—吃苹果大赛”和“江湖告急：花果山内寻找野菜高手—野菜识别大赛”等活动，别具特色。法库县旅游局坚持主打以丁家房为中心的葡萄产业采摘基地开发，经过20多年的发展，成为当地农民增收的重要渠道，已达到“生产绿标化、设施棚袋化、组织区域化、营销品牌化、经营产业化”标准，通过开展沈阳法库“五龙山葡萄节”暨“五龙山葡萄之旅”活动，有力地推动了葡萄产业的巩固和发展。苏家屯区旅游局于春节、“五一”、清明节、端午节期间，在杨城寨采摘基地举办了以“品尝冬季鲜果、体验采摘乐趣”为主题的2009草莓自助采摘活动；“十一”、中秋节期间，在五大采摘基地内推出了以“秋风送爽，硕果飘香”为主题的农事体验活动，在杨城寨采摘基地和马耳山采摘基地推出了以“品鲜果美食，度中秋佳节”为主题的家庭自助采摘活动，在白清寨风景区民俗一条街推出了以“体验民俗民风，共享农家乐趣”为主题的农活体验活动。

3.强化宣传，扩大了活动的影响面。各采摘基地积极与宣传部门、报社、电视台进行了衔接，大力宣传采摘活动，积极推介金秋采摘型观光农业，提高市民的郊游采摘兴趣、积极性。并在互联网上及时进行信息发布，大力推介新兴采摘旅游项目。同时，为了充分展示采摘基地整体面貌，撰写了采摘基地简介，聘请讲解员为游客讲解采摘基地特色，使游客对采摘项目留下美好印象。采摘节期间，沈阳日报社、晚报社、沈阳电台、电视台等多家新闻媒体多次进行报道。

（卢立祥）

【沈阳风情摄影大赛】 为迎接国庆60周年，更好地宣传沈阳市旅游资源，提升旅游形象，打造沈阳旅游城市品牌。市旅游局与沈阳新闻摄影家协会联合主办“魅力沈阳”2009沈阳风情摄影大赛。本次大赛以魅力沈阳为主题，共收到参赛摄影作品千余幅。组委会聘请专家认真评选，最终评选出金牌奖2名、银牌奖3名、铜牌奖8名、优秀奖30名、入选奖240名。

本次大赛摄影作品不仅数量多，而且思想性、创新性、纪实性和时代感都很强，作品内容涵盖了沈阳的都市风情、自然风光、名胜古迹、奇特景观、人文景观等。广大摄影专业人士，摄影爱好者以独特的构思，高超的摄影技巧，生动的摄影艺术语言，精美的画面，独特的摄影艺术表现力，全方位、多角度地展示了沈阳市城市建设的崭新风貌、优美的自然风光、人文景观。广大市民和中外游客通过直观、新颖、生动、活泼的摄影艺术形式和精彩画面更好地认识了沈阳、了解了沈阳，进一步提高了沈阳知名度和影响力。

（徐 阳）

【“沈阳风情”诗歌、散文征文大赛】 “沈阳风情”诗歌、散文征文大赛由沈阳市人民政府主办，由市旅游局、市委宣传部、市文联、《沈阳日报》社承办，大赛于3月13日启动，8月20日截稿。本次活动得到社会各界广泛关注，大赛征文启事先后在《沈阳日报》、《诗潮》、《芒种》、沈阳旅游网等报刊、杂志、网络上刊登，来自辽宁、河南、山东、山西、江苏、湖南、广东、四川、内蒙古等省以及北京、上海、深圳等城市的读者纷纷投稿，投稿者覆盖面广，涵盖专业作家、机关干部、工人、学生、军人、教师等社会诸多阶层。

本次大赛共收集到征文作品378篇。其中：诗歌267篇，散文111篇。《沈阳日报》、《诗潮》、《芒种》、“沈阳旅游网”刊登了部分大赛入围作品，《沈阳日报》共刊登了12篇入选作品，《诗潮》刊登了4篇入选作品，《芒种》刊登了3篇入选作品。

为确保大赛公平、公开、公正地评选出获奖作品，大赛组委会组织市委宣传部、市文联、沈阳日报集团、辽宁大学、沈阳师范大学、沈阳市旅游局的20余位资深评委，对作品进行了5次初审和3次复审。最后经大赛组委会审定，评选出31篇获奖作品，其中：诗歌类作品一等奖1名、二等奖2名、三等奖3名、优秀奖10名，散文类作品二等奖2名、三等奖3名、优秀奖10名。

（佟胜富）

行业管理

【旅游星级饭店评定】 2009年度，新评定星级饭店4家，分别是辽宁荣富饭店（四星级）、沈阳沈飞宾馆（四星级）、辽宁阳光宾馆（三星级）、沈阳翔云楼宾馆（二星级）。

在加快评定步伐的同时，市星评委又对一些因关、停、并、转等原因，已经无法达到旅游星级饭店评定标准的10家饭店，取消其星级饭店资格，并严禁再以旅游星级饭店名义对外宣传和招徕。这10家饭店是：沈阳大民族饭店（原三星级）、辽宁丽晶大酒店有限公司（原三星级）、沈阳雍伦大厦有限公司（原三星级）、沈阳荣利达大厦有限公司（原三星级）、沈阳三盛源大酒店（原二星级）、沈阳西苑实业总公司西苑宾馆（原二星级）、辽宁红盾大酒店（辽宁省工商干部培训中心）（原二星级）、沈阳金银角大酒店（原沈阳庄之合餐饮有限责任公司）（原一星级）、沈阳铁路局北海大厦（原一星级）、沈阳市龙凤大饭店（原一星级）。

截至2009年底，全市旅游星级饭店总数达到108家，占全省星级饭店总数的三分之一。按星级划分：五星级6家，四星级21家，三星级55家，二星级19家，一星级7家。

（秦 岩）

【旅游星级饭店复核】 2009年，全市应参加星级饭店复核的单位104家，其中：五星级6家，四星级19家，三星级54家，二星级18家，一星级7家。包括：享有星级及其标志5年使用权(评定性复核)的饭店21家(五星级2家、四星级2家、三星级15家、二星级1家、一星级1家);享有星级及其标志3年使用权(重点性复核)的饭店16家(四星级1家、三星级13家、二星级1家、一星级1家);其他参加2009年度复核(年度复核)的星级饭店67家(五星级4家、四星级16家、三星级26家、二星级16家、一星级5家)。因为停业装修改造,沈阳绿岛森林公园(五星级)、沈阳七月宾馆(三星级)、沈阳天源宾馆(二星级)等3家单位未参加2009年的复核工作。实际参加复核的单位为101家,其中:五星级5家,四星级19家,三星级53家,二星级17家,一星级7家。经星评委认真检查,全市参加复核工作的旅游星级饭店均已达标。

在复核方式上,沈阳市星评委将一、二星级饭店的复核工作交由区、县(市)旅游局来完成,三星级饭店的复核工作由市星评委和区、县(市)旅游局共同来完成。方式的多样性调动了县区旅游局的积极性,提高了旅游行政管理机关整体的管理水平和服务意识,收到了较好的效果。

(秦　岩)

【绿色旅游饭店创建】 2009年,继续在全市旅游星级饭店行业中开展创建“绿色旅游饭店”活动,推行《绿色旅游饭店》行业标准。向市节能办推荐了2008年度沈阳市节能示范企业1家、先进集体1个及先进个人6名。其中:沈阳洲际酒店获得了沈阳市节能示范企业称号,沈阳黎明国际酒店工程部获得沈阳市节能先进集体的称号,辽宁政协会馆的宁家萱、沈阳市华人大酒店的韦金龙、沈阳军区金城宾馆的于鹏宝、沈阳鸿宇山庄的李宏林、辽宁(沈阳)地税培训中心(八贤仙庄)的刘维亮及沈阳市旅游局秦岩等6人获得了沈阳市节能先进个人的称号。

对旅游星级饭店服务质量、服务规范、环境保护、资源合理利用等明确了量化打分标准。沈阳丽都喜来登饭店、辽宁大厦、沈阳玫瑰大酒店、沈阳迎宾馆、沈阳商贸饭店、金都饭店、沈阳时代广场酒店、辽宁荣富饭店、辽宁工会大厦、沈阳北辰大酒店、沈阳军区政治部毓英楼宾馆、辽宁阳光宾馆、沈阳翔云楼宾馆、沈阳华夏饮食文化博物馆、沈阳棋盘山开发区有限公司(红叶宾馆)等16家单位被评定为绿色旅游饭店,其中:金叶级6家,银叶级10家。沈阳市绿色旅游饭店总数达到了36家,其中:金叶级10家,银叶级26家。

(秦　岩)

【旅行社管理】 截至2009年末,沈阳市共有旅行社196家。其中:出境游组团社23家,国内旅行社173家。

2009年1月至3月,进行了全市2008年度旅行社业务年检。2008年度,沈阳市辽宁国际商务旅行社有限公司、辽宁康辉国际旅行社有限公司、沈阳市海外国际旅行社有限公司、辽宁世纪国际旅行社有限公司、沈阳青年国际旅行社有限公司等五家旅行社,进入全国百强国际旅行社行列,分列14名、16名、20名、21名、22名。辽宁凤凰旅行社进入全国百强国内旅行社行列,位列22名。

2009年,国务院颁布了新的《旅行社条例》,国家旅游局颁布了《旅行社条例实施细则》。对旅行社的设立、经营、监督检查、法律责任等重新进行了规定和要求。根据《旅行社条例》、《旅行社条例实施细则》,沈阳市旅游局对全市旅行社换发了《旅行社业务经营许可证》,经营范围有两种:一是经营国内旅游业务、入境旅游业务的旅行社,二是经国家旅游局特许经营国内旅游业务、入境旅游业务和出境旅游业务的旅行社;保证金分别为20万元人民币和140万元人民币。

2009年,爆发了全球性的甲型H1N1流感,对沈阳市旅行社业造成了一定影响。通过沈阳市旅游局的日监测和旅行社的日报,没有沈阳市旅行社组织接待的旅游者感染甲型H1N1流感。

(邵　林)

【旅行社服务质量评价】 按照省质监所关于“倡导诚信经营,提供优质服务,杜绝零负团费,实现阳光工程”的精神,沈阳市旅游局于2009年6月在全市旅行社范围内开展了服务质量评价活动。为了做好服务质量评价工作,从年初至9月份,市质监所组织获得“2008年度优质服务旅行社”称号的单位,联合在新闻媒体上向社会予以公示,提请社会给予监督。通过企业自检自查,市旅游局抽查、复核,召集旅行社集体评选,市旅游局党组讨论通过,评出沈阳市海外国际旅行社等36家企业为2009年市优质服务旅行社。旅行社服务质量评价活动的开展,改变了旅行社单纯追求经济效益,管理工作相对滞后的局面,对进一步健全和规范旅游市场管理,特别是提高优质服务,起到了积极的推动作用。

(姜　杰)

【导游员管理】 2009年,沈阳市旅游管理部门共制发导游证317张,其中:专职导游人员25人,社会导游人员292人。全市共有导游人员4650人,其中:旅行社导游员1228人,社会导游人员服务中心导游员1100人,待处理(无合同单位)导游员1918人,挂失处理导游员404人。研究生38人,本科学历1839人,大专学历1824人,高中学历183人,中专355人;英语语种189人,日语67人,朝鲜语37人,俄语18人;中级导游99人,高级导游8人。全年办理停职调转外地的共有23人,未办理导游证转外地导游人员130人。2009年度导游人员年审,共113家旅行社参加了年审,未参加导游年审的单位60家,其中包括无专职导游员的旅行社。年审共通过导游员2016人,其中:旅行社导游员共1126人,社会导游人员服务中心导游员890人。对导游证已上缴、与原服务单位合同已到期或解除合同、又没有新的合同单位的导游,按“待处理导游人员”未年审处理,共计614人,累计1884人。对导游证未能上缴、与原单位合同已到期或解除合同、经原单位同意不再按照本单位导游员计算的并出示书面证明,将其导游证按照挂失处理,共计300人;另外,由于个别旅行社已注销,其专职导游员未将导游证上缴,同样按照挂失处理,共计80人;累计450人。服务单位不变,由于各种原因未按照时限参加年审的导游人员共计86人。

此次年审过程中服务单位变更的导游人员共计86人。本次年审无一次性扣6分以上或累计扣分达10分的导游员，被扣6分以下的导游员本次年审予以核销被扣分数，所有导游人员的年度审核情况均在沈阳旅游网导游员信誉档案中录入，有关信息可进行查询。

（李　锐）

【导游员考试】　2009年全国导游员资格考试(沈阳考区)于3月7日在沈阳大学正式拉开帷幕。全市参加全国导游资格考试报名人数达到了3208人(其中:男考生405人，女考生2803人)，占全省报名参考总数的三分之一。考生整体文化水平也有很大提高，其中:大专学历1438人，本科学历1239人，本科以上学历19人。考生中，普通话考生3101人，占总数的96.6%；外语专业的考生107人，占总数3.4%。经过3月7日笔试后，有1250人成绩合格，并于4月21日进行了口试。导游员现场口试分景点讲解和业务问答两部分。此次考试最终有957人取得了导游资格证。

（徐　阳）

【旅游行业培训】　为提高旅游行业从业人员整体素质，保证旅游产业快速可持续发展，沈阳市旅游局先后组织了导游员岗前培训、新《旅行社条例》培训和旅行社经理培训。“2009年沈阳市导游人员岗前培训班”先后举办三期，共有293名学员参加了培训。此项培训增强了学员上岗工作的能力，促进了导游员工作专业化进程，为沈阳旅行社产业经营夯实了基础。全市旅行社总经理新《旅行社条例》培训班，帮助旅行社从业人员全面掌握新条例、新细则的要求，增强了旅行社产业的核心竞争力，提高了旅行社产业的经营能力和服务水平，共有200余人参加了培训。沈阳市旅行社经理培训班有131名旅行社经理参加了培训。

（孙学林）

【出境游管理】　2009年，通过市旅游局自行设计开发的旅行社出国游管理系统，共审核持沈阳市旅行社出境名单表3499张，由旅行社组织通过名单表组团出境旅游31328人次。其中:韩国18902人次，占39.8%；日本9557人次，占20.1%，仍然是沈阳市出境旅游最大的两个目的地国。泰国、新加坡、马来西亚依然是传统出国游目的地国。赴澳大利亚和新西兰旅游人数分别占到2.3%和2.1%。其它出国游目的地国的出游人数有所增长，并出现相对均衡的态势。2009年，审核港澳游名单表430张，由旅行社组织通过名单表组团赴港澳旅游4643人次，有大幅度提高。2009年，全市共有4家台湾游组团社，分别是沈阳市海外国际旅行社有限公司、沈阳青年国际旅行社有限公司、辽宁海外国际旅行社有限公司和辽宁康辉国际旅行社有限公司。这四家台湾游组团社在2009年共组织沈阳市旅游者赴台旅游11790人次，占出境旅游人次数的24.8%，使用赴台旅游名单表835张。2009年全市出国游组团社组织出国旅游99.7万人次，同比增长166.89%；组织出国旅游575.1万人天，同比增长183.42%。组织港澳旅游32.2万人次，同比增长293.86%；组织港澳旅游109.3万人天，同比增长199.74%。

（邵　林）

【农业旅游】　2009年，全市共有从事农家乐经营的业户195家，其中省级标准星级农家乐3家(三星级2家，一星级1家)。2009年在沈北新区进行了规范农家乐管理的试点，为23户卫生许可、工商执照、地税登记三证俱全，卫生制度、食品价格上墙，厨房、餐厅、住宿设备及环境达到卫生部门标准，服务人员统一着装，室内外环境整齐优美的农家乐颁发了星级牌匾。新评定出3个特色乡镇，分别是:沈北新区的马刚乡生态健康游特色乡镇，新民市的大民屯镇现代农业观光游特色乡镇、大柳屯镇生态农业观光游特色乡镇，5个旅游专业村，分别是:沈北新区马刚乡的中寺村，棋盘山风景区的闫家村、邱家村、二道村，新民市大民屯镇的方巾牛村。年末，全市共有特色旅游乡镇8个，旅游专业村15个；旅游从业人员4058人，比上年上升355%；年营业额达到1.8亿元，比上年上升727%；接待人数达171万人。

2009年，农业旅游呈现出多样化发展模式。一是以利用农户的庭院、宅基地空间以及周围的果园、菜园、树林等资源开发的集餐饮、住宿等于一体的“农家乐”体验型旅游模式。如沈阳怪坡与沈阳国家森林公园之间的马刚乡中寺村、沈阳水洞所在的邓家沟村、沈阳仙子湖边的马家套村等。二是利用农村的果园、菜园、花圃等发展的集观光、采摘等于一体的农园观光、采摘、垂钓等参与型旅游模式。如苏家屯的马耳山生态采摘园、杨城寨生态采摘园(草莓)等。三是依托现代农业园区、农业科技示范园等开发的农业科技旅游模式。如沈阳三农博览园、于洪区翟家花卉基地、法库现代农业示范园等。各类做法中，各地区都在尝试将农业旅游与本地民俗文化项目开发相结合，使各地的农村、农业旅游项目各具特色。特色比较鲜明的是棋盘山满族民俗村。现在我市农业旅游开发已经从自发的一家一户“农家乐”旅游逐渐向集观光、休闲、度假、体验于一体的综合性方向发展，旅游功能逐步完善，规模效益逐步增强。沈阳的农业旅游又有了新的发展。

（黄　伟）

【旅游品质示范线路】　为落实国家旅游局“诚信旅游、文明出行”的精神，维护沈阳市旅游市场秩序，重拳出击零负团费现象，从2009年6月起在全市旅行社范围内开展了品质游示范线路评选工作。6月1日—7月25日，历经旅行社报名、游客提名、专家审核、公布候选名单等程序后，最终有56条被评为2009年品质旅游示范线路。12月21日通过沈阳旅游网向全社会公布了品质示范旅游线路推介名单，提请社会给予监督。这56条品质线路是在出境游、国内游、省内游、一日游所有旅游热线中，选择服务规范、诚信履约、行程合理、安全舒适、游客评价好、市场占有率高，能体现旅游市场主导价格，具有高性价比的标准等旅游线路中，评选出来的。为了保证品质示范线路的实施可行，市旅游局要求旅行社严格按照《开展推介品质游示范线路工作方案》中的规定操作，在旅游者住宿、交通、餐饮、购物、导游、景点安排上做到规范合理，诚信履约，价格公平，主动向游客公示服务标准，保证按规定时间和按商定计划发团。在发布广告时准确使用申报的线路名称及行程内容。

（姜　杰）

【旅游团队接待推荐单位管理】 从2006年开始，沈阳市旅游局及沈阳市旅游协会开展了“旅游团队接待推荐单位”评定工作。旅游团队接待推荐单位是指符合条件，经旅游主管部门审批并领取了推荐证书及标志牌，可接待游客用餐、住宿和购物等活动的旅游单位。主要包括推荐住宿、推荐餐馆和推荐购物点三项内容。根据有关要求，各企业单位自愿申报，旅游主管部门组织相关人员对其进行评定、审核和授牌。被评定为“旅游团队接待推荐单位”的企业单位是外地游客到沈阳的旅游推荐消费场所。经企业申请，区、县（市）旅游局的严格检查及推荐，2009年度命名旅游团队接待推荐单位2家，其中：用餐单位1家，购物店1家。全市已有旅游团队接待推荐单位126家，其中：住宿单位63家，用餐单位37家，购物店26家。

（秦　岩）

【沈阳经济区旅游集散中心成立】 2009年，市政府把建立旅游集散中心作为为市民办好20件实事之一。为全面完成市政府交办的工作任务，市旅游局党组多次召开扩大会议，进行部署和研究。在全面调研的基础上，经过多次论证，确定了以辽宁虎跃快速汽车客运股份有限公司为基地，建设沈阳经济区旅游集散中心。辽宁虎跃快速汽车客运股份有限公司成立于1998年，经历了十年的发展。公司在2005年将旅游产业纳入公司战略发展规划，并依托自身优势资源涉足旅游业务，已经先后在沈阳、大连、丹东、锦州、朝阳五市投资成立了统一品牌的虎跃旅行社，在统一投资、统一品牌、统一管理、组接一体的经营管理模式下，初步搭建了辽宁省内的旅游业务经营网络。针对旅游市场的实际情况和未来的发展趋势，结合其自身优势以及旅游产业的战略规划，拟在沈阳地区筹建虎跃东北旅游集散中心。以辽宁虎跃快客为基地筹建沈阳经济区旅游集散中心的优势在于：1.雄厚的企业实力是创建集散中心的基础保障。2.完善的站场基础设施优势。3.交通资源优势。4.客运交通网络优势。5.旅行社经营网络优势。6.品牌优势。7.客源优势。8.宣传优势。9.规范管理，健康的企业文化优势。10.即时启动优势。

市旅游局与辽宁虎跃快速汽车股份有限公司联合成立了专门的工作领导小组，多次召开专门会议，就集散中心的企业名称、场地选址、组织机构、产品设计、车辆配备、营销宣传、经营管理等问题进行专题研究。经过三个多月的工作，沈阳经济区旅游集散中心于5月1日在沈阳正式挂牌经营。

（孟雪松）

旅游区建设

【推进棋盘山旅游开发区发展建设】 沈阳市旅游局按照2009年《政府工作报告》中关于推动棋盘山国家级文化产业示范区发展等要求，积极配合棋盘山管委会，抓住重点，认真贯彻，具体落实，推进发展，棋盘山国际风景旅游开发区全年接待游客900万人次，同比增长5.9%；旅游总收入10.8亿元人民币，同比增长6.9%。

1.积极参与棋盘山总体规划工作。市旅游局领导出席了棋盘山规划研讨、论证会议，并组织相关部门按照即将出台的全市旅游整体规划要求，认真审阅棋盘山总体规划，提出了建设性的意见和建议，协助棋盘山管委会从全省、全市一盘棋的角度，进一步完善规划内容。

2.丰富旅游产品的文化内涵，整合推出旅游节庆活动。一是成功组织策划了2009中国·沈阳国际冰雪节暨盛京灯会、关东庙会（简称“一节两会”）。“一节两会”共接待游客110万人次，直接旅游经济收入3201万元。2009“辽宁人游辽宁”大型系列活动1月19日在棋盘山冰雪大世界正式启动，活动以“应对危机、提振信心、共渡难关、再创辉煌”为主题。启动仪式上，包括经济区八城市在内的全省各市旅游局签订了《应对经济危机加强旅游合作互换游客协议》。启动仪式上，沈阳市棋盘山景区向全省各市赠送景区门票2万张。二是组织策划节假日大型旅游活动。2009年，棋盘山各景区（点）累计开展了“一节两会”、郁金香花节、中秋赏菊游园会、“谁敢来挑战”“爱国歌曲大家唱，唱响沈阳世博园”、世博园“雨林春色”主题精品兰花展、中国·沈阳关东民俗文化节、国际特技飞行挑战赛、“畅游棋盘山 欢渡秀湖水——辽宁省暨沈阳市民欢度国庆60周年横渡棋盘山秀湖活动”“金秋·秋意浓 中秋·情意浓——品棋盘山大河蟹赏中秋秀湖月”等300余项丰富多彩的旅游节庆活动，进一步提升人气，拉动经济，全面促进棋盘山地区旅游文化产业的发展。三是圆满完成2009中国·沈阳国际旅游节相关工作。在市旅游局的统一组织下，棋盘山投资数十万元制作了精美的旅游花车，成功参与了在沈阳奥体中心开幕的旅游节花车巡游表演；积极参与沈阳十大采摘基地的评选、著名景区展示等相关活动，并成功举办了棋盘山美食节、棋盘山采摘节等旅游节的子项活动。

3.落实沈阳世博园的5A级景点复核与品牌打造工作。根据国家、省旅游局《关于做好5A级旅游景区复核和创建工作的通知》精神，市旅游局、棋盘山管委会认真组织世博园迎接5A级景区复核的各项完善、提升工作，进一步打造世博园品牌。市旅游局一方面组织相关单位对世博园进行指导和模拟检查，另一方面通过省旅游局有关处室借阅了大连等城市的相关材料，提供给世博园做工作参考，并邀请省旅游局有关处室负责人到景区现场给予指导。沈阳植物园对照复核标准进行了认真的自检自查，完成了《旅游景区质量等级复核报告书》、5A级旅游景区复核工作报告、旅游景区复核评分细则的说明和图片等资料。

4.协助推进中南卡通城等大型项目建设工作。中南卡通城项目位于棋盘山开发区，该项目是由浙江中南建设集团与杭州置地投资控股集团有限公司共同投资建设。投资总额约为100亿元人民币，是集科技动漫、观赏游览、休闲娱乐、创意文化、人文教育、动漫人才培养、影视产品制作、动画产业运营、商贸旅游开发等多种产业于一体的高科技旅游文化产业项目。为促使项目早日落实，市旅游局参加了棋盘山管委会组织的中南卡通动漫城规划研讨会，向来自美国的规划设计团队提供沈阳旅游市场情况和项目建设的参考意见，并数次前往中南卡通动漫城建设现场和管理单位，拍摄现场情况和图纸资料等，跟踪调研项目进度，提供服务和协助。4 月 15 日上午，拥有自主知识产权的中国原创动画游乐园——沈阳中国中南卡通城开工奠基仪式在棋盘山开发区秀湖风景区隆重举行。

5. 组织参与全国特色景观旅游名镇（村）示范工作。市旅游局将棋盘山的阎家村、二道村、邱家村和苏家屯的马耳山乡、法库县的丁家房镇等五个村镇列入沈阳市申报计划。

6. 参与棋盘山试点“国家旅游服务标准化示范项目”。6 月中旬，依据国家标准委等六部委《关于推进服务标准化试点工作的意见》（国标委农联［2007］7 号）文件确定的内容，有关单位对沈阳棋盘山国际风景旅游开发区“国家旅游服务标准化示范项目”（以下简称试点）进行了验收评审。专家组听取了试点工作汇报，查阅了试点标准体系的有关资料，现场检查了沈阳植物园、碧月潭等重点旅游企业，与试点成员单位进行了有效沟通。经专家组充分讨论，一致认为沈阳棋盘山开发区国家旅游服务标准化试点工作目标明确、责任清晰、标准体系合理、实施措施有效、试点效果明显，能够在全国旅游行业发挥示范作用。

7. 推广实施优惠政策。为落实国家促进旅游业发展的要求，满足广大游客的需求，市旅游局在年初对国内各地情况进行调研后，于 4 月 9 日在棋盘山中华饮食文化博物馆召开了“活力之都、魅力沈阳——旅游产品特卖会”，面向全市旅游行业提出制定优惠政策、让利于旅游者的倡议。棋盘山风景区率先响应，植物园门票由每人 50 元优惠到 35 元，院内百合塔票价由 100 元优惠至 50 元，并推出三大热门景区——棋盘山风景区、关东影视城、冰川动物乐园的一日游联票每人每张 120 元，比原有票价 168 元优惠了 48 元，游客每人可省近 30% 的门票费。

（田　毅）

【大型旅游项目建设改造】　沈阳华强文化科技产业基地项目。该项目位于沈北新区，总规划面积 5 平方公里，总投资额 200 亿元。该项目由核心产业区和配套产业区两部分组成。其中核心产业区规划面积 160 公顷，总投资 100 亿元，重点建设三个大型文化科技展示区、七个文化产业专业基地、一个展示中心，以及飞天剧场、主题酒店和商业街等设施。配套产业区规划面积 367 公顷，总投资 100 亿元，重点发展商贸、居住、宾馆酒店配套产业。沈阳市旅游局积极协助项目的相关工作，参与了项目规划的制定工作，提供了沈阳市旅游业的市场情况，为项目确定更好的发展方向和目标提供了详尽的数量依据。市旅游局还在参加的旅游展会和主办的旅游活动中，积极宣传推广该项目，积极引荐了上海仲量联行等投资代理人到项目现场考察，争取多方引进投资。2009 年，该项目总开工面积 35 万平方米；停车场工程总面积 19 万平方米，已经建成并投入使用 13 万平方米；满足 2 个公园及全部配套工程所需的地下管网工程全部开工；占地 28 公顷、总建筑面积 18 万平方米、含 12 项体验项目的方特欢乐世界全部开工；占地 2.3 公顷、总建筑面积 2.8 万平方米的中心小镇全部开工；占地 0.8 公顷、总建筑面积 1.2 万平方米的方特旅行酒店全部开工；全长 2.2 公里的园区环线路网工程已全部完工，可满足车辆通行参观项目进展情况；全长 4200 延长米、可满足 2 个公园的围墙工程已全部建成。

棋盘山滑雪场改造。棋盘山滑雪场于 2009 年 8 月启动建成以来最大规模的一次综合改造，投入逾 3000 万元，对原有雪道进行了加宽、加高和扩容，改造后的雪道总面积达 11 万平方米，是原有雪道面积的 2 倍，可以满足 5000 人同时滑雪，而雪场的日接待能力也由此扩充为 5 万人次。雪场新购置了 2000 套雪板，以及一台压雪机和两台塔施造雪机，视天气条件可实施造雪作业。棋盘山滑雪场特别增加了猫跳道和单板 U 型槽场地，结合原有的初级、中级和高级雪道，满足不同层次滑雪爱好者的需求。棋盘山雪场新建了一条长度达 500 米的四人索道，每小时可运送 1600 名游客，并对原有的 2 人索道进行改造，改造后长度增加至 620 米，每小时可运送游客 500 人。同时，还新增了 6 条魔毯，总长度 1365 米，每小时可以运送 9000 名游客，极大满足雪场扩容后游客激增带来的运力需求。

沈河区方城地区整体改造。市旅游局参加了相关规划研讨会，全面了解方城地区改造规划情况，一方面提供给《沈阳旅游发展总体规划》编写组，纳入全市总体规划中；另一方面将“皇城文博旅游产业聚集区”项目列入全市重点旅游招商引资项目之一，在《沈阳旅游招商项目手册》（中英文、中韩文对照）中刊发，协助开展对外招商引资。

皇姑区舍利塔整体改造。一方面按照区里的设想，将舍利塔改造与北运河连接形成“皇姑区北运河旅游文化特色产业带”列入全市重点旅游招商引资项目之一，在《沈阳旅游招商项目手册》（中英文、中韩文对照）中刊发，协助开展对外招商引资；另一方面通过“沈阳市社会发展重大基础设施项目申报表”的形式，报送市发改委、省旅游局作为重点推进项目。该项目已于 2009 年 10 月完成部分建设，并对外开放。

（田　毅）

【关东文化特色实景演出】　2009 年，沈阳市旅游局和市文化局共同配合棋盘山管委会，推出了关东文化特色实景演出。棋盘山开发区根据景区的实际情况，在关东影视城内推出了相关实景演出，平时由专业演员与群众演员结合，在影视城内各条街道扮演巡警队、便衣队、行人、商贩、街边艺人、手工作者、店铺老板伙计和红楼歌女等，使游人犹如穿行在早年的老北市街区。逢重要节日另行组织文艺、特技表演团队，为游人增添大型专场表演等。各剧组在影视城内的拍摄过程，也构成吸引游人的“实景演出”之一,使拍摄现场的旅游者有幸目睹演员们的现场表演,了解影视拍摄的过程。

(田 毅)

【浑河游船项目开发】 2009年是沈阳浑河航运公司运营的第3个年头。自4月30日开航以来,实现了运营的安全、平稳发展。全年共启用船只34艘,发船4500次,运载游客3.8万人。实现了“东北第一闸”沈水湾船闸的通航,富民桥新码头启用。取得了抚顺浑河城市中心段水域的经营权,并于10月1日顺利投入运营。市旅游局根据季节和该景点的特点,积极参与组织相关运营工作,一是列入新编的全市精品特色旅游线路,印发了宣传品,并以沈旅发[2009]38号文件的形式,连同宣传品,一起下发全市旅行社,组织推广经营。二是在4月9日“活力之都 魅力沈阳旅游产品特卖会”。4月11日开始的“全国百城旅游宣传周暨沈阳人游沈阳”活动以及国内外旅游展会中,积极宣传推广该项目。三是在沈阳市主办的旅游活动中,包括“黄金周”、旅游节等,把浑河游船作为重点内容列入工作计划,积极推进运营旅游节期间,专门组织了浑河花船游启动仪式,各大媒体和市旅游局网站等给予了宣传,引发了市民和旅游者的关注。

(田 毅)

【五爱市场争创全国4A级旅游购物区】 根据国家旅游局、省旅游局有关通知精神,沈阳五爱市场决定申报创建国家4A级旅游购物区。沈阳市旅游景区质量评定委员会多次与沈河区政府、区旅游局、五爱市场管理集团进行沟通,收集了国内部分相关城市的创建资料,多方面指导五爱市场对照评定标准进行认真的自检自查。五爱集团先后投入上百万资金进行设施设备改造、完善和服务水平提升,并完成了《旅游景区质量等级申请评定报告书》、4A级旅游景区评定工作报告、旅游景区评定评分三个细则的说明和图片等资料,自检得分895分。2009年9月15日,沈阳市正式向省旅游局提出申请。10月10日,辽宁省旅游景区质量等级评定组对沈阳五爱市场申报国家AAAA级旅游购物区进行了初评检查。省评定组进行了现场检查和游客意见抽样调查,对五爱市场的申报工作给予了肯定,并就检查过程中发现的问题提出了改进建议和意见。在五爱市场整改工作完成后,省评定组申报国家旅游局旅游景区质量等级评定委员会正式验收。

(田 毅)

【沈阳植物园通过省5A级景区复核】 2009年9月7日,沈阳植物园迎来了辽宁省旅游局对植物园5A级旅游景区的复核检查。根据国家旅游局、省旅游局《关于做好5A级旅游景区复核和创建工作的通知》精神,沈阳植物园对照复核标准进行了认真的自检自查,完成了《旅游景区质量等级复核报告书》、5A级旅游景区复核工作报告、旅游景区复核评分细则的说明和图片等资料。

作为首批获得国家5A级景区的单位,植物园继续加强园区建设,扩大对外交流与合作,先后引进了韩国等地的新植物品种,开展大型游乐场的建设,创建动静结合、寓教于乐的全新景区。植物园积极响应省、市旅游局的倡议,积极参与“辽宁人游辽宁”的活动,积极应对经济危机的影响,为回馈国内外旅游者,散客入园门票7折优惠为35元/人。园内百合塔实行5折优惠,降至50元,新建的游乐设施采取了一票通用的收费方式。沈阳市旅游局多次与植物园沟通情况,并借鉴国内有关城市的经验,指导植物园的复核准备工作。8月25日,市旅游局组织由相关专家和专业人员组成的复核小组,对沈阳植物园进行了认真复核、验收,确认三项旅游景区质量等级细则复核得分为980分、94分、96分(最低得分要求为950分、90分、90分),并认为沈阳植物园在创建5A级旅游景区的基础上,景观质量和管理水平不断提升,景区的知名度和美誉度得到国内外旅游者的广泛好评和称赞,接待旅游者人数和旅游总收入保持了较高水平,成为沈阳市著名的旅游景区。

(田 毅)

对外经济贸易

对外贸易

【对外经济技术合作】 2009年,沈阳市新签对外承包工程和劳务合作合同21份,合同额10.8亿美元,同比下降1.1%;完成营业额6.05亿美元,同比增长8.1%;外派劳务1.27万人,同比下降39.9%;新设境外投资项目39个,投资总额8340.3万美元,同比增长170.3%;其中中方投资额7046.3万美元,同比增长135.5%。

1.重点外经企业支撑作用明显,新签重大项目增多。以沈阳远大集团、沈阳铝镁设计研究院、沈阳国际合作公司为代表的重点外经企业继续发挥重要的支撑作用。沈阳远大集团采取在境外设立子公司等途径,积极开拓海外市场;沈阳铝镁设计院借助中铝国际等央企,大力开拓东南亚工程总承包市场;沈阳国际合作公司加强与商务部、中国承包工程商会等上级部门的联系,在非洲等国家不断开拓中国对外援助项目。

2.省、市扶持企业政策成效显著,境外投资并购快速发展。自3月份以来,在省市出台鼓励企业开展海外并购优惠政策的刺激下,企业海外投资与并购项目平均每月以40%的倍数递增,截至12月底,全市共批准境外投资项目39个,同比增长高达160.0%。在一些大型企业进军海外市场的同时,一些中小型民营企业也在加快境外投资步伐,其中沈阳奥拓福公司在美国投资100万美元建立新厂,对其产品、技术占领北美市场起到了重要的作用。沈阳市企业对外投资的海外市场主要集中在美国、欧洲及东南亚国家。

3.外派劳务市场持续低迷,外派劳务数量递减。2009年1月份以来,由于受全球经济放缓的影响,日本经济形势持续低迷,汽车、电子等相关企业停产,减产或倒闭,公司大量裁员,直接导致沈阳市外派劳务的主市场日方组合接收研修生数量减少,外派劳务合同额下降。3至10月份,沈阳市外派劳务人员数量连续8个月出现负增长,11月份外派劳务人数回暖,较前几个月有所增加,工种主要集中在农业、机械电子制造、服装、食品加工等方面。

(*郝俊松*)

【外贸进出口】 2009年,沈阳市进出口总值65.7亿美元,同比下降7.7%。其中出口35.2亿美元,同比下降14.3%。出口降幅分别低于全国、全省1.38和5.86个百分点,进口30.5亿美元,同比增长1.4%.

全市外贸出口有以下特点:

1.机电仍为主要出口商品。机电产品出口总值22亿美元,占全市出口总值63%,同比下降17.04%,高新技术产品出口总值7.8亿美元,同比下降15.63%。

2.一般贸易出口降幅小于加工贸易。一般贸易出口额23.3亿美元,占出口比重66%,同比下降14.99%。加工贸易出口额10.7亿美元,占出口比重30%,同比下降15.33%。

3.各类企业出口都有不同程度下降。外商投资企业出口18.7亿美元,占全市出口比重53%,同比下降11.80%;国有企业出口8.6亿美元,同比下降25.51%;私营企业出口7.9亿美元,同比下降6.24%;集体企业出口450万美元,同比下降53.75%。

4.出口的国家和地区相对集中。2009年出口的国家和地区共165个。出口亚洲、欧洲占沈阳出口总额的69%。其中,出口亚洲17.2亿美元,同比下降8.49%;出口欧洲7.3亿美元,同比下降21.77%。出口前三位的国家分别是美国、日本和韩国。其中,对美国出口4.3亿美元,同比下降23.64%;对日本出口3.6亿美元,同比下降21.15%;对韩国出口2.7亿美元,同比下降24.43%,对三个国家出口总和占沈阳市出口总额的30%。

(*郝俊松*)

【机电产品出口】 2009年,沈阳市机电产品实现出口22.06亿美元,同比下降17.04%,占全市外贸出口总额的62.62%。呈现下降回暖的趋势。

1.机电产品出口比重仍占主要出口地位。全市机电产品出口占全市外贸出口比重达62.62%。稳居第一大类出口商品地位。

2.大企业拉动出口作用明显。全市共有733家机电产品企业实现出口。比上年同期减少了94家出口企业,前30家重点机电产品出口企业出口15.08亿美元,同比下降17.9%,占全市机电产品出口额的68.36%,占全市出口总额的42.8%。其中有14家企业出口同比实现增长,特别是远大、北方重工、同方多媒体、晨讯希姆通、沈飞等企业出口都有较大幅度的增长,对全市出口起到了明显的拉动作用。

3.骨干企业应对不利因素的能力不断增强。2009年,全市733家机电出口企业有336家出口与上年同期相比出现不同程度的下滑。其中100万美元以下的532家出口企业中有228家出现负增长,100万美元以上的占机电产品出口总额94.3%的201家企业出口增幅较大。

4.私营企业出口增速高于外资企业。外商投资企业出口13.01亿美元,同比下降19.14%,占机电产品出口额的58.98%;私营企业出口3.97亿美元,同比增长1.19%,已逐渐成为沈阳市机电产品出口重要组成部分。

5.传统市场出口下降趋缓,新兴市场出口活跃。2009年,沈阳市与155个国家和地区发生机电产品出口贸易,比上年同期减少7个国家。

对传统市场出口下降逐月回缓,1—

12 月份对美国出口 2.34 亿美元，同比下降 30.8%；对韩国出口 1.52 亿美元，同比下降 19.45%；对日本出口 1.5 亿美元，同比下降 30.16%。这三个国家是沈阳市机电产品出口主要市场，美国仍然是沈阳市机电产品出口第一大出口国。新兴市场出口额有所增长，逐步显示出了比较活跃的一面。

6. 一般贸易出口下降幅度减缓，“走出去”带动出口有所上升。一般贸易出口}亿美元，同比下降20.42%，占机电产品出口额的54.9%；进料加工贸易方式出口}亿美元，同比下降13.44%，占机电产品出口额的38.35%。“走出去”带动出口呈不断上升趋势。

（都俊松）

【服务贸易】 2009 年，沈阳市服务外包产业继续健康发展。据海关统计，全年，沈阳市累计实现以软件外包为主的软件出口2.17 亿美元，同比增长74.15%，成为外贸出口的“亮点”。围绕服务外包开展的主要工作：一是完善政策体系，争取政策资源。完善了“三十条”政策中有关支持沈阳市服务外包产业发展方面的内容和实施细则；参与制定促进市信息产业、服务业和知识产权保护方面的政策；组织企业申报国家国际服务外包业务发展资金支持项目，为东软集团、讴立德等服务外包企业和培训机构申请服务外包人才培训资金和国际认证补贴资金。二是深入重点企业调研，举办政策宣讲会。赴东软集团等重点服务外包企业开展调研，与 IBM 大中华区总部培训部高管进行沟通；举办了专场政策宣讲会，在《国际商报》和市属新闻媒体宣传鼓励服务外包产业发展政策，使企业尽快了解掌握政策内容，为企业用好用足政策做好准备。三是大力挖潜，为实现出口目标提供支持。与外汇局、沈阳海关和市国税局等有关部门协调，确定重点挖潜目标。四是组织企业开拓国际市场。组织东软集团、国际软件园等企业参加了第七届中国国际软件和信息服务交易会、“中国企业国际融资洽谈会（简称融洽会）暨第二届中国沈阳金融服务外包交易会”，为各类服务外包及企业投融资搭建平台，为股权投资、企业并购、业务重组及产业整合提供交易与融通的渠道，为促进企业的长足发展提供了机遇。

（都俊松）

【沈阳市与日本经济工商界高层人士恳谈会】 由日中经济协会主办、日本国驻沈阳总领事馆协办，沈阳市与日本经济工商界高层人士恳谈会于 12 月 2 日在北京举行。省委常委、市委书记曾维出席恳谈会并发表重要讲话。日本国驻沈阳总领事馆总领事松本盛雄、中国日本商会副会长田中孝明在恳谈会上致辞，中国日本商会副会长、日中经济协会中国总代表堂之上武夫主持会议。56 家日本知名企业的 80 多名经济工商界高层人士应邀到会。此次会议共签约 8 个项目，总投资额 9170 万美元。项目主要涉及现代服务业、制造业、动漫产业、物流、制药等方面。

（都俊松）

【沈阳市与韩国大型跨国企业交流会】 以中国韩国商会名义主办的沈阳市与韩国大型跨国企业交流会，于 2009 年 7 月 6 日在北京中国大饭店举行。8 家世界 500 强企业和 13 家大型跨国企业以及大韩商工会议所等机构的中国地区总部主要负责人应邀到会，开展交流对接。

此次交流会呈现三个突出特点：

一是创新了招商方式。此次交流会由中国韩国商会负责组织，邀请韩国大型跨国企业主要负责人在北京与沈阳市集中开展项目对接，是加强沈阳市与韩国企业合作的一次全新尝试。这种新的招商方式务实而高效。二是参会的韩国企业规模大、韩国嘉宾层次高。韩国在北京设立地区总部的大型跨国企业大部分都参加了会议。韩国共有 15 家世界 500 强企业，参会 10 家。参会人员级别均为副总裁、副总经理以上。三是沈阳市对此次交流会高度重视，出席会议的领导层次高。曾维书记亲自带队，4 位副市级以上领导出席；在 6 位发言领导中，3 位副市级以上、3 位部门一把手。

（都俊松）

利用外资

【概况】 2009 年，沈阳市利用外资质量明显提高，外资产业结构得到优化。全市新批外资项目 710 个，合同外资额120.52亿美元，实际利用外资54.1亿美元。

2009 年全市利用外资的主要特点：一是外资结构进一步优化。工业实际利用外资 17.3 亿美元，占全市比重由去年同期的 30.9% 提高到 32%；房地产业利用外资 15 亿美元，占全市比重由上年同期的 53% 降至 27.8%；物流、信息、科技、文化等现代服务业利用外资 9.4 亿美元，占第三产业利用外资的比重由去年同期的 13.7% 提高到 26.1%。二是项目质量进一步提高。调资超千万的 64 个大项目中，工业项目 15 个（去年同期为 13 个），日本精工丝杠、安川电机、汉锋新能源等重大工业项目相继落户并开工建设，又有浦项制铁、特易购、伊藤忠、SK、通用电气等 5 家世界 500 强企业来沈投资。截至年底，共有 55 户世界 500 强企业在沈阳市投资了 92 个项目。三是香港等主要地区（国家）投资比重大。2009 年，共有 37 个国家和地区发生调资，香港、韩国、台湾省、日本、英属维尔京群岛等主要国家和地区共计调入 44 亿美元，占全市外资总额的 81.3%。其中香港实际投资 21.3 亿美元，占外资总额的 39.5%，继续位列第一位。四是重点领域对外资吸引力不断加强。6 月 5 日，香港铁路有限公司与沈阳地铁集团有限公司合资设立沈阳沈港地铁运营公司，合资公司受托特许经营管理地铁并提供客运服务和管理维护，并于当月调入外资 717 万美元。五是利用外资渠道进一步拓宽。沈阳太宇机电设备、辽宁诺康生物制药在美国纳斯达克成功上市，三一重型装备有限公司在香港上市并返投 5859 万美元。香港佳兆业集团、韩国亚产株式会社、萨摩亚建民公司、香港卓远有限公司在沈阳市设立了四家投资性公司，合同外资总额达2.08亿美元，并实现调资 2000 万美元。香港亚洲联合财务有限公司投资 5000 万元人民币，设立沈阳金融商贸开发区亚联财小额贷款有限公司，这是国家放开小额贷款公司准入资格后，沈阳市设立的第一家外资小额贷款公司。六是独资经营仍是外商投资的主要方式。2009 年，沈阳市新批外商独资项目 629 个，占外商投资项目总数的88.6%；合同金额113.4亿美元,占外商投资总金额的94.1%;实际利用外资金额47.9亿美元,占实际利用外商投资总额的88.5%。

(都俊松)

【招商引资】 2009年,沈阳市外经贸局突出重点,积极开展对外招商工作。主要工作有:一是积极参与组织了省、市领导出访招商活动,洽谈推进重大外资项目。出访前,市外经贸局认真组织各单位、各部门做好项目对接、客户联络等工作;出访中,积极协调活动安排,推进洽谈招商项目;出访后,指派专人密切跟踪项目,及时了解进展情况,协调解决问题。全年共洽谈推进重大外资项目221个。二是按照市政府提出的"日推进、周调度、月总结"的工作要求,进一步加大已谈外资项目推进工作力度,促进项目早日落地。截至2009年底,市外经贸局跟踪推进的重大在谈外资项目208个。其中,签订意向项目110个,跟踪洽谈项目98个。三是加大了对外招商宣传推介工作力度。特别是加强了对沈阳拓展经济发展空间情况和"沈阳经济区"发展规划的宣传推介力度,让外商了解到沈阳市随着做大、做优发展空间战略的实施,承接重大外资项目能力不断增强的客观现实,从而增强外商特别是世界500强和行业领军型企业投资沈阳的信心。四是坚持以优势产业为重点,加大产业招商的力度。围绕先进装备制造、现代服务、现代建筑等优先发展产业,加大招商引资力度。在继续加大对就业量大、对三外指标影响力大的先进装备制造业及现代服务业重点项目招商力度的同时,重点加大了对现代建筑产业企业及项目的招商。五是创新招商方式,力求招商实效。首先,立足国内招外商。在实际招商过程中,除了必要的出国拜访跨国公司总部,宣传推介地区投资环境和重点行业、企业外,在日常工作中更加注重走访世界500强企业和跨国公司驻北京、大连的地区总部,并在上海设立了招商代表处,加强联系,收集信息,衔接项目,取得了事半功倍的效果。其次,通过合作办会招商。先后在北京与日本日中经济协会联合举办了"沈阳市与日本经济工商界高层人士恳谈会"、与韩国中国商会举办了"沈阳市与韩国大型跨国企业交流会"。在沈阳主办了"2009中国(沈阳)国际现代建筑产业论坛"。这些活动都获得了很大成功。再次,项目定位招商。针对日本安川电机、油研工业、韩国乐天以及印度尼西亚芝布特拉地产等项目进行项目定位招商,取得了显著成效。

(都俊松)

【改善外商投资环境】 2009年,沈阳市提高行政服务水平,大力优化投资环境,投资环境尤其是软环境得到进一步改善。全年共受理外商投诉案件98件,协调解决96件,结案率达98%。妥善解决了省里交办的外商投诉案件12件,结案率达100%。

拓展协调服务范围,切实解决外商实际困难。严格履行对外商投资企业执法会签制度。全年共完成对市行政执法局、质量监督局、劳动局、建委等部门对外商投资企业的检查、处罚等执法会签51件。

大力改善外商工作、生活环境,在不断完善外商在沈就医及子女就学需求的基础上,为丰富外商在沈期间的生活,与市文化局联合,先后组织外商多次观看世界级文艺演出并力邀沈阳市重点外商投资企业的外商参与全市举办的大型娱乐活动,为他们在沈期间创造了丰富多彩的娱乐生活。组织沈阳市外商参加端午节、制博会、建筑产业论坛等活动,为外商积极参加我市经济建设创造有利条件。同时不断丰富他们的业余文化生活,大力改善外商的生活、工作、娱乐环境。

(都俊松)

口　　岸

【口岸建设】 2009年,沈阳口岸建设持续发展,空运能力大幅增加,深圳航空公司在沈阳新投放了6架A320飞机,春秋航空公司增加了1架飞机。2009年1—11月,桃仙国际机场运输起降飞机62231架次;实现旅客吞吐量688.9万次,同比增长9.38%;实现货邮吞吐量10.18万吨,同比增长8.13%;出入境旅客56.93万人次。沈阳机场共受理落地签证511人次。保障公务机31架次,为587批要客团组、2777人次提供了机场礼遇,有力保障了市领导出访和外国政要、前政要等外国重要团组的来访。

(何　刚)

【开通沈阳至台北航线】 沈阳市于2008年11月被定为两岸包机直航航点后,南航北方分公司、深航和台湾华航于2009年先后开通了沈阳—台北定期航班,沈阳市对国(境)外航线达到50条。

沈阳至台北航线每周共5班。南航北方分公司8月31日起每周一、四执飞2班;台湾华航9月1日起每周二、六执飞2班;深航沈阳分公司9月4日起每周五执飞1班。

(何　刚)

【签署互助合作协议】 在2009东北亚发展论坛期间举办的航空发展论坛上,沈阳在内的全国八大区域机场,共同签署了友好互助合作协议,八大区域机场将相互借鉴经验,共享航空信息资源和项目资源,共同打造覆盖广泛的航空网络。国内20余家航空公司,港澳台航空公司,欧美、东南亚等20余家国际航空公司,30余家国内外及地区机场,航空运输相关的旅行社、物流、机场建设及设备供应商等200余位嘉宾参加了论坛。论坛着眼推动沈阳区域航空枢纽建设,促进区域经济的发展,与会的民航管理部门、政府和航空运输企业共同探讨了东北振兴对东北航空运输发展产生的变革影响、与国外航空运输企业合作等话题,为打造沈阳航空枢纽机场建设注入了新的动力。

(何　刚)

出入境检验检疫

【概况】 沈阳出入境检验检疫局(以下简称沈阳局)2009年全年共受理出入境货物报检27189批次、货值20.45亿美元,与上年同期相比较,分别减少了17.63%、24.03%;签发产地证9445份,签证金额3.47亿美元;签发出入境证单共33571份,签发出入境证书3016份;检验检疫进境集装箱重箱993批次,9630箱;检疫飞机8146架次,飞机预防性消毒2629架次;检疫出入境人员63.4

万人次；出入境人员体检1.99万人次，预防接种2.31万人次；受理卫生注册登记企业13家，出具3C免办证明316份。

共检出不合格货物185批，货值1147万美元。其中：入境货物173批，货值1127万美元；检出不合格样品141批次、203项次；在入境集装箱内发现疫情73个标准箱；从入境旅客携带物中查获并处理2119批次的禁止携带入境物，检出属于国家禁止进境的有害生物25批，首次从进境宠物犬检出2类传染病；发现并进行现场医学排查入境人员364人次，确诊为甲型H1N1流感病例3人；从出入境人员中检出传染性疾病221人次，其中：艾滋病毒感染者4例，梅毒67例。

受理报检进口退运货物79批、货值240万美元；对外索赔179批、1628万美元；对一家因提供虚假信息骗取检验检疫证单的服装出口企业进行了行政处罚，并处以1.01万元罚款。

（李颖娟）

【沈阳出入境检验检疫局荣获全国精神文明建设先进单位】 沈阳出入境检验检疫局广泛开展精神文明创建活动，深入基层和企业，积极为沈阳市进出口企业提供服务和指导，在“共建文明口岸”、“文明优质服务竞赛”等活动中成绩突出，连续两年荣获辽宁省文明单位称号，沈阳出入境检验检疫局荣获全国精神文明建设先进单位称号。2009年4月9日，省文明办为沈阳出入境检验检疫局颁发了全国精神文明建设先进单位牌匾和证书。

（何　刚）

【“质量和安全年”活动】 2009年，沈阳出入境检验检疫局采取了“抓领导、抓结合、抓落实、抓实效”四项措施，成立了领导小组和各专业小组，制订了实施方案，做到了“五个结合”，即：结合沈阳地区进出口产品质量安全状况、结合食品安全专项整顿、结合绩效管理、结合全局对企业承诺的25条帮扶措施、结合日常工作，取得了明显成效。

1. 推行行政执法责任制。对不适用的规范性文件进行清理和修订后，全局现行有效的业务规章制度共32项；根据各部门职责和岗位配置，对执法职权进行分解确定，编制完成了8部门67类岗位职责说明书和104项工作作业指导书、流程图；完善了《沈阳局行政执法责任制评议考核工作方案》、《沈阳局行政执法责任制评议考核标准》等，促进了执法水平提高。

2. 加强工作质量检查稽查。组织了两次工作质量大检查和工作质量研讨会，对发现的问题查找根源，提出整改意见，并就“加强报检单证、检验出证的审核工作”等11项内容进行明确，杜绝事故和隐患，提升了工作质量管理水平。

3. 建立进出口企业质量安全信息库和诚信体系。根据企业进出口业务量大小，先行完成了年进出口5批次以上630多家企业的基本信息、产品信息和关联企业信息等内容的录入，纳入监管范围。组织了“出入境检验检疫企业信用管理系统”应用培训，积极向企业宣传，树立“守信便利、失信惩戒”理念。7—8月，首次对995家进出口企业的信用信息进行采集和评定分析，确定信用等级，并据此采取不同的监管措施。其中58家企业被评为A级，937家企业被评为B级，对1家受到行政处罚的企业进行扣分，提高了企业质量责任意识和诚信守法意识，增强了检验检疫监管有效性。

4. 深入开展食品专项整治和宣传咨询活动。完成了对38家出口食品和食品添加剂生产企业和12个果蔬基地检查。免费为企业编制了《食品标准法规数据库》，开发了《食品标准法规查询系统》软件，对企业指导生产和检验具有较高的使用价值。组织了“共建信心，共促发展”的“3·15”主题宣传活动，对沈阳市主要超市、商场的进口食品、化妆品及电器进行检查，并对其中的12类商品抽样核查，对存在的问题提出了整改措施；并向消费者发放宣传品1300余份，现场解答消费者提出的问题，指导消费者正确识别、使用进口产品，维护了广大消费者的利益。

（李颖娟）

【防控甲型H1N1流感工作】 2009年，沈阳出入境检验检疫局成立了疫情应急处置领导小组，建立了责任制，于4月26日启动了《沈阳空港口岸突发公共卫生事件的应急处置预案》蓝色应急响应机制，进入实战状态。实行领导带班制度，在全局范围内抽调专业人员轮流值班，开展一线人员业务培训，组织了多次防护应急演练。

认真组织查验。制定了《登机检疫技术规范》，对来自疫区的航空器或事先报告机上有发热旅客的航空器实施远机位停靠，实施登机检疫。在收验健康申明卡区、红外体温测量区、医学排查区、检疫犬查验区、出境检疫查验区等5个点安装固定式摄像监控头，对登机检疫、医学排查、终末消毒处理等过程进行全程跟踪视频监控，实行专人负责，对来自不同国家和地区的航班配送印制有中、英、日、韩四种文字的《出/入境健康申明卡》，要求入境旅客填写沈阳局自行设计的《发热旅客现场排查记录表》，并发放《就诊方便卡》，不仅方便了旅客，也减轻了收卡压力，加快了通关速度。同时，采用“人、机、犬”复合查验模式，加强对入境旅客携带物的检查和来自疫区的进口货物的检疫。

搞好协调配合。主动将口岸疫情防控工作纳入地方疫情防控体系，与中国检验检疫科学研究院等单位协调沟通，加强对人感染甲型H1N1流感医学检测方法的研究；与沈阳市卫生部门建立联防联控机制，严格落实发热或有症状旅客信息通报处置反馈制度；招募并培训了7名志愿者充实到口岸旅检一线；争取沈阳市政府提供了包括3台远红外线体温检测仪等设备物资共计38万余元，弥补了经费不足，提高了口岸防控能力。

在防控甲型H1N1流感工作中，为地方卫生部门传送旅客信息4.5万人次，共发现发热或疑似症状人员364人次，经现场医学排查后移送地方卫生部门进一步检查34人次，确诊为甲型H1N1流感病例3人次。

【服务地方经济建设】 2009年，沈阳出入境检验检疫局按照辽宁检验检疫局要求，主动把检验检疫工作纳入地方党委、政府工作平台之中。一是组织调研。完成了对沈阳辖区18家出口企业的问卷调查工作，将《2008年国外技术贸易壁垒对我国出口影响》的调查报告及时上报国家质检总局，为政府有关部门制定应对策略提供了决策依据。二是举办培训班。免费为辖区进出口企业举办了5期产地证业务、出口食品企业卫生质量管理体系内审员培训班等，共培训人员560多人次。三是出台扶持措施。结合沈阳地区实际，及时出台了帮扶企业渡难关25条措施，从完善制度、落实责任，政策引导、技术支持，以及培训人员、建立体系，减免费用、缩短时限等方面，逐条分解到各处室，以责任制形式纳入绩效管理，并会同沈阳市外经贸局、税务局等单位深入14个县区进行宣讲，得到了地方政府和进出口企业的充分肯定。四是效果显著。针对企业实际情况和业务特点，通过采取一厂一策、分类管理、特事特办等一系列行之有效的方式方法，千方百计为企业减轻负担，提高报检通关效率，提升产品质量，促进出口。全年共为进出口企业减免检验检疫费300多万元。机电处帮扶华晨宝马、沈阳机床、乐金电子等，轻纺处帮扶节日装饰品、本溪燕东木业等，卫生处帮扶燕京啤酒、东药VC等，都有了较大发展，呈现出止跌回升的良好态势。特别是牛肉和粮谷类出口货值分别增长了51%和65%。开发区办事处努力为驻区企业排忧解难，在他们的帮扶下松下蓄电池沈阳有限公司的出口产品通过了专项安全检测，每年可节约300多万元的包装运输费用。认证处帮助进出口企业完成卫生注册登记13家，办理3C免办证明316份。动植检处积极协调沈阳市农委等部门，深入生产一线，帮扶辽中县完成2万公顷出口蔬菜水果基地建设，做好"良好农业操作规范(GAP)"推广工作，创建国家级农产品出口示范县，拉动了加工、运输等行业发展，解决了农民就业，增加了收入，促进了出口创汇。

(李颖娟)

【科技支撑和保障能力明显增强】 沈阳出入境检验检疫局保健中心实验室通过了卫生部临检中心2009年度室间质评计划传染病A、C系列考核和辽宁省临检中心2009年度室间质评计划考核；通过了澳大利亚和新西兰签证体检业务的评估考核，成为东北地区惟一一家签证资格单位；正式启用了体检业务信息化管理系统，实现了体检业务流程电子化和业务档案电子化，提高工作效率和业务管理水平。

沈阳局综合技术中心开验了2008版国标食品卫生微生物学、猪繁殖与呼吸综合征病毒等70多个检测项目，解决了甲胺磷等检测技术难题；国家质检总局批复同意在沈阳局建立农产品检测重点实验室、伴侣动物重点实验室，至此，加上微生物环保菌剂实验室，沈阳局已成为质检系统第一家同时拥有3个国家级重点实验室的单位。积极联系地方科技主管部门，参与"沈阳市大型仪器设备共享网"建设，再次成为市工商局流通领域商品质量检测合作单位，接受委托检测食品等样品15余批，40余样品，300余项次。

中认北方实验室全年共投资1500万元购置各种设备42台(套)，积极拓展检测项目，开辟检测市场，检测业务模式由单一的进出口产品检测业务，逐步发展到强制性、自愿性认证、企业委托、国际认证等产品检测业务；通过CNAS认可检测能力范围由43大类59标准扩大到113大类219个标准，其中包括IEC、EN、ISO等国际标准；插入损耗测试软件已获得《国家版图局计算机软件著作权登记证书》；完成了认监委和认可委组织的2项能力验证；成为美国FCC列名实验室，并组织开展业务；通过了美国UL授权的资料审核。

2009年，沈阳局共获得国家质检总局、辽宁检验检疫局、辽宁省和沈阳市科技课题立项11项；获辽宁省自然科学学术成果二等奖2项，三等奖5项，二、三等奖论文5篇。

(李颖娟)

海　关

【概况】 2009年，沈阳海关共监管进出口货物576.2万吨，进口395.7万吨，出口180.5万吨；货物总值52.7亿美元，进口34.1亿美元，出口18.6亿美元；监管运输工具11179辆(艘)；监管进出境人员847956人次；监管进出境邮递物品150.8万件。共审核结关报关单6.12万条，同比下降19.4%；上报统计数据16.75万，同比下降49.7%。进出口贸易额50.79亿美元，同比增长15.9%，其中进口贸易额33.53亿美元，同比增长11.4%，出口贸易额17.26亿美元，同比增长25.9%。

税款累计入库38.33亿元，同比下降4.63%；其中关税8.15亿元，同比下降20.41%，进口环节税30.18亿元，同比下降0.77%。减免税审核补税1359.1万元，同比增长201%；归类补税2366万元，同比增长70.34%；审价补税7701.61万元，同比增长46.76%；加工贸易合同备案金额46.48亿美元，同比增长35.16%；加工贸易经批准内销征税1.82亿元，同比增长270%。共审批减免税备案用汇额度11.74亿美元，审批减免税货值3.63亿美元，同比下降47.09%，减免税款3.56亿元，同比下降66.25%。通过风险分析实现补税311万元，通过风险布控实现补税18.20万元，稽查补税入库3180万元。

查获25起涉嫌侵犯知识产权案件，查获侵权物品18399件，案值20.61万元。受理刑事案件7起，同比增长75%；立案6起，同比增长5倍，案值1.6亿元，同比增长21倍，偷逃税额4109万元，同比增长40倍。立案查办行政违法案件271起，同比减少2.5%，案值1.28亿元，同比减少6%；立案走私行为案件1起，同比减少90%，案值1125.56万元，同比增长18倍；偷逃税额320.43万元，同比增长32倍。对292起案件做出行政处罚。罚没收入997万元，同比增长15.2%。案件补缴税款534万元。

(范志军)

【关税征收】 沈阳海关面对2009年严峻的税收形势，积极推进综合治税工作，努力做到"应收尽收，量质并重，颗粒归仓，不留余粮"。成立沈阳海关综合治税领导小组，进一步增强领导干部的大局意识、忧患意识；大力开展税收形势分析和调研，建立税收动态分析制度，把握税收走势；建立关税与监管、通关、风险、稽查、缉私、现场海关等涉税部门的联动机制；本着以"质"保"量"的方针，进一步提高税收征管质量，加大培训力度，提高征管队伍业务素质；完善监控机制，建立后续处置反馈机制，对一般贸易、减免税、加工贸易三个涉税渠道进口货物进行监控和核查，通过风险分析为稽查部门提供风险点，开展有效稽查，筑牢后续监管防线，防止税款跑、冒、滴、漏。同时，加大对重点企业服务力度，以高效服务拓展税源。全年,税款累计入库38.33亿元人民币。

(范志军)

【进出口监管】 沈阳海关围绕有效监管与高效运作有机统一的要求,以构建海关大监管体系为重点,以推进综合治税工作为抓手,坚持“监管到位,通关便利,服务到家”工作原则,充分发挥正面监管、后续监管、逆向监管的合力作用,建立健全事前、事中、事后相结合的监管格局,强化业务基础建设和职能管理,着力优化海关监管和服务,全面提高把关服务能力。

(范志军)

【推进大监管体系建设】 沈阳海关按照海关总署构建海关大监管体系总体思路和要求,积极开展大监管体系建设课题研究。进一步提高关区物流监控水平,建立健全运输工具、舱单、监管场所“三位一体”的监控模式;充分发挥通关监管职能部门作用,定期通过H2000系统、风险信息平台以及廉政预警系统对关区通关监管数据进行实际监控。进一步加强和规范关区监管场所管理,完成监管场所重新申请和审批工作。大力推进“邮递物品通关系统”建设运行,切实提高邮递渠道海关监管效能。加强海关监管现场反恐和安保工作,采取有效措施做好空港口岸国庆期间反恐、防扩散工作。制定《沈阳海关加强实际监管确保应收尽收十项措施》,以加强监管保税收,以“区域通关”促税收。

(范志军)

【海关稽查管理】 沈阳海关强化风险管理综合防控体系建设,推动业务一线不断健全完善风险管理工作机制和运作模式。进一步强化职能监控和布控管理,2009年,通过风险分析实现补税311万元;下达预警预定式布控指令18条,布控率3.32%,有效率23.87%,通过风险布控实现补税18.20万元。企业稽查方面,通过“外引——内联——整合”等有效手段,开展扩大稽查,借助中介机构试点工作,加大稽查力度,全面开展专项稽查综合治税工作。2009年稽查企业88家,稽查有效率26.14%,稽查补税入库3180万元,超额完成总署下达的稽查补税指标。移交缉私局立案6起,案值9110万元,涉税约2301万元。

(范志军)

【统计监测预警】 沈阳海关发挥执法评估监督预警和辅助管理作用,为海关管理和领导决策服务,为地方经济发展搭建数据平台。全年,撰写执法评估报告14篇、执法评估联合调研报告1篇,其中11篇被海关总署执法评估网站采用。撰写统计分析文章100篇次,其中18篇被海关要情采用,1篇得到省领导批示。

(范志军)

【促进地方经济平稳发展】 2009年,沈阳海关在促进地方经济平稳发展中,主要作了以下工作。一是发挥属地海关作用,做好签署《署省合作备忘录》相关工作。通过沈阳海关与大连海关共同努力、协调配合,2009年6月4日,海关总署副署长李克农和辽宁省省长陈政高分别代表海关总署和辽宁省人民政府签署关于支持辽宁经济发展和对外开放合作备忘录,为双方共同提高辽宁经济发展和对外开放水平创造了有利条件。二是跟进落实《海关总署支持扩大内需促进经济增长的十项措施》及沈阳海关出台的支持措施。全力支持地方党政为应对金融危机出台相关政策,在辽宁农产品出口支持体系建设和沈阳市支持企业发展促进经济增长“30条政策措施”制定过程中,主动研究海关支持措施;针对辽沈地区外贸经济发展特点和进出口情况,形成《沈阳海关关于世界金融危机形势下辽沈地区外向型经济分析预测与建议的报告》,为地方党政领导决策提供参考。三是做好通关服务工作。在有效监管前提下最大限度地提供通关便利,进一步扩大“属地申报、口岸验放”通关模式适用范围,推进口岸“大通关”建设,做好通关事务应急处理工作。实行“空中报关、落地验放”、“5+2”工作制、“人工抽查与选择机检相结合”等便捷通关措施,不断优化空港口岸通关环境。召开报关协会会长座谈会,了解经济危机中会员企业的状况和面临实际困难,为企业提供建设性意见。采取上门验放等便捷通关措施,为中国(沈阳)2009年食品博览会、台湾“中华海峡两岸文化资产交流促进会”在辽宁省博物馆举办的“南张北溥——张大千、溥心畬书画展”提供高效服务。做好海关担保措施的研究与实施,与上海通用(沈阳)北盛汽车有限公司签订了“企业适用担保验放通关程序责任担保书”,节省企业流动资金2000余万元。四是大力支持沈阳经济区保税物流发展和西丰县鹿产品加工贸易试点工作。在把握地方经济整体战略布局基础上,主动提供跟进式、贴近式、针对式服务,争取到沈阳近海经济区保税物流中心在历时五年二次迁址的情况下获得批准设立并正式封关运作,成为推动辽宁腹地和沿海经济互动发展的重要平台和崭新载体。通过沈阳海关积极走访调研、反映情况,使部分企业开展鹿茸、鹿角加工贸易业务试点得到海关总署和商务部的政策支持,为西丰县作为国家贫困县通过鹿产品加工贸易这一支柱产业的发展,走出困境,促进地方经济创造了条件。沈阳海关“力促辽宁省西丰县鹿产品加工贸易业务取得新突破”获评省直机关2009年第三季度最佳实事。五是继续支持葫芦岛港口开放和港前海关监管设施建设工作。大力支持葫芦岛北港工业区和锦州西海工业区整体开发和对外开放,提升内陆港口功能,支持辽西地区实现全面对外开放。六是加大电子口岸投入力度。进一步整合现有资源,完善工作机制,与大连海关共同开发建设辽宁省电子口岸;充分利用现有资源,扩大联网报关,积极推广网上支付、无纸化通关和通关单联网等便捷通关应用项目,建设集合通关信息服务、通关政务办事和口岸数据交换三大功能于一身的“虚拟海关”,进一步提高了口岸工作效率,为进出口企业搭建起操作简便、便捷安全的综合性服务平台。

(范志军)

农 村 经 济

综 述

【农村经济发展】 2009年,沈阳市农村地区生产总值实现1800亿元,比上年增长20%,占全市比重的41.9%;全社会固定资产投资完成1720亿元,比上年增长29.6%,增幅高出全市7.6个百分点;财政一般预算收入实现81.3亿元,比上年增长22.7%;农民人均纯收入达到8753元,增长9.0%。

1.现代农业建设取得新突破。在战胜历史罕见特大干旱的基础上,粮食生产获得丰收,产量达到34.45亿公斤。加大了政策扶持力度,促进了设施农业、高效特色农业快速发展。全年新增设施农业1.72万公顷,达到9.13万公顷,位居全省首位;新增高效特色农业3万公顷,达到18.93万公顷,设施农业和高效特色产业产值占农业产值的60%以上。新建标准化畜牧小区359个,达到2133个,规模养殖量占总量的45%以上,畜牧产值占农林牧渔业总产值的52.6%。新建水产小区50个、省级水产养殖示范区63个单元。同时,完善农业经济区政策和产业发展规划,实施基础设施项目29个;积极推进省市科技共建项目建设,建立科技示范区1333.3公顷,实现单位面积增收15%以上,农业综合生产能力进一步提高。

2.农业产业化步伐明显加快。积极培育龙头企业,完善产业链条,推进"一乡一业"、"一村一业"发展。全年新上投资1000万元以上的农产品加工项目100个,其中已完工项目34个,完成投资14.2亿元;"一乡一业"专业乡镇发展到25个,"一村一业"专业村发展到800个。围绕贯彻落实《农民专业合作社法》,完善扶持政策,全年新增农民专业合作社1104家,达到1909家,入社农户3.3万户,带动农户23.4万户,占全市农户总数的27%。同时,开展"3A"级农民专业合作社创建活动,评选出100个市级示范社,合作社整体发展水平明显提升。

3.农产品质量安全工作扎实推进。围绕贯彻落实《农产品质量安全法》,加强农产品质量安全监管工作,在做好蔬菜、畜产品市场准入基础上,将水果、水产品纳入市场准入范围,在生产基地、批发市场、农贸市场和超市共抽检农产品样品5.3万个,合格率均在99%以上,销毁不符合质量标准的农产品12.4吨。开展了放心超市评选活动,评选出放心超市9个。在农业部农产品质量安全例行检测评比中,沈阳市始终位于前列。同时,组织制定了《沈阳市高毒剧毒农药管理办法》,完善了市、县(区)两级农业质检和执法队伍。

4.农机、能源推广水平进一步提高。全年落实农机具购置补贴资金1.08亿元,补贴农机具1.2万台(套),综合农业机械化水平达到72.8%,比2008年提高3.9个百分点。建成70个水稻、玉米全过程机械化示范村,为逐步实现整村整乡乃至区县全程机械化打下了坚实的基础。同时,积极推广农村新型能源,新建户用沼气能源模式1.3万处,农村能源综合示范村2个,乡村沼气服务网点85处。

5.农业对外开放能力明显增强。制定出台了12条促进农产品出口政策,成功引进了3家果蔬出口企业来沈投资注册,果蔬出口逆势上扬,预计全年果蔬类出口创汇1276万美元,农产品出口基地注册面积达到3.59万公顷,增长71.7%。成功举办了第六届农博会,吸引国内外536家企业参展,特别是"辽沈三农论坛"、"聚集三农乡村行"等新增主体活动进一步提高了沈阳市农业的影响力。

6.农村扶贫开发取得新成效。坚持开发式扶贫方针,不断拓宽增收渠道,转变资金分散使用为集中使用,重点支持设施农业发展,围绕市场需求开展专业培训,扶贫开发工作取得显著成效。全年安排各类扶贫资金1.4亿元,建设百亩设施小区414个,实现劳务输出1.2万人,贫困乡镇农民人均纯收入达到4910元,人均增收730元,比上年增长17.5%,农村扶贫开发成果被列入2009年沈阳市建设成果巡礼,并被评为2009年度沈阳市十大经典实事。

7.农村改革扎实推进。加快推动农村土地流转,在全市40个乡镇进行了土地承包经营权流转市场建设试点,深化基层农技推广体系改革,组建了25个农技推广区域站;大力培植农村产业带头人,确立了发展目标,制定了扶持政策,全年确定农村产业带头人409名;探索扩大农村有效抵押物的有效途径,在全国首创日光温室产权抵押贷款,为808户农民发放贷款2823万元,增强了农民发展设施农业的融资能力。

8.县域经济工作稳步推进。组织召开了做强县域经济观摩交流会,谋划县域经济发展,明确了县域经济发展的思路、目标和工作任务。建立了县域经济绩效考核、政策评估、重大项目调度和定期通报四项制度;对做强县域经济重点工作进行分解,并以市委办公厅、市政府办公厅文件下发,强化了责任落实。加强协调调度,加快推进工业园区和产业集群建设,促进了县域工业快速增长,成为推动农村经济发展的主要增长点。县域规模以上工业增加值实现1093.4亿元,占全市比重达到54.2%;开工建设投资3000万元以上项目929个,完成投资823.9亿元;8个产业集群产值突破百亿,县域经济实力明显增强。

9.大力提高依法治农力度。围绕加强农业综合执法,完善执法队伍,面向社会招聘了150名专业人员,充实农业执法力量,并建立健全了各项规章制度,开展农资打假专项整治等活动。全年组织执法人员5800余人次,检查种子、农药、肥料等经营业户2994家，查处492家，查封不合格种子27.6万公斤、农药2371件，注销8家种子企业生产经营许可证，有力地打击了不法商户，保护了合法经营者和农民利益，强化了执法主体地位，树立了农业综合执法权威。

(邓　奇)

【新农村建设】 2009年，按照省市新农村建设工作部署，结合沈阳市实际，积极开展工作，圆满地完成了年初确定的各项任务，特别是在推进农业经济区建设方面取得了突破性进展。

1. 完善了农业经济区产业规划。按照“多乡一业、一县一业”的发展思路，指导13个农业经济区完善了产业发展规划。特别是对沈北观光、辽中养士堡、康平花生和法库辣椒等农业经济区的产业规划进行了重点调整。全市农业经济区规划发展面积3094平方公里，占全市县域面积的1/4，主导产业面积13.33万公顷，占全市耕地面积1/5。

2. 出台了推动农业经济区建设的扶持政策。为推动农业经济区建设，多次召开沟通协调会，起草并以市政府办公厅名义下发了《关于推进农业经济区建设的指导意见》，进一步明确了农业经济区规划目标、建设标准、建设原则、保障机制和组织管理等内容，特别明确了对农业经济区产业基础设施建设项目市区县(市)予以区5:5、一市三县8:2的资金配比政策，为农业经济区建设提供了有力保障。同时，为推动农业经济区基础设施项目的建设，起草并印发了《沈阳市农业经济区基础设施建设项目管理实施细则》，并与财政、审计联合下发了《关于加强农业经济区基础设施建设财政支农专项资金管理的通知》，强化了农业经济区基础设施建设项目和专项资金监管。

3. 扩大了农业经济区产业发展规模。按照农业经济区发展规划，积极调度各区、县(市)新农村办主任及农业经济区负责人，在依据农业经济区产业发展规划建设的同时，大力宣传有关发展现代农业及县域经济的相关政策，推动农业经济区产业发展规模不断扩大。截至年底，13个农业经济区新发展树莓1167公顷、温室葡萄400公顷、万寿菊4666.7公顷、辣椒3333.3公顷、花生1万公顷、果蔬4000公顷，蛋鸡、肉牛和肉鹅的饲养量分别达300万只、10万头、200万只。

4. 促进了农业经济区重点项目建设。2009年，沈阳市新农村办多次与8个区、县(市)和市直11个部门进行沟通协调，收集、筛选了30多个重点建设项目，先后3次在市长和秘书长业务会上进行了汇报，明确了全年农业经济区以加强基础设施建设为重点，推进农业经济区建设健康有序发展的思路。6月初，市新农村办与村镇办、综合开发办联合到各区、县(市)对重点建设项目进一步对接落实。8月中旬，市农委与财政局联合下发了《关于下达2009年农业经济区基础设施建设项目计划的通知》，市级财政预算拟安排1.44亿元，扶持13个农业经济区29个基础设施项目，其中:新农村建设项目15个，环境建设项目11个，水利项目2个，林业项目1个。截至年底，市新农村办负责的15个新农村建设项目，除东陵区、辽中县的3个项目因预算审核结果出来较晚，错过了最佳建设期，其余12个项目全部完工。

5. 推动了农业经济区机制体制创新。为使农业经济区早日形成“管理权限统一、管理手段灵活、管理方式开放、管理行为高效”的运行机制，进一步突出经济管理职能，推进合乡并镇，实现产业跨村、跨乡发展，市新农村办着力抓了经济区体制和机制创新工作。根据《关于推进社会主义新农村建设的实施意见》和《关于2008年深化经济体制改革的实施意见》精神，在深入试点农业经济区调研的基础上，市新农村办与市编委共同起草了《关于推进试点农业经济区体制机制创新的实施意见》，已上报市编委会待审批。

6. 启动了村企共建新农村工作。为进一步推动村企对接，引导企业与乡村联手共建社会主义新农村，市新农村办与产业化处于12月30日在辽宁政协会馆二楼常委会议厅召开了沈阳市村企共建新农村暨农事龙头企业培训会议。市政府副秘书长公维伦出席会议并讲话。全市100个重点村和近百家重点龙头企业负责人参加了会议。会上，市农委于波主任就沈阳市龙头企业与乡村联手，参与建设新农村的情况做了介绍;企业和村代表发言;近百家企业和村达成合作意向，新大地、绿丰食品等9家企业分别与东陵佟家峪、于洪二台子等9个村签订了合作协议，拉开了村企共建新农村的序幕，走出一条推进新农村建设的新路。

7. 制定了新农村建设评价指标体系和评价标准。为了检查和测评沈阳市新农村建设工作，按照中央提出的“生产发展、生活宽裕、乡风文明、村容整洁、管理民主”的新农村建设总体要求，市新农村办积极组织省内有关专家，利用4个月时间，通过开展调研并对全国的先进经验和评价指标进行了搜索和对比，形成了《沈阳市新农村建设评价指标体系和评价标准》，现已通过专家论证。

8. 编制了《沈阳新农村建设之农业经济区成果汇编》。为推动新农村建设工作，让大家更多地了解、掌握沈阳市农业经济区建设的政策、规划、经验做法和重点村情况，市新农村办编制了《沈阳新农村建设之农业经济区成果汇编》，汇集了近两年来省、市为推动新农村建设和农业经济区发展出台的相关政策以及经济区建设成果128篇28万字，印发2000余册，已发放到区、县(市)及乡村和有关部门。

9. 着手了新农村示范村创建工作。8月，市新农村办下发了《关于开展创建新农村示范村活动的通知》，并对各县区申报的行政村进行了认真筛选，初步确定87个村做为新农村建设重点村，并指导重点村编制了村建设规划。在此基础上，市新农村办对87村建设规划进行了统一整理，汇编成《沈阳市新农村重点村建设规划》，为沈阳市评选新农村示范村工作奠定了基础。同时，为充分发挥先进典型示范带动作用，市新农村办积极开展了新农村建设典型申报工作，共申报省新农村建设典型村21个，典型个人20个。

(邓　奇)

【阳光工程】 2009年，按照省农委统一部署，结合沈阳市实际，共认定20家培训单位，开设了水电焊、汽车驾驶、农机驾驶与维修、计算机应用、数控、农产品加工、农产品经纪人、厨师面点、家政服务等13门课程。10月,阳光工程赋予新的内容,开始新的转型,由过去的培养农民掌握技能进城务工,农村劳动力输出转移,变成为农村培养实用人才,直接为"三农"服务,培训向培养农村实用人才转移。培训重点调整为农民创业、农机手、沼气工、村级动物防疫员、机防手、乡村旅游服务员、农村建筑工匠、农民专业合作社负责人等,有效促进了农村非农产业发展。全年累计培训1.45万人,其中职业技能培训6800人,引导性培训7704人,转移2732人。

(邓 奇)

【县域经济】 2009年,沈阳市县域广大干部群众面对危机,共克时艰,保持了县域经济又好又快发展的强劲势头,成为全市"保增长"的重要力量。

1. 县域经济总量不断壮大。2009年全市县域地区生产总值达到1744.1亿元,比上年增长17%,高于全市增幅3个百分点,占全市地区生产总值比重的40%,比上年同期提高0.8个百分点。其中,一市三县实现地区生产总值601.3亿元,可比增长28%,高出全市增幅14个百分点。县域经济对全市经济增长的贡献率达到46.5%,拉动全市经济增长6.6个百分点。其中,一市三县对县域经济增长的贡献率为25.4%,拉动经济增长3.6个百分点。

2. 农业生产稳定发展,畜牧业发展势头良好。面对旱灾等自然灾害的不利影响,沈阳市粮食生产仍取得历史上第四个丰收年。2009年,县域地区实现农业总产值376.5亿元,比上年增长7.7%。农业增加值达到197.8亿元,同比增长7.5%。畜牧业生产发展良好,畜牧业产值占农业产值的53.3%,比上年提高0.6个百分点。在农业生产中畜牧业发展的主导作用不断显现。

3. 工业生产进一步活跃,经济效益不断向好。2009年,县域地区工业实现增加值1093.4亿元,比上年增长23.9%,高出全市增幅4.8个百分点,占全市比重的54.2%,比上年同期提高1.1个百分点。其中,一市三县实现工业增加值333.6亿元,同比增长40.7%,高出全市增幅21.6个百分点。县域地区规模以上工业企业实现主营业务收入3934.2亿元,同比增长23.9%,高出全市增幅4.6个百分点,占全市比重为52.9%,比上年同期提高1.9个百分点。其中,一市三县实现1180.9亿元,增长45.5%,高出全市增幅26.2个百分点。

4. 消费品市场交易平稳,一市三县发展较快。2009年县域地区社会消费品零售额实现397.4亿元,比上年增长16.1%,低于全市增幅2个百分点,占全市比重的22.3%。其中,一市三县社会消费品零售额实现148.2亿元,同比增长20.9%,高出全市增幅2.8个百分点。

5. 县域地区投资强劲,保持良好发展态势。2009年,沈阳市县域地区固定资产投资增长势头迅猛,共完成投资1664.1亿元,比上年增长25.4%,高出全市增幅3.2个百分点,占全市比重的45.3%,比上年同期提高1.2个百分点。其中,一市三县完成投资546.1亿元,同比增长34.7%,高出全市增幅12.5个百分点。

6. 地方财政实力不断增强,一般预算收入增长较快。2009年全市县域地区财政实现一般预算收入78.3亿元,比上年增长18.1%,增幅高出全市8.1个百分点,其占全市比重由2008年的22.8%提高到2009年的24.4%,提高了1.6个百分点。其中,四个县(市)财政实现一般预算收入25亿元,同比增长35.9%,增幅高出全市25.9个百分点。

7. 农民人均纯收入增长较快。2009年随着国家支农、惠农政策的进一步深入贯彻落实以及沈阳市县域地区农村劳务经济的快速发展,带动了农民收入的增长。经统计,全市农民人均纯收入达到8753元,同比增长9.0%。其中一市三县农民人均纯收入达到7668元,增长10.4%,高于全市增幅1.4个百分点。

(邓 奇)

【村会计委托代理制】 2009年,沈阳市农委、市监察局、市财政局、市民政局、市审计局联合下发相关文件,对沈阳市村会计委托代理制工作予以进一步规范和完善。在坚持村集体资产所有权、使用权、决策权不变的前提下,根据相关法规,在完善"委托代理手续"的基础上,沈阳市"村财乡监管"顺利过渡为"村会计委托代理制",建立起新型、更为科学有效的农村财务管理体制。截止年底,沈阳市实行"村会计委托代理制"的有1902个村,占全市总村数的96.5%,履行相关手续的有1902个村,履行率100%。各村只设一名兼职报帐员,代理机构的一名会计负责多个村的会计业务,使财会人员得到精简。据统计,代理前全市农村财会人员年报酬总额为3700万元,代理后,为1300万元,村办公费由代理前的5600万元下降到3500万元,二者前后分别降低了2400万元和2100万元,仅二项年节约支出4500万元。同时,将国家转移支付和村集体收入资金形成合力,统一运筹,促进了沈阳市农村经济整体高效运行,构筑了农村稳定发展的长效机制,在全市范围内形成县、乡、村三级监督机制,实现了对农村财务管理的经常化、制度化和规范化,涉及村级财务与集体资产管理问题的农民上访案件大大减少,促进了农村经济稳定发展。

(邓 奇)

【村务公开】 2009年,沈阳市乡镇村会计委托代理办公室按照中央、省、市相关文件要求对村级财务收支情况每月公布一次,个别关系到村民切身利益的重大经济活动,随时公开。同时,对日常财务公丌工作做到"三统一",即统一公开内容,统一公开时间,统一审核。各村民主理财小组成员由村民会议或村民代表会议从村务公开监督小组成员中推选产生。民主理财小组向村民会议或村民代表会议负责并报告工作。民主理财小组负责对本村集体财务活动进行民主监督,参与制定本村集体的财务计划和各项财务管理制度,有权检查、审核财务账目及相关的经济活动事项,有权否决不合理开支。当事人对否决有异议的,可提交村民代表会议或村民会议讨论决定。村民有权对本村集体的财务账目提出质疑,有权委托民主理财小组查阅、审核财务账目,有权要求有关当事人对财务问题做出解释。对群众反映财务问题较多的村,区、县(市)党委和政府及农经部门要帮助其搞好财务清理整顿工作,解决存在的问题,建立健全财务管理和民主理财制度。制定和完善集体资产监管办法,防止集体资产流失,确保村集体资产保值、增值。

(邓 奇)

【扶贫开发】 2009年，沈阳市以25个重点贫困乡镇279个贫困村为扶贫开发主战场，以贫困农民增收为目标，以产业化扶贫、劳动力转移和定点帮扶为重点，深化认识，创新思路，强化措施，扎实推进，扶贫开发成效显著。

1.资金投入力度进一步加大。2009年，全市直接投入扶贫开发资金1.4亿元，比上年增加1100万元，增长10%，拉动整合财政支农资金投入9000万元。这些资金集中用于发展增收幅度大、覆盖面广的设施农业，为促进农民增收发挥了重要作用。

2.产业扶贫开发项目实现了历史性突破。2009年，贫困地区完成百亩设施小区414个。其中，五千亩大区3个，千亩大区22个，设施农业占地面积3333.3公顷，增长近3倍。贫困地区重点示范推广保护地秸杆反应堆应用技术，提质增效，设施农业成为贫困农民增收至关重要的抓手。为558户贫困农民各优先补贴购置一台“18—24”马力农机，覆盖了279个贫困村。贫困劳动力转移就业取得了新进展，新增劳务输出1.2万人，工资性收入比重进一步提高。

3.农民生产生活条件进一步改善。全年完成户用沼气池生态能源建设2735户，增长36%，改变了贫困地区落后的生产生活方式，保护了当地的生态环境。为条件极为艰苦地区100户贫困农民补贴建设了移民住房，实现了搬得出、稳得住、能致富；新修和维修乡村公路133公里。

4.社会扶贫与宣传取得新进展。协调全市128个党政机关和300户重点企业定点帮扶180个贫困村，投入社会扶贫资金1500万元，开发了210个项目，在沈阳电视台、沈阳日报等主流媒体上专题宣传推广11个单位典型经验，首次以扶贫开发名义推举一名市劳动模范。

2009年，重点贫困地区农民人均增收730元，达到4910元，增长17.5%，惠及了农村41.3万低收入贫困人口，有力推动了重点贫困地区经济和社会发展。扶贫开发成果被列入2009年沈阳市建设成果巡礼，被评为2009年度沈阳十大经典实事。

（邓　奇）

【规定记帐户观察点】 2009年，沈阳市在东陵区白塔镇小羊安村选取100户记帐户，对农民收入、农村劳动力转移、农村基础设施建设等工作进行长年观察统计。在小羊安选定了4名辅助调查员，每人负责25个农民家庭记帐户的记帐指导工作。定期举办辅助记帐员和100个记帐户的专题培训班，同时确定常规调查的检查验收办法和每年末进行总结评比表彰的办法。充分发挥4名辅助调查员的作用，不定期地深入到记帐户中进行检查指导。

（邓　奇）

【高效特色农业】 2009年全市狠抓高效特色产业发展，取得了高效特色产业大发展的局面。完成高效特色农业播种面积18.93万公顷，其中蔬菜11万公顷、花生4.43万公顷、树莓5400公顷、花卉1867公顷、寒富苹果7733公顷、五味子2600公顷、其他1.97万公顷。新增3万公顷。高效特色农业人均纯收入达到819元。

1. 规模不断扩大。各区、县（市）根据确定的发展种类和品种，对重点乡镇村，实行连片集中开发，按照特色主导产业，细化到一个村或几个村、一个乡镇或几个乡镇，集中力量，突出区域化、专业化和规模化，确定发展区域、发展面积和发展规模，从而形成了特色产业村或特色产业乡。高效特色产业集中连片超千亩以上规模面积达8万公顷以上，占总面积的42%。

2. 档次稳步提升。形成了沈北的五味子园、于洪高力、开隆科技创新农业示范园、沙河现代农业示范园等一批建设标准高、设施齐全、观光性好的都市型农业园区。在生产水平上，已由生产传统大众蔬菜向工厂化、精品化方向发展，波士顿生菜、北虫草、花卉、紫苏叶等高端产品不断出现，并逐步扩大规模。

3.特色更加明显。全市已形成新民棚菜和棚瓜、辽中果蔬、苏家屯温室葡萄和紫苏叶、于洪食用菌、东陵树莓、法库甜瓜、康平地膜花生、寒富苹果等一批具有一定品牌效应、主导产业明显、农民收入显著提高的专业乡村。

（邓　奇）

【化解村级债务】 2009年，沈阳市共化解村级债务2.2亿元，村均债务由115万元降至104万元，减少11万元。全市村级债务总额为22.5亿元，其中：欠金融部门（银行、信用社、基金会）7.58亿元，占村级债务总额的33.7%；欠个人借款7.53亿元，占债务总额的33.5%；欠其他单位借款1.6亿元，占债务总额的7.11%；其他应付未付款6.03亿元，占债务总额的26.8%。

随着化债工作的逐步推进，债务额逐渐减少，化债的难度也越来越大。2009年底，市农委下发《关于开展全市制止新增村级债务工作大检查的实施方案》，对全市各行政村2008年—2009年新增村级债务状况进行全面清查核实，对检查中暴露出来的问题严肃查处。违规新增村级债务的，要按照“谁签字、谁负责偿还”的原则，由责任人限期偿还，并由纪检、监察机关给予相应党纪政纪处分。依托农经网络监测系统，强化控债、化债手段。从2007年开始，经过3年来的不懈努力，现该系统建立了全面覆盖市、区县（市）、乡镇（街道）、村四级的农经专网，搭建了全市161个信息专网结点，将全市1895个村集体经济组织的财务、债权债务、土地承包管理纳入信息化、规范化管理。全市通过农经网络债权债务系统，对村级债权债务进行全面清理，实行动态跟踪管理，为全市村级清收债权、化解债务扫清障碍。全市通过清收搁置多年、无人问津的历史债权，规范村集体机动地、“四荒”地、水面等土地资源发包合同，确保村集体闲置资产、资源的承包、租赁收入及时入账，大大增加了村集体收入，并将此部分收入全部用于偿还村集体债务，化解干群矛盾，以保证村委会正常运转。此外，通过财务网络监测管理，及时发现债权人已死亡或不需偿还的债务，依法依规大量核销呆死账，发现村集体与债权人、债务人形成三角债关系的，促使其结成对子，相互冲抵。积极争取上级补助资金。加大对农村公益事业、基础设施投入力度，对因公益事业形成的村级债务由市级以上政府财政予以补助，对积极主动筹措资金、化债效果好的乡村予以奖励，最大程度地减轻农村集体经济的债务负担，缓解因村级债务负担引发的干群矛盾，安抚深受债务危机干扰而心存不满的村干部，确保村集体健康有序运转，维护农村社会稳定。

（邓 奇）

【减轻农民负担】 2009年，沈阳市认真贯彻落实国务院、省政府关于减轻农民负担的各项政策精神，部署指导全市农民负担管理工作，把减轻农民负担工作作为农村工作的重点来抓。

1. 加强组织领导，确保减轻农民负担工作落到实处。通过强化减轻农民负担工作党政一把手负责制，把减轻农民负担工作作为考核县、乡两级党委、政府主要负责人的一项重要内容，建立奖惩结合、赏罚分明的激励机制和约束机制，实行减轻农民负担工作"一票否决制"。

2. 努力做到了"四个坚持"，即：坚持标本兼治、坚持尊重农民意愿、坚持推进基层民主、坚持预防与查处相结合的原则，确保了农民负担持续有保障的减轻，涉及农民负担的突出问题进一步减少，避免了涉及农民负担的重大案件和恶性案件的发生，防止了农民负担的反弹。

3. 严格执行农民负担监督管理"五项制度"。定期对涉及农民负担的收费文件进行清理、梳理和规范向农民的收费项目、范围、标准。创新公示形式，适时更新公示内容，确保公示效果，全市所有村都设置了涉农税收、收费、价格"公示板"。其中，规范设置率达100%。乡镇、村集体经济组织和农村中小学校公费订阅报刊，必须坚持自愿订阅的原则，严禁摊派发行。农民负担监督卡充实涉农价格、收费等政策内容，及时发放到户。坚持对涉及农民负担案件进行通报制度。加强执法检查工作力度。减轻农民负担，必须严明纪律，严肃查处各种加重农民负担、侵害农民利益的违纪违法案件。

4. 加强涉农收费项目管理工作情况。沈阳市认真执行上级有关政策，对涉农收费严格做到"四个一律取消"，并在全市范围内开展了农业生产资料价格和涉农收费专项检查活动。通过检查，虽未发现违法违规收费项目，但在全市范围内形成了严肃监管的局面，全面遏止了违法违规的涉农收费现象。

5. 积极进行农民负担专项治理。着力解决好来自"民心网"等251个涉及损害农民利益加重农民负担问题的专项治理案件。根据案件属地及涉案内容，下发了专项治理案件分解表和专项治理工作进度报表。全市251个专项治理案件全部结案，结案率达100%。

6. 积极、稳妥地自行开展村级公益事业建设一事一议财政奖补试点工作。2009年，市政府安排支农专项资金，自行开展一事一议财政奖补试点工作。全市开展财政奖补的村有29个，财政奖补的一事一议项目37个，项目总投资为1737万元，惠及4万农户。

（邓 奇）

【良种补贴】 2009年沈阳市农作物良种补贴实现水稻、玉米、大豆、小麦、棉花五种作物全覆盖。全市良种补贴面积59.42万公顷。其中，玉米44.48万公顷，水稻13.68万公顷，大豆1.13万公顷，小麦1367公顷，棉花40公顷。补贴资金总额9939.9万元。为顺利完成良种补贴资金发放工作，采取了如下主要措施：

1. 搞好科技服务，提高良种覆盖率。沈阳市成立了农作物良种推广技术指导组，成员有市技术推广中心，市土肥站、市植保站的技术人员组成。筛选出适合沈阳市种植的优良品种，编制出栽培技术要点，印刷成册，并下发到各区县市，区县市也相应成立了农业技术专家组，对五种农作物逐乡、逐村进行培训，做到每户都有一个明白人，每户都有一张明白纸。据统计，全市共举办培训总次数576次，培训38.3万人次，下发各种技术资料26.93万份。

2. 建立工作机制，确保补贴资金及时发放。一是制订方案。市农委与市财政局联合下发了《关于印发沈阳市2009年农作物良种补贴项目实施方案的通知》。二是广泛宣传良种补贴政策，使之家喻户晓、人人皆知。三是张榜公示。由农户自行申报面积，村民代表审核，并在村内显著位置张榜公示。四是核实面积。组织相关人员通过走访农户，实地调查的方式，核实补贴面积。五是核发良种补贴资金。根据核实面积，发放补贴资金，并予以公示。

3. 强化项目管理，确保项目顺利实施。一是明确责任，层层建立目标责任制。市与实施项目区、县（市），区、县（市）与各实施乡镇签订了项目实施责任状，把项目面积、质量、技术及效益指标具体量化分解，建立目标责任制。二是对良种推广补贴项目实行档案化管理。乡村两级对每户种植面积、品种登记造册，建立生产、田间管理及订单合同档案。

4. 强化领导，为良种补贴项目提供组织保证。为保证各项措施及时到位，各区、县（市）也成立相应组织，设专人负责此项工作，由主管农业的副区、县（市）长担任组长，切实地把这项工作纳入到了重要的工作日程。

（邓 奇）

【粮食直补】 2009年，沈阳市补贴资金规模为55350万元。其中，粮食直补规模13494万元，农资综合直补规模41856万元。资金来源由省市粮食风险基金共同负担。其中，市承担10344万元，省负担45006万元。实际发放补贴资金55342.05万元，其中粮食直补资金13520.91万元，农资综合补贴资金41821.14万元。全市补贴面积55.3万公顷，补贴对象涉及159个乡镇，1773个村，69.67万户，235.71万人。亩均补贴66.72元，其中直补标准16.3元/亩、农资标准50.42元/亩。户均补贴794.35元，人均补贴234.79元。

1. 及时召开会议进行布置。2009年2月，市财政局、农委、农发行、农信社联合召开了由各区、县（市）财政局长参加的沈阳市2009年农资综合直补和粮食直补工作会议。布置了2009年对种粮农民农资综合直补和粮食直补资金发放工作数据录入和具体操作程序。市农委农经处、农经总站下发通知，对农经部门负责的有关工作提出具体要求。

2. 广泛宣传。广泛宣传粮补政策，做到家喻户晓，将《2009年对种粮农民农资综合直补和粮食直补政策宣传单》发放至各乡（镇）、村，各乡镇经营管理站工作人员负责，对本乡镇内及国有农场补贴农民的基本信息进行采集、统计、核实、公示，确保基础数据、基本信息准确、无误。

3. 认真核对发放。财政局将基本信

息采集表核实无误后，计算出每亩粮食综合直补资金发放标准，通过中国农民补贴网计算每一农户的实4.4.适时进行监督。市农委公开粮补政策咨询电话，解答农民及基层工作人员粮补有关政策，解决工作中存在问题，对各区、县(市)粮补发放工作进行监督检查，杜绝违反补贴政策，截留、挪用和套取补贴资金等问题。

(邓　奇)

【农产品标准化生产】　2009年，沈阳市以"三品"认证为载体加大了扶持力度，全市无公害产地认定面积38.27万公顷，认证产品129个，生产面积7.67万公顷；绿色食品生产面积8.33万公顷，认证产品200个，其中，当年新认证34个。自2003年起，市政府每年对新认证的绿色食品、有机食品给予补贴，其中每个绿色食品补贴1万元、有机食品补贴1.5万元的扶持政策，调动了生产企业的标准化生产积极性。农民专业合作社认证绿色食品有所增加，全市6家专业合作社认证产品15个。

(邓　奇)

【农产品市场准入制度】　2009年，沈阳市农产品市场准入工作坚持政府监管与企业自律相结合的原则，以进场入市为切入点，全面启动农产品市场准入制度，强化农产品市场监管工作。一是批发环节由政府监管。在盛发、十二线、森宝、大东门、北行、九路、南五等7大批发市场由市农业检测中心设立检测站，对进场交易的蔬菜开展抽样检测，控制了全市每日蔬菜流通量的80%以上，把住了入口关。二是零售环节实行企业自律。由全市35家大型超市自建农产品质量检测室、检测站，实行蔬菜自检，每日公布检测结果，市农业行政执法支队定期对超市执行农产品市场准入制度情况进行检查，全面实施农产品质量安全规范化管理；三是实行监督性抽检。市农业行政主管部门每半月进行抽样检测，对农产品市场准入执行情况监督检查，把住了出口关。全年，抽检蔬菜样品7.19万个，合格7.17万个，不合格196个，合格率99.73%。全年销毁农残超标蔬菜20个品种60批次2.7万公斤，有效地保障了农产品质量安全。

(邓　奇)

【农产品质量安全监管】　2009年，市认真贯彻落实《中华人民共和国农产品质量安全法》，以保障农产品质量安全、维护公众健康、促进农业和农村经济发展为目标，通过提高农产品标准化生产能力、农业投入品监管能力、农产品质量安全例行监测能力、农产品质量安全追溯能力，全面提升了沈阳市农产品质量安全水平。

一、财政资金保障能力进一步强化

全年投入财政资金1900万元，同比增长70%。其中，农业检测中心当年投入资金达到1500万元，占79%，彻底改善了沈阳市农业检测中心的设施条件，检测能力大幅度提高。沈阳市农业检测中心拥有办公面积3100平方米，其中实验室面积1000平方米；检测设备资产超千万元，其中药残检测仪38台套，水产检测仪26台套，种子检测仪14台套，土壤、重金属检测仪12台套，检测车5辆，硬件设备达到了国内先进水平。农业行政执法支队执法车辆达到7辆，具备了快速反应的能力。

新民、辽中、法库、东陵四个县(市)、区按照沈政办发〔2009〕24号文件的要求，完成了农产品质量安全监管服务体系建设工作。市政府给予每站10万元，计60万元以奖代补资金用于农产品监管服务基础设施建设。

二、健全规章制度，提高农产品质量安全监管水平

1.实行农产品追溯制度，促进农销有效对接。在"三品"实行档案管理的基础上，沈阳市推行了农产品追溯制度。对全市农产品生产基地实行档案管理，将各类基地的名称、地点、产品种类、年产量、销售范围、采用的技术标准、农药使用、检测记录等情况登记备案；对批发市场逐步实施固定摊位，实施索证索票和进货台帐制度，完善可追溯机制；积极鼓励批发市场、超市设立"三品"专销区或专柜，特别是鼓励农民专业合作社和农产品配送企业组织优质农产品进入超市、连锁店、社区等，实现农产品优质优价，促进农产品质量安全水平提高。全市列入国家农产品出口基地县有2个，面积达到1.32万公顷，实行档案化管理的农产品生产基地达到24个，面积2万公顷。在35家超市中设立的农产品"三品"专柜达到18个，年销售额达到1500万元，成为农民增收的有效途径。

2.实行农业投入品监管制度，净化农业生产环境。农业投入品，特别是农药的违规使用是影响农产品质量安全水平的主要因素。多年来，沈阳市始终坚持管打并重的原则，严厉打击经营和使用禁用农药、假冒伪劣化肥等违法行为。2009年，结合农业部农产品质量安全整治暨专项执法年活动，沈阳市出动执法人员5300多人次，检查农药业户623户，没收劣质农药2371件，案值53.8万元，立案22件，罚款7万元。

3.创新农产品质量安全管理工作。沈阳市通过规范管理，用制度管人，用制度管事，创新了一系列管理手段抓好农产品质量安全工作。具体是实行质量检测结果公示制度，向市民告知农产品质量状况；实行禁用农药违规违法举报制度，市财政每年都安排专项资金奖励举报者，达到净化农资市场，确保基地用药安全的目的；实行放心超市评比制度，评选出10家合格超市颁发了"农产品质量安全管理示范店"牌匾，鼓励企业强化农产品质量安全管理工作。同时，也引导市民到放心的购物场所选购质量可靠的农产品。落实了农产品批发市场开办方是第一责任人的工作，将农产品质量安全责任落到实处。全市7家市场共安排抽样员23名，消除了企业的顾虑，调动了企业主动参与质量安全管理工作的积极性。

(邓　奇)

【农村产业带头人】　2009年沈阳市开展了培植农村产业带头人工作。经过严格审查，在全市范围内，确定了首批沈阳市农村产业带头人409名。为鼓励农村产业带头人创业，沈阳市采取了如下扶持政策：

1.提供培训服务。市农委等部门根据农村产业带头人的不同类别和特点，整合各种培训资源，如产业化培训，农民专业合作社培训，农村实用人才培训等，有针对性地开展各种培训。通过培训提高产业带头人的科技水平、政策水平、道德素质和经营能力。

2.信贷扶持政策。市农村信用社、沈阳恒信担保服务有限公司每年为500名产业带头人发展生产和经营提供信贷

支持。产业带头人凭《沈阳市农村产业带头人证书》和沈阳恒信担保公司提供担保,到当地农村信用社申请5万元以内的一次性贷款,并享受一般农户贷款利率下浮20%的优惠政策。对符合农业银行贷款条件的农村产业带头人,可按评级标准获得5—30万元的信用额度。为此,沈阳市农村信用社制定了《沈阳市农村信用社农村产业带头人贷款办法》、沈阳恒信担保有限公司制定了《沈阳恒信担保有限公司产业带头人担保贷款办法》。

3. 设立专项资金。市政府每年安排农村产业带头人创业发展专项资金,用于全市农村产业带头人开展生产经营活动的贷款贴息。

4. 优先评定农民职称。对符合农民职称评定条件的产业带头人,市农委优先为其评审农民技术职称。

5. 网络信息扶持。为农村产业带头人在相关媒体发布营销信息;在《沈阳市农业信息网》为其建立信息平台,定期发布相关信息。

6. 表彰奖励。每年对有突出贡献的产业带头人授予"十大产业带头人"称号,并进行物资奖励。成立了沈阳市培植农村产业带头人评审领导小组及办公室。

(邓　奇)

【农村集体资产产权管理】　截至2009年底,沈阳市农村集体资产总额为111亿元,其中货币资金18.65亿元,占总资产17%,固定资产36.65亿元,占总资产33%,长期投资11.41亿元,占总资产的10%,应收款项31.54亿元,占总资产28%,负债29.12亿元,占总资产26%,净资产81.91亿元,占总资产74%。全市集体所有农用地面积68.27万公顷,其中耕地56.67万公顷,林地面积7.27万公顷,水面666.67公顷,园地8000公顷,草地2666.67公顷,其他农用地2.4万公顷。

为强化集体资产管理,主要采取以下措施:

1. 加强农村集体资产资源招投标管理。根据实际情况,明确规定相应数额的农村工程项目、大宗物品采购以及村集体资产产权交易、资源开发利用等,必须实行公开竞价和招投标。招投标活动要遵循公开、公平、公正和诚实信用的原则,组织招投标时应有一定名额的村民代表到场监督,招投标结果要及时向村民公开。

2. 建立健全管理制度。完善集体资金管理制度。建立完善村集体财务管理制度,进一步规范银行账户、银行存款、债权债务、票据使用和会计档案管理;完善现金管理、财务预决算、开支审批等制度,严格控制非生产性开支。完善集体资产资源管理制度。围绕农村集体资产产权界定、台账管理、资产评估、资产报告等,建立健全资产资源管理配套制度。

3. 建立健全监督制度。完善民主决策制度。要完善村民会议、村民代表会议等民主议事制度。凡属村务管理的重大事项以及农民关注的热点、难点问题的处理,都应提交村民会议或村民代表会议讨论决定。完善村务公开民主理财制度。要把加强"三资"管理作为当前做好村务公开和民主管理工作的重要内容,抓住规范公开这一关键环节,提高公开质量,增强监督实效;完善村民民主理财制度,强化民主理财监督管理职责,充分发挥民主理财的监督作用。健全农村财务审计制度。对农村集体"三资"管理使用情况进行常规审计和重点审计,并列入村干部任期和离任经济责任审计的重要内容。对查出有问题的,综合采取行政、司法等手段,依纪依法予以惩处。

4. 盘活集体资产资源,壮大集体经济。对现有的集体资产资源采取拍卖或租赁、股份合作制、股份制等形式,深化农村集体资产产权制度改革,提高集体资产资源的运营效益,促进集体资产资源保值增值。

(邓　奇)

【农村能源】　2009年沈阳市农村新能源建设重点项目是农村沼气技术推广,包括户用沼气、大中型沼气工程、乡村沼气服务网点等项目。此外,完成了农村能源综合示范村建设年度计划,开展了生物质成型燃料、太阳能利用、节能炕灶等技术示范。

全市重点实施了国家扩大内需中央投资农村沼气建设计划,建设户用沼气模式1.34万处,包括"四位一体"和"一池三改"两种模式。作为户用沼气建设重点区域的沈阳市4个县(市)建设总数占全市的70%以上。开工建设能源环境工程和养殖小区及联户沼气工程5处,主要分布在近郊区;建设农村沼气服务网点85处;省、市农村能源生态技术综合示范村建设项目完成了年度计划;东陵区深井子街道西靠山村秸秆气化集中供气工程进行了试运行;安装了太阳能路灯、太阳能热水器、建成新式节能炕灶示范户、开工建设秸秆成型燃料加工厂;于洪区光辉乡开隆村建设"一池三改"、"四位一体"户用沼气模式85处、安装了太阳能路灯、太阳能热水器;建设节能炕灶示范户、建设了秸秆成型燃料加工厂。综合示范村建设将为充分开发利用农村现有资源,推进新能源及可再生能源普及应用,改善农村能源结构发挥示范引导作用。

全市农村能源建设进一步深入发展,沼气服务网点建设、秸秆成型燃料、秸秆酒精、太阳能利用、沼气综合利用等综合技术示范的深度和广度显著增加,出现了一批示范典型,为农村节能减排、生态建设及新农村建设发挥了更好的示范作用,进一步推动了农村能源建设全面发展。对改善农村能源结构、农民生活条件和农村生态环境起到了积极的促进作用,对沈阳市的国家生态市创建工作和节能减排做出了积极的贡献。同时,也对发展无公害农业、绿色农业及循环农业,增加农民收入起到了推进作用,受到农民的欢迎。

为推进农村能源建设,沈阳市积极申报国家、省相关项目计划,为确保项目落实和顺利实施,市政府主管领导主持专门会议研究制定了财政配套补贴政策。对国家扩大内需中央投资农村户用沼气建设项目每户补贴1200元;对大中型沼气工程提供了1∶1配套补贴;对乡村沼气服务网点建设补贴每个点1万元;此外还为沼气建设技能培训提供了补贴。2009年,全市农村能源建设项目总投资超过1.2亿元。其中,国家项目补贴资金2506万元;省级项目补贴资金266万元;市财政补贴资金2336万元。此外,继续实行对扶贫户沼气建设增补1000元的补贴政策,共补贴2000户,计200万元。各区县也对农村能源建设给予积极支持,总补贴额约730万元。

在项目实施期间,国家扩大内需中央投资项目检查组及省相关部门对各阶段项目进展情况和相关工作进行了多次检查、审核;市政府主管领导、市农委、发改委等相关部门对项目实施进行了现场检查和督导,并研究解决制约项目实施的相关问题,推进项目实施。为搞好项目建设,农村能源管理部门进一步加强了项目建设管理工作,制定了项目建设工作要点、项目建设实施方案,严格按照国家沼气项目建设管理和相关项目管理办法要求组织工程设计、工程招标、器材招标采购、工程监理等工作。根据户用沼气项目建设需要,组织了沈阳市第七期农村能源职业技能培训班,使沈阳市持证人数超过550人,为完成项目建设打下了基础。

在推进新建项目的同时,继续推进农村能源服务体系建设工作,扩大农村能源管理与服务"110热线"网络,推进乡村沼气管理服务网点建设,使农村能源服务网络逐步覆盖所有新能源建设户,为农户提供便利、及时的技术服务,为保证农村能源设施正常运转,农民长期受益打下基础。

根据国家开展"安全生产年"活动和省、市安全生产工作的部署,结合沈阳市农村能源工作的实际,年初制定下发了《2009年农村能源安全工作要点》,开展生物质气化工程安全隐患排查、技术改造、年度检审、沼气安全检查及安全宣教等农村能源安全工作,为全年项目建设和能源设施运行安全提供了保障。省农村能源主管部门下达了气化站技改项目计划,提供技改补助资金80万元,支持技改工作。为进一步提高生物质气化安全水平,市政府批准了市农委申报的对现有生物质气化站进行全面安全评价的计划,市财政为此提供了专项资金,通过招标确定了专业安全评价公司,启动了此项工作。将为彻底排查气化站安全隐患,提升安全水平提供科学依据。

(张煜明)

【农村土地承包】 2009年,沈阳市进一步做好完善农村土地二轮延包收尾工作,重点抓了农村土地承包经营权确权、登记、发证工作。

1. 将确权、登记、发证工作提高到稳定和完善党在农村基本政策的高度加以重视,关系到广大农民的切身利益,是为今后土地流转提供依据,为土地承包经营纠纷调解仲裁提供依据。因此,各级农业行政主管部门将此项工作作为一项重要工作,将阶段性管理变为常态管理。

2. 下大力气解决土地承包遗留的疑难问题,真正将土地承包经营权落实到户落实到人。市、区县(市)农业部门针对农村土地承包中存在的发包方将农户承包地收回抵顶集体欠款、机动地长期发包,近郊个别村没有真正进行延包30年等遗留问题,集中精力到基层现场办公,解决了大量的疑难问题。按照人均地权的原则,重新落实了无地农户的土地承包经营权。全年全市共调处遗留问题纠纷2900多件,给3200多个无地或少地户落实了承包地。

3. 加强了农村土地承包合同的规范化建设。农村土地承包合同严格按照登记内容登记,做到不漏项,不落项,登记信息公开透明。合同管理工作有专人负责,普遍实现了承包合同计算机网络化管理。

4. 依法管理承包合同。全年全市共有1531个行政村完成了延包完善工作,占应有延包任务村总数的99.7%,完成延包土地面积为52万公顷,占应落实延包土地总面积的99.8%;发放土地承包经营权证68.9万册,占应发农户总数的99.6%(其中新证67.7万册,占应发总数的98%);基本完成了省委、省政府提出的落实土地承包经营权、签订土地承包合同、发放土地承包经营权证"三个百分之百"的工作目标。

(邓 奇)

【农村土地承包经营权流转】 2009年,沈阳市农村涉农县区深化农村改革,转变农业发展方式,加快现代农业发展,结合本地实际,推进了农村土地承包经营权流转有序稳步进行。

1. 认真抓了农村土地承包经营权流转市场体系建设试点工作。在全市确定了新民、沈北、法库3个区、县(市)及40个乡镇为市级土地承包经营权流转市场建设试点单位,并拨付资金100余万元,为试点单位购置现代化办公设备。使试点单位的流转市场达到了五有:有交易场所、有专人负责、有办公设备、有规范的工作规则和程序、有规模的流转土地档案管理。

2. 全市各级政府及农业部门认真抓了农村土地经营权流转的规范化管理和服务工作。市农委为市政府起草下发了《沈阳市关于做好土地承包经营权流转工作的实施意见》,制定了《沈阳市关于加强农村土地承包经营权流转管理和服务工作的意见》和《沈阳市农村土地承包经营权流转市场管理和服务暂行办法》等一系列流转工作制度、规则和程序。其中包括:农村土地流转市场工作制度、农村土地流转须知、农村土地流转市场工作人员岗位责任、农村土地流转工作运转程序、农村土地流转价格评估方法、农村土地流转市场运行程序、农村土地流转相关登记表册文书样本。

3. 针对各区县(市)一些地方在流转承包经营权过程中出现的盲目引进外来大户以建设小别墅出卖,以及许多蔬菜保护地撂荒无人耕种的倾向性问题,政策指导处经过深入调研,撰写了《目前全市农村土地承包经营权流转工作中值得注意的几个突出问题》的调研报告。

(邓 奇)

【农村土地承包仲裁】 2009年《农村土地承包经营纠纷调解仲裁法》经全国人大常务委员会审议通过,于2010年1月1日实施。为了配合这部法律的实施,全市上下开展了广泛的宣传和落实工作。一是利用广播、电视、报纸、网络等媒体,采取发放明白纸、印制宣传标语、组织宣讲等群众喜闻乐见、通俗易懂的方式,推动法律知识进村入户,做到了家喻户晓。并结合学习宣传《农村土地承包经营纠纷调解仲裁法》,广泛的宣传农村土地承包法律法规和政策,营造依法调解仲裁农村土地承包经营纠纷,加强农村土地承包管理工作的良好社会氛围。二是进行了《土地纠纷调解仲裁法》的培训工作。年初以来,先后两次组织全市各乡镇、县区的农经、司法干部共计1720多人参加农村土地承包仲裁工作培训。三是抓紧制定了《土地纠纷调解仲裁法》配套制度。市农村土地承包仲裁指导中心(市农委政策指导处)制定下发了《关于开展农村土地承包仲裁工作的指导意见》和《沈阳市农村土地承包仲裁暂行办法》,并在1000余件农村土地承包纠纷案件中筛选出50件典型案例,编写了《沈阳市农村土地承包纠纷案例解析与仲裁文本应用》,下发全市农村村委会及乡镇以上农业行政管理部门和土地承包仲裁机构,达到土地承包管理部门和仲裁工作人员及村干部人手1册,以此作为调处农村土地承包纠纷案件的参考和指导书。四是建立健全农村土地承包经营纠纷调解仲裁体系。2009年沈阳市已初步建立健全了乡村调解、县市仲裁的农村土地承包经营纠纷调解仲裁体系。截至年底,全市各级仲裁机构受理土地承包纠纷案件近800余件。

(邓　奇)

【农经网络建设】 2009年,沈阳市农经网络监测系统基本架构全部铺设完毕,网络功能正式启用,标志着沈阳市农经管理工作迈上了一个新台阶,科学、现代的管理模式,促进全市农村经济管理生产关系的发展,带动全市农业生产力的较快发展。

为构建整个农经网络系统,市农经总站投入7万元,购置了2台较先进的服务器,配备路由器等专用设施,采用VPDN专用网,在各乡镇街农经站内部,建立独立局域网。同时,市本级、县区、乡镇(街道)、更新了计算机等硬件设施。

1. 统一采用"小蜜蜂"财务管理软件系统,全面提升全市村级财务管理水平,提高农经管理工作效率。按照全市农经管理统一规划,会计科目、所有会计报表及各种村级财务公开榜全部统一,为全市村级"三资"的规范化管理打下坚实基础。

2. 研发村级债务实时监测与管理系统,有效地遏止了村集体经济组织新增债务的发生。通过软件自动汇总,极大地提高了工作的准确性和时效性。同时,各级农经管理部门不必亲自到各村查阅帐目,只需通过网络便可直接监测到每村债务增减变动情况,极大地提高了工作效率,并能实时发现问题,在第一时间采取措施解决问题。

3. 建立土地承包管理系统,减少了土地承包合同纠纷和加快土地承包流转,促进农民增收。过去土地承包合同手写,部分地区土地承包合同文本不统一、不规范,造成土地承包纠纷,调处会产生分歧,通过网络化管理,各地土地承包情况可一目了然,若发生纠纷,调阅、查档很方便。同时,为土地流转工作打下基础,土地的规模经营,提高土地的利用效率,必然给土地的经营者带来更多收益。

沈阳市农经网络监测系统的建立,产生了丰厚的经济效益。全市152个乡镇、1895个村实现了村级财务集中管理,村财会人员集体办公,节省了巨额费用。据统计,网络实施前全市农村财会人员年报酬总额为3998万元,实施后为1628.52万元,村办公费也由实施前的5718万元下降到3341.1万元,二者分别降低了2369.4万元和2376.9万元,合计为4746.34万元。

(邓　奇)

【农民科技培训】 2009年,沈阳市农委制订了2009年《沈阳市农民科技培训实施方案》,各区县农经(林)局在认真贯彻《实施方案》的基础上,紧紧围绕提高农民素质,粮食增产、农业增效、农民增收,促进社会主义新农村建设的主题,开展了形式多样、丰富多彩的科技培训。全市共举办各种类型的科技培训班4170场次,累计培训农民50.9万人次;发放各种科技书籍3.27万册、科技资料29.9万份,各种科技光盘7000个;组织各类科技大集28次,现场为农民咨询答疑1.3万余人次;放映科教影片及科教录像1318场次,观看人数达16.8万人次;市县两级与电视台合作,制作农村科普节目570余期;"农业'110'咨询电话"、"金农热线"、"科技服务线"等,为农民提供农业生产咨询服务电话千余个。

(邓　奇)

【农业保险】 2009年,沈阳市完成农业保险面积20.3万公顷,其中大田作物19.8万公顷,设施农业5053公顷。全市有143个乡镇和25.4万户农民参加了保险,参保率分别为100%和29.9%。全市共发生各项理赔案件3000多起,赔款总额达1.67亿元。有11.7万户农民在获得赔款后受益,占保险农户的46%。采取的主要措施是:

1. 领导重视,组织保障有力。市委、市政府主要领导高度重视农业保险工作,成立了由主管副市长为组长,市农委、市动监局、市财政局、和承保公司等部门为成员的政策性农业保险领导小组。各区、县(市)也都组建了相应的工作机构,基本形成了一支网络较健全、业务素质较高的农业保险工作队伍。

2. 制定方案,工作稳步有序。制定并下发了《关于印发2009年沈阳市政策性农业保险实施方案的通知》和《关于下达2009年沈阳市政策性农业保险计划的通知》。明确了保障范围、保障内容、收费标准、组织机构和相应职责、时间安排、以及承保、理赔等工作步骤、工作要求和工作措施,确保了全市上下按照工作方案有步骤地开展工作。

3. 坚持例会,信息渠道畅通。政策性农业保险领导小组,定期或不定期召开专题会议,及时了解各区、县(市)保险工作进展情况和存在问题,做到市县上下两级互动,信息渠道畅通,并针对工作完成情况和存在的问题,提出不同阶段工作目标和工作方法措施。

4. 广泛宣传发动,增强农民参保意识。全市印制宣传单20余万份,组织全市性培训会议3次。并在《沈阳农村》杂志和沈阳电视台《沈阳新闻》栏目做专题报道,制作了政策性农险电视片在各区、县(市)有线电视台滚动播出。

5. 加强保费资金管理,确保资金安全。各区、县(市)普遍采用了一乡一卡制,每天将农民自交部分保费存入银行卡(折)中,并由专人负责。在市级保险部门,实行农险费用专项管理,单独核算。

6. 搞好服务,做好理赔工作。建立健全承保理赔业务服务网络,并延伸到乡镇和行政村。及时查勘定损、快速理赔,不断优化服务。建立定损专家组,在灾害发生时,邀请农技专家评审。

(邓　奇)

【农业法制】 2009年,沈阳市农委认真贯彻落实国务院《全面推进依法行政实施纲要》,切实加强农业法制工作,建立起了机构设置合理、运行有效便捷、行为规范公正的农业行政执法体系。在维护广大农民合法权益、促进农民增收、保证农业生产安全和农产品质量安全等方面发挥了重要作用。

1. 加强组织领导，强化依法行政意识。市农委成立了以于波主任为组长的沈阳市农委农业行政综合执法工作领导小组，领导小组下设办公室，办公室设在法规处，具体负责全委的依法行政工作。委领导定期召开会议，听取成员单位工作汇报；主管领导每季度到各执法单位了解情况，针对工作中出现的新情况、新问题，认真分析，提出切实可行的解决办法。同时，全委把农业行政执法责任制工作纳入部门工作考核目标，以推动农业法制工作深入开展。

2. 清理执法依据，明确执法责任。市农委做了大量的扎实的基础工作，对农业系统主执和相关的法律、法规和规章进行了清理，明确了农业系统执法的主要依据共35件，其中，法律7件、法规14件、规章14件，保证了执法依据的合法有效。在此基础上，确定了各执法单位的工作范围和执法任务，同时把执法任务和目标进一步量化，分解到各执法单位，使执法责任制落实到领导、执法单位和执法岗位，形成了上下贯通、分工明确、责任清楚的执法责任制网络。

3. 依法界定执法职责，认真落实行政执法责任。为了保障涉农法律、法规及规章的有效实施，按照清理执法依据、分解执法职责、确定执法责任三个环节，将现行有效的涉农法律、法规、规章规定的执法职权，分解到所属执法机构和执法岗位。在此基础上，确定行政执法部门以及执法机构、岗位执法人员的具体执法责任，并对其执法情况进行评议考核和奖惩。首先规范执法主体。确认了5个委属事业单位的执法主体资格，对职权执法、授权执法和委托执法单位的执法内容、执法性质、执法类别、执法范围、执法权限、执法岗位标准、执法岗位依据和执法岗位职责进行了明确的界定，报经市法制办审查确认后，通过报纸、市农委信息网站等向社会进行了公示。其次规范执法程序，统一执法文书。结合农业执法工作特点，完善了案件处理的简易程序、一般程序和听证程序，使执法人员的执法行为规范化、制度化、统一化。按照统一标准，制定了沈阳市农业系统执法文书，实现了农业执法文书从格式到内容的规范化。

4. 加强教育培训，提高执法人员素质。重点加强了对全市农业行政执法人员的监督工作，强化了农业行政执法人员学法、用法、守法的意识，特别是使执法人员切身体会到依法行政的重要性和违法行政、滥用职权的危害性，增强了农业行政执法人员法律意识、法治观念和责任意识，进而促进了农业行政执法人员执法水平的提高。有效地促进了队伍建设，提高了农业行政执法水平，造就了一支业务精通、纪律严明、执法公正的农业行政执法队伍。全市农业行政执法人员均参加了行政执法资格统一考试，实现了持证上岗，持证执法。全年共培训行政执法人员300多名。

5. 广泛宣传、扩大影响，积极推进农业行政执法工作。全市各级农业行政主管部门都能认真履行职责，加强组织领导，充分发挥舆论监督和宣传导向作用，利用电视、广播、网络、报刊、宣传单等多种载体，宣传农业行政执法工作的经验和成效，加大违法案件的曝光力度，震慑违法犯罪行为，切实提高农民维权意识和能力，依法为农村生产保驾护航。

（杨　宏）

【农业技术推广普及】　2009年，沈阳市加大了农业新品种新技术引进、示范和推广的力度，全年共引进推广各类农作物新品种近304个，推广各类农作物新品种146个。示范和推广面积累积达46万公顷。推广农业先进实用技术23项。秸秆生物反应堆技术推广面积达133.33公顷。全市共推广新机具4757台。

农业科技攻关取得了丰硕的成果，共有4个农作物新品种通过国家、省审定或登记。沈阳市农业科学院选育的沈玉31号、沈玉糯32号、沈杂9号高粱等通过省级审定，黄瓜“春棚一号”通过省级登记。沈阳市农业科学院的《早熟、优质、高产甜椒杂交种沈研11号选育及开发利用研究》等3个项目申报了沈阳市人民政府科技进步奖；沈阳市农业科学院主持的《大白菜新品种福尔美选育及利用》等全委共5个项目分别获辽宁省农业科技贡献二、三等奖；4个项目分别获得沈阳市农村科技推广二、三等奖。

（邓　奇）

【农业远程科技培训】　农业远程科技培训，是广泛开展农村人才培训、大面积提高农村劳动者素质的有效途径；是适应农业新阶段、新形势和产业结构调整的迫切需求；是推进新的农业科技革命、全面落实科教兴农战略的重要举措。2009年，沈阳市农业远程科技培训主要作了以下工作。

1.〈农业科普热线〉广播讲座。为了使更多的农民朋友接受到农业新技术的培训，真正解决农业生产中出现的实际问题，加快沈阳市现代化农业建设步伐，普及科技文化知识，提高农民科技文化素质，市农委、与市广播电台等有关部门，〈农业科普热线〉广播讲座贴近农民，每年都根据农时季节安排讲座内容，讲座涵盖了农学、园艺、林学、畜牧、土化、环保、植保等10多个学科。2009年“农业科普热线”共播出52期，听众达60余万人次。

2. 农业“110”咨询电话。农业“110”咨询电话是〈农业科普热线〉广播讲座的配套项目，农业“110”咨询电话自开通以来，农民咨询电话络绎不决。2009年共接咨询电话近千余个，受到广大农民的热烈欢迎。

3.“三农”栏目《庄稼院》。市农委与沈阳电视台联合主办农村类栏目——《庄稼院》。这是一档以反映“三农”题材为主的专题节目。节目内容涵盖农村经济、农业生产、致富经验、最新农业科研成果、农业实用技术推广、乡风民情以及农业病虫害可视化预报、农业气象服务等。节目宗旨是倡导农村新风，传播农业实用技术和致富信息。

2009年11月21日，首届中国新农村电视艺术节暨第三届农村小康电视节目工程，《庄稼院》栏目荣获全国“对农村电视栏目”最佳栏目一等奖，跻身全国优秀对农栏目20强行列。全年《庄稼院》栏目共播出农业科普电视专题片365期。

4. 免费为农村订阅报刊。为使沈阳市农民更多地了解外部世界和党的农村各项方针政策，从2002年起市政府每年都为每个行政村，免费订阅一份《农民日报》。2009年在原《农民日报》发行的基础上，又免费扩大发行1000份，其对象是农民科技带头人、新型农民的典型和农民专业合作社等。

5. 继续联办《沈阳农经》专版。为全面反映沈阳市农业和农村经济发展的新成果、新经验，农民生产和生活环境所发生的新变化、新成效以及沈阳市涉农部门工作思路的发展与创新。2005年，沈阳市农委与辽宁农民报联合开办了《沈阳农经》专版。4年来，这个专版为全面展示沈阳农业战线的骄人业绩，打造沈阳农业的品牌形象，为市涉农部门与农村基层干部群众搭建信息交流平台起到了积极的作用。2009年加大合作力度，整合资源，调整结构，使《沈阳农经》更加贴近"三农"。全年共开办专版104余期。

（邓　奇）

【农资打假】 2009年，沈阳市农委突出重点，加大力度，扎实做好农资打假和监管工作。

1. 突出重点抓好农时的监管。抗旱春管、春耕备耕期间是种子、农药、化肥等农资购销旺季，也是假冒伪劣农资进入市场的高峰时节，市农委会同工商、质检等部门，开展农资市场整顿，对不符合条件的，该整改的整改，该吊证的吊证。全年共收回8家不符合经营资质的农资企业生产经营许可证。

2. 突出抓好重点产品的监管。以种子、农药、肥料、农机为重点，严厉打击各种违法生产经营假劣农资和生产销售使用禁限用农业投入品等违法行为，特别是无证生产经营和未审先推种子、在农药中违法添加禁用高毒农药、肥料有效成分不足、制售假劣农机及零配件的行为。

3. 突出抓好重点环节的监管。加强农资产品生产、经营主体的资质审查，对需要审批、审定、登记的农资产品，严格执行有关条件、程序和标准，严禁降低标准和越权审批，加强行政许可的后续监管。全面摸清农资经营企业的底数，加强农资批发市场、专业市场、集散地和经营门店的日常监管，对无证经营的单位和个人，要坚决依法取缔；对近年来群众投诉举报多的市场要重点整治。制定农资质量检测计划，对重点产品、重点区域、重点监控单位要加大抽检力度。

4. 加大检查力度，狠抓市场整顿。市农委会同发展改革、质监等部门，加强对农资生产企业的监管，督促其严格执行产品质量管理制度，不断完善产品质量控制体系。建立农资生产企业监督检查制度，积极开展农资企业诚信评价。围绕重点产品、重点区域、重点对象，组织力量开展拉网式大检查，重点检查农资产品批发市场和县乡农资集散地；重点监控有多次违法行为记录的经营户以及乡村流动商贩；严厉打击非法制售假冒伪劣农资的小作坊和黑窝点。全年共查处各类农业行政违法案件397件，立案397件，结案397件，结案率100%；整顿农资市场25个，封存不合格种子22.84万公斤；封存农药2113件（现已全部销毁）；封存肥料5.2万公斤，有力地打击了不法商户，保护了合法经营者，维护了社会稳定。

5. 加强案件移送，严查重大案件。针对当前违法分子"当地制假，异地销售"的特点，在查处违法行为过程中，严格按照"五不放过"原则，彻底查清假劣农资的来源和去向。涉及跨行政区域的案件，按照农业部《农业生产资料监督管理工作暂行规定》的要求，及时上报案件信息，发送协查通报，确保彻查源头，端掉窝点，消除危害。认真落实农业部、公安部《关于在农资打假中做好涉嫌犯罪案件移送工作的意见》，做好农业行政执法与刑事司法的衔接，及时移送涉嫌犯罪案件，依法追究刑事责任，坚决杜绝了"有案不送、以罚代刑"。

6. 突出投入品使用环节监管，保障农产品质量安全。切实履行了《农产品质量安全法》、《国务院关于加强食品等产品安全监督管理的特别规定》及市委、市政府赋予的职责，坚持从源头上保障农产品质量安全，深入开展禁限用农业投入品整治。对已公告停止生产使用的甲胺磷等5种高毒农药，禁用农药，继续加大清缴力度，坚决查处生产、销售和使用禁限用农业投入品的违法行为。

（杨　宏）

种植业

【粮食产量】 2009年沈阳市粮食生产在遭受严重旱灾的情况下，粮食产量达到34.45亿公斤，连续六年突破30亿公斤大关。在严重旱灾面前，全市各级农业部门超前谋划、精心组织、科学指导，狠抓各项农技措施的落实，立足抗灾夺丰收，夺取了全年粮食生产的丰收。

1. 召开会议、及早部署。先后召开了全市农业结构调整工作会议、春耕气象形势汇商会和全市春耕备耕生产工作会议。这些会议的召开，对分析农业生产形势，贯彻落实中央、省、市惠农政策，起到了积极的推动作用。全市落实粮食综合补贴5.5亿元，同比增加4106万元；落实良种补贴9940万元，同比增加3701.6万元。落实高产示范区21个，面积1.4万公顷，其中国家级9个，面积6000公顷。启动粮食作物保险，落实面积19.82万公顷，对受灾作物进行及时理赔，减少了受灾农户的损失。

2. 精心组织、科学指导。一是在春播期间，抓住4月中旬降雨的有利时机，发挥农机具播种快、质量高的优势，抢墒播种、精量播种，确保了一次播种保全苗。二是加强田间管理。出苗后及时进行查田补苗，适时疏苗、定苗，进行苗期深松土。中期进行防虫、追肥、除草、中耕。晚期指导农民加强雨后农业生产抗灾自救和做好农作物防低温冷害等项工作。三是为提高农民科学种田水平，全市举办各种农民培训班2130多期，组织科技下乡16次，发放各种资料12万册（份），科技光盘5000多个，培训人员22.1万人次。

3. 抗旱救灾、勇夺丰收。面对入伏以后的严重干旱，市委、市政府高度重视，拿出3000万元市长预备金用于抗灾自救。一是及时启动抗旱三级应急响应。市防汛抗旱指挥部制定并下发了《关于对全市抗旱工作督查的通知》，全市启动了抗旱三级应急响应。二是大范围进行人工增雨作业。全市除康平县及法库的三个乡镇外，普降大到暴雨，有效地缓解了旱情。雨后比雨前成灾面积减少11.6万公顷。三是采取"土办法、洋措施"抗灾自救。市里下派四个技术指导组深入康平、法库、辽中、新民等地受灾地块，因地制宜，分类指导。全市累计出动抗旱车辆2万台次，人员12万人次，浇灌受旱作物面积2万公顷。

（邓　奇）

【种子管理】 2009年，沈阳市农委认真贯彻落实中、省市有关种子方面的法律、法规,以农业增产、农民增收、农村稳定为目标,进一步加大行业管理力度,通过倡导诚信,守法经营,保护了广大种子生产、经营者和农民的合法利益,积极稳妥的开展了各项种子管理工作。

1. 对100万以上种子企业生产经营资质条件进行了检查。按照辽宁省农委要求,沈阳市农委对125家市批100万种子生产、经营企业资质情况进行全面检查,重点检查房屋产权、设备产权和检验仪器,对各类技术人员进行资格确认,着重查验原件,对检查中发现的问题,及时告知并督促受检企业进行整改,对整改不合格,特别是已不具备生产经营条件的沈阳千重浪稻业有限公司等8家种子企业的生产经营许可证予以收回,并依法注销。

2. 组织开展了田间现场技术鉴定工作。为有效解决用种纠纷,2009年共9次组织省、市农业专家进行田间现场技术鉴定,根据《农作物种子质量纠纷田间现场鉴定办法》和鉴定结果对双方当事人进行调解,努力化解矛盾。特别是在铁西新区新民屯镇火石岗村香瓜种子案件中,通过耐心细致的调解工作,最终为农民挽回经济损失10万元,有效的维护了种子使用者和经营者的合法权益,避免了大规模农民上访事件的发生。

3. 打造信用环境,开展了诚信承诺活动。为倡导诚信,指导和督促"诚信单位"进一步树立诚信意识。2010年1月27日,召开了2008—2009年度沈阳市农资企业"诚信单位"表彰大会,对全市51家种子企业进行了通报表扬,并授予"诚信单位"牌匾,进一步扩大了"诚信承诺"活动的影响力,为全面提升沈阳市种子行业的整体诚信水平,发挥了积极的作用。

4. 狠抓质量管理,开展了玉米种子田花期质量检查工作。为加强种子质量管理,2009年8月5日至8月7日,沈阳市对康平、法库、苏家屯、浑南新区等四区县5家玉米制种企业进行了联合检查,共检查种子生产基地10块,检查玉米种子田313.3公顷。

5. 抓好品种创新,开展了农作物新品种展示示范工作。为加快优良玉米新品种推广步伐,2009年,沈阳市在法库、新民等地安排了玉米新品种展示项目,9月15日又在法库举行了沈阳市农作物新品种展示现场会,这项工作得到了全市众多种子企业的关注和参与,有力地拉动了农作物新品种的展示示范工作,取得了良好的社会效益。

6. 强化了种子管理机构建设。重新恢复了"沈阳市种子管理站",落实了编制、人员、经费等工作,在努力抓好农作物新品种展示示范、种子基地建设、种子检测的同时,重点抓了农作物种子质量管理、种子执法监督和种子生产、经营许可证管理等工作,并取得积极成果。

(邓 奇)

【设施农业】 2009年,沈阳市新增设施农业面积1.71万公顷,总面积达到9.13万公顷。新建设施农业小区1670个。

1. 设施农业总体数量在增加,单体规模在扩大。全年新增1.71万公顷,形成万亩大区达到11个,5000亩大区达到12个,1000亩以上大区达到83个,500亩以上大区达到190个,集中连片的数量居全省前列。在面积突破发展的同时,新建日光温室基本实现了当年建设、当年生产。

2. 品种在增加,产业特色和区域特色在逐渐形成。生产的品种不但有蔬菜,还增加了水果、食用菌、山野菜、小浆果、西甜瓜、花卉等等;形成了梁山西瓜、六间房花卉、永乐葡萄、林盛紫苏叶、红旗台冬虫草、高花草莓、双台子甜瓜等一大批具有地域品牌效应的特色种植品种,具备"一乡一业"标准的设施农业乡镇达到23个,设施农业专业村83个。

3. 设施农业正在向贫困和中低产田地区拓展。新增3个万亩片所在的新民周坨子、法库秀水河、双台子都是贫困乡镇,6个五千亩乡镇有4个也在中低产田地区。通过发展设施农业改造中低产田,结合设施农业发展进行扶贫开发,已经成为一种趋势。

4. 设施农业已成为农民稳定增收的载体。据测算,2009年沈阳市设施农业人均收入达1958元,占种植业人均收入的65%,已经成为农民增收的重要来源。另外,设施农业建设也带动了农村工程、材料、劳务等相关产业的发展。仅劳务一项,每年就有50多万人从事设施农业生产。设施农产品种类的丰富和产量的增加,也助推了农产品深加工和农业产业化的发展,促进了农民工资性收入的增长。

(邓 奇)

【设施农业科技培训工程】 沈阳市辽中县、苏家屯区被省列为2009年设施农业培训工程试点重点县,培训试点工程从2009年9月——2010年4月,分别在28个乡镇60个行政村开展,每村选定50名主要从事设施农业生产和经营的农民作为培训示范户,两区、县共3000人(户)。按照从事设施农业生产和经营的农民需求,适应生产周期和农时的要求,采取进村集中培训和现场指导相结合的方式开展培训。原则上年度内进村集中培训时间累计不得少于10天,集中授课每天不少于3个小时;现场指导不少于20次。通过培训和指导,使受训农民掌握从事设施农业生产的技术要领及其相关知识,进而辐射带动其他农民生产技能有明显提高,促进设施农业健康发展。根据市农委统一部署,利用有关农业院校及科研院所,分区域举办短期师资培训班。沈阳市组织205人分别参加了蔬菜、果树、花卉、食用菌4个班的设施农业师资培训。

(邓 奇)

【"沃土工程"】 2009年,沈阳市"沃土工程"工作,将改土培肥作为中心工作目标,有针对性的采用综合措施,采取有机肥改土与化学改土相结合的技术模式,并推广生物有机肥和复合肥,减少化肥施用量,改土培肥,提高其经济效益、社会效益和生态效益。

1. 建立有机肥示范区。2009年在新民市、辽中县、沈北新区和苏家屯区建立有机肥示范区,面积各666.7公顷,区域示范辐射面积各为6666.7公顷。其主要实施的建设内容有:积造施用农家肥,示范面积533.3公顷;根茬粉碎直接还田,示范面积33.33公顷;推广玉米一次肥,示范面积86.67公顷;深耕、深施技术的研究开发,示范面积13.33公顷。

2. 平衡施肥。将已筛选出的4种肥料作为推广平衡施肥的施用肥料,通过推广新型肥料提高农户平衡施肥意识。在沈北新区西北三乡推广"禾利施"牌高效多元有机无机复合肥和水稻育苗床土调制剂各133.3公顷。在全市推广土壤喧松剂和EM菌肥各66.67公顷。

3. 耕地有机质提升试验。开展了秸秆还田试验工作，在康平、辽中、东陵和沈北新区设置了4个试验点，通过试验，拿出一套行之有效，符合沈阳市农业生产、生活实际的秸秆还田技术实施方案，为沈阳市作物秸秆的良性使用和地理培肥找到可行之路。

4. 肥料区域试验。2009年进行了2个肥料区域田间试验，明确3种不同肥料品种的适宜区域，特别是新型肥料肥效和适用区域、适用作物；筛选、推荐优质肥料品种，提出不同地区、不同土壤、不同作物需要的肥料种类、肥料用量和最佳的施用技术；制定本辖区肥料区划，提出不同地区氮、磷、钾和微量元素适宜的比例以及肥料资源合理配置的宏观规划。

5. 耕地地力监测。根据农业部及省土壤肥力长期定位监测技术规程的要求，结合沈阳市土壤类型和分布情况进行布点，据二次土壤普查所统计土壤类型，对监测点土壤情况进行了全面化验。

6.《沈阳市耕地保养条例》宣传。制作科学施肥、科学用地养地宣传片，在全市8个县（市）、区电视台播放；制作各类宣传材料，利用农业科技大集、科技入户等方式宣传推广《沈阳市耕地保养条例》，共发放宣传材料近万份。

（邓　奇）

【病虫害防治】 2009年沈阳市累计防治（除）病虫草鼠害面积135.0万公顷次，减少粮食损失19.5万吨，病虫草鼠危害损失率控制在5%以下。

1. 农业重大病虫害发生与防治。全市农作物病虫害中等至中等偏重发生。一代玉米螟中等偏重发生；发生面积20.83万公顷，防治面积17.57万公顷；二代玉米螟中等偏重发生，局部大发生。二代粘虫中等偏轻发生，发生面积2.15万公顷，防治面积1.33万公顷；二化螟中等发生，局部中等偏重发生，发生面积14.08万公顷次，防治面积13.41万公顷次（包括飞防2万公顷）；水稻象甲中等发生，局部中等偏轻发生，全市发生面积13.83万公顷次（越冬代和新一代合计），防治面积4.51万公顷。新的检疫性有害生物"黄瓜绿班驳花叶病毒病"，在新民市春季冷棚西瓜生产中偏轻发生。

组建了沈阳市重大植物疫情阻截带，全市共设监测点60个。其中：部级30个，省级20个，市级10个。全面开展阻截苹果蠹蛾、大豆疫病等重大植物疫情，并对已发生有害生物进行监测与防控。除苹果小吉丁虫外，未发现有其他检疫性病虫传入。

2. 全面实现病虫预报可视化。县区农作物病虫的预警工作和病虫信息发布可视化的工作逐步走向完善。8个县区全部实现农作物病虫害电视可视化预报。全市共制作可视化预报73期，累计播放时间为24.3小时。其中，市植保站制作发布了13期，县区植保站制作并发布了60期，播出时间全部在当地有线黄金时间，并且重复四次播出。制作内容以当时、当地主要农业病虫发生趋势与防治技术为主。

3. 推进安全控害示范区建设。一是新建3个安全控害示范区：苏家屯区稻田养鸭控害33.33公顷，沈北新区稻田杀虫灯控害300公顷，沈北新区果树灯防控害100公顷。通过聘请张广学院士等3人组成专家团，对沈阳市有机稻米生产中有害生物的防控提出具体指导意见，经有关部门检测，产品达到了有机标准。二是启动了国家发改委"优质稻米生产基地建设"沈阳地区病虫防控工作，通过政府采购，向辽中县、法库县和新民市投放了100万元的病虫防控设备（杀虫灯和机动喷雾机）。

4. 加强鼠情监测及统一灭鼠示范区建设。充分利用广播、电视、印发技术资料和宣传单等各种形式对广大农民进行宣传。全年共举办8次灭鼠技术培训班，培训基层技术骨干和农民人数达1500人，发放统一灭鼠技术资料1万余份。继续巩固6个基本无鼠害村所取得的成果。做好鼠情监测。分别在于洪区、法库县、新民市、沈北新区建立6个鼠情监测点。经各灭鼠示范区对灭鼠前后进行的鼠密度调查结果表明，沈阳市农区农田鼠密度由防治前的3.2%—4.5%下降至防治后的1.2%—2.4%；农户鼠密度由防治前的3.8%—5.6%下降至防治后的1.6%—2.8%。

5. 探索植保专业化服务新模式。全市共有41支植保专业服务防治队，分布在全市八个县区，其中在工商部门注册的专业化防治组织有2支。对于现有的运行模式进行了综合分析，认为新民市大民屯镇福德蔬菜种植合作社成立的"大民屯镇万兴农业植保专业服务队"，这一集农药经销商、合作社、植保专业队于一体的综合服务组织形式，适应了农民的需求，符合市场运作的经营理念，较好地协调了组织者和服务对象的关系，理顺了服务和效益的关系，具有较大的发展空间。

（邓　奇）

【测土配方施肥】 2009年，沈阳市加大测土配方施肥工作力度，在应用面积、技术到位率、技术体系、示范带动等各个方面都有新的突破，《测土配方施肥技术研究与推广》项目，获沈阳市政府科技进步二等奖。

全年共争取部、省级项目资金579万元，项目覆盖了全市87个乡镇、890个村、36.1万多农户的31.93万公顷耕地。落实"3414"试验点38个，肥料配方校验示范点50个。重点跟踪调查测土配方施肥典型户500户。建测土配方示范区37个，示范面积达2.3万公顷。举办市、县（区）、乡级培训502期次，培训技术人员1502人次，培训农民5.79万人次，发放培训资料12万份；召开现场会53次，科技大集46次，利用广播电视宣传31次，通过互联网发布测土施肥配方信息22条，报刊简报发布消息21条；测土数据通过计算机整理，利用测土配方施肥软件配方，全市共发放施肥卡49万张。成果示范推广区施肥卡入户率达100％。

通过实施测土配方施肥行动，有力地促进了粮食产量增加、农业节本增效、农业可持续发展、施肥观念改变和肥料生产营销体制创新。一是提高了农业综合生产能力，促进了粮食稳定增产，农民持续增收，社会和经济效益显著。全年全市推广测土配方施肥面积31.93万公顷，其中玉米19.19万公顷，水稻6.25万公顷，蔬菜2.95万公顷，果树、葡萄3800公顷，大豆、花生等经济作物3.16万公顷。累计增产18.2万吨，平均每亩节本增效71元，总节本增收3.4亿元。二是提高了肥料利用率，减少了肥料施用量，节约了农民种地生产资料的投入成本，平均每亩节肥3.6公斤,总计节肥1.72万吨。三是提高了农民科学施肥的技术水平,改变了农民传统的用肥习惯,施肥品种、用量和方法趋向合理。通过测土配方施肥示范区建立、技术培训和现场指导的全面跟进,达到了让农民真信、真用的目的。农民基本能看懂施肥卡、相信施肥卡的内容,在肥料购买上能够按照施肥卡建议改变过去不合理的用肥习惯,也带去了很多新的知识:如深耕深施、肥料鉴别、抢墒播种、引种、防病等。通过改变农民传统的施肥习惯,调整了作物的施肥比例,增加了中微量元素和长效剂的施用。肥料品种上也从农民习惯的尿素、二铵等单质、二元复合肥料转变到高浓、长效、多元的配方肥上,增加了有机肥和中微量元素肥料的施用量。四是提高了农产品品质,减轻了不合理施用造成的面源污染,保护了农业生态环境,为实现农业可持续发展提供了土肥技术保障。

(邓 奇)

林 业

【造林绿化】 2009年,沈阳市全面实施"清荒抢滩",拓展公共空间,大力发展经济林,全力推进规模化、工程化造林,全市实际完成造林面积3.63万公顷,比全省各市造林面积的平均值多2.19万公顷。

1. 抓"清荒抢滩",全力推进植树造林规模化。举全局之力整合要素,挺进荒滩,规划大片,工程化管理,努力开辟绿化空间,全面掀起规模化植树造林新高潮。全市"清荒"2.68万公顷,"清荒"造林8000公顷,"抢滩"造林4333公顷。

2. 抓基地建设,大力发展以果树为重点的经济林。培育发展20多个种植规模13.3公顷以上、动物价值不少于50万元养殖基地,重点建设了寒富苹果、大扁杏等12个种植和林地养殖示范基地。积极推进"建社与建园同步"、"建社与建队同步"、"建队与创标同步",努力实现果品与市场的对接,全市新栽寒富苹果4000公顷,亩效益达到5000元以上。在辽宁名特优果品及加工制品鉴评活动中,沈阳东源果业有限公司和沈阳康毓蔬菜果品贸易有限公司生产的寒富苹果、苏家屯区王刚堡乡葡萄生产合作社生产"秋黑"葡萄获得金奖;辽中县春英果树专业合作社、东陵区金地寒富苹果专业合作社及新民市玉坤苹果种植专业合作社生产的寒富苹果获银奖。

3. 抓公共空间绿化,全面提升造林绿化质量。继续推进沈西北防风阻沙带、辽河水系绿洲、蒲河湿地生态景观"三大工程"和加强经济林、杨树工业原料林、碳汇林和物质能源林"四大基地"建设。其中,沈西北防风阻沙带新增造林7000公顷,辽河水系绿洲工程新增造林4333公顷,蒲河绿地森林生态景观示范带工程新增造林666.7公顷。全面实施了村屯、道路、校园、园区、湿地"五大空间"绿化工程,实施了4个"100"工程即:100个高标准造林工程、100个规模造林工程、100个精品绿色村庄工程和100个景观节点绿化工程。制订了《沈阳市2010—2012年大规模植树造林发展规划》,新植各种树木、花草5692万株,新建"绿色村庄"502个、"花卉村庄"105个,有102个村庄被评为省绿化示范村,实现了绿树进村、景观进村、产业进村的公共空间绿化3次升级。

4. 抓种苗生产,带动造林结构调整。完成育苗生产1487公顷,其中本年新育面积720公顷,产苗量5106万株,完成容器杯育苗任务500万杯,装杯率、成活率、保存率均达到90%—95%。扦插育苗平均亩产量3500—4000株,成活率、保存率达到85%以上;Ⅰ、Ⅱ级苗出圃合格率达到90%。办理《两证》依法进行种苗生产、经营的单位和个人已达到328户,持证率达到95%以上。育苗生产所使用的品种均为省级审定推广优良品种,种苗受检率、品种存档率均达到90%以上。春夏季超额完成100个花卉村建设所需草本花卉的育苗任务,秋季完成2公顷草本花卉的种子繁育及采收任务,采收种子200余斤。苗木供应基本做到了总量平衡,调剂补缺,平抑价格,保证了造林绿化工程的需求。

(郎永升)

【集体林权制度改革】 2009年,沈阳市完成集体林地改革面积16.21万公顷,完成率98.34%。初步建立了森林资源评估体系,已实施的林业政策性保险额占全省的50%以上,"三支队伍"建设成为全国的典范,森林保安大队和农民防虫专业队的建设均为全国首创,创建并推行了"三场一户"营林模式。

1. 求突破,建立全新组织平台。在省内率先提出专业合作社建设"八有"理念并组织实施,使全市林果专业合作社建设在全省更为规范,发展更迅速,后势更强劲。全市已建立林果专业合作社80个,吸收社员3000多户,入社果树面积达6866公顷,占全市果树总面积的18%;发展"三场一户"近千家。全市已建立东陵葡萄、新民木材、沈北苗木等协会19家,会员达1400余户,全部登记注册,并建立了统一代码标识、财务管理、重大活动报告等制度。

2. 求延伸,拓展公共服务触角。辽中县成立全国第一支农民专业防虫队伍,并在全市推广,并初步形成规模,全市发展专业防虫队伍13支,把林业有害生物防治进一步推向社会化。将社区管理理念由山区延伸到平原地区,在成立全国首支森林保安大队的基础上,将森林保安大队扩充到12支。充分发挥科技队伍的作用,积极开展村内、乡内组建科技服务队工作,全市80多个林果专业合作社全部组建了科技服务队伍,80%以上建立了服务公约。法库县、新民市建立了县级林业服务中心,法库县秀水河、慈恩寺、孟家、五台子四个乡级林业综合服务站也同时投入运行。在法库县开展了林业政策性保险试点,保险保额达到140余万元,占全省的50%;发放林业贷款1.5亿元,5000多户林农受益。规范了林业资源流转,对已流转的核发了林权证;对群众意见较大的1700余份合同进行了纠正;对新发生的流转从程序入手抓好群众评估、召集群众大会等环节,强化了群众的参与权、决策权。

3. 求结合,创新服务方式。坚持做到"三级建站"与"四级建网"相结合、配套改革与兴林富民相结合、集约化经营与规模化经营相结合,提高林业经营的规模化、专业化水平和市场竞争力。

（郎永升）

【林业信息化建设】 2009年，沈阳市林业局坚持先进性和实用性相结合的原则，把先进理念、实干精神和科学态度结合起来，全面启动沈阳数字林业建设。一是科学论证。成立了数字林业建设办公室，由专门人员协调数字林业建设工作。各处室站所结合本部门实际进行多次讨论，多次邀请专家进行论证。最后形成了《沈阳市数字林业建设方案》。二是多方考察。局领导带队分别赴湖南、桂林、大连、本溪等地，对数字林业建设进行考察。派出两名同志分别到南京等地学习数字林业建设专业知识，组织开展了“网络之冬”活动，对全局职工进行网络知识培训。三是谨慎试点。在法库县秀水河子镇进行了数字林业建设试点，绘制出了共和国历史上第一张村级地理信息地图。四是全局动员。发动全局人员对数字林业建设建言献策，由每一位工作人员对自己工作所涵盖的内容对应OA办公自动化系统、3S地理信息系统和数据库提出实际需求，组织林业系统干部和省林职院50名学生开展“暑期行动”，投入近1500个工作日，进行数据信息采集录入，完成了市林业综合服务中心数据库建设，为全面推进沈阳数字林业建设奠定了基础。

（郎永升）

【公共服务整体推进】 2009年，沈阳市林业局整体推进公共服务体系。

1. 林业科技推广工作成效显著。全市推广ABT（生根粉）、GGR（绿色植物生长调解剂）的应用技术获国家林业局科技司科技推广一等奖。全年科技专项立项6个，引进葡萄新品种9个，推广杨树新品种3个，科技推广对接服务卓有成效。实施了科技特派员工程，培训与指导近80次，培训林、果农达到1万多人次，制做光碟1000盘，发放各种技术资料4000份。组织80名果农分2期进入省林业职业技术学院进行系统学习，聘请大学教授授课。

2. 森林防火在5个方面实现新突破。一是用法律效力助推“三清”、“两禁”行动深入开展。全市共“清荒”2.68万公顷、“清蒿”1267公顷。以市政府名义下发了1.4万份《关于严禁在林地毁林开荒种地的通告》。仅“清明节”期间，全市共出动检查督导车辆2680台次，设立护林防火检查站255个，参加设卡人数765人，上山巡护人员日平均5310人次，阻止野外用火579起，将火源隐患降到最低程度。二是应对处置突发森林火灾的能力明显增强。全市森林防火的快速反应能力、物资保障能力、扑火实战能力进一步提升。特别是突发火灾中，做到了“三早一快”：即远程监控早发现、监控中心早报告、指挥人员早到火场，能够快速调动、集结消防队伍。三是建立了森林防火尽责督查机制。制定下发了《区、县（市）行政一把手森林防火尽责率考核督查办法》，把森林防火尽责督查推向制度化管理轨道。四是新组建森林保安大队7支，“两区对接、双防并举”联防联治机制进一步完善。五是森林防火投入明显增加。全年沈阳市加强了森林防火基础设施建设，市级财政用于森林防火的直接投入达到1522万元，同比增长226%；区、县（市）财政对本地森林防火投入711万元，同比增长240%，初步建立起森林防火长效机制。

3. 林政管理工作取得了新突破。一是严把审批关。全年共受理征占林地项目12项，否决1项，修改5项，占地面积52.2公顷，收缴植被恢复费286万元。二是严厉打击非法征占用林地。坚持“事要查处，人要处理”的原则，查处案件9起，追究查处违法行为人22人。三是严格采伐限额管理。对森林采伐限额管理进行了改革探索，走出了具有沈阳特色的既满足生态要求又能满足林农自主经营要求的新路。强化审批服务职能，全年办理行政审批1.9万件。

4. 森林病虫害防治水平显著提升。全年完成林业有害生物防治面积3.42万公顷。其中，美国白蛾防治面积1.69万公顷，飞行防治6667公顷，生物防治释放啮小蜂1.5亿头。森林病虫害防治率达到98%，无公害防治率达到100%，生物防治率达到42%，测报准确率达到86%以上，苗木产地检疫率达到100%，监测率达到100%。承办了“全国林业有害生物社会化防治现场会”，辽中县刘氏兄弟防虫模式被确定为“中国森林病虫害防治辽中模式”，并在全国推广。组织了“社会化防治招投标工程”，成立了20支有资质的防虫专业队，采购生物药剂14吨，打药车51台，高压打药机12台，组成了155名防治人员队伍，加快了森林病虫害防治的社会化进程。

5. 林区治安专项行动成效明显。扎实开展了“春季攻势”、“猎鹰行动”、“绿盾3号行动”、“候鸟行动”、“冬季攻势”等专项整治行动，成效显著。全年办理涉林案件133起。其中刑事案件15起，追究刑事责任23人，治安案件16起，治安拘留16人，办理森林行政案件102起，挽回经济损失200万元。沈阳市森林公安局被公安部、国家林业局授予“绿盾3号行动”先进集体称号。

6. 依法保护野生动物和自然保护区。市林业局下发了《关于开展打击乱捕滥猎及违法犯罪行为专项行动的通知》，并与市工商局、行政执法局、城建局、交通局和沈阳铁路局联合下发了《关于严厉打击非法猎捕、运输、经营野生鸟类的通告》，对非法猎捕鸟类行为进行执法检查5次，对经营利用野生动物产品进行执法检查38次，全年救护各类野生动物1000余只。依法办理《野生动物驯养繁殖许可证》115份，年度审核《野生动物驯养繁殖许可证》65份，核发《沈阳市经营野生动物核准书》196份，对市内野生动物经营利用活动进行监督检查40余次。组织编写《森林中的精灵》野生动物科普知识读本，并向全市400多所中小学赠送1万余册。建设了全省唯一的野生动物标本馆，收藏各种野生动植物标本2000余件。沈阳市现有自然保护区4处，自然保护区总面积5.45万公顷，其中省级自然保护区1处，市级自然保护区3处，在卧龙湖自然保护区建立全市第一处湿地监测站，

7. 生态文化创作成果丰硕。市林业局与东北风摄影网、辽宁省艺术摄影学会共同组织省内知名摄影家赴康平实景实地创作，组织开展以“生态的足迹”为主题的摄影大赛，组织机关人员参加国家林业局举办的摄影大赛，选送作品获得一等奖1名、二等奖2名、三等奖3名、优秀奖3名，占全省获奖作品的

98%。市林业局与《华商晨报》联合在全国开展了文明祭祀"金点子"征集活动,共收到"金点子"2900余个。与沈阳电视台联合制作了林改纪实专题片《让绿色生产力展翅腾飞》。在市以上新闻媒体刊登、播发林业生态建设稿件431篇,其中国家级8篇,省级175篇,市级248篇。全年编报林业信息2937篇(条)。

(郎永升)

畜牧业

【概述】 2009年,沈阳市畜牧业经济实现了平稳较快发展,重大动物疫病得到有效控制,畜产品实现安全有效供给,连续4年保持高致病性禽流感、口蹄疫等重大动物疫情零发生,在农业部抽检中沈阳市连续19次"瘦肉精"零检出,合格率在36个被检城市中排名前列,在生鲜牛奶抽检中,排名始终位于前列。截至年底,生猪、家禽、肉牛、羊饲养量分别为782.2万头、2.16亿只、142.5万头、144.6万只,奶牛存栏量为10.1万头;肉、蛋、奶总产量分别为79.7万吨、57.5万吨、37.8万吨;畜牧业产值实现208.1亿元;畜产品出口创汇3959万美元;饲料产量220万吨,产值65亿元。

(张 波)

【政策扶持】 2009年,沈阳市在执行畜牧小区(大场)建设、外引良种、能繁母猪保险、黄牛改良、秸秆综合利用和环境治理等扶持政策基础上,增加了畜产品加工企业建设、农民专业合作组织建设、出口养殖基地建设和企业出口创汇奖励等扶持政策,重点扶持规模化养殖、龙头企业建设、出口基地建设、食品安全和良种引进等项目,加大财政扶持力度,提高补贴标准,增加补贴范围,全年共拨发畜牧项目建设补助资金2.44亿元,为发展现代畜牧业营造了良好的政策环境。

(张 波)

【养殖优势区建设】 2009年,沈阳市大力发展"一村一业"、"一乡一业"和"一县一业"的规模化养殖优势区格局,突出发展壮大主导产业。全市有8个区、县(市)被国家农业部列入《全国优势农产品区域布局规划(2008—2015)》。其中,新民市、辽中县、康平县被列为生猪优势区,实现产能283万头,占全市总量的63%;沈北新区、东陵区、新民市、苏家屯区、于洪区被列为奶牛优势区,共存栏7.31万头,占全市84%,实现产能27万吨,占全市总量的84%,奶牛养殖小区、奶牛托牛所等现代化生产模式的推广,使奶牛标准化、规模化饲养实现了历史性突破,全市奶牛规模化养殖比例达到90%以上;法库县、康平县、新民市被列为肉牛优势区,实现产能25万头,占全市总量的42%,法库县和辽中县将肉牛养殖作为富民强县的主导产业,并出台了扶持政策,肉牛饲养发展势头强劲,充分调动了养殖户积极性,促进了肉牛产业发展壮大。

(张 波)

【畜牧小区建设】 2009年,沈阳市大力推进"五统一分"式(统一规划设计、统一饲料、统一防疫、统一销售、统一技术服务,分户饲养)标准化畜牧小区建设,把发展畜牧小区(大场)作为推进生产方式转变的重要措施,并把粪便无害化处理作为考核小区(大场)的必备条件之一。全市共建成标准化养殖小区662个,新建设投资800万元以上规模养殖场11个,完成环境污染治理项目11个。

(张 波)

【产业化龙头企业建设】 2009年,沈阳市把做大做强生猪、肉鸡、乳品、肉牛、鸭鹅、饲料六大生产加工产业链条,做为拉动畜牧业经济发展的重要手段,大力扶持和培育华美、辉山、蒲兴、禾丰等全国知名品牌,促进企业发展。一是龙头企业集群化发展。形成了以千禧鹤和雨润为代表的生猪屠宰加工产业集群,日屠宰生猪4000头,带动养殖户1.5万户;以华美和蒲兴为代表的肉鸡屠宰深加工产业集群,年加工屠宰肉鸡2373万只,出口9000吨,创汇3459万美元,带动养殖户1.5万户;以禾丰和希杰为代表的饲料产业集群,年生产饲料210万吨,产值达70亿元;以辉山、蒙牛和伊利为代表的牛奶加工产业集群,年加工鲜奶56万吨,带动养殖户2400户;以清宇和众旺为代表的鹅加工产业集群,年加工52万吨,带动养殖户1.2万户。二是龙头企业抓住产业调整机遇,进行资本扩张,延伸产业链条。辉山乳业在法库投资25亿元建设20个国际现代化大型奶牛养殖场及年产4万吨高端初乳配方奶粉厂,已经建成10个养殖场,外引良种奶牛1.3万头,奶粉厂也已开工建设;蒲兴禽业在沈北新区投资2.36亿元,新建占地12公顷的肉鸡屠宰加工厂,年屠宰加工肉鸡9600万只,已经完工并投产;华美畜禽在沈北投资1.5亿元兴建占地13.3公顷的标准化肉鸡养殖出口基地,项目已完工并投产。全市共新(扩)建固投1000万元以上的畜产品加工项目16个,增加加工能力约50万吨,预计创造产值50亿元。

(张 波)

【畜禽品种改良】 2009年,沈阳市畜牧兽医局加大了畜禽品种改良工作的力度。一是种畜禽质量和供种能力大幅提高。生猪、肉鸡、奶牛等品种已实现良种化,并自给有余。全年,共外引海兰褐祖代鸡2.3万套、奶牛性控胚胎5000枚、奶牛1.3万头、原种猪524头。二是规范了种畜禽生产经营管理。按照《畜牧法》、《辽宁省种畜禽生产经营许可管理办法》要求,全面开展《种畜禽经营许可证》清理整顿工作,对全市行政许可的卷宗加以完善,对行政许可的受理、核查、审批规程进一步规范。共审批《种畜禽生产经营许可证》7家。三是积极开展各类生产技术培训。全市共举办各类培训班200余期,累计培训从业人员2.3万人次。

(张 波)

【农民专业合作组织建设】 2009年,沈阳市大力扶持农民专业合作组织建设,全市农民专业合作组织进一步壮大完善,农民的组织化程度不断提高,农户防范市场风险能力和获取生产经营的规模效益进一步提高,专业合作组织与企业和养殖户的关联度更加紧密,作用更加明显。全市共有经工商注册的畜牧业方面的农民专业合作组织579个,可带动养殖户12万户,占全市养殖户总数的44%。

(张 波)

【畜牧业预警监测】 2009年,沈阳市畜牧兽医局加大了对畜牧业预警监测工作。强化了定点监测,在原有定点监测的基础上新增了24家蛋鸡和肉鸡企业的定点监测,重点加强了各监测企业上报数据的监管工作,保证数据的准确性。强化了生产形势分析和预警,突出以形势分析为中心,密切跟踪本地畜牧业生产形势,及时发现和解决畜产品产、销环节中出现的新情况、新问题,提高信息发布频率,扩大信息发布范围,利用网络等信息平台,及时准确地发布生产预警信息,指导养殖业生产。全年共发布信息1413条,印发《沈阳动监信息》32期。

(张 波)

【动物疫病控制】 2009年,沈阳市畜牧兽医局按照“加强领导,密切配合,依靠科学,依法防治,群防群控,果断处置”24字方针要求,切实做好重大动物疫病防控工作。一是做好重大动物疫病强制免疫工作。全市共下发疫苗7267万毫升,共免疫禽6362万只,免疫牲畜439万头,免疫猪256万头,免疫率全部达到了100%,二是强化依法监督工作。按照“强化源头监管、保证全程监督”的要求,对全市规模养殖场、屠宰加工企业、市场、超市、肉品专卖店进行了全面登记备案,落实专人监管,制作了公示板,公开了举报电话,实施全覆盖的全程监管。重点开展了“整治活禽经营市场和打击经营病死动物及其产品专项行动”、“打击私屠滥宰和病死猪病害肉非法交易专项整治行动”,有力有效地保障了肉食品安全。共查处各类违法案件322件,罚款53万元。三是强化重大动物疫情监测工作。建立了反馈机制,实行逆向管理,在日常定期督察基础上,重点对免疫抗体水平进行监测,用指标衡量和评价工作,依据评估效果进行预警并及时将结果向各区县(市)政府通报,明确各地的工作重点和需要加强的环节,有力地促进了重大动物疫病防控工作。共采集血清样品1560份,禽流感、蓝耳病和口蹄疫免疫抗体平均合格率,均高于国家规定标准。四是强化了猪流感疫情防控工作。沈阳市畜牧兽医局以保障公共卫生安全为目标,加强监督检查,狠抓措施落实,以开展流行病学调查为主要手段,做好养殖场强制消毒工作,集中开展专项整治活动,严厉打击生猪饲养、屠宰、运输、经营等环节的违法行为。全市共调查98个乡镇(街道)、654个村、1.86万个饲养场(户);下拨消毒药16.5吨,消毒场所2012个,消毒面积80万平方米;共出动执法人员245人次,检查肉类储存、交易场所629个,开展人员培训8次,培训1661人次,共印发宣传单、手册等资料3.75万份。

(张 波)

【畜产品安全监管】 2009年,沈阳市畜牧兽医局始终把畜产品安全监管工作摆在重要位置,以农产品质量安全整治执法年活动为契机,采取多种措施强化畜产品质量安全监管,严厉打击各种违法行为,保障畜产品食用安全。一是开展饲料质量安全整治行动,严把饲料生产源头,对全市301家饲料和饲料添加剂生产企业进行日常监督检查,共抽取饲料样品450批次,对存在问题的37家企业下达了整改通知单,并在规定时间内进行了复核验收;二是开展兽药和兽用生物制品质量安全整治行动,严把兽药生产销售源头,共抽检兽药产品470批次;三是开展动物产品整治行动,严把畜产品加工销售源头,共抽检动物产品药物残留7467批次,所有项目药物残留均符合国家残留限量标准;四是开展奶站清理整顿行动,严把牛奶生产源头,全市共发放生鲜奶生产经营许可证共91家,取缔9家;全年共抽检生鲜牛乳样品459批次,均符合国家标准要求;共查处各类违法案件61起,累计罚款约18万元。

(张 波)

【兽医医政】 2009年,沈阳市畜牧兽医局从完善体系建设着手,规范兽医执业行为,提高了兽医队伍的执业能力和水平。一是将动物诊疗机构审批管理权限移交给各区、县(市)。为了保证审批工作顺利开展,制定了沈阳市动物诊疗许可办理操作规范,包括《沈阳市开办动物诊疗单位申报材料及其相关要求》、《沈阳市办理动物诊疗许可证流程》、《沈阳市动物诊疗机构设立的条件》和《沈阳市动物诊疗机构现场检查验收办法》,并开展了专题培训。二是组织全市乡镇动物防疫监督所在职人员大专学历成人教育资格审核、报名和录用工作。全市共有64名乡镇动物防疫监督所工作人员被辽宁医学院成人教育学院录取。三是制定了《沈阳市乡镇所考核评比方案》和考核细则,强化了乡镇动物防疫监督所管理。四是开展兽医实验室专项检查。重点检查设备配备、职责落实、制度建立等重要环节,对检查中发现的问题下达了书面整改通知,有力地推动了实验室生物安全工作。五是市本级执法监督队伍得到加强。市动物卫生监督所、市兽药饲料监察所、市种畜禽管理站、市铁路动物卫生监督所四家单位共招录人员55名。

(张 波)

水产业

【水产业发展概况】 2009年,沈阳市有淡水养殖五区、四县(市)、117个乡镇,水产养殖专业人员1.36万人,养殖总面积1.82万公顷。其中,精养池塘1.19万公顷,水库养殖5979公顷,河沟养殖292公顷,稻田养殖433公顷,另有网箱养殖7600平方米,工厂化养殖6.69万立方米。

全市淡水产品总产量20.6万吨,比上年增长10.2%。渔业经济总产值达到56.8亿元,水产品产值20亿元,分别比上年增长13.6%和6.4%;渔业经济增加值完成29亿元,比上年增长15.1%。沈阳市农村经济委员会获全省渔业倍增发展优胜单位奖,全省渔业系统目标考核一等奖。全省“特产之乡”评比,沈阳市辽中县冷子堡镇被评为全省“淡水鱼之乡”。

(邓 奇)

【苗种生产】 沈阳市水产养殖积极贯彻《辽宁省水产苗种管理条例》大力加强苗种场建设,截至2009年底,全市共建成年生产苗种1亿尾省级水产苗种生产场9个,年生产苗种5000万尾规模以上市级水产苗种生产场3个。其中,辽中县冷子堡精品鱼养殖场(德国镜鲤),辽中县冷子堡镇鱼种场(团头鲂),辽中县茨榆坨汇江渔牧业养殖场(翘嘴红鲌),辽中县金山水产养殖公司(斑点叉尾鮰)，新民市沈阳华泰渔业有限公司(黄颡鱼)，沈阳经济技术开发区绿生水产养殖场(丁鱥)等6个苗种生产场获省级原(良)种场。占全省淡水良种场总数的32%。全市12个持省、市发生产许可证苗种场年繁育鱼苗24亿尾，比上年增长9%。尤其是攻克了黄颡鱼、斑点叉尾鮰、丁鱥、俄罗斯鲟等一批优质鱼苗种繁育难、饲养难、存活率低的难题，为水产业摸索出一套成功饲养经验。对全市深化养殖品种结构调整、大面积推广优质精品鱼养殖，提供了鱼苗保障，沈阳市水产苗种场已基本能够满足优质苗种供应。苗种场建设和苗种生产成效显著。

(邓　奇)

【渔业增殖放流】 2009年，沈阳市制定了《2010—2015沈阳市水生生物资源增殖放流规划》，就全市水域自然状况，境内主要河流、大、中型水库增殖放流与养护面临的突出问题进行了科学论证，提出了修复方案。全年争取得到放流资金35万元，资金全部用于购买优质鱼苗在浑河、辽河、蒲河，棋盘山水库等水域开展鱼类增殖放流，保障了放流水域鱼类资源恢复增殖，改善境内主要河流水域水质环境，促进了人与自然和谐发展。

(邓　奇)

【养殖品种结构调整】 2009年，沈阳市优、新品种养殖面积7733公顷，占池塘养殖总面积的66.3%。其中，德国镜鲤面积3015公顷，同比增长4.1%，鲶鱼面积409公顷，同比增长27.9%，武昌鱼443公顷，同比增长13.2%，丁鱥鱼的养殖面积达到376公顷。还大量引进名优新品种，从外省、市引进名优新品种3.61亿尾。其中，引进丁鱥鱼6530万尾，同比增长29.5%，黄金鲫1030万尾，同比增长7倍。全市共投放鲫、鲤、鲢、鳙、鲈、鲶、鮰、鳜、黄颡鱼、武昌鱼等各种鱼种数量近3亿尾。淡水鱼养殖品种主要有：青、草、鲢、鳙、鲤、鲫、鳊、鲶、鮰、鲑、鳟、鳜、乌鳢、丁鱥、翘嘴红鲌、黄颡、鲟鱼、银鱼、河蟹、泥鳅等二十几个品种，优质鱼放养面积和产量均有较大幅度增长，产量平均比上年增长40%，养殖品种结构趋向合理。

(邓　奇)

【渔业产业化初具规模】 2009年，沈阳市水产龙头企业发展到3县(市)7户(省级水产龙头企业2户，市级龙头企业5户)，拥有固定资产3.7亿元，养殖面积1800公顷，年产量1.2万吨，产值1.1亿元，年出口鱼4千吨，创汇880万元，带动农户7145户。全市有渔业协会、专业合作社11个，养殖面积4000公顷。

(邓　奇)

【富民经济小区建设】 2009年初，沈阳市共申报建设水产业富民经济小区72个，年底按照《2009年沈阳市水产业富民经济小区建设实施细则》标准，经市、区、县(市)两级农口、财政部门联合验收实际合格52个，合格率72%，面积1086公顷。市财政共投入260万元扶持资金补助合格小区用于基础设施改造。其中：新民市获补助资金100万元，辽中县获补助资金95万元，于洪区获补助资金15万元，苏家屯区获补助资金15万元，沈阳经济技术开发区获补助资金35万元。该项扶持政策共吸收渔民投入基础设施改造资金5200万元，渔民增加收入2600万元。

全年共申报省水产健康养殖示范区项目15个示范区63个单元。经验收考评全部合格。其中，新民市合格5个示范区19个单元，辽中县合格6个示范区27个单元，康平县合格1个示范区6个单元，苏家屯区合格1个示范区6个单元，沈北新区合格1个示范区3个单元，沈阳经济技术开发区合格1个示范区2个单元，全市共获项目奖励资金315万元，示范区年水产品产量1.42万吨，同比增加3906吨，吸纳渔民投入鱼池改造资金1.17亿元，产值1.30亿元，同比增加3761万元。

辽中县元丰水产养殖基地，新民市纯友渔业养殖有限公司养殖场、于洪区绿生水产养殖场三个单位获农业部第三批水产健康养殖示范场。辽中县冷子堡镇精品鱼养殖场、辽中县刘二堡镇蒲河养殖场、辽中县冷子堡镇鱼种场三个单位获农业部第四批水产健康养殖示范场。加上之前获得称号的辽中县金山水产养殖公司养殖场、新民市沈阳华泰渔业有限公司养殖场，至2009年底沈阳市共有8个养殖场获农业部水产健康养殖示范场。

(邓　奇)

【水产品质量安全显著增强】 2009年，沈阳市分别制定了水产品专项整治实施方案和水产苗种专项整治实施方案，成立了水产品专项整治小组，积极开展水产品质量监管。经专项整治，水产品质量安全管理能力和水平明显提高，监管手段实现了从无到有的历史性突破，水产品质量安全状况得到改善，保障了水产品消费质量安全，维护了消费者健康，促进经济社会和谐稳定。水产品质量安全主要呈现以下特点：一是全市水产品产地环评全部结束。11月底，康平、法库县，于洪、沈北、东陵、沈阳经济技术开发区104个采样点、渔业水质检测报告出台，加上此前已完成环评的辽中县、新民市、苏家屯区，至此，沈阳渔业环境测评全部完成。检验报告根据国家农业行业渔业无公害养殖标准，共检测了17项水域环境指标，沈阳市水产养殖水域全部符合标准。新民市渔业协会2789.7公顷水产品获无公害产地认定证书。12月沈阳市39名水产品无公害内检员、参加国家农产品质量安全中心委托省海洋与渔业厅举办的内检员培训并取得合格证书。二是水产品质量抽样检测结果良好。辽宁省苗种管理局分别于四、五月份二批次，对沈阳市9个持省发水产苗种生产许可证苗种场12种鱼苗进行检测，无禁用药物现象，合格率100%。国家农产品质量安全中心委托(青岛、北京水产品检测中心)对沈阳地产和流通市场水产品进行了4次例行抽样检测，共抽样104份，合格率达98%。国家农产品质量安全中心还组织江西农业检测中心于七、八月两次对沈阳市地产水产品进行抽样对检，采样区域涵盖全市6个区、县(市)，18个乡、镇(街道办)，共取样26份，检测结果全部合格，并在中国渔业报上予以公布。三是沈阳市水产品质量安全监管关系进一步理顺，水产品生产、市场流通两大环节监管、检测、执法查处实现合理分工，水产品质量显著提高。 (邓　奇)

【渔政执法】 2009年，沈阳市有市、区、县(市)两级渔政执法单位10个，渔政执法人数49人,已着装36人,除农业执法支队9人外,其余人员由市和区、县(市)渔业行政主管部门和水产技术推广站人员组成。渔业执法任务主要包括三个方面,一是按照《渔业法》规定加强渔业资源保护,做好浑河城区段政府禁捕令的执法监督,打击滥捕、电、炸、猎鱼行为。上年国家渔政指挥中心为加强地方渔政执法工作,为沈阳市配发一艘水上执法艇,9月国家渔政指挥中心就配发执法艇下水一周年执法情况来沈考察,国家渔政指挥中心居礼主任对沈阳市浑河鱼类资源保护执法"提早延晚"的巡逻方法和会同市水利部门、新闻单位、五里河公园和沈水湾公园管理处等多部门协调合作方式给予肯定。全年在浑河城区段20余公里沿线执法检查共出动人员560人次,出动渔政执法船75次,没收销毁挂网600余片、地龙网300余个、皮筏子43个、拖地穷网具46套,网箱26个,解救后放生鱼2.5万公斤,使浑河城区段非法捕鱼现象得到遏制。市政协委员、人大代表反映浑河鱼类资源保护题案、议案、由同期的6件下降到2件,群众举报浑河非法捕鱼电话大幅下降。二是严格执行国家《水生野生动物保护实施条例》,《水生野生动物利用特许办法》和《濒危野生动植物种国际贸易公约》加强对水生野生动物的保护。全年出动100多人次打击非法养殖、运输、销售水生野生动物的行为,强化水生野生动物利用办证,利用水生野生动物办证率达到100%。三是围绕水产品食品安全做好渔业生产、经营、销售环节监督执法。全市共出动执法人员120人次,检查渔药销售站(点)30个,饲料生产厂10户,苗种生产场12户,养殖场40个,对"三项记录"不全的养殖企业进行了督促教育。对市场抽检不合格水产品的商铺、摊床,追查其产品来源,下达限期整改通知书,责令其建立产品销售台帐备案制度。另外还协同农业综合执法6次,检查渔场8个。

(邓　奇)

【倍增计划稳步发展】 2009年,辽宁省海洋与渔业厅下达沈阳市渔业培增计划指标:全市渔业经济总产值56亿元。渔业增加值13亿元,水产品总量20.5万吨。实际实现渔业经济总产值56.8亿元,超额完成8492万元。渔业增加值13亿元,超额完成360万元。水产品总量20.6万吨,超额完成1042吨。全面完成省下达沈阳市渔业生产指标。为完成省下达渔业生产指标,沈阳市主要采取两大措施:一是做好养殖技术培训,提高渔民素质,为养殖品种结构调整和新品种养殖铺好路。市聘请大连水产学院教授到沈阳市举办"无公害水产品养殖技术","鱼病防治用药与食品安全"培训班2期,全年共举办区、县(市)和乡(镇)各级技术培训班53期,培训3094余人,发放技术资料6000余册,为推广新品种养殖,提高优质鱼产量、质量,提高渔业经济打下了坚实基础。二是通过富民小区、健康示范场建设,加快渔业基础设施改造,实现了产量效益的同步增长,确保培增计划的落实。

(邓　奇)

水　　利

【农田基本建设】 2009年,沈阳市通过各种渠道投入农建资金23亿元。其中,省以上投入资金4.6亿元,市级投入资金5.4亿元,县级投入资金1.5亿元,乡级投入资金0.2亿元,群众及社会各界投入资金11.3亿元。使用人工563.84万工日,机械车工51.16万台班,累计完成土石方4579.9万立方米,完成骨干工程399项。

(陈大海)

【农村饮水安全工程建设】 2009年,全市共投入农村饮水安全工程建设资金3.34亿元。其中,省以上投资1.66亿元,市级投资1.68亿元,完成工程395处,解决了农村40万人的饮水安全问题。全市农村饮水安全工程投资额度和受益人口数量创历年之最。

(陈大海)

【河道生态工程建设】 按照省水利厅的工作部署,沈阳市对辽河、浑河、柳河等9条河流的城市段河道、跨河桥梁上下游可视范围、蓄滞洪区和河流汇合处等重点部位实施景观化建设,规划治理面积7800公顷。截至2009年末,已完成4266.7公顷。其中,在大型河流17座桥可视范围进行生态建设完成面积1240公顷;河道生态工程建设重点典型示范区建设完成1733.3公顷;其它河道生态建设完成1293.3公顷,全面完成了省下达的河道生态建设任务。结合河道生态建设,东陵区加大投资,统筹安排,已晋升为国家级生态区,并率先超额完成河道生态建设任务;辽中县从2008年开始实施河道生态治理,初见成效,已经首批申报了辽宁省河道生态治理示范区。

(陈大海)

【农业产业化基地建设】 以农民持续增收为着眼点,大力发展设施农业、高效特色产业、畜牧养殖业,加快了沈阳市农业结构的战略性调整步伐,使全市农业和农村经济呈现出前所未有的发展态势。市级财政下达补助资金1.6亿元,调动农民投资建设的积极性。全市建成百亩以上设施农业小区1630个,新建现代化农业园区39处,新增保护地面积1万公顷。大民屯蔬菜、永乐葡萄、养士堡果蔬、祝家树莓、九龙河现代农业经济区已初具规模。同时积极推进规模化养殖,新建标准化养殖小区68处,成为农村经济发展中新的增长点。

(陈大海)

【灌溉工程】 1. 水田灌溉及环境供水。水田引水工作从5月中旬到8月底,共引水4亿立方米,使全市库灌区8万公顷耕地得到有效灌溉。环境供水从4月22日到10月15日,共引水1.12亿立方米,确保了城市环境用水和奥运期间的景观用水。为做好引水工作,一是科学调度,周密部署,合理编制用水计划,保障渠系运行安全和正常的用水秩序。二是水田灌溉前及时安排1400万立方米供水指标为库灌区冲刷渠道。积极与市环保、农委部门协调,确定水田灌溉水质监测工作方案,提出防范灌溉污染的具体要求。三是积极协调环境用水和灌溉用水矛盾。环境供水涉及到多个灌区引水口的调度,经常与农业灌溉供水交叉进行,与农业争水的矛盾也越来越突出。积极与省水利厅以及各灌区沟通协调,较好地保证了浑河城市段"五一"专门环境供水，并进一步提高了城区各环境水系日常环境供水质量。

2. 节水灌溉。结合设施农业建设，采取工程、管理、农业等多方面措施，努力增加有效节水灌溉面积，提高灌溉水利用系数。在工程建设方面，积极与省市有关部门协调，争取省以上资金5658万元，实施末级渠系改造项目、农业产业化项目、小型农田水利重点县项目和优质稻米项目等13项节水灌溉工程，新增节水灌溉面积1.43万公顷，改善灌溉面积8000公顷。在运行管理方面，一是做好节水灌溉工程的运行管护，确保工程良好的运行状态；二是科学制定灌溉管理制度，合理制订用水计划，积极倡导水田灌区利用桃花水和田间回归水，实行“短历时、大流量”、“三统一、三同步”等供水方式。在农业措施方面，一是大力推广旱耙地、旱整田和“浅、薄、湿、晒”灌溉等节水技术；二是在旱田大力推广坐水点种、地膜覆盖、秸秆还田等措施，达到节水保水的目的。

3. 大中型灌区改造。全市共有万亩以上大、中型灌区14个。其中，大型灌区2个、中型灌区14个，实际灌溉面积7.7万公顷。由于灌区灌溉工程年久失修，工程老化严重。积极与省厅协调，争取将灌区改造列入省以上规划。八一灌区二期和浑蒲灌区一期改造工程可研已得到省批准，并已列入国家灌区改造计划。浑北灌区、浑南灌区、辽蒲灌区三个中型灌区的可研报告正式报省厅审批。同时，通过争取末级渠系改造和优质水稻生产节水改造项目，加大灌区田间工程改造力度，加快了灌区改造的步伐，灌溉水平得到显著提高。

（陈大海）

【防汛及河道整治】 1. 防洪工程建设取得重大进展。2009年，根据防洪工作的实际需求，进一步加强了防洪基础设施建设。全市共投资1.8亿元，完成混凝土1万立方米，土石方60万立方米，完成了浑河东陵桥至王家湾段右岸护岸等26项防洪工程建设任务。在建设中，一是狠抓早字，及时敲定工程计划，并抓紧组织县区实施，使80%以上的工程项目在汛前完成并投入使用，当年即发挥显著效益。二是坚持高标准、严要求，严格管理。在工程建设中加强规范化管理，严格控制施工质量，努力打造农建精品工程。三是抓住重点，把病险水库除险加固摆在突出位置，落实目标责任制，切实增加投入，积极做好各项工作。1.8亿元病险水库除险加固建设资金已得到落实，其中：省以上资金1.5亿元，市级资金0.3亿元，实现了国家规定的三个100%，工程按照计划有序进行。

2. 防汛调度保障有力。一是落实防汛责任制。市水利部门督促各区、县（市）及时完成了2009年防汛指挥部成员单位和领导成员调整工作。针对全市大中型河流（重点险工险段）、小二型以上水库、重点涵闸、城市县城防洪、重要工矿企业、重要中小学校等重点防护目标，逐个落实行政领导责任人、技术责任人和抢险责任人等责任制，以市防汛指挥部文件的形式通报给有关单位，并通过《沈阳晚报》等媒体公示。二是全面修订防洪预案。市里组织修订了《浑河沈阳城市段防洪预案》，并协调各区、县（市）完成辖区内大中型河流、水库、县城防洪预案的修订工作，大幅度提高了预案的科学性和可操作性，增强了预案的指导作用。三是通过防汛检查全面排查防汛安全隐患。4月中旬，市里组织了防汛大检查，认真查找隐患、堵塞漏洞，及时下达了限期整改通知，解决了一些影响安全度汛的实际问题。进入5月以后，先后接待上级部门3个批次检查组，省、市领导对沈阳市的防汛工作给予了充分肯定和高度评价。四是积极开展防汛培训。2009年汛前，邀请省内知名水利专家对市防领导成员和县区防汛指挥员进行了培训，专门制作了《河道堤防抢险技术手册》发放给基层防汛工作技术人员，进一步提高了防汛指挥员的指挥水平和工作能力。五是扩大了防汛抢险演练范围。全市共组建2支市级防汛抢险队伍，总人数1645人。6月25日，组织了以区、县（市）为单位的防汛抢险演练，市防指成员单位分组观摩。全市11个县区共出动1500余民兵和现役军人，完成了堤防抢险、应急排水、水上搜救、群众转移、在建水利工程抢险等演练科目，全面检验了沈阳市防汛抢险队伍的抢险技术、协同作战能力和快速反应能力，取得了宝贵的实战经验。六是进一步提高了防汛物资管理水平。在新建4000平方米市级防汛物资储备中心库的基础上，又安排100万元资金实施附属配套设施建设。市、县防汛指挥部对库存防汛物资进行了清查清点，在险工险段等重要部位储备了一定数量的块石、铁线等物资，很好地满足了防汛抢险工作需要。七是科学调度防汛工作。进入汛期以来，市、县两级防汛办都严格执行24小时值班制度，密切关注雨情、水情、工情信息，随时警惕汛情发生。市防办共下发明传电报18次，并多次召开视频会议，有效地保证了全市城乡安全度汛。八是加大了对防汛工作的宣传力度。汛前，市防办配合沈阳电视台、沈阳广播电台制作了多期防汛专题节目，向公众宣传防汛法律法规和通报防汛工作信息。同时，还积极配合省水利厅开展防洪减灾宣传活动，采用展板、挂图、专家讲座、发放宣传资料等多种方式普及防洪减灾知识。尤其是在东陵区长青小学开展的防洪减灾宣传进学校活动，内容丰富，形式生动，受到了师生的一致好评。凡是涉及到全市防汛工作的重要活动，市防办都主动与电台、电视台等新闻媒体沟通信息，精心策划宣传报道活动，营造良好的舆论氛围。

（陈大海）

【水政工作】 1. 水法规宣传。2009年3月22日是第十七届“世界水日”，3月22日－28日是第二十二届“中国水周”。水法规宣传活动紧紧围绕“落实科学发展观，节约保护水资源”这一主题，通过设立宣传活动会场、报纸刊登专刊、电视播出广告、同学校和社区联合举行主题活动、发放宣传品等多种方式，宣传水利行政管理知识、水利法律法规和相关政策，倡导全社会节约保护水资源、依法用水、科学用水。宣传活动共投入资金十余万元，共110余人参加了中山广场中心宣传点的宣传活动，百余名群众参观了社区宣传点的会场，1100多名小学生参加了学校组织的主题升旗仪式，20余名大学生志愿者在沈阳工业大学设立了宣传点，全局共发放宣传品5000多件，辽宁电视台、沈阳电视台、沈阳日报等媒体都对宣传活动进行了报道，为水利行政管理创造了良好的社会环境，对树立现代水利人形象，树立全社会“依法用水”观念起到了重要作用。

2. 成立水政监察支队。2009年2月，市水政监察支队经市编办批准成立。填补了沈阳市水政监察队伍的空白，进一步规范了市本级水政执法工作。9月10日举行了市水政监察支队成立揭版仪式。

3. 违法案件查处。加大水政执法力度，先后对40起水事违法案件进行了严厉查处，树立了水利执法的良好形象。

（陈大海）

【水资源管理】 1. 取水许可管理。2009年沈阳市年终保有取水许可证3205套，许可水量91413万立方米。按用水行业统计：工业取水许可证1613套，许可水量13542万立方米；生活取水许可证569套，许可水量4319万立方米；农业取水许可证741套，许可水量63305立方米；地源热泵取水许可证123套，许可水量6659万立方米；其它取水许可证159套，许可水量3588万立方米。按流域分区统计：辽河流域取水许可证491套，许可水量20055万立方米；浑河流域取水许可证2509套，许可水量63774万立方米；太子河流域取水许可证143套，许可水量4294万立方米；绕阳河流域取水许可证62套，许可水量3290万立方米。

2. 水资源费征收。通过各区、县（市）以及城市水资源管理办公室的努力工作，全市共征收水资源费4300万元。

3. 地下水动态监测。加强地下水动态监测工作，优化了地下水观测点的布局。全市共有可利用观测点390个，全年累计观测共25740次，分别发布了四个季度的全市地下水水位动态通报，并在枯、丰水期采集80件地下水水样，进行了水质化验分析。

4. 建设项目水资源论证。按照水利部、国家发改委15号令《建设项目水资源论证管理办法》，组织和指导各区、县（市）对建设项目开展水资源论证工作，并开展水资源论证工作的监督检查（城区除外），严格把关论证专家资格和审查程序，并对评审专家进行了重新选聘，纳入省水资源论证专家库，使水资源论证工作更加规范。

5. 水生态系统保护与修复规划编制。组织编制了《沈阳市水生态系统保护与修复规划》，作为市级重点规划，通过了专家审查、验收和报批，并得到市政府的批复。在此基础上，组织省水科院开展《沈阳市水生态系统保护与修复规划的实施方案》编制工作，通过进一步细化规划目标，提出具体落实措施和项目实施方案，开展了基础资料有关核查及报告编制工作，预计2010年编制完成。

（陈大海）

【水土保持】 1. 水土流失治理。2009年，省下达沈阳市水土流失治理面积6000公顷，实际完成治理面积6666.7公顷。其中：基本农田260公顷，水保林2533.3公顷，经济林540公顷，生态修复573.3公顷，社会造林2760公顷。新修塘坝8座，谷坊30座，小河道整治2350延米。共投入治理资金979万元，其中：中央投资300万元，省补资金159万元，市补资金520万元。

2. 执法监督。随着全市经济社会发展和工业化、城市化进程的不断加快，各类开发建设项目的数量和规模越来越大，生态恶化的趋势日益加剧，人为水土流失成因，已由过去以农业生产为主转变为近年来以开发建设活动为主，水土流失日益成为影响生态环境的主要问题。沈阳市及时转变职能，加强管理，扎实工作，加大监督执法工作力度，促进了全市水土保持工作的有序进展。一是按照水利部的统一部署开展监督执法专项行动“回头看”和监督管理能力建设工作。4月份，水利部开展全国水土保持监督执法专项行动“回头看”和监督管理能力建设动员大会，省水保局也制定了实施方案并提出具体要求。按照水利部要求，确定沈北新区为第一批水土保持监督管理能力建设试点县，沈北新区按照水利部和省水保局制定的实施方案要求，精心组织，认真地落实各项工作内容；二是不断加强开发建设项目水土保持方案的审批。为认真贯彻执行水土保持法律法规，依法督促开发建设单位编报水土保持方案，严格执行水土保持方案行政审批和验收制度，多次深入开发建设现场宣传有关法律法规，解答疑难问题。通过耐心工作，沈阳南部污水处理厂等一批建设项目都编报了水土保持方案；在水土保持方案审批工作中，水保办树立服务型政府理念，主动为企业提供政策咨询服务，确保了沈抚二路等工程顺利开工，为当地经济发展起到了推动作用，也得到了相关企业的一致好评。全市全年新审批水土保持方案19个，竣工验收开发建设项目3个。此外，在依法行政的前提下，市本级共收缴水土流失补偿费64.5万元。

3. 水土流失监测。水土流失监测是水土保持的基础性工作，是水土保持预防监督、水土流失治理和分析评价的重要依据，也是沈阳市创建国家生态市的目标要求。为了动态掌握全市水土流失现状和发展规律，以及开发建设项目人为造成水土流失危害和水土保持各项措施防治效果，积极筹备资金，开展水土流失监测站建设工作。在2008年与沈阳农业大学联建一处水土流失监测站后，2009在苏家屯区又新修建一处标准的水土流失监测站，年底项目正在建设过程中。

（陈大海）

【水利科技】 1. 水利科研项目完成情况。2009年，全市共完成各类水利科研项目26项。其中获奖5项，主要包括：市水科所的《沈阳市城市雨洪控制与利用技术研究》，《用塑料栽植格制做人工浮岛在污水生态处理的应用与研究》，《沈阳市新农村建设生活污水治理新模式》3个项目获得沈阳市农村科技推广三等奖；市城市水资源办的《沈阳市城市地下水资源管理信息系统》项目获沈阳市科技进步奖三等奖；市城市水资源办与辽宁省水文水资源勘测局合作完成的《沈阳城区地下水源热泵取回水监管技术标准研究》项目获沈阳市科技进步奖二等奖。全市有2项科技对接项目落实并且实施，一是《康平县西关屯乡节水灌溉技术服务》；二是《沈北新区果树节水灌溉技术服务》，该项目作为科技扶贫的一项工作任务，从示范到推广带动了当地经济的迅速发展。

2. 大力开展国家重点灌溉试验站建设。根据《沈阳重点灌溉试验站建设规划》和省中心站下达的计划任务，沈阳重点灌溉试验站开展了4个方面工作。一是抓好试验站设施建设。全年投资65万元，新建试验测坑12个、观测井2个，新建高标准日光温室1栋。二是做好试验仪器采购。共完成计算机、烘箱、电子天平、自动气象站、水位计、流量计、时域反射仪等仪器设备采购24项，使试验站基本达到了重点站的标准要求，可以满足正常的灌溉试验需要。三是聘请中国农业大学及沈阳农业大学专家解决灌溉试验中的关键技术问题，并对灌溉试验进行具体指导。四是完成年度试验观测任务。根据省中心站的统一安排，开展了微润灌溉技术在大豆作物的应用及灌溉试验研究、进行日光温室蔬菜的灌溉试验研究、园区内树莓小区试验等三项灌溉试验，各项试验观测进展较好。

（陈大海）

农业机械化

【概述】 截至2009年末，沈阳市农业机械总动力达到289.07万千瓦。拖拉机保有量达到5.9万台，其中大中型2.9万台，轮式2.7万台、链式1364台；机引农具9万台，其中大中型配套农具1.82万台；农用排灌机械9.92万台；田间管理机械2277台；水稻插秧机2167台，水稻直播机38台；稻麦联合收获机425台，玉米收获机269台，其它收获机械466台；渔业机械1.27万台；林果机械1973台。全市综合机械化水平达到72.7%。农机固定资产总值已达16.33亿元。全年，国家、省、市、县各级财政部门共投入农机资金1.16亿元，其中农机补贴专项资金达1.10亿元，是前5年农机补贴资金的总和，引导农民向农机投入1.96亿元，提高了全市农机化水平。

（贾　国）

【农用航空站建设】 苏家屯农用航空服务站（沈阳通用航空有限公司）现有飞机12架。其中：Y5型飞机3架；Y5Bx型飞机5架；N5飞机4架。现有人员34人，其中：管理人员12人；飞行员8人；地勤人员14人。

全年共完成总飞行时间为1400小时，飞防作业面积7.2万公顷，其中外省市4万公顷，护林防火510小时，林化作业120小时，航拍航测47小时。

（贾　国）

【农机作业】 2009年，春、秋两季生产期间，沈阳市共组织作业机具4.2万台（套）参加田间作业，完成机耕面积504.53千公顷；机械播种363.95千公顷，其中，机播玉米300.26千公顷，机播小麦3.62千公顷，机栽水稻300公顷；机械深松74.86千公顷；保护性耕作面积29.23千公顷；机械化秸秆还田面积30.56千公顷；水稻机收74.55千公顷，玉米机收26.06千公顷。

（贾　国）

【农机新机具、新技术推广】 2009年，沈阳市围绕农业结构调整，购置推广各种农机具共计1.4万台（套），重点推广了水稻全程机械化和玉米保护性耕作技术，推广各种水稻插秧机886台、玉米收获机153台。为了使农民更好地了解和掌握各种技术，市县两级共召开水稻插秧、玉米收获等现场培训会10余次。同时，组织农民进行了水稻育插、玉米保护性耕作技术培训，发放资料2万余份，培训农民4000余人次。通过培训使广大购机农民基本掌握水稻育插、玉米保护性耕作生产新技术。

（贾　国）

【农机示范村、示范户建设】 2009年，沈阳市共建设40个水稻机械和玉米机械化示范村。年初下达示范村建设的实施方案，对示范村建设标准和机具配置等提出建设标准，示范村在基础设施（如机库、维修间、储油间）建设上给予一定的资金扶持。2009年示范村建设项目全部完成，总投资3758万元，补贴资金287.2万元。

加大对农机大户的扶持力度，使农机经营大户成为沈阳市农机化发展的主力军。全市农机固定资产在30万元以上的农机大户已发展到531余户。以新民市的佟英文、王明武；辽中的于会怀；新城子的朱国成、陈志国为代表的农机大户和农机服务组织成为区域性的农机龙头，在全市及全省发挥了巨大的带动作用，在促进农民增收方面也起到了积极的推动作用。

（贾　国）

【农机化科普和培训】 2009年，沈阳市市县两级共召开水稻插秧、水稻收割，玉米播种、收获、玉米保护性耕作技术、经济作物等现场演示会10余次，现场发放资料2万余份，培训农民4000余人次。全年共培训1.26万人次，其中农机管理人员389人次，农机技术人员2080人次，监理人员377人次，农机操作人员9735人次。

（贾　国）

【行业管理】 2009年，沈阳市共办理农业机械登记3855台，办理拖拉机驾驶证1313本，年检各类拖拉机8642台，换发、年审驾驶证620本。

全市维修网点总数达938个，比上年增加33个，维修工人达1861人。全市有6个区县的农机维修网点审批工作已经进入名区县的行政审批大厅办理业务，审批工作更加规范。

（贾　国）

【农机具补贴】 2009年，沈阳市共执行补贴资金1.09亿元。其中：国补9000万元，省补600万元，市本级1269万元。直接拉动农民投入近2亿元。购置各种农机具共计1.40万台（套）。其中：大中型拖拉机2756台；小型拖拉机919台；水稻插秧机886台；水稻收获机台87台；玉米收获机153台；大型自走式113台；玉米播种机2513台；耕整地机1712台；林牧鱼机械3252台；其它园田管理、花生播种、等机械1667台。这些机具在农业生产中发挥了作用，较大的提升了沈阳市农业机械化水平和现代农业装备水平。

（贾　国）

【农机服务体系建设】 2009 年,沈阳市在农机购置补贴资金安排及示范村建设项目上加大了对农机服务组织的扶持力度,重点向农机服务组织和农机大户倾斜,使各类农机服务组织得到了发展和壮大,从而实现规模生产,提高农机生产效率,将更多的农民从繁重的体力劳动中解放出来,向非农产业转移。全市农机合作社达 93 个,固定资产将近 1 亿元,作业面积达 6.67 万公顷。

(贾　国)

乡镇企业

【概况】 2009 年,全市乡镇企业全面落实科学发展观,努力克服国际金融危机带来的不利影响,经济回升趋势逐步显现,全市乡镇企业经济总体上保持平稳较快发展。

一、乡镇企业发展的主要特点

1. 主要经济指标较快增长。2009 年,沈阳市乡镇企业达到16.1万户,比上年净增加 1520 户,同比增长1.3%;从业人员114.4万人,比上年净增加5.6万人,同比增长5.2%;乡镇企业增加值完成1410.2亿元,同比增长18.5%;总产值完成5156.6亿元,同比增长22.3%;营业收入完成4815.7亿元,同比增长21.44%;利润总额完成298.7亿元,同比增长17.3%;上交税金完成 94.7 亿元,同比增长15.6%;固定资产投资完成1186.2亿元,同比增长 22%;出口交货值70.3亿元,同比下降7.45%。

2. 规模工业拉动作用明显。2009 年,沈阳市乡镇规模工业企业完成增加值 947.8 亿元,同比增长20.4%,占乡镇企业的 67.2%,比上年提高 1.1 个百分点,拉动乡镇企业增长 13.5 个百分点;总产值完成 3543.1 亿元,同比增长 37%;营业收入完成 3509.8 亿元,同比增长33.8%;利润总额完成 176 亿元,同比增长 30.5%;上交税金完成 44 亿元,同比增长 7.8%。

乡镇规模以上工业企业达到 3424 户,比上年增加了 372 户。其中营业收入超 10 亿元的企业达到 26 户,沈阳克拉古斯食品有限公司营业收入年 69.6 亿元、百科实业集团有限公司年营业收入 68.8 亿元、沈阳新北方玻璃有限公司年营业收入 42.9 亿元,列位乡镇企业年营业收入的前三甲。规模企业增加的户数主要分布在通用设备制造业,增加 193 户,增幅 75%;农副食品加工业增加 81 户,增幅 29.6%;电气机械及器材制造业增加 69 户,增幅 56.6%。于洪区、东陵区、沈北新区规模以上工业企业分别达到 901 户、867 户、480 户,成为拥有规模企业户数最多的县区。

3. 产业集群发展取得新的突破。2009 年沈阳市县域产业集群总产值完成 1580 亿元,同比增长28.2%。有 8 个产业集群达到了百亿元产出。这 8 个集群共完成产值1065.6亿元,比上年同期增加了267.5亿元。其中于洪家具产业集群完成产值 195 亿元、于洪五金产业集群完成产值158.2亿元、法库陶瓷产业集群完成产值 146 亿元、沈北新区食品产业集群完成产值123.8亿元、苏家屯电力电器产业集群完成产值120.1亿元、苏家屯钢管产业集群完成产值 120 亿元、康平塑编产业集群完成产值102.3亿元、沈北新区农产品加工产业集群完成产值100.2亿元。

4. 乡镇企业固定资产投入持续增大。2009 年全市乡镇企业完成固定资产投资1186.2亿元,同比增长 22%。其中工业完成 654.9 亿元,同比增长 14.9%。从项目建设性质看:新建项目完成652.5亿元,同比增长9.7%;改建项目完成 76.1 亿元,同比增长92.9%;扩建项目完成 286.9 亿元,同比增长 15.6%。从地区投入看:东陵区完成固定资产投资233.7亿元、于洪区完成固定资产投资217.4亿元、沈北新区完成固定资产投资 205 亿元,占全市乡镇企业固定资产投资的55.3%。从固定资产投资增幅看:固定资产投资增幅超过全市乡镇企业平均增幅的有辽中县,增幅为 60.9%;于洪区,增幅为32.5%。

5. 乡镇企业出口出现下滑。2009 年全市乡镇企业完成出口交货值70.3亿元,同比下降7.45%。出口居多的行业是,机械类出口完成23.8亿元;轻工类出口 10 亿元;化工类出口 2 亿元。出口排位在前的有于洪区完成18.4亿元、东陵区完成16.1亿元、沈北新区完成9.7亿元。在全市出口总体出现下滑的情况下,法库县、辽中县靠产业创新,实现出口的大幅增长,增幅分别达到48.8%和 47.5%。

二、全市乡镇企业发展与全市比较

2009 年全市乡镇企业增幅超过全市水平。乡镇企业增加值增幅超过全市 4.4个百分点;税金超过全市7.5个百分点;规模工业增加值超过全市1.4个百分点;规模工业总产值超过全市14.8个百分点。占全市比重持续提高。2009 年乡镇企业增加值占全市的32.3%,比上年提高1.5个百分点;第二产业占全市的 50.8%,比上年提高2.4个百分点;工业占全市的54.6%,比上年提高3.6个百分点;规模企业数占全市的65.9%,比上年提高0.4个百分点;

规模企业总产值占全市的 46.5%,比上年提高 5.5 个百分点;规模企业增加值占全市的 47%,比上年提高 1.1 个百分点。乡镇企业的持续增长,不仅发展了地区经济,而且对全市经济发展做出越来越大的贡献,成为经济发展的重要推动力量。

乡镇经济主要指标占全市比重

单位:%

指标＼年份	2004	2005	2006	2007	2008	2009
增加值	33.1	34.9	28.2	28.4	30.8	32.3
第二产业	49.3	50.9	42.9	44.0	48.4	50.8
#工业	56.2	56.0	47.4	47.3	51.0	54.6
第三产业	22.8	25.4	17.7	15.3	14.5	14.6
上交税金	13.9	15.5	16.9	18.3	17.0	18.1
固定资产投资	25.8	30.0	31.1	33.0	32.3	32.3
规模以上工业企业数	28.2	52.9	60.1	63.7	65.5	65.9
规模以上工业总产值	20.5	29.3	37.2	40.3	41.0	46.5
规模以上工业增加值	16.8	22.9	36.3	38.9	45.9	47.0

三、乡镇企业在全省排位

在全省 14 个城市中,按乡镇企业全口径排位,沈阳市乡镇企业增加值、总产值、营业收入、利润总额、上交税金均排在全省第 2 位(大连排在第 1 位),分别完成 1880 亿元、6412 亿元、6131.1亿元、368.2亿元、130.2亿元,出口交货值排在全省的第 7 位,占全省的比重分别为 18.5%、17.5%、17.3%、17.9、18.1、6.4%。

按规模工业口径排位，沈阳市乡镇企业的增加值、总产值、营业收入、利润总额排在全省第1位，上交税金排在全省的第二位；分别占全省的27.6%、27.9%、29.6%、27.1、17.2%。

（戴 斌）

【农产品加工业】 2009年沈阳市农产品加工业发展迅速，主要体现在“一高，二多，一大”等特点。

“一高”：经济总量所占份额越来越高。2009年，全市农产品加工业的总产值达到1200亿元，在沈阳市八大支柱产业中仅低于装备制造业，成为沈阳市第二大产业，已经成为促进农民增收，推动县域经济增长的主要力量。

“二多”：涉足行业越来越多。从行业分类来看，农产品加工业分类中共12个大类，沈阳市农产品加工企业除烟草加工业外都有涉及，行业覆盖面达91.7%。其中，涉及食品加工业大类里所包含的粮食加工业、畜禽加工业、饲料加工业、果品加工业、水产品加工业、蔬菜加工业、制糖业（淀粉糖）等全部7个小类；食品制造业大类中所包含的糕点糖果制造业、乳制品制造业、罐头制造业、发酵制品业、调味品制造业、食品添加剂制造业等全部6个小类；纺织业、皮革毛皮羽绒制品业、服装及其它纤维制品制造业、木材加工业、家具制造业、造纸及纸制品业、印刷业、医药制造业中的中药材及中成药工业、生物制品业等也均有涉及。随着沈阳燕京啤酒有限公司、华润雪花（沈阳）啤酒有限公司和娃哈哈相继投产建设，农产品加工业在饮料酒制造业里也占有了一席之地。

知名品牌越来越多。随着科技投入增加、品牌意识提高，沈阳市农产品加工企业在商标注册、条形码申请、地域保护、绿色食品标识申报、ISO9000：2000质量认证以及“三G”认证等方面都表现出了较强的意识。涌现出“蒙牛”、“辉山”、“伊利”、“雨润”、“盼盼”、“千禧鹤”、“黑牛”、“燕京”、“雪花”等一大批知名品牌和龙头企业。其中，辽宁黑牛食品工业有限公司投资1.2亿元，生产的“黑牛牌”系列豆奶粉先后荣获“中国名牌”、“中国驰名商标”、“中国绿色食品”；沈阳雄洲食品工业有限公司投资1.1亿元，年加工三县一市所产花生1.5万吨。其“雄洲”牌牛煮三锅系列产品被评为辽宁省著名商标，同时被沈阳市食品协会命名为“沈阳特产”。

“一大”：企业规模越来越大。2009年沈阳市农产品深加工企业共有2400个左右，其中规模以上农产品深加工企业578个。规上企业中，销售收入超亿元的企业137个、超5000万元企业152个、超千万元企业235个、500万元—1000万元的企业54个。现有世界500强企业8家；国家级农业产业化龙头企业6家；省级农业化龙头企业17家；市级农业产业化龙头企业133家。形成了六大主导产业，即：以蒙牛乳业、辉山乳业、伊利乳业为代表的乳品加工业；以金石豆业、华龙面业为代表的粮油加工产业；以禾丰牧业、韩国希杰为代表的饲料加工产业；以绿丰肉牛、华美畜禽为代表的畜禽加工产业；以孚兴食品、隆迪食品为代表的食品加工业；以百事可乐、燕京啤酒、天乐饮品、雪花啤酒为代表的饮料加工产业。产品远销日本、韩国和港澳等国际市场及东北三省、内蒙、河北、北京、天津、山东、浙江等十余个省市。“市场牵龙头、龙头带基地、基地连农户”的农业产业化经营的新格局已经形成并成功运行。

截至2009年底，全市新上投资1000万元以上的农产品加工项目110个，完成全年目标任务的110%。全市农产品加工业实现营业收入1100亿元，比上年同期增长22.2%；完成增加值300亿元，比上年同期增长28%；完成出口交货值14.1亿元，同比增长4.7%；上缴税金10.5亿元，比上年同期增长20.5%。

（杨政权）

经　济　管　理

综　　述

【沈阳经济区建设】 2009年，沈阳经济区的发展建设取得了显著成果，经济和社会事业全面发展，重大基础设施建设项目不断增多，产业发展和空间整合步伐加快，区域同城化和一体化建设快速推进，区域合作领域不断拓宽，沈阳经济区的战略地位进一步提高，影响力和竞争力日益增强，呈现出良好的发展势头。

1. 创新区域合作机制，构筑区域发展新框架。2009年，沈阳经济区书记市长联席会议的主题是“加快推进新型工业化综合配套改革，全力打造国家新的经济增长极”。八城市重点围绕推进新型工业化综合配套改革，加快沈阳经济区一体化建设，促进机制体制创新，打造城际间节点、工业园区及产业集群等内容进行了深入的研究。会议确定了沈阳经济区未来的发展思路和近期的工作重点。一是要努力争取国家批准沈阳经济区为国家综合配套改革试验区。二是要继续加快交通、通讯一体化步伐，努力实现沈阳经济区基础设施一体化。三是要加快城际连接带建设，带动沈阳经济区一体化发展。四是要加大产业集群建设，要在城际连接带的节点上加快建设产业集群，以工业化带动城市化，夯实城市化的产业基础。五是要加快体制机制创新，深化区域合作。六是要进一步加快沈阳中心城市建设，更好地发挥沈阳在沈阳经济区发展中的辐射带动作用。

2. 重大基础设施建设项目快速推进，不断夯实区域一体化发展基础。沈阳市重点围绕交通道路、环境治理两个方面快速推进了一批影响沈阳经济区发展的重大基础设施建设项目。

轨道交通。沈抚城际铁路正式通车，沈抚两市对站点及沿线开发建设和环境整治进行了全面规划；沈铁城际铁路已全面开工建设；沈彰城际轨道交通项目的前期工作正在全面展开。

高速公路。环沈阳经济区高速公路辽中至新民段全面建成通车，新民至铁岭段74公里拆迁核量工作已全部完成，进入开工建设阶段；沈彰高速公路已建成通车；沈丹高速公路改扩建工程沈阳三环到桃仙机场段已全面竣工通车。

城际间快速通道。沈阳至抚顺、沈阳至铁岭、沈阳至本溪、沈阳至营口的国家级和省级的城际公路改造项目全面展开。在沈通线、沈抚大道、北102国道、沈营线等改造完成的基础上，正在加速推进沈抚二号公路和沈本公路的建设。

城际公交化。沈阳与抚顺已实现公路客运公交化运营，开通了三条线路，沈铁两市之间也实现了城际客运公交化运行。在此基础上，沈阳市还开通了至鞍山、本溪、营口、辽阳4条“双休日”经济区城际公交线路。

环境治理。沈阳市与经济区各市在环境保护和生态建设方面的合作稳步推进。沈阳市与抚顺市签定了《沈抚同城化环保工作框架协议》，建立了沈抚东部省级生态功能保护区。同时，沈阳市大力推进辽河、浑河流域水环境综合整治，全面加强了污水处理厂建设。沈阳市与经济区各市联合开展了节能减排专项治理，共同建立了环境保护信息网络化共享机制。

3. 区域一体化进程加快，生产要素配置不断优化。在沈阳市的积极推动下，沈阳经济区内要素市场和社会事业发展联系越来越紧密，区域一体化进程明显加快。

金融市场一体化。沈阳市的盛京银行已与经济区内部分城市商业银行或城市信用社完成了股金注资工作。沈阳市还与经济区各市在资产业务合作、柜面通业务、信用卡代理、资金业务、国际业务等方面达成了合作共识，并正在积极推进中。区域性产权交易市场建设取得了重大进展。沈阳与经济区各市共同确定了“统一信息发布、统一交易规则，统一审核鉴证、统一收费标准”和“互认经纪会员从业资格、互认产权交易凭证”等产权交易市场建设目标，最终将全面实现经济区产权交易市场的一体化。

商贸流通市场一体化。沈阳市推进跨地区商业资源的开发利用，逐步打破地区封锁和行业垄断，完善经济区统一的商贸流通市场体系。沈阳市与经济区各城市共同签署了《沈阳经济区商贸流通业合作协议》，推进了经济区城市间商业项目的交流。同时，沈阳市还邀请经济区各市共同举办大型的商贸活动，形成了良好的合作氛围，促进了经济区商贸流通业的相互融合。

人力资源市场一体化。沈阳市不断加强区域人才市场建设，为沈阳经济区搭建了信息集中、服务方式多元化的人才交流大平台。沈阳市已牵头举办了多次“沈阳经济区大型人才招聘会”和“中国国际人才交流大会”，这些活动取得了丰硕成果。在劳务合作方面，沈阳市与经济区各市成立了劳务交流合作组织，并多次共同召开经济区劳务合作双向招聘洽谈会。沈阳市搭建就业信息共享平台，逐步实现经济区劳务信息资源共享。经济区各市还共同建立了劳动市场合作与发展研讨会工作机制、供求信息共享机制、招聘洽谈合作机制和就业服务同城化机制，全面促进了人力资源市场一体化。

房地产市场一体化。沈阳市以沈阳经济区房交会为载体，实现了经济区内房地产市场联动，举办了百姓购房节，并赴经济区其它城市巡展，在各市设立房地产办事机构咨询处。在沈阳市的积极努力下，经济区八城市实现了个人异地购房公积金贷款“同城化”，沈阳市住房公积金管理中心已发放异地贷款突破亿元。特别是沈阳市公安、劳动保障、交通、建设、公积金管理等部门相继出台了相关政策，有力地促进了沈阳经济区房地产市场一体化。

旅游市场一体化。以沈阳为中心的

沈阳经济区大旅游圈已初步形成。沈阳市联合经济区各市推出了一批不同主题、不同特色的游旅线路,联手开展宣传促销活动,联办和组团参加旅游展会,培育和挖掘共同的客源市场,打造沈阳经济区旅游品牌。还共同创意策划举办了旅游节庆和开发旅游产品活动,实现了节庆旅游资源的共享。2009 年 5 月 1 日,沈阳经济区旅游集散中心正式挂牌运行。

4. 共同举办区域大型活动,提升经济区整体对外开放水平。沈阳经济区各市通过共同举办"沈阳经济区房地产交易会"、"沈阳经济区汽车展销会"、"中国(沈阳)国际中小企业大会"等大型活动,扩大区域发展的经济外向度,全面提升了经济区的对外影响力和竞争力。沈阳经济区已成为国内外关注的热点,投资的洼地。沈阳市组织沈抚、沈铁、沈本、沈辽鞍营、沈阜五大产业经济带内的相关区县(市)先后赴长三角、珠三角、东南沿海及港澳台等地又集中开展招商活动,取得了明显的成效。

5. 沈抚同城化、沈本一体化推进速度加快,成为沈阳经济区建设的重要突破口。《沈抚连接带总体发展概念规划》已编制完成,并进入实施阶段。沈阳市正在重点推进沈抚新城的基础设施建设,完善区域综合交通体系。沈抚新城的东陵产业区加大智能港建设,快速推进一些重点建设项目。沈抚新城的棋盘山生态区正在加快推进中旅国际小镇、泗水科技小镇等项目建设,努力实现国家级文化产业示范区建设目标。沈本一体化建设也取得了阶段性成果。围绕《沈本一体化建设合作框架协议》和《沈本产业经济带发展规划》,沈本两市正在交通基础设施建设、产业园区建设、环境保护等方面深化区域合作。

(刘贵福)

【地区经济与资源环境】 2009 年,沈阳市区域经济发展、流域污染防治、节能减排治理、资源开发利用、扶贫以工代赈、生态城市创建等方面取得进展。

一、区域经济发展

一是完成秸秆综合利用与产业发展规划编制工作。提出了《沈阳市秸秆综合利用与产业发展规划编写建议提纲》,并在组织各区、县(市)完成有关调查基础上,编制完成了《沈阳市秸秆综合利用与产业发展规划(2010 - 2015 年)》。二是起草完成了《沈阳市土地资源开发利用与保护第十二个五年规划》、《沈阳市水资源开发利用与保护第十二个五年规划》、《沈阳市矿产资源开发利用与保护第十二个五年规划》、《沈阳市防震减灾第十二个五年规划》等十二五专项规划计划编制工作。以改善城市生态环境质量,维护城市生态安全,提高城市生态功能,实现可持续发展为原则,起草完成了《关于沈阳东部生态功能保护区建设规划的修改意见》,围绕生态功能保护区范围界定、现状评价和总体布局等方面,有针对性地提出了规划期重点建设工程、确保规划实施的保障措施等方面的意见和建议。对《沈阳市防御雷电灾害条例》提出修改意见。根据国家发改委要求,编制完成了沈阳市 2007 年、2008 年区域发展年鉴。三是完成重大项目开发策划工作。结合沈阳市有关区域发展规划,经过认真调研,积极沟通对接企业,分别对《沈阳民用航空产业国家高技术产业基地集中供热配套项目暨大型往复助燃节能锅炉应用示范工程》、《沈阳金融商贸开发区混合式水源热泵和热电联产节能环保效能最大化改造工程》、《沈阳经济技术开发区多层复合碳钢项目》进行策划和重点包装。其中,《沈阳民用航空产业国家高技术产业基地集中供热配套项目暨大型往复助燃节能锅炉应用示范工程》已经完成了公司注册手续,前期规划及地堪工作正在进行中;《沈阳经济技术开发区多层复合碳钢项目》建议书已经通过沈阳经济技术开发区批复,征地工作已经完成。三个项目策划累计总投资38亿元。另外还完成了 2010 年亿元以上重大项目的申报工作。

二、流域污染防治

一是部署了沈阳市整治违法排污企业,保障群众健康环保专项行动,提交了行动工作方案。配合有关部门做好限制生产销售使用塑料购物袋专项检查工作。推进了一批环境保护项目的进展,着手进行了沈阳市炼焦煤气等新一批环境保护项目的储备工作,完善了辉山明渠综合治理工程等一批争取建行城建贷款项目的前期工作。编制上报了沈阳市重点流域水污染防治新建、续建项目 2010 年投资计划的报告。提交了《沈阳市 2010 年环境保护和资源节约计划》和《沈阳市 2009 年环境保护和生态建设发展报告》白皮书,起草完成了季度及半年环境保护和生态建设形势分析报告等。二是积极做好胡台新城、康平、虎石台等污水处理项目审核工作。对沈阳市 2008 年新增中央投资 1000 亿中苏家屯城区、蒲河北、康平和法库 4 个污水处理项目进行了有效监管。建立项目月、旬调度制,并定期上报国家、省有关部门;积极配合并参与国家、省、市三级工作组 30 余次专项检查;有针对性地对苏家屯、法库污水处理项目进行重点督查,及时解决项目土地、初设等前期手续问题。截至 11 月末,4 个项目累计完成投资 2.4亿元,全部超过国家下达投资计划额;项目实际资金到位合计3.34亿元。三是推进了沈阳市新增中央投资 1000 亿中沈阳大陆企业集团有限公司 20 万片/年货车车轮激光再制造项目,为进一步深入规范污水处理国债项目管理,保证政府投资效益和运行安全,制定和下发了《沈阳市污水处理国债项目审批、申报及管理的指导意见》。对全市已建、在建和拟建规模 5000 吨以上的污水处理设施建设情况进行了全面摸底调查。

三、资源开发利用

一是编制完成并提交了沈阳市 2010 年土地利用计划、水资源利用计划、基础测绘计划。起草完成了《沈阳市 2009 年资源开发利用发展报告》白皮书。及时提交了季度及半年土地、水资源开发利用态势分析及下一步工作安排意见。二是起草完成了《关于强化我市土地资源优化配置,促进国民经济又好又快发展的对策与建议》;起草完成了《优化土地资源配置,保证重点工程用地,支持企业发展促进经济增长有关政策建议》。三是做好国土资源部来沈阳市开展土地开发利用与土地供应情况专题调研准备工作,并就沈阳市土地资源开发利用与土地供应情况向国土资源部做了专题汇报。四是为解决沈阳市城市发展和产业发展空间不足问题,与有关部门密切配合,加快推进了于洪区、沈北新区、棋盘山旅游开发区、浑南新区和法库县土地利用总体规划局部调整工作。五是组织协调各区、县(市)开发区认真做好沈阳市新区和新城规划建设基本情况的专项调查工作,完成了《关于沈阳市新区、新城规划建设基本情况的报告》。六是落实资源节约与综合利用各项工作。较好地完成了2009年资源综合利用国债项目资金申请工作。完成了《沈阳国惠供热有限公司中水源利用集中供热项目》、《中兴－沈阳商业大厦(集团)股份有限公司》和《沈阳职业技术学院可再生源蓄能热泵空调、电机系统节能、绿色照明改造项目》国债资金申请工作。项目总投资7.14亿元,申请国债资金5750万元,已上报国家发改委。根据省发改委要求将《沈阳康环脱硫石膏综合利用有限公司脱硫石膏综合利用项目》作为沈阳市2009年资源节约和综合利用备选项目上报省发改委,并获得省本级投资补助90万元。该项目总投资4900万元,现已经建成投产运行。完成了沈阳市重点节能技术、清洁生产技术申报工作。通过严格的评选审查,沈阳市共有污水处理厂污泥干燥成套设备技术等4项重点节能技术和高温液态炉渣生产高质矿棉技术等6项清洁生产技术被推荐进入《国家重点节能技术推广目录(第二批)》和《国家清洁生产技术导向目录(2009年版)》。

四、扶贫以工代赈

2009年,沈阳市以工代赈资金303万元。其中,中央财政预算内资金203万元,中央预算内国债资金100万元。重点安排康平县沙金台乡、柳树屯乡、东关屯镇、郝官屯镇和山东屯乡等贫困地区乡村道路建设。项目建成后可解决和改善8个乡镇、12个村、2790户、9760贫困人口的道路交通条件。按照省发改委部署要求,对近年来以工代赈项目计划执行情况进行专项检查,提交了《关于康平县2003－2008年以工代赈示范项目建设进展情况的报告》。重点检查了康平县2007—2008年财政预算内以工代赈项目计划执行情况,起草完成了《关于康平县2005年以来以工代赈项目建设进展情况的汇报》、《关于康平县2009年财政预算内以工代赈乡村道路建设项目计划执行情况的报告》。编制完成了康平县2010年中央预算内(国债)以工代赈示范项目计划。

五、生态城市建设

一是制定了市发改委落实《目标责任状》工作方案。定期起草和上报信息,及时向市生态办反馈发改委创建国家生态市重点工程建设进展情况。较好地完成了"德中同行"圆桌会议市长讲话提纲《工业重镇打造生态城市》的起草工作。二是全力做好全国环境样板城申报工作。为了贯彻落实国家领导的指示精神,推进沈阳市环境样板城建设,争取国家产业支持,开展了大量前期准备工作。多次陪同省市有关领导对沈阳近海经济区沈阳进口可利用废物再生示范园进行调研,对园区内有关项目用地指标、项目前期的报批手续进行了协调和推动,积极申报"中日循环型城市合作组对城市",经积极争取和不懈努力,国家发改委基本认可沈阳市和川崎市符合建设"中日循环型城市合作组对城市"试点条件,正在深入开展相关前期促进工作,争取尽快通过国家审核。三是积极促进创建国家生态市建设工作。适时举办了沈阳市城镇污水处理国债项目培训班。详细讲解了城镇污水处理设施中央补助资金项目申办程序和管理要求,邀请有关知名专家和处室领导就城镇污水处理工艺与方案以及沈阳市基本建设项目备案、核准和审批程序做了专题培训。各区、县(市)发改局、开发区经发局主管污水处理国债项目的工作人员以及项目单位负责人员等40多名同志积极参加了培训。

六、重大问题调研

一是完成《沈阳市十二五期间土地资源、水资源和矿产资源开发利用与保护面临的形势与对策研究》初稿。完成了《关于我市十二五期间土地、水和矿产资源开发利用与保护面临的形势与对策研究》,并提出了沈阳市"十二五"期间及2020年资源开发利用与保护对策措施。二是完成《全面落实科学发展观,构建资源节约型和环境友好型社会》调研课题。按照落实科学发展观的客观要求,开展了《全面落实科学发展观,构建资源节约型和环境友好型社会》调研课题研究。三是完成《加强区域经济宏观思路研究,破解制约沈阳市县域经济发展瓶颈问题的对策》调研课题。

七、地理空间信息

1. 提出系统设计基本思路,制定相关数据分类体系和编码标准。一是按照国家发改委空间地理信息协调委员会的具体要求,为促进沈阳市资源空间信息的标准化建设,实现信息资源共享,把"沈阳市资源空间信息系统"作为重点任务来抓。本着实用、先进、可扩展等原则,提出了系统设计基本思路,着重建设1:5万基础地理信息数据库系统、自然资源信息数据库系统、社会经济信息数据库系统、辅助决策及制图系统和重大问题评价咨询系统等4个系统。二是为了尽快启动沈阳市空间信息元数据库设计工作,并保证系统设计能够与国家农业资源空间信息系统进行有效的数据共享与对接,重点提出了《沈阳市资源空间基础信息系统数据分类》。同时,按照国家资源空间信息元数据行业规范与标准,提出了《沈阳市资源空间信息元编码体系草案》。

2. 有条不紊地完成了系统开发建设的前期工作。一是组织国土、地理信息、软件工程等方面专家召开了沈阳市资源空间信息系统建设方案评审会,从系统建设目标、建设原则、平台选择、技术路线、程序功能设计、数据库结构设计、数据处理、引用标准、开发资质和实施计划等10个方面,就系统建设提出了良好的建设性意见和建议。二是组织制定了《沈阳市资源空间信息系统实施方案》,提出了《沈阳市资源空间信息系统实施进度安排》。三是为在GIS空间数据库支持下,尽快建立自然资源空间数据库,开展了有关数据调查工作,向各区、县(市)下发了《关于开展资源调查,启动我市资源空间信息系统建设工作的通知》,设计了《农村土地利用现状一级分类专项调查表》、《农村土地利用现状二级分类专项调查表》、《水资源利用现状专项调查表》等数据调查表格,组织全市县级有关部门进行填报。

3. 按照全国资源空间信息系统的标准与规范开展系统建设,并取得阶段性成果。一是按照全国资源空间信息系统的标准与规范,编制了《沈阳市资源空间信息系统详细设计报告》,明确了系统管理服务、空间和属性信息查询统计、数据提取分发、制图打印、数据转换等主要功能实现方法与方式。二是以MAPGIS为基础的技术开发平台,与开发单位密切合作,着手进行了系统开发建设工作,全体工作人员不辞辛苦,精心设计,反复修改,建立了基础地理、自然资源、社会经济、辅助决策、咨询评价等4个数据库子系统,初步实现了对沈阳市资源空间信息和属性信息的科学组织和管理,卓有成效地完成了行政区选择查询统计、空间图形选择查询统计、地图显示与制图输出、数据分发和生成注记、数据导入和导出等5个功能模块。三是进行了系统测试和数据装载与试运行等工作。本着实用性、先进性、兼容性、可扩充性和可移植性等原则，扩展建立了流域污染防治、扶贫以工代赈、农业综合开发等空间数据库，已为各部门进行区域布局规划、项目综合管理、资源动态监测等提供了简捷、高效、先进的信息管理手段。

（孟爱华）

【铁西装备制造业聚集区】 2009年12月14日，国家发展改革委批复沈阳铁西装备制造业聚集区产业发展规划。在《国务院关于进一步实施东北地区等老工业基地振兴战略的若干意见》（国发［2009］33号）中也明确提出："支持沈阳铁西老工业基地调整改造暨装备制造业发展示范区等装备制造业集聚区发展，打造具有国际竞争力的先进装备制造业基地"。这标志着沈阳铁西装备制造业聚集区将建设成为具有国际竞争力的国家重要先进装备制造业基地。

国家发改委高度重视铁西的改革发展，2007年6月，授予沈阳铁西老工业基地调整改造暨装备制造发展示范区。

2008年9月，国务院振兴东北办、省发改委、沈阳市发改委、铁西区政府、中国国际工程咨询公司组成课题组，完成了《沈阳铁西装备制造业示范区产业发展规划研究总报告》和《沈阳铁西装备制造业基地发展相关研究分析报告》，并通过了国务院振兴东北办组织的专家评审。在研究报告的基础上，与省发改委和铁西区政府编制完成了《沈阳铁西装备制造业聚集区产业发展规划》，2009年2月20日，经沈阳市第99次市委常委会审议通过。

2009年3月11日，经辽宁省人民政府向国家发展改革委报送了《关于上报沈阳铁西装备制造业聚集区产业规划的请示》。6月份，国家发改委主任张平、副主任张国宝、刘铁男同意启动规划审批程序。

规划通过国家发改委审批后，沈阳铁西装备制造业聚集区将在产业布局、重大项目建设、国债和新增中央投资的安排、重大技术装备推广应用等方面得到国家更大的支持。

（王　庆）

【中国改革论坛】 2009年10月17—18日，沈阳市发展和改革委员会成功承办了第七届中国改革论坛暨中国体改研究会2009年沈阳年会。全国人大、国家发改委等相关国家部门多位省部级领导、国内知名专家学者及各省市参会代表共230余人应邀出席或参加会议。这次会议围绕危机、对策、改革的主题，就应对国际金融危机的挑战、以改革破解难题、以创新推动发展等重大问题进行了深入探讨，交流了诸多真知灼见，为纵深推进全国的改革大业发挥了重要的作用。

（王　智）

【"十二五"规划编制】 2009年11月13日，沈阳市政府召开了"十二五"规划编制工作会议。会上，传达了国家和省发展改革委关于"十二五"规划的有关部署，通报了沈阳市"十二五"规划前期工作进展情况，对全市"十二五"规划编制工作提出了具体安排。会议的召开，标志着沈阳市"十二五"规划编制工作全面启动。

会议强调，要从战略的高度充分认识"十二五"规划编制的重大意义，准确把握科学发展、和谐发展、率先发展的战略要求，紧紧围绕加快经济发展战略性转变、加快经济发展的战略性调整、加快经济发展的战略性推进、加快经济体制改革的战略性突破、加快开放水平的战略性提升，注重解放思想与实事求是相促进，注重加快发展与优化结构、提高效益相结合，注重经济、社会发展与改善民生相协调，注重经济效益、社会效益与生态效益相统一；突出抓好规划编制工作的关键环节，加强组织领导，搞好衔接配合，切实编制出一部符合"高、精、深、实"标准的高水平规划。

会议要求，要按照会议和市政府印发的《沈阳市国民经济和社会发展"十二五"规划编制工作方案》的要求，进一步明确规划编制体系和责任分工。组织各地区、各部门要在继续深入重大问题研究的基础上，扎实有效地做好"十二五"前期基础性工作，集中精干力量抓紧研究起草规划思路。适时开展市民建议征集活动，加强政府与市民的互动，增强规划工作的透明度和市民参与度。同时，要做好各专项和区域规划的编制工作，注重做好规划的衔接、论证和报批等相关程序，全力推进"十二五"规划的编制与实施。

（李沈红）

【信用体系建设】 沈阳市作为省信用体系建设第一批4个试点城市之一，按照国家和省有关社会信用建设的总体要求，于2005年11月成立了沈阳市社会诚信体系建设领导小组，统筹全市社会诚信体系建设。2006年7月市政府以沈政［2006］13号文下发了《沈阳市社会信用体系建设实施方案》，明确了沈阳市社会信用体系建设指导思想、基本原则和总体目标。为推动全市社会信用体系建设，市发改委组织开展了《沈阳市社会信用体系建设发展规划》编制工作，起草了《沈阳市企业信用信息归集和使用管理办法》（草案），完成了多项有关加快社会信用体系建设的课题研究和工作思路研究，启动了沈阳市信用数据交换中心一期工程建设，完成了《信用沈阳》门户网站构建等工作。

2009年，沈阳市社会信用体系建设工作在市委、市政府高度重视下，进程不断加快。在深入调研的基础上，市发改委组织开展了对上海和杭州等地的社会信用体系建设调研，完成了《关于赴上海、杭州市社会信用体系建设的考察专题调研报告》，结合沈阳市实际，市发改委提出了《关于加快我市社会信用体系建设的工作建议》，进一步明确了沈阳市社会信用体系建设的指导思想、建设原则、工作任务、建设目标和工作建议。

在未来几年，沈阳市社会信用体系建设工作将在推进政府诚信建设、加快企业信用建设、推进司法环境建设、加强信用法规体系建设、建立完善社会信用奖惩联动机制、加快公共信用信息资源整合、培育信用市场和信用服务体系和开展全民诚信教育宣传活动等方面重点推进。

（尹　宏）

【经济体制改革】 2009年，沈阳市委、市政府带领全市人民，紧紧围绕应对金融危机、保持经济平稳较快发展这一中心工作，以"完成五大任务，加快全面振兴"为主题，以保增长、促和谐为目标，把改革作为增强经济增长的内生动力，将保发展与促改革有效地结合起来，在重点领域和关键环节积极推进体制机制创新，圆满地完成了全年各项改革工作任务，促进了地区经济的平稳较快发展。

1. 深化农村重点领域改革，加强社会主义新农村建设。一是推进农村土地流转。制定了《关于做好农村土地承包经营权流转工作的实施意见》，对土地流转工作予以政策扶持，在全市41个乡镇开展了土地承包经营权流转市场建设试点，做好土地第二轮延包后续工作，夯实土地流转基础。同时，强化农村土地承包规范化管理，建立健全规范的流转工作制度和规程。二是加快农业经济区建设。制定和完善了祝家、永乐、大民屯、公主屯等4个经济区总体规划，下发了《关于推进农业经济区建设的指导意见》，明确了对农业经济区规划目标、建设标准、建设原则、保障机制和组织管理等内容。全年共落实农业经济区重点建设项目29个。三是加强农业科技创新和推广。沈阳市加大了农业新品种、新技术的引进、示范和推广工作力度，引进推广各类农作物新品种304个，示范推广面积46万公顷。完善了两级监管、四级检测的全程监控体系，确保全市农产品安全。四是加快发展农民专业合作社。开展“三A社”创建活动，全年，新发展农民专业合作社1104家。

2. 深化国有企业改革，推进国有经济战略性调整。一是积极推进重点国企股份制改造，加快投资主体多元化。东药集团与红梅集团重组已经全面启动，沈鼓集团将与中石油、中石化集团开展多方面合作，机电公司资产评估已初步完成，正与收购方洽谈有关资产转让协议。二是做强做大产权交易市场。充分利用沈阳市产权交易中心，建立面向东北地区的产权交易市场，2009年，联合交易所的交易资产总额达到38.1亿元，产权转让值达16.5亿元。三是稳步推进公共事业企业重组。公用事业类企业改革取得新突破，自来水公司完成资源整合，组建沈阳水务集团，振兴环保和国电公司重组顺利，地铁集团与港铁公司实质性合作正在积极推进。同时，进一步理顺和完善水务集团、中兴集团等产权关系。四是推动国有企业上市融资。加快培育国有企业上市，实现国有资本证券化，重点推进盛京银行上市步伐。同时，拓宽融资渠道，强化国有资本运作。2009年，沈阳市相继组建了注册资本120亿元的城建发展投融资平台、注册资本100亿元的工业发展投融资平台、资产资本50亿元的非工业发展投融资平台。三大平台均已与建行、工行等金融机构签署了合作框架协议。

3. 打破体制机制障碍，推进非公有制经济发展。一是加强政策扶持，营造宽松环境。先后出台了《关于促进非公有制经济和中小企业稳定健康发展的若干意见》、《关于进一步下放管理权限促进开发区加快发展的若干政策措施》等扶持政策，为非公有制企业发展创造宽松的环境和良好氛围。二是搭建融资平台，解决融资难题。组织开展银企对接活动，出台了《关于促进非公有制经济和中小企业加快发展的若干意见》，设立5亿元中小企业发展专项资金，用于扶持中小企业服务体系建设、实施品牌发展战略、国际市场开拓等。三是推进产业集群，做大县域工业。坚持以富民强县为目标，以规模经济为依托，以工业化为主导，努力实现县域经济跨越式发展。实施产业集群提升工程，扩大集群规模，提高集群质量，产业集群技术有序推进。积极组织各区、县(市)大力开展农产品加工业招商引资，全力培育龙头企业做大做强。四是强化服务意识，完善服务体系。积极鼓励多层次、多形式地发展非公有制经济和中小企业服务机构，积极为非公有制经济提供全方位服务。

4. 扎实推进行政管理体制改革，打造服务型政府。一是行政审批工作进一步规范。出台了《沈阳市联合审批实施办法》，强化联合审批工作机制；对现有的《房地产开发流程》、《工商企业设立流程》、《外资企业设立流程》进行调整优化，重新修订了《沈阳市行政审批若干规定》，对全市行政审批基本制度、工作原则、管理体制、机构设置等进行明确规范。二是不断创新审批方式，扩大服务领域。积极推行“一审一核”和“一审一验”工作制度，完善“一表制”，在辽中县实行“一费制”试点。放宽市场准入，降低审批门槛，支持重点投资项目。全市行政审批电子网络平台完成升级改造，正式启用。进一步完善考评与激励机制，出台了若干文件，严格规范进驻单位依法行政、依规行政。三是规范政府信息公开，完善各项工作制度。起草了《沈阳市政府信息公开实施办法》，进一步明确政府信息公开范围、内容和程序。印发实施了《申请人撤销依申请公开政府信息办法》、《依申请公开政府信息备案制度》和《沈阳市政务公开和政府信息公开统计办法》等。四是积极推进基层“政务服务中心”和便民全程代办制建设。在全市128个街道、102个乡镇和908个社区全部成立了“政务服务中心”和便民全程代办窗口，1372个村建立了全程代办服务点。四是不断强化公共资源交易平台建设。2009年，市公共资源交易中心共发布公告2857条，完成各类交易2497项，成交总额508.2亿元。

5. 创新金融领域改革，不断加强投融资管理工作。一是加强了政策引导。为更好地应对金融危机，制定和出台了支持企业发展促进经济增长的30条政策、活跃房地产市场的25条新政、支持非公有制经济发展的20条政策和促进就业的70条政策以及采取了促进会展业发展、金融业发展等一系列措施。二是做好装备制造产业投资基金筹备工作。装备制造产业投资基金总规模200亿元业已获得国家批准。三是加强了投资领域改革。对固定资产投资项目的节能评估和对企业项目落实配套资金的审查，起草了《关于进一步加强固定资产投资项目节能评估和审查工作的通知》，保证了国家关于降低能耗、节约资源、合理集约使用土地的要求和项目资金的到位，避免了重复建设、过度开发和拖欠工程款等问题的发生。四是加强了公共事业改革。出台了《沈阳市公共资源交易中心工程建设项目招投标管理办法》，规范了公共资源交易进场项目范围、监管部门、综合评标专家库的使用和信息发布媒介等。

6. 完善就业和社会保障体系，推进社会事业全面发展。一是建立完善就业创业政策体系。2009年，市政府出台了《沈阳市人民政府关于稳定就业形势促进就业创业工作的实施意见》等文件，推动创业带动就业，加大就业援助力度，全市实名制就业25.1万人，城镇登记失业率控制在3.2%，10万名高校毕业生实现就业。二是不断完善社会保险体系，着力提高保障能力。进一步完善养老保险制度，实施农民工医疗工伤综合保险，新型农村合作医疗参合率达到99.3%，人均筹资标准提高到150元以上。三是构建和谐劳动关系。出台了《沈阳市应对当前经济形势稳定劳动关系指导意见》，做好农民工维权工作，加强执法监察力度，做好劳动仲裁工作。四是大力推进医药卫生体制改革。出台了《中共沈阳市委、沈阳市人民政府关于深化医药卫生体制改革的意见》、《沈阳市2009－2011年医药体制改革实施方案》、《沈阳市2009年医药卫生体制改革要点》。大力开展“完善基本医疗保障制度、初步建立国家基本药物制度，健全基层医疗卫生服务体系，加快基本公共卫生服务均等化，推进公立医院改革试点”等五项重点工作。

7. 做好新型工业化改革试验，深化省级综合配套改革试点。一是加大了区域改革力度。完成了《沈阳经济区新型工业化综合配套改革框架方案》，突出区域内改革优势，明确改革重点，为发挥经济区整体优势提供改革动力。二是完成了区域相关发展改革规划。先后编制完成了《沈阳经济区总体发展规划》和《沈辽鞍营通海产业经济带发展规划》、《沈本产业经济带发展规划》等5个跨市产业带发展规划和《沈阳经济区工业发展专项规划》等7个专项规划，与已经发布的《沈抚连接带总体发展概念规划》共同构成了比较完善的沈阳经济区发展规划体系，助推沈阳经济区科学发展。三是加强了区域内基础设施建设。沈阳经济区内重大基础设施建设有序推进，区域产业布局进一步优化，区域要素市场整合逐渐加强，沈抚同城化、沈本一体化进展加快。四是继续加强省级综合配套改革试验区试点工作。沈北新区在巩固改革成果的基础上，不断加大改革力度，总结改革经验，深化改革创新，继续探索适合本地区发展的改革路子，并拟在区内选择基础好、条件成熟的区域作为改革试验区的先导区，先行先试重大改革举措。

8. 发挥职能优势，牵头做好全市各项改革统筹工作。一是制订并印发了《关于2009年深化经济体制改革的实施意见》（沈政发[2009]12号），指导全市重点领域和关键环节的经济体制改革工作。二是建立了全市经济体制改革工作联席会议制度，并于上半年组织召开首次联席会议。三是加强全市重点改革工作的监督检查工作。半年和全年分别对全市重点改革工作的责任单位的改革工作完成情况进行了检查，并形成了全市改革工作报告。四是制订并出台了《关于进一步下放管理权限促进开发区加快发展的若干意见》，向经济技术开发区、浑南新区、棋盘山、航高基地、蒲河新城五个开发区进一步下放市级经济管理权限。五是继续推进省级改革试验区——沈北新区的各项改革工作。六是成功承办了国家改革会议。2009年10月，经过精心组织和周密谋划，沈阳市发改委在国家发改委体改司的领导和大力支持下，成功承办了第七届中国改革论坛暨中国体改研究会2009年沈阳年会。

（王　智）

【重点空间产业发展规划】 沈阳市政府于2008年10月下旬启动了铁西装备制造业聚集区、东部汽车产业聚集区、民用航空国家高技术产业基地和世界级装备制造业基地以及浑南新区、沈北新区、棋盘山文化生态旅游区等重点空间产业发展规划的编制工作。在市委、市政府的正确领导下，重点空间产业发展规划的组织工作扎实推进：成立了市重点空间产业发展规划编制领导小组，制定了相应的工作方案，相继召开了全市重点空间产业发展规划编制工作会议以及审议重点空间产业发展规划的市长办公会、规委会，强化了对此项工作的整体推进和分类指导。与此同时，各规划编制部门按照重点空间产业发展规划编制工作方案的具体要求，充分依靠专家学者，坚持问计于民，注重调查研究，在现有规划成果的基础上大胆创新，使重点空间产业发展规划的编制水平得到明显提升。

《铁西装备制造业聚集区产业发展规划》在2009年2月20日经市委常委会审议后，12月14日又业经国家发展改革委批复，这标志着将沈阳铁西装备制造业聚集区建设成为具有国际竞争力的国家重要先进装备制造业基地已上升为国家战略。其它规划已趋于成熟，论证、修改工作正在有序推进。

（李沈红）

【中央扩大内需项目】 截至2009年10月，国家陆续安排沈阳市扩大内需中央投资项目共4批288个，总投资82.6亿元，年度计划投资34.7亿元。其中，中央预算内投资9.8亿元。已开（竣）工项目283个，开（竣）工率达98.3%，累计完成投资28.97亿元。采取的主要措施：

1. 加强监管，增强组织领导。成立了由市政府常务副市长和市纪委书记为组长，市纪委监察局、市发改委、市财政局和市审计局为成员单位的检查工作领导小组，下发了《关于加强新增1000亿中央投资管理和监督检查工作的通知》（沈纪[2008]18号）、《关于进一步加强中央扩大内需促进经济增长政策措施情况监督检查的通知》（沈纪[2009]15号）、《关于严格管理加强监督确保中央扩大内需促进经济增长重大决策部署贯彻落实的通知》（沈纪[2008]19号）、《关于对我市新增中央投资项目实施情况开展监督检查的通知》（沈纪[2009]14号）等文件。

2. 超前思维，创新工作方式。为加强项目监管，建立健全了项目联络员制度、项目法人承诺书制度、项目会签制度、严格落实责任追究和实行项目社会公开等制度。在项目申报中央投资时，实行项目主管部门与稽查部门会签制度，关口前移，从源头上防范违纪违法行为和腐败现象的发生。收集国家扩大内需项目建设相关政策法规，组织编写《落实中央扩大内需促进经济增长政策项目稽察工作手册》。

3. 开展自查，规范管理程序。沈阳市扩大内需促进经济增长政策落实检查工作领导小组多次召开会议和下发通知，要求项目建设单位开展自查活动，以中央投资项目管理的“四制”和“三专一封闭”为标准，对照检查项目管理中存在的漏洞和不足，规范了中央投资项目的管理，提高了项目建设单位人员的管理水平，做到了主管人员、主管部门、岗位职责等“三明确”。

4. 联动检查，会诊存在问题。为减少项目单位负担，避免重复检查，市扩大内需促进经济增长政策落实检查工作领导小组明确了成员单位的职责分工，发改、监察、财政、审计等部门组成联合检查组，分3次对已下达的全市4批新增中央投资项目逐一进行了调度和检查。针对检查中发现的问题，现场提出整改意见，并针对每个项目单位的不同实际情况进行了一对一的培训。

5. 日常检查，推进项目建设。市稽察办对新增中央投资项目进行日常稽察监管，针对项目建设的不同阶段，开展立项、审批、前期手续、项目实施日常稽察；市财政局对资金使用和管理等情况进行专项检查，保证中央预算内资金和配套资金及时拨付到位并安全运行；市审计局采取市区审计联动，对项目进行全程跟踪审计检查；市监察局积极发挥日常协调工作，对重点项目的重点环节进行跟踪督办，推进市规划和国土局、环保局、市经信委、市建委、市城建、安监局为中央新增投资项目开设绿色通道，解决项目建设过程中难点问题，保证了中央项目实施依法合规。

6. 领导督查，协调解决问题。市扩大内需促进经济增长政策落实检查工作领导小组主要领导分别亲自带队，四次深入项目现场，督查中央投资项目建设进展情况，又先后三次组织召开中央扩大内需投资项目工作会议，通报项目建设情况，协调解决有关问题。

(于　江)

【经济动员工作】 2009年，沈阳市经济动员工作以科学发展观为指导，以提高平战结合、军民结合、应对突发事件的保障能力为目标，准确把握世界新军事形势下国民经济动员工作的新特点，较好地完成了全年的工作目标和上级布置的重点工作。

1. 健全市级经济动员体系。市国民经济动员工作坚持以国家政策为依据，以科学发展统领全局，结合沈阳市的区位优势和经济特点，加强了国民经济动员组织机构建设。市级国民经济动员机构按照上级要求设置了专门机构，各区、县(市)明确了兼职工作人员，建立了顺畅的工作联系渠道，国民经济动员工作步入了正轨。

2. 更新了国民经济动员潜力调查数据。重点调查的是科技含量高、与"应战"、"应急"关联度大的食品、军民通用装备等相关行业数据，为提高快速动员和应对突发事件提供了有力保障。

3. 加强学习和培训工作。市经济动员办公室举办了全市动员工作人员基础理论培训班，聘请省军区、沈阳警备区相关军事专家、教授和省经济动员办领导授课，完成了对辽中等8个重点县区新任人员的初级培训工作，提升了全市经济动员工作的理论水平。

4. 进行信息系统升级换代及前期调研、论证工作。拟开发的新系统是以先进的信息网络技术为支撑，依托经济动员信息通用平台，将全市自然资源、宏观经济、社会服务等潜力调查数据信息作为数据库建设的重要内容，并纳入全市统计部门的正常工作范围，实施联合调查统计。同时，利用地理信息技术，建立覆盖全市的经济动员信息网络体系，为政府实施应急处置构建便捷、通畅的综合指挥平台。同时，新系统将市经济动员信息网络系统与国家、沈阳军区和辽宁省国防动员委员会信息网络系统相对接，实现信息资源共享，指挥决策联动。沈阳市国民经济动员信息系统框架方案已经建立，条件具备后即可进入实质性开发建设阶段。

5. 编制国民经济动员预案。完成了民用设施动员和危险品救助等4个专项动员预案的编制工作。

6. 筛选重点企业，组建动员中心。按照统筹规划、科技主导、分类准备、全面保障的工作思路，在全市重点的工业、财政金融、科学技术、物资储备、医疗卫生、邮电通信等领域，筛选建立全市统一的"应战"、"应急"保障动员企业，并对企业中建立的应急中心进行有效指导，构建全市统一的应急保障体系。

(刁立松)

【康平电厂并网发电】 2009年8月3日，沈阳市重大能源项目——康平电厂正式并网发电。该项目是沈阳投资最大的电力项目，也是振兴老工业基地的重点工程。年发电量可达到66亿千瓦时，可实现销售收入16.30亿元，利税3.65亿元。对于缓解沈阳地区的电力缺口、增加地方财政收入、带动区域经济发展，特别是实现康平地区的脱贫致富具有重大意义。

康平电厂新建两台60万千瓦国产超临界湿冷燃煤发电机组，总投资52.2亿元。具有以下优势和特点：一是坑口电厂优势。康平电厂位于康平县境内的铁法矿区康北煤田，有着得天独厚的地理优势和明显的竞争优势，与同容量路口和港口电厂比较，每年可节约运费6000万元，并大大减少煤炭运输中的二次污染和损耗。二是负荷中心优势。康平电厂距沈阳只有110公里，电厂电力通过500千伏电压等级接入系统直送市区负荷中心，不仅电源布局合理，而且大大降低了输电成本。三是资源综合利用优势。康平电厂年用水量为1900万立方米，全部利用北部污水处理厂中水。同时，为恢复康平卧龙湖生态湿地，电厂输水工程兼顾向卧龙湖补水，以恢复和保护卧龙湖的自然生态景观。四是高技术优势。康平电厂采用等离子点火技术，被国家列为重点推广的等离子无燃油点火和助燃示范项目。同时，电厂采用高参数、大容量的超临界发电技术，发电煤耗大幅下降，与常规小火电机组相比，年可节煤45万吨。

(王忠宝)

【沈西热电厂新建工程获国家发改委核准】 2009年6月15日，国家发改委以发改能源[2009]1553号文件正式核准了辽宁国电沈西热电"上大压小"新建工程。沈西热电厂建设规模为2台30万千瓦国产亚临界燃煤热电机组，总投资28.67亿元。项目投产后，可为沈阳西部地区工业企业提供工业蒸汽160吨/小时，有力地保证铁西装备制造业聚集区和现代建筑产业园区企业生产热力需求。可实现集中供热面积2000万平方米，拆除供热区域内小锅炉164台，年可节约能源8.39万吨标煤，减少灰渣排放量3.4万吨，减少硫化物排放6090吨，减少烟尘排放量5645吨，改善环境效果明显。

(王忠宝)

【风力发电项目】 截至2009年年底，沈阳市风力发电获批规模已达到40万千瓦，其中已有26万千瓦并网发电。预计到2010年，全市风电装机容量可望达到50万千瓦，每年可为电网提供10亿度电能，与燃煤电厂相比，可节约标煤约33万吨，减排二氧化碳约89.1万吨，并可增加财政收入约1.1亿元。

为使沈阳市风力发电产业快速健康发展，沈阳市正在组织编制《沈阳市风电产业发展规划》。按照规划，到2020年，沈阳市风电装机总容量将达到120万千瓦。

(王忠宝)

【金山热电厂扩建工程】 金山热电厂"上大压小"扩建工程于2008年下半年正式开工建设。经多方协调，工程建设中遇到的融资贷款瓶颈得以解决，工程进展顺利。项目建设规模为新建2台20万千瓦热电机组，总投资24.9亿元。现主厂房、储煤仓、烟囱等土建工程基本完工，完成1号锅炉安装。项目将于2010年11月投产、供热、发电，可取代沈阳南部区域内现有的2座热电厂和

109台小型分散供热锅炉,供应蒸汽147吨/小时,供热面积可达1261万平方米。

(王忠宝)

【社会事业】 2009年,沈阳市发改委深入落实科学发展观,立足扩大内需保持经济平稳较快增长,围绕着力保障改善民生,全面加强社会建设,推进沈阳市社会事业快速发展。

1.医药卫生体制改革初见成效。根据国家医改的总体精神,沈阳市发改委起草了《中共沈阳市委沈阳市人民政府关于深化医药卫生体制改革的意见》、《沈阳市2009—2011年医药卫生体制改革实施方案》和《沈阳市2009年医药卫生体制改革工作要点》3个文件。筹备召开了全市医药卫生体制改革工作会议。组织各区、县(市)成立了医改领导小组,稳步扎实地推进全市医药卫生体制改革各项工作。

2.社会事业建设步入快速发展阶段。2009年,国家共下达了4批扩大内需中央预算内投资计划。其中,安排沈阳市医疗卫生、教育文化等社会事业建设项目112个,项目计划总投资2.44亿元,其中中央预算内投资1.25亿元,占总投资的51.5%。112个项目中,教育项目5个,争取中央投资1180万元;卫生项目57个,争取中央投资8990万元;文化项目28个,争取中央投资744万元;民政项目3个,争取中央投资1060万元;计生项目19个,争取中央投资570万元。

3.社会事业基础设施建设进一步增强。2009年,沈阳市发改委全力推进县医院、乡镇卫生院、社区卫生服务中心、市儿童医院改扩建一期工程、100所公立惠民幼儿园改造、乡镇文化站和乡镇计划生育服务站等一批社会事业项目。一是基层医疗机构基础设施建设进一步完善。2009年,中央、地方各级政府总计投入2.18亿元,建设4个县级医院、35个农村乡镇卫生院、15个社区卫生服务中心等基层医疗卫生机构,为12个区县(市)72所乡镇卫生院配备的装备已投入使用,首批验收的172个社区卫生服务站达到了建设标准。二是区域医疗服务中心和品牌专科医院建设进展顺利。组织实施6所市属医院改造及新建4.7万平方米儿童医院治疗和住院大楼一期工程。同时启动了市精卫中心、沈洲医院、市妇幼保健所改扩建工程前期工作。三是百所公立惠民幼儿园改造项目全面铺开。全市共投入资金2000万元,新建和改扩建了100所惠民幼儿园,惠及2万名儿童。四是职业学校建设得到加强。市盲校、计算机学校、化学工业学校、汽车工程学校及职教园配套工程建设情况进展顺利。五是文化设施建设稳步推进。27个中央预算内投资的乡镇文化站项目全部开工建设,总建设规模7200平方米,计划总投资648万元,其中中央预算内投资324万元,已建成13个。同时组织完成了少儿图书馆、博物馆项目的前期调研、方案设计等工作。六是乡镇计划生育服务站项目如期完工。19个中央预算内投资的乡镇计划生育服务站项目,总建设规模9500平方米,计划总投资760万元,其中中央预算内投资570万元,按计划2009年全部交付使用。七是利用革命历史资源,发展红色旅游事业。国家发改委将沈阳抗美援朝烈士陵园列入了国家100个"红色旅游经典景区",2009年批准了沈阳抗美援朝烈士陵园基础设施改造项目,总投资1725万元,其中争取到中央预算内资金1040万元、省专项资金100万元。

4.推进养老服务社会化。2009年,沈阳市总人口为776万人,其中老年人口为119万人,占全市总人口的15.3%,为应对沈阳市人口老龄化趋势,适应老龄人口发展,加快养老事业建设,沈阳市发改委采取有效的应对措施。一是加快推进养老机构建设。认真落实了市人大第十四届常委会第六次会议《关于应对我市人口老龄化的议案》,启动了"爱晚工程"项目建设,项目总投资5.54亿元,总建设规模18.46万平方米,设计床位4000张。二是全面推进农村中心敬老院建设。依据《市委办公厅、市政府办公厅关于印发<2009年沈阳市扶贫帮困工作实施方案>的通知》(沈委办发[2009]1号)精神和沈阳市农村敬老院3年建设规划,在已新建20所农村中心敬老院基础上,2009年再新建12所农村中心敬老院,实施沈阳市农村中心敬老院建设项目3期工程,项目总投资1.04亿元,总建设规模7.46万平方米,设计床位2870张。

5.城乡社会事业均衡发展。沈阳市发改委深入实际开展社会事业发展调查研究,统筹兼顾、协调推进,确保城乡社会事业均衡发展。一是组织编制沈阳市普通高中标准化建设规划及实施方案。沈阳市发改委会同教育部门编制了《沈阳市普通高中标准化建设规划及实施方案》。二是完成了《关于加快我市农村社会事业发展的对策研究》调研课题。三是完成了《2009年15个副省级城市社会发展水平综合评价报告》。

(李 斌)

【重点项目建设】 2009年,沈阳市通过强化项目协调服务质量,加大项目招商引资力度,提高项目管理的科学化水平等手段,扎实推进重点项目开发建设进程。特别是成功开展的"进企业解决难题,实施保增长工程"帮扶1000个亿元重点项目活动,成效显著。

一、全市项目开发建设基本情况

1.投资3000万元以上在建及竣工项目。2009年,全市开工建设投资3000万元以上项目1849个,同比增长2.5%,总投资1.04万亿元,同比增长12.3%,当年完成投资1928.6亿元,同比增长10.8%。其中,新开工项目983个,超计划指标的9.2%,当年完成投资769.8亿元;续建项目866个,同比增长13.2%,当年完成投资1158.8亿元。全年实现竣工项目923个,超计划指标的15.4%,同比增长1.3%。

2.招商引资及签约落地项目。2009年,全市签约落地投资3000万元以上项目683个,总投资5260亿元。其中,工业项目336个,投资金额1130亿元;农业项目17个,投资金额53亿元;服务业项目306个,投资金额3892亿元;城建项目24个,投资金额185亿元。全市共洽谈推进了226个重大外资项目,引进超千万美元项目52个,新批外商投资企业670家,合同外资额110亿美元,分别增长29%和7%。引进投资500万元以上内资项目1809个,实际到位内资617.2亿元,增长48.4%。

3.重点建设项目。在266个项目中有232个项目实现开工建设,开工率为87.2%。其中,69个工业结构调整和高新技术建设项目中有52个项目开工建设;103个服务业建设项目中有92个项目开工建设;41个城乡重点基础设施建设项目中有36个项目开工建设,19个农业和农村基础设施建设项目全部开工建设;16个重大民生和社会事业建设项目中有15个项目开工建设;18个节能减排和污染治理建设项目全部开工建设。按建设时间划分:128个新建项目中有104个项目开工建设,138个续建项目中有128个项目开工建设。

二、项目开发建设呈现的主要特点

1. 亿元以上项目比重增大。在3000万元以上建设项目中,亿元以上项目837个,占全部项目的45.3%,高于上年1.5个百分点,当年完成投资1620.3亿元,同比增长13.8%,占全部项目完成投资的84%。其中,10亿元以上项目241个,同比增长25.5%。沈阳中恒碳纤维项目、沈西热电"上大压小"新建工程、中钢年200万吨废钢加工工程以及天润商城、东北电子商城、沈阳新夏宫等一批新项目实现开工建设;长峰龙之梦亚太中心、奥园动漫产业城、世茂五里河广场、中弘再生资源、沈阳国际软件园、先锋科技软件园、步阳物流及配套地产、沈阳纺织工业园、铁西裕景国际产业园、东北木材深加工环保产业园、维润数码识别产业园等一批续建项目进展顺利;特高压输变电生产基地一期、Q400飞机大部件转包、三菱4A9发动机及变速器生产、通用汽车(沈阳)北盛二期、沈化50万吨/年催化热裂解制乙烯、沈西铸锻、机车车辆新厂和长江街地下商城等一批在建项目实现竣工投产。

2. 项目结构进一步优化。全年开工建设的投资3000万元以上项目产业构成更加合理,项目平均投资规模提高至5.6亿元,比上年增长9.8%。

工业项目749个,占全部项目的40.5%,当年完成投资441.5亿元,占全部项目完成投资额的22.9%。北方交通新基地、新疆特变特高压输变电生产基地二期、丹东曙光汽车、日本安川电机、加拿大亿通美加工业园、华晨宝马F18新5系宝马轿车技术改造、华晨金杯A级车工厂扩建、辉山乳业良种奶牛繁育基地二期等项目进展顺利,现代建筑产业园建设全面启动。

服务业项目807个(含纯房地产项目276个,商业地产项目186个,物流项目55个),占全部项目的43.6%,当年完成投资1149.9亿元,占全部项目完成投资额的59.6%。台湾高新技术创业城、新世界二期住宅及会展中心、保利达国际商业中心、恒隆城市广场、华润万象城、中街利福商业广场以及南航桃仙机场候机楼扩建工程等项目加快建设,华强文化科技产业园、嘉里(沈阳)中心广场、沈阳国际展览中心等项目开工,国药控股沈阳物流中心、东北农副产品交易中心等重点项目进展较快,沈阳保税物流中心封关运行。

基础设施项目155个,占全部项目的8.4%,当年完成投资255.4亿元,占全部项目完成投资额的13.2%。地铁1、2号线建设进展加快,哈大客运专线工程主体施工,铁路东北环线开工。沈康高速二期、辽新高速、机场高速改扩建工程完工。完成南湖桥、滂江桥等38座危旧桥梁改造加固工程。开工建设西站、长客总站等综合运输枢纽。康平电厂正式并网发电,金山热电、沈西热电"上大压小"项目开工。

农业项目67个,占全部项目的3.6%,当年完成投资36.8亿元,占全部项目完成投资额的1.9%。苏家屯区葡萄栽培基地、沈北新区大洋河养殖、秀水河红辣椒产业园、麓鸣谷农业生态旅游度假区、华美畜禽肉鸡养殖基地、沈北尹家花卉种植、富腾农康生猪饲养及繁育等项目建设成效明显。

民生及社会事业项目56个,占全部项目的3%,当年完成投资25.7亿元,占全部项目完成投资额的1.4%。国际会展中心正在进行土建施工,奥体中心网球馆、游泳馆竣工。骨科医院、儿童医院改扩建一期工程主体完工,第一医院启动,奉天医院、第七医院交付使用。

节能环保和环境治理项目15个,占全部项目的0.9%,当年完成投资19.3亿元,占全部项目完成投资额的1%。5家电厂、35家供暖企业82台锅炉正在进行脱硫设施改造,日处理能力60万吨的南部污水处理厂(一期)进场施工。浑河沈阳段全线通航及"一水两岸"提升改造工程基本完成。

3. 城区及开发区项目投资贡献较大。和平、沈河、大东、皇姑等4个城区在建项目535个,占全部项目数的28.9%,完成投资613.2亿元,占全部项目完成投资额的31.8%;铁西、沈北、浑南、棋盘山等4个开发区在建项目690个,占全部项目数的37.3%,完成投资599.5亿元,占全部项目完成投资额的31.1%;东陵、于洪、苏家屯等3个城郊区在建项目322个,占全部项目数的17.4%,完成投资414.9亿元,占全部项目完成投资额的21.5%;新民、辽中、康平、法库等4个远郊县在建项目302个,占全部项目数的16.4%,完成投资301亿元,占全部项目完成投资额的15.6%。城区及开发区的投资占全部项目完成投资额的62.9%,已经成为全市项目投资的主要力量。

4. 招商引资力度进一步加大。成功推进了世纪晶源LED芯片生产基地、台湾美联CIGS薄膜太阳能电池、深圳比克锂离子电池研发基地等重点工业项目和香港佳兆业秀湖地区改造、香港远东发展及深航沈阳滨河生态城、中海国际荷兰村地区综合改造、香港世纪汇鑫集团亚洲金融中心等重点服务业项目洽谈进程。各区县(市)、开发区创新招商方式,锁定国内外知名公司企业,加快洽谈引进项目的进度;市直有关部门互相配合、实行联动,提高办事效率,为项目签约落地创造条件。

5. 项目投资环境全面改善。一是从政策层面,沈阳市出台的支持企业发展30条、稳定就业70条、促进非公经济发展20条、房地产新政25条以及开发区发展20条等一系列政策措施,确保全市经济平稳较快发展,对项目开发建设起到了巨大的促进作用。二是从工作层面,加大重点项目开发建设的协调推进力度。以市政府名义下达了266个重点建设项目名单,实行市领导牵头负责,市直部门协调,区县落实的三级工作机制,集中全市各类资源和力量全力推进。三是从服务层面,紧密结合学习实践科学发展观活动,在全市开展帮扶1000个建设项目,全方位、多层面帮助企业解决当前项目建设中急需解决的突出困难。四是从资金层面,全面加强银政企对接合作。充分发挥国家开发银行、人民银行、建设银行、工商银行、中国银行、民生银行等金融机构作用,积极拓展沈阳市四大融资平台功能,努力争取上级资金投入,为沈阳市建设项目的资金投入提供有力保障。

(陈兆春)

【固定资产投资】 2009年,沈阳市以优化产业结构为着力点,立足民生,优先发展现代服务业,进一步加快辽宁中部城市一体化和沈西工业走廊的建设步伐,为促进沈阳市经济平稳较快增长起到重要作用。

全年累计完成投资3676亿元,比上年增长22.2%,投资额比上年增加了667.3亿元,投资总量居15个副省级城市前列。投资贡献率达64.6%,拉动经济增长10.5个百分点。全年房屋施工面积达9844.3万平方米,比上年增长7.4%,建成各类房屋3340.7万平方米,比上年增长3.5%,新增固定资产1540.6亿元,比上年增长10%。从全年投资走势看,投资增幅始终保持在25—30%左右,投资运行稳健且适度。

1. 一产业投资比重加大,三、二、一的产业投资格局得到巩固。在保持房地产开发和工业投资主导地位的同时,第一产业投资比重比上年明显加大,全年完成投资110.4亿元,同比增长76.4%,占全社会固定资产投资2.8%,比上年提高了0.7个百分点;第二产业完成投资1390.2亿元,同比增长23.5%,占全部投资的比重由上年的37.4%提高到37.8%;第三产业完成投资2175.4亿元,同比增长19.5%,比重比上年下降了0.7个百分点。投资结构由上年的2.1∶37.4∶60.5演变为2.8∶37.8∶59.2。公共管理、信息服务和科学研究等现代服务业投资大幅增长,分别比上年增长90.4%、82.1%和70.4%。航高基地、华强文化科技产业园、动漫产业基地、保税物流中心、沈阳展览中心等一批服务业项目加快建设,服务业活力明显增强。沈抚城际铁路、机场高速公路改扩建、沈康高速二期实现通车,带动了全市固定资产投资的较快增长。哈大客运专线等交通项目进展顺利,第三产业的发展壮大,有力地推进了经济结构的调整优化,促进了经济增长方式的转变。

2. 突出重点,工业优势产业不断壮大。全年工业投资完成1352.2亿元,比上年增长22.4%,占全社会投资比重37%。从工业主要行业看,机械装备制造业仍是投资重点,占工业投资35.4%以上。而黑色金属冶炼及压延加工业、汽车制造业、农产品加工业是增长较快的行业,分别增长71.1%、33%、19.9%。继续实施以重大项目带动产业优化升级战略,促进工业由大变强,米其林沈阳轮胎、沈阳橡胶工业园、奥园动漫城、华晨金杯A级车工厂项目、沈阳国际软件园等超20亿元以上工业重大项目进展顺利,石蜡化工年产50万吨CPP项目、国电康平电厂一期工程、沈阳矿山机械(集团)、特变电工沈阳变压器集团、德信科技园等项目的相继投产,进一步巩固了工业的支柱地位。

3. 房地产开发投资持续增长,商品房销售市场保持稳定。2009年,全市房地产开发投资完成1188.7亿元,比上年增长17.6%,占全社会投资比重32.3%,房地产投资的持续增长是投资稳定增长的主要动力。从用途看,商品住宅投资802.1亿元,比上年增长10%,占房地产开发投资的67.5%,继续保持开发投资的主导地位。商业营业用房建设快速发展,完成投资262.9亿元,比上年增长50.5%,占房地产开发投资的比重为22.1%,比上年提高4.8个百分点。

针对年初商品房销售面积下降的态势,通过春季、夏季、秋季房交会,推出提高公积金贷款额度等促销政策,有效地拉动消费需求。商品房累计销售面积1532.9万平方米,同比增长4.6%。其中,住宅销售1369.3万平方米,同比增长4.8%;办公楼销售15.4万平方米,同比下降1.7%;商业营业用房销售121.3万平方米,同比下降0.1%。

4. 住宅建设效果显著。继续加大住宅建设投资力度,全市城镇住宅建设投资完成802.1亿元,比上年增长10%,占城镇固定资产投资的23.4%,新建住宅1099.9万平方米,其中商品住宅1075.7万平方米。到2009年末,全市市区实有住宅建筑面积达12996.4万平方米,比上年增加815.4万平方米,增长6.7%;城镇人均住宅建筑面积30.9平方米,比上年增加了1.9平方米,城市居住水平明显提高,居住条件明显改善。特别是市委、市政府将住房保障作为首要民生问题来抓,建立了解决城市低收入家庭住房困难问题的保障体系,保障性住房建设效果明显,为真正实现"居者有其屋"的住房保障目标打下了坚实基础。全年新建经济适用房91万平方米。

5. 重大基础设施和重大产业项目建设得到加强。2009年,总投资3000万元以上项目完成投资2635亿元,比上年增长18.6%,占全社会投资的71.7%,其中10亿元以上项目完成投资1008.1亿元,比上年增长21.3%,占全社会投资的27.4%。地铁工程完成投资32.5亿元,特高压输变电生产基地一期、沈化集团50万吨CPP、Q400飞机大部件转包等重点项目竣工投产,华晨金杯A级车工厂扩建、华晨宝马F18新产品、欧直公司直升机及航空结构件基地等项目积极推进,世贸五里河、华润万象城等项目进展顺利,华强文化科技产业园、沈阳国际展览中心等项目开工,现代建筑产业园建设全面启动。重点项目的顺利实施,对优化投资结构起着重要的支撑作用。

6. 县域投资增势迅猛。通过安排贴息资金,支持县域产业项目建设。东陵的国家航空高技术产业基地;新民的包印、辽中铸锻、康平的高性能碳纤维产业园、法库陶瓷、于洪小五金等工业园区加快建设,县域投资蒸蒸日上。全市8个县(市)区完成投资1664.1亿元,比上年增长25.4%,比全市平均水平高3.2个百分点,比城区高4.2个百分点,投资额占全市比重达到15.3%,比上年上升1.2个百分点。

7. 民营经济投资活跃,投资自主性因素增强。随着经济的市场化取向以及民营经济的迅猛发展,民营经济投资日趋活跃,占全社会投资的比重继续提升。2009年,国有经济投资613.3亿元,同比增长16.3%,占全社会投资的比重为16.7%,比上年回落0.8个百分点;外商及港澳台投资709.8亿元,增长21.5%,占全社会投资的比重为19.3%,比上年回落0.1个百分点;民营经济投资2353亿元,同比增长24%,比全社会投资高1.8个百分点,占全社会投资的比重为64%,比上年提高1个百分点。

8. 城市建设成绩斐然。2009年城建项目完成投资360.4亿元,比上年增长26.5%。地铁1号线全线实现洞通、轨通,铁西广场以西实现通车;2号线土建工程完成60%,8个车站完成主体工程。沈康高速公路二期、辽新高速、机场高速改扩建工程完工,完成南湖桥、滂江桥等38座危旧桥梁改造。沈北客运站、五爱客运枢纽竣工。奥体中心网球馆、游泳馆竣工并投入使用。实施弃管房维修工程,改造256个老旧小区、149条街巷路。

(赵忠敏)

【国有企业改革】 2009年,沈阳市国资委坚定不移地推进国有企业改革,坚持以发展引领改革,以改革促进发展,进一步优化了国有经济布局和结构。公用事业和商贸流通企业改革全面完成。其中,商业城集团、东北金城、煤气公司整体改制,安置职工近9000人。北方重工等3户装备制造重点企业改革方案已经确定,东方钛业、银象公司等9户企业完成了改制;企业战略重组取得突破,组建地铁集团,与港铁公司合作设立沈港地铁运营公司,引入了先进管理理念。整合供暖集团,委托煤气公司管理,实现了资源共享。机床集团等3户企业与信达公司债转股工作全面完成,减轻了企业负债,推进了银企合作。沈加厂破产后,引进中铝公司并投资30亿元,将建成百亿集团;企业破产工作成效明显,沈加厂、东北六药等6户企业政策性破产工作基本完成,核销债务30亿元,安置职工2.3万人。

(何久军)

【国有资产监督管理】 2009年,沈阳市国资委以贯彻落实《企业国有资产法》为契机,进一步完善国资监管体制机制,落实国有资产保值增值责任。理顺企业管理体制,平稳接收客运集团等企业,实现了全市委办局所属大型国企资产全部纳入国资委统一监管,彻底解决了政企不分、政资不分、多头管理的问题;完善考核评价体系,实行目标考核和分类考核,市属企业实行年薪制考核,委属企业实行经营责任目标考核,与19户企业签订了年度工作目标责任状,强化了激励约束;外派专职监事会主席工作方案得到市委批准,增设局级专职监事会主席6名,将有效发挥监事会的监督作用;加强风险管控,调查评估17户重点国企贷款及对外担保,对涉诉债务建立了"防火墙"。机床集团总法律顾问试点工作取得成效,追索债权执行回款2000多万元;各区、县国资公司发挥平台作用,完成了国开行贷款拨付工作,促进了地区经济发展;扩大企业财产保险统一招投标范围,节约保费支出2200万元;沈交所打造五大交易平台,实现交易额41亿元,市场规模和经营业绩在东北各大城市中处于领先位置,为建设区域性产权交易市场奠定了基础。

(何久军)

【国有资本运营】 2009年,沈阳市国资委强化资源整合,盘活存量,吸引增量,提高国有资本运营效益,促进了"保增长"和历史遗留问题的解决。整合国有企业有效资产,组建基础建设集团,做大达锐投资公司,并与金融机构合作,已融资82亿元;恒信公司新增开行贷款70亿元,累计融资390亿元,强化了平台公司作用;拓展上市融资功能,东药股份发行6亿元公司债券,沈阳机床集团发行5亿元短期债券,降低了融资成本。盛京银行整体上市已进入报审阶段;完成建行股份所持东药集团股权的回购、推进华融公司股权"下沉"工作,为东药集团整体上市奠定了基础;达锐公司与开行共同筹备设立装备制造产业基金,总规模200亿元。

(何久军)

【重点国有企业发展】 2009年,机床集团、沈鼓、北方重工、东药集团4户重点企业实现销售收入341亿元,同比增长11%。完成增加值93亿元,增长12%。实现利润10亿元,增长27%。机床集团世界同行业排名由第7位升至第5位,北方重工全国同行业排名由第6位跃居第3位;企业自主创新能力进一步提高,一批国内领先、国际先进的重大技术装备相继研制成功,其中百万吨乙烯压缩机填补了国内空白,机床五轴加工中心被列入国家重大科技专项。重点企业高新技术产品产值占总产值的比重超过50%;重点项目建设进展顺利,重大型数控机床生产基地、百万千瓦核电机组研发实验基地开工建设。北方重工基地、东药制剂厂区建成投产,实现了产品升级和规模扩大。

(何久军)

【信访稳定】 2009年,沈阳市国资委牢固树立"稳定是硬任务、是第一责任"的思想,始终把信访稳定工作当作首要政治任务。党政班子主要负责人认真履行信访"第一责任人"职责,落实领导包案包片机制。建立了委机关、直属企业、基层单位"三级包保体系",层层落实信访稳定任务。开展"进基层、化积案、保稳定"活动,一批历史遗留问题得到妥善解决,省市交办的信访案件,结案率100%;注重源头预防,金圣集团等企业在改制、破产过程中,认真开展稳定风险评估,保障了职工利益,确保了改制顺利推进;全力做好国庆60周年和"两会"期间安保及维稳工作,实现了"六个为零"。

(何久军)

【国有企业党建工作】 2009年,沈阳市国资委不断探索企业党组织发挥政治核心作用的途径和方式。认真开展学习实践科学发展观活动,全系统399个基层党组织、6000多名党员参加了学习实践活动,群众满意率达到96%。通过学习实践活动,提高了思想认识,树立了科学的发展理念,并对9个方面43项工作进行了整改;深化"四好"班子创建活动,探索建立适应企业科学发展的考核体系。优化领导班子结构,对长白集团等10户企业班子的29人进行了调整。配合市委组织部完成了对市属12户企业领导班子的考核和调整工作。完善法人治理结构,组建及调整地铁集团等11户企业董事会、监事会,健全了企业管理机制;开展"比业绩、出良策、促稳定"活动,设立党员工程67项,创造效益600多万元;开展"文明企业"、"文明职工"创建活动,城市通公司被评为省文明单位。组织策划了一系列新闻宣传,60余篇宣传报道在各类媒体刊发,营造了企业发展的良好舆论环境;开展"讲党性修养、树良好作风、促廉洁自律"主题教育活动,对照要求进行自查和整改。做好案件查处工作,受理群众来信来访21件,立案查处3人;开展"金秋助学"、"定点帮扶"等活动,走访慰问困难职工259户,救助780人,46名困难职工子女得到救助,发挥了工会组织在构建和谐企业中的作用。

(何久军)

统　　计

【第二次全国经济普查】 为完成好沈阳市第二次经济普查工作,市统计局动员了全局三分之二的业务力量,率领全市万名普查员,协调政府近40个部门配合,进行单位名录比对、数据填报核实等工作,克服皮包公司众多、大量企业注册经营地不符、电话不准、数据不实的困难,采取收集行政记录对比,主管部门、电话系统帮助查找,税务部门帮助发放报表，利用国、地税报表、财政决算数据进行核对等方式，突破了名录对比、数据核实两大难关，保证了普查单位数量和数据质量。在国家、省统计局领导的检查中，多次得到肯定和表扬，省统计局还在沈阳市召开现场会推介经验。普查结果：沈阳市的法人单位数量达到7.9万家，比2004年第一次经济普查增加了62.6%；个体户达35.8万户，比第一次经济普查增加了48.7%；全市GDP数据也得到了很好的衔接。由于出色的工作，沈阳市统计局获全国先进集体光荣称号。

（张　博）

【统计方法制度改革】 2009年，沈阳市各级统计部门继续大胆探索，坚持创新，分阶段、分步骤地推进统计方法制度改革，取得较大成效。一是逐步完善和加强沈阳市服务业统计工作。对服务业统计报表制度做了较大幅度的改进，主动密切行业财务统计与增加值核算的关系，加大调研力度，加强预警服务。文化产业统计工作得到市委宣传部的高度评价。圆满召开全国重点城市服务业统计经验交流会。二是继续加强县域经济统计核算工作。完成了2008年度县域经济评价工作。及时提供县域经济发展情况分析。三是积极完善民生统计，创新开展民生统计工作。创造性地开展以城镇调查失业率为重点的月度劳动力调查工作。研究制定了《沈阳市月度劳动力调查质量控制办法》。积极做好全省公众安全感抽样调查工作。积极探索和尝试劳动工资统计改革。以“保增长”为工作主线，及时跟踪反映事业单位工资补发到位情况。四是为全市节能减排工作提供优质服务。五是开展了建筑安装工程承建情况调查，形成了《关于外地建安企业在我市承建工程情况的报告》专报市领导。六是积极落实国家贸易外经报表制度改革方案。形成了《关于国家贸易统计方法制度改革有关内容及我市拟采取措施情况的报告》并呈报市政府主管领导。七是全年开展了6项大型社情民意调查。

（张　博）

【统计信息化建设】 2009年，全市进一步加快统计信息化建设步伐。一是制定了《沈阳市统计局综合业务应用平台升级改造及网络扩建工程实施方案》，初步满足了全市统计数据全面网上直报的业务需求。二是服务大局，较好完成第二次经济普查和各项调查数据处理任务。三是完成了三次网络搭建任务，分批调用服务器6台次、交换机12台次、临时搭建网络6组，接入电脑及笔记本200多台。四是坚持高效科学管理，做好各应用系统、网络安全等日常维护管理及定期检修工作。各区、县（市）及开发区统计部门统计信息自动化建设也得到了加强，在硬件配备和软件应用上取得了进展。

（张　博）

【统计服务】 为应对国际金融危机的冲击，全市各级统计部门把“保增长、保稳定、保民生”作为统计工作目标，进一步增强统计服务意识这一理念，密切监测全市国民经济的发展情况，全力做好GDP核算和专业核算，准确测算、预测全年主要经济指标完成情况并开展实时调度。加强经济数据结构分析和影响因素分析，及时发现经济发展中存在的主要问题，为市委市政府领导决策当好参谋。先后就建筑、保险等行业影响国民经济核算和税收问题提出建议，受到市政府领导高度重视，相关部门及时采取措施，效果显著。围绕经济社会发展中的热点、重点、难点问题深入开展统计分析。全年共编发统计分析报告143篇，有50篇分析文章获市领导批示。撰写并整理了近万字的沈阳解放60周年回顾报告和沈阳市60年经济发展主要指标统计资料。在市政府经济信息报送工作中，沈阳市统计局在全市88个委办局中排名列第一位，被市政府办公厅授予2008年度“政府系统信息工作标兵单位”荣誉称号。市统计局编辑出版了《沈阳年鉴》、《沈阳统计年鉴》。在国家及省统计信息网转载的经济信息数量达到106篇，比上年增长一倍还多。开发了经济动态和点调信息等新的统计服务内容。依托统计信息资源，为政府有关部门、企事业单位、社会公众提供统计信息咨询服务。统计服务经济发展、服务领导决策的作用不断增强，成为市政府领导掌控全市经济发展的得力助手。

（张　博）

【依法行政】 《统计法》是统计工作的根本保障，为做好《统计法》的实施工作，大力开展新《统计法》学习宣传活动，2009年9月上旬在全市统计系统开展了“统计法律法规知识”答卷活动，印制了十余万字的统计法律法规宣传读本2000册，发放至全市各相关部门。12月4日全国法制宣传日期间，为贯彻落实新修订的《中华人民共和国统计法》，省、市、区联合举行了大型广场宣传活动。继续加强统计执法工作，改进行政执法方式，把日常检查与阶段性工作有机结合，执法检查与经济普查相结合，务实开展执法检查。圆满完成省统计局转办案件的查处工作，全市全年共对246个单位进行了检查，立案107件，13个区、县（市）全部完成省统计局下达的结案目标。认真开展行政执法案卷的评查工作。健全各项规章制度，进一步修改完善了《统计行政处罚自由裁量权标准制度实施办法》和《重大决策论证制度》，逐步形成了沈阳市统计法制工作制度配套体系。加强统计执法人员的业务培训工作，分别在13个区、县（市）统计从业资格培训班以及一些行业和企业集团的继续教育班上，全面系统讲解统计法律法规知识，培训总人数达3000余人，取得明显效果。

（张　博）

【深入开展学习实践科学发展观活动】

认真抓好科学发展观学习实践活动，以学习实践活动推动和保障统计工作任务的完成，以提高统计服务质量作为检验学习实践活动的标准。沈阳市统计局为搞好学习活动，专门抽调精干人员组建了领导小组办公室。分别召开三次座谈会，征求意见和建议共96条。集中组织三次专题辅导，全部由班子成员主讲。印发学习实践发展观活动简报28期。积极做好“进企业保增长、进万家保民生”工程的组织协调工作。完成了26户工业企业保增长和55户贫困户的帮扶任务，作为学习实践活动的成果，市统计局建立了符合沈阳实际的民生统计指标评价体系，开展了社情民意调查，建立了《党组成员定期接待群众来访制度》、《市统计局厉行节约制止浪费实施办法》等，根据反映较为集中的意见和建议，制定了整改措施并逐步落实。由于市统计局党组高度重视，全局同志共同努力，学习实践活动推进扎实，成效显著，完成了各个阶段任务，圆满通过了市委指导组的验收。

（张　博）

【统计队伍建设】 2009年，沈阳市统计局进一步巩固和加强统计队伍建设工作。一是积极做好干部管理工作。市统计局党组认真学习贯彻《党政领导干部选拔任用工作条例》，严格按照组织程序选贤任能。通过公开竞聘、组织考核、局党组会议研究确定，2 名同志走上正处级领导岗位，5 名同志走上副处级领导岗位。做好军转干部安置及全市公务员考录工作。按时保质完成了市统计局机构改革"三定方案"的上报工作。完善了干部考核办法，加大了量化考核指标的比重和力度，调动了全局职工工作的积极性。进一步加强干部培训工作。二是着力抓好班子廉政建设。把党风廉政建设同学习教育和日常工作紧密联系起来，全年共组织了 4 次专题辅导，开展全局性"讲党性修养、树良好作风、促廉洁自律"主题教育活动。组织全局党员观看了警示教育专题片并进行了讨论。市直机关工委党建工作考核组对市统计局党建工作予以高度评价，市统计局圆满通过了考核验收。制定下发了《市统计局党风廉政建设和反腐败工作要点及责任分工的意见》。加强了财务与固定资产管理。三是开展丰富多彩的统计文化建设。市统计局先后组织了春节联欢会、三八节健身活动、春季登山和采摘活动、八一建军节"回眸从军路，激扬爱国情"主题军营参观活动。组织开展了全市统计系统国庆 60 周年系列庆祝活动等。

（张　博）

【国家统计局局长马建堂来沈调研】 2009 年 11 月 25 日至 27 日，国家统计局局长马建堂在辽宁考察第六次全国人口普查准备工作并调研经济社会发展和统计工作。

11 月 26 日，马建堂局长与省委常委、沈阳市委书记曾维、市委常委、常务副市长顾春明就人口普查工作、地方经济社会发展和统计工作深入交换了意见。在常务副市长顾春明陪同下，考察调研了沈阳华晨宝马有限公司。

马建堂局长一行莅临市统计局视察工作，听取了市统计局局长路玉甫的工作汇报，在局班子成员陪同下看望慰问市统计局干部职工。

马建堂局长充分肯定了沈阳市统计局的工作，对沈阳市统计局同志们的付出表示感谢。他指出，沈阳市统计工作在沈阳市委、市政府和省统计局的领导下，不断提高统计工作能力，夯实基层基础，提高数据质量，丰富统计文化，做了大量工作，可谓是炫丽数海，五彩人生。他强调，2010 年是我国发展的特殊一年，复杂的环境对统计工作提出了更高的要求。要实现科学发展、改善民生、改善生态环境，要做好这些科学决策，很大程度上取决于统计数据。马建堂局长希望沈阳市统计局进一步提高统计能力，提高统计质量，维护政府统计数据的公信力，为全市经济社会发展做出更大贡献。

视察结束时，马建堂局长与市统计局处级以上干部合影留念。

（张　博）

审　　计

【概况】 2009 年，沈阳市两级审计机关共组织实施 539 个审计项目，查出违纪违规问题 34.06 亿元，上缴财政 2.2 亿元。向上级机关报交各类专题审计报告、审计要情、审计信息 504 篇，被上级机关和新闻部门采用 289 篇（次），其中，被市领导批示 92 篇（次）。

（余　宏）

【新增投资项目跟踪审计】 2009 年，沈阳市两级审计机关加强了对宏观调控相关政策措施执行情况的审计监督，尤其对中央及省市扩大内需促进经济增长一揽子计划资金开展了跟踪审计，及时揭示和反映了政策执行中出现的新情况、新问题。

在对中央拉动内需新增投资项目的跟踪审计中，针对项目建设的不同阶段，突出不同的审计重点，采取"跟踪检查、跟踪审计、跟踪服务"的审计方式，对已下达到沈阳市的中央扩大内需 233 个投资项目，总投资 72.55 亿元进行了跟踪审计，针对发现部分项目资金落实不到位等问题及时向领导进行了反馈，及时妥善处理和解决了问题。继续对哈大铁路客运专线建设沈阳段征地拆迁项目开展全程跟踪审计，该项目指挥部根据审计建议意见制定了《加强哈大项目会计基础工作管理的规定》，改进和加强了财务管理和财务监管工作。

沈阳市审计局组织了对沈阳市 2007 至 2009 年上半年商品房市场运行状况的审计调查。基本上摸清了全市房地产行业的基本情况，揭示了存在的问题及潜在风险，分析了金融危机对全市房地产业健康发展的影响，提出了着力调整商品房供应结构等 7 条对策建议。在对沈阳市地铁工程审计中，审核修改及完善合同条款 76 次（项），削减工程款金额近千万元。通过严把支付关，使工程拒付各类不合理收费 300 余万元。审核各类业务合同、付款支付单等，提出审核意见和审计建议 41 条，核减和节约资金 2680 万元。此外，沈河区审计局围绕金廊工程建设，对该区 16 个拆迁地块的近 55 亿元拆迁资金进行了审计调查。找出了存在的问题，提出了切实可行的意见建议。

（余　宏）

【财政预算执行审计】 2009 年，沈阳市审计局组织实施了对市本级财政预算执行审计。对财政和 30 个部门的预算执行情况进行了审计，延伸审计了 268 个二、三级预算单位，还重点对全市经济发展和民生工程密切相关的 11 项专项资金（资产）的管理和使用情况进行了审计或审计调查，共查出 3 个方面 23 个问题，查出违规金额 6.68 亿元。2009 年 7 月 23 日市十四届人大常委会第十二次会上，沈阳市审计局局长毕华峰受市政府委托做了《关于 2008 年度市本级预算执行和其他财政收支的审计工作报告》，认真分析和评价了本级预算执行的总体情况，客观揭示了全市财政工作存在的年底集中拨付、专项资金后续管理不到位等问题，从体制、机制和制度等角度分析了问题的成因，提出了严格预算编制、细化专项资金的具体项目、督促财政部门加强对各专业部门的计划编报、审核、批复及后续监管等建议。市人大、市政府领导对审计中查出问题的整改和建议的落实工作高度重视，审计揭示的问题基本得到整改，被审计单位通过审计整改建立健全规章制度 48 条。12 月，沈阳市审计局又向市人大财经委员会报告了本级预算执行审计中查出问题整改和建议落实的情况。

各区、县(市)审计局都把预算执行审计作为重中之重的工作。苏家屯区审计局在预算执行审计工作中创新审计思路,改进审计方法,在对该区旅游局的延伸审计中,查出该局未按规定使用财政专项资金30万元的违纪问题,对其进行了处理。和平区审计局加大部门预算执行审计力度,延伸审计18个基层单位,共查出违纪违规金额5396.6万元。铁西区、新民市、康平县、法库县审计局结合各地区财政的实际状况,突出对重点领域、重点部门、重点专项资金进行了审计,如实揭示反映了违法违规问题,并作出了严肃处理。

(*余　宏*)

【经济责任审计】　2009年,沈阳市审计局共对26名领导干部进行了经济责任审计。在审计过程中,着眼于落实科学发展观要求,对领导干部经济责任履行情况进行界定和评价,将其所辖地区、单位的财政财务收支、债权债务、国有资产质量及保值增值、重大经济决策及执行财经纪律和廉政规定等情况作为审计重点,揭露了违反财经法纪、决策失误、损失浪费等问题,对被审计领导干部应负的责任进行了界定,对查出的问题,依据有关法律法规分别进行了处理。为明确领导干部前后任之间的经济责任,沈阳市审计局还会同组织部等联席会议成员单位联合下发了《沈阳市市管领导干部离任重要经济事项交接办法》。2009年在机构改革中离任的15名市管领导干部全部实行了离任重要经济事项交接制度。

各区、县(市)审计局采取措施,加大了领导干部经济责任审计力度,提升了审计效果。辽中县审计局对14名领导干部进行了经济责任审计,针对存在的问题提出整改建议16条。大东区审计局开展经济责任审计11项,上缴财政278万元,提出整改意见建议40条。于洪区审计局开展经济责任审计16项,上缴财政82万元,提出整改意见建议11条。

(*余　宏*)

【民生审计】　沈阳市审计局紧紧围绕促进社会和谐,关注各项惠民政策贯彻落实,在审计项目计划安排上,将社保基金、住房公积金、涉农资金等涉及民生领域的资金及市政府为城乡群众办好20件实事作为重点监督对象;在组织实施上,审计揭示了一些影响中央、省市惠民政策落实的问题,对有关方面完善制度、加强管理、确保政策落到实处起到了促进作用。

全市农村饮水安全工程建设和资金管理使用情况专项审计调查中,根据项目不同阶段调整调查重点,从资金拨付、项目实施和资金使用、工程质量和项目建成后的后续管理等各环节抓实工作。尤其在工程质量及政府各项惠民政策落实情况调查中,揭示了转嫁农民负担和个别工程存在严重工程质量问题,得到了市领导的高度重视。

在对全市新型农村合作医疗资金专项审计调查中,重点剖析了药品加价问题给农民就医增加的负担问题,审计建议得到市领导的重视,为全市深化医疗卫生体制改革提供了参考依据。

对南运河绿化亮化综合改造工程的审计调查,针对存在的问题,向市政府提交了专题报告,得到了市领导批示。李英杰市长批示:此审计报告很好,要予以重视,认真对待,搞好整改,举一反三,加强城市建设管理。

在前两年审计的基础上,2009年再次组织市、区、县(市)两级审计机关对全市2008年养老、失业、医疗、工伤、生育(以下简称"五项社会保险基金")社会保险基金进行了全面审计,审计金额167亿元。审计覆盖市本级的财政、地税、劳动和社会保障局及所有区、县的财政、地税分局和劳动局。通过审计,全面掌握了全市"五项"社会保险基金的筹集、使用和管理现状,揭示了问题。

各区、县(市)审计局也把民生审计作为重要任务,结合实际开展工作。东陵区审计局加大了民生资金审计力度与覆盖面,重点审计了群众关注的老旧小区改造、经济适用房、教育系统实施的班班通等项目,从资金投入入手,加强对资金全程化监督,确保资金使用到位,取得了很好的社会效果。

(*余　宏*)

【效益审计】　2009年,沈阳市审计局关注财政专项资金使用效益,组织实施了"新民、辽中、法库、康平县(市)村村通公路养护项目"、"排水站改造资金项目"等8个效益审计项目。

在对2003年至2008年度沈阳市下岗失业人员小额贷款担保基金使用和管理情况效益审计中,查出有349人属于不符合政策规定的担保人群,贷款金额1031万元;通过深入审计还发现,有贷款人以虚假身份骗取贷款、个别项目以虚假需求骗取贷款等问题。审计后向于洪区政府移送了两个骗贷项目,要求于洪区政府作出严肃处理,并提出了改进和加强管理的宏观建议。在全市电子警察及道路交通设施管理使用情况绩效审计中,运用了统计分析法、比较分析及座谈和实地考察等审计方法。揭示出道路交通设施规划、管理及维护等方面存在的问题,提出了建立全市电子警察及道路交通设施维护规划体系等建议。

各县、区积极探索效益审计。皇姑区审计局开展了区城管局承建的2008年街巷路和老旧小区改造资金效益审计,取得了很好的社会效果。

(*余　宏*)

【"小金库"治理】　2009年,沈阳市审计局组织协调,抽调精干力量参与、检查单位80个,认定"小金库"7个,认定"小金库"发生额285万元。通过检查发现了12个其他违规或管理不规范问题,累计问题金额6141万元,应上缴财政金额1143万元。截至年底,对相关违法违纪人员移交司法机关追究刑事责任1人,先期行政撤职1人,受到党纪处分1人。

(*余　宏*)

【交办事项审计】　2009年,沈阳市两级审计机关努力克服人员少、任务重、时间紧等困难,圆满完成了地方党委、政府交办的各项工作百余项,为维护财经秩序和社会稳定发挥了积极作用。沈阳市审计局完成了辽宁省审计厅交办的盘锦市农村义务教育其他债务审计认定工作。沈阳市审计局完成了市领导交办的荷兰村破产清算审计。配合市纪委查办案件6起。截至年底,市纪委给予党政纪处分8人,移送司法机关7人。

沈北新区审计局完成区委、区政府

交办任务46项，提出审计建议28条，移交纪委案件4项。铁西区审计局通过对沈阳市皮鞋一厂、沈阳市政集团有限公司等10家企业的资金使用情况及其债务、医药费、采暖费等情况进行审计，为政府清欠企业借款465万元。

（余　宏）

质量技术监督

·质量管理·

【名牌产品战略】　沈阳市从4月份开始组织辽宁名牌产品申报工作。一是搞好调查研究，在全市企业产品中分类排队，调查摸底，以2006年到期辽宁名牌和2008年沈阳名牌为主，把符合产业政策，规模大、效益好的产品集中进行申报。共有26种产品获2009年度辽宁名牌产品称号。二是协助辽宁省名推委专家对沈阳市沈阳化工石腊有限公司等9户申报辽宁名牌的企业进行现场抽查，保证申报产品安全可靠，信誉良好。同时，及时与省名牌推进委员会进行沟通，争取得到支持。沈阳名牌产品已完成评价工作：一是修订完成沈阳名牌产品管理办法。随着沈阳市经济的发展，原有的沈阳名牌产品管理办法已不适应要求，从年初开始酝酿修改。经过3个多月的工作，与行业协会、专家和相关经济管理部门的多次研究、征求意见，最终确定下发了新的沈阳名牌产品管理办法。二是改革沈阳名牌产品评价方式和程序。按照国务院“三定”方案精神，市名牌办改变评价方式。首先，通过外网、新闻媒体向社会公布信息，动员全社会积极申报名牌产品；其次，将名牌办的初审工作转变成由市质协和其他行业协会参与；再次，将评价工作由“政府评价”变为“专家组和行业协会评价”。三是制定沈阳名牌产品评价评分细则，首次组织行业协会专家对沈阳名牌产品进行量化打分。2月份，市名牌办和市质协在征求行业协会和专家基础上，制定了沈阳名牌产品评价评分细则。组织行业协会方面的专家，对申报产品从市场评价、质量评价、效益评价、发展评价等四方面进行评价打分，分别从销售规模、实物质量水平、质量保证能力、赋税水平及企业自主创新、研发能力等各方面对申报产品进行量化打分，按照由高到低的原则，最终确定沈阳名牌产品初评名单。有68种产品申报沈阳名牌产品。7月份，召开各行业专家评审会，按照《沈阳名牌产品评价评分细则》的规定，分别对申报产品进行评价打分。经过材料初审、专家评审、现场考核、公示、公告等各环节，有46种产品获得以市质量协会名义公布的2009年沈阳名牌产品称号。

（刘　勇）

【宏观质量管理】　加强质量管理，争创辽宁省质量管理奖。按照年初确定的争创1－2个辽宁省质量管理奖企业的目标，向辽宁省质量技术监督局推荐了沈阳机床（集团）有限责任公司、沈阳华晨金杯汽车有限公司两个企业申报辽宁省质量管理奖，推荐沈阳机床（集团）有限责任公司的李文涛为辽宁省质量奖先进个人。完成质量档案的建档工作。把企业质量建档工作作为“质量和安全年”的重要组成部分，巩固以往工作成果，保质保量按期完成工业产品生产许可证和CCC认证目录范围内全部生产企业建档工作。完成质量兴区、质量兴县工作目标。以“沈质技监发[2009]100号”文件和内外网的形式分别转发了国家质检总局《质量兴市绩效评价指南（试行）》及通知，该指南共设有4个评价项目、28个评价内容、98个评价细则，共计1000分。各分局、直属局组织自测，并提出工作报告。质量兴区、质量兴县（市）工作已经在16个区（县、市）全部展开。

（刘　勇）

【动物防疫标准体系】　2009年，沈阳市质量技术监督局在组织推进“市动物防疫”、“苏家屯区无核白鸡心葡萄”、“蒲河新城肉鸡养殖”等3个国家级农业标准化示范区建设的基础上，审查了第3批沈阳市动物防疫标准19项。经过同沈阳市动物卫生监督管理局共同努力，已完成标准编写65个。其中，动物防疫基础综合标准11项，动物免疫操作技术规范等标准18项，疫病控制扑灭标准19项，产地检疫技术规范等标准8项，防疫体系管理标准9项。

（刘　勇）

【主要农产品标准体系】　2009年，沈阳市质量技术监督局相关部门就沈阳市农业标准化工作进行了沟通与研讨。双方达成了联手健全沈阳市农业标准体系，合作开展标准化示范区项目，创建标准化教材新形式，开辟标准化宣传新渠道等相互支持、打造合力、共同推进全市农业标准化健康发展的一系列共识。组织召开了苏家屯区、东陵区两个国家农业标准化示范区现场会，宣贯、推广《沈阳市主要农产品质量安全标准体系》及成果，近百人参加。批准发布了葡萄等17项市级地方农业标准规范。并联合农委摄制大棚油桃等17个农产品的生产技术规程教学光碟，创建了标准化教材新形式，为《沈阳市主要农产品质量安全标准体系》的宣传提供了新途径。开通网上农业标准化专栏，加强了宣传力度。

（刘　勇）

【循环经济标准化】　2009年，沈阳市质量技术监督局完成了循环经济标准化试点工作中节能标准体系建立与示范项目结题工作。该项目2006年经市科委立项，争取资金支持80万，又争取为国标委试点项目，获资金支持20万。经过3年的艰苦工作，完成全市重点工业企业能耗情况的摸底工作。在此基础上，建立并完善沈阳市重点工业企业节能降耗标准体系框架。通过政府引导和企业参与，在全市重点工业用能企业中推广与示范节能降耗标准体系，提高沈阳市节能降耗的整体水平。

（刘　勇）

【节能标准体系】　2009年，沈阳市质量技术监督局组织制定沈阳市企业节能标准体系，包括节能技术标准、管理标准和工作标准，并补充制定企业主要耗能设备运行管理和产品能耗限额标准、节能评价标准。参与编制完成了1项国家标准，6项辽宁省地方标准，2项沈阳市地方标准，并在东北制药、沈阳化工等8家企业进行了试点应用。2009年7月31日，沈阳市科技局组织召开了“沈阳市重点工业企业节能降耗标准体系建立与示范”项目验收会，专家组一致认为此项目立项明确、指导思想正确、技术路线可行、完成了项目任务书的全部内容,取得了良好的科研成果,顺利通过项目验收。

(刘　勇)

【服务业标准化】　沈阳棋盘山开发区作为全国首家服务标准化试点,经3年建设,于6月顺利地通过了国家的验收。其方式、方法转变和创新主要体现在:一是创新标准化管理模式,组织制定了3个指导性标准,用以指导景区和景区酒店有效建立标准体系和编写服务标准,收到了明显效果。二是创造性整合资源,指导植物园编写标准化体系时,整合了原有质量、环境和职业健康安全管理体系标准,使体系融为一体,为全国服务业标准化工作提供了先进的借鉴经验。

(刘　勇)

·计　　量·

【能源计量节能降耗工作】　2009年,沈阳市质量技术监督局抓好沈阳市列入国家"千家企业节能行动"的7家重点耗能企业的能源计量工作,加强企业能源计量基础工作。组织企业继续贯彻实施《中华人民共和国节约能源法》和GB17167-2006《用能单位能源计量器具配备和管理通则》强制性标准,指导和帮助企业做好能源计量器具配备、检定和校准工作,7家重点企业能源计量器具配备超过和达到了国家标准规定要求。

开展百家企业能源计量服务。沈阳市质监系统计量技术机构(一院四所)的能源计量服务队,深入企业,为企业的能源计量器具开展计量检测服务。据统计,全市95家重点耗能企业能源计量器具配备率全部达到了国家标准要求,共配备能源计量器具20586台(件)。进出用能单位共配备2330台(件)。其中,电能表1179台(件),衡器125台(件),油流量表52台(件),水流量表708台(件),气体流量计76台(件),蒸汽流量计190台(件);进出主要次级用能单位共配备6975台(件)。其中,电能表3149台(件),衡器355台(件),油流量表40台(件),水流量表1959台(件),气体流量计65台(件),蒸汽流量计1407台(件);进出主要用能设备共配备11281台(件)。其中,电能表5942台(件),衡器65台(件),油流量表119台(件),水流量表4890台(件),气体流量计53台(件),蒸汽流量计212台(件)。

完善"沈阳市能源计量信息数据库"。通过计量技术机构能源计量服务队,采集全市95家重点耗能企业能源计量信息,动态跟踪掌握全市能源计量器具检定校准情况,完善了"沈阳市能源计量信息数据库"。

加强计量技术机构的宣传,开放实验室。在"5·20"世界计量日宣传活动中,组织编印了《关注民生、计量惠民——计量与生活小常识》,对沈阳计量测试院、沈阳电能计量器具检定站、沈阳煤气表计量站、沈阳水表计量站等专业计量机构进行了介绍,对开展的检定、校准业务、检验范围和检验能力进行了宣传,让企业、社会和广大消费者了解专业计量检定机构,让计量检定机构更好地面向企业、面向社会开展各种计量检测服务。

(刘　勇)

【计量监督抽查工作】　2009年,沈阳市质量技术监督局加大了商品质量和计量器具的监督抽查力度,共组织完成国家、省、市计量监督抽查12050批次,合格11553批次。加强了计量监督抽查不合格企业的后处理工作,组织完成38家抽查不合格企业的后处理工作,共罚款7.89万元,所有企业均已整改完毕。

(刘　勇)

【计量服务工程】　2009年,沈阳市质量技术监督局共开展服务计量进社区活动157次,开展现场免费检测1507次,现场免费技术咨询服务2万人次,免费眼病筛查、验光1万多人,发放计量科普书籍1万本,发放计量宣传单2万份,免费赠送人体秤、电子计价秤、老花镜、煤气管等生活用品价值2万多元。5月20日,辽宁省质监局和市质监局在全市范围内开展了"5·20"世界计量日宣传活动暨"关注民生、计量惠民"计量服务进社区活动,大东分局、沈河分局、和平分局、于洪分局分别设立了大东区付家社区、沈河区凯旋社区、和平区宝环社区、于洪区黄海社区等4个主会场。辽宁电视台、沈阳电视台、华商晨报、辽沈晚报等多家新闻单位进行了宣传报道。此次计量服务进社区活动中,辽宁省质监局向大东区付家社区赠送人体秤1台,沈阳市质监局向大东区付家社区、沈河区凯旋社区、和平区宝环社区、于洪区黄海社区共赠送《关注民生、计量惠民——计量与生活小常识》科普书籍1000本、计量与节能减排专刊200本、老花镜71副,大东分局向大东区付家社区赠送电子秤1台。市煤气表计量站在4个活动社区分别赠送了家用煤气管。本次活动现场咨询服务1万多人次。共展示计量知识宣传板100多块,悬挂会标和条幅8个,电能表、水表和煤气表进行了实物展示。亨得利钟表眼镜店、何氏眼镜店、大光明眼镜店、铁西钟表眼镜中心等共设立8个免费验光、清洗、维修场所,现场免费验光近2000人次。计量专业人员现场进行免费校准血压计、人体秤,免费测量血压,讲解宣传定量包装商品标识和净含量知识,讲解衡器使用知识等10项计量技术咨询服务内容。

此外,新民局设立宣传台,现场宣传计量知识,发放宣传单500份,开展了计量咨询、免费提供血压计、体重秤检定等活动。辽中局出动宣传车1台,发放悬挂宣传标语200余条。在商业街设立宣传点,摆放宣传板,发放宣传单1000余张,接待咨询人员57人次。法库局在县内农贸市场发放宣传材料500余份,粘贴标语30余条,计量小常识500余份,接受消费者咨询27起,免费检测血压计(表)、眼镜等,在商业区悬挂宣传横幅、张贴宣传标语、还在商场制作滚动字幕,广泛宣传。

(刘　勇)

【"计量"专项活动】　2009年,沈阳市质监局采取区域综合监管、计量监督抽查、部门协调配合、计量检定服务、计量惠民服务等具体措施,推动"四个走进"活动深入开展,取得了较好的社会经济效益。沈阳市的重点集贸市场衡器检定实现了新突破,4个郊县集贸市场衡器实现100%检定。全市的医疗单位医用计量器具受检率100%。全市眼镜店配制眼镜计量器具受检率提高11个百分点，达到100%。

（刘　勇）

·质量监督·

【生产领域食品质量监管】 2009年，沈阳市质量技术监督局加大对食品生产企业的产品质量监督抽查力度，对所有食品生产企业、所有食品种类实施全覆盖抽查，力求能够真实反映沈阳地产食品质量状况，发现问题并监督整改。从市财政争取到食品质量监督抽查经费350万元，共对乳制品、肉制品等33类食品1178家企业的2132批次食品进行了监督抽查，经检验合格1980批次，批次合格率92.9%。合格率低于2008年沈阳市监督抽查平均合格率0.2个百分点。对所有正常生产企业全部进行抽查，合格率更加真实。对所有正常生产企业全部进行了产品质量抽查，尤其是中小企业，全部进行抽查。所以，当年的抽查合格率虽然比2008年低0.2个百分点。对高风险食品转变抽样方式，由稽查局结合执法检查进行产品抽样。首先从肉制品开始，改变以前由质检机构人员进行抽样的方式，改由稽查局执法人员结合现场执法检查对产品进行抽样，使监督抽查更有针对性。

强化监督抽查后处理工作。强化监督抽查后处理工作，将企业整改、处罚、现场复查等工作交由分局、直属局进行，并加强对分局、直属局的工作指导和调度。对国抽和省抽不合格的29批次（国抽14批次、省抽15批次）食品的处理工作已全部完成，共处罚金3.27万元。对市抽128家企业152批次不合格产品的后处理，已有125批次处理完毕，企业的整改、现场复查、产品复检、公告等全部到位，收缴罚款25.3万元；其余不合格产品的后处理工作正在进行中。召开市级监督抽查不合格企业抽查结果通报分析会2次，参加会议企业近70家。会上通报了每家企业抽查不合格项目及实测值，同时邀请检验专家帮助企业分析产生不合格原因，指导企业及时整改。

食品安全风险监测工作取得显著成效。对食品按照风险高低进行分类。组织食品安全专家及监管人员，组成风险评估小组，综合分析各类食品原材料组成情况、添加剂使用种类、全市各类食品生产企业数量及质量状况水平等因素，对全部28类食品中除沈阳市没有的可可制品、焙炒咖啡、特殊膳食食品和其它食品等4类食品外的其余24类食品进行质量安全风险评估，划分为3个风险水平，其中高风险食品7类、中风险食品11类和低风险食品6类，并按照风险水平进行差别化监管。对高风险食品进行监测前论证，增加风险检测项目。对高风险产品进行风险监测前，邀请行业专家和龙头企业的技术人员分析论证可能非法添加的非食用物质和滥用的食品添加剂，合理制定风险监测项目。对肉制品、乳制品、麻辣面食制品进行了风险监测工作，肉制品在常规检验项目的基础上增加了三聚氰胺、酸性橙、非蛋白氮等3个检验项目；乳制品在常规检验项目的基础上增加了β－内酰胺酶、皮革水解蛋白、氨苄青霉素、青霉素、卡那霉素、链霉素、庆大霉素等共7个检验项目；麻辣面食制品在常规检验项目基础上增加了富马酸二甲酯检验项目。肉制品异地取样涉及到11个县区的60份样品，合格41份，产品合格率为68.3%。不合格项：淀粉，防腐剂、微生物。三聚氰胺、酸性橙、非蛋白氮等项目均未检出。乳制品风险监测涉及乳制品生产企业3家，产品21批次，合格21批次，产品合格率100%。麻辣面食制品风险监测涉及44家生产企业47批次产品，合格率100%。对风险产品的监管及涉源问题稳妥处置。对国家质检总局和辽宁省局风险监测不合格、涉嫌添加非食用物质的食品生产企业，及时开展现场突击检查，控制产品流向，调查不合格原因，防止出现重大食品安全事故。一是针对国家农业部在沈阳乳业有限责任公司进厂原料鲜奶中检出β－内酰胺酶的情况，严格按照国家质检总局的规定要求，及时对企业进行检查，督促企业完善原料进厂检验能力、开展原料鲜奶β－内酰胺酶的检测。参加市长专题办公会议研究论证，最终得以妥善处理，保证了全市乳制品安全和企业可持续发展。二是对晋江福源食品查出硼酸涉源问题妥善处理。2月26日，接到国家质检总局关于在沈阳晋江福源食品有限公司生产的空心脆产品中检出硼酸、涉嫌添加非食用物质硼砂的督办单后，立即赴企业开展执法检查，在对企业生产场所仔细检查未发现硼砂等可疑物质的情况下，为确保安全，对库存产品、半成品、包装材料和原料马铃薯粉全部予以封存，监督企业对已售出产品进行召回，并对产品、半成品和原料马铃薯粉进行抽样检验。同时企业为查找问题进一步溯源，对随机购买的马铃薯2批次送法定检验机构进行检验，均检出硼酸。根据国家相关法律法规规定，针对上述调查事实和企业实际，对企业产品妥善进行处理，并将相关情况及时经质检总局报给卫生部。既保证了沈阳市食品安全，也充分保护了企业的合法权益。

（刘　勇）

【强制性产品认证工作】 2009年，沈阳市质量技术监督局围绕农资、建材等重点产品，探索开展风险评估，提高监督抽查的有效性。

1.配合国家、辽宁省组织的监督抽查。2009年，通过配合国家组织对伪钞鉴别仪的监督抽查，对沈阳市2家生产企业进行了现场检查，提醒和督促企业严把质量关，确保产品质量稳定。全年辽宁省抽查农药、农膜、农用管材等12个地区41家企业生产的79批次产品，产品实物质量抽样合格率为88.6%。抽查沈阳市8家生产企业17种产品，合格6家企业15种产品，实物质量合格率为88.2%。

2.积极做好市级监督抽查工作。组织涉及人身安全、农资、建筑材料、消防、危险化学品、节能减排、有毒有害及限量超标、政府工作项目、工业产品生产许可证产品等9大类43种827家企业902个批次监督抽查，在《沈阳日报》、沈阳电视台、局门户网等媒体和网络上通报了抽查结果，并进行消费预警。抽查结果引起一些网站和网民的高度关注，有30余个网站转载了通报。抽查产品合格808批次，平均合格率达89.6%，与上年85.2相比提高了4个百分点。

3.组织产品质量调查。根据国家质检总局、辽宁省质监局要求，对全市28

家电热毯、22家化肥生产企业进行了产品质量抽查和企业调查。完成了企业调查信息录入和专项监督抽查、调查工作汇总结果分析上报等工作。

4. 开展风险评估。邀请了电线电缆、电热毯和油漆涂料产品研究、生产、检验等方面的专家，召开3次会议。

5. 开展定期检验工作。全年对全市125类产品864家企业进行定期检验，有关矿渣硅酸盐水泥等建材产品、机床、变压器、电动机等工业产品以及空调器、排风扇等电子产品检验工作全部完成，产品合格率达98%以上。

（刘　勇）

·认证认可·

【强制性产品认证】 加强强制性产品认证企业的巡查。结合企业规模、信用等级、质量状况等确定巡查频次，巡查的重点是检查企业的准入条件、生产环境、生产记录、检测纪录以及有关质量安全规定的执行情况。

开展强制性认证产品监督抽查，促企业质量安全意识。低压电器强制性认证产品，为确保强制性产品认证监管的有效性，对沈阳市生产、销售低压电器产品的企业进行市级监督抽查。采取抽检分离的方法进行。

开展重点产品、重点企业、重点区域的监督检查，加大执法力度。围绕广大人民群众反映强烈的获证企业认证有效性差和与广大人民群众生活密切相关、消费者投诉多的强制性认证产品开展重点企业和重点产品的专项执法检查。围绕城市社区、城乡结合部、农村市场开展重点区域的专项执法检查。重点检查大型企业超范围生产和小型企业无证生产的问题，重点检查销售和经营活动中使用认证产品无证的违法行为。重点检查撤销、暂停、注销认证证书企业。开展家电、汽车、摩托车等强制性认证下乡产品的专项监督检查，确保国家的惠农强农、扩大内需、改善民生、拉动生产政策的落实。

开展强制性产品企业培训，解决企业“不懂法而违法”问题。对强制性产品认证企业的法人、负责人进行一次全面的法律法规，认证规则的培训，不断提高企业的产品质量第一责任人意识。

（刘　勇）

【特种设备安全监察】 2009年，沈阳市质量技术监督局开展了特种设备安全“两项行动”。一是开展执法行动。以净化市场环境、维护公平竞争，落实企业安全生产主体责任为核心，严厉打击违规制造、违法使用、无证操作、逃避检验等行为。组织查处了无证制造、无证充装等2家单位。全年共发出监察指令书1263份，依法实施行政处罚177件。二是开展治理行动。在普查隐患、严抓治理的基础上，组织开展了供暖锅炉、医院用特种设备、地源热泵系统用压力容器、压力管道元件、液化石油气充装单位、起重机械、住宅电梯等专项整治，加大了隐患治理力度。全年共检查特种设备使用单位11024家，检查各类特种设备18487台，发现隐患1811处，整改1604处，其余列入整改计划。整治“土锅炉”59台。全年检验锅炉4863台、压力容器1387台、起重机3765台、电梯11468台、场（厂）内专用机动车辆3651台、游乐设备120台、客运索道13条，定期检验率分别为96%、94%、92.2%、97.82%、82.45%、100%和100%。检验压力管道223.2千米，检验气瓶133963只，报废3538只。

（刘　勇）

【高耗能特种设备节能监管】 2009年，沈阳市质量技术监督局加强了高耗能特种设备节能监管力度。

1. 加强领导，建立节能监管工作机制。一把手亲自抓，分管领导具体负责，并将任务指标进行了细致的分工，具体到人，保证了特种设备节能工作的顺利实施。

2. 加大宣传力度，致力提升企业的节能意识。充分利用安全监察与节能监管相结合的工作机制，结合日常开展的特种设备安全“三项行动”宣传节能降耗知识，共召开特种设备节能专项会议5次、开展节能咨询活动30余次、发放节能宣传材料2000余份。

3. 从使用环节入手，对作业人员进行节能专项培训。对特种设备管理人员与操作人员共计培训4124人次。结合节能降耗工作，增加了节能专项培训，要求节能所占的学时数不少于1/5。

4. 建设能效实验室，开展锅炉能效测试工作。沈阳特检院投入大量的人力、财力、物力，开展工业锅炉节能研究工作，已承担国家课题——《高耗能工业锅炉节能检测技术研究》工作，并参加全国《司炉人员培训教材》、《锅炉节能技术监管规程》、《工业锅炉能效测试方法》等的编制工作。

5. 对全市在用工业锅炉开展能耗状况调查。在“三个万”节能工程开展的基础上，对全市在用工业锅炉从锅炉结构、锅炉类型、燃烧设备、额定参数、运行参数、煤耗比、热效率等方面进行全面摸底，然后分类统计、绘制图表，全面掌握本地高耗能特种设备能效状况，采取针对性监管和节能措施。

6. 认真开展锅炉房安全与节能管理达标活动。全市有600个锅炉房参加此项活动，合格的有590个。

7. 开展工业锅炉水处理达标工作。4吨（含）以上蒸汽锅炉合格率39%、6吨（含）以上热水锅炉合格率9%。

（刘　勇）

【实验室建设】 2009年，沈阳市质量技术监督局“三个基地一个平台”建设项目占地总面积约为14.33公顷，建筑面积7.55万平方米，总投资为5.39亿元。其中，建设资金为3.09亿元，仪器设备购置资金2.3亿元。资金来源主要以地方财力支持为主，同时申请国家质检总局支持一部分和自筹一部分资金。已投入建设资金2.55亿元，仪器设备购置资金1.10亿元。其中，市财力已支持建设资金8800万元，仪器设备购置资金6531万元，国家质检总局支持仪器设备购置资金283万元，自筹设备购置资金4166万元。设备购置资金尚有缺口约为1.2亿元。

1. 沈西国家双示范区公共检测平台建设全面铺开。该项目占地6公顷，建筑面积4万平方米，建设11座单体建筑，总投资约3.2亿元。其中，建设资金1.76亿元，由市政府和铁西新区政府承担。仪器设备购置资金1.44亿元，由市质监局负责筹集。项目于2007年9月启动，2008年7月全面开工建设，已完成工程招标定标1.56亿元，实际完成的土建工程量已近1.3亿元。截至2009年12月15日，完成设备招标定标4096万元，按合同支付设备购置款892万元。10千伏电力系统设计施工招标工作已经完成，合同金额950万元。空调系统招标工作于年底前完成。经多次与市经信委、财政局等部门协调沟通，取得市产业发展专项资金支持2580万元。各楼号主体已竣工，国家级长管拖车及罐槽车、工业气瓶检测中心已建成并投入使用。园区综合管网工程已经开工，年内即可陆续供暖，国家家具、车用橡胶制品质检中心已经具备设备搬迁条件。

2. 沈北新区国家加工食品及添加剂质量监督检验中心已正式建成并投入使用。2009年12月1日，坐落在沈北新区的国家加工食品及添加剂质量监督检验中心正式落成并投入使用。

3. 浑南新区特种设备科研试验培训基地建设有序进行。爆破片型式实验室和特种设备操作人员培训考试中心已经建成，并已开展检测工作。压力管道、管件及安全附件型式试验实验室已在市经委立项，建设方案已完成专家论证，项目安评、环评等前期工作已经完成，建设工程年内招标。

4. 沈阳标准化服务平台项目已经开工建设。市发改委已批准建设5000平方米的国家标准馆沈阳分馆，建设资金1300万元。市政府2009年支持400万元，2010年拟支持300万元，自筹600万元。9月29日举行了该项目的开工奠基仪式，项目正在建设中。

（刘　勇）

【科技管理】 2009年，沈阳市质量技术监督局组织对全系统科研及对外合作现状开展调研，在全面掌握现状的基础上，结合国家质检总局和省局的工作安排和科技规划，本着立足当前、谋划长远的原则，着手拟定《沈阳市质量技术监督局十二五科技发展规划》。加强科技立项申报和科研成果评审管理。截至年底，已组织向市政府有关部门申报科技项目11项，向国家质检总局、省政府和省局申报科技成果评审14项，部分项目填补了国内空白，达到国际先进水平，具有很高的技术含量和极好的市场前景，有望取得国家级的科技奖项。

（刘　勇）

【依法行政】 2009年，沈阳市质量技术监督局以“质量和安全年”活动为主线，通过报纸、电台、电视台、网络等媒体刊发、播发、播放稿件和影视资料854次。其中，国家级媒体15次，初步形成了多媒体、多频次的宣传工作新局面。全年宣传工作的特点主要表现在以下方面：

1. 领导带头参与宣传活动。在“3·15”期间，隋莉局长坐客华商晨报接听读者热线。隋莉局长15次接受地方媒体和中国质量报的采访和专访，就如何做好宣传工作多次做出批示。主管宣传工作的宣安东副局长就贯彻落实《食品安全法》和全市有关食品安全监管工作5次接受地方媒体采访。在“质量和安全年”宣传活动中，市质量技术监督局各位副局长和副局级领导从各自分工和协管工作角度，组织和参与了相关处室和分局、直属局及市局所属事业单位组织的宣传活动。

2. 开辟专版、专栏、专题宣传活动。在做好普遍宣传的同时，有重点地策划和做好专项宣传工作。一是同沈阳日报、沈阳食品协会在沈阳日报创办食品专版，刊发食品监督抽查情况和宣传食品安全知识，共刊发食品宣传专版27期。二是与沈阳电视台新闻频道合作，开设了监督抽查“红黑榜”专栏刊播送28期(此前沈阳晚报刊5期)。三是与中国质量报合作开设了以沈阳质监工作为主要内容的专版宣传活动。在中国质量报上刊发稿件13篇，其中2篇为头版头条并有一篇配编者案。4月29日，中央电视台新闻联播节目，报道了市质监局“五一”节前对大型游乐设施安全检查活动。四是做好《公告》编印工作。每月一期，全年编印《公告》12期、7800本。以《公告》为载体向社会和政府有关部门宣传质监工作。

3. 建立宣传工作新秩序。一是整合质监系统资源，与媒体合作开展宣传工作。监督抽查信息、执法动态信息和检验机构及技术人员，经常参与质监工作报道的媒体有15家，有较密切工作关系的4家。与沈阳电视台新闻频道签订了工作合作备忘录；组织产检院食品检验人员参与了沈阳电视台健康类节目制作；与产检院、食品处、辽沈晚报联合组织了“食品安全进您家”和市民参观食品企业和食品检验机构等活动。二是满足媒体需求，做好媒体咨询和采访工作。对媒体的主动采访要求，变回避为主动应对，因势利导，做好宣传工作。全年接待媒体对“问题产品”相关内容的咨询和采访120余人次。三是加大对违法案件的曝光力度。全年，对全系统查处的12个食品黑加工点违法案件进行了曝光。四是重视和协调媒体对全市质监系统的监督工作。媒体越来越关注有关政府部门的工作，并充分发挥自身的监督作用。

（刘　勇）

【党风和行风建设】 2009年，沈阳市质量技术监督局实行党风廉政和行风建设总体目标与各单位、各部门绩效考核相结合，全系统逐级落实了反腐倡廉责任制。年初，局党组书记、局长隋莉同志与各单位、各部门主要领导签订《党风廉政和行风建设责任状》，各单位、各部门领导与中层干部，中层干部与工作人员签订《党风廉政和行风建设责任状》，不留空白点。

坚持一岗双责制。把党风廉政建设责任制和其他业务工作一同部署、一同落实，把责任制执行情况纳入领导班子和领导干部考核的重要内容，把党风廉政建设责任制纳入了平时检查、年度总结和述职述廉等各项考核考评的全过程，使责任制真正起到制约和激励作用。

自觉接受社会监督。完善党风廉政和行风建设义务监察员制度。聘请的49名社会各界人士作为政风行风建设特邀监察员对窗口单位及一线执法人员进行明查暗访。全系统注重多角度、全方位地构筑廉政堤坝，使干部职工在“自律”和“他律”的双重作用下，始终保持清醒的头脑。全年，由于强化了党风廉政建设责任制的落实和监督检查工作，全系统未发生大的违纪案件。

（刘　勇）

【强化信访举报】 2009年，沈阳市质量技术监督局高度重视“政风行风热线”和“民心网”中的群众诉求。坚持分析全系统办理群众关注的检验检测、行政执法、代码证申办、行政审批等群众关注的热点、难点问题。全年政风行风热线共受理群众各类举报、投诉、咨询、求助127件。问题按期办结率100%，问题息访率100%，案件办结率100%，星级率90.39%，群众满意率86.16%。共受理民心网投诉25件，按期办结率100%。给予一名违犯工作纪律同志以行政警告处分，全系统共接到表扬信19封，锦旗6面。

（刘　勇）

安全生产监督管理

【概况】 2009年，沈阳市安全监管工作以全国“安全生产年”工作为主线，围绕“保增长、促和谐、抓党建”的目标，认真落实省政府下达给沈阳市的各项安全生产工作任务，全力推进沈阳市政府确定的26项安全生产重点工作，全面构建安全生产长效工作机制，完成国庆安保工作任务，保持全市安全生产形势的总体稳定。全年，全市各类事故和死亡人数总量连续7年下降。全市共发生各类事故2445起、死亡629人，同比分别下降37.67%、3.68%。工矿商贸非煤等各领域形势稳定。非煤工矿商贸企业死亡人数与上年持平，其余各行业领域事故起数和死亡人数均有下降，没有发生农业机械和铁路道口事故。亿元GDP死亡率为0.14，连续7年持续递减。

（孙茂丽）

【贯彻落实法律法规】 2009年，沈阳市先后出台了《关于印发《2009年沈阳市安全生产工作要点》、《关于印发《沈阳市“安全生产年”活动实施方案》的通知》、《关于印发全市安全生产“三项行动”实施方案的通知》、《沈阳市安全生产委员会关于印发安全生产“三项建设”实施方案的通知》等文件，并在2月13日召开上千人参加的全市安全生产工作暨“安全生产年”活动动员大会上，对“安全生产年”活动及全市26项重点工作进行了统筹部署。会上，市政府向17个地区、26个市有关部门下达了安全生产工作目标管理责任书，层层逐级分解监管责任。同时，颁布了《沈阳市作业场所职业卫生监督管理办法》，以政府规章形式确立了安监部门对作业场所职业卫生监督管理的执法主体资格；出台了《中共沈阳市委沈阳市人民政府关于进一步加强安全生产工作的意见》，对全市安全生产监管体制进行重大创新，全面构建“党委领导，政府负责，部门监管，企业管理，社会监督”的安全生产工作崭新格局；印发了《沈阳市政府办公厅关于加强生产经营单位主要负责人履行安全生产管理职责考核工作的通知》、《沈阳市生产经营单位主要负责人安全生产履职考核标准》（试行），在市级层面全面开展企业主要负责人履职述职考核，促进企业安全生产主体责任的落实。

（孙茂丽）

【安全生产】 2009年，沈阳市委、市政府将安全生产工作纳入重要议事日程，采取了一系列措施加以强化。先后组织召开了市委常委会2次，市政府常务会议、专题会议及安委会全体会议共8次，部署全市安全生产工作，专题研究解决安全生产的重大问题；不断加大安全投入，推进安全生产“十一五”规划的重大项目建设，强化安全监管力量。市政府列支了5000万元安全专项资金，市、区两级列支专项资金总额达1.6亿元。同时，市政府下发了5号文件，对全市2008年度安全生产工作先进单位和先进个人进行通报表彰，并参照省里的做法，市政府列支103.1万元，对于安全生产目标管理工作的先进、优秀和达标共41个单位进行表彰和奖励。推进安全生产“十一五”规划的重点项目建设，规划中的重点项目已完成总量的80%。全市17个区、县（市）全部成立了安监局，218个乡、镇（街）全部成立了安监分局（安监中队），市安监局公务员队伍已发展到78人，各区、县（市）安监部门公务员已达264人，全市现有专、兼职安全生产监管人员1016名，形成了市、区县、乡镇（街）社区（村屯）四级安全生产监管体系。其中，市、区两级全部成立了职业卫生安全监管机构并配备了专职人员。全市安全生产监管执法监察车辆共计120多台，各项安全监管监察装备、设施得到了全面落实，保障了安全监管监察工作的正常开展。

（孙茂丽）

【强化两个主体责任】 2009年，沈阳政府与企业两个层面安全生产责任得到进一步落实。在政府监管层面，在全省率先以党委、政府的名义联合出台了《关于进一步加强安全生产工作的意见》，从市委层面特别是组织部门考核任用干部上确定和实施安全生产工作“一票否决”制度，全面构建了“党委领导，政府负责，部门监管，企业管理，社会监督”的安全生产工作新格局。为强化各地区、各部门安全监管责任的落实，市政府下发了《关于印发沈阳市区、县（市）政府安全生产工作目标管理考核方案的通知》，严格实施考核。在企业主体责任落实层面，出台了《沈阳市政府办公厅关于加强生产经营单位主要负责人履行安全生产管理职责考核工作的通知》、《沈阳市生产经营单位主要负责人履行安全生产管理职责暂行规定》、《沈阳市生产经营单位主要负责人安全生产履职考核标准》，量化企业主要负责人法定职责，对企业主要负责人实施述职考核制度，全市已有8个地区3682家企业开展考核工作。

（孙茂丽）

【隐患排查治理】 2009年，沈阳市全面推进隐患排查治理工作，通过实行隐患公告公示、挂牌督办、跟踪治理和逐项整改销号制度，全面排查治理各类隐患，治理消除了一大批事故隐患。全年8次对各自分管领域开展安全生产全面检查，各地、各部门参照市里执行，共成立安全生产检、督查组976个，参加人员4586人，检查单位9325家，排查隐患1.69万处，其中市挂牌督办的重大隐患26处，均已全部完成整改。

（孙茂丽）

【专项安全整治】 2009年，沈阳市在专项安全整治过程中，主要作了以下工作。一是退出煤炭生产行业。投入4000万元，将剩余3家地方煤矿转属铁岭市，彻底退出煤炭生产行业。二是非煤矿山专项整治。再关闭10家非煤矿山企业，经过数年持续整治，非煤矿山企业从389家减少到72家，剩余2座尾矿库通过市区两级验收，落实了监控和监管责任。三是危化品安全专项整治，调整注销99家危化生产企业，三环内43家危化生产企业已退出34家；涉及氧化、氯化危险工艺的12家危化生产企业，已有9家完成自动控制改造，其余3家已注销其安全生产许可证。四是烟花爆竹安全专项整治，加大17家烟花爆竹批发经营企业监管力度，已有3家企业达到一级标准化条件，8家企业获得了二级安全生产标准化证书。五是道路交通专项整治，共查处各类机动车交通违法行为为27.09万件，整改306处事故隐患点段。六是建设施工专项整治，共排查1312个建设项目、3512个单体工程、1550余万平方米建筑面积，查出各类隐患2700余处，其中重大隐患131处，已全部完成整改。七是铁路道口安全专项整治，投资1.39亿元完成4处监护道口"平改立"；完成剩余6处通过载客车辆监护道口的远程监控设备安装，翻建5处陈旧道口房，安装15处道口防雷设施，共预防铁路道口事故11起，实现连续1118天安全无事故。八是公共场所消防安全专项整治，共排查隐患8.63万处，已全部完成整改，罚款217.94万元。九是工业园区专项整治，全市具备工业性质的19个园区中，有12个园区建立了安监机构并配备了专职安监人员，有3家园区完成整体安评。

（孙茂丽）

【危险源监控】 2009年，为确保重大危险源和危险点的安全运行，沈阳市全力组织各有关部门和单位全面加强了重大危险源和重大危险点监管和监控工作。一是按照《沈阳市重大危险源分级监管暂行办法》，对全市690处重大危险源，进行评估分级，实施分级监管，形成了市、区（县、市）、乡（镇）、企业四级监管监控网络体系，同时对存在问题的立即整改，进行动态监管和监控，保证监控设施完好，杜绝带病运行，防止发生较大以上级安全生产责任事故。二是在重大危险点排查监管方面，各地区、各部门共排查确定了2606处重大危险点，按照分级监管原则实施监控。以市安委会名义，向全市17个地区、27个有关部门下达了《重大危险源（点）监管工作责任书》，明确了重大危险源（点）的危险类型、危险部位、监管责任部门、监控责任单位，将监管监控责任落实到了具体人，严加监管，强化巡查。各有关部门和单位层层签订了重大危险源（点）安全监管监控责任状，完善了重大危险源和重大危险点的人防、技防措施，所有重大危险源（点）全部实现了全程监控。

（孙茂丽）

【应急救援管理】 2009年，沈阳市开展了安全生产应急救援指挥中心的建设，其一期工程总投资为1164.8万元。二期工程已于11月3日通过市经信委组织的有关专家论证。市政府特批成立了市安全生产应急救援指挥中心，机构、编制人员已全部到位；以高危行业为依托，建立以危化企业为重点的5个安全生产应急救援队伍。认真组织预案编制评审及演练。发布了《沈阳市安全生产事故灾难应急预案》、《沈阳市危险化学品事故灾难应急预案》2个市级预案和非煤矿山等2个专项预案，全市高危行业企业和重大危险源企业应急救援预案编制率达到100%；在新民市，组织了沈阳市非煤矿山事故应急救援演练，在辽中县，组织开展了沈阳市危险化学品事故应急救援桌面演练。全市各地区和各生产经营单位共组织消防、交通和人员紧急疏散等各类演练126次。

（孙茂丽）

【市场准入】 2009年，沈阳市在危化企业行政许可方面，对危化经营企业实行总量控制。全年许可到期的127家危化生产企业中，共受理40家延期换证申请，其余87家不具备条件企业已报省安监局注销。在非煤矿山行政许可方面，除地勘和为油田服务企业的11个安全生产许可证外，非煤矿山企业（露天矿山、地下矿山、尾矿库）只发放了57个安全生产许可证，全市发放许可证的非煤矿山企业68家。严厉打击非法生产经营行为，建立健全了"明确职责、构建网络、月零报告、事前问责、严厉打击"的打非工作机制和四级工作网络。各级安全监管部门共发现非法窝点110家，打掉非法窝点83家，并对其中的13家进行经济处罚，其余27家移交其他部门处理。严格建设项目安全设施"三同时"审验。市安监局会同发改委、经委、建委联合下发了《关于加强建设项目安全设施"三同时"审批工作的通知》（沈安监发[2009]28号），将建设项目安全设施"三同时"纳入了发改委、建委、经委建设项目管理（审批）程序，建立了联动机制，并召开了专题会议，推动"三同时"审验工作的深入落实完成市直管企业建设项目安全设施"三同时"审批440项。

（孙茂丽）

【培训与宣传教育】 2009年，沈阳市共培训企业负责人、安全管理人员和特种作业人员共6.10万人。其中，举办企业负责人和安全管理人员培训班共86期，培训1.99万人；举办特种作业人员培训班66期，培训4.11万人。下发了《沈阳市人民政府办公厅转发市总工会和市安监局关于沈阳市职工安全生产知识普及培训实施方案的通知》、《关于进一步加强职工安全生产知识普及及培训工作的通知》，373名安全管理人员获得了培训资质证书。全市已培训职工44.33万人，订购教材3.16万本，各级财政共投入资金213.9万元。其中，市级财政投入共50万元。将6月份确定为沈阳市的"安全生产宣传教育月"，以搞好新闻发布、咨询日活动、安全生产知识答题、应急救援演练、安全生产科技知识普及讲座、安监执法队伍成立三周年回眸与展示等主体活动为重点，通过《安全知识小贴士》栏目、职工安全知识全员普及培训等方式，深入组织开展安全生产宣教活动。据统计，沈阳市共组织宣传教育活动520次，参与人数达10万余人，组织召开新闻发布会34次，在《中国安全生产报》发表新闻报道30余篇，在沈阳电视台等媒体相关报道800余篇，沈阳电视台滚动字幕滚动100余条，在《沈阳晚报》出版安监专版6期，发行《安监信息》期刊12期，上稿80余篇，营造了良好的社会氛围。深入开展安全文化示范企业和安全社区的创建工作。省安监局已组织对沈阳市申报的11家省级安全文化示范企业进行了现场验收；沈阳市已有8个社区被命名为国家安全社区，沈河区全城区被授予国家安全社区。

（孙茂丽）

食品药品监督管理

【食品安全监管机构调整和职能交接】 2009年，沈阳市政府出台并组织实施了《沈阳市调整食品监管职能理顺监管机构的实施意见和划转人员及资产实施方案》，确保了食品安全监管职能在最短时间内调整到位，全面落实，并在食品药品安全监管体制上实行市、区、县垂直管理。为及时、有效地履行监管职责，市食品药品监督管理局成立市、区、县食品化妆品监督所，并将于2010年1月1日正式履行对全市餐饮环节食品安全、保健食品和化妆品的监管职责。

（赵长安）

【开展药品、医疗器械专项整治】 2009年，沈阳市精心组织、上下联动，深入开展了16项专项整治。按照“标本兼治，综合治理”的原则，坚持做到整治一条线，规范一条线，有效推进了长效机制建设。在药品生产领域，通过对疫苗类生物制剂生产企业的专项整治，探索了对药品特别是高风险药品生产企业全方位、全覆盖、全过程检查的有效机制，提高了对此类企业的可控性。在药品经营领域，通过广泛调研及实践，严格依法依规，在全国率先提出了“非药品冒充药品”标准，公布了“非药品冒充药品”目录，提出了对“非药品冒充药品”监督处罚的法律依据，制定了具体工作程序，使“非药品冒充药品”专项整治不仅取得了阶段性成果，而且建立了科学、严谨、具有示范性的长效监管机制，对全国开展“非药品冒充药品”整治起到了引导和示范作用。在对人民群众反映强烈的第二类精神药品及含可待因复方口服溶液(即“摇头水”等)经营秩序专项整治中，进一步强化了属地责任制，健全了与公安、工商等行政机关执法联动机制。

全年立案查处案件164起，结案177起，简易案件277起，取缔无证经营10家，捣毁制假售假窝点9个；向外地食药监部门移送案件11件，向公安机关移送案件10件，上缴罚没款218.72万元。

在医疗器械领域，在全国率先制定了《定制式义齿专项整治工作方案》和《定制式义齿日常监管指导意见》，对56家生产经营企业和521家牙科类医疗院所进行了全覆盖检查，并探索建立了定制式义齿的可追溯监管模式，形成了《定制式义齿生产实施细则》。

(赵长安)

【药品安全监管模式建设】 2009年，沈阳市完成了药品、药师基本信息录入、药师指纹考勤系统以及沈阳市药品流通编码库的基础建设。县以上药品零售企业已经全部并入电子监管网且运转正常。稳步推进了16家高风险药品生产企业非现场监管工作，完成大容量注射液、疫苗、粉针剂等高风险品种的系统开发和医疗器械生产非现场监管信息系统的研发工作并开始试运行。在推进社会化监管方面，成功举办了“成大方圆百姓健康大课堂杯”全民知识竞赛，全面推进了社区百姓健康大课堂建设，组建了308名医药工作者义务讲师团，在373个社区开展了健康大课堂讲座。在所有社区设立了803个过期药品回收箱并组织开展了过期药品回收活动，回收过期药品总计200多个品种，近20余万盒(瓶、支)，进一步增强了人民群众的自我保护意识。

(赵长安)

工商行政管理

【依法行政】 2009年，沈阳市工商行政管理局推进规则、制度体系建设，补充制定了《行政执法监督暂行规定》和《工商所日常巡查监管工作规范》等7项工作规则和相关制度。对规范性文件进行全面梳理，废止76件、修订保留25件，并编撰为《沈阳市工商行政管理局规则制度汇编》，保证了规范性文件和有关制度的合法性、有效性和可行性，确保了规范性文件的有效性和可行性。推进地方立法工作，代市政府起草了《沈阳市无证无照经营查处取缔办法》，明确了政府相关职能部门责任分工，规范了全市查处无证无照经营工作。实施“阳光执法”工程，加强了对行政处罚案件、行政强制措施、行政争议处理、抽象行政行为等的监督，努力提升行政执法工作质量。认真组织全系统执法人员换证工作，严把人员资格审查、培训质量和考试关，进一步明确执法主体，规范执法行为，严格队伍管理。全面推行说理式处罚决定书，开展案件回访工作，促进了公正执法、廉洁执法。加大依法行政培训力度，整合培训资源，创新培训方式，采取集中授课、顶岗实习、网上答题等多种形式，集中培训8300多人次，网上培训8.3万人次，提高了干部队伍依法行政的能力和水平。加强信息化建设，启动了“一号工程”，完成了15个审批大厅网络改造和红盾业务软件升级工作，完善了红盾业务数据库，为依法行政工作提供了可靠的技术保障。

(代　峰)

【各类市场主体登记】 2009年，沈阳市个体工商户登记3.53万户，截至年底共有21.8万户；投资额118.7亿元；从业人员54.9万人。私营企业当年登记9347户，截至年底共有7.9万户，注册资金1463.3亿元；从业人员56.4万人。年度统计现有公有制企业2.2万户，注册资本2098.1亿元；农民专业合作社1873户，出资总额23.88亿元。外商投资企业当年登记621户，截至年底共有5456户，注册资本324.1亿美元。

(代　峰)

【强化服务职能】 2009年，沈阳市工商行政管理局在全市率先出台了促进经济发展的30条措施，进一步降低市场准入门槛，简化行政审批程序，努力提高办事效率，为企业创造了更加宽松便捷的市场准入环境。新发展个体户、外资企业和公有制企业均有较大增长，个体转企业593户，全市企业总数进入新世纪以来首次突破10万户大关。建立了大型企业联系制度，帮助企业解决筹建、改制、重组等方面遇到的难题512件。加强企业融资服务，登记小额贷款公司14户，注册资本4.3亿元；登记股权出资32亿元，股权出质14.5亿元，担保债权金额2亿元；办理动产抵押登记148件，主债权金额30亿元。认真落实房地产市场扶持政策，注册房地产开发企业170户，减免登记费150多万元。扩大推行现场集中年检和网上年检，免收重点行业企业年检费276万元。完善沈阳经济区工商联动机制，发展冠名“沈阳”的抚顺企业20家。大力实施品牌战略，新发展注册商标5751件，同比增长104%，成功注册地理标志商标1件，改写了全市没有地理标志商标的历史，争创驰名商标3件，取得了新突破。大力支持新农村建设，注册农民专业合作社998户，出资额13.7亿元，同比分别增长133%和38%；备案农村经纪执业人员2423人，同比增长20%；完善合同帮农措施，全面推行蔬菜、玉米买卖合同示范文本，建立112个合同指导服务站，解决涉农合同纠纷125件。积极开展商品交易市场信用分类监管工作，286处商品交易市场信息录入和信用等级评价工作全面展开，得到国家总局的充分肯定。深入开展“守合同重信用”创建活动，培育“守重”企业2018户，其中省级459户，国家级25户，引导和促进了企业的诚信建设。

(代　峰)

【整顿和规范市场经济秩序】　2009年，沈阳市工商行政管理局全面履行工商行政管理职能，强化行政执法和市场监管工作。加强高危行业监管，开展了煤矿、非煤矿山、危化品等专项整治行动，取缔无资质经营企业44户。加强运输市场监管，疏导办照230户，查处无照营运车辆692台。深入开展了“打击流通环节使用非食用物质和滥用食品添加剂”等专项整治行动，对15个品种的21个添加剂项目和36种食品进行了抽样监测，建立食品安全示范店1540户，取缔食品无照经营837户，查处食品违法案件180件，吊销食品营业执照36户。加大打击传销工作力度，取缔传销窝点17个，教育遣返传销人员638人。建立直销监管工作制度，严格规范了直销企业经营行为。深入开展商业贿赂专项治理，查处商业贿赂案件63件，涉案金额7360万元。此外，全系统联合相关部门开展了取缔黑网吧、扫黄打非、治理校园周边秩序、文明祭祀等专项整治行动，有力地净化了市场环境。在整顿和规范市场经济秩序过程中，全系统执法干部以高度的责任感和使命感，不断拓宽办案领域，加大办案力度，共办结各类经济违法案件6552件，有效地维护了公平竞争的市场秩序。

（代　峰）

【流通环节食品安全监管】　2009年，沈阳市工商行政管理局组织了《食品流通许可证》审核、发证工作，举办了《食品安全法》培训，全系统食品安全监管执法人员培训率达100%。切实加强农村市场监管，成立了全系统农村食品安全专项整治工作组织领导机构，认真落实了食品准入、市场巡查、不合格食品退市等6项制度，严打违法行为，通过专项整治共查扣过期食品656袋，过期饮料360瓶，不合格食品205千克，查处食品违法案件18件。深入开展了国庆60周年期间流通环节食品安全整顿，组织了3个督察组，对国庆期间全市流通环节食品安全保障工作进行督察。组织全市63家规模以上商场、超市的食品经营负责人召开食品安全座谈会，与30家大中型市场主办单位负责人签订了《确保市场食品安全的责任状》，全系统2000余名监管人员责任到人，死看死守，强化食品市场巡查，确保了国庆期间全市流通环节未发生一起食品安全事故。按照建立健全工商监管、经营者自律、社会监督体系的总体要求，健全食品安全监管长效工作机制，提高食品安全监管规范化水平。加强流通环节食品安全长效机制建设，先后建立了《食品安全等级分类监管制度》、《食品流动送货车备案制度》、《重点食品流向的产品质量认证登记管理制度》、《食品经营者食品查验制度》和《食品经营者进货台帐索引制度》五项制度，全面提高了全系统食品安全监管规范化水平。

（代　峰）

【合同与信用分类监管】　2009年，沈阳市工商行政管理局强化了合同监管业务知识培训，采取了在实际办案过程中传授办案技巧，指导基层执法干部查办案件的培训方法，共培训基层执法干部145人次。编写了《农业合同示范文本汇编》和《建筑市场整顿工作指导手册》，成为指导执法办案的工具手册。登记权限全部下放到各分局、县（市）局及市局直属分局，办理抵押登记148件，主债权金额29.88亿元。加强拍卖监管，将拍卖活动备案登记情况录入微机，严格拍卖登记备案审核，依法查处拍卖活动中虚假宣传、恶意串通、商业贿赂等违法行为，全年拍卖活动备案298次，备案拍卖委托书1576份，金额24.99亿元，备案拍卖确认书288份，金额8.39亿元。积极推进企业信用分类监管，通过沈阳市工商综合业务系统进行归集和分类，根据掌握的企业在市场准入、市场交易、市场竞争、市场退出等方面的信用信息，将企业划分为不同的信用类别并分类监管。全市11.3万户企业（含外资企业）和20万户个体工商户，按照A、B、C、D四类全面实行了信用分类监管，286个商品交易市场实行了信用分类监管。省级诚信文明市场29个、市级诚信文明市场77个，全市共评选出“守合同重信用”单位市级2018户、省级459户、国家级25户。监督黑牌企业1.22万户退市，企业信用分类监管取得了明显效果。

（代　峰）

【商标、广告监管】　2009年，沈阳市工商行政管理局加大查处商标违法案件力度，实行责任制，全系统查结商标违法案件235件，比上年增长5.38%。扎实开展了专项整治行动，组织了“三专店”的检查，开展了侵犯“香雪面粉”、“西塔大冷面”、“红牛饮料”等商标权行为专项整治行动。坚持行政指导，在日常监管中对企业商标轻微违章等行为，发送“商标注册建议书”、“商标使用提示书”、“商标违章告知书”286份，提高了监管效能，降低了行政成本。加强商标印制行业管理，全市共检查印制企业356户，对严重违法的印制企业进行了处罚。加强广告市场监管，创新监管手段，制定了《沈阳市工商广告系统监测工作规程》，实现了三级监测，全市各级广告监管部门共办结广告违法案件161件，监测广告160.8万条次，责令改正轻微违法广告1562条，责令停止发布严重违法广告392条。开展了农村广告市场专项整治，严厉查处虚假违法农资商品、养殖种植类等四类涉农广告，促进了农村广告市场规范、有序、健康发展。依法打击网上非法“性药品”广告和性病治疗广告，积极协调有关部门开展网上不良广告的删、关、查工作，共监测沈阳地区主要网站796家，发现涉嫌发布非法“性药品”广告和性病治疗广告的网站10个，关闭涉嫌网站4家，屏蔽涉嫌网站4家。同时，继续把直接关系人民群众健康安全的医疗、药品、食品广告作为专项整治重点，全年开展了2次声势浩大的专项整治活动，共查处各种媒体相关违法广告118则，收缴印刷品广告3万余份，清理户外和店堂广告236则，有效地净化了沈城广告市场环境。此外，开展了教育培训招生类违法广告的专项整治、违反社会主义精神文明建设不良广告等专项整治。强化广告市场的日常监管工作，做好广告经营企业的年检验照和新办广告企业的复查工作。做好户外广告登记和户外广告、印刷品广告、店堂广告的清理整顿工作。开展了公共场所广告语言文字规范和内容健康检查活动及烟草广告的日常监管工作。

（代　峰）

【支持新农村建设】　2009年，沈阳市工商行政管理局采取鼓励城乡联办农民专业合作社、将涉农县（市）农民专业合作社登记权限下放基层工商所等16条具体措施，继续营造农民专业合作社发展的宽松环境。全市农民专业合作社1845户，出资总额23.9亿元，成员139万人，与上年同期比，分别增长129.2%、

160%、128%,为拉动农村经济快速发展发挥了积极作用。认真开展了培育和发展农村经纪人工作。截至年底,全市共发展经纪人4.5万人,带动农户20万户,带动农民实现销售额达50亿元,促进了全市农村经济发展,增加了农民收入。加大了红盾护农力度,实施农资产品市场准入管理,进一步健全和完善了"两帐两票、一卡一书"等制度,规范了农资经营者的经营行为。积极开展了农资打假专项执法行动,检查农资经营户1732户,对30个批次检测不合格的农资进行立案查处,维护了广大农民的合法权益。深入开展了农村食品市场专项整治,共查扣过期食品656袋,过期饮料360瓶,不合格食品205千克,查处食品违法案件18件。积极开展了"家电下乡"、"汽车下乡"定点企业的市场监管,印制了《家电下乡知识问答》小册子2万册,《家电下乡明白纸》5万多张,并将"家电下乡"、"汽车下乡"政策措施录制成光盘,指导基层广泛开展宣传工作,深入到各"家电下乡"定点销售网点进行现场指导,指导销售和售后服务工作。严厉打击借"家电下乡"名义销售假冒伪劣家电产品和利用旧家电"改头换面"欺骗消费者的违法行为。全系统共出动执法人员3198人次,检查"家电下乡"、"汽车摩托车下乡"销售网点405个,检查经营主体1800户次,受理消费者有关"家电下乡"、"汽车摩托车下乡"咨询225件,取缔无照经营3户。同时,对商标侵权、虚假广告等违法行为也加大了查处力度,有效地维护了广大农村消费者合法权益。

(代 峰)

【个体劳动者协会和私营企业协会发展】 2009年,沈阳市工商行政管理局启动了三级培训机制,对新会员实施全员创业岗前培训。抓好新会员创业岗前培训工作,三级会员创业岗前培训3.8万人(次)。实施促进就业工作,全年协助安置下岗失业人员、高校毕业生、残疾人、退役军人和返乡农民工就业2.1万人(次),新建创业指导示范基地78个,新建创业指导师单位100个,创建安置基地120个,建立安置点500个。组织10个会员单位挖掘用工岗位127个,参与市总工会主办的"携手同行"大型用工洽谈会,达成用工意向近百个。开展了促进大学生就业创业"百千工程",举办大学生就业创业专场招聘会,举办大学生就业创业招聘洽谈会2次,为大学生提供创业项目175个,提供见习基地100个,350家个私会员单位带着6350个用工岗位,与来自40余所高校的1.2万名大学毕业生进行了现场对接,通过洽谈达成用工意向4500多个,2000多名大学生对创业项目及见习实习基地情况进行了咨询。帮助会员开展生产经营服务工作,全年共开办6期深造班,培训创业指导师240人,207人获得创业指导师证书,结创业帮扶对子464个。规范了会费收缴工作,制定下发实施方案,开展以自查自纠、整顿规范和建章建制为内容的专项整顿活动,建立会费收取台账,公示收费依据、收费标准、服务项目和协会活动安排,严格票据使用规定,不得超标准收取会费。基层各分会在收费中做到不强制、不超标准、不超范围、不与年检窗口在一起,不着工商制服收费,在收费过程中做到态度热情周到、解答问题准确无误,调动会员自觉交纳会费的积极性。沈阳市个协被中华慈善总会评为中华慈善突出贡献单位,被中个协评为宣传发行先进单位。

(代 峰)

【红盾文化建设】 2009年,沈阳市工商行政管理局坚持把文化建设作为提升干部队伍综合素质的治本之策,在全系统广泛开展红盾文化创建系列活动。实施了行政理念、行政道德、行政规范、行政能力、行政环境建设为内容的红盾文化"五大工程"建设,有效提高了广大干部的综合素质,促进了监管、执法和服务职能的全面履行。加强了机关文化建设,制定下发了《市局机关2009年红盾文化建设实施意见》,对市局机关的红盾文化建设工作进行了全面部署。为全面加强文化建设,举办了"祖国在我心中"纪念建国60周年摄影、书法、绘画展,展览征集摄影作品565幅,书法作品70幅,绘画作品27幅,从不同侧面讴歌了新中国成立60年,改革开放30年取得的巨大成就,以及沈阳市工商局取得的成绩,参展作品注意体现红盾文化内涵,做到了思想性与艺术性的统一,提高了干部的文化品味和艺术修养。开展了丰富多彩的文化活动,充实干部职工的业余文化生活,举办了第三届系统羽毛球、象棋、围棋比赛,第五届系统乒乓球比赛,第三届游泳比赛;参加了市直机关工委组织的沈阳市第十二届运动会机关组的各项比赛,机关工委的乒乓球、羽毛球比赛和国庆书画、摄影展等。发挥工会组织作用,关心职工疾苦,对全系统11名困难职工给予补助,发放抚恤金2万元。开展了扶贫帮困活动,"春节"期间,机关党委到新民市新农村乡对口扶持107户贫困户进行走访,送给每个贫困户米、面、油及现金200元钱,送去党和人民政府的关爱,树立了工商部门的良好形象。

(代 峰)

【消费维权】 2009年,沈阳市工商行政管理局围绕"消费与发展"主题,开展了丰富多彩的纪念"3·15国际消费者权益日"活动,通过曝光十大侵权案例、公布十大维权举措、发放维权手册等,增强了广大经营者和消费者的自律和维权意识。创新消费教育方式,完善了消费教育咨询服务体系,启动放心消费工程,组织103家大中型商企开展消费引导和消费环境建设的活动。开展经常性消费警示活动,为提高消费者自我保护能力,针对消费热点和新情况,消协及时发布消费警示,全年共发布20多条。加强了消费教育学校建设,全系统已建立各类消费教育学校(基地)207所,举办专题教育场次达500多场,受众近5万人次。开展社会监督活动,开展了挑战消费潜规则、消费调查、消费体察企业行等活动,营造了放心消费环境。加强了消费维权机制建设,提高消费维权救助能力,加强重大典型案件的调解,市消协全年受理消费投诉2518件,为消费者挽回经济损失867万元,其中成功解决的汽车消费个案纠纷额达100多万元。推进了经营场所两站建设,在商企、旅游景点等经营场所建立了244个消费者投诉站,建立了家电下乡维权服务点387个。不断健全和完善"12315"运行机制,全年"12315"热线共接到诉求电话9.65万件。其中,受理消费申诉7094件,接到经济违法举报2943件,解答各类咨询8.65万件,为消费者挽回经济损失567万元。及时通过新闻媒体向社会发布了消费预警,定期发布消费热点分析,提醒广大消费者更好地维护自身的合法权益。

(代 峰)

物价管理

【发挥价格职能作用】 沈阳市物价局于2009年2月份及时解除了对成品粮、食用植物油、猪牛羊肉及制品等重要商品的临时价格干预措施。围绕“保增长、扩内需、调结构”,在年初市政府出台的《关于进一步下放管理权限促进开发区加快发展的若干意见》、《关于2009年深化经济体制改革的实施意见》、《沈阳市支持企业发展促进经济增长若干政策措施》、《关于稳定就业局势促进就业创业工作的实施意见》等政策措施中,对下放部分价格管理权限、减免行政事业性收费等多项优惠政策做了进一步明确。特别是在国家和省取消220项收费之后,沈阳市又进一步取消(停止)征收行政事业性收费54项,降低收费标准16项,减轻了经营者负担,为平等竞争创造了宽松的价格环境。

(张　强)

【规范收费行为】 2009年,沈阳市物价局全面统计、清理行政事业性收费的基础上,整理编印了《沈阳市现行物价政策汇编》,与财政、监察部门联合印发了《沈阳市2009年度行政事业性收费(基金)目录》。国家和省取消220项收费之后,市物价局立即对涉及全市27个部门的85项收费,逐项落实了收费许可证注销或变更手续。同时,加强了对区县(市)收费许可证的管理,出台了收费许可证管理办法;加强了全市物价(收费)员的管理和培训,为4000多物价(收费)员建立了电子档案,对近千名物价员进行了培训和考试,进一步规范了收费行为。

(张　强)

【研究保增长价格政策】 2009年,沈阳市物价局针对民用爆破器材价格混乱的情况,开展了民用爆破器材运输价格调研,提出了适当调整综合费率的建议。针对社会对供暖收费反映强烈的情况,开展了采暖用煤价格调研,先后走访阜新、抚顺、铁法矿务局和市内多家煤炭经营单位,建立和完善了供暖煤炭价格监测制度。针对群众反映“死不起”的情况,开展了殡葬行业收费情况调研,明确了“死不起”主要源于“黑托”、“黑殡葬车”对殡葬市场的干扰,提出了坚决打击“黑托”、“黑车”的建议。为了促进民办养老事业的发展,开展了民办养老机构收费及发展情况调研,提出了政府应逐步加大投入、按等级制定指导价格、加强明码标价管理等建议。为了促进生猪饲养业的发展,先后对辽中、新民等5个县(市)20多户生猪养殖企业(户)以及部分生猪屠宰企业进行了典型调查,其他如药品及医疗行业收费、经济适用房价格、城市“货的”收费、中小学及民办学校收费、农户农资购买及存粮情况、地铁票价、燃气调价、农村校车运营及收费情况、有线电视运营及收费情况等调研工作都取得了较好的成果,为政府制定或调整保增长促发展政策提供了大量的基础情况。

(张　强)

【稳妥推进水价改革】 为了解决沈阳市水价长期偏低、水资源费一直没有纳入供水价格的问题,促进沈阳市供水事业的发展,2009年,沈阳市物价局认真测算供水成本和污水处理运行费用情况,严格区分政策性和经营管理因素,反复多次修改调价方案。为了促进节约用水,又制定了阶梯式水价实施方案,按照1:1.5:2的计价比例,对三级水量实行不同幅度加价。在整个操作过程中,始终坚持公开公正的原则,深入调研,科学论证,广泛听取社会意见,充分考虑社会各阶层的承受能力;坚持按照法定程序召开听证会和新闻发布会,并通过网站、报纸等媒介同步发布相关信息。同时,还主动请省物价局给予工作指导,积极向市人大、市政协汇报改革进展情况。修改、完善后的调价方案采纳了社会各方面的合理建议,适当提高了机关事业单位用水调价幅度,增加了阶梯式水价基础水量,对大众浴池用水给予照顾。经市政府同意并报省物价局批准,新的调价方案于7月1日顺利出台,自来水价格平均涨幅为49%,污水处理费平均涨幅为36%。

(张　强)

【做好成品油调价后续工作】 2009年,沈阳市物价局先后对450条长途客运线路逐条线路进行了测算,及时下达了新的燃油附加费标准,保证了公路长途客运行业的正常运营。根据国家调整石油液化气出厂价格情况,按照成品油与车用液化气合理差价的原则,先后4次调整了车用液化气价格,保持了车用燃气行业的平稳运营。

(张　强)

【试行居民热计量收费】 在非居民供热实行计量收费的基础上,2009年,沈阳市物价局会同有关部门研究出台了居民供热计量收费政策,试行“两部制热价”,即:基本热价+计量热价。基本热价为按面积计价的50%,计量热价为0.1450元/千瓦时(40.28元/吉焦)。同时还制定了少用热退费政策,即用户在开栓前先按面积预交采暖费,采暖期结束后再根据实际用热量按“两部制”热价核算费用,低于预交采暖费部分,由供暖企业向用户退费;高于预交采暖费部分,不再补交。市建委、房产局对部分小区进行了设施改造,先试点后推广实施。这一政策满足了不同热用户的需求,同时又鼓励用户少用热,促进了节能减排。

(张　强)

【价格监督检查】 2009年,沈阳市物价监督检查工作坚持专项检查与日常监督检查相结合。专项检查注重突出重点内容,针对重点行业,集中力量查处重点行为。日常价格监督侧重于事先告诫和政策指导,督促引导企业守法经营。围绕保增长促发展开展的土地、房产、涉企收费等专项检查,为重大投资和建设项目的顺利落地创造了良好的价格秩序。围绕安民生开展的涉农、医疗、教育、电信、物业、停车等专项检查,集中精力查处社会普遍关注的热点问题,维护了消费者的合法权益。围绕稳秩序开展的节假日市场价格巡查,重点查处了大型商场、超市的价格欺诈行为,检查督促农贸市场和主要街办市场落实明码标价制度,为群众消费打造了宽松和谐的购物环境。全市涉农收费专项检查共组成14个检查组,出动417人次,检查239个单位。结合家电下乡工作,加强了对家电下乡产品明码标价的检查,及时纠正了不明码标价的行为。涉房、涉企收费专项检查全市共组成19个检查组,出动215人次,检查了65个单位。查出违价单位12个,违价金额231.39万元,实施行政处罚95万元。停车场收费专项检查,联合工商等部门共组成9个检查组,通过市区联动和区内属地检查的方式,对800余条重点街、巷进行了拉网式筛查,共检查机动车停车场215家，对违规收费性质严重的3家单位实施了行政处罚，对22家给予了告诫，责令2家限期整改。同时，针对检查中发现的问题，向市政府提出了明确管理责任主体等建议。限制生产销售使用塑料购物袋专项检查，重点对全市42家大型超市、农贸市场塑料购物袋的明码标价落实情况进行了专项整治。

通过全市上下的共同努力，价格秩序明显好转，价格违法行为发生率较往年明显下降。全年，全市共查处各类价格违法案件154件，实施经济制裁378万元，退还用户269万元。

（张　强）

【解决价格热点问题】 2009年沈阳市物价局共受理群众价格政策咨询2.97万件，受理价格举报投诉案件2528件，退还不合理收费30余万元，群众满意率达97.6%。特别是煤气管网费方面的投诉骤增。虽然是由于政策原因造成的，但全市价格主管部门不等不靠，采取积极措施，多次召开协调会和通报会，促成开发公司为投诉人退款1350万元，阻止开发公司向购房者收费达5000多万元，较大程度地维护了购房人的合法权益。节日放假期间，市物价局坚持专人值班，随时受理群众举报。

（张　强）

【价格监测及预警预报】 2009年，沈阳市价格监测人员注重市场价格分析预测和信息上报，积极为政府决策和生产经营提供参考依据，为合理引导居民理性消费出谋划策。针对煤炭市场价格波动幅度较大，群众对供暖收费标准质疑比较集中的情况，建立了供暖煤炭价格监测制度，加强了供暖用煤价格监测。根据农时变化和农业生产需要，加强了种子、化肥、农药、农膜、秋粮秋菜等价格监测，并及时在沈阳价格信息网发布相关信息，对指导农业生产、促进农民消费起到了积极作用。针对猪肉价格波动明显的情况，加强了生猪价格监测，为市政府实行生猪调贮、确保猪肉市场供应提供了大量的基础数据。在粮、油、肉、蛋、菜等副食品的日常价格监测中，密切关注价格异常波动的倾向性、苗头性问题，在坚持完成好国家、省监测任务的基础上，加强了分析和预测，强化了价格异常波动情况的预警预报工作。主要农副产品每日价格、每周农产品价格变化综述等受到了有关领导和部门的特别关注，被作为全市落实重要商品调控与储备制度的重要采价依据。通过全市价格监测人员的共同努力，包括农副产品、日用工业品、工农业生产资料、重要服务价格等9大类700多个品种和规格的价格监测数据上报工作圆满完成，未出现迟报、漏报现象。

（张　强）

【价格法制】 2009年，沈阳市物价局印发了《沈阳市收费许可证管理办法》；制定了《沈阳市物价局成本监审工作行为规范准则》、《沈阳市物价局成本调查工作行为规范准则》和《沈阳市农产品成本调查工作规范》、《沈阳市政府制定价格成本监审工作规程》；印发了落实“五五”普法规划法律法规学习目录。监督检查、价格认证、成本调查与监审、价格协会等业务工作结合自身特点，分别开展了相关法律法规及业务知识培训，全市物价系统依法行政、依法治价的工作理念进一步增强。

（张　强）

【价格认证】 2009年，沈阳市价格认证工作从完善制度入手，加强了规范化建设，突出涉案物品鉴定的主导地位，积极拓展认证服务领域。沈阳“绿丰园”和“博惠野山猪”案件涉案资产处置，“刘和史超专案”及市发改委委托房产现值价格认证，为海关进出口企业出具拟放弃加工贸易货物价值证明，苏家屯土壤处置费和药监局扣押药品的价格认证，交通事故车辆损失价格鉴定等各项工作都取得了较好的成绩，沈阳市物价局价格认证中心全年共受理涉案物品价格鉴定案件451件，涉案财产鉴定总金额5329.7万元。其中：刑事案件304件，涉案金额823.82万元；民事、认证案件143件，涉案金额4500万元；复核案件4件，涉案金额5.88万元。

（张　强）

【成本监审】 2009年，沈阳市物价局成本监审分局共完成调定价成本监审19项，核减不合理成本近7亿元。其中，城市供水及污水处理成本监审、居民燃气运营成本监审等重大项目受到了市领导和调定价企业的普遍好评，为政府科学定价、依法定价打下了坚实的基础。

（张　强）

【价格协会】 2009年，沈阳市物价局紧紧围绕全市经济工作中心和政府关注、群众关心、社会反映强烈的热点问题，通过召开理论研讨会、座谈会、常务理事会等形式组织专家学者深入开展课题研究。价格协会还加强了与外省市横向交流，《价格与供求》（理论版）对外影响力进一步增强。李泽民局长承担的市委重点调研课题——《以科学发展观为指导，运用价格杠杆促进经济发展》圆满完成。

（张　强）

【价格公共服务】 2009年，沈阳市物价局深入企业、社区和农村宣传价格政策，解答群众疑问。在“进企业解难题”和“进社区体察民意”活动中，深入于洪区12家企业和第三机床厂53户困难职工家庭，帮助、协调解决企业在行政事业收费和不合理摊派等方面遇到的问题，帮助贫困户家庭解决上学、就业等实际困难，全局职工共捐款6.5万元。在全市家电下乡服务工作中，统一制作了5万张商品标价签，免费提供给各区、县（市）家电下乡销售网点，进一步规范了明码标价行为。全市价格公示工作围绕规范市场价格秩序，每个区、县（市）重点规范一个市场、一个行业，市区联动，先后在东陵区和和平区召开了规范建材和炊具市场明码标价现场会，全市价格公示工作逐步深入。

（张　强）

【价格政务公开】 2009年，沈阳市物价局通过沈阳价格信息和局政务公开网站，共向社会公开价格政策文件300余件（次），各类价格工作动态信息2000余件（次）。在自来水调价过程中及时召开新闻发布会和价格听证会的做法得到了市政务公开办的充分肯定，并被推荐向全市介绍了经验。在“5·15”政务公开日活动中，作为全市仅有的五家单位之一，市物价局被评为2009年度辽宁省第三届“5·15”政务公开日先进基层单位。2009年，沈阳市物价局被市政务公开办评为全市政务公开工作优秀单位。价格调节基金征收工作克服重重困难，经过多方努力，实现征收100余万元，法库县全年征收13万元，辽中县共征收90余万元，为政府运用经济手段调控市场价格提供了条件。

（张　强）

财 政 · 税 收

财 政

【财政收支】 2009年,沈阳市一般预算收入实现320.21亿元,比上年增长10.02%。财政支出结构得到进一步优化,实现了财政收支当年平衡。

一、一般预算收入

2009年沈阳市一般预算收入320.21亿元,为年度预算的100.05%,比上年增长10.02%。主要收入项目是:

1.增值税20.62亿元,为年度预算的104.56%,比上年增长8.57%。

2.营业税72.52亿元,为年度预算的98.14%,比上年增长12.29%。

3.企业所得税18.84亿元,为年度预算的99.53%,比上年下降5.85%。

4.个人所得税8.69亿元,为年度预算的98.31%,比上年增长3.12%。

5.城市维护建设税11.64亿元,为年度预算的97.91%,比上年增长1.07%。

6.房产税6.54亿元,为年度预算的90.5%,比上年增长9.89%。

7.城镇土地使用税19.83亿元,为年度预算的96.78%,比上年增长24.64%。

8.契税32.48亿元,为年度预算的106.17%,比上年增长0.89%。

9.印花税5.19亿元,为年度预算的99.49%,比上年增长7.42%。

10.资源税、土地增值税、车船税、耕地占用税等其他地方税收26.52亿元,为年度预算的109.65%,比上年增长24.67%。

11.国有资本经营收入57.36亿元,为年度预算的87.4%,比上年增长19.41%。

12.行政性收费、罚没等收入25.64亿元,为年度预算的113.13%,比上年下降11.94%。

13.排污费、水资源费、教育费附加等专项收入7.41亿元,为年度预算的99.03%,比上年增长5.54%。

2009年全市基金收入406.25亿元,比上年增长28.74%。

二、一般预算支出

2009年全市一般预算支出476.05亿元,比上年增长17.04%。主要支出项目是:

1.一般公共服务支出58.8亿元,比上年增长15.79%。

2.国防支出1.16亿元,比上年增长113.13%。

3.公共安全支出30.04亿元,比上年增长4.32%。

4.教育支出67.61亿元,比上年增长12.89%。

5.科技支出13.58亿元,比上年增长8.22%。

6.文化体育与传媒支出16.86亿元,比上年增长240.1%。

7.社会保障和就业支出84.87亿元,比上年下降4.42%。

8.医疗卫生支出33.72亿元,比上年增长67.65%。

9.环境保护支出7.81亿元,比上年增长31.75%。

10.城乡社区事务支出75.25亿元,比上年增长57.15%。

11.农林水事务支出26.67亿元,比上年增长28.56%。

12.交通运输支出3.99亿元,比上年下降57.43%。

13.采掘电力信息等事务支出22.09亿元,比上年下降16.35%。

14.粮油物资储备管理等事务支出8.8亿元,比上年下降9.7%。

15.金融监管支出1.49亿元,比上年增长51.3%。

16.其他支出23.3亿元,比上年增长21.12%。

2009年全市基金支出359.85亿元,比上年增长11.8%。

(赵秋艳)

【完善社会救助体系】 一、推进社会保障制度

一是实施积极就业政策,全力保障沈阳市就业局势稳定

1.优化市场就业环境,加大高校毕业生和困难群体就业援助力度。面对就业压力,通过财政政策杠杆,从优化市场就业环境,加大高校毕业生和困难群体就业援助力度入手,全市财政累计筹集就业资金12亿元,比上年增长35.6%,有效地保障了各项就业扶持政策的落实。全市全年实现就业再就业25.1万人次,为17.3万名灵活就业人员发放社会保险补贴,为3.2万名公益性岗位人员发放岗位补贴和社会保险补贴,普惠制实名就业培训6.7万人,全年城镇登记失业率控制在3.2%以内。

2.完善就业扶持政策,为稳定就业局势提供政策保障。根据国家和辽宁省政策文件相继出台一系列阶段性扶持政策,从鼓励企业吸纳、自主创业、提升就业技能、加大困难群体援助、统筹城乡就业、完善工作体系等九个方面对高校毕业生、大龄下岗失业人员、零就业家庭成员、农村劳动力等重点人群就业进行政策援助,为全市在特殊经济时期稳定就业局势提供政策保障。

3.加强乡镇公共就业服务平台建设,促进城乡就业协调发展。针对农村就业人员文化程度低、就业能力弱等实际困难,千方百计拓宽就业门路,及时下拨专项资金用于全市39个乡镇公共就业服务平台建设,综合运用职业培训、职

业指导、职业介绍等手段,帮助农村有就业愿望的人员尽快实现就业。

二是完善政策体系,积极推进社会保险制度的全覆盖

1.健全社会保险基金运行监管机制,确保各项基金平稳运行。全市养老保险、失业保险、医疗保险、工伤保险、生育保险等五项社会保险基金收入达153.1亿元,比上年增长7.9%;支出达191.4亿元,比上年增长25%。

2.千方百计筹措资金,确保企业养老金按时足额发放。积极落实国家政策,继续提高企业离退休职工待遇水平。增加支出10.3亿元,为全市86万企业离退休职工人均月增加养老金100元。加大财政补助力度,确保养老金及时足额发放,全年筹集专项补助和借款资金46.5亿元。

3.建立覆盖城乡居民的社会保障体系,启动新型农村养老保险试点工作。按照"保基本、广覆盖、有弹性、可持续"的原则,在康平县启动新型农村社会养老保险试点,逐步解决农村居民老有所养问题。

4.完善医疗保险扩面政策,实现医疗保险制度全覆盖。大力推动医疗保险扩面工作,解决了全市18万名破产、困难企业退休人员医疗保险问题,并为参加住院统筹的退休人员建立个人账户。完善居民医保政策,将大学生纳入医疗保险范围。出台农民工医疗工伤综合保险政策,将农民工纳入医疗保险范围。

5.提高基本医疗保障水平,缓解老百姓"看病贵"问题。提高新农合筹资标准和保障水平,2009年新型农村合作医疗筹资标准提高到150元,财政补助标准从110元提高到130元。扩大和提高门诊费用报销范围和比例,将20余种门诊特慢病纳入城镇职工医保报销范围,并取消门诊报销起付标准。提高城乡居民医疗保险最高支付限额,将新型农村合作医疗年最高支付限额从3.2万元提高到4.8万元,城镇居民医疗保险基金年最高支付限额从3.2万元提高到10.5万元,降低基金报销起付线、提高报销比例。

二、积极推进医药卫生体制改革

1.加大保障力度,支持公共卫生体系建设,实现人人享有基本公共卫生服务。一是实行政府购买基本公共卫生服务方式,按照人均15元的标准,落实基本公共卫生服务补助经费1.1亿元,促进基本公共卫生服务均等化。二是投入重大公共卫生项目资金5.3亿元,对15岁以下人群补种乙肝疫苗、农村生育妇女孕前和孕早期补服叶酸、贫困白内障患者复明手术和农村孕产妇住院分娩等给予补助。三是投入建设资金3.9亿元,加强全市疾控中心、卫生监督所、急救中心等专业公共卫生机构建设,用于购置实验室检验、检测设备、急救车辆和车载急救设备等项目。

2.改革补偿机制,加强基层医疗卫生体系建设,方便百姓就近就医。一是继续在大东区开展政府购买公共卫生服务试点工作,推动全市基本公共卫生服务均等化。二是按照实施国家基本药物制度的有关要求,积极研究基本药物零差率补偿办法,推动基层医疗卫生机构补偿制度改革。三是投入基层卫生补助资金690万元,专项用于基层医疗卫生队伍建设、城乡对口支援、中医社区卫生服务机构建设、农村计划免疫冷链建设等支出。

3.推进公立医院建设,提升服务水平,提高沈阳中心城市医疗服务能力。一是继续投入5亿元全力保障重点医院基本建设,保证三所区域中心医院和四所品牌专科医院门诊和病房楼项目建设。二是投入2.1亿元专项用于公立医院的设备购置、重点学科发展、符合国家规定的离退休人员经费等项目补助支出。三是提高住院统筹基金定额结算标准,调动医保定点医疗机构服务积极性。

三、坚持城乡统筹,进一步完善社会救助体系

1.完善城乡低保政策,提高困难群体救助标准,扩大救助范围。一是继续提高城乡低保救助标准:将城市最低生活保障标准由每月240-300元提高到280-340元,惠及城市低保群体13.9万人;将农村最低生活保障标准由每年1300-1800元提高到1600-2100元,惠及农村低保群体9.6万人;将城市低保边缘户生活保障标准由每月240-360元提高到280-410元,惠及城市低保边缘户群体1.7万人。二是提高农村五保供养标准:将分散供养五保户年供养标准由每年1700元-2200元提高到2100元-2600元,集中供养五保户年供养标准由每年3200-3600元提高到4000元-4500元,惠及五保群体1.8万人。三是落实"两节"期间专项资金10037万元,对城乡低保、城乡低保边缘户、五保户、重点优抚对象实施临时救助。四是落实60年代精简退职职工救济补助费,拨付360万元,确保1857人待遇的落实。

2.完善城乡困难群体医疗救助制度,缓解"看病难、看病贵"问题。一是统筹城乡,将医疗救助封顶线分别从城市4000元、农村3000元同步提高到5000元。二是与医疗保障制度相衔接,在城镇居民基本医疗保险、新型农村合作医疗制度报销比例的基础上上浮15个百分点给予救助。三是投入医疗救助资金6000万元,对城乡低保、五保等困难群体实施医疗救助。四是实现医疗救助资金与医疗保险之间的同步结算,并对定点医院拨付周转金,解决了城乡困难群体垫付资金和二次报销的问题,体现了政府对困难群体的关怀。

3.贯彻落实各项优抚政策,确保优抚对象的待遇水平不断提高。一是按照国家政策要求,提高了伤残军人等8类重点优抚对象的生活待遇标准,投入资金6776万元,保障了13587名重点优抚对象优抚待遇落实。二是落实义务兵和退役士兵补助政策,对全市8220名义务兵和退役士兵支付补助资金7043万元。三是落实军队移交地方安置的离退休干部和无军籍职工生活待遇政策,筹集资金4.24亿元,保证了7516名的军队移交地方安置的离退休干部和无军籍职工生活待遇落实。

(赵秋艳)

【县域经济和社会主义新农村建设】 2009年,全市县域经济和新农村建设资金投入共计4.9亿元:

1.对三县一市县域重大基础设施建设投入3700万元。其中:财政城建资金

2000万元(康平、法库各1000万元),融资资金1700万元。

2. 县城基础设施建设投入5700万元。

3. 近海经济区基础设施建设补贴5000万元。

4. 农村中心敬老院建设资金1292万元。

5. 农村贫困户危房改造2265万元。

6. 新农村建设7100万元。其中:财政城建资金4500万元,融资资金2600万元。

7. 农村公路建设5670万元。其中:财政城建资金4670万元,融资资金1000万元。

8. 农村改水工程1.6亿元。其中:财政城建资金2000万元,融资资金1.4亿元。

9. 乡镇污水处理设施建设1100万元。其中:财政城建资金100万元,融资资金1000万元。

10. 农村垃圾处理设施建设1221万元。其中:财政城建资金821万元,融资资金400万元。

(赵秋艳)

【家电下乡财政补贴】 家电下乡是党中央和国务院出台的拉动内需、服务民生、提高农民生活质量的又一重要举措,对促进社会主义新农村建设,繁荣农村市场,引导建立适合农村消费特点的生产和流通体系具有重要意义。家电下乡财政补贴兑付工作是家电下乡整体工作的落脚点,事关农民消费者能否得到实惠和国家政策能否得到贯彻落实。截至2009年12月末,沈阳市累计销售家电下乡产品13.4万台,销售总额2.5亿元,累计补贴产品10.7万台,兑付补贴资金2489.8万元,补贴兑付率91.4%。

沈阳市从2008年12月1日起开展家电下乡工作,为做好财政补贴兑付工作,沈阳市财政局积极落实辽宁省财政厅的各项工作要求,本着"资金保安全、百姓得方便"的原则,创新补贴方式,加快兑付速度。主要采取了以下措施,一是及时落实政策,创新兑付方式。沈阳市各区、县(市)、开发区财政局和乡镇、街道财政部门按照辽宁省财政厅工作部署和要求,调整补贴兑付方式,先后推广了"乡级审核、县级兑付","乡级审核、乡级兑付",村屯代理制,销售补贴"一站式"服务,"网点垫付补贴、财政清算资金"等补贴兑付方式,财政部门全部工作日兑现补贴,缩短补贴兑现时间,按照政策要求及时兑付补贴和清算资金;二是理顺工作程序,形成常态工作机制。结合沈阳市各区、县(市)、开发区的实际情况,沈阳市财政局和沈阳市服务业委员会联合下发了《沈阳市进一步简化家电下乡补贴审核兑付程序试行办法》、《关于做好家电下乡补贴兑付工作的通知》等文件,针对家电下乡工作中销售网点不按时结算、部分农户未申报补贴和财政部门清算补贴有压力等问题,提出月度结算、限时结算等具体工作要求,通过对加强对各区、县(市)、开发区的工作业务指导,理顺工作程序,形成常态工作机制;三是加强业务培训,落实责任制。沈阳市财政局组织家电下乡业务培训班2期,召集各区、县(市)、开发区工作会议10余次,深入县区调研20余次,通过以会代训的方式,使各区、县(市)、开发区财政局及时准确地领会家电下乡政策精神,明确具体工作要求,将各项补贴政策落到实处。同时,各区、县(市)、开发区财政局也按照家电下乡工作要求,建立工作责任制,责任明确到人,严格执行国家的政策规定,做好各项家电下乡财政补贴工作。四是地方政府投入,加大补贴力度。为确保家电下乡这一民心工程扎实有序、深入持久地开展,部分县(市)、开发区加大政府投入,制定奖励措施,如辽中县、新民市、棋盘山开发区等地,在国家规定按销售价格13%补贴的基础上,再按销售价格的2%给农民消费者补贴,或按销售网点家电下乡产品的销售额给予2%奖励,推动家电下乡工作。通过地方政府加大财政投入,提高补贴标准,农民消费者得到实惠更多,销售网点积极性更高,对沈阳市家电下乡工作起到了积极的推动作用;五是全面开展未备案信息专项清理工作。针对沈阳市下乡产品销售中出现的未及时备案信息,沈阳市于2009年12月开展专项清理活动,提出了"逐家网点逐台产品逐个清理"的工作要求,并明确工作措施,积极开展清理工作。截至12月31日,共清理农户购买未备案信息1万余条。其中,处理本地未备案信息近8000余条,外地未备案信息2000余条。

(赵秋艳)

【政府投融资体系建设】 一、组建完善政府投融资工作体系

为加速沈阳市投融资体制改革,应对国际金融危机的冲击,确保全市经济社会平稳较快发展,破解城市发展资金瓶颈问题,沈阳市政府于2009年2月份启动了政府投融资体系建设工作。按照"政府主导、市场运作、社会参与、多元化投资"的原则,组建了由市政府主要领导任主任、分管市长任副主任、相关部门主要领导为成员的市投融资管理委员会,负责全市投融资工作的组织领导,确定投融资方向,决定投融资工作的重大事项。成立了市投融资管理中心,负责市投融资管理委员会的日常工作及政府投融资项目资金的管理服务;组建完善了沈阳基础产业建设发展集团有限公司、沈阳达锐投资管理有限公司、沈阳恒信投资管理有限公司、沈阳市发展建设资金管理委员会办公室及土地储备中心5个市级投融资机构,分领域负责政府项目的融资。政府通过增加注册资金、划拨资产、赋予土地整理职能等多种方式进一步提升投融资机构的融资能力。

二、政府投融资工作水平与能力逐步提升。

投融资管理部门通过融资服务与管理,不断完善工作机制,确保政府投融资工作秩序的有效建立。项目管理部门通过加速项目立项审批与投资计划编制,合理确定政府融资项目需求,确保融资项目科学实施。投融资监管部门充分发挥监督管理职能,确保政府投融资工作规范运行。政府投融资机构强化项目管理过程控制,确保融资资金及时到位及效益发挥。截至12月底,全市通过银行审贷委员会批准的融资资金478.59亿元。其中已到位融资资金335.18亿元,促进了城区道路桥梁改造、浑河滩地组卷及征地、奥体中心、沈本开发大道、沈

抚二号线、金廊工程拆迁等城市基础设施建设项目、重大工业项目及县域经济发展的重点项目建设。

(赵秋艳)

【资产管理体系】 沈阳市财政局于2009年2月增设行政事业资产管理处,其职责是拟定并实施全市行政事业单位国有资产管理(下称资产管理)规章制度,负责产权管理、资产统计、资产评估、资产清查,负责审批市直行政事业单位的资产配置、使用、处置和已上缴罚没物品的保管和处置,负责审批市直行政事业单位的车辆编制和全市行政事业单位车辆编制的宏观管理。资产处成立后,认真贯彻国家、省、市关于资产管理的规定,加快资产管理体系建设。

1. 明确职责和机构,为资产管理提供组织保障。一是明确工作思路,细化工作内容,加强资产管理部门自身建设。二是结合政府机构大部制改革,配合市编办明确全市行政事业单位资产管理职责和机构。三是加强与市国资委沟通协调,按照财政部要求,切实履行财政部门关于行政事业单位所属及出资企业国有资产管理的职能。

2. 加强制度创新,完善资产管理政策制度体系。制定了《关于修改<沈阳市市本级行政事业单位国有资产配置、使用及处置管理暂行办法>的通知》、《沈阳市财政局行政事业资产配置、使用、处置及评估局内审批办理暂行程序》、《关于市直行政事业单位所属及出资企业国有资产管理职能归属及局内分工》等法规制度,明确了资产管理职责、审批权限、办理程序等。

3. 健全工作机制,切实规范资产配置、使用及处置行为。一是加强全市行政事业单位公务小汽车编制管理,严格控制公务小汽车的配置数量、价格和标准。二是制定并实行资产处置业务工作模版,严格规范资产处置业务,加大管理力度。三是严格审核资产出租、对外投资等资产使用业务,加强风险控制,保证国有资产安全完整。四是加强资产业务印鉴、台账、档案等基础管理工作,切实提高管理水平。

4. 完善管理手段,实施资产管理信息系统。按照国家、省及市的统一部署,全面启动资产管理信息系统实施工作,创新资产监管手段,掌握资产存量,逐步实现资产管理的动态化、科学化和精细化,促进资产管理与预算管理、财务管理相结合。

5. 加强业务指导,推进区、县(市)资产管理工作。一是逐步实现资产管理职责、机构设置、人员配备“三到位”。二是加快建立健全各区、县(市)资产配置、使用及处置管理制度体系。三是做好资产管理信息系统实施工作。

(赵秋艳)

【开展“小金库”专项治理”】 2009年5至12月,沈阳市根据中央和辽宁省统一部署,组织全市党政机关和事业单位开展了“小金库”专项治理工作。由于领导重视、措施得力,治理工作取得了显著成效。

一、“小金库”专项治理的组织领导

成立了由市委常委、常务副市长和市委常委、市纪委书记任组长,市纪委、市财政局、市审计局等10部门组成的沈阳市治理“小金库”工作领导小组,负责组织协调全市专项治理工作,领导小组办公室设在市财政局。

二、“小金库”专项治理的实施情况

按上级要求,沈阳市“小金库”专项治理工作共分5个阶段进行。

1. 宣传动员阶段。召开全市治理“小金库”工作会议,领导小组主要领导进行动员和部署,并下发了工作方案。《沈阳日报》、沈阳电视台等媒体对治理工作跟踪报道,宣传相关政策,并公布了“小金库”举报电话。

2. 自查自纠阶段。组织全市3982个党政机关和事业单位进行了自查自纠,采用巡查、督导、提示等多种方式促进工作深入,自查面达到100%。对自查出的“小金库”和其他问题依照法规政策进行了纠正。

3. 重点检查阶段。全市从市、区两级监察、财政、审计、税务等部门抽调188人,组成46个检查组,对506个单位进行了检查(含办理群众举报52件),占全市单位总数的12.7%;其中重点单位469个,占全市重点单位总数的32.2%,均超过上级要求比例。市领导小组办公室期间采取走访、座谈、抽查等方式保证检查扎实推进。

4.“回头看”阶段。按照省统一部署,组织全市3982个单位对前一阶段专项治理工作进行全面的“回头看”,重点解决“走过场”和“留死角”的问题。

5. 整改处理阶段。对存在“小金库”问题单位进行处罚;对10余名责任人进行党、政纪处理;将8人移送纪检监察部门或司法机关。专项治理工作中发现的“小金库”以外的其他问题也都依法进行了处理。相关职能部门经认真研究初步形成《关于加强源头治理构建防控“小金库”长效机制的意见》,促进长效机制建设。

三、“小金库”专项治理取得的成效

1. 全市在治理工作中共发现存在“小金库”问题单位74个,“小金库”发生额3220.95万元。对包括“小金库”在内的各类问题通过调账、退还、收缴等措施分别进行了纠正和处理,维护了正常财经秩序。

2. 营造了自觉遵守财经纪律的良好氛围,发挥了堵塞漏洞、健全制度、完善管理、规范长远的良性效应,对创造良好的发展环境起到了积极促进作用。

3. 中央、省督导组在检查督导时,对沈阳市采取多种措施做实“小金库”专项治理工作的做法,予以了充分肯定和表扬。

(赵秋艳)

【“财会之家”建设】 财会人员是国民经济和各项社会事业建设的直接参与者,在推动经济发展方式转变、完善社会主义市场经济体制等方面承担着重要的职责,在宣传贯彻执行《会计法》,坚持科学发展观构建和谐社会等方面发挥着关键的作用。沈阳市会计人员队伍已近10万人,如何充分这10万会计大军的聪明才智,为沈阳市的经济增长社会和谐发展做贡献,成为沈阳市财政局局党组研究和关心的财政主要工作之一。2008年2月22日,陈勇局长在全市财政工作会议上的报告中提出:“健全基础扎实、管理科学、协调有效的财政服务机制。完善财政信息公开制度、财政决策制度、财政监督制约制度和绩效考评制度,拓展服务领域,完善服务机制,夯实管理基础,建设‘财会之家’,为财会人员做好服务。”2009 年,在市财政局正确领导下,在全市会计人员大力支持下,“财会之家”建设工作取得了重大突破。

一、首届“会计活动日”取得圆满成功

1. 启动仪式祥和精彩。沈阳市首届“会计活动日”启动仪式暨大东区创建“财会之家”专场演出于 4 月 27 日在大东区隆重举行,曹鹏副局长在仪式中致辞,市人才办,大东区委、政府、人大、政协主要领导出席启动仪式。大东区财政局、教育局、地税分局、文体局、城管局及各街道办事处财会人员,经过近一个多月的精心准备,自编、自导、自演了一台精彩的文艺节目,充分展示了财会人员的精神风采,也为首届“会计活动日”的顺利启动拉开了精彩的帷幕。

2. 焦点论坛主题鲜明。4 月 28 日,由市财政局、市会计学会主办,浑南高新技术开发区承办的“会计活动日”系列活动之焦点论坛在浑南 21 世纪大厦国际会议厅举行。论坛以“会计与企业竞争力提升——世界金融危机下的会计视角”为主题,邀请了财政部会计司司长刘玉廷、中国会计学会副会长、东北财经大学会计学院院长刘永泽及沈阳北方交通重工集团、沈阳机床(集团)有限责任公司和华普天健高商会计师事务所的 5 位嘉宾,分别从会计宏观管理、会计人才培养、会计职业道德、企业财务管理、注册会计师职业操守等五个方面做了专题演讲。

3. 舆论宣传影响深远。首届“会计活动日”得到了《沈阳日报》、《中国会计报》和沈阳电视台的高度重视。《沈阳日报》分别在 4 月 24、27、28 和 29 日刊登了沈阳市首届“会计活动日”系列报道四篇。《中国会计报》在 5 月 22 日进行了整版专题报道,并发表了《为沈阳“会计活动日”叫好》记者专稿。沈阳电视台在 4 月 28 日晚间新闻时间播报了“会计活动日”主题论坛活动。

4. 系列活动丰富多彩。皇姑、于洪、铁西、苏家屯、辽中、新民、沈北新区等区、县财政局与市财政局联合举办了《增强法律意识,预防职务犯罪,提高依法理财的能力》、《会计法及相关财会知识讲座》、《财会知识培训》、《金融危机形势报告会》、《会计法及会计基础操作》等 9 场培训活动,法库、康平县财政局也组织了相关培训。和平、沈河和于洪区举办了财会人员乒乓球友谊赛。和平区、蒲河开发区和张士开发区举办了会计人员岗位招聘会。沈河区财政局与辽宁恒信达等 5 家会计师事务所开展了“携手抓党建、共同促发展”活动。于洪区、和平区开展了“我的会计人生”为主题的书法、美术、摄影、诗歌、散文作品展活动。棋盘山旅游开发区 4 月 25 日 ~28日期间,对全国范围内凭《会计从业资格证》到沈阳世博园参观游览给予门票优惠待遇。市卫生局、公安局、民政局等单位分别组织了《会计法》宣传版、会计改革回顾专题座谈会及文艺汇演活动。市教育局与市财政局、市珠算协会联合举办了沈阳市第七届珠心算比赛。市地税局与落实“保增长、促和谐、强素质”三大任务相结合,与开展“服务年”活动相结合,与税收宣传月活动相结合,开展为纳税人和办税会计人员服务活动。首届“会计活动日”活动内容丰富、影响范围广、取得非常好的效果。

二、新中国会计 60 年暨沈阳会计发展与改革历程展览开幕

12 月 29 日 13 时,由中国会计报、沈阳市财政局、沈阳市会计学会主办,沈阳市档案局协办的《新中国会计 60 年暨沈阳会计发展与改革历程展览》,在沈阳市档案馆举办了开馆仪式。市直机关、企事业单位、市区财政局干部、市金融学校学生和中省直单位共 200 多人参观了展览。

新中国会计 60 年暨沈阳会计发展与改革历程展览工作,得到了财政部会计司及财政部会计资格评价中心的悉心指导,省财政厅也给予了高度重视;同时得到了中国财税博物馆的大力支持,以及全市财会人员的积极参与,展览取得了较好效果。

《新中国会计 60 年暨沈阳会计发展与改革历程展览》以科学发展观为指导,坚持以人为本的理念,通过展示不同历史阶段普通会计工作者工作、生活等真实故事的实物和图片,弘扬会计历史,传承优秀会计文化,激励更多的会计人奏响中国会计繁荣、发展、进步的华章。展览共包括:中国会计史、新中国会计发展大事记、中西方会计文化交流与交融、沈阳会计发展与改革、会计工具演变六部分。

三、沈阳市优秀专家中有了会计人才

2009 年 10 月,沈阳市人才办下发了“关于评选第五届沈阳市优秀专家的通知”。全市会计行业代表首次参加评选,经过层层选拔评比,沈阳市教育局计财处处长赵香瑞同志、中兴——沈阳商业大厦(集团)股份有限公司财务总监朱会君同志和中航工业沈阳黎明航空发动机(集团)有限公司总会计师任立新三位财务工作者喜获“沈阳市第五届优秀专家”称号。

沈阳市优秀专家评比是市委市政府为进一步加强高层次人才队伍建设,充分发挥全市优秀专家推动科技开发、管理和社会进步的人才的先导作用而设立的,被评选的优秀专家不但享受丰厚的专家补贴,而且每年都有机会参加市人才办组织的境内外专家疗养培训,是沈阳市对有贡献的优秀人才的一种奖励。在前四届评比中,一直没有会计系列参与评比,2009 年,沈阳市财政局在建设市财会之家大背景下积极参与和争取,在第五届评比中为沈阳市会计行业争取了一定的席位,这也充分体现了会计人才在沈阳市经济建设和社会发展中所发挥的重要作用,越来越得到全社会的认可和重视。

四、沈阳市财政局“财会之窗”网页成功改版

为了更好地发挥信息化网络优势,沈阳市财政局“财会之窗”网页进行了改版升级,提高了“网上服务”功能,新增了网上报名、准考证打印、考务查询、就业导航、信息查询和下载中心 6 个模块,为会计人员提供了更加方便快捷的服务功能,特别是新增了“会计信箱”服务模块,更便于会计人员了解和咨询会

计证考试核发工作及会计技术职称报名考试等方面的信息政策。大东、皇姑、于洪、和平、苏家屯和辽中等区县财政局也设立了“财会之家”网页，为会计人员提供了新的学习、交流平台。

(会计处)

国 税

【税收收入】 一、2009年沈阳市税收收入完成情况

全市国税系统共组织各项收入284.73亿元，同比增长4.99%，增收13.53亿元，扣除海关代征后的税收收入完成266.54亿元，同比增长4.33%，增收11.05亿元。

1.各预算级次收入完成情况。中央级收入完成221.64亿元，同比增长6.66%，增收13.84亿元；省及省以下级收入完成63.08亿元，同比下降0.49%，减收3100万元；省本级收入完成27.98亿元，同比下降1.14%，减收3200万元；市以下地方级收入为35.1亿元，同比增长0.03%，增收100万元。

2.各税种收入完成情况。在各税种收入中，增值税完成138.81亿元，同比增长8.79%，增收11.21亿元。其中，工业增值税完成98.44亿元，同比增长6.54%，增收6.07亿元，商业增值税完成40.37亿元，同比增长14.58%，增收5.14亿元。消费税完成39.29亿元，同比增长27.7%，增收8.52亿元。所得税完成75.41亿元，同比下降8.81%，减收7.28亿元。利息税完成1.73亿元，同比下降56.85%，减收2.28亿元。车购税完成11.3亿元，同比增长8.48%，增收8800万元。

3.各产业税收完成情况。第二产业税收收入完成171.19亿元，同比增长8.95%，增收14.06亿元。其中，增值税完成112.45亿元，同比增长7.69%，增收7.69亿元，企业所得税完成21.73亿元，同比下降6.62%，减收1.35亿元；第三产业税收收入完成113.54亿元，同比增长0.22%，增收2500万元。其中，金融业完成7.46亿元，同比下降37.36%，减收4.45亿元，电信业完成12.53亿元，同比下降25.42%，减收4.27亿元，房地产业完成15.22亿元，同比增长1.39%，增收2100万元。

二、税收收入的主要特点

1.收入总量由降幅较大渐呈正增长。从全年税收收入的总体趋势看，完成了由负增长到正增长的过渡。一季度税收增长幅度为-1.61%，二季度末增幅为0.4%，三季度末增幅为0.64%，四季度末增幅为3.97%。除一、二季度受不利因素、特殊因素和汇算税款大幅减收而出现负增长外，从三季度开始，艰难地将税收收入总量转为正增长，并在四季度将增长幅度持续扩大。

2.增值税保持持续稳定增长。增值税完成138.81亿元，同比增长8.79%，增收11.21亿元，增长幅度比全省平均水平-2.5%高11.29个百分点。增值税增收额度高于其他税种，对税收收入的增收贡献率为100.63%，高于其他税种的增收贡献率。全市增值税是在转型政策形成减收、小规模降低征收率减收以及电力行业大幅减收的情况下，保持了稳定增长。增值税的主要增收因素如下：一是免抵调库增加带来增收。全市办理生产企业出口免抵调库10.52亿元，同比增长26.3%，增收2.19亿元。二是汽车生产行业明显增收。全市三大整车生产企业实现增值税均呈现明显增长态势。其中，华晨宝马汽车有限公司由于上年同期集中抵扣海关开具的进项税款，基数较低，同时，本年的销售状况明显好于上年，实现增值税8.5亿元，同比增长1.54倍，增收5.15亿元；沈阳华晨金杯汽车有限公司由于销量增长27.7%和销售结构的优化，实现增值税1.49亿元，增长1.96倍，增收0.99亿元；上海通用（沈阳）北盛汽车有限公司本期因销量增长和销售价格的提高而完成增值税2.81亿元，同比增长61.58%，增收1.07亿元。三家企业合计增收增值税7.21亿元。三是部分设备制造企业增收。其中，沈阳机床股份有限公司本期完成1.6亿元，同比增收1.51亿元，沈阳透平机械股份有限公司完成增值税9500万元，同比增收4000万元。

3.消费税高幅增收。消费税完成39.29亿元，同比增长27.7%，增收8.52亿元。消费税在各税种中增幅最高，这主要是受到费改税政策、卷烟消费税政策的实施和汽车行业消费税增收拉动的结果。一是全市成品油消费税因费改税政策实施而增收2.5亿元，拉动消费税总量增长29.34个百分点。二是全市卷烟消费税因批发环节的开征、生产销售增长和生产环节税率的提高而增收1.91亿元，拉动消费税总量增长22.42个百分点。三是3家汽车整车生产企业因销售旺盛而增收消费税3.15亿元，拉动消费税总量增长22.42个百分点。其中，上海通用（沈阳）北盛汽车有限公司实现消费税7.95亿元，同比增收1.6亿元；华晨宝马汽车有限公司实现消费税11.86亿元，同比增收9500万元；沈阳华晨金杯汽车有限公司实现消费税5.1亿元，同比增收6000万元。

4.企业所得税降幅逐季收窄。所得税完成75.41亿元，同比下降8.81%，减收7.28亿元，增长幅度比全省平均水平-19.2%高10.39个百分点。企业所得税受减免税政策的实施、汇算税款大幅度减收和部分重点企业效益下滑的影响，同比下降8.81%，但是下降幅度呈现逐渐收窄的趋势。在各个季度中，企业所得税一季度末降幅为7.07%，二季度末降幅为17.31%，三季度末降幅为14.16%，四季度末降幅为8.81%。明显看出，除一季度各阶段的企业所得税的降幅呈现逐渐收窄的趋势。其中三季度末比二季度末收窄3.15个百分点，四季度末比三季度末收窄5.35个百分点。

5.政策性减收是影响各级地方级收入的主要因素。受结构性减收政策影响，2009年因政策变化共计减收44.28亿元，影响市以下地方级收入7.79亿元，拖累市以下地方级收入22.2个百分点，但是地方级增幅仍位于全省前列。增值税减收23.55亿元。其中，实施增值税转型改革影响收入19.4亿元，小规模纳税人降低征收率减收增值税4.15亿元。企业所得税减收18.45亿元。其中，减免税税收政策变化造成减收8.86

亿元(高新技术企业和开发新技术企业等享受减免政策形成减收3.72亿元,软件企业、安全生产设备减免、环保节能、资源综合利用等相关减免政策减收5.14亿元);所得税税率由33%变为25%,再加上一些所得税骨干税源企业经济效益下滑严重,使本年入库的汇算税款比去年同期减少9.59亿元。利息税因税率降低而减收2.28亿元。

6.重点行业所得税降幅较大。从全年数据看,占到所得税比重40%左右的金融业、电力业和电信业分别下降39.81%、88.75%和25.67%。金融业受到证券市场回暖有限和沈阳盛京银行税收下降的影响而减收严重,仅完成7.15亿元,同比下降39.81%,减收4.73亿元。其中,沈阳盛京银行完成所得税8600万元,同比下降84.39%,减收4.65亿元。电力行业因效益下滑而减收明显,仅完成5800万元,同比下降87.74%,减收4.15亿元。其中,辽宁省电力有限公司净入库为负1200万元,同比减收3.68亿元;东北电网有限公司净入库900万元,同比下降88.75%,减收7100万元。电信业所得税完成12.48亿元,同比下降25.67%,减收4.31亿元。其中,省移动公司因总分机构政策影响及2008年基数较高而减收5.91亿元。

三、采取工作措施

一是坚持组织收入原则。始终坚持贯彻"依法征税、应收尽收、坚决不收过头税、坚决防止和制止越权减免税"的组织收入原则,坚持依法治税,坚持以科学发展观统领税收工作,进一步实施科学化管理,把征收管理的各项工作落到实处。二是明确收入任务责任,加强组织收入工作的领导。坚持市国税局班子成员包户和包片制度,加强对组织收入工作的指导和调度。针对政府不同阶段任务,市局研究了相关组织收入方案,分配下达了各征收单位的收入任务,并进一步明确了收入任务责任。同时,大力强化全市国税系统保增长30条措施的实施效果,使这些措施的落实显现出明显效果。三是进一步细化增值税的管理。加强了对增值税纳税人零申报的日常监督、跟踪检查,提高申报数据真实性、准确性,降低零申报率。切实加强增值税一般纳税人普通发票的管理,防止税款流失。继续加强对增值税专用发票和其他抵扣凭证的管理和控制,尤其是加强农产品收购发票和海关完税凭证的抵扣管理,严厉打击利用虚假抵扣凭证偷逃税款的犯罪活动,确保增值税稳定增长。四是重点加大所得税的管理力度。开展所得税专家会诊工作,选户以房地产、金融、电力、电信等重点行业为主,切实发挥引导作用,共增加所得税收入2.2亿元。注重对享受税收优惠政策企业的资格审核,开展对取得补贴收入企业的专项检查,对市、区两级审批的所得税财产损失进行典调。强化对房地产企业的管理,对房地产企业的预售收入严格执行20%应税所得率。采取加大流入、看住流出的办法,进一步加强对总分机构的管理,全年总分机构净流入4.7亿元。强化非居民企业所得税的征收管理,全面开展对非居民企业所得税的自查和专项检查工作。对避税嫌疑大户积极开展反避税调查。对个别重点企业进行关联交易调查,增加税收1.1亿元。五是进一步加强纳税评估工作。从重点行业、企业和征管薄弱环节两方面增加评估税款,重点税源企业包括房地产、金融、保险、证券、大型外贸企业、上市公司以及税负异常、连年亏损、关联交易和高毛利率低利润率等行业、企业,共计入库税款及滞纳金2.32亿元。六是全面开展对重点行业的稽查工作。重点抓好对房地产、金融、电力、电信等行业的税务稽查工作,以增加地方级收入。2009年,全市各级稽查机关共实施各类纳税检查2740户次,查补税、滞、罚合计5.48亿元,比上年同期增长35.21%,增加1.94亿元。

(*曲东凯*)

【**税收征管**】 2009年沈阳市国家税务局税收征管工作,本着认真落实国家税务总局和省局征管工作会议精神,以组织税收收入为中心,按照"保增长"要求,充分发挥税收征管职能作用,拓展总局所提出的"信息管税"新思路,不断强化数据质量分析工作,不断提高税收征管质量,突出发挥组织、指导、协调和监督作用,深化了税收拓展管理和延伸管理,完善优化了征管体系建设,确保了税收征管各项工作的扎实有序开展和完成。

一、扎实推进各项征管基础工作,深化税收的拓展和延伸管理

一是强化部门间协税护税合作。按照市政府建立健全社会部门间信息共享与服务网络平台机构的工作要求,成立了社会部门间信息共享与服务工作小组。与外经贸局、统计局、工商局、公安局等部门实施横向联合合作,实现了涉税信息共享。完成了外资企业联合年审工作,对所管辖的2200余户纳税人进行了国税年检工作;并为全市经济普查提供有力支持,向统计部门提供纳税人经济信息13万余户。二是积极开展综合治税工作。积极建立与政府24个职能单位相关部门的涉税数据交换通道,实现了与市地税、市教育局、市文化局、市医保、市城建局、市烟草的涉税数据交换。完成了与地税局、工商局开业税务登记的营业税企业类纳税人信息比对,对漏征漏管户进行了全面清理。与工商部门工作配合,对未办理注销税务登记或者走逃的中小型纳税人,不予办理工商注销,在一定程度上促进了税务登记注销检查工作的深入开展。三是加强非正常户管理工作,进一步完善和规范税务登记制度。年初全市已认定非正常户15540户;非正常户流失发票户数达14084户次。为加强对非正常户的认定管理组织各基层局对非正常户进行了季度实地核查清理。对非正常户认定及流失的发票实行网上公告;通过核查在一定程度上遏制了纳税人通过走逃以逃避履行纳税义务的现象。四是加强税收征管,堵塞户籍管理漏洞。根据省局《关于开展漏征漏管户核查工作的通知》要求,着力开展了综合治税和户籍清理整治工作,强化了全市户籍管理工作水平。充分利用综合治税信息平台与其他部门交换的工商、地税等相关信息数据在全市开展了漏征漏管户清理工作。各基层局已实地到户检查7505户,经核查,已经被工商行政管理机关吊销营业执照的13户、核查无此户的户数为1412户、属

于地税管辖的户数为578户、老国营企业目前属于空壳状态的15户、保留工商营业执照不经营的470户、已注销的16户、工商执照未进行年检的106户、已办理税务登记的23户、属于农村合作社无实体的817户、属于政府招商无实体经营的153户;对3902户下达了限期改正通知书,责令其办理税务登记,纳入税收管理。五是有效开展纳税人网上申报使用正确率工作。在巩固网上申报使用率的基础上,2009年将网上申报的重点放在了提高网上申报使用正确率上,全市使用网上申报正确的为55774户次,占应使用网上申报户次的97.1%。六是加强评估、征管、稽查互动的监督管理,取得了良好效果。在征管、稽查互动的基础上,将纳税评估工作纳入了互动机制的管理中,在日常检查和纳税评估中,凡发现有明显偷逃税嫌疑,需到企业进行实地调查的,第一时间移交稽查部门,提前介入,一并调查取证。进一步加强了征管与稽查的相互监督。坚持以协作制度和两个系统平台为基础,开展稽查与征管的日常协作工作。移交的数量和质量均有所提高。截至到12月末,征管系列移交稽查案源158户,稽查有问题28户,有效率17.72%;通过稽查补税826万元,取得了良好效果。七是重点做好税收征管考核和通报工作。依托《税收管理标准化考核监控系统》对基层局税收管理工作质量和效率实施考核。跟踪"税收管理标准化考核监控系统"的应用运行,特别是立足考核指标结果进行有针对性地分析,及时发现和掌握税收管理工作中出现的新情况、新问题。有效提高了税收管理标准化考核工作水平。

二、深入开展信息管税工作,拓展税收征管工作新思路

一是强化数据质量分析工作。针对总局提出的"信息管税"新思路,结合在日常征管工作中可能存在的征管漏洞,充分利用ctais等信息系统,对管理服务、申报征收、发票管理等环节的数据进行加工分析,针对陈欠税款、普通发票等疑点问题。通过核查全市清理数据5万余条,为强化信息管税、提高税收征管质量打下坚实基础。二是做好"数据质量管理信息系统"应用工作。为保障系统应用工作的顺利开展和可靠运行,制订了运行专项工作方案,建立领导责任制,强化运维管理和数据质量管理。全年共为基层局清分下派问题数据30.7万条,基层单位完成数据修改30.5万条,完成下派任务的99.26%。三是开展烟草、钟表眼镜、驾校、医药行业申报纳税情况和核查工作。对11777户烟草行业纳税人实施了户籍清理、申报纳税情况核查工作。经核查对85户限期办理了税务登记。实施纳税评估2360户;对537户纳税人进行了补税,补缴税款76.7万元,征收滞纳金9.2万元。对255户个体工商户实施了纳税定额调整工作,定额调整幅度在20%以上,全年增加税收约20万余元。并对5573户漏管户下达了责令限期改正通知书,督促其申报办理税务登记;全市对专营或兼营钟表眼镜项目的纳税人1015户,经基层局比对后,截至2009年完成233户的比对核查工作,实施补税1000元;对市交通局提供的75户驾校数据与所得税处配合,比对户籍管理情况。全市对106户进行了户籍清理核查工作,对82户驾校企业进行了实地核查,清理出无证户9户,并对国税所属户进行了所得税缴纳情况的核查,共补税2.8万元。对市医保部门提供的医药行业数据信息税务登记实施了登记信息比对工作,对24户无准确税务登记信息的企业进行了清理。经实地核查清理出未办理税务登记企业8户,补税4.5万元;6户已按照税务机关规定期限申报办理了税务登记,纳入正常管理。

三、加强日常税款征收管理,确保税收收入应收尽收

一是有效控制新欠税款。为了及时掌握全市税款征收情况,实施按月通报督办制度。对容易发生欠税的重点户,督促分局加强税款征收日常监控管理。对发生新欠,无论金额大小,市局就及时调度基层局,共同研究措施,采取有效办法,积极清理欠税,有效控制了新欠税款的情况发生。截至12月末,全市发生新欠1.6亿元,清理新欠1.57亿元,新欠余额312万元,与上年同期相比有了明显下降,保证了申报税款的足额入库。二是加强对陈欠税款的清缴力度。2009年围绕组织收这一中心工作,有的放失的制定了清欠计划。对全市856户有陈欠税款纳税人,1836户有呆帐欠税的纳税人,逐户分析欠税原因,企业生产经营情况,并对开业经营的1235户欠税纳税人,制定清欠措施,落实清欠计划。实行责任制管理,把任务落实到人,收到了较好的效果。全年共压缩陈欠税款1823万元;压缩呆帐税金860万元,压欠率10.08%,完成了清理陈欠10%的工作目标。

四、深化个体税收征管模式,强化个体税收管理

一是采取有效措施强化定额核定管理,确保个体收入应收尽收。小规模纳税人增值税征收率调整为3%后,探讨新政策下个体定期定额户纳税定额核定的对策,同时研究原纳税核定工作存在的弊病,积极应对个体工商户纳税定额不完全符合实际生产经营情况的状况。对此,组织基层局针对管辖区域内的定期定额户原纳税核定因税负问题、纳税核定不准、销售额偏低,造成纳税定额不完全符合生产经营实际情况的,进行一次全面自查,着重对中、大型集贸市场进行普查,纠正了纳税定额不符合实际的现状。二是加强对未达到增值税起征点个体工商户的认定。加强对未达起征点及起征点临界户的动态监控,对未达到增值税起征点纳税人进行动态巡查,监控纳税人生产经营规模和应税收入,对达到增值税起征点的纳税人及时纳入征税管理,合理核定税收定额,减少应征未征现象。全市经清理重新恢复征收的个体工商户逐月增加,税收收入月均提高3万元。三是加强个体查账征收监控管理,实现建账建制工作新模式。严格界定个体查账征收户的范围,打破了建账户必须实行查账征收方式的固有观念,到2009年各基层局查账征收户基本实现按账查实征收,并对不符合查账征收的纳税人实行定期定额征收,取消查账征收方式,使查账征收落实到实处,税额逐月增加。四是继续加强个体定期定额

户纳税核定与发票匹配，发挥“以税控票、以票控税，配合税控推广”的作用。2009年延续“以税控票、以票控税”的工作模式，减轻了税收管理员工作负担，减少了发票超定额核查工作量，简化发票验旧和审批程序，提高个体税收管理水平。为配合税控收款机的推广应用工作，加大了个体税收匹配发票的管理力度，取消了匹配发票有关优惠措施，促进了税控装置的大力推广。五是进一步完善了委托代征管理工作。为了进一步规范税务机关与代征单位和人员的委托代征行为，确保税款应收尽收，制定了《沈阳市国家税务局委托代征工作实施办法》。通过《沈阳市国家税务局委托代征工作实施办法》的实施，明确了各管理部门的职责分工，具体规定了全市委托代征税款范围，提高了全市在委托代征税款工作中信息化管理水平。2009年全市共签订23份委托代征协议，对4万户个体工商业户及零散税收实施了税款的委托代征。

六、加强普通发票管理，有效堵塞发票管理漏洞

一是积极推广应用税控收款机。根据《辽宁省国家税务局税控收款机推广应用工作方案》精神，从2009年11月1日起，采取先试点后全面推广的方式分步完成税控收款机的推广应用工作。经过审查确认、申请购领、初始化设定、数据结转和票种登记等环节，已有113户企业使用税控收款机，纳税人反映使用良好。二是加强普通发票管理工作。2009年开展了两次普通发票使用情况专项检查，通过检查进一步促进了全市普通发票管理工作，强化了普通发票日常管理工作，规范了纳税人发票开具管理工作。全市共检查3456户企业，有问题企业938户，占总户数的28%。其中：141户企业补缴税款249.7万元，113户企业征收滞纳金20.4万元，对65户企业进行了处罚，罚款金额33.5万元，对42户企业停售发票，采取强制执行措施53户，对120户双定户调整了定额，调高定额6.3万元，对偷税的12户企业移交稽查部门进行查处。

（金德生）

【税务稽查】 2009年，全市国税各级稽查机关坚持用科学发展观指导稽查工作实践，紧紧围绕税收中心任务，坚持服务税收工作大局，开拓创新、求真务实，不断完善稽查管理机制，大力提高稽查执法质量和稽查效率。全市各级稽查机关共实施各类纳税检查2199户次（不含征管部门移交注销检查户），查处违章户2226户次。其中偷税户1087户，查补收入合计5.8亿元（含入库上年度查补收入1354万元及未结案件预缴税款1277万元），入库合计5.7亿元（含入库上年度查补收入1354万元及未结案件预缴税款1277万元）。入库合计同比增长54.01%，增收2亿元，入库合计占全省稽查查补收入的29.95%，是全市过去三年稽查入库平均数的1.8倍。全年稽查选案准确率为100%，稽查查补率为2.12%，入库率为97.87%，偷税案件率为55.88%。通过全体稽查干部的团结拼搏和攻坚克难，圆满地完成了各项稽查工作任务，为全省国税稽查工作、全市组织税收收入工作做出了应有贡献。

一、强化稽查选案工作，提高选案准确率

2009年把“建立科学的选案机制，提高选案工作的信息化水平”作为加强选案工作目标。在具体选案工作中实现了“四个结合”：一是与相关业务处室建立紧密的工作联系，实现“横向结合”；二是充分发挥基层局的资源信息优势，实现“纵向结合”；三是积极拓展第三方信息渠道，实现“外部结合”；四是借鉴纳税评估工作经验，实现“评查结合”。从而确保选案准确率的大幅提高。

二、强化“评查结合”，税收专项检查成果显著。

全市共对大型连锁超市及电视购物企业、原油加工石油制品及炼焦业、化学原料及化学制品制造业、银行及保险业、建筑安装业、出口退税企业、3年未查重点税源企业以及房地产开发企业开展“评查结合”的管理型检查。共实施检查713户，查结713户，有问题713户，有问题率达100%，查补收入合计3亿元，占全市稽查总收入的52.47%。

三、强化“风险导向”，深入开展重点税源企业检查

全市对1户省级重点税源企业、8户市级重点税源企业实施审计型检查。查补合计达2.3亿元，实际入库3681万元。其中，根据省局工作部署，组建了大企业检查组对鞍山某矿业公司实施“风险导向”审计型检查，检查组成员通过数据采集、风险评估、控制测试、实质性检查和纳税遵从评价五个环节，借助审计软件和第三方信息成功打开了检查突破口，查补合计达2亿元。

四、强化“税警协作”，加大税收违法案件查处力度

通过积极开展“税警协作”，充分借助警方的强制力量，依法查处了一批涉案税额较大、偷税手段较为典型的重大偷税案件。通过与公安、地税等部门的密切协作，深入推进联合打击发票违法犯罪活动。全年共查处偷税案件1087件，查补偷税税额1918万元，定性罚款1348万元，偷税案件处罚率为70.28%。查处涉票案件14件，查补合计883万元。依法向公安机关移送涉税案件15件。

（张　鑫）

【纳税服务】 加强12366纳税服务热线管理。建立12366问题征集机制，建立了统一的《纳税咨询信息管理系统》，确保了问题解答上下、内外的一致及准确性。全年“12366”纳税服务热线受话总量为5.5万次，比上年同期增长42%，办结率100%；以网站为依托为纳税人在线解答涉税疑难问题856个。纳税人通过网上办税服务厅办理网上申报、网上认证等自助办税业务70余万人次。“12366”纳税服务热线座席班组2009年被授予省级青年文明号。

开展纳税服务满意度调查。在税法宣传月活动中，积极开展面向广大纳税人的以纳税问卷调查工作。与邮政部门合作面向党政机关和企业单位投发2万份夹报问卷，面向市局监控的485户重点税源企业以信函“手拉手”模式进行信函问卷。这次调查活动，充分体现纳税人的话语权、参与权、监督纳税服务应

该做什么、应该怎么做、做的怎么样收集第一手信息、为深化纳税服务工作提供依据。

开展纳税服务平台建设。相继完成纳税服务网站升级及栏目功能完善，开展税务短信息普通二期建设、纳税人邮箱系统、手纲 WAP 网站、纳税咨询信息管理系统、纳税服务考评监控系统等项目的研发工作，为纳税服务综合能力提升奠定坚实基础。其中，《纳税咨询信息管理系统》、《税务短信息管理平台》项目被省局确定为全省国税系统 2010 年推广应用项目。

建立纳考评监控机制。纳税人权益保护是纳税服务工作的核心，“干没干、干的多少、干的怎么样”是纳税服务工作能否得落到实处的关键。结合工作实际，从质效跟踪与自律自警入手，建立纳税服务工作考评监控工作机制，研发《纳税服务考评监控信息管理系统》。通过对纳税服务工作流程管理与过程监控，实现纳税服务考评监控可知、可比、可控。

（吕艳丽）

地　税

【税费收入】 2009 年，沈阳市地税系统以组织收入为中心，以“服务年”活动为主线，突出抓好“保增长、促和谐、强素质”三大任务，确保了税费收入稳定增长。全系统共组织各项税费收入 397.4 亿元，增长 10.3%，增收 37 亿元。其中，组织全口径地方税收收入 281.7 亿元，增长 10.7%，增收 27.2 亿元。省级一般预算收入完成 244.3 亿元，增长 11.5%，增收 25.3 亿元；市级一般预算收入完成 188.2 亿元，增长 11.5%，增收 19.3 亿元。地税系统直接征收社会保险费 107.1 亿元，增长 9%，增收 8.8 亿元。征收河道工程修建维护费 2.7 亿元。征收残疾人就业保障金 1.39 亿元，增长 18.1%，增收 2000 万元。征收工会经费（筹备金）4.4 亿元，增长 20.6%，增收 7000 万元。

（刘　丹）

【税收征管】 全系统挖掘税源，强化控管，进一步提高了税收征管的质量和效率。一是税源管理得到加强。在属地管理的基础上，对重点行业和重点税源大户进行集中专业化管理，对全市纳税百万元以上的纳税人及房地产等行业进行重点监控。强化了数据管理和应用，增强了税源管理的有效性和针对性。积极开展纳税评估工作，全年累计评估选案户数 5369 户，入库税费 1.3 亿元。二是征管基础得到夯实。加强了协税护税，全市共清理个人出租房屋 2.6 万多户，入库税款 7650 万元。加大了欠税清缴力度，全年清理欠税 13.6 亿元。完善了发票管理，在全市推广“办税通”发票功能和“发票管家”软件，开通了互联网上的发票查询功能。三是征管手段不断改进。加强了税收定额管理，全市应用“双定核定系统”定额核定户数达到7.5万多户，推广面达到双定户的99.6%。开展电子报税和“双委托”扣税系统推广应用工作，全市有7.1万户纳税人实现了网上申报，电子报税申报率达到企业类申报户数的 85%。全市已办理“双委托”户近3.7万户，推广面达到双定户的 81%。

（刘　丹）

【税(费)种管理】 全系统细化管理，落实政策，税(费)种管理水平得到不断提升。一是加强营业税管理。规范了交通和货物运输业的税收征管，开发了适合沈阳市的委托代征工作软件。加强了营业税与发票使用的比对管理，提高了申报的真实性。二是加强所得税管理。及时做好新增企业所得税征管范围调整工作。规范了建筑业若干税收政策，对不符合查实征收条件的企业实行了定率征收。认真开展了年所得 12 万元以上个人所得税自行申报和个人所得税全员全额明细申报等工作。三是加强财产与行为税和房地产税收“一体化”管理。强化了土地契税和耕地占用税控管，共清理“两税”约 10.7 亿元。实现了“金税三期”房地产一体化模块的成功上线。全面开展了土地增值税清算和车船税代收代缴工作。四是强化社保费征缴。以企业养老保险统筹部分收入为重点，狠抓了申报、入库、清欠、扩面、违章处罚等环节，确保了各费收入的持续增长。社会保险费收入首次突破 100 亿元，超额完成了市政府下达的必保计划。

（刘　丹）

【税务稽查】 全系统严格稽查，规范管理，稽查职能作用得到进一步发挥。一是组织开展纳税人自查补税。在全市范围内建筑安装、房地产开发和金融保险等 9 个行业和 3 年以上未实施稽查的重点税源企业及年所得 12 万元以上个人所得税自行申报的纳税人开展纳税自查，全年纳税人自查补缴税费入库 1.6 亿元。二是精心组织税收专项检查。重点检查了房地产业、建筑安装业、金融保险业等重点行业以及年所得 12 万元以上个人所得税自行申报情况，对餐饮、娱乐、影楼、美容、社会力量办学（包括驾驶员培训学校）、KTV 练歌房、洗浴和营利性医疗机构等行业开展重点整治。全市共检查私企以上纳税人 4783 户，入库税费 12.26 亿元。三是积极开展税收专项整治。开展蒲河地区税收专项整治，检查了 39 户 200 万元以上纳税人，查补税款 8400 万元，规范了区域税收秩序。开展打击假发票专项整治行动，以票面涉案金额大、行业出现频率高的企业为检查重点，查处了一批涉案数额较大的假发票案件，共挽回税收损失 7900 万元，整治行动得到了国家税务总局、公安部“打假工作组”的充分肯定。四是扎实推进稽查基础建设。制订《稽查督察督办暂行办法》、《国地税联合办案制度》、《比对式检查实施办法》等稽查管理制度，确定了房地产开发、建筑业、银行业的稽查规范。创新稽查工作方法，推动电子稽查工作。继续开展稽查成果排名，激励稽查人员工作积极性。加强稽查人才库建设，开展稽查业务培训。狠抓大案要案查处和举报案件查处，查结百万元以上案件 76 件，案值 4.8 亿元。

（刘　丹）

【依法行政】 全系统依法治税，强化监督，税收法制建设得到进一步加强。一是积极落实税收执法责任制。制定实施了“行政处罚自由裁量权实施办法”和“税收行政执法过错责任追究实施办法”，强化了执法监督检查，对涉及执法过错责任的人员依法进行了责任追究。二是加强税务案件审理和税务行政事项审批。仅市地税局重大税务案件审理委员会就审理重大税务案件43件，涉税金额8.42亿元。依法开展税务行政事项的审批和备案管理，全年对13项重大涉税事项进行了认真审查。严格按照法定权限和程序审批减免税，做好到期减免税恢复征税工作。三是认真落实各项税收政策。牢固树立“不认真落实税收优惠政策就是收过头税”的理念，认真落实国家、省、市稳定房地产市场健康平稳发展、促进下岗失业人员再就业、支持国有企业改革和发展、促进高新技术产业发展和支持沈阳老工业基地振兴等税收优惠政策，全年共计减免税金8.2亿元。四是积极开展税收宣传。以“税收·发展·民生”为主题，通过在新闻媒体设立专栏、制作电视专题节目、举办税收知识讲座、建立税收宣传教育基地等方式，有效开展了第18个税收宣传月活动。同时，注重宣传工作的经常化、制度化，坚持免费向纳税人发放《税法公告》等宣传资料，向纳税人传递最新的税收政策信息。

（刘　丹）

【税收信息化】 全系统以信息化为依托，开发平台，强化应用，着力推进信息化建设。一是积极推进沈阳综合数据平台建设。在应用“金税三期”的基础上，加快了沈阳综合数据平台建设，完成了数据平台查询功能的论证和业务需求分析，完善了数据平台的建设框架。二是强化数据质量管理。制定并实施了《沈阳市地方税务局税收业务数据管理办法（暂行）》，在全市开展数据纠错补录工作，建立征管业务数据管理考核评价机制，采取日常考核和定期考核相结合的考核方法，实行数据质量检查及定期通报制度。三是深化数据应用。按季下发税源管理通报，通过加强业务数据比对和预警项目监控查找涉税疑点，采取切实有效措施，对预警项目积极加以整改。开展国地税互联信息比对工作，增强了税源管理的有效性和针对性。四是优化视频会议系统。新系统的开通使用满足了召开会议、教育培训等需要，提高了工作效率，降低了行政成本。五是加强了系统维护和网络安全管理。

（刘　丹）

【纳税服务】 全系统更新服务理念，拓展服务渠道，优化服务手段，积极构建和谐的征纳关系。

1. 转变服务观念，强化制度建设。全系统增强了对纳税服务工作重要性的认识，逐步实现了管理理念由“监督打击型”向“管理服务型”的转变，服务方式由被动式服务向主动式服务的转变，服务内容由浅层次、表象化的服务向深层次、高水平服务的转变，纳税服务意识不断增强。加强了纳税服务的制度建设，先后建立了首问责任制、服务承诺、监督考核、办税公开等一系列纳税服务工作制度，保证了纳税服务工作的健康规范运行。

2. 加强纳税服务平台建设。不断丰富“12366”纳税服务热线、办税服务厅、税务短信、门户网站四个纳税服务平台建设。一是“12366”纳税服务热线工作逐步走向规范化、制度化。12366座席人员业务水平明显提高，服务热线共接听纳税人咨询电话5.2万余次，及时答复率达到95%以上，提高了服务热线的社会认知度，被辽宁团省委评为辽宁省青年文明号。二是办税服务厅管理制度化规范化建设不断加快。统一了办税服务厅标识，制定了AB岗位、值班长、导税员、首问责任、提醒服务、办税服务用语、服务质量考核等工作制度。在全系统评选出50名沈阳市地税系统纳税服务标兵，有效促进了纳税服务质量和效率的提升。三是税务短信服务工作不断发展。纳税人参加税务短信通户数已达6万多户，全年共发送税务短信331条，累计发送人数近400万人次。四是网站管理工作不断完善。对网站部分栏目进行了一系列整合，丰富了网站内容，提高了网站的实用性。

3. 全方位、多渠道开展纳税服务。制订实施了《关于进一步做好纳税服务工作的意见》、《沈阳市地方税务局纳税咨询管理办法》和《沈阳市地方税务局纳税辅导管理办法》，通过集中与日常相结合的方式，为纳税人提供电话咨询、例会咨询、上门咨询和书面咨询等多种咨询服务形式，免费向纳税人发放办税指南，为纳税大户提供绿色服务通道，满足不同纳税人的个性需求，增强了纳税辅导的针对性和实效性。全系统共组织开展税收政策辅导讲座87次，受到纳税人的热烈欢迎。建立市、区（县、市）两级地税系统“纳税服务志愿者”队伍，开展纳税服务援助活动。积极开展“窗口单位树新风网上行”和“诚信兴商宣传月”活动，提高了公民的依法诚信纳税意识和税法遵从度。

4. 建立健全纳税服务质量考评和监督体系。建立健全对纳税服务内容、标准、规范等的动态监督考核机制，将纳税服务考核指标统筹纳入年终目标管理考核体系当中。在全市范围内开展纳税服务需求调查，征求纳税人意见建议，制定具体的整改措施，促进了纳税服务水平不断提升。

5. 深化政务公开和软环境建设。将政务公开贯穿于纳税服务与税收征管的全过程，不断丰富和拓展公开内容，通过外网网站、办税服务厅、新闻媒体等多种形式向社会公开税收政策和办税程序。通过优化税收管理流程，缩减办税时限，简并办税资料，提供多元申报方式，减轻了纳税人负担。

（刘　丹）

【队伍建设】 全系统深入学习实践科学发展观，苦练内功，实现了干部队伍综合素质的新提高。

1. 全系统以“服务科学发展、共建和谐税收”为主题，深入开展学习实践科学发展观活动。建立领导班子成员基层调研联系点制度，召开“破难题、促振兴、求发展”税企座谈会，开展“进企业解决难题、实施保增长工程”等活动，认真贯彻落实税收优惠政策,研究谋划与企业应对危机、共渡时艰的工作举措。积极做好扶贫帮困工作,开展“进万家体察民意、实施保民生工程”活动,帮助贫困户协调解决社保方面、子女学费及就业和房屋产权契税证办理等困难。通过学习、实践、整改,实现了党员干部受教育、科学发展上水平、人民群众得实惠的目标。

2. 领导班子建设和干部队伍管理得到加强。适时组织了领导干部培训和教育,进一步提高了领导班子和领导干部的组织力、凝聚力和战斗力,群众测评满意率总体上得到提高。开展了领导干部竞争上岗工作,有 9 名正副处级领导干部和 3 名县(市)局副局长竞争上岗。确定了基层局副职后备干部并加强了管理。继续开展了干部挂职、带职和下派锻炼工作,多岗位、全方位培养干部。

3. 干部队伍业务素质实现了提升。继续开展“岗位技能大练兵”活动,全年组织了 19 期培训。举办了全系统税收业务知识竞赛,参加了全国税务系统稽查人员业务考试和税务所岗位人员能力测试,干部职工的业务素质进一步提高。鼓励干部积极参加提升学历、学位及“三师”资格的学习,全系统共有“三师”243 人。

4. 党风廉政建设取得明显成效。落实了党风廉政建设责任制,对未完成责任目标的单位进行了责任追究。加强廉政教育,开展了“警示教育月”、“勤政为民,廉洁奉公”主题教育等活动。强化“两权”监督,开展了“排查廉政风险,健全防控机制”专项工作。继续发挥特邀监察员的社会监督作用,努力纠正行业不正之风。18 个参评基层局全部进入了当地行风建设先进单位行列。

5. 政务、财务和事务管理有了新提高。加强后勤保障、节能减排和安全防范等工作,为税收中心工作提供了服务和保障。全系统共有 9 个单位晋升为档案管理省特级单位,公文处理、信息宣传和政务公开工作得到上级部门表彰。严格预算管理,降低税收成本,做到了科学、民主、依法理财。老干部工作稳步推进,国际税收研究会工作顺利开展,工会、共青团工作更加活跃。培训中心强化管理,提高了服务水平和经济效益。

6. 积极推进地税文化建设。举办文化建设讲座,通过座谈和对问卷调查等形式,总结、提炼出沈阳地税系统的核心价值观、理念、框架,初步形成沈阳市地税系统先进的文化体系。创新文化载体,各协会组织开展了丰富多彩的文体活动,活跃了干部职工文化生活,展示了沈阳地税独具特色的文化建设成果。在“中国企业(组织)文化研究会”组织的评选中,沈阳市地税局荣获全国企业(组织)文化建设“先进单位”荣誉称号。

2009 年,沈阳市地税系统获得国家级荣誉称号 14 个,省级荣誉称号 50 个,市级荣誉称号 86 个。其中,大东分局被评为全国精神文明建设先进单位、全国企业文化建设先进单位,于洪分局继获得全国文明单位后,又被评为全国“人民满意的公务员集体”,辽宁省乃至全国税务系统惟一一家获此殊荣。

(刘　丹)

金　融

综　述

【东北区域金融中心建设】 2009年,沈阳市完善了东北区域金融中心建设组织领导体系,制定了《沈阳东北区域金融中心建设发展规划》及《关于加快沈阳金融业发展的若干意见》。“沈阳国际投融资交易服务中心”在沈阳金融街正式运营,全国第一个金融服务外包交易中心—中国金融外包服务中心顺利揭牌。金融机构引进步伐明显加快,成功引进和设立7家金融机构。日本三井住友银行沈阳代表处已向辽宁银监局递交了升格为沈阳分行的申请,并已在开发区选址。跨区域金融中心战略合作已经启动,沈阳与天津建立金融战略合作关系,共同促进东北老工业基地和环渤海地区发展。2009中国企业国际融资洽谈会——金融服务外包交易会、东北亚发展论坛、沈阳国际金融合作高峰论坛、沈阳金融博会等会议论坛成功举行。

(赵永强)

【资本市场建设】 证券市场总体运行平稳。2009年年末,全市证券交易额实现12154亿元,同比增长43%。上市公司群体已经成为沈阳经济中最活跃的因素,上市公司总量已达39家,在东三省各城市居首位,其中境内上市公司23家,境外上市公司16家。

上市融资工作取得突破,沈阳“太宇机电”在美国成功融资7500万美元,成为2009年中国公司在纳斯达克第一家主板上市公司。“新松机器人”成为东北首家创业板上市企业,“诺康制药”成为东北地区第一家以IPO形式登陆纳斯达克主板市场的上市公司。三一重装在香港联交所主板上市。万通源商贸已完成在美国交易所的反向收购,10月份在美国交易所挂牌上市。辽宁高科经批准在美国纳斯达克股票交易市场发行可转债,融资4000万美元。东北制药发行6亿元的公司债、银基发展发行5.5亿元的公司债都已在11月发行完毕。

此外,诚浩证券公司申请设立的营口、锦州2家营业部已正式开业,增加自营和投资咨询两项业务的申请已获得中国证监会批准,全市债券融资工作也取得积极进展。

(赵永强)

【金融要素市场建设】 沈阳市争取跨境贸易人民币结算国家第二批试点城市工作已经取得显著进展,试点方案已通过省政府向国务院申报。“东北亚现货商品交易所”、“沈阳黄金交易中心”组建工作顺利推进,东北亚现货商品交易所已获准进入实质性运作。争设全国性“钢材期货交割仓库”和沈阳钢材期货交割中心建设项目准备工作基本就绪,中国钢材期货第一笔交割已在沈阳完成。设立“渤海商品交易所东北交易中心”已进入实质性操作阶段。争设上海石油交易所东北交易中心等金融要素市场项目正在平稳推进。沈阳联合产权交易所工作取得新进展,获省级金融企业国有产权交易机构资格。

(赵永强)

【金融机构引进】 依托沈阳金融商贸开发区和沈阳金融街,大力发展金融业,加快境内外金融机构聚集,工作取得实质性突破。引进大连银行、营口银行、锦州银行、哈尔滨银行4家地方商业银行,实现新突破,2009年是5年来引进银行数量最多的一年。引进国泰人寿、合众人寿2家保险公司,保险公司总量位居东北第一。引进大成基金管理有限公司,是沈阳第一家证券基金公司,标志着沈阳市金融机构品种逐步齐全。东北首家阳光私募基金和东北首只股权私募基金成功发行。金融机构体系不断健全,全市分行(公司)以上金融机构总量已达85家。

(赵永强)

【创新农村金融服务】 沈阳市首家村镇银行——沈北富民村镇银行顺利开业,于洪区等4家村镇银行正在积极筹备。沈阳市获准开业的小贷公司达22家,正在筹建的29家,申请筹建的7家,开业和筹建数量均居全省首位,监管工作走在全国前列。全市小贷公司累计投放贷款3.6亿元,无逾期等不良贷款发生,呈现稳健发展的良好态势。法库县被确定为“全国农村金融产品和服务方式创新试点县”,在全国率先开展了土地流转权抵押贷款。

(赵永强)

【改善金融生态环境】 金融机构不良贷款总额和不良贷款率持续实现双降,不良贷款率4%,处于历史最低水平,首次实现低于全省平均水平。探索新途径改善法制环境,沈河区法院已经成立了金融审判庭,进一步加大金融执法力度。东北首家金融家俱乐部于沈阳金融商贸开发区成立,填补了沈阳经济区金融服务载体建设的一项空白。

(赵永强)

【处置非法集资】 切实发挥处非办组织协调作用,初步建立和完善了全市处置非法集资工作机制。2009年,直接或间接查处了辽宁绿丰园、博惠野山猪等非法集资案件10余起,对13起非法集资案件组织开展风险排查和专案处置。加大了宣传教育力度,营造有利于处置非法集资工作的舆论氛围,提高群众的投资风险意识,有效地遏制了非法集资案件的高发势头,保持了金融秩序的稳定与安全。

(赵永强)

银　行

·人民银行·

【金融业概况】 2009年,全市金融机构本外币各项存款余额6809.8亿元,比年初增加1247.7亿元,同比多增523.3亿元。人民币各项存款余额比年初增加1224.2亿元,同比多增481.6亿元;外币存款余额比年初增加3.5亿美元,同比多增4.7亿美元。分机构看,建设银行人民币存款增长额最多,比年初增加162.3亿元,但同比少增17亿元,存款规模最大,率先突破千亿元大关。农业银行增长最快,比年初增加122.8亿元,同比多增147.3亿元,增幅远高于全市平均水平。年初,农业银行完成股份制改造,依托遍布城乡的网点优势大力开展业务营销,带动该行存款出现恢复性快速增长。

一、存款大幅多增,呈现活期化特征

1.企业活期存款恢复增长明显。全市金融机构人民币企业存款余额2502.5亿元,比年初增加514.8亿元,同比多增373.2亿元;其中,企业活期存款比年初增加307.1亿元、同比多增326.4亿元;企业定期存款余额比年初增加207.7亿元,同比多增46.7亿元。企业存款恢复性增长,表明企业得到信贷资金支持后,资金实力快速增强,资金周转和使用效率逐渐提高。

2.居民储蓄存款活期化,定期存款同比大幅少增。全市金融机构人民币储蓄存款余额2948.5亿元,比年初增加476.8亿元,同比少增27.1亿元。其中,活期储蓄存款比年初增加225.7亿元,同比多增175.7亿元;定期储蓄存款比年初增加251.1亿元,同比少增202.8亿元。全年宏观经济波动较大,居民收入预期不稳定、消费意愿不确定、储蓄意愿先升后降,随着经济逐渐恢复,尤其是证券市场回暖,居民投资意愿提高,储蓄活期化倾向逐步显现。

二、贷款总量快速增长,票据融资先增后减

2009年,全市金融机构本外币各项贷款余额5170.9亿元,比年初增加1204.3亿元,同比多增584.6亿元;人民币各项贷款余额5084.9亿元,比年初增加1172.0亿元,同比多增550.1亿元。在贷款总量中,短期贷款增长平稳,中长期贷款多增明显,票据融资先增后减。

1.短期贷款增长平稳。全市金融机构人民币短期贷款余额1430亿元,比年初增加206.3亿元,同比多增77.5亿元。以季末当月数据观察,短期贷款增幅缓慢回落。从类型看,主要是工业贷款、农业贷款和其他短期贷款比年初增加78.5亿元、28.4亿元和117.7亿元。农业贷款余额第三、四季度均小幅下降,工业贷款和其他短期贷款仍然保持大幅度上升态势,主要投向了省交通厅高速公路改扩建项目、京哈、沈大、沈丹铁路客运专线建设项目、新区基础设施建设项目和土地整理等基础设施建设当中。

2.中长期贷款快速增长。全市金融机构人民币中长期贷款余额3051.2亿元,比年初增加675.4亿元、同比多增371.3亿元。中长期贷款主要投向符合国家产业政策,社会信誉度高、综合收益好的企业集团及事业单位,如东北电网公司、沈阳地铁有限公司、京哈、沈大、沈丹铁路建设工程等。同时为沈阳机床集团、沈阳鼓风机集团、三一重工集团、特变电工沈变集团、沈阳远大企业集团等提供信贷支持,在老工业基地改造、新兴装备制造业建设中贡献了力量。

3.票据融资增幅先增后减。全市金融机构人民币贴现、转贴现余额581.5亿元,比年初增加296.0亿元,同比多增124.5亿元。各月增加额呈现出大幅度波动、先增后减的局面。上半年,由于存贷利差减小和货币市场利率持续走低,票据业务利润率大幅降低,各商业银行均采取大幅增加票据贴现业务规模的方式冲抵利差减小对票据业务利润的负作用;下半年,人民银行对适度宽松货币政策动态微调,逐渐收紧货币市场流动性,银监会也加强信贷风险和资本充足率监管,促使商业银行进一步压缩了票据业务。

(郭铭宇)

【居民储蓄】 2009年年末,沈阳市全部金融机构人民币储蓄存款余额2948.5亿元,比年初增加476.8亿元,同比少增27.1亿元。其中:活期储蓄存款余额979.4亿元,比年初增加225.7亿元,同比多增175.7亿元;定期储蓄存款余额1969.2亿元,比年初增加251.1亿元,同比少增202.8亿元。全年居民储蓄存款增长波动较大,增量稳中略降,存款结构呈现活期化特征,下半年投资对定期存款的分流作用明显。

1.全年居民储蓄态势受宏观经济影响较大。年初受金融危机影响,居民收入预期不稳定、消费意愿不确定,反映在沈阳市的居民储蓄上,活期储蓄存款增量震荡上升,定期存款增量波动下降,同比少增。

1、2月份,在国际经济金融环境不断恶化和国内证券市场反复震荡环境下,预防动机促使居民消费意愿下降、储蓄意愿上升,储蓄回流,定期存款保持如前增速。3月份以后,随着信心的逐渐恢复,尤其是证券市场利好频现,居民投资意愿逐步提高。7月定期储蓄环比增量年内首次为负,活期储蓄增长加速,储蓄活期化倾向逐步显现,剔除2、4、7、10月季度因素影响,3、4季度活期储蓄存款对储蓄总量增长的贡献进一步增大,活期化态势确定。

2.居民的储蓄意愿相对平稳,在上下半年呈先扬后抑态势。城镇居民储蓄问卷调查结果显示,居民家庭收入虽有不同程度增加,但由于各季度物价感受同比偏高,全年收入感受稳定在较低位置,为储蓄活期化提供了基本条件。而且,因为居民各季度消费意愿同比低迷,消费对储蓄的影响较小。居民对利率的认可度较低,认为利率适度的约40%,比去年各季度低10到20个百分点不等,客观上导致定期储蓄的吸引力不足。

3.居民储蓄以预防性动机为主,投机动机为辅。在4个季度有关储蓄用途的调查上,选择"养老、防病、防失业或意外急需"的均超过40%,在二季度达到最高,为57%,平均比2008年高8.2个百分点。积累教育资金是另一项重要的储蓄目的,2009年,选择这一选项的居民比上年平均高2.6个百分点。调查样本中，购买股票、债券、基金、理财产品、人寿保单等的居民数量每个季度环比增长约3个百分点，居民投资意愿从第二季度起缓慢回升，在一定程度上分流了定期储蓄。

（郭铭宇）

·工商银行·

【存款业务】 中国工商银行辽宁省分行营业部为满足工商企业和个人客户日益增长的金融需求，秉承为客户创造价值的理念，通过开展各类促销活动和对公对私理财服务，既实现了客户金融资产的增值，又为沈阳的经济建设聚集了资金。通过强化成本控制和负债管理，自身的资金收益能力不断提高，实现了社会效益和自身效益的联动增长。到2009年年末，人民币各项存款余额达到747亿元，较上年增长7%。

围绕打造"第一零售银行"的总体目标，以客户为中心、以市场为导向，加快业务结构调整，大力发展储蓄业务。通过为个人客户提供包括基金、保险、国债和其他理财产品在内的各类增值服务，为客户创造价值，增加储蓄存款。通过与公司业务联合营销，拓宽了资金来源，扩大了储蓄存款规模。全年人民币储蓄存款余额达到506亿元，较上年增长10.6%，是全省首家储蓄存款余额突破500亿元的商业银行。

充分发挥信贷、结算等各种优势，以综合化金融方案服务与维护对公客户，增加对公存款。通过提供现金管理、资产托管、企业年金、代理、理财等对公金融业务创新服务，扩大了对公存款业务规模。2009年，人民币对公存款余额242亿元。

（刘琳娜）

【贷款业务】 2009年，银行把支持经济发展与坚持商业银行经营原则相统一，适应国家宏观经济调控政策和央行货币政策变化，及时调整信贷政策，积极稳健地增加信贷投放，积极满足实体经济运行的合理资金需求，既有力支持了国家扩内需促增长政策的实施，又增强了盈利能力。作为区域内经营规模最大的商业银行，以大力支持东北老工业基地振兴建设和沈阳区域经济发展，满足客户融资需求为宗旨，注意把住经济金融良性互动发展的有效结合点，坚持"区别对待、有保有压"，积极以信贷结构的优化促进经济结构的调整。一方面，扩大了对国家、区域重点投资项目和符合国家产业政策重点行业、重点企业的贷款投放，为优质客户定制了综合化服务方案。另一方面，积极探索为中小企业客户及个人客户服务途径，成立专门机构支持中小企业、贸易融资、个人消费等领域的合理资金需求，个人贷款取得了5年来的最快发展。为满足企业短期融资需求，加强自身流动性管理，进一步加大了票据业务的发展。全年人民币各项贷款余额334亿元，较上年增长10.3%。

（刘琳娜）

【中间业务】 银行把中间业务发展作为推进经营转型，增强服务能力和提升竞争能力的着力点，通过市场容量的分析、客户需求的了解，加快科技和产品创新，推进渠道建设升级和服务模式变革，提升服务品质。2009年，在巩固传统存贷款业务带动中间业务发展的基础上，通过翻新传统的信贷业务、结算业务，广开中间业务服务渠道，通过为客户提供现金管理、投资理财、业务咨询等中间业务新产品，既满足了不同客户的金融需求，又增加了自身业务收益。并在增加经营收入的同时，调整和优化了收益结构。中间业务收入同比增长25%。

（刘琳娜）

【风险防范】 为保障国有金融资产的安全，按照监管部门的要求，坚持业务发展与风险防范统筹兼顾、有机统一，更加注重依法合规、稳健经营。特别是在扩大信贷投放、支持实体经济发展中，本行严把贷款准入关，前移风险预警关口，加强贷后管理，特别对新增贷款投向、投量及运行状态进行了全方位、适时监测和预警，掌握风险动向，及时纠偏除险。与此同时，适应特殊环境下风险的演变趋势，从完善体制机制、落实规章制度、加强监督检查等多方面入手，突出抓好重点业务领域和环节的风险防控，全面风险管理有了新的突破，内控和案防水平有了新的提升，本年无重大违规违纪和大要案。

把长久保持信贷资产优良品质作为促进经营高质量发展的前提，通过有效的措施，最大限度地保证国家金融资产安全，保全信贷资产，促进国家金融资产保值增值。一如既往地把提升信贷资产质量，确保信贷资产安全放在经营管理的首要位置。通过强化信用风险防范，通过信贷资产的分类管理，通过持续的信贷资产运行监测，实现了不良贷款余额和比例的"双下降"，资产质量持续显著改善。

（刘琳娜）

【服务提升】 为践行为客户提供优质服务、以服务为客户创造价值的承诺，打造不可复制的竞争能力，相继出台了多项服务举措，针对个人客户和广大工商客户的适时变化及个性化的金融需求，大力推进服务渠道建设，加快建设财富管理中心、贵宾理财中心、理财网点和金融便利店四种不同的物理网点，形成以网点分类、功能分区、业务分流为主要特征的服务格局，有效提升了网点的服务接待能力。充分发挥电子银行的服务潜力，丰富电子银行服务功能，使网上银行、手机银行、电话银行、自助柜员机等电子化渠道的服务能力大幅提升，电子银行业务替代率超过了50%，传统以柜台为主的服务模式发生了重大改变，客户服务更加精细化和个性化。与此同时，通过强化传统产品和新产品的融合推介，强化营销人员的配备等有效措施，构建起了目标客户分层、收益水平分级、风险度互补的理财产品销售和服务体系，形成了一支个人理财精英团队，实现了个人业务规模的快速发展。紧密跟踪新形势下对公客户需求和市场变化，加大对公客户综合服务力度。以结算账户为载体，通过进一步完善对公客户协同营销服务体系，强化不同专业之间、不同层级营业机构之间的联动营销，提高对客户金融需求的响应速度，为客户提供融资、理财、投资银行、现金管理、电子银行、银行卡等综合化服务，在满足客户多样化需求的同时，实现了对公业务的创新突破。还将倾力打造工商银行服务文化作为客户认知的重要抓手，在服务项目的设立上、服务规范的制定上、服务手段的创新上，做出了细致的规定，为营造良好的服务文化打下了牢固基础。

（刘琳娜）

·中国银行·

【概况】 2009年，沈阳分行以“抓发展、保增长、重质量、创效益、强内控、防风险”18字经营方针为指导，深入贯彻科学发展观，紧密结合地方经济发展实际，把扩规模、调结构、争市场作为工作重点，在有力支持地方经济发展的同时，各项业务实现了持续快速健康发展。截至2009年末，主要业务市场份额持续提升，其中人民币各项存款同比增长68.54%，市场份额上升0.22个百分点；人民币各项贷款同比增长339.27%，市场份额上升1.10个百分点；外币各项存款新增1.36亿美元，同比增长11.93%，市场份额32.55%，继续保持同业领先地位。

（徐晓磊）

【业务发展】 从国家和省市地方政府保民生、促增长大局出发，紧紧围绕沈阳地区经济发展的战略布局和市场需求，在服务民生和支持地方经济建设的同时，各项业务实现了快速发展。

资产业务快速增长。2009年5月6日，中国银行辽宁省分行与沈阳市人民政府签订《全面战略合作协议》后，沈阳分行以深化银政合作为突破口，本着“区别对待、有保有压”的原则，重点支持公路、铁路、机场、能源、电力等基础设施行业和领域以及社会公共事业；加大对装备制造业中龙头企业的自主创新和结构调整的支持力度；加大对沈阳房地产行业中资质较好的房地产开发商以及符合政策导向和市场需求的房地产开发项目的支持力度。在园区贷款、市政基础设施贷款、土地储备贷款、资产支持类贷款等业务上实现了突破。截至2009年末，人民币公司贷款同比增长375.58%，市场份额上升1.13个百分点，在沈阳市全部金融机构中贷款增量、增速及增量市场份额均排名第1位。

加大住房贷款、汽车消费贷款、出国留学保证金贷款、个人循环抵质押贷款等零售贷款优势业务推广力度。强化与政府职能部门沟通，积极参加房交会、汽车展销会等大型活动。成功获得房交会期间“旧房换新居”活动承办银行资格，活动期间共受理业务76笔，涉及贷款金额2000余万元。以中国银行辽宁省分行、辽宁省教育厅及省属高校签署三方合作协议为契机，全面加强与省属高校的业务合作。2009年，共计与24所高校签署全面业务合作协议，为21所高校共14326名贫困大学生发放国家助学贷款1.3亿元。截至2009年末，零售贷款同比增长614.01%，新增额达历史最高水平，余额市场份额居同业第2位，较年初上升1.31个百分点，是4大行中惟一一家余额市场占有率正增长的银行。

大力发展贸易融资业务，对进出口业务量在1000万美元以上大客户和300万美元以上的中小客户进行走访，利用沈阳市开展银企对接会等契机，全方位推介以“达”系列为代表的特色贸易融资产品，不仅有效化解企业融资难题，也促进了贸易融资业务发展。截至2009年末，本外币贸易融资业务同比增长146.68%。

负债规模持续扩大。坚持客户发展战略，实施全员营销，以客户发展促进存款增长。坚持本外币并重原则，狠抓核心存款，扩大存款规模，保持存款稳定快速增长。截至2009年末，人民币各项存款新增123.35亿元，同比增长68.54%；外币各项存款新增1.4亿美元，同比增长11.93%。加大对公司存量重点客户的营销挖潜力度，积极拓展优质新客户，拓宽存款来源。持续加大对财政和行政事业单位客户的营销力度，稳定存款来源。加快发展个人汇款、结售汇、代发薪、第三方存管、理财等业务，完善综合账户功能，从源头扩大客户基础，带动储蓄存款增长。大力拓展金融机构存款，积极争揽本地及外埠同业机构的大额结算资金，金融机构存款保持持续高增长的态势。

中间业务加快发展。在巩固传统业务优势的同时，大力发展新兴战略产品。继续保持国际结算业务市场领先地位，立足国际国内两个市场，积极支持企业“走出去”，加大“达”系列贸易融资新产品推广力度。大力发展银行卡、代销基金、中银汇兑、网上银行等个人金融中间业务。加大考核激励与条线管理力度，加强营销渠道整合，多元化推进中间业务各产品的综合营销。

（徐晓磊）

【内控管理】 牢固树立以控制风险、防范案件为前提的合规经营理念，以建立内控长效机制为目标，坚持不懈抓好内控防案工作。深入推进基层机构负责人代职制度、业务经理派驻制度、重要岗位人员轮岗制度、重大差错治理等内控措施的有效落实，截至2009年年末，全辖派驻经理全部安排到位，完成了30家基层机构负责人代职工作，重要岗位人员实施轮换，有效防范了由岗位风险引发的案件风险。发挥“一、二道防线”整体合力，一道防线加强自我管控，二道防线加大监督检查力度，在全辖组织开展了“屡查屡犯”专项治理、案件治理整改、内部控制评价、规章制度梳理及规范等工作，机构和业务品种内控检查覆盖面均达100%。加大问题整改力度，确保“查到位，改到位”。

（徐晓磊）

【基础建设】 落实客户发展战略、全员营销等举措，客户发展基础进一步夯实。加速推进渠道建设和网点转型进程。2009年完成网点改造10家，建设2家离行式自助银行，建成大东财富管理中心和沈河支行理财中心。首批15家网点服务销售与业务流程试点取得阶段性进展。开展“落实责任、促进发展”和学习贯彻“双十禁”等多种形式思想教育活动,加强党风廉政建设。强化全员教育培训工作,2009年共举办各类培训102期,参训5290人次。加强人才储备与培养工作,确定首批52名中层干部后备人选,并制定后备人才3年培训规划。

(徐晓磊)

·农业银行·

【概况】 中国农业银行辽宁省分行营业部(以下简称省农行营业部)现有员工3892名,一级支行13家、二级支行26家、分理处76家、储蓄所27家。

2009年,各项存款比年初增加126亿元,各项贷款比年初增加105亿元,拨备前利润达4.5亿元,是2008年的3.7倍,拨备后利润达3.5亿元,是2008年的33.6倍,利润指标均创历史新高。

一是业务经营实现历史性突破。存贷款实现份额位次双提升,本外币存款在沈阳同业增量排名从全市23家金融机构末位跃升至第3位,贷款在四大行增量排名从末位跃升至第2位。收入结构有所优化,不良资产清降效果显著,盈利能力也显著增强。二是客户结构得到初步优化。加大总省优及辽宁龙头企业客户拓展力度,加强对个人中高端客户的营销和维护,全行客户基础得到巩固,客户结构得到优化。三是内部经营机制改革进一步深化。调整理顺全行营销体系,构建以本部为主导、支行为主力、网点为基础的三级营销组织架构,提高了营销质量和效率。建立市场化薪酬机制,分岗位制定有针对性的绩效考核办法,充分调动了员工拓展业务的积极性。四是建立风险报告制度和风险处置机制,有序开展案件集中排查活动和案件专项治理。五是队伍综合素质有所提高。启动“赢在未来”3年培训工程,以职业素养和管理技能提升为重点,分层次、按岗位进行有针对性的社会化培训,年度培训覆盖率达到100%。同时,开展大规模、不间断的业务培训,促进员工业务水平的提高。

(薛　涵)

【存款业务】 2009年,省农行营业部一直把存款业务作为各项工作的重中之重,采取多种有效措施,切实加大揽存增存工作力度,促进各项存款持续稳定增长。一是持之以恒抓好储蓄存款工作,不断提升基本客户市场份额。以“春天行动”和“激情仲夏·金彩生活”个人综合营销活动为契机,利用活动期间的各种优惠政策,加强营销宣传,抢抓源头资金,发动全员,根据目标客户群的不同,采取不同的方式组织存款。加大财政性资金、企业代收代付、第三方存管等源头性资金的营销。以借记卡为载体推动储蓄存款工作,重点宣传借记卡的一卡多币种、一卡多账户、一卡多功能等综合理财功能。此外,网点营销坚持实施“赢在大堂”策略,充分发挥大堂经理的作用,挖掘现有目标客户和潜力客户资源,促进存量客户贡献度的提升,通过营销和维护客户,努力克服各种不利因素,带动储蓄存款的持续稳定增长。二是充分调动全员积极性,大力营销对公存款。强化对公司机构类存款大户资金的动态监控,落实客户经理营销维护任务,做到信息反馈及时化。加强对系统性客户联合营销,以资产业务带动对公存款的增长,同时兼顾各类中小客户,通过调整客户结构和成本结构,降低付息水平。采取有针对性的措施,实施保、抢、挖相结合的营销策略,全力提高市场份额,实现对公存款的突破性增长。三是抓好存款稳定和结构调整工作,向结构调整要效益。做好系统性客户营销工作,在维护存量客户的基础上,充分发挥个人优质客户管理系统的作用,继续加大个人优质客户的拓展力度。

(薛　涵)

【贷款管理】 2009年,省农行营业部以控制风险为前提,以提高精细化管理水平为基础,以加快信贷业务有效发展为主题,以提升全面风险管理为重点,以强化法律合规支持为保障,强化基础管理工作,全力支持信贷业务的有效投放,全面促进信贷管理工作的稳健、快速发展。

一是做好优质大客户、大项目营销和信贷投放。实施普及战略,创新营销方式,提高营销效率。以资产业务营销带动客户价值的深度开发,不断扩大银企合作的广度和深度,优化资产价值链,提高资产综合创利水平,有效改善当前的资产质量和结构。提高横向和纵向沟通效率,定期通报贷款项目进展进度,保证信贷运作各环节之间的协调统一。二是做好现有优质客户的维护工作。在政策允许的范围内,想客户之所想、急客户之所急,全力以赴满足客户要求。对于信贷重点项目,营销团队必须积极主动与企业沟通,并进行全程跟踪、协调,有效提高信贷项目的营销效率。通过日常服务和沟通,进一步增强优质客户的依存度,从另一方面节约营销成本。三是规范信贷运作各个环节,重点加强放款环节的风险控制,继续实施贷后管理尽职工程,保障信贷业务的稳健发展。建立绿色通道,在加强信贷管理、落实信贷新规则的前提下,缩短各层次、各环节办理时间,全力提高运作效率。四是夯实信贷业务基础,不断提升精细化管理水平。包括做好信贷业务授权管理,完善客户风险评价体系,加强信贷业务审查,规范贷审会运作机制,做好个贷业务审查和档案管理,切实履行放款审核及贷后管理职能,有效防控信贷风险。

(薛　涵)

【中间业务】 2009年,省农行营业部把中间业务发展摆在业务经营的突出位置,加大营销力度,全力挖掘产品的内在价值。加强组织领导,健全营销体系,落实营销任务,强化营销后续维护管理,将硬措施和软激励相结合,政策引导与重点督导并重,努力拓展发展空间,大力提高中间业务收入占比。

通过开展“春天行动”和“激情仲夏”两次综合营销活动,加大考核激励力度,坚持不懈狠抓营销。电子银行收入、基金销售额等多项指标超额完成年初计划,中间业务总体收入实现历史最好水平。在保持网上银行、电话银行、手机银行、贷记卡等产品稳健增长的同时，突出营销了电子商务和转账电话等产品，积极推动各项指标的跨越式发展。

一是电子商务拓展取得新突破。首先，客户种类日益丰富，商户数量增长较快，大商户也有所突破。转账业务和代缴费业务取得了新的发展。其次，积极开展全方位营销。完善激励考核机制，进一步提高电子银行在全行业务发展中的战略地位和作用。优化结构，提高优质存量客户占比，提升电子渠道的使用率。通过营销核心产品，提升业务收入。再次，为扩大宣传效果，在省市多家媒体开展了多层次、大范围的宣传活动。

二是营销模式进一步创新。搜集整理相关客户信息，组建了客户信息资料库，为开展营销搭建了良好的平台。多次开展各种大型刷卡促销活动，提高了贷记卡的动户率，有效地促进了金穗贷记卡客户的消费热情。努力创新营销模式，加强针对性，大大提高电子银行业务营销推广效率，将客户资源变成收入的增长点。

三是多法并举，大力营销各种中间业务产品。将农行主托管和农银汇理基金作为营销重点，积极推广基金组合服务，提高基金定投业务签约率，着重培养一批稳定的基金客户群，增强基金持续销售能力。推广集中版理财产品销售系统，建立理财产品快速响应机制。加快发展短期限、低风险、稳健型、固定收益类的“本利丰”理财产品，树立稳健型的理财形象。各城区支行营业部都已经开办“传世之宝”黄金买卖业务，全辖所有网点都已经开办电子式储蓄国债业务。

四是把代理保险业务放在了中间业务发展的突出位置。在银保市场动荡和外部监管部门从严从紧的监管政策下，以“抢占份额，健康发展”为主题，确保保险代理业务工作实现可持续发展。采取了以下几种合理有效地措施。以竞赛促发展、以动态调整为手段、以穿透式问责为鞭策、以设荣誉宴为激励、以培训促提高，以激励为先导，充分调动一线员工保险代理的积极性。利用保险公司各种活动为契机，加强与保险公司合作，实现同业市场份额和系统内排名的进档升位。从业务发展多元化和经营收益最大化的高度，重视保险代理业务，通过提高营销技巧、加大柜台宣传力度、联结优质客户营销等方式加快保险代理业务发展。全面实行精细化管理，精细化管理有利于树立保险代理业务的细节意识、服务意识、规则意识和系统意识，以促进业务的正常发展，也为保险代理业务发展提供保证。

同时，实行中间业务精细化管理，加快提高业务发展质量。一是实行盘活工程，提高动户率和活卡率。建立相应的考核监督机制，按月下发动户率、活卡率和业务收入统计表，促进了网上银行和贷记卡业务的有效发展。二是进一步提高自助设备的运行率。重新规划了自助设备报修流程，变网点分别报修，为专人集中统一报修，不仅减轻了网点的负担，而且进一步缩短了维修时间。三是逐个环节把关，提高贷记卡发卡质量。贷记卡的录入、抽查、复核、审核、审批、档案管理、催收等职能均集中统一办理，并逐个环节制定规范标准，全面加强贷记卡安全管理。四是严把准入关，严禁发展高风险商户加强 POS 商户的风险监控。进一步明确 POS 商户的准入条件和流程，把好准入关，严禁发展高风险商户。建立了风险事件的处理规则和现场处理机制，第一时间对风险事件进行处理，将风险隐患降至最低。

（薛　涵）

【国际业务】 2009 年，省农行营业部以坚持有效发展为前提，理顺外汇业务经营管理体制，实施差别营销，努力提高市场份额，加快产品普及，完善服务功能，提高业务收益，控制业务风险，保证了农行外汇业务持续、健康、稳步发展。

省农行营业部高度重视国际业务的营销工作，不仅保持了国际结算和结售汇业务的发展，而且加大了国际业务直接营销力度，提出了国际业务营销要与资产业务营销有机结合，相互促进、共同发展的策略。牢牢把握市场机遇，通过相关部门和支行的密切配合，积极开展对国际业务重点客户的营销工作。实行本外币一体化营销模式，带领营销团队深入企业，推广国际业务产品，赢得了客户信任，取得了客户支持，收到较好效果。经过多方营销，与很多国内外优质客户建立了良好的银企关系，迅速做大了国际业务规模，促进国际结算量和市场份额的双提升。

第一，确定营销重点。以西联汇款为营销重点，在重点地区、繁华地带建立外汇业务精品网点。个人外汇业务特别是西联汇款业务保持了良好的增长势头，为下步发展奠定了良好的基础。同时，积极加强与相关部门的沟通协调，多方面掌握客户信息资源，及时了解沈阳地区的招商引资情况和进出口企业信息，在综合分析后，定期向全辖发布，指导支行开展有针对性的营销。建立优质客户信息采集奖励机制，鼓励基层网点走进市场，寻找国际业务信息，并按照信息价值给予不同程度的物质奖励，形成全行上下开展国际业务的合力。加大对经常项目客户的直接营销力度，在现有信贷投放的优良客户中，优选一批有国际结算业务的系统性高端客户作为营销重点。

第二，分段落实任务。2009 年上半年，以营销资本项目客户为主，并以此带动营销经常项目客户，为完成全年的工作任务奠定基础；下半年，将工作重心转移至营销经常项目客户，改善客户结构，保证国际业务稳定持续发展。根据经常项目客户具有业务发展稳定、有连续性的特点，确立了大力发展经常项目国际结算客户、改善客户结构的营销目标，积极走访营销优质大客户，并根据客户需求为其量身定制外汇及信贷业务综合服务方案，成效明显。

第三，提高服务能力。在大力营销新客户的同时，也注重服务能力的提高。以真诚、高效的服务挽留老客户，积极走访、努力挖掘原有客户潜力。一是努力提高贸易融资业务占资产业务的比重。国际贸易融资职能的增加有利于及时为客户设计贸易融资方案，贷前调查、业务办理、贷后管理职责的统一提高了业务办理速度。二是仔细研究现有的外汇产品,深入分析客户需求,确定适合推广的产品和组合,扩大外汇中间业务收入的途径。三是在与客户议价时,合理运用汇率、费率、利率和信贷资源等多种杠杆,对客户的本外币综合贡献度进行全面考量,不同客户实行不同的价格策略,争取实现较高的收益率,推动外汇中间业务收入增长。

第四,注重风险防范。按照"管风险,管内控,提高透明度"的监管理念,建立以防范风险为本的全面、持续、有效的监管框架,切实有效地履行监管职责,加强自律监管力度。对特殊异常情况,及时下发风险提示函,将风险隐患消灭在萌芽状态。专业条线认真贯彻落实外汇局各项外管政策,严格执行总省行规章制度,在积极拓展业务的同时,注重做好风险防控工作,全年国际业务条线未出现风险事件,风险防范工作取得实效。

第五,加强宣传培训。一是采取"走出去,请进来"的方式,学习总结同业和兄弟行发展国际业务方面好的经验和做法,认真查找差距,取长补短,提高国际业务的发展水平。二是将"业务培训"与"知识宣讲"结合起来,创新培训方式,丰富知识普及活动,在全行范围内营造积极发展国际业务的良好氛围。三是培养国际贸易融资产品业务骨干,为前台部门营销提供技术支持。四是组织不同层次的客户经理、产品经理等业务骨干的境内贸易融资、国际结算培训班,结合实际案例进行授课,提高从业人员的产品推广能力。

(薛　涵)

·盛京银行·

【概况】 2009年,盛京银行经营业绩持续增长,截至2009年12月末,总资产已达1578.58亿元,各项存款余额1086.9亿元,不良贷款率0.94%,资本充足率12.01%,当期实现利润16.84亿元。相继在北京、营口和大连等地设立分支机构,外埠分行已达四家,全国性经营网络架构已具雏形,综合经营实力居东北城商行首位,全国城商行前列,现已发展成为业务功能齐全、内控管理严密、公司治理结构完善的优良商业银行。

(杨景智)

【资产质量】 针对复杂多变的经济形势,适时调整贷款投放政策和防风险措施,确保信贷业务稳健发展,资产质量持续提升。

坚持审慎有序的投放策略,不断调整信贷资产结构。一是加大对国家振兴规划行业、现代新兴服务业、先进装备制造等行业的信贷投放力度,积极支持地铁、"金廊工程"等省市重点基础设施改造项目、国有企业兼并重组及民生工程。二是紧紧抓住本行跨区域发展的有利契机,积极营销外埠大型优质客户,提高了区域竞争力。三是积极发展小额资产业务和信用卡业务,有效分散信用风险。四是严控国家限制行业和项目的信贷投放。坚持房地产贷款"五不贷",严格防范授信集中度风险。

强化信贷管理,提高风险防范能力。一是加强到期贷款风险管理,增强贷款流动性。二是坚持抵押物销售全额还款的原则,降低房地产贷款风险,贷款偿还率明显提高。三是加大授信全过程管理和检查力度,严格项目资本金和合法性审查,全面执行贷款"三查"制度和授信业务风险问责制度。四是实施信贷人员定期轮训制度,提升信贷人员综合素质。

大力压缩不良贷款,实现不良贷款"双降"。一是坚持到期贷款预警机制,签定清收责任状,定期召开调度会对重点项目进行督办。二是完善信贷奖惩机制,将新增欠息、贷款逾期导致的贷款五级分类偏离,纳入不良贷款压缩考核中,实行一票否决,直接与经济效益相挂钩,有效遏制了不良贷款反弹。三是充分发挥省、市、区三级法院不良资产清收平台作用,上下互动、集中攻坚。

(杨景智)

【金融创新】 顺应金融市场的发展趋势,加快金融创新步伐,扩大跨区域经营范围,不断提升银行经营水平。

加强资金运营管理,提高利润贡献度。一是成立资金票据中心,专业化、系统化运营资金业务,全年运营情况良好。二是成立资产经营管理部,深化抵债资产和闲置固定资产经营管理,多渠道多方式开展出租、变现工作,显著降低了非生息资金占用。

推动国际业务发展,增加业务种类。一是开办外汇资金交易,当年交易量达20.11亿美元,在外汇交易中心284家会员中排名62位,城商行排名第7位。二是代理了朝阳商行办理国际结算业务,代理50余家金融机构结售汇平盘业务,扩大了影响和增加收益。

强化信息科技系统建设,提升核心竞争力。全面启动核心业务系统升级改造,现已开始进行单元测试;外汇的单证中心和金宏系统成功上线,实现了国际结算业务集中处理,为业务发展和风险管控提供了保障。

深化人力资源管理。强化专业技能,举行了专业技能等级准入资格考试,包括中高管在内的全体员工参加了考试,为全面完成专业技能等级化管理奠定了基础;举办信贷营销员、综合柜员岗位资格认证考试,鼓励员工一专多能,全面提高综合素质,为本行发展提供人才支撑;全面实施2009年岗位风险责任考核,实行年金制度,建立中长期薪酬激励机制,为员工提供差异化保障。

跨区域经营全面开花。北京、营口和大连分行开业运营,葫芦岛分行获批筹建,上海和长春分行筹备工作进展顺利,随着运营模式的成熟和管理经验的丰富,外埠分行发展速度和发展质量逐步提高。

(杨景智)

【内控建设】 持续完善内控体系,积极推进全面风险管理,加强IT和安防系统建设,内控管理和科技支撑能力持续提升,保障了业务稳健发展。

深化内控体系建设。一是完善组织架构和管理流程。总行组建了风险控制部,调整了法律合规部职能,纠正了内审报告路径,完善了风险管理体系,将风险控制贯穿于经营管理全过程。二是稳步推进合规体系建设，建立合规风险监测常态化工作机制，制定了合规政策和合规审查管理办法，提高了合规审查的业务保障作用。三是积极进行流动性风险压力测试，提高流动性风险防范能力。四是修订和完善了《业务操作风险点指引》，针对全行主要业务，筛选出风险点1210个，提出防范措施1541项。五是开发风险监测预警系统和审计项目管理系统，提高了审计监督水平，有效防范和控制了风险。

加强IT和安防系统建设。坚持做好信息系统运行维护及技术支持工作，提高响应速度和服务质量，提升系统稳定性，保证了经营活动的正常运行，加强信息系统风险管理，设立首席信息官，实行内外部审计，筹建灾备系统，提高了系统抗风险性能。

强化安全保障运行体系建设。全员签订综治保卫责任状，共筑齐抓共管的安保体系和责任机制；加强消防安全管理，完善应急预案，开展“两节两会”、国庆等专项行动，保证重点时期工作安全运营；针对甲型H1N1流感疫情，迅速反应，建立制度，加强管理，实现全辖平安目标。

（杨景智）

·中信银行·

【概况】 中信银行沈阳分行是辽沈地区成立较早的新兴股份制商业银行之一，自1995年成立，特别是2001年分行新班子组建以来，以“争一流经营、创精品银行”为目标，坚持以科学发展观为引领，以经营理念重塑为先导，以5年发展规划实施为统揽，以经营机制构建为保障，以精神文化再造为动力，从理念、战略、机制、文化4个方面全面推进，实现了高起点、跨跃式的全面发展。截至2009年末，总资产437.88亿元，比上年增长20.04%；一般性存款353.16亿元，比上年增长21.72%；各项贷款281.94亿元，比上年增长27.77%；实现考核利润5.03亿元；不良率由年初的1.97%降至1.68%。分行荣获辽宁省“优秀经营企业”、“最受百姓喜爱的银行”和“最佳理财银行”等荣誉。分行管辖1家营业部、15家同城支行及抚顺、葫芦岛两家异地分行，员工890多人。

（刘 雯）

【业务发展】 截至2009年末，人民币对公存款252.44亿元，比上年增加49.95亿元；对公日均达到223.93亿元，比上年增加45.31亿元；百万元以上有效客户1082户，比上年新增274户，新增存款59.61亿元；机构客户323户，比上年新增14户，新增存款10.3亿元；汽车金融、钢铁金融、船舶金融、存货质押等产品的推广新增存款6亿元。主要战略客户的时点存款、日均存款和户均存款分别以21.5%、21.9%和22.1%的速度增长。新增对公贷款43.12亿元，增幅达24.56%。积极拓展保理、信托计划、债券分销等中间业务新渠道，实现公司中间业务收入3894万元，同比多增127万元。电子银行实现了首笔现金管理业务和“大型商场类客户”银企直联业务的新突破。投行业务成功发行五期、累计15亿元的辽宁省交通厅信托计划；累计办理有追索权的暗保理业务2.72亿元；成功营销本溪钢铁集团短券1.6亿元；成功办理钢铁金融业务第一单。本外币储蓄存款达到100.72亿元，比上年增加13.07亿元；管理资产总额达到133.80亿元，比上年增加21.58亿元；个贷余额达到30.60亿元，比上年增加4.92亿元；新增50万元以上贵宾客户330户，新增储蓄15.47亿元，新增理财6.46亿元。国际业务全年开发新客户17户，50万美元以上有效客户达到124户。紧跟总行政策调整，积极推广国内信用证及融资业务，带动收付汇量增加和手续费、融资安排费的增长。全年实现国际收付汇量12.2亿美元，市场占有率达到11.6%，比上年提升0.1个百分点，市场排名保持地区股份制银行第一、同业第三。

（刘 雯）

【内部管理】 1. 提高风险管控的促进作用。立足辽沈地区“双优”、“双主流”客户群体，努力在控制风险前提下最大限度地支持业务发展。全年共批复公司业务授信项目724个，批复金额553.35亿元。制定了全面规范的《公司授信业务管理手册》，完善了信贷管理的制度体系。在加强逾期欠息管理、组织开展专项检查，以及重点预警客户风险防化等方面有了实质性进展。制定了《放款操作手册》，全面实行放款工作柜台式办公模式，实行授信业务流程“十大集中管理”，严格执行操作流程和制度，放款合规操作不断强化。在会计工作方面，经过近几年的基础建设，特别是“标准化操作推广年”的实施，会计操作管理的标准化和规范化又上了一个新台阶。2. 加强内部管理的变革创新。在格式化管理领导小组的推动下，各部门以机关格式化管理系统为载体，按周布置重点工作，动态反馈各项任务的落实情况；支行的格式化管理系统经过调研论证后业已上线试运行，形成了督办、评估、通报、考核的制度化和标准化。格式化管理系统的构建，使责任、执行和落实更加具体化和可视化，推动了效率的提高和管理的进步。在人事管理方面，实施了领导干部承诺制、履职问责制和严格检查考评等机制，有效提升了全行干部员工的责任意识和履职意识；与东北财经大学合作的干部脱产委培班，开创了分行干部培养的新模式。在计财工作方面，加大了政策导向和经济手段的调控力度，在增加业务规模、调整负债结构和降低筹资成本等方面收到了一定的成效。在会计管理方面，开展了会计柜员评议和直面教育活动，强化了道德风险防范，会计管理综合水平明显提升。在合规审计方面，采取内控评价、专项审计和飞行检查等多种形式，使审计工作基本覆盖了主要业务条线和风险关键部位。在行政管理和安全保卫方面，通过修订、完善大宗物品招标采购等各类制度，坚持常态化、标准化检查，加强物防改造和人防体系建设等措施，实现了行政管理上层次、安全保卫无事故。

（刘 雯）

【企业文化】 组织开展了“2009年金融

走势”专题讲座，奠定了全行坚定信心谋发展的思想基础。场面空前的第四届职工运动盛会，起到了鼓舞全行士气、凝聚全行力量助推器的作用。围绕“责任、执行、落实”主题开展的学习大讨论、撰写心得体会、演讲比赛等系列活动，加深了全行干部员工对责任、执行、落实的理解。围绕深入学习《理念·战略·机制·文化》活动开展的知识竞赛、全员考试，从形式到内容、从过程到结果都展示了全行干部员工积极向上、奋发进取的良好风貌。第三届岗位技能大赛的成功举办，掀起了“比、学、赶、超”的热潮，提升了全行员工的岗位技能。组织先进员工开展的爬山和采摘活动，激发了员工进取争先的精神。每年开展一次的扶贫助学活动，展示了分行良好的社会形象。加大飞行检查力度，组织参加省优质文明服务竞赛和全国百佳文明服务示范单位评比活动，服务品质建设明显进步。

（刘　雯）

保　　险

【保险市场】　2009年，全市累计实现保费收入111.2亿元，增长3.4%，占全省业务规模的32.2%。财产险业务增长较快，实现保费收入28.7亿元，同比增长22%，其中车险保费收入增长28.1%。寿险保费收入实现82.5亿元，业务发展呈现调整态势。全市保险机构累计发生赔付、给付支出111.2亿元，同比增长3.4%。

保险服务领域不断拓宽，沈阳市成为全国科技保险试点城市，农业险、健康险等民生领域非车险业务得到快速发展。结构调整取得一定成效，标准保费持续增长，渠道结构显著改善。风险防范工作得到有效加强，完善了监管联动机制，组建了沈阳市预防和打击保险诈骗中心。保险市场秩序逐步好转，车险“见费出单”管理制度和寿险收付费零现金管理制度成效显著。

（赵永强）

·财产保险·

【概况】　中国人民财产保险股份有限公司（简称“人保财险”）是中国人民保险集团股份有限公司旗下最大的子公司，与共和国同生共长，已走过了60载不平凡的发展历程。2003年11月在香港成功上市，成为中国保险业海外上市第一股，是2008年北京奥运会惟一保险合作伙伴，是2010年上海世博会全球保险合作伙伴。

沈阳市分公司是人保财险设立在沈阳市的分支机构，占据着沈阳财险市场的半壁江山，是沈阳市成立最早、规模最大、网点最多、实力最雄厚的财产保险公司。沈阳市保险业积累的深厚文化和创造的卓越业绩，都与人保财险沈阳市分公司的历史和发展息息相关、紧密相连。

公司现有员工1000余人，公司本部下设九部（室）、三个中心，在全市各行政区、郊、县下设24家分支机构，专、兼业代理网点200多个。2009年，公司承担各类风险总额4000多亿元，实现保费收入12.25亿元，处理各类保险案件20余万件，支付赔款9亿多元。凭借PICC的金字招牌，依托沈阳优越的地理环境、发达的经济贸易，公司取得了长足进步和跨越式发展。

公司立足沈阳，承载着“人民保险，服务人民”的历史使命，始终遵循“以市场为导向，以客户为中心”的经营理念，形成了显著的品牌、市场、产品、技术、资源等优势。近年来，公司被辽宁省委、省政府先后授予“文明单位”和“文明单位标兵”等称号，被沈阳市委、市政府授予“文明标兵”、“先进单位”等称号，被辽宁省消费者协会和辽宁省保险行业协会评为“辽宁最具诚信和责任的保险公司”。

（于姗姗）

【主要险种】　截至2009年底，中国人民财产保险股份有限公司沈阳市分公司开设的险种有企业财产保险、家庭财产保险、机动车辆保险、责任保险、航天航空保险、货物运输保险、建筑工程保险、信用保证保险、意外伤害保险、农业保险等300余种，覆盖经济和社会发展的各个领域。

企业财产保险：企业财产保险包括综合险、基本险、财产险、财产一切险、机损险、个体工商户险、其他险。这些险种的开办，很好的适应了国家振兴东北老工业基地的需要，适应了社会经济发展的需要。全年企业财产保险费收入实现9818万元。

机动车辆保险：机动车辆保险为公司的主导险种，共分六大类：基本险、附加险、提车险、交强险、其它险、其他车辆险。

基本险包括：全险、单保车险、单保三者险、交强险。

附加险包括：盗抢险、车上人员责任险、玻璃单独破碎险、车辆行驶损失险、自然损失险、无过失责任险、新增设备损失险、不计免赔特约险。2009年，公司不断发掘客户资源，坚持为客户提供优质服务和承保条件，根据其使用风险、车种、车型、驾驶员责任等特点，考虑车辆险业务的盈亏情况，采取差异化、个性化服务及承保办法，主动调整险种结构，优化主险业务，实行精细化管理。当年该险实现保费收入8.8亿元，增幅达23%。

工程险：包括建筑安装工程保险、建筑工程一切险、安装工程一切险三类16个险种。工程险涉及楼窗、厂房、水利工程、道路工程、化工工程项目、火力发电项目、地下管道工程、桥梁、隧道、地铁和机场等领域。附加险包括施工机具险、第三者责任险、利润损失险、工程履约保证险、职业责任险、其他险。

通过积极开发和运营，部分城市基础建设项目、大型商资项目、铁西区改造、浑南新区、沈北新区等大项目，以及外埠大项目也得到承保。

货物运输险：国内公路货运险、国内

铁路货运险、国内水路货运险、国内航空货运险、国内水路陆路货运险、国内航空旅客行李保险、海洋运输货物保险（涉外）、陆上运输货物保险（涉外）、航空运输货物保险（涉外）、邮包险等。

公司充分利用沈阳作为装备制造业中心、东北地区商业物流中心和金融中心的区位优势，为货运险发展提供了较大空间，并适时开发新的保源，抢先介入现代物流园、物流中心，探索货运险销售新模式。

责任险：包括公众责任保险、雇主责任保险、国内产品责任保险、机动车辆停车场责任保险、医疗责任险、道路客运承运人责任保险、校（园）方责任保险、供电责任保险、物流责任保险、特种设备第三者责任保险等。

该险是一种具有社会管理功能的险种，与社会生产和人民群众生活密切相关。公司充分利用责任险所具有的支持国民经济发展、维护社会稳定的功能，大力开展责任险业务。

意外伤害保险：包括个人人身意外伤害保险、团体人身意外伤害保险、建筑施工人员团体意外伤害保险、学生、幼儿意外伤害保险、营运交通工具乘客意外伤害保险、交通工具乘客意外伤害保险、境内旅行意外伤害保险、境外旅行意外伤害保险、出境人员意外伤害保险、商务旅行意外伤害保险、借款人人身意外伤害保险等。

家庭财产险：包括家庭财产综合险、个人贷款抵押保险、个人贷款抵押综合保险、金锁家庭财产综合保险、农村家庭财产综合保险等，附加险中的盗抢险、现金首饰盗抢险，家电用电安全险等。

特殊风险：包括飞机险、卫星险、钻井平台保险。

（于姗姗）

【防灾理赔】 2009年，全市共发生有效报案21.6万件，已决案件20.8万件，已决赔款9.6亿元。

加强理赔服务是公司的一项重要工作。公司将2009年定位为“理赔服务年”，旨在提升整体理赔服务水平，对重点服务环节如窗口接待、查勘定损特别规定了服务要求。为确保服务年的活动成果，公司制定了考核评价体系，监督检查活动的开展情况。

2009年，公司进一步改善了理赔服务工作，单方小额案件快勘快赔，基本上实现了3000元以下赔案1日处理完毕。公司快捷高效的案件处理受到客户的好评。同时，公司加大了对郊县地区等非同城支公司的理赔管控，督促和培训非同城支公司提高理赔案卷质量。

2009年，沈阳市遭受到严重旱灾，公司所辖11家支公司承保的农作物不同程度地受到损失，法库、康平受灾尤其严重。为加强农险查勘定损，做好旱灾理赔，公司的理赔中心与涉农支公司一道加班加点工作，在年底前把赔款送到了受灾民众手中，累计赔款7000多万元。

公司在防灾防损、快速理赔、保障社会方面做了大量工作，充分发挥了保险的经济“助推器”和社会“稳定器”作用，为振兴东北老工业基地和促进沈阳经济社会可持续健康发展做出了积极贡献。

（于姗姗）

【经营管理】 人保财险沈阳市分公司在经营活动中，按照股份公司的特点与标准，严格按规程运作，强化管理。

发展定位深入人心。切实把握发展规律，转变思想观念，明确公司未来发展目标，确立了公司两大愿景。进而制定并实施了“发展、夯实、转变、提升”的八字方针，增强了“效益为先”的指导思想，强化承保、理赔、数据、核算“四个真实”工作，系统上下树立了真实经营、夯实基础的思想，树立了效益第一、实现有效益发展的思想，树立了避免短期行为、注重可持续发展的思想，队伍活力和思想观念都发生了明显变化。

业务结构调整有所推进。公司努力做到“调结构，不减规模；调进度，不调速度”。推动公众火灾责任险、计划生育保险、科技保险等新产品，开展大项目统保招投标工作和特险业务开发；稳步发展农险业务，农险保费同比增加了2.5倍。

内控管理不断加强。强化利润考核、夯实数据基础、完善管理制度。公司成立了合规管理、业务发展协调、销售能力建设和理赔管理4个委员会，搭建了工作机构，明确定位和职责，增强了系统工作的协调、评价和审查能力。

依法合规意识不断强化。公司建立健全合规制度体系，出台了深化合规工作实施意见；强化合规环节管控，明确承保、理赔、财务等操作规则；大力开展打击“三假”工作，与多个部门配合，收缴假保单5000多份，堵住骗赔案83件，避免经济损失400多万元；严肃农险旱灾理赔，明确规定动作，严格理赔标准，规范流程和手续，杜绝“搭车超赔”行为。

人保大家庭文化生根萌发。公司以构建“人保大家庭”为着力点，打造员工关爱工程，强化员工队伍建设，深入开展“培训年”工作，组织开展丰富多彩的文体活动，成功举办了庆祝建司60周年大型文艺汇演，激发了广大员工爱司创业的热情。

2009年，公司既保持了业务平稳较快发展，又夯实了经营管理基础；既增强了有效益发展的后劲，又保持了员工队伍的稳定。同时，公司精神文明也喜结硕果，95518专线连续三届荣获全国“巾帼文明岗”称号，并获得了沈阳市“五一劳动奖状”，市公司在市委组织的“优质文明诚信服务竞赛”中获“先进集体”称号，在全省财贸金融系统“双优”竞赛中获“文明服务单位”称号。

（于姗姗）

·平安财产保险·

【概况】 中国平安财产保险股份有限公司辽宁分公司（以下简称“辽宁平安产险”）是中国平安保险（集团）股份有限公司旗下的省级金融机构。辽宁平安产险成立于1992年，业务范围包括车险、财产险、短期意外险和健康险等，拥有15家地市级机构，40家县区级机构，仅沈阳地区就拥有10家分支机构。经过17年的跨越发展,年保费规模超过10亿,在职员工过千人,在辽宁保险市场上保费规模排名第二,仅次于中国人保财险,在客户满意度方面稳居市场第一,多次被评为"最受消费者信赖的金融单位"。辽宁平安产险在辽宁市场拥有重要地位,为辽沈地区广大人民和企事业单位提供了全面的风险保障和专业理财服务。

(查　怡)

【业务发展】　"聪明经营,健康发展"是2009年平安产险业务发展的战略方针。在此方针的指引下,辽宁平安产险全面达成超市场、超计划,超利润的考核目标,同时实现了规模和效益的协调发展。

截至2009年底,公司实现保费收入10.3亿元,同比增长27.7%,超过市场增速6.6%,市场占比12.15%,盈利千余万元。2009年,辽宁平安在深入了解当地市场,认真剖析自身问题的基础上,推出了一系列方针政策,利用渠道建设,平台建设,队伍建设几大法宝,走出一条具有平安特色的健康发展之路。抓住市场规范的有利时机,在合规经营的前提下,快速发展,不断提升盈利能力,确保规模与品质的双丰收,为辽宁保险市场的持续健康发展做出了贡献。

(查　怡)

【渠道建设】　辽宁平安产险从2008年底开始实施渠道化改革,截至2009年底,渠道化改革日趋成熟。辽宁平安产险在总公司的指导下,建立了沈阳市区包括直销渠道,综合开拓渠道,电话销售渠道,车行渠道,重点客户渠道,代理渠道,县域渠道在内的七大渠道,形成了以沈阳市区为主要销售区域,突出渠道细分、单独管理的前线架构,结合后线共同资源、运营中心、市场中心、销售中心四大模块,组成了辽宁产险新的架构。新架构的形成,有利于更好的细分成本,辅助销售,突出了平安渠道化发展的市场优势,提升了平安产险在市场上的核心竞争力。

渠道化改革经历了一年多的发展,公司掌控渠道占比已经达到55%以上,渠道已经成为辽宁平安业务快速增长的法宝。2009年,公司通过整合队伍,明确职责,加强培训,提升技能,打造了一批具有符合公司经营理念、具有高度执行力和战斗力的销售队伍。市区七大渠道健康发展,外围机构依靠电销、综拓渠道巩固市场领先地位。渠道带来的保费规模已经成为机构业务新的增长点。

稳定的渠道发展和销售平台的建设,为辽宁产险业务增长提供了核心动力。通过2009年渠道化改革,辽宁产险各大渠道各司其职,优化成本,有效带动全省业务健康发展,强化了渠道专业性,同时为2010年三四级机构渠道化改革奠定了良好基础。

(查　怡)

【平台建设】　平安产险的高速发展离不开平安完善的平台建设。2009年,辽宁平安产险在总公司的指导下,积极落实运营改革,强调精细化管理,管理部门强势出击,各项运营改革项目圆满落成,成功打造运营平台,为公司业务发展和服务提供有力支持:完成三大险种承保出单、核保及理赔环节的理算、核赔等10大集中项目,集中率100%,配合度得分105.7%。运营管理水平得到明显提升。

在运营平台的保障下,公司客户服务水平得到提升,平安2009年3月提出"平安车险,万元以下,资料齐全,三天赔付"承诺,借助完善的运营平台,公司车险"万元以下,三天赔付"服务承诺时效达标率99.98%,客服人员整体素质也在一系列培训下得到提升。辽宁平安凭借优质的服务,以及良好的企业形象,荣获"金钥匙"奖2009年度中国(沈阳)理财总评榜"2009年度最佳服务保险公司"称号,成为辽宁地区18家财产险公司惟一一家获此殊荣的机构。

(查　怡)

【队伍建设】　队伍建设是辽宁平安产险2009年的一大主题。针对前线,年初公司多次召开工作会议,明确公司考核标准及薪酬制度;针对后线,借总公司渠道、运营改革贯彻落实时机,提升后线服务意识,运营人力考核上岗,坚决淘汰不胜任人员。

全年针对岗位特点、需求,共举办渠道专项培训班12期;对各机构进行了财产险产品、意外健康险产品、通用技能和新保险法等培训共27期;对运营中心各层级举办各类培训共9期。协同财产险,意外健康险部门分别开发6门财产险产品课程和2门意外健康险核保知识课程;建立了新人转正课程学习体系。

公司内部严格落实考核、激励、淘汰三大机制,通过绩效追踪,直线主管面谈等方式,随时关注员工成长,为年轻干部提供了更多的发展空间,同时通过内外部招聘和人员培训,人才育成,不断储备新鲜力量,保证公司新老交替不断档。公司内部形成了公平竞争的良好氛围。

(查　怡)

【品牌建设】　客户至上,服务至上一直是平安的服务理念。2009年,辽宁平安产险向社会许下"平安车险,万元以下,资料齐全,三天赔付"的诺言。平安员工上下一心,践行承诺,为辽沈地区车辆保险理赔时效的提升起到了莫大的促进作用。2009年底平安内部考核数据显示,辽宁平安产险圆满实现承诺,并且在2010年2月提出"平安车险,万元以下,资料齐全,一天赔付"的承诺,将车险理赔结案时效再次升级。

辽宁平安产险在平安集团的统一领导下,注重客户服务,以振兴地区经济、服务辽沈人民为企业责任,努力践行企业社会公民的承诺。2009年9月-11月,辽宁平安开展为期2个月的客户服务节,针对个人、团体、VIP客户均设计了丰富多彩的回馈活动,包括平安驾驶万里行、参观沈阳地铁,平安进社区露天电影放映、VIP客户爱心检车、中秋送温情客户拜访、消防逃生知识大讲堂以及其他丰富多彩的特色活动。使客户在安享平安保障的同时,感受到平安高品质的客户服务。

(查　怡)

·小资料·

沈阳市境内外上市企业一览表

上市企业名称	行　　业
商业城(境内 23 户)	商业
东北电	输变电相关设备
联美控股	地产及投资
金杯汽车	汽车生产
中兴商业	商业
惠天热电	热电供暖
合金投资	房地产
莱茵置业	房地产
东软股份	软件及相关设备
银基发展	地产
松辽汽车	厂房租赁
金山热电	热电
沈阳化工	化工行业
沈阳机床	机床产品
东北制药	药品
环保股份	环保产业
和光商务	电子商用技术开发
万方地产	地产
红阳能源	采煤
百科集团	钢铁物流
出版集团	出版
奥维通信	通信设备制造
新松机器人	智能机器人
华晨中国(香港 5 户)	投资控股
百科集团	投资
公用发展	公用事业
东北电	输变电相关设备
三一重装	重型工程机械
爱生药业(美国 9 户)	制药
方圆铝业	铝型材加工业
玛莉蓝	房地产
三生制药	制药
高科能源	风机制造
太宇机电	热能转换器制造
恩世制药	制药
诺康制药	制药
万通源商贸	商业
米高集团(加拿大 1 户)	化肥
峻煌生化(新加坡 1 户)	淀粉及延伸产品

科 学 技 术

科学研究与发展

【综述】 2009年,全市规模以上高新技术产品产值实现3216亿元,比上年增长19.1%;规模以上高新技术产品增加值实现842亿元,增长22.5%;申请专利7708件,增长23.2%;引进海外研发团队45个、海外专家205名;9个项目荣获国家科技奖励,131个项目荣获省科技奖励,占全省获奖项目总数的49%;6个项目荣获中国专利奖优秀奖。沈阳市成为国家知识产权工作示范城市,市科技局获得"辽宁省高新技术产业发展促进奖"。

1.以推动全市经济平稳较快发展为首要任务,提高科技支撑能力。实施保增长科技措施。在培育科技型企业、支持研发中心建设、引进国外研发机构等方面制定了一系列政策措施和实施细则,如重点扶持一批科技型中小企业的科技项目,按投资额10%给予补助;对沈阳市高新技术产业带辅导期内的科技型企业,按相当于企业缴纳所得税10%的额度给予补助等等,纳入全市支持企业发展促进经济增长30条政策中,使科技支撑措施成为全市一揽子计划的重要组成部分。启动了科技人员服务企业行动,围绕全市主导、新兴产业发展和中小企业的实际需求,组织50名科技专家深入100家科技企业,为22家企业解决了31项科技难题,如协调中科院沈阳自动化所研发的氩弧自动焊接技术,已应用于嘉华电力电器公司的生产,并取得了预期效果,为企业提高市场竞争力,依靠科技创新化"危"为机提供了保证。

加快高新技术产业发展步伐。中科院沈阳科仪中心、机床集团等单位的20个项目列入IC装备、高档数控机床国家重大科技专项,申请国家拨款4.8亿元;中低热值燃料R0110燃气轮机研制及其在IGCC电站中的工程应用示范项目已获得国家资金1.3亿元;浑南新区与中电投合作建立示范电站的协议已签署;正电子发射扫描成像系统、3兆瓦双馈式变速恒频风电机组等项目研发成功,使沈阳市拥有世界级产品达到60余项;在新材料、新能源等新兴产业领域,实施了燃气汽车、1.5兆瓦级风力发电机叶片、分布式供能、核二级泵等技术研发,为新兴产业发展提供动力。国家级高新技术企业达到138家,增长38%;新增东软、北方重工两家企业国家重点实验室;远大集团、北方重工、特变电工沈变集团等重点高新技术企业产值增长50%以上。积极推进浑水科技城、五金工业园、航高基地等科技园区建设,IC装备产业园成功跻身国家级行列。以国家重大科技专项的申报为牵动,全年共争取国家、省科技项目860项,资金5.22亿元,分别增长46.3%和10.1%。

2.以满足和改善民生需求为目标,推动农村和社会事业科技进步。经过市科技局多年扶持培育,辉山农业科技园通过科技部验收,晋升为国家级农业科技园区,并在38家通过验收的园区中位列第一,成为全国发展特色农业产业的典范。积极开展科技培训工作,第六期"青年农民上大学"培训班录取新生345人,截至年底,已累计培训青年农民1081人,结业777人,返乡学员创办实体31个、组建农民专业技术协会45个,建立专业合作社80个,在引领农民致富上发挥了积极作用。农村科技培训讲师团围绕各地区特色产业和农民需求,开展适用技术培训141场,培训农民1.6万人。深入推进科技特派员示范工程,组织沈阳农业大学、辽宁省农业科学院等科研单位专家组成科技特派团(组)服务新民市特色蔬菜产业、沈北新区花卉特色产业,以及新大地、禾丰、金秋实等农事企业。市科技局被科技部评为"全国科技特派员工作先进集体"。推动区县科技进步,8个区县成为国家科技进步考核先进县(市),与上届考核相比,新增了沈北和辽中两个区县,铁西区成为国家科技进步示范县(市)。

围绕提高人民群众生活质量和健康水平,实施了生态环境遥感监测、水污染物总量减排、固体废弃物处置、电石渣脱硫等一批生态市创建攻关项目,开展了冠心病、哮喘病等常见病、多发病的预防与治疗研究,支持了刑侦痕迹图像复原、起重机记录监控等项目研发,推动了生态环境、人口健康、公共安全、安全生产等领域的科技创新。

3.以提高企业创新能力为重点,进一步完善科技创新体系。加强科技金融体系建设。出台了《沈阳市鼓励高新技术企业改制进入代办股份转让系统挂牌管理暂行办法》,搭建了高新区科技投融资服务平台。全年,11家企业与中介机构签订了进入新三板市场挂牌协议,5家企业完成了股份制改造,其中4家企业的股改补贴经费已落实到位,3家企业通过了券商内核,沈阳市申办"新三板"试点工作的"沈阳模式"受到科技部火炬中心和中国证券业协会领导的充分肯定。加强银政战略合作,与中国进出口银行签署了全面合作协议,共同发起设立创业投资引导基金。举办了科技企业融资项目银政企对接会,向12家金融机构推介了近百家科技型企业的项目;推进科技部试点的科技保险工作,参保试点企业达到50家;协助棋盘山开发区,成功发行了5000万元的"浑水科技城中小企业单一资金信托贷款",为沈阳市科技型中小企业开辟了新的融资渠道。

推进产学研合作。组织实施了104个产学研合作项目,其中20个重点项目全部开工,累计投入资金8亿多元。中煤沈阳设计研究院与北方重工等装备制造企业合作开展的"露天矿半连续生产工艺及装备"项目取得阶段进展,正进行皮带输送机等4个设备的大部件图纸设计,项目成功后,将建成矿山装备设计和制造一体化的产业集团。推进可视化热加工、数字化装备设计制造技术在北方重工、黎明、沈鼓等企业的推广应用，并取得了良好成效。

4. 以增强科技发展动力和活力为目标，不断优化科技创新环境。深化科技对外开放。抓住金融危机带来的人才引进新机遇，大力引进海外高水平研发团队，市科技局支持的20个项目列入辽宁省重点引进海外研发团队项目，占全省总数的40%。中科院沈阳自动化所与俄罗斯“罗维－罗卡特”科研中心合作开展的极区机器人、中科院沈阳生态所与比利时根特大学合作在沈建立农产品安全风险评估实验室等重点合作项目正在顺利实施。沈阳市与日本札幌市、韩国大田市的软件外包合作深入推进，与朝鲜科学院的合作拓展到生物和现代农业领域。国际科技合作基地建设取得新突破，绿谷公司被科技部批准为沈阳市第二家国家级国际科技合作基地。制订出台了《促进技术产品出口行动方案》，打造服务平台，培育龙头企业，推动沈阳市技术产品出口。

面对金融危机和甲型流感对招商招展带来的不利影响和筹备关键阶段局内人手短缺的困难局面，成功举办了东北亚高新技术博览会、中国风险投资论坛——振兴东北投资高峰会、振兴东北老工业基地专利新技术对接洽谈会等大型科技交流活动。特别是第四届东博会，全国政协副主席、科技部部长万钢等国家、省、市领导出席开幕式，东北亚等21个国家63个代表团630多人、国内厦门、宁波等20个城市代表团1000多人，以及4万名专业观众参观了展览；签订项目689项，合同金额69.6亿元。与东博会同为全市重点大型活动的中国风险投资论坛——振兴东北投资高峰会也取得了丰硕成果，全国人大常委、民建中央副主席辜胜阻，科技部党组成员、科技日报社社长张景安、辽宁省副省长滕卫平等32位领导和嘉宾做了主题演讲，160名专家学者、600多名创业企业家参会，300个项目进行了对接。

完善政策法规体系。新修订的《沈阳市科技进步条例》开始实施，沈阳市成为全国第二个修订并实施地方性科技进步法规的城市；《沈阳市知识产权战略纲要》发布实施，《沈阳市专利促进条例》通过了省、市人大常委会的审议，即将实施，举办了科技活动周、知识产权宣传周等活动，突出了科技创新和知识产权在战胜金融危机中的积极作用。

（杨洪颖）

【科技政策】 2009年，沈阳市出台了一系列科技政策措施。为提高企业自主创新能力，推动企业技术进步，对科技型中小企业的科技项目进行重点扶持，按其投资额的10%，给予补助；对辅导期内市级高新技术企业，按相当于企业缴纳所得税10%的额度给予补助；对新认定的国家级工程研究中心、重点实验室、给予500万元奖励；对世界500强企业在沈阳市独资或合资创办研发机构给予500万元补助；对沈阳市承担的国家重大科技专项给予资金匹配支持。为加快企业技术改造，对先进装备制造业、高新技术产业、现代农业重大项目按当年固定资产投资额的5%给予补助。为支持科技企业上市融资，对改制进入代办股份转让系统挂牌的高新技术企业，一次性奖励50万元。为落实政策，市科技局出台了7个政策实施细则，并在市行政审批大厅设立政策落实咨询受理窗口，全年共投入政策资金达5920万元。

（宋　伟）

【科技计划】 2009年，沈阳市科技计划共安排项目266项，安排资金1.95亿元。其中，高新技术产业（带）发展计划项目64项，经费4980万元，重点支持了科技领航型企业创建、新产品开发、产学研合作、科技成果转化、专利实施、高新技术产业出口基地建设，以及工程中心建设等项目；科技支撑计划项目128项，资金5295万元，重点支持了工业、农业、社会发展领域共性关键性技术攻关和应用基础研究等项目；科技创新条件与环境建设计划项目66项，资金2918万元，重点支持了软科学、科学普及、国际合作、企业孵化器、重点实验室建设、大型科技活动等专项；基金专项3700万元，其他科技专项2567万元。

此外，根据《沈阳市支持企业发展促进经济增长的若干政策措施》（沈政发〔2009〕7号）精神，在产业发展资金计划部分对95家科技型中小企业的项目补助经费5210万元。

（杨竞喆）

【科技统计】 2009年，沈阳市科技统计工作深化科技指标研究，有力地推动沈阳市科技统计工作跃上新台阶。科技统计部门在全市范围内对116家独立科学研究与技术开发机构、244项国家级科技计划项目的执行情况和148项结题验收不满3年的863计划、科技支撑计划、973计划项目的执行效果展开了后续跟踪调查，取得了较为系统、全面的科技统计数据。

全年，科技统计工作的重点转向以利用信息资源进行分析研究和宏观评估为主，针对一些重点和热点问题，及时发布最新的科技统计信息，先后撰写了多篇高质量的统计分析研究报告，为科技管理和宏观决策提供了参考依据。

（杨竞喆）

【高新技术产业化】 2009年，沈阳市规模以上工业企业实现高新技术产品产值3216亿元，同比增长19.1%，实现增加值842亿元，同比增长22.5%，高于工业增加值增速5个百分点。IC装备、合成气燃气轮机及其在IGCC电站中的工程应用等一批重大科技专项已在国家批准立项，高新技术产业带发展空间进一步优化。截至年底，沈阳市高新技术产业带内已聚集了4个国家级开发区，11个省级开发区，70多个各具特色的产业园区和一批产业化基地，形成了40多个产业集群，其中20个产业集群已初具规模，达到百亿规模的产业集群已接近10个。

（杨竞喆）

【中国风险投资论坛】 由民建中央、科技部、辽宁省政府和沈阳市政府共同主办，沈阳市政府、中国风险投资研究院联合承办的“2009中国风险投资论坛——振兴东北投资高峰会”于2009年9月25日至26日在沈阳举行。峰会以“挖掘区域新经济潜力，打造中国第四经济增长极”为主题，深入探讨东北企业乃至东北经济应对经济危机的各项措施，寻找新的经济增长点。此次峰会延续了规格高、规模大的特点。出席峰会的主讲嘉宾共有32位，政府官员、专家学者达160位，东北地区创业企业家超过600多位，媒体记者152位，参会嘉宾超过1000人次。包括摩根大通、富邦金控、深圳创投在内的90余家国内外著名投资银行家、风险投资家及金融中介机构参加了论坛。高峰会还同步举办了“2009中国（东北）风险资本——项目对接会”，签订投融资意向书10份，意向金额超过4亿元。

（杨竞喆）

【工程中心和重点实验室建设】 2009年,沈阳市科技计划共支持工程中心和重点实验室建设项目13项,其中支持法库矿产资源中心的陶瓷工程中心、沈阳有色金属材料百亿产业园等工程技术研究中心建设;支持沈阳计量测试院的流量试验室、沈阳工业大学的轻质合金材料与工程试验室、沈阳药科大学的药学生物技术实验室等重点实验室建设,提高沈阳市重点学科领域的原始创新能力,为相关产业发展提供源源不断的创新技术和成果储备。安排科技经费540万元,通过进一步加强工程中心和重点实验室的建设,推动建立以企业为主体、市场为导向、产学研相结合的技术创新体系,为经济社会又好又快发展提供科技支撑。

(杨竞喆)

【应用基础研究】 2009年,沈阳市应用基础研究计划围绕电子信息、先进制造、现代农业、人口与健康等优先发展领域,组织申报项目505项,经过专家评审论证,重点支持了活动网络可靠性优化问题研究与应用、嵌入式防震系统理论与应用的研究等22项具有前瞻性、创新性和具有广阔应用前景的高技术研究项目,安排科技经费740万元。

(杨竞喆)

【争取国家项目支持】 2009年,沈阳市在国家科技立项245项,获得科技部经费支持3.86亿元。仅中科院沈阳科仪中心承担的国家重大科技专项项目"IC装备用PECVD设备"就争取到国家无偿支持资金1.33亿元,其中2009年已经拨付到位资金4327万元;沈阳黎明航发公司承担的国家"863"计划重大项目"中低热值燃料R0110燃气轮机研制及其在IGCC电站中的工程应用示范"在2008年已拨付8163万元的基础上,2009年又拨付了5164万元。

(杨竞喆)

高新技术

【国际科技交流】 2009年,沈阳市科技合作工作取得显著成效。配合省政府实施"双百工程",围绕沈阳市重大科技专项的创新需求,共组织实施了45个科技领域海外研发团队引进项目,200余名海外专家来沈开展工作。

充分利用政府间科技合作渠道,开展特色产业科技合作。与加拿大农业部合作进一步加强,共同组织召开了"中加土壤作物、生态环境协同管理研讨会";与日本札幌市签订的"SS计划"(沈阳市－日本札幌市信息产业合作计划)取得新进展,派遣了19名软件桥梁工程师赴日接受OJT培训,邀请了8名日本软件专家来沈进行项目指导。

沈阳绿谷生物技术产业有限公司被科技部批准为国家级"国际科技合作基地"。加大政策支持力度,制定了鼓励世界500强企业在沈投资设立地区或全国研发机构的政策。国际科技合作交流规模进一步扩大,全年共组织国际科技交流活动30余次,邀请国外科技交流人员800多人次。

(张　玲)

【产学研合作项目实施与产业联盟建设】 2009年,沈阳市推进落实了20项全市重点产学研合作项目,共投入资金8.26亿元,占预期项目总投资额的81.8%,1项完成产学研合作联盟组建,6项完成投产小试或中试,13项完成研发小组和实验室建设。其中,"新型农药烯肟菌胺系列产品创新基地"项目进展顺利,将成为国内最大的新农药产业基地之一。

启动了"沈阳市产学研合作信息服务平台建设",突出公共信息服务、产学研技术转移服务、产学研创新服务、产学研战略联盟服务等功能,开展网上对接、专项对接、产学研联盟主题对接。选定了100个项目发布在"沈阳产学研合作信息服务网"科技服务平台上,全年更新信息489条,为沈阳企业提供了丰富的科技项目资源。网站被沈阳科教系统指定为"产学研一体化"惟一网络载体。

产学研联盟组建与运行取得突破。组织协调中煤沈阳设计院与沈阳市重点装备制造企业共同申报"大型露天矿山半连续开采工艺系统和成套设备开发研制"项目,组建了以中煤沈阳院为科技龙头,沈重、沈鼓、大唐国际集团、沈矿、三一重工等大型企业为核心的产学研合作联盟,签订了战略合作框架协议。该联盟组建与成功运行,为沈阳市产学研合作深入推进起到了典型示范作用。

(洪广丽)

【高新技术企业孵化器】 截至2009年底,沈阳市拥有高新技术企业孵化器65家,其中国家级7家、省级9家,孵化面积273万平方米,在孵企业1387家,累计毕业企业6710家,实现产值60.44亿元。

沈阳工业大学与南阳经贸集团有限公司共建的沈阳南阳创意产业孵化园技术平台建设基本完成;推荐和平区高新技术企业创业服务中心、沈阳辉山科技企业孵化器申报国家高新技术创业服务中心;组织全市在孵企业参加"2009中国科技创业计划大赛"培训工作,提升科技型中小企业的投融资能力;启动孵化器"创业导师"计划,制定"创业导师"方案,聘请成功企业家担任创业导师,与孵化器内具有成长性的科技企业结成帮扶,帮助在孵科技型中小企业快速成长,培育一批优秀企业家。

(李　伟)

【实施国家重大科技专项】 IC装备重大科技专项、中国科学院沈阳科学仪器研制中心有限公司申报的"90—65nm等离子体增强化学气相沉积设备研发与产业化"等5个项目已经通过复审,项目总资金8.6亿元,其中国拨3.55亿元。浑南新区管委会、富创精密公司等单位投资建设了"IC装备精密零部件加工中心"。科技部已批准在沈阳市建设国内唯一的国家集成电路装备高新技术产业化基地。

高档数控机床重大科技专项。组织完成"数控机床专项"定向招标评审工作,沈阳中捷机床公司申报的"钛合金五轴加工中心"项目和沈阳铸造所的"高温合金细金"项目已参加答辩。针对国家两批申报工作,组织沈阳机床集团等10余家单位的20多个项目参加竞标,申请国拨资金近1.8亿元。

科技部R0110燃气轮机及IGCC电站的工程应用示范重大科技专项。"重型燃气轮机关键技术及系统"重大项目课题立项工作已经完成,并按时间节点稳步推进研制工作;浑南新区与中电投合作建立示范电站的相关协议已经签署。

(赵　宇)

【高新技术企业认定】 2009年,沈阳市积极开展了高新技术企业认定工作。经过全面调研,对基本具备申报条件的企业,通过开展培训会等方式,帮助企业了解申报流程、条件等信息。经由沈阳市科技局、浑南高新区分别组织、推荐了八大领域的75家企业(市科技局39家,浑南高新区36家),经过辽宁省科技厅组织专家评审,省财政、省地税、省国税的联合审查,共有44家企业(区外22家,区内22家)获得了国家级高新技术企业称号,通过率达到52%。截至2009年底,全市共有139家高新技术企业,这些企业已经陆续享受了所得税的优惠政策,仅区外高企所得税减免已达到1.8亿元。

(彭美媛)

【中科院沈阳科技创新园建设】 截至2009年底,中国科学院沈阳科技创新园入园研发单位和企业达80家,转移转化中科院创新成果项目191项,为社会实现经济效益22亿元。

沈阳IC装备产业(孵化)园完成"IC装备精密零部件加工服务平台"建设,它是目前国内唯一的专业IC装备、光伏装备零部件加工平台,获2009年度科技部中小企业公共技术服务机构补助资金支持,"IC装备公共技术服务平台"获中央扩大内需第三批预算内投资支持。

新松机器人股份有限公司在创业板成功上市,募集资金近6亿元,开发出AFC终端设备核心部件和相应软件,产品主要技术指标达到或超过国外同类产品;芯源公司赢得国内首台12英寸喷胶设备的订单,"凸点封装的涂胶显影、单片刻蚀设备研发与产业化"项目申报国家重大科技专项获批,"8-12英寸集成电路先进封装涂胶显影设备"项目获得国家中小企业技术创新基金立项支持;新松医疗公司的慢性阻塞性肺疾病长期家庭氧疗医用制氧机在全国专业类医用制氧机排名第一,无创呼吸机产品已申请医疗器械生产注册;沈阳聚德公司车牌识别产品在全国市场销量和市场占有率位列三甲。

(李　伟)

【高新技术产业带】 2009来,沈阳市高新技术产业聚集日益显现。浑南形成了以电子信息产业为主导的IC装备、动漫、数字医疗等产业基地,铁西形成了以先进装备制造产业为主导的数控机床、冶矿机械、输变电设备等产业基地。此外,桃仙航空产业、棋盘山生物产业、沈北农产品深加工及光电信息产业基地等一批特色高新技术产业集聚区也加快了发展。全年,落实产业带内高新技术企业政策性补贴710万元,有力促进了高新技术企业的壮大和发展。创新中小科技企业融资渠道,成功发行了5000万元的棋盘山中小企业集合债券。

(姜　明)

【争取新三板试点】 2009年,沈阳市科技局会同市金融办、市财政局出台了《沈阳市鼓励高新技术企业改制进入代办股份转让系统挂牌管理暂行办法》;搭建了沈阳高新区科技投融资服务平台,为新三板试点企业提供更加便捷、有效的投融资服务。邀请科技部火炬中心主任梁桂、中国证券业协会副会长邓映翎等领导考察指导沈阳市新三板工作,为沈阳企业通过投融资和上市等方式加快发展创造条件。落实了新三板试点企业股份制改造政策补贴。全年,沈阳市有13家企业与中介机构签约进入新三板试点工作程序,5家企业完成了股份制改造,4家企业通过券商内核,为争取试点工作奠定了良好基础。

(申　森)

【高新技术产品出口】 2009年,沈阳市外贸进出口总值65.7亿美元,同比下降7.7%。其中,高新技术产品出口7.76亿美元,占全市同期外贸出口总量的22.03%,同比下降15.63%。总体呈现下降回暖的趋势,下降幅度出现回落。

沈阳市拥有技术优势和人才优势,出口发展空间大。面对金融危机的不利形势,沈阳市医疗设备和航空航天技术出口依然增长,东软医疗系统和东软飞利浦医疗设备出口额达7018万美元,沈阳同方多媒体有限公司实现出口8559万美元,同比增长40%,沈飞集团和黎明航发两家骨干企业出口额达7924万美元。

(李志勇)

【实施科技特派员示范工程】 2009年,科技特派员工作以服务区、县(市)特色产业为目标,重点加强对特色产业产前、产中、产后全过程的科技支撑和引领。全年新组织选派科技特派团27个,选派科技特派员486人(次),培养农民技术员399人,实施科技特派员示范项目361项,引进动植物新品种238个,引进先进适用农业新技术398项,举办各种形式培训班500多场,培训农民2.1万人次,发放科技资料2.5万份,辐射带动农民3.1万人,建立科技示范基地120个,示范面积达200公顷,新增经济效益1.2亿元。

(孙占慧)

科技普及

【青年农民上大学】 2009年,沈阳市继续加大对"青年农民上大学"工作的支持力度,共招收新生345人。在进一步改善教学内容、提高培训质量的同时,对32名贫困学员给予1000—3000元不等的助学金资助,并对在"青年农民上大学"培训工作中做出突出贡献的13家先进集体、34名先进个人给予表彰。

加强了对"青年农民上大学"结业学员的跟踪服务,鼓励、扶持结业学员创业。从结业学员中确定了31名青年农民科技示范户给予产业项目资助,鼓励学员创办实体或农民合作组织,带动周围农民共同致富。据统计,学员们培训返乡后共创办实体31个、组建农民专业技术协会45个,建立专业合作社80个,在引领村民致富方面发挥了示范带动作用。

(孙占慧)

【发展社区科普大学】 2009年3月5日,沈阳市科协召开《全民科学素质行动计划纲要》专题工作会议,传达了中国科协召开的全民科学素质纲要实施工作座谈会议精神,认真学习了国务委员刘延东同志和中国科协有关领导的讲话精神。结合沈阳市科普工作实际,市科协就如何贯彻落实中国科协会议精神,全面做好《纲要》工作提出了安排意见。

2009年6月20日至21日,由中国科普研究所、辽宁省科学技术协会共同主办,沈阳市科学技术协会承办的"2009《全民科学素质行动计划纲要》论坛暨第十六届全国科普理论研讨会"在沈阳开幕。中国科协书记处书记程东红,清华大学科学传播与普及研究中心理事长、中国自然科学博物馆协会理事长、中国科协原副主席徐善衍,中国科协科普部副部长殷皓,中国科协科普研究所所长任福君,辽宁省科协副主席于明才,沈阳市副市长邹大挺,以及沈阳市各有关部委办局的领导和来自全国各有关单位和地方科协的专家、学者共计400多人出席会议。本次论坛在理论层面上加深对《科学素质纲要》的理解,在实践层面推进了《科学素质纲要》在基层的实施。通过论坛搭建的平台,进一步加强了全国各省市区在科学普及和传播领域的交流与合作,促进广大科普工作者的理论研究和实践探索,推动提高全民科学素质。

截至2009年底,全市共创建社区科普大学243所,在校学员2万多名,教师队伍1200名。市科协在城乡结合部新建社区科普大学30所,在农村创建科普大学20所,在营区和干休所与驻沈部队共建科普大学7所,在少数民族聚集区创建科普大学5所,与市残联共建可供残障人员学习的科普大学30所。命名表彰了“沈阳市十佳创新分校”、先进分校、优秀管理者、优秀教师、优秀班干部、优秀学员等一批先进典型。编辑出版《常见疾病防治》等科普大学统编教材5部,《身边科学》(六)等辅助教材1部。创建了有40多名资深教师组成的科普大学教研中心。全年参加科普活动的社区群众50万人次。配合中国科普研究所和中国科协在沈阳成功举办了《全民素质纲要》论坛和第十六届全国科普理论研讨会。来自全国各地的专家学者和科协工作者在大会和分组讨论中交流了科普理论成果,市科协全面汇报了社区科普大学办学经验。

(姜素文)

【科普惠农兴村活动】 2009年,沈阳市科协共组织开展各类农业科技服务活动385场,直接培训农民4.5万人,发放各类科技图书、光盘、科普资料6万余份,引进新优品种47个,推广农业先进实用技术50余项。在全市建立市级科普惠农服务站34个,县级农村科普惠农服务站22个,覆盖10余个产业,技术辐射35个乡镇40多个专业村。在康平县、法库县、辽中县等地建立了10个农村科普示范基地。连续10年持续开展专家进村活动,年内组织涉农专家320人,进村入户近千人次,推广实用技术176项。

由市科协和沈阳农业大学组织编写的《科普惠农实用技术丛书》,已被列入中国科协科普专项资助项目,全书共10册,包括《节能日光温室设计与建造》、《肉牛奶牛饲养指南》、《生猪养殖经略》、《养鸡技术方略》、《寒富苹果栽培管理入门》、《葡萄丰产优质栽培奥秘》、《食用菌栽培新路》、《优质花生栽培》、《草莓日光温室无公害生产》、《北方鲜切花温室栽培》,总计55万字。沈阳农业大学王绍斌、郭修武、边连全等一大批知名专家教授担任主笔或参与编写工作,多数编写人员曾主持国家、省、市重大科研课题,在现代农业不同领域有着深厚的造诣和重大建树,并具有丰富的农业科技推广经验。

(姜素文)

【青少年科技创新活动】 2009年2月24日,沈阳市科协在沈河区朝阳一校举办全市青少年科技辅导员培训会,120余名青少年科技辅导员参加培训。

2009年6月4日至5日,应市科协邀请,中国科学院老科学家科普演讲团一行6人,以启发青少年智力、培育青少年素质为重点,走进沈阳校园,为近万名青少年作了精彩的科普演讲,把富于想象、渴求知识的青少年引进科学殿堂。科普演讲团在沈期间分别在辽宁省实验中学、东北育才学校、沈阳市第二中学等10多所学校作了题为“未来空战与航天武器的发展”、“太空人的衣食住行”、“不畏天灾科学面对”、“趣谈心理学对改革学习方法的促进作用”、“一切有创意的可自己操作的新构想”、“科学技术是如何提高人类生活的”、“你做好天灾的应急准备了吗”、“飞向蓝天”、“青春时期的心理健康”等一系列科普演讲。这些科普内容与课题涉及面广,颇受广大青少年关注。

2009年6月8日,由辽宁省科协主办、沈阳市科协承办的辽宁省暨沈阳市青少年科学调查体验活动在辽宁省实验学校举行启动仪式。2009年的科学调查体验活动围绕“节约纸张,保护环境”这一主题展开。

2009年6月12日,由市科协、市教育局联合主办的沈阳市青少年橡皮筋动力扑翼飞机航模竞赛在铁西区兴工街第一小学举行。这次竞赛的主题是“体验参与 快乐”。全市44所学校近500余名青少年选手参加了竞赛活动。经过激烈的角逐,大东区北海小学等20个代表队获得团体竞赛一等奖,24所学校获得团体竞赛二等奖,沈河区朝阳街第一小学五年五班丁宁同学以36秒41的成绩获得个人第一名,并同其他获奖者代表沈阳参加全国举办的竞赛活动。

在科技周活动中,市科协、市教育局、市科技局联合主办了第24届沈阳市青少年科技创新大赛。全市近百余所中小学的10万多名青少年选手和科技辅导员参赛。在第24届辽宁省青少年科技创新大赛上,沈阳市共获得41个一等奖,43个二等奖,25个三等奖。在全国大赛上,沈阳市获得三金两银四铜的好成绩。沈阳市15所中小学校被中国科协、国家教育部、中国科技辅导员协会命名为“全国首批科技教育示范单位”称号。

(姜素文)

【“名人、名家、名师”讲座】 2009年4月29日,沈阳市科协在金城宾馆举办“名人、名家、名师”讲座,特邀市劳动和社会保障局副局长杨顺昌作题为《沈阳市社会保险体系建设》的专题报告。市级学会、协会、研究会,区县(市)、高校院所、企业科协的负责同志,以及部分社区科普大学讲师团成员和市科协机关干部共120人参加了讲座。为推动学习实践科学发展观活动深入开展,帮助广大科技工作者进一步把握科学理念和创新方法,5月14日上午,沈阳市科协、辽宁大学、中共沈北新区区委宣传部联合举办“名家、名师、名人”创新讲坛,特邀国内知名哲学家梁作民教授来沈讲学。梁作民教授作题为《创新思维与创新方法》的报告。市政协常委、科技委主任孙元志,中共沈北新区区委宣传部副部长曹海民,全市科协系统有关负责同志,沈北新区直属机关干部代表,沈阳社区科普大学部分学员以及辽宁大学部分师生共500多人参加了报告会。

(姜素文)

【科学普及】 2009年,沈阳市科普工作围绕提高市民科学素养为目标,立足创新,着眼发展,推动科普事业取得持续、稳步、健康发展,成为创新型城市的“助推器”。

2009年沈阳科技活动周顺利启动,举办科技应对危机、科技引领3G时代、军事兵器展览展示及竞赛活动100余项。新审批沈阳理工大学兵器博物馆、沈阳燕京啤酒厂、沈阳市档案馆三家单位为市级科普基地，全市科普基地达到44家。圆满完成了2008年沈阳市公民科学素质调查，市民具备科学素质的总体比例为5.8%。

（李　新）

【沈阳科技活动周】 2009年沈阳科技活动周于5月16日—22日成功举行。本届科技活动周以“携手建设创新型国家”为主题。

16日至18日，14家相关单位和科普基地在沈阳科学宫主会场进行了集中展示活动。整个科普展示以图片、影像、实物、标本或模型展示科技创新成果，宣传科技知识，包括农业、工业、通讯、饮食、军事、天文、医学等多个方面，标准展板1080块，参展作品500多件；同时还举办了“沈阳市大学生创新知识竞赛”、“纸桥承载大赛”等6项现场竞赛活动，1000余名大、中学生参加。辽宁省科技创新基地活动在科学宫科普展厅全面开放，400余名中小学生参加了航模、海模、车模及电子百拼、木工机床操作等20多项活动。科技周期间，共有1万余名市民到科学宫参观，充分发挥了科技周向广大市民普及科学知识，倡导科学方法，传播科学思想，弘扬科学精神的积极作用。

（李　新）

【沈阳科学宫】 2009年，沈阳科学宫被中央文明办等国家六部委授予“全国青少年校外活动示范基地”荣誉称号；在全国科技馆辅导员大赛中张潇获得“全国优秀辅导员奖”，沈阳科学宫获得“团体讲解优秀奖”。

科普活动不断创新。充分利用节假日、科技周、球幕电影换片、4D电影首映等契机，以“全国青少年校外活动示范基地”为阵地，成功策划组织了“欢度劳动节、温馨母亲节”、“沈阳第二届青少年机器人大赛、青少年科技创新竞赛活动、辽宁省青少年科普创新活动图片展”、“儿童科普活动月”等大型活动13次，全年共接待观众18万人次，科普大篷车下乡6次，举办科普专家报告会6场，进一步发挥了科技创新基地的作用和科普影视教育功能。

功能建设日益加强。4D影院成为沈阳市利用高科技影视技术开展科普教育的新场所；太阳能光伏电站建设在宣传太阳能作为清洁、可再生能源开发应用的同时，已应用于科学宫亮化工程，并且成为沈阳科学宫及“金廊大道”亮丽的风景线。

（赵正德）

【沈阳技术市场】 2009年，沈阳技术市场共登记技术合同7191份，成交金额64.39亿元。

沈阳新松机器人自动化股份有限公司曲道奎等3名个人、沈阳药科大学等3个集体、“按植物水肥吸收比率设计的冲施肥”等3项成果共9个项目荣获第四届中国技术市场协会“金桥奖”。

充分利用自身网站和信息资源，积极拓展高端服务领域，开展专利咨询服务。2009年，增加了“企业研发项目网上申报系统”，进一步为企业提供高质量服务。作为首批国家技术转移示范机构，以“知识产权周”为契机，与福州、河南、兰州、黑龙江、吉林等省、市专利展示交易中心在网上开展专利周区域联动，推动区域间合作进程，加速了专利项目异地转化；“医疗器械技术转移平台”已通过科技部立项。此外，沈阳技术交易所正积极向科技部火炬中心申请加入国内首批欧盟企业网络（EEN）会员单位，并与上海南南全球技术产权交易所签订了“上海南南全球技术产权交易所辽宁工作站工作协议”。

2009年9月，国家知识产权局正式批复同意沈阳市设立“中国（沈阳）知识产权维权援助中心”。已开通3部沈阳地区“12330”维权援助中心电话服务热线，自开办以来共接待来访电话120多次。有效利用2009年东博会、专洽会之机，制作“12330”宣传展板与资料，进一步加大维权援助中心的宣传力度。

（贾文远）

知识产权

【知识产权宣传周】 2009年4月20日—26日，沈阳市知识产权（科技）局与市委宣传部、市工商局、市版权局等12个部门联合举办了以“保护知识产权，促进创新发展”为主题的知识产权宣传周。期间，举办了第四届沈阳大学生工业品外观设计大赛、知识产权主题辩论赛、沈阳市青少年发明创造大赛等三大系列25项专题活动。全市有近百万市民近距离接触或感受到知识产权，体验到宣传周的魅力。

4月20日，2009年沈阳市知识产权宣传周启动仪式在沈阳科学宫举行，辽宁省知识产权局局长胡权林、沈阳市副市长邹大挺、沈阳市知识产权局局长宋锡坤，以及沈阳各区县知识产权局主要负责同志共300多人参加了仪式。市知识产权局等相关部门就宣传周活动安排及全市知识产权宏观管理和专利、商标、版权、海关知识产权保护、知识产权司法保护等情况进行了介绍。

（杨　靓）

【《沈阳市知识产权战略纲要》颁布实施】 2009年3月16日，市政府正式出台了《沈阳市知识产权战略纲要》（简称《纲要》）。

《纲要》共5部分34条。总体思路是以制度建设为核心，以促进智力成果产权化、知识产权技术产业化为方向，进一步增强全民知识产权意识，重点提高知识产权创造、运用、保护和管理能力，充分发挥知识产权对自主创新的引领作用，为国家创新型城市建设提供有力保障，为完成“五大任务”、实现“三大目标”提供有力支撑。

《纲要》明确了近5年沈阳市知识产权发展目标，提出到2020年，沈阳市将成为创造活力强劲、管理体制完善、实施渠道畅通、保护措施有力、专业人才集聚的知识产权强市，实现全市知识产权发展水平进入全国副省级城市“第一集团”行列，成为东北地区的知识产权中心。

（杨　靓）

【专利新技术对接洽谈会】 9月24日，“2009振兴东北老工业基地专利新技术对接洽谈会”（以下简称“专洽会”）在沈阳科学宫开幕。国家知识产权局副局长甘绍宁出席开幕式，并为中国（沈阳）知识产权维权援助中心授牌、为“专洽会”鸣锣开市。

本次专洽会的目的是促进专利技术的转化和产业化，建立企业和专利权人连接机制，打造立足东北、面向环渤海、联系东北亚的开放的专利技术交易集散中心，构筑加快专利技术产业化和产品流通的服务平台。专洽会设中国专利奖、国家高新技术企业专利、沈阳世界级产品、辽宁省专利及东北及环渤海地区专利等5个展区，共推出专利供需项目6815项，签订项目合作合同21项，签约

额3500万元;达成合作意向548项,签约额8.57亿元。 (杨 靓)

科技成果

【科技奖励】 2009年,沈阳市有3名个人、8个项目获得沈阳市科技振兴奖,127个项目获得沈阳市科技进步奖。全市有131个项目获得辽宁省科技奖励,占全省科技奖励总数的49%。在2009年度省科技成果转化奖项目中,沈阳市共获奖16项,"盾构机开发与产业化"等3个项目获成果转化一等奖,占全省一等奖总数的50%,"大型系列龙门五面加工中心产业化"等4个项目获二等奖,占全省二等奖总数的40%。获奖项目数量继续保持领先,项目水平和获奖质量逐年提高。主要特点是:科技奖励以推动产业发展、促进行业进步、改善民生环境为重点;企业获奖项目占项目总数的37%,同比提高了2个百分点,企业创新的主体地位进一步增强;一批发展潜力大、引领示范作用强的新兴产业的自主创新项目集中涌现。

(李志勇)

2009年度沈阳市获国家科学技术进步奖项目(通用项目)

项目名称	主要完成单位	奖级
超高压直流输电重大成套技术装备开发及产业化	特变电工沈阳变压器集团有限公司	一等奖
北方粳型优质超级稻新品种培育与示范推广	沈阳农业大学省稻作研究所	二等奖
飞机日历寿命定量评价方法及其延寿应用	中国科学院金属研究所	二等奖
优质铝、镁合金铸件变压反重力铸造成套技术	沈阳铸造研究所	二等奖
流程工业现场总线核心芯片、互操作技术及集成控制系统开发	中国科学院沈阳自动化研究所 沈阳中科博微自动化技术有限公司	二等奖
复杂与高速条件下车载信号安全控制系统关键技术及应用	沈阳铁路信号工厂	二等奖
低透气性煤层群无煤柱煤与瓦斯共采关键技术	沈阳天安矿山机械科技有限公司	二等奖
吉林玉米丰产高效技术体系	中国科学院沈阳应用生态研究所	二等奖
难浸金精矿生物氧化提金新技术研究与应用	辽宁天利金业有限责任公司	二等奖

2009年度沈阳市获国家科学技术发明奖项目(通用项目)

项目名称	主要完成单位	奖级
新一代控制系统高性能现场总线——EPA	中国科学院沈阳自动化研究所	二等奖
高效低阻气体强化传热技术及其应用	沈阳鼓风机集团有限公司	二等奖

2009年度沈阳市获辽宁省科技奖励项目

自然科学奖

项目名称	完成单位	奖级
金属材料表面纳米化技术和处理	中国科学院金属研究所	一等
岩石破坏失稳机理及其分析方法研究	东北大学等	二等
复杂系统的稳定控制理论与方法	东北大学	三等
三种外来杂草胜红蓟、马樱丹和三裂叶豚草的化感作用	中国科学院沈阳应用生态研究所	三等
鲁棒控制理论的若干问题研究	东北大学	三等

技术发明奖

项目名称	完成单位	奖级
数控机床陶瓷电主轴单元技术	沈阳建筑大学	一等
农用杀菌剂烯肟菌胺创制及其产业化	沈阳化工研究院	二等
优质多抗高配合力玉米自交系A801培育及利用	辽宁东亚种业有限公司等	三等
无卤阻燃剂水镁石应用的关键技术研究	沈阳化工学院	三等

科技进步奖

项目名称	完成单位	奖级
农业综合开发科技增效示范工程	辽宁省农业科学院等	一等
测土配方施肥工程关键技术研究与应用	辽宁省土壤肥料总站等	一等
优质专用高产高效粳稻新品种选育	沈阳农业大学	一等
年产1.5万立方米麦秸中密度板成套设备	沈阳重型机械集团有限责任公司	一等
太阳能路灯系统技术的研究及产业化	沈阳工程学院等	一等
核磁共振成像系统医用低场永磁体	东软集团股份有限公司等	一等
基于知识管理和智能控制的协同翻译平台	沈阳格微软件有限责任公司(沈航人机智能研究中心)	一等
洁净机器人	沈阳新松机器人自动化股份有限公司	一等
胃癌转移规律及亚临床转移诊治的系列研究	中国医科大学附属第一医院	一等
子宫颈癌的早期防治与病因学研究	中国医科大学附属盛京医院	一等
环糊精包合物技术	沈阳药科大学等	一等
玉米高效吸钾及钾素循环利用研究	沈阳农业大学等	二等
玉米瑞德微群体创建与利用研究	辽宁省农业科学院玉米研究所	二等
玉米主要病害病原菌生理分化、抗性机理及防控技术研究	沈阳农业大学等	二等
森林资源数字化管理体系的建立及应用	中国科学院沈阳应用生态研究所	二等
百合优良新品种选育技术研究与应用	沈阳农业大学等	二等
优质抗逆瘦肉型猪种选育与开发	沈阳农业大学	二等
KKBKD－40000/500磁控式可控并联电抗器	特变电工沈阳变压器集团有限公司	二等
高强度铝合金材料工程应用关键技术研究	沈阳铸造研究所	二等
中华骏捷系列轿车	沈阳华晨金杯汽车有限公司	二等
三元闭式叶轮整体铣制加工工艺研究	沈阳鼓风机集团有限公司等	二等
硬岩掘进机成套设备	三一重型装备有限公司等	二等
4M12－49.3/1－13.7硫化氢压缩机研制	沈阳理工大学等	二等
大连港30万吨级矿石专用码头带式输送机系统	沈阳矿山机械有限公司	二等
烟煤锅炉掺烧褐煤技术研究及其应用	东北电力科学研究院有限公司等	二等
多层次结构机械产品整体方案三维创新设计技术	沈阳理工大学	二等
精密半导体自动划片装备研制	沈阳仪表科学研究院	二等
汽轮机数字化危急保护系统	沈阳化工学院等	二等
粉煤灰与造纸废水资源化技术的研究	沈阳化工学院	二等
改性膨润土类水处理剂的制备及应用研究	沈阳化工学院	二等
大型输水工程用高性能弹性止水带	沈阳化工学院等	二等
树莓深加工关键技术研究与应用	沈阳农业大学等	二等
城乡滨水景观生态规划控制技术及应用研究	沈阳建筑大学等	二等
墩式基础技术研究及工程应用	辽宁省建筑设计研究院等	二等
低温条件下幼龄期混凝土冻害机理及防护研究	沈阳建筑大学	二等
发泡浆料建筑保温技术研究与应用	沈阳建筑大学等	二等
开采诱发围岩破坏渗流模型及其工程应用	东北大学等	二等
复杂环境作用下大面积采动地层演化规律研究	辽宁工程技术大学	二等
多源瓦斯信息在线集成监测及动态预报技术	辽宁工程技术大学	二等
辽宁人群HLA新等位基因的序列分析和确认	辽宁省血液中心(沈阳中心血站)	二等

婴幼儿胃肠功能障碍的发生机制及防治的研究	中国医科大学附属盛京医院	二等
冠状动脉微循环研究	辽宁省人民医院等(辽宁省心血管病医院)	二等
卵巢癌发生、转移相关分子生物学及早期诊治的研究	中国医科大学附属第四医院	二等
危重冠心病外科治疗的基础与临床研究	中国医科大学附属第一医院	二等
分化后的骨髓基质干细胞修复中枢神经损伤	辽宁医学院	二等
疟疾感染防御的免疫学和分子生物学研究	中国医科大学基础医学院	二等
中国女性乳腺癌筛查优化方案的多中心研究	辽宁省肿瘤医院	二等
家族性远端关节弯曲致病基因研究及应用	辽宁省计划生育科学研究院等	二等
现代激光技术治疗眼部视网膜脉络膜病变的基础与临床研究	中国医科大学附属第一医院	二等
辽宁省国家级名老中医临证经验总结和传承方法研究	辽宁中医药大学	二等
冠心康对同型半胱氨酸致动脉硬化的实验研究	辽宁中医药大学	二等
美国白蛾周氏啮小蜂生物防治美国白蛾应用技术的研究	辽宁省林业科学研究院等	二等
气候变暖对东北近 50 年来极端气候事件影响	中国气象局沈阳大气环境研究所	二等
微粒型系列口服缓释制剂研制	沈阳药科大学等	二等
探索肺动脉高压药物治疗作用靶点,建立肺动脉高压药理学理论体系	中国医科大学药学院	二等
多抗性、高光效优良玉米自交系沈 137 选育及应用	沈阳市农业科学院	三等
日光温室杏品种筛选及配套集成技术研究与应用	沈阳农业大学等等	三等
马铃薯脱毒小薯雾培繁育基础理论与生产应用技术研究	沈阳农业大学	三等
玫瑰品种资源引进及应用技术研究	沈阳市农业科学院	三等
辽宁省沟蚀发育控制研究	沈阳农业大学等	三等
中小型水库管理自动化系统技术研究与应用	辽宁省水利水电科学研究院	三等
基于全固态激光光源的移动式激光加工系统	沈阳大陆激光柔性制造技术有限公司	三等
轧机低压二氧化碳灭火系统	辽宁省机械研究院有限公司	三等
爆炸法消除焊接应力在三峡等电站中的应用	中国科学院金属研究所等	三等
单轴悬臂多级离心压缩机	沈阳鼓风机集团有限公司等	三等
HTM80600sub 车铣加工中心	沈阳机床(集团)有限责任公司	三等
GMC1230u 龙门五轴加工中心	沈阳机床(集团)有限责任公司	三等
基于电弧喷涂方法的汽车钢基模具快速制造技术	沈阳工业大学等	三等
中华酷宝系列轿车沈阳华晨金杯汽车有限公司		三等
智能化控制与保护开关(CPS)应用技术研究	沈阳工业大学	三等
试验变压器计算机控制系统	沈阳工业大学	三等
离散制造企业集成关键技术研究及应用	东北大学	三等
基于规则的智能控制在电厂节能优化控制中的应用研究	东北电力科学研究院有限公司	三等
环保装备的系统集成优化方法与应用研究	辽宁省环境科学研究院等	三等
室内微污染物复合净化技术及应用	沈阳建筑大学	三等
北方地区畜禽粪便资源化技术研究与工程示范	辽宁省环境科学研究院	三等
化学融雪剂对城市生态环境的影响与污染防治	辽宁大学等	三等
铸造用新型 CO2 硬化酚醛树脂冷芯盒材料工艺及机理的研究	沈阳工业大学	三等
镁合金热化学反应型纳米陶瓷涂层制备及性能研究	辽宁工程技术大学	三等

化学实验室仪器分析测量体系性能验证技术研究	沈阳出入境检验检疫局等	三等
低碱低掺量钢筋混凝土复合阻锈剂的研究	辽宁省建设科学研究院	三等
辽宁省供热计量技术与管理研究	沈阳建筑大学等	三等
内置CFRP圆管的方钢管高强混凝土受压构件的性能研究	沈阳建筑大学	三等
EPS板现浇混凝土外墙外保温应用研究	辽宁省建设科学研究院等	三等
新型模卡式拼装节能墙体及施工技术研究	沈阳建筑大学	三等
结构响应智能信息处理技术与可靠性评定	沈阳建筑大学等	三等
既有建筑动态可靠性系统研究	沈阳建筑大学等	三等
体外预应力技术在桥梁工程中的应用研究	辽宁省交通勘测设计院等	三等
石佛寺超长多折线水坝无线智能GPS四维变形监测系统研究与开发	东北大学等	三等
高瓦斯矿井以风定产决策支持及其通风系统分析评价研究	辽宁工程技术大学	三等
幽门螺杆菌感染对胃癌癌前病变生物学特性影响研究	沈阳医学院	三等
HBV S基因变异与其宫内感染及免疫逃逸相关性的研究	中国医科大学附属盛京医院	三等
肺硬化性血管瘤的诊断、鉴别诊断及分子病理学研究	中国医科大学基础医学院	三等
急性肺损伤的药物治疗研究	沈阳医学院奉天医院	三等
天疱疮、大疱性类天疱疮的实验室和临床指标分析定位	中国医科大学附属第一医院	三等
偏头痛发病机制的基础与临床研究	辽宁省人民医院等	三等
大蒜素协同化疗药抗肿瘤作用及其机制的实验研究	辽宁省肿瘤医院	三等
先天性骨骼发育畸形中胰岛素样生长因子家族的调控机制研究	中国医科大学附属第一医院	三等
神经系统Nav1.5电压依赖性钠通道的生理功能及其表达分布研究	中国医科大学附属第一医院	三等
喉癌临床诊治中的难题攻克与创新	中国人民解放军第463医院	三等
骨质疏松症发病机制与中西医治疗的系列研究	中国医科大学附属第一医院	三等
利用组织工程技术修复骨与软骨缺损的基础及临床研究	中国医科大学附属盛京医院	三等
抗NI－35(轴突生长抑制因子)重组单链抗体的制备及临床应用研究	中国医科大学附属第一医院	三等
静脉动脉化再植拇指完全离断的临床研究	中国医科大学附属盛京医院	三等
声门上型喉癌隐匿性颈淋巴结转移诊断和治疗的研究	中国医科大学附属盛京医院等	三等
模拟诊治病例计算机化考试系统研制与推广应用	中国医科大学	三等
以面貌美学为基础的正畸治疗标准的研究	中国医科大学口腔医学院	三等
医学科技期刊文献计量分析研究	中国医科大学附属盛京医院	三等
涎腺癌嗜神经性的基础研究与临床处理	中国医科大学口腔医学院	三等
分化型甲状腺癌的个体化治疗	辽宁省肿瘤医院	三等
制约人参产业化的关键技术研究	辽宁中医药大学等	三等
不同活血化瘀中药对糖尿病周围神经病变作用机制研究	辽宁中医药大学	三等
射干中ISOFX类成分抗病毒新药开发研究	辽宁中医药大学附属二院	三等
鹿力壮骨中药对骨质疏松症骨钙－肠钙－肾脏钙转运的调节机制研究	辽宁中医药大学等	三等

瘀毒络损证白塞病 MCP1 基因多态性位点的临床研究	沈阳市第七人民医院	三等
中草药抗皮肤光老化筛选的实验研究	辽宁中医药大学	三等
定心方治疗心律失常疗效及作用机理研究	辽宁中医药大学	三等
鼻力宝胶囊治疗慢性鼻炎临床与实验研究	辽宁中医药大学	三等
生物反应器工艺 Vero 细胞乙型脑炎灭活疫苗	辽宁成大生物股份有限公司等	三等
复方磷酸可待因糖浆的研制开发	东北制药集团公司沈阳第一制药厂	三等
溃疡性结肠炎治疗药巴柳氮钠原料及片剂的开发研究	沈阳药科大学等	三等
新药阿司匹林双嘧达莫缓释胶囊的研究与开发	沈阳药科大学等	三等

2008 年度沈阳市科技振兴奖

获奖项目

项目名称	完成单位
大型煤化工装置用离心压缩机	沈阳鼓风机集团有限公司
超大容量自耦系列变压器	特变电工沈阳变压器集团有限公司
钛合金铸造材料及其精密成形技术与产品	沈阳铸造研究所
先天性肛门直肠畸形基础与临床系列研究	中国医科大学附属盛京医院
沈椒系列辣椒雄性不育杂交种的选育及应用	沈阳市农业科学院
大型冶金矿山物料搬运系统成套装备	沈阳矿山机械有限公司
GIS 系统高压组合电器用金属波纹管	沈阳仪表科学研究院
复杂产品知识化设计支撑平台	沈阳格微软件有限责任公司

获奖个人

姓　名	单　位
戴继双	沈阳鼓风机集团有限公司
林　浒	中国科学院沈阳计算技术研究所
尚　红	中国医科大学附属第一医院

2009 年沈阳市科技进步奖奖励项目

一等奖(15 项)

项目名称	完成单位
QJRN－112 泥水平衡盾构机	沈阳重型机械集团有限责任公司
ODFPS—1000000/1000 单相自耦变压器	特变电工沈阳变压器集团有限公司
MLK2650 矿渣立磨	沈阳重型机械集团有限责任公司
太阳能路灯系统技术的研究及产业化	沈阳工程学院
基于知识管理与智能控制的协同翻译平台	沈阳格微软件有限责任公司
保护地新型渗灌技术研发与应用	沈阳农业大学
子宫颈癌的早期防治与病因学研究	中国医科大学附属盛京医院
选择性开放血脑屏障的机制与应用的研究	中国医科大学基础医学院
单级悬臂循环气压缩机研制	沈阳透平机械股份有限公司
YG1000/110 混匀堆取料机	沈阳矿山机械有限公司
“神七”航天服手套用橡胶材料	中橡集团沈阳橡胶研究设计院
关键承力件用铝合金 A357.0 的工程化研究	沈阳铸造研究所
开发面向汽车辅助驾驶系统的开发支撑环境	东软集团股份有限公司
PKDGKL—800—3125—75 干式空心平波电抗器	特变电工沈阳变压器集团有限公司

DMCL1204 + 2MCL1203 + 3BCL527 空分装置用离心压缩机组	沈阳鼓风机集团有限公司

二等奖(49 项)

项目名称	完成单位
LT－NC310 数控系统	中国科学院沈阳计算技术研究所
辽宁人群 HLA 新等位基因的序列分析和确认	辽宁省血液中心
XGYW－18 筒型真空外滤式永磁过滤机	沈阳矿山机械有限公司
新药注射用盐酸氨溴索的研究与开发	沈阳药科大学
沈阳城区地下水源热泵取回水监管技术标准研究	辽宁省水文水资源勘测局
中华酷宝系列轿跑车	沈阳华晨金杯汽车有限公司
肝脏缺血再灌注损伤机制及其中西医结合防护的基础与临床研究	中国医科大学附属盛京医院
GMCmr3 系列龙门移动式加工中心	中捷机床有限公司
用于结构健康监测的光纤光栅智能传感理论与技术研究	沈阳建筑大学
婴幼儿胃肠功能障碍的发生机制及防治的研究	中国医科大学附属盛京医院
VMC25100u 立式五轴加工中心	中捷机床有限公司
沈阳市环境空气质量监控与预报、评估预警系统开发研究	沈阳市环境监测中心站
固化土技术在村镇道路建设中的应用研究	沈阳市村镇建设办公室
污水处理厂污泥干燥成套设备	沈阳禹化环保有限公司
柔性可重构汽车变速器装配系统的数字化设计与开发技术	中国科学院沈阳自动化研究所
百万吨乙烯装置丙烯压缩机首级模型级开发	沈阳鼓风机集团有限公司
VMC850 立式加工中心	沈阳机床(集团)有限责任公司
大型地下埋设管道智能施工机械手关键技术研究	沈阳建筑大学
大型汽轮发电机护环核心技术攻关及产品研制	沈阳铸锻工业有限公司
大型火电机组脱硫装置用动调轴流增压风机	沈鼓通风设备有限公司
空调压缩机汽缸、活塞精磨用 CBN 砂轮产品	沈阳中科超硬磨具磨削研究所
GKH32E(KFM5220JGK)高空作业车	沈阳北方交通重工集团有限公司
兆瓦级变速恒频风电机组Ⅱ型设计与制造	沈阳工业大学
CARR 工程反应堆主循环泵 YNKD400/300H 研制	沈阳透平机械股份有限公司
涡旋干式真空泵	中国科学院沈阳科学仪器研制中心有限公司
电子文件格式转换及归档系统	沈阳市档案局
丙烯酸及酯生产过程新技术	沈阳石蜡化工有限公司
磷霉素钠及其系列产品生产工艺的技术优化	东北制药总厂
节能、环保绿色轮胎用新型橡胶研制	沈阳化工学院
超厚底板高性能混凝土研究与应用	沈阳建筑大学
内置 CFRP 圆管的方钢管高强混凝土受压构件的性能研究	沈阳建筑大学
沈阳市主要污染行业大气污染物排放调查及污染当量数核算研究	东北大学
铬(Ⅵ)污染土壤生物修复技术研究	沈阳环境科学研究院
沈阳细河流域土壤重金属污染生态风险与防治研究	沈阳大学
早熟、优质、高产、甜椒杂交种沈研 11 号选育及利用研究	沈阳市农业科学院
高产、优质、多抗玉米杂交种沈玉 23 号选育及应用	沈阳市农业科学院
测土配方施肥技术研究与推广	沈阳市土肥工作站
卵巢癌发生、转移相关分子生物学及早期诊治的研究	中国医科大学附属第四医院
计算机导航辅助人工全膝表面置换术临床研究	沈阳市骨科医院
HBVS 基因变异与其宫内感染及免疫逃逸相关性的研究	中国医科大学附属盛京医院
胎儿出生缺陷及染色体病的产前诊断技术及流程研究	沈阳市妇婴医院
急性心肌梗死缺血再灌注损伤及无复流机理和干预研究	沈阳医学院沈洲医院

阻塞性睡眠呼吸暂停低通气综合征(OSAHS)发病机制及治疗应用研究	沈阳医学院奉天医院
利用组织工程技术修复骨与软骨缺损的基础及临床研究	中国医科大学附属盛京医院
喉癌淋巴结转移分子机制研究	中国医科大学附属盛京医院
冠脉介入术后无复流的机制和治疗研究	沈阳医学院沈洲医院
科技创新环境下会计支持体系建设研究	沈阳工业大学、沈阳市财政局
创新城市金融体系建设－中小企业集合债券研究与实施	沈阳工业大学
关于建设具有国际竞争力的世界级装备制造业基地对策研究	沈阳市发展和改革委员会

三等奖(63项)

项目名称	完成单位
6M40－320/0.4－30－BX 氢气压缩机研制	沈阳透平机械股份有限公司
EBZ160 大坡度掘进机	三一重型装备有限公司
高压束阵式自动清洗系统	沈阳仪表科学研究院
变换升角的螺旋折流面换热器	沈阳陆正冷热设备有限公司
数控五轴联动超高压水切割机	沈阳奥拓福高压水射流技术有限公司
XFJ508 数控仿形旋铣飞锯机	沈阳新瑞特机电设备有限公司
离心压缩机进气室内分流叶片的全新开发及应用	沈阳鼓风机集团有限公司
金杯海狮第六代轻型客车	沈阳华晨金杯汽车有限公司
新型自控透平同步排吸泵系列产品	沈阳耐蚀合金泵股份有限公司
HTM63150iy 车铣中心	沈阳第一机床厂
氯化反应器	沈阳东方钛业有限公司
新型冶金用节能高熔点高碱度覆盖剂	沈阳东北大学冶金技术研究所有限公司
SYSK 系列管体车丝机床	辽宁广联机械科技有限公司
百万千瓦级核电机组用泵的热冲击分析	沈阳鼓风机集团有限公司
EBZ132 窄机身掘进机	三一重型装备有限公司
WLHT508 卧式螺旋活套	沈阳新瑞特机电设备有限公司
HT—Ⅲ系列汽车中冷器	沈阳华铁汽车散热器有限公司
低成本氮化铝纳米陶瓷粉体制备研究	沈阳大学
MEMS 硅基压力敏感芯片生产技术研究	沈阳仪表科学研究院
地铁自动售检票(AFC)系统	沈阳新松机器人自动化股份有限公司
五吨气体称量专用电磁天平	沈阳计量研究所
B80D 系列三模一体液晶电视机	沈阳同方多媒体科技有限公司
节能型中央空调控制器研究	沈阳建筑大学
制约人参产业化的关键技术研究	辽宁中医药大学
难溶性药物可溶性注射剂的研究与应用	沈阳市泰格尔药物研究所
辣椒风湿巴布膏的研制	沈阳红药制药有限公司
嗽宁口服液的新药开发研究	辽宁中医药大学
新型环保钢塑复合螺旋缠绕管	辽宁远东新型管业发展有限公司
土木工程结构混合控制及其优化研究	沈阳建筑大学
混凝土梯度依赖损伤塑性本构模型试验研究	沈阳工业大学
扬尘覆盖剂关键技术开发及系列产品研制技术研究	沈阳环境科学研究院
城乡滨水景观生态规划控制技术及应用研究	沈阳建筑大学
往复荷载下钢管煤矸石混凝土梁柱节点的性能研究	沈阳建筑大学
室内微污染物复合净化技术及应用	沈阳建筑大学
低活性粉煤灰用于沈阳地区公路建设应用的研究	沈阳市交通局
沈阳市优质安全饮用水保障关键技术研究	沈阳建筑大学
碳纤维片材加固钢筋混凝土异型柱试验研究	沈阳建筑大学

沈阳市主要污染物总量减排信息系统研究	沈阳市环境信息中心
居住建筑供暖热计量系统技术规程研究	沈阳建筑大学
填埋场渗滤液分离膜技术处理工艺研究	沈阳环境科学研究院
芯核发泡混凝土保温砌块力学性能研究	沈阳建筑大学
基于智能混凝土的交通及结构监测关键技术研究	沈阳建筑大学
硼泥耐火陶粒的研制与应用	沈阳建筑大学
沈阳地区园林边缘树种抗寒驯化与筛选试验研究	沈阳市榆树屯苗圃
沈阳市城市地下水资源管理信息系统	沈阳市城市水资源管理办公室
建立西伯利亚花楸组培快繁技术体系的研究	辽宁北方野生植物研究所
米糠生物活性肽的开发	沈阳市粮油食品科学研究所
2型糖尿病病症结合动物模型的研究	辽宁中医药大学
全髋关节表面置换术的研究与应用	沈阳医学院奉天医院
先天性骨骼发育畸形中胰岛素样生长因子家族的调控机制研究	中国医科大学附属第一医院
沈阳地区副溶血弧菌分型及毒力因子的研究	沈阳市疾病预防控制中心
法舒地尔对冠心病心室重塑及心力衰竭影响机制的研究	沈阳医学院奉天医院
骨髓间质干细胞分泌物对多巴胺能神经元的神经保护作用	沈阳市第一人民医院
吗啡伍用阿片受体拮抗剂用于术后镇痛的有效性及机制研究	中国医科大学附属盛京医院
青春期肥胖男童性发育、体成分中药干预的临床研究	沈阳市儿童医院
激光所致缺血性视神经病变所引起的ET－1[Ca2＋]及NMDA受体等因素变化研究	沈阳市第四人民医院
骨质疏松症发病机制与中西医治疗的系列研究	中国医科大学附属第一医院
体外受精结合未成熟卵母细胞体外培养的临床应用研究	沈阳东方医疗集团菁华医院
原发性高血压合并糖耐量减低患者血浆内皮素与其相关因素的研究	沈阳市第四人民医院
基于数据挖掘技术的财务报告舞弊甄别研究	沈阳工业大学
沈阳市科技服务农村社会事业发展的路径、模式及对策研究	沈阳市科学技术情报研究所
我国生物医药产业发展战略研究	沈阳药科大学
模拟诊治病例计算机化考试系统研制与推广应用	中国医科大学

社会科学

【课题研究】 2009年，沈阳市确立了"关于做优沈阳发展空间的对策研究"、"关于做大沈阳中心城市的对策研究"、"关于加快沈阳现代服务业发展的对策研究"等10项重大课题选题和"关于扩大内需，拉动经济增长的对策研究"、"关于完善我市城乡社会保障体系的对策研究"、"关于沈阳就业问题的对策研究"等38项年度立项课题选题，形成了《2009年度沈阳市社会科学立项课题指南》。这些选题涉及沈阳振兴发展过程中的政治、经济、文化、社会等各个方面。收到投标课题323项，经专家组评估，确定立项128项。

根据中央关于加强未成年人思想道德建设的要求，结合沈阳实际，在辽沈地区组织开展了未成年人思想道德建设课题研究专题招投标工作。通过专家组评估，选定"未成年人思想道德建设的阶段性研究"等14项课题进行研究。

由于抓选题论证，提高针对性和时效性；抓宣传推介，招才引智；抓资源整合，促联合攻关；抓成果质量，提升服务决策水平，发挥了课题研究成果影响决策，引导舆论，繁荣学术，服务社会，建有用之言，献务实之策的独特作用。一是研究成果服务决策。在结题的115项研究成果中，《关于利用资本市场做优沈阳发展空间的对策研究》等40项研究成果中提出的新思路、新观点、新做法得到省市领导的充分肯定。其中，《关于进一步做优沈阳发展空间的对策建议》、《关于沈阳经济区与辽宁沿海经济带互动发展的对策建议》、《关于加快建设沈阳"文化强市"的对策建议》等10个方面的专项研究成果，《未成年人思想道德建设的阶段性研究》等14项课题研究成果被市文明办纳入沈阳市接受中央文明委关于未成年思想道德建设测评体系达标工作材料。二是研究成果引导舆论。《关于优先发展沈阳现代服务业的法律对策研究》等70余篇理论文章在《新华文摘》、《社会科学辑刊》、《科技与经济》、《农业经济》、《沈阳日报》等55种有影响的报刊上刊发。三是研究成果繁荣学术。《丰功》、《和谐社会的公共文化》、《关于大学生心理现状调查研究》等6项研究成果出版专著。60万字的《清文化史纲》被收入《中国社科文库》。100万字的《清文化大事编年》即将印刷。编辑出版了《2009年沈阳市经济社会发展研究报告》。30余项研究成果被收入文集、在相关会议上交流、或在评审中获奖。

（苏云波）

【学术交流】 以“促进自主创新，应对金融危机，确保振兴发展”为主题的第六届沈阳科学学术年会，邀请中国社科院学部委员汪同三、田雪原等30余位高层专家，分别就“关于应对金融危机问题”、“关于文化事业繁荣文化产业发展问题”、“关于进一步加强和改进未成年人思想道德建设问题”等专题，在辽宁大学、沈河区、中省直工委、市青少年教育研究会等高校、党政机关、企业、学术团体等作报告30余场；同时，组织学术团体举办了20余场专题活动；围绕年会主题征集论文100余篇，收入到《创新沈阳文集》年会文集。

为落实市委“保增长、保民生、保稳定”的工作部署，促进沈阳房地产业健康发展，7月14日，与市委宣传部联合召开了“沈阳房地产业发展”座谈会。《沈阳日报》刊发了沈阳建筑大学教授刘亚臣等专家学者和有关部门、房地产企业负责人在座谈会上的发言摘要。12月21日，与市委宣传部联合举办“沈阳文化强市高层论坛”。中国社会科学院原常务副院长、沈阳社会科学院院长汝信等著名专家学者以“推进文化振兴，建设和谐城市”为主题阐述观点，为建设文化强市建言献策。

全年，组织全市社会科学机构举办学术报告会、学术沙龙1000余场，听众10万人次。

（苏云波）

【辽海·沈阳讲坛】 2009年，沈阳市开展了“辽海·沈阳讲坛”进农村、进企业、进社区、进学校、进机关的“五进”活动。各举办点按照群众“爱听什么、想听什么，就讲什么”的原则，有针对性地安排了形势政策、法律法规、健康保健等近百个选题供广大群众选择。以专场报告、专题讲座、现场咨询和演示会、学术交流会、网络论坛等形式创新讲坛方法。在领导干部登讲坛中，市直机关工委组织的“沈市机关先导讲坛”共举办5期，邀请市委常委、秘书长马占春，市纪委书记陈雍，副市长王英、祁鸣等围绕党性修养、廉政建设、应对金融危机等专题作报告，4000余名机关干部参加报告会，收到良好效果；在高层专家学者登讲坛中，各举办点先后邀请到中央党校、中国社会科学院、国家环保部、清华大学、国防大学等50余家部委、高等院校、科研院所的100余位专家学者来沈作报告；在本土专家登讲坛中，苏家屯区邀请区疾控中心副主任围绕“甲型H1N1流感及预防”的专题讲座，深受广大群众欢迎；在电视上办讲坛中，辽中县电视台推出的《近海大课堂》共播出23期，节目内容广泛，贴近生活实际，深受群众欢迎。在田间地头办讲坛中，市科技局充分发挥沈阳农村科技讲师团作用，深入乡镇村面对面地和农民交流，解决农民在生产生活中遇到的实际问题，把讲座会场搬到了田间地头；在校园里办讲坛中，驻沈各高校不仅举办大型论坛、学术讲座、高端演讲等活动，还充分利用校园网、广播站、校报等载体，宣传讲坛内容，共举办讲座近百场，直接受众7万余人，间接受众10万余人；在活动中办讲坛，法库县举办了“纪念新中国成立60周年暨辽海·沈阳讲坛文化广场系列活动国庆演唱会”、“辽海·沈阳讲坛文化广场系列活动文艺演唱会”等，用文艺形式宣传讲座知识，收到了事半功倍的效果。在节日里办讲坛，和平区举办“邻居节”时，邀请医疗、健身、饮食专家，深入全区82个社区宣讲，受到居民群众的欢迎和好评。

开展庆祝新中国成立60周年“双百”活动。为庆祝新中国成立60周年，深入开展群众性爱国主义教育活动，讲坛在100个举办点举办了100多场庆祝新中国成立60周年专题讲座。7月1日，市讲坛办在沈阳大学礼堂，举办500多人参加的全市“庆祝新中国成立60周年专题系列讲座活动启动仪式”，特邀辽宁经济管理干部学院院长、教授杨光作《改革开放30年辉煌成就》专题报告。与此同时，铁西区的《新中国成立60周年“五讲”系列讲座》，皇姑区的《中流砥柱，光辉历程—中国共产党在沈阳解放前的历史足迹》，新民市的《同庆和谐盛世开创新民辉煌》、《沧桑巨变，祖国辉煌历程60年》等讲座，各具特色，缤彩纷呈，收到良好效果。通过讲百姓身边的事，讲家乡变化，讲沈阳的变化，在全社会唱响了共产党好、社会主义好、改革开放好、伟大祖国好、各族人民好的时代主旋律。

办好市级中心讲坛。市图书馆和妇女会馆作为市级中心讲坛，充分发挥职能作用，创新讲坛方法，针对群众需求办讲坛。在系列讲座中，他们以沈阳首届全民读书月——“阅读、提升、和谐”为主题，举办10场系列讲座；配合暑期学生社会实践活动周，以“长知识、增才干、做贡献”为主题，举办4场系列讲座。听众纷纷留言给予好评。在流动讲座中，他们以军人为对象，邀请沈阳电台主持人海涛到沈阳通讯团作了“塑造青年官兵的积极心态”专题讲座，为部队官兵做好二次择业奠定了思想基础；以年轻家长和老师为对象，抓住学校召开家长会的有利契机，邀请亲子教育专家康凯就“青少年16种优秀品质的培养”进行讲座，3700多名师生和家长收听。在特色讲座中，根据当前女性关注的热点、难点问题，精心设计讲课主题，在市妇女会馆举办了“现代女性的优雅气质与形象展示”等10场专题讲座，1.08万名妇女走进会馆聆听精彩讲座。

全年,“辽海·沈阳讲坛”共举办专题讲座1500余场,直接受众达80万人次。

(苏云波)

【社会科学普及】 2009年8月27日,沈阳市在大东区莱茵河畔社区,举行了以“保增长、促和谐、惠民生”为主题的2009年度社会科学普及周启动仪式。启动当天,市属40家社科学术团体的社科专家学者和社科工作者与区属街道、社区干部就当前社会热点、难点问题及与百姓日常生活息息相关的政策法规、劳动就业、心理健康、税收政策、价格政策、房地产投资、家庭理财、子女教育、家庭档案、保健养生、疾病预防、艺术修养等民生问题进行现场解惑释疑。现场解答(义诊等)群众咨询问题1320余个;发放宣传单2000余份、宣传用品800余件。科普周期间,市属社科学术团体、百余名社科专家、千余名社科工作者,以专家与百姓面对面、社科工作者与市民“零距离”接触、企业与群众互动等方式,开展了大型科普咨询服务日、名家讲座、专题报告、专场活动、成果展览和科普进机关、进学校、进企业、进农村、进社区、进军营六大系列主题活动,共举办专场报告百余场,发放2万份宣传册和宣传单、6000余个宣传品,展示宣传板1000余块。

各学术团体发挥学科优势,开展各具特色的科普活动。市党史学会紧紧抓住庆祝新中国成立60周年契机,与党史研究室共同制作600块展板,历时两个月,在全市13个区县(市)举办“巨变—纪念建国60周年沈阳成就展”科普巡回展览;市教育学会主办的沈阳家长培训学校,建构起市、区、校三级管理网络,建立了管理、教师、编辑、通讯员四支队伍。家长如有疑难问题还可以通过电话进行咨询。全年,共接听家长咨询电话300余次,为广大家长在教育孩子过程中面临的实际问题答疑释惑;市党建研究会与市委组织部联办《沈阳党建》期刊,及时传达中央关于加强党建的重要言论和信息,介绍沈阳市党建工作新经验和党建理论研究的新成果,发挥了舆论宣传和引导作用,已经成为加强和改进党的建设和组织工作的舆论阵地。

与此同时,还注重加强对已建10个科普活动基地的工作指导,就形势政策、房地产投资、家庭理财、家庭档案、保健养生等百姓关切的热点话题,开展经常性的科普教育活动。全年共举办各种讲座50余场;市档案学会、市文化宫等科普基地编印的《家庭建档工作手册》、《家教指南》等科普读物,起到了传播科学知识、科学方法、科学思想、科学精神的作用,有力地提高了广大市民的科学文化素质,为沈阳经济社会又好又快发展提供了服务。

(苏云波)

【学会建设】 2009年,沈阳市制定了社科类社团管理意见和管理细则,实施对学术团体工作的指导与管理,学术团体的思想建设、组织建设和业务建设都有不同程度的提高;召开了学会秘书长工作会议,总结各学术团体组织会员单位开展理论研讨、学术交流、科普宣传等方面取得的成果,交流实施科普惠民工程,创新活动载体,开展科普知识进机关、进学校、进企业、进农村、进社区、进军营的“六进”工作经验和作法;组织部分学会秘书长参加在承德召开的学术团体建设工作会议,市社科联和市检察学会交流了工作经验;建立学术团体考核评价长效机制,实施“三方联动、四级评价”考评体系,评选表彰5个先进学术团体、5名标兵秘书长和21名优秀学会工作者。

(苏云波)

气　象

【概况】 2009年,沈阳市气象局在推进现代气象业务体系的建设,提高公共气象服务和气象行政管理水平取得了新的成绩。一是气象观测业务质量明显提升。地面测报错情率比2008年下降了0.09‰,全年共有12人次获250班无错情,63人次获百班无错情。高空探测5项质量全部达标。农业气象观测全年无错情。二是气象预报准确率进一步提高。短期一般降水ts评分比2008年提高3.5个百分点;中期一般降水ts评分提高8.5个百分点;暴雨雪ts评分为100.0%;大风定性确率为83.3%。特别是提前一周准确预报出8月19日的转折性降水过程,为政府科学组织抗旱提供了可靠的依据。三是气象服务效益显著。全年发布91期《沈阳气象信息》、34期《农业气象信息》,发布各类预警信号138次。在沈阳电视台推出了《资讯新气象》,及时将气象灾害预警信息传播给社会公众。为农村气象服务迈出新步伐,开展了新民大民屯蔬菜大棚小气候观测,并针对苏家屯区林盛镇33.3公顷紫苏生长发育特点发布各种时效的天气预报、预警。四是人工影响天气作业效果显著。全年共开展13次人工增雨作业,出动作业车辆260辆次、作业人员780人次,共发射火箭弹420枚,燃烧焰条400枚,累计增加降水4亿多立方米。新安装了9套地面播撒设备,初步形成了地面播撒网络。五是社会重大活动和应急气象服务保障能力增强。为韩国周、中高考、制博会、农博会、“庆国庆60周年群众歌咏大赛”以及各种大型公共活动提供了有效的气象保障服务。全年参加省局、市政府组织的反恐安保应急演练活动10次。六是业务现代化建设有了新进展。《沈阳市农村公共气象预报预警信息服务系统一期工程》建设取得重大进展;总投资542.58万元的《沈阳市农村气象预警信息广播系统》项目完成了调研、论证工作;《沈阳市冬季灾害性天气监测系统建设》项目完成了前期准备工作。七是气象科研工作成绩显著。《沈阳市风能资源信息支持系统开发》、《沈阳市农村气象科技服务系统》列入2009年沈阳市科学技术计划项目。《沈阳市风能资源信息支持系统开发》课题,已完成所有资料的收集与整理,正在进行数据库查询系统的开发与研制工作;《GFE雷达大气探测数据自动化审核系统》列入2009年辽宁省气象局科研课题计划;《城市环境气象预报业务服务系统》课题研究通过了省气象局验收。全年在公开刊物发表学术论文17篇，其中国家一级核心期刊6篇。八是气象行政管理更加规范。《沈阳市防御雷电灾害条例》自2009年11月1日正式施行。气象局编写的《沈阳市防御雷电灾害条例条文释义》，被市人大编入《地方性法规释义系列丛书》。全年审批施放气球活动468次，涉及气球4737个；审批施放气球资质单位2家；办理防雷装置设计审核许可460项；办理防雷装置竣工验收许可218项；完成防雷工程专业资质初审和现场核查8家。开展防雷行政执法549件，立案49件，处罚40件。九是创建学习型机关活动正式启动。

（王 玲）

【农作物生长季气候评价】 2009年农作物生长季（4～9月份）总的气候特点是：气温先高后低；降水偏少；日照偏多。

一、作物生长季农业气象条件综述

（一）气温

1.4～9月平均气温为19.1℃，比历年偏低0.1℃。其中，春季气温偏高，4、5月份平均气温分别比常年同期高0.9℃和2.1℃，6～9月各月平均气温比常年同期偏低0.3～1.6℃。

2.日平均气温稳定通过10℃的始日为4月27日，比常年晚6天；稳定通过20℃的日期为6月14日，接近常年。

3.4～9月≥10℃活动积温为3223.6℃，比常年同期偏少111.4℃；≥20℃活动积温为1750.8℃，比常年偏少246.5℃，热量条件一般，基本满足作物生长需要

4.日最高气温≥30℃首日出现在5月19日，日最高气温≥30℃的日数为25天，比常年少5天；日最高气温≥33℃的日数为8天，全部出现在8月上中旬，创8月份历史同期最高纪录。

（二）降水

1.4～9月全市7县区平均总降水量438.5 mm，比常年同期少120.6mm。降水时间分布不均，其中4月和6月降水量比常年同期偏多，特别是4月份降水量达到了常年同期的2.5倍；其它各月降水量少于常年同期，5、7、8、9各月降水量分别比常年偏少0.4、3、5和7成。作物生长季雨量不足，夏、秋季节降水缺失较大，给作物生长带来极大危害。

2.从降水量地域分布来看，7个县区作物生长季降水量较常年偏少30～180毫米不等。其中康平、法库、辽中降水量仅有常年同期的7成；东陵、苏家屯降水量为常年同期的8成；新民、沈北新区降水量为常年同期的9成。

3.2009年夏强对流阵性降水出现次数少，仅在8月19日出现了一次≥50mm暴雨（日最大连续降水量为84.7 mm，出现在新民），较常年偏晚1个月。区域性暴雨次数较常年偏少2～3次。

4.日照4～9月日照时数合计为1463.8小时，比常年多79.5小时，光照条件较好。其中4～8月各月日照时数分别比常年同期偏多1.0小时、24.3小时、1.3小时、10.6小时和48.7小时，9月份比常年同期偏少6.4小时。

二、气象灾害

2009年，作物生长季的主要气象灾害为降水量缺少造成的干旱气象灾害，局地暴雨、冰雹、大风等灾害发生较少。

作物生长季降水总量偏少，降水趋势前期多后期少，夏秋季降水缺乏。入伏以后我市降水持续偏少，特别是8月上中旬持续高温晴热天气，使原本已经显露旱情的康、法两县更是雪上加霜，伏旱加剧，出现了典型的‘卡脖旱’，给大田作物生长带来不利影响，对作物产量的形成造成危害，9月份降水仍然缺失较大，夏秋连旱现象明显。

综上所述，全年4～9月作物生长季农业气象条件较差，对大田作物产量的形成造成一定影响，该时段的气象条件对2009年的农业生产来说利小于弊。

（张 菁）

【人工影响天气的科技水平】 2009年，沈阳市举办了首届人影作业技术大比武。4个县及沈北新区、苏家屯区气象局12名选手参加了比武。在康平、法库及新民等地引进增雨地面播撒系统9套，初步形成地面播撒网络。全年开展增雨作业13次，出动车辆260辆次、人员780人次，发射火箭弹420枚，燃烧焰条400枚，累计增加降水4亿多立方米。

（王 玲）

【灾害性天气监测预报】 2009年，针对沈阳市暴雪、高温伏旱和寒潮等重大灾害性天气多的特点，制作发布气象决策信息25期；发布土壤墒情、专题分析、气候评价和农业气象预报等服务材料33份；发布各类预警信号138次。2月12日，提前12小时成功做出小雨转大到暴雪天气预报及精细化预报。针对自7月14日以来出现的全市范围的伏旱，发布了《我市旱情分析与近期天气预报》的专报信息。全年重大关键性、转折性天气预报准确，提前一周准确预报出8月19日的转折性降水过程，为政府科学组织抗旱提供了可靠的依据。准确预报了11月12－13日沈阳市入冬以来最强的降雪。新开播《资讯新气象》电视节目，及时向社会公众传播暴雨、雷电、冰雹等气象灾害预警信息。

（王 玲）

2009年主要气象资料

月份	平均气温（℃）	降水量（mm）	降水日数（天）	日照时数（小时）
1	-11.0	12.2	4	195.4
2	-7.3	36.7	7	214.6
3	0.4	13.1	5	266.1
4	11.1	104.8	7	236.9
5	19.1	44.4	7	280.3
6	20.8	109.2	14	239.9
7	23.1	122.1	14	217.4
8	23.3	63.1	9	267.3
9	17.0	26.4	6	222.0
10	9.9	92.8	7	200.2
11	-3.4	15.8	5	160.5
12	-11.1	17.1	6	159.5

（祖 歌）

地 震

【地震监测预报】 2009年，沈阳市坚持不懈地推进地震监测预报体系建设，提高地震监测预报能力。全市地震监测台网设备入网运行率达99%以上。2009年全国评比第三名1项、其余均为优秀；辽宁省评比第一名1项、第二名2项，其余均为优秀；全省年度会商报告评比获得三等奖。全年向辽宁省地震局报送会商卡片70多份，向市委市政府相关部门

发了12期震情通报共计2500多份,准确分析判断了沈阳市震情发展趋势。加强地震监测预报工作的管理力度。市地震局对全市6个地震台地震监测预报工作逐台进行了全面检查和调研,对存在的问题及整改意见通报给各地震台及所在地人民政府。不断完善地震宏观监测网的建设。加大《地震宏观监测网建设指南》、《地震宏观监测考核工作》执行力度,对宏观监测网监测质量进行经常性抽查,发现问题及时纠正。宏观监测动物的管理、饲养、建档等工作均已步入规范化,形成制度。进一步完善电磁波前兆观测台网。年内投资30多万元新购置6台套电磁波观测设备分别充实到苏家屯、辽中、康平、新民和法库等地震台。截至11月底,共有8台套电磁波设备在线运行,初步形成了覆盖全市密度较高的电磁波观测网。全市投入50余万元专项经费,完成4眼百米以下深井钻探工作,总进尺600多米,使前兆台网百米观测井总数达到10眼。填补了沈阳市井下形变、岩土应力和流动形变测量等多项观测空白,提高了台网观测密度,为地震前兆信息的获取,提供了可靠和坚实的基础。积极配合辽宁省地震局在沈阳市建立了灾情无线快速获取系统,分别在市内五城区及东陵、于洪和苏家屯区境内的重点建筑物上安装了20套仪器,保证系统监测网络的覆盖面。依法确保地震监测设施和地震观测环境保护措施得到有效落实,执行沈阳市关于地震监测设施环境巡查报告制度。解决了苏家屯地震台受建哈大高铁客运专线环境干扰问题;跟踪沈阳至铁岭城际铁路项目影响沈北新区地震台地震监测设施和地震观测环境的问题,并研究最终的解决方案;提前做好沈北地震台拟搬迁项目的论证、选址等相关工作;为保护各地震台观测项目设置在地下的传感器和线路不遭意外损坏,在地表安装统一制作的标识和说明,具有地震科普和美化环境的功能。

(崔朝英)

【地震灾害预防】 2009年,沈阳市地震局全面贯彻"以预防为主"的地震工作方针,积极推进地震行政审批公共服务,完善震害防御基础项目建设,震防工作取得新的进展。

加强建设工程抗震设防要求管理,确保建(构)筑物地震安全是减轻地震灾害损失的重要途径。按照市政府常务会议关于加强重大建设工程抗震设防监管的要求,沈阳市将重大建设工程抗震设防要求审批前置,纳入项目可行性研究报告审批要件。截至11月底,组织完成沈阳地铁一号线东延线、沈阳地铁二号线北延线、沈阳夏宫旧址新建工程、市儿童医院综合病房楼、市精神卫生中心门诊病房楼、解放军二〇二医院综合门诊楼、市职业技术学院综合教学楼等10余项重大建设工程地震安全性评价和抗震设防要求审批工作。地震审批窗口对外提供咨询服务150余次,满意率100%。

启动地震活断层监测,为地震预报和抗震设防提供依据。市地震局依据沈阳城市活断层探测工作成果和中国地震局断层形变观测规范,制订了《跨长白乡—观音阁断裂沈水湾形变观测场地建设项目技术设计方案》,完成了有关勘选和形变观测设备的选型、招标采购工作。进一步查明断裂的活动规律和活动尺度,为沈阳市的地震预报和建筑物抗震设防提供依据。

完成全市农村公共设施抗震性能普查工作。按照辽宁省地震局统一部署,沈阳市组织开展了沈北新区、苏家屯区等11个区(县、市)、开发区的132个乡镇的公共基础设施抗震性能普查工作,普查对象为学校、医院、乡镇机关办公楼、生命线工程等公共设施,总计收集、整理、录入公共设施抗震性能信息3957条,制作电子地图132幅,并基于上述数据建立数据库。为农村地震安全工程的实施和防震减灾能力的提高奠定了良好基础。

2009年5月1日新修订的《防震减灾法》正式实施,沈阳市对此进行了统一部署,制订了全市地震系统贯彻落实《防震减灾法》工作方案,组织开展了全市地震系统防震减灾法培训工作,并指导各区、县(市)地震部门以防震减灾示范、试点工程项目为平台开展了防震减灾法律知识进学校、进社区、进机关、进校园、进农村等形式多样宣传活动。

积极推进农村民居地震安保试点工作。为尽快改变农村民居基本不设防的状况,提高农民的居住安全水平,按照《国务院办公厅转发地震局建设部关于实施农村民居地震安全工程意见的通知》要求,沈阳市通过试点工作,积极推进农村民居地震安保工作。一是在沈北新区,先后投入100多亿元,通过实施村屯整体改造、采煤沉陷区综合整治和中心村镇建设试点工作,改善农民居住条件,提高民居抗震能力。村屯整体改造中,累计整体和部分拆迁村屯50个,整治改造棚户区7个,新建23个为功能齐全、配套完备的集中居住区,2.1万户、8.3万名群众喜迁新居;在采煤沉陷区综合整治工作中,迁出并安置城镇居民1200户,修缮农村危房300户;在中心村镇建设中,将北部8个乡镇街,99个行政村高标准规划为4个中心镇和4个中心村。二是组织完成了沈北新区曙光村地震安全示范村的创建工作。在地震安全示范村建设中,不但注重对农民防震减灾知识培训和建筑工匠抗震设防指导,还建设了业余地震观测站和宏观观测场,既提高了民居的抗震能力,又增强了农民的防震减灾意识。

和平等5城区地震应急辅助决策系统建设基本完成。为提高中心城区地震应急救援能力,基于沈阳市震害预测的成果,市地震局组织开展了和平等5城区地震应急辅助决策系统建设项目研究工作,设计了详细的项目工作方案,组织开展了社会经济、医疗等基础数据和图件的收集,完成了生命线工程数据调查与抗震性能评价、建筑物数据调查与抗震性能评价、社会经济数据调查与震灾评估、地震应急辅助决策系统数据库与技术平台建设等支撑系统的主要工作内容,年底前系统能够全部建成并顺利运行。

参加市中小学校校舍安全工程工作。沈阳市启动中小学校校舍安全工程,市地震局为市校舍安全工程领导小组成员,承担校舍抗震鉴定、加固技术指导工作。在校舍安全工程实施中,市地震局积极与市教育部门配合,参加了沈河、东陵、沈北、法库中小学校校舍现场检查工作,及时将地震部门有关校舍地震安全的规范要求、文件精神及时传达给市中小学校校舍安全工程办公室,发挥了地震部门的专业优势。

其它完成的工作有:市应急办布置地震灾害预警信息月报和应急信息报送工作;应急周的宣传活动;沈北热电新建工程可行性研究报告审查;市审批办第7次行政审批事项清理部署的有关工作,继续保留市地震局重大建设工程抗震设防审批事项;行政执法证件年审、换证、新证办理工作;沈阳药大高职院、和平区街道社区防震减灾培训工作;沈北新区创建国家地震安全示范区可行性研究总体报告编写工作等等。

(崔朝英)

【地震应急救援】 2009年,沈阳市着重加强地震应急基础工作,使应急救援能力不断提高。在编制完成市、区(县、市)两级政府应急预案和相关部门地震应急预案的基础上,以铁西区为试点组织完成了铁西区属中小学地震应急预案编制工作。分别在沈北新区的新城子、辉山、道义和虎石台地区建设完成了一个能容纳3—5万人区域中心避难场所。结合沈北新区地震台升级改造,建设完成了沈北新区地震局地震应急指挥中心,并承担市地震局备灾应急指挥中心功能。对市防震抗震领导小组成员、联络员以及全市地震灾情速报员进行了重新核实登记。重点时段对灾情速报网进行了抽查,确保全市灾情速报网络畅通。建设完成沈阳市地震应急预案管理信息系统,使覆盖全市、"横向到底、纵向到边"的地震应急预案体系基本形成。

建立抗震救灾军地应急联动机制。沈阳警备区按照《军队参加抢险救灾条例》的要求,在全市13个区、县(市)民兵应急值班分队中分别增设抗震救灾抢险排,配备开缝机、切割机等专业设备,定期组织训练和演习。

(崔朝英)

【东陵3.1级地震应急处置】 2009年12月28日1时36分24.8秒,沈阳市东陵地区(东经123°34.8′北纬41°49.2′)发生M3.1(ML3.6)级地震,东陵公园、沈阳农业大学等部分地区有感。

地震发生后,沈阳市地震局立即启动地震应急预案,应急人员快速到岗与值班人员一同开展地震应急处置工作,按规定立即将地震信息报送给市有关领导和单位。在研究沈阳市地震监测台网各项观测信息,以及与辽宁省地震局地震预报研究中心保持热线联系,了解全省的震情形势后,判定未来震情发展趋势。市地震局紧急震情会商认为:"沈阳市地震监测台网目前没有发现明显的地震短临异常,沈阳周边及省内也处于正常地震活动状态,近期全市发生5级以上中强地震的可能性不大"。同时,市地震局应急开展地震影响情况的调查,接听市民咨询电话,安抚群众情绪。自1时38分至12时,沈阳市地震局接听市民咨询电话500余次。经调查,此次地震为轻微有感地震,沈阳市东陵、棋盘山地区有感市民较多,大东区个别市民有感。震中区没有人员伤亡和财产损失情况,社会生活正常秩序没有受到影响。 (崔朝英)

【防震减灾宣传】 2009年,沈阳市制订了《沈阳市2009年防震减灾宣传工作计划》,并对宣教任务进行层层分解,依据不同时期的工作特点制订了每次活动的具体实施方案。精心编制了"新说《防震减灾法》"宣传折页,印制3万余份;设计、编辑、制作宣传图板10块;特别设计印制了万余个无纺布购物袋等宣传品。在市、区(县、市)两级地震部门组织开展的"5·12"防震减灾日、7月28日唐山大地震、国际减灾日、应急周等重点宣传时段活动中,向市民宣传发放。先后开展了与沈阳大学联合举办"汶川地震的反思"报告会;与市红十字会合作,培训全市院校志愿者地震自救与互救的知识;与大东区地震局、城建街道东逸社区联合举办了主题为"关爱生命,建设和谐家园"防灾减灾知识竞赛活动;与莱茵河畔社区开展居民应急逃生演练;与皇姑区第44中学开展的"防震减灾进校园,知识技能护生命"典型经验交流会等各类活动30余次。截至11月底,在《辽宁日报》、《沈阳日报》等平面媒体刊发报道30篇;在辽宁电视台、沈阳电视台播报新闻14条;在国内期刊共发表文章6篇;新华网、东北新闻网等主要网站发布信息数十条;与《华商晨报》社等新闻媒体共同策划、举办"读者进台站"活动,很好地营造了全市防震减灾宣教工作氛围。强化信息上报工作,信息报送100多条,使省地震局和市委、市政府及时了解沈阳市地震工作动态。由市地震局、沈阳科学宫参与的沈阳市地震科普展馆正在筹建中。以沈阳市发展中防震减灾事业为主题的科学展示机关宣传文化落户到市地震局。沈北新区地震局创新了以地震台为依托的区级防震减灾科普教育基地,成为全区中小学生地震安全教育的实践基地。

(崔朝英)

【地震安全示范区】 2009年11月18日,中国地震局在沈北新区隆重举行仪式,授予沈北新区"国家地震安全示范区"称号。这是全国第一个"国家级地震安全示范区",标志着沈北新区创建国家地震安全示范区公共安全工作走在全国前列。

沈北新区全面贯彻落实国务院、省市政府《关于加强防震减灾工作的通知》和《国家防震减灾计划(2006—2020)》精神,编制了"新区现代化综合示范地震台站建设"、"新区活动断层探测与地震危险性评价"、"新区农村民居地震安全工程"、"新区防震减灾科普教育基地建设"等工作方案,成立了应急救援队伍,创建了一流的地震监测队伍,完成了新区的地震危险性分析及场地地震区划、地震地质灾害评价和震害预测。对全区的防震减灾能力进行总体评价,明确新区的整体创建工作任务。通过提高建筑物抗震能力、建设大型避难场所、建设示范公共服务设施等一系列举措,全面提高地震应急处置能力和地震防御能力,到2010年达到抗御6级左右地震水平,到2020年防震减灾综合能力达到中等发达国家水平。

(崔朝英)

【地震安全示范校】 2009年10月10日，沈阳市实验学校通过沈阳市地震局、沈河区政府和教育部门组织联合专家组验收合格，成为沈阳市第一家地震安全示范学校，并举行揭牌及地震科普馆启用仪式。该所地震安全示范学校是由沈阳市地震局、沈河区地震局、沈阳实验学校共同投入近50万元，建成了使用面积约300平方米的地震科普馆。馆内有先进的3D动画和FLSH动画等多种互动手段，让学生们通过手动演示和亲身体验，了解和学习地震安全知识。在学生中选拔人才，成立地震科学兴趣小组，组建展馆的小讲解员队伍，把防震减灾宣教工作融入这种交互式的学习当中，寓教于乐。学校成立了以校长为领导的防震减灾应急工作领导小组，把防震减灾应急和宣教工作列入学校常规工作日程。组织开展校舍抗震性能鉴定和排险工作，将防震减灾知识编入学生安全教育课程，定期进行地震应急演练。

（崔朝英）

【防灾减灾高层论坛】 2009年8月28日上午9时，沈阳市地震局承办的沈阳市第四届防灾减灾高层论坛，在农大学术报告厅举行。会上中国科学院院士，国家减灾委员会专家委员会主任，国家科技部、国家计委、国家经贸委自然灾害综合研究组组长，中国地震局地质研究所名誉所长马宗晋先生，作了“世界众灾的概要与地震问题”的精彩学术报告；中国地震局研究员，国家地震紧急救援训练基地建设指挥部总工程师徐德诗先生，作了“城市防灾应急能力的新探讨”的报告。沈阳市各区、县（市）地震局科技人员、有关学会会员及各界人士300多人出席了学术报告会。

（崔朝英）

2009年沈阳市地震活动

序号	发震时间		震中位置		震级（ML）
	年－月－日	时－分－秒	东经	北纬	
1	2009－04－30	03－28－11.8	123°46.2′	41°56.4′	1.0
2	2009－08－07	01－35－59.4	123°13.8′	41°52.2′	1.0
3	2009－08－17	15－41－56.9	122°55.8′	41°39.6′	1.6
4	2009－08－17	15－48－37.5	122°54′	41°44.4′	1.4
5	2009－09－13	07－21－13.1	122°58.8′	42°04.2′	1.8
6	2009－12－28	01－36－24.8	123°34.8′	41°49.2′	3.6
7	2009－12－28	01－38－17.5	123°34.8′	41°49.2′	3.0
8	2009－12－28	01－39－27.2	123°34.8′	41°49.2′	0.7
9	2009－12－28	01－43－07.4	123°34.8′	41°50.4′	0.6
10	2009－12－28	01－54－33.2	123°34.8′	41°50.4′	0.2
11	2009－12－28	02－05－42.2	123°34.8′	41°49.2′	0.9
12	2009－12－28	02－12－11.2	123°34.8′	41°49.2′	0.8
13	2009－12－28	02－51－33.2	123°34.8′	41°49.2′	0.1
14	2009－12－28	03－15－34.6	123°34.8′	41°49.2′	0.6
15	2009－12－28	05－46－49.7	123°34.2′	41°49.8′	0.1
16	2009－12－28	12－00－18.3	123°35.4′	41°49.2′	1.4
17	2009－12－28	14－10－36.4	123°35.4′	41°49.2′	0.3
18	2009－12－28	14－12－30.8	123°34.8′	41°49.2′	0.3
19	2009－12－28	14－41－23.3	123°34.8′	41°49.2′	1.4
20	2009－12－28	17－47－07.5	123°34.8′	41°49.2′	0.3
21	2009－12－28	18－01－06.8	123°34.8′	41°49.2′	1.2
22	2009－12－28	19－25－11.9	123°34.8′	41°49.2′	1.0
23	2009－12－31	05－27－17.7	123°34.8′	41°49.2′	0.9

（崔朝英）

教　　育

综　述

【学校与教师概况】 2009年,全市有学校1618所。高等教育机构76所,含研究生培养机构76所,普通高校40所(有4所市属高校:沈阳大学、沈阳医学院、沈阳职业技术学院、沈阳广播电视大学):本科学校28所、专科学校12所,成人高等学校9所;中等职业学校95所:普通中专学校42所,成人中等专业学校1所,职业高中学校52所;普通中学334所:初中236所,高中98所;普通小学482所;特殊教育学校14所;工读学校1所;幼儿园616所。

全市各级各类学校(不含幼儿园)共有在校学生138.2万人。高等教育机构49.6万人,含研究生培养机构3.6万人、普通高校34.2万人、本科24.1万人、专科6830人(4所市属高校有在校生4.1万人,其中:硕士研究生255人,本科生1.7万人,专科生2.4万人,成人教育学生4.0万人);中等职业学校10.7万人,其中普通中专学校7.1万人、成人中等专业学校3990人、职业高中学校3.2万人;普通中学31.6万人,含初中19.5万人、高中12.2万人;普通小学34.3万人;特殊教育学校1526人;工读学校18人;幼儿园11.9万人。以上小学、初中和高中学生数中包含完全中学和九年一贯制学校中小学、初中和高中的学生数,普通高中数中含完全中学校数30所,初中校数中含九年一贯制学校110所。

全市教育系统有教职工11.9万人,专任教师8.3万人。高等教育机构4.1万人,专任教师2.4万人;普通高校3.9万人,专任教师2.3万人;本科学校3.3万人,专任教师1.9万人;专科学校5604人,专任教师3543人;成人高等学校2174人,专任教师1323人(市属高校有教职工5949人,专任教师2783人,副教授以上教师1259人)。中等职业学校9725人,专任教师6202人。其中:普通中专学校6491人,专任教师4178人;成人中等专业学校637人,专任教师408人;职业高中学校2597人,专任教师1616人。普通中学3.0万人,专任教师23943人。其中:初中1.9万人,专任教师1.5万人;高中1.0万人,专任教师8615人。普通小学2.7万人,专任教师2.3万人。特殊教育学校532人,专任教师387人。工读学校15人,专任教师11人。幼儿园1.1万人,专任教师5911人。

全市幼儿园专任教师5911人。其中:研究生毕业75人,本科毕业1073人,专科毕业3375人,高中毕业1217人,初中毕业及以下171人。

城市小学专任教师4.9万人,其中:研究生毕业208人,本科毕业1.8万人,专科毕业2.6万人,高中阶段毕业5379人,高中阶段毕业以下62人。初中专任教师8920人,其中:研究生毕业93人,本科毕业7310人,专科毕业1468人,高中阶段毕业46人,高中阶段毕业以下3人。高中专任教师7288人,其中:研究生毕业228人,本科毕业6846人,专科毕业200人,高中阶段毕业14人。

县镇小学专任教师1868人,其中:研究生毕业2人,本科毕业276人,专科毕业1103人,高中毕业482人,高中毕业以下5人。初中专任教师1468人,其中:本科毕业764人,专科毕业680人,高中毕业22人,高中毕业以下2人。高中专任教师1177人,其中:研究生毕业26人,本科毕业1091人,专科毕业5419人,高中毕业6人。

农村小学专任教师9388人,研究生毕业1人,本科毕业667人,专科毕业4515人,高中毕业4153人,高中毕业以下52人;初中专任教师4940人,其中:研究生毕业2人,本科毕业1841人,专科毕业2873人,高中毕业212人,高中毕业以下12人。高中专任教师150人,其中:本科毕业141人,专科毕业97人。

全市特殊教育有专任教师387人,受过特殊教育专业培训158人。其中:研究生毕业2人,本科毕业205人,专科毕业161人,高中阶段毕业18人,初中毕业及以下1人。其中县镇特教122人,受过专业培训32人。研究生毕业2人、本科毕业39人,专科毕业72人,高中毕业8人,高中毕业以下1人。

(王朝伟　秦美玲)

【义务教育实行绩效工资制】 为深化全市教育系统人事分配制度改革,创建符合义务教育学校特点的收入分配制度,充分激发和调动义务教育学校广大教职工工作的积极性、创造性,进一步提高教师队伍整体素质和水平,开创教育强市新局面,根据国办发〔2008〕133号文件和辽政办发〔2009〕90号文件,10月15日,市人力资源和社会保障局、财政局、教育局联合召开全市义务教育学校实施绩效工资大会,对全市义务教育学校实施绩效工资工作进行安排和部署。沈阳市成为全省第一个义务教育学校实施绩效工资工作的城市。全市义务教育学校自11月1日起正式实施绩效工资。实行绩效工资后,班主任比职称相同、教学任务相同的非班主任教师每月多收入200元。

(王朝巍　胡宝庆)

【教育督导】 2009年,沈阳市教育督导室以文件形式下发各、区县(市)统一安排了全年的督导检查工作。两次检查集中安排在4-5月和10-11月。上半年检查内容包括区县政府教育投入情况、控辍工作、九年一贯制学校再提升工作、体卫艺工作、未成年人思想道德建设情况。下半年检查内容包括学前工作(市政府办实事工程,百所幼儿园改造)、安全工作、体育艺术特色学校评估、信息化工程建设、沈阳市标准化高中建设、"两基"年审等六项工作。统一督导充分整合了市教育局的人力、物力,也减轻了区县迎接检查的负担。

为落实沈阳市建设教育强市的工作要求，年初，督导室进行了《沈阳市教育强区（县、市、开发区）督导评估细则（征求意见稿）》的起草工作。8月，召开了沈阳市教育强区县创建工作座谈会，解读了《沈阳市教育强区（县、市）创建推进方案》、《沈阳市教育强区（县、市、开发区）督导评估细则（征求意见稿）》，各区、县（市）就创建教育强区、县（市）工作进行了发言，对创建教育强区县工作给以肯定，并就本地区的创建工作表态。

（高　翔）

【教师队伍建设】 农村学校干部教师培训。全年完成农村干部教师培训项目有：农村教师队伍学历提升及专业对口培训，农村教师学科能力提高培训，农村九年一贯制学校骨干教师提高培训，农村九年一贯制学校音乐、美术、体育教师专项培训，农村九年一贯制学校教师信息技术培训，农村九年一贯制学校英语教师口语强化培训，农村九年一贯制学校校长（分为正职校长、教学副校长、德育副校长、后勤副校长）专项培训等。通过对农村干部教师的培训，进一步提升了农村九年一贯制学校干部教师的教育教学和管理能力，为推进全市农村九年一贯制学校质量再提升工程、促进城乡教育的均衡发展提供了人力支持。2009年，以辽中、新民为试点，顶岗置换培训模式的运行，开创了新型教师培训模式。“顶岗实习、置换培训”是师范大学四年级师范专业的准毕业生到农村中小学顶替教师岗位实习，顶替下来的中小学教师到高校进行系统专业化培训。这种模式既不影响学校的正常教学活动，又解决了师范生实习问题，成为一种“双赢、互惠”的模式。2009年沈阳师范大学与市教育局合作，共完成新民、辽中两县60名教师的顶岗置换培训。

普通高中教师培训基地建设。2009年，启动普通高中学科教师培训基地工作，充分发挥省级示范高中的学科引领作用，经过学校申报，专家组审核，最后确定4所学校为普通高中教师学科培训基地。同时，继续推动教师进修学校建设，充分发挥教师进修学校协作体的作用，组织并指导教师进修学校协作体召开4次工作会议。

普通中小学教师继续教育与校长培训。全年共安排师干训项目57项，专项经费1200万元，共完成校级干部培训1.2万人次、教师培训12万人次。重点包括高中教师专项培训、农村九年一贯制教师专项培训、教师学历提升专项培训、幼儿及特殊教育教师培训、心理教育及培训者培训以及小学骨干校长高级研修班、教育管理干部博士课程研修班、国内高级研修学者的高端培训等。

提高教师专业技能。6月26日，沈阳教师博客论坛暨优秀教师博客表奖会在市电化教育馆举行。本次教师博客论坛以“创建教师网志、促进自我反思、深化学习交流、实现专业提升、感悟生命质量”为宗旨，共表彰74位成绩优异的教师博客。7月21—23日，举办首届“沈阳市中小学班主任技能大赛”，共有30名班主任进入决赛。

（李　威）

【教师资格认定】 沈阳市制订《沈阳市2009年教师资格认定工作实施方案》，确定教师资格认定范围，制定了教师资格认定条件，进一步规范教师资格认定程序。通过召开新闻发布会和沈阳教育网，向社会公布教师资格认定的条件、程序及具体的时间安排和教师资格认定的相关知识，并以问答的形式进行详细的解答。按照教师资格认定方案，2009年分别对沈阳市驻沈5所高校应届毕业生、沈阳市中等职业学校学前教育专业应届毕业生及符合认定条件的社会人员共计4404人进行了教师资格认定，其中：师范类人数3582人（沈师大1651人，沈阳大学1308人，沈农大50人，沈阳体育大学573人），非师范类人数822人。另外，按照国家教育部师范司的要求，首次使用网络版系统进行教师资格的认定。同时，根据《教师资格条例》的规定，调整沈阳市教师资格认定领导小组及沈阳市教师资格专家审查委员会，召开了沈阳市教师资格专家审查委员会工作会议和沈阳市教师资格专家审查委员会学科组工作会议，进一步完善了以学科为单位的评委库及试题库。

（游春雨　陈爽）

【教师招聘】 2009年，全市打开教师入口关，采取面向社会招聘和到高校考核招聘等形式，全市中小学、职业学校选聘教师735人，其中面向社会招考649人，到重点师范院校考核招聘86人。

（王朝巍　洪志涛）

【专业技术人员评聘】 2009年，沈阳市有5103人晋升相应的专业技术资格，其中：正高级56人，副高级1343人（含破格晋升23人），中级2832人，初级872人（含确定初级职务人员）。

（王朝巍　朱立刚）

【教育专家遴选】 2009年，教育专家评选改变了以往常规的教育专家评审方式，变“以评代训”为“以训代评”，变“评专家”为“培养专家”。共选出10名沈阳市教育专家。

（迟斌华　王朝巍）

【教师节表彰】 2009年，为进一步激励广大教育工作者献身教育事业，吸引优秀人才投身教育事业，建设一支高素质的教师队伍和教育管理干部队伍，经各区县（市）和相关部门推荐，沈阳市确定表彰了全国模范教师5名，全国优秀教师9名，辽宁省优秀教师和优秀教育工作者74名，沈阳市教育专家10名，沈阳市属高校优秀中青年拔尖人才10名，沈阳市师德标兵20名，沈阳市优秀教师，沈阳市优秀教育工作者202名，沈阳市师德先进个人200名。

（王朝巍　洪志涛）

【第12届推广普通话宣传周】 2009年，沈阳市开展以“热爱祖国语言文字，构建和谐语言生活”为主题的第12届推广普通话宣传周活动。充分利用学校这一推广普通话宣传的主要阵地，在全市大中小学开展“五个一”活动（即每个班级挂一幅推普标语，举办一次推普知识竞赛，办一期推普板报，召开一次语言文字法律法规座谈会，组织一次推普社会宣传活动）。利用电视报纸等新闻媒体进行了广泛宣传，向市民发放推普宣传材料，向学校发放大量的推普宣传画。

（语委办）

【语言文字规范化示范校】 2009年年初，辽宁省组织开展了国家级“语言文字规范化示范校”的评估认定工作。沈阳市对外事服务学校申报国家级语言文字规范化示范校工作进行了自评，进一步提升了学校语言文字工作的整体水平。7月，经省语言文字工作委员会评估检查，外事服务学校成功进入国家级语言文字规范化示范校行列。

（语委办）

【对外交流合作】 2009年，沈阳大学先后接待了来自美国、加拿大、巴西、德国、法国、韩国、日本、俄罗斯等60多个国家和地区的团组来访，签署20余份合作协议书；聘请了19名外籍教师来校任教，邀请6名外籍专家来校讲学，派出45名学生分别赴俄罗斯、新加坡、美国、英国等国家留学；成功举办"德中同行——儿童大学"、亚洲板球培训、组团赴韩国参加学术论坛和友好访问等国际交流活动。沈阳医学院与日本名古屋市立大学签署了学术交流合作协议；继续教育学院与吉林大学签署联合办学协议，共同培养公共卫生硕士（MPH），已经完成招生考试工作；附属卫生学校与塞浦路斯凯撒学院开展联合办学；沈阳医学院荣获辽宁省来华留学工作先进单位称号。

全年，接待来自美国、英国、加拿大、澳大利亚、丹麦、新西兰、日本、韩国、新加坡等院校中外代表共计79人次，联系海外院校机构百余所。同时，利用国外校方代表访问契机，积极联系基层学校，为其搭建对外交流平台，先后陪同外宾到铁路实验中学、外国语学校、东北育才学校等学校进行宣传和访问，并组织学生与外籍教师开展互动活动。

（朴　丹）

【招生考试】 2009年，沈阳市共组织各类教育招生考试20余次，接纳报名考生40余万人次。

普通高考工作。全年，全市共接纳46100名普通高考考生、3730名中职升高职考生的报名、资格审核、建档、思想政治品德考核、体检、加试、口试、考试、填报志愿等工作。针对辽宁省对单人户口考生户籍学籍的新要求，切实做好考生报名资格的审查工作；针对全省由第一批本科院校A段扩大到B段全面实行平行志愿等变化，做了大量切实有效的工作。全市共有35745人被各类普通高校录取，录取率为77.82%，有1597人被各类高等职业技术院校录取，录取率为42.82%。较好地完成了空军飞行学院和民航飞行学院招生的工作任务。

硕士研究生招生考试工作。全年，全市共接纳20507人报名参加硕士研究生招生全国统一考试，比2008年增加348人。完成了网上报名和现场确认报名、资格审查、建档、填报志愿、考试等工作。

成人高等学校招生考试工作。2009年全市共接纳31269人报名参加成人高等学校招生全国统一考试，比2008年减少2299人。共有22034人被各类成人高校录取，录取率为70.47%。

中等学校招生考试工作。在巩固历年中招工作成果的基础上，重点实施调整指标到校生计划和办法、重点职业高中志愿设置和改革中考评卷工作的管理体制、工作机制和评卷办法等三项改革，创造了中考评卷"零误差"的历史记录，确保全市中招工作公正、公平、公开的进行。全年共完成65329名考生参加的中考报名、建档、考试、加试、测试、志愿填报、评卷和录取工作，比2008年减少了22人，为各类中等学校录取备案新生50470人，同比减少4223人。

高等教育自学考试工作。2009年全市共接纳56341人次考生参加的3次自学考试报名、考试工作，报考科次13.5万次。接纳了12625人次的实践环节课程考核工作，为4272人办理了学历认定和课程免考初审工作，为79个专业3575名考生办理了毕业手续。同时，进一步加大了对社会助学单位工作的指导力度，实现了全市近60%的考生通过助学单位集体报名。

教育考试工作。接纳7086人报名的在职人员攻读硕士学位全国联考；2581人报考的同等学力人员申请的硕士学位外语水平和学科综合水平全国统一考试；两次共计1311人报考的全国高等教育自学考试资格证书考试；两次共计97162人次报考的全国计算机等级考试；两次共计5595人次报考的全国英语等级考试；两次共计24271人次报考的辽宁省成人本科生学士学位外语课程考试。

其他考试工作。积极配合省、市组织、人事、公安、教育等部门，先后组织参与了1226人报考的辽宁省面向海内外公开选拔领导干部沈阳考区笔试；7056人报考的辽宁省政法干警招录考试；4550人报考的辽宁省农村信用社招聘考试；35559人报考的沈阳市各级机关录取公务员考试及中小学校公开招聘教师笔试等多项考试。

2009年，市招考办先后被授予"辽宁省人民满意的招生考试机构创建活动模范单位"、"辽宁省招生考试工作创新奖单位"等荣誉称号。

（肖　琳）

学前教育

【100所公办幼儿园改造】 2009年，市委、市政府将改建100所公办幼儿园列入为老百姓办20件实事之一，共投入2500万元对100所公办幼儿园进行改造，重点是房舍维修、翻建，上下水及暖气，卫生间改造等。为确保改造工作顺利完成，在改造过程中，定期到幼儿园检查改造情况，及时解决施工中出现的问题，在时间紧、任务重、难度大、涉及面广的情况下，克服困难，较好完成了改造任务。其中：全面改造26所，局部改造65所，新建9所；农村乡镇中心园建筑面积超1000平方米的有57所，利用空闲校舍改造的有4所，增加容量约1.2万人，受益学前儿童达到2.5万名。

（罗　丽　葛文丽）

【《沈阳市学前教育管理规定》出台】 2009年，依据《中华人民共和国教育法》、《中华人民共和国教师法》、《中华人民共和国民办教育促进法》、《幼儿园管理条例》和《国务院办公厅转发教育部等部门（单位）关于幼儿教育改革与发展指导意见的通知》、《辽宁省人民政府办公厅转发省教育厅等部门关于学前教育改革与发展意见的通知》等法律、规章、文件，市教育局对《沈阳市托幼工作管理规定》进行了修改，并与市工商局、物价局、人力资源和社会保障局、编委、财政局、规划局、城管局、建委、卫生局等部门进行了会签。12月25日市人民政府第31次常务会议讨论通过，于12月31日以沈阳市人民政府第14号令的名义下发，定名为《沈阳市学前教育管理规定》。

（罗　丽　葛文丽）

【开展城乡"手拉手"活动】 2009年，根据《加快沈阳市农村学前教育发展实施方案》要求，继续开展城乡学前教育手拉手送教下乡和百名农村幼儿教师进城学习一周活动，全市77所示范幼儿园共送教下乡200余次。继续开展农村幼儿教师进城学习一周活动，131所农村乡镇中心幼儿园的百余名幼儿教师，通过到示范幼儿园亲自学习带班、参加幼儿园的各项活动、交流经验体会等，不断更新教育理念，提高教育水平，农村学前教育质量显著提高。

（罗　丽　葛文丽）

【学前教育表彰会】 为庆祝"六一"国际儿童节，表彰先进，2009年5月31日，在沈阳市和平区南宁幼儿园实验分园举行了沈阳市庆"六一"国际儿童节学前教育表彰会暨首批惠民幼儿园启动仪式。会上表彰了在学前教育工作中表现突出的15个学前教育工作先进单位、15个学前教育工作先进集体、55名优秀幼儿园园长、128名优秀幼儿教师、72名学前教育先进工作者；中国人民解放军第202医院幼儿园、沈河区育鹏小学幼儿园、沈阳市大东区东机幼儿园、沈阳市蓓蕾幼儿园万科新榆分园等4所幼儿园获沈阳市政府办实事幼儿园装修改造完美奖；沈阳市蓓蕾幼儿园获沈阳市幼儿园构建0—6岁学前教育体系突出贡献奖；铁西区教工第二幼儿园、和平区惠民幼儿园、沈河区令闻一幼儿园、皇姑区明廉中心幼儿园、大东区东新小学附属幼儿园等5所幼儿园被命名为沈阳市惠民幼儿园。

（罗　丽　葛文丽）

基础教育

【学区化管理】 全市城区中小学实现区域性学区化管理。大学区内实现统一组织备课、统一开展教学、统一质量监测、统一教师培训，学区内所有学生共享学区内各类教育资源。全市共组建53个大学区，初中21个，小学32个。沈河区建立了学区化管理培训方案和大学区教育教学常规管理一体化制度；铁西区建立了大学区教育教学常规分层次管理制度和资源共享制度；大东区建立了同课异构制度；和平区和皇姑区组建学区名师工作室，建立名师跨校兼课制度等，大学区工作制度化的局面已初步形成。同时，各区学结合本区内实际情况，以学区为单位积极组织集体教研、教师培训、课题研究，统一开展质量监测等，并结合"一周两月"活动，积极组织教学开放周、校长进课堂和教师教学基本功大赛活动。学区教研已成为各学区工作的主要内容之一，通过在学区内开展教研活动，不但促进了教师对大学区的理性认识，同时又在学区内形成了"互相交流、互相学习、相互指正、共同提高"的教研氛围，促进了学区内教育教学水平的不断提高。

（崔　凯）

【城乡义务教育共同体建设】 2009年10月23日，沈阳市城乡义务教育发展共同体建设启动大会在沈阳市外国语学校召开。大会全面总结了四年来城乡"手拉手"工作，对手拉手工作的先进单位和个人进行了表彰，并推出创新城乡义务教育共同发展的新载体——城乡义务教育合作体。

大会由政府教育督导室胡长胜副主任主持。市委教科工委张恩副书记、市教育局韩燕子副局长、张晓军副局长、市教育局吕贵普副巡视员以及市教育局相关部门负责人、区、县（市）教育局领导和全市校长代表、教师代表130余人参加了大会。

市教育局张晓军副局长宣读了《关于表彰2008－2009学年度城乡手拉手工作先进单位和先进个人的通报》，授予和平区铁路一校等78个单位沈阳市城区学校与农村九年一贯制学校"手拉手"工作先进单位称号，授予和平区教育局杨壮等92名同志沈阳市城区学校与农村九年一贯制学校手拉手工作先进工作者称号，授予和平区南京一校张湘宁等83名同志沈阳市城区学校与农村九年一贯制学校"手拉手"工作先进个人称号。与会领导为先进单位和先进个人代表颁发了奖牌和证书。

大会高度评价"手拉手"工作所取得的成绩，将"手拉手"工作定位为全市贯彻落实科学发展观，推进义务教育均衡协调发展的重要举措，是深入实施"科教兴市"发展战略，构建和谐社会的重要内容，是学生受益、家长满意、社会赞誉的民心工程。为全面深化教育改革，建设教育强市，办人民满意的教育奠定了坚实的基础，开创了城乡教育共同发展的历史新阶段。

在大会上，和平区教育局局长同沈北新区、康平县教育局局长作为合作双方代表签订了《城乡义务教育发展合作书》。合作书的签订标志着城乡义务教育发展合作进入了一个新的历史时期。这一时期的合作，将从原有从单项支援发展为全面合作，即由原来的校际协作发展成区对区（县、市）的全面联合，这既是对"手拉手"工作的继承和延续，也是对"手拉手"工作的创新和发展。

沈河区教育局局长代表合作体在大会上作了表态发言，表示要创造条件，为建设城乡义务教育发展共同体提供全方位保障；要立足长远，把建设城乡义务教育发展共同体工作落到实处；要共同提高，全力奏响建设教育强市的最强音。

市教育局韩燕子副局长在讲话中要求各地要把握内涵，充分理解和认识建设城乡义务教育发展共同体的重要意义；要结合实际，突出重点，切实建设好城乡教育共同体；要高度重视，加强共同体建设的组织协调和责任落实。讲话中建议各地根据实际，创新合作模式，共同商定新的合作项目，以务实高效的形式促进教育共同体的发展。并提出了城乡合作体建设的六种合作模式。即，城区干部、教师到农村学校支教，城区骨干教师送教下乡，农村干部、教师进城留学，城乡干部、教师一体化培训，城乡学校统一教育教学进程，利用远程视频教育系统实现城乡学校全面合作。

会议强调，建设城乡教育发展共同体是惠及广大农民，促进农村义务教育发展的重要工程，全市教育系统要高度重视，加强领导，不断创新工作思路，与时俱进，扎扎实实地开展合作，努力使全市城乡义务教育的发展再上一个新台阶。

（王　军）

【农村九年一贯制学校质量再提升工程启动大会】 2009年6月2日，沈阳市农村九年一贯制学校质量再提升启动大会在沈北新区辉山学校召开。

会议由沈阳市人民政府教育督导室主任、市教育局副局长张振忠主持。会上，市教育局副局长倪左全面部署了

2009年全市农村九年一贯制学校质量再提升工作任务，辽中县教育局、沈北新区辉山学校作了表态发言，市教育局苏文捷局长作了重要讲话，就全面推进再提升工程提出了具体要求。

会议明确了2009年全市农村九年一贯制学校质量再提升工作任务。2009年再提升工作将按照“全面启动，保证重点、有序推进、创建示范”的原则，围绕校园基本建设、配备图书、仪器和设备、远程视频教育系统和信息技术培训、加强干部教师队伍建设、组织修订县域教育发展三年规划和制定学校发展三年规划、加强学校常规管理，建设学校文化，创建特色学校等六项任务，全面推进农村九年一贯制学校的建设和发展。

会议对全市再提升工程提出了明确要求。一是要求各县、区（市）要进一步统一思想，提高认识，增强建设再提升工程的紧迫感和使命感。二是要明确分工，落实责任，认真做好再提升工程的组织和实施。三是要进一步加强学校内涵建设，提升农村学校的教育教学质量和办学效益。四是要进一步加强学校特色建设，结合学校的传统优势和实际情况，科学规划和学校的特色发展项目，构建“校校有特色，人人有特长”的素质教育良好局面。五是要进一步加强教育改革步伐，优化农村学校内部运行机制。

会议强调，实施农村九年一贯制学校再提升工程，是落实科学发展观、建设社会主义新农村赋予沈阳教育的历史重任，广大干部、教师要以饱满的热情，抢抓机遇，开拓进取，积极投入到农村九年一贯制学校再提升工程建设中去，在实现沈阳农村教育跨越式发展的进程中做出应有的贡献。

（王　军）

【标准化普通高中建设】 沈阳市教育局于2009年初出台《关于大力推进全市普通高中教育事业发展的意见》，明确了全市普通高中教育事业发展的基本思路、管理体制、发展目标、主要任务和措施。《意见》提出在全市普通高中开展创建“市级标准化普通高中”工作，到2012年，全市60%以上的普通高中要实现办学标准化。要通过标准化高中的创建，使每所学校的硬实力和软实力得到增强，积聚后续发展的动力，使普通高中的发展能够进入“动车”新时代。从2009年，到2012年，市教育局每年组织一次“市级标准化普通高中”验收工作，每年安排1000万元以奖代拨专项经费。

3月，沈阳市教育局制定并下发了《沈阳市普通高中办学标准》，《标准》从加强干部教师队伍的职业化和专业化建设、规范学校管理、提高教学质量、完善办学条件等四个方面入手，设定了普通高中办学的“门槛儿”。在创建标准化普通高中工作过程中，市教育局采取了培训、读书、交流、论坛、考察、自我诊断等一系列推进策略。各区政府、教育行政部门和各普通高中学校也结合本地区实际积极展开创建工作，全年有45所学校申报市级标准化普通高中。

11月11日至12月2日，市政府教育督导室和市教育局联合组织评估验收组对各区、县（市）申报学校开展了评估验收。2009年底，依据评估验收结果，经市教育局研究决定，东北育才学校、沈阳市第二中学、沈阳市第二十中学、东北中山中学、沈阳市第二十七中学、沈阳市同泽高级中学、沈阳市第一中学、沈阳市第五中学、沈阳市第一二〇中学、沈阳市第十一中学、沈阳市第四中学、沈阳市第三十一中学、沈阳市第三十中学、沈阳市第五十一中学、沈阳市第八十三中学、沈阳市第五十六中学、辽中县第一高级中学、辽中县第二高级中学、法库县高级中学、新民市高级中学等20所学校被命名为“沈阳市标准化普通高中”。

（安　凯）

【学校常规管理】 进一步加强学校常规管理，规范办学行为。下发《关于进一步加强全市中小学常规管理的通知》，从强化课程刚性管理、切实规范学生到校时间、严格控制学生作业量、严格考试和学生评价工作管理等四方面对学校常规管理工作提出了要求。对于容易引起社会热点的问题进行了规范性的要求，将社会反响比较大，百姓关心的学校行为纳入常规管理的重点，取得了良好社会效果。

严格执行中小学入学规定，营造和谐教育环境。一是明确各项规定。下发了《关于做好全市2009年义务教育阶段中小学招生工作的通知》。组织各区县市完成小学毕业生的普查和区划分工作。严格执行义务教育阶段中小学招生工作各项规定，要求各区进一步加强对本地区学校尤其是热点学校招生工作的监督和管理，严格执行小学毕业生免试就近升入初中的规定，要求各中小学不以各种形式大肆宣传本校中考成绩，为全市义务教育阶段招生工作稳定、有序进行营造一个健康、良好的社会氛围。二是强调保持稳定。7月3日，转发了《辽宁省教育厅关于进一步做好农民工子女接受义务教育工作的通知》，要求各区县市认真做好本地区农民工子女接受义务教育工作，充分保障农民工子女接受义务教育的权利。7月13日在和平区南京一校召开学区划分工作会议，就热点学校的学区划分工作提出要求，会议要求各区的学区划分中要以稳定为主，要避免因学区划分而引起个体、群体上访事件的发生。7月15日在134中学召开了初中热点学校校长座谈会，就学校如何做好招生稳定工作，控制好中招后对中考试成绩的宣传，严格规范办学行为等问题给各校提出了具体要求。

（周庆军）

【特色学校建设】 截至2009年底，全市共有214个项目被评为沈阳市特色项目，促进了学校办学水平与育人质量的整体提升，开拓了学校发展特色教育的新思路，积累了创建特色学校的新经验。

11月24日，沈阳市教育局在浑南新区第二小学召开了“沈阳市特色学校建设经验交流会”。会议总结、交流了特色学校建设的基本经验，深入分析了学校特色建设工作面临的新形势，全面部署了今后一个时期特色学校建设的工作任务，明确了全市特色学校建设的总体思路，即按照“全面启动，分类指导、阶梯式推进”总体思路，全面推进特色学校建设工作。引导学校走特色化、个性化、内涵式发展之路，通过采取积极、有效的措施进一步推动学校特色发展，逐步形成学校有特色、教师有专长，学生有特长的办学局面，丰富学校发展的内涵，努力办人民满意的教育。力争2年内全市100%的中小学校都要有自己的特色发展项目，在全市形成一个区域有推进、学校有项目，学生有特长，积极创建特色的良好氛围。

（崔　凯）

【绿色学校建设】 根据《关于转发省教育系统生态省建设工作方案的通知》的要求,市环保局、教育局于12月对各区、县(市)上报的第4批绿色学校组织实施了评估验收。

经市环保局和教育局研究,决定命名和平区沈阳铁路第五小学等104所学校为"沈阳市绿色学校"。(见附件)

附件: 第4批沈阳市绿色学校

和平区沈阳铁路第五小学
和平区沈阳铁路实验小学
和平区南京街第九小学
和平区团结路小学
和平区南京街第十小学
和平区砂山街第四小学
和平区望湖路小学
沈阳市第九十九中学
沈阳市第一六六中学
沈阳市朝鲜族第六中学
沈阳市第九十一中学
沈阳市第一二六中学
沈阳市第一二四中学
沈阳铁路实验中学
东北中山中学
沈河区育鹏小学
沈河区热闹路第二小学
沈河区大南街第一小学
沈河区文化路小学
沈河区二经二校
沈阳市第七中学
沈阳市第一六五中学
沈阳市共青团实验中学
沈阳市第十七中学
大东区二〇五小学
大东区东新小学
大东区辽沈街第二小学
大东区培智学校
沈阳市第一四〇中学
沈阳市第三十五中学
沈阳市第五中学
皇姑区怒江小学
皇姑区童晖小学
皇姑区三台子第一小学
皇姑区淮河街小学
皇姑区明廉路小学
皇姑区泰山路小学
沈阳市第四十三中学
沈阳市虹桥初级中学
沈阳市第三十三中学
沈阳市第十一中学
沈阳市第二十四中学
铁西区郎家小学
铁西区勋望小学
铁西区齐贤一校
铁西区新民屯学校
沈阳市第二十二中学
沈阳市第六十一中学
沈阳市第七十二中学
沈阳市第七十三中学
于洪区光辉乡老边中心校
于洪区国奥小学
于洪区平罗镇中心校
于洪区马三家镇三十家中心小学
于洪区大潘镇大潘中心小学
于洪区大兴学校
沈阳市第五十六中学
沈阳市辉山学校
沈北新区黄家锡伯族学校
沈北新区兴隆台锡伯族九年一贯制学校
沈阳师范大学沈北附属学校
苏家屯区文化路小学
苏家屯区雪松路小学
苏家屯区湖西街小学
苏家屯区陈相屯镇中心小学
苏家屯区特殊教育学校
苏家屯区十里河九年一贯制学校
苏家屯区"八一"九年一贯制学校
苏家屯区永乐九年一贯制学校
苏家屯区白清九年一贯制学校
沈阳市第一七五中学
沈阳市第一八四中学
辽中县六间房九年一贯制学校
辽中县杨士岗九年一贯制学校
辽中县大黑岗子九年一贯制学校
辽中县刘二堡九年一贯制学校
辽中县老观坨九年一贯制学校
辽中县满都户九年一贯制学校
新民市兴隆堡学校
新民市法哈牛学校
新民市大喇嘛学校
新民市梁山学校
新民市大民屯学校
法库县石桥小学
法库县太阳升小学
法库县实验小学
法库县爱心学校
法库县孟家九年一贯制学校
法库县四家子蒙古族学校
法库县包家屯九年一贯制学校
法库县高级中学
康平县东关九年一贯制学校
康平县东升九年一贯制学校
康平县西关九年一贯制学校
康平县小城子九年一贯制学校
康平县二牛九年一贯制学校
康平县康平镇九年一贯制学校
康平县山东屯九年一贯制学校
康平县北四家子九年一贯制学校
沈阳市棋盘山新屯小学
沈阳市浑南新区第一小学
沈阳市浑南新区第二小学
沈阳市浑南新区东湖学校、
沈阳市浑南新区朝鲜族学校

(*杨晓琳*)

【德育督导检查】 4月7—28日,沈阳市教育局开展了德育专项督导检查。此次督导检查范围涉及15个区、县36所学校。检查主要通过听取汇报、材料审核、实地考察、问卷调查、整体观察的形式,针对学校测评部分进行重点考察。

督导检查结果显示,自中央八号文件下发以来,未成年人思想道德建设工作在中小学校得到了前所未有的重视,领导体制得到完善,工作制度得以建立,各项教育活动有效开展。为了迎接中央和省教育厅的测评,各区县(市)教育局、各中小学校按照测评体系认真进行了准备,档案资料基本建立,校园育人环境得到优化,但仍有一些方面需要进一步整改。为了及时指导工作,检查组在每所学校都进行了反馈,并在6月初,形成了督导检查报告,召开了各区县德育科长会,公布督导检查情况。9月,迎接了省教育厅、省文明办等部门组织的迎检工作检查活动,有关工作受到有关部门省领导的好评。沈阳市第一三四中学、沈河区岸英小学等20所学校被评为迎检工作"双十佳学校"。

(*苗道园*)

【宣传学习道德小模范事迹】 2009年,市教育局编写了《感动校园的好少年——做一个有道德人》,共收集整理了16位好少年的事迹,有孝敬父母、遵章守纪、热爱生活、乐于助人等各个方面的典型,免费发放给各中小学校,并要求各中小学校组织学习和开展宣传教育活动。孝老爱亲、自强不息的好少年马鹏飞的事迹经宣传后，引起了社会各有关方面的高度关注。新华社以《辽宁“道德小模范”马鹏飞用行动诠释“百善孝为先”》为题在《国内动态清样》上进行了宣传。中央和省市领导相继做出批示。中央政治局常委、中央文明委主任李长春批示：小鹏飞这孩子真了不起，是对独生子女教育的好教材。中央政治局委员、书记处书记、中宣部部长刘云山同志批示：马鹏飞的事迹令人动容，要组织中央媒体广为宣传他的事迹。中共沈阳市委书记曾维同志批示：（要）在全市中小学生中形成学习、宣传马鹏飞事迹的热潮。为认真落实中央和省市领导的批示，充分利用马鹏飞的事迹教育全市中小学生自强不息、孝老爱亲，市教育局向全市中小学生发出号召，向马鹏飞同学学习，学习他孝老爱亲、知恩重义的传统美德，学习他自强自立、不怕困难的顽强精神，学习他艰苦朴素、勤俭持家的优秀品质，做一名中国特色社会主义合格建设者和可靠接班人。

6月12日，在沈河区二经二校召开“学习道德小模范争做马鹏飞式好少年座谈会”。二经二校在《沈阳日报》上，向全市中小学生发出“学习马鹏飞，做坚强的好少年”的倡议。6月15日，全市中小学校组织学生通过德育网观看了马鹏飞的事迹介绍，第33中学代表全市学校接受了媒体采访。6月17日，新民市教育局在新民市高中举办了“远学马鹏飞，近学刘高鑫”好少年事迹报告会。

6月26日，市教育局、市文明办、团市委下发了文件《关于在全市中小学校开展“学习道德小模范，争做马鹏飞式好少年”活动的通知》。

12月17日，由辽宁省学生联合会与共青团辽宁省委宣传教育中心共同发起的“辽宁省大学生自强之星”评选活动落下帷幕。辽宁科技大学葛大勇等10名同学获评“辽宁省大学生自强之星”，每人获奖学金5000元；辽宁大学韩爽等37名同学获评“辽宁省大学生自强之星”提名奖，每人获奖学金1000元。辽宁科技大学等10所高校获“辽宁省大学生自强之星”优秀组织奖。与此同时，“辽宁省魅力中学生”也同时揭晓，沈阳孝老敬亲模范马鹏飞等10名同学获得“辽宁省魅力中学生”称号。年末，马鹏飞入选感动沈阳人物。

（苗道国）

【开展全民读书月活动】 4月23日—5月23日，围绕沈阳读书月组委会的总体安排，市教育局积极动员组织中小学生参与读书月的各项活动，向全市中小学生发出“每人读一本好书、写一篇读书心得、收看一次读书节目”的倡议，并重点开展了四项活动：一是举办“享受阅读，感悟人生”沈阳市少年儿童校园剧表演大赛。此项活动由市教育局、市文化局共同主办，由市少儿图书馆承办。4月21日，在沈阳市少儿图书馆举办了启动仪式，11月12日在沈阳电视台举办了颁奖仪式。二是举办了《童心系汶川》一书的首发暨漂流活动。中国人民大学少年新闻学院沈阳分院在2009年春节期间带领小记者亲赴四川慰问灾区小朋友，并与沈阳市教育局共同编写了《童心系汶川》一书。5月12日，在沈阳市实验学校实验书院举行了首发暨漂流活动。三是开展了向农村学校捐书活动。沈阳市内五区的中小学生和市教育局直属学校学生积极向农村学生捐书，共捐赠图书7万多册。结合纪念“5·12”汶川大地震一周年活动，许多学校还自发组织了向四川学生捐书的活动。四是举办了沈阳市中小学生命题作文大赛。全市有20多万学生参与。5月20日，在周恩来读书旧址—东关模范小学举行全市总决赛，参加比赛的选手一共有60名。最后评出中小学一等奖各5名，二等奖各10名，优秀奖若干名。对获奖的选手和优秀组织单位以沈阳读书月活动组委会名义进行了表彰。

（苗道国）

【“法官进校园”活动】 6月1日，市教育局、市法院在市第五中学联合举行以“关护成长，远离犯罪”为主题的“法官进校园”活动启动仪式，会上向首批进校园的法官颁发了聘书，标志“法官进校园”活动在全市中小学全面展开。

“法官进校园”活动的宗旨是认真贯彻落实《未成年人保护法》和《预防未成年人犯罪法》，充分发挥法院在加强青少年法制教育，预防青少年违法犯罪，维护青少年合法权益方面的特殊作用和功能，有效预防青少年违法犯罪和保护未成年学生的合法权益，形成特殊优先保护未成年学生合法权利的工作合力。

“法官进校园”活动期间，全市两级法院的法官走进千余所中小学校，走进课堂，走到中小学生中间，通过开展法律讲座、开设模拟法庭、与学生结对子等多种形式，对中小学生进行全面法律常识教育。通过组织中小学生走进法院旁听案件、到监狱听少年犯现身说法等形式，让中小学生切身体验法律的威严，深切感受违法犯罪对家庭、社会的危害，对个人前途命运的影响。在沈阳电台开设“托起明天的太阳——法官之声”栏目，在《沈阳日报》、《辽宁法制报》联合开设“法官说法”栏目，以案说法，用生动真实的案例教育广大中小学生。

通过一系列教育形式和学生喜闻乐见的教育活动，全面加深了广大中小学生对法律知识的理解，进一步增强了中小学生的法律意识，提高自我保护能力。

（苗道国）

【发展科技教育】 沈阳市教育局在中小学中积极开展科技教育，提高学生的科学素养，促进学生素质全面和谐发展。

广泛开展校内外科技活动。2009年，沈阳市教育局以培养青少年的科学兴趣，开发创新思维，提高科学动手、动脑能力为目的，开展丰富多彩的科技教育活动，获得喜人成绩。在沈阳市第24届青少年科技创新大赛中，共征集师生科技创新作品、科学幻想画作品、科技教育方案、科技实践活动1429项。推荐了68件作品参加省级大赛，获奖率100%。在全国大赛中，全市参赛选手取得4金、3银、5铜的良好战绩。2009年的全国青少年机器人竞赛辽宁赛区联赛，沈阳市有68支代表团队156名选手参赛，超过联赛总人数的一半，获得金奖15项，银奖12项，铜奖11项。此外，在沈阳市青少年橡筋动力扑翼飞机航模竞赛、第七届辽宁省青少年纸飞机（沈阳赛区）航模“手掷留空时间”联赛的活动中各参赛队均取得骄人成绩。

加强科技辅导员队伍建设。沈阳市教育局邀请中国青少年科技辅导员协会和省市青少年科技教育专家，巡回各中小学对辅导员进行轮训，先后培训300余人。6月，举办了130余人参加的全市青少年科技辅导员业务集训班。10月，组织了20多所中小学的校长和科技教师赴北京参加全国青少年科技教育研讨会。全年,全市科技辅导员对各项青少年科普活动一呼百应,不少辅导员主动承接市级活动的策划组织工作。截至年底,全市科技辅导员发展到1300多人,有76名辅导员被评为省级或市级优秀指导老师,3名教师当选"辽宁省十佳科技辅导员"。东北育才学校龚鹏老师因在科学教育和科学课程领域贡献突出,被世界发展中国家科学院评为"发展中国家科学院区域奖",成为亚洲在这个国际奖项的惟一获得者。

发展科技教育特色学校,营造科技氛围。深入浑南一校、和平区望湖路小学、辽中县老观坨乡九年一贯制学校等几十所中小学进行宣传发动,积极帮助学校策划科技教育活动、聘请科技顾问和校外科技辅导员,并提供各类科普资源,为学校科技活动搞好保障,有效调动了校园科技活动的积极性,新生了一大批科普教育特色校、示范校。大东区杏坛小学、辽沈二校、沈河区朝阳一校、文化路小学等全市15所学校被中国科协、国家教育部评为全国青少年科技教育示范学校,入选数量占全国首批示范校的十分之一。大东区辽沈二校将科技活动融入校园文化,成立了机器人、船模、科学实验、太空车、七巧板等20个类别的科技活动会员活动之家,全校学生参与科技实践的氛围浓厚。沈阳市第127中学投入100余万元建设"青少年机器人工作室",聘请多名专职科技教师,大力组织学生开展科技创新活动。沈河区文化路小学在学生中开展"八个一"活动,即每人做一件科技小制作,编一份科技手抄报、画一张科幻画,写一篇科普征文,学一位科学家事迹、做一次科普调查,讲一个科幻故事,读一本科普书刊。学校还坚持每周开设两次科学课,每学期组织一次社会实践活动,并在省气象局、中科院沈阳应用生态研究所、沈阳市污水处理厂等单位建立了6个校外科普实践活动基地。

(*杨晓琳*)

【学校体育】 认真实施《国家学生体质健康标准》,促进学生体质健康水平不断提高。2009年,首批70套《国家学生体质健康标准》招标器材发放并投入使用。智能化器材的使用,进一步提高了《国家学生体质健康标准》的实施质量和数据的准确性。学校以《国家学生体质健康标准》测试数据为依托,掌握学生体质健康状况,有针对性的干预和促进学生身体发育,提高学生的体质和健康水平。2008—2009学年度,全市开展《标准》测试的学校713所,达到及格标准以上的学生57.9万人,达标率96.03%。沈阳市220所测试点校进行了网上直报教育部数据工作,上报率位列全省第一,被教育部体卫艺司评为《国家学生体质健康标准》测试数据上报工作先进单位。

以教科研工作为中心,提升学校体育工作质量。为充分发挥教科研的引领作用,组织开展了体育新课程专题辅导和高中骨干教师的模块教学培训;组织优秀体育教师送教下乡,并向农村中小学教师赠送《体卫艺教学案例集》;开展了1028人次参与的体育教师技能培训;进行了市第25届体育教学评优、市城区冬季体育课评优和展示现场会;开展了沈阳市第6届先进体育教研组评选,共评出优秀体育教研组27个;确定《体卫艺综合教研基地校》8所,体育教研基地校13所;组织了市中小学优秀体育教案评选。7月,全市组织部分学校和教师学校参加了在长春举办的"中国《十城市》首届学校体育论坛大会,会上沈阳市7所学校在大会上做了相关工作经验介绍。全年共获得国家级优秀课5节,东三省优秀课2节,省优课8节;国家级优秀论文11篇,省级优秀论文126篇;2个省级"十一五"国家规划科研课题结题,参与单位39个;沈阳市第六十八中学等三所学校和浑南新区第二小学等4所学校获得中国教育学会颁发的学校体育先进单位奖和体育优秀教研组奖。

以学生阳光体育运动为抓手,积极开展群众性体育活动。全市于2月份开展了为期两天的第三套全国中小学生系列广播体操教学培训,70余名教师参加了市级培训,并组织开展了"千校万人大会操"活动,130所学校被评为市级优秀单位,沈阳市回民中学等27所学校分获辽宁省"千校万人大会操"评比一、二、三等奖。11月9日,市教育局联合市体育局、团市委在沈阳市第11中学共同举办了辽宁省暨沈阳市第三届亿万学生阳光体育冬季长跑活动启动仪式,全市中小学积极响应,结合体育课、体活课、大课间等形式广泛开展冬季长跑等多种形式的学生阳光体育运动,使学生每天一小时体育活动时间得到了保证。沈阳市教育局、沈河区教育局和皇姑区教育局被教育部、国家体育总局、共青团中央评为"第二届全国亿万学生阳光体育冬季长跑活动优秀组织单位"并给予通报表扬。为推动校园足球活动的开展,形成了"沈阳市开展校园足球活动实施方案",确定了30所小学和16所初中为首批试点校。圆满完成了上半赛季的比赛,共进行比赛191场,参赛队员近2000人次。此外,还组织开展了阿迪达斯绿茵成长计划第二赛季足球竞赛活动、中德国际青少年足球赛、乒乓球团体赛和校园"三对三"篮球竞赛等多项群体活动。

以课余训练和竞赛为平台,积极培养优秀体育后备人才。在辽宁省体育局和省教育厅组织的体育传统项目学校检查中,全市迎检的沈阳市第31中学和沈河区顺通小学受到了检查组成员的一致好评。为促进课余训练的有效开展,如期举办了全市中小学生篮球、排球、三棋、田径、足球、乒乓球、健美操和健身操八项常规竞赛,参赛队246支,参赛运动员2955人,这些竞赛活动有力地促进了学校体育竞训质量的提升。2009年全市共有13所学校的14队(项)次在全国性体育竞赛中获得前六名,其中:沈阳市第35中学获得教育部中体协举办的"2009年全国中学生排球联赛"冠军;沈阳市第84中学获得"全国青少年藤球锦标赛"双人赛男子第一名、女子第一名;沈阳市第28中学男子板球队获得"2009年全国板球锦标赛总决赛"高中组冠军;沈阳市第5中学获得"2009年'同洲联盟杯'全国中学生、业余体校手球锦标赛"高中组冠军;沈河区顺通小学获得"全国乒乓球重点单位比赛"女子团体冠军。

(*吕贵普 王玉鹏 谭颖慧*)

【甲型H1N1流感防控】 自4月全球爆发甲型H1N1流感疫情以来,市委、市政府高度重视学校防控工作,王玲副市长先后召开了防控例会23次;顾春明、王玲等市领导5次视察学校、幼儿园的防控工作。全市教育系统按照国家、辽宁省的统一部署和要求,认真贯彻落实,扎实工作。一是成立了防控工作领导小组,召开局长办公会、专题办公会10余次,并先后转发、印发防控工作文件80余份。二是开展多层次、多角度的甲型H1N1流感防控培训14次,并会同市卫生局、市疾控中心、市卫生监督所、民政局等先后8次组成了30余个督察组,分别对托幼机构、普通中小学校及民办教育、民办机构、职业学校的300余个单位的防控工作进行了督导检查。三是开展了多种形式的宣传教育,印发了1万册《甲流防控手册》、10万册《健康告知书》、2000份《十二项规定》公告、2000余张宣传光盘、3000份张贴画,还先后下发了3份《致家长一封信》,指导学校开展防控工作。四是从5月4日起,实行疫情监控的日报告制度,平均每日统计60余万师生的因病缺席情况,处理学校群体发热事件200余起,全市涉及60%以上的学校、班级进行了课时调整。五是投入了23万元专项经费(各区、县政府、教育局和学校也加大投入,总投入近300万元),用于为学校购买电子测温仪、体温计、防控用品、消毒剂等防控物资,全力做好学校防控物质的储备。六是积极开展疫苗接种工作,第一批重点接种人群中有高三学生、教师,其中:高三学生参加接种的人数2.03万人,教师接种2.14万人,接种率达50%以上。

(吕贵普　王玉鹏　谭颖慧)

【中小学生艺术教育成果展演】　以歌颂党、歌颂祖国、歌颂沈阳教育大发展为主题的"沈阳市中小学生艺术教育成果展演"于12月28日在辽宁电视台隆重举行。展演活动充分展示了沈阳市近年来推进素质教育所取得的丰硕成果,彰显了沈阳市中小学生的艺术才华。整台晚会以近400名师生同台演唱的合唱《春天来了》拉开序幕,晚会阵容庞大,主题鲜明,由12个高质量、高品位的文艺节目组成,节目集歌舞、戏曲、语言、器乐和校园剧等演出形式于一身,内容丰富、形式多样,节目始终贴近中小学生的学习生活,各具特色,从不同的角度展示出沈阳市中小学生的艺术造诣和积极向上的精神风貌。

在2009年市中小学生艺术展演活动中,经过校、区县、市层层展演,有149支艺术表演队、259幅艺术作品在市级展演中获奖。铁西区启工二校、第九中学等5个表演队在辽宁省第3届中小学艺术展演中荣获金奖,取得突破性成就;沈阳市教育局、沈河区教育局、铁西区教育局、新民市教育局、沈北新区教育局荣获辽宁省学校艺术展演优秀组织奖。五支队伍将代表辽宁参加在上海举行的全国第三届中小学生艺术展演。

(吕贵普　王玉鹏　谭颖慧)

市属高校发展

【专业学科建设】　市属各高校通过不断整合学科队伍,加大经费投入,加强学科建设。沈阳大学、沈阳医学院先后成为硕士学位授权单位。沈阳大学新校区建设全部竣工,办学条件得到根本改善。国际商学院"会计学原理"获得国家级"双语"教学示范课,实现国家级"双语"教学示范课零的突破;机械学院的"机械原理"、外语学院的"大学英语"、职业技术学院的"互换性与测量技术基础"、"金融概论"等4门课程被评为2009年度辽宁省高校精品课程;机械工程学院"材料成型及控制工程"专业和信息工程学院"自动化"专业被评为辽宁省示范专业,实现省级本科示范专业零的突破;"计算机系统维护"专业被评为省级高职品牌专业;有3个学科成为辽宁省优势特色学科;新增省重点实验室1个;新增省优秀教学团队2个、省示范专业2个,省精品课程4门;在"金蝶杯"全国大学生创业大赛中摘取桂冠。沈阳医学院环境污染与微生态实验室被评为辽宁省重点实验室,病原生物学学科被评为辽宁省优势特色重点学科;人体科学展览馆成为辽宁省科普基地;成功举办"第7届科技年会暨学科建设研讨会",调整第7届学术委员会,修订《沈阳医学院科技奖励条例》、《沈阳医学院纵向科研项目管理办法》,制定《沈阳医学院学术道德行为规范》、《沈阳医学院实验室管理制度》。沈阳职业技术学院获省级以上奖项20个,其中:国家精品课1门、省精品课5门、省品牌专业2个、省精品教材2本、省专业带头人1名、省优秀教学团队3个、其他奖项6个。

(于晓晶)

【实施人才强校战略】　沈阳大学2009年引进博士36人,考取博士研究生13人,毕业博士研究生12人,在读70人。全校具有博士学位教师已有151人,占专任教师总数的12.1%。选派14名教师赴美国西俄勒冈大学等境外机构进修培训。16名学科带头人和教学名师前往英国进行短期培训。有4名教师获得沈阳市高校中青年拔尖人才称号。获省优秀教师1人,市优秀教师2人,市优秀教育工作者1人。2人入选省百千万人才工程百人层次,3人入选千人层次。

(于晓晶)

【推进产学研一体化进程】　沈阳大学与法库、新民、市环保局建立产学研全面战略合作关系,承担沈阳市创建环境建设样板城规划项目,主持绿色政府项目,与沈阳地铁有限公司、市建委、市民政局、沈阳市企业家协会、沈阳市中小企业局建立合作关系,共培育基地项目30多个,其中省市立项5个。2009年实现各级各类立项183项,其中国家级项目31项,实现国家自然科学重大基金项目零的突破。获省、市科技进步奖4项,省自然科学成果奖19项;在核心期刊发表文章323篇,三大索引文章107篇;开展各类学术活动85次,成功承办中国经济规律研究会第19届年会和第4届全国循环经济与生态工业学术研讨会。科研进款额达到2500万元。沈阳医学院新增国家自然科学基金项目2项,总数达到11项;新中标各级各类科研项目41项,纵向科研经费276.5万元;获得辽宁省政府科技进步3等奖1项,沈阳市政府科技进步奖5项;产学研合作取得新突破,与"雀巢公司"、"济南圣泉集团"、"海南康芝药业"等多家企业开展校企合作研发。沈阳职业技术学院获课题立项14项、省教学成果奖12项,其中国家级课题实现零的突破。沈阳广播电视大学进行数字化学习港的建设,增强服务地方经济建设的能力和水平。

充分挖掘和有效整合高校的科技资源,推动高校与沈阳企业开展广泛合作,促进高校科技成果在本地转化。市委教科工委、市教育局与市科技局(市科技总院)联合组建在沈高校、科研设计单位"产学研一体化"工作领导小组,加强"产学研一体化"队伍建设,开展培训,积极奠定"5年内实施1000项产学研合作项目"(含在沈高校)的基础,促进高校、科研设计单位提高创新能力并推动"产学研一体化"进程。

组织召开沈阳科教系统"产学研一体化"推进工作座谈会。7月15日,召开了沈阳市科教系统"产学研一体化"推进工作座谈会。在沈高校、科研设计单位"产学研一体化"推进工作领导小组办公室主任参加会议。各高校、科研设计单位也分别结合本单位的实际交流"产学研一体化"工作作法和成功经验。

在网站发布"产学研一体化"合作信息。收集、整理在沈各高校、科研设计单位项目最新项目、成果296项,创新平台76个,于9月1日正式发布在"沈阳产学研合作信息网"网站(网址 www.sycxy.com.cn),便于企业、高校构筑"产学研联盟"。

(于晓晶)

中等职业技术教育

【职高优化重组】 为实现中等职业技术教育的规模效益,继建成4所万人规模职业学校之后,第5所万人规模的职业技术职教园区正式投入使用。9月25日,举办了沈阳市中等职业教育专业技能大比武成果展暨沈阳市职教园区落成仪式,沈阳市化工学校、沈阳市计算机学校和沈阳市汽车工程学校合并为一个职教园区。教育部副部长陈希、鲁昕、职称司司长葛道凯等一行12人与省政府、省教育厅领导参加仪式,市委书记曾维参加仪式并做重要讲话。

(司群生 蔡继红)

【中等职业技术学校内涵建设】 2009年,沈阳市先后制发《关于加强全市中等职业学校专业建设的意见》和《加快推进沈阳市职业教育发展的实施意见》,进一步明确了今后一个时期全市职业教育的发展方向和工作重点,加快职业学校内涵建设,稳步提高办学水平。

3月中旬、5月下旬,中共中央政治局常委、国务院总理温家宝、全国政协主席贾庆林先后视察沈阳市装备制造工程学校,对学校办学给予了充分肯定。沈阳市装备制造工程学校、沈阳市化工学校被确定为全国教育系统学校实践科学发展观典型学校。其中沈阳市装备制造工程学校的办学做法先后在《人民日报》、《中国教育报》刊载,在中央电视台《新闻联播》报道。

(司群生 蔡继红)

【教师培训】 5月下旬,邀请国内著名职业教育专家姜大源来沈作《职业教育课程开发》专题讲座,培训干部、教师200多人。全年组织专业骨干教师参加国家级培训18人,省级培训60人,其中有11名教师、3名校级干部被选派到国外培训;组织71名干部教师参加全国职称教育管理干部高级研修班深造。3月下旬,与中国地质大学联合举行中国地质大学(北京)在职项目管理工程硕士学位班,直属职业学校40名教师参加了中国地质大学(北京)在职项目管理工程硕士学位班的学习。

(王朝巍 迟斌华)

终身教育

【概况】 11月16—22日,在全市范围内开展以"人人学习,促进发展"为主题的"沈阳市2009年全民终身学习活动周"活动。11月16日,沈阳市2009年"全民终身学习活动周"在和平区体育馆开幕。沈阳电视台、沈阳日报、沈阳晚报对全民终身学习活动周进行全面报道。继沈阳市的启动仪式后,沈河区、皇姑区、铁西区、大东区、东陵区、苏家屯区、辽中县等区、县纷纷举行启动仪式。辽中县、苏家屯区、沈河区、大东区、皇姑区和铁西区组织390场各类知识讲座,举办全民终身学习活动成果展。各区委办局、社区学院共制作1300多块展板,集中宣传终身学习理念,展示终身学习成果。开展各种培训活动累计240场次,听课人数达3.2万人次。

辽中县被确定为沈阳市创建"学习型村屯"试点县,依托优质教育资源,创建"村校捆绑式"终身教育新格局,以农村九年一贯制学校为依托,每个学校都设专人协助村屯开展工作,组织教师、学生定期深入屯(组)、农民家庭传播农业信息、发放宣传资料。建立起学历教育、民办教育和职业培训、乡镇成人教育中心校(村级成人教育分校)为基础的三结合教育网络。相继开展"劳动力转移培训"、"学历再提高"、"9+2义务职业教育"、"春风行动"等培训活动,接受培训的农民达万余人次。辽中县开通了终身教育网,聘请沈阳农业大学专家为农民授课。"农村远程教育"网络培训工程在全县30个村屯铺开。全县农村开展"文化广场"特色活动,引导村民科学健身,文明娱乐,初步形成县、城区、乡(镇)、村(屯)四级终身学习体系。

辽中县职教中心投入1000万元建成8000平方米的教学综合楼。投资150万元购买设备充实实训车间,改善学校的办学环境,提升影响力和知名度。继续实行"联合办学",开展"订单"培训。为毕业生搭建提供技能培训和就业机会的平台,也为适龄青年和下岗职工就业和农村劳动力转移提供培训和就业机会。已与辽宁新天成汽车用品有限公司等52家企业签订1200人的合作协议。"9+2"义务职业教育招收家庭经济困难、自愿接受职业技术教育的初中毕业生,根据学生报考情况和学校专业设置情况,采取独立编班和插班相结合,费用由政府财政负担。

于洪区成人教育积极做好对当地农民的培训和技术指导工作,办培训班492余期,培训与指导4万人次;开展农村剩余劳动力转移培训,共培训1219人。以"人人学习,促进发展"为主题启动于洪区全民终身学习活动周,树立全民终身学习理念,推进学习型组织建设。

苏家屯区"燎原之冬"活动,聘请大专院校、科研院所专家、教授为乡、村干部、致富带头人、技术能手、种植养殖大会及协会会员举办培训班95场次,接受教育近万人次,现场演示和答疑解惑33场次,发放光盘694张、书籍4700册、资料1.6万多份,播放录相91场次。

法库县职业中专在原有骨干专业基础上,与沈阳彩虹动漫有限公司联合办学,开设动漫专业。卧牛石成人中心校被教育部评为全国成人教育先进单位。

康平县举办各类农业技术培训班35次，培训农村劳动力3000余人。职教中心与沈阳客运集团交通学校举办客车驾驶员培训班，培训学员31人。与扶贫局联合举办短期农民工培训班，电子培训班培训43人，电焊培训班培训94人，培训合格率100%。

4月12日，新民市成立新民市企业岗位培训中心，加强职业技能培训和企业岗前培训提供组织保证。

沈阳市职业成人教育研究室组织各县区申报中国成协"十一五"科研立项课题和优秀论文。《乡镇成人文化技术学校发展趋势研究》和《成人学校素质教育模式创新研究》2项课题成功立项。论文《沈阳地区成人高等学校调研报告》被评为全国优秀论文三等奖。

（施群生　蔡继红）

民办教育

【概况】 2009年，全市共有民办学历教育学校84所，其中：普通中小学37所，在校生4.9万人，教职工总数3880人，其中专任教师2640人；中等职业学校47所，在校生1.4万人，教职工总数2800余人，其中专任教师1660人。校舍占地总面积294万平方米，固定资产总值4.4亿元。民办普通中小学为政府分担了部分义务教育和普及高中教育的任务，中等职业学校所开设的专业涵盖了机械加工、旅游商贸、电子应用、体育艺术、美容美发、装潢设计等诸多行业，为城区经济建设培养了一批职业技能型人才。2009年，民办高中共毕业9820人，其中：普通高中毕业6280人，职业学校毕业3540人。

2009年，全市共有民办教育培训机构1006所（不含128所分校），校舍总面积达190多万平方米，固定资产总值6.3亿元，教师总数9100人，在校学员38万人，年结业20万人，年培训65万人次，办学范围涵盖了外语、计算机、音乐、舞蹈、美术、体育、自考辅导等160多种培训科目，满足了社会各界对多种教育的不同需求，为全市经济发展和东北老工业基地振兴培养了各类人才。

（王立华）

【民办教育发展】 开展民办教育法律法规学习活动。为促进各区县依法进行民办教育管理，引导民办学校依法规范办学行为，联合辽宁省教育厅印刷了《民办教育法律法规汇编》资料，发到各区、县教育行政部门和各民办学校，反响较好。

安排民办学校校长教师培训学习。为进一步提高民办学校的管理水平和政策水平，在国家教育行政学院举办第一期民办中小学校长研修班时，主动联系并争取了12个名额，安排10所民办中学校长参加了该培训；配合辽宁省民办教育工作安排，组织各民办学校教师参加教学课评比、教科研活动等。

落实辽宁省首次民办教育评优工作。在辽宁省教育厅首次开展的全省民办教育先进集体和个人评选活动中，经过学校申报、集中评比、征求意见、网上公示等程序，全市最终推荐29个民办教育单位和个人，占本次评优推荐名额的17%，数量居全省首位。

（王立华）

【规范管理监督体系】 制发民办学校审批评审暂行工作规程。为进一步加强对全市民办学校审批过程中评审工作的管理，规范民办学校评审活动，依据行政许可法、民办教育促进法等法律法规，1—3月，经过广泛调研和征求意见、经局长办公会讨论通过后，印发了《沈阳市民办学校审批评审工作规程（暂行）》，对评审工作的组织、结果的确定、专家的组成及管理、评审的纪律等做了规定，进一步明确了相关部门的权限和责任，一定程度上推动了各部门依法行政，促进了民办学校规范办学行为。

规范民办学校招生广告备案管理。为引导各民办学校依法诚信办学，对于招生广告（简章）备案管理工作，在原有备案要求基础上，进一步对拟发布广告（简章）内容做了严格细致的规定，明确提出了不得使用煽情和夸大等描绘性语言，学校所获荣誉、称号等需标明获奖年份和授发单位，原则上仅限最近三年内、由各级政府和行政部门授发的获奖项目，广告备案有效期为三个月、教育部门统一填写备案编号，备案编号与广告内容同时刊播等要求。

进行民办学校控访及稳定事宜。一是积极妥善处理民办学校突发事件。按省市领导批示精神做好沈阳民族艺术学校控访稳定工作，督促翔宇中学解决瑞典留学培训班有关纠纷，协调处理该校应届生高考漏报名问题等。二是及时解决损害群众利益的问题。协助信访大厅、纠风办办理民办学校学生退费等问题24件，接待来访、来函、电话求助或咨询政策等900余人次，办结率和满意率100%。全年未发生恶性群体事件，已解决的问题无恶性反弹。

完善民办学历教育检查评估制度。一是重新修改民办普通中小学和中等职业学校教育教学质量检查评估细则。二是基本实现民办学校财务审计制度化。

3月至5月，组织专家和相关人员对各民办学校2008年度教育教学情况进行检查评估。有22所民办学校成绩优秀（95分以上），获得一次免检资格。

（王立华）

民族教育

【概况】 2009年，沈阳市民族学校的数量比上年增加1所。沈阳市教育局于4月23日下发"沈教发[2009]50号"文件，批准将原沈阳市第十八中学更名为沈阳市回族初级中学。全市民族学校共计31所。其中：朝鲜族小学8所，初中5所，普通高中3所，职业高中3所；满族小学3所，初中1所；锡伯族小学1所，九年一贯制学校2所；回族小学1所，初中1所，普通高中1所；蒙古族小学1所，九年一贯制学校1所。民族学校在校生1.78万名，教职工1740名。

（李钟太）

【学科教师培训】 2月21日，市教育局在和平区西塔朝鲜族小学举办了全市朝鲜语教师的全员培训，有150名朝鲜语教师参加培训。2月25日举行了朝鲜族教师教学基本功大赛，有28名教师参加。3月7日，在和平区朝鲜族幼儿园举办了全市朝鲜族学前、幼儿教师培训活动，有70余名教师参加培训。4月24日承办了辽宁省朝鲜族学校德育工作现场会。全省各朝鲜族学校的领导和教师共120名参加会议。与会人员观摩了浑南朝鲜族学校的教学和课外活动。

（李钟太）

【招收第四批新疆班】 根据辽宁省教育厅的部署，9月，新民高中招收了第四批新疆班50名学生。新疆班高一至高三年级共有150名学生。

（李钟太）

特殊教育

【概况】 以教研中心为主，开展特教学校的教育教学总结、反馈和整改工作。组织了沈阳市盲、聋、培智教研中心对每所特教学校进行调研后的总结和反馈工作，各校依据书面的《沈阳市特殊教育学校教学常规管理建议书》，对照《沈阳市盲校教学管理常规》、《沈阳市聋校教学管理常规》和《沈阳市培智学校教学管理常规》等文件，提交本校的教学常规管理工作整改方案，力求通过学校教学常规管理规范全市特教学校的教育教学工作，提升学校办学水平。

加强交流，不断提高特教学校教育教学工作规范性和科学性。6月19日，在苏家屯区特殊教育学校召开了“2009年沈阳市特教干部座谈会”。组织各特教校长分别就全年的学校工作开展情况、近期工作打算和发展思路等做了详细汇报，对近期特教工作提出了具体要求，要求各中初基教科要强化对所属特教学校的视导工作，定期对学校的日常管理行为、实施新课程情况进行诊断、对教师的特殊教育工作质量和学生发展情况进行个别教育评估，及时反馈，以促进特教学校的教学常规管理工作更加规范、有序。

5月，铁西区春晖学校荣获教育部、民政部、全国残联联合颁发的“全国特殊教育先进单位”称号。皇姑聋校的舞蹈被省残联选中代表辽宁参加第七届全国残疾人艺术汇演。

（周庆军）

【特教教师培训】 为贯彻落实《国务院办公厅转发教育部等部门关于进一步加快特殊教育事业发展意见的通知》中“统筹规划，合理布局，加大特教师资的培养力度”的要求，不断提升特教学校干部教师的专业技能和职业素养，沈阳市教育局于11月上旬举行了全市盲、聋、弱智三类特殊教育学校干部教师培训会。

特教干部教师培训彻底改变以往笼统的全员培训模式为分类别（盲教育、聋教育、培智教育3个类别）、分层次（中层以上管理干部和全员两个层次）进行，面向全市500余名特殊教育学校在职教师、市区教研员、视导员和主管科长，培训历时近半个月。本次培训邀请到北师大肖非教授、钱志亮教授、中州大学的张宁生教授等国内一流专家和北京市盲校、北京市海淀区培智学校、北京市东城区特教学校的三位知名校长主讲，他们就每一类教育从理论和实践两个层面分别进行培训，因此培训的实用性、针对性和专业性尤为突出。培训结束后，每名参训人员结合本职工作，不限文体和字数、用最朴素的语言完成一篇学习体会并传到“沈阳特殊教育网”上交流。

（周庆军）

文　化

综　述

【出台《关于推进重大文化产业项目带动战略的实施意见》】 2009年9月17日，《关于推进重大文化产业项目带动战略的实施意见》出台。推进重大文化产业项目带动战略，可通过一批重大文化产业项目的集聚能力和扩散能力，带动关联发展，以此形成配套协作的产业群与产业链，带动文化产业整体发展，从而构建一个互为支撑、各具特色、分工合理、充满活力的区域文化产业发展体系，确保重大文化产业项目实现规范、平稳、深入推进，加快沈阳市文化产业发展。

（*胡峻源*）

【推进文化产业发展经验交流会】 12月16日，全市推进文化产业发展经验交流会在沈河区召开。市委宣传部常务副部长何淑华受市政府副市长王玲委托主持会议，市委常委、宣传部长王凤波出席会议并作重要讲话。各县、区（市）、开发区党委常委、宣传部长，主管副区县（市）长，市直宣传文化系统负责人，部分文化企业的负责人参加会议。会上，沈河区、沈北新区、棋盘山开发区、浑南新区、沈阳杂技演艺集团5家单位作了产业发展的经验介绍。

（*胡峻源*）

【发展文化产业座谈会】 5月22日，沈阳市召开“进一步深化文化体制改革，努力繁荣文化事业，大力发展文化产业”座谈会。省委常委、市委书记曾维出席座谈会并作重要讲话。会议由市委副书记苏宏章主持，市委宣传部、市文化局、沈河区委、棋盘山开发区、沈阳杂技演艺集团、本山传媒集团等单位负责人先后发言，铁西区、沈北新区、浑南新区、市广播电视局和沈阳电影有限公司作书面经验交流。

（*胡峻源*）

【文化信息资源共享工程】 9月21日，全市文化信息资源共享工程在苏家屯区召开了进村入户现场会，标志着沈阳市全面完成省委、省政府提出的文化信息资源共享工程30万户进村入户要求，全市8个农村区、县（市）全部按时传输文化信息资源视频和图文信息。

（*胡峻源*）

【中央文化体制改革督查组来沈】 5月14日，由中央文化体制改革工作领导小组成员、国家新闻出版总署党组书记、署长柳斌杰率领的中央文化体制改革督查组来沈督查指导工作。省委常委、市委书记曾维汇报沈阳市文化体制改革工作情况，省委常委、宣传部长张江，副省长腾卫平陪同考察。督查组先后考察了沈阳文化执法总队、沈阳浑南（国家）动漫产业基地。柳斌杰对沈阳文化体制改革工作给予了高度评价。市领导苏宏章、马占春、王凤波参加座谈并陪同考察。

（*胡峻源*）

【“五个一工程”评选】 根据市委宣传部《关于认真做好沈阳市第十一届精神文明建设“五个一工程”评选工作的通知》要求，6月11日，经过有关单位组织推荐、评审办公室初审、评委会会议终审等程序，最终评选出沈阳市第十一届“五个一工程”优秀作品24部。具体获奖结果是：戏剧《我那呼兰河》、《信访局长潘作良》、《满风神韵》等3部，电影《潘作良》、《倔人吕尚斌》等2部，电视剧《漂亮的事》、《追梦》、《宽恕》等3部，动画片《希望》、《中华传统美德》、《两只小猪》等3部，广播剧《国歌响起》等1部，歌曲《用青春代言》、《亲亲的黑土地》、《共和国不会忘记》、《永不放弃》、《风来雁归》等5首，文艺类图书《引擎》、《我们仍然新鲜》、《感悟人生》等3部，群众文艺节目大东区莱茵河畔社区老年合唱团《神州共举杯》、铁西区启工二校《女孩与仙鹤》、沈北新区文化馆《喜利妈妈的传说》等3部。后经中宣部、省委宣传部评选，电影《潘作良》、广播剧《国歌响起》获得中宣部“五个一工程”奖，评剧《我那呼兰河》、电视剧《漂亮的事》获省委宣传部“五个一工程”优秀作品奖，电影《倔人吕尚斌》、电视剧《追梦》、动画片《希望》、歌曲《用青春代言》获省委宣传部“五个一工程”入选作品奖，市委宣传部也被省委宣传部评为省组织工作奖。

（*刘　烁*）

群众文化活动

【概况】 2009年，沈阳市群众文化工作坚持“三贴近”原则，以“体现民生、立足繁荣、夯实基础、打造品牌”为工作方针，不断完善公共文化服务体系建设，广泛开展各种群众文化活动，圆满完成了年初确定的各项工作任务。

新年、春节期间，组织开展沈阳市“百队精品秧歌展示、千队民间秧歌会扭”和“迎新春、赞家乡、颂和谐”沈阳市春联征集大赛等活动。新年、春节期间共开展文化活动1000余场（次）。市、区、县（市）、开发区文化部门全年组织文艺小分队举办“文化下乡演出活动”，把精彩的文艺节目直接送到乡村、田头，赢得了农民群众的称赞。4月底至10初，市、区、县（市）、开发区文化部门都举办了文化广场演出活动，演出场次达200多场（次）。组织群众性自娱自乐活动，参加活动120余万人次，参加观看的群众达700余万人次。市文广局及区、县（市）、开发区文化部门多次举办有针对性的文化艺术培训，内容包括群众文化基础理论、戏剧、曲艺、舞蹈编排、音乐创作、广场和舞台演出音响操作等。积极参加国家、省级各种赛事活动。2009年初，大东区莱茵河畔社区老年合唱团参加了中央电视台春节晚会的演出，成为全国惟一参加中央电视台春节晚会演出的社区合唱团。充分发挥市群众艺术馆、市朝文馆、市图书馆、市少儿图书馆、区文化馆、区图书馆在社区文化建设中的中坚和骨干作用，各区相继对文化馆的内部机构进行了调整，成立了社区工作部，专门负责调查、协调、组织社区文化工作。制订了业务干部分片包社区的制度，规定每名业务干部每年下社区活动不少于60天，并作为年终考核的重要内容。同时，各城区文化馆常年坚持开展骨干培训工作，1200多名社区文化干部参加了业务培训。积极开展对外文化交流活动。沈阳市与韩国春川市从1998年举办“首届中韩美术、摄影艺术作品交流展”开始，已有12年时间，每逢双年在沈阳市举办交流展，单年在韩国春川市举办交流展。通过文化交流，不仅丰富和活跃了沈阳市与春川市群众的文化生活，也为加强中韩两国的友谊，起到了积极的促进作用。另外，沈北新区的锡伯族民间舞蹈到匈牙利交流演出，皇姑区的“蹉步秧歌”到澳大利亚交流演出，这些活动贴近了基层、贴近了群众、贴近了生活，有力地促进了城乡群众文化事业的蓬勃发展和群众业余生活的健康发展。

（高　嵩）

【公共图书馆评估】　受国家文化部、省文化厅委托，由市文化局负责组成的评估定级专家考评组，从2009年8月10日开始，历时7天，对沈阳市8个申报评估定级的区、县图书馆进行了实地考核和评估。和平、沈河、大东、铁西、于洪、沈北、东陵区图书馆以及铁西新区少儿图书馆申请参加了评估定级活动。考评组严格按照国家文化部制定的评估标准，采取实地核查与查看业务档案相结合的方式，从办馆条件、基础业务建设、读者工作、业务辅导协调、文化共享工程、管理、表彰等7个方面，进行了细致认真的检查。通过评估，除东陵区图书馆评定为二级图书馆以外，其余7个公共图书馆均评定为一级图书馆。

（刘　晔）

【文化大篷车】　2009年初，市文化局分别在沈北新区和苏家屯区举办了“播种春天”沈阳市“文化大篷车”活动启动仪式，市图书馆、少儿图书馆和各区、县图书馆为当地农民送去了种植、养殖等农业图书，市群众艺术馆的演员们表演了丰富多彩的文艺节目并送去春联、福字等年货，从而带动了全年文化下乡的系列活动。2009年，全市各级文化主管部门和文艺团队为农民送戏、送文艺演出449场，其中：市属专业院团121场，市、区两级业余文艺团队228场，观众达108.5万人次，让广大人民群众成为基层文化建设的主角，真正让文化发展成果惠及百姓。

（张　兵）

【群众歌咏活动】　2009年底，沈阳市的一些机关、企事业单位、部队、院校、街道、社区的合唱群体以及社会自发组织的合唱队伍已达260多支、3.2万余人。沈阳市的群众歌咏活动已形成了“合唱团队制度化、合唱成员知识化、歌咏活动经常化、排练演出专业化”等特点，并取得了令人瞩目的成果。先后荣获全国合唱邀请赛金奖，全国比赛金奖、银奖等10余项重大奖项。2008年，大东区莱茵河畔社区合唱团夺得了第十届中国老年合唱节骏马金奖，并于2009年参加了中央电视台春节晚会的演出，受到了李长春、刘云山、刘延东等党和国家领导人的接见，这是全国惟一参加中央电视台春节晚会演出的社区合唱团。沈阳市总工会合唱团还走出国门到维也纳参加了第五届世界合唱节比赛并获得银奖。2009年11月17日，国家文化部在广东省中山市召开全国群众歌咏暨特色群众文化活动研讨会，沈阳作为全国省会城市惟一的特邀嘉宾在会上做了题为《让歌声温暖生活，让生活充满歌声》的经验介绍，受到大会代表的高度评价。

（蔡怀平）

【大学生文化节成为全国“群众文化品牌”】　在2009年全国文化活动品牌申报评选中，经过近百家申报单位的激烈竞争，沈阳大学生文化节被中国群众文化学会、《中国文化报》评为全国首批“群众文化品牌”。沈阳大学生文化节自1990年创办以来，已连续举办10届（每两年一届），历经20年。作为被市委、市政府命名的“沈阳市十大文化精品工程”，平均每届举办市级主体活动12项，校园文化活动530项，参与人数110万人次，平均每届有1500余名大学生获得市级和学校文化活动奖励。经过十届的举办，沈阳大学生文化节社会影响不断扩大，水平档次稳步提升。

（张　兵）

【“东城群众文艺创作奖”评选】　从2009年8月开始，沈阳市文化局与大东区人民政府联合举办了沈阳市第二届“东城群众文艺创作奖”评选活动。同时，为参加国家、省“群星奖”评选活动，将首次举办的沈阳市“群星奖”评选活动一并纳入“东城群众文艺创作奖”评选活动中。本届评选活动，全市15个区、县（市）及有关单位共上报音乐、舞蹈、曲艺、戏剧、美术、书法、摄影七大门类的410件作品。经有关专家的认真评定，最终评选出一等奖31个、二等奖51个、三等奖77个，并从中选出43个作品参加国家、省“群星奖”的评比。

（张　兵）

【“和平杯”京剧票友大赛】　2008年和2009年，沈阳市文化广电新闻出版局、和平区人民政府，连续主办了两届沈阳市“和平杯”京剧票友大赛活动。尤其是2009年，大赛升格为辽宁省中部城市京剧票友邀请赛，提升了档次和规模，赋予了新的内涵。以“国粹传新曲，京剧唱和谐”为主题的“和平杯”京剧票友大赛，吸引了沈阳市及辽宁中部城市鞍山、抚顺、本溪、辽阳、营口、铁岭的众多票友报名参赛。累计参赛人数219人，获奖89人，开创了沈阳市群众性京剧活动的先河。大赛涌现出一大批年轻、高水准的票友，为沈阳市京剧艺术的传承和发展储备了后续资源。沈阳市“和平杯”京剧票友大赛作为沈阳市的文化品牌及大型群众文化活动，将每年举办一次。

（高　嵩）

【“迎新春、赞家乡、颂和谐”春联征集大赛】　2008年12月25日至2009年2月6日，沈阳市举办了“迎新春、赞家乡、颂和谐”春联征集大赛活动。本次大赛由沈阳市文化局、沈阳日报报业集团、皇姑区人民政府联合主办，沈阳市图书馆、皇姑区文体广电新闻出版局承办。组织此次大赛的目的是以广大市民喜闻乐见的春联形式为载体，歌颂改革开放三十年来的伟大成就，赞美和谐、发展的新沈阳，从而激发广大市民的热爱祖国、建设家乡的热情，进而不断增强人们为中华民族伟大复兴而努力奋斗的信心。此次春联征集大赛得到了省内外广大春联爱好者的热烈响应，共收到858名春联爱好者的3115幅春联作品。其中：沈阳市投稿作者533名，作品1863幅；来自广东、四川、山西等26个省、自治区、直辖市的投稿作者325名，作品达1252幅。最后，经过省、市专家认真评选，沈阳市李琪、贺富钧，辽宁省本溪市谢毅荣获一等奖；陈长发等6人荣获二等奖；齐博英等12人荣获三等奖。此外，还有100幅春联作品荣获优秀奖。

（蔡怀平）

【"送戏下乡面对面，辅导培训手拉手"活动】 2009年7月，市委宣传部、市财政局、市文广局联合组织开展了"送戏下乡面对面，辅导培训手拉手"活动。市文广局组织市群众艺术馆、市朝鲜族文化艺术馆、市图书馆、市少年儿童图书馆，成立文艺小分队和送图书下乡服务小分队，开展"文化大篷车"下乡、下基层送图书活动，同时开展文艺辅导、讲座，建立流动图书站（点）。各区、县（市）、开发区文化部门组织当地的文化馆、图书馆，深入基层村镇，为广大城乡群众送文艺演出、书画、图书、电影以及开展文艺辅导、讲座，建立流动图书站（点）等文化活动。共计为农民送戏、送文艺演出449场（其中：市属专业院团121场，市、区两级业余文艺团队228场），观众达108.5万人次；开展辅导讲座223次，观众达10.9万人次；建立流动图书站（点）137个（次），借阅人次达17.3万人次；下乡、下基层图书站（点），组织辅导255次，参加人数为5.5万人次。

（蔡怀平）

文艺创作与表演

【文艺演出】 2009年年初，演艺集团组织了春节元旦演出月活动。各艺术院团在辽宁大剧院、梨园剧场、市文化宫、新民、苏家屯、沈北新区及沈阳各高校演出了京评剧现代戏及传统折子戏、歌舞曲艺综合晚会等，共演出50余场，演出收入达120余万元。应辽宁大剧院邀请，2009年3月，沈阳京剧院、沈阳评剧院、沈阳话剧团参加了"辽宁大剧院演出季"活动。评剧《我那呼兰河》演出两场、话剧《信访局长——潘作良》演出两场、京剧传统折子戏专场演出三场。为配合普法教育，沈阳评剧院与市政法委联合打造的评剧《合谐天使》春节期间在八一剧场、市内各区演出20余场。沈阳评剧院、沈阳话剧团分别为市内各区中小学生演出儿童剧专场。

沈阳杂技演艺集团继续巩固其在欧洲、南美洲的演出市场。2009年，沈阳杂技团与欧美演出商合作，打造出适合欧美观众口味的品牌晚会《孔子》、《海盗》，在欧洲及南美洲进行了半年的巡回演出。杂技演艺集团还与辽宁移动合作，全省巡回演出近20场。

沈阳京剧院、沈阳评剧院组织演职人员赴大连、秦皇岛、阜新等地，以及沈阳工业大学、沈阳师范大学等高校，新民、辽中、苏家屯等农村演出超百场。

全年完成各项大型演出活动。8月，沈阳演艺集团打造的主题晚会《记忆·摇篮》于辽宁大剧院演出。11月，为纪念沈阳演艺集团成立5周年，沈阳京剧院、沈阳评剧院建院50周年，沈阳歌舞团成立40周年，沈阳市艺术学校建校25周年，一台展示沈阳文艺50年成就的大型晚会《辉煌历程》于沈阳中华剧场演出。7月，为庆祝中华人民共和国成立60周年，大型现代评剧《我那呼兰河》作为国庆献礼剧目代表辽宁省在北京梅兰芳大剧院演出。8月，《我那呼兰河》为东北文化产业博览会做专场演出；沈阳歌舞团大型舞蹈诗画《满风神韵》应邀，参加第十届中国（抚顺）满族国际旅游节开幕式演出。9月，沈阳市旅游节开幕式在沈阳奥体中心成功举办。2009年，沈阳市各艺术院团演出超千场，演出收入超过1700万元。

（江　叁）

【第七届沈阳艺术节】 "棋盘山杯"第七届沈阳艺术节于2009年9月21日至10月15日在沈阳举办。全市各专业艺术院团分别在辽宁大剧院、中华剧场、八一剧场、辽宁人民会堂及棋盘山旅游风景区等演出57场，展演了18台不同内容与风格的剧（节）目。

艺术节上演剧目有荣获国家大奖的评剧《我那呼兰河》、京剧《古寺圣火》，有话剧《信访局长——潘作良》，有沈阳京剧院的新创剧目《十三妹》，有浓缩沈阳艺术团50年辉煌成就的《记忆·摇篮》、综艺晚会《玫瑰花开》、评剧《寻常百姓》，有沈阳杂技团杂技精品晚会《美幻》，还有京剧新秀折子戏专场《薪火之光》、评剧流派传人《精品荟萃——折子戏专场》等。

（江　叁）

【对外文化交流】 沈阳杂技团2009年继续拓展欧洲、南美洲演出市场，打造文化出口艺术品牌。杂技舞台剧《孔子》，2009年1月至5月在欧洲11个国家巡回演出，场场爆满；杂技晚会《海盗》在巴西、秘鲁、阿根廷三国29个城市巡回演出7个月，观众达十几万人次；为2009日本大阪国际食品博览会专门订制的杂技短剧《惊天饭店》，在日本演出34场，观众超过5万人次。2009年，沈阳杂技团派出6个海外演出项目，进行商业演出573场，现场观众超过82万人次。

2009年6月，在沈阳市政府与德国大使馆共同举办的"德中同行"德国流行音乐节活动中，来自德国的十几支流行乐队、200余名演员在中山公园露天舞台做公益演出十几场，观众人数达到10万人次。

2009年6月、10月来自日本的《和纸偶人展》、《日本传统人偶展》分别在沈阳市图书馆、沈阳故宫博物馆举办。2009年，市朝鲜族文化艺术馆在韩国春川市举办了第十二届中韩美术摄影作品交流展。

（江　叁）

【《我那呼兰河》获奖】 2009年6月，在山西太原举办的全国第三届地方优秀剧目展演中，沈阳评剧院的大型现代评剧《我那呼兰河》从全国近千家地方剧团选出的79台优秀剧目中脱颖而出，问鼎金奖第一名。该剧在2009年11月厦门举办的第十一届中国戏剧节上荣获优秀剧目奖，还获得2009国家舞台精品工程入选剧目第一名、辽宁省及沈阳市"五个一工程"优秀剧目。

（江　叁）

【文艺工作座谈会】 4月10日，市委宣传部在沈阳黎明酒店会议厅召开了

2009年沈阳市文艺工作座谈会。市属宣传文化系统各单位主管领导、部分处室负责同志，各区县（市）、开发区党委宣传部主管副部长，共30余人参加了会议。会议传达了中宣部、省委宣传部关于文艺宣传的重要会议精神，会后印发了《关于认真做好沈阳市第十一届精神文明建设“五个一工程”评选工作的通知》、《关于对我市文艺精品创作生产进行项目化管理的通知》、《2009年沈阳市文艺工作要点》等相关文件。通过召开座谈会，对全市文艺宣传工作进行了摸底和部署，为更好地开展全年工作奠定了坚实的基础。同时，进一步梳理和确定了文艺宣传工作在精品生产方面的6个重点环节，理清了工作思路，即抓作品导向、抓项目管理、抓资金投入、抓运作机制、抓宣传推介和抓人才建设。

（刘 烁）

【莱茵河畔社区老年合唱团走进央视春晚】 1月20日，沈阳市大东区莱茵河畔社区老年合唱团接到中央电视台春节联欢晚会导演组通知，赴京参加2009年春节联欢晚会节目录制。1月23日，包括合唱团在内的央视春晚全体主创人员受到中共中央政治局常委李长春，中共中央政治局委员、中宣部部长刘云山，中共中央政治局委员、国务委员刘延东等党和国家领导人的接见。演出结束后，市委宣传部部长王凤波代表曾维书记、李英杰市长向合唱团发去贺电，祝贺他们演出圆满成功，并感谢合唱团为全市人民争了光。大东区莱茵河畔社区老年合唱团参加央视春节联欢晚会演出，开创了基层群众文化活动走进春晚直播现场的先河。

（刘 烁）

【商国华工业交响诗歌朗诵会】 4月28日，沈阳市在北方重工集团有限责任公司盾构机车间举办了“共和国引擎的诉说——商国华工业交响诗歌朗诵会”。本次活动由市委宣传部，铁西区委、区政府，辽沈晚报社主办，铁西区委宣传部、北方重工集团有限责任公司（沈重集团）承办，市文广局、沈阳电台、沈阳电视台、《芒种》杂志社、《诗潮》杂志社协办。此次大型配乐诗歌朗诵会采取朗诵为主，点缀歌曲、舞蹈的形式，用多媒体电子屏幕展示诗歌朗诵同时期铁西区的发展变化场景，还有由真正的产业工人参演的歌舞节目。通过本次活动诉说“共和国长子”在新中国60年的沧桑征途中所付出的汗水和艰辛，全面展现铁西老工业基地的工业、文化、社会建设成果，同时喊出要为共和国今后发展输出澎湃动力的决心和誓言，进一步增强全市产业工人队伍的自信心和自豪感。朗诵会在沈阳电视台播出，取得了良好的社会效应。

（刘 烁）

【获奖文艺作品表彰大会】 2008年以来，沈阳市共有9部文艺精品在国家级和国际重要评选赛事中获得14个奖项，有80多个群众文艺作品、论文在国家级评选中获奖。其中文艺精品是：电影《潘作良》获第十一届中宣部“五个一工程”奖、国家广电总局中国广播影视大奖第13届电影“华表奖”提名奖；广播剧《国歌响起》获第十一届中宣部“五个一工程”奖、国家广电总局中国广播影视大奖广播剧奖提名奖；评剧《我那呼兰河》获文化部地方戏优秀剧目展演（南北片）一等奖、第十一届中国戏剧节金奖第一名；电视连续剧《漂亮的事》获国家广电总局中国广播影视大奖第27届电视剧“飞天奖”长篇电视剧二等奖；杂技《绳技》获2008年第八届武汉国际杂技节比赛银奖、第七届中国杂技文化节目创作银奖、文化部2008年度荣毅仁基金会杂技艺术二等奖；京剧《古寺圣火》获2008年第五届中国京剧节银奖；舞蹈《可小可笑》获文化部第九届“桃李杯”全国艺术院校舞蹈比赛芭蕾群舞组剧目二等奖、表演三等奖；杂技《绸吊顶技》获文化部2008年度荣毅仁基金会杂技艺术二等奖；杂技《90炫技——滑板飞棒》获第七届全国杂技比赛创作铜奖。其中，电影《潘作良》、广播剧《国歌响起》同时获得中宣部“五个一工程”奖和国家广电总局中国广播影视大奖提名奖，实现了历史性突破。

为了鼓励先进、振奋士气，更好地调动全市文艺工作者的生产积极性，11月20日，市委、市政府在沈阳宾馆国际会议厅隆重召开“走向繁荣——沈阳市获奖文艺作品表彰大会”，市委副书记苏宏章，市委常委、宣传部部长王凤波，副市长王玲等市领导出席会议。市文管委印发了表彰决定，对2008年以来为沈阳市文艺事业作出突出贡献的文艺精品创作单位进行表彰。中央、省部分媒体对表彰大会进行了报道，市委宣传部还编印了《走向繁荣——2009年沈阳市获奖文艺作品表彰大会资料汇编》。

（刘 烁）

【新年音乐会】 为丰富沈城人民的文化生活，为市民群众提供高雅的艺术享受，市委宣传部再度邀请中央民族乐团来沈举行新年音乐会。中央民族乐团还特邀著名歌唱家陈思思联袂演出，沈阳市总工会职工合唱团也参与了两首歌曲的合唱。本次音乐会由中共沈阳市委宣传部主办，沈阳日报集团、沈阳电台、沈阳电视台、沈阳市工人文工团协办。沈阳电台、沈阳电视台对音乐会进行了全程录播，丰富了市民群众的元旦荧屏、声频，提升了市民的艺术欣赏水品和层次，普及了高雅艺术。尤其是沈阳职工合唱团参加演出，开创了群众文化活动与中央民族乐团顶级艺术演出团队合作的先河。

（刘 烁）

文物及文化保护

【第三次全国文物普查】 第三次全国文物普查取得阶段性成果。2009年，共组织市级普查人员深入13个县区122个乡镇开展工作。共普查不可移动文物1513处，其中：复查853处，新发现660处，基本完成了实地普查任务。上半年还召开了全市文物普查工作阶段总结暨成果展示会，对在文物普查工作中涌现出的先进集体和个人进行了表彰。

（吴 娇）

【《沈阳历史文化名城保护条例》颁布实施】 2009年7月31日，《沈阳市历史文化名城保护条例》获得省人大的批准，9月1日起正式实施。这是继《沈阳市故宫、福陵和昭陵保护条例》、《沈阳市地上不可移动文物和地下文物保护条例》之后的又一部关于文化遗产保护的专门性法规，初步形成了沈阳市文物保护法规体系。

（吴 娇）

【沈阳金融博物馆获全国博物馆十大精品奖】 2009年10月，在由国家文物局主办，中国博物馆学会、中国文物报社承办的"第八届(2007－2008年度)全国博物馆十大陈列展览精品评选"中，沈阳金融博物馆《走近金融世界》基本陈列展览凭借构思精妙的主题创意、贴近实际的展览内容、独具匠心的陈列形式、"拟人化"的陈列语言、异彩纷呈的文物精品、寓教于乐的互动项目脱颖而出，荣获全国博物馆陈列展览精品奖。这是沈阳市博物馆陈列展览首次获此殊荣，实现了历史性突破。

(吴　娇)

【"帅府杯"全国讲解员大赛】 2009年12月10—13日，由中国博物馆学会、中国文物保护基金会、中国文物报社联合主办，张氏帅府博物馆承办的全国博物馆讲解大赛在沈阳举行。此次赛事是近五年来全国文博系统一次大规模的全国性讲解比赛，也是首次在沈阳举办。此次大赛规模空前，受到国家文物局和全国28个参赛省(市)博物馆的高度评价。张氏帅府博物馆3名参赛选手分别获得了专业中文组一等奖、二等奖和专业英文组一等奖的好成绩。

(吴　娇)

【非物质文化遗产】 2009年，圆满完成为期三年的非遗普查工作，普查成果显著。共收获项目线索3878条，涵盖非遗16大类别，顺利通过文化部和省里的验收并得到充分肯定。其中"沈阳相声"、"何钧佑锡伯族民间故事(长篇)"作为首次普查项目，从2008年被列入市级名录至今，作为普查重大发现和重点项目，已经申报第三批国家级非物质文化遗产名录。全面完成筹建展厅、录入数据库和编辑一本书的"三个一"工程，为全省树立了样板。在全省非遗普查工作会议上，沈阳市作为典型介绍了非遗普查工作经验，得到与会领导和代表的高度评价。全市省级名录数量已达25项，位居全省首位。国家、省、市三级代表性传承人队伍初具规模。李玉恒、周丹被文化部命名为第三批国家级项目代表性传承人，全市国家级项目代表性传承人达7人，省级19人，市级50人。随着非遗名录体系和传承人队伍建设的日臻完善，以及对国家、省和市三级传承人专项生活补助经费的发放，为非遗"活态"传承提供了有力保障。11个项目申报了第三批国家级非物质文化遗产名录，包括锡伯族喜利妈妈、奉天落子等等，占全省申报数量的1/3强，位列全省第一。以"弘扬民族文化，延续中华文脉"为主题，举办第四个"文化遗产日"纪念活动暨名录展览和技艺现场展演展示、广场演出和《沈阳市非遗明信片册》首发式。2009年，市非遗保护中心获文化部"全国非物质文化遗产保护工作先进集体"荣誉称号和市文广局授予的"先进集体"荣誉称号。

(冯敬晓)

【二战盟军战俘营旧址陈列馆建设】 沈阳二战盟军战俘营旧址陈列馆工程建设项目作为沈阳市的一项重要的公益性建设项目，是沈阳市文化设施建设重点项目之一，且已列入市政府重点工作。2009年8月、9月期间，市委宣传部先后5次召开协调会，召集市建委、市文广局、市财政局、大东区区委、区政府、惠天热电有限公司等相关单位就二战盟军战俘营旧址陈列馆工程建设涉及的热网改造、居民动拆迁等工作进行协调。沈阳二战盟军战俘营旧址陈列馆工程建设项目得以全面推进，取得了实质性进展。该项目所涉及的热网改造、动迁工作已基本完成，场馆建设有序进行，2010年初将实现开馆。

(刘　烁)

文化产业

【文化产业项目推介会】 2009年8月28日下午，第三届中国东北文化产业博览交易会暨棋盘山国家文化产业示范区文化产业项目推介会在沈阳丽都喜来登饭店二楼宴会厅举行。本届项目推介会共计推出来自黑龙江、吉林、辽宁、云南、内蒙古奈曼旗的文化产业项目451个，涵盖文化创意、影视制作、出版发行、印刷复制、广告、演艺娱乐、文化会展、数字内容和动漫等九大门类，其中：超过亿元的项目71个，超过10亿元的项目16个，项目总值约500亿元人民币。

(唐　辉)

【沈阳杂技演艺集团获"国家优秀文化出口企业"和"文化体制改革先进企业"】 沈阳杂技演艺集团被国家文化部、商务部、新闻出版总署、广电总局评为"全国文化体制改革优秀企业"、"全国优秀文化出口企业"、"全国文化产业示范基地"、"全国文化体制改革先进企业"，连续两届入选国家文化出口重点企业。

(唐　辉)

【沈阳动漫品牌列入国家动漫扶持计划】 沈阳治图文化传媒有限公司携旗下著名动漫品牌形象"招财童子"，获得文化部"原创动漫扶持计划(2008)"网络动漫作品扶持、"原创动漫扶持计划(2008)"手机动漫创作者(团队)和"原创动漫扶持计划(2009)"手机动漫创作者(团队)扶持，并获得15万元扶持资金。

(唐　辉)

【浑南动漫基地被文化部评为"文化艺术科技创新基地"】 9月26日，文化部"文化艺术科技创新基地"在浑南新区举行了揭牌仪式。文化部科技司副司长王丰、文化部产业司副司长李小磊，副市长邹大挺，副市级干部、浑南新区管委会主任黄凯出席了揭牌仪式。

(唐　辉)

【"文化部4D技术中心"落户浑南】 9月26日，文化部所属的中国艺术科技研究所与沈阳四维数码科技有限公司签订合作协议，在浑南新区建立4D数字技术研发基地和"中国4D数字艺术中心"。"中国4D数字艺术中心"将致力于推进多维技术在文化资源开发、文艺创作、文化传承等领域的广泛应用。

(唐　辉)

文化市场管理

【启动网吧监管平台建设】 2009年10月28日，市文化广电新闻出版局召开了网络监管平台建设工作会议，会议通过以会代训的方式邀请竞天微著(北京)信息技术有限公司的软件安装技术人员，对参会人员进行了实际操作培训，沈阳市网吧监管平台系统建设工作全面启动。

网吧监管平台系统主要有网吧违规经营实时监控和报警、有害信息及违禁游戏封堵、营业时间管理、远程管理和控制、发布信息、场所状态监管、处罚管理等20多项管理功能。平台建设运行后，可以实现对全市所有网吧电脑终端的实时监控和对网络文化内容的有效监管。

截至2009年末，沈阳市已初步建立了1个市级监管中心，15个区、县（市）级监控中心。全市网吧监管平台安装工作完成后，将把重点放在市、区两级监管（控）平台的运行上来，同时加快与文化部和辽宁省监管平台系统的对接和调试运行工作。

（李　莉）

【网吧连锁整合】　为进一步规范网吧场所经营秩序，鼓励、引导、扶持网吧场所向连锁化、品牌化方向发展，提高连锁网吧的市场占有率，沈阳市于10月末全面展开了网吧加盟连锁工作。

经辽宁省核定，沈阳市的网吧场所总量为1279家，客户终端近12万余台。网吧场所的分布，主要集中在5个城区和毗邻大学城的城乡结合部地区，城区网吧约占总量的75%左右，农村乡镇网吧约占总量的25%左右。

网吧连锁整合前，沈阳市各网吧连锁公司所属的直营店和加盟店累计375家，约占全市网吧总量的30%；有904家单体网吧没有加盟连锁企业，占全市网吧总数的70%。

市文化广电新闻出版局通过考察学习外地经验，制定下发《实施方案》，召开协调调度会议，迅速出台《关于推进网吧连锁整合、规范审批程序的意见》，简化网吧行政审批手续，开通连锁网吧“快速审批通道”，极大地提高了行政效率，网吧连锁整合工作取得了显著成果。截至2009年底，全市连锁网吧总数达到了1137家，占实际经营数的96.4%，占协议加盟数的91%，占全市网吧总量的89%。

（李　莉）

【强化卡拉OK场所技术监管力度】　卡拉OK内容管理服务系统是文化行政部门采用现代信息技术手段履行市场监管职能和为社会提供公共服务的一项系统工程，已列入《文化部文化建设“十一五”规划》和《2008－2010年全国娱乐场所阳光工程实施方案》。2009年，沈阳市卡拉OK内容管理服务系统已从试点安装进入到全面启动。全市具有娱乐经营许可证的卡拉OK场所356家（包括09年停业、废业），已安装218家，安装率达61.3%。同时，开通了沈阳市系统在线监管平台及13个区、县（市）的在线监管平台，接入系统的卡拉OK场所纳入技术监管范围，卡拉OK场所的点播数据上传至系统公共服务平台，为下一步全面对卡拉OK场所实施技术监管提供了有力保障。

（夏甫江）

【文化市场从业人员全覆盖培训】

2009年，沈阳市对全市各区、县（市）的网吧经营场所、歌舞娱乐场所、演出团体、个人、电影放映场所、音像制品出租零售等门类的法人、经理、服务人员，就政策法规和专业技术等方面进行了全覆盖培训。

根据《文化市场管理条例》的规定，对文化市场经营管理者提出法规培训持证上岗的要求。按照适应文化产业发展的需要，制定了培训计划，编制了培训教材，对全市文化经营者进行了文化市场有关的政策法规、行政执法处罚、工商管理基本知识、公安网络监管、禁毒条例等方面的培训。全年共组织举办各类培训班18期。其中，网吧13期，娱乐演出3期，音像及其他2期，培训人次达到5000余人。

（李　莉）

【维护出版物市场经营秩序】　2009年，严厉打击各类违法违规经营行为，维护出版物市场的经营秩序，促进了出版物市场规范有序健康发展。

1. 召开工作会议，全面部署行动。2009年初，先后召开了全市“扫黄打非”工作会议和市“扫黄打非”办主任联席会议，认真总结了2008年“扫黄打非”工作，并对2009年“扫黄打非”各项工作做了全面的部署，要求切实强化市场监管，确保经营秩序年内取得根本性好转。

2. 明确工作职责，强化日常监管。切实强化对全市“扫黄打非”81个重点区域、部位和场所的日常监管，各区、县（市）和各有关部门按照责任分工，逐级逐层落实管理责任，加强对五爱市场周边等重点地区、部位的监管，强化对中街、太原街、长江街等繁华街区无证游商的清理，并进行集中反复检查，使全市81个重点区域、部位和场所得到有效控制，经营秩序得到根本性好转。

3. 组织专项战役，打击非法出版物。根据国家和省的统一部署，深入开展“扫黄打非”春季战役、整治低俗音像制品专项行动、治理盗版教材教辅专项行动，积极组织力量对辖区内出版物经营场所及印刷复制企业进行集中清查。重点打击了淫秽色情出版物和盗版音像制品，坚决将危害青少年身心健康的有害出版物及印刷品逐出市场。

4. 深挖窝点库房，查破大案要案。2009年以来，与公安司法机关密切配合，切实加大对出版物市场违法犯罪行为的行政执法和刑事打击力度，连续破获20起非法出版数额较大的大要案件，其中移送公安机关追究刑事责任6起。大要案件的接连侦破，极大震慑了出版物市场违法犯罪分子的嚣张气焰，推动了“扫黄打非”的深入开展。

5. 强化宣传教育，取得较好反响。一是开展了“保护知识产权宣传周”等一系列宣传教育活动，引导社会公众积极参与“扫黄打非”工作，增强了广大市民自觉抵制非法出版物的意识，在全社会营造了保护知识产权的良好氛围。二是开展了2次非法出版物销毁行动，累计销毁非法出版物60余万件，对盗版分子予以强大震慑。三是中央和省市新闻媒体报道沈阳市“扫黄打非”工作达100余篇（次），取得了较好社会反响。

2009年，全市共取缔非法出版物零售点610家，取缔无证复印打字社4家，收缴各种非法书刊8万余册，查缴各种非法音像制品、电子出版物62万余盘，使出版物市场经营秩序有了明显的好转，始终保持了健康稳定的良好局面。

（赵振宇）

【整治报刊市场】　2009年下半年，按照全国和省“扫黄打非”办的统一部署，沈阳市文化市场行政执法总队集中时间、集中力量、突出重点，有步骤、有目标地在全市范围内开展了报刊市场专项整治行动。

1. 严厉打击非法报刊批销点。为堵

住非法报刊发行的源头，把打击非法报刊批销点作为此次专项整治的首要任务。积极发动群众举报，搜集有用信息，开展暗访工作，并于12月9日，一举打掉隐藏于和平区兰州北街的6个擅自经营的非法报刊批销点。执法人员依法扣缴非法经营的报纸《自然之家》等14种、3000余份，期刊《故事王中王》等18种、2000余册。

2. 重点清查主要报纸设立的报刊发行公司。对《沈阳日报》、《沈阳晚报》、《沈阳今报》设立的30个发行站点，《辽沈晚报》设立的37个发行站点，《华商晨报》设立的38个发行站点，《时代商报》设立的15个发行站进行了全面清理。针对个别发行员夹带发行非法报刊的现象，要求各个报刊发行公司积极开展自查自纠活动，坚决杜绝在发行正规报刊时夹带非法报刊行为，同时进一步明确其责任义务，要求切实发挥报刊市场主体的导向作用，并以抽查形式对其进行不定期检查。

3. 严管"窗口"单位报刊经营场所。积极开展净化"窗口"单位行动，加强对火车站、汽运站、机场的检查，做到发现经营非法报刊案件，坚决予以查处。把易出问题的火车站作为重点检查对象，会同沈阳铁路局"扫黄打非"办，重点检查了沈阳北站、沈阳站及沈阳铁路局所辖站点、列车报刊经营点的总供货商—沈阳铁道文化传媒集团有限公司等，维护了其正常经营秩序。

4. 积极规范批发市场和发行公司的经营秩序。在期刊方面，加大对中国沈阳图书批发市场的检查力度，共检查经营期刊业户50余家次，严查期刊经营业户的进货渠道，要求提供相关的发行委托书、进货清单。对非法期刊坚决依法予以收缴。在报纸方面，加大对沈阳邮局报刊发行公司、沈阳东联传媒有限公司的执法检查频度，对其宣讲国家法律、法规，明确要求其严禁从事非法报刊发行业务。

经过集中清查和强力整治，全市报刊市场上非法经营损害我国新闻出版管理制度，扰乱报刊市场秩序，对国家文化安全和社会稳定构成威胁的非法报刊问题得到有效解决；兜售非法报刊的游商走贩得到有效遏制；机场、火车站、报刊发行公司、书刊批发市场等重点部位和场所得到有效控制；有证照报刊经营场所基本实现无非法报刊上架摆放，全市报刊市场正版占有率达到了80%以上，促进全市报刊市场平稳有序发展。

（赵振宇）

档　案

【出台《关于加强新形势下档案工作的实施意见》】 2009年9月，中共辽宁省委办公厅、辽宁省人民政府办公厅联合下发了《关于进一步加强档案工作的意见》。该《意见》是新时期指导全省档案工作的重要文件。沈阳市对落实省两办文件精神高度重视，副市长邹大挺、市委秘书长马占春分别作出批示，要进一步加强沈阳市的档案建设管理工作，更好地为振兴服务，为"三新"服务，为群众服务。

按照市领导的批示精神，沈阳市档案局结合本地区的实际，起草了《关于加强新形势下档案工作的实施意见》（草），并分别与市财政局、市发改委、市文明办、市委宣传部、市妇联、市编办等六部门进行了会签。2009年11月30日，市委办公厅、市政府办公厅下发《关于加强新形势下档案工作的实施意见》。该《实施意见》是市委、市政府根据全市经济和社会发展的需要，对档案工作作出的重大战略决策，是今后一个时期指导全市档案事业发展的重要文件。

《实施意见》强调指出，档案工作是一项记录历史、传承文明、服务社会、造福人民的重要工作。做好档案工作，是建设中国特色社会主义、深入贯彻落实科学发展观、实现经济社会又好又快发展、全面振兴沈阳老工业基地的一项重要任务，对于在新形势下，沈阳立足新起点、谋求新发展、实现新跨越，加快完成"五大任务"、实现"三大目标"，加速全面振兴具有十分重要的意义。要求各级党委、政府及有关部门要牢固树立"对历史负责、为现实服务、替未来着想"的意识，认真按照科学发展观的要求，从保护人类历史文化遗产、促进经济社会协调发展、服务和谐沈阳建设的战略高度，进一步提高对新形势下档案工作重要性的认识，切实推进档案事业的可持续发展。同时，要求各级档案部门要主动适应新形势、新任务的需要，以服务为宗旨，以创新为动力，以构建覆盖人民群众的档案资源体系和方便人民群众的档案利用体系为重点，进一步解放思想，开拓进取，不断开创档案工作的新局面。

《实施意见》针对沈阳市各区、县（市）档案馆馆房建设相对落后的实际情况，提出"十二五"时期，各区、县（市）档案馆建筑面积要达到国家《档案馆建设标准》和《档案馆建筑设计规范》的标准和要求。同时，明确提出，沈阳市4个县（市）档案馆建筑面积应不少于3000平方米，其他9个区档案馆建筑面积应不少于5000平方米。

为了确保档案馆对本地区重大事件、重大活动、突发事件等档案的跟踪拍摄，加强档案在运输流动状态下的绝对安全，《实施意见》提出为档案馆配备照相、摄像专用设备，配备档案接收专用车辆。

为加强对档案工作的领导，《实施意见》提出对档案工作实行目标管理。要求各级政府要层层签订目标责任状，并认真实施考核，以促进档案事业与本地区经济社会同步协调发展。同时，为解决档案事业经费不足的问题，《实施意见》明确提出，将档案事业经费列入年度预算，按照馆藏档案卷数和财政分级负责的原则，按每卷每年2－3元标准核拨档案日常维护费，确保各级档案馆实现可持续发展。

此外，《实施意见》还就全市"两个体系"建设、档案馆拓展"五位一体"功能、家庭建档工作、档案信息化建设以及开发区和高科技园区档案管理体制等方面问题提出了具体意见。

（马凤云）

【省委常委、市委书记曾维视察市档案局馆】 2009年4月23日，辽宁省委常委、沈阳市委书记曾维到市档案局馆视察。市委常委、秘书长马占春，副市长邹大挺，市委副秘书长田东泉、吴世元，市委组织部副部长安俊辉等陪同视察。

曾维书记等市领导在市档案局馆长许芳，副局馆长荆绍福、许光明等的陪同下，视察了档案库房、档案裱糊室、计算机中心、阅览大厅等，参观了“沈阳市家庭档案工作展览”、“沈阳市家庭档案珍藏展览”、“沈阳的记忆”展览。

视察后，曾维书记等市领导听取了市档案局馆长许芳关于全市档案工作的情况汇报并作了重要讲话。他说，市档案局馆的工作在全市各单位、各系统中是一流的，并从四个方面对市档案局馆的工作给予了充分肯定。一是档案局馆一班人团结，勤奋，事业心很强。二是有争创一流、敢于争先的理念。三是敢于创新，善于创新，不断拓展档案工作新领域。四是管理水平高，使档案馆成为沈阳市一张靓丽的名片和展示沈阳大都市形象的窗口。

在充分肯定成绩的同时，曾维就做好新形势下档案工作，提出四点希望和要求：第一，进一步提高对发展档案事业重大意义的认识。档案事业是社会事业的重要组成部分，是中国特色社会主义事业的重要方面。做好档案工作，有利于推动经济社会协调发展，是加快沈阳老工业基地全面振兴的重要内容；有利于彰显城市文化内涵、提升城市整体形象，是社会文明进步的重要标志；有利于深入开展爱国主义、集体主义教育，是提高全民思想道德素质的重要载体。市委、市政府以及全社会都要进一步提高对做好档案工作重大意义的认识，切实把档案工作摆在更加突出的位置抓紧抓好。第二，坚持以科学发展观为指导，把以人为本的理念贯穿档案工作的始终。档案工作是记录和反映人类社会发展轨迹的重要工作。档案工作要坚持以人为本，按照人类活动的规律、活动的轨迹、活动的方式，做好档案工作。要充分利用档案资料、历史资源，为人民服务，为现实服务，特别是为青少年服务。当前，全市正在开展深入学习实践科学发展观活动，档案局馆领导班子要按照“党员干部受教育，科学发展上水平，人民群众得实惠”的总体要求，围绕“完成五大任务、加快全面振兴”的主题，扎扎实实地把全市档案系统学习实践活动抓好抓实，抓出成效。第三，要以档案资源建设为基础，以服务为宗旨，以创新为动力，以人才为支撑，全面加强档案工作。服务是核心，是宗旨。要围绕服务，加强档案资源建设，加强档案人才队伍建设；要进一步解放思想，更新观念，不断创新档案服务方式、服务内容、服务领域，切实把档案服务这篇文章做足、做好，使档案工作更好地服务沈阳振兴大局，服务人民群众。第四，进一步提高档案管理水平和服务水平。要强化服务意识和争创一流的理念，在广泛借鉴国内外先进经验的基础上，进一步加强内部管理，规范窗口服务，提高档案工作的整体管理水平和服务水平，使档案馆真正成为广大群众满意的窗口、展示和宣传沈阳的名片，为沈阳的全面振兴和发展作出更大的贡献。

（马凤云）

【家庭建档】 2009 年，为巩固沈阳市家庭建档工作成果，市档案局加大工作力度，采取一系列措施深化家庭建档工作。一是组织制定了《2010—2014 年全市家庭建档工作方案》，并请国家和省档案、社科专家、学者进行了多次论证、修改。2009 年 12 月 15 日，市政府办公厅转发了《2010—2014 年全市家庭建档工作方案》。该方案明确了全市家庭建档工作的指导思想、工作目标和主要任务，提出了“家庭建档志愿者”“家庭档案网站”等 8 项重点工程，明确了具体保障措施，是今后五年沈阳市家庭建档工作的重要指导性文件。二是与市民政局联合印发《沈阳市家庭建档志愿者行动实施意见》，将家庭建档志愿者纳入全国义工行列并争取了独立登记号段，为全面启动家庭建档志愿者行动做好准备。三是举办了《老结婚证书》首发式暨出版座谈会。国家、省档案、社会专家、学者、作家以及家庭建档示范户代表等 50 余人出席首发式。《老结婚证书》由市档案局局长许芳、副局长荆绍福主编，著名作家刘齐点评，中国档案出版社出版。这部书是中国老档案系列丛书的第一部，汇集了明清、中华民国时期、中华人民共和国成立后的老结婚证书 108 张。证书从不同的坐标角度，提供了不同的观察视野，满足了不同人群在研究、收藏、读史、怀旧、鉴赏等多方面的精神需求。四是广泛开展家庭建档的宣传。铁西区档案局广泛发动，组织百余户家庭写家史、忆人生活动，采访口述者近百人，征集家史百余篇，形成录像十余盘；铁西区广场社区居民，沈阳市家庭档案示范户、74 岁的单明恩老人及其一家七口在市档案馆举行了个人家庭档案座谈会，宣讲家庭建档工作；铁西区贵和街道广场社区开展“节能减排我做主、环保档案进社区”活动；沈河区档案局树立了一大批家庭建档示范社区和示范户，并在全区推广他们的经验；大东区档案局举办了三期家庭档案知识培训班，近 300 名群众参加。五是市档案局馆在机关实施了“推进家庭建档、服务民生争先”共产党员工程。局馆所有党员组成 17 个活动小组，深入社区、街道、居民家中，通过举办家庭建档讲座、培训、故事会、经验交流会、展览等形式，宣传、指导家庭建档工作，使更多的家庭建立家庭档案，在服务百姓、服务和谐沈阳建设中发挥了积极作用。

2009 年 2 月 27 日，沈阳市被国家档案局命名为“全国家庭档案理论研究基地和管理示范基地”揭牌暨家庭档案捐赠仪式在市档案馆隆重举行。国家档案局档案馆室司副司长王雁宾宣读了《国家档案局关于命名沈阳市为“全国家庭档案理论研究基地和管理示范基地”的决定》，并向市政府颁发了“全国家庭档案理论研究基地和管理示范基地”证书；王雁宾副司长、邹大挺副市长共同为“全国家庭档案理论研究基地和管理示范基地”揭牌。

（马凤云）

【市档案馆成为全市科普教育基地】 市档案馆新馆于 2006 年 6 月正式面向社会开馆。三年来，市档案馆新馆按照公共档案馆“四位一体”方针的要求，根据自身特点和公众需求，不断更新服务理念，创新服务方式，拓展服务领域，打造服务品牌，开展了一系列内容丰富、形式多样的科普教育活动，反响强烈，备受好评。一是设立专门机构，配备专业人员，竭力为社会公众提供优质高效的文化服务。2007 年，成立了社会宣传处，专门负责举办展览、对外宣传及开展其他形式社会宣传教育活动等工作。二是加大资金投入，创造市档案馆舒适、文明、完善的科普教育环境。三年来，市档案馆共计投入 300 多万元，用于改善服务环境。提供 5000 多平方米用房，作为进行科普宣传教育活动的接待场所；精心装饰了6个展览厅、一个声像档案演示厅，并配备了必要的设施；设置了休闲沙发、座椅及出售档案文化产品、沈阳历史图书的休闲区；在公共服务区设置了参观须知、指示牌等便民设施。三是采取多种形式，发挥档案馆科普教育的功能。通过举办档案展览、编辑档案文化产品、利用沈阳档案信息网普及档案和相关知识，扩大档案工作社会影响。市档案馆新馆开馆三年来，先后举办了17个主题鲜明、形式多样、富有感染力的展览，共接待参观者2.4万余人次。为扩大社会影响，提升软实力，市档案馆新馆依托馆藏资源，结合重大历史事件和纪念日，结合业务工作，自主编研高品质档案文化产品，如《家庭档案的建立与管理》系列丛书、纪念沈阳解放60周年的《沈阳解放》、纪念改革开放30年的《春天的故事——沈阳改革开放30年图志》等等。

市档案馆新馆以功能齐全、设施先进的档案馆大楼为依托，以为社会百姓服务为宗旨，积极转变工作理念和作风，不断探索为民服务新方式，全力开展爱国主义教育基地和科普教育基地建设，打造科普宣传教育和文化休闲娱乐新平台，为传承社会文明、传播历史文化知识、提升百姓文化素养、建设和谐沈阳做出了贡献。沈阳市科学技术局、沈阳市科学技术协会下发文件，正式批准沈阳市档案馆成为沈阳市科普教育基地。由此，沈阳市档案馆成为全市第45家科普教育基地，也成为辽宁省档案系统首家科普教育基地。

（马凤云）

【沈阳经济区八城市网上档案与法制知识竞赛】　2009年9月5日是《档案法》颁布22周年纪念日。为了创新档案普法活动形式，提升档案法制宣传工作力度，扩大档案普法宣传面，沈阳市档案局提出了举办沈阳经济区八城市网上档案与法制知识竞赛的设想，并得到了鞍山、抚顺、本溪、辽阳、营口、铁岭、阜新7个城市档案局的积极响应。竞赛活动从4月开始，至9月结束，此次竞赛活动规模大、覆盖面广、参与人数达13万人。参与人数众多，实现了档案普法数量与质量的双丰收。

2009年10月20日，沈阳经济区八城市网上档案与法制知识竞赛开奖仪式在沈阳市档案馆学术报告厅举行。来自沈阳、鞍山、抚顺、本溪、营口、阜新、辽阳、铁岭等8个城市档案局的领导及八城市档案部门的代表、沈阳市第二公证处的公证员、辽宁省及沈阳市新闻媒体的记者等近200人参加开奖仪式。在沈阳市第二公证处的全程监督下，产生一等奖1名、二等奖3名、三等奖8名、纪念奖100名。

（马凤云）

【档案服务】　为全市中心工作提供优质服务。为庆祝新中国60华诞，市档案馆举办了“毛泽东手迹墨宝展览”。此展览被列入沈阳市庆祝新中国成立60周年系列活动之一；为市委、市政府举办的庆祝新中国成立60周年大型展览、市政协拍摄的《辉煌历程》电视片提供了大量的档案资料；沈河区档案馆编辑了反映沈河区巨变的《沈河60年画册》，铁西区档案馆举办了“巨变——庆祝新中国成立60周年沈阳成就展”，沈北新区档案馆举办了“绿色沈北生态新城”图片巡回展，和平区家庭建档示范户、77岁老人伍逢亨举办了“共和国在我心中”个人家庭档案展览。此外，市及区、县（市）档案局认真做好深入学习实践科学发展观活动、甲流防控工作等文件材料收集归档工作。市档案局选派业务骨干参与“荷兰村”破产档案处置，被市政府评为“荷兰村”破产处理工作先进单位。

为经济社会发展提供及时服务。市档案局指导东北制药集团公司、北方重工集团、中国北车集团沈阳机车车辆有限公司等国有企业做好企业搬迁中的档案工作；对沈鼓集团战略重组技术改造项目、沈阳石蜡化工有限公司等重点建设项目档案进行了检查验收；与市中小企业局、市工商联合作，继续开展民营企业档案服务“六个一”工程，在《沈阳商会》杂志上开设了档案服务专栏，在“中国中小企业沈阳网”上开设了档案服务页，制作了网页内容，宣传民营企业档案知识，服务民营企业。辽宁汇宝国际投资集团成为省内首家民营企业AAA级档案工作规范化管理单位。市城建档案馆派出专人对地铁、“金廊”拆迁、沈抚城际铁路等20余项重点建设项目进行跟踪拍摄，形成了大量珍贵的声像档案资料。法库县积极开展全国新农村建设档案工作示范县的创建工作，法库县档案局和于洪区档案局召开了新农村建设档案工作现场会。各涉农区、县（市）档案局认真做好林权改革档案工作，全市共形成林改档案14万卷。

为人民群众提供贴心服务。全市各级档案部门坚持以人为本，紧贴百姓需求，不断深化民生档案工作，切实为人民群众服务。市及各区、县（市）档案馆开展了馆藏民生档案数字化工作，建立了失业人员登记、就业、城市拆迁、知青、房地产、社保、婚姻等涉民档案数据库200余万条。和平区、新民市档案馆实现了档案利用的“零收费”，沈河区档案馆开展节假日电话预约查档服务。市档案局指导和建立沈阳市未成年人思想道德建设工作档案和净化社会文化环境档案，助力文明城市建设，共完成285盒（册）测评工作档案的整理工作，制作检索工具6册。与市劳动和社会保障局通力协作，对沈北新区、东陵区、和平区职工档案管理机构进行了资格认证。

（马凤云）

【强化对市直机关文件材料归档监管】　市档案局加大工作力度，采取各种措施，认真贯彻国家档案局8号令，强化对市直机关文件材料归档的监管。一是成立《机关文件材料归档范围和文书档案保管期限表》审查委员会。为做好对市直机关事业单位文件材料归档范围和文书档案保管期限表的审查和审批工作，市档案局成立了《机关文件材料归档范围和文书档案保管期限表》审查委员会及其办公室，办公室负责对各单位报送的机关文件材料归档范围和文书档案保管期限表进行初步审查，提出审查意见，最后报审查委员会审批。二是逐个机关修改并一对一具体指导《保管期限表》的编制工作。市直各机关编制的《保管期限表》上报以后，市档案局依据国家档案局编制要求，结合机关“三定方案”进行修改，并进行面对面的指导。三是深入基层单位召开论证会，对《保管期限表》的报批稿进行论证。四是参照省直机关归档范围和保管期限表补充修改。为了使市直机关《保管期限表》的编制工作更科学、完整、准确，市档案局业务指导处的人员先后3次到省档案局取回省局已审批完成的省直机关的《保管期限表》，转给相对应的市直机关进行参照、补充和修改。市直机关与省直机关对应；同类型机关、同类型内设机构对应；同类型内设机构，同类型职能对应。五是严格履行编制程序。为做好档案业务标准编制工作，遵循编制程序，市档案局要求各市直机关按照“制定编制方案→各处室编制起草→综合档案室提出修改意见→处室修订→处室领导审核→综合档案室汇总定稿→机关领导审签→报市档案局审批”的工作流程，做到不落环节，不丢步骤，严格履行程序，确保了编制工作的质量。六是认真做好审批工作。经过《保管期限表》审查委员会办公室的预审及审查委员会的审核，截至2009年底，市档案局已完成市党政机关、人民团体、民主党派机关共95家单位《保管期限表》的审批工作。市委办公厅作为试点单位，其经验在全市进行了推广。市发改委、市城建局、市公安局等单位高质量地完成了本机关《保管期限表》的编制工作，在全市机关中起到了示范作用。

（马凤云）

【一批珍贵的档案资料进馆】 沈阳市档案馆在依法接收档案的同时，加大档案资料征集工作力度，不断丰富馆藏资源，使一批珍贵的档案资料进馆。一是征集北京奥运文化遗产物品进馆。2009年4月，市体育局将曾经奏响北京奥运序曲的古老民族乐器——奥运缶(1005)捐献给市档案馆。奥运缶不仅是一件道具、一件收藏品，而且是一个奥运文化遗产的标志，具有向世人传递中华文明的使命。2009年12月，市体育局又将2008年北京奥运会金、银、铜牌和残奥会金、银、铜牌捐赠给市档案馆。北京奥运文化遗产物品的进馆不仅丰富了馆藏奥运文化遗产物品，而且也为沈阳市民提供了近距离感受北京奥运文化和传承奥林匹克精神的机会。二是征集一批知青档案资料进馆。这批知青档案资料包括《共和国知青》、《知青岁月草原情》两本图书以及《追寻青春依然收获——纪念共和国知青上山下乡40周年“相聚大梨树”大型主题篝火晚会》、《邢燕子等全国知青典型云集沈阳——<共和国知青>首发式在辽宁大剧院隆重举行》和《中国知青日·沈阳知青文化节——与共和国同行沈阳知青40周年再聚首》3张光盘。《共和国知青》一书是为纪念共和国大规模知青上山下乡40周年出版的。《知青岁月草原情》一书是为纪念沈阳知青下乡内蒙古昭乌达盟30周年出版的。该书收集了大量珍贵的图片和实物，非常详细地记录1974年8月沈阳知识青年赴昭盟创业队到昭乌达盟创业、学习和生活情况，为研究沈阳的知青上山下乡活动提供了翔实的资料。三是征集入馆一块刻有“满州(洲)建物会社土地租地”字样的界碑。经考证，这是1905年日俄战争以后日本在沈阳设立满铁附属地的一块界碑，附属地的范围是从和平大街西侧，南至浑河北侧，西至车站西面的铁西区兴工街东侧，北至中长铁路南侧的区域，其面积为9.034平方公里。满铁不仅对这些土地拥有所有权，而且还有财政权。条石上刻有“满州(洲)建物会社土地租地”的字样，证明条石是当时日本在沈阳的企业——满洲建物会社在此设立的“土地租地界碑”。这就证明满洲建物会社是日本在沈阳设立的一家建筑企业。这块界碑是侵华日军在沈阳留下的罪证，它的征集进馆不仅丰富了馆藏，而且具有较高的历史研究和文物价值，为研究1905年日俄战争以后，日本在沈设立满铁附属地的情况提供了重要的物证资料。四是征集进馆珍贵的老结婚证书——中科院院士葛庭燧先生与中国最早一代女物理学博士何怡贞女士的“龙凤证书”(婚书)。该结婚证书长约46厘米，宽约33厘米，绢质表底，绘制有精美的彩色龙凤戏珠图案，婚书全部内容均为楷体书写。婚书上共同部分文字是印制的，个性文字使用毛笔书写的，文字的字体和大小与印制部分基本一致。证书上有结婚人、证婚人、介绍人、主婚人共七人的签名，并在各自的名下加盖了个人印章，时间为1941年7月7日。该证书质地考究，印制精美，祥云背景柔和，龙凤图案明快、简洁，不落俗套，品相完好，成双保存，堪称精品。该证书还附有圆柱形证书盒一个，盒上书有象形文字“龙凤证书”字样，为时任上海总商会会长虞洽卿所题。此外，该证书及证书盒所涉及的人皆为名人。如葛庭燧是中国科学院固体物理研究所原所长，中国科学院院士，是世界金属内耗研究领域的创始人之一和该研究领域的国际大师。何怡贞是中国最早一代女物理学博士，我国老一辈出色的女科学家。

（马凤云）

【科技成果获奖】 2009年，沈阳市档案局加大档案科技创新力度，有6项科研成果荣获国家、省档案局优秀科技成果奖。一是市档案局馆研制的“新型载体档案保管适宜条件的研究”项目先后获省档案局优秀科技成果一等奖、国家档案局优秀科技成果三等奖和省自然科学学术成果二等奖。2009年3月，该项目通过了国家档案局组织的鉴定。在鉴定会上，与会专家一致认为：该项目课题组采用科学周密的调查手段，客观、深入地了解和分析了档案部门新型载体档案保管条件的现状，梳理出存在的问题。针对这些问题，课题组通过调查分析及实验测试的分析提出了相应的解决对策，这对档案部门日益增长的新型载体档案的安全保管和有效利用具有重要的指导作用。二是“电子文件归档与格式转换”获沈阳市政府科技进步二等奖。“电子文件格式转换及归档系统”通过对电子文件的接收、转换、排序、归档、检索利用等全过程自动化管理，实现了将不同格式、版本的电子文件自动转换为统一格式归档保存，并可以按照归档文件整理规则自动组成逻辑卷，刻录光盘，最终实现电子档案的脱机保管与利用。由该系统生成的电子档案可像电子图书一样，不依赖于原生成系统独立运行，从而使电子档案既方便利用又有利于管理。为电子文件归档和电子档案管理提供了一个功能较强、易于操作和相对规范的应用系统。“电子文件格式转换及归档系统”分别通过了沈阳市科技局和国家档案局组织的专家鉴定。鉴定委员会认为：“电子文件格式转换及归档系统”技术先进、设计合理、经济实用，应用效果显著。该系统突破了计算机软、硬件不断更新、升级，电子文件因种类繁多，而造成电子文件归档难、不易于保管和利用的难点等，在功能、效果、效率等方面均有创新。

（马凤云）

新闻出版

【主要媒体刊播安全专项大检查】 2009年10月15日至11月10日，沈阳市新闻出版局、沈阳市广电局会同沈阳市委宣传部对沈阳日报报业集团、沈阳电台、沈阳电视台主流媒体，《芒种》《诗潮》《中外名牌》等重点期刊，高校报及内部资料等近50家新闻出版单位，进行了刊播安全专项大检查。一是分别召开高校报、企业报会议，传达国家和省市部门上级有关检查精神和要求，通报行业内违规违纪现象，对各单位提出开展自检自查要求。二是开展出版业务研讨，探讨出版质量管理机制的重要性，强调建立健全内部管理制度，严格执行"三审制"；开展企业报审读活动，请专家专题审评报刊宗旨与文化品位，研究交流如何进一步提高报刊质量，把好舆论导向关。三是深入报刊社、电台、电视台，对编辑、制作、印刷、刊登、播出、审核等各个环节、各个程序进行认真细致的跟踪检查考核。

此次检查受到各新闻出版单位的高度重视。各单位都根据实际，建立健全了一系列质量管理制度。

（王　莉）

【编校质量抽检】 2009年，市出版局继续对沈阳市图书、报纸和期刊进行了编校质量的检查。从抽检结果看，3家出版社图书的差错率均低于万分之一，达到合格标准。其中东北大学出版社抽检的图书差错率为零，实现了图书无差错。报纸的差错率与上年相比，降低了1.1个万分点，平均差错率为万分之2.4，2007年以来，首次达到合格标准。期刊的差错率较上年提高了0.02个万分点，6种期刊中只有《芒种》、《招生考试通讯》达到合格标准。

（胡燕军）

【印刷产业发展】 截至2009年12月底，全市印刷业总产值达52亿元，出版物印刷企业基本实现了激光照排、电子分色、多色印刷、装订联动等技术目标，四色印机拥有量在东北名列第一。经过产业结构调整，促进产业升级，积极扶持包装装潢印刷企业和民营印刷企业发展，大力加强产业园区建设，印包产业集群已初具规模。

印刷主管部门积极吸引国内外资金投资沈阳印刷产业。随着近年沈阳改革开放和招商引资加大，韩、日、东南亚和我国南方的一些资金正越来越多地移向沈阳印刷市场。南方投资沈阳包装装潢印刷业的企业已占15%以上，带动了印刷产业加快发展。

印刷协会作为印刷行业的社团组织，为印刷产业发展积极探索先进的管理经验、先进的技术工艺，并为企业对外交流牵线搭桥，创造条件，促进了沈阳市印刷产品走向国际市场，扩大了沈阳在国际上的影响力。

（侯　锐）

【印刷产业集群建设】 2009年，沈阳市大力加强印刷产业园区建设，印包产业集群正在形成。沈阳胡台东北包装印刷城项目自2007年初启动以来，已有150余家包装印刷企业入驻园区，投资总额已达100多亿元，被授予国家级包装印刷产业基地。

借历届东北文博会和印刷展之际，市新闻出版局与省新闻出版局、新民市政府大力推介"包装印刷城"，在全市印刷包装企业中广泛开展宣传活动，积极引导出版物印刷企业进驻印刷包装产业集聚区。印刷管理部门经常与管委会相关部门沟通，共同推进园区建设。园区建设过程中，政府相关部门在项目审批、资质认定、融资、土地、税收等方面都给予企业一定优惠政策。大力支持包装城的招商引资工作，积极引导、广泛宣传，吸引国内外行业内龙头企业及配套企业进入园区。改变原来单一的书刊印刷经营模式，在保持原有书刊印刷能力，并提升新工艺、新技术能力的基础上，按照集约化专业化并举、各类印刷产品合理布局的原则，积极引进新设备，加速技术改造进程，全力推进印刷精品战略，使园区成为集高档书刊、纸塑、塑料包装物、金属、铝制品包装物的印刷和瓦楞纸箱包装、塑料软包装、包装容器、包装印刷机械生产、包装印刷研发、产品设备展示及物流为一体的东北最大的包装印刷基地、新型工业产业集群。

（侯　锐）

【保护版权系列宣传活动】 2009年，沈阳市版权局以"4·26世界知识产权日"和保护知识产权宣传周为平台，以多种新闻传媒为载体，以打击盗版侵权活动为推手，开展"版权进机关"、"版权进企业"、"版权进市场"、"版权进校园"等大规模宣传活动，增强了包括党政机关领导干部、企事业单位、教育机构负责人以及广大社会公众在内的社会各阶层的版权保护意识，营造了"盗版可耻，正版光荣"的舆论宣传氛围。

2009年4月22日，沈阳市版权局组织省市十多家知识产权相关部门，在三好街开展了保护知识产权大规模集中宣传活动，公开销毁了107万件盗版制品，给侵权盗版分子极大震慑。辽宁省委常委、宣传部长张江，副省长滕卫平，沈阳市委常委、宣传部长王凤波，副市长王玲等省市领导参加了活动。各部门还结合自身职能现场开展了法律法规宣传、知识产权咨询和鉴定、投诉案件受理、散发宣传材料等一系列集中宣传活动。

沈阳市版权局在对中国沈阳书刊批发市场各类出版物强化抽检审读工作的同时，尤其注重对广大经营者进行版权法律法规和著作权知识的耐心介绍和讲解，积极引导经营者提高自律意识，主动守法经营，拒绝盗版。版权管理人员积极运用宣传教育和督促检查相结合，进一步规范了出版物市场经营秩序，有效地封堵了非法出版物通过批发市场流入沈阳市的重要渠道。

（史　策）

【企业软件正版化】 2009年，沈阳市版权局进一步推动企业使用软件的正版化工作。沈阳市推进企业软件正版化工作领导小组公布了《沈阳市企业使用软件正版化工作方案》，召开了全市企业软件正版化工作会议。克服各种困难和阻力，积极运用宣传教育和督促检查相结合，重点突破和整体推进相结合，评优表彰和查处曝光相结合，有计划、有步骤地推进软件正版化工作，迎接国务院和全国推进企业使用软件正版化工作部际联席会议的督导检查和年度审核。

沈阳市版权局加大宣传力度，开展多种形式的主题宣传活动，利用电视、报刊和网络等媒体进行多角度、多层次的宣传，不断提高企业的知识产权保护意识，树立"拒绝盗版，使用正版"的理念。

配合企业软件正版化工作，沈阳市版权局继续组织开展了打击非法预装计算机软件专项行动，严厉打击计算机生产、销售等领域未经授权预装盗版软件的非法行为。继续组织开展了打击出版物市场上盗版软件光盘的专项行动。

（史　策）

【建设农家书屋】　在圆满完成2008年建设300家农家书屋的基础上，2009年，继续在沈阳市的12个涉农区、县（市）建设了556家农家书屋。书屋选址在涉农县（市）336家，涉农区220家。其中：康平65家，法库80家，辽中61家，新民130家，东陵47家，于洪40家，沈北50家，苏家屯40家，浑南13家，棋盘山8家，铁西20家，皇姑2家。

每个农家书屋建设标准为书屋使用面积不少于20平方米，具备摆放书架、桌椅等设施，陈列、存放和阅读出版物的基本条件。每个书屋配置标准为2万元，图书不少于1500册，品种不少于500种，报纸、期刊不少于30种，电子音像制品不少于100种（张）。书屋配供出版物类别的参考比例为：政策法规类10%，医疗卫生类10%，少儿读物类10%，文化教育类20%，生活科普类20%，农业科技类30%。

2009年6月，沈阳市级财政拨付621.9万元农家书屋出版物采购专项经费，共采购图书500种46.7万册，音像制品70种3.9万盘，报刊21种1.2万份。农家书屋丰富了广大村民的文化生活，普及了科普知识，为村民提供了良好的学习环境和丰富的精神食粮，受到广大农民群众的普遍好评。

（牟毅兵）

广　　播

【概况】　沈阳人民广播电台系市直事业单位，内设部门18个，职工总数309人。共有6套节目，分别是新闻广播（中波792KHz 调频104.5MHz）、经济广播（中波882KHz 调频90.4MHz）、文艺广播（调频92.1MHz）、交通广播（调频98.6MHz）、都市广播（调频103.4MHz）、体育休闲广播（中波1341KHz 调频105.9MHz）。9个频率对外播音，主要频率的发射功率均为10千瓦。精品节目、名牌栏目层出不穷，《沈阳新闻》、《社会大哥大》、《石头说话》、《娱乐二人转》等节目深受广大听众欢迎。

（王宏良）

【广播节目】　2009年，沈阳电台围绕市委、市政府的重点工作策划组织了37项主题宣传和系列报道，累计发稿410多篇，为完成“五大任务”、实现“三大目标”营造了浓厚的舆论氛围。

“两会”报道、学习实践科学发展观、保增长促发展、节能减排、房交会、县域经济发展等战役性宣传报道有创新有突破。为庆祝新中国成立60周年，6个频率和沈阳广播网联合推出大型系列节目《沈阳杰出人物声音·影像展播》，采录了焦若愚、吕正操、尉凤英等60位人物，从不同侧面展示了沈阳60年的辉煌历史，并积累了价值很高的音像素材。新闻广播与哈尔滨、长春、大连联手推出纵横60年——东北发展巡礼系列报道32集。这些主题宣传，在社会上引起较大的反响。

沈阳电台制作的广播剧《国歌响起》以鲜明的地域性、原创性和精致度获得全国专家的一致好评，分别获得全国广播剧专家奖金奖、中国广播影视大奖提名奖和全国精神文明建设“五个一工程奖”。专题节目《工会主席对话农民工》获全国广播影视大奖一等奖。系列报道《搬出来的新生活》获中国新闻奖二等奖。2009年，全台累计获得省级以上一等奖89个。开展节目“月评优、周讲评”，效果显著，所报评的200多篇常态的新闻、文艺等节目大都形态完整，广播特点鲜明，质量水准较高。

沈阳电台同市法院联办的《天天说法》节目，深受学生、家长和老师的欢迎。《社会大哥大》实现了网上同步直播。《石头说话》同市监察局联办《行风热线》，有50位部委办局领导走进视频直播间，全年有2万名听众和网民参与互动。据赛立信公司调查数据显示，沈阳电台节目在沈阳地区的市场占有率达45.6%。《沈阳新闻》、《新闻早班车》和《小妹说新闻》等新闻类节目、《社会大哥大》、《连心桥》和《城市调查组》等民生监督类节目、《娱乐二人转》、《一吐为快》等娱乐情感类节目稳居辽沈地区收听率排名前列。此外，沈阳电台参展2009东北文博会，获得优秀组织奖和优秀设计奖；承办的全市首届读书月闭幕式暨《名家名篇音乐朗诵会》取得圆满成功，受到市委书记曾维等领导的高度评价。

（王宏良）

【基础设施建设】　2009年，沈阳电台不断改进传播手段，技术水平国内领先。继续推进广播信号覆盖工程和数字化网络化建设，全年共完成技术改造投资946万元，初步完成了制作播出网、传输控制网、广播门户网和综合业务网等4大网络建设任务。中波发射台完成了旧址搬迁和新址启用，在沈阳经济区城市群内扩大了覆盖范围，提高了播出质量。数字化、网络化、智能化的播控传输网工程，年底完成了系统设备的安装调试，新系统切换工作2010年1月启动。辅助办公系统建设顺利完成了系统安装、调试和全员培训等工作，2010年1月正式投入使用。卫星直播车已经开始安装调试，预计春节前后可交付使用。沈阳电台和中科院计算技术研究所合作开发的《基于包交换的广播电视热线电话系统》获科技部王选新闻科学技术奖三等奖。

（王宏良）

【经营创收】　2009年，面对国际金融危机、广播广告市场竞争异常激烈的严峻形势，沈阳电台转变经营机制，推行和完善适应广播广告市场经营发展需要的全频代理制。制定出台了《全频代理广告管理暂行规定》等管理制度和考核体系，加强对各代理公司的绩效考核和跟踪服务，做到涵养节目与提升广告质量，加强品牌建设并行推进，使节目与广告更好衔接，最大限度地调动广告代理公司与各频率的积极性，使广告结构更加趋于合理，实现了良性运转、均衡进款的目标。全台经营创收实现了全口径收入1.1亿元，比上年增长10%。

（王宏良）

电　　视

【概况】　2009年，沈阳电视台坚持以科学发展观为统领，以继续打造全国城市电视台一流强势媒体为目标，以深入开展宣传质量年、事业建设年、经营创新年、管理科学年、队伍建设年活动为载体，进一步解放思想，开拓进取，合力攻坚，全面实现了年初确立的各项工作目标，圆满完成了市委、市政府交办的各项工作任务，继续保持了电视事业又好又快发展的强劲势头。全台各项工作赢得了社会各界的充分肯定和广泛好评，共荣获国家级奖项6项、省级奖项120多项、市级奖项60多项。

（*汪源泉*）

【电视宣传】 沈阳电视台坚持围绕中心、服务大局不动摇，始终牢牢把握正确的舆论导向，紧密结合全市重点工作，大力开展更具针对性和实效性的电视宣传。

新闻宣传紧紧围绕“保增长、促和谐、抓党建”的工作主线，组织开展声势浩大的主题性、专题性、战役性新闻宣传工作。深入学习实践科学发展观活动、庆祝新中国成立60周年等10余个重大主题性宣传工作，主题突出，引导有力；全国和省市人大政协“两会”、市委十一届七次、八次全会等20余个重大专题性宣传报道，特色鲜明，成效显著；全民读书月、制博会等30余个重大战役性新闻报道，高潮迭起，浓厚氛围。先后策划组织直播、录播活动120多场次，开辟报道专栏近30个，制作播出主题报道、系列报道1500多篇，为加快全面振兴、构建和谐沈阳营造了浓厚的舆论氛围。特别是人大、政协两会的宣传报道，市人大主任赵长义、市政协主席刘雅琴都专门作出批示，给予充分肯定和表扬。对文明出行活动的报道，市委副书记苏宏章给予很高的评价：“有特色，力度大，启发性强”。对“曹佰库及其团队”典型报道，市总工会主席鞠秀礼称赞为：“沈阳电视台最好的人物新闻报道”。

电视活动着眼于全面激发和凝聚全市干部群众的精神力量，全力推出各种有影响力、有震撼力的大型文艺晚会和文艺活动30多场。用心创作、精心策划、齐心打造的《新中国新沈阳》大型主题歌会，气魄宏大，情感真挚，牵动人心，反响热烈，取得了震撼性的效果。

精品节目着眼于提升品牌影响力，不断推进精品创作生产，取得了累累硕果。投入巨资拍摄的25集电视连续剧《漂亮的事》荣获中国电视剧“飞天奖”二等奖，这是沈阳电视台16年之后，第二次获得“飞天奖”。同时，还荣获了辽宁省、沈阳市“五个一工程”奖，标志着沈阳电视台在精品生产上迈上新的台阶。精心制作的警示教育片《警钟常鸣》，受到了省委常委、市委书记曾维，市委常委、纪委书记陈雍，市委常委、宣传部长王凤波的高度赞扬，同时也得到了中纪委和省纪委的充分肯定，市委宣传部、市纪委还特发简报给予通报表扬。专题片《金廊——挺起沈阳的脊梁》、《沈阳——驶向地铁时代》等都受到了市政府领导的专门表扬。

品牌建设通过大力实施品牌战略和精品工程，取得显著成效，电视节目收视率得到大幅度提升。全年全台5个频道整体节目平均收视率与2008年相比提升了12.5%，实现了年初确立的收视率提升10%的目标。一批品牌栏目收视率表现明显强势，《沈视晚报》、《沈视早报》、《第一现场》栏目收视率提升都在三成以上，同比分别提升了69.7%、36%和36%；《直播生活》栏目继续在全台自制栏目收视率中独占鳌头。策划推出的《沈视一剧场》、《家剧场》、《抢鲜剧场》等三大剧场收视率表现十分强劲，对电视剧节目资源的掌控力度进一步增强。《约见当事人》栏目进入外省市电视台播出，成为沈阳电视台第一档步入市场营销的电视节目。《第一现场》栏目作为辽宁省惟一一档电视新闻节目入围中国新闻奖，并获得全国法制十佳栏目评选提名奖，标志着沈阳电视台在打造品牌栏目上取得重大突破。

（*汪源泉*）

【事业建设】 沈阳电视台把有线网络整合和数字电视整体转换作为全年事业建设的重点，全面实施，快速推进。

网络整合实现了年初确立的沈阳近郊区网络全面整合的工作目标，分别完成了东陵区、沈北新区、于洪区3个近郊区有线电视网络整合任务，使沈阳有线电视模拟网络跃升到140万户，在全国城市电视台中进一步凸显电视网络优势。

数字电视整体转换基本完成了沈阳城区数字电视整体转换任务，累计完成数字电视整体转换用户达到90万户，取得了数字电视转换工作的阶段性工作成果。

文化信息资源共享平台工程如期搭建，圆满完成，为全省构建公共文化服务体系作出了重要贡献。省委常委、宣传部长张江对沈阳电视台的工作给予批示表扬，中宣部、国家广电总局为此在沈阳专门召开了经验交流现场会。

沈阳电视台第二代数字硬盘播出系统技术先进、操作独特，被中国新闻技术工作者联合会评为第四届“王选新闻科学技术奖”二等奖，标志着沈阳电视台技术装备在全国城市电视台中处于领先水平。

（*汪源泉*）

【经营创收】 沈阳电视台着眼于不断增强快速发展后劲，提高职工收入水平，面对金融危机的严重蔓延和各种媒体的严峻挑战，坚持经营“两轮驱动”，大力推进广告经营和网络经营工作。2009年，实现经营创收5.6亿元，超额完成年初确立的5.5亿元目标任务，创历史最高水平，继续位居全国城市电视台“第一集团”。一是深化合作共赢理念。台内相关部门紧密携手，通力协作，设计差异编播的工作架构，开辟了畅通无阻的绿色通道，实现了广告经营效益最大化。二是优化网络经营业务。以继续推进网络整合和数字电视整体转换为契机，积极扩增模拟用户，深入挖掘增收潜力，不断拓展增值业务，创造了比上年增收15%的经营佳绩。三是强化勤俭办台宗旨。在实现收入大幅度提升的同时，全年支出比上年减少23%，超过了市里提出减少支出5%的目标。

（*汪源泉*）

【管理改革】 2009年，沈阳电视台不断深化管理机制改革，以有效的管理改革机制，充分调动职工的积极性、创造性，进一步增强了电视事业发展的动力和活力。

坚持以制度管人管事，制定了《沈阳电视台栏目退出实施办法》和《沈阳电视台工作人员岗位退出实施办法》，实行了工作人员考勤制度。同时，采取了清理不在岗人员、提高派遣人员薪金等手段，进一步加强了栏目资源和人力资源管理工作。

坚持公开、平等、竞争、择优的原则，按照《党政干部选拔任用工作条例》，先后选拔聘用了12名素质高、能力强、业绩突出的部门领导干部，进一步增强了部门工作活力。

坚持发展党员工作标准，严格遵循“坚持标准、保证质量、改善结构、慎重发展”的方针，吸收9名要求入党积极分子为中共预备党员，发展16名预备党员为中共党员。

坚持着眼于提升干部职工能力素质的目标，以深入开展学习实践科学发展观活动为契机，大力加强干部职工的思想政治工作，引导干部职工提高自身素质，转变工作作风，在全台上下形成了团结向上、爱岗敬业、拼搏进取的浓厚氛围。在全省广电系统开展的“弘扬正气、学习先进、树立新风”活动中，沈阳电视台作为惟一一家先进单位受到辽宁省广播电影电视局党组的通报表彰，被授予“辽宁省广电系统爱岗敬业激情奉献先进集体”。

（汪源泉）

【第三届沈阳电视观众节】 沈阳电视台坚持以观众为核心的电视理念，以“牵手春天·温暖同行”为主题，举办了第三届沈阳电视观众节，推出了“就业手牵手”、“暖春行动，为我加油”、“红歌总动员”、“法律服务百名律师进社区”、“爱新生活，诚信促销”等具有鲜明电视特色系列活动。为扩大社会影响力，增强观众互动性，在沈视网站开辟了“观众谏言论坛”，选出10名最具见地的观众参加在10月底举办的与台长“面对面”为沈视献良计活动；邀请100名热心观众参观沈阳电视台，参与电视节目互动活动；与工商企业合作，组织观众自驾到福利院开展义工服务活动；组织300名观众到海洋世界参观。还面向社会观众免费推出一台文艺晚会和一台二人转晚会等文艺活动，向电视观众奉献精彩的《上海迷雾》、《王贵与安娜》等八大电视剧节目。整个观众节活动采用各部门联动策划制作与各个频道单独策划制作播出相结合的方式，形成有特色、有亮点的电视观众节活动，进一步提升了沈阳电视观众节品牌影响力和社会知名度。

（汪源泉）

【沈阳电视台建台30周年庆典活动】 沈阳电视台经过精心策划，认真筹备，庆祝建台30华诞庆典系列活动取得圆满成功，呈现出形式多样、内容丰富，展示形象、树立品牌，宣传面广、影响力大的活动特点。

庆典活动庄严隆重。建台30周年庆祝大会于11月27日晚在辽宁大剧院举行。省委常委、市委书记曾维，市政协主席刘雅琴等市领导和省内外兄弟广播电视局台领导、市直有关部门领导以及长期关心支持沈阳电视台发展的企业家和社会各界代表、热心观众出席了庆典活动。省长陈政高、国家广电总局、中广协会和市委、市政府、市人大、市政协以及省内外各城市电视台分别发来贺信贺词，对沈阳电视台30年来取得辉煌业绩表示热烈祝贺。

文艺晚会火爆热烈。庆祝大会结束后，举行了《我们在一起》大型文艺晚会。沈阳电视台主持人、编辑记者和白岩松、于丹、吕晓禾、高希希、李光曦等知名人士同台演出。整台晚会群星闪耀，真情涌动，气势恢宏，高潮迭起。

台庆画册精美多彩。作为献给30年来为沈阳电视事业辛勤耕耘人们的一份真挚礼物——《辉煌》大型画册，刊载各种图片600多幅，以图文并茂的艺术形式，展示了建台30年取得的辉煌成绩。

电视专题片生动再现。拍摄电视专题片《激情跨越30年》，以叙事化的视角，丰富的视听语言，生动展现了沈阳电视台的光荣历程，艺术展示了沈阳电视人的创业风采，也描绘出沈阳电视台的美好未来。 （汪源泉）

卫 生 · 体 育

卫 生

【医药卫生体制改革】 为了落实《关于2009年深化经济体制改革的实施意见》,推进医疗卫生事业改革,做好重大疾病防治工作,提高突发公共卫生事件应急处置能力,深化新型农村合作医疗,完善社区卫生服务功能,2009年,沈阳市开展了医药卫生体制改革。按照国家医改意见和责任分工,卫生行政部门主要承担完善新农合制度、加快基本公共卫生服务均等化、推进公立医院改革试点3项工作,配合发改部门做好健全基层医疗卫生服务体系工作。

1. 巩固和完善新农合制度。2009年,沈阳市参合农民已达到238.5万人,参合率占农村常住人口的99%以上。各级财政对新农合补助标准达到130元、农民个人缴费20元,人均筹资标准达到150元以上,住院补偿比例达到45%以上,最高支付限额拟由3.2万元提高到3.5万元,将达到农民人均纯收入的4.4倍。

2. 健全基层医疗卫生服务体系。配合发改部门和财政部门做好加强基础设施建设、改革补偿机制等工作,重点是要做好加强基层医疗卫生队伍建设、转变运行机制工作。一是加强基层医疗卫生队伍建设。为全面提高基层医疗卫生机构服务能力,在医改方案中提出了实施"五个一"工程,即 选送一批(每年150名)县、乡医疗机构的执业助理医师参加本、专科学历教育;聘用一批(每年保持在50—60名)退休临床医学专家到基层医疗卫生机构服务;招收一批(每年50名)临床医学专业本科毕业生参加全科住院医师规范化培训并充实到基层;培训一批(每年培训率30%)基层医务人员,三年达到覆盖面100%;下去一批。继续执行市级以上医院具有中级以上技术职称的医生,每人每年下基层医疗卫生机构服务不少于14天的政策。四个一批工程已开始启动。选送150名农村基层执业助理医师参加本、专科学历教育已开始报名;聘用一批退休临床医学专家到基层服务已起草工作方案;2009年计划培训30%的基层卫生人员,已经培训了2681人,占应培训量70%以上;招收50名临床医学专业本科毕业生参加全科住院医师规范化培训工作正在和有关部门协商,落实经费。二是转变基层医疗卫生机构运行机制。主要有四方面工作。转变服务方式,组织开展巡回医疗、上门服务和主动服务,积极开展面向广大居民的健康咨询等家庭卫生服务;探索制定分级诊疗标准,开展社区首诊、双向转诊等试点工作。全面实行人员公开招聘制度和人员聘任制,改革收入分配制度。制定相关政策,加强绩效考核,提高工作效率,持续改善服务质量。

3. 加快基本公共卫生服务均等化。一是基本公共卫生服务覆盖城乡居民。全面启动和推进基本公共卫生服务项目,主要内容有建立城乡居民健康档案,到2009年底城市居民健康档案规范化建档率达到30%以上,5%农村居民试点。到2011年老年人等重点人群建档率,城市达到98%以上,农村达到50%以上,并实现居民健康档案计算机管理;为65岁以上老年人每3年开展一次健康检查,为3岁以下婴幼儿做生长发育检查,为孕妇做产前检查和产后访视,为高血压、糖尿病、精神疾病、艾滋病、结核病等人群提供防治指导服务;普及健康知识,开展公民健康素养促进行动。二是实施国家重大公共卫生服务项目。6月18日国务院深化医药卫生体制改革领导小组办公室召开了实施重大公共卫生服务项目、促进基本公共卫生服务逐步均等化工作启动电视电话会议精神,国家年初步确定公共卫生项目内容有6项。其中涉及卫生部门4项:15岁以下人群补种乙肝疫苗项目;农村妇女乳腺癌、宫颈癌检查项目;增补叶酸预防神经管缺陷项目;实施"百万贫困白内障患者复明工程"。三是在加强公共卫生服务能力建设方面,主要开展5项工作:整合全市公共卫生资源,筹备建设沈阳市公共卫生服务中心;按照国家安排,重点建设市精卫中心、市传染病院、市妇幼保健所;加强市、区(县)疾病控制、卫生监督机构建设和装备,到2011年达到国家建设标准;制定区域职业病防治规划并组织实施;2009年人均基本公共卫生服务经费标准不低于15元,2011年达到20元。

4. 推进公立医院改革试点。一是调整布局结构,合理确定服务功能。按照区域卫生规划和医疗机构设置规划,明确全市公立医院设置数量、布局、床位规模和人员编制。新增医疗卫生资源重点投向农村和郊区;按照省厅要求,参照上海等地做法,纵向整合医疗资源,构建以三级综合性医院为龙头,由若干个城市综合医院、专科医院和社区卫生服务机构组成的区域性医疗卫生服务联合体;加快区域医疗服务中心和品牌专科医院建设,2009年底前,完成6所重点市属医院建设和市儿童医院一期改扩建工程,2010年全部投入使用,提升市属医院服务能力和水平;加快形成多元化办医格局。鼓励社会资本参与公立医疗机构改革、兴办医疗机构,社会资本举办的非营利性医院在服务准入、医保定点、科研立项和继续教育等方面,与公立医院享受同等待遇。二是改革公立医院管理体制、运行机制和监管机制。探索建立和完善医院法人治理结构;加强卫生行政部门医疗服务监管职能,健全医疗服务监管体制。实行同级医疗机构检查结果互认;建立科学的医疗机构评价机制,定期向社会公布评价结果;参照天津、宁波等地做法;建立医疗纠纷第三方调节处理机制,增进医患沟通,优化执业环境;以居民健康管理、医院管理和电子病历为重点,加快医疗卫生信息化建设,促进公共医疗服务信息资源共享、合理利用。三是推进公立医院改革试点。2009年,在医疗机构自愿的前提下,研究制定公立医院改革试点方案(苏家屯区中医院、739医院都已申请试点)。

(卫生局)

【疾病预防控制】 2009年全市疾病预防控制和卫生应急工作坚持以深入开展学习和实践科学发展观活动为统领,紧紧围绕全市卫生工作中心,以《关于深化医药卫生体制改革的意见》为指导,继续深入开展了疾病预防控制工作规范化建设,全面启动了疾病预防控制绩效考核工作,提高了突发公共卫生事件应急处置能力,落实了重大传染病防控措施,全面加强了以城乡预防保健网底建设为重点的公共卫生服务体系建设,疾病控制及卫生应急工作得到进一步发展。

一、认真做好甲型H1N1流感防控工作

4月下旬,部分美洲国家出现甲型H1N1流感疫情,沈阳市卫生系统迅速启动突发公共卫生事件处置预案和应急机制。在市委、市政府的领导下,成立了由市长李英杰为组长、39个委办局主要领导为成员的市甲型H1N1流感防控工作领导小组,制定了防控工作方案和应急预案,对全市防控工作进行超前部署、周密安排,建立了甲流疫情信息报送制度和领导小组例会制度,按照“外堵输入、内防扩散”的总体工作原则,有序、有力、有效地开展了各项防控工作,通过主动监测,及时发现了输入性甲型H1N1流感确诊病例,有效控制了疫情扩大和蔓延。2009年全市共召开甲型流感防控工作会议22次,上报防控工作简报151期。根据疫情发展趋势和疫病特点,国务院、卫生部于7月初对流感防控措施进行了调整,沈阳市流感防控工作也由“应急战”转入持久战,防控工作坚持两个不变即防控原则不变和防控策略不变。为全面做好秋季开学后及“十一”长假后的重点人群防控工作,会同教育部门下发了文件,强化了联防联控工作机制,突出做好各级各类学校、托幼机构、社区等重点场所,以及人员密集流动的铁路、民航的疫情防控工作。及时妥善处置了东北大学、育才高中、沈阳师大发生的群体流感样病例暴发疫情,维护了校园和社会面的稳定,全市没有发生一例学生重症病例和死亡病例,平稳度过甲型H1N1流感第一波流行高峰,未造成社会的过度恐慌,确保了全市平安、健康、和谐度过国庆长假,圆满地完成了国庆安保任务。根据省卫生厅《2009年辽宁省秋冬季甲型H1N1流感疫苗接种工作方案》及《关于做好2009年全省甲型H1N1流感疫苗预防接种工作的通知》要求,沈阳市制发了《沈阳市秋冬季甲型H1N1流感疫苗接种工作方案》,于2009年11月1日起全面开展甲流疫苗接种工作,截至2010年1月14日,累计接种人数为17.1万人。

2009年市疾控中心处理了218余起突发疫情,排查发热病人121余人,确诊15例输入性甲型H1N1流感病例,对988余名密切接触者实施了隔离医学观察,对5万名疫区归国人员进行健康随访,出动疾控人员3000余人次。从9月8日至10月20日,及时处理了东北大学、育才高中、沈阳师大等学校发生的群体流感样病例暴发疫情150余起,共检测咽拭子660多份,确诊甲型H1N1流感病例237例,隔离发热学生1.5万余人。10月20日开始市疾控中心承担了全市医疗机构救治的疑似甲型H1N1流感重症和死亡病例的病原学检测任务,截止年底,疑似重症病例甲型H1N1流感病毒病原学检测352例,检出阳性160例,季节性流感4例。从11月17日省疾控中心对省级综合医院疑似甲流病例的检测,共检测244人份,季节性流感6例,甲型H1N1流感阳性74例。截止年底,全市累计报告甲型H1N1流感病例655例,境内感染640例,境外输入15例。其中重症病例219例,死亡19例,治愈出院171例,在院治疗13例,自行离院14例,签字居家治疗2例。

二、积极开展调研,有效推进医改公共卫生服务均等化工作

年初,制定了医改涉及公共卫生部分调研方案和提纲,积极开展了局属有关单位和城乡公共卫生体系现状及未来发展的摸底调查,掌握了全市公共卫生体系投入现状和未来工作开展的需求,强化了各级政府在公共卫生工作中的职责,继续争取各级政府和财政部门的支持,加大公共卫生投入力度,确保各项政策措施落实到位,实现国家基本公共卫生服务项目免费向城乡居民提供,逐步实现城乡居民享有均等化的基本公共卫生服务,不断提高居民健康水平。根据《辽宁省乙肝疫苗接种实施方案》,沈阳市会同市教育局、市药监局、市民政局制发了《沈阳市乙肝疫苗接种实施方案》,于2009年年底全面开展了对1994－1995年出生的未接种或未完成接种的儿童的乙肝疫苗接种工作。确定苏家屯区执行35～59岁农村妇女乳腺癌检查项目,2009年已完成项目区执行机构人员培训、宣传动员,完成了2000名农村妇女乳腺癌检查工作并建立了数据库。

三、加强卫生应急体系“一案三制”建设,圆满完成国庆安保卫生任务

继续推进县区(市)卫生局和疾病预防控制机构应急机构建设,做到了机构、职能、人员、条件、预案“五到位”。贯彻落实《突发公共卫生事件应急条例》和《突发公共卫生事件应急预案》,修订了《沈阳市卫生局应对流感大流行准备计划与应急预案》,制发了《沈阳市甲型H1N1流感防控工作卫生应急预案》、《沈阳市卫生系统国庆60周年反恐预案》。局属有关单位也根据自身专业特点细化专业预案、技术规范和规程共计166个,全市卫生应急的预案体系进一步完善。强化了卫生应急队伍的建设。全市5个类别的卫生应急专家组,175个卫生应急机动队确保了国庆安保作的顺利开展。市卫生局组织市疾控中心、沈阳急救中心、市职业病院等单位开展了各类应急演练共计7次,拉动卫生应急人员1000余人次,组织开展突发卫生应急、鼠疫防治以及新发传染病专业知识培训2万余人次,全市卫生应急保障能力和处置水平得到显著提升。开展了以普及卫生应急管理知识和常识为主

要内容的系列宣传活动,设立宣传点60个、发放宣传单册2万余份,制作宣传板、横幅等共计200块,受益人群达到50余万。

强化了突发公共卫生事件预警监测和直报信息网络建设,监测报告的敏感性有了极大提高。年内全市各级各类突发事件均得到及时妥善处置,突发公共卫生事件报告及时率、网络报告率、报告完整率、处置得当率、事件评估率达到100%。2009年,全市报告的突发公共卫生事件出现近年来首次下降,报告数与去年相比下降了45%,全年无重大或较大突发公共卫生事件发生。

完备的国庆卫生应急和反恐工作物资储备及高效运转的卫生应急指挥体系在国庆期间充分发挥了作用。全市卫生系统统一指挥、统筹协调、各负其责、密切配合,全面完成了国庆安保反恐备勤工作。国庆期间组织局属5家单位开展反恐备勤,累计出动人员1700余人次、车辆400台次,圆满地完成了市反恐指挥部布置的备勤工作任务。

四、加强疾病预防控制规范化建设,建立市区两级疾控机构绩效考核评价制度

贯彻落实卫生部《关于疾病预防控制体系建设的若干规定》,继续推进疾病预防控制工作规范化建设。各级医疗机构对照《辽宁省医疗机构疾病预防控制工作考核标准》,认真完成所承担的疾病预防控制工作。市区两级疾控机构依法依规加强对医疗机构、城市社区卫生服务机构、农村乡镇防保机构疾病预防控制工作的经常性指导和考核,配合医疗机构做好对医务人员传染病相关知识的培训工作,各区县(市)年内督导率达到100%,市疾控中心对二级以上医疗机构督导率达到100%。全面开展了疾病预防控制绩效考核工作,成立了沈阳市疾病预防控制绩效考核工作领导小组,调整和充实疾病预防控制绩效考核委员会,建立了绩效考核专家库。考核评价实行分级管理,市和各区县(市)卫生局根据制定的《疾病预防控制绩效考核工作方案》,组织完成了疾控工作绩效考核全员培训工作。各级疾病预防控制机构均建立和完善了绩效考核工作制度。

五、加大传染病防控力度,有效控制重大传染病疫情

一是强化监测预警机制,做好春季传染病防控工作。形成了《沈阳市春季传染病工作情况报告》,会同沈阳出入境检疫局、外经局共同下发《关于做好输入性传染病防控工作的通知》,强化了部门间信息沟通和通报制度,落实了综合性传染病防控措施。

二是加强人禽流感等急性传染病防控工作。及时转发了卫生部等三部委《关于加大活禽经营市场监管力度切实做好人禽流感防控工作的通知》和《加强人感染高致病性禽流感防控工作的紧急通知》,全市严格落实医疗机构预检分诊制度,加强了不明原因肺炎病例监测、报告和排查工作,做好疫情预警监测和信息报告工作,进一步完善相关应急预案,开展防病知识宣传,提高社会公众防病意识和防范能力,确保了各项防控措施落到实处。

三是强化免疫规划工作管理,开展重点人群麻疹强化免疫工作。继续落实卫生部《儿童预防接种信息报告管理工作规范(试行)》的要求,推广儿童预防接种信息管理系统的实施,完成了基础准备工作和人员培训工作,截至到2009年底,沈阳市儿童预防接种管理系统客户端应建数241个,实建165个,覆盖率68.5%。继续巩固并提高常规免疫接种率,1—10月份沈阳市常规免疫报告接种86万人次,五苗单苗接种率均达到95%以上,其中乙肝首针及时率98.52%。全年共报告AFP病例17例,报告发生率2.3/10万,48小时调查率100%,7天内样品送省率100%,60天随访率100%。为贯彻执行《2006—2012年全国消除麻疹行动计划》和《辽宁省麻疹疫苗强化免疫实施方案》,加强麻疹防制工作,2009年全市共报告麻疹疑似病例1471例,发病率为13.51/10万,比2008年上升了44.3%,麻疹暴发16起,全部进行了个案流行病学调查,共采集到合格血清1091份,采血率达74.2%,阳性率为78.1 %。至2009年10月底完成了全市麻疹强化免疫接种工作。

四是加强防病知识宣传,提高防控能力。市区两级卫生部门通过新闻媒体机构开展了预防春季传染病的知识宣传和各类防病宣传日活动,以提高公众的防病意识。在卫生部门的指导下,各级各类中小学校和托幼机构也开展了防治知识宣传,让学生、家长和教职员工掌握预防和控制传染病的知识,提高自我防病能力。

五是结核病防控工作以全球基金项目和中央转移支付项目为依托,以提高结核病防控能力和规范化建设为重点,强化督导与培训管理,使肺结核病人发现率继续维持在较高的水平。继续开展"医防合作项目",胸科医院共报告沈阳市肺结核病病例1928例,占全市同期病例4634的41.61%;涂阳病例670例,占全市同期病例2006的33.4%,沈阳市肺结核病发现率显著提高。年内全市发现新涂阳病人1659例,治愈率95.56%。开展HIV人群筛查肺结核病工作,全市管理HIV感染者614例,追踪1035例,筛查245例,摄胸片245例,发现肺结核病6例。

六是出血热疫情继续控制在较低水平。落实以免费疫苗接种、宣传培训、血清学复核诊断、灭鼠防鼠等出血热综合性干预措施,出血热高发态势得到有效控制。出血热病例流调率100%,采集流行性出血热病人急性期血清216份、病人双份血清116份,订正为实验室诊断病例42例。采集未开展疫苗接种的县区10-70岁健康人群血清220份,进行抗体水平的检测,检测结果阳性14份,阳性率为6.36%。沈阳市财政免费为重点地区高危人群提供疫苗60453支,已经按照计划安排下拨各单位,疫苗接种工作开展中。

七是落实鼠疫防治工作。签订了《市区(县)鼠疫防治工作目标责任书》,根据政府制发的《鼠疫控制应急预案》,继续开展康平鼠检站建设项目。针对青海发生的鼠疫疫情,市卫生局组织开展了各级医疗卫生机构专业人员的师资培训和全员培训,累积培训2万人次。为提高全市医疗机构首诊发现能力,开展2次针对鼠疫的观摩演练和实战演练,培训覆盖率、合格率均达到了100%,现

场处置能力得到了加强。

八是加强了以霍乱为重点的肠道传染病的防治工作，开展了霍乱弧菌外环境、海水产品、腹泻病人监测工作，各项指标达到了省厅有关要求。组织开展了感染科肠道门诊医护人员岗前培训，市本级肠道病诊治人员300余人次参加了培训，培训覆盖率、合格率达到100%，市疾控中心组织对医疗机构感染科肠道门诊进行了指导检查，覆盖率达到300%。年内全市无霍乱及肠道传染病突发公共卫生事件发生。

六、开展艾滋病、精神疾病、慢性病和牙病、健康教育等各项防治工作

1. 艾滋病防治。调整明确了沈阳市防治艾滋病工作有关单位部门职责，政府领导、部门配合、各负其责、社会参与的工作机制得到持续加强，下发了《沈阳市重点人群艾滋病防治工作方案》和《沈阳市1万名男性行为者艾滋病病毒抗体及梅毒感染自愿咨询检测技术方案》，以全球基金、中盖基金及中央补助地方资金等国内外艾滋病项目为载体，针对男性行为者、暗娼、流动人口等高危人群，全面落实了宣传教育、咨询检测、安全套推广使用和高危行为干预等有效综合防控措施。进一步加强了艾滋病检测筛查实验室建设和质量控制管理，截至2009年底全市66家疾控机构、医院、妇幼保健机构等医疗卫生机构建立了艾滋病初筛实验室，基本建立健全了分布合理、覆盖县及县级以上医疗卫生机构的艾滋病监测体系和实验室筛查检测网络。进一步加强了艾滋病感染者和病人跟踪随访管理，全面落实了"四免一关怀"政策，100%符合治疗的艾滋病病人免费接受抗病毒治疗，按年人均1500元标准，为全市573名可跟踪随访管理的艾滋病落实常见机会性感染医疗补助85.95万元。

2. 精神疾病防治。与市财政局、市教育局等16家委、办、局联合制发了《全国精神卫生体系发展指导纲要沈阳市实施方案》，持续加强了以贫困精神疾病患者免费医疗药品救助和社区康复站建设为重点的社区精神疾病防治康复工作，近8000名贫困及重点精神疾病患者直接受益，精神疾病社区随访管理率达90%以上。深入开展了以世界精神卫生日为契机的精神卫生宣传教育活动，积极营造了崇尚精神健康、支持精神卫生工作的社会环境。基本完成了国家重性精神疾病管理治疗项目任务和指标。

3. 慢性病及牙病防治工作。下发了《关于进一步加强慢性非传染性疾病防治工作的通知》，就心脑血管疾病、高血压、糖尿病、肿瘤等慢性非传染性疾病防治工作进一步明确工作任务，推广了沈河区"维持健康体重和血压管理关键技术项目"经验，全面落实了以社区服务机构为基地，以家庭为依托的健康档案、健康教育、定期随访跟踪、社区康复指导和高危因素干预等综合防治措施。下发了《关于进一步加强死因监测工作的通知》，进一步强化农村死亡报告和生命统计管理。深入开展了肿瘤防治宣传周、高血压日、糖尿病日等慢性病防治宣传教育工作。在铁西区启动了"糖尿病社区干预试点"项目。在苏家屯区全面启动并实施了农村妇女乳腺癌检查项目，到2009年底完成了2000名农村妇女乳腺癌检查工作指标。制发了《沈阳市口腔预防适宜技术推广应用实施方案》，为进一步规范口腔卫生医疗机构的牙病防治技术操作，推进口腔预防适应技术工作在我市深入开展，更好地为人民群众提供简便价廉的口腔卫生服务。深入开展了全国爱牙日为契机的牙病防治宣传教育活动，持续开展了中小学生口腔健康检查和指导工作。

4. 健康教育工作。举办了沈阳市全民健康生活方式行动和公民健康素养促进行动启动仪式，区、县(市)全面开展"双行动"工作。健康街道、无烟医院、健康促进示范社区和健康教育达标单位等创建活动得到持续加强。在农村县区深入推广了东陵区亿万农民健康促进行动的经验和模式，农村县区健康促进行动得到深入推进。重新组建并调整了市、区两级健康教育讲师团队伍，在社区健康大课堂为载体的社区健康教育得到进一步提高。广泛深入地开展了以卫生宣传日为契机的传染病、地方病、慢性病及精神卫生等宣传教育活动，完成了甲型H1N1流感防治知识宣传教育工作。市民健康知识知晓率和健康行为形成率得到进一步提高。

(卫生局)

【社区卫生工作】 2009年，沈阳市社区卫生工作在市委市政府的高度重视下，把继续完善社区卫生服务体系建设、完善社区卫生服务功能、提高基层医疗机构医务人员水平、落实国家重点联系城市各项工作作为工作重点，将社区卫生作为深化医药卫生体制改革突破口，扎实有效地开展工作。

一、加快和完善社区卫生服务体系建设

1. 截至2009年底，沈阳市已提前一年完成了《沈阳市城市社区卫生服务机构设置规划(试行)(2006－2010年)》相关要求，全市共建成103所社区卫生服务中心、291所社区卫生服务站。社区卫生服务街道覆盖率达到了100%，城镇居民人口覆盖率达到了95%以上。

2. 在完成《社区卫生服务机构设置规划》的基础上，进一步完善社区卫生服务机构规范化建设，2009年沈阳市按照5万元/所的标准对全市291所社区卫生服务站确定专项经费，用于社区卫生服务站以奖代拨补助。制定下发了沈阳市社区卫生服务站规范化建设验收标准，本着先申报、再预拨资金、最后验收的原则，经过组织各地区进行初筛和申报、市卫生局预拨付部分资金、组织各部门专业人员实施验收三个阶段，首批共172所社区卫生服务站达到验收标准。

二、探索社区卫生服务运行机制改革

为积极有效的开展社区卫生服务运行机制改革探索，在和平区、沈河区全区启动社区卫生服务收支两条线管理模式，局领导多次到和平区、沈河区进行收支两条线运行情况调研，并提出了寻求政府购买服务与收支两条线运行机制的有效结合点，探索新的社区卫生服务投入、运营机制的理念。2009年7月份，大东区全区启动了区政府购买社区公共卫生服务管理方案，按照每1.2万人口设立一个责任医生团队，公共卫生服务由区政府购买，由责任医生团队免费为社区居民提供。

三、加强和促进社区卫生服务能力

建设

1. 为促进优质卫生资源进社区,逐步提高沈阳市城市社区卫生服务能力和水平,推动双向转诊制度的进一步落实,在省卫生厅的支持下,组织和平区、沈河区分别与医大一院、医大盛京医院开展了“专家进社区”活动,两所省级大医院选派了共42名中、高级职称的医疗卫生人员,到两区社区卫生服务中心通过坐诊、讲座、会诊的形式,对社区卫生服务人员给予现场指导,提高了医务人员的能力和水平,取得了良好的社会效益。经过努力,全市社区卫生服务门急诊诊疗总人次数较去年有大幅度提高,达到341.5万人次,社区卫生服务门诊诊疗人次占全市门诊诊疗人次的比率达到35.2%。

2. 为提高基层卫生行政管理人员和社区卫生服务机构管理者的管理技能,2009年,由中国社区卫生协会主办、沈阳市卫生局承办的全国第四期社区卫生服务机构管理骨干培训班在沈阳举行,培训班邀请国内优秀师资授课,培训涉及国家基本公共卫生服务项目、社区卫生服务机构的管理团队建设和团队执行力、绩效管理等十个方面内容,培训班为期八天,各地区卫生行政人员和社区卫生服务机构管理者参加了培训,收到了良好的效果。

四、落实国家重点联系城市各项工作

1. 按照《关于社区卫生服务体系建设重点联系城市常规监测工作安排的通知》要求,于2009年初即组织各地区卫生局主管局长、主管科长和信息统计员召开了“全国社区卫生服务体系建设重点联系城市(沈阳市)工作会暨常规监测培训会”,在总结2008年重点联系城市工作的同时,部署了2009年重点联系城市常规监测具体工作。根据会议部署,经过部署和培训、数据搜集和整理录入、数据修正和核查、打包上传卫生部、数据分析总结五个阶段,于3月底前,较好地完成了2009年重点联系城市常规监测工作。

2. 接待重点联系城市技术指导组来沈开展现场调研活动。按照重点联系城市工作任务要求,卫生部重点联系城市技术指导组东北片区组长和各位专家两次对社区卫生服务体系建设工作给予现场指导和督查,并视察了社区卫生服务体系建设的具体进程,对社区卫生服务体系建设工作取得的进展给予了高度评价。

五、落实新医改各项工作任务

1. 根据国家新医改工作精神,按照沈阳市深化医药卫生体制改革工作会议要求,下发了《关于加强社区卫生工作落实新医改工作要点的通知》,要求各开展社区卫生服务工作的城区积极推进收支两条线、政府购买公共卫生服务管理等改革探索,并对辖区内各社区卫生服务机构已建立的居民健康档案进行梳理和筛查。各社区卫生服务机构采用入户建档、门诊建档和组织活动开展建档等多种行之有效的形式,加强对辖区居民的健康档案建立,截至2009年底,城市居民健康档案建档率达到31.81%。

2. 根据医改调度会议的要求,积极配合相关处室部门落实沈阳市关于国家基本药物制度各项工作,组织各地区以座谈、现场访谈和填报调查表等形式,多次摸底调查各社区卫生服务机构的基础状况、落实各项政策的需求和困难、医保运行等情况,为落实政府办基层医疗机构全部实施基本药物制度提供了基础准备。

(卫生局)

【新型农村合作医疗】 2009年农村卫生工作以深化医药卫生体制改革精神为指导方针,以全面贯彻落实全市卫生工作会议制定的目标任务为主线,重点在加强新型农村合作医疗资金管理,加强农村乡镇(村)医疗机构、人员依法服务、依法执业管理方面开展了一系列工作。

一、市政府为农民办实事

国家、省政府提出2010年实现参合农民人均筹资标准达150元的要求标准,这一标准受到市委、市政府高度重视。主要领导亲自研究、亲自动员、亲自解决问题;分管领导亲力亲为,精心组织,全力推进;在2009年初市政府组织召开的新农合协调领导小组全体会议,确定增加投资2300万元,将全市参合农民筹资标准提高到150元以上,并连续五年列入市政府为群众办实事当中,提前实现了国家医改提出的目标。

二、全市参合农民受益程度进一步提高

2009年出台了《关于进一步完善新型农村合作医疗工作的若干意见》,全面调整了新农合政策,提高了参合农民医疗费用报销比例,使参合农民受益程度进一步提高。全市新农合出现了六个增高的好形势。

1. 农民参合率进一步增加。2009年参合农民238.5万人,占农村常住人口的99.3%,比2008年增加了7.5万人,参合率提高近1.56个百分点。广大农民对新农合这项惠民制度的认识程度随着政府对农民健康的重视和投入逐步提高,参合积极性从被动到主动。

2. 筹资标准逐年提高。2009年全市筹资标准达到每人每年150元,其中有2个区达到160元以上,东陵区最高达到170元,与2005年相比提高了5倍(仅政府投入部分就提高了6倍),为进一步提高农民的受益程度奠定了坚实的基础。

3. 报销比例进一步提高。2009年将住院报销封顶线提高到4.83万元,比2008年提高了2.23万元,提高了一倍多,达到农民人均纯收入的6倍以上。农民住院后得到了更多的补偿,进一步缓解了农民看病贵的问题。

4. 参合农民受益面扩大。2009年参合农民住院率达到达到5.78%,比2008年提高0.78个百分点,比2005年提高近4.51个百分点。农民“小病挺,大病等”已成为历史,农民“小病进村,大病上县,重病进城”成为农民就医的新途径,新农合已经成为农民健康的基本保证。

5. 人均补偿比例逐年提高。2009年参合农民人均住院补偿比提高到45.77%,比2008年提高2.22%,比2005年人均补偿比提高22.71%。参合农民在县内医疗机构住院报销比例实际达到56%,比市政府确定的平均补偿比高16%。

6. 农民住院次均补偿费用逐年提高。2009年农民住院次均补偿费用达到2096元(2008年1837元,2005年

991.86 元),比 2008 年提高了 259 元,提高了 14.1%,是 2005 年的 2 倍多,有效缓解农民的就医压力。

三、实现三个“确保”目标,新农合基金安全运行

为了实现市委、市政府“确保新农合资金及时足额到位,确保新农合资金零结余,确保新农合制度的健康发展”三个基本目标,实行了“两报一会制度”。一是“每月两报”即统计月报表、会计月报表制度,每季度做一次统计分析、会计报表分析;二是“半年例会制度”即召开区县市新农合主任会议通报分析各地新农合资金到位及使用情况,分析存在问题,并以点带面进行指导。3 月按市绩效考核标准对各区县新农合资金使用情况进行督导检查,区县财政社保专户基本实现“零结余”,8 月份督导各区县财政配套资金 8 月底及时、全部到位,均全面完成市政府绩效考核指标。

为加强新农合基金财务管理,规范会计核算,根据国家财政部《关于印发新型农村合作医疗基金会计制度的通知》(财会[2008]1 号)及辽宁省财政厅《转发财政部关于印发新型农村合作医疗基金会计制度的通知》(辽财会[2008]603 号)规定,出台了《关于加强新型农村合作医疗基金财务管理的有关规定》,规范了新农合基金财务管理程序;市审计局对全市 2008 年度新农合基金进行了全面审计,审计工作取得满意结果。全市新农合资金安全、健康发展。

四、加大对定点机构管理和稽查力度

根据《辽宁省人民政府办公厅关于对 2008 年全省新型农村合作医疗运行情况的通报》文件,按照省卫生厅新农合考核评估通知要求,4 月组织财务、医疗专家,对 12 个区、县(市)每区县抽查 2—3 个乡镇医疗机构进行全面复查,共走访检查了区县医院 16 所,乡镇卫生院 25 所。省卫生厅新农合办对沈阳市农村新农合工作给予充分的肯定。

五、市人大、政协对新农合关注

5 月市人大主任赵长义对新型农村合作医疗工作进行了全面视察,走访了法库县、东陵区,听取当地政府关于新农合运转情况的汇报,实地走访了受益农户,王玲副市长代表沈阳市作了总体汇报工作,沈阳市新农合工作受到视察代表的充分肯定。办理政协提案 5 件,协调解决市农垦联合总公司所属国有农场农业户口人员参加新农合群众集体上访问题,妥善协调解决新民市农民王庆祥、法库县农民徐东方上访案;接受电话政策咨询及投诉 30 余例,回复农民网上咨询 3 例,为农民耐心宣传新农合政策,搭建了政府与农民良好沟通的桥梁,合理维护了农民的基本利益。

六、开拓新农合工作新思路

为使农民进城看病更便捷、并可直接得到报销款,在市五院和各区县合管办的积极努力下,开展了农民住院垫付报销试点。

七、乡村医生依法执业管理

根据《乡村医生从业管理条例》,按省卫生厅的统一布署对全市农村乡村医生进行注册换证工作。采取统一要求、统一时间、统一录入信息进行网上注册工作,全市 3980 余名乡村医生的信息录入与审核工作基本结束。

(卫生局)

【医政工作】　全面贯彻落实市卫生工作会议和全国医政、医疗服务监管工作会议精神,努力实现在深化医药卫生体制改革的实践中,全面提升管理工作能力和水平,开创了沈阳市医政工作与医疗服务监管工作新局面。

一、出色完成了甲型 H1N1 流感医疗救治任务

2009 年 4 月以来,按照甲型 H1N1 流感防控工作总体要求和部署,及时制发了甲型 H1N1 流感医疗救治工作方案,迅速成立了会诊专家组、医疗救治指导专家组,提早准备,在规定时间之前即完成了全市 38 个发热门诊的启动准备和验收工作,并确定了 6 家市级定点(后备)医院和 14 个区、县(市)定点医院。为有效应对疫情在学校集中暴发的严峻形势,合理调动全市医疗救治力量,共组建、派出医疗队 7 支,出动医护人员 300 余人次,执行指导、支援校方和定点收治单位医疗救治工作的任务,全市各级医疗机构累计收治甲型 H1N1 流感确诊病患 479 例,专家会诊 1320 次,出动急救车辆 320 台次,转运甲型 H1N1 流感疑似病例、确诊病例和需医学观察的相关人员 500 余人次,治愈 445 人。

二、积极推进医疗质量万里行活动,全面加强医疗服务监管与质量控制

1. 制发《沈阳市医疗质量控制中心管理办法》,加强医疗质量管理与控制组织体系建设,规范医疗质控机构自身管理,各质控中心内涵建设得到加强。尝试将以保障病人安全为首要目标的医院管理评价制度引入并实际运用到医疗服务监管与质量控制工作之中。年内全市 16 个临床专业质控中心对市管及部分县(市)、区属医疗机构进行了两次全面质控检查和四次专项检查,受检医疗机构 170 余家次。

2. 根据卫生部、省卫生厅的部署,认真落实各项工作要求,积极推进“医疗质量万里行”活动开展,组织了医疗、护理、院感、药事、临床输血、检验、营养、医用高压氧和医保等 13 个重点专业专项检查,针对检查中发现的问题,采取针对性措施,认真整治、整改,接受了国家、省“医疗质量万里行”活动专项检查,取得较好成绩。

3. 突出重点,强化医疗服务监管,加强麻醉药品管理。对全市持有《麻醉药品、第一类精神药品购用印鉴卡》的 153 家医疗机构、478 名从业人员进行专题培训,对持有《印鉴卡》所有医疗机构的年度用量计划及药品使用情况进行审核、监督。

4. 加强医院感染控制管理。对全市血液透析医疗机构的科室布局、工作流程、设备设施、人员管理、操作技术等进行专项检查;初步建立起沈阳地区市管以上医疗机构消毒与感染控制电子档案;开展医疗机构现场监测及技术指导工作。

5. 加强临床输血管理。对全市 41 家设立血库、储血室的医疗机构进行了专项检查,对全市临床用血情况进行了全面督导检查。举办了全市临床用血质量管理培训班,89 家医疗机构的 122 人次接受了培训。

三、加强调查研究,精心组织筹划,扎实推进医改相关工作

1. 深入学习、研究医改相关政策要求,认真落实各项工作任务,完成了《沈

阳市区域医疗机构设置规划》和《沈阳市公立医院改革方案》的起草工作,建立并完善了沈阳市医疗机构管理数据库工作,完成了对全市4200多家医疗机构相关数据信息的录入工作,为推进公立医院改革工作奠定了基础。加强与医保主管部门的配合协作,开展了医疗机构提供医保服务现状调研,为建立实施以按人头付费、单病种付费与总额预付费制度进行了有益探索。

2. 创新医疗纠纷调解处理工作模式,积极争取政府及有关部门的支持,在借鉴外地省市先进经验的基础上,全力推进医疗纠纷人民调解机制的建立,此项工作正在平稳推进。

3. 认真组织实施“百万贫困白内障患者复明工程”项目,制定《沈阳市百万贫困白内障患者复明工程实施方案》,确定了项目定点医院,成立了项目技术指导小组,举行了项目启动仪式,积极推动工作进展,圆满完成了全市医政年度任务计划确定的1000例贫困白内障患者实施复明救治手术的目标。

四、严格执业准入管理,顺利完成了2009年全国医师资格考试组织、考务管理和护士执业注册工作

1. 全市执业医师考试资格审查合格4134人,完成了全省5120名考生的实践技能考试和3246名考生的医学综合笔试的考试组织、考务管理任务。

2. 贯彻实施《护士条例》,严格护士执业准入管理制度,全年累计完成1.5万余名执业护士的执业注册证书更换和1628名护士的首次执业注册工作。

五、认真履行社会医疗服务保障职责,全面完成社会医疗服务工作

1. 进一步深化对口支援活动,继续实施“万名医师支援农村卫生工程”,共派出对口支援农村的城市医务人员214名,接诊病人4.1万余人次,手术1900余例,开展专业技术讲座336次,免费接受乡镇卫生院医护人员进修32人;进一步开展医疗专家进社区活动,完善城市三级综合医院对口支援社区卫生服务机构的工作模式,进一步加大对县(市)中心医院技术支援、人才培养的力度,加强了城市医院对口支援4个县(市)中心医院和16家乡镇中心卫生院的指导、监督,为受援农村医疗机构提供多种形式的技术支援和专业技能培训,使全市广大农民从中受益。

2. 全年无偿献血8.3万人次,同比增长10%;无偿捐献机采血小板9331.5单位,同比增长22%;采血总量30.49吨,同比增长12%;供血29.35吨,同比增加13%;预约送血2292车次,送血量19.8吨;急诊送血3141车次,送血量达5.1吨;预约送血率100%,实现了采供血工作及时、安全的目标。

3. 全年院前急救转运患者12.5万人次,同比增长4%;出诊抢救患者9.5万人次,同比增长4%;搬运患者9.4万人次,同比增长1%。年内执行各种重大事项和重要公务活动的急救医疗保障任务150余项,累计派出医务人员近千人次,出动车辆370台次;执行突发事件现场抢救任务120次,抢救伤病员467人次,突发事件现场救护完成率达100%。

(卫生局)

【中医工作】 2009年,在国家和省中医管理局的指导和支持下,沈阳市的中医工作得到了快速发展,圆满地完成了年初全市中医工作会议确定的指标和任务,主要表现在以下几个方面:

一、积极参与医药卫生体制改革

配合市委、市政府对全市中医医疗机构进行调研,起草了《关于扶持和推进沈阳市中医事业发展的调研报告》。为贯彻落实全国中医药工作会议精神,积极参与医药卫生体制改革,按照市卫生体制改革2009重点工作要求,代市政府起草了《沈阳市人民政府关于扶持和促进中医药事业发展的实施意见》及说明,召开了不同层次的座谈会,向相关处室、各区县市卫生局、市人大、市政协等相关单位征求了意见,已送16个相关市政府委办局进行了二次会签。

二、积极参与甲型H1N1流感的中医药防治

按照卫生部、国家中医药管理局及省卫生厅要求,下发了《关于做好沈阳市甲型H1N1流感中医药防控工作的通知》(沈中医〔2009〕3号)及《关于做好甲型H1N1流感中医药预防工作的紧急通知》,根据沈阳市甲型H1N1流感防控工作市长办公会议纪要精神,要求市级及各区、县(市)级中医(中西医结合)机构积极行动起来,要充分发挥中医药防治甲型H1N1流感的优势,在本单位明显位置设立防治甲型H1N1流感中医药专台,指导并提供治疗性用药和中医药预防性投药。截止2009年底,面向社会发放抗流感中药香囊3000个,发放甲型H1N1流感预防性中药汤剂近5万袋。

三、完善中医药服务体系

对全市中医医院基建项目情况进行调研,建立中医医院建设项目库,为下一步中医医院建设做好准备。进一步做好市中医院、区、县(市)中医院医院基础建设项目立项前期工作。新民市中医院正在积极争取国家资金,以加强中医院建设。经市发改委批准,8月4日市骨科医院举行“中西医结合骨伤病医院”挂牌仪式。

四、推进中医药进社区

继和平区、皇姑区之后,铁西区、大东区创建全国中医药特色社区卫生服务示范区。在2008年省中医药管理局对铁西区、大东区创建全国中医药特色社区卫生服务示范区的初评基础上,3月下旬国家中医药管理局对铁西区、大东区创建全国中医进社区候选示范区进行了复核,10月国家中医药管理局正式批准大东区、铁西区为全国中医药特色社区卫生服务示范区。实现全市30%基层卫生服务单位能够初步提供中医药服务的目标。为更好地满足城乡居民对中医药服务的需求,进一步推动中医适宜技术开展,实现全市社区卫生服务机构、乡镇卫生院和村卫生室都能为群众提供中医药服务的目标,年内争取市财政拨款50万元,购置了TDP神灯900台、中医治疗箱900个,惠及全市所有社区卫生服务中心(站)及部分乡镇卫生院、村卫生室,共1800家基层卫生服务单位。

五、加强中医药人员队伍建设

为提高中医优秀人才的理论水平和临床实践技能,举办沈阳市中医优秀人才培训班,聘请中医药大学教授对全市中医优秀人才开展“学经典、做临床”讲座,举办中医优秀人才培训班,42次课1000余人次参加培训。举办了16期中医特色疗法培训班,800余人次参加培

训。积极推广中医适宜技术，在临床取得很好疗效。

六、加强中医机构的管理

为进一步推动中医医院管理年活动扎实、有效地开展，促进中医医院内涵建设，根据国家中医药管理局、省中医管理局和市中医管理局2009年中医医院管理年活动方案和检查评估细则的要求，对全市中医（中西医结合）医院进行医院管理质量检查评估。

按照国家中医药管理局安排与4月开展中医坐堂医试点工作，首先在4个郊区进行试点，共12家药品零售企业申请设置中医坐堂医诊所，遵照《沈阳市城镇医疗机构设置标准（修订）》和中医坐堂医诊所相关标准的文件要求，通过审验文字材料和组织专家现场勘验，择优设置审批了5家中医坐堂医诊所。

按照《辽宁省中医药管理局关于印发<辽宁中医医院管理评价指南实施细则（2008）版>征求意见的通知》的要求，组织人员对"中医医院管理评价指南实施细则（2008版）"检查标准征求意见进行修订。同时按照评价指南实施细则对全市中医（中西医结合）医院进行检查。

七、加强重点专科（专病）建设

市中医院被确定为国家中医药管理局中医药文化建设试点单位。市中西医结合医院神经内科、糖尿病科，市儿童医院小儿神经康复科成为省级中西医结合重点专科；市中医院针灸科成为省级中医重点专科。市传染病院被确定为辽宁省惟一一家国家中医药管理局中医中药传染病重点研究室，100万科研经费已到位，其中60%将用于人才培养。市中医院魏棣被授予"辽宁省名中医"称号。

八、完成沈阳市中医类别执业医师及确有专长人员考试

年内全市共有705人参加中医类别执业医师考试，12人参加确有专长人员考试。按照卫生部考试中心、省卫生厅的要求，认真组织考前培训、考场安排、试卷保密、考试巡考工作，圆满地完成了两项考试工作。

（卫生局）

【卫生监督】 2009年，根据国家和省卫生工作会议精神，按照全省重点卫生监督工作计划要求，市卫生监督部门认真谋划、精心部署、突出重点、强化监管，取得了明显实效，全面完成了各项工作任务。

一、食品卫生监督工作

1. 食品添加剂专项整治工作。一是召开专题工作会议，下发了《关于餐饮单位规范管理食品添加剂使用的通知》，公布易滥用食品添加剂和非法添加非食用物质名单，同时针对食品添加剂使用相关知识进行了全面培训，共有餐饮单位负责人及企业卫生管理人员123人参加培训，下发文件64份；二是实行添加剂使用申报制度，开展直管餐饮单位食品添加剂使用申报工作，统一发放《沈阳市餐饮单位食品添加剂使用申报表》，要求企业认真自查并填写申报表及时上报；三是实地检查指导，实行网格化监管体制，将职责落实到个人，认真开展专项监督检查工作，专项整治期间共开展2轮大型检查活动，出动监督员1.2万人次，共检查单位1.5万家，查处案件21起，涉及总货值金额3.5万元，整治重点地区169个，整治重点单位2522家，整治重点产品211种。检查中掌握餐饮酒店使用添加剂主要品种为泡打粉、面包改良剂、食用色素等，产品来源及使用均符合卫生部门要求；四是制定全市餐饮企业食品添加剂抽检计划，完成餐饮单位的抽检工作，全市共采集样品400余份，检测12项指标。对各区县的卫生部门整治食品添加剂工作进行了2次督导检查。

2. 保健食品监督工作。组织开展了流通领域保健食品违法添加药物和规范保健食品标签、说明书内容的专项整顿行动。共检查药房、商场及保健食品专营店等流通领域保健食品经销单位97户，对其销售的百余种保健食品的卫生批准证书、卫生许可证、企业标准、产品卫生检测报告单、产品说明书、标签等进行了现场监督检查与事后核实。共出动监督车辆100台次，监督员300余人次，下达整改意见书30份，立案16起，对其中不符合卫生要求的部分产品依法下架、禁止销售，并依法实施了卫生行政处罚，累计罚款5万余元。

3. 按照《沈阳市加强国庆60周年庆祝活动期间餐饮行业食品安全监管工作方案》的要求，开展了国庆60周年餐饮行业食品安全监督保障工作。对全市管餐饮单位开展了全面监督检查，监督覆盖率达100%，对存在问题的单位、重点部位进行复检，排除一切食品卫生安全隐患，防止食品安全事故发生。为全力做好突发公共卫生事件的应急准备和处置工作，全市食物中毒处理应急机动队实行24小时值班制度，保证通讯渠道畅通，确保及时有效应对突发事件。食品卫生（安全）累计立案38起，罚款8.9万元。

二、重大活动食品安全保障

共完成了两会、东北亚动漫电玩节、端午节中外朋友同乐会、德中交流、食品节、德中同行等31项重大活动保障任务，共派出监督员210余人次，累计59个工作日，实现了食品卫生安全"零中毒"目标。

三、化妆品卫生监督工作

1. 召开了2009年沈阳市开展化妆品专项检查工作会议，对市管化妆品单位的管理人员进行了法规知识和卫生标准的培训，培训人员200余人。

2. 对全市35家化妆品生产企业进行了监督检查，下达卫生监督意见书33份，监督覆盖率为100%（其中有2家取得许可证后一直未生产，未下达卫生监督意见书），进一步规范了生产工艺流程和关键环节的监管。

3. 对34家化妆品经营单位进行了监督检查，下达卫生监督所意见书65份。结合卫生部2009年化妆品监督重点及要求，重点检查商超化妆品及消毒产品的检验报告单、特殊用途批件、进口批件、消毒产品批件等相关手续。共检查化妆品千余种，检查各类产品的检验报告和批件2000余份。

4. 按照卫生部要求，组织全市紧急查处不合格爽身粉，检查超市、化妆品专卖店、药店等零售单位。全市共出动监督员182人次，车辆32台次，检查批发零售单位300家，检查强生、六神、安安、五福神娃等爽身粉十几个品种。经查在沈阳市场尚未发现通知中所涉及配方中含有"黄丹"的爽身粉。化妆品监督累计立案30起，罚款3.8万元。

四、学校卫生监督工作

1. 2月26日，召开了学校卫生监督工作会议，布置了2009年全年重点检查工作任务。为加强学校、托幼机构自身卫生管理，要求各单位要建立健全自身卫生管理机构，建立饮食、饮水公共卫生突发事件预案，健全饮食、饮水卫生管理制度，并重点开展了学校食品卫生、饮用水卫生、食品添加剂使用情况和预防甲型H1N1流感的监督检查。截至6月中旬，共监督检查大学19所、职业技术学校12所。下达卫生监督意见书145份。立案处罚13起，罚款金额为2.2万元。取缔无证小餐饮单位9户。处理投诉案件3件。

2. 组织对全市各区县(市)的学校卫生监督工作进行了督导，现场检查各区县(市)中小学25所、托幼机构2所。对存在的问题现场进行了指导并提出相关要求。

3. 配合市教育局对义务教育阶段未使用桶装水的206所学校的饮用水情况进行了调查，对其中98所学校具备安装饮用开水工程条件的情况进行了前期论证，对制定设备招标技术参数、后期采样化验、项目验收等方面，从卫生监管和水质检测角度提出指导意见。完成了市政府交办的对47所学校水质卫生检测评价工作任务。

4. 迎接卫生部卫生监督局对沈阳市学校卫生监督工作进行调研，受到部领导的肯定和较高评价。

5. 按照省《关于加强秋季对全省学校卫生及餐饮服务单位食品安全监管的通知》要求，对直管学校进行了监督检查。共检查各级各类学校33所及90户食堂。同时，对全市学校进行了督导检查，共检查各级各类学校31所(城市学校10所，食堂31户)。对无证经营的中国医药大学及沈阳市艺术幼儿师范学校当场下达卫生监督意见书，责令停止经营活动，并立案查处。共下达食品安全监督意见书120份，立案10件，处罚金额为2万元。限期整改10户。学校卫生监督累计立案17件，罚款3.9万元。

五、预防性健康检查工作

对全市预防性健康体检工作进行检查，进一步规范体检工作流程、操作方法和体检结果判定。减免下岗失业人员199人，费用32791元。全市已体检25.4万人，总阳性人数3015人，阳性检出率11.9‰。

六、医政执法工作

1. 开展违法医疗广告专项整治工作。一是提高认识，周密部署。将整顿违法医疗广告作为全年卫生监督工作重点，下发了《关于加强医疗广告监管工作的通知》，召开了全市整顿虚假违法医疗广告专项工作会议，对违法发布医疗广告的7家医疗机构进行全市通报。并提出医疗广告监管工作具体要求，明令虚假违法医疗广告危害严重，必须严令禁止。各医疗机构签订了停止发布虚假违法医疗广告保证书，保证按照《医疗广告管理办法》规定发布医疗广告，并主动接受卫生监督。二是定期监测，坚持不懈。各区县(市)卫生局、市卫生监督所积极做好医疗广告监测工作。市卫生监督所建立了医疗广告监测制度，重点对报刊、电视台、电台等媒体进行定期定量监测。先后开展了五次医疗广告监测工作，分别于2009年2月初、2月15—18日、3月1—5日、3月16—22日、4月18—22日对辽宁电视台、沈阳电视台、《沈阳晚报》、《辽沈晚报》、《时代商报》、《华商晨报》等电视报纸进行集中医疗广告监测工作。二是加大力度，专项整治。对监测到发布违规违法医疗广告和投诉举报的医疗机构，依法严肃处理，有效遏制了医疗机构违法发布医疗广告的行为。对2月初在报纸、电视上违法发布医疗广告的医疗机构给予口头警告，责令7日内整改。对2月15－18日在《沈阳晚报》、《辽沈晚报》、《时代商报》、《华商晨报》违法发布医疗广告的33家单位给予警告限1日内整改的当场行政处罚。对3月1－5日在上述报刊上违法发布医疗广告的8家单位给予警告限1日内整改的当场行政处罚。对3月16－22日监测到的违法发布医疗广告的8家单位给予警告及吊销相关科目等的行政处罚。对4月18－22日在《沈阳晚报》等监测到的6家医疗美容机构，给予警告限1日内整改的当场行政处罚。至6月底，共立案处罚医疗广告行政案卷60余个。

2. 开展打击非法行医专项行动。2009年3月1—31日，在全市范围内组织开展了整顿医疗市场专项行动。经过计划培训、自查摸底、联合整治、总结通报四个阶段的整治工作，并对各区、县(市)辖区内的重点、难点部位开展了联合整治执法检查，有效地打击了各类非法行医行为，维护医疗市场秩序。

七、传染病监督工作

1. 开展传染病疫情控制专项整治。于4月组织召开了全市传染病疫情控制专项工作会议，要求各区县(市)卫生监督机构加强传染病报告监督检查，强化乡镇卫生院传染病疫情网络直报工作，进一步落实传染病疫情控制措施。全市共出动卫生监督员900余人，车辆200余台次，检查各级医疗机构1300余户次，下达监督意见书1000余份；较好的落实了各项传染病管理工作，乡镇卫生院传染病疫情网络直报系统运转稳定，确保了传染病控制工作的顺利进行。

2. 开展妇幼保健机构专项整治。截至6月中旬，共检查妇幼医疗保健机构12家，下达卫生监督意见书12份，拟处罚3家6卷，拟处罚金额1.8万元。通过此次检查规范了全市妇幼医疗保健机构的传染病防控工作，有效杜绝重大医院感染事故的发生。

3. 做好甲型H1N1流感防控卫生监督工作。一是召开全市动员部署和培训工作会议，进一步明确全市甲型H1N1流感防控卫生监督工作任务和目标，开展各区、县(市)卫生监督员培训，提高防控工作水平。二是为保障甲型H1N1流感密切接触者隔离宾馆人员的卫生安全，依法、科学、及时、有序地采取防控措施，组织专家及时制定了《沈阳市甲型H1N1流感密切接触者隔离宾馆医学观察工作规程》，有效指导全市做好对甲型H1N1流感密切接触者的医学观察工作。三是监督指导隔离宾馆的设置和使用，对全市14个隔离宾馆逐个进行现场筛查指导，协调疑似甲流病例密切接触者医学观察入住隔离宾馆的启动和接待，规范甲流密切接触者的医学观察隔离工作，受到省市政府的好评。四是开展全市甲流防控工作督导检查，重点检查隔离宾馆、学校、托幼机构、疾控机构、医疗机构防控工作落实情况。针对当前甲流疫情的严峻形势，切实做好甲型H1N1流感防控工作，于10月20—27日组织开展全市甲型H1N1流感防控工作落实情况督导检查，分4个督导组检查了15区县防控卫生监督工作的部署和开展情况，现场检查疾控机构、医疗机构（发热门诊）、学校、托幼机构、公共场所、隔离宾馆防控措施落实情况，并针对存在的问题提出了指导意见。

4. 开展餐具集中消毒配送市场专项整治行动。通过投诉举报，查处沈河区万莲派出所后身一居民楼内非法餐具消毒加工点，责令立即停止消毒餐具的经营活动，并对餐具的流向地进行检查，封存了11箱餐具，对使用非法集中配送餐具的"家和海鲜饺子大排档"进行2000元的处罚。针对餐具消毒市场存在的问题，按照省市领导有关批示意见，在全市范围内组织开展"消毒餐具"专项整治行动，从加强餐具消毒单位管理、监督检查餐饮单位、打击黑加工点和加快立法工作四个方面，采取畅通举报渠道等有效措施，整顿规范餐具消毒市场。

八、饮水卫生监督

1. 开展对饮用水消毒剂专项监督检查工作。转发了省卫生厅《转发卫生部监督局关于加强饮用水消毒剂监督管理有关文件的通知》，要求各区（县、市）卫生局、各单位立即开展全市饮用水消毒剂专项监督检查工作，确保饮用水卫生安全。组织召开全市饮用水消毒剂监督检查工作会议与培训，明确工作任务，对违法违规使用消毒剂的行为要立即予以纠正，并依法进行查处。全市监督检查自来水厂、二次供水、学校自备供水、自建集中式供水单位共661户，对超范围使用二氧化氯消毒剂、使用二氯异氰尿酸钠的违法违规使用消毒剂的行为均以提出了监督意见，责令立即改正。通过此次监督检查，指导供水单位正确使用消毒剂，规范自身饮用水消毒管理，消除不规范使用消毒剂给饮用水卫生带来的安全隐患，保障饮用水卫生安全。

2. 调查处理国奥现代城水质差、沈阳雄洲食品工业有限公司无证供水、于洪区金奥新城供水浑浊、沈阳试剂二厂饮水水源被污染等5起投诉举报案件，对违法行为给予严厉处罚。

3. 全面开展饮水卫生专项整治工作。按照国家和省《2009年饮用水卫生重点监督检查计划》要求，制定了《饮水卫生专项整顿工作方案》，组织召开专题工作会议进行部署，按照"谁主管、谁负责"的原则，市区两级卫生监督机构切实把各项监管措施落实到位，责任到人。截至10月20日，对市级9个市政水厂、县级6家市政水厂、278家城市内企业和学校自建供水单位、1837家城市二次供水单位、31家分质管道供水、216家农村自建水厂进行了监督检查，下达整改监督意见书879份，立案查处24家，罚款万余元。

九、公共场所卫生监督

1. 开展娱乐场所专项整治工作。一是根据省政府5个厅局文件要求，在全市范围内组织开展了娱乐场所卫生安全专项整治行动。转发了省卫生厅《关于进一步加强娱乐场所卫生安全管理工作的通知》，提出明确要求，并制定了《沈阳市娱乐场所卫生安全专项整治行动工作计划》、《娱乐场所消毒卫生要求》和《沈阳市娱乐场所卫生专项整治检查用表》，组织召开了各区县（市）专项整治培训，落实专项整治工作任务。二是各级卫生监督机构对管辖的娱乐场所的本底资料进行了整理，基本摸清管辖的各类娱乐场所的底数，基本掌握了卫生管理状况。并且实行网格化监管，明确了每个娱乐场所的监管责任领导、责任卫生监督员，严格按照网格化管理落实监管责任制。三是全面开展公共娱乐场监督检查。对娱乐场所的卫生许可证、公共用品和设施的消毒、传染病防治措施、突发公共卫生事件的应急预案等方面进行全面检查，特别把公共用品和设施消毒、空气质量作为整治的重中之重。对在检查中涉及到食品、饮用水的娱乐场所查验了相关卫生许可证。全市共检查舞厅18户、歌厅卡拉OK厅93户、电子游戏厅19户，其他（包括台球厅等）20户。对发现的违法单位和违法行为均提出了监督意见，下达了监督意见书176份。通过开展娱乐场所卫生安全专项检查活动，使娱乐场所行业卫生情况有了较大提高，提升了娱乐场所负责人及从业人员的法律意识，并使娱乐场所的卫生状况有了很大改观。

2. 组织开展全市公共场所量化分级管理工作。按照省卫生厅《关于开展公共场所卫生监督量化分级管理工作的通知》要求，制定了《沈阳市公共场所卫生监督量化分级管理工作实施方案》。明确了目标要求，对住宿业、游泳场所实施量化分级管理工作，对全市不少于50%的住宿业和全部游泳场所实施量化分级管理，并且细化了工作进度安排和评分标准，切实做好公共场所量化分级管理工作。开展了游泳场馆量化分级管理，在核实底数的基础上，于6月中旬对游泳场馆负责人及水质检测人员召开了游泳场馆量化分级管理工作动员及培训会，卫生监督机构对游泳场馆进行了现场量化评定。同时按照省2009年重点工作计划要求，制定了沈阳市游泳场馆抽检计划，对全市43户游泳场馆水质进行抽检。

3. 加强节日期间公共场所卫生监督管理。为保证节日期间公共场所秩序和卫生安全，确保人民群众过上欢乐祥和的节日，维护社会安定的局面，市卫生局组织开展公共场所卫生监督检查，转发了《关于加强节日期间公共场所卫生安全工作的通知》文件，要求各区、县（市）卫生监督部门积极行动，加强对辖区内宾馆饭店、娱乐场所等人群聚集较密集、流动性大的重点公共场所的监管，严防公共场所内各类突发公共卫生事件的发生。各级卫生监督部门制定了专项检查工作方案，层层落实监管责任，强化宣传，向社会公开举报投诉电话，对住宿业、游泳场馆、商场、娱乐场所等开展了专项监督检查工作。全市共出动监督员381余人次、出动车辆64余台次，检查公共场所497家，对检查发现的问题，均及时下达了监督意见书293余份，确保了十一期间公共卫生安全。

十、职业放射卫生监督

1. 加强部门配合，共同做好职业病防治工作。依据卫生部、国家安全监管局《关于职业卫生监督管理职责分工意见的通知》文件要求，配合市安监局共同起草的《沈阳市作业场所职业卫生监督管理办法》，业经2009年5月14日市政府21次常务会议11号令通过，已于2009年7月1日起施行。

2. 建立市级职业病防治联席会议制度。为进一步加强各级政府对职业病防治工作的组织领导，依据省卫生厅文件要求，已于2009年12月18日，与市人力资源和社会保障局、安监局、总工会联合下发《关于建立市级职业病防治工作联席会议机制的通知》，同时要求各区县（市）相关职能部门依据文件精神，建立本辖区职业病防治联席会议制度。

3. 重点开展对粉尘与高毒物品专项整治活动。2009年，全市接触粉尘、高毒物品（包括铅、苯和其它有机溶剂）等重点职业病危害因素的人数为3.8万人，其中接触粉尘危害人数2.2万人，铅危害2113人，苯和其它有机溶剂1.4万人。陶瓷、铸造等重点粉尘危害的重点用人单位主要集中在法库、康平、辽中。苯和其它有机溶剂等高毒物品主要集中在东陵、于洪、苏家屯和沈北地区。

针对上述职业危害因素特点，各区县（市）卫生监督机构均集中开展了对非金属矿山、制鞋、陶瓷、家具等行业粉尘、高毒物品职业病危害专项整治活动，苏家屯等区县卫生监督率达90%，康平、法库等县卫生监督率达75%以上。共依法查处各类违法行为的用人单位16家，警告16家，罚款11.4万元。

4. 职业健康监护工作。2009年，全市职业健康体检人数为4.3万次，检出疑似职业病134人，职业禁忌895人，调离337人。

5. 建设项目卫生评价审查验收工作。2009年市卫生局审批办共受理建设项目职业卫生审查27件，其中职业病危害预评价审核18项，建设项目防护设施设计审查1项，建设项目职业病防护设施竣工验收（备案）8项。

6. 职业卫生技术服务机构建设。截至2009年，全市取得各类职业卫生技术服务资质机构共有15家。其中职业健康检查机构8家，职业病危害因素检测与评价机构有7家。

十一、做好卫生监督培训工作

12月4—5日举办了《食品安全法》和医政执法、医疗机构集中空调通风系统甲型H1N1流感防控工作培训班，各区、县（市）卫生局、卫生监督机构和疾病预防控制机构有关负责人参加了培训。邀请了国务院和省卫生厅、省监督所、省疾控的领导和专家授课，收到很好的效果。

2009年市区卫生监督机构组织开展了食品、职业、放射、化妆品、公共场所、饮用水等各专业的卫生监督员和管理相对人的培训工作。

（卫生局）

【科教工作】 2009年全市重点科系建设不断迈进，科技成果显著。实验室生物安全管理进一步加强，为国庆60周年提供安全保障。基层卫生技术人员培训全面开展，人员队伍素质不断提高。

一、重点科系建设稳步推进

重点科系建设继续推进，各单位投入设备、科研及培训经费共4912.5万元，取得市级科研立项9项，发表论文240篇，邀请国内外专家111人次来院开展学术交流活动，238人外出参加国家级、省级学术会议160场。医生中获得博士学位的60人，硕士学位的397人，占医生总数的40.12%。各科系总收入达到10亿元，较2008年增长17%，占各单位总收入的34.58%。

二、科技研究成果显著

临床科研工作全面发展，组织开展科研及临床技术攻关44项，取得了一批高水平研究成果，申请到省、市科研立项24项，争取经费220万元，获得省科技进步二等奖1项、三等奖1项，市科技进步二等奖6项、三等奖7项。

三、实验室生物安全管理进一步加强

为确保国庆60周年社会稳定及安保工作任务的完成，组织2次全市范围内的实验室生物安全大检查，共检查各类机构262家，其中医疗卫生单位233家、科研单位4家、教学单位8家、企业31家，共检查实验室276个，对发现问题的单位责成其进行整改。积极开展实验室备案工作，截至到年底，已有省疾控中心等7家单位的20个实验室通过备案。

四、全面完成基层卫生人员培训

1. 农村卫生技术人员培训工作。通过省远程医学教育网，组织164名乡镇卫生院医生、164名乡镇卫生院护士和1500名（含计划外1090名）乡村医生参加了乡镇卫生院医生、乡镇卫生院护士和乡村医生岗位培训和考核；利用光盘组织全部乡镇卫生院医生参加预防、康复、精神卫生及医学心理专项培训和考试。

2. 社区卫生技术人员培训工作。按照省厅要求，为全市2465名社区卫生技术人员换发国家统一的《社区卫生服务人员岗位培训合格证书》；在原有的社区全科医学培训体系的基础上又增加了一个临床实践培训基地，一个社区实践培训基地；以国家培训规划为指导，组织63名社区医师骨干、377名社区医生和600名社区护士参加全科医师骨干培训、全科医师岗位培训和全科护士岗位培训；通过省远程医学教育培训网，组织624名社区卫生技术人员参加预防和传染病专业培训；举办两项社区适宜技术项目推广培训班，共有624名社区卫生技术人员完成培训并参加考核。

五、完成“办实事”任务

为落实市政府为人民群众办20件实事的工作任务，全市15个区、县（市）共安排205名医生（125名社区医生，80名乡镇卫生院医生）到上级医院进修学习。全部人员进修学习已于2009年11月底结束。

六、继续教育

2009年，全市共完成国家级继续医学教育项目培训项目10项，省级项目55项，局属各单位和区、县（市）举办了969场市级二类继续医学教育项目，共4万余名医务人员参加培训。7月份，为1296名晋升中、高级技术职称的卫生技术人员办理“辽宁省继续医学教育合格证”。

（卫生局）

【妇幼卫生】 2009年，沈阳市全面启动重大公共卫生项目，其中包含妇幼卫生工作4项，即：为全市农村孕妇在孕前期和孕早期免费补服叶酸、在“三县一市”为农村孕妇免费进行孕中期超声筛查、对2009年下半年住院分娩的农村孕产妇实行分娩补助、在苏家屯区为7000名35—59岁农村妇女免费进行宫颈癌检查。

为保护母婴健康，有效降低孕产妇死亡率，依法加强对助产技术服务机构进行监督管理，市卫生局组织专家于2009年9月对沈阳市辖区内103家助产技术服务机构进行了为期1个月的定级检查，主要就医疗机构资质、人员资质、从业范围、业务用房面积、房间布局、工作流程、设备配备、急救药品的配备与管理、规章制度、《出生医学证明》发放等相关法律法规的落实情况进行了系统检查。通过检查，各地普遍认识到产科质量建设的重要意义，为今后产科单位建设指明了方向。

为提高全市的产科和节育单位人员的技术水平，从2009年的7月中旬开始，市卫生局委托市优生优育协会承担对人员的培训与考核工作。全市近200家产科与节育单位及14家妇幼保健机构的近1800人分批次进行了培训，效果十分显著。在2009年的9月下旬，经过认真考试和考核，首批有1700多人合格。充分发挥沈阳市妇婴医院与市儿童医院的“绿色通道”作用，重点加强对重危孕产妇和婴儿的转运和救治。全年，沈阳市妇婴医院共抢救孕产妇44人，婴儿104人，成功率达100%；市儿童医院共抢救重危儿童280人，死亡1例，成功率达99.6%；两个单位为降低孕产妇和婴儿死亡率做出了突出的贡献。年内，全市的孕产妇死亡率为8.11/10万（低于省政府规定的19/10万），婴儿死亡率5.72‰（低于省政府规定的9.5‰）。

为引起全社会对降低出生缺陷工作的重视，从2009年3月份开始，市政协文教体卫委员会与农工党市委会共同对出生缺陷干预工作进行了视察和调研，并于4月16日在市政协组织召开了专题协商会，市政府王玲副市长、曾波副秘书长及政府相关部门负责人就出生缺陷干预工作做了全面的专题汇报。会后，市卫生局与市人口和计生委在经过了6次磋商、1周的反复论证后，将出生缺陷一级预防工作纳入到人口计生部门目标责任状之中，并制定了《沈阳市出生缺陷一级预防工作项目及责任分工》和《出生缺陷一级预防技术流程》报送给市绩效考核办。市绩效考核办据此将出生缺陷一级干预工作列为对各区、县（市）政府与领导政绩的重点考核指标，这就有效保证了此项工作能够得到应有的重视与落实。

市卫生局加大对降低出生缺陷工作的宣传力度，先后向省优生优育协会部门购买宣传资料4000份、光盘200张，发放给全市妇幼保健机构、社区卫生服务机构和农村乡镇防保站与村卫生室，用来推动优生优育知识宣传工作。4月7日，市卫生局专门从市妇儿保健中心与市妇婴医院抽调专家编写出生缺陷宣传材料，经过一周的紧张工作，最后制作完成宣传挂板200套、宣传手册4万本、宣传折页6万份、宣传单6万张。这些宣传材料在开展的各种宣传活动中发挥了极大的作用，有利推动了出生缺陷知识在人群中的普及。此外，市卫生局先后7次挑选专家上电视节目、接受电台和报纸的专门采访，使数十万计的群众接受到优生知识的宣教，极大地推动了出生缺陷干预工作。

全市孕前保健工作取得进步。市妇儿保健中心利用自身拥有东北首家孕前保健门诊的强大优势，对前来就诊的人群积极引导进行科学孕检。共接待5000余人次，使被检出疾病的群众得到了科学的治疗，减少了出生缺陷人口的产生。

婚检工作取得进展。上半年，市卫生局组织专家深入基层检查指导4次，举办培训班2次，共培训婚检业务人员176人次，共对2万多婚龄人群进行一对一宣传，发放宣传材料2万多份，使婚检率有所提高。新生儿疾病筛查取得成效。共进行新生儿疾病筛查2.3万人，筛查率为94%。其中城市筛查率为99%，农村筛查率达83%，比上年提高了1个百分点。结果共筛查出苯丙酮尿症1例，先天甲低4例，并且都进行了及时的治疗。新生儿听力障碍筛查工作得到提高。进行婴幼儿听力障碍筛查3.2万人，全市筛查率为84.73%，比上年83.80%提高了0.93个百分点。结果为初筛异常的转诊到市妇儿保健中心进行治疗463人。高危儿得到有效诊治。市妇儿保健中心接到转诊高危儿1282例，同比增加10%，发现阳性病例共952例，95%以上得到及时有效的专业康复训练。妊娠期糖尿病筛查取得新进展。市妇儿保健中心接收转诊和开展糖耐量门诊检查约6223人，确诊妊娠期糖尿病和糖耐量受损共919例，均及时给予营养、运动指导和药物治疗。通过加强信息统计人员培训、及时对死亡孕产妇和死亡儿童病例进行评审、对年报进行补漏调查等方式，不断提高信息工作水平。

12月中旬，市妇儿保健中心组织专家对2009年度孕产妇和儿童死亡病例进行了评审，评审会取得了积极成效。会后，经过讨论，市妇儿保健中心根据会议内容，形成评审会议纪要对全市所有产科单位下发，促进全市助产技术水平得到不断提高。

（卫生局）

体　育

【第十一届全运会火炬传递起跑仪式在沈举行】 2009年8月19日上午，以“祝福祖国、共享全运”为主题的第十一届全运会辽宁省火炬传递起跑仪式在沈阳奥体中心隆重举行。副省长滕卫平主持仪式，省委书记、省人大常委会主任张文岳、省长陈政高、省政协副主席刘政奎出席了仪式。省有关方面负责同志、优秀教练员、运动员及各界群众代表1000余人参加了本次活动。仪式上，省委书记、省人大常委会主任张文岳点燃火炬，并宣布第十一届全运会辽宁省火炬传递活动开始。随后全运火炬在新老奥运冠军和社会各界代表手中传递，将第十一届全运会辽宁省火炬传递活动推向高潮。

省长陈政高在致辞中说，今天，象征着如意和谐、吉祥美好的第十一届全运会火炬传递到了辽沈大地，4300万辽宁人民以无比喜悦的心情，迎接圣火，祝福祖国，共享全运。辽宁是产生体育名将的沃土，两个月后，辽宁省640名运动员将带着家乡人民的期望，奔赴全运会赛场。他们将全面展示辽宁人民迈向振兴的风采，将以优异的成绩向新中国60华诞献礼。第十一届全运会火炬在辽沈大地传递，必将再度点燃辽宁人民关注体育、热爱体育、全民健身的激情,必将进一步激发辽宁人民逆势而上、建功立业的豪情,坚决完成保增长、保民生、保稳定任务,谱写辽宁老工业基地全面振兴的新篇章。

(叶 新)

【第六届少数民族传统体育运动会】 由市政府主办,市民委、市体育局、市文化局以及于洪区政府共同承办,以"庆祝建国60周年,展现民族大团结"为主题的沈阳市第六届少数民族传统体育运动会(以下简称"民运会")于2009年9月12日在于洪区体育场落下帷幕。本届民运会共设珍珠球、秋千、跳板、摔跤(分蒙古式、朝鲜式、中国式)、武术、毽球、蹴球、赛威呼、拔河等9个竞赛项目和满族雪地走、朝鲜族顶物跑、穿针跑、二人绑腿跑和欻嘎拉哈(本届民运会新增项目)等5个民族趣味项目。全市各区、县(市)及开发区的15支代表队,千余名运动员、裁判员,以及近8000名各界群众参加了本次运动会。参会人数创历届民运会新高。

本届民运会淡化了竞争意识,突出了各民族运动员的积极参与、友好交流与和谐共处,为普及全民健身、构建和谐沈阳创造了条件。

(叶 新)

【市第十二届运动会】 市第十二届运动会(以下简称"市运会")于2009年4月开始至8月底结束,历时5个月。在市委、市政府的正确领导下,在各区、县(市)政府和市直有关部门的积极参与和大力支持下,经过组委会和各参赛代表团的共同努力,顺利、平稳、圆满地完成了各项比赛,期间还成功举办了辽宁省沈阳市全民健身日启动仪式暨市运会开幕式,达到了团结、奋进、出人才、出成绩的目的。本届市运会设学生组、少年组、成年组和老年组四个组别,共28个大项500多个小项,全市15个区、县、(开发区)65个行业系统、200多个代表队,近8000人参加了比赛。与以往相比,本届市运会是设置项目最多、参与面最广、参赛人数最多、影响最大、效果最好的一次综合性体育盛会。9月10日,沈阳市第十二届运动会总结表彰大会在市体育运动学校会议厅举行。各区、县(市)文体局,市直有关委办局负责同志,部分参赛教练员、裁判员和运动员代表,以及市体育局有关同志200余人参加了会议。会上,宣布了市运会比赛成绩,表彰了金牌、奖牌、团体总分前三名、13名业余训练工作先进个人、109个全民健身日活动先进集体和46名先进个人,并举行了颁奖仪式。

(叶 新)

【体育产业发展研讨会】 为认真分析沈阳市体育产业发展中遇到的问题,探索体育产业发展的有效途径,建立有沈阳特色的体育产业发展新机制,2009年10月14日下午,市体育局在机关七楼会议室组织召开了沈阳市体育产业发展研讨会。市人大教科文卫委员会、市政府办公厅、市政协文教体卫委员会有关领导,部分高校经济学专家和从事体育产品生产经营的部分企业代表40余人出席了会议。会议由市体育局张心江副局长主持,沈阳体育学院院长、博士生导师张贵敏和辽宁大学经济学院关宇博士就发展沈阳市体育产业分别作了主题发言;与会代表围绕"解决企业难题,壮大企业规模,推动体育产业发展,打造东北体育产业强市"这一主题进行了深入探讨。最后,市体育局局长徐兴家做了总结讲话,他指出:当前沈阳体育市场发展空间很大,尤其是奥运会后群众体育消费需求明显增加,但是体育用品市场和体育服务市场状况不甚理想。要促进体育产业发展壮大,解决资金紧缺问题,实现体育产业大发展、快发展,必须充分利用举办竞技比赛和大型活动这个平台,发挥各类体育协会在技术资源上的优势,丰富和创新体育表演与广告创收形式,逐步建立有沈阳特色的体育产业发展新机制。市体育局作为全市体育主管部门,已经充分认识到发展体育产业的重要意义,并将发展体育产业作为今后重要任务来抓,以全面拉动体育消费,力求促进沈阳体育产业更好更快发展,更好地服务大众、服务社会,促进《全民健身条例》的落实,为打造中国体育名城做出新的更大的贡献。

(叶 新)

【市体育局被省政府授予第十一届全运会贡献单位】 在第十一届全运会辽宁省总结表彰大会上,沈阳市体育局被授予"第十一届全国运动会贡献单位"荣誉称号。本届全运会上,沈阳市培养的体育健儿顽强拼搏,奋勇争先,取得13.5枚金牌、15枚银牌、10枚铜牌的好成绩,为辽宁体育代表团位列本届全运会奖牌榜第三位做出了贡献,为家乡人民争了光。

(叶 新)

【成功举办2009世界女子9球锦标赛】 由国家体育总局小球运动管理中心和市政府主办,市体育局、市工商联和世星国际集团承办的2009世界女子9球锦标赛于2009年11月16日至22日在沈阳市成功举行。来自40多个国家和地区的64名选手参加了比赛。经过激烈争夺,来自中国河南的选手刘莎莎获得冠军。

本此比赛得到了多方好评。世界花式撞球协会主席伊恩安德森在全程观看2009世界女子9球锦标赛后,高度评价本次世锦赛,他说:"2009世界女子9球锦标赛是历届世锦赛当中最好的一届,沈阳的组织工作绝对一流!"2009世界9球中国公开赛组委会秘书长、上海市台球协会副主席徐荣根在沈阳观看比赛后说:"沈阳的世锦赛已经超越了上海公开赛,比我们做的好很多!"中国台球协会新闻宣传委员副主任刘巍说:"沈阳真的让全世界震惊,这次比赛办的太好了!"

(叶 新)

【市体校被国家体育总局命名为"国家田径中长跑奥林匹克高水平后备人才基地"】 为进一步加强我国田径项目后备人才的选拔和培养,国家体育总局田径运动管理中心在全国开展了创建国家田径单项奥林匹克高水平后备人才基地活动。沈阳市体校经过申报和精心准备,顺利通过国家体育总局的评估考核,在全国70多个申报单位中名列第一名,被命名为"国家中长跑项目(2009—2012)奥林匹克高水平后备人才基地"。

(叶 新)

【体育彩票销售】 市体彩中心以改革为抓手,以市场为导向,采取城乡联动,资源共享,优化服务,规范运作等方式扩大体彩销量,截至2009年底,全市2009

年体育彩票销售额突破4.76亿元大关,创造了沈阳市体育彩票年销售额的新纪录。

一是增加玩法打造品牌体系。从引进新玩法入手,在原有"大乐透、排列三、七星彩"等10种玩法的基础上,又新增了"即开型彩票和即乐彩22选5"等新玩法,使沈阳体育彩票市场逐渐形成了结构完整的品牌体系。二是建立全覆盖的城乡市场网络。审时度势,加强营销网络建设,在优化城市网点的同时,加快推进空白乡镇和即开型彩票社会网点的网络化建设,新增91家空白乡镇销售网点、300多个社会即开票销售网点和150家竞彩店,使投注站从最初的350家发展到现在的1326家,提高了市场覆盖率和占有率,实现了销售网络全覆盖。三是完善销售技术系统。与时俱进,创新举措,实现电脑销售全国联网,提高多种附属玩法和投注方式的安全性,为体彩市场的健康发展提供技术支持。四是强化营销队伍建设。面向社会公开招聘20名大学毕业生作为体彩专营员,经省体彩中心培训后走上工作岗位,现已成为彩票销售的中坚力量;同时,制定规则,健全制度,加强对体彩从业人员的管理和绩效考核,为彩票销售工作取得新成绩奠定基础。

(叶 新)

【贯彻落实《全民健身条例》】 为贯切落实《全民健身条例》,促进全市体育事业的科学发展,为沈阳经济社会又好又快发展做贡献,全市体育系统重点做好五项工作:

一是唱响"全民健身迎全运"主旋律,全力创建科学健身城。认真贯彻落实《全民健身条例》,在全市实施全民健身科学化知识普及工程;构建全民健身公共服务体系,逐步完善市、区(县)、街道(乡镇)、社区(村屯)四级全民健身服务网络,发挥各级社会体育指导员的作用,开展有沈阳特色的全民健身运动,实现全民健身规范化、科学化、生活化;完善区县(市)国民体质监测网络,充分发挥各级国民体质监测站作用,为广大群众参与健身活动提供科学指导;积极开展形式多样的全民健身活动,打造全民健身品牌活动;争取区县(市)政府加大投入,建设区县(市)级全民健身中心。

二是以提升竞技体育实力为目标,积极创建优秀体育后备人才基地。完善优秀体育后备人才"选拔、训练、竞赛、输送"的工作体系,加强运动员、教练员和管理干部队伍建设,打牢竞技体育基础;加强对基层体校和业余训练的指导、服务,争取政府投入,进一步完善基层优秀体育后备人才基地建设,不断提高输送优秀运动员的数量和质量;做大田径、体操、重竞技、射击、乒乓球、垒球等优势项目,做强游泳、赛艇、皮划艇、篮球、排球、足球等重点项目,全面提高竞技体育实力;加强体育科研工作,不断提高体育科研服务竞技体育和全民健身运动的水平;承办好省运会,力争取得办赛和参赛的最好成绩;高质量地做好第十二届全运会全运村、媒体村及比赛场馆、全民健身中心的规划建设的相关工作,全面提升竞技体育的场馆规模和水平。

三是以建设东北体育产业大市为目标,积极发展体育彩票、竞赛表演、休闲娱乐等产业市场。发挥各区、县(市)政府的积极性,完善政策措施,充分挖掘体育彩票市场的潜力,全年体育彩票发行额不低于4.8亿元;积极培育竞赛表演市场,市属体育场馆在确保正常训练和全市性大型活动的前提下,要尽可能多地承办大型赛事和演出活动,带动现代服务业的发展;制定体育产业发展规划,成立沈阳市体育产业协会,加强管理和服务,促进体育产业健康发展。

四是加强法制建设,提高依法治体水平。组织全市体育系统干部职工开展体育法规学习、宣传活动;依据《全民健身条例》,协调有关部门研究制定我市实施全民健身工程的规范性文件;落实行政执法责任制,开展体育行政执法责任制大检查;联合质量技术监督、文化执法总队等有关部门,开展高危体育项目经营检查;做好迎接国家体育总局对沈阳市贯彻落实《全民健身条例》情况检查的准备工作。

五是加强党的建设,为体育事业健康发展提供组织保障。深入学习实践科学发展观,加强党的思想建设,进一步扩大党内民主,健全党内生活,做好新党员发展工作,充分发挥党员的先锋模范作用和党支部的战斗堡垒作用;加强干部队伍、领导班子和后备干部队伍建设,提高领导干部和领导班子的执行力;贯彻建立惩治和预防腐败体系要求,强化教育,严肃纪律,完善制度,标本兼治,不断提高干部队伍的纯洁性。

(叶 新)

社 会 生 活

人口与计划生育

【概况】 2009年,沈阳市出生人口4.9万人,人口出生率6.60‰,自然增长率0.49‰;出生人口性别比107.45;市财政投入2.25亿元,完成了辽宁省下达的人均28.26元的目标任务。沈阳市人口与计划生育委员会与市委组织部合作在清华大学组织了委机关处以上和事业单位领导及区、县(市)局长参加的高层培训;卫生、工商、药监、公安、质监等部门配合,开展了为期半年的计划生育药械市场专项整治行动,避孕节育药械市场进一步净化。

(张　超)

【国债项目建设】 2009年,辽宁省政府下达沈阳市中央投资建设中心乡镇计划生育服务所共计18个。其中:康平县4个(北四家子乡、小城子镇、张强镇、方家屯镇)、法库县2个(柏家沟镇、依牛堡镇)、辽中县4个(朱家房镇、冷子堡镇、茨榆坨镇、满都户镇)、新民市6个(大民屯镇、大红旗镇、公主屯镇、梁山镇、兴隆镇、大柳屯镇)、苏家屯区2个(陈相镇、永乐乡),建设面积9500平方米,总投资760万元,到10月底项目已全部完工。

(张　超)

【关注民生】 2009年,沈阳市落实64966户城镇双无业家庭独生子女父母奖励费,发放686.32万元,兑现率达到93.02%;兑现162名终身未生养(育)人员补助费48.6万元,兑现率达到100%;全市落实计划生育家庭特别扶助人员7841人、每人1200元,农村部分计划生育家庭奖励扶助人员12573人、每人720元,总计1846万元,全部以个人存折方式发放到人;农村独生子女父母奖励费以直通车的方式,100%发放到位;依托市计划生育科学研究所为农村不育不孕家庭提供首次免费诊疗服务和个性化咨询服务,共有1643对夫妇接受个性化服务;为10125名退出生育期的妇女免费摘取了宫内节育器;建立了"生育关怀公益基金",筹资15万元,为农村计划生育特困家庭唇腭裂患儿实施免费整形手术;为6万余个计划生育家庭免费办理了《独生子女父母光荣证》;利用助产、婚登和计生服务机构"三送"服务台点,发放宣传品10万余套(件);为预防和降低神经管畸形等缺陷儿的发生,为2870名待孕妇女免费发放了叶酸片;为1000户计划生育伤残、死亡家庭免费办理了意外伤害保险;投入资金500余万元,建成了100个各具特色的"新家庭文化屋"样板间、3000个"中心户图书角"。

(张　超)

【拓展服务领域】 2009年,沈阳市投入资金269万元,完善了市优生监测中心实验室和沈河、铁西、沈北、东陵4个区优生筛查实验室装备建设;投入10余万元,开设了131个"孕前风险评估"监测点;积极推进人口早教工作,同沈阳大学联合成立沈阳市人口早教教育发展中心,启动了人口早教志愿者进社区、进家庭活动,大东、沈河区被省人口计生委授予"中国人口早期教育暨独生子女培养示范区";为夯实基础工作,组织开展了《辽宁人口信息管理系统》的数据核查工作,对全市已录入的744.8万人数据信息进行了核查变更;为提高计划生育技术服务专业人员和药具专业人员服务能力,分别组织开展了科技人员和药具人员岗位技术大练兵活动,在辽宁省科技和药具岗位技能竞赛中,沈阳市获得了科技团体第三名,2个单项第一、1个单项第二名,药具全省总分第二名的好成绩。

全年,全市服务机构施行计划生育手术8.16万余人次,开展环情孕情检查达120万人次,共为33万育龄妇女提供生殖健康检查服务,对3.7万名有生殖系统疾患的施行干预治疗;为流动人口和军人家属免费服务4.5万人次;为待孕妇女免费孕前优生筛查5千余人次;为有生育意愿的万余人进行了风险评估;为新婚夫妇免费发放优孕通、孕事通及《新婚知识手册》2.7万件(册)。

(张　超)

【品牌宣传】 2009年,沈阳市人口与计划生育委员会联合市政协人口资源与环境委员会,开展了"关爱女孩法库行",为100名贫困女孩提供资金和学习用品;和平、沈河、大东、皇姑、康平、法库等通过与企业、红十字会、慈善总会等机构联手,解决贫困家庭女孩在上学、就业、就医等方面的困难,苏家、沈北、东陵等区也出台了"关爱女孩"惠民政策。全年,全市通过各种渠道共筹措关爱女孩基金700余万元,为1万余名女孩及家庭在就学、生活等方面提供了资助。由沈阳市选送的贫困独生女孩商怀文获得了"全国十佳自强女孩"称号。利用"5·15"政务公开日、政务公开进社区、"12356"阳光热线、"96123"市民服务热线、沈阳日报民生热线、沈阳电台"连心桥"和新闻通气会等时机,开展全方位人口和计划生育宣传,提高了群众对计划生育知识和政策法规的知晓率;和平区以创建国家级"婚育新风进万家示范区"为契机,投入800余万元建成占地676平方米、涵盖计划生育服务、展览、教育三大功能的"和众人口文化传播中心",已成为全市人口计生宣传阵地的靓丽城市名片;辽中县投资20余万元,建成了高标准的"新家庭文化屋",配备了各类图书3000余套及电化教育设备等,还配套建有千米文化长廊。"新家庭文化屋",被推荐为国家级样板间;在苏家屯区实现了中心户更名"人口计生文化中心户"基础上,全市已为2900多名中心户免费安装了机顶盒。通过中心户职能转型升级,使中心户成为文化"最领先"、生活"最实用"、百姓"最受益"的宣传服务阵地。

(张　超)

【依法行政】 2009年，沈阳市建立了各级法院、公安、民政等部门的统筹协调机制，实行了签订社会抚养费责任状、召开联席会议和建立信息通报机制等措施，并重点落实了将征收的违法生育社会抚养费按一定比例实施奖励的机制，有效治理了违法生育行为，产生了良好的社会效果。全市共查处违法生育案件441例，结案327例，送法院强制执行51例，征收社会抚养费522万元，其中党员干部违法生育6人，受到党纪处分6人，政纪处分1人。

为加强计划生育药械生产、流通、使用和广告环节中存在的违法违规和成人"性用品"市场混乱无序等问题，市人口计生委牵头，卫生、工商、公安、质监、药监等部门配合，联合开展了为期半年的全市计划生育药械市场专项整治行动，全市出动检查人员1.45万余人次，监督检查1200余次，共督查生产企业、经营企业、使用单位及广告业主5600余家，查处无证120余户、停业整顿25户、吊销许可证18户，下发督查意见书1900余户、警告180余户、责令改正170余户，切实保障和维护了群众的健康权益。

开展了打击非法从事计划生育技术服务活动专项整治行动。市被查一级乙等以上71家服务机构均无违规、违法行为发生，对个别服务机构存在的手术流程不符合要求、医患通道交叉、手术室抢救药品过期及病志书写不全等问题已当场指出并限期整改。

利用"12356"阳光热线、市民投诉、政务公开热线和网上政务指南等媒介作为密切联系群众的桥梁，全年处理市民投诉热线投诉、咨询及来访案件等2万余件(人次)，回复率100%、处理率、息访率均在95%以上。

(张　超)

【稳定机构、队伍】 2009年，沈阳市13个区、县(市)发文明确县级技术服务站公益性事业单位性质、经费来源为财政拨款；乡、镇(街道)机构和人员安排上本着"事有人办"的原则，全市212个乡、镇(街道)单独设置计生办的86个、占40.6%，合署办公的126个、占59.4%。共有管理及服务人员716人，其中：行政编281人、事业编和聘用435人，保证乡镇至少有1名行政编、1名计算机操作人员，基本保证有1名执业助理医师以上人员，街道办事处至少有1名行政编人员。

在全市开展的科学发展观学习实践活动中，通过组织专家学者专题辅导、"看沈阳新变化，思科学发展观"主题实践、党员干部"一帮一"帮扶贫困户、"共产党员工程项目责任书"等"九个一"活动，使学习活动更具针对性和实效性，达到党员干部受教育、科学发展上水平，人民群众得实惠的效果。

(张　超)

人力资源管理

【大学生就业】 2009年，沈阳市共接收安置高校毕业生10万人，就业率为90%；接收安置沈阳籍高校毕业生4.36万人，就业率为97%；接收安置特困家庭毕业生1334人，就业率为100%。高校毕业生就业工作被评为沈阳市为老百姓所办的20件实事之首。

为做好高校毕业生就业工作，贯穿全年坚持用"十抓"推动工作开展，即抓起点、抓实名、抓信心、抓渠道、抓政策、抓磁场、抓契合、抓研究、抓协调和抓状态。在抓政策方面，适时出台了规范指导就业行为的政策。在出台的《沈阳市人民政府关于稳定就业局势促进就业创业工作的实施意见》中，针对高校毕业生就业出台14条政策；下发《关于沈阳市高校毕业生从事家教实行社会保险补贴有关事宜的通知》等一系列政策，对开发高校毕业生基层管理和服务岗位、实施高校毕业生见习补贴政策、实行高校毕业生到农村基层就业助学贷款代偿政策、对从事家教高校毕业生给予社会保险补贴等方面提供了政策扶持。在抓措施方面，通过采取鼓励和引导毕业生到基层就业，开展公益服务，组织大学生见习，扶持高校毕业生自主创业，鼓励毕业生到祖国需要的地方建功立业，保证有就业愿望的困难家庭毕业生全部就业，为大学生提供就业信息服务等十项措施，为大学生就业提供支持。先后举办了"阳光六月，启航校园"2009年沈阳市高校毕业生就业创业攻坚月、"瑞雪含情、关爱学子"应届毕业生就业服务周系列活动等。在抓渠道方面，建立了八大畅通渠道，促进大学生就业。一是畅通就业见习渠道。建立了660家就业见习基地，并提高了补贴标准，全年共举办50余场就业见习双选招聘会，参加就业见习人数达到8506人，全年发放见习补贴906万元。二是畅通自主创业渠道。目前已有774名大学生申领了《自主创业证》，扶持1600名毕业生自主创业，帮助109名毕业生获得小额担保贷款。三是畅通灵活就业渠道。出台了沈阳市高校毕业生灵活就业相关政策。举办了"沈阳高校毕业生灵活就业主题论坛暨现场交流会"，全年共有7110名高校毕业生实现灵活就业。四是畅通普惠制就业培训渠道。设立实训基地28家，为2689名毕业生提供了培训。五是畅通基层就业渠道。对到偏远乡镇工作的大学生，给予政策扶持，共有19名高校毕业生到八个涉农区县的基层岗位上岗工作。六是畅通企业吸纳大学生就业渠道。严格规范企业裁员程序，对吸纳登记失业的高校毕业生就业的企业，给予社会保险补贴。七是畅通参军和深造渠道。全年共有408名高校毕业生报名参军，有769名大学生出国深造。八是畅通公益性岗位安置渠道。共有106名困难家庭毕业生走上了公益性岗位。

(李小明　王海峰)

【引进人才与智力】 2009年，沈阳市抓住金融危机的难得契机抢抓人才。一方面，优化政策、服务、资金、文化环境，为创业者提供优质创业服务。先后建立创业孵化基地24个，孵化企业312家，安置各类人员4234人。另一方面，紧紧抓住金融危机带来的难得契机，加大人才引进力度。先后走进清华、北大、哈工大等全国知名高校引进院士2人，教授级专家36人，博士731人，硕士6706人，其他各类急需专业人才9896人。

引进海外研发团队实现历史性突破。全市申报引进海外研发团队项目226个，已批准立项52项。利用国内和国际网络、全国现场招聘或赴海外招聘、与猎头公司合作引进、开展项目合作等方式，为沈阳市重大工程、重点项目引进海外专家1500人，出国(境)培养人才70余人；12名专家荣获国务院政府特殊津贴，4名专家荣获"国家友谊奖"，12名外国专家荣获"辽宁友谊奖"，另有20名专家荣获"沈阳玫瑰奖"。

(李小明　王海峰)

【军转安置】 沈阳市召开全市军转表彰大会暨2009年军转安置工作会议，全面总结了2001年以来的军转工作，具体部署了2009年的军转任务，表彰了247名模范军队转业干部、54个军转安置先进单位、176名先进军转工作者。圆满安置省军转办下达给沈阳市需计划分配的军队转业干部761名，其中团职干部170名；营职干部185名；连排职干部154名；专业技术干部252名。6月2日至3日，在第五次全国军转表彰大会暨2009年全国军转安置工作会议上，军转办等4个单位和个人受到国家表彰。铁西区副区级调研员许斌作为全省唯一的军转干部代表应邀参加国庆观礼。

自主择业军转干部管理服务工作。完成2008年度沈阳市新接收163名自主择业军转干部的培训、核拨工资和发放工资卡、医疗保险卡等工作；完成2444名自主择业军转干部的冬季采暖费收据收缴、审核和下拨工作；完成自主择业军转干部调整工资工作；出台沈阳市《关于自主择业军队转业干部住房公积金有关问题的意见》，为200名符合条件的自主择业军转干部办理了住房公积金贷款；举办两期计算机培训班，一期市场营销班，培训人数达196人，全部取得培训合格证书；全年共向前来招聘的企业推荐了39名自主择业军转干部，反映良好；有16名自主择业干部顺利通过考核和应试担任大学辅导员工作，其中：沈阳技师学院9人、沈阳医学院5人、东北大学1人、沈阳理工大学1人。

企业军转干部稳定工作。共为128名企业军转干部办理了增补退休金、办理医疗保险和提前退休手续等进行资格认定；先后为550名失业军转干部发放了独生子女费，金额达110万元左右；制定《沈阳市关于调整部分企业军转干部等方面人员生活补助金标准的通知》（沈人发[2009]3号），调整后的企业军转干部生活补助金平均增加了180元，使企业军转干部的生活水平又有新提高。

（李小明　王海峰）

就业再就业

【就业工作目标全面落实】　2009年，沈阳市制定了就业工作目标，建立了比较完善的目标管理责任体系。并将目标层层分解，落实到区县、街道（乡镇）和社区。将实名制就业、就业困难群体，特别是零就业家庭和困难家庭大学毕业生就业、再就业资金筹集使用、公共就业服务体系建设、发放小额担保贷款等项指标作为一票否决指标，对各地区各部门就业目标完成情况，实行月统计、季通报、半年考核，年终检查评比制度，并定期向社会公布，接受社会监督。

（李小明　王海峰）

【健全就业创业政策体系】　2009年，沈阳市先后出台了《支持企业发展促进经济增长若干政策措施》、《关于稳定就业局势，促进就业创业工作的实施意见》、《关于促进我市高校毕业生就业创业政策的补充通知》等一系列政策。这些政策涉及范围广、受惠人群多、内容丰富、含金量高、针对性强、有地方特色，对稳定企业岗位、促进就业创业、最大限度地降低金融危机对沈阳市就业的影响起到了积极的作用。

（李小明　王海峰）

【失业预警机制】　为及时掌握金融危机对沈阳市企业冲击程度，2009年10月份，沈阳市紧急启动了失业预警监测工作，对全市具有代表性的11个经济类型、20个行业中的2550户企业每月进行失业预警监测，涉及职工48万人，有针对性地指导帮助企业建立应对措施，稳定企业岗位和职工队伍。截止年底，已经发布监测报告15期。据最新失业预警监测显示，全市共有待岗职工42688人，待岗率为8.8%。

（李小明　王海峰）

【就业困难群体援助】　2009年，沈阳市加大了对就业困难群体的援助。

1. 落实灵活就业、高校毕业生、残疾人社保补贴政策。沈阳市累计为22.63万人发放社会保险补贴22.79亿元，其中，2009年发放7.34亿元。同时，下发了《关于沈阳市高校毕业生从事家教实行社会保险补贴有关事宜的通知》，出台了《关于沈阳市残疾人在非正规劳动组织就业实行社保补贴政策通知》，全年，已为12名残疾人办理残疾人社保补贴，补贴资金已发放到位。

2. 开发公益性岗位安置就业。沈阳市公益性岗位实有上岗人员为29704人。为做好公益性岗位开发工作，沈阳市将公益性岗位工作期限从3年延至4年，组织开展了全市公益性岗位核查，开发公益性岗位安置登记失业的困难家庭大学生就业218人，安排残疾人等就业困难群体353人就业。积极开展“慈爱儿康行动”，符合大学生基层管理服务岗位康复师和特教教师的专业技能人员85人已经培训上岗。

3. 扎实开展就业援助系列活动。先后组织开展了就业援助月、“走进千家万户”、迎国庆就业援助专项行动等就业援助活动。通过上述活动，全市约有2万名就业困难人员实现了就业，对省政府确定的沈阳市困难家庭援助就业名单1049户、1185人全部提供就业援助。对动态出现的14户零就业家庭成员，全部安排在公益性岗位实现就业。此外，下发了《关于沈阳市困难家庭子女参加职业高中和技工学校学习减免学费的通知》，全年，全市困难家庭子女4578人次享受了此项政策，减免学费636万元。

（李小明　王海峰）

【创业带动就业环境】　2009年，沈阳市为创业创造了良好的环境。

1. 优化政策环境。制定了《沈阳市人民政府关于稳定就业局势，促进就业创业工作的实施意见》，意见中涉及创业政策23条。同时，下发了《关于创业补贴发放工作的通知》，对准入门槛、创业平台、财税支持、融资担保、服务体系等方面做了具体规定，为创业者和立志创业的人员提供了有力的政策帮助。同时，下发了《沈阳市创建创业型城市实施方案》，明确了工作目标。

2. 优化服务环境。在市、区县两级成立了创业服务指导中心，为创业者和创业企业提供政策、信息、技术和融资指导等服务。先后举办了中小创业项目洽谈会、创业项目推介暨创业成果展示大会，推荐近200个创业项目，展示53个创业成果。全市建立创业孵化基地24个，占地14.6万平方米，孵化企业312户，安置各类人员4234人。

3. 优化资金环境。全年，全市共发放小额担保贷款1070笔，6938万元。同时，积极开展和支持创业典当融资工作。全市共有48户创业企业获得典当融资1149.5万元，吸纳就业181人次，市财政共支付综合费用补贴185.5万元。

4. 优化文化环境。积极开展创业典型宣传，整理了全市创业典型130个，印制了《沈阳市创业典型事迹汇编》,免费在全市发放。树立了退转军人、返乡农民工、残疾人、下岗失业人员、大学生等50位创业典型。大力加强创业文化建设,努力营造“崇尚成功、宽容失败”和“我要创业”、“创业光荣”的理念。

(李小明　王海峰)

【普惠制培训】 2009年,沈阳市加强了普惠制培训。

1. 全力开展就业培训。将省普惠制就业培训3万人计划和市政府培训5万人工作目标,分解落实到区县(市)政府。将沈阳市有培训需求、能保证学习时间的城乡劳动者全部纳入培训范围,并适当延长培训期限,提高补贴标准。通过面向社会招标,认定72所普惠制就业培训基地。全市签订订单培训1500份,订单培训2.1万人。创业培训5888人,创业成功率达到51%。在全市建立数控车工、钳工、家政服务等十大培训品牌,全年全市品牌专业培训1.5万人。同时,调动全市各方面力量,共同开展普惠制培训工作。如团市委针对有创业愿望的中青年开展创业培训270人,市妇联等培训机构开展适合女性特点的家政服务、月嫂等技能培训,全年培训700人,80%实现就业。沈阳技师学院培训复转军人366人,市残联开展残疾人个性化专业培训,德济医院培训盲人按摩56人、春晖学校培训46名弱智青年从事家务技艺,促进了残疾人培训就业。

2. 大力推进职业技能培训工作。深入10家大型企业开展调研,形成《沈阳市装备制造业企业技工短缺问及对策》的调研报告,为市领导科学决策提供依据。加强高技能人才队伍建设,组建了30家高技能培训基地,共培训高级工9082人,技师855人,高级技师375人。杨建华、徐强等11名高技能人才入选第二届“辽宁省有突出贡献高技能人才”。加强技工院校的基础建设,丰田、交通、沈飞、黎明、大东、通用、辽煤、职业技师学院8所技工院校经国家人保部评审后,全部晋升为技师学院,完成技校招生6500人,就业率达95%。进一步规范民办职业培训学校,表彰了20家诚信办学优秀单位,责令30家民办学校限期整改,撤消了34家违规民办学校培训资格。推进企业开展待岗职工培训,积极应对因受金融危机影响而使企业自身遇到的暂时性困难。组织推动沈阳机床集团职工技能大赛、沈阳市交通行业技能大赛、第八届“哈佛杯美容美发大赛”、第十届全市职工职业技能大赛等6项赛事。参赛职种为数控车工、钳工、焊工、汽车维修工、汽车驾驶员、美发师、美发师、摄影师等16职业(工种),参赛选手达28250人。

3. 组织开展职业技能鉴定工作。成功承办全国职业技能鉴定机构质量建设技术交流会,张小建副部长到会讲话,对沈阳市职业技能鉴定质量管理工作给予高度评价,并向全国30多个地区推广沈阳经验。沈阳市成为全国省会城市第一个通过质量管理体系认证的城市。进一步加强技能人才鉴定软件建设,完成并启动全市职业技能鉴定所鉴定现场监控系统、实际操作考核检测室。设立了多媒体信息查询系统,并将办事程序、工作流程、制成公示板上墙公示,方便群众查询信息和办事。结合《沈阳市支持企业发展促进经济增长若干政策措施》的实施细则,研究制定破产关闭企业职工、困难家庭高校毕业生、普惠制人员、返乡农民工、高校毕业生、复转军人、企业待岗职工职业技能鉴定补贴实施细则,减轻企业负担。开展院校统一考试,全年有10135人参加。顺利完成2009年新职业全国(省)统考工作,全市有5900多人参加统考。

(李小明　王海峰)

【农民工就业】 2009年,全市各区、县(市)、开发区企业及新开工项目吸纳农村劳动力2.67万人。围绕地区产业集群、工业园区、“招商引资”项目、现代设施农业产业,大力开展“订单式”培训,共开设家政服务、制造工、计算机、中式面点、筑路、手工制作等20多个专业(工种),完成转移技能培训1.57万人,就业率达到65%。开展政策咨询、信息查询、求职登记、推荐介绍、培训登记等服务,召开专场招聘洽谈会46场,提供就业岗位15301个,达成就业意向8485人。建立返乡农民工监测制度,沈阳市非正常返乡人员1414人,已全部在沈阳地区实现就业。

(李小明　王海峰)

【完善就业工作机制】 2009年,沈阳市完善了就业工作机制。

1. 完善纵横工作体系。纵向实现了社区、街、区、市就业管理信息网络化,强化实名制就业管理,对所有人员实行动态管理。横向建立了各部门相互配合的联动机制。一个部门联动、群团配合、社会参与,合力做好就业工作的大格局已然形成。

2. 搭建就业服务平台。实现了人力资源市场和人才市场的联动机制。整合市就业网、市人事网和高校毕业生就业信息网,建立了家庭服务业就业网页,实现人力资源和社会保障、教育、残联、工会、团市委、妇联等部门之间数据传递和信息共享。建立就业困难群体和高校毕业生就业服务绿色通道。对进入人力资源市场求职者做好“一对一”的职业指导服务。2009年,先后组织开展了“千企万岗进校园”、进社区招聘以及沈阳经济区招聘会等活动,实行岗位对接。

3. 建立乡镇工作平台。先后对39个中心乡镇进行了调研,制定了乡镇平台改扩建方案,投入资金390万元,加强平台建设的达标工作,初步实现了乡镇劳动保障事务一站式公共服务。2009年底,39个乡镇平台已全部完成新建、改建工作。

4. 推进社区就业服务。开展创建充分就业社区活动,全年已经达到80%以上。完善了社区就业失业登记管理制度和就业失业登记数据库,加强了社区就业困难人员动态管理,健全了社区就业援助包保责任制度,对本地区零就业家庭等就业困难群体实施跟踪服务,做到发现一户、解决一户、稳定就业一户。

(李小明　王海峰)

社会保障

【养老保险制度】 2009年,沈阳市不断完善养老保险制度。

1. 努力做好养老保险扩面征缴和待遇提高工作。采取一系列扩面措施,加大扩面征缴力度,不断强化基础工作,提高退休职工养老金水平。全市扩面达15.7万人,离退休人员养老金发放率为100%,参保人员个人账户做实率为100%。调整了80.6万企业退休人员养老金,月人均增资111元,全市养老金待遇水平平均提高到了1037元。同时,进一步提高了三方面人员补助金标准。制定了在沈购房的外地人员转移养老保险关系办法,取消了对外埠来沈购房人员参加养老保险的户籍限制。

2. 不断完善养老保险政策体系。解决了超龄人员参保问题,对已超过退休年龄人员,允许一次缴纳15年的养老保险费后,按月享受养老保险待遇。将沈阳市八十年代回城未招工知青纳入了养老保险范围,允许一次缴纳16年的养老保险费后,按月享受养老保险待遇。对于距到法定退休年龄缴费未满15年的人员,允许延续缴费或一次性向前补缴。

3. 大力开展专项监察和专项稽核。为督促用人单位按时参保缴费,清理漏缴少缴行为,抽调地税、劳动保障等部门和各区县政府有关人员组成多支监察和稽核队伍,采取网格化方式,以社区为单位,对网格内各类单位、个体工商户、灵活就业人员参加养老保险情况开展地毯式普查,对有参保条件的单位和个人督促参保缴费。全年共监察和稽核企业3245户,清理欠缴和追缴少缴、漏缴统筹基金1.2亿元。

4. 积极做好新型农村社会养老保险试点准备。按国家、辽宁建立新型农村社会养老保险制度工作的统一部署,沈阳市对全市农村的情况进行了调研。据调查,2008年底全市共有农业人口252.4万人,其中符合参保范围的18周岁以上农业人口为225.51万人。根据国家和辽宁相关指导意见精神,借鉴外省、市一些试点做法,依据沈阳市农村养老保险制度设计,进行了静态和动态的资金需求测算,制订沈阳市新农保试点工作方案。全年,新农保试点已经在康平县正式启动,全县1626名达到法定退休年龄的农民已开始享受基础养老金。

5. 扎实开展被征地农民社会保障工作。转发了省《关于切实做好被征地农民社会保障工作有关问题的通知》,出台了《关于做好被征地农民社会保障工作的通知》,对自1999年(1999年以前实行就业安置)第二轮土地承包以来,承包土地被全部或大部分征用的被征地农民,建立被征地农民养老保障制度。全年全市被征地农民为17.48万人,参加被征地农民养老保障的有15个区县的140个村共9.16万人,其中:参加城镇从业人员养老保险(含灵活就业)2.1万人,参加养老保障7.06万人。已有2.31万人享受了养老保障待遇,上述人员全部实行了实名制管理。

(李小明　王海峰)

【医疗保险】 2009年,沈阳市医疗保险保障水平不断提高。

1. 城镇职工医疗保险工作稳步推进。一是调整政策,提高待遇。出台《沈阳市城镇职工基本医疗保险门诊规定病种管理暂行办法》、《关于调整完善城镇职工基本医疗保险有关政策的通知》等政策,扩大了门诊规定病种,增加了17个单独结算病种,建立了企事业退休人员享受医保待遇与单位缴费脱钩制度,为困难企业退休人员建立了个人账户,明确了无主管部门困难企业退休人员参保登记办法,允许困难企业在职职工自愿选择参加灵活就业人员医疗保险或居民医疗保险,同时较大程度地提高了基金支付比例,缓解了定点医院承担医疗费用的压力。上述政策较大幅度地提高了参保患者的待遇水平。二是加大力度,强化扩面。按照国务院《医药卫生体制改革近期重点实施方案(2009—2011年)》有关要求,启动了医疗保险扩面专项行动工作,通过制定专项行动实施方案,强化宣传力度,完善医保网络平台,组织实地稽核等手段实现了医疗保险扩面工作的稳步开展,全年新增扩面32.8万人。三是加强管理,强化服务。针对定点医疗机构的监管工作较难的问题,研究制定了定点医疗机构的住院费用补偿制度,完善定点医院协议内容,建立了总额预算、指标评定体系等费用控制机制,并将该制度融于定点医院的服务协议中,推进定点医院的监管的科学化、规范化和制度化。继续强化对定点医院和定点药店的管理工作。组织开展了对定点医院和药店的实地检查,全年对100家定点医院实地检查204次,检查定点药店450家,处理违规"两定"机构53家。

2. 城镇居民医疗保险工作积极开展。出台了《关于调整城镇居民基本医疗保险政策的通知》,提高城镇居民基本医疗保险部分参保人员的政府补助标准;调整了成年及老年居民医疗保险年最高支付限额,将成年居民及老年居民医疗保险年最高支付限额由原来的8.2万元调整到10.5万元;降低了部分参保人群的统筹基金起付标准;将参保的成年居民及老年居民在各等级定点医院就医住院的统筹基金起付标准分别降低了100-200元;将在校学生及其他未成年人的意外伤害住院医疗费用纳入居民基本医疗保险统筹基金支付范围;增加了部分门诊规定病种,提高了部分门诊规定病种待遇标准;对由城镇职工基本医疗保险转为城镇居民基本医疗保险的参保人员,其个人账户结余资金,允许以现金方式返还给本人。

为解决困难群体参加居民医保问题,根据市民政局提供的全市特困人员信息,为未参保人员提前办理参保手续,待其缴费后即可享受医保待遇。此项工作完成后,基本可以保证沈阳市所有特困人员均纳入医保范围,享受医保待遇。2009年度沈阳市低保、低保边缘户总计参加居民医疗保险人数为11.75万人,其中低保10.8万人,低保边缘户8535人。

3. 启动了大学生参保。7月中旬,沈阳市出台了《沈阳市大学生参加城镇居民基本医疗保险实施意见》,对大学生的参保范围、资金筹集来源及标准和待遇标准进行了明确。市政府专门组织召开了大学生参加城镇居民基本医疗保险工作会议,部署驻沈高校大学生参加城镇居民基本医疗保险工作,确定了沈阳市"2009年级新生参保率100%,特困生参保率100%,总体参保率不低于80%"的任务指标。9月1日沈阳市正式启动了大学生参加居民医保工作(大学生比照中小学生的待遇标准参加居民医保,每人每年缴费40元)。10月,为全力推动大学生参保工作,又专门召开了大学生参保工作会议,在全国率先制定了大学生医疗保险优惠政策,譬如:实行大学生居民医保门诊统筹,赠送意外伤害保险,解决大学生参保制度衔接问题,大学生毕业后参加沈阳市城镇职工基本医疗保险缴费年限可连续计算,解决了大学生毕业后医保接续问题。截至2009年末,大学生参保19.74万人,其中新生参保人数为8.58万人,往届生参保人数为11.16万人。

4. 农民工医疗工伤综合保险正式实施。出台了《沈阳市农民工参加医疗工伤综合保险实施办法》,从2009年7月1日起全面实行。该保险综合费率为2%,由用人单位缴费。参加综合保险的农民工,享受城镇职工住院医疗保险待遇。认定为工伤的,依据《工伤保险条例》等国家和省、市相关规定享受工伤保险待遇。全年,沈阳市参加此项保险的农民工3.01万人。

5. 生育保险工作积极推进。进一步完善生育保险政策,提高参保人员待遇。完成了64家生育保险定点医院的服务协议签订和生育保险定点医院2008年度、2009年上半年生育医疗费用的公示工作;对生育保险定点医院进行了监督检查,保障参保人员切身利益。

(李小明　王海峰)

【失业保险】 2009年,沈阳市加大了失业保险保障工作。

1. 加强失业保险参保扩面工作。通过抓大户,抓"钉子户"等难点,以点带面促进扩面工作,进一步加大失业保险参保工作力度,提前完成全年工作计划,个人缴费记录做实率达到94.6%。特别是做好农民合同制工人参保工作,切实保障农民工的合法权益。

2. 发挥好失业保险基金稳定就业、促进就业的作用。为充分发挥失业保险稳定就业、促进再就业的功能,在确保失业人员按时足额发放失业保险待遇的前提下,利用失业保险基金结余,为"4050"人员发放社保补贴4.05亿元。

3. 调整失业保险金标准。于1月对沈阳市失业保险金标准进行了调整,月人均506元,月均增加38元,与2006年相比增长1.38倍。

4. 继续实行失业人员总量宏观调控。为做好沈阳市城镇登记失业率的调控,继续保持失业保险良好的运行态势,在继续贯彻执行市政府下发的《关于进一步加强就业再就业工作的实施意见》的同时,对失业保险接收管理的工作流程进行了优化。对全市拟进入失业保险的失业人员,通过计算机系统审核其单位和个人的缴费情况,实现了权利与义务的统一。

(李小明　王海峰)

【工伤保险】 2009年,沈阳市加大了工伤保险工作。

1. 强化工伤扩面工作的责任。下发《转发〈关于事业单位、民间非营利组织工作人员工伤有关问题〉的通知》,制定了配套的实施办法,从政策层面扩大了沈阳市工伤保险覆盖面。

2. 逐步完善工伤保险政策法规。出台了《关于安全生产诚信监管体系建设试点地区实行工伤保险缴费费率与安全诚信等级挂钩浮动有关问题的通知》,既实现了费率与安全生产挂钩,又进一步推动了工伤保险工作。同时进一步规范审批程序,对工伤保险待遇支出做到层层把关。

3. 指导工伤职工康复中心建设。于2009年6月12日正式投入使用,实现了沈阳市工伤职工从发生工伤,到工伤认定、伤残等级鉴定、工伤医疗,到工伤职工康复回归社会,回归生产岗位全过程服务保障,这在辽宁省尚属第一家。

此外,"五险合一"扎实推进。全年,已与盛京银行达成合作协议,由盛京银行无偿提供闲置的原假日酒店近2万平方米的楼房。综合服务大楼的功能计划方案正修改完善,下一步将履行工程招标采购程序。

(李小明　王海峰)

【发挥社会保险功能为企业减负】 为减轻企业负担,帮助企业渡过难关,沈阳市人力资源和社会保障局主要采取了两项大的措施:一项是少征收5月份参保单位和职工的基本医疗、失业、工伤和生育保险费,另一项是不提高城镇职工基本养老、医疗、失业、工伤和生育保险最低缴费基数,共为企业和参保人员减轻负担15.14亿元。

(李小明　王海峰)

【专业技术人员管理】 院士工作。沈阳市坚持以重大科技项目为依托做好引进院士的促进工作,全年协助三一重装、沈阳协合集团等单位柔性引进院士8人。落实对院士的资助政策,为沈阳市中医院、沈阳协合集团等11家单位17名院士的17个合作项目申请了资助。

博士后工作。2009年新进站企业博士后45人,使沈阳市进站博士后达到了221人。指导帮助各有关部门根据博士后工作实际,制定博士后工作规程,使全市博士后工作形成了完整的工作体系。

政府特殊津贴工作。按照严肃、认真、公开、公正、公平的原则,最终对12名符合享受政府特殊津贴条件的人选进行了推荐。经国务院批准,推荐的12人全部荣获"2008年国务院政府特殊津贴"殊荣。市政府举行了"沈阳市荣获2008年度国务院政府特殊津贴专家证书颁发仪式",顾春明常务副市长为获此殊荣的十二位专家颁发了证书和2万元政府特殊津贴。

"百千万人才工程"工作。2009年,按照省人社厅等六部门联合下发的《关于选拔辽宁"百千万人才工程"人选的通知》(辽人[2009]24号)要求,共推荐了99人为省级"百千万人才工程"人选。经省批准,沈阳市有33人确定为省级"百千万人才工程"人选。其中,百层次12人,入选千层次21人。按照省人社厅《关于申报2009年"百千万人才工程"资助项目的通知》(辽人社[2009]240号)要求,经沈阳市申报、省厅批准,沈阳市有4人获得了省厅资助,资助金额共计12万元。

职称工作。全年共有3.2万余人通过确定、评审、考试取得了初、中、高级职称(执业资格)。其中高级3000余人、中级9000余人。

(李小明　王海峰)

【公务员培训】 2009年,沈阳市组织开展了全市行政机关公务员宏观经济知识学习培训。下发了《关于在全市行政机关公务员中开展宏观经济知识学习培训的通知》,在全市3万名各级行政机关处级及其以下职务公务员中开展了以宏观经济知识为主要内容的在职更新知识全员普训。培训内容包括现代市场经济和宏观经济调控的理论与实务、国际金融危机发展趋势及我国经济走势的相关案例、沈阳经济社会发展战略和相关政策等,提高了公务员的应对国际金融危机的能力。

组织开展了公务员初任、任职培训。一是组织举办了4期公务员初任培训班,培训内容主要包括政治理论、依法行政、公务员法和公务员行为规范、机关工作方式方法等基本知识和技能,共有873人参加了培训。二是组织举办了4期市直处长任职培训班,其中领导职务两期,非领导职务两期,共330人参加了培训。三是组织举办了4期区、县(市)领导干部任职培训班,其中委办局领导干部任职培训班2期,街办主任任职培训班1期,乡镇领导干部任职培训班1期,共225人参加了培训。

此外,还组织了抵御和应对金融危机专题培训班、管理者培训班、知识产权高级研修班以及全市公务员基本功训练(训练内容包括6项必训科目和9项选训科目)。

组织全市10万余名尚未接受创新能力公需科目继续教育的各级各类专业技术人员参加了创新能力公需科目培训。培训内容包括创造力开发理论、技术创新理论、创造工程研究、创新思维方法和激发团体创造力的综合训练。

农村实用人才培训工作。实施致富能手培养计划。选拔一批具有一定特长的农民,选送到沈阳农业大学进行先进实用技术的短期培训,共有150人参加了培训。

举办知识更新工程("555工程")高级研修班。全年共4期,每期100人,共400人。对"机电一体化"、"重大装备"、"农产品深加工业"、"医药产业"四个行业的高级专业技术骨干进行集中培训。

举办工业系统项目管理培训班。按电子信息产业、新能源、装备制造业、航天航空四个行业进行系列培训,全年共4期,每期100人,共400人。培训内容包括世界通用标准的项目管理知识体系、重大项目管理组织形式及其特点、不同行业项目的特殊管理方法。

(李小明　王海峰)

【事业单位管理】　岗位设置管理工作。全年分两个阶段对全市事业单位进行了摸底调查。第一阶段,从3月16日至26日对沈阳市科研、教育、卫生、文化、城建、宣传六部门的31家事业单位进行了调研;第二阶段,从7月6日至31日调研了13个县(市)、区和3个开发区的22家医院和19所学校。调研采取数字统计、座谈讨论、实际考察的方式,摸清了全市事业单位的底数和存在的问题,修改完善了沈阳市事业单位岗位设置管理工作实施方案,为全市事业单位岗位设置管理工作的全面展开做好了充分的准备。

事业单位管理工作。通过调查发现:事业单位管理不规范,没有形成统一规范的管理体系;编制管理滞后,未能跟上改革发展的步伐;分配结构不尽合理,工作积极性调动不够充分;事业单位进口严出口松的模式,影响了事业单位的发展。针对上述问题,加大了对事业单位的管理力度。一是规范事业单位聘用合同。凡是不符合有关政策规定的聘用合同一律不予鉴证,凡是没有编办核验单的,一律不予办理;二是对临时用工合同,凡是不符合劳动合同法要求的一律要求重新办理;三是对非领导职务晋升,严格核定职数,凡超职数申报的一律退回,不予办理。从而使事业单位管理走上了规范化的轨道。

人事争议仲裁工作。建设了独立的人事争议仲裁庭,购置了摄像机、投影仪等现代化电子设备,使人事争议仲裁工作实现了全程有录音、有摄影的跨越式进展。全年共立案101件,结案101件,其中调解结案6件,裁决案件28件。

(李小明　王海峰)

【公务员管理】　考核工作。根据中组部、人事部印发的《公务员考核规定(试行)》(中组发[2007]2号)的相关要求,本着客观公正、注重实绩、细化标准的原则,对全市各级行政机关及参照管理单位依法全面推行规范性的公务员考核工作。经统计,全市各委、办、局和各区、县(市)参加考核的处级以下公务员有32132人(不含局级和工勤人员),其中:被评为优秀等次的有5873人,占参加考核人员总数的18.28%;被评为称职等次的有25870人,占参加考核人员总数的80.51%;被评为基本称职的人员有4人,占参加考核人员总数0.01%;被评为不称职等次的有7人,占参加考核人员总数0.02%;不确定等次的人员有378人,占参加考核人员总数1.18%。沈阳市参照公务员法管理的事业单位中,参加考核的工作人员有4436人。其中:被评为优秀等次的711人,占参加考核人员总数的16.03%;被评为称职等次的3722人,占参加考核人员总数的83.9%;不确定等次的有3人,占参加考核人员总数的0.07%。

职务管理。一是2008年度非职晋升情况:共为1716人办理2008年度非职晋升审核备案手续,其中,晋升调研员111人,晋升副调研员195人,晋升主任科员726人,晋升副主任科员684人。二是2009年非职确定情况:共为285人办理非职确定(改任)审核备案手续,其中,确定(改任)调研员18人,确定(改任)副调研员53人,确定(改任)主任科员91人,确定(改任)副主任科员123人。三是中层领导职务备案情况:共为135人办理中层领导职务备案手续,其中,正处实职51人,副处实职84人。

任免工作。全年提请市人大任免议案2件,其中任职10人,免职12人;代市政府印发市管局级领导干部任免件11件,任免94人次。

奖励工作。全年共办理17件(22人)市长特别奖。协助有关部门向国家和省审核、推荐劳动模范、先进工作者和先进个人人选49人,其中,劳动模范10人,先进工作者14人,先进个人10人,农田基本建设"大禹杯"竞赛先进个人15人。

申诉工作。办结民警李奎浩申诉案件。2009年1月8日,原和平区公安分局北站派出所民警李奎浩以对其被辞退的决定不服为由进行申述,经审查,根据《公务员申诉规定(试行)》第十六条、第二十一条,认定其申诉超过期限,决定不予以受理,并于2009年2月5日送达了《公务员申诉受理情况通知书》。

参照公务员法管理工作。全年省人事厅共分4批批准通过沈阳市市本级3个及区、县政府直属100个事业单位参照公务员法管理。现已全部完成100个单位2386名工作人员的资格审查工作,并为2085人办理了登记手续。

同时,会同市委组织部联合印发了《沈阳市党政机关竞争上岗工作实施办法》主要从明确竞争上岗的范围、规范竞争上岗的工作程序和方法、完善职务管理、加强工作纪律等六个方面提出了相应指导意见。

(李小明　王海峰)

【政府绩效评估】　2009年,沈阳市形成了较为完善、客观公正、充分体现工作效能的绩效评估体系。全年组织开展四期培训,获得全国城市绩效管理创新奖和突出贡献奖。

《政府绩效评估工作手册》编写工作。深入学习国内外政府绩效管理理论,积极探索绩效评估的规律和特点,认真总结经验和不足,并结合沈阳市实际,开展调查研究,充分征求意见,圆满完成了《政府绩效评估工作手册》的撰写工作。

制定2009年度政府绩效评估体系及细则。制定2009年度政府绩效评估体系(A类单位),并于2009年3月20日经市政府第十八次常务会议审议通过。依据评估体系,组织协调40余家责任单位,对相关的指标制定评估细则,内容包括评估的二级指标、分值的分配和具体的评分办法等。经过与各相关单位的反复沟通研究，最终确定了《2009年度政府绩效评估实施细则》（A类单位），评估细则共计42项一级指标，96项二级指标。

申报沈阳市关于“为全省做出特殊贡献”项目工作。根据辽政办发[2008]19号和辽政绩效办[2008]2号文件精神，结合沈阳工作实际，研究起草了沈阳市奥运火炬传递及奥足赛安保等工作完成情况说明，收集并整理沈阳市2008年“为全省做出特殊贡献”申报项目证明材料，向省政府绩效办起草报告，申报“为全省做出特殊贡献”项目，包括“新增上市公司和拟上市公司”项目，“中国名牌产品”、“国家地理标志保护产品”、“国家免检产品”项目，“中国驰名商标”项目，奥运火炬传递及奥足赛安保、奥足赛组织和援川过渡安置房建设等项工作，共4类38个项目。沈阳市在2008年度全省政府工作取得突出成绩的各市政府表彰中，获得综合考评奖第一名；在政府重点工作中成绩突出，共获得10项单项奖，分别为：就业和再就业工作优胜奖、科技工作优胜奖、资源节约利用工作优胜奖、文化重点工作优胜奖、项目建设工作优胜奖、软环境建设工作优胜奖、扶贫工作优胜奖、教育工作优胜奖、沈阳经济区建设工作优胜奖。

市直单位绩效评估数据统计工作。对3万多个数据进行对比、统计，形成排名分，再汇总各单位的达标分、超标分，计算出各单位年度重点工作总得分。作为市直B类单位的评估工作组织机构，对68个市直单位的几千组评估数据进行汇总、统计、测算、分析。汇总各责任单位报送的考评指标得分，运用6种不同方法对数据进行测算、分析，得出各单位的政府绩效评估总成绩和排名，得到市政府的高度肯定。

深入研究社会信用体系建设评估方案。按照市政府加快“信用沈阳”建设的有关要求，深入研究如何运用政府绩效评估推进社会信用体系建设，认真思考分析，撰写了《加大政府绩效评估工作力度，强力推进社会信用体系建设》的工作调研文章。积极与市发改委沟通联系，研究制定对各区、县（市）及开发区的社会信用体系建设评估工作方案及具体实施细则，拟将其纳入2010年政府绩效评估体系。

（李小明　王海峰）

【收入分配制度改革】 2009年，沈阳市认真做好解决历史拖欠职工工资问题的收尾工作。为迎接国家检查，由沈阳市人力资源和社会保障局会同财政、审计等部门对沈阳市推进企业解决工资拖欠问题进行模拟审计工作。不断完善企业工资分配宏观调控三项制度。努力做好劳动力市场工资指导价位、企业人工成本状况发布数据采集、录入、汇总工作。发布了沈阳市2009年度劳动力市场工资指导价位、2008年度企业人工成本和2009年度企业工资指导线。此外，组织发放工资手册3.4万册。规范工效挂钩审核程序，加强工效挂钩管理。

（李小明　王海峰）

【人才服务保障】 2009年，沈阳市紧紧抓住“思想贯通、政策贯通、信息贯通”三项重点任务，全面推进了沈阳经济区人才服务工作。一是完善了沈阳经济区人力资源网。通过沈阳经济区人力资源网的良好运行，创建了经济区统一的人力资源网络服务平台，实现了经济区内人才信息资源的有效共享；二是举办了沈阳经济区招聘会38场。有1000多家用人单位参会，服务求职者约11万人次；三是推出了沈阳经济区人力资源专刊。平均每期有400多家用人单位发布招聘信息，取得了良好的人才效益和社会效益。

深耕细作，积极拓展市场化服务工作。一是围绕沈阳市的大项目、重点发展空间和支柱产业的人才需求，策划举办了“沈阳老字号企业”专场招聘会、装备制造业专场招聘会、建筑行业专场招聘会和医药行业专场招聘会等179场招聘会。服务各类用人单位11081家次，提供就业岗位22.53万个，服务求职者46.13万人次。二是推动了中国沈阳人才网及其人才信息库的优化升级。新增求职电子地图等多项服务功能，中国沈阳人才网的服务功能已达65项。全年，中国沈阳人才网已服务用人单位7850家，累计发布岗位信息46.3万条，日网页访问量达66万次，人才信息库资源总量达到47.95万条。三是规范和完善了流动人员人事档案管理工作。为2.37万人次提供了人事档案相关服务。四是进一步推广了人才派遣服务。为沈阳电视台、沈阳市信访局、沈阳公安局110指挥中心和沈阳市计算机研究所等105家单位提供人才派遣服务，派遣服务人数为2600人。五是进一步强化了人才培训功能。开展了人力资源管理职业资格和人才中介师（员）等培训项目，并加快推动了培训信息市场的发展。六是与《沈阳日报》合作开设了“慧聚英才”专版，拓展了市场信息的发布渠道。

规范管理，大力加强人才市场管理工作。按照《沈阳市人才市场管理条例》的有关规定，严密程序，严格把关，严谨操作，稳妥地开展了人才中介机构审批工作。同时，集中开展了全市人才中介服务机构的清查摸底工作，全面掌握了沈阳市101家人才中介服务机构的运行情况和存在问题；清除了违法、无资质的私招滥聘人员百余次，有效的维护了求职者的利益，净化了市场环境。

编制了《沈阳地区大学生就业开发目录》。对沈阳市大学生就业面临形势、存在问题、基本特点和措施办法等进行了系统、深入的分析；策划组织了“灵活就业主题论坛”和“老字号企业人力资源管理与开发研讨会”，并编制了《2009年沈阳地区高校毕业生灵活就业岗位开发目录》和《2009年沈阳地区老字号企业人力资源发展调查报告》；组织开展了“沈阳地区企业用人需求的潜力与极限分析”的调查研究，并重点加强了如何引导各类来沈创业的高层次和紧缺急需人才向重点科技项目、重点产业领域、重点开发空间集聚方面的措施研究。

（李小明　王海峰）

【和谐劳动关系】 2009年，沈阳市坚持一手抓维权，一手抓稳定，和谐劳动关系建设再上新台阶。

1. 完善三方协调机制。率先在部分国有、民营、外资企业中发出倡议，倡导企业履行社会责任“不裁员、不减薪”，并在《沈阳日报》等多家媒体上进行了宣传。召开三次协调劳动关系三方工作会议，研究在当前经济形势下，如何稳定就业岗位，促进经济发展。联合下发了《沈阳市应对当前经济形势稳定劳动关系的指导意见》，为处理当前的劳动关系问题提出了原则性意见。

2. 开展劳动关系和谐企业与工业

园区创建活动。共有101户企业进行了申报，有60户企业被评为沈阳市劳动关系和谐企业，有1个园区被评为沈阳市和谐劳动关系工业园区，有20户企业被评为辽宁省劳动关系和谐企业。

3. 加强劳动合同管理。建立劳动合同月报制度，加强对企业的指导服务。深入企业召开农民工座谈会，积极推动“春暖行动”，以提高农民工劳动合同签订率。此外，从3月中旬开始，在全市开展劳务派遣用工情况调研，沈阳市经核准设立具有劳务派遣经营项目的市场主体共188户。

4. 扎实推进集体协商集体合同制度。规范区县集体合同审查备案工作，实现程序、材料、备案“三统一”。重新制定集体合同范本，以保岗位为重点，指导企业通过协商薪酬、弹性工时、培训等措施来稳定就业岗位。

（李小明 王海峰）

【农民工权益保护工作】 从4月初开始，沈阳开展“春暖行动”。组织市区两级劳动保障监察队伍，以建筑业、餐饮住宿业、制造业、居民服务业为重点，开展农民工劳动合同签订情况专项检查，推动城镇企业中相对稳定就业的农民工劳动合同签订率的提高，预防拖欠农民工工资问题的发生。专项行动中，共检查各类用人单位1316户，责令用人单位与农民工补签劳动合同6718份。5月26日，开展“走进企业、送政策”活动，省、市协调劳动关系三方与企业部分农民工代表进行了广泛交流，对农民工代表提出的问题给予了解答，并向企业和农民工赠送了相关政策书刊。

继续做好农民工工资保障金的征收工作，截至年底，累计征收农民工工资保障金4.99亿元。同时，对工程竣工符合返还条件的单位，即时办理返还。

（李小明 王海峰）

【执法监察】 2009年，沈阳市加大了执法监察工作的力度。

1. 农民工维权工作取得新进展。清欠拖欠农民工工资1.02亿元，涉及农民工2.05万人。累计征收农民工工资保障金4.99亿元，累计返还农民工工资保障金8532.86万元，累计支取（启动）农民工工资保障金6234.57万元。

2. 集中开展专项执法监察活动。清理整顿人力资源市场秩序和“四小”企业（小砖窑、小矿山、小煤矿、小作坊）违法用工行为，开展社会保险扩面专项执法检查，落实农民工工伤医疗综合保险政策。采取公开举报电话、设置专人负责接待等措施，保证侵害劳动者合法权益的举报投诉案件及时进行调查处理。全年共检查各类用人单位1.07万户，完成了省厅下达指标的107.3%。纠正违法单位3129户，立案受理劳动者投诉案件1669件，结案率达到99%。依法责令用人单位与7.3万名职工补签劳动合同，清退非法收取职工抵押金16.3万元。联合工商部门取缔非法职业中介组织35个。督促企业办理工伤保险登记5635人，办理农民工综合保险登记1724人，催缴综合保险费5.9万元。

3. 抓好书面审查工作。进一步完善和统一书面审查工作标准和工作程序，将其纳入劳动保障监察工作目标考核体系。加强对区县的指导服务，帮助各区县解决工作实施中遇到的问题。

此外，完成了劳动保障事业发展“十二五”时期主要思路及建议的报告。按时完成上报政府的劳动保障和就业统计月报表，为领导决策提供依据。

（李小明 王海峰）

【信访和劳动仲裁】 2009年，沈阳市加大了信访和劳动仲裁工作的力度。

1. 努力化解信访问题。针对年内“敏感节点多，信访任务重”的实际，按照市委、市政府有关要求，对2009年度信访工作的主要任务、目标和重点进行了详细部署。全国、辽宁省、沈阳市“两会”和国庆期间，进驻北京开展信访维稳工作，实现了沈阳市劳动保障方面进京访为零的目标，在劳动保障部的接访工作受到了部里的书面表扬。共接待职工来访4.08万人次，其中集体访27批1001人次，办理信访复查复核29件。沈阳市人力资源和社会保障局被省厅评为全省劳动保障系统信访工作先进单位。

2. 扎实做好老战士的稳定工作。积极参与有关部门领导接待老战士工作，加强信息工作，准确掌握老战士动态。共接待老战士来信来访4264人次，其中集体访25批涉及3782人次，个人来信来访482人次。阻止沈阳市老战士与省内其它市老战士串联集会5次。国家、省、市两会和国庆期间沈阳市老战士群体上访为“零”。

3. 进一步完善劳动仲裁体制。先后制定《劳动争议处理工作目标考核办法》等6项规章，开辟仲裁“绿色通道”，着力应对重大和集体劳动争议案件的处置。统一全市仲裁办案规则，初步形成《办案规则指导意见》。结合实体化建设新路子，先后对抚顺、葫芦岛和海城仲裁机构的建设情况进行了实地观摩学习，探索开发了劳动人事争议仲裁数据管理系统。

（李小明 王海峰）

【行政审批和政务公开工作】 加强规章和规范性文件的修改和审查，全年共制发各类规范性文件146件，会签67件。认真做好人大代表和政协委员的建议批评和提案议案办理工作，全局共承办71件，其中：人大48件，政协22件；办结71件，办复率100%，满意率100%。做好行政复议和应诉工作，共处理复议、应诉案件115起。受理行政许可审批397项，向新民、辽中、法库、康平下发行政审批权限。完善政务公开制度，组织开展第三届全省“5.15”政务公开日大型民生主题咨询、4期沈阳日报《民生连线》、130期沈阳电台《连心桥政务公开热线》、10期“走进社区 走进企业 走进农村”等活动，更新政务公开网站信息600条，“12333”共受理市民咨询投诉21万件次。

（李小明 王海峰）

民　　政

【农村五保供养】 截至2009年年底，沈阳市有农村五保对象16711户、17333人；农村敬老院81所、床位9126张，工作人员775名；在农村敬老院集中供养的五保对象4939人，占五保对象总数的28%。新建12所农村中心敬老院，改造10所农村敬老院，总投资1.1亿元。

1. 调整五保供养标准。农村集中供养标准：三县集中供养标准由原来的年3200元调整为年4000元。其他各区（含开发区）集中供养标准由原来的年3600元调整为年4500元。农村分散供养标准：三县供养标准由原来的年1700

元调整为年2100元。其他各区(含开发区)分散供养标准由原来的年2200元调整为年2600元。调整标准所需资金由市、区两级财政按渠道、配比方式解决。于洪、东陵等区分散供养标准已达到年3000元以上,集中供养标准已达到年6000元以上。

2. 落实五保供养政策。按照动态管理的原则,全市已将符合五保条件的人员全部纳入了五保范围,2009年新增五保户704户,退出(含死亡)909户,分散到集中供养的215户;做到应保尽保,并对有经济来源,不符合五保条件的人员随时取消了五保待遇,如对部分征地有收入的五保对象,取消五保待遇。全年落实五保资金5087.18万元,其中:市财政配比资金1490.09万元。按照五保老人的意愿,根据入院自由的原则,对要求入敬老院集中供养的五保户基本满足要求。对愿意分散供养的五保户,房屋破损的,安排新建住房和危房改造。2009年全市农村贫困户建房2300户中有98户是五保户。

3. 规范五保对象管理程序。全面完善五保对象审批程序,建立健全五保档案,核发《农村五保供养证》,制发五保对象档案袋、五保对象申请审批表、农村五保供养机构登记表、集中和分散协议书等,保证五保对象基本准确,档案管理规范。

4. 推进农村中心敬老院建设。2009年投入资金1.1亿元,新建12所农村中心敬老院,建筑面积为7.48万平方米,新建床位2870张,其中:于洪区1所、新民市3所、辽中县2所、法库县3所、康平县3所;改造10所农村敬老院,建筑面积1965平方米,床位786张,其中:于洪区1个、沈北新区1个、新民市3个、辽中县1个、法库县1个、康平县2个、苏家屯区1所。截至年底,沈阳市12所新建农村中心敬老院,已经完成工程设计、招标、主体工程基础设施建设。10所保留院改造项目已经完成工程的设计,招标。

(于友成)

【社会福利】 2009年,沈阳市社会福利工作以落实科学发展观为统揽,大力推进养老服务社会化示范活动,积极构建养老服务社会化、孤儿福利服务体系。全市现有养老机构155家(其中城区养老机构77家,农村敬老院78家)新增15家,床位18218张,新增床位1852张,收住养员5675人,床位利用率60.25%,安装老年人应急呼叫器22749户,日间照料站418个,新增100个,为全市22749户空巢低保、特困老年人免费安装应急呼叫器。通过开展居家养老服务,为全市3.6万余户空巢老人解决居家养老问题。

1. 为居家养老提供资金保障。2009年全市投入3330余万元开发养老服务公益性岗位1585个,为4770户三无、低保、特困空巢老人上门提供无偿服务;对生活不能自理且有一定经济收入的老劳模、老优抚对象等,由社区中介服务组织提供低偿服务;对3.1万户有支付能力的社会公众老人,实行有偿服务。同时为提高空巢老人的生活质量和确保他们的生命安全,在2008年的基础上为1.73万户空巢高龄、特困老年人家庭免费安装了应急呼叫器,截至年底全市安装应急呼叫器的老年人家庭达到了2.2万户。

2. 社区养老服务设施日益增强。完善社区养老服务设施是养老服务业由补缺型向适度普惠型过渡的根本途径。沈阳市充分利用区、街道、社区各种养老服务资源,以老年日间照料站为依托,把有自理能力的老年人吸引到日间照料站来享受各种服务。2009年,在2008年建设100个示范性日间照料站的基础上市政府继续投入1000万元,建设100个示范性日间照料站,使社区日间照料站总数达到414个,日接待老年人活动5217人次。另外,社会力量也积极参与社区养老福利事业,家乐福(国际)基金会捐赠100万元,用于援建6个老年日间照料站。

3. 各类养老机构得到迅猛发展。2009年市委、市政府印发了《2009年沈阳市扶贫帮困工作实施方案》将床位补贴提高为两年内每年每张床位补助2000元,极大地调动民营资本投入养老服务业的积极性。全市新增养老机构15家,增加床位1852张,比2008年同期增长141.8%。与此同时,市养老院、和平区老年服务中心、大东区德济老年关爱中心、铁西区养老中心等4个示范性养老服务项目均已上马,规划投资7.84亿元,预计增加床位5000张。

4. 发挥区域性养老服务中心示范作用。指导协调市养老院、和平、大东、铁西、浑南等地区建设大型中、高档养老机构。落实市委、市政府对民办养老机构的鼓励政策,核定新办养老机构的床位补贴。全市养老机构床位数占老年人口比例由17‰增加到25‰。

5. 发挥中介组织桥梁纽带作用。积极培育民营中介组织参与养老服务业。一是依托市委党校市情研究所,成立了“老龄事业发展研究中心”。二是成立“沈阳市养老服务协会”。协会对进一步加强和完善对养老福利机构行业的管理,增进养老机构之间的交流与合作起到了积极的推动作用。协会成立伊始,首先在全市养老服务机构中开展星级福利机构评定和养老院院长培训工作,收到了很好的效果。三是成立“沈阳市家庭服务业协会”。“家庭服务业协会”将养老服务做为协会重点服务内容,通过政府推动、协会主导、品牌引领的战略,进一步促进家庭服务业的发展。

6. 完善老年人应急呼叫系统。为全市22749户空巢低保、特困老年人免费安装应急呼叫器“一键通”。

(黄建国)

【基层政权和社区建设】 2009年,沈阳市民政局基层政权和社区建设工作以贯彻落实科学发展观为统领,按照抓调研、固基础、推典型、促发展的基本思路,以切实加强城乡基层群众自治为主线,以进一步完善城乡社区建设运转体系为载体,以培养特色社区和强化社区服务功能为重点,加大对农村社区建设的投入力度,深入开展“双十双百”争先创优活动,促进了城乡社区建设统筹发展和共同推进。

一、农村社区建设工作

1. 全市确定了包括24个市级、40个区县级农村社区建设试点村在内的100个村作为2009年建设村级公共服务中心的任务,已完成82个村的村级公共服务中心的建设任务,还有18个村正在建设之中。9月25日,市民政局组织召开了农村社区建设工作汇报暨经验交流会,沈北新区民政局就两年来沈北新区农村社区建设所取得的成果做了经验介绍。举办了培训班。6月28日,组织全市各区、县(市)民政局主管局长、科长;乡、镇(街)主管领导以及市、区农村社区建设示范村主任和部分村务公开民主管理达标示范村主任共计338人的全市村务公开和农村社区建设培训班。

2. 做好2010年村委会换届选举的准备工作。完成了全市重点村、难点村的排查，明确了整治工作的目标与任务。2009年4月9日，国务院法制办副主任郜风涛、民政部副部长姜力率调研组在沈阳市召开了《村委会组织法》修法调研座谈会。在总结历年村委会换届选举工作经验教训的基础上，经市法制办备案制定下发了《沈阳市村民委员会换届选举工作细则》和《沈阳市村民委员会换届选举工作规程》。

二、城市社区建设工作

1. 筹备全市社区工作会议。市民政局召开了社区书记（主任）、副书记和区、街领导和民政局长及政权科长参加的座谈会，走访了部分社区干部和街道办事处领导，针对市委3号文件下发以来社区建设的基本情况和存在的问题进行了调研，提出了解决问题的建议。调查报告报市政府后，主管祁市长给予明确批示，认为"非常好"，要求以两期《民生专报》的形式上报。

2. 深入开展了争先创优活动。结合推荐申报全国暨省和谐社区示范单位工作，开展了沈阳市和谐社区示范活动10个标兵社区、100个先进社区和10个社区工作者标兵、100个先进社区工作者评比上报材料的初审工作。大东区、沈河区、和平区的太原街街道、铁西区的兴工街道、和平区南湖街道文安路社区、铁西区兴工街道九委社区被评为全国和谐社区示范单位，另有2个区、7个街道、16个社区被评为省和谐社区示范单位。

3. 加强社区工作者队伍建设。一是指导区、县在开展社区工作者全员培训的基础上，实行"订单式培训"，即根据社区工作者队伍存在的问题，每次利用1—2个小时的时间，以一个专题为主要内容有针对性地开展培训。二是组织全市社区工作者广泛开展"三相四百"岗位练兵和岗位知识竞赛活动，要求在3个月内，做到其所负责的300户的情况熟知度要达到60%以上，6个月内要达到80%以上，1年内要达到99%以上。三是会同沈阳海润心理咨询学校共同对全市社区工作者的心理状况进行了一次大规模的抽样调查，形成了《关于沈阳市社区工作者心理健康情况的调查报告》，对如何改善和提高社区工作者心理素质提出了建议。四是进一步提高和改善社区工作者待遇。市民政局与市财政局联合下发了《关于提高社区工作者生活补贴标准的通知》，从2009年1月1日起，社区主任的补贴提高到1300元/月，副主任提高到1200元/月，其他社区工作者补贴提高到1100元/月，同时，和平、沈河、大东、东陵、浑南等地区在市定标准基础上，分别将社区主任的补贴提高到1500元/月，副主任提高到1300元/月。

4. 组织承办全国城市社区居民委员会建设工作座谈会。贯彻国家和省民政厅的有关精神，圆满完成沈阳市社区史料征集工作。开展了纪念沈阳市社区体制改革10周年的系列宣传活动：编辑印发了《沈阳社区建设重要资料汇编》；开展了沈阳社区建设10年成果图片集的编辑工作；指导各区开展了本地区社区建设成果图片展览和社区工作者风采暨纪念建国60周年文艺汇演；结合纪念《居委会组织法》实施20周年开展了社区建设论文征集活动；会同《辽沈晚报》出版了25期社区周刊，开展了10大魅力社区的群众性评选活动。

（尹　琦）

【救灾救济】 2009年入夏以来沈阳市发生了历史罕见的干旱灾害，给全市的农村经济发展造成了一定影响，受灾地区群众生活生产造成了严重困难。入夏以来全市降雨极少，且时空分布不均，受持续高温少雨天气的影响，北部地区旱情发展迅速，从7月13日至8月20日，平均降水量仅为53毫米，为正常年景的30%，且空间降雨分布不均，尤其是康平和法库两县降雨更少，比常年同期减少131毫米，出现了严重的干旱。这次严重干旱灾害呈现出三个特点：一是无有效降雨持续时间长，从7月13日到8月20日，长达37天无降雨；二是干旱时段对农作物的生长影响极大，尤其是正值玉米抽穗授粉时期；三是造成经济损失十分严重，大田作物大面积减产绝收。这次干旱灾害主要集中在康平、法库两县及新民和辽中的柳绕地区，尤其是受灾严重的康平西部、西北部和东北部地区的旱田作物全部成灾，有三分之二的农作物绝收。法库县西北部地区乡镇的旱田作物大部分成灾。康平县受灾严重的乡镇出现了人畜饮水困难。干旱发生后的年末到次年的夏季，受灾地区农村的低保户、低保边缘户和五保户，以及受灾严重无自救能力的其他特重灾民的生活面临一定的困难。

灾情发生后，市委、市政府认真贯彻落实省委、省政府部署，全市各级党委、政府及时启动自然灾害救灾应急预案，加大抗灾资金投入，组织灾区生产自救，努力把灾害损失减少到最低限度。一是市直有关部门立即组织人员奔赴受灾地区调查了解受灾损失情况和灾民需救济情况，组织受灾区、县（市）开展救灾核查工作。到村、到户进行了解减产、减收情况，以及受灾农户家庭当前乃至今后面临的生活生产困难，指导受灾严重地区开展灾民的施救工作。二是市民政局对受灾严重地区的特重灾民家庭进行经济收入核查，对家庭经济减少符合条件的受灾农户做好低保户和低保边缘户审批工作，将其及时纳入低保保障范围。截至2009年末，康法两县在特重灾民中新增低保户1.78万户5.15万人。其中：康平县1.05万户3.04万人，法库县7300户2.11万人。三是根据沈阳市受灾的实际，市委、市政府下发《市委办公厅 市政府办公厅关于开展"送温暖、献爱心"社会捐助活动的通知》，为妥善安排好全市城乡贫困群众冬季和2010年"两节"期间的生活，在全市开展一次"送温暖、献爱心"社会捐助活动。通过党委和政府组织发动、政府有关部门和慈善组织共同运作、社会各界广泛参与的形式，采取政府补助和社会募集相结合的办法，确保城乡贫困群众和受灾农户冬季特别是"两节"期间有衣穿、有饭吃、有房住，使他们安全过冬、愉快过节。此次活动全市计募集捐款1400多万元。此外，根据市委的部署，市直机关工委发动市直机关干部职工广泛开展募集捐赠活动，定向支援受灾严重的康平和法库两县的群众。此次开展的募集活动共募集资金466.14万元，这笔资金已经全部送到康平和法库两县。四是根据灾后受灾农户需救济情况，市政府及时下拨灾民生活救济款520万元，用于解决特重灾民口粮、医疗和饮水困难。五是为确保受灾群众过上祥和愉快的节日，市政府又下拨6300万元对城乡贫困群众实施了临时救助。

（李伟忽）

【扶贫帮困】 2009年沈阳市扶贫帮困工作在市委、市政府的正确领导下，在各部门共同协作下，以"十七大"提出的"努力使全体人民学有所教、劳有所得、病有所医、老有所养、住有所居，推动建设和谐社会"精神为指导，确保城乡困难群众有衣穿、有房住、有饭吃，使他们安全过冬、愉快过节，广泛深入地开展了各种形式扶贫帮困活动，解决了城乡贫困群众的生活困难，保障了基本生活，使他们与全市人民一道分享改革开放的丰硕成果。

1. 开展节日临时救济活动。新年、春节期间，市和各区、县（市）两级财政部门共筹集资金6303万元，对全市16.36万户城乡低保户、农村五保户、重点优抚对象以及特重灾民实施平均每户救济标准400元临时救济；对城市低保边缘户每户发放240元的临时救济。此外，对低保户和五保户中的70岁以上老人、孤儿、重度残疾人每户发放100元食品卡。

2. 开展"万名干部包万户"活动。全市城乡各级党政机关共2.8万名干部在节日期间，累计出资800余万元对城乡贫困户进行了走访慰问，解决了贫困群体生活中所面临的实际困难。

3. 实施集中募集捐赠活动。根据《中共辽宁省委办公厅 辽宁省人民政府办公厅关于在全省开展"送温暖、献爱心"社会捐助活动的通知》要求，市委、市政府下发了《关于在全市开展"送温暖、献爱心"社会捐助活动的通知》，在全市范围内开展了大规模"送温暖、献爱心"募集捐赠活动。全市共募集捐款1449万元，主要用于城乡低保户、城乡低保边缘户、五保户重度灾民和重点优抚对象的临时救助、节日生活安排；同时开展了和平区、沈河区、大东区、皇姑区和铁西新区等市内5区对口支援康平县、法库县、辽中县和新民市活动，对口支援物资总量达110万元。在市直机关干部职工中开展专项募集捐助活动，支援康平和法库严重干旱灾害的受灾困难群众，共募集资金426万元。

4. 妥善安排灾民生活。对2009年遭受旱灾的特重灾民，及时按规定标准发放救灾资金和物资，确实保障灾民的住房、饮食、衣被、就医、取暖和子女就学的基本需求。对因灾家庭经济收入减少符合条件的灾民及时纳入农村低保和低保边缘户的保障范围。

5. 加大住房解困力度，解决了城乡贫困群体住房困难。在农村，市区、县（市）两级财政投入3860万元，修建住房1880套，维修住房2080套，其中列支1500万元为农村低保户、优抚对象修建住房1000套；列支2360万元，完成了因2005年受灾倒塌和损坏灾民住房新建880套，维修住房2080套。10月底前已全部入住。在城市，为城市低保户、低收入家庭建设政府补贴住房1.74万套，建筑面积87.1万平方米。改造棚户区1.85万户，建筑面积165万平方米；投入975万元对3878户城镇低保户和低收入家庭实施租赁住房补贴；投入4000万元，对城市低保户实行了采暖补助。

6. 各部门开展特色帮扶活动。"两节期间"各部门根据本部门的职能特点，开展了特色扶贫活动。其中，市文化局在新春佳节期间组织市和区、县（市）文艺团体下乡进行文艺演出和放映电影等活动；市妇联组织开展了"大手牵小手，爱心1+1"、"爱心大集"等活动。发动社会捐赠资金，支援农村贫困学生完成学业；团市委开展了"送岗位、送友情、送温暖"系列活动；市总工会在全市工会系统开展大规模"扶贫济困解难事，工会温暖送万家"为载体的"树信心、送温暖、促和谐"主题系列活动，形成了"党政重视、资金保障、联动互动"的大帮扶态势。全市建设了100个农民研修基地，选派180名农民到沈阳农业大学开展技术培训。农村科技培训讲师团对农民培训398场，培训2.3万人次，将城市科技资源和人才资源引入农村，为农民脱贫致富提供科技力量。市科协收集农村使用技术400多项，编印《致富农门》科普读本2万册，免费发放农民。

7. 就业再就业工程缓解了就业压力。2009年全市实名制就业24万人，扶持创业带头人1000人，带动就业6500人；发放小额担保贷款5010万元，普惠制就业培训4.5万人，进城务工人员培训2.8万人，新增农村劳动力转移和劳务输出13.8万人，开发公益性岗位安置就业困难群体10231人。

8. 开展开发式扶贫效果显著。落实扶贫开发资金7824万元，争取省扶贫开发资金1280万元，市财政配套1280万元，计2560万元。落实扶贫开发专项资金240万元，发放用于扶贫开发项目的贴息贷款2900万元。争取农行发放的国家扶贫贴息贷款1200万元；部分党政机关定点帮扶单位资助和协调资金844万元。新建80个富民经济小区计划全部落实到村、到户。市直党政机关定点帮扶工作不断加强。共涉及25个乡镇68个贫困村，覆盖贫困户2600户。全年总计在农村"三县一市"贫困地区已有154个种养殖业开发项目启动实施。实现扶贫开发总投入7824万元。

9. 区、县（市）结合本地区实际情况，采取多种措施，开展了系列扶贫帮困活动。其中，和平区对本区内低保户每人发放240元购物卡，低保边户家庭中学龄前儿童每人每月发放100元营养费，小学、初中生每月50元；沈河区对低保户每户增加发放100元，低保边缘户增加50元；铁西新区对城乡低保户、重点优抚对象和五保户每户发放200元购物卡；东陵区对城乡低保户、低保边缘户、重点优抚对象、五保户每户和孤儿每户增加500元，低保边缘户每户增加300元；于洪区为城乡低保户增加400元，低保边缘户增加240元，同时区领导带着慰问金和慰问品分四组对全区8所敬老院送出了节日的问候。

（李伟忽）

【双拥共建】 2009年，沈阳市的双拥工作，按照军地融合、统筹发展的新要求，以创建双拥模范城"七连冠"为载体，全面实施双拥组织网络化、双拥项目系列化、双拥投入集约化、双拥活动群众化创新工程，通过广大军民的共同努力，全市双拥工作进入了一个崭新的发展阶段，并呈现整体推进、成果倍出的良好态势。

1. 加强领导，落实责任，建立双拥工作长效机制。建立强有力的组织领导机制，各级实行"一把手"责任制，每逢重大节日，市委、市政府领导都能亲自走访慰问部队，涉及军地一些重大事件或重要行动，军地互通情况，紧密配合。"八一"前夕，曾维书记率团亲自赴青岛慰问海军"沈阳舰"，并赠送慰问金100万元，在军内外引起强烈反响。建立协调制度，坚持定期召开市委常委议军会议、双拥工作领导小组会议、军政座谈会、军地互访等制度，研究解决双拥工作的重大问题。建立政策法规保障制度，市委、市政府相继印发了《关于开展创建双拥模范城“七连冠”活动的实施方案》和《沈阳市双拥模范区、县(市)创建命名管理办法》，对全市新一轮双拥创建工作作出部署，明确了双拥创建任务和各级、各部门的职责，加大了党委和政府的督导力度。建立资金保障制度，2009年，地方各级、各部门支持部队建设和优待、抚恤、补助经费累计投入近8.7亿元。用于支持部队建设、支持民兵预备役、武警部队建设，为部队减免乘车、公园门票、各类管网、医疗、入学、培训等支出。

2. 抓住重点，破解难题，拥军优待推出新举措。加大优待安置工程，不断加大对现役军人的优待力度。其中，城镇义务兵优待金每人每年由原来的3000元提高到5000元；农村义务兵由原来的6000元提高到8000元。先后解决了沈空于洪场站至沈新路开辟公交专线、武警辽宁省总队新建办公楼道路新建、为部队大龄青年找对象等近50件实事和难题。沈阳所有的旅游景点对现役军人、残疾军人和部队离退休干部一律免收第一门票，公交、铁路等窗口服务单位认真落实优待政策，为部队提供优质服务。完善后勤保障工程，紧紧围绕服务部队建设需求，市政府把驻军后勤保障社会化纳入双拥共建内容，并在政策、资金上给予支持，完善部队的营房设施配套、支持部队军事训练、改善官兵生活。实施人才战略工程，积极组织社会力量，大力开展文化拥军活动，为基层部队援建流动图书馆室400余个，赠送图书50万余册、电脑1000台，为基层部队举办各种文化进修班200批次，培训各类人才1.5万名。

3. 统筹发展，寓军于民，拥政爱民活动取得新成果。协调驻沈部队100个团级单位，对口帮扶100个村屯开展军民共建社会主义新农村活动，驻沈部队投入兵力1万余人次，机械、车辆1000台次，投入资金500万元，帮建村级党支部(村委会)100个，修建村级公路850公里，改造农田1万公顷，送科技图书5万册，帮扶贫困学生3000名，义务巡诊100次，救治群众3万人次。驻沈部队5000名官兵参加义务植树100万株，营造双拥林近333.3公顷，清扫市容卫生，净化路面1万延长米。2009年，驻沈部队开展了“支持振兴沈阳老工业基地医疗扶贫、捐资助学”活动，向贫困地区捐赠了300万元的爱心助学款，资助1000名贫困学生，为农村重点优抚对象送去御寒衣被2万套。驻沈部队在康平、法库帮建希望小学5所，对口帮建乡镇医院4所，救助重点优抚对象1000名。驻军部队还派出近千个学雷锋活动小组，开展为驻地贫困户送粮油、送衣物、送医疗等活动。军地还建立了应对突发事件及自然灾害应急预案，确保遇有突发事件或重大的自然灾害立即行动。

4. 整体推进，成果倍出，双拥工作实现跨越式发展。辽宁省委常委、沈阳市委书记曾维被沈阳军区评为“党管武装模范书记”；新民市委书记徐宝华被沈阳军区评为“党管武装好书记”。经国务院、中央军委批准，沈阳市人民政府征兵办公室被评为“全国征兵工作先进单位”；副市长祁鸣、沈阳警备区原参谋长王辅东被评为全国征兵工作先进个人。在省双拥办举办的全省“双五佳实事”评选活动中，和平区完善军人救助制度和沈阳市双拥办组织协调的“百团帮百村”活动同时入选“双五佳”最佳实事。在省双拥办与省国教办、辽宁日报社、辽宁电台、沈阳军区政治部前进报社联合举办的“2009首届感动军营人物”评选活动中，苏家屯临湖街道桂花社区居民王红艳、沈北新区副区长王东红光荣入选。沈阳市军转办被国家人事部评为“全国军转安置工作先进单位”。

(胡有升)

【优待抚恤】 2009年，沈阳市围绕保民生、促增长这个大局不断完善制度，狠抓落实，优抚整体保障水平明显提高，使全市抚恤补助优待工作取得明显成效。

1. 优抚对象抚恤补助标准大幅度提高。从2009年10月起，根据民政部文件精神，结合全市实际情况，提高了优抚对象抚恤补助标准。其中，烈士遗属、因公牺牲军人遗属、病故军人遗属居住在城镇的定期抚恤金标准分别提高到每人每年9096元、8328元、7788元。在乡复员军人抗日时期、解放时期、建国后定期补助金标准居住在城镇的分别提高到每人每年8820元、8004元、7716元；居住在农村的定期补助金标准分别提高到每人每年7740元、7032元、6828元。残疾军人(含伤残人民警察、伤残国家机关工作人员、伤残民兵民工)残疾抚恤金标准在现行标准基础上提高了15%。参战参试人员退役人员定期补助金标准在现行标准基础上每人每年分别提高了840元，在现行标准基础上提高了53%。同时，对农村老党员生活补贴在现行标准基础每人每年提高了840元；在乡复员军人遗属、抗美援朝支前民工生活补贴标准在现行标准基础上分别提高了70%。

2. 加大各级财政投入，义务兵家庭优待金及时兑现。2007年入伍的义务兵优待金标准为：城镇户口的每人每年3000元，农村户口的每人每年6000元。2008年入伍的义务兵优待标准为：城镇户口入伍的义务兵家庭优待金为5000元，农村户口入伍的义务兵家庭优待金为8000元。

3. 纪念建国60周年，普遍开展走访慰问优抚对象活动。市民政局下发了《关于做好慰问部分重点优抚对象工作的通知》，对建国前入伍的在乡复员军人和建国前牺牲的革命烈士遗属，每人发放一次性慰问金300元；对建国前入伍的在乡复员军中的残疾军人每人发给一次性慰问金500元。各级政府普遍对建国的重点优抚对象进行了走访慰问。

3. 认真组织优抚对象健康疗养活动。全年组织了3批109名优抚对象赴丹东省荣军医院疗养，组织4批206名优抚对象在市光荣院疗养。

4. 加大政府投资，圆满完成了各级烈士陵园改造任务。2009年，国家、省、市财政投资2225万元，完成了抗美援朝烈士陵园第一期工程改造；投资600万元对全市分散的烈士陵园进行了整合，完成了6个区、县烈士陵园改造、修缮工作。

(张春阳)

【退伍军人安置】 2009年，沈阳市退役士兵安置工作以科学发展观为指导，积极推进以政策扶持就业和培训辅助就业为主要内容的安置方式改革，依法保障和促进了退役士兵安置就业、自谋职业和自主创业，安置任务得到了全面完成。

1. 坚持政府主导，依法安置的责任意识得到了增强。年初，市政府下发了《关于做好2009年度退役士兵安置工作的通知》，3月6日，市安置办与市劳动和社会保障局、沈阳警备区联合召开了全市退役士兵安置工作会议，对做好当年安置工作进行了部署。大多数用人单位在经济运行和就业压力比较大的情况下，克服困难，积极完成了政府下达的安置任务。安置人员较为困难的单位也都通过安置任务有偿转移的方式，履行了安置任务。

2. 坚持多种方式，城镇退役士兵安置就业得到了基本保障。普遍采取了"阳光式"安置办法，将安置政策、计划指标、分配办法公开公示，全市近400名立功受奖、服役时间长、伤残、进藏及家庭特困的退役士兵在安置时得到了照顾。继续推行了考试竞争安置，对于安置矛盾较突出的地区及安置的热点单位，继续采取档案考核与文化考试相结合的办法，依次按成绩和自愿进行安置。进一步扩大了"双选"安置范围，"双向"选择单位从130家增加到150多家，对计划外追加安置的也给予了大力支持，全市"双选"和"追加"安置173人。拓展了区属安置渠道，区属单位安置103人，全市有1395名退役士兵得到了安置就业。

3. 坚持政策引导，城镇退役士兵自谋职业工作得到了深入发展。通过召开动员大会、座谈会及网上宣传等多种形式，有针对性地开展了择业教育，增强了退役士兵自谋职业、创业的信心。全市有948名退役士兵选择了自谋职业。

4. 坚持实效创新，城乡一体化职业技能培训工作得到新跨跃。借助社会就业优惠政策，依托社会职业教育资源，按照城乡统筹协调发展的原则，将退役士兵职业技能培训与社会就业有机结合起来，广泛开展了城乡一体化多形式、多层次的职业技能培训。重点组织了365名城乡退役士兵参加了"订单式"就业技能培训，各区、县（市）普遍开展了基础和实用技术培训。2009年，全市共举办各类培训班61期，培训退役士兵3544人。

5. 坚持服务先行，退役士兵扶持介绍就业工作取得了显著效果。为给广大退役士兵提供更多的就业机会，沈阳市两级安置部门积极开展就业服务，千方百计为城乡退役士兵就业搭建平台。通过"订单式"就业培训、提供就业信息、开展招聘推介等形式，全市有1000多名城乡退役士兵实现了市场化就业。

（张 田）

【军队离退休人员安置管理】 2009年，沈阳市军休系统积极探索和实施以人性化、规范化、社会化为理念的服务管理工作，较好地落实了军休干部"两个待遇"，圆满地完成了年度接收安置任务，工休队伍和谐稳定，军休工作取得全面发展。市军安办被评为全国军休安置工作先进单位。

1. "三化"服务工作成效逐步显现。2009年是辽宁省"三化"服务达标评比年，军休系统各中心结合本单位的工作实际，挖掘自身的潜力，不断完善"三化"服务管理工作。在军休服务管理工作中，突出人性化的服务理念和规范化的服务机制，坚持以"四个贴近"为基础，以制度建设为根本，以提高职工服务意识为目标，结合本单位的特点，积极开展人性化和规范化工作，为休干代缴各种费用，上门集中为休干报销医疗费用，建立分类管理制度，在休干集中的地方建立联系点，联络员定期走访等等；探索社会化的服务方式，为了让休干享受更多的社会资源，充分利用社区服务功能和优势，推进服务管理工作向社会延伸，在积极与社区服务网点签定家电、理发、家政服务、水、电、气等共建协议的基础上，多家服务管理中心为年龄较大空巢和孤寡休干、遗属建立了一键通服务器，同时也在与相关部门积极筹划建立日间照料站。在2009年辽宁省军休系统"三化"达标评比中，全市军休系统有五个中心被评为示范单位，五个中心被评为达标单位。

2. 党的基层组织建设逐步加强。根据中组部16号文件和民政局党委的关于成立军休系统基层党委的文件要求，军安办党委结合自身实际，通过组织党员认真学习上级文件，召开休干座谈会，组织相关人员进行培训，完成对党代表审查等步骤，圆满完成了成立党委工作。截至年底军休系统已有九个中心民主选举产生了党的基层委员会。

3. 房改和基础设施建设工作逐步推进。为落实民政部、财政部、建设部等六部门《关于移交地方政府安置的军队离退休干部购房面积未达标货币补差有关问题的通知》和《关于移交地方政府安置的军队离退休干部购买现有住房有关问题的通知》文件精神，成立了军休干部房改工作联合协调小组，组织各服务管理中心对全市接收安置的军休干部、国家安置住房和1999年底个人离退休费等情况逐户、逐人核查，并以此为依据建立了军休干部住房档案；全年先后投资2040万元，购置常德中心和工人村中心军休服务办公活动用房3200平方米、对1990年前建设的军休干部住宅和服务管理机构办公设施水、电、暖器等项目进行了大面积改造。

（韩 咏）

【社会团体登记管理】 2009年，沈阳市新增社会团体48个，社会团体变更登记140个、注销登记116个、撤销登记6个。截至2009年底，全市共有社会团体1492个，其中行业性381个、学术性246个、专业性589个、联合性276个。

1. 召开了首次全市行业协会工作会议。会议总结了近年来沈阳市行业协会取得的成效和经验，明确了沈阳市行业协会的发展目标和工作任务，表彰了21个行业协会先进单位。全市行业协会整体得到进一步规范和发展，同时涌现了一批运作规范、履职到位、服务优异、作用突出的行业协会代表，沈阳汽车流通协会、沈阳市食品协会、沈阳市地板行业协会被国家民政部授予"全国先进社会组织"称号。

2. 推行了社区公益性社会组织备案管理制度。进一步贯彻落实市民政局《关于对备案制管理的社区公益性民间组织进行规范化管理的通知》，全面开展社区社会组织普查和备案工作，截至2009年底，备案的各类社区公益性社会组织达2245个。

3. 深入开展新社会组织学习实践科学发展观活动，市民政局完成了新社会组织党建情况摸底排查工作，组织开展了"结对帮扶促民生"等主题学习实践活动。

（锡 杨）

【民办非企业单位登记】 2009年，沈阳市新增民办非企业单位206个，民办非企业单位变更登记152个、注销登记73个、撤销登记2个。截至2009年底，全市共有民办非企业单位1711个，其中：社会事业类1564个（含教育1471个、卫生53个、文化26个、体育14个）、社会服务类121个、科学研究类16个、经济类2个、其他8个。

2009年,结合年度检查工作,各民办学校严格按照章程示范文本修订章程,建立以章程为核心的内部管理制度,527家市级民办学校按要求重新修订了章程。全市民办非企业单位在逐步规范自身业务活动的同时,还积极开展各类慈善公益活动,诚信度和公信力得到进一步提升,沈阳市德济医院被国家民政部授予"全国先进社会组织"称号。

(锡 杨)

【界线管理】 2009年,沈阳市界线管理主要以市级界线联检为中心工作,先后完成沈阳—本溪、沈阳—阜新、沈阳—抚顺、沈阳—鞍山、沈阳—锦州五市边界线联检及界桩维护工作。具体如下:

1. 沈阳—本溪界线。沈阳—本溪界线全长21.66公里,全线共设置界桩3个,其中三交点界桩2个。界线清晰,界桩保管完好,主要对界桩进行描红周围除草工作。

2. 沈阳—阜新界线。沈阳—阜新界线全长160.39公里,全线共设计界桩编号9个(含三交点)。彰武、法库段丢失3号、4号界桩,两市分别出资重新制作界桩,按照《协议书》及《界桩登记表》明确的位置,在两市民政部门和村民代表参与下,对界桩进行了重新选点设置,使沿线所有界桩完好清晰。

3. 沈阳—抚顺界线。沈阳—抚顺界线全长111.12公里,共设界桩10棵,利用国家三角点1处,同号双立1处。抚顺负责的6、7、9号界桩因道路扩宽,界桩丢失,由抚顺市出资制作双方进行重新勘测并补设界桩。

4. 沈阳—鞍山界线。沈阳—鞍山界线全长88.9公里,共设界桩7个。界桩情况完好,对界桩进行描红和周围除草工作。

5. 沈阳—锦州界线。沈阳—锦州界线全长112.78公里,共设界桩编号(不含界线两端三角点界标编号)8个,实地埋设11个。位于大坝上5号和位于桥头7A界桩被人为推倒,已在原界桩点进行重新埋设。

(胡志英)

【婚姻登记管理】 2009年,沈阳市婚姻登记工作以贯彻落实婚姻法律法规为主线,以加强行风建设为载体,以推进婚姻登记机关规范化建设为手段,全面提高婚姻登记机关公共管理和公共服务水平。全年,全市办理结婚登记78990对、离婚登记24942对。

1. 规范婚姻登记及服务行为。2009年,辽宁省人民政府下发了《辽宁省人民政府关于取消和停止征收220项行政事业收费项目的通知》,停止民政部门收取婚姻登记证书工本费。为贯彻落实省政府文件精神,市民政局下发了《关于进一步规范婚姻登记和服务工作的通知》(沈民[2009]34号),要求各区、县(市)积极与财政部门沟通,争取将婚姻登记证书工本费列入财政预算,对没有列入财政预算的婚姻登记处,市婚姻服务中心垫付资金,保障各区、县(市)婚姻登记证书供应,确保婚姻登记工作有序开展。

2. 加强婚姻登记机关制度建设。在婚姻登记工作中,做到:行政执法程序化,行风建设长效化,人员管理责任化,文明服务人性化。制定了服务承诺制、政务公开制、过错追究制等七项工作制度,提出温馨提示制,把有关婚姻登记程序、条件进行系统说明,一方面有效地宣传了婚姻法律法规,另一方面有效地避免了因当事人不了解婚姻登记程序和所需的手续而多次往返婚姻登记处的现象发生。

3. 狠抓婚姻登记机关行风建设。通过下发文件要求,电话跟踪查访等形式进行督察,不断加大行风建设监管力度。各婚姻登记处都在明显地方设立意见箱,公示投诉、监督电话,增设结婚、离婚登记告知单,宣传婚姻登记法律法规,维护当事人和妇女、儿童的合法权益。2009年全市婚姻登记工作没有因为行风建设问题被新闻媒体爆光和投诉,有2个婚姻登记处多方筹措资金对婚姻登记处场所进行装饰、装修、扩建和改造,从根本上实现了婚姻登记与婚姻服务在人员、场地、收费的"三分离"。在软件建设上,统一着装,佩卡上岗,使用文明用语接待来电、来访咨询,提供多种无偿便民服务,并对行动不便的残疾人、不识字的老年人和聋哑人办理婚姻登记,专人全程引导服务。各婚姻登记处狠抓自身建设,不断加大资金投入,更新微机、打印机、传真机、电脑收款机,提高办事效率,同时婚姻服务采取自愿"选购单"制度,增加服务消费透明度,让当事人明明白白消费,树立良好的窗口形象。

4. 做好婚姻登记和服务员培训工作。坚持每月一次学习和案例分析座谈制度,学习法律法规,研讨特殊案例,坚持特殊案例请示处理制度,把案例处理结果记录在册,为工作积累经验,并为省和国家主管部门提供决策依据。

5. 强化婚介市场监管。发挥沈阳市婚姻家庭建设协会作用,通过行业自律机制,规范婚介市场,使婚介行业更好地为老百姓服务。在会员中开展"依法经营,诚信服务,杜绝婚托"活动,制定下发婚介机构"七个统一"即统一使用沈阳市婚姻家庭建设协会标识、统一公开收费标准、统一使用服务流程示意图、统一使用征婚登记表、统一使用征婚服务合同、统一悬挂牌匾、工作人员统一亮牌服务。会同工商、公安部门共同打击封杀黑婚介和婚托行为,规范婚介市场。

(黄建国)

【殡葬管理】 2009年,沈阳市殡葬管理与服务工作取得了长足发展。全市人口死亡火化率仍保持99.5%。根据省、市政府对平(迁)坟工作要求,全市春、秋两季共平(迁)坟1.6万余座,还田4公顷,主要铁路、公路两侧及风景区周边基本实现无坟包。市民政部门再次协调辽宁省高速公路沈阳管理处组织人员对沈阳绕城高速公路三台子至红旗台间两侧平而复起的40余座坟包进行了平(迁)。坚持骨灰处理多样化,继续推进树葬和骨灰撒海活动,骨灰入土植树4135盒,植树3900余株,绿化荒山6公顷。全年在大连市组织海葬活动17次,1132人参加,将494具骨灰撒入大海,并建立网上灵堂416个。依据市纠风办等七部门联合下发了《关于开展殡仪服务市场不正之风专项治理工作的实施意见》,要求政府相关部门联合开展对全市殡仪单位、社会殡葬礼仪中介、寿衣店等专项治理整顿工作,对27家违规经营的店(点)下发了整改或处罚通知书,共没收销毁烧纸、纸扎制丧葬的迷信用品3万余件。取缔占道举牌销售墓穴28人次,没收违规墓穴广告牌匾500余块。应对清明节法定假日出现的短时期,小空间、高密度祭祀人群,全市10家殡仪馆、19家墓园采取有效措施,积极做好各项服务工作,安全有序度过小长假祭祀高峰。2009 年清明节等四大祭祀时段,倡导祭祀群体采取向故人送一束鲜花、网上祭祀、召开"家庭追思会"等多种文明健康的祭祀方式。为进一步规范殡仪车辆的使用与管理,市民政局、公安局、行政执法局、卫生局联合制定了《关于进一步做好遗体运送管理工作的通知》,全市 61 辆殡仪车实现了统一交通牌号、统一车身颜色、统一标识,明显区别于其他车辆。同时,市执法局会同民政等部门加大了对社会非法殡仪车的日常监管和查处力度,全年共查处非法殡仪车 27 台次。全市 19 家经营性公墓经省民政厅年检验收均为合格单位。原于洪区骨灰植树纪念林的 518 穴骨灰于 2009 年 7 月妥善迁至沈西墓园安放。

(何清才 单丹)

【慈善事业】 2009 年,沈阳市民政局共接收社会各界捐赠款物合计 1727.2 万元;捐赠物资折合人民币 360 万元;直接对接救助项目援助款 400 万元。善款救助支出 1586.8 万元;物资支出 360 万元;救助贫困群体近 10 万人次。

1. 坚持以项目为纲,着力开展慈善项目募集救助。助学方面,以援助大学新生和汶川灾区学子为标志,开展了"圆寒门学子大学梦"等一系列项目,共计投入 500 余万元;敬老方面,以援建农村中心敬老院基础设施建设和老年日间照料站为标志,开展了"关爱夕阳"等一系列项目,共计投入 800 余万元;助医方面,以关爱城区贫困家庭妇女健康为标志,开展了"姐妹情"等一系列项目,共计投入 400 余万元;助残方面,以援助孤残儿童和残疾老人为标志,开展了"诺曼尼关爱行动"等系列项目,共计投入 60 余万元;济困方面,以两节期间"慈善情暖万家"活动为标志,市、区县配套投入资金 500 万元,物资 15 万元;临时救助,以援助西藏安多县灾区和城乡贫困群众为标志,总支出近 20 万元。

2. 以慈善公益组织联动为合力,着力争取了国内外公益组织合作开展救助项目。与家乐福(国际)基金会合作,获赠援建"老年日间照料站"项目资金 14 万美元;与香港汇丰银行合作,获赠"农村教师培训班"项目资金 20 余万元;与美国 LDS 基金会合作,开展了"慈善助残 行走无碍"项目,获捐赠轮椅 250 辆和助行器 100 个;争取了中国儿童少年基金会的食品捐赠,价值 220 万元;与中华慈善总会合作开展"特罗凯慈善赠药"项目,为沈阳市 200 多名贫困家庭癌症患者获赠价值 60 余万元药品;与市职工爱心慈善基金会、市教育基金会合作,继续开展"爱心午餐"项目。

3. 以国内外重大节日为切入点,开展救助项目,着力增强慈善活动的影响力。两节期间开展了"慈善情暖万家"助困项目活动;"三八"妇女节期间,开展了"姐妹情—2009 妇女健康援助工程"项目;"六一"儿童节期间,开展了"儿童绘画作品拍卖"、"玄谭慈善助学"等活动;积极参与"世界饥饿救济"公益活动;国庆节期间,开展了"慰问老干部、老荣军"活动;"九九"重阳节走访慰问区县敬老院老人、参与老龄委组织的重阳节系列活动;国际残疾人日参与残联开展的相关活动。

4. 以慈善组织自身建设为根本,着力提高慈善社会公信力。成功召开了市慈善总会第三届常务理事会第二次会议;召开了市慈善公益组织联席会议第二次会议;全市各区县(市)已全部组建了慈善会并成功运作,部分区县实现了慈善组织网络体系的全覆盖;实行了义工登记实名制度;坚持善款筹集管理使用规范运作,增强了募捐救助工作的透明度和公信力。

5. 以弘扬慈善文化为动力,着力营造了"爱与责任"的慈善氛围。2009 年慈善文化宣传,坚持"以项目带动宣传,以宣传促进项目"的指导思想,紧紧围绕各种慈善项目,结合具体活动和典型,加大了弘扬慈善文化的力度。在第三届"沈阳慈善日"期间,开展了"歌唱祖国、关爱儿童、托起明天的太阳"—辽宁远东管业之爱综艺晚会和主题系列活动;编印了沈阳市慈善总会成立十周年大型画册《在善爱的路上》;出版了 20 期《沈阳慈善工作》;及时发布更新沈阳慈善网站信息,方便市民浏览,了解慈善工作动态;在《慈善杂志》、《沈阳社会工作》、《人民政协报》等刊物发稿 50 多篇;与沈阳电视台联合创建《为爱向前冲》栏目,募集慈善资金、宣传慈善文化。

(李叶 王革)

【福利彩票发行】 2009 年,沈阳市销售福利彩票11.53亿元,同比增长27.6%,占全市彩票市场份额的 71%,单机最高年销售额 508 万元,单机平均年销售额 92 万元。其中,电脑票销量8.63亿元,同比增长 20%;网点即开票销量1.64亿元,同比增长 25%;中福在线销量1.04 亿元,比上年翻了两番;开乐彩出厅试点成功,销量 1288 万元,比上年翻了 5 倍;电话投注销量 817 万元,同比增长 87%。全年筹集公益金 4 亿元,同比增长 24%。

1. 终端管理服务全面推进。进行内设机构调整,整合管理资源,建立了一支人员素质优良、充满生机活力的市场管理员队伍,为终端提供细化管理与服务。自主研发了"沈阳市福利彩票信息管理系统",实现福彩管理信息的数字化采集、储存、传输和后台处理,提高了管理和决策效率。以"文明服务窗口"创建活动为载体,建立集管理服务为一体的物流运作模式,率先全省推行投注站等级管理,打造福彩发行精品。配合公安机关开展打击"私彩"赌博专项突击行动,取缔了多家违规投注站,摧毁了 2 个涉案金额超过 1500 万元的大型私彩赌博团伙,维护了彩票市场的销售秩序。

2. 内部控制机制不断完善。顺利通过 ISO9001 质量管理体系认证,规范工作流程。发布受控文件 138 个,受控记录 200 个,将日常管理融入到标准认证体系中来。按照"竞争上岗、双向选择、按岗聘用、合同管理"的原则,进行了所有管理岗位的竞聘工作,初步建立起了公平、公正,科学合理的用人管理制度。对终端管理人员和销售员开展营销技巧、玩法知识和《彩票管理条例》等方面的针对性培训,进一步提高销售队伍素质,提供优质服务,增强行业核心竞争力。

3. 大力拓展彩票市场。与营销公司合作,拓宽网点即开票销售渠道,在中街、五爱及兴隆大家庭等商场设立福彩销售示范站,挖掘网点即开票新增长点。通过市场调研,实地勘察、筛选、快速布点等工作,发展"开乐彩"社会网点。通过在媒体上开辟电话投注宣传版面和银行网点配发宣传资料,开发高端彩民群体。

4. 健康发展创行业新风。全年受理政风行风热线群众咨询、投诉问题 8 件,及时认真给予答复,经随机群众测评,群众满意率达 100%。

5. 创新营销树公益形象。坚持福彩“扶老、助残、救孤、济困、赈灾”的发行宗旨,建立了以平面媒体为主线,声讯、视听、户外、移动、网络媒体相结合的全方位、多层次、立体化、广覆盖的互动营销宣传网络。抓住双色球频出大奖、“中福在线”上市及“开乐彩”出厅等有利时机进行品牌营销活动,为提升销量起到先导和推动作用。先后开展了纪念“5·12”赈灾彩票营销宣传活动、“福彩送电影进社区”活动、“六一”节“送温暖关爱孤残儿童”和“福彩助学子”等公益活动,进一步弘扬福彩发行宗旨,体现人文关怀,营造和谐购彩氛围。

(邓妍妍)

【老龄事业】 2009年,沈阳市老龄工作以突出民生主题,强化养老医疗保障功能,加强老龄宣传,推出老龄事业文化理念,健全维权机制,扩大老年优待优惠标准,加大财政投入,提高社会化养老服务水平,鼓励老有所为,搭建老年精神文化平台为着力点,扎实推进各项老龄工作,老龄事业发展取得显著成效。

1. 提高城乡养老保障标准。解决了对超过法定退休年龄从未参加养老保险人员,允许其选择一次性缴费,而后办理退休手续享受退休待遇;完成了2009年调资工作,为全市81.2万名退休职工工资进行调整,月人均增加111元;切实做好新型农村社会养老保险试点工作。制定了《沈阳市关于开展新型农村社会养老保险试点工作的实施方案》。

2. 建立城乡医疗保障制度。职工医疗保险稳步推进。截至2009年底,全市参加职工医疗保险人数260万人,其中,退休人员近百万人;出台了《关于调整城镇居民基本医疗保险政策的通知》,规定低保老人享受政府全额参保补助待遇,个人不缴纳基本医疗保险费等;新型农村合作医疗取得新突破。截至年底,全市参合农民达到238.5万人,参合率达到99.3%。

3. 推出沈阳市老龄事业发展文化理念。将沈阳市老龄事业十大文化理念及其阐释文本和老龄文化标识提交市政府,市政府于重阳节向社会公布。

4. 开展首个“全民助老月”活动。沈阳市政府决定以后每年的10月10日至11月10日为“全民助老月”。2009年的助老月包括“情系乐龄”、“孝行天下”、“夕阳风采”三大主题。

5. 开展了“四个十”评选。在全市评选出了“十大孝子”、“十大寿星”、“十佳助老先进单位”、“十佳助老先进个人”。

6. 出台了新的《沈阳市老年人优待规定》。优待规定经五轮征求意见和修改,于2009年6月1日开始实施。新《优待规定》细化了优待内容、提高了优待标准、突出了对困难、空巢、高龄老年人的优待。2009年共发放老年证52万个,发放老年人乘车优惠卡45万个。

7. 进一步降低老年人法律援助门槛。2009年,结合“三保”工作,扩大老年人法律援助工作覆盖面,将老年人遭受虐待、遗弃的刑事案件;老年人追索赡养费、主张房产权益的案件不再审查经济困难标准,直接为其提供法律援助。

8. 完善老年法律援助体系。在全市196个司法所全部建立老年人法律援助工作站;在全市2402个社区和村建立老年人法律援助联络点。完善全市96个法律援助联络部。

9. 不断提高法律援助的便民程度。各级司法部门将老年人作为法律援助工作的重点,简化受理程序,加快审批速度,在接受申请之日起3日内做出是否给予法律援助的决定。对于符合法律援助条件的,在24小时内办理有关手续。

10. 加强养老机构建设。对新建或改扩建的民营福利机构继续按每张床位2000元标准给予一次性初建扶持补贴,全年发放补贴160余万;投入1.21亿元,新建12所示范性农村中心敬老院和维修10所农村中心敬老院,新增床位3000张;投资1000万元,新增100个示范性日间照料站。

11. 进一步发展居家养老服务。增设居家养老服务岗位,为空巢老年人提供居家养老服务;全年为老年人家庭安装呼叫器1.73万台,总数达2.3万台;按照“沈阳市星级福利机构评定标准”对全市养老机构做出1—5个星级的评定,全面推进养老福利机构规范化、标准化建设。

12. “五老”发挥老有所为示范作用。各级关工委全年共举办报告会2971场,展览会1267场,受教育人数达154万多人;截至年底,全市创建“英雄中队”290个,“五老说合团”发展到1159个,全年解决各类民间纠纷5789件。

13. 在老年人当中开展文化活动。市直各部门开展了红歌比赛、征文演讲、“十大书香家庭评选”、“与共和国同行老同志美术、书法、摄影作品展”、“展示改革开放30年征文”等活动。

14. 举办了“关爱老年人,共度重阳节”电视文艺晚会。晚会于重阳节当天举行,300多名演员全部来自社区老年业余文化团队。

(张亚权)

【流浪乞讨人员救助管理】 2009年,沈阳市救助管理工作围绕庆祝建国60周年华诞,坚持“以民为本、为民解困”工作理念,按照自愿求助、无偿救助原则,对全市城市生活无着的流浪乞讨人员和遭遇临时困难的人员,给以关爱性和人性化救助,为他们提供饮食、住宿、疾病救治等全方位救助服务,切实解决他们实际困难,在对1万多名受助对象实施的救助中,没有发生一例责任和死亡事故。2009年,全市救助各类人员1.18万人次。其中:救治精神病人527人次、危重病人971人次,救助未成年人665人次;护送了903名老年人、未成年人和康复病人返乡,安置了查找不到身源的53名流浪乞讨人员,安葬了经抢救无效死亡的81名流浪乞讨人员。为7039名无力返乡的流浪乞讨人员提供了乘车凭证。

2009年沈阳市救助管理站、苏家屯区救助管理站、于洪区救助管理站被辽宁省民政厅授予“辽宁省规范化救助管理站”,沈阳市救助管理站被省民政厅授予“行风建设先进单位”,被市政府授予“春运工作先进单位”、“市容环境综合整治工作先进单位”。

(黄建国)

【地名管理】 2009年,沈阳市加大了地名管理工作。

一、地名的命名更名

1. 审批命名苏家屯区原沈苏快速干道苏家屯区路段为沈苏大街。

2. 审批更名和平区长白街(工农桥北至长白桥)、命名原长白街及其延长路段(沈苏快速干道和平区路段)为南京南街。

3. 审批命名于洪区锦沙街、旺沙街、玉沙街、富沙街、赤沙街、安岭路、新岭路、福岭路、溪岭路、乾沙街、金沙街、新岭南路、松岭路、松岭南路、樟岭路、东沙西街、沙兴南路、沈北西路、文大路、文大西路共20条街路。

审批于洪区乾岭街更名为东沙街；高岭街更名为文沙街；沙洪路更名为樟岭南路；长岭路更名为银岭东路共4条街路。

4. 审批命名建筑及建筑群体名称98个。

5.《沈阳市地名管理办法》已经2009年10月9日市人民政府第29次常务会议讨论通过，自2009年12月1日起开始施行。

二、地名信息化建设

1. 完成地名数据库建设及数据库2.0板的升级。

2. 完成地名数据库《沈阳地名信息网》的建设。并将开通网上地名审批、街路查询、政策咨询等项便民服务。

3. 编辑出版《中国地名—在地名里读懂沈阳》专刊。

4. 配合全市开展的城乡环境整治活动，维护街路地名标志1400余块。

（王　旭）

【城市居民最低生活保障】 截至2009年12月底，沈阳市低保共保障70289户人，134448人，保障面2.46%，人均救助额176.96元，较上年提高了13.13元，全年累计保障资金支出3.03亿元，实现了应保尽保目标。其中享受分类救助28582人，累计支出分类救助资金2305.25万元。

1. 提高保障标准。从2009年1月起提高低保标准。和平区、沈河区、大东区、皇姑区、铁西区、东陵区、于洪区、苏家屯区、沈北新区、浑南新区、经济技术开发区、棋盘山开发区城市低保标准由300元提高到340元，新民市、辽中县、康平县、法库县由240元提高到280元。

2. 完善低保政策体系。出台《关于建立城乡低保标准自然调整机制的实施意见》（沈民[2009]100号），建立适合沈阳市经济发展和城市综合经济协调可持续发展的低保标准自然调整机制。

3. 推进低保工作规范化、网络化的管理工作进程。在各区县（市）自检自查的基础上，市局分两个阶段两组进行"环形互检"，总结出亮点工作10项，问题8项，清退违规低保6054户、14736人，节约低保资金3000万元；为使信息化建设工作顺利推进，市财政局追加专项资金，为街道社区配备电脑869台、打印机212台和扫描仪970台；同时，对全市城市低保档案样式进行统一规范，提升城市低保工作水平。

4. 实施供暖补贴。2008－2009采暖年度，认定集中供暖救助26057户，减免补贴金额4056.15万元；非集中供暖6797户，采暖补贴金额339.85万元。

5. 实施住房救助。全年共认定房屋租赁补贴7144户，支出2104万元，廉租房实物配租1326套。

6. 发放"两节"救助金3229万元（低保户3055.36万元，低保边缘户174万元）；为城市低保65784户130655人每人发放150元一次性救助资金，共计1960万元。

（李　莹）

【农村低保】 沈阳市从2009年1月1日起提高农村低保标准，提高的幅度为16%。全市农村保障标准4个县市为1600元，其他各区为2100元。全市共有农村低保对象46760户、95668人，占农村人口的3.6%，全年农村保障金总支出7927万元。从2009年1月1日起，农村低保边缘户救助标准4个县（市）由年人均收入1300元—1560元提高到1600元—1920元，各区由1800元—2160元提高到2100元—2520元。全市农村低保边缘户为3326户、8383人。

（陆　军）

【城市特困居民医疗救助】 截至2009年12月底，沈阳市城市低保人员中低保户参保为42823人，占低保总人数的28.4%，低保边缘户参保为11899人，占低保边缘户总人数的66.6%。城市特困居民医疗救助12671人次，支出救助金541万元，其中：门诊救助8055人次，救助资金36万元；住院救助4616人次，救助资金505万元。

2009年，形成了《沈阳市贫困群体就医政策亟待调整》调研报告，在此基础上，结合国务院《深化医药卫生体制改革的意见》精神，出台了《沈阳市城乡特困居民医疗救助实施意见》（沈民[2009]107号）。《实施意见》规定：一是提高补助水平。对低保人员中享受分类救助的人员参保费用政府100%承担，其余低保人员仍是政府承担90%，个人自负10%；二是提高住院救助水平。取消2000元的起付报销标准，直接在统筹基金报销比例基础上提高15个百分点给予救助；三是扩大救助范围。增加对特慢病和急诊留观转住院人员参照助于给予救助；四是提高救助限额。2010年最高救助限额5500元，2011年最高救助限额6000元。

（张志勇）

【农村特困居民医疗救助】 截至2009年12月，沈阳市共救助对象61046人，救助金额2637.53万元。其中门诊救助对象33004人次，救助金额256.59万元；住院救助对象28042人，住院救助额2380.94万元。通过实施农村医疗救助，有效的缓解了贫困农民就医难的问题，使患病的困难群众得到了救助。

2009年2月份，调整了农村特困居民医疗救助政策。农村低保户、"五保户"和重点优抚对象住院救助的年救助限额分别提高1000元。农村低保户对象住院救助限额由每年2000元提高至3000元；农村五保户对象住院救助限额由每年3000元提高至4000元；1954年11月1日后入伍的重点优抚对象住院救助限额由每年4000元提高至5000元，1954年10月31日前入伍的重点优抚对象限额由每年5000元提高至6000元。

（杨春光）

【城市低保边缘户救助】 截至2009年12月底，沈阳市共有城市低保边缘户6945户16808人，占全市非农人口0.31%；从2009年1月1日起提高城市低保边缘户标准，各区从340元提高至410元，三县一市标准由280元提高到350元；边缘户供暖救助4357户，支出救助金588万元，其中非集中供暖293户、8.79万元。

（李　璠）

【农村低保边缘户救助】 2009年，全市共保障农村低保边缘户3326户、8383人。从2009年1月1日起，农村低保边缘户救助标准4个县（市）由年人均收入1300元—1560元提高到1600元—1920元，各区由1800元—2160元提高到2100元—2520元，比2008年增加了1349户、3508人。

（陆　军）

民　族

【“民族团结进步宣传月”活动举行启动仪式】 由辽宁省民委、沈阳市人民政府主办，由沈阳市民委、沈阳飞机工业（集团）有限公司承办的“2009辽宁省暨沈阳市民族团结进步宣传月”活动于9月10日在沈飞航空博览园门前举行启动仪式。仪式由省政府副秘书长王世伟主持，省政府副省长陈海波，省人大民侨外委主任委员佟钟时，省政协民宗委副主任纪波，省民委主任包玉梅、副主任赵佐贤，市委常委、宣传部部长王凤波，市人大副主任宋铁瑜，市政府副市长王翔坤，市政协副主席李峰出席了启动仪式。

沈飞集团公司党委副书记、副总经理徐晓明首先介绍了该公司民族工作情况。多年来，沈飞集团公司认真贯彻落实党和国家民族政策，大力开展民族团结进步创建活动，充分发挥各族干部职工的智慧和力量为公司改革发展、和谐稳定贡献力量。公司民族工作多次受到国务院和省、市政府的表彰，1994年被国务院授予全国民族团结进步模范单位荣誉称号，2005年被沈阳市政府评为民族团结进步模范集体。

王翔坤在致辞中指出，在市委、市政府的高度重视和领导下，沈阳市民族工作紧紧围绕“共同团结奋斗、共同繁荣发展”主题，高举各民族大团结旗帜，坚定不移地贯彻落实党和国家民族政策，切实维护少数民族合法权益，积极开展民族团结进步创建活动，不断加大宣传工作力度，营造民族团结进步的良好社会氛围，推动了少数民族和民族地区经济社会事业持续快速发展。沈阳市将按照中央和省委、省政府的工作部署，把民族团结宣传教育活动与新中国成立60周年庆祝活动结合起来，通过组织开展系列宣传活动，突出党和国家促进少数民族和民族地区繁荣发展的政策措施，突出各民族繁荣发展的成就，突出维护民族团结的先进典型，大力弘扬以爱国主义为核心的民族精神，不断引导各族干部群众牢固树立“三个离不开”的思想，打牢民族团结的思想基础，推动各民族和睦相处、和衷共济、和谐发展，巩固和发展平等团结互助和谐的社会主义民族关系。

陈海波在讲话中强调，要深刻认识开展民族团结宣传教育活动的重要性和紧迫性，广泛深入地开展民族团结宣传教育活动，努力推动民族团结宣传教育活动向纵深发展；要深刻理解中共中央办公厅、国务院办公厅《关于深入开展民族团结宣传教育活动的意见》的精神实质，深入开展民族团结宣传教育活动；要面向基层广泛开展民族团结宣传教育活动，做到民族团结宣传教育进机关、进学校、进企业、进社区、进村屯；要把民族团结宣传教育活动同新中国成立60周年庆祝活动结合起来，同深入学习实践科学发展观活动结合起来，同“三保一促”工作结合起来，以强烈的责任感和使命感把民族团结宣传教育活动组织好、开展好，把民族团结进步事业维护好、发展好。

（关艳萍）

【国家民族政策督查组来沈】 2009年7月8日至9日，由全国人大常委、国家民委委员达列力汉·马米汗和国家民委监督检查司司长刘万庆等5人组成的国家民族政策督查组来沈阳市检查指导贯彻落实《国务院办公厅关于严格执行党和国家民族政策有关问题的通知》（国办发〔2008〕33号文件）情况。

督查组实地检查了中国沈阳人才市场、东盛宾馆、沈河区清真美食街、回民社区、沈阳北站等地，召开了少数民族代表人士和部分少数民族大学生座谈会。

（关艳萍）

【少数民族美术、书法、摄影展开幕】 由沈阳市民委、市文联共同主办的“沈阳市少数民族美术、书法、摄影展”于7月21日上午在沈阳美术馆隆重开幕。市委常委、副市长戴均良，省民委主任助理吴玉祥、市政府副秘书长张中华、市委宣传部副部长马丽、市人大民侨外委主任委员铁慧茹、市政协社会法制民族宗教委员会主任赵永宪、市民委主任任桂芳、市文联主席白长鸿等领导同志以及少数民族艺术家代表、少数民族群众代表共200多人参加开幕式。

此次活动共征集到121幅作品，经专家评审委员会评审，评选出美术类、书法类、摄影类金、银、铜奖作品18幅，其中油画《雪》（作者万弘巍，满族）、隶书对联（作者佟铸，满族）、照片《庆奥运》（作者王之明）分获美术、书法、摄影作品金奖。获奖作品代表沈阳市参加了8月在辽宁省美术馆举行的省第五届少数民族美术、书法、摄影展览。

（崔英淑）

【省政协和省民委联合调研组来沈调研】 2009年7月28日－29日，省政协民宗委、省民委联合调研组就民族乡发展状况到沈阳市康平县进行了专题调研。期间，调研组听取了市民委、康平县政府关于扶持民族乡发展情况的汇报，听取了沙金台、东升、西关屯、柳树屯4个民族乡政府关于民族乡发展状况的汇报，并就民族乡在发展中遇到的具体困难和问题进行了交流，实地考察了东升满族蒙古族乡少数民族文化和柳树屯蒙古族满族乡肉鸡产业发展情况。

（夏　伟）

【朝鲜族文化艺术馆举行建馆60周年庆典大会】 2009年11月6日，沈阳市朝鲜族文化艺术馆在中华剧场举行建馆60周年庆典大会。市政府副市长王玲、市政协副主席李楷、省民委副巡视员张德秀、市文化局局长谢石、市民委副主任金翔和东北三省各地朝鲜族文化艺术馆馆长及全市1000余名朝鲜族群众参加了大会。

市朝鲜族文化艺术馆于1949年11月8日建成。60年来，在市委、市政府的正确领导下，始终坚持党的“双百”方针、“二为”方向和“三贴近”宗旨，顺应群众呼声和时代需要，先后组织开展了各种形式的少数民族文化活动8000多场（次），参加活动的各族群众近千万人次；开办20多万个辅导培训班，培训人数达200余万人次；培训的少数民族业余文艺骨干在国际、国家和省级以上可比性活动中共获各种奖励1500余项，艺术团的演员先后受到毛泽东、周恩来、邓小平等党和国家领导人的亲切接见。该馆先后被国家民委命名为“国家民委文化工作联系点”、被国家文化部命名为国家二级文化馆。

该馆在收获少数民族文化艺术活动硕果的同时，对全市少数民族文化遗产进行了深入挖掘整理，申报的朝鲜族民俗活动“掷柶”游艺已被正式列为沈阳市第三批非物质文化遗产保护项目，“朝鲜族祭祖”、“朝鲜族族谱”、“朝鲜族孩子周岁宴”等非物质文化遗产保护项目也取得了阶段性工作成果。

（崔英淑）

【纪念颁金节374周年座谈会】 2009年11月29日（农历十月十三）上午，沈阳市满族联谊会在沈阳师范大学召开纪念满族颁金节374周年座谈会。市人大民侨外委副主任委员、市满族联谊会会长肇乐群，沈阳师范大学党委副书记林群，市满族联谊会副会长、常务理事及全市各界满族代表人士50余人参加了座谈。会议由沈阳师范大学满族联谊会会长张伟主持。

会上，与会人员共同追溯了颁金节的历史由来。“颁金”是满语“诞生”的音译，1635年农历十月十三，皇太极将族名“女真”改为“满洲”。后来，满族为纪念这一天，就将每年的农历十月十三作为满族的传统节日，称为颁金节。

（李太济）

【第六届少数民族传统体育运动会】 由沈阳市人民政府主办，市民委、市体育局、市文化局以及于洪区政府共同承办的沈阳市第六届少数民族传统体育运动会于9月12日在于洪区体育场隆重开幕。

开幕式由仪式和表演两个板块组成。市民委主任任桂芳主持仪式，于洪区政府区长王镇致欢迎词，王翔坤致开幕词，曾维宣布大会开幕。

本届民运会按照科学发展观要求，以“展示活力之都、构建和谐社会”为宗旨，通过少数民族的传统体育竞技运动，展示沈阳活力之都的精神风貌，向新中国成立60周年献礼。

（崔英淑）

【二期回族公墓建成并启用】 2009年9月21日，占地7.2公顷的市二期回族公墓启用仪式在法库县三面船镇马家沟村隆重举行。这是由市财政投入714.18万元建设的具有穆斯林传统建筑风格、高标准园林式的回族公墓，是惠及广大回族等少数民族群众的民心工程。市政府副市长王翔坤出席启用仪式，并与市伊斯兰教协会会长李鸿宾大阿訇为二期回族公墓揭牌。市人大民侨外委主任委员铁慧茹，市民委主任任桂芳、副主任金翔，市回族联谊会秘书长马宝山，法库县政府县长冯守权、副县长盖艳凤，市民委机关全体同志，市内五区和康平县、法库县民委负责同志及回族等少数民族群众代表共150余人参加了启用仪式。

启用仪式由金翔主持。马宝山、李鸿宾大阿訇分别代表民族社团和宗教团体致辞，表示没有共产党就没有新中国、就没有回族同胞今天的幸福生活，对市委、市政府贯彻落实党和国家民族政策、尊重少数民族风俗习惯表达了感激之情，并号召全市回族等少数民族群众积极投身于社会主义建设，为构建和谐沈阳做出应有的贡献。

（金 磊）

【“民族政策法规和民族知识网上有奖答题活动”】 2009年，沈阳市民委在“沈阳民族宗教网”上组织了“沈阳市民族政策法规和民族知识网上有奖答题活动”。

试卷共设置50道单项选择题，每题2分，满分100分；活动时间为一个月，活动结束后在“沈阳民族宗教网”上刊登正确答案，并对正确率90%以上的答卷进行集中抽奖；活动设置一等奖2名、二等奖5名、三等奖10名、纪念奖50名、优秀组织奖4名。

网上有奖答题活动得到了各区、县（市）及企业、学校、社区、少数民族联谊会等社会各界的关心与支持，共有2万余人参加了答题活动，其中90分以上的有效答卷12595份。

（付 聪）

【纪念锡伯族西迁245周年】 2009年，沈阳市民委与市锡伯族联谊会于5月10日上午，在北陵军人俱乐部举行锡伯族西迁245周年纪念大会。省政协副主席、统战部部长高鹏，省人大民侨外委主任委员佟钟时，省民委副主任赵佐贤，市政协副主席、统战部部长赵晓川，市政府副秘书长张中华，市人大民侨外委主任委员铁慧茹，市政协社会法制民族宗教委员会主任委员赵永宪，市民委主任任桂芳、副主任金翔，沈北新区政府区长阎秉哲等领导同志出席大会。

（关艳萍）

【成吉思汗诞辰847周年纪念活动】 2009年5月30日，沈阳市蒙古族联谊会在“蓝天蒙古食府”门前广场组织了成吉思汗诞辰847周年纪念活动。纪念活动由沈阳市蒙古族联谊会秘书长佟立主持，省民委主任包玉梅、副巡视员萨仁图娅与来自长春、锦州、阜新等地的蒙古族代表以及沈阳市各行各业的蒙古族群众共500余人参加了纪念活动。

（吴长权）

【少数民族中青年干部培训班】 由沈阳市委组织部和市民委共同组织的沈阳市少数民族中青年干部培训班，在清华大学完成了7天、68个学时的培训任务，于4月9日圆满结业。

市委组织部、市民委和清华大学继续教育学院十分重视此次培训工作，安排了“公共危机管理和媒体应对”等12个专题讲座，使学员们接受了高层次、多领域的短期知识培训。

本期培训班的学员包括满族、朝鲜族、蒙古族、回族、锡伯族等五个少数民族，共有48名。其中35岁以下的占6%；研究生学历的占48%；女干部占30%。新疆阿图什市的4名学员也参加了本次培训。

（关艳萍）

【召开第五次民族团结进步表彰大会】 2009年12月11日，沈阳市第五次民族团结进步表彰大会在辽宁友谊宾馆隆重召开。大会命名表彰了36个模范集体和63名模范个人，和平区西塔街道安图社区党委书记卢大艳、法库县四家子蒙古族乡四家子村党支部书记张鸿雁、沈阳飞机工业（集团）有限公司副总经理徐晓明作了典型发言。

各区县（市）和相关市直部门主要领导，民族乡镇（村）和少数民族相对聚居的街道（社区）负责人以及各界少数民族群众代表共400余人参加会议。

（关艳萍）

【庆祝新中国成立60周年座谈会】 2009年9月21日，沈阳市回族联谊会召开回族各界代表人士庆祝新中国成立60周年座谈会。市人大副主任宋铁瑜、市政府副市长王翔坤、市人大民侨外委主任委员铁慧茹、市民委主任任桂芳、市回族联谊会会长金厚家、市伊斯兰教协会会长李鸿宾等出席会议。

（关艳萍）

【新疆代表参观团来沈参观】 2009年6月29日，由国家民委和新疆维吾尔族自治区政府组织、以自治区人大副主任乃依木·亚森为团长的“新疆民族团结进步模范代表参观团”一行34人来沈阳市参观,参观团参观了沈阳故宫、张氏帅府、沈阳飞机工业(集团)有限公司。

(赵　伟)

宗　教

【国家宗教局调研组来沈调研】 2009年3月,由国家宗教局机关党委书记张爽带队的创建“和谐寺观寺观教堂”活动工作调研组到沈阳市进行工作调研,省宗教局局长助理吴玉祥陪同调研。

在沈阳期间,调研组分别深入到南关天主教堂、慈恩寺、太清宫、清真南寺四个寺观教堂进行实地考察,听取各场所以开展“双文明”活动为载体,引导信教群众爱国爱教、遵纪守法,促进宗教场所规范化管理的情况介绍。

(包玉蓉)

【佛教界举办大型宗教活动】 2009年5月14日,沈阳市佛教协会成功举办“大法寺复建落成庆典暨全堂佛像开光、照元大和尚荣膺方丈法会”(以下简称“5·14”活动)。省宗教局局长包玉梅,市委常委、市政府副市长戴均良在庆典中讲话。

“5·14”活动是建国以来沈阳市宗教界举办的规模最大的宗教活动。是沈阳市贯彻落实《宗教事务条例》的具体体现。

年初,市佛协严格按照《宗教事务方面部分行政许可项目实施细则》中大型宗教活动审批的规定,向省宗教局申报,并于3月份得到批准。随后,市佛协成立了若干工作组织,具体筹办“5·14”活动。

为做好“5·14”活动管理工作,确保万无一失,市宗教局及时加强对佛教界的指导帮助,要求他们依照宗教法规规定,认真筹备各项准备工作,采取有效措施加强管理,严防意外问题发生。同时,建议市政府成立了由副秘书长张中华牵头的“大法寺大型宗教活动管理工作指挥部”。指挥部先后三次召开专题会议,协调宗教、公安、卫生部门及属地政府,负责做好有关“5·14”活动的车辆交通、安全保卫、秩序维护、环境整治等工作。

经过各级有关部门和佛教界的共同努力,“5·14”活动有关工作组织严密、准备充分、管理到位,确保了整个活动的安全有序、圆满成功。

(王玉茹)

【佛教界举办首届讲经交流会】 为响应中国佛协和辽宁省佛协的号召,提高沈阳市佛教四众弟子的素质,结合省佛协即将举行的讲经说法比赛活动,市佛协于2009年6月24日在大法寺举办了“沈阳市佛教界首届讲经交流会”。沈阳市40余位佛教界教职人员和信众及来自省内其它城市的10余位高僧参加了交流会,市宗教局领导到会并讲话。

该活动是建国以来沈阳佛教界首次举行的全市性讲经交流活动,目的是引导佛教界通过学习经典、研究经典,阐扬正信,树立正见,发挥佛教在构建和谐社会中的积极作用。此次讲经交流活动形式新颖,采取社会上演讲会的形式,略除了传统的法师讲经迎请仪式,气氛更加轻松。会上,发言者从契合佛教典籍中蕴含的丰富教理,阐述弘法利生的经验,探讨人类共同关注的问题,推崇“新六和”精神,论说佛教构建和谐社会理念,倡导运用佛教教义促进“心灵环保”,比较全面地阐释了佛教教理教义适应时代的内容。

(於泽亮)

【宗教文化交流协会成立】 2009年12月15日,沈阳市宗教文化交流协会成立大会在市儿童活动中心隆重召开。省宗教局副局长杨丰陌、市人大副主任宋钛瑜、市政府副市长王翔坤等领导同志出席了会议。

沈阳市宗教文化交流协会是由沈阳市佛教、道教、伊斯兰教、天主教、基督教等宗教团体发起成立的社团组织,会长由市宗教局局长任桂芳同志担任。其宗旨是在宪法、法律、法规和国家政策允许范围内,通过宗教文化交流,发掘优秀宗教文化,广交朋友,凝聚力量,促进合作,弘扬中华传统文化,服务沈阳经济社会事业发展。现有会员130人。

市委统战部、市人大民侨外委、市政府办公厅、市政协民宗会等有关部门领导出席了会议。来自全市宗教、社科、文化等领域的代表及沈阳市部分信教群众共200余人参加了大会。

(李德平)

【弘扬道教优秀传统文化讲经会】 2009年6月4日,沈阳市道教协会在太清宫举办了弘扬道教优秀传统文化讲经会,旨在挖掘道教优秀思想文化,对其做出符合社会进步和时代要求的阐释,为构建社会主义和谐社会发挥积极作用,进而为经济社会发展做出应有贡献。市道协及各宫观的30余名道士、信士参加了讲经会,市道协副会长兼秘书长郭化庸道长参会。

会上,张理仙、赵理兴、张法翀等9名道士做了演讲,他们围绕主题,结合道家、道教的思想、经典和教义,阐述了传统文化对构建和谐社会,促进经济社会发展的积极作用。张理仙道长就《道理经》中“道”的含义及属性,围绕如何运用老子之“道”为社会发展服务做了讲解;赵理兴道士认为“道”就是可持续发展,倡导道家顺应自然,适应环境,无为而治的和谐思想;张法翀道士提出了和谐之本在于合道的观点,讲解了处无为之事、行不方之教的道理,提倡按自然规律办事,与自然和谐相处,和谐为自然之道;王法鎏道士论述了道教思想对和谐社会的积极贡献,强调人自身的和谐是基础,以此促进人与人、人与自然、人与社会之间关系的和谐,并提出“人道成之则仙道不远矣”的观点。其他几位发言的道士主要讲解了道家提倡的“慈、俭、不敢为天下先”的纯朴善良品质和少私寡欲、清静无为的思想品德,强调积善修学,建立和谐的人际关系等等。

(李德平)

【举办宗教教职人员培训班】 由沈阳市宗教局、沈阳大学联合举办的2009年度沈阳市宗教教职人员培训班于11月10日在沈阳大学教育学院举行了开班仪式。市宗教局局长任桂芳、沈阳大学常务副校长高峰出席开班仪式并分别讲话。

2009年的宗教教职人员培训班与以往相比,学员人数更多,五个宗教团体副秘书长以上人员85人参加培训;培训内容更广,共开设7门课程,有中国周边地区热点透视、实用法律知识、茶文化、领导能力提升、古代诗词赏析、西藏问题及新疆问题等,均是宗教教职人员平时关注、最想了解的问题。

(包玉蓉)

【太清宫道众为台湾灾区捐款救灾】 2009年8月上旬，台湾地区遭受了“莫拉克”台风灾害，造成了巨大的人员伤亡和财产损失。灾情传来，牵动了沈阳市道教界人士的慈悲之心。8月18日，太清宫道士、信教群众自发组织捐款救灾活动，共筹集善款1.68万元。市道协主要负责人亲自将该款项送到市红十字会。

李治国方丈代表太清宫管理组织表示，全真道秉承“济世利人”精神，不仅要组织道士和信教群众筹集善款，而且太清宫也将把历年接受的信教群众捐献拿出一部分捐给灾区，为台湾同胞分忧解难。

（李德平）

【宗教界“双文明”活动总结表彰大会】 2009年12月18日，沈阳市宗教界“双文明”总结表彰大会在沈阳宾馆隆重召开。副市长王翔坤到会并做重要讲话，市政协副主席、市委统战部长赵晓川主持会议。市委、市政府办公厅及市人大、政协相关委员会负责同志，市宗教工作领导小组成员单位领导，各区、县（市）分管领导及统战、宗教工作部门负责同志，各宗教团体副秘书长以上人员及受表彰的场所和个人代表共300多人参加了会议。

会上，市宗教局局长任桂芳宣读了市委统战部、市宗教局的表彰决定，对50个文明宗教活动场所和112名文明信教公民予以表彰。清真南寺阿訇丁力、和平区砂山基督教堂主任牧师全学在、新民香光莲社念佛堂负责人分别代表文明宗教活动场所和文明信教公民进行了经验交流发言。市基督教“两会”秘书长杨宏亮牧师代表我市五大宗教宣读了关于开展“争创活动”的倡议书。

（常　缨）

【开展“祝福祖国”庆祝活动】 国庆前夕，沈阳市各宗教团体、宗教活动场所结合实际，开展了丰富多彩的“祝福祖国”系列庆祝活动。全市穆斯林群众在欢度伊斯兰教传统节日－－开斋节的同时，通过召开座谈会、扭秧歌、舞龙狮等形式庆祝祖国60华诞。市基督教“两会”于9月25日组织全市基督教堂、点负责人齐聚东关基督教堂，举行“祝福祖国“大型赞美会，赞美活动在《歌唱祖国》大合唱中拉开序幕，市基督教培训班、东关、西塔等教堂都围绕庆祝祖国60周年表演了精心准备的节目，有些场所的信徒还参加了所在区、县的红歌演唱活动。“十一”期间，全市佛教各寺庙、道教宫观将在同一天举行“祝福祖国”祈福法会。市内的一些大型宗教场所院内都将悬挂“庆祝中华人民共和国六十周年”、“祖国万岁”等大型条幅、标语，有的以板报、征文、摄影展览、组织信徒开展社区服务等形式，表达对祖国的祝福。

（包玉蓉）

【组织僧团参加省首届讲经说法大会】 2009年10月15日－16日，辽宁省宗教局、辽宁省佛教协会在辽阳广佑寺举办了主题为“和谐共生，缘起心行”的辽宁省首届佛教讲经说法大会，沈阳市参加演讲的两组选手分获二等奖。

国家、省、辽阳市宗教工作部门相关领导到会祝贺，省及全省各市佛教协会负责人、相关专家学者和僧信代表共300余人参加大会。省佛教协会副会长性妙法师主持大会，来自全省的21名选手先后登台演讲。代表沈阳市佛教界参加讲经说法的北塔护国法轮寺桑培和曲扎法师（藏语演讲，汉语翻译）、慈恩寺思昶法师分别以《四圣谛在人间佛教中的实践》、《荡涤心灵共创和谐》为题，以佛法结合佛教徒的社会责任为主要内容做了精彩演讲，博得了现场观众的热烈掌声，得到了大会评委认可，并包揽了全部二等奖。

（於泽亮）

【组织参加“省首届弘扬道教优秀文化研讨会”】 2009年8月31日至9月1日，沈阳市组织3名研讨者和4位来自太清宫、蓬瀛宫、万寿宫、三清宫等宫观的道教主要教职人员，参加了由辽宁省宗教局举办的“省首届弘扬道教优秀文化研讨会”，并获得优异成绩：沈阳市道教协会副会长、太清宫知客张理仙荣获研讨会唯一的一等奖，其余二位参加研讨的道士分别获得三等奖和优秀奖，沈阳市宗教局荣获“优秀组织奖”。

研讨会上，来自全省15名道教教职人员做了精彩演讲。沈阳市三位参加研讨的道士主要围绕道教能够在构建和谐社会中发挥积极作用进行了论述。

（李德平）

【伊朗客人参观清真南寺】 2009年4月21日，伊朗亚兹德省省长法拉赫一行13人利用商业洽谈之余，在辽宁省外办相关人员陪同下，参观沈阳市最大的伊斯兰教场所清真南寺。

市伊斯兰教协会会长李鸿宾大阿訇全程陪同参观，并简要介绍了沈阳市伊斯兰教及清真南寺的基本情况。双方还就如何进一步加强在宗教文化领域的沟通与理解，如何更好地增进了解、加深友谊等大家共同关心的话题进行了探讨交流。最后，宾主双方互赠礼物，并合影留念。

（葛生民）

区、县(市)概况

和平区

【经济发展】 2009年,和平区以“保增长、保民生、保稳定”为目标,实现了经济社会平稳较快发展。全年实现地区生产总值427.5亿元,增长14.7%;一般预算收入24.0亿元,增长5.2%;固定资产投资302.2亿元,增长22.6%;社会消费品零售总额364.9亿元,增长18.0%;实际利用外资7.1亿美元;城市居民人均可支配收入达19870.3元,增长7.8%。主要经济指标位居全市前列,在全国城市中心城区中位次前移。全年共落实3000万元以上在建项目213个;新开工项目101个,竣工项目102个。浙商国际中心、远洋大厦、亚洲金融中心、大商新玛特等一批商业项目落户和平;万达城中城、潮汇购物中心、皇朝万鑫大厦、诚大数码广场竣工并营业;世茂百货商场、东北汽配商贸中心、爱思开客运站即将营业;华润万象城、东北文化传媒广场、温州城一期、东北医药城一期项目主体完工;新世界二期、中兴三期、凤凰大厦、北市二期等项目加快推进;新加坡城、万科新城等一批高端地产项目形成规模。大太原街现代商贸功能全面提升,长白岛现代生态岛城形象已经显现,金廊沿线高端服务业核心走廊初具形象,沈阳金融街产业集聚功能进一步增强,胜利大街现代商贸物流市场群架构基本形成,北市和西塔聚集区开发建设扎实推进。

筹集资金24亿元,有力地保证了长白岛等重点地区的拆迁改造和开发建设,并及时偿还了全部到期贷款。长白岛道路、水系等基础设施已累计完成规划总量的60%,中海地产、远洋天地等项目拆迁取得突破性进展,太原北街大绿地建设已经启动,长白岛老年服务中心主体竣工。

应对企业经济效益下滑,及时出台了支持企业发展的15条政策措施,采取“进企业、解难题”、发展总部和楼宇经济、推进综合治税等有力举措,扭转了经济增速下滑的态势。全年共为企业和项目解决各类突出问题93个,盘活启动闲置楼宇8座,培育特色商务楼宇30座,引进华电能源、中冶京唐建设、中粮集团等区域性总部企业50户,形成了一批新的税源。税收收入在连续8个月负增长的困难情况下最终实现了正增长,全年实现入区库税收17.63亿元,增长0.5%,税收收入占一般预算收入比重达到73.4%,超额完成市里下达的税收任务,实现了全年财政收支的基本平衡,为全市“保增长”任务的完成做出了重要贡献。现代服务业得到新发展。建成了沈阳国际投融资交易服务中心、荣科金融服务外包大厦两个产业发展平台,引进了哈尔滨银行、卓迈国际等30家金融类机构和企业,全国首家金融外包服务中心正式揭牌。承办了第二届沈阳金融服务外包交易会。沈阳金融街被市政府纳入东北区域金融中心建设规划。新建了泰宸科技孵化器,引进辽宁中广移动、兴科冶金等25家年产值超千万元的高新技术企业。全年实现服务业增加值372.3亿元,占GDP比重的85%;现代服务业占服务业比重的58%。荣获“中国商业名区”、“中国金融生态区”、“全国商品交易市场系统升级改造先进单位”称号。

(廉　莉)

【生态城区建设】 加强市政基础设施建设,整修了29条街巷路和143个老旧住宅小区道路,维修地下排水管线5000延长米。三好桥相继荣获世界桥梁大会“尤金·菲戈”大奖和国际道路联合会“全球道路成就奖”。突出绿化景观建设,改造了8块公共绿地,精心打造了绿色和平大街,全面提升了15条林荫路绿化景观水平,全年植树7.3万株,全区水系绿化覆盖率达到35.79%,人均公共绿地面积达到13.81平方米。污染减排取得明显成效,关停了金鹰网业有限公司等一批污染企业,拆除了21座锅炉房,对全区35吨以上非电燃煤锅炉实施了脱硫除尘改造工程,全区地源热泵应用面积累计达到471万平方米;在长白岛新建了20余公里长的污水管网,全区污水处置率达到100%。城市精细化管理水平进一步提高,城区38条主要道路实现了机械化清扫,12条精品街路实现了湿式作业和洒水抑尘,深入开展城乡环境专项整治,城区形象更加整洁有序,市容环境整治工作在全市排名第一。率先通过省级生态城区评审和验收,成为辽宁省第一家省级生态城区。

(廉　莉)

【保障百姓民生】 全年用于民生投入9.1亿元,如期完成了10件重点民生工程,解决了一批人民群众最关心、最直接、最现实的利益问题。加大保障性住房建设投入,落实了11万平方米的保障性住房。强化弃管小区管理,对222栋弃管楼实施了屋面防水维修工程,及时解决了一大批老旧小区住宅出现的各类突出问题。着力帮助困难群体,全年发放各类临时救助款5719万元,比上年增加624万元。高度重视就业和劳动保障,新增就业岗位1.65万个,开发公益性岗位200个,实名制就业3.1万人,城镇登记失业率为2.87%;新增养老保险参保人员1.4万人,医疗保险参保人员8.2万人。更加关爱老年人和残疾人,新建和改建了6个示范性社区老年日间照料站,为全区4000名70岁以上空巢老人安装了“爱心呼叫器”;新建了2个残疾人“阳光之家”和1个“阳光工场”。切实加大对农民工的帮扶力度,财政拨付100万元设立了和平区农民工帮扶资金。加快发展社会事业。建成了南宁幼儿园万科城分园、铁路五校长白分校,全区有18所中小学获得国家级荣誉称号,和平区被评为“全国班主任培训工作十佳区”、“全国德育科研工作先进区”，被确定为市终身教育试点区。社区卫生服务体制改革走在全国前列，全年减免医疗费和药品让利892万元。甲型H1N1流感得到有效防控。和平区被国务院命名为“全国艾滋病综合防治重点建设优秀示范区”。文化体育事业蓬勃发展，区文化馆、区图书馆再次被评为“国家一级馆”，全民健身运动广泛开展，和平区首次被评为“全国群众体育工作先进单位”。和谐社区建设不断深化，全区80%以上社区达到和谐社区标准，太原街街道被评为“全国和谐社区建设示范街道”，文安路社区被评为“全国和谐社区建设示范社区”，安图社区被国务院授予“全国民族团结进步模范集体”称号。科普工作深入开展，被评为“省科普示范城区”。双拥共建工作扎实有效，通过省级第七轮双拥模范区中期检查验收。圆满完成了第二次全国经济普查。启动了政府机构改革。在第二届辽宁省县(市)区生活质量排行榜评选中蝉联城区第一名。

(廉　莉)

【民主法制建设】 主动接受人大的法律监督、工作监督和政协的民主监督，认真听取和吸纳人大代表、政协委员的宝贵意见。全年向区人大报告和汇报工作9次，向区政协通报工作2次，接受区人大和区政协视察10次。全年办理人大代表建议237件，其中，区人大代表建议230件，办复率100%，办结率98.7%；办理政协提案193件，其中，区政协提案188件，办复率100%。强化政风行风建设，拓宽群众诉求渠道，开通了“民情热线”，共受理各类诉求3830件(次)，办结率为98.7%。加强基层司法建设，全区省级规范化司法所达到9个。加大社会治安综合治理力度，重拳打击“黄赌毒”等社会丑恶现象，构筑了多层次、大范围、高密度的安全防线，严厉打击各类违法犯罪活动，进一步增强了人民群众的安全感和安居感。切实加强信访稳定工作，全面落实“四位一体”包保责任制，投入2172万元，有效地解决了一批信访积案，息访率在全市五城区中排名第一，圆满完成了国庆60周年各项维稳安保任务。强化安全生产和食品药品监管，全区未发生重大安全事故。

(廉　莉)

沈　河　区

【概况】 沈河区是沈阳市的中心城区，是一个具有悠久历史的老城区。辖区面积58平方公里。下辖15个街道办事处和一个省级开发区——沈阳金融商贸开发区。

沈河区是沈阳市的政治、经济、文化中心。市级五大机关和八大民主党派机关均坐落在沈河区。沈河区拥有五爱市场、中街商业步行街、南塔等重点商圈，被评为中国商业名区。沈河区是沈阳中央商务区所在地，拥有东北区域金融中心定位的沈阳金融商贸开发区和7.2公里沿长线的金廊沈河段，是沈阳现代服务业聚集程度和发展水平最高的地区。沈河区拥有包括沈阳故宫、张氏帅府在内的全市2/3的旅游资源，是佛教、道教、伊斯兰教、天主教四大宗教东北地区总部所在地，是沈阳文化旅游产业的重要依托。

(刘　明)

【经济发展】 2009年，沈河区地区生产总值完成416亿元，增长12.1%。财政一般预算收入20.26亿元，增长0.71%；其中，税收收入14.4亿元，增长5%。实际利用外资6.5亿美元。实际到位内资53亿元，增长137.7%。固定资产投资299.5亿元，增长21.7%。社会消费品零售额363.6亿元，增长20%。

发展现代服务业和文化产业。坚持现代服务业立区方针，召开了沈河区总部经济工作会议，健全了组织推进体系。引进国泰人寿保险有限公司辽宁分公司等总部企业52家、世界(国内)500强及其投资企业22家，总部经济对区库税收的贡献率达到33.5%。引进文化企业480家，大舞台美食街等特色街建设取得新进展。沈河区发展文化产业的经验在全市推广。制定了《沈河区高新技术产业发展规划》，沈河科技园升级改造工程正式启动。出台了《沈河区招商工作指导意见》，进一步调整了招商工作布局。在美国、香港、台湾等国家和地区举办了招商推介会。接待了中美商会考察团和香港金融界代表团等大型团组。引进现代服务业企业1200家，现代服务业增加值占GDP比重达到55%。

(刘　明)

【东北金融中心建设】 《东北区域金融中心核心功能区暨沈阳金融商贸开发区发展战略规划》通过专家论证。《沈阳金融商贸开发区控详规划方案》通过市规委会审批。打造东北区域金融中心工作赢得了国家及省市的高度关注和支持，开发区作为沈阳市“东西南北中”第五大发展空间，其核心定位得到确认。成立了由市领导挂帅的东北区域金融中心建设领导小组，完善了工作推进体制机制，形成了举全市之力加快金融中心建设的良好氛围。申报国家级优化金融生态综合试验区及晋升国家级工作取得积极进展。与中央政研室合作，开展了《从国家战略高度加快建设东北区域金融中心》课题研究，通过了国家19个有关部委评审。承办了2009东北金融高层论坛。成立了沈阳金融家俱乐部，举办了服务企业保增长银企对接会。引进大连银行等金融机构30家、金融服务类机构93家，批筹小额贷款公司13家。开发区被评为中国金融生态区和中国最具竞争力金融开发区。

(刘　明)

【重点地区项目建设】 金廊项目建设稳步发展，开竣工项目取得新进展。在建项目15个，总占地面积68万平方米，总建筑面积704万平方米，总投资额545亿元。领先国际城等4个项目竣工并投入运营，诺福特酒店等4个项目主体封顶，沈阳茂业城等7个项目达到形象进度。富莱德大厦、东北大厦2个停缓建项目启动建设。嘉里中心、新夏宫和裕景中心3个项目相继奠基。新千年等3个地块完成出让。重点商贸区日益壮大。皇城商贸文博旅游区建设取得新进展。皇城恒隆广场、大发商业广场进入施工收尾阶段。盛世长安广场开工建设。嘉濠商厦项目正式启动。五爱(中街)精品服装城如期开业。中街邮局地块摘牌落地。中街商业步行街被评为全国首批国际金街。五爱商贸区建设成效显著。五爱深港客运站、五爱商贸大厦、文化用品广场、美食街和美博城项目正式运营。举办了中国(沈阳)中小企业产品和技术展览会。五爱市场成功创建4A级购物旅游区。

(刘　明)

【城市拆迁】 坚持进度服从成本和稳定的原则，制定了《关于规范全区拆迁工作的若干意见》，明确了资金使用审批等程序，拆迁工作进一步规范。积极争取省市和金融机构资金支持，筹集资金19.8亿元，为拆迁提供了有力保障。全区17个拆迁地块，住宅累计完成13396户，完成率93.5%；非住宅累计完成488户，完成率73.1%。多渠道提供拆迁置换房源2602套。除万德地块外，其他9个金廊地块基本完成拆迁。

（刘 明）

【城市建设管理】 基础设施进一步完善。累计投入6238万元，完成了34条小街小巷和团结路等街路改造工程，敬宾街等3条街路电力线入地工程，北站路等主要街路和家乐福（北站店）西绿地改造工程，解决了217户居民煤气拖期开栓问题，对全区239栋21万平方米弃管楼屋面防水和排水管线进行了整修，在金廊沿线等重点区域栽摆鲜花104万盆。

城市管理不断加强。全面开展环境专项整治行动，对全区166个老旧小区进行彻底整治，拆除违建3100处，清运垃圾残土1200吨，增设地埋式垃圾箱838个，新增保洁员220名。对小街小巷实施专业化扫保。对6000余块广告牌匾进行规范整治。对药王庙路等12处违规占道市场予以取缔。对中街、五爱和北站地区交通秩序进行集中治理。以提升城市管理和社会公共事务管理水平为目标，启动了数字化城市管理系统建设。

生态环境得到优化。加强区域人居环境综合治理，24项指标达到生态城区验收标准。文萃等11个社区被评为市级绿色社区。节能减排工作深入开展，脱硫改造工程扎实推进。积极推广地源热泵技术，使用面积达91.2万平方米。

（刘 明）

【民生工程】 实施惠民财政。投入8000万元，完成了87个老旧小区改造任务，多福等优秀小区成为全市样板。不断加大物业管理工作力度，积极推广普通住宅小区保障型物业管理模式，住宅小区整体物业化率达到85%。承办了全国城市社区居委会建设工作座谈会。开展了“深入街道社区办实事，服务基层促和谐”、“5·25”和谐社区日、社区评星晋级等活动。召开全区学习武汉百步亭社区建设经验大会。回民社区被评为省民族团结进步模范社区。被民政部授予全国和谐社区建设示范城区荣誉称号。

社会保障水平逐步提升。开展了“深入千家万户察民情，服务群众保民生”活动，帮扶困难家庭1670户，解决实际问题1951件。开发就业岗位53601个，实名制就业31189人，扶持创业带头人569人，发放小额担保贷款1213万元，解决135名困难家庭大学生就业问题，零就业家庭保持动态为零。完成城镇居民、职工基本医疗保险10.4万人。为下岗职工和困难家庭发放救助金97.4万元。为低保户和低保边缘户发放低保金2753.6万元、临时救助金296万元。推进企业解决历史拖欠职工工资3659万元。为70岁以上空巢老人安装便民呼叫器4000台。启动了北中街等4块棚户区改造。219户居民分到廉租房。廉租补贴和经济适用房货币补贴发放工作进展顺利。

公共文化服务体系进一步完善。投入690万元，在社区和公园安装户外健身器材1803件。全区67个社区文化活动室和图书阅览室面积均达到300平方米以上。组织开展了红诗红歌颂祖国等国庆60周年系列活动，举办了沈河区第十届社区文化艺术节。被国家体育总局评为全民健身活动先进单位，再次被文化部命名为文化工作先进区。

教育事业优质均衡发展。投入1300万元，完成了回族初级中学建设和盲校综合楼主体工程，启动了同泽高中二期、七中东教学楼和九中综合楼改扩建工程。投入357万元，对全区25所中小学校进行电路和消防改造。完成文艺二校和行知小学优化整合工作。市实验学校成为全省第一家防震科普基地。被评为省级人口早期教育示范区和社区教育工作示范区。

公共卫生服务水平切实加强。完善突发公共卫生事件应急机制，有效防控甲型H1N1流感疫情。投入1000万元，更新了部分社区卫生服务中心设备，启动了皇城社区卫生服务中心改扩建工程。投入160万元，完成万莲等31个社区卫生服务站规范化建设。建立了大医院支援社区卫生服务长效机制。6865户低保户和894户低保边缘户全面享受惠民医疗服务。被评为国家流动人口计划生育先进区。

（刘 明）

【平安城区建设】 信访稳定工作成效显著。进一步深化城区信访沈河模式内涵，不断加大矛盾排查、调处和解决力度。累计投入信访稳定资金2400万元，受理各类信访事项2532案4534人次，结案率100%、息访率92.6%，圆满完成全国两会、国庆等重要时段稳控任务。在全国信访工作经验现场会上作了经验交流。国家有关部委及各省市领导对城区信访沈河模式给予高度评价。

平安沈河建设扎实推进。深入开展社会治安综合治理、安全生产监察和食品药品安全监察，全力打造平安和谐的政治环境和社会环境。投入661万元，在社区、学校等重要部位设置1614个监控点位，小区监控覆盖率达92%以上。全面推行“三警联动”机制，加强巡逻防控工作，刑事案件同比下降24.6%，“两抢一盗”案件下降35.4%。高危行业监管及重点娱乐场所消防安全专项整治成效明显，各类事故同比下降65.4%。跻身全国仅有的6个以城区整体为单位的全国安全社区行列。

（刘 明）

【政府自身建设】 民主法制建设取得新进步。自觉接受人大法律监督和政协民主监督，采取区级领导包案等方式，不断加大工作力度，共办理建议提案326件，办复率100%，满意率99.1%。“五五”普法工作深入推进。

政府行政效能不断提高。创新审批方式，为驻区企业提供自助审批服务。对政务信息公开网进行改版升级，保障了人民群众的知情权、参与权和监督权。深化民主评议政风行风活动，深入开展“小金库”清理工作。大力压缩经费支出，有效降低运行成本。办公经费、招待费和差旅费分别下降12.5%、21%和11.3%。

（刘 明）

大 东 区

【区域经济】 2009年，在市委、市政府的正确领导下，大东区紧紧抓住“保增长、保民生、保稳定”工作主线，坚持立足当前，着眼长远，注重发挥项目的支撑和带动作用，促进二、三产业协调发展，实现了经济持续增长。全年，完成地区生产总值302.3亿元，增长11.2%；一般预算收入13.6亿元,按可比口径增长15.7%;全社会固定资产投资300亿元,增长20.5%;实际利用外资4.2亿美元,下降21.1%;规模以上工业总产值830.4亿元,增长14.3%;社会消费品零售总额125.6亿元,增长20%。提前一年完成了“十一五”规划确定的主要经济发展目标。

(汪玉贵)

【项目建设】 汽车产业实现了加速发展。全年整车产量达到38.5万辆,增长71.2%;实现产值398.5亿元,增长42.1%;入区库税收2.4亿元,增长66%,占全区税收收入的23%。沈阳汽车产业集聚区发展战略规划通过专家评审。上通北盛轿车项目投产,华晨宝马F18项目竣工,华晨金杯A级车工厂扩建项目主体施工,雪佛兰·科鲁兹等新车型投放市场。汽车零部件及相关产业强力推进,捷众冲压件等项目投产,致远工业园二期等标准化厂房竣工,东盛工业园、宝钢二期、浦项汽车钢板等项目开工。大东区在全省、全市的汽车产业核心区地位更加巩固。欧盟经济开发区建设得到全面推进。融资5亿元,实施了三期1平方公里土地整理。完成13个地块出让,实现土地收入2.4亿元。有效化解了长期制约开发区发展的规划、环评等历史遗留问题。汽车零部件等在建项目12个,江森座椅等竣工项目迅速达产,北恒铜业、帕卡濑精等企业顺利发展。开发区累计达产企业20户,全年完成工业产值63.6亿元。经过近年来的持续建设,开发区对大东经济发展的贡献度不断提高,现已成长为国内最具投资潜力的省级开发区之一。

以建设国内一流商业街区为目标,东中街商业区实现快速发展。步行街一期工程投入使用。竣工、在建重大项目15个,投资总额达到450亿元。中粮·沈阳大悦城A、B区正式营业,C、D区主体竣工;龙之梦亚太中心完成建筑面积182万平方米;红星·美凯龙家居广场完成主体工程;丰瑞·威士顿广场内外部装修进展顺利;天润广场、盾安·盛世长安正式开工建设;南华·东中街广场完成土地摘牌;启动了东中街地下工程建设。多业态服务业项目加速向大东聚集。居然之家、金香玉花园酒店等项目营业,东北农副产品交易中心一期主体竣工,中铁物流、金泰物流等项目有序推进,伍尔特中国总部、宝钢区域总部、中石油昆仑天然气沈阳总部等项目落地。

(汪玉贵)

【招商引资】 招商引资工作更加活跃,组织赴境外招商11次,境内招商20余次,接待外商团组35个。先后考察了日本、韩国、新加坡、美国、加拿大、巴西、哥伦比亚、香港和台湾等9个国家和地区,与日本姬路民主工商会、台湾汽车协会、韩国汽车协会、美国贸易投资促进会等一大批国内外商会和政府进行了交流和合作。成功举办了沈阳东部商业地产高峰论坛,中韩物流产业合作交流会,积极参与“德中同行”、东北亚论坛、制博会、广交会和厦洽会等各种大型会议11次。重点洽谈推进了浩博工业二期项目、美国房车组装项目、辽宁本土创业投资基金项目美国产品展示交易中心项目、东北农副产品交易中心项目和黎明新城项目等20多项。成功接待外国来团35个,175人次。

(汪玉贵)

【科技创新】 科技发展取得新突破,全区申请上三级各类科技计划项目40项,11户企业获得科技扶持资金500万元。重点扶持了辽宁孚曼、慧宇真空、沈大内窥镜、金道网络等4个重大科技项目,共获得市科技专项资金210万元。提升科技企业的自主创新能力,中钞信达、三洋空调、仪表研究院、红药制药四家企业被评为国家高新技术企业。“金杯”、“萃华”商标荣获中国驰名商标称号。协助黎明等驻区大企业引进高水平海外研发团队,完成中韩科技产业园地土地整理。同时,积极组织区内企业参加海外学子创业周、东北亚高新技术博览会、中国风险投资论坛等省市举办的大型科技活动,搭建“项目对接、人才对接、资本对接、信息对接”四大平台。蝉联“全国科技进步先进城区”称号。

(汪玉贵)

【城区建设】 坚持把为群众创造优良生活环境作为政府工作的重要任务,全方位加强城区改造、建设和管理,努力提高城区品位。城区规划和改造工作顺利实施。启动了大东区分区规划修编,实施了重点发展载体和空间规划,科学指导城区建设改造。完成津桥路19号、八王寺、区医院北等地块出让,启动了黎明新城建设,果舍添香二期、万恒愿景等项目主体竣工。万泉公园改造工程全面竣工。完成了工农路等3条主干道、大法寺等3条配套路、民航南路等7条街巷路和舟泉小区等16个老旧小区道路改造。积极稳妥地完成哈大客运专线、东北环线等铁路征地工作。开展迎国庆城乡环境专项整治活动,实施8条精品街路水洗作业和10条主要街路18小时动态保洁,完成全区所有街巷路集中整修,实现四级以下街巷路、非物业小区和物业弃管小区扫保常态化、专业化,在全市检查评比中名列第一。建立了数字化城管工作平台,有效促进了城管工作动态管理长效机制的形成。荣获“全国和谐社区建设示范区”称号。完成锦江之星等4个项目地源热泵建设,实施了惠天供暖等4处锅炉脱硫改造。欧盟经济开发区启动生态园区创建工作,加快了污水处理站建设。节能降耗取得新成果,启动了区环境空气自动监测站建设,全面完成二氧化硫、化学需氧量减排目标和绿色街路、广场、商场、社区创建目标。实施了大东广场、北海街等绿化改造,全年植树1.7万株,新建绿地5000平方米。大气环境质量优良天数达到320天。

(汪玉贵)

【社会事业】 教育事业快速发展。13所闲置学校教育资源实现科学整合,104中学、东站小学工程建设,振东中学等8所学校的塑胶跑道改造工程基本完工。156中、28中综合楼及体育馆,26中教学楼等学校工程不断推进。1中、5中、28中、35中完成首批市级标准化普通高中迎检工作,全区50%学校完成“班班通”工程。成功承办第六届中国名校长高峰会议。聘请省市教育专家,成立专家指导小组。坚持课堂教学改革,全区中高考也取得历史性突破。成功举办庆祝建国六十周年暨第四届大东区中小学生艺术节,再次通过辽宁省艺术教育动态评估验收。5中手球队、28中板球队、35中排球队在全国比赛中均获得冠军;5中被命名为国家手球奥林匹克后备人才训练基地,全区中小学科技工作受到党和国家领导人的密切关注和好评。

文体事业日益繁荣。组织开展了“东城群众文艺创作奖”评比、“五月的鲜花”企业文化巡礼和“东城欢歌”大东区文化四进社区文化广场活动,出色组织了“新中国新沈阳”大型群众歌咏演唱活动。深化了“书香大东”系列读书及区图书馆“世界读书节巡礼”等宣传月活动。莱茵河畔社区老年合唱团参加了2009年央视春晚《神州共举杯》合唱演出,对全区不可移动文物进行了野外实地普查,新发现不可移动文物30处。"大东区全民健身中心"建设工程主体封顶,区图书馆圆满完成国家一级馆评估验收工作,成立了大东区企业文化体育活动联合会。组织开展了全民健身系列活动,组队参加沈阳市第十二届全运会,沈阳市第六届少数民族运动会,成功举办了大东区第十届社区体育节。突出加强了消防安全工作的落实和奥运期间对文化娱乐业的管理工作,开展了5次专项治理行动。

公共卫生服务水平不断提升。推行了国家认可的"政府购买社区公共卫生服务"模式,完善了三级医疗卫生服务网络,初步建立了国家基本药物制度,加快了基本公共卫生服务均等化。强化疾病预防控制工作,甲型H1N1流感防控有序,传染病防控能力进一步增强,卫生监督执法进行了5次集中清理整顿,实现行政审批工作"一条龙"服务。中医药事业取得新发展,被国家卫生部中医药管理局命名为"全国中医药特色社区卫生服务示范区","辽宁省人口早期教育暨独生子女培养示范区",区红十字会获得"辽宁省十佳红十字会"荣誉称号。

(汪玉贵)

【民生工程】 社会保障功能不断增强。坚持把保障和改善民生作为政府工作的出发点和落脚点,不断加大民生方面的投入,提升群众的生活水平。采取积极的就业措施,全区实现实名制就业2.2万人,城镇登记失业率2.8%。发放小额担保贷款888万元,扶持创业带头人155人,普惠制就业培训1.3万人。加强了高校毕业生就业工作,零就业家庭保持动态为零。新增养老保险扩面缴费1.8万人,征收个体养老保险统筹基金2.4亿元。上浮低保救助金标准,全年低保救助2.3万人,发放低保救助金5336万元,实现了"应保必保,必退即退"。实施安居工程,发放住房租赁补贴950万元、经济适用房货币补贴962万元。有效推进了冬季供暖工作。全面落实有关政策,优抚对象、老年人、孤儿、残疾人等特殊群体的保障水平进一步提高。

(汪玉贵)

【社会稳定】 认真落实"四位一体"信访包保稳控责任制、领导接待日等工作制度,全面推行社区信访代理工作,集中化解信访积案和疑难案件,圆满完成中央和省市交办信访案件。加强黑恶犯罪、暴力犯罪、"两抢一盗"和互联网犯罪的侦破工作,命案现案破案率达到100%,刑事案件发案率明显下降。全区各类安全生产事故数量下降5%。圆满完成了国庆60周年安保工作任务。

(汪玉贵)

【政府自身建设】 区政府定期向区人大、区政协报告、通报工作,高度重视并办理市、区人大代表和政协委员建议、提案244件,办复率100%,满意率100%。推进政务公开和电子政务建设,促进了行政权力公开透明运行。积极稳妥地推进了政府机构改革。加强调查研究工作,促进了决策的科学性。深入开展效能监察和审计监督,严肃查办违法违纪案件,促进了公务员队伍依法行政、廉洁从政。"政风行风热线"工作全市领先。

(汪玉贵)

皇姑区

【概况】 皇姑区是沈阳市中心城区,位于沈阳市区北部,全区面积40.7平方公里,人口90万,辖10个街道办事处、100个社区和2个行政村。皇姑区是辽宁省的行政中心区和文化教育大区,拥有着厚重的历史文化底蕴和丰富的现代文化资源。皇姑区素有沈阳起源、清朝龙脉之称,新乐遗址、舍利塔、清昭陵构成了沈阳最丰厚的人文景观,沈阳"绿肺"北陵公园构筑了沈城最佳人居环境。2009年,皇姑区深入学习实践科学发展观,有效应对经济环境的复杂变化,认真落实保增长、重民生的各项政策措施,社会经济继续保持平稳、较快的发展态势。全年地区生产总值完成201.7亿元,同比增长14.1%。

(王　苗)

【项目建设】 全力推进"五大空间"重点项目建设,落实重大项目责任制和量化考核机制,充分发挥项目建设在应对危机保增长、着眼长远促发展中的重要支撑作用。固定资产投资完成286.4亿元,同比增长26%。在建3000万元以上项目123个,总投资额260亿元。其中,新开工项目66个,总投资额52.7亿元;竣工项目59个,总投资额49.5亿元;超亿元在建项目43个,占在建项目的比重由上年的20%上升到35%。

金廊北段(地铁二号线)建设全面展开。总投资80亿元的沈阳天地项目,一期初见形象,二期开始建设;总投资20亿美元的乐天世界项目正在进行施工准备;总投资20亿元的泰和龙庭项目已经开工;总投资超过50亿元的航空学院项目已进入土地交易程序;金穗园大厦整体盘活;沈阳皇冠假日酒店即将营业;博众花园项目正在拆迁。

北部经济园区拉动作用开始显现。文大路南地块招商取得重大突破,保利集团投资20亿元进行文大路南项目一期建设;投资4亿元的居圣苑项目已开工建设;村屯改造方案正式实施。

长江商业街发生明显变化。总投资15亿元的地一大道商城已开始营业,为长江街提升商业业态、完善基础设施奠定基础;经典生活、海丽德项目主体竣工;亚洲城、美联大厦项目建设进展顺利;总投资10亿美元的香港南华集团项目已正式签约。

舍利塔水岸经济带文化景观氛围已经形成。滩地公园已对游人开放,回龙寺重建项目建设顺利,崇山华府项目正在进行主体施工,为彻底改变舍利塔地区的面貌打下良好基础。

生产性服务业基地建设取得新进展。车辆厂开始搬迁,中海地产成功摘牌,并将投资200亿元在此建设生产性服务业集聚区;西堤国际、书香人家项目主体即将竣工;华凯鑫城、亿海阳光项目已开工建设;华山路北、怒江广场西、天香楼、政协东地块已经进入土地交易程序。

把拆迁工作作为项目建设的基础和前提。在市委、市政府大力支持下,进一步加大北站北出口、隆丰宾馆等重点地块的拆迁力度,经过全区人民群众的共同努力,基本完成拆迁工作任务。全年累计拆迁地块18处,拆迁面积近70万平方米,涉及被拆迁居民13350户、企业160家。拆迁工作的顺利推进,为重大项目建设提供了有力支持。

(王　苗)

【招商引资】 坚持资源招商与产业招

商并举，突出商业地产招商和“三个优先”产业招商。整合现有招商资源，充实组建8个专业招商局，招商队伍力量得到加强。全年共接待国内外来访客商280批900多人次。先后赴港台、珠三角、长三角、京津冀等地区和日韩、印度等国家，开展招商活动。与中国保利、香港南华、香港华润、中海地产、加拿大亿万豪剑桥等国内外知名企业进行了广泛洽谈，重点推介“五大空间”项目以及30多个危旧房屋和旧区改造地块招商。实际利用外资完成3.8亿美元，与上年持平。完成出口创汇6427万美元，同比增长28.4%；引进内资31.7亿元；引进500万元以上项目(企业)103个。

（王　苗）

【产业结构】 在优先发展现代服务业上，完善现代服务业区域性规划，加大对现代服务业项目扶持力度，中冶建设等8户区域性总部落户皇姑。现代服务业收入完成104亿元，同比增长38%。房地产市场交易平稳，房产交易面积120万平方米，交易额46.8亿元。

优先发展高新技术产业，大力引进高端项目，首都信息等85户软件及软件外包企业入驻，软件企业总数已达180户，软件产业从业人员达到4000人。沈阳软件大厦A座、B座运营良好，C座实现当年启动、当年入驻。信息产业产值完成45亿元，同比增长28.6%。荣获全国科技进步先进城区称号。

优先发展楼宇经济和特色街区，对55座楼宇和17条特色街进行规划，推进闲置楼宇二次招商，全力打造长江左岸特色街。盘活楼宇闲置面积4.1万平方米，楼宇使用率提高到85.5%；盘活特色街区商业网点36个，网点使用率提高到69.5%。

进一步优化产业结构，服务业规模不断扩大，社会消费品零售额完成100.5亿元，同比增长19.6%。工业经济活力不断增强，规模以上工业产值完成186.1亿元，同比增长7.6%。

（王　苗）

【财政运筹】 加强税源建设与培植，重点项目成为拉动税收增长的重要支撑。强化税收征管，加大协税护税力度，深入开展综合治税，税收收入稳步增长。一般预算收入完成10.6亿元，同比增长5.5%。区级税收收入完成7.29亿元，同比增长23.1%。

努力克服刚性增支压力巨大等困难，保持了财政年度收支平衡。严格控制一般性支出，行政经费实现零增长。千方百计确保重点支出，加大对公共事业、民生与稳定、城市建设与管理等方面的财政倾斜力度。在确保教育、科技支出达到法定增长的基础上，多渠道筹措资金，逐步解决补发政策性增资问题。

加强国有资产管理，规范国有资产处置程序，国有资产收益完成3.2亿元。加大政府采购管理力度，实现采购支出7000万元，资金节约率2.35%。

（王　苗）

【人居环境】 以迎国庆60周年为契机，投入1.36亿元，加快城市基础设施建设。投入2600万元，建设占地10万平方米的舍利塔滩地公园，再现“塔湾夕照”盛景。筹集5000万元资金，对占地8万平方米的碧塘公园进行整体改造，再添城市靓丽风景。投入1120万元，完成岐山西路、梅陵路改造工程。投入4600万元，完成40.6万平方米的53条街巷路和57个老旧小区道路改造。安装525个地埋式垃圾箱。建筑面积4.6万平方米的向山北巷经济适用房、廉租房已竣工。

大力加强生态环境建设。积极推进生态区创建工作，生态区创建指标已基本完成。创建23个“绿色单元”，新建崇山湖节点、建赏欧洲北绿地，全年共植树6.2万株，全区水绿覆盖率达到40%以上。切实加强水污染防治工作，实现23家重点污染源达标排放，确保全区环境安全。拆除13座锅炉房，联片供热面积达40万平方米。地源热泵技术推广应用面积达25万平方米。完成市下达的263吨二氧化硫、5吨化学需氧量的减排任务。大力加强节能工作，万元地区生产总值能耗同比下降4.5%以上。

强化城市管理，不断完善协调和运行机制，大城管格局初步形成。开展迎国庆城乡环境专项整治活动，理顺街巷路、非物业小区及弃管小区管理职能。集中开展长江街综合整治行动，长江街市容环境明显改善。启动数字化城市管理建设，实现与市级平台对接。

（王　苗）

【社会稳定】 坚持把保障和改善民生作为政府工作的出发点和落脚点，投入大量人力、财力和物力，解决涉及群众切身利益的热点难点问题。承诺为全区人民办好的十件实事全部完成。

积极开展创业带动就业工作。出台区创业就业优惠政策，实施大学生创业、巾帼创业、二次创业和社区创业等“四大创业行动”。开展就业援助，加大就业服务，全区实名制就业27941人，普惠制就业培训1.4万人，发放小额贷款725万元，扶持创业带头人452人，零就业家庭动态为“零”，城镇人口登记失业率为2.7%。

持续加大社会保障力度。养老保险扩面新参保缴费1万人，个体统筹基金收入2.39亿元，工伤保险参保12万人，失业保险参保11.1万人。全年累计发放低保金3100万元、各类临时救助金535万元、采暖费补贴679万元。新增10个示范性日间照料站，为全区70－79岁低保老人办理意外伤害保险，为全区80岁以上低保老人进行免费体检。建立残疾人康复技术培训中心，成为省残疾人社区康复示范区。为205户居民发放经济适用房货币补贴1127.5万元。

切实加强社会稳定工作。圆满完成国庆60周年等安保维稳工作，深入开展领导干部大接访和干部下访活动，全力解决华山、克俭、寿泉棚户区改造等历史遗留问题，市民投诉信访事项办结率列全市第一，进京非正常访登记为零。强化公安基础业务建设，强力推进公安信息化、执法规范化、和谐警民关系建设，不断完善社会治安防控体系。强化社会性大巡逻、大防控，及时有效打击查处违法犯罪，积极预防和妥善处置各类群体性事件，有效维护社会治安形势稳定。推进“五五”普法工作，提供便捷高效法律援助，认真履行人民调解职能，调处各类纠纷368件。开展安全生产和消防安全专项整治行动，加大对重大危险源和危险点排查力度，全年无重特大事故发生。不断推进和谐社区建设。积极探索社区服务新领域，丰富服务内容。新增社区办公用房面积2820平方米，新建400平方米标准化社区5个，完成10个精品社区建设。

（王　苗）

【社会事业】 坚持教育优先发展，制定创建教育强区实施方案。依法加大教育投入，教育支出4.09亿元，同比增长

14.44%。加强教育基础设施建设,珠江五校综合改造工程进展顺利,光明中学搬迁工作全面完成。深化素质教育,推进基础教育课程改革,发挥名师名校辐射带动作用,促进义务教育优质均衡发展。

开展迎国庆60周年系列群众文化活动,举办10场精品广场文化演出,开展社区文化活动500余次。培育艺术精品,获得儿童校园剧等两项国家级大赛金奖。成功举办第五届全区职工运动会,充分展示了全区干部职工团结拼搏、昂扬向上的精神风貌。

完善公共卫生服务体系,强化疾病防控和卫生监督,甲型H1N1流感疫情得到有效防控。健全社区卫生服务网络,完成4家社区卫生服务站改造。加强食品药品监管力度,全年未发生重大食品药品安全事故。全区人口出生率5.20‰,自然增长率-0.63‰。

(王　茁)

【政府自身建设】　坚持依法行政,自觉接受区人大的依法监督和区政协的民主监督。先后就"三个优先"发展、建设生态宜居环境等26个重大事项向区人大报告、向区政协通报;共办理人大代表建议157件、政协委员提案100件,办复率100%。主动听取各民主党派、工商联、无党派人士的意见和建议,发挥工会、共青团、妇联组织的桥梁纽带作用,提高民主科学决策水平,不断改进政府工作。

深入开展学习实践科学发展观活动,积极推行"基层工作法",开展"进企业、解难题"和"政银税电企对接"活动,完善干扰企业经营行为责任追究办法,健全企业代理服务网络,切实帮助企业解决实际问题。建立行政审批快速通道等23条具体措施,提高行政审批效率,降低企业创建成本,企业迁入迁出比实现正增长。全年办理审批事项17341项,办结率达100%。

稳步推进政府机构改革,完善各部门"三定"方案,科学规范政府部门职能、机构设置和人员编制。开展加强作风建设专项活动,增强公务人员执行力。深入开展绩效评估工作,切实提高行政效能。加强政府廉政建设,对政府采购、工程建设招投标、"小金库"专项治理、土地专项治理等方面进行专项监察,严肃查处违法违纪案件。各街道办事处在经济发展、项目建设、城市拆迁、市容管理、维护稳定、改善民生等方面作出了重要贡献。

(王　茁)

铁　西　区

【工业经济】　2009年,全区规模以上工业企业发展到718户,其中新增77户。实现工业税收59亿元,同比增长17.8%,实现利润59.7亿元,同比增长21.3%。以先进装备制造业为主体,汽车及零部件、医药化工、现代建筑产业、食品饮料及包装等产业协调发展的新型工业体系日臻成熟,铁西区被国家工业和信息化部命名为"国家新型工业化产业示范基地"。

装备制造业进一步聚集发展。全区装备制造业实现总产值1230亿元、增加值330亿元,同比增长17.9%和15%。引进规模以上企业56户,其中世界500强15户。总投资5.6亿欧元的华晨宝马30万辆整车制造项目正式签约;总投资22亿元的输变电产业园建成投产。日本油研、精工轴承、伊藤忠特钢,美国西屋制动机等项目签约落地。铸锻、仪器仪表、模具及压铸件、机床功能部件等产业集群迅速壮大。铁西装备制造业聚集区产业发展规划获得国家发改委正式批准,上升为国家战略。

现代建筑产业园建设全面铺开。编制并实施现代建筑产业发展规划。上海宝钢金属公司钢结构加工配送中心项目顺利推进。香港明和、沈阳金泰等涉及建筑机械、建筑制品、建筑服务业的30个重点项目开工建设。玻璃幕墙、高速电梯等建筑制品扩大了海内外市场份额。现代建筑产业已成为铁西工业体系中的战略性新兴产业。

企业创新研发能力不断增强。全区企业投入技改研发资金20亿元,进一步提高了创新研发能力。清华大学等8所高校、中国工程院等20个科研院所与企业合作开发新产品2750项,成果转化率达90%以上。北方交通重工集团晋升为国家级企业技术中心,全区国家级企业技术中心达到7个。大力实施"双百工程",与日本神钢、德国希斯等境外企业合作研发的空港机械、车铣复合加工等项目取得重要进展。全区企业获得中央财政投资和国债支持共2.66亿元、省沿海经济带政策贴息5076万元。完成了电子管厂、化工机械、低压开关、第一水泵等企业资产转让以及酿酒厂股权出让。机床、沈鼓、沈化、远大、东药、北方交通重工等6家企业进入"中国企业500强",北方重工集团进入"世界机械行业500强"。

(王　铮)

【城市环境建设管理】　强化了规划先导作用。遵循经济功能与社会功能统筹兼顾的原则,修编建大以北地区和铁西新城控详规划,完成了现代建筑产业园、新长客西站等规划方案。搬迁老企业16户,拆除废弃铁路12公里。挂牌出让城区土地53万平方米、开发区工业用地10平方公里。规划审批的规范运行和土地资源的适度供应,进一步强化了政府对城乡建设的调控管理。

加强了基础设施建设。投入3.2亿元,新建和维护道路共13公里;全面改造建设大路、保工北街,提升了景观形象;南十西路拓宽为20米,消除了交通拥堵瓶颈;完成雨水污水分离改造工程5.2公里。植树14万株,新增绿地5.3万平方米,绿地率和绿化覆盖率达到37.8%和40.1%;合理调配路灯资源,安装公园景观灯120盏。全面实施了细河改道工程。将卫工河水引入仙女湖,活化了仙女湖水源。新建了一批垃圾中转站。开发区投入8.9亿元,植树12万株,新增绿地28万平方米,绿地率和绿化覆盖率达到39.1%和41.1%;新建道路34公里、桥梁6座、综合管网93公里,完成了41公里电力工程建设。

提高了城市管理水平。数字化城管系统监管范围和监管力度不断加大,数字化城管工作经验在全市推广。开展了春季爱国卫生运动和迎国庆城乡环境专项整治行动。拆除违章建筑9750平方米,清理违规牌匾168处,集中整治了露天烧烤、占道经营和工地污染环境等违规行为,查处"摩的"和"黑三轮"2100辆。新增供暖联片790万平方米,集中供热率达到91%。推广地源热泵技术114万平方米,减少二氧化硫排放1501吨,减少COD(化学需氧量)排放8000吨,创建"绿色社区"25个。开发区生态工业园区创建工作被联合国环境署列为"生态城示范项目"。

(王　铮)

【社会事业】 投入科技三项经费3600万元,孵化科技企业179户,成果转化380项,实现高新技术产值1124亿元。铁西区成为"国家科技进步示范区"和"国家首批知识产权强区"。教育事业总投入5.7亿元,新建6所学校,完成5所幼儿园标准化改造;基本消除了城乡学校危房;农村学校全部用上了升降桌椅;电化教学、网络教学"班班通"覆盖率城区学校达到100%,农村学校达到50%;强化学区管理和教师交流、培训,教学质量稳步提高;外来务工人员子女纳入了义务教育范围。被评为"全国义务教育均衡发展先进区"。

卫生文体事业健康发展。卫生文体事业总投入2.3亿元,新建8个社区卫生服务中心;社区卫生机构减免53项门诊收费,实行了口服药品零差价政策;为5万名老年人免费体检。成为"全国中医药特色社区卫生服务示范区"。有效防控了甲型H1N1流感疫情。强化了食品药品安全监管。连续15年保持人口负增长。举办第七届工人文化周等文化活动200余场,参与群众达100多万人次。新建4个街道文化站,在62个社区安装了健身器材。铸造博物馆和工人村生活馆馆藏不断丰富,知名度和影响力不断扩大。体育场馆社会功能日益提升,成为CBA和中超联赛主场,全年承办国家级赛事共42场。

(王 铮)

【社会保障体系】 实现实名制就业3.5万人,开发就业岗位2.3万个,发放小额贷款985万元,完成普惠制就业培训1.03万人,举办21场就业促进会。城镇登记失业率为3%,低于控制目标1.2个百分点。加强了社会保障体系建设,新增养老保险扩面2.6万人;困难集体企业退休职工全部享受了医保;出台了危重病及突发事件应急救助办法,对低保边缘户和特困群众提供梯次救助。民政服务中心、残疾人服务中心、青少年宫和妇女儿童活动中心竣工。加强住房保障工作,拆迁旧区38万平方米,建成回迁用房29万平方米,安置居民2700户。修缮弃管房58万平方米,受益群众1.3万户。发放租房补贴1400万元、购房补贴1336.5万元。全区人均住房面积提高到27.3平方米。

(王 铮)

【新农村建设】 设施农业、特色高效农业和养殖业"三业并举",实现农业总产值18.3亿元,同比增长12%。6个移村再建项目竣工,2900户农民喜迁新居。新增农村养老保险扩面8200人,参保总数达4.8万人。"新农合"新增参合人数5172人,总参合率达98%。安置失地农民就业1532人。发放粮食综合补贴、农机具补贴、家电下乡补贴2524万元。农民人均收入达到9360元,同比增长16%。改造村路6公里。在5个乡镇实施了饮水安全和生活污水处理工程。新建水冲厕所900座。植树8.5万株,6个村被评为市级"绿色村庄"。

(王 铮)

【对内对外开放】 实行动态业绩考核,完善了招商激励机制。在京沪穗设立招商机构,在日韩、欧美等国家和地区选聘招商代理人,参加制博会、台湾周、中德交流会等会展招商80余次,达成投资意向500余项。全年引入外资项目136个,合同利用外资23亿美元,同比增长8.6%。引进内资项目146个,协议投资额286亿元。国美、宜必思、千缘新财富大厦等11个重点项目落户沈阳"西部十字金廊"。今日财富总部、大健康体检、迪欧咖啡等项目相继入区。成功引进了上海龙之梦、大洋百货、兴隆大天地、首席CEO等项目,中石油昆仑燃气总部签订进驻协议。

进出口工作克服了金融危机的不利影响,实现了逆势上扬。远大、东药、沈矿、机床等4户出口超亿美元企业累计出口7亿美元,同比增长128%。新批外资企业136个,合同利用外资23亿美元,实际利用外资9亿美元、内资75亿元,实现出口供货值95亿元、出口创汇11.4亿美元;进出口保税物流和出口加工贸易业务正式运营。出口结构不断优化,高新技术产品、机电产品比重达到17.4%和54.7%。

(王 铮)

于洪区

【经济运行】 2009年,全区实现地区生产总值338亿元,三次产业比重为2.5:65.2:32.3;完成固定资产投资244亿元,财政一般预算收入15.57亿元;直接利用外资3.88亿美元;实现社会消费品零售总额58.8亿元;城镇居民和农民年人均收入分别达18200元和11343元。

工业运行质量不断提高。进一步完善沈阳大工业区产业发展战略,实施东北家具集散中心、五金产业集群拓展和造化工业自动化产业园、平罗建材产业园土地整理,完成鞋业产业集群改造工程,家具、服装、五金、鞋业、食品等五大产业集群工业企业发展到386家,实现产值438.5亿元。浙江电力电气工业园等14个投资超亿元项目开工建设,规模以上工业企业发展到864家,实现产值870亿元,规模以上工业产值占工业总产值的比重达94.6%。金德管业集团有限公司在全市民营企业中率先进入国家级企业技术中心行列,沈阳陆正重工集团有限公司成功收购省轻工设计院建设省级企业技术中心,省级以上企业技术中心、工程技术中心发展到7家,实现高新技术产值270亿元。

现代服务业加快发展。市场体系建设日臻完善,红旗台石材城生产线、金山五金大厦投入运营,北方不锈钢市场主体竣工,"万村千乡"连锁店发展到194家,社区商业网点发展到8600余家。商贸服务业繁荣发展,家乐福超市于洪广场店正式营业,华润万家于洪店主体竣工;红歌会KTV广场投入运营,碧桂园白金五星级酒店、速八酒店建设稳步推进;广汽丰田和宝马汽车4S店正式运营,亿峰汽配城正在进行主体施工。物流业迅速崛起,沈阳百科钢铁物流加工中心加速建设,沈阳多摩公路物流基地、海尔家电物流中心等7个新建、续建项目投入运营,沈阳张士物流园进入全国农产品批发市场综合百强行列。金融服务体系建设取得新突破,10家小额贷款公司获省市主管部门批准,其中4家投入运营,村镇银行获省政府批准。房地产业呈现回暖趋势,现有房地产开发项目65个,开工面积770.1万平方米,完成投资105.4亿元,销售面积237万平方米,实现销售额105亿元。

现代农业发展成效显著。区政府投入1000万元支农资金,扶持和引导农民发展高效设施农业。新建、续建农业园区15处,新增设施农业266.7公顷,花卉、食用菌等特色农业发展到3200公顷,实现农业产业结构调整面积1866.7公顷。工厂化、集约化现代农业加快发展,新建、续建农事龙头企业23家,其中11家竣工投产,小韩蔬菜工厂被中国农科院列为现代农业成果转化基地。农业机械化水平显著提升,年内新增各类农机具557台(套),发放农机补贴966万元,带动农户资金1508万元。实施九龙河下游综合整治工程,完成堤防加固4.2公里,河道清淤疏浚5.68公里,铺设堤顶砂石路16.89公里。建成蒲河集体桥自动翻板闸拦河蓄水工程。

(田洪伟)

【招商引资】　招商引资和项目建设取得新突破。实施以“五大战役”(南部大开发、中部大繁荣、北部大提升、中郊大突破、远郊大发展)为核心的招商引资攻坚战,解决了一批制约项目建设的关键问题,先后在日本、韩国、香港、台湾等国家和地区以及深圳、温州、福建等地举办商业地产推介会、沈阳大工业区电力电气产业主题招商会、沈阳国际特种机床装备城主题投资说明会等经贸洽谈活动,接待来访团组40余个,积极开展项目对接和洽谈。实际利用外资3.88亿美元,外贸出口1.3亿美元,新批外商投资企业9家。引进浙江电力电气工业园、丁香湖国际汽车城和中国沈阳国际特种机床装备城3个大型项目,投资额分别达15亿元、100亿元和170亿元,其中占地66.7公顷的浙江电力电气工业园项目已开工建设,占地62.7公顷的丁香湖国际汽车城项目正式签约并被列为“省长1号工程”。中海地产集团投资300亿元,在荷兰村建设中海城,成为全区有史以来最大的综合地产开发项目。年内新建、续建500万元以上项目204个,其中新建项目141个,总投资799.4亿元,当年完成投资230.4亿元。

(田洪伟)

【投资发展环境】　城乡基础设施建设步伐加快,区域环境显著改观。以于洪新城、丁香湖新城核心区、荷兰村等重点区域和沈西铁路等重点项目为核心,集中力量开展土地整理,拆迁企业和居民2186户,亮出净地130万平方米,回迁安置居民1228户。实施西湖街等5条市政道路、43条街巷路以及10个老旧小区道路的新改扩建工程,沙岭辅城10条规划路开工建设,其中两条已经竣工。304国道改扩建工程完成路基底层施工,沈胡路三环跨线桥主体基本完工,修缮兰沈线等农村公路56.7公里。于洪新城和北李官客运站投入使用,新增公交线路8条。实施迎国庆城乡环境综合整治活动,拆除各类违章建筑11万平方米,将全区89个弃管和非物业住宅小区及120条小街小巷的扫保工作纳入区政府统一管理。强化生态环境建设。编制《于洪区蒲河九龙河生态景观带概念性总体规划》,完成河道生态建设任务339.3公顷,栽植乔灌木20余万株、花草绿化堤坡5万平方米,美化节点5处。实施农村“四大空间”(村庄、校园、园区、通道)绿化工程,建设花卉村47个、绿色校园10所、绿色园区3个、绿色通道两条,完成农村植树29.3万株。沙岭污水处理厂全面竣工,造化污水处理厂开工建设,5个垃圾中转站投入使用,4个生态湿地投入试运行。国家生态区创建工作顺利通过省级验收。

(田洪伟)

【社会保障】　扎实推进民生工程建设,社会保障水平全面提升。千方百计促进就业,完成普惠制就业培训7150人,开发就业岗位6374个,城镇实名制就业8271人。全面提高社会保障水平,新增基本养老保险8500人、城镇居民医疗保险38772人,新增被征地农民养老保险和养老保障3157人,全面提高城乡低保户和低保边缘户保障标准、五保户供养标准及新型农村合作医疗筹资标准,发放低保户和五保户保障金2276万元。加大助老工作力度,造化中心敬老院建成投入使用,沙岭中心敬老院完成主体工程,在陵西街道等地建设10个示范性社区老年人日间照料站,为70岁以上空巢老人免费安装“一号通”求助服务热线。深入实施惠民安居工程,投入供暖保障资金550万元,设立房屋维修资金650万元,完成修缮工程860余项;投资1268万元新购廉租房110套,补贴低收入家庭经济适用房购房款825万元。实施光辉地区安全饮水工程,解决了28个自然村2.4万人的饮水安全问题,全面完成年初承诺的13件实事。

(田洪伟)

【社会事业】　强化公共服务体系建设,社会事业全面发展。积极搭建企业科研合作平台,促进企业创新发展,建立院士工作站两家、博士后工作站3家,有45家企业与高校和科研院所建立科研合作关系。年内申报发明专利65项,引进农业优良品种15个,推广农业科技成果和先进技术12项。召开科技创新大会,出台《关于鼓励自主创新,加快推进科技进步的若干意见》。

完成解放地区撤点并校工作,引进东北育才丁香湖小学和省政府川江幼儿园。解放中心校和解放幼儿园建成并投入使用,完成沙岭小学和马三家小学维修改造,全区义务教育43%的班级实现“班班通”信息化教学。继续实施城乡义务教育“两免一补”(免费发放教科书、免杂费,补助贫困寄宿生生活费)政策,全年统筹资金940万元。

成功承办、举办辽宁省首届农民文化艺术节、沈阳市第六届少数民族运动会、于洪文化讲坛、于洪区首届读书节等多项大型文体活动。区图书馆通过国家一级馆验收,区档案馆晋升为国家二级馆,于洪区被文化部授予“中国民间文化艺术之乡”荣誉称号,并成功进入全国文化先进单位行列。于洪有线电视网新铺光缆100公里,用户发展到10万户。

新建社区卫生服务站11家并全部投入使用,区医院与医大四院建立技术协作关系,区结核病防治所完成异地搬迁改造。新型农村合作医疗参合率达99.81%,筹资标准达160元,市级以上和区级定点医院住院报销比例分别提高到40%和70%。继续稳定低生育水平,不断巩固国家计划生育优质服务区创建成果。

(田洪伟)

苏家屯区

【综述】　苏家屯区是沈阳市九个城区之一,是2001年国务院批准的沈阳副城,东北重要的交通枢纽,总面积782平方公里,人口43.5万,辖12个乡镇、5个街道办事处。随着老工业基地的加速振兴和沈阳经济区发展战略的深入实施,苏家屯区依托良好的区位和产业优势,在集聚物流、商流、人流、信息流、资金流等方面发挥出巨大潜力,现代物流、商务会展、新兴工业、休闲旅游和都市型农业迅猛发展,正向着东北第一现代物流集散区迈进,一座特色鲜明的沈阳浑河商务城即将崛起。2009年,全区地区总产值实现195.9亿元;地方财政收入实现13.9亿元,其中一般预算收入实现9.1亿元;全社会固定资产投资完成240.7亿元;社会消费品零售总额实现65.9亿元;城镇居民人均可支配收入实现14300元;农民人均纯收入实现9593元。

(闻良玉)

【第一产业】　农业产业化水平不断提

高。全区设施农业面积达到5533公顷，各类温室大棚达到3万栋，形成种植业小区106个，发展紫苏叶、山野菜、草莓、黄芪、食用菌等特色种植面积1333.3公顷，开发各类采摘基地12个，采摘园30多个，采摘面积1333公顷。新发展农事龙头加工企业13家，农事龙头企业总数达168家。全区无公害种植面积达3.3万公顷，占农作物总播种面积的88%，获绿色食品认证29个、有机食品认证1个。永乐农业经济区新建温室大棚1700栋，总数突破1.8万栋，实现“三年突破”的规划目标。畜牧业快速发展。新建扩建标准化畜牧小区及规模饲养场35个，总数达145个，规模化养殖比重达85%以上。全区肉鸡出栏5142万只，同比增长7%，居全市第一。农田水利基本建设成果显著。以农田渠系改造、农业综合开发、北沙河综合整治、水源工程建设为重点，完成精品工程20项。实施农村饮水安全工程29项，解决了26个村屯2.2万人的饮水安全问题。农机和新能源建设工作进一步加强。完成国家、省市农机购置补贴资金848万元，购置各种农机具1000多台(件)，机械化作业率达到34.5%。投资622万元，新建农村户用沼气池1500个，总数达5000个。农村改革工作不断深入。落实惠民政策，发放各种补贴资金4908万元。建立土地承包流转市场，合理流转土地307.9公顷，妥善解决了历史遗留的42个村土地承包问题。全面推行了设施农业和粮油作物政策性保险工作，全区有5000栋温室大棚参加了农业保险，粮油作物保险面积达到6000公顷。新农村建设工作取得新进展。新发展“一村一品”专业村19个，总数达110个。以“环境绿化、美化城乡”为主题，实施了姚千马耳山村、陈相英守村、大沟杨城寨村、林盛褚贵村、永乐互助村等重点村屯的综合环境整治工作，起到了良好的示范作用。

(闻良玉)

【第二产业】 工业整体规模和水平大幅提升。规模以上工业总产值完成450亿元，增长25%；工业固定资产投资完成163亿元，引进国内优势企业100个，新开工投资500万元以上工业项目100个。重点企业发展势头良好。华润雪花啤酒产量达到60万千升，完成产值20.7亿元。娃哈哈荣泰食品2条新的生产线投产达标，7类主营产品下线，完成产值3.5亿元。钢管和电力电器产业集群继续保持良好的发展态势，规模和效益稳步提升。大项目建设进展顺利。金山热电二期工程全面开工，建成后年发电量达22亿千瓦时，每小时可提供工业蒸汽200吨。红塔集团年产卷烟30万标箱辽宁烟草生产基地项目已摘牌。中铝集团将打造东北地区有色金属加工产业基地。工业电力瓶颈问题有效缓解。雪松开发区66千伏变电站主体工程竣工，沙河鲍家变电站增容4万千伏安工程投入使用。

(闻良玉)

【第三产业】 现代服务业发展步入快车道。服务业增加值完成63.3亿元，占地区生产总值的32.3%。苏桃路沿线成为沈阳市重点现代物流集聚区，一批“中”字头和国际知名物流企业落地开工。其中，中国医药集团东北区域医药物流中心主体工程已封顶，美国都乐果蔬物流项目完成建设进度的40%，中国邮政东北邮件物流中心开工建设。新兴业态快速发展。沈阳国际展览中心主体工程已封顶，将成为全市会展业发展基地。大润发超市、圣金锣现代农贸市场等项目签约落地。商贸流通市场进一步繁荣。成功举办了首届中国(东北)二手车交易博览会，“家电下乡”和“汽车下乡”活动销售家电6210台、汽车摩托车605辆。全面实施25条房产新政，举办了首届房交会，销售商品房23万平方米，实现销售额7.8亿元。旅游业加快发展。沈阳经济区旅游综合服务中心、沈南第一党支部纪念馆等特色旅游项目开工建设。邓家沟、陡子峪等5个村被命名为辽宁省旅游专业村，全年接待游客70万人次，实现旅游收入3亿元，创历史最好水平。

(闻良玉)

【对外开放】 东大科技产业园项目顺利签约，将建成集人才培育、科技研发、高科技产业孵化等于一体的国家级大学科技产业园。投资50亿元的五洲建材城项目土地已摘牌，将建成国内一流的超大型专业化建材批发市场。沈阳奥园国际新城总投资达到231亿元，成为沈阳迄今为止规模最大的综合商业地产项目。全国地产品牌评级最高的浙江绿城投资项目已落地，将开发建设山水一体的顶级住宅。广州恒大、香港佳兆业、碧桂园、华锐集团等国内外知名企业，将建设120万平方米的商住和4座星级酒店。中储物流、中铁集装箱沈阳中心站、中粮集团30万吨大米综合加工等20余个重大项目正在洽谈推进。全年，新签约落地重大项目32个，总投资323亿元。新开工投资3000万元以上项目61个，竣工53个。实际利用外资1.06亿美元，出口总额实现0.9亿美元，引进内资位居全市前列，总额突破41.3亿元。

(闻良玉)

【城乡建设】 国家生态区创建工作顺利通过省级验收。日处理5万吨的城区污水处理厂全面竣工，其规模和水平列全省37个新建污水处理厂之首，将结束城市生活污水未经处理直接排放的历史。金山热电“上大压小”工程将替代省内11台小型火电机组、区内109台供热锅炉，节能减排工作全省领先。全区12个乡镇和临湖街道建设了一批污水处理设施，完善了垃圾收、转、运体系，获得省级认定的国家环境优美乡镇称号。切实加强环境保护，继续加大矿产资源管理，全年减排化学需氧量849.6吨，二氧化硫379吨，生态环境明显改善。城乡基础设施进一步完善。金钱松路、丁香街南延线的招标、可研、环评、设计等前期准备工作基本完成，苏桃路西延线结点工程进场施工，沈本产业大道完成建设进度的60%，修建十大线等农村路网73公里，姚千公铁立交桥引道工程竣工通车。完成沈铁雪松新城周边道路以及香杨路等10余条街巷路翻修改造工程，施工面积6.1万平方米。老城区拆迁改造步伐加快，累计拆迁拆违1939处，腾迁建设用地9.1万平方米。雪松路两侧全区最大的棚户区改造工程全部竣工，2500户居民喜迁新居。城市形象显著提升。坚决取缔了城区“小康车”和人力三轮车，影响城市形象、困扰多年的城市管理顽疾彻底根治，赢得了广大市民的普遍赞誉。百姓出行工具也实现了从三轮车到小轿车的历史性转变，城市交通环境有了较大改善。城区432万平方米老旧弃管小区环境卫生由区环卫处接管，从居民家门口到街道全部实行了专业化扫保。

(闻良玉)

【社会事业】 大力发展社会事业。对7所幼儿园进行了标准化改造。沙柳路小学建成并投入使用。城郊、姚千两所学校的建成，在全市率先实现了九年一贯制“一乡一校”的教育目标。三十中学和青松中学顺利通过高中标准化建设验收。进一步完善公共卫生服务体系，甲型H1N1流感疫情得到有效防控。重新启动了王纲、姚千卫生院，实施了沙河、红菱卫生院和湖西、城郊社区卫生服务中心改造工程，区中医院升格为市第二中医院。群众文化体育活动日益繁荣，全年举办大型文化活动9次，文化广场演出100场，并成功举办了“格瑞森杯”中国首届纯血马公开赛。在全省率先创立计划生育“文化中心户”模式，完成陈相、永乐计划生育服务站建设，苏家屯区被评为省级计划生育优质服务先进区。进一步加强就业和社会保障工作。实名制安排就业6775人，登记失业的困难家庭大学生全部实现当年就业，城镇登记失业率为3.46%，低于控制线0.74个百分点。养老、医疗、失业保险扩面2.8万人。3203名被征地农民纳入社会保障。新型农村合作医疗参合率达到99.87%，筹资标准提高到每人每年150元。努力改善居民居住条件，8200平方米廉租房交付使用，首批87户住房困难群众得到安置。为473户低保户发放住房租赁补贴200余万元，为农村贫困户新建住房90座。最低生活保障实现应保尽保，发放低保金1146万元，苏家屯区被评为省农村低保规范化管理优胜区。

（闻良玉）

东陵区

【区域经济】 2009年，全区地区生产总值实现275.3亿元，比上年增长15%；地方财政收入完成17.7亿元，按可比口径增长14.1%；规模以上工业总产值完成458亿元，增长19%；社会消费品零售总额实现75.5亿元，增长18%；全社会固定资产投资完成241亿元，增长20.2%。

农业保持平稳较快发展。农业内部结构进一步优化，主导产业占大农业产值比重达到82%。祝家农业经济区建成5个千亩树莓高效种植示范村，新增树莓种植面积866.7公顷，惠及4个乡街9000余农户，亩均纯收益达5000元以上。树莓基地成为“国家级农业标准化示范区”，并被认定为“中国树莓产业之乡”。新发展寒富苹果200公顷，畜禽标准化养殖率达到80%。粮食直补、农资综合、良种、农机具等补贴及时足额发放到位，政策性农业保险参保率达99.4%。农民专业合作社达到98家，新建富民经济小区21个、农建精品工程25项。农业综合开发工作顺利通过省级验收，爱特杰牧业、华年饲料晋升为省级农业产业化龙头企业，市级以上农事龙头企业达到23家，拉动能力进一步增强。农民人均纯收入达11450元，增长12.4%。

工业发展空间进一步优化。全面开展了“进企业解决难题，实施保增长工程”实践活动，广泛开展政银企互动，搭建中小企业融资平台，重点扶持了100户成长型工业企业。航高基地完成了整体规划和产业布局，一批重大航空产业项目即将开工建设。沈抚连接带东陵产业区高标准制定了产业发展规划，明确了产业区功能定位。望花汽车产业区完成了“一横一纵”园区路网建设，生产企业达60余家，年产值达20亿元。满融经济区建设全面推进，沈阳国际软件园5栋办公楼和厂房主体均已封顶，世界500强企业法国索迪斯已签订入驻合同。满融工业园4.6万平方米标准化厂房竣工。白塔工业园雄洲食品二期、昊诚电气等项目全面竣工投产。

现代服务业快速提升。南塔商贸集聚区新生活广场、沈阳国际品牌总部大厦投入运营，步阳国际商城完成主体工程，沈阳新天地项目开工建设，沃尔玛超市、苏宁电器长青店相继开业，沈城第三商圈初见形象。东北水暖市场完成升级改造。奔驰等知名品牌汽车4S店盛大开业，东陵路、江东街汽车贸易专业街规模档次不断提升。全面启动家电下乡、汽车摩托车下乡等扩内需保增长惠民工程，消费品市场异常活跃。中华寺风景区对外影响日益扩大，东南山区的绿色生态游日趋成熟。房地产业持续回暖，保利项目开工面积及销售额均创历史新高，全区房地产开工总面积达510万平方米。

（高放新）

【招商引资】 对外开放水平继续提高。充分利用“东北亚论坛”、“9·8厦门投洽会”、“辽宁·香港投洽会”开展经贸活动，先后在欧洲、美国、加拿大、香港等国家和地区开展对外招商活动。策划包装了一批重点项目，分别在沈阳、北京、上海、厦门、杭州和深圳召开了6次招商推介会，接待来访团组43个。沃尔玛和北京星美影城的辽宁区域总部相继落户。巨龙新城、奥克斯物流等一批项目正在积极推进，国际软件园、南塔商贸集聚区等进入二次招商阶段，完成柏叶体育训练基地、机床工业园等30个重点项目土地组卷报批工作。实际利用外资1.7亿美元，引资结构进一步优化，服务业项目占引资总量的一半以上，出口创汇1.3亿美元。实际到位内资45亿元。共引进万科·天琴湾、中升汽车4S店集群等投资3000万元以上项目132个，其中超亿元项目58个，开工项目95个。全年续建项目30个，投资额达到85.5亿元，确保了全区经济的平稳发展。

（高放新）

【社会事业】 加大环境保护力度。在东北地区率先通过国家生态区验收。东陵区委、区政府始终把生态建设作为全区最大的惠民工程，坚持全员参与、全民共建，不断加大投入，农民生活方式发生巨大改变，逐步过上了“喝放心水、吃安全粮、行宽敞路，做饭不烧柴、垃圾集中排、出门见绿地”的幸福生活。群众的生态文明意识普遍增强。建成生态达标村30个，新建农村污水处理设施7座，白塔污水处理厂建成并投入使用。完成19个老旧小区道路和7条街巷路改造，新建改造农村路网150公里，沈中线完成路基和桥梁建设，下丰线、柏体路和奥园一号路正式通车。对全区三环内214条街巷路全部实行环卫专业队伍扫保，为127个非物业和弃管小区配备了垃圾收集员和清扫保洁员。强化节能减排监督管理，关停5家落后产能企业，完成8台35吨以上燃煤锅炉脱硫治理工作，新建户用沼气池1000个，新增地源热泵面积98万平方米。不断加大依法行政力度，全年共拆除各类违法建筑61万平方米，查处盗采案件10余件，清理违法用地64公顷。荣获“中国绿色名区”称号。

高标准为城乡群众办好20件实事，百姓幸福指数节节攀升。教育强区建设扎实推进。新建英达九年一贯制学校，完成7所城区学校和5所幼儿园改造，城乡教育资源配置更加合理。现代教育信息网络覆盖全区，教育信息化工作在全省领先。扎实推进教学改革，教学质量稳步提高，中高考成绩大幅提升。白塔大学城已入驻4所大学分院，师生总数近万人。卫生计生工作再创佳绩。进一步提高健康教育专项经费标准,为5万名农民进行免费体检,乡街卫生院、标准化村卫生室等卫生服务网络日益完善。新型农村合作医疗工作全省领先,人均筹资标准提高到170元,参合率达到99.46%,大病救助报销率达到75%,东陵经验在全市推广。高标准建成区计生服务站,计生工作跨入国家级计划生育优质服务先进区行列。文化体育事业繁荣发展。新建民悦文化休闲广场。举办各类文化广场活动476场,免费放映电影2010场,城乡群众文化生活日益丰富。成功承办辽宁省首届农民艺术节歌咏比赛,并获得第一名。在全市第十二届运动会中,取得了东陵区有史以来最好成绩,获郊县组团体总分、金牌总数、奖牌总数三项第一。荣获省征兵工作先进单位称号,御龙社区被评为省级示范社区。

社会保障体系日臻完善。坚持以人为本,努力解决不同群体的社会保障问题。全面开展普惠制培训,举办各类企业人才招聘会50余场,转移农村劳动力13019人,实名制就业7261人,确保了全区就业形势稳定。东陵民政服务中心正式启动,成为全区便民服务的窗口和老年人活动中心。区中心敬老院二期建成并投入使用,新增床位240张,在全市率先实现农村孤寡老人集中供养。农村低保户保障、五保户集中和分散供养标准分别提高到2200元、6200元和3200元,继续保持全市最高。全区低保户医保参保费用全部由政府承担,实现了低保户医保全覆盖。养老保险基金收缴和扩面工作全市领先,基金滚存余额达1.89亿元。为322户农村贫困户新建维修住房,为1000位老人安装了应急呼叫“一号通”,建成8个日间照料站。开展了六个方面的慈善专项救助和“一元捐”活动。高标准建成区人力资源和社会保障服务中心,实现了医疗、养老、就业“一站式”服务。

(高放新)

【依法治区】　圆满完成了国庆安保和“两会”维稳工作,进京访登记始终保持为零。实行区级领导包案和接访制度,有效化解了一批疑难信访案件。深入开展“打黑除恶”专项斗争和整治社会治安专项行动,命案破案率达到100%。深入开展“法治区”创建活动,“五五”普法活动成效显著,法律援助、人民调解工作扎实有效。依法行政深入推进,在全市率先建立沟通协调机制,实现行政争议庭前化解,进一步促进社会和谐稳定。推行重大决策论证制度,建立一整套完整的决策制度和程序,保证重大事项在决策前、决策实施和决策后责任追究等关键环节,做到科学决策、依法决策。大力推行行政处罚自由裁量权基准制度。各执法部门认真执行本系统的自由裁权实施标准,确保做到规范执法、依法执法。2009年,全区重大处罚案卷备案109件,全年行政行为无过错。建立和完善政务公开制度。年初重新制定和完善了《东陵区政府信息主动公开制度》、《东陵区政府信息公开社会评议制度》和《东陵区政府信息公开责任追究制度》等12项政务公开工作制度。同时,制订、修订了《东陵区政务公开考核办法》,将区政府50余个部门和14个乡街政务公开工作纳入到单位领导班子、领导干部任期目标和年度工作绩效考评范围,与全区经济和社会发展共同部署、一并考核,并实行“一票否决”。自觉接受区人大法律监督和区政协民主监督。全年共接到人大代表建议100件,政协提案78件,办结率、满意率或基本满意率均达到100%。

(高放新)

沈北新区

【综述】　2009年,沈北新区实现地区生产总值333亿元,增长14%;规模以上工业总产值1050亿元,增长23.5%;财政一般预算收入17亿元,增长45.5%;实际利用外资6亿美元;固定资产投资385亿元,增长20.1%;社会消费品零售总额49.5亿元,增长11.2%;农民人均纯收入10020元,增长11.5%。新区在全省县域经济综合评价中,名次位居前列。2009年,沈北新区相继获得全国科技进步先进区、中国·沈阳中小企业创业基地、全国惟一的国家地震安全示范区、辽宁省惟一的最具发展潜力县(区)等多项殊荣,辉山农业科技园区晋升为国家科技园区,国家加工食品检测中心落户沈北并正式启用。

(刘　阳)

【环境建设】　沈北新区将生态区建设列为全区一号工程,全区动员,合力攻坚,生态质量明显改善,高质量通过了国家生态区技术核查,得到国家环保部的充分肯定和高度评价。

启动了蒲河道义段5.1公里的综合整治及长河、左小河部分河段的生态修复,区内地表水环境质量得到了明显改善;建成区新增绿地118万平方米,建设绿色村庄25个,完成造林866.7公顷,人均公共绿地面积达到24平方米,在全市处于领先地位。建设城市污水处理厂7座、乡镇污水处理设施9处,改造污水管网28公里,城市污水处理率达到81%,建成区集中供热率达到80%以上。

建设高标准生态典型村15个、农村垃圾收集中转系统2处,实施了一批秸秆气化、沼气等清洁能源示范工程,农村自来水普及率达到100%,8个乡(镇)达到了国家环境优美乡(镇)标准。

(刘　阳)

【产业发展】　2009年,沈北新区共新引进投资3000万元以上项目130个,总投资近1000亿元。其中,投资10亿元以上项目30个、投资50亿元以上项目6个。引进了深圳五洲龙混合动力客车、亚泰产业园、西子航空零部件等一批工业项目,荣盛温泉、广州酒店用品商城、澳门名嘉等一批商业项目,东北总部基地、北京龙湖、九龙云天、印尼芝布特拉等一批大型地产项目。

全年共开工项目156个。其中,新开工项目96个,续建项目60个,开工面积达300多万平方米,41个项目实现了当年签约、当年开工。成立了全市首家村镇银行和6家小额贷款公司,全年为中小企业协调融资13.8亿元,争取中央、省市政策性补贴2.58亿元,帮助企业申请国家、省市各级科技计划42项。

农事项目取得新进展。强力引进农事龙头企业,全年引进香港南华现代农业园、千源奶牛养殖基地等农事项目22个,总投资9.8亿元。泰国正大、华美畜禽、蒲兴禽业、沈北富民花卉等20个农事项目开工建设,竣工项目14个。市级以上龙头企业累计达到44家,带动农业产业化发展的进程不断加快,农业产业化经营比重达到50%。

光电信息产业集群不断壮大。台湾玉晶光电产业园、中兴通讯产业园、上海晨讯通讯科技园、台湾联电研发生产基地纷纷签约和开工建设。晨讯、德信、新邮通、格微软件等高科技项目加快发展。

创意产业迅速兴起。新区已引进华强文化科技产业基地、沈阳123、加拿大Co蓝谷、上海希纳为代表的创意产业大型项目18个。特别是投资100亿元的沈阳华强文化科技产业基地已完成35万平方米的主体工程,不仅为新区发展文化创意产业和旅游业奠定了基础,而且吸引了一批重大项目入区,起到了明显的带动作用。

房地产业持续发展。新区积极应对金融危机影响,出台了扶持房地产发展的25条政策。北京龙湖、北京荣盛、上海三盛、中铁置业、香港置地等国内外知名房地产企业相继入区和开工建设,全年商品房销售面积达135万平方米,同比增长12%。

(刘 阳)

【新农村建设】 产业基地建设进展顺利。全区土地流转总量实现1.2万公顷,占全区可流转土地总面积的41%,为农业产业化发展起到了良好的推动作用。新增寒富苹果种植面积233.3公顷,林果基地面积已达2000公顷;新增花卉面积266.7公顷、五味子种植面积333.3公顷,基地总面积达到1533.3公顷;新增有机水稻认证面积333.3公顷,新区有机水稻认证面积达到700公顷;绿色水稻面积达到1万公顷、绿色玉米面积达到6666.7公顷;新增规模化养殖场12家,总投资达到6.6亿元,畜产品出口已达全省的55%。

中心村镇建设稳步推进。新区坚持科学规划、试点先行,编制了《沈北新区北部经济区总体规划》和4个中心镇的控详规划。启动了财落中心镇试点项目建设,建设中心镇小区,有360户居民迁入新居。

增收惠民政策得到积极落实。全年发放粮食直补、汽车、家电、农机"三下乡"工程补贴资金5262万元,新完成"万村千乡"市场工程62家,已经覆盖全区。2009年,新区农民人均纯收入首次突破万元大关。

农业服务和科技创新水平进一步提高。新区充分依托中科院生态所、沈阳农业大学、辽宁省农科院等科研院所和辉山乳业、禾丰牧业、雨润食品等农业产业化龙头企业,建立公共技术研发和服务平台,服务和研发机构总数达到45个,建成了3.7万平方米的省级农业科技企业孵化器。成立了沈北新区米业协会,为提高"沈北大米"的市场竞争力,促进大米行业的发展壮大奠定了基础。

(刘 阳)

【城市基础设施建设】 积极推进国家、省市重点工程建设,实施建设了一批城乡基础设施工程。全长48公里的沈铁城际铁路开工建设,全长11公里的地铁2号线北延长线已进入施工设计阶段,京哈高速铁路沈阳新北站正式落户新区。黄河大街北立交桥、梅江北街、怒江北街、陵园北街等"一桥三路"正按计划实施,其中梅江北街工程即将通车。完成沈北大道公铁立交桥工程,沈北大道实现了全线通车。进一步完善了公交规划,新开178路、179路等4条大公交线路,新增运营里程90公里,沈北客运大厦已竣工使用,完成了4处公交港湾站建设,公交网络更加完善,居民出行更加便捷。

迁移了高压线路19公里,铺设燃气管线15公里,铺设黄家一期供水网工程管线38.5公里;实施新城子、虎石台等城区街路改造、雨污分流工程,为项目建设和方便居民生活创造了条件。

(刘 阳)

【社会事业】 住房条件不断改善。全年拆迁改造棚户区、村屯7万平方米,回迁安置居民1912户。投入2.2亿元,对形成了数十年的新城子站前棚户区进行了彻底改造,回迁及货币安置居民1450户。城市新建社区全部达到标准化水平。每个社区都建立了"一站式"服务大厅,办公条件得到进一步改善,服务水平进一步提高。虎石台古城新都雅苑社区被评为全国和谐示范社区。道义地雅新居社区被评为全国减灾示范社区。

就业工作不断加强。大力开发新就业岗位,实行城乡普惠制教育培训和城镇实名制就业,每个家庭都保证一人稳定就业,城镇登记失业率始终控制在3%以下。

教育事业加快发展。学前教育、基础教育、职业教育、高等教育等完整的教育体系已经形成。中国医科大学、沈阳药科大学落户新区,沈阳计算机学校、化工学校、汽车工程学校等3所万人职校投入使用。建设了新城子、财落两所九年一贯制学校和道义小学,全区九年一贯制学校已达9所,城乡基础教育得到均衡发展。

社会保障体系进一步完善。建立了覆盖城乡的社会保障体系,养老保险、医疗保险和新农合覆盖面进一步扩大;被征地农民养老保障覆盖面达到100%;城乡低保户、低保边缘户等贫困群体救济保障金标准进一步提高;残疾人救助基金和贫困学生救助基金发挥了明显作用。新区被国务院授予"国家扶残助残先进集体"称号。

医疗卫生水平进一步加强。加快构建区、乡、村三级公共医疗卫生服务体系,盛京医院入住新区,区中心医院新病房楼投入使用,新建了马刚乡卫生院和社区卫生服务站,新区群众就医更加方便实惠。

(刘 阳)

新民市

【综述】 2009年,新民市实现地区生产总值185.8亿元,(按可比价格计算下同)同比增长27.6%。其中,一产增加值为45.7亿元,同比增长12.4%;二产增加值为107亿元,同比增长39.6%,其中工业增加值为101.4亿元,同比增长41.7%,建筑业增加值为5.7亿元,同比增长9%;三产增加值为33.1亿元,同比增长15.3%,三次产业比重为24.57:57.61:7.81。人均GDP达到26544元,同比增长5545元,增长26.4%。

从贡献率和拉动经济增长角度来看,一产对新民市经济发展的贡献率为11.5%,拉动经济增长3.2个百分点;二产对新民市经济发展的贡献率为76.9%,拉动经济增长21.2个百分点;三产对新民市经济发展的贡献率为11.6%,拉动经济增长3.2个百分点。随着工业化进程的加快,二产继续保持稳步快速的增长态势,一产,三产贡献率和比重呈下降趋势。

(崔 洋)

【农业】 2009年新民市总耕地面积

17.9万公顷。其中,粮豆作物 13 万公顷,油料及其它经济作物7333.3公顷,蔬菜播种面积4.1万公顷,两瓜播种面积1.5万公顷,其它作物4000 公顷。

2009 年粮豆作物总产量17.9亿斤,比上年增加1.3亿斤,平均单产 918 斤。其中,玉米总产9.3亿斤,水稻总产6.6亿斤。设施农业总产量 150 万吨,平均单产5 吨;露地菜总产量137.4万吨,平均单产3.07吨。种植业总产值 51 亿元。其中,粮豆油料等作物总产值16.13亿元,设施农业和露地菜总产值34.87亿元。种植业总纯收入22.5亿元,农民人均纯收入 4545 元。

新民市已形成各类农业产业化组织145 个。其中,规模以上企业 77 家,农产品专业市场5 个,规模以上专业合作组织 63 个。销售总收入94.5亿元,利税6 亿元,固定资产总值13.6亿元,从业人员数1.8万人,带动农户近 15 万户,初步形成了粮、肉、蛋、乳、蔬菜、花卉、淡水鱼等产业体系。符合沈阳市颁标准的一村一品专业乡镇 12 个,专业村 187 个。专业村农业总产值44.62亿元,主导产业产值30.82亿元,占总产值的 69%,农业总户数11.26万户。

(崔　洋)

【工业】 2009 年新民市规模以上工业累计完成总产值343.09亿元,同比增长46.59%。其中,新产品产值1.79亿元;销售产值 340.79 亿元,同比增长48.44%,销售率为99.33%。其中,出口交货值3.24亿元;企业用电量2.02亿千瓦小时,同比增长34.74%。

2009 年产值完成情况总体特点是:重工业优于轻工业,占有总产值的56.71%;非公有制经济贡献最大,拥有96.04%的份额;股份制企业一枝独秀,以64.81%的占有率领跑其它经济。

2009 年,新民经济技术开发区规模以上工业企业 25 户,累计完成产值30.34亿元。其中,常用有色金属压延加工业 2 户,完成产值7.51亿元。在这两户当中,新亚铜业(沈阳)有限公司占有产值99%以上;医药制造业共有 6 户,完成产值5.62亿元。

拥有41 户规模以上工业企业的胡台新城在 2009 年共完成产值60.01亿元。按行业大类划分,产值排在前四位的分别是农副食品加工业、金属制品业、通用设备制造业和电气机械及器材制造业,这四大类企业共有 21 户,占胡台新城全部41 户的53.66%,累计产值28.4亿元,占胡台新城全部产值的58.93%,其中拥有四户企业的农副食品加工业完成产值12.4亿元,占胡台新城全部规上产值的20.67%。

(崔　洋)

【第三产业】 2009 年,新民市实现社会消费品零售总额54.7亿元,同比增长20.7%。

一是城区贸易流通中心地位突出。作为新民市市场主体的城区市场消费旺盛,对整体市场的拉动作用明显。全年新民市市区共实现消费品零售额53.6亿元,占新民市的97.99%,县城贸易中心地位日益突出。二是批发零售贸易业占据贸易业的主导地位。2009 年批发零售贸易业累计实现零售额50.2亿元,同比增长 29.4%,占全年零售总额的91.7%。三是限下企业和个体工商户居主导地位。2009 年限下企业和个体户实现零售额为45.5亿元,与上年同期相比净增8.5亿元,增长26.1%。占市场消费品零售总额的75.3%。四是居民消费结构升级加快,家电等商品成为消费热点。居民消费主要体现在四类商品上,分别是机电产品及设备类、汽车类、粮食食品饮料烟酒类以及家用电器类。26 家限上批发零售和住宿餐饮企业 2009 年全年四类商品共实现零售额6.5亿元,占零售总额的70.7%;其中家用电器类7022 万元,服装 22613 万元,汽车类24109 万元,食品饮料烟酒类 11471 万元。五是汽车产业拉动成品油市场。2009 年,新民市销售汽车2.4亿元,与此同时也大大拉动了新民市成品油的销售。新民市现有成品油销售单位 49 家,其中市区 5 家,乡镇 44 家,新民市全年共销售汽油 9872 吨,同比增长77.9%,库存 765 吨,其中销售 93 号汽油 7015 吨,同比增长65.3%,库存 596 吨;全年共销售柴油 9842 吨,同比增长46.4%,库存 789 吨,其中销售 0 号柴油 6616 吨,同比增长16.3%,库存 417 吨。六是亿元交易市场投入运营,成为拉动新民市经济的新亮点。新民市现有亿元市场4 家,分别是新民市公主屯鲜蛋交易市场、新民市农机市场、新民市吉盛隆市场经营管理有限公司、新民市前当堡淡水鱼批发市场,2009 年累计实现成交额42.6亿元。其中四家市场分别实现成交额 9 亿元、11.3亿元、1.3亿元和 21 亿元。

(崔　洋)

【城市建设】 全年完成城乡基础设施建设投资3.6亿元。完成了全长6.7公里的新开河水系改造、带状公园东岸绿化、堤顶路及管网工程。辽河大街改造、站前西路改扩建等城区道路工程基本完成。城区主要街路及广场绿化植树13823 株。国家"西气东输"工程"秦沈"天然气管道项目启动。66 千伏梁山送变电改造工程完工。

绕城公路南出口交通环岛建成使用。辽宁中部环线高速公路新民至辽中段建成通车,新铁高速公路征地基本结束。胡台新城至沈阳市内公交车通车。304 线新民段改造工程全面结束,金梁线、大九线等工程竣工,27 公里长农村路网改造工程全面完成。

投资 10744 万元的城区污水处理厂一期工程、投资 4600 万元的梁山垃圾处理场一期工程、大民屯垃圾填埋场工程竣工投入使用。大民屯镇等 4 个乡镇接受了国家环保部国家级环境优美乡镇验收评审,兴隆堡镇昂邦牛村等 7 个村通过辽宁省环境优美村验收,城乡生态建设进一步推进。

城区 21 条主要街路实现全天候清扫保洁,城市垃圾做到日产日清。集中开展市容市貌清理整治活动 60 余次,城市环境秩序明显改善,城乡承载发展的能力进一步增强。

(崔　洋)

【财政】 2009 年,新民市财政收入完成11.6亿元,比上年增加 35212 万元,增长43.7%,完成年度预算的 111%。其中,一般预算收入完成8.08亿元,比上年增加2.03亿元,增长33.5%,完成年度预算的102.9%;基金收入完成3.5亿元,比上年增加1.49亿元,增长74.4%,完成年度预算的 137%。

一是继续实行领导包乡包税责任制,四大班子领导牵头协调有关单位完成税收任务;二是进一步加大税收征管力度,定期进行调度,统筹组织收入。三是采取积极有效措施,加大税收清欠力度,共清理历史欠税 5200 万元;四是进一步完善非税收入征缴办法,加大管理力度,统筹组织各项非税收入并纳入财政预算内管理;五是继续加大对重点税源的扶持力度,争取上级财政专项资金820万元,用于对企业贷款贴息和奖励,培育新的税收增长点,加快可持续税源建设;六是抓住市场热点,适时召开春、秋二届房交会,出台优惠政策,刺激内部消费,增加财政收入近2000万元。

(崔　洋)

【教育】 2009年是新民市教育的“双高年”和“管理年”。新民市以科学发展观为统领,紧紧围绕创建教育强县的目标,大力改善办学条件、优化教育布局、提升教学质量、狠抓行风建设、维护安全稳定、提前完成了“双高普九”工作任务,教育工作取得了新突破。

2009年底,新民市共有学校数49所。其中,私立部学1所,高中3所,初中30所(含私立中学1所,九年一贯制25所),小学15所;班级数:高中145个,初中393个,小学833个;学生数62500人,其中:高中7182人,初中19562人,小学35756人;教职工数5354人,其中高中614人,初中2063人,小学2677。2009年新民市教育的工作亮点是高考升学率创新高。3所普通高中高考考生共计2613人。四批高职以上上线2269人,上线率86.84%,同比增长2.53个百分点。其中一批本科上线363人,上线率13.89%,同比增长2.21个百分点;二批本科以上上线1037人,上线率39.69%,同比增长2.02个百分点;三批本科以上上线1754人,上线率67.12%,同比增长3个百分点。其中1人以679的高分考入清华大学。

(崔　洋)

【卫生】 2009年是全面实施国务院《关于深化医药卫生体制改革意见》的起步年,是新民市“通过三到五年努力,把新民市建成区域中心强县,进入全国百强县,进而成为科学发展先进县”的发展目标实施第一年,也是新民市卫生事业全面发展、全面上台阶的一年。截至2009年底,新民市医疗收入近2亿元,比上年同期提高14.3%。

2009年新民市向区域内惟一一所大型综合性医院投资5600万元,建设建筑面积2万平方米的医院综合楼房,此项工程已进入收尾阶段,将为新民市新增床位450张,新购进1台磁共振、1台三维彩超、添置16排CT机、增加10台透析机、DR机、3个ICU病房等大型医疗器械和设施,设置学术功能报告大厅、远程医学诊断平台,以满足广大患者的就医需求。

2009年全力防控甲型H1N1流感工作中,新民市成立了由卫生局局长任总指挥的指挥系统,成立5个工作组,迅速组建医疗救治专家组,成立由卫生防疫、医疗救治、卫生监督组成的四支应急机动队,建立了6个层面的医疗救治体系。全系统举办了3个层次150余批次甲型H1N1流感防控知识培训班,6000余人次医务人员接受了培训。认真开展健康教育,制作防控甲流宣传单10万份、甲流宣传挂历1000份、预防甲流影碟200张,印发了《辽宁省防控甲型H1N1流感中症识别告知书》26万份、《辽宁省发热病人甲型H1N1流感中症识别告知书》25万份,每户1份,宣传到位,并利用新民市电视台每周4次播出相关防控知识,坚持正面舆论引导,消除群众恐慌心理,在防控甲流的工作中取得出色成绩。

(崔　洋)

【文化体育】 2009年新民市文体工作得到了进一步的繁荣和发展,工作成果斐然。

1.5个乡镇标准综合文化站项目如期完成。“农家书屋”建设为130个村购买赠送配套书架72套、书桌144个、板凳576个、各类图书13.7万册。

2.成功举办第二届元宵灯会。2009年正月十五,新民市在湖广公园举行了盛大的新民市第二届元宵灯会。此次灯会共吸引新民市和沈阳市区及周边郊县,甚至来自彰武、内蒙、海城、西丰、黑山、北镇等地区的观众达50多万人次。灯会期间,新民市商业、运输、餐饮、住宿、娱乐、洗浴等行业实现营业交易总额近亿元。

3.参加沈阳市第十二届运动会并创造了历史最好成绩。新民市236名运动员参加了3个组别16大项目比赛,共获得金牌50枚、奖牌115枚。其中成年组在15个区县(市)的比赛中夺得了团体总分第二名的好成绩,并获得大会“体育道德风尚奖”和“优秀组织奖”。少年组156人参加7个项目比赛,以1036分的总分获得四县(市)第一名。

(崔　洋)

【科技】 2009年新民市科技工作呈现良好的发展态势。

1.积极争取了一批上级科技计划项目。新民市共有10个项目获得上级部门立项,累计获得项目资金425万元,创造历史新高。其中绿洲制药有限责任公司《新药“盐酸奥布卡因凝胶”》得到上级部门肯定,获得项目资金100万元。

2.深入开展科技特派工程。组织协调33名科技特派员,引进新品种20个,新技术20余项。培育科技示范典型12个,示范基地面积达2000公顷;树立持技示范户30户,辐射带动农户3600户。新增特色产业面积上千亩,技术成果辐射面积1万公顷。

3.加强科技成果管理工作。2009年,新民市共有35项科技成果申请了专利,其中发明专利11项。“牛体外性控胚胎移技术”、“柳河综合治理技术研究”等四项成果获得沈阳市农村科技推广奖三等奖。

(崔　洋)

【劳动就业与保障】 2009年新民市劳动就业与保障工作基本完成任务指标,部分任务指标超额完成。

1.就业再就业工作取得新进展。实现实名制就业11613人,其中城镇实名制就业6400人,劳动力输出8231人,农村劳动力转移5646人,其中输出2585人。扶持创业带头人60人,带动就业460人。再就业培训980人,就业率60%以上。农村引导性培训3760人,进城务工培训600人,技能培训1500人。提供用工信息153条,岗位5941个。职业介绍补贴完成200人,用工备案380人。城镇登记失业率3.5%,控制在指标任力4.2%以内。

2.社会保障工作。企业养老保险670户,参保职工14063人,企业新增扩面缴费人数1900人。企业退休人员档案集中管理人数6760人。工伤保险新增3378人,参保人数达到26957人,其中农民工参保人数达到3725人。失业保险新增73人,参保户达714户,参保人数24697人,发放失业救济金1473人次,累计金额61.6万元。医疗保险、生育保险参保单位807家,参保职工49238人,新增5138人,其中农民工700人,生育保险参保人数17989人。

(崔　洋)

【招商引资】 全年共引进500万元以上项目187个。其中,新建项目112个,续建项目75个。3000—5000万元项目62个,5000万元—1亿元项目19个,超亿元项目15个。工业项目153个,房地产项目13个,服务业项目14个,农业项目7个。大项目、工业项目成为项目经济主体,房地产和服务业项目取得新突破。新开工项目投资总额96.8亿元,已到位资金29.8亿元,投资拉动继续成为经济增长的主体。竣工项目93个,成为保增长的重要新生力量。

投资30亿元的工程机械交易中心、投资10亿元的修正药业等一批大项目签约;三九药业、双鹤药业、辽宁音像出版社等产业龙头项目开工建设;福来豆制品等国内行业领先项目已竣工;林浆纸项目一期生活用纸生产基地已启动。

全年共争取并开工建设新增中央投资项目50个,占沈阳市争取项目的1/4;年度总投资3.16亿元,其中中央投资1.42亿元,占沈阳市争取投资总额的20%。

(崔 洋)

辽中县

【综述】 辽中县位于辽宁省中部,距离母城沈阳52公里,南接台安,东邻辽阳,西连黑山,北界新民,在1个半小时经济圈内有钢都鞍山、煤都抚顺、化纤城辽阳、石化城盘锦等8大工业原料资源主产城市。区域面积1470平方公里,耕地面积7.7万公顷;全县辖17个乡镇和1个省级经济开发区,184个行政村,人口47万,辽河、浑河、蒲河、细河、绕阳河五河过境,形成了典型冲积平原地貌。2009年,辽中县做为辽宁沿海经济带和沈阳城际连接带两大战略的钻石节点,地区生产总值实现182.9亿元,在全省44个县(市)中位列第十,同比增长28.3%;地方财政一般预算收入实现6.37亿元,同比增长34.9%;全社会固定资产投资实现143.6亿元,同比增长35.4%;实际利用外资实现6288万美元,同比增长39.67%;城镇居民可支配收入实现11400元,同比增长10%;农民人均纯收入实现8800元,同比增长14.6%,成功实现了由内陆农业大县到近海经济先导区、到东北内陆惟一的保税物流中心、再到国家级环保产业示范基地的三次历史性“华丽转身”。

(胡 勇)

【战略平台】 沈阳保税物流中心实现当年批复、当年规划、当年建设、当年运行和当年纳入《国务院关于进一步实施东北地区等老工业基地振兴战略的若干意见》,标志着开启了沈阳“港城”时代,辽中首次进入国家发展战略;国家级环保产业示范基地正式落户,使辽中拥有了又一个国家级战略发展平台,规划建设全面启动,彰显了近海经济向循环经济科学发展的战略转型。

(胡 勇)

【产业结构】 工业主导地位凸显。规模以上工业总产值实现360亿元,同比增长42.7%,增加值实现102亿元,同比增长41.0%;铸锻造机加产业集群产值突破百亿元,同比增长35%;实施工业企业技术改造40项,完成工业固定投资90亿元,新增产值50亿元,新增利税5亿元,高新技术产值占规模以上工业比重42%以上,荣获全国“科技进步先进县”称号;节能降耗成果显著,万元GDP综合能耗0.9吨标准煤,同比下降12.5%。现代农业实现突破。设施农业发展迅猛,百日会战成果点多面广,全年新增设施农业面积3333.3公顷,总面积已突破1.3万公顷。休闲观光农业异军突起,投资5亿元的近海珍珠湖国际旅游度假项目正在规划设计,投资1.5亿元的天水桃源生态旅游观光项目开工建设;全省惟一的国家级农产品出口示范县创建已达到国家验收标准,近海蔬菜成功打入俄罗斯市场。服务业活力增强。社会消费品零售总额完成43.2亿元,同比增长20%;成功举办第二届近海房交会,房地产市场活跃,全年开发建设商品楼面积46.2万平方米,创历史之最;“家电下乡”销售量、销售额位列全市第一;近海嘉泰等3家小额贷款公司正式获批,村镇银行筹建扎实推进,鑫海等三家小额担保公司完成担保3000万元,中顺、腾达等四家融资公司实现项目融资5亿元;服务业顶级业态保税物流正式运营,以清华同方、吉林粮油为代表的37家企业成功落户园区,与广东发展银行合作搭建了出口退税资金保障平台,进出口贸易额实现4000万美元。

(胡 勇)

【对外开放】 项目集聚态势明显,新开工项目106个,其中3000万元以上42个,亿元以上19个。新签约项目89个,其中3000万以上50个,亿元以上18个;共接待政务考察团百余个、境内外企业家代表团120余个,全市县域经济观摩会在辽中县成功召开,被确定为全省冲击百强县重点县,“近海模式”正在叫响中国;全年实际利用外资完成6288万美元,同比增长39.67%,外贸自营出口实现3200万美元,同比增长128.5%。保税物流中心荣获“中国物流园区50强”和“最具发展潜力园区”奖,辽中县荣膺“2009东北最具投资、创业环境20强县(市)”称号。

(胡 勇)

【城乡建设】 城建项目开工35个,竣工27个,完成投资1.07亿元,尤其是围绕扩内需,包装重点国债项目13个,其中12个项目列入市国债投资计划,新增中央预算内投资项目30个,总投资1.3亿元,第一批20个项目已基本竣工;投资6500万元,完成农村路网建设及维修255公里,六间房等五乡实现撤乡建镇,茨榆坨镇全国土地挂钩试点获批土地66.7公顷。落户于滨水新城的法院、检察院、九年一贯制学校等项目主体工程基本完工;投资2900万元,完成东环街改造工程;投资1300万元,全面启动新客运站建设工程。生态县创建成功通过省级考核验收;完成了蒲河流域辽中段53公里框架规划的编制,近海绿洲生态河道整治经验在全省推广;投资1868万元,完成了无害化垃圾填埋场等工程;新增造林面积4000公顷,森林覆盖率提高4个百分点;投资1000万元,全面开工建设第二批10个乡镇污水处理设施;投资7255万元,新建涉及14个乡镇、84个村的农村安全饮水工程74处,解决了12.1万农村人口的饮水安全,在全市县域率先实现农村供水城市化。

(胡 勇)

【福祉民生】 2009年,辽中县在全省44个县(市)区生活质量排行榜荣登第8名;近海教育质量显著提升,高考平均成绩在全市13个区县(市)中名列文科第一、理科第四;义务教育在全省率先实现“一乡一校、一校一品、一品一优”;县医院门急诊、病房楼和7家乡镇卫生院新、扩建工程顺利实施;适时启动了医药卫生体制改革,新农合全年下摆补偿金5200万元;文化体育事业不断加强,被评为全国群众体育工作先进单位,第二届近海文化节成功举办,有线电视村村通工作顺利完成;城镇实名制就业完成6958人,实名制输出完成5453人;完成284户贫困建房和2所区域性中心敬老院组建基础工作;近海托养服务中心实现托管212人次;甲型H1N1流感防控工作效果显著,食品药品安全进一步加强;综治工作不断加强,连续三年获得省级平安县称号;信访量逐步下降,国庆60周年等重大活动安保工作圆满完成。

(胡 勇)

康 平 县

【工业】 2009年,康平县项目工作成果显著,工业经济跃上新台阶。把狠抓项目建设、推进企业增资扩产作为保增长重中之重,新增规模以上工业企业48家,总数达到280家。规模以上工业总产值实现180亿元,增长41%。总投资30亿元的碳纤维项目全面开工建设,培植了新的强县项目,填补了省市碳纤维新材料产业空白。备受全县人民关注的康平电厂正式并网运营,全年发电21亿度。龙源风电二期10万千瓦工程并网发电,三期15万千瓦工程完成装机5万千瓦,龙康等3个升压站全部竣工,全县风电装机达到27.5万千瓦。大强煤矿主矿井等工程全面推进,累计完成投资10.6亿元。石油扩勘工作进展顺利,覆盖西部乡镇二期100平方公里三维物探已经完成,能源大县产业基础不断夯实。园区基础设施建设力度不断加大,项目承载能力不断增强,工业发展空间进一步优化。塑编、纺织服装、农副产品深加工和机械加工四个产业集群不断扩张,累计引进企业251家,产业集群产值占规模以上工业总产值65%,已成为工业经济的重要支撑。康平县被中国纺织工业协会命名为"中国针纺塑编名城"。

(尚国平)

【农业】 农村经济稳步发展,产业化水平不断提高。深入推进农业结构调整,玉米等粮食生产科技含量进一步提高,五大主导产业规模不断扩大。面对严重伏旱,全力抗旱自救,抗旱救灾取得全面胜利。花生种植面积达到2.07万公顷,寒富苹果等经济林达到1.35万公顷,薯类面积达到3333公顷,新建标准化畜牧小区61个。特别是新增棚菜2000公顷,总面积达到3300公顷,设施农业实现了历史性突破。落实农业政策性保险面积9.5万公顷,受灾农户获得理赔金近亿元,降低了农业生产风险。转移输出农村劳动力7.2万人次,农民工资性收入不断增加。围绕农业产业化建设,福润禽肉加工、恒裕丰泰花生大豆蛋白深加工等超亿元龙头企业基本建成,市级农事龙头企业达到13家,农民专业合作社达到195家。农村各项改革不断深入,完成5个乡镇土地流转市场试点工作,集体林产权制度改革基本结束。实施水库除险加固等水利工程40项,扶贫整村推进、土地治理等工程成效明显。积极落实农机补贴政策,补贴农机具1735台套,农机总动力达到29万千瓦,农业综合生产能力不断提高。

(尚国平)

【第三产业】 服务业发展水平快速提升,商贸流通繁荣有序。围绕建设区域物流集散地,陆港经济区10.7公里疏港路基础工程全面完成,引进物流项目4个,总投资5000万元的万豪综合客运项目全面开工。商贸流通体系建设进一步加强,投资近亿元的大东方商业城主体工程基本完工,连锁超市、品牌专卖等服务业加快向农村延伸。"万村千乡"市场工程完成72家农家店改造,规划建设了北方塑编交易中心、花生交易等市场,全县各类市场达到30个。积极推进"家电下乡"、"汽车摩托车下乡"等工程,直接拉动农民消费5000余万元,补贴兑现率和农户覆盖率均列前茅。扎实推进文化、食品药品、粮食流通等市场专项整治,城乡市场秩序进一步规范。全民自主创业深入开展,新增私营企业115家、个体工商户1239户,带动就业1.5万人,县域民间资本进一步激活。

(尚国平)

【社会事业】 2009年社会事业协调发展。县委、县政府始终把改善民生作为工作出发点和落脚点,认真落实就业再就业政策,积极开发就业岗位,城镇实名制就业4600人,使实名制就业工作得到很好的落实;解决了零就业家庭人员就业问题;做好"4050"人员社保补贴发放工作,确保了"4050"灵活就业人员方便、快捷、安全地领取到社保补贴;加大对再就业扶持政策的宣传。利用社区宣传栏、发送宣传单、宣传册等方式进行宣传。使广大下岗失业人员熟悉、掌握、运用再就业优惠政策,极大地促进了就业工作。稳步推进小额担保贷款发放和回收工作,发放小额担保贷款200万元,当年贷款回收率达100%。扎实开展普惠制就业培训工作,通过创业培训带动更多的失业人员实现再就业。新型农村社会养老保险试点工作正式启动,参加养老保险企业368户,企业参保1.07万人。参加养老保险的自然人8379人。保证了离退休职工工资足额按时发放。医疗保险参保单位309户,参保人员2.02万人。困难企业退休人员参保完成3025人。基本医疗保险缴费1170万元。工伤保险参保企业577户,参保2.18万人。失业保险参保企业189户,参保1.43万人。职工生育保险259家单位纳入职工生育保险医保范围,涉及人员1.5万人。新型农村合作医疗参合率达到99.7%。城乡最低生活保障、高龄老人生活补贴等政策全面落实,农村低保户、五保户和重点优抚对象住院救助的年救助限额分别提高1000元,弱势群体基本生活得到有效保障。高质量完成了农村安全饮水一期工程,6.3万农民吃上放心水。开工建设农村中心敬老院3所、维修2所,为农村低保户及灾民建房256户,360套保障性住房全面竣工,城乡低收入群体居住条件得到改善。引进推广农业新品种90个、新技术60项,科技对农业经济贡献率达到51%。基础教育水平进一步提高,开展普九"提高水平"自查工作,加强义务教育内涵建设,全面提升教育教学质量。初中控辍工作扎实推进,辍学率控制在3%以内,顺利通过省市检查。高中和职业教育加快发展,继续与沈阳名校开展长短期培训班。开展"百县百万农民培训工程"农村实用技术培训,劳动力转移培训。全县农村乡镇举办各类农业技术培训班35次,培训农村劳动力3000余人。中高考再创佳绩,国家重点大学上线190人,实现了一批本科上线数重大突破。妇女儿童活动中心、5所乡镇文化站全部建成并投入使用，使全县面积超过300平方米的文化站达到了11个。新建成了65个农家书屋，每个农家书屋配备图书1500册，并订阅了15种以上的报刊。举办了庆祝新中国成立60周年系列文化活动，开展了“国旗下成长”康平县第二届青少年才艺大赛及“辉煌60年”大型图片展等活动4项次。组队参加了沈阳市第十二届运动会，开展了“全民健身日”群体宣传活动，群众自发性文体活动轰轰烈烈。投资160万元，占地2000平方米的4所计生服务站投入使用。医药卫生体制改革积极推进，甲型流感等疾病得到有效防控，乡镇防保站建设全面加强。新建7所乡镇卫生院，实现全县一乡一所卫生院。广电事业快速发展，新闻媒体建设水平进一步提高。住房公积金扩面力度加大，覆盖面达到76%。全面落实义务兵优抚政策，兵役工作得到加强。安全生产形势稳定，信访工作机制不断完善，一些社会热点、难点问题得到有效解决。切实加强社会治安综合治理，交通秩序、消防安全等专项整治行动扎实开展，打黑除恶成效显著，影响经济社会秩序和群众安全感的违法犯罪行为得到有力打击，国家平安建设先进县创建成果得到全面巩固和加强。

（尚国平）

【林业】 2009年康平县共完成造林7866.7公顷。绿色村庄建设新推进70个，精品绿色村庄10个、花卉村10个。造林工作以辽蒙边界防风阻沙带为重点，在落实国家相关政策的基础上，推行了“合作林场”式的造林新模式。采取跨乡镇规划方式，由个体大户采取分资、分权、分地，工程合作、造林合作、技术合作、信息合作、产业开发合作以及防病、防虫、防火、防盗合作等形式，合力完成了万亩防护林工程建设，不仅使工程得到整体推进，实现了规模化，提高了工程质量，而且还拉动了民间资本投资造林，优化了造林绿化生产要素的组合，探索了林业发展的新路子，受到了省林业厅领导的肯定。资源林政管理工作有序进行。林权登记发证工作全面展开，2002年退耕还林以来林权证和个人房前屋后林木的林权证已全部发放完毕。发放林权证1.04万本。面积1.63万公顷。加强林权管理，调解林权纠纷4起，达到了纠纷双方满意，没出现越级访和反复访。集体林产权制度改革工作圆满完成，完成面积3.35万公顷，确权到户率达到96.17%，经市县两级验收纠纷调处率、建档合格率、群众满意率均超过95%。全县共签订林改合同2.4万份，林权发证微机录入完成3.4万份，录入率达到100%。在2008年圆满完成集体林权主体改革的基础上，着手进行集体林权配套改革，即在明晰产权基础上，进行放活经营权、落实处置权、保障收益权的改革工作。加强森林资源管护工作。加大对乱砍滥伐林木、乱捕滥猎野生动物等违法犯罪活动的打击力度，林业生产秩序和林区治安形势进一步稳定。野生动物保护工作得到进一步加强，配合林业严打行动，先后对卧龙湖、三台子水库等野生鸟类栖息地段进行了检查整顿，使乱捕滥猎野生动物行为得到有效控制。全面加强了森林防火工作。对重点部位重点时期的预防加大了力度，通过开展行之有效的森林防火宣传教育，群众的防火意识不断增强，野外用火行为进一步得到控制。森林病虫害防治与检疫工作不断加大预防力度。坚持以防为主，综合治理，建立了完善的灾害预警体系、检疫体系和检疫隔离试种苗圃等措施。没有发现林业检疫性有害生物，彻底扭转了重除治、轻预防的被动局面。

（尚国平）

【城乡建设】 基础设施建设步伐加快，城乡面貌进一步改观。坚持高起点规划、高标准建设，总投资7000余万元的示范路及相关联道路工程全面启动，进一步完善了城市发展框架。房地产开发势头稳健，世代康城二期等居民小区竣工，伊澜阳光等房地产项目全面开工，开工建设房地产20万平方米。卧龙湖森林公园一期工程投入使用，第一个近水生态休闲公园初具规模。加大了城市绿化、美化力度，城区植树5万株。对供水、供热系统进行了阶段性改造，启用了开发区自来水厂，城区日供水能力达到2万吨以上，自来水水质明显改善，供暖水平进一步提高。结合“绿色家园”行动，深入开展村屯环境整治，村容村貌进一步改观。铺设农村砂石路585公里，基本实现屯屯通砂石路。新建维修农村黑色路面163公里，彰桓线改建、东五线大修、法张线及郝官大桥新建等工程全面竣工，沈康高速公路全线通车，城乡道路交通水平大幅提高。卧龙湖湿地等生态环境保护力度不断加大，高标准编制了卧龙湖恢复、保护规划及周边发展规划，卧龙湖晋升国家级自然保护区工作积极推进。完成卧龙湖监测站建设，成为沈阳第一个国家级标准湿地监测站。引辽济湖工程全面开工，卧龙湖保护工作迈出关键性步伐。农村新能源快速发展，建设沼气池2500座。绿色生态农业面积不断扩大，无公害、绿色、有机三品认证面积达到5.13万公顷。严把项目环评准入关，源头污染控制进一步强化。节能减排工作扎实推进，城区1吨以下燃煤散烧锅炉得到有效治理，日处理能力2万吨城区污水处理厂成功试运行，7个乡镇污水处理设施工程全面启动，国家环境优美乡镇创建工作扎实开展，全县生态环境进一步改善。

（尚国平）

【康平电厂建设】 康平电厂是国电集团投资建设的大型火力发电项目，是沈阳市有史以来单体投资最大的能源项目，是康平的立县项目、翻身项目。康平电厂一期工程规划装机容量120万千瓦，安装2台60万千瓦超临界燃煤湿冷发电机组，总投资52.2亿元。项目投产后，年发电量66亿千瓦时，实现产值24亿元，可形成全口径税收2亿多元，直接增加县级财政收入近亿元。该项目于2006年4月份获国家发改委核准，当年7月份开工建设。2008年5月18日1号机组锅炉成功点火，创造了世界首台60万千瓦机组在无燃油系统保障下等离子点火成功的记录。2009年8月3日，康平电厂一期工程正式并网发电。截至2009年末，康平电厂累计发电21亿千瓦时，实现产值7.9亿元。

（尚国平）

法库县

【农业经济】 2009年，全县种植业结构调整取得重大突破。启动了百万亩现代农业规模化示范区建设工程。大力发展设施农业，实施了“3512”工程，全县新发展32个千亩小区和秀水河子、双台子2个万亩大区，新增设施农业面积

4086.7公顷,增量位居全市第一。全市设施农业现场会在法库召开。大力发展特色农业,树莓达到4933.3公顷,辣椒达到1.7万公顷,花生达到1.3万公顷,万寿菊达到5333.3公顷,极大地提高了单位面积经济效益。牛产业发展取得重大突破。实施了"31001"工程,开工建设标准化养殖小区416个(按省级标准折合),牛饲养量达到40.2万头,同比增长73.9%。沈阳建国以来最大的农业单体项目——辉山集团良种奶牛繁育及乳品加工产业集群落户法库县。项目一期投资25亿元,建设20座现代化奶牛养殖场、建设年产8万吨高端牛初乳配方奶粉及干酪素生产加工厂。该项目从洽谈到奠基仅用了38天,已建成现代化奶牛养殖场10个,引进澳洲荷斯坦奶牛6000头,安置农民就业1200人,并新增了沼气发电、瑞士英雄食品合资合作等项目。法库被省确定为肉牛、奶牛重点产业县。国家级肉牛产业综合实验站落户法库。猪、羊、禽的饲养量稳步提升,猪饲养量达到145万头,同比增长10.7%;羊饲养量达到50万只,同比增长8.7%;禽饲养量达到2300万只,同比增长9.5%。造林绿化工作取得重大突破。以消灭宜林荒山为重点,完成造林5866.7公顷、秋季造林整地4000公顷。"绿色村庄"活动建设达标村80个、精品村10个。林权改革工作经验在全市推广。全市秋季造林整地工作现场会在法库召开。农业社会化服务体系建设取得重大突破。全县农民专业合作社达到533个,会员总数1.3万人,带动农民3.85万户、注册资金5.2亿元,涵盖了种植、养殖、服务等产业,其中申报市A级标准社120个、AA级标准社50个、AAA级标准社30个。培训新型农民10万余人次。新增农村劳动力转移7345人。农村创新取得重大突破。全省第一家以土地入股的专业合作社在法库成立,以土地入股的专业合作社达到20个。成立了法库县土地承包经营权流转中心,建立了县乡村三级农村土地承包经营权流转服务体系,农村土地承包经营权流转面积达到8066.7公顷。积极开展金融创新试点工作,"土地承包经营权抵押贷款"工作平稳推进,先后在秀水河子、冯贝堡、双台子等九个乡镇开展了土地承包经营权抵押贷款业务,有效缓解了发展现代农业资金不足问题。法库被评为"2009年中国最具创新力金融生态示范县"。

(周广东)

【工业经济】 陶瓷产业优化发展。全年新引进陶瓷企业30家,新上陶瓷生产线28条。新中源、博茨盖、哈哈尼等一批国内外知名企业竣工投产,推进了日用、艺术、卫生洁具等先进陶瓷发展,进一步优化了陶瓷产业结构。陶瓷研发中心、陶瓷产品质量检测中心、宜必思酒店、劳动服务中心、开发区综合服务中心等相继投入使用,与沈阳理工大学达成共建陶瓷学院协议,与鲁迅美术学院、中国工艺美术家协会合作建立创作基地,进一步提升了陶瓷产业发展服务水平。全年生产建筑陶瓷3.5亿平方米,实现工业总产值141亿元,同比增长38.2%。陶瓷产品产销率100%,企业利润率20%以上,安排就业2.4万人。陶瓷产业集群被评为"中国百佳产业集群"。成功举办了第三届"陶博会"。农产品加工产业快速发展。全县新建、改扩建辉山乳制品加工、宏金龙牧业等农产品加工重点项目12个,鑫雅图牧业、东源药用辅料等一批项目竣工投产。风力发电产业加速发展。龙源慈恩寺、包家屯、马鞍山等风电项目相继开工建设,完成固定资产投资28亿元,新开工装机容量30万千瓦,全县累计装机容量达到50万千瓦。法库位列2009年中国新能源产业百强县第九名。辽河经济区、孟家绿色食品加工工业区稳步发展。辽河经济区新开工建设3000万元以上项目8个,孟家绿色食品加工工业区新开工建设3000万元以上项目9个。循环经济建设积极推进。物流经济区废旧钢材整理循环经济试点、经济开发区污水处理厂、环保砖生产等项目运行良好。法库被确定为"辽宁省循环经济试点县"。

(周广东)

【第三产业】 加大了房地产开发力度。新建、续建房地产开发项目12个,建筑面积25.7万平方米。投资4700万元,实施了二龙山庄等廉租房建设工程,建筑面积1.4万平方米。加快了市场服务体系建设。完善了大东北陶瓷城、辽北牲畜交易市场、丁家房东北葡萄辣椒批发市场,启动了大孤家子富源商贸城建设工程。新建、改造农家店487个,"万村千乡市场工程"覆盖全县93%的行政村。超市发生活购物广场被商务部评为"万村千乡市场工程优秀试点企业"。家电、汽车下乡工作取得阶段性成果。家电下乡产品销售量1.61万台,下乡汽车销售量780辆,拉动农民消费4378万元。推进了旅游产业稳步发展。财湖——五龙山旅游线路被列入沈阳市十大精品游线。接待游客突破50万人次,实现旅游收入5000余万元。改善了金融服务环境。成立了第一家小额贷款公司,开展了村镇银行筹建工作。鑫财源中小企业信用担保有限公司开展了一系列担保业务,为全县牛产业及设施农业发展做出了积极贡献。全县金融机构各项贷款余额37亿元,各项存款余额46.6亿元。

(周广东)

【改革开放】 整合行政资源,推进了机制体制创新。东湖新城拆迁、设施农业、牛产业、农民专业合作社、农村土地承包经营权抵押贷款、荒山绿化等重点工作实行指挥部推进制,重大项目实行县领导包保制。采取多种方式,加大政府融资力度,强化资源整合和招投标整合,法库县被评为"全省财力整合先进县"。出台了《法库县工程建设项目招标管理暂行办法》、《法库县城市规划区域房屋拆迁改造补偿补助规定》、《法库县农村土地承包经营权抵押贷款管理暂行办法》等政府文件,进一步规范了政府行为,提高了行政效能。整合招商资源,加强了对外开放工作。以项目为核心,完善了招商引资体系,组建了驻沈办事处、驻佛山办事处和6支专业招商小组,围绕陶瓷、牛产业及农产品深加工等开展了强有力的主题招商活动。全县引进项目181个,投资额106亿元。成功举办了法库全力打造中国牛产业第一县招商项目推介会,掀起了牛产业招商高潮,营造了举全县之力发展牛产业的氛围。完善了招商服务体系,提高了行政审批办事大厅、"为民服务全程代理中心"及相关职能部门的服务质量和办事效率。实行了重大项目全程代办制,为投资者提供一站式服务,促进了重点项目的落地和开工。通航产业园、牛粪沼气发电等项目纷纷落地。全县新开工3000万元以上项目65个,其中竣工52个。

(周广东)

【城乡建设】 完善了城乡规划,结束了法库没有规划的历史。精心组织编制完成了《法库县城市总体规划(2009－2030)》、《法库县土地利用总体规划(2006－2020)》和《东湖新城控制性详细规划》,已经通过省市专家论证,正在进行报批,为进一步优化县域发展空间和发展格局,加快县域经济发展奠定了基础。依托交通、产业和区域优势,推进了小城镇规划,增强了发展特色产业、农村劳动力就地转移和扩张城镇人口的能力。启动了东湖新城建设工程,城市化建设迈出历史性一步。在83家拆迁包保单位努力工作下,在全县人民大力支持下,仅用22天平稳完成了1491户居民住房拆迁工作,拆迁区域面积3.07平方公里,创造了城建拆迁史上的奇迹。同时,拆迁企事业单位31家,妥善安置国有和集体企业职工454名,解决了长达30年之久的历史遗留问题。建筑面积近18万平方米的东湖新城"幸福花园"回迁小区建设项目已通过县规委会论证。通过招商以BT方式投资5000万元,实施了"三路两桥"建设工程;投资3000万元,实施了东湖公园建设工程;投资1000万元,实施了东湖引水工程。加快了城乡基础设施建设。投资1.47亿元,实施了泡子沿、獾子洞等水库除险加固工程。投资1.2亿元,完成了沈康高速二期、昌法线大修等道路建设、维修工程,新建、扩建、维修公路总里程达到82公里。投资9250万元,实施了东水源三期供水工程,结束了县城几代人吃水难的历史。投资1200万元,完成了法库镇垃圾填埋场一期工程。投资9210万元,实施了城镇污水处理厂及管线建设工程。投资1610万元,实施了法库门大街、团结街景观绿化及镇内巷道维修、排水、亮化工程。投资600万元,实施了辉山集团良种奶牛繁育及乳品加工产业集群项目配电及依牛堡子、大孤家子、柏家沟3座变电所增容改造工程。加大了城乡环境整治力度。强化城市综合治理,查处、纠正商家占道经营3000余件。加强了农村环境整治,法库、丁家房等7个乡镇创建国家环境优美乡镇通过省级验收。生态县创建考核指标达标率达到93%。 (周广东)

【社会事业】 完善了社会保障体系。农村低保户、五保户和优抚对象全部纳入新型农村合作医疗,农民参合率达到常住人口的99.8%。新增养老保险1659人、城镇职工医疗保险1658人、城镇居民医疗保险3020人、工伤保险4809人,超额完成了年初计划指标。加强了创业、就业工作。在县电视台开办"致富经"专栏,评选"周月年致富冠军",激发了全民创业热情。以社区为平台,结合全民创业"春风行动",深入开展特色培训促进就业,全年新增城镇实名制就业4598人。实施了系列惠民工程。积极争取国家、省、市专项资金8.5亿元。投资9500万元,完成了高中扩建和3所九年一贯制学校建设工程。骨干教师队伍不断加强,中考、高考成绩实现了新突破。卧牛石乡成人教育中心校被评为全国农村成人教育先进单位。投资3603万元,实施了县中心医院病房楼扩建工程,完成了10所乡镇卫生院病房楼和2所中心卫生院附属设施建设工程。投资120万元,建设了3所乡镇计生服务站,改善了计生服务条件。全力落实甲型H1N1流感各项防控措施,全县未出现大面积疫情和重症病例。投资600万元,实施了有线电视"户户通"工程,城乡有线电视网络用户达到10.2万户。广电站被评为全国县级广播电视系统百家先进单位。实施了农村安全饮水工程,成井118眼。开展了和谐法库创建活动。举办丰富多彩的文体活动,营造了健康向上的文化氛围。创意陶瓷产业得到发展,景德盛京烧在第三届东北文博会上引起轰动。法库选手在第七届中国香港国际武术节上夺得两项冠军。多措并举筹集资金,及时发放了公务员、教师人员津补贴。平稳完成了边家煤矿、柏家沟煤矿改制及转属铁岭工作。深入开展"信访积案化解年"、"党员干部进基层化解积案实施保稳定工程"活动,全年解决信访问题496个,息访率达到95.5%。紧紧围绕国庆60周年安全保卫工作,深入开展了非煤矿山、道路交通安全和消防安全专项整治活动,各类安全事故同比下降15%。打掉了一批黑恶势力团伙,全县破获刑事案件数量同比增长29.4%,提高了动态环境下社会治安管控能力,增强了人民群众的安全感。法库被评为"国家一等平安畅通县"。加强了民主法制建设。自觉接受县人大的依法监督和县政协的民主监督,共办理人大代表建议103件、政协委员提案85件,办复率、满意率均达到100%。深入开展"五五"普法和法律援助工作,提高了公民法律素质和社会法治化管理水平。推进了为民服务全程代理工作。建立健全了县乡村三级全程代理服务网络,群众满意率达到98%以上。 (周广东)

人　物

新任副市级领导

【李梦玲】 1950年12月出生，大学学历。1968年9月至1972年2月任沈阳市东陵区桃仙公社知识青年；1972年2月至1975年9月任大连轻工学院纺织系化学纤维专业学生；1975年9月至1982年9月任沈阳市科委情报处工作人员；1982年9月至1987年3月任沈阳市科委调研处工作人员；1987年3月至1989年1月任沈阳市科委调研处副处长；1989年1月至1991年12月任沈阳市科委调研处处长；1991年12月至1992年4月任沈阳市科委专职委员；1992年4月至1994年4月任沈阳市科委专职委员兼沈阳高新技术产业开发办公室副主任；(1991年9月至1993年12月东北大学工商管理学院管理工程专业攻读硕士学位)；1994年4月至1998年4月任沈阳市科委副主任；1998年4月至1998年8月任沈阳市科委副主任、党组副书记；1998年8月至1999年9月任沈阳市科委主任、党组书记；1999年9月至2001年11月任沈阳市科委主任兼科技总院院长、党组书记；2001年11月至2003年1月任沈阳市科技局(知识产权局)局长兼市科技总院院长、党组书记；2003年1月至2008年2月任沈阳市教育局局长、教科工委副书记；2008年2月至2009年5月任沈阳大学党委副书记(正局级)；2009年5月至2009年7月任沈阳大学党委副书记(正局级、主持工作)；2009年7月至今任沈阳大学党委书记。

【王淮延】 1951年3月出生，党校大专学历。1972年2月至1974年1月任辽宁省康平县张强小学教师；1974年1月至1978年7月任辽宁省康平县张强镇团委书记、革委会副主任；1978年7月至1979年11月任辽宁省康平县团委办公室主任；1979年11月至1981年8月任辽宁省康平县张强公社革委会副主任、党委副书记；1981年8月至1984年1月任辽宁省康平县张强公社管委会主任；1984年1月至1985年3月任辽宁省康平县张强镇镇长；1985年3月至1990年3月任辽宁省康平县张强镇党委书记；1990年3月至1993年12月任辽宁省康平县副县长(其间：1990年9月至1993年7月辽宁省委党校函授大专班国民经济专业在职学习)；1993年12月至1994年3月任辽宁省康平县代县长；1994年3月至2000年10月任辽宁省康平县委副书记、县长；2000年10月至2002年3月任辽宁省康平县委书记；2002年3月至2008年12月任沈阳市房产局党委书记、副局长；2008年12月至2009年2月任沈阳市委巡视员，市房产局党委书记、副局长；2009年2月至今任沈阳市委巡视员。

【张颖】 1951年7月出生，省委党校大学学历。1968年9月至1970年10月任沈阳市于洪区大青乡知青；1970年10月至1971年6月任沈阳市于洪区宣传站农业展览馆工作人员；1971年6月至1979年9月任沈阳市于洪区广播站工作人员；1979年9月至1982年5月任沈阳市于洪区政府办公室工作人员；1982年5月至1982年8月任沈阳市于洪区妇联副主任；1982年8月至1984年1月任沈阳市于洪区委常委、区妇联主任；1984年1月至1990年1月任沈阳市于洪区委常委、宣传部部长(其间：1986年8月至1988年7月辽宁省委党校本科培训班党政管理专业学习)；1990年1月至1992年3月任沈阳市于洪区委副书记；1992年3月至1994年12月任沈阳市委宣传部副部长；1994年12月至2001年11月任沈阳市妇联主席、党组书记；2001年11月至2009年8月任沈阳市民政局局长、党委副书记；2009年8月至2009年9月任沈阳市副市级调研员，市民政局局长、党委副书记；2009年9月至今任沈阳市副市级调研员。

【刘兴烈】 1951年11月出生，大学学历。1968年9月至1970年5月任辽宁省清原县甘井子公社知青；1970年5月至1971年9月任辽宁省清原县甘井子公社贫代会工作人员；1971年9月至1974年9月任辽宁省抚顺市卫生局政工组工作人员；1974年9月至1978年4月任中国医科大学医疗系医疗专业学生；1978年4月至1982年5月任沈阳市第二医院外科医生；1982年5月至1983年3月任沈阳市第二医院党办副主任；1983年3月至1983年12月任沈阳市卫生局党办主任；1983年12月至1984年12月任沈阳市总工会科教工会副主席；1984年12月至1990年6月任沈阳市总工会科教工会主席；1990年6月至1994年4月任沈阳市卫生局党委副书记；1994年4月至1996年1月任沈阳市卫生局党委副书记(主持工作)；1996年1月至2001年11月任沈阳市卫生局党委书记；2001年11月至2009年12月任沈阳市卫生局局长、党委副书记；2009年12月至2010年2月任沈阳市副市级调研员，市卫生局局长、党委副书记；2010年2月至今任沈阳市副市级调研员。

感动沈阳人物

【王秀珍】——抱诚守真

“对不起，我爸死了，从11月30日—12月6日停奶，12月7日送奶。送奶工！”11月30日，铁西区兴工街一带的订奶户们打开奶箱，意外地发现里面不是牛奶，而是一张纸条。原来，送奶工王秀珍在为父亲奔丧等车时，怕订奶户收不到奶着急，手写了165张字条，让17岁的儿子挨家挨户贴到用户奶箱上。这件事被沈阳晚报、中央电视台报道后，她被称为“最敬业送奶工”。要给她换工作的人不少，可她说：“订奶户是我的衣食父母，我离不开他们！”

【29个父母的希望工程】——爱的呼唤

甘肃天水的郭江余考取了沈阳大学,2009年9月17日报到那天,刚走出沈阳北站,前来接站的竟然有15位"爸妈"。2006年,沈阳大学八三级六班毕业20年聚会上,只有一人没来,这位名叫郭寿义的同学多年前车祸身亡,他的遗腹子郭江余正在读高中,却沉迷网络、无心上学。那一天,郭江余接到了爸爸的29名同学打来的电话:"孩子,我们都是你的爸妈,你就可劲地读书,读到博士咱都供你!"3年后,郭江余考取了爸爸的母校,他是29位爸妈的希望。

【刘军】——舍己救人

2009年6月24日午夜,刘军在单位加班后,驾车回家途中,听见一遭歹徒抢劫并被刺伤女孩的呼救声,他紧急停车毅然冲上前,与不法分子展开殊死搏斗,不幸被刺中胸部,献出了46岁的宝贵生命。刘军生前任辽宁出版集团所属北方联合出版传媒(集团)股份有限公司办公室副主任。沈阳市、和平区政府分别追授他为"维护社会治安见义勇为先进分子"、"见义勇为积极分子",中华见义勇为基金会追授他为"全国见义勇为英雄"。

【马常利】—— 中国士兵

2009年10月1日,中华人民共和国国庆60年大阅兵,沈阳小伙马常利与其他2名护旗手一起,第一时间走过天安门。96米,128步,为了这次任务,他当兵5年,只回过一次家。每天走步23公里,练坏了5双马靴,汗水可以盛满一个浴缸。2008年8月8日,北京奥运会开幕式,马常利等8名抬旗手高举国旗,虽然只走了9步,可是当鸟巢的十几万观众报以雷鸣的掌声,马常利强忍的眼泪还是流了出来,这一镜头很快被各媒体转载,成为感动华夏的难忘瞬间。

【庞程】——公仆本色

一位老太太捧起儿子的遗像,哭着说:"儿子,妈妈今天都明白了,妈妈再也不找了……"老太太的儿子车祸身亡,认为交警偏袒肇事方,信访多年。公安和平公局控申科科长庞程调阅案卷,找来证人核实现场,发现案件处理定性准确,就利用休息时间带着案卷来到老太太家,向她详细讲解疑点,整整讲了8个小时,老太太终于明白了案件的真相。从事信访多年来,他从没休过周末,工作严谨细致,息访疑难案件100余件,让信访群众心悦诚服。

【马鹏飞】——少年孝子

"奶奶,这是你的早饭,这些药间隔1小时吃,我都给您排好顺序了。"每天早晨,马鹏飞都早早起床,为奶奶做好早饭,准备好要吃的药后去上学。失去父母的马鹏飞,自幼与年老多病的奶奶相依为命,9年来每天买菜、做饭、洗衣,给奶奶打针。每月从银行取回奶奶微薄的退休金,先去药店给奶奶买药,再去交煤水电费,然后买生活必需品,最后剩下很少的生活费,他必须精打细算。这个苦命的孩子恪守孝道,顽强生活的故事,令人垂泪赞叹。

【李金萍】——厚德济民

"如果没有李金萍阿姨的帮助,我就没有今天。"新民市一个重度烧伤导致严重畸形的女孩,在李金萍的资助下,做了多次整形和植皮手术,当她摘下纱巾重返校园的那天,首先要感谢的就是她的李阿姨。李金萍身为沈阳市德济医院院长,对困难群众看病免费,投资200多万元在医院装修了一处免费的老年俱乐部,照顾老年会员5000多人。李金萍自己却患有脑瘤,做了开颅手术却无法根治,可她仍用爱心温暖着那些她永远放心不下的人。

【张振】——追逐光明

2008年9月9日,25岁的盲人运动员张振站到了北京残奥会男子5000米的跑道上,前4000多米张振始终未能领先,就在最后一圈的200米弯道处他突然冲刺,超过了前面的肯尼亚选手,以15分17秒35的成绩一举夺冠,国家体育场沸腾了。残奥会上,张振一举拿下了1500米、5000米两块金牌,实现了中国残奥会长跑金牌"零"的突破。在黑暗中勇敢奔跑的张振,残奥会后致力慈善事业,主持广播节目《彩虹听吧》,用自己的事迹鼓励了不少残疾人。

【陈德香】——一诺千金

早上5点天还没有亮,陈德香便早早起床,做饭,照顾97岁的杨奶奶穿衣、活动腿脚、滴眼药水,忙碌的一天就这样开始了。而她照顾的老人却与她非亲非故,一切只是源于8年前对邻居王慕勤大爷的那个承诺,"我没有别的要求,只希望死后由你照顾我的老伴。"王慕勤去世后,陈德香将双目失明的杨奶奶接回家赡养,一管就是8年。她带着杨奶奶先后两次去医院做了白内障手术,现在90多岁的老人已经重见光明,陈德香表示要让老人活过一百岁!

【温暖同路车志愿者团队】——情暖沈城

2009年11月15日,大雪纷飞、天寒地冻,30岁的沈阳小伙李涛开车上班,看着在路边寒风中等车的老人和孩子,心里很不是滋味,便打开了自己的车门,免费搭送他们。此事经媒体报道后,越来越多的爱心车主加入到这个温暖同路人的活动中来,免费接送同路人。这些志愿车主还制作了爱心标牌,渐渐得到了市民的信任和认同。已有500名车主加入这个爱心队伍,大约有两三千人免费搭乘了"温暖同路车"。

(张云路)

领导人名单

中共沈阳市委及各部、委、办、局现任领导人名单

市　委

书　记:曾　维(省委常委)

副书记:李英杰(市政府市长)
苏宏章

常　委:顾春明(常务副市长)
初立生(组织部部长)
邢　凯(副市长)
李继安(铁西区委书记)
常　明(政法委书记)
马占春(秘书长)
鞠秀礼(市总工会主席)
陈　雍(市纪委书记)
徐学东(沈阳警备区政委)
王凤波(宣传部部长)

副市级调研员:张建华
季建中

巡视员:王淮延

秘书长:马占春

副秘书长:张世斌　陈国强(兼)
齐　进(兼)　李建国
张庆明　徐德洪
田东泉　吴世元

办公厅

主　任:张世斌

副主任:马志军　赵煜昊　赵　颖
督察室主任:李文立(副局级)
副巡视员:卢丽娟　刘惠敏
于振伟　程谟刚
机要局局长:贾　群
副巡视员:孟庆光
保密局
正局级待遇:聂英森
副巡视员:汤秋节
市委组织部
部　长:初立生
常务副部长:聂洪升
副部长:安俊辉　赵　阳
李林畔　冯连旗(兼)
凌正康(兼)
市电教中心主任:李素娟(副局级)
市人才办专职副主任:都向辉
副局级组织员:张红军
干部监督工作督查员:韩　涵
市委宣传部
部　长:王凤波
常务副部长:何淑华
副部长:梁利人　马　丽
唐　明
市委外宣办主任:许建民(副局级)
市精神文明办
主　任:王久成(副局级)
市思想政治工作研究会
会　长:马　丽(兼)
副会长:刘　辉
市委讲师团团长:张龙海
副巡视员:佟永学　郭志新
廉　辉
市委统战部
部　长:赵晓川
常务副部长:王晓明
副部长:付　刚　李书鲤
任桂芳(兼)　张文滨
副巡视员:杨维德　朱　铨
市委政法委
书　记:常　明
常务副书记:洪运力
副书记:许文有(兼)
徐茂盛　于凌舜
纪检组长:王　强
市610办公室副主任:董开德
市综治办副主任:刘大刚
市法学会第一副会长:徐茂盛(兼)
副会长:王晓宇
副巡视员:孙超武　李俊杰
卢静臣

市委政研室
主　任:朱文蔚
副主任:吴奇汉　于久元
副巡视员:许世杰　赵凤德
张　军
市台办
主　任:张文滨
副主任:刘　波　蒋　新
市直机关工委
书　记:马占春
常务副书记:齐　进
纪工委书记:姜书坤
副书记:张良荣
中省直企业工委
书　记:张振洲
副书记:孙久红
副书记、纪工委书记:李本石
市委老干部局
局　长:凌正康
副局长:那建华　矫　琚
副巡视员:于吉禹　于梅冬
张　续
市编委办
主　任:冯连旗
副主任:张金兰　雷雨润
郑　玉
副巡视员:徐克枝
市委党校
校　长:苏宏章(兼)
常务副校长:韩玉奇
副校长:吴　歌　刘成果
王传民
巡视员:何国臣
副巡视员:王　连　彭丽萍
赵振江
市委党研室
主　任:赵　阳(兼)
副主任:鲁　颖
沈阳日报报业集团
总裁:黄学有
副总裁:陈　波　潘艳君
王肇颖　兰宝刚
吴秀娥

市人大常委会现任领导人名单

市人大
主　任:赵长义
副主任:李宝权　徐　璐　连加诚
温贵纯　宋铁瑜
秘书长:张　宁
驻会委员:李志伟　修俊岩
何晓光　薄五一
卢静艳　罗大明
张继良　栾　英
刘长林　张　利
王树雨　郭君达
冯振和　宛　英
马广文　陈苏玉
李　蒲　田维忠
韩绍龙　铁慧茹
郭凤梅　杜永成
杨学锋　孙德英
张桂林　虞　思
副秘书长:李志伟　修俊岩
何晓光　魏海军
开发区工委
主　任:魏海军(兼)
办公厅
主　任:李志伟
副主任:王柏岩　张学伟
董文志
信访办
主　任:金　平
法工委
主　任:孙德英
副主任:王锦时　李　萍
人事工委
主　任:修俊岩
副主任:孟昭贵　梁志新
研究室
副主任:陈维忠　王建国
环资委
副主任:汪惠权
科教文卫委
副主任:赵素坤
内务司法委
副主任:李英民
农业农村委
副主任:张　鑫
巡视员:白成海
副巡视员:张顺利　周慧敏
侯吉庆　孙茂林
杨开成　马俊杰
张文元　顾丽雅

市政府及各委、办、局现任领导人名单

市政府
市　长:李英杰

常务副市长:顾春明
副市长:刑　凯　王　玲
王　英　王翔坤
邹大挺　祁　鸣
杨亚洲
副市级调研员:宋　琦　张　颖
刘兴烈
巡视员:齐法兹
秘书长:张景辉
副秘书长:董文秋　周　勇
公维伦　刘凤海(兼)
佟晶石(兼)　张中华
陈　军(兼)
黄　立(兼)
苏兴峰(兼)　陈小平
刘　祥　徐大地
陈荣礼　曾　波
陈惠仁　田　家
李　军　顾少清
闫卫东

市政府办公厅
主　任:徐大地
副主任:王炜暐　许　健
李　薇
纪检组长:韩晓光
副巡视员:祝传清　胡永喜
邸　峻　张　雷
参事室
主　任:张德利
巡视员:王可夫
应急办
专职副主任:张　荣

市政府驻北京办事处
主　任:李　军
副主任:赵维君
副巡视员:李爱平　廖春杰

市政府驻闽南办事处
主　任:黄　立
副主任:崔敬禹

市政府驻温州办事处
主　任:苏兴峰

市政府驻深圳办事处

市政府驻香港代表处
主　任:王羽轻

市发改委
主　任:彭　林
副主任:李泽民　李玉华
何献俊　杨晨晓
于　沈　郭向文
赵恒波　孙大军
纪检组长:董毅枝
总经济师:刘伟奇

重点项目办
主　任:程　育
项目稽察办
主　任:李　涓
沈阳经济区办
副主任:梁洪杰
绿色工程办
主　任:孙洪科
铁改总公司
主经理:朱若蘅
副巡视员:赵大为　闫凤和
杨国凯　许立柱

市经信委
主　任:王洪涛
副主任:杨洪峰　刘玉新
张殿军　杨志安
李纪宁　谢东明
张江徽　刘鹤群
葛　苏　李　屹
曹晓玲
纪检组长:武木林
老干部局局长:张翼鲜
世行项目办
副主任:李越力
技改基金办
主　任:宋　军
沈阳招标公司
总经理:刘一民
副总经理:曹慧卿　鞠秀智
正局级待遇:罗奉岭
副巡视员:李　艺　栗文安
李嘉斌　马翔庆
栾洪亮　赵晓敏
白树友　马凤君
李柏山　邢绍江
程　科　郑金栋

市教育局
局　长:苏文捷
副局长:张振忠　倪　左
李　铁　韩燕子
张晓军
市委教科工委
书　记:赵日刚
副书记:张　恩
市教育督导室
副主任:胡长胜　刘　辉
高　琛
市招考办
主　任:赵仁君
副主任:郑　卫
副巡视员:李铁元　何文扬
吕贵普

市科技局
局　长:宋锡坤
副局长:吴希平　李　刚
郭玉福
巡视员:李铁夫　孙　猛
副巡视员:李　伟　吕尊方
李朝伟

沈阳科技总院
院　长:宋锡坤

市民委
主　任:任桂芳
副主任:郑继俊　金　翔
巡视员:李秀芬
副巡视员:马宏伦

市公安局
局长、党委书记:许文有
副局长:安锦荣　张广善　刘晓竞
闫守国　咸金奎
党委委员:杨耀戈
政治部主任:孙建军
纪委书记:田　维
指挥中心主任:巩永利
国保支队支队长:宁家彬
后勤装备部主任:陈辽东
交警支队支队长:安景诚
政委:周家旺
巡警支队支队长:唐继栋
政委:李黎杰
刑警支队支队长:王晓刚
政委:李学民
特警支队支队长:董　斌
政委:李成芳
治安支队支队长:黄志勤
政委:陈振武
监管支队支队长:秦　牧
政委:王力峻
反恐支队支队长:郑　义
政委:关　强
和平分局局长:秦　华
政委:高国斌
铁西分局局长:尤泽余
沈河分局局长:赵金府
政委:王　群
皇姑分局局长:张　虹
大东分局局长:姜凤英
政委:祖连生
东陵分局局长:高玉斌
政委:王立庚
于洪分局局长:战　涛
政委:姜书长
苏家屯分局局长:邹　飞
政委:刘克军

沈北新区分局局长:曹力钧
政委:程　山
浑南分局局长:赵　辉
政委:王效伟
北站地区分局局长:姜明非
政委:王连成
经济技术开发区分局
局　长:马玉麟
政　委:张　专
棋盘山分局局长:曲保国
政委:王　涛
农高分局局长:徐恩普
政委:徐　洪
细河分局局长:贾连成
政委:崔明秀
市维稳办
主　任:许文有(兼)
副主任:匡尚忠　刘牧野
正局级待遇:李　凡　雷玉琦　陈广仁
副巡视员:张　民　李万魁　崔德润　李洪元　张振峰　刘新久　许宝贵　赵玉林
副局级待遇:冯连贵　曲长海

市民政局
局　长:刘　健
副局长:李东辉　冯　凯　许振民　陈连宽
党委书记:张　哲
纪委书记:王　宏
巡视员:屈会志
副巡视员:王克宏　刘　毅　郝砺生　王　慨

市司法局
局　长:郑朝权
副局长:张宪生　许树文　刘　晶
党委书记:徐　明
纪委书记:李大新
政治部主任:聂雪松
副巡视员:李志新　李荣深　董华光

市财政局
局　长:陈　勇
副局长:张恒玺　王国正　吴景峰　曹　鹏　卢　俊
总会计师:吴　玲
纪检组长:苏曼华
市投融资中心
主　任:张恒玺
副主任:张　弘　刘锦荣

市人力资源和社会保障局
局　长:冯连旗
副局长:王　军　杨顺昌　王　东　赵继凯　刘志寰　冯　志　魏喜春　赵庆春
纪检组长:赵红岩
副巡视员:王若兰　耿志斌　曹雪琳　郑德全　边国江　邹文娟
市人才市场管理办
主　任:孟庆伟
市军转办主任:刘京枫
市外专局局长:王义东
市就业服务局:
局　长:王永兰
市养保中心
主　任:张剑光
书　记:乔佐文
市医保中心
主　任:韩春丽

市规划局
局　长:王　健
副局长:肖　枫　张广印　卢春风　何　军　武利华　严文复
纪检组长:唐述奇
市土地储备交易中心
主　任:曲长令
副巡视员:郑德日

市环保局
局　长:李　超
副局长:林志刚　蒋颂杰　陈　阳　丁洪彦
总工程师:王　莉
副巡视员:姜　涛

市建委
主　任:秦文军
副主任:孙晓光　陈　勇　宫建昌　鲁　博　马　达
党委书记:张立英
党委副书记:孙公卿
总工程师:隋明悦
市村镇办
主　任:孙　东
市地源热泵办
副主任:王新北
巡视员:侯　俊
正局级待遇:郝建文
副巡视员:李　澍　马连秋　李国华　王敏杰　戴纪锋

市城建局
局　长:于沈光
副局长:罗光祥　曾庆元　姚　敏　刘　伟
党委书记:王海玉
党委副书记:刘　聪
工会主席:张露丽
副巡视员:梁银龙　林柏春

市行政执法局
局　长:董文秋
副局长:罗建春　杜　娟　王毅明　张长胜
副巡视员:赵　戈

市房产局
局　长:纪　凯
副局长:张顺成　李守东　赵正心　范　民
党委书记:王黎宁
纪委书记:刘新舫
市拆迁办主任:李　强
巡视员:李鸿斌
副巡视员:刁永旗　田　伟　李继光

市交通局
局　长:石其金
副局长:刘　晶　高　杨　高　虹　石　坚
党委书记:佘新民
党委副书记:赵庆文
纪委书记:王玉卿
市城轨交通办副主任:汤　泓
副巡视员:胡秀岩　康魁文　刘春章

市农经委
主　任:于　波
副主任:陈永祥　史仕成　张俊华　王　谦　李　晔　邸瑞峰
纪检组长:夏洪祥
新农村办副主任:李春禄
正局级待遇:胡茂林
副巡视员:全奎国　刘忠义　张庆玲
市畜牧兽医局
局　长:陈永祥
副局长:杨松林　朱文波
副巡视员:孙可兵

市水利局
局　长:于　灏
副局长:聂良斌　白恩波　石　军
副巡视员:王铁生

市林业局
局　长:赵奎礼
副局长:付毅慧　尚明铸
森林公安分局局长:张国强
副巡视员:孙　强
市粮食局
局　长:刁永桐
副局长:王　彦　高　潮
党委书记:刘兆仲
党委副书记:那崇石
副巡视员:樊凤荣
市中小企业局
局　长:陈　弘
副局长:王晓林　关　怀
岳贵君
巡视员:秦振佐
副巡视员:朱继先　胡青山
市服务业委员会
主　任:张士勇
党组副书记:许继武
副主任:王　晖　马　闯　刘杰然
宁　纯　石宝晔　于喆晔
巡视员:陈　聪　张雅清
副巡视员:刘世斌
市外贸局
局　长:李鹏宇
副局长:郝　欣　米鸿森
崔建英　宋　超
孟　然　李旭臣
纪检组长:凌伯山
巡视员:佘长斌　孙连珠
正局级待遇:刘振祥　曹增和
韩国代表处
主　任:朱　杰
副主任:鲜于光
东南亚代表处
主　任:李力铭
日本代表处
主　任:赵　凯
副主任:李　贤
欧洲代表处
主　任:孙　利
美国代表处
主　任:杨　卓
香港利和公司
总经理:吕宝宁
市文化广电局
局　长:谢　石
副局长:刘语民　王毓文
佟辑云　杨　弘
李虹伟　刘　坤
王建华
党委书记:于连胜
党委副书记:冯　彦
纪委书记:王志祥
副巡视员:李慧萍　蔡君武
张世民
市体育局
局长:徐兴家
副局长:张心江　沙　钢
巡视员:李荣玺
副巡视员:董蓓蓓　蔡　宏
市旅游局
局　长:柳秀芝
副局长:陈日杰　陈国聆
副巡视员:刘　洋　臧思怀
市卫生局
局　长:刘兴烈(党委副书记)
副局长:赵　午　都英杰
陈　刚　裴庆双
苏立明(兼)
党委书记:张　丽
纪委书记:尤春江
副巡视员:曹凤强　张原鹏
市干保办主任:苏立明
市疾控中心
主　任:董丽君
党委书记:刘喜成
市计生委
主　任:韩晓明
副主任:刘　利　毛印百
市审计局
局　长:毕华峰
副局长:韩　力　付　立
高洪光　刘宝石
纪检组长:李广志
巡视员:鲁家福
副巡视员:李燕琳　曹佑成
市质量监督局
局　长:隋　莉
副局长:张立文　宣安东
于　力　郑　伟
纪检组长:王运波
副巡视员:赵树君　刘廷桓
李　军
市食药监督局
局　长:王燕玲
副局长:金玉芝　石晓峰
李蔚天
纪检组长:袁　革
巡视员:田春寰
副巡视员:孙　捷　邱　波
市统计局
局　长:路玉甫
副局长:李长斌　陈玉涛
李争时
副巡视员:张振川　佟玉英
市经济调查局
局长:王克林
副局长:刘　奇　田喜斌
市安监局
局　长:陈建智
副局长:陈树奎　孙有铁
秦焕凤　陈　杰
副巡视员:刘　强　王德周
市外办
主　任:方向东
副主任:郭翼青　范泉水
王晶莹　马立新
纪检组长:高华山
正局级待遇:齐大超　韩名耀
副巡视员:赵大平　苏晓辰
市金融办
主　任:马智天
副主任:杨　威　那　娜
副巡视员:苏广辉
市信访局
局　长:陈国强
副局长:石　敏　张雅书
姜　萍　刘　军
副巡视员:王　刚　崔革新
市政府法制办
主　任:李宏吉
副主任:吴　冬　于海鹰
副巡视员:裴胡锁　孟繁凯
政府研究室
主　任:姜　军
副主任:赵　斌　孙玉娟
副巡视员:石其钢　王东辉
市人防办
主　任:王勇进
副主任:张建民　王辅东(兼)
正局级待遇:王子君
副巡视员:吉泰安　颜志华
市国资委
主　任:刘永生
副主任:李四文　郭志祥　孙连政
党委书记:马绍武
党委副书记:张天楫
副巡视员:伊才俊　汪惠泳
于立源　梁炳欣
李　军
沈阳联合产权交易所
主　任:王琳琳
市工商局
局　长:程云伟

副局长：郑　迅　王国立
　　张国宾　王　群
纪检组长：白冬生
正局级待遇：郑光远
副巡视员：王伟民　郝燕妮

市物价局

局　长：李泽民
副局长：王秋克　周亦兵
　　崔耀宗
副巡视员：关嘉玉

市档案局

局　长：荆绍福
副局长：周庶江　许光明
副巡视员：高军玉

市地震局

局　长：喻虹桥
副局长：程文海

市政府地方志办公室

主　任：朱　慧
副主任：周德礼

市接待办

主　任：陈　军
副主任：张世财　那佩玲
　　赵　丹　杨　良
巡视员：张苏中
副巡视员：杨　光　尚淑敏

市文史馆

副馆长：宋素华　姜力华
　　张士芳

沈阳电台

台　长：张东毅
副台长：李慧敏　张伟光
　　廉　杨　曹庆环

沈阳电视台

台　长：白明路
副台长：李依群　刘亚平　邵　伟
　　佟伟仁　贾　欧
正局级调研员：张茂民

市仲裁办

主　任：李宏吉（兼）
副主任：韩庆升

住房公积金管理中心

主　任：唐玉辉
副主任：赵学武　刘旭辉　王　彦
副局级调研员：厉　馨　王建中

政府采购中心

主　任：邹　昊

地铁建设指挥部

总指挥：佟晶石
常务副总指挥：王国正
副总指挥：张振邦　王　刚
　　陈　涛

总工程师：仝学让
纪检组组长：赵　旸

市供销社

主　任：王帅英
副主任：邹翠云　王兴国　孔德树
　　侯景林　高　峰
党委书记：岳铁山
工会主席：罗伟华
副巡视员：杨　林

沈阳大学

党委书记：李梦玲
校　长：孙铁珩
常务副校长：高　峰
党委副书记：阴训法
副校长：宋德宏　王　滨
　　王明友　王少洪
副校级调研员：傅　刚

沈阳医学院

党委书记：张殿清
院　长：肖纯凌
正院级调研员：段永平

沈阳广播电视大学

校长：谭惠苓

沈阳职业技术学院

党委书记、院长：王　强
党委副书记：谢修仲

科技干部学院

党委书记、院长：王　强

中兴——沈阳商业大厦

董事长、党委书记：刘芝旭
副总经理：李文鹤　赵俊玲
　　胡凯峰　高　仲
　　潘德平
党委副书记：梁大栓（纪委书记）

市副食集团公司

董事长：李　军（党委书记）
总经理：刘玉东（党委副书记）
副总经理：仉树立　杨万年
　　张定国　顾清华

沈阳物资集团

董事长：江崇军（党委书记）
常务副总经理：汪惠先
副总经理：孙忠霖　周卫东
　　孟凡凯
党委副书记：赵景昆（纪委书记）

沈阳水务集团

董事长：张国祥（党委书记）
总经理：刘德林（党委副书记）
党委副书记：王军锋（纪委书记）
副总经理：刘　石　闫　明
　　张亚峰　张英健
　　陈显利　谭　明

地铁运营有限公司

董事长：曲向军（总经理）
副董事长：张　锐（常务副总经理）

中国沈阳国际经济技术合作公司

总经理：唐乐珍
党委副书记、纪委书记：王红军
副总经理：王宝东　任月强
　　刘　玮　范希臣

盛京银行股份有限公司

董事长、党委书记：张玉坤
监事长：杨　林
常务副行长、党委副书记：周洪敏
副行长：王春生　赵光伟
总稽核：宋洪昌
工会主席：黄永久
纪委书记：韩　萍

沈阳机床（集团）

董事长：关锡友（总经理）
副董事长：张伟明（党委书记）
副总经理：刘春时　关　欣
　　孙　恺　孙纯君
　　张之中
党委副书记：李文华（纪委书记）
工会主席：唐　花

东药集团

董事长：刘　震（党委书记）
总经理：汲　涌（党委副书记）
副总经理：周　凯
工会主席：王　燕
党委副书记：王建华（纪委书记）
副总经理：刘　琰　孙景成
　　李久旭　张正伟
　　周　凯

北方重工集团

董事长：耿洪臣（总经理）
党委书记：王铁锋（副董事长）
副总经理：王　东　王东春
　　王学民　王振余
　　冯景昌　苏学样
　　李荣凡　金光根
　　赵凯军

沈阳鼓风机集团

董事长、党委书记：苏永强
总经理：孔跃龙（党委副书记）
副总经理：马　诚　王学军
　　邓长辉　孙玉山
　　李晓峰　吴　丰

沈阳基础产业建设发展集团有限公司

董事长：苏庆祥（总经理）
副总经理：那洪宇　李　侠
　　李文彦

沈阳达锐投资管理有限公司
董事长、总经理:连 军
副总经理:李治民 韩 波
沈阳地铁集团公司
董事长:郝建文
副总经理:杨久兴、姜柏林
文化执法总队
队 长:王洪义
市发展资金办
主 任:李忠信
副主任:刘莹光
市行政审批办
主 任:周 勇
副主任:刘延民 崔 放
副巡视员:王承先
公共资源交易中心管理办
主 任:周 勇(兼)
副主任:邹 昊

中国人民政治协商会议辽宁省沈阳市委员会现任领导人名单

市政协
主 席:刘雅琴
副主席:卢 柯 李 楷 李 峰
张秀华 赵晓川 赵秋凤
孙 红 李卓然 韩晓言
秘书长:铁 岩
副秘书长:周 巩 赵艳芳
祁荣安 李 力
杨大勇
提案委主任:李瑞俭
经济委主任:孙元志
人资城乡委主任:王晓非
文教体卫委
主 任:王 利(兼)
副主任:王 杰
社会法制委主任:赵永宪
民族宗教委主任:刘仁刚
学习宣传委主任:张绪进
台港澳侨委主任:马建萍
办公厅副主任:王文忠
研究室副主任:何 畏
副巡视员:马 骧 田凤玲
周 斌 苏效众

检察院、法院现任领导人名单

市法院
院 长:卞富学
副院长:孙义祥 刘 伟 杨欲兵
杨 悦 王武范
政治部主任:张明强
执行局局长:林昌焕
纪检组组长:孔 岩
审判委员会专职委员:
刘 春 王 桅 曲阿翔
沈阳经济技术开发区法院
院 长:范雅忠
沈阳高新技术产业开发区法院
院 长:宋丽君
正局级待遇:任红军 赵 钰
林万新
副巡视员:王 曦 杨洪斌
陈嘉良
副局级审判员:张万忠 章三滨
市检察院
检察长:李 丰
副检察长:许传钊 王 锋
梁建勇 王 勇
政治部主任:曲新光
纪检组组长:陈效民
反渎职侵权局局长:蔡铁良
反贪局局长:刘祥耀
检察委员会专职委员:
苗占元 姜耀辉
城郊地区检察院
检察长:李亚光
沈阳经济技术开发区检察院
检察长:孙永利
沈阳高新技术产业开发区检察院
检察长:朱 海
副局级检察员:慈明勋
副巡视员:周宝贵 刘晓东
李景贵

中共沈阳市纪律检查委员会(监察局)现任领导人名单

市纪委
书 记:陈 雍
常务副书记:鞠保平
副书记:史文昌 迟维意
常 委:赵 萍 王 凯 李黎明
李顺瑜 张 淼 孟凡伟
监察局局长:史文昌
监察局副局长:于克力 赵 萍
副局级室主任:金炳甲 马学山
赵 岩 张庆文
刘正凡 杨丽莉
刘 虹 崔嘉林
崔 隆 张中人
孔宪才 张引平
关卫民 谢振远
翟 威 何增春
骆 峰
副局级纪检监察专员:张树华
王世林

群众团体现任领导人名单

市总工会
主 席:鞠秀礼
常务副主席:赵春平
副主席:刘阁臣 段 阳
邵敬联 王义清
杨顺昌(兼) 闫凤霞(兼)
市农民工维权中心
主 任:傅宏宁
巡视员:韩凤奎 张金城
副巡视员:何春祥
团市委
书 记:邢 鹏
副书记:郭忠孝 张洪利
刘智勇 张 鹏
市妇联
主 席:初立华
副主席:赵月英 闫凤霞
杨利群 段 阳(兼)
副巡视员:田晓敏 刘志娟
市科协
主 席:孙铁珩(兼)
副主席:李凤伦 张丽茹
李宏印
副巡视员:田新娟
市社科联
主 席:王凤波
副主席:张 涛 刘庚杰

副巡视员：刘　杰

市文联

主　席：白长鸿

副主席：王荣彦　王哲年

副巡视员：刘煜昌

市侨联

主　席：王庆伟

市残联

理事长：梁万富

副理事长：孙淑君　郭永普　宋振虹

副巡视员：朱继勋　付　军

市贸促会

会　长：李　军

副会长：沈　跃　王丽杰

副巡视员：张亚斌

市工商联

党组书记：付　刚（兼）

主　席：李卓然

副主席：李振林　王　罡　王英勤

副巡视员：于伟民　杜福才

市红十字会

副会长：宿　鲁

各区、县（市）、开发区现任领导人名单

铁西区

铁西区委

书　记：李继安

副书记：李松林　彭俊和

常　委：王一兵　王泽胜　李　军　张玉杰　何正勇　汪　诚　杨振清　刘树敏

铁西区人大

主　任：周荣生

副主任：张小康　那兴伟　商国华　王振忠　李奇星

铁西区政府

区　长：李松林

常务副区长：王一兵

副区长：李　军　刘　文　荣伟东　刘守宇　尤泽宇　王志刚

铁西区政协

主　席：崔晓军

副主席：李英杰　邓建国　任炳金　金　文　姜晓娟

铁西区法院院长：王玉辰

铁西区检察院检察长：史启林

正区级调研员：宋瑛珍

副区级调研员：王桂云　张　林　许　斌　宫本林

副区级待遇：王焕云　刘福民　于　夫

沈阳经济技术开发区

主　任：李松林

常务副主任：张坚强

副主任：李　军　刘　斌　刘　文　马玉麟　荣伟东　刘守宇　董　峰　王志刚

副巡视员：赵　建　徐文臣　牛树森

市副局级待遇：任德林

沈阳（张士）出口加工区

主　任：周　航

副主任：李　慈　齐向东

沈阳细河经济区

副主任：黄士硕

冶金工业园区

主　任：孟　宏

副主任：任宝箭　高　潮

和平区

和平区委

书　记：汪　涛

副书记：程晓龙　肖　坤

常　委：郑成亮　黄兆平　王　菁　张维伦　孙　明　董　强　生新元　刘阳春　周以胜

和平区人大

主　任：翟焕珍

副主任：赵素芬　陈元鹤　张　伟　苏在一　李红光

和平区政府

区　长：程晓龙

常务副区长：郑成亮

副区长：裴达树　董　强　秦　华　孙源志　郭绍维　宋　丽

和平区政协

主　席：赵素坤

副主席：李先志　安　涛　初良广　朱　翎　李红实

和平区法院院长：孔　羽

和平区检察院检察长：周　伟

正区级待遇：国好义

副区级调研员：张鹏举　李蓬勃

副区级待遇：李艳萍　于　洋

长白岛管委会

主　任：程晓龙（兼）

副主任：孙　明　杨　波　荆　伟

沈河区

沈河区委

书　记：张　晨

副书记：庞洪波

常　委：吴晓冰　刘　岩　魏春华　蔡效军　关蓉晖　李晓东　冯德钧　刘振宁　王海廷

沈河区人大

主　任：刘　平

副主任：赵　彬　谷玉秋　王敬党　杨国臣　高　璇

沈河区政府

区　长：庞洪波

常务副区长：吴晓冰

副区长：肖振亮　吴智丰　徐爱秋　王志刚　王　林　袁长跃　赵金府

沈河区政协

主　席：赵玉文

副主席：史凤彤　任永辉　冯　述　董雪峰　戴丽梅

沈河区法院院长：岳明伟

沈河区检察院检察长：王宇航

正区级调研员：陈松科

副区级调研员：金兆祥　林维光

副区级待遇：刘秀兰　杨文凯　龙世泽

商贸开发区

主　任：庞洪波

副主任：刘　岩　冷银锁　隋中清　姜明非　孙伟山

副巡视员：秦路捷　郭俊芝

大东区

大东区委

书　记：王开军

副书记：于振明　白　实

常　委:李宏德　衣　甫　陈世海
陈玉光　张春风　王　琦
王庆海　杨大巍　张鸿雁

大东区人大
主　任:关宏平
副主任:刘长江　王华林　王　欣
王　勇　孙良法

大东区政府
区　长:于振明
常务副区长:衣　甫
副区长:李宏德　陈大为　姜凤英
张艳红　孙豪杰　吴　迪
冷雪峰　牟丽博

大东区政协
主　席:陈　列
副主席:邵文良　张行宏　郭　玲
邢　军　哈　林

大东区法院院长:朱秀英
大东区检察院检察长:郑允岐
正区级调研员:贾巨兴
正区级待遇:韩兴振
副区级调研员:任学富　赵　韬
副区级待遇:李兆秋　李长富
王芝庭

欧盟开发区
主　任:于振明
副主任:张春风　王　东　张　梅

皇姑区

皇姑区委
书　记:刘慧鸣
副书记:闫　石　刘景芳
常　委:杜春华　张昕光　柏　野
杨志宏　张黎光　唐　丽
于明海　齐　全

皇姑区人大
主　任:张　伟
副主任:齐　放　张　敏　石宝焕
林学家　张传东

皇姑区政府
区　长:闫　石
常务副区长:杜春华
副区长:张黎光　张志刚　张　虹
高　斌　贺　燕　李　凯

皇姑区政协
主　席:冯顺起
副主席:徐国瑾　李　跃　蓝东芝
刘庆瑞　常胜权

皇姑区法院院长:宫文义
皇姑区检察院检察长:黄　伟
正区级调研员:宫金华
副区级调研员:陈德文
副区级待遇:张秀云　李清杰
北部经济区主任:赵晓明

东陵区

东陵区委
书　记:赵世宏
副书记:许艺伟　王健英　李桂盛
常　委:李晓航　方铁林　王忠武
张景文　江　勇　王欢苗
孙晓慧　许海清

东陵区人大
主　任:贺程鹏
副主任:梁世义　朱　杰　郑秉库
常国华　唐绍远

东陵区政府
区　长:许艺伟
常务副区长:李晓航
副区长:侯　巍　高玉斌　孙　敏
裴希岩　周　武

东陵区政协
主　席:罗颖力
副主席:秦庆育　宋崴嵬　隆　楠
王小奇　姚维忠

东陵区法院院长:冯圣华
东陵区检察院检察长:张晓力
副区级调研员:李庆章　刘忠仁
李东亚　陈广鹏
副区级待遇:张国英　杨建明

满融经济区管委会
主　任:许艺伟(兼)
副主任:马英奎　张　哲

航高基地
党工委书记:沙波涛
副主任:许艺伟(兼)　王　健(兼)
常务副主任:刘彦学
副主任:金光熙　钱乃生　张　彬

于洪区

于洪区委
书　记:戴贺臣
副书记:王　镇　陈佳标
常　委:孙铁夫　袁　柳
刘　虹　杜志刚
姜　雷　孙　弢
戚　宇　赵伟祺

于洪区人大
主　任:刘继林
副主任:秦旭升　王淑娥
黄　斌　王述良
韩立克

于洪区政府
区　长:王　镇
常务副区长:孙铁夫
副区长:姜　雷　于　龙　申志斌
孙海洋　刘俊英　战　涛
崔　颖

于洪区政协
主　席:王桂英
副主席:李秀云　左树贵　曲万成
孙国财　何　伟

于洪区法院院长:赵宏瑜
于洪区检察院检察长:张万军
正区级待遇:徐正本
副区级调研员:侯晓峰　周贵斌
邵长福
副区级待遇:戴英杰　付彦明

北陵星火技术密集区
主　任:赵胜龄

大工业区管委会
主　任:王　镇(兼)
副主任:宋　威　李福天

苏家屯区

苏家屯区委
书　记:邓福林
副书记:王　健　杨　军
常　委:杨　树　李剑秋　侯晓东
么汝兴　李德平　程　心
曹宝安

苏家屯区人大
主　任:贾殿屏
副主任:邹有昌　董洪满　赵德林
魏邦伟　刘金英

苏家屯区政府
区　长:王　健
常务副区长:杨　树
副区长:侯晓东　郑　滨　李洪吉
陈伟昌　邹　飞　徐晓勇

苏家屯区政协
主　席:张淑英

副主席:郝巨东 王大力 敦恩涛
王玉山 孟令山
苏家屯区法院院长:李庆新
苏家屯区检察院检察长:徐宏捷
副区级调研员:葛凤来 田志远
张信宇
副区级待遇:李唤弟
沈阳浑河新城
主 任:王 健(兼)
副主任:赵志坚 王志刚 王德利

沈北新区

沈北新区区委
书 记:蹇 彪(副市级干部)
副书记:阎秉哲 李英华
常 委:金志生 连茂军 刘东耀
金玉龙 于宜贤 王忠昆
罗 丽 周鹏举 康 勇
沈北新区人大
主 任:陈 航
副主任:温克义 王东红 王 艳
杨宝贵 杨 凯
沈北新区政府
区 长:阎秉哲
常务副区长:连茂军
副区长:王忠昆 顾 瑛 孙兴武
陈双伟 房立群 曹力钧
杨宇光 田学礼
沈北新区政协
主 席:佟树良
副主席:周海杰 魏庆杰 李 银
张 鸣 王凤久
沈北新区法院院长:冯 岩
沈北新区检察院检察长:胡成山
正区级调研员:华振洪
副区级调研员:富尔强 陆晓川
副区级待遇:衣丽娜 刘 欣
蒲河新城
党工委书记:蹇 彪
主任、党工委副书记:阎秉哲
常务副主任:金志生
党工委副书记:刘克武
副主任:孙永刚 徐恩普
唐 迪 曹永刚
副巡视员:遇慧敏 崔龙泰
王永天
副局级待遇:王金钟

农垦总公司
副总经理:管云武
纪委书记:周海山

辽中县

辽中县委
书 记:张东阳
副书记:林 强 陶庆才
常 委:蒋 勇 王 静 丁 宇
翟 克 年启厚 葛海军
黄宝晖 李素娥 李建伟
辽中县人大
主 任:张作武
副主任:丁绍柱 白景利
闵加奇 年桂菊
辽中县政府
县 长:林 强
常务副县长:蒋 勇
副县长:李素娥 蹇 骞 李 然
李 诗 唐金凤
辽中县政协
主 席:沈晓维
副主席:关荣伟 郭 兵
石桂芳 任凤荣
辽中县法院院长:井秀林
辽中县检察院检察长:白敬实
副县级调研员:佟会超 李宝权
王复章
副县级待遇:江殿国 陶志伟
近海经济区
主 任:林 强
副主任:张新波 张荣国
保税物流园区
主 任:林 强
副主任:赖立明 徐 磊

新民市

新民市委
书 记:徐宝华
副书记:高 航 孙常福
王海波
常 委:刘澜波 赵志一 杨树德
李淑文 王华锋 李洪泉
苗初印 张春彦 孟宪梅

新民市人大
主 任:宋海廷
副主任:赵玉成 张 静
吴志中 钱静菊
新民市政府
市 长:高 航
常务副市长:刘澜波
副市长:王华峰 孟宪梅 吕建伟
孙海燕 王玉晗
新民市政协
主 席:林子栋
副主席:吕长金 赵红霞
崔文翔 安 秋
新民市法院院长:张东波
新民市检察院检察长:张丰才
正市级待遇:程占喜
副市级调研员:刘 正 冯永久
李忠奎
副市级待遇:张树凡
胡台新城
主 任:高 航
副主任:范庆军 赵爱群
新民经济开发区
主 任:张绍森

法库县

法库县委
书 记:关志鸥
副书记:冯守权 张海涛
常 委:彭书国 孟繁凯 房东辉
刘连恒 周长旭 段秀华
刘永熙 马立伟 孙海辉
李恩连 李红莉
法库县人大
主 任:张振权
副主任:何忠良 王树生
段绍英 何云波
法库县政府
代县长:冯守权
常务副县长:彭书国
副县长:刘永熙 李红莉 徐凤贵
盖燕凤 赵 丹 王冠木
法库县政协
主 席:张福志
副主席:杨国忠 银海泉
王桂艳 陈宝良

法库县法院院长：李万涛
法库县检察院检察长：张遂志
副县级调研员：吴枫林　杨树范　刘洪生　张国祥
副县级待遇：田久荣　王天泉
法库经济开发区
主　任：林　涛

康平县

康平县委
书　记：徐凤翔
副书记：赵连渤　刘绍东
常　委：李鸿志　李兴文　尹　凛　姜　涛　王一平　代国斌　吕明臣　刘景山　蔡原征　慈鸿钢
康平县人大
主　任：王凤仁
副主任：孙振芳　王碧君　袁　野　温志达
康平县政府
县　长：赵连渤
常务副县长：李鸿志
副县长：吕明臣　慈鸿钢　李奎兴　张继明　包艳艳　张延力
康平县政协
主　席：田百祥
副主席：屠永远　安景才　葛　峰　孔德君
康平县法院院长：郭图新
康平县检察院检察长：石兴华
副县级调研员：温凤霞　王启申　李向军
副县级待遇：张立峰

浑南新区

主　任：黄　凯
副主任：林海波　孙　红　吕　凡　赵　辉　郭士全　银　鹰
党工委副书记：白凤华
工会主席：王宏军
副巡视员：蒋贵林　孙维华
副局级调研员：乔　伟
副局级待遇：刘建立
沈阳出口加工区
主　任：吕　凡
副主任：郝　毅
沈阳新加坡工业园区
主　任：黄　凯
副主任：李树木　杨　琦

棋盘山开发区

主　任：刘凤海
副主任：高建东　高士范　曲保国　张　英　常　亮　洪　波　刘延江　赵　烈
党工委副书记：刘文选
正局级调研员：曹桂玲
副巡视员：徐　莉
副局级调研员：焦志勇
副局级待遇：黄振洲

[注]：此名单依据2009年12月31日在职干部名册列出，由市委组织部提供。

光　荣　榜

全国劳动模范

徐　强　沈阳鼓风机集团有限公司齿轮压缩机车间副主任
曹佰库　北方重工集团有限公司盾构机分公司一车间主任
夏云龙　沈阳市沈河区房产局110房屋报修中心主任
高　虹　沈阳市和平区城管局第一环卫所所长
王桂荣　沈阳金杯车辆制造有限公司涂装车间工艺员
陈新海　沈阳机床股份有限公司齿轮分公司工人
张雨廷　沈阳市出租汽车联营总公司驾驶员
王　欣　沈阳黎明发动机(集团)有限责任公司工人
王　彤　中兴——沈阳商业大厦服装商场营业员
张若雷　沈阳高压成套开关股份有限公司技术部部长
于会怀　辽中县六间房乡许家村农民
钱玉贵　沈阳市沈北新区新台子村村党支部书记
高金萍　法库县冯贝堡乡务名屯村党支部书记
关锡友　沈阳机床(集团)有限责任公司董事长
孙国财　沈阳宏发企业集团董事长
王心智　沈阳靓马集团有限公司董事长
王会琴　沈阳蒲兴禽业集团有限公司董事长
高福军　沈阳天北建筑安装工程公司项目经理

全国先进工作者

林木西　辽宁大学经济管理学院院长
刘　辉　沈阳市第二中学校长
李静文　沈阳京剧院副院长
李栓良　沈阳市公安局交警支队皇姑区大队泰山岗交警
徐　克　中国医科大学附属第一医院院长
董鹃鹃　沈阳海关关税处减免税科科长
鲁　博　沈阳市城乡建设委员会副主任
高　琛　东北育才学校校长

感动沈阳60年——劳动功勋

（名单按姓氏笔画排序）

么喜龙	马秋芬	公丕发	王凤恩	王心智
王巧珍	王会琴	王兴亚	王延隆	王胜春
邓万宏	冯玉忠	史继文	田桂英	任雅晶
孙　艺	安静娴	闫云环	何　伟	吴大有
吴家柱	张　振	张成哲	张绍阳	张敏媛
李　闯	李　薰	李素文	李锦韬	李默然
杨建发	杨建华	陈洪铎	陈温福	单兴万
林海丰	金福长	段玉跃	胡玉玺	荆治严
赵希友	唐任远	唐乾三	夏云龙	徐　强
徐友泮	徐占海	柴天佑	顾诵芬	高福军
尉凤英	崔传华	康宝华	曹佰库	阎德义
黄凤珍	葛林森	蒋新松	筱俊亭	潘作良

沈阳市特等劳动模范

张腾蛟　沈阳鼓风机集团有限公司总装车间工人
王　刚　沈阳飞机工业(集团)有限公司数控加工厂工人
庞　程　市公安局和平分局控告申诉科科长
庞　为　黎明航空发动机(集团)有限责任公司董事长
冯玉萍　沈阳评剧院副院长
陈雪娇　沈阳兴隆大家庭购物中心有限公司时尚流行馆黄金屋商场营业员
高国栋　沈阳兴大建设集团维修班班长
张化光　东北大学信息科学与工程学院教师
黎　明　沈阳黎民百姓商贸有限责任公司经理
鲁　卓　新民市周坨子乡安坨子村党支部书记

沈阳市劳动模范

张贵兴　沈阳金杯车辆制造有限公司工人
胡静琴　和平区南湖街道文安路社区党委书记
李振生　和平区城市管理局市政设施管理所工人
刘贵财　和平区山文保健品经销部理货员
陈　军　市工商行政管理局和平分局南湖工商所主任科员
王　凯　沈阳长白岛管理委员会拆迁办公室副主任科员
马晓安　市地方税务局和平分局监察科副科长
李晓东　和平区和平大街第一小学校长
权晓艳　和平区人力资源和社会保障局局长
胡清泉　和平区太原街街道办事处党工委书记
陈兆林　沈阳兆隆(兆丰)商贸有限公司董事长
李秀河　沈阳市和平区委和平区人民政府信访局副局长
田　力　和平区房产局副局长
李国斌　和平区统计局正处级调研员

刘　刚　市物业管理协会副会长
于　颖　和平区总工会生活保障部部长
吴　艳　市第134中学校长
柳　林　和平区国家税务局局长
刘雅君　市城市管理行政执法局和平分局局长
汪义钢　沈阳夏云龙房屋修缮有限公司维修队队长
李秀华　沈河区朱剪炉街道回民社区党委书记
陈　军　市公安局沈河分局刑警大队专案二队队长
锡　燕　沈阳萃华金银珠宝股份有限公司会计
宁翠荣　沈河区东陵街道御龙社区主任
刘玉锋　沈河区副食批发公司业务员
杨　刚　市振东建设工程监理有限公司监理工程师
胡文革　市公安局北站地区分局治安大队民警
曹志奇　沈河区房产局副局长
信醒鹃　沈河区丰乐街道办事处党工委副书记
易　进　沈河区城市管理局副局长
李延卫　沈阳仁济医院院长
马丽娜　市岸英小学校长
王志刚　沈河区人民政府副区长
马志芳　市地方税务局沈河分局局长
张怡中　沈河区皇城街道办事处党工委书记
张岱云　沈河区农民工维权中心主任
陈秀庆　沈阳广昊摄影设计制版有限公司经理
张文政　市地方税务局金融商贸开发区分局局长
张秋平　沈河区山东庙街道办事处工会主席
沈志奇　沈阳银基发展股份有限公司董事长
李子娟　铁西区重工浴池工人
张　放　铁西区启工街道重工新村社区党委书记
张志洪　铁西区房产局应急抢修服务队队长
张　剑　城市行政执法铁西分局重工勤务区中队队长
魏福军　沈阳双福机械股份有限公司涂装课工人
王长斌　市公安局铁西分局治安专案大队大队长
吴建国　贝卡尔特沈阳精密钢制品有限公司工人
金志齐　沈阳远大企业集团工人
孟　涛　沈阳铭辰汽车有限公司工人
翟　利　沈阳远大压缩机制造有限公司工人
曾庆质　沈阳经济技术开发区建设局调研员
孙国令　铁西区中心医院外科主任
康铁柱　铁西区城市管理局园林绿化处副主任
沙庆纯　市地方税务局铁西分局副局长
李　娜　铁西区城市建设局副局长
周万春　三一重型装备有限公司副总裁
张　伟　沈阳经济技术开发区拆迁管理办公室主任
马金芝　沈阳机电装备工业集团有限责任公司党委副书记
李文茹　铁西区人民政府办公室副处级调研员
范秀莲　可口可乐辽宁(北)饮料有限公司培训部部长
刘文博　铁西区城市房屋拆迁管理办公室负责人
赵伟卿　沈阳新湖房地产开发有限公司总经理
曲　凯　沈阳北方交通重工集团有限公司总裁
李善义　市地方税务局经济技术开发区分局局长
周　铭　国电沈阳热电有限公司总经理
史启林　铁西区人民检察院检察长
段　焱　市地方税务局铁西分局综合二科副科长
李景祥　沈阳经济技术开发区发展和改革局局长
崔　涛　沈阳博众重型机械制造有限公司精工车间工人
臧广颐　市公安局皇姑分局寿泉派出所民警
刘雅杰　皇姑区服务业局招商科主任科员
程　光　皇姑区国家税务局局长
侯东川　皇姑区寿泉街道办事处主任科员
王国强　皇姑区委政法委维护稳定办公室工作人员
盛　涛　市第97中学教师
张　琦　皇姑区房产局资料室工作人员
和　宁　皇姑区对外贸易经济合作局局长
马志源　中共皇姑区委皇姑区人民政府信访局突发办主任
李　丽　石油天然气股份有限公司辽宁分公司总会计师
董秋雯　皇姑区实验幼儿园园长
孙伍乐　市地方税务局皇姑分局局长
施　雷　皇姑区中医院院长
张秀云　皇姑区农民工工作领导小组办公室主任
梁　平　皇姑区房产局副局长
周廷昌　皇姑区人民法院副院长
李玉昆　沈阳萃华金银珠宝股份有限公司总经理
礼恩龙　市地方税务局大东分局局长
赵晓勇　辽宁新世纪汽车销售服务有限公司董事长
任德军　大东区城市管理局汽车二队工人
李春英　沈阳金飞马制漆有限公司副总经理
周　正　大东区房产局热力供暖公司供暖班班长
张　忻　大东区人民检察院检察员
王洲平　中共大东区委大东区人民政府信访局工作人员
于　泳　市公安局大东分局东山派出所副所长
李胜全　大东工商分局东北陶瓷城工商所所长
刘　鹏　大东区人民法院民事审判二庭庭长
杨　帆　辽宁天延医药有限公司总经理
张淑琴　大东区小北街道办事处主任
耿振台　大东区民政局助理调研员
邹海霞　市第28中学校长
李　伟　东陵区房屋维修服务中心主任
王玉书　东陵区人民法院司法警察大队大队长
董　健　东陵区中心敬老院院长
王朝晖　东陵区行政审批服务中心质监窗口首席代表
李淑芳　沈阳和佳道桥工程有限公司董事长
姜洪骥　市城市管理行政执法局东陵分局局长
刘　勇　东陵区劳动和社会保障局监察大队大队长
王枫溱　市残疾人艺术团团长
李妍妍　沈阳红旗制药有限公司研究与发展部技术员
刘文杰　沈阳神龙药业有限公司设备处技术员
张　恒　市公安局浑南分局巡警大队民警
汤天鹏　沈阳天地建设发展有限公司董事长
郑家全　市地方税务局高新技术产业开发区分局局长
汪德军　浑南新区城市房屋拆迁管理办公室主任
程继鸿　于洪区迎宾路街道沈新路社区主任
王淑敏　于洪区人民医院急诊室护士长

吕东财	于洪区市政设施管理处排水队队长
孙连营	沈阳营安隆连锁超市有限公司销售部经理
孙立刚	市公安局于洪分局民警
李海洋	于洪区人力资源和社会保障局局长
焦　昇	于洪区城乡建设管理局局长
张秀杰	于洪区财政局预算科科长
张　茹	中共沈阳市于洪区委组织部干部科干部监督员
贾心明	市地方税务局于洪分局局长
毕文萍	沈阳万盈置业有限公司董事长
宁　刚	苏家屯区民政局局长
刘　春	市规划和国土资源局苏家屯分局局长
戴永平	市养老保险管理中心苏家屯分中心主任
金兆英	沈阳福林特种变压器有限公司变压器车间主任
王贵霞	苏家屯区湖西街道办事处葵花社区党委书记
张廷彦	市公安局苏家屯分局国内安全保卫大队大队长
乔玉英	苏家屯区人民检察院公诉科科长
魏占斌	苏家屯区环境卫生管理处车队队长
邹有绵	辽宁省血栓病中西医结合医疗中心副主任
孙忠明	沈阳精密无缝钢管有限责任公司冷拔车间工人
蔡学群	市工商行政管理局苏家屯分局局长
李唤弟	苏家屯区总工会主席
李树正	蒲河新城财政局局长
张毅明	市农业高新技术开发区国家税务局局长
王兴东	沈阳高新农业发展有限责任公司安监所所长
穆卫东	沈北新区开发区管理委员会招商一局科长
李　莹	沈阳光电信息产业园招商局招商科科长
周发利	沈北新区公路管理处道班班长
王润娇	沈北新区安全生产监督管理局副主任科员
王青彬	辽宁伊利乳业有限责任公司前处理工段工段长
孙铁新	沈阳福润肉类加工有限公司技术研发组组长
王　宏	市地方税务局蒲河新城分局副局长
徐忠力	传奇电气(沈阳)有限公司工程部经理
朱生伟	蒙牛乳业(沈阳)有限责任公司经理
郭浩然	中共新民市前当堡镇委员会党委书记
宋一甲	新民市工商行政管理局局长
郭洪江	新民市市政工程管理处工程队长
刘凤民	新民市农村经济局蔬菜科科长
赵　露	新民市人民医院儿科主任
刘春华	新民市公路管理处养护工程队队长
李　光	新民市总工会农民工维权中心来访接待员
薛　勇	沈阳东和有机化工有限公司项目经理
张凤义	沈阳东新药业有限公司供应部部长
赵维强	沈阳新华恒彩色包装有限公司机台长
石玉斗	国营新民市机械林场工区主任
史恩瑞	辽中县地方税务局局长
王　勤	辽中县辽中镇人民政府党委书记
郭广文	辽中县冷子堡镇人民政府党委书记
王连深	辽中县民政局调研员
信国儒	辽中县水利局调研员
王秀华	辽中县统计局科长
胡国际	辽中县总工会工人

吕森林	沈阳机床银丰铸造有限公司工人
马吉友	沈阳辽冶重工机械制造有限公司工人
苏银玉	市艾克电缆厂工人
田红蕾	辽中县审计局科长
刘　辉	中国移动通信集团辽中分公司营销部主任
谷连成	法库县秀水河子镇人民政府党委书记
郭立峰	辽宁福迪丰房地产开发有限公司董事长
石文权	中共法库县委法库县人民政府信访大厅副主任
安洪宾	法库县中心医院医生
孙　全	法库县城镇环境卫生管理所司机
刘忠良	法库县林业局副局长
任大同	法库县地方税务局局长
申志刚	法库县审计局工作人员
张国忱	法库县总工会副主席
陈恢库	辽宁金地阳陶瓷有限公司总经理
孙立勋	沈阳华泰塑业有限公司圆织车间副主任
张大伟	中国移动通信集团康平分公司营业厅主任
赵宏宇	康平县城乡建设管理局城镇环卫队队长
代洪国	康平县康平镇人民政府党委书记
刘　波	康平县地方税务局局长
王　威	康平县公安局镇南派出所所长
徐超明	沈阳时代塑编包装有限公司工会主席
何锦华	市公安局棋盘山风景旅游开发区分局秘书科科长
吕　泉	黎明航空发动机(集团)有限责任公司技术专家
袁凤林	沈阳东基工业集团有限公司103分厂技术员
陈昌龙	航天新光集团有限公司特种飞行器研究所副所长
王绪清	沈阳机车车辆有限责任公司新造分厂副厂长
王　崴	沈阳造币有限公司造币一部电工班工人
王红军	中国联合网络通信沈阳分公司市场销售部经理
时　平	市邮政局和平区局客户经理
于永泉	沈阳航大新星机电有限责任公司66厂厂长
都玉洲	国电康平发电有限公司运行部值长
胡亚洲	沈阳飞机工业(集团)有限公司七厂班长
李培春	黎明航空发动机(集团)有限责任公司工人
张洪龙	沈阳东基工业集团有限公司研发中心工艺室主任
段献庆	航天新光集团有限公司汽车零部件公司工段长
徐晓宁	沈阳飞机工业(集团)有限公司37厂工段长
王　敏	沈阳东基工业集团有限公司101车间调度长
田富跃	际华三五二三特种装备有限公司六车间工人
姜卫东	沈阳飞机工业(集团)有限公司53厂工人
张泽胜	沈阳辽海机械厂一车间车工二班班长
王天奕	中国船舶工业物资东北有限公司外贸处处长
冯　宇	中国移动通信集团沈阳分公司营业厅主任
朱文杰	沈阳机车车辆有限责任公司设计室主任
李景尧	黎明航空发动机(集团)有限责任公司工人
於胜军	沈阳东基工业集团有限公司102车间工人
李艳秋	市邮政局函件广告分局营销员
宁仁之	中国联合网络通信公司沈阳市分公司班长
郭　捷	沈阳发动机设计研究所首席技术专家
褚晓文	沈阳飞机设计研究所党委书记
焦明发	沈海热电有限公司总经理

赵　波	中国航空工业空气动力研究院院长	肖福明	特变电工沈阳变压器集团有限公司副总经理
王　英	沈阳汽车车桥制造有限公司党委书记	王　燕	东北制药集团有限责任公司工会主席
陈凡奇	黎明航空发动机(集团)有限责任公司工会主席	方宗英	华润雪花啤酒(辽宁)有限公司品质控制部经理
张世昌	沈阳东基工业集团有限公司党委副书记	王铁良	沈阳农业大学科技管理处处长
袁　立	沈阳飞机工业(集团)有限公司副总经理	王　平	中国医科大学附属第四医院泌尿外科主任
张振波	沈阳发动机设计研究所副总设计师	陈誉华	中国医科大学基础医学院副院长
马　波	沈阳辽海机械厂工会主席	杨　松	辽宁大学法学院院长
何　浩	中国移动通信集团沈阳分公司副总经理	关洪全	辽宁中医药大学基础医学院院长
张树栋	沈阳航天新乐有限责任公司发射控制室主任	张伶伶	沈阳建筑大学建筑与规划学院院长
钟晓玲	沈阳兴华航空电器有限责任公司设计六室主任	郝永平	沈阳理工大学学科建设处处长
韩继明	沈阳航天三菱汽车发动机制造有限公司工会主席	李丕鹏	沈阳师范大学生物进化实验室主任
许雪峰	中国航空工业空气动力研究院副总工程师	肖林久	沈阳化工学院科技处处长
王延林	北方重工集团有限公司传动设备分公司工人	金树颖	沈阳航空航天大学经济与管理学院教师
张振英	沈阳第一机床厂床身车间工人	吕常伟	沈阳音乐学院流行音乐系教师
李海峰	沈阳机床银丰铸造有限公司技术员	张振威	沈阳工程学院党委书记
栾建军	沈阳机床(集团)有限责任公司沈一车床厂工人	李崇杰	沈阳知学院奉天医院手外科主任
范　义	北方重工集团有限公司装卸设备分公司工人	范立南	沈阳大学信息工程学院教师
孙祥东	北方重工集团有限公司热处理车间主任	谭惠苓	沈阳广播电视大学校长
毕绍华	沈阳石蜡化工有限公司专区安全负责人	张丙吉	中国建筑东北设计研究院有限公司副总工程师
祝　坚	沈阳化工股份有限公司合成分厂厂长	李金鹏	沈阳铝镁设计研究院党委书记
刘一鸣	沈阳化工股份有限公司质量管理处氯碱工段工人	谢　林	中煤国际工程集团沈阳设计研究院副总工程师
张国庆	沈阳兴远东汽车零部件有限公司设备主管	苏雨顺	沈阳勘察研究总院地基八处处长
周海辉	沈阳华晨金杯汽车有限公司设备主管	张仕卿	沈阳仪表科学研究院党委书记
池贵义	华晨汽车集团控股有限公司工人	周新文	建设部沈阳煤气热力研究设计院副院长
从　杰	沈阳金杯江森自控汽车内饰件有限公司工人	赵英魁	市规划设计研究院副院长
崔莲顺	沈阳鼓风机集团有限公司研究院工艺室主任	戴显伟	中国医科大学附属盛京医院普外一科主任
杨　光	沈阳鼓风机集团有限公司工人	马　英	市外事服务学校校长
卢秉延	东北制药集团供销有限公司经营三部副经理	李宝泉	鲁迅美术学院副院长
俞礼胜	东北制药集团有限责任公司段长	赵克非	市教育局会计核算中心主任
李　光	上海通用(沈阳)北盛汽车有限公司经理	康景波	和平区教育局局长
张　勇	华润雪花啤酒(辽宁)有限公司动力车间主任	张　瑾	市实验学校校长
付伟俊	沈阳抗生素厂105车间主任	张建平	市第31中学校长
石　磊	沈阳金杯汽车模具制造有限公司模具车间副主任	孙洪艳	皇姑区教育局工会主席
辛　强	红塔辽宁烟草有限责任公司沈阳卷烟厂工人	李成子	大东区杏坛小学校长
孔令达	上海通用(沈阳)北盛汽车有限公司技术主管	宋金萍	市第51中学教师
任庆贵	华晨宝马汽车有限公司防腐段段长	夏亚琴	苏家屯区文化路小学校长
张伟明	沈阳机床(集团)有限责任公司党委书记	张玉红	市第174中学校长
常宝强	沈阳机床(集团)有限责任公司沈一车床厂厂长	赵　刚	市第83中学德育主任
杜宝臣	沈阳金发汽车钢圈制造有限公司总经理	聂雨宏	新民市高级中学校长
郑白水	东北制药集团沈阳第一制药有限公司党委书记	李广大	辽中县六间房九年一贯制学校校长
魏　利	红塔辽宁烟草有限责任公司沈阳卷烟厂厂长	王　新	法库县石桥小学班主任
耿洪臣	北方重工集团有限公司董事长	张玉萍	康平县第二中学教师
王丽芳	沈阳机床(集团)有限责任公司制造部副总经理	李剑平	沈阳中心血站副站长
张海利	沈阳中捷钻镗床厂副总经理	刘长辉	市精神卫生中心心理咨询与治疗中心主任
严锦侠	北方重工集团有限公司设计研究院所长	张　健	市第一人民医院消化、肾内科主任
王学军	沈阳鼓风机集团有限公司副总经理	熊　焰	市红十字会医院泌尿内科主任
王　刚	北方重工集团有限公司设计研究院院长助理	史玉林	市妇婴医院副院长
倪日亮	北方重工集团有限公司总经理助理	刘云鹏	中国医科大学附属第一医院肿瘤内科主任
姚智峰	沈阳化工集团有限公司信息化部部长	姚兴佳	沈阳工业大学风能研究所所长
张立新	沈阳金杯车辆制造有限公司总经理助理	彭　文	中国刑事警察学院侦查系主任
侯凤阳	东北制药集团有限责任公司副总经理	陈　蕾	中国医科大学附属第一医院眼科中心主任

路振富　中国医科大学附属中腔医院院长
杨德华　沈阳医学院沈洲医院党委书记
杨维满　市化学工业学校校长
王　军　市计算机学校校长
郭振扬　市第120中学校长
刘　宁　中国银行股份有限公司沈阳大东支行理财经理
冯海燕　交通银行沈阳铁西支行理财中心客户经理
程　革　中国人民银行沈阳分行营业管理部主任科员
曹奇志　中国建设银行股份有限公司沈阳铁路支行经理
石　莉　沈阳大东兴隆百货有限公司服装商场营业员
徐　刚　沈阳东副超市有限公司青菜部经理
宋铭杰　商业城股份有限公司计算机管理中心总工程师
魏　刚　沈阳铁西百货大楼有限公司物业部物业管理员
耿忠洋　沈阳家乐福商业有限公司文化店员工
韩殿富　中国石油天然气股份有限公司辽宁沈阳销售分公司珠江加油站经理
董　颖　市养老保险管理中心基金财务处调研员
关丽萍　沈阳外国企业服务总公司人事档案管理师
高彦松　中国沈阳国际经济技术合作公司援外投标部部长
尚　皓　沈阳金碧塘酒店管理咨询有限公司总经理
曲秀娟　市铁西副食有限公司总经理
杜　祥　盛京银行股份有限公司沈阳市科技支行行长
李福连　中国农业银行股份有限公司沈阳沈河支行行长
任广华　招商银行沈阳分行南湖科技开发区支行行长
王婷婷　中国人寿保险公司沈阳市分公司副总经理
卞祖红　中兴——沈阳商业大厦儿童百货商场经理
刘建帮　沈阳储运集团公司第五分公司经理
李树德　沈阳商业城股份有限公司副总裁
关锦平　中兴——沈阳商业大厦服装商场经理
李长清　沈阳玫瑰大酒店有限公司营销总监
佟葆晖　市金融护卫中心综合办公室主任
姜玉成　沈阳长生产业集团股份有限公司维修班班长
李相严　市供销合作社联合社助理调研员
李基华　中国人民银行沈阳分行营业管理部副主任
董丽娜　中兴——沈阳商业大厦超市收银主管
高秀菊　市排水管理处第三施工队队长
姜广祥　市汽运出租车有限公司驾驶员
宁俊平　沈阳高等级公路建设总公司施工队队长
杨维桢　沈阳经纬客运有限公司快客分公司驾驶员
周明辉　市建设工程质量检测中心工作人员
沈学丰　市园林植物保护中心主任科员
田　军　沈阳房地产置业担保公司资金管理公司经理
王　斐　市房产局会计核算中心党支部书记
闻彦博　市自来水总公司二水厂维修工段长
王　剑　沈阳供电公司配电专责师
穆红雨　沈阳惠天热电第五分公司沈东热源所所长
李　萍　沈阳通利公共交通有限公司230路驾驶员
马建国　沈阳客运集团公司217路驾驶员
徐永久　市自来水大东营业处二次加压维修队队长
刘玉琳　市公路管理处处长
韩闽榕　沈阳经纬客运有限公司总经理
王克森　市绿化管理处主任
侯　冰　市供热管理办公室主任
张洪流　市市政设施管理中心主任
单明莹　市交通局铁西分局客管科科长
邱　耘　市建设工程质量监督站站长
张智武　沈阳汇鼎投资有限公司总经理
齐英昊　沈阳燃气有限公司管网输配分公司副经理
阎福德　沈阳热电厂工会主席
刘爱民　沈阳供电公司副总经理
付可弘　东北电网有限公司沈阳超高压局基建办主任
孙忠学　市市容景观设施管理中心主任
薛凤锁　市自来水沈河营业处水费查收员
王　镭　市房地产交易权属登记中心党委书记
刘　君　沈阳城市通有限公司总经理
杨玉洁　沈阳炼焦煤气有限公司总经理
苏桂秀　市房屋租赁管理中心副主任
陈　勇　市城乡建设委员会副主任
刘　妮　沈阳日报社记者
王　勤　中共沈阳市委组织部组织一处处长
陈永德　中共沈阳市委办公厅秘书二处主任科员
田雪峰　沈阳出版社总编
王　静　中共沈阳市委沈阳市人民政府信访局办公室主任
宋绪鲜　市质量技术监督局特种设备检测研究院院长
聂丽娟　市发展和改革委员会经济信息中心副主任
王大权　市国家税务局机关党委专职副书记
邱崇宝　市烟草专卖局(公司)经理
穆淑娟　市政府研究室城区处处长
王文波　市政府办公厅综合二处处长
牛　良　市财政局教科文处处长
巴　放　市地铁建设指挥部工程一处处长
任宝臣　市国家安全局处长
王　鑫　市人口和计划生育委员会办公室主任
刘　杰　市对外贸易经济合作局调研员
卢小璇　市人民检察院反贪污贿赂局检察员
王德周　市安全生产监督管理局副巡视员
钟　甦　市环境保护局环境评估中心主任
蒋　阳　市农民工维权中心副主任
陈亚明　市公安局驻信访大厅综合办公室主任
吴佩君　沈阳市信访局接访综合管理办公室调研员
陈立军　中共沈阳市委沈阳市人民政府信访局教育处处长
王守江　市驻京维稳工作组非正常访工作组组长
王志伟　市商标协会会长
刘正辉　市工商行政管理局财务核算中心主任
陈保东　市私营企业协会秘书长
李秀珊　《诗潮》杂志社主编
刘壮野　中共沈阳市委宣传部新闻出版处处长
郑文录　市地方税务局副局长
王　琳　市地方税务局主任科员
张晓丽　沈阳电视台制片人
杨　悦　市中级人民法院副院长
庞少华　市中级人民法院审判员

王　营　红梅企业集团有限责任公司调味品公司总经理
张文欣　沈阳红梅企业集团有限责任公司营销部副部长
赵　忠　沈阳胶带总厂技术处处长
郭俊胜　张氏帅府(金融)博物馆馆长
沈桂章　市文化广电新闻出版局人事处调研员
许　明　沈阳艺术团艺术指导
朱再信　市儿童福利院院长
张连刚　市公安局特警支队四大队三中队副中队长
张　强　市公安局禁毒警察支队缉毒四大队副教导员
张维营　市公安局警务督察支队综合科主任科员
王晓刚　市公安局刑事警察支队支队长
张宏大　市公安局网络警察支队案件侦察大队大队长
张天华　市公安局巡逻警察支队直属一大队五中队中队长
邵　华　市公安局社区警务支队科长
张野驰　市公安局行动技术支队支队长
于　江　市公安局经济犯罪侦查支队支队长
费玉秋　市公安局控告申诉处处长
郭忠涛　市公安局维稳支队六大队大队长
巩文龙　市公安局出入境管理处案件查处科科长
李　众　市东陵监狱监狱长
齐建军　市城市管理行政执法局直属二支队一大队大队长
刘会纯　温州城中国小食品城海之纯贸易有限公司经理
温　葵　市惠邦商贸有限公司经理
许红娥　沈阳万盛基物业管理有限公司董事长
李治丽　沈阳永和豆业食品机械有限责任公司经理
尹省山　辽宁大山科工贸发展有限公司董事长
陈云环　新民市轻工大厅云环家用电器商行经理
申宝莲　市五爱百艺龙布艺商行经理
段龙财　市东北五交化电缆电工站经理
张忠文　铁西区龙龙装饰材料经销部经理
关　炜　沈阳安运出租汽车有限公司司机
赵　锐　沈阳东北大药房连锁店德善堂店经理
刘　灏　大东区人口和计划生育局局长
陆永华　江苏南通二建集团有限公司沈阳分公司项目经理
神克柱　和平区城市管理局环卫汽车队工人
牛　冲　沈阳都市绿洲生态美食广场厨师长
王伟健　沈阳华润三洋压缩机有限公司工人
洪玉文　于洪区北陵街道下坎子村党支部书记
施国强　于洪区造化街道后丁香村农民
佟丽芬　于洪区光辉乡门台村党支部书记
赵光强　东陵区深井子街道于桥村党支部书记
朱长伟　东陵区深井子街道西靠山村党支部书记
徐宝正　东陵区王滨乡尖山子村农民
潘梅生　沈北新区新城子乡二台子村党支部书记
陈志国　沈北新区清水台镇依路村农民
张敬红　沈北新区兴隆台镇兴隆台村农民
王连金　沈北新区清水台镇后腰堡村农民
佟明仁　苏家屯区佟沟乡佟沟村党支部书记
刘全宇　苏家屯区王纲堡乡王纲堡村农民
陈怀君　苏家屯区八一镇来胜堡村农民
黄孝忠　苏家屯区王纲堡乡新开河村农民
高　征　市华征渔业专业合作社理事长
邢作岩　新民市公主屯镇王学坊民族村党支部书记
杜忠春　新民市大喇嘛乡车家屯村农民
赵凤菊　新民市三道岗子乡牛营子村农民
杨俊亭　新民市法哈牛镇兴隆桥村农民
刘明印　新民市梁山镇大刘屯村党支部书记
李成奎　辽中县茨榆坨镇后岭村党支部书记
秦国生　辽中县潘家堡镇蔡伯街村党支部书记
何永成　辽中县牛心坨乡西房身村党支部书记
王长余　辽中县刘二堡镇木耳岗村党支部书记
孟奎伽　辽中县养士堡乡下堡子村农民
刘福昌　辽中县朱家房镇朱家房村农民
于会库　辽中县六间房乡许家村农民
韩玉军　康平县两家子乡东贾家窝堡村党支部书记
付国海　康平县西关屯蒙古族满族乡罗家屯村党支部书记
战百秋　康平县西关屯蒙古族满族乡小辛屯村农民
宋玉芬　康平县东关屯镇三台子村农民
佟永才　法库县大孤家子镇敖牛堡村党支部书记
张海忱　法库县慈恩寺乡刘家窝堡村农民
秦洪江　法库县卧牛石乡陈家窝堡村党总支书记
袁桂梵　法库县双台子乡侯家村党支部书记
董淑云　法库县叶茂台镇西二台子村农民
谢春来　铁西区长滩镇小兀拉村党支部书记
刘庆军　棋盘山开发区望滨街道办事处湾沟村主任
高洪春　新民市柳河沟镇柳河沟村农民

沈阳市先进单位

东北制药集团有限责任公司
和平区人民检察院
和平区发展和改革局
和平区新华街道办事处
中共沈阳市和平区委组织部
中共沈阳市和平区纪律检查委员会
沈阳长白岛管理委员会规划建设局
沈河区新北站街道办事处
市地方税务局金融商贸开发区分局
市公安局北站地区分局
沈阳古河电缆有限公司
中共沈阳市铁西区委铁西区人民政府信访局
铁西区国家税务局
沈阳经济技术开发区欧美招商局
铁西区教育局
皇姑区三台子街道办事处
市工商行政管理局皇姑分局
大东区国家税务局
大东区发展和改革局
市公安局东陵分局
于洪区迎宾路街道办事处

于洪区发展和改革局
市地方税务局苏家屯分局
苏家屯区中兴街道办事处
沈阳晨讯希姆通科技有限公司
市公安局沈北新区分局
市地方税务局沈北新区分局
新民市地方税务局
新民市周坨子乡人民政府
辽中县燃气总公司
辽中县养士堡镇人民政府
法库县广播电视局
辽宁孟家绿色食品开发区管委会
沈阳时代塑编包装有限公司
康平县两家子乡人民政府
沈阳协合集团有限公司
市蓝光自动化技术有限公司
沈阳棋盘山国际风景旅游开发区高坎街道办事处
中国联合网络通信有限公司沈阳市分公司
中国航空工业集团公司沈阳飞机设计研究所
国电康平发电有限公司
沈阳电力机械总厂
沈阳造币有限公司
中国船舶工业物资东北有限公司
中车集团沈阳汽车车桥制造有限公司
沈阳机床(集团)有限责任公司沈阳第一车床厂
金杯汽车股份有限公司教育中心
特变电工沈阳变压器集团有限公司
上海通用(沈阳)北盛汽车有限公司
华晨宝马汽车有限公司
北方重工集团有限公司
沈阳体育学院
沈阳大学
中国医科大学附属盛京医院
辽宁中医药大学附属第二医院
市规划设计研究院
中煤国际工程集团沈阳设计研究院
东北育才双语学校
于洪区教育局
辽中县教育局
沈阳张士农副产品股份有限公司
沈阳中发粮油食品总公司
沈阳金秋实农资有限公司
沈阳外国企业服务总公司
中国石油天然气管道通信电力工程总公司东北通信分公司
市养老保险管理中心
市公路规划设计院
市公共交通指挥调度中心
市快速干道系统工程建设指挥部项目处
市房屋租赁管理中心
沈阳供电公司
市园林规划设计院
市发展建设资金管理办公室
市审计局
市行政审批服务中心管理办公室
市艺术学校
市公安局交通警察支队
市公安局特警支队
市沈新劳动教养管理所
于洪区平罗街道陆家村
东陵区李相街道王士兰村
沈北新区黄家锡伯族乡拉塔湖村
苏家屯区永乐乡杨树林子村
辽中县老大房灰山村
康平县两家子乡前双山子村
法库县秀水河子镇八家子村

沈阳市先进集体

沈阳飞机工业(集团)有限公司37厂五工段六班
沈河区新闻中心
沈河区大南街道红巾社区
市公安局沈河分局斗姆宫公安派出所
沈阳电机股份有限公司线圈分厂
沈阳空气压缩机制造厂有限公司机加分厂大件班
沈阳标准件有限公司制氧分厂
普利司通(沈阳)轮胎有限公司设备部机械课硫化班
沈阳中辰钢结构工程有限公司制造分公司工艺组
皇姑区规划和国土资源分局规划科
皇姑区科学技术局招商科
市城市管理行政执法局皇姑分局党委办公室
沈阳华润三洋压缩机有限公司第四制造部曹日暹班组
沈阳天江老龙口酿造有限公司制酒车间老陈酿班
大东区万泉街道城建东逸花园社区
东陵区人民法院东陵人民法庭
沈阳万隆彩印包装有限公司水印生产线班组
沈阳低压开关有限公司数控班组
辽宁东鹰电器集团有限公司结构车间
苏家屯区总工会困难职工帮扶中心
沈阳风电设备发展有限责任公司风电技术攻关小组
沈阳金山能源股份有限公司金山热电分公司锅炉分场运行一班
沈阳华强工程项目部
蒲河新城服务一局
沈北新区中心敬老院
新民市妇婴医院儿科
沈阳天维电气设备制造有限公司铆焊车间
新民市经济和信息化局"企业110"服务中心
辽中县人民检察院公诉科
辽中县公安局刑侦大队
辽中县环境卫生管理处第一清扫小组

辽宁辉山控股(集团)秀水牧业有限公司八家子养殖场
法库县公安局交通警察大队城区管理中队
康平县人民医院内二科
沈阳海源塑料编织厂圆织车间
沈阳航天新光三菱重工气门有限公司锻造A组
市植物园技术科
沈阳黎明航空发动机(集团)有限责任公司科研工装厂
中国北车集团沈阳机车车辆有限责任公司制备分厂
沈阳航天机械有限责任公司焊工班
沈阳辽海机械厂一车间
中国联合网络通信有限公司沈阳市分公司集团客户响应中心
中国移动通信集团辽宁有限公司沈北新区分公司
市邮政局北站路支局
沈阳松陵实业总公司装卸劳务队绿化班
沈阳机床(集团)有限责任公司设计研究院
东药集团有限责任公司VC公司提取工段一组
沈阳化工股份有限公司合成分厂液氯工段
沈阳华晨东兴汽车零部件有限公司冲压车间一工段
北方重工集团有限公司装卸设备分公司装配车间钳工三班
沈阳鼓风机集团有限公司转子车间
特变电工沈阳变压器集团有限公司超大型项目公司组装组
北方重工集团有限公司进出口分公司
沈阳农业大学工厂化高效农业工程技术研究中心
沈阳航空航天大学动力与能源工程学院
沈阳工业大学电气工程学院
沈阳理工大学信息科学与工程学院
中国医科大学附属第一医院护理部
辽宁大学经济学院
中兴-沈阳商业大厦(集团)股份有限公司儿童百货商场
中国农业银行股份有限公司沈阳滨河支行
盛京银行股份有限公司沈阳市于洪支行
招商银行股份有限公司沈阳南顺城支行
中国建设银行股份有限公司沈阳融汇支行
石油天然气股份有限公司沈阳销售分公司南八加油站
沈阳经纬客运有限公司快客分公司南站车队
市老虎冲垃圾处理有限责任公司现场作业班
市自来水总公司三水厂
沈阳燃气有限公司驻政府审批大厅
沈阳供电公司变电检修工区
沈阳城市通有限公司小北业务受理中心
沈阳客运集团公司鑫畅巴士公司
市自来水皇姑营业处
中共沈阳市委宣传部文改办
中共沈阳市纪律检查委员会宣传教育室
市总工会困难职工帮扶中心
市医疗保险管理中心
市中级人民法院第一刑事审判庭
市农业检测中心
市安全生产监督管理局安全生产执法监察支队
市国家税务局第二稽查局
市人民防空办公室资产管理中心
沈阳红梅企业集团有限责任公司精制分厂脱色工段
市养老院医务科护理班
市公安局监管支队第一看守所
市公安局治安警察支队大型活动管理大队
市城市管理行政执法局直属二支队
市小韩村农业专业合作社
市山友奶牛养殖专业合作社
辽宁秋实种植专业合作社
沈阳杨城寨草莓专业合作社
市硕实西瓜专业合作社
辽中县龙湾寒富苹果专业合作社
康平县李俭肉鸡饲养专业合作社
法库县广盛源牛业专业合作社

沈阳市“五四”荣誉奖章获得者

（按姓氏笔画为序）

于凤琴	沈阳出入境检验检疫局局长
于晓松	中国医科大学附属第一医院党委书记
王建华	东药集团党委副书记
王金鹏	辽宁辉山控股集团副总裁
邓长辉	沈阳鼓风机集团有限公司党委常务副书记
白风华	浑南开发区党工委副书记
刘　君	沈阳城市通有限公司总经理
刘　波	中建三局沈阳市府恒隆项目总工程师
刘文选	棋盘山开发区党工委副书记
刘志超	辽宁大学党委副书记
关蓉晖	中共沈河区委常委、宣传部长
杨　军	中共苏家屯区区委副书记
杨晓月	沈阳高等级公路建设总公司总经理
杨殿国	沈阳东基工业集团有限公司董事
李凤威	沈阳体育学院党委副书记
李英华	中共沈北新区委员会副书记
李晓明	辽宁林业职业技术学院党委副书记
李铁昌	特变电工沈阳变压器集团有限公司副总经理
佟伟仁	沈阳电视台副台长
汪　诚	中共铁西区委常委、宣传部长
张仕卿	沈阳仪表科学研究院党委书记
陈　宁	沈阳兴华航空电器有限责任公司党委书记
林则学	沈阳供电公司党委书记
周继红	中航工业沈阳发动机设计研究所党委副书记
孟　军	黎明航空发动机(集团)有限公司党委书记
孟令军	沈阳天益巴士有限公司总经理
金宝莲	沈阳农业大学党委副书记、教授、研究生导师
赵庆文	沈阳市交通局党委副书记
谭丽华	沈阳黎明航空发动机有限责任公司监事会主席
潘晓宏	沈阳市第十一中学校长

沈阳市"五四"奖章获得者

（按姓氏笔画为序）

于水鹏	沈阳电视台广告中心营销总监
马　宁	沈阳水务集团有限公司团委书记
马　强	沈阳外国企业服务总公司雇员人事部经理
马　震	中共辽宁省委宣传部外宣新闻处主任科员
王　丹	沈阳市地方税务局苏家屯分局团委书记
王　军	沈阳市地税稽查局科员
王　兴	沈阳万类生物科技有限公司总经理
王　晖	沈阳市房地产交易权属登记中心部长
王　朔	沈阳智瀚数字科技有限公司总经理
王　深	沈阳农业大学团委书记
王　绪	沈阳市委办公厅综合一处主任科员
王　强	东北大学教授，博士生导师
王天海	沈阳市审批办机关党委组织员
王水林	沈阳方林装饰有限公司董事长
王延君	沈阳发动机设计研究所专业组长
王红梅	沈阳市妇联副部长
王杨丽	福迪丰实业总经理
王艳玲	沈北新区中心医院内科护士长
王振苏	沈阳天益巴士有限公司265路驾驶员
石福祥	沈阳市农业行政执法支队党支部书记
卢　强	沈河分局斗姆宫派出所所长
冉定国	沈阳大班圣海科技发展有限公司总经理
冯建明	沈阳盛嘉彩钢压型有限公司董事长
冯济龙	沈阳市第五人民医院院长助理
兰　涛	辽宁百特物业管理有限公司总经理
宁　博	沈阳铝镁设计研究院土建室团支部书记
曲　飞	沈阳市第五中学副校长
曲维宇	沈阳市工商行政管理局办公室主任科员
朱　江	沈阳出租汽车联营总公司司机
乔沈军	沈阳市国家税务局财务管理处主任科员
伏桂明	沈阳日报社高级记者
刘　岩	共青团沈阳市委员会权益（城区）部部长
刘　耸	沈阳市铁西区国家税务局办公室副主任
刘　森	沈阳黎明航空零部件制造有限公司数控铣工
刘玉蕾	沈阳人民广播电台主持人、记者
刘冬瑞	沈阳市公路规划设计院设计所所长
刘炳旭	辽宁万豪平安客运有限公司董事长
刘善文	新民市第一高级中学团委书记德育副主任
闫玉娇	沈阳市纪委宣传教育室主任科员
闫晓波	中共和平区委办公室督查室副主任
关　兵	沈阳市中级人民法院审判员
许航军	宁波方太厨具公司沈阳分公司总经理
孙红梅	沈阳农业大学园艺学院副教授
孙曼丽	沈阳市和平区财政局监督办主任
杨　刚	沈阳市振东建设工程监理有限公司总经理
杨　亭	沈阳市食品化妆品监督所副书记
李　飞	特变电工沈阳变压器集团有限公司总经理助理
李　佳	铁西区信访局、市民投诉中心主任
李　博	沈阳博荣置业有限公司董事长
李　辉	富士牧业集团董事长
李延卫	仁济医院管理集团董事长
李红明	沈阳市纪委第三纪检监察室副处级纪检监察员
李楠楠	沈阳市总工会团委负责人
吴开华	沈阳市财政局预算处副处长
吴书文	沈阳电视台行政处副处长
何　颖	沈阳市回龙岗革命公墓告别主持人
沈　军	沈阳市天光家具制造有限公司总经理
宋少江	沈阳药科大学中医学院副院长
宋薇薇	盛京医院妇产科第二产科病房副主任
张　雷	东北育才学校教师
张子龙	沈阳市质量技术监督局机关团委书记
张玉宝	东北大学团委书记
张正伟	东药集团副总经理
张华彬	辽宁林业职业技术学院团委书记
张旭阳	沈阳惠中普华科技有限公司总经理
张安君	沈阳市青年美术家协会主席
张迎春	沈阳市供销社合作指导处处长
张忠凯	棋盘山开发区党群工作部团区委副书记
张秋娜	沈阳仪表科学研究院组织部部长
张笑之	沈阳市地方税务局蒲河新城分局辉山税务所副所长
张福斌	沈阳市委办公厅行政处食堂科科长
陈　波	中国医科大学附属第一医院肿瘤外科团支部书记
陈立国	共青团沈阳市委员会统战部部长
陈向前	辽宁福耀玻璃有限公司董事长
金　山	沈阳市华厦印刷厂厂长
金长鑫	沈阳风电设备发展有限责任公司总经理
周启星	沈阳市中级法院助理审判员
宗亚超	沈阳大东供电分公司营销工
孟凡臣	沈阳金宝台二手车交易市场副总经理
孟奎伽	辽中县富民蔬菜专业合作社理事长
胡　洋	沈北新区组织部副部长
郝　扉	辽宁天华科技发展有限公司总经理
赵飞龙	沈阳市华章书刊发行有限公司总经理
赵东方	沈阳师范大学团委副书记
赵庆峰	九洲龙跃集团董事长
赵红梅	中国移动辽宁公司沈阳分公司党群工作部副主任
赵婕妤	沈阳电视台新闻频道主播
姜　波	沈阳航天新光集团有限公司团委书记
姚丽杰	康平县团委书记
弭熙魁	安利（中国）日用品有限公司辽、吉两省总监
袁忠良	沈阳市交通局铁西分局科长
贾成林	沈阳市城市管理行政执法局主任科员
夏　梦	沈阳市公安局经侦支队主任科员
徐　陆	沈阳航空职业技术学院实习教师
郭福来	沈阳华年饲料有限公司董事长
崔　巍	沈阳市和平区教育局党委副书记
葛　南	沈阳鼓风机集团有限公司工人
窦爱军	于洪区杨士中心小学校长

管艳艳	沈阳市食品药品监督管理局审批办副主任科员
樊树清	沈阳高等级公路建设总公司第二工程公司经理
潘　鹤	沈阳市信访局科员
魏晶鑫	沈阳东方般若信息技术有限公司总经理

沈阳市“五四”奖状获得者

共青团沈河区委员会
共青团沈阳市信访局委员会
沈阳高等级公路建设总公司丹通高速公路第十三合同段
沈阳电台交通都市广播
沈阳经纬客运有限公司总站站务班
共青团苏家屯区卫生局委员会
共青团沈阳市外事服务学校委员会
皇姑区行政事业单位财务集中管理办公室
共青团辽宁省交通高等专科学校委员会
中建三局市府恒隆广场项目总包经理部
沈阳建筑大学建筑研究所
沈阳市公共交通指挥调度中心企业监管科
中国移动通信集团辽宁有限公司法库分公司团支部
沈阳鼓风集团齿轮压缩机公司“徐强班组”
共青团东陵区委员会
共青团沈阳理工大学委员会
共青团新民市第一高级中学委员会
沈阳市环境监测中心站
共青团铁西区兴工街道委员会
沈阳市会计人员服务中心
共青团沈阳市地方税务局于洪分局委员会
共青团沈阳住房公积金管理中心机关委员会
沈阳晚报新闻采访中心
共青团沈阳航天新乐有限责任公司委员会
招生考试通讯杂志社
沈阳市公安局铁西分局刑事警察大队阵控队
共青团辽中县委员会
共青团沈阳市和平区国家税务局委员会
中国光大银行沈阳金城支行团支部
盛京银行沈阳市民主分行

全国“三八”红旗手

（以姓氏笔画为序）

赵　霞	沈阳飞机设计研究所副总设计师
史　霞	沈阳金贸医药集团总裁
夏　萤	沈阳市公安局刑警支队主任科员
于凤琴	沈阳出入境检验检疫局研究员、博士生导师
王玉辉	沈阳师范大学文学院教授、教研室主任

全国“三八”红旗集体

（排名不分先后）

沈阳市信访局市民诉求专线办公室
沈阳市烟草公司卷烟营销中心订单部
沈阳黎明航空发动机（集团）有限责任公司转包与民机事业部外贸结构厂安装边电火花班

第六届辽宁省十大女杰

赵　霞	沈阳飞机设计研究所副总设计师

辽宁省“三八”红旗手

（以姓氏笔画为序）

安锦荣	沈阳市中级人民法院副院长、党组副书记
范　平	沈阳航天新光集团有限公司加工中心操作工
史　霞	沈阳慈济医院健康体检中心总裁
朱桂华	沈阳市新民市妇联主席
张敬华	沈阳大清宝泉矿泉水饮品制品有限公司总经理
王玉辉	沈阳师范大学文学院教授

辽宁省“三八”红旗集体

（排名不分先后）

沈阳市信访局市民诉求专线办公室
沈阳市公安局社区警务支队居民身份证管理科
沈阳市烟草公司卷烟营销中心订单部
沈阳蒲河新城城市管理局辉山环卫所

沈阳市“三八”红旗手标兵

（以姓氏笔画为序）

王　军	沈阳鼓风机集团有限公司透平部教授级专家
冯丽霞	东陵区妇幼保健所所长
史江宁	铁西区聋人学校副书记兼副校长
刘秀娟	东陵区农业技术推广中心高级农艺师
李淑萍	沈阳水泥机械有限公司总会计师
陆　虹	中国电子科技集团公司第四十七研究所集成电路设计中心主任
段国会	沈河区新北站街道山东堡社区书记兼主任
赵　琳	市中级人民法院民事审判第一庭审判长
钟　甦	市环境技术评估中心主任
霍　宏	沈阳热电厂电气专业电通班技术员

沈阳市“三八”红旗手

（以姓氏笔画为序）

丁海虹　市第十一中学教师
于伟华　市胸科医院副院长
卫丽莹　市统计局服务业与社会科技统计处处长
马　英　市规划和国土资源局监察处处长
马秋丽　辽宁宏田通讯有限公司总经理
亢亚杰　沈北新区审计局文行科科长
尹翠娟　东北制药集团公司沈阳第一制药厂助理副厂长
王　丽　市东陵公园经营服务公司经理
王　欣　和平区八经街道老龄委主任
王　倩　市人民检察院机关妇委会主任
王　晖　市国税局第三稽查局副局长
王　晶　辽宁芒果信息中介有限公司总经理
王凤红　法库县三面船三台子村村民
王丽芳　中捷机床有限公司副总经理
王凯军　沈阳医学院党委副书记、纪委书记
王枫溱　市残疾人艺术团团长
王英姿　市第二中学年部副主任
王选艳　沈阳体育学院离退休工作处处长
王晓婷　沈阳晚报记者
王晓楠　沈阳经济技术开发区国税局副局长
王雅军　沈阳出租汽车股份有限公司董事长
王颖坤　浑南新区财政局局长
卢映雪　辽中县茨榆坨镇政府宣传委员
史　霞　沈阳慈济（医院）健康体检中心总裁
左志清　市交通局人事处处长
田　丽　市中级人民法院民三庭审判员
白洪芬　苏家屯区大沟乡团山寺村村民
石秀英　沈阳工具标准件制造有限公司董事长
刘　宾　市12319城建热线受理班班长
刘元晨　沈阳大学旅游与地理科学学院副院长
刘会云　沈阳胶带总厂副总会计师兼财务处长
刘宏伟　沈阳晚报采访中心记者
刘晓丽　辽中县潘家堡乡蔡伯街村村民
刘晓罡　沈阳化工股份有限公司责任工程师
刘爱华　沈北新区教师进修学校会计
刘雅君　市城市管理行政执法局和平分局局长
吕敏红　市金金足鞋材厂总经理
孙雅丽　沈阳机车车辆有限责任公司转向架分厂副厂长
安淑洁　东陵区王滨乡尖山子村村民
曲　徽　沈河区文艺路第二小学党支部书记
毕晓红　盛京银行股份有限公司沈阳市东陵支行行长
佟艳萍　新民市艳萍高级美容美发院院长
吴　利　市房产局信访行风办副主任
吴　玲　棋盘山开发区高坎街道办事处妇联主席
宋丽娜　沈河区审计局局长
宋爱萍　和平区南宁幼儿园园长助理
张　力　市人民检察院政治部宣传处副处长
张　红　和平区疾病预防控制中心免疫科科长
张　敏　沈阳北恒企业集团董事长兼总经理
张　慧　沈阳发动机设计研究所涡轮设计研究室主任
张志兰　沈北新区兴隆台镇三台子村党支部书记
张杏梅　沈阳供水发展有限公司二水厂百鸟水源班班长
张金珠　康平县郝官屯镇顾屯村村民
张洪瑞　市粮食局党委组织员
张雅琴　新民市广播电视台总编室科长
李　叶　市慈善总会办公室副主任
李　丽　大东区城管局环卫二所清扫一班班长
李　静　市城建局会计核算中心主任
李　静　市环保局机关党委副书记
李　黎　辽宁天韵创美美容事业发展有限公司董事长
李凤杰　沈阳圣鑫汽车租赁有限公司董事长
李凤莲　于洪区平罗街道前辛台村村民
李治丽　沈阳永和豆业食品机械有限责任公司董事长
李晓萍　市中级人民法院督查室主任
李海坤　沈阳金发汽车钢圈制造有限公司泳漆车间班长
李雪绵　辽中县鉴真药房总经理
杨怡畔　皇姑区行政事业单位财务集中管理办公室主任
肖羽曼　沈重集团公司盾构机分公司科研试验车间主任
苏俊斌　和平区长白街道党工委书记
陆震明　沈阳玫瑰大酒店有限公司行政总监
陈　阳　沈阳京剧院二级演员
陈　明　市公安局机关妇委会副主任
陈伟华　苏家屯区白清乡邓家沟村村民
单玉敏　铁西区大潘街道侯家村村民
周淑芝　新民市大柳屯镇侯油房村村民
孟春玉　康平县方家屯镇东小房身村党支部书记
范静丰　沈阳地铁运营有限公司客运部部长
郑　丽　市中级人民法院立案二庭代理审判长
郑凤云　沈北新区财落街道大辛二社区居民
金　丽　沈阳商业城床品部经理
信桂梅　于洪区迎宾路街道工会女职工委员会主任
信素梅　沈阳东北机动车配件市场实业有限公司总经理
姚春艳　市地铁建设指挥部总工办副主任
姜春杰　法库县财政局局长
宣晓萍　沈阳奥斯路尼服饰有限公司董事长
战　丽　中兴—沈阳商业大厦现场部部长
柳　鹰　市委办公厅机关党委专职副书记

洪兴丽 沈阳交通技术学校校长兼党委书记
赵 威 康平县新闻中心副主任
赵 琳 市商业局流通改革处处长
赵 霞 市财政局社会保障处处长
赵红丽 市一二〇中学教学主任
赵红梅 新民市于家窝堡乡彰武台门村妇委会主任
郝树韫 市第一公证处主任
郝率肆 沈河萃华金店经理
夏 岩 市金摇篮双语幼儿园董事长
徐红 沈阳人民广播电台记者
徐士敏 市司法局办公室助理调研员
徐延红 市城市管理行政执法局指挥中心副主任
贾杰红 市委党校机关工会主席
郭 喆 市旅游学校附属艺博幼儿园教师
郭立东 中共沈阳市委组织部公务员处调研员
钱学舸 沈阳燃气有限公司设备管理维修中心主任
高 峰 市第四十六中学教师
常凤英 沈阳副食集团外围企业工作部党总支书记
梁晓求 大东区卫生工作者协会主任
阎 波 市第九人民医院院长兼党委副书记
黄 双 沈阳电视台新闻频道副总监
韩玉芹 市工商行政管理局广告处处长
褚秀芹 法库县法库镇党委副书记
路 新 中国家具城股份有限公司财务核算中心主任
锡 燕 沈阳萃华金银珠宝股份有限公司财务总监
翟小松 辽宁鑫奉珠宝首饰有限公司总裁
臧玉丽 大东区妇联副主席
谭 芳 沈河区新北站社区卫生服务中心山东堡站长
滕春明 苏家屯区陈相镇妇联主席
穆桂荣 大东区珠林街道莱茵河畔社区主任
穆淑娟 市政府研究室城区处处长
霍 红 沈阳日报时政部记者
魏 欣 市地源热泵规划建设管理办公室高级工程师

沈阳市“三八”红旗集体

（排名不分先后）

和平区人民法院民事审判一庭
沈阳金融商贸开发区财政局
铁西区保工街道宏伟社区居委会
皇姑区岐山路第一小学
市地方税务局大东分局
东陵区园林绿化监管所
于洪区卫生监督所
沈北新区综合服务中心
苏家屯区征地服务站
浑南新区第二小学
沈阳棋盘山文化产业发展有限公司游客服务部
沈阳出版社总编室
沈阳造币厂三车间包装班
际华三五二三特种装备有限公司七车间
沈阳师范大学旅游管理学院
沈阳市外事服务学校
沈阳红梅企业集团有限责任公司调味品公司鸡精工段
沈阳经纬客运有限公司总站站务班
市城建档案馆备案接收科
市运河风景管理处
市第六人民医院三病房
市工商行政管理局信息中心
市司法局审计处
沈阳日报总编室
沈阳地铁运营有限公司客运部票务室
盛京银行核算监督中心
市公安局警察支队戒毒所女子管教中队
市烟草公司卷烟营销中心订单部
市公安局大东分局东逸社区女子警务室
市第十一中学语文教研组

统 计 资 料

1—1 行 政 区 划

Administrative Divisions

单位:个 (unit)

地 区	Region	街道办事处 Subdisrtict Offices	社区管委会 Resident's Committees	乡人民政府 Township Government	镇人民政府 Town Government	村民委员会 Village Committees
全 市	**Total**	**112**	**887**	**46**	**54**	**1451**
市 区	**Districts under City Administration**	**106**	**770**	**12**	**11**	**539**
5 个中心区	**Five Central Districts**	**59**	**443**			
和平区	Heping	12	82			
沈河区	Shenhe	10	66			
大东区	Dadong	13	88			
皇姑区	Huanggu	10	99			
铁西区	Tiexi	14	108			
其它 4 个区	**Other Four Districts**	**47**	**327**	**12**	**11**	**539**
苏家屯区	Shujiatun	5	41	5	7	127
东陵区	Dongling	18	91	1	171	
沈北新区	Shenbei New	7	103	5	2	90
于洪区	Yuhong	17	92	1	2	151
市辖县(市)	**Counties under City Administration**	**6**	**117**	**34**	**43**	**912**
辽中县	Liaozhong		47	3	17	185
康平县	Kangping	1	10	7	7	162
法库县	Faku		15	11	8	225
新民市	Xinmin	5	45	13	11	340

1—2 分地区土地面积、户数和人口数
Land Area, Households and Population By Region

地 区	Region	土地面积（平方公里）Land Area (sq. km)	户 数（万户）House Hold (10000 units)	人口数（万人）Population (10000 persons)	人口密度（人/平方公里）Population Density (person/sq. km)
全 市	**Total**	**12881**	**247.6**	**716.5**	**557**
和平区	Heping	36.1	21.5	62.9	17419
沈河区	Shenhe	18.4	20.6	60.4	32869
大东区	Dadong	40.9	24.2	66.1	16193
皇姑区	Huanggu	35.8	25.9	76.3	21289
铁西区	Tiexi	39.1	30.2	84.5	21589
苏家屯区	Shujiatun	781.9	15.4	42.8	548
东陵区	Dongling	854.8	16.1	45.5	532
沈北新区	Shenbei New	892.6	11	31.9	357
于洪区	Yuhong	771.1	14.4	41.8	542
辽中县	Liaozhong	1644.8	19	54	328
康平县	Kangping	2167.1	11.7	35.3	163
法库县	Faku	2280.6	13.8	45	197
新民市	Xinmin	3296.6	23.8	70	212

1—3 人民物质文化生活
People's Material and Cultural Life

指 标	Item	2000	2005	2008	2009
城镇非私营单位职工平均工资(元)	Average Wage of Employeers in Non private Sector in Cities and Towns(yuan)	6995	16393	29545	34281
城市居民人均可支配收入(元)	Per Capita Annual Disposable Income of Residents (yuan)	5850	10098	17013	18475
农村居民人均纯收入(元)	Per Capita Annual Net Income of Rural Residents (yuan)	3135	5050	8029	8753
人均社会消费品零售总额(元)	Per Capita Retail Sales of Consumer Goods(yuan)	8310	13144	21155	24874
人均储蓄额(元)	Per Capita Balance of Saving Deposit(yuan)	14152	25028	34734	41149
城市人均住宅建筑面积(平方米)	Per Capita Living Floor Space of Building Construction in Urban Areas(sq. m)	17.4	23.4	29.0	30.9
农民人均住房面积(平方米)	Per Capita Housing Floor Space of Rural(sq. m)	21.8	25.1	26.3	26.9
城市每万人拥有公共汽车(标台)	Number of buses Per 10000 Persons in City (unit)	9.1	10.9	13.1	
燃气普及率(%)	Percentage of Households With Access to Tap Gas %	97.3	92.5	100.0	100.0
人均日生活用水(升)	Per Capita Water Consumption For Living (litre)	192.2	143.4	152.1	161.6
人均日生活用电(千瓦/小时)	Per Capita Electricity Consumption for Living(kwh)	0.9	1.2	1.5	1.6
每百户城市居民家庭拥有	Number of Sets Per 100 Households in City				
家用汽车(辆)	Home Cars (set)	1.0	2.4	9.2	11.7
家用电脑(台)	Home Computer(set)	9.6	45.8	62.4	81.9
移动电话(部)	Mobile Telephone(set)	18.8	104.0	177.6	199.0
每千人口拥有医院床位(张)	Number of Beds in Hospital Per 1000 Persons (unit)	5.3	4.9	4.9	5.2
建成区绿化覆盖率(%)	Green Land Coverage Rate in Eslablished Zone(rate)	23.9	40.7	41.8	41.8
城区人均公园绿地面积(平方米)*	Per Capita Park Green Land Area in Urban Areas(sq. m)	4.3	12.0	12.1	12.8

注:2005年及以前为建成区人均公共绿地面积。

Note: It is per capita public green land area in established zone.

1—4 平均每天主要社会经济活动
Average Daily Main Social and Economic Indicators

指　　标	Item	2000	2005	2008	2009
每天创造的财富	**Daily Production**				
地区生产总值(万元)	Gross Domestic Product(10000 yuan)	29233	57100	103586	116946
农林牧渔业总产值(万元)	Cross Output Value of Agriculture, Forestry, Animal Husbandry and Fishery(10000 yuan)	3659	6522	9591	10835
地方财政一般预算收入(万元)	General Budget Incom of Local Government(10000 yuan)	1624	3785	7974	8773
每天服务量	**Daily Service Supply**				
用电量(万千瓦/时)	Output of Electricity(10000 kwh)	3107	4226	5312	5692.3
供水量(万吨)	Output of Water(10000 tons)	162.4	153.4	189	190.1
货运量(万吨)	Freight Traffic(10000 tons)	41.7	42.7	56.8	41.5
铁路、公路、民航客运量(万人)	Passenger Traffic of Railways, Highways and CivilAviation (10000 persons)	18.1	23.6	30.2	75.8
市内公交客运量(万人次)	Passenger Traffic of Buses in City(10000 persons)	221.1	229.5	304.0	317.8
邮电业务量(万元)	Telecommunication Services(10000 yuan)	1261.4	3152.1	5473.5	6491.5
每天人口变动	**Population**				
出生人口(人)	Birth(person)	156	135	150	143
死亡人口(人)	Death(person)	126	118	166	140
迁入人口(人)	Move In(person)	196	246	219	184
迁出人口(人)	Move Out(person)	121	134	109	97

1—5 国民经济和社会发展结构
Structure on National Economic and Social Development

指　　标	Item	2000	2005	2008	2009
人口结构	Struture of Population				
#农　业	#Farming	36.8	35.5	35.4	35.2
非农业	Non - agriculature	63.2	64.5	64.5	64.8
#男　性	#Male	50.6	50.2	50.0	50.1
女　性	Female	49.4	49.8	50.0	49.9
地区生产总值结构	Structure of Gross Domestic Product by Region				
第一产业	Primary Industry	7	6.1	4.9	4.9
第二产业	Secondary Industry	39	43.5	49.3	49.8
#工业	#Industrial	34.5	37.7	44.6	45.1
第三产业	Tertiary Industry	54	50.4	45.8	45.3
全社会固定资产投资结构	Structure of Tolal Investment in Fixed				
#房地产开发	#Real Estate Development Assets	24.4	30.3	33.6	32.3
第一产业	Primary Industry	2.9	1.8	2.1	3.0
第二产业	Secondary Industry	28.9	38.2	37.4	37.8
第三产业	Tertiary Industry	68.2	60	60.5	59.2
规模以上工业总产值结构	Structure of Gross Industrial Output Value above Designated Size				
轻工业	Light Industry	23.8	26.2	25.7	26.3
重工业	Heavy Industry	76.2	73.8	74.3	73.7
农林牧渔业总产值结构	Structure of Gross Output Value of Farming, Foresty, Animal Husbandry and Fishery				
农　业	Farming	54.5	38.4	38.1	37.0
林　业	Forestry	1	2.2	1.9	1.9
牧　业	Husbandry	37.5	48.7	52.0	52.6
渔　业	Fishery	7	6.7	4.2	4.4
农林牧渔服务业	Farming, Forestry, Animal Husbandry, Fishery and Service		4	3.8	4.1

1—6 国民经济主要指标
Main Indicators of National Economy

指标	Item	2000	2005	2008	2009
年末总人口(户籍人口)(万人)	Year—end Total Population(10000 persons)	685.1	698.6	713.5	716.5
#市区人口	Urban	485	495.9	509	512.2
城镇非私营单位职工人数(万人)	Employees in Non-private Sector in Cities and Towns(10000 persons)	175.8	116.3	113.7	111.5
地区生产总值(亿元)	Gross Domestic Product(100 million yuan)	1067	2084.1	3780.9	4268.5
第一产业	Primary Industry	74.3	126.3	183.7	207.1
第二产业	Secondary Industry	416.4	906.3	1864.8	2127.4
#工业	#Industry	367.7	786.3	1688.1	1924.5
第三产业	Tertiary Industry	576.4	1051.5	1732.4	1934
人均地区生产总值(元)	Per Capita Gross Domestic Product(yuan)	15666	29935	49166	54654
规模以上工业总产值(亿元)	Gross Industrial Output Value(100 million yuan)	714.3	2195.2	6529.5	7637.1
规模以上工业高新技术产品产值(亿元)	High-new Technology Industrial Output Value above Designated Size(100 million yuan)		977.8	2699.8	3216.2
规模以上工业增加值(亿元)	Value-added of Industry above Designated Size Industrial Enterprises(100 million yuan)	190	652.1	1714.2	2017.5
规模以上工业主营业务收入(亿元)	Revenue from Principal Business above Designate Size Industrial Enterprises(100 million yuan)	705.3	2045.5	6357.5	7443.4
规模以上工业固定资产净值(亿元)	Net Value of Fixed Assets above Designated Size Industrial Enterprises(100 million yuan)	621.1	818.5	2274.9	1981.3
规模以上工业实现利润(亿元)	Profit on Industry above Designated Size Industrial Enterprises(100 million yuan)	29.1	46.2	274.5	383
规模以上工业实现利税(亿元)	Pre—tax Profit on Industry above Designated Size Industrial Enterprises(100 million yuan)	64.2	118.5	444.8	693.9
规模以上工业能源最终消耗总量(万吨标煤)	Total Energy Consumption above Designate Size Industrial Enterprises(10000 tons of SCE)		805.5	1202.9	1251
#工业生产用(万吨标煤)	#Industry(10000 tons of SCE)		782.2	1165.7	1104.9
农林牧渔业总产值(亿元)	Total Output Value of Farming, Forestry, Animal Husbandry and Fishery(100 million yuan)	133.5	238	350.1	395.5
全社会固定资产投资(亿元)	Total Investment in Fixed Assets(100 million yuan)	262.2	1363.2	3008.7	3676
#国有固定资产投资	#State-owned Investment in Fixed Assets	116.2	336.3	527.3	613.3
集体固定资产投资	Investment of Collective Units in Fixed Assets	14.2	51.9	110	108.5
个人投资	Investment of Individuals on Buildings	9.5	26.3	48.1	63.2
社会消费品零售总额(亿元)	Total Retail Sales Value of Consumer Goods(100 million yuan)	566	915.1	1505.5	1778.6
进出口总额(亿美元)	Total Exports and Imports (USD 100 million)	26.8	45.9	71.3	65.7
出口总额(亿美元)	Total Exports(USD 100 million)	13	23.7	41.2	35.2
进口总额(亿美元)	Total Imports(USD 100 million)	13.9	22.2	30.1	30.5
实际利用外商直接投资(亿美元)	Total Foreign Capital Actually Used(USD100 million)	7.1	21.2	60	54.1
全社会用电量(亿千瓦时)	Total Electricity Consumption(100 million kwh)	110.4	154.3	193.9	207.8
货运总量(万吨)	Total Freight Traffic(10000 tons)	15221.2	15571	20731	15164
客运总量(万人)	Total Passenger traffic(10000 persons)	6620	8629	11040	27668
地方财政一般预算收入(亿元)	Local Intra—budgetary Revenue(100 million yuan)	59.3	138.1	291	320.2
地方财政一般预算支出(亿元)	Local Intra—budgetary Expenditure(100 million yuan)	89.4	217	406.7	475.9
金融机构本外币存款余额(亿元)	Deposits of Banking System including Ren Ming Bi and Foreign Currency(100 million yuan)		3696.6	5404.8	6809.8
金融机构本外币贷款余额(亿元)	Loans of Banking System including Ren Ming Bi and Foreign Currency(100 million yuan)		2355.7	3572.6	5170.9
城乡居民储蓄本外币年末余额(亿元)	Year—end Deposit of Residents including Ren Ming Bi and Foreign Currency(100 million yuan)		1847.1	2530.2	3011.3
在校学生总数(万人)	Total Students Enrollment(10000 persons)	189.3	125.5	126.6	122.3
#高等教育院校在校学生数	#Institutions of Higher Education	20.6	35.3	42.9	43.5
中等专业学校在校学生数	Secondary Schools	3.7	5.8	6.5	7.1
普通中学在校学生数	Regular Secondary Schools	36.5	37.2	33.4	31.6
小学在校学生数	Primary Schools	52.5	39.7	35.6	34.3
各种卫生机构床位数(万张)	Number of Beds in Health Institutions(10000 units)	36116	34033	35053	37528
医生数(万人)	Number of Doctors(10000 persons)	20656	19255	19643	20303
居民消费价格指数(%)	General Consumer Price Indices(%)	100.1	100.7	104.4	99.9
商品零售价格总指数(%)	General Retail Price Indices of Commodities(%)	98	99.3	105	97.9
城市居民人均可支配收入(元)	Per Capita Annual Disposable Income of UrbanResidents(yuan)	5850	10098	17013	18475
农村居民人均纯收入(元)	Per capita Annual Net Income of Rural Residents(yuan)	3135	5050	8029	8753
城镇非私营单位职工工资总额(亿元)	Total Salary of Staff in Non-private Sector in Cities and Towns(100 million yuan)	123.5	195.2	340.3	389.8
城镇非私营单位职工年平均工资(元)	Per Capita Salary of Staff in Non-private Sector in Cities and Towns(yuan)	6995	16393	29545	34281

1—7 国民经济主要指标发展速度
Major Indicators of Development Speed of National Economy

上年为 100%（Preceding Year = 100）

指 标	Item	2000	2005	2008	2009
年末总人口（户籍人口）	Year—end Total Population	101.2	100.7	100.5	100.4
#市区人口	Urban	100.7	100.7	100.8	100.6
城镇非私营单位年末职工人数	Year - end staff in Non - private Sector in Cities and Towns	97	97.5	101.3	98.1
地区生产总值	Gross Domestic Product	110.3	116	116.3	114.1
第一产业	Primary Industry	101.9	109.4	108	107.3
第二产业	Secondary Industry	109.8	122.3	118.3	116.4
#工业	#Industry	109.9	122.2	119.7	116.1
第三产业	Tertiary Industry	112.4	111.7	115	112.3
人均地区生产总值	Per Capita Gross Domestic Product	109.5	115.2	114.4	112.3
规模以上工业总产值	Gross Industrial Output Value	122.6	139.6	136.4	117.0
规模以上工业高新技术产品产值	High - new Technology Industrial Output Value above Designated Size		129.5	131.8	119.1
规模以上工业增加值	Value - added of Industry above Designated Size Industrial Enterprises（100 million yuan）	114	140.5	123.5	119.1
规模以上工业主营业务收入	Revenue from Principal Business above Designated Size Industrial Enterprises	128.2	139	139.8	117.1
规模以上工业固定资产净值	Net Value of Fixed Assets above Designated Size Industrial Enterprises	122.3	107.2	203.5	87.1
规模以上工业实现利润	Profit on Industrial above Designated Size Industrial Enterprises	177.4	83.8	139.1	139.5
规模以上工业实现利税	Pre—tax Profit on Industry above Designated Size Industrial Enterprises	141.4	105.7	127.7	156.0
农林牧渔业总产值	Total Output Value of Farming, Forestry, Animal Husbandry and Fishery	103.2	110.4	108.1	107.4
全社会固定资产投资	Total Investment in Fixed Assets	109.2	140.3	127.4	122.2
#国有固定资产投资	#State - owned Investment in Fixed Assets	100.3	151	107.9	116.3
集体固定资产投资	Investment of Collective Units in Fixed Assets	132	117.2	163.4	98.6
个人投资	Investment of Individuds on Buidings	49.5	166.5	117	131.4
社会消费品零售总额	Total Retail Sales Value of Consumer Goods	109.7	113.1	122.2	118.1
进出口总额	Total Value of Imports and Exports	147.7	87.4	117.5	92.3
出口总额	Total Exports	162.5	98.8	124.2	85.7
进口总额	Total Imports	136.3	77.8	109.5	101.4
实际利用外商直接投资	Total Foreign Capigal Actually Used	142.9	87.6	119	102.3
全社会用电量	Total Electricity Consumption	109.7	108.5	105.7	107.2
货运总量	Total Freight Traffic	98.9	105.5	108.6	108.5
客运量	Total Passenger traffic	86.4	108.4	109.7	106.0
地方财政一般预算收入	Local Intra—budgetary Revenue	110	126.1	126.1	110.0
地方财政一般预算支出	Local Intra—budgetary Expenditure	117.3	126.4	119.7	117.0
金融机构本外币存款余额	Deposits of Banking System including Ren Ming Bi and Foreign Currency		115.3	115.1	124.2
金融机构本外币贷款余额	Loans of Banking System including Ren Ming Bi and Foreign Currency		99.3	121.4	132.9
城乡居民本外币储蓄年末余额	Year—end Deposit of Residents including Ren Ming Bi and Foreign Currency		110.5	124.6	119.0
在校学生总数	Total Students Enrollment	100.3	98.7	99.4	96.6
#高等教育院校在校学生数	#Institutions of Higher Education	120.2	109.8	102.1	101.5
中等专业学校在校学生数	Secondary Schools	92.5	90.8	116.1	110.2
普通中学在校学生数	Regular Secondary Schools	109.3	97.7	95.7	94.6
小学在校学生数	Primary Schools	93.9	95.2	97.8	96.2
各种卫生机构床位数	Number of Beds in Health Institutions	96.6	101.3	100.9	107.1
医生数	Number of Doctors	100.8	106.3	99.7	103.4
城市居民人均可支配收入	Per Capita Annual Disposable Income of Urban Residents	109.1	113.2	116.5	108.6
农村居民人均纯收入	Per capita Annual Net Income of Rural Residents	101.1	116.2	118	109.0
城镇非私营单位职工工资总额	Total Salary of Staff in Non - private Sector in Cities and Towns	102.6	114.7	125.1	114.5
城镇非私营单位职工年平均工资	Per Capita Salary of Staff in Non - private Sector in Cities and Towns	107.3	118.7	124.4	116.0

1—8 地区生产总值及指数
Cross Domestic Product and Indices

年份 year	地区生产总值（万元）	GDP(10000 yuan) 第一产业 Primary Industry	第二产业 Secondary Industry	第三产业 Tertiary Industry	地区生产总值指数(%)	（以上年为100）Indices(Indices Preceding Year = 100) 第一产业 Primary Industry	第二产业 Secondary Industry	第三产业 Tertiary Industry
1978	435948	39436	287409	109103				
1980	567001	65000	363000	139001	110.2	127.5	109.5	106.8
1985	1100104	106981	630891	362232	112.4	70.1	118.4	118.3
1986	1255307	115992	720955	418360	110.0	97.0	111.7	110.0
1987	1541602	145997	852985	542620	114.2	112.7	111.4	119.8
1988	1937656	201048	993239	743369	110.6	117.9	105.9	117.3
1989	2175936	164028	1104194	907714	101.2	73.9	100.1	108.3
1990	2348819	238243	1071207	1039369	105.5	144.2	97.4	112.1
1991	2547241	254456	1133609	1159176	104.4	106.4	103.8	104.5
1992	3266072	292526	1506390	1467156	117.8	113.2	123.1	113.3
1993	4245977	349600	1955557	1940820	114.1	109.1	118.7	110.0
1994	5520457	447409	2464203	2608845	112.5	90.4	117.4	111.6
1995	6728642	513541	2848009	3367091	109.9	103.0	109.5	111.7
1996	7476656	549340	3021457	3905859	110.0	105.8	111.4	108.9
1997	8258248	590113	3364808	4303326	110.0	101.8	112.8	107.5
1998	9070368	653720	3620331	4796317	110.9	114.8	111.2	109.8
1999	9716730	703659	3815358	5197713	110.0	107.7	111.1	108.7
2000	10669908	742519	4163501	5763887	110.3	101.9	109.8	112.4
2001	11740239	801228	4463658	6475353	110.1	106.4	110.2	110.5
2002	13260183	874178	4956707	7429298	113.1	108.0	114.6	112.5
2003	15018961	893233	5974341	8151387	114.2	106.8	121.6	108.1
2004	17729334	1140852	7262813	9325668	115.5	114.2	119.8	111.1
2005	20841339	1263299	9062862	10515178	116.0	109.4	122.3	111.7
2006	25196339	1351958	11391228	12453153	116.7	104.1	122.2	113.6
2007	31596939	1661506	15004185	14931247	120.5	106.1	127	116.1
2008	37808727	1836782	18648432	17323513	116.3	108	118.3	115.0
2009	42685137	2070681	21274319	19340137	114.1	107.3	116.4	112.3

2—1 人口及构成
Population and It' s Composition

单位:人 (年底数)(year—end) (person)

年 份 Year	总人口 Total Population	按性别分 By Sex		按农业非农业分 By Agriculture	
		男 Male	女 Female	农业人口 Agriculture Population	非农业人口 Non—agriculture Population
1949	2942443	1548628	1393815	1796406	1146037
1952	3295179	1753754	1541425	1763036	1532143
1957	4251709	2221391	2030318	1755161	2496548
1962	4376555	2251101	2125454	1818709	2557846
1965	4845081	2492378	2352703	2042320	2802761
1970	4897417	2504140	2393277	2543171	2354246
1975	5187372	2640878	2546494	2700459	2486913
1978	5404700	2751185	2653515	2756720	2647980
1980	5667669	2881247	2786422	2631852	3035817
1985	6063377	3084886	2978491	2549105	3514272
1990	6460649	3282141	3178508	2572537	3888112
1995	6667917	3384270	3283647	2517142	4150775
1996	6710376	3401134	3309242	2512109	4198267
1997	6737910	3412197	3325713	2511640	4226270
1998	6748628	3416423	3332205	2506427	4242201
1999	6770792	3423899	3346893	2505546	4265246
2000	6850969	3464878	3386091	2517760	4333209
2001	6893397	3480301	3413096	2536439	4356958
2002	6889182	3473915	3415267	2506510	4382672
2003	6890947	3468893	3422054	2485201	4405746
2004	6938708	3484920	3453788	2475337	4463371
2005	6985663	3503856	3481807	2477089	4503735
2006	7035617	3524664	3510953	2486188	4546156
2007	7097715	3551216	3546499	2537032	4557554
2008	7135053	3563878	3571175	2524076	4604896
2009	7165490	3573438	3592052	2521086	4640956

注:从2005年起,因有"未落常住户口人员",故"农业人口"+"非农业人口"小于合计。

Note: Because having not signed number of households, total population from 2005 did not equal Agriculture population added non-agriculture population.

2—2 人口自然变动情况
Natural Change of Population

年 份 Year	出生人口(人) Birth (person)	出生率(‰) Birth Rate (‰)	死亡人口(人) Death (person)	死亡率(‰) Death Rate (‰)	自然增长率(‰) Natural Growth Rate(‰)
全市数 Total 1978	94007	17.7	27959	5.3	12.5
1980	86089	15.4	30846	5.5	9.9
1985	81526	13.5	34028	5.6	7.9
1990	79799	12.4	37894	5.9	6.5
1995	53100	8	40957	6.2	1.8
1996	52466	7.8	43268	6.5	1.4
1997	49443	7.4	43118	6.4	0.9
1998	43627	6.5	42760	6.3	0.1
1999	44189	6.5	44829	6.6	-0.1
2000	57008	8.4	46094	6.8	1.6
2001	43950	6.4	38166	5.6	0.9
2002	45609	6.6	39785	5.8	0.9
2003	36731	5.3	42323	6.1	-0.8
2004	47795	6.9	47605	6.9	0.03
2005	49381	7.1	43150	6.2	0.89
2006	48554	6.93	40725	5.81	1.12
2007	58089	8.22	41442	5.86	2.36
2008	54821	7.7	60720	8.53	-0.83
2009	52206	7.3	51014	7.13	0.17
市区数 Districts under					
1978	58282	16.9	17884	5.2	11.7
1980	52863	14	20057	5.3	8.7
1985	55851	13.4	22461	5.4	8
1990	49412	10.9	26600	5.9	5
1995	32324	6.9	29318	6.2	0.6
1996	31615	6.7	31120	6.6	0.1
1997	29980	6.3	30999	6.5	-0.2
1998	25690	5.4	31079	6.5	-1.1
1999	26756	5.6	31770	6.6	-1
2000	32874	6.8	34330	7.1	-0.3
2001	26194	5.4	30438	6.3	-0.9
2002	28888	5.9	32518	6.7	-0.7
2003	21105	4.3	33825	6.9	-2.6
2004	27359	5.6	35253	7.2	-1.6
2005	29425	6	36624	7.4	-1.46
2006	29849	6	34979	7.03	-1.03
2007	38397	7.64	35345	7.04	0.61
2008	35833	7.07	36824	7.26	-0.19
2009	35928	7.04	37078	7.26	-0.23

2—3 总户数及总人口
Total Households and Population

单位:户、人 (household, person)

指标	Item	2000	2005	2008	2009
总户数	**Total Households**	**2181144**	**2319795**	**2440689**	**2476117**
市　区	**District under**	**1554476**	**1675849**	**1766844**	**1793362**
和平区	Heping	203271	213799	214065	215381
沈河区	Shenhe	196165	207049	206173	205688
大东区	Dadong	211195	231315	239383	242075
皇姑区	Huanggu	224230	247580	256354	259292
铁西区	Tiexi	245918	276746	295524	301821
苏家屯区	Sujiatun	135484	145668	153053	154346
东陵区	Dongling	129544	138179	158396	160819
沈北新区	Shenbei New	90606	93282	104806	109507
于洪区	Yuhong	118063	122231	139090	144433
市辖县(市)	**Counties under**	**410653**	**425971**	**673845**	**682755**
辽中县	Liaozhong	176763	182591	186658	189530
康平县	Kangping	102403	108083	115957	116798
法库县	Faku	131487	135297	137463	138245
新民市	Xinmin City	216015	217975	233767	238182
总人口数	**Total Households**	**6850969**	**6985663**	**7135053**	**7165490**
市　区	**District under**	**4850371**	**4958861**	**5090224**	**5122311**
和平区	Heping	633932	640541	631144	629334
沈河区	Shenhe	599707	613365	608149	604461
大东区	Dadong	641664	645848	658281	661502
皇姑区	Huanggu	714447	752289	760984	762563
铁西区	Tiexi	760325	803188	834511	844983
苏家屯区	Sujiatun	413498	422014	427776	428260
东陵区	Dongling	413690	421854	457053	454969
沈北新区	Shenbei New	296069	291707	306358	318544
于洪区	Yuhong	377039	368055	405968	417695
市辖县(市)	**Counties under**	**1312365**	**1330893**	**2044829**	**2043179**
辽中县	Liaozhong	522248	534156	539255	540261
康平县	Kangping	344456	349559	356153	353177
法库县	Faku	445661	447178	449745	450182
新民市	Xinmin City	688233	695909	699676	699559

2—4 城镇非私营单位职工人数

Number of Employees in Non - private Sector in Cities and Towns

单位:万人 （年末数）（year - end） （10000 persons）

年份 Year	职工人数 Staff	国有单位 State - owned Units	集体单位 Collective owned Units
1980	186.4	121.2	65.2
1985	218.7	133.7	79
1990	230.5	146.9	75.3
1995	225.5	139.6	66.8
1996	218.7	137	61.7
1997	210.2	133.9	55.5
1998	193.5	123	44.1
1999	181.2	115.8	39
2000	175.8	110.8	36.1
2001	162.5	96.5	34.2
2002	142.2	82.6	25.6
2003	126	71.4	20.5
2004	119.3	65.6	18.4
2005	116.3	63.8	15.8
2006	114.6	64.4	14.5
2007	112.2	63.6	13.1
2008	113.7	63.9	11.7
2009	111.5	62.4	10.2

注:1992 年以前资料不含康平、法库的数。
Note:Data from 1990 to 1992 didn' t include Kangping and Faku.

2—5 城镇非私营单位职工工资总额和平均工资
Total and Average Wages of Employees in Non - private Sector in Cities and Towns

年 份 Year	工资总额(亿元) Total Wages (100 million yuan)	国 有 State - owned Units	集 体 Collective - owned Units	为上年(%) Compare With last year	平均工资(元) Average Wages (yuan)	国 有 State - owned Units	集 体 Collective - owned Units	为上年(%) Compare With last year
1980	14.07	10.19	3.88		755	841	595	
1985	25.29	16.24	8.29	125.3	1156	1215	1049	123
1990	52.56	37.12	13.6	110.2	2309	2527	1806	109.2
1995	110.45	77.81	21.22	109.4	4900	5593	3164	111.3
1996	113.79	81.51	20.31	103	5198	5939	3283	106.1
1997	122.86	88.36	20.02	108	5801	6547	3564	111.6
1998	119.59	86.33	15.42	97.3	6090	6910	3491	105
1999	120.36	87.36	13.72	100.6	6517	7371	3472	107
2000	123.46	89.57	12.12	102.6	6995	8052	3296	107.3
2001	139.2	96.98	11.36	112.7	8249	9608	3264	117.9
2002	149.87	100.3	9.91	107.7	9811	11174	3662	118.9
2003	157.98	102.93	8.87	105.4	11630	13256	4001	118.5
2004	170.1	109.04	8.23	107.7	13815	15781	4341	118.8
2005	195.18	125.16	8.01	114.7	16393	18756	4916	118.7
2006	228.9	153.59	8.67	117.3	19812	23679	5707	120.9
2007	271.92	186.91	9.72	118.8	23754	28866	6959	119.9
2008	340.23	230.5	11.1	125.1	29545	35835	8613	124.4
2009	389.84	261.99	12.72	114.5	34281	40589	12327	116

注:1992 年以前资料不含康平、法库的数。
Note: Data from 1990 to 1992 didn' t include Kangping and Faku.

3—1 规模以上各行业工业总产值
Gross Output Value above Designated Size

单位:万元　　(10000 yuan)

		2008	2009
总　　计	**Total**	**65295162**	**76370998**
采矿业	**Mining and Quarrying**	**940250**	**988424**
煤炭开采和洗选	Coal Mining and Processing	759672	714459
非金属矿采选	Nonmetals Mining and Dressing	160724	259842
制造业	**Manufacturing**	**61970914**	**72798463**
农副食品加工	Agricutalural Food Processing	4994328	6514069
食品制造	Food Production	1396959	1877647
饮料制造	Beverage Production	995091	1321514
烟草制品	Tobacco Products	175081	184397
纺　织	Textile Industry	401326	493377
纺织服装、鞋、帽制造	Products of Textile Garments、Shoes and Caps	1341625	1283641
皮革、毛皮、羽毛(绒)及其制品	Leather, Furs, Down and Related Products	599146	197079
木材加工及木、竹、藤、棕、草制品	Timber Processing, Bamboo, Cane and Straw Products	1154888	1565959
家具制造	Furniture	1018598	1498629
造纸及纸制品	Papet Making and Paper Products	620607	801066
印刷业和记录媒介的复制	Printing and Record Medium Reporduction	470215	401785
文教体育用品制造	Cultural, Education and Sports Goods	95614	127172
石油加工、炼焦及核燃料加工	Petroleum Refining, Coking and Nuclear Fuel Processing	973910	1324638
化学原料及化学制品制造	Raw Chemical Materials and Chemical Products	1788020	2061283
医药制造	Medical and Pharmaceutical Products	1637859	1730079
橡胶制品	Rubber Products	1150596	814059
塑料制品	Plastic Products	2137524	2660487
非金属矿物制品	Nonmetsl Mineral Products	3614676	4144740
黑色金属冶炼与压延加工	Smelting and Pressing of Ferrous Metals	2826189	2788767
有色金属冶炼与压延加工	Smelting and Pressing of Nonferrous Metals	1623602	1569356
金属制品	Metal Products	3753950	3997529
通用设备制造	Universal Machinery	8221669	10032385
专用设备制造	Special Purposes Equipment	3996947	4855376
交通运输设备制造	Tramsport Equipment	8058730	9624875
电气机械及器材制造	Electric Equipment and Machinery	5966573	7573097
通信设备、计算机及其他电子设备制造	Telecommunications Equipment、Computer and other Electric	2128058	2349187
仪器仪表及文化、办公用机械制造	Instruments, Meters, Cultural and Office Machinery	382800	414238
工艺品及其他制造业	Handicraft Article and Other Manufacturing	384941	483370
废气资源和废旧材料回收加工	Recycling and Disposal of Waste	52862	105561
电力、燃气及水的生产和供应业	**Production and Supply of power, Gas and Water**	**2383998**	**2584111**
电力、热力	Production and Supply of Power, Steam and Hot Water	2210205	2380780
燃　气	Production and Supply of Gas	73935	90851
水	Production and Supply of Water	99858	112479

3—2 主要工业产品产量
Main Industrial Products

年份 Year	彩色电视机 (万台) Color TV Sets (10000 units)	灯泡 (万只) Lamps (10000 units)	机制纸及纸板 (吨) Machine – made Paper and Paperboards (ton)	卷烟 (万箱) Cigarettes (10000 cases)	白酒 (千升) Liquor (kiloliter)
1978		2513	84370	19.11	11948
1980		3299	98210	25.5	17351
1985	3.97	4975	135064	21.98	28643
1990	10.77	6819	124469	24.2	64242
1995	1.3	30700	122916	20.1	69566
1996	12.38	37423	134108	18.5	92544
1997	26.15	8922	102612	18.71	124741
1998	56.1	7918	84000	20	120400
1999	59.76	7389	59922	11	108111
2000	175	4583	55245	8	162533
2001	139.62	11885	37053	15	13333
2002	179.35	4248	45453	16	4173
2003	241.55	13101	46857	17.8	2032
2004	248.42	10079	47355	20.4	50577
2005	472.04	12813	44573	20	74784
2006	271.8	51066	33775	21	100716
2007	344.09	90343	160909	22.57	207136
2008	398.47	80890	4546	23	284921
2009	340.38	33636	36382	23	271949

3—2 续表 1 Continued

年份 Year	啤酒 (千升) Beer (kiloliter)	味精 (吨) Gourmet Powder (ton)	瓷砖 (万平方米) Ceramid Tile (10000 sq. m)	合成洗衣粉 (吨) Synthetic Detergents (ton)	皮鞋 (万双) Leather Shoes (10000 pairs)
1978	41734	2721		6816	361.4
1980	60259	3460		9352	408.38
1985	111834	5326		22870	569.49
1990	185726	9508		28766	418.8
1995	345145	16991		26130	1155.92
1996	331934	19309		19106	2067.48
1997	343490	21100		12378	1891.56
1998	345600	25237		6681	1124.4
1999	419617	28347		3578	1959.59
2000	429682	34142		4253	1367.24
2001	420156	33001		28532	160.36
2002	411680	37026		31440	134.86
2003	437475	43318		22180	172.04
2004	484340	42513		12825	2003.47
2005	540721	46016	6770	17100	2126.42
2006	613793	51560	8493	17411	3190.9
2007	801908	45990	13078	14541	4486.4
2008	801450	37947	21538	28185	3881.59
2009	869598	40318	29776	24246	988.40

3—2 续表 2 Continued

年份 Year	汽车发动机（万千瓦）Motor Engine（10000 kw）	气体压缩机（台）Gas Compressed Motor（unit）	风 机（台）Pneumatic Machine（unit）	金属切削机床（台）Metal－cutting Machines（unit）	房间空气调节器（台）Air Conditioner（unit）	交流电动机（万千瓦）AC Motors（10000 kw）
1978		2558	12659	7362		138.2
1980		2245	14510	9817		129.4
1985		5782	19549	11356		148
1990		2731	23600	10013		170
1995		15730	15456	9294	72512	206.74
1996		7029	8262	6986	79651	542.41
1997		5414	14081	6658	72685	312.04
1998		3719	8123	6174	38733	124
1999		1656	4747	5661	95150	160.08
2000		2444	6346	8426	230692	133.97
2001	361	1003	4900	10513	362297	129.4
2002	850	771	3559	16586	300172	156.85
2003	1615	1077	5841	32241	271345	205.48
2004	1410	1431	4737	53261	344462	314.69
2005	1476	1525	5559	68209	609916	404.39
2006	2870	20372	4061	80681	498287	302.5
2007	3674	4332	14101	90224	480158	294.66
2008	2491	4756	4262	93121	555223	210.07
2009	3011	14718	4613	73355	434315	124.93

3—2 续表 3 Continued

年份 Year	变压器（万千伏安）Transformer（10000 kVA）	电力电缆（公里）Electric Cables（km）	汽 车（辆）Motor Vehicls（unit）	钢芯铝铰线（吨）Steel Core Winded with Aluminum Wire（ton）	滚动轴承（万套）Rolling Bearing（10000 units）	原 煤（万吨）Coal（10000 tons）	发电量（万千瓦时）Electricity（10000 kwh）
1978	1255	10700	784	12108	109.7	521.1	34059
1980	1140	15191	4032	11354	124.1	586	29489
1985	1330	15534	25306	22062	125.8	564.1	51587
1990	1336	18752	22572	18307	190.2	608.8	96561
1995	2265	54156	21541	5650	123.4	383.2	475859
1996	2121	20453	25430	8320	122.8	360.9	355811
1997	2321	59420	37155	7759	66.2	404.2	351646
1998	2119	8572	41321	8340	49.8	477.8	336316
1999	1938	1263	54214	9405	28.1	489.6	320007
2000	2283	33012	79211	10934	34	477.4	351420
2001	1844	24005	75461	4576	30.1	486.2	344856
2002	1645	37226	86809	5317	17.2	760.9	365347
2003	1264	114816	125598	4649	10.5	689.4	597813
2004	3457	122879	124394	13801	9.87	1006.4	491293
2005	3586	108916	138496	17403	10	992.2	443340
2006	4613	98730	267710	12489	18.8	1453.3	453090
2007	5518	183289	352439	29312	14.7	960.8	554708
2008	8157	179110	299061	12128	17.8	898.9	613092
2009	9488	234305	482001			822.1	806217

3—2 续表 4 Continued

年份 Year	煤气生产量（万立方米）Coal Gas（10000 cu. m）	钢（万吨）Steel（10000 tons）	成品钢材（万吨）Steel Products（10000 tons）	铜（吨）Copper（ton）	铅（吨）Lead（ton）	铜材（吨）Copper Products（ton）	铝材（吨）Aluminum Products（ton）
1978	21447	26.21	42.68	46153	48070	23365	3622
1980	21978	22.86	51.41	56618	52294	21618	4700
1985	26220	32.2	46.86	56562	54643	31281	7638
1990	17008	38.6	49.2	54897	62970	26472	17519
1995	26683	24.25	38.17	51700	56701	25578	24674
1996	33044	23.04	42.63	51412	58589	23465	36469
1997	25112	15.73	31.33	57377	67721	25549	29082
1998	21200	6.27	34.43	67589	67518	12487	12070
1999	7719	1.56	41.28	35309	54477	24035	13026
2000	8026	12.57	35.82	17815	5945	50094	27995
2001	18970	18.44	17.13	11890	22213	51673	18704
2002	19927	8.81	34.99	7586	4975	359980	16132
2003	21831	10.53	23.87	8212	1280	73464	18954
2004	23992	14.35	40.09	4823	2485	80362	18299
2005	29866	20.57	151.15	3140	5222	116555	25864
2006	30926	20.17	241.28	13115	7356	77853	45854
2007	34867	40.94	230.84	11480	8771	102443	51310
2008	27215	39.6	153.11	8034	8843	125681	89998
2009	19320	21.73	52.64	9457	2139	144691	40596

3—2 续表 5 Continued

年份 Year	焦炭（万吨）Coke（10000 tons）	油漆（吨）Paint（ton）	轮胎外胎（万条）Tires（10000 units）	水泥（万吨）Cement（10000 tons）	平板玻璃（万重量箱）Plate Glass（10000 weight cases）	砖（亿块）Brick（100 million units）
1978	27.19	15094	19	13.77	168.5	7.02
1980	26.52	19886	21.2	20.46	156.9	10.35
1985	31.41	25855	37.4	29.3	151.4	21.61
1990	29.69	23813	67.3	35.51	212.9	24.81
1995	28.01	22311	39.91	73.48	270.4	20.83
1996	24.99	22750	23.77	51.84	459.4	29.03
1997	24.96	20104	45.43	55.49	491.2	29.83
1998	24.96	8677	104.61	40.7	487	8.42
1999	25.09	12408	128.41	47.04	486.8	7.72
2000	26.13	10660	165.16	40.75	495.8	7.81
2001	28.28	8791	189.6	62.73	522.5	0.34
2002	31.73	8799	208.5	55.8	607.4	0.43
2003	34.54	12173	272	147.33	531.5	0.42
2004	40.87	12770	291.8	172.78	765.9	1.71
2005	67.04	22597	314.99	179.24	744.33	5.84
2006	76.35	32488	362.6	231	519.7	53.82
2007	90.96	69904	358.58	285.43	552.2	22.59
2008	83.37	49042	371.11	275.9	429.18	21.99
2009	90.84		343.76	397.53	325.5	41.5

3—3 规 模 以 上 工 业
Main Indicators of Industrial

单位:万元

项　　目	Item	企业单位数(个) Number of Enterprise (unit)	亏损企业 Loss - suffering Enterprise (unit)	工业总产值(当年价格) Gross Industrial Output (at current prices)
总　　计	**Total**	**5247**	**462**	**76370998**
在总计中:亏损企业	Of the Total:Enterprises in Deficit	462	462	4042454
在总计中:国有控股企业	Of the Total:Stater Holding Enterprises	301	80	17345084
在总计中:农村工业	Of the Total:Village Industry	80		350074
在总计中:轻工业	Of the Total:Light Industry	1531	130	19740071
重工业	Heavy Industry	3716	332	56630927
在总计中:大型企业	Of the Total:Large sized	35	4	17723089
中型企业	Medium - sized	209	36	13267606
小型企业	Small - sized	5003	422	45380304
在总计中:中央企业	Of the Total:State	47	12	3385439
省属企业	Province	48	7	1402622
市属企业	City	780	129	14975095
其他企业	Others	4372	314	56607843
在总计中:公有制企业	Of the Total:State - owned Enterprises	776	119	21158654
非公有制企业	Privately - owned Company	4471	343	55212344
按登记注册类型分	**Grouped by Registered Categories**			
内资企业	**Domestic Funded Enterprises**	**4547**	**346**	**59117461**
国有企业	State - owned Enterprises	150	39	4391473
中央企业	Ceutral Euter Prises	25	7	1159514
地方企业	Local Enter Prises	125	32	3231959
集体企业	Collective - owned Enterprises	329	21	1820506
股份合作企业	Share - holding Cooperative Enterprises	101	9	535144
联营企业	Joint Ownership Enterprises	7		121776
国有联营企业	State Joint Ownership	1		3545
集体联营企业	Collective Joint Ownership	1		2410
国有与集体联营企业	Joint State - collective Ownership	1		3764
其他联营企业	Other Joint Ownership	4		112056
有限责任公司	Limited Liability Corporations Ltd.	595	72	17354047
国有独资公司	State Funded Corporations	20	5	3320544
其他有限责任公司	Others	575	67	14033503
股份有限公司	Share - Holding Corporations Ltd.	122	18	2309075
私营企业	Private Enterprises	3234	187	32544628
私营独资企业	Private Funded	1084	36	7450385
私营合作企业	Private Partnership	43	3	403040
私营有限责任公司	Private Limited Liability	1978	143	23045394
私营股份有限公司	Private Share - holding Corporations Ltd.	129	5	1645808
其他企业	Others	9		40814
港、澳、台商投资企业	**Hongkong,Macao and Taiwan Funded Enterprises**	**161**	**22**	**4010773**
合资经营企业(港或澳、台资)	Joint Venture	91	18	1919904
合作经营企业(港或澳、台资)	Cooperative Operation	6		80792
港澳台商独资经营企业	Hongkong,Macao and Taiwan Exclusive Funded	60	4	1917285
港澳台商投资股份有限公司	Share - holding Corporations Ltd. Funded by Hongkong,Macao and Taiwan	4		92792
外商投资企业	**Foreign Funded Enterprises**	**539**	**94**	**13242764**
中外合资经营企业	Joint Venture	259	40	8846744
中外合作经营企业	Joint Cooperate Operation	12	2	121951
外资企业	Foreign Exclusive Investment	263	52	4000694
外商投资股份有限公司	Foreign Investment Share - Holding Ltd.	5		273375

企业主要经济指标
Enterprises above Designated Size

(10000 yuan)

工业销售产值（当年价格）Industrial Sales (at current prices)	出口交货值 Export	资产合计 Total Assets	流动资产 Circulating Funds	负债合计 Total Liabilities	流动负债 Circulating Liabilities
74923816	**2423543**	**53655530**	**24971705**	**28927210**	**21907622**
3714366	117624	5374865	2641415	3476167	2919843
17001888	800130	23298077	11505350	15584814	11841451
347498	2156	141519	56595	55201	26471
19358339	745299	10447127	4422293	4077251	3013671
55565477	1678244	43208404	20549411	24849959	18893951
17288060	1415284	21806275	11665475	14150430	10922919
12836127	414481	10430013	4734583	5337179	4164563
44799629	593778	21419242	8571646	9439601	6820140
3352912	102921	6055420	2832740	3858317	2812401
1392018	1497	2755524	1273420	1960892	1469873
14291230	1130939	13035485	7480730	8285966	7028180
55887657	1188186	31809101	13384814	14822035	10597168
20745607	811290	25159404	12471573	16465715	12459925
54178210	1612253	28496127	12500132	12461495	9447697
58126466	**1667235**	**39846850**	**17509397**	**22296598**	**16223360**
4340211	197923	7386979	2382258	4641052	2858179
1125117	2875	1516902	465839	749505	525364
3215094	195048	5870077	1916420	3891547	2332815
1787786		576122	278642	244183	176817
528704	1412	323557	99229	98887	63664
121133		169748	89209	102106	97884
3569		4461	3479	2173	2160
2410		496	246	183	
3764		10339	5548	2641	1753
111389		154452	79936	97109	93972
16932802	1270850	16626170	9291116	11254039	8999381
3221765	255837	5269910	2979493	4049382	3381114
13711037	1015013	11356260	6311623	7204657	5618267
2268489	24095	2019880	891559	879152	582135
32106815	172956	12731301	4475225	5070326	3439543
7355770	101823	2686350	991545	1080768	688193
400238	294	142406	69712	48869	27067
22726873	70674	9253540	3183975	3701381	2555099
1623935	165	649006	229993	239308	169184
40527		13093	2159	6852	5758
3932463	**101618**	**3810245**	**2056425**	**1994825**	**1535924**
1921309	32205	2363875	1452071	1337047	1106480
80695		19336	11050	6751	2292
1837667	68493	1368449	586133	640628	417367
92792	921	58585	7170	10400	9784
12864888	**654690**	**9998436**	**5405883**	**4635787**	**4148338**
8542422	269570	5624240	3165725	3003411	2685638
111460	3711	102348	29848	25000	19171
3943817	372186	3792051	1989424	1465853	1326878
267190	9222	479796	220886	141524	116652

3—4 全社会能源物资消费总量
Total Consumption of Energy and Material

年份 Year	能源消费总量（万吨标煤）Total Consumption of Energy (10000 tons of SCE)	工业用 Industry Use	煤炭消费总量（万吨）Total Consumption of Coal (10000 tons)	电力消费总量（亿千瓦时）Total Consumption of Electricity (100 million kwh)	焦炭（万吨）Coke (10000 tons)	燃料油（含原油）（万吨）Fuel oil (include Crude oil) (10000 tons)	汽油（万吨）Gasoline (10000 tons)	柴油（万吨）Diesel Oil (10000 tons)
1980	733.7	466.1	592.1	34.77	22.2	111.2	7.7	5.5
1985	839.7	507.8	829.6	42.03	26.1	85.7	9.7	8.5
1990	925.4	558.8	773	50.75	22.2	73.4	11.4	18.9
1995	1187.0	886	1158.9	82.2	14.5	71.9	14	16.7
1996	1 058.8	809.2	902.5	87.6	12.5	69.1	8.6	15.5
1997	1 013.7	780.3	856.9	92.32	11.3	53.5	8.7	19.7
1998	952.9	747.2	938	92.4	11.5	68.6	11.3	18.8
1999	905.3	732.5	897.6	100.6	9.8	84.1	10.3	18.4
2000	960.3	752.9	951.4	110.36	3.8	90.1	14.1	21.4
2001	640.0	599.2	838.4	43.3	3.7	85.9	2.3	3.4
2002	662.0	626.0	899.4	43.0	3.6	99.4	2.5	3.7
2003	718.3	687.0	1068.2	48.1	4.8	90.2	2.7	4.4
2004	764.7	733.1	1351.8	58.1	7.5	92.2	4.6	5.6
2005	805.5	782.2	1731.2	73.0	6.5	75.2	3.9	5.9
2006	968.4	942.8	2057.5	87.0	13.5	87.1	8.2	12.2
2007	1043.4	1023.9	2023.4	95.7	19.6	102.1	17.9	23.1
2008	1202.9	1165.6	2316.4	122.9	19.5	78.1	28.3	32.7
2009	1252.4	1104.9	2522.7	104.5	14.4	72	30	38

注：2001 年后除电力消费外，其余均为规模以上工业口径。

Note: Others are above designated size industrial enterprises except consumption of electric after 2001.

3—5 全市民用车辆拥有量
Nnmber of Civil Motor Vehicles Owned

单位：辆 (unit)

指标	Item	2000	2005	2008	2009
民用汽车	Total Number of Civil Motor Vehicles Owned	210893	420609	602913	706240
载客汽车	Passenger Vehicles	115195	257501	440966	537816
大型	Large	5854	9813	11708	12247
载货汽车	Ordinary Trucks	73857	98145	104448	122137
大型	Large	25457	22944	17289	21674
其他专用汽车	Other Special Trucks	21841	64963	57499	46287
拖拉机	Tyre Tractors	32544	42437	54333	58696
摩托车	Motors	115791	135401	72367	80240
其他机动车	Number of Other Motor Vehicles	1459	4571	1219	1332

注：其他汽车 2004 年以前为其他专用汽车。

Note: Other motor vehicles before 2004 are other special trucks.

3—6 运 输 量
Transportation

年份 Year	客运量（万人次）Passenger Traffic (10000 persons times)	铁路 Railways	公路 Highways	民航 Civil Aviation	货运量（万吨）Freight Traffic (10000 tons)	铁路 Railways	公路 Highways	民航 Civil Aviation
1980	4788	3669	1084	5	1679	563	1108	0.24
1985	6462	4508	1941	13	9279	702	8577	0.34
1990	7386	3760	3595	31	11777	549	11227	0.59
1995	11227	3388	7747	92	13052	584	12467	1.06
1996	9661	2966	6589	106	13858	582	13275	1.18
1997	8273	2789	5375	110	14536	607	13926	3.02
1998	7598	2750	4753	95	14809	449	14358	2.3
1999	7663	2784	4778	100	15396	496	14898	2.31
2000	6620	3084	3385	151	15221	566	14652	3.2
2001	6790	3035	3587	168	15157	472	14682	3.1
2002	7053	2951	3913	189	14451	537	13910	3.5
2003	6691	2649	3819	223	14656	501	14150	4.7
2004	7964	2895	4783	285.8	14757	542	14210	4.95
2005	8629	2886	5432	310.7	15571	545	15020	5.72
2006	9598	3096	6152	350	17264	558	16700	6.3
2007	10062	3035	6641	386	19092	586	18500	6.3
2008	26101	3581	22143	377	13979	466	13507	5.7
2009	27668	3982	23316	370	15164	431	14728	5.4

注:2009 年公路数据按交通部门新的测算方案调整,为便于数据使用,2008 年是调整后数据。

Note:Highways data in 2008 and 2009 is adjusted according to new way calculation of communication department.

3—7 邮电业务量
Post and Telecommunication Services

年份 Year	邮电业务总量（万元）Business Value of Post and Teleco－mmunication (10000 yuan)	函件（含机要）（万件）Number of Letters (include confidential document (10000 pcs)	报刊（万份）Newspapers and Magazines (10000 copies)	网络用户（万户）Number of Subscribers of Internet Services (10000 subscribers)	移动电话（万户）Number of Mobile Telephone Subscribers (10000 subscribers)	市话年末到达户数（万户）Number of Subscribers Of Urban Telephone (10000 subscribers)	农话年末到达户数（万户）Number of Subscribers Of Rural Telephone (10000 subscribers)
1980	4282	3427	25306			2.77	0.72
1985	7680	5782	38099			4.33	0.71
1990	21338	7452	13508			9.37	1.01
1995	119095	8897	12315		6.47	60.91	4.62
1996	152734	8366	13653		11.46	79.35	7.98
1997	171756	7398	12854		20.6	91.24	14.35
1998	197460	7991	13138		40.97	104.53	18.17
1999	442059	7637	12988		73.42	120.09	22.22
2000	460398	6581	11752	21.04	125.17	137.72	27.96
2001	581223	5553	9027	52.85	170.01	161.69	34.89
2002	647436	3691	8698	96.53	216.03	180.4	41.86
2003	792470	3887	8239	93.18	274.81	224.7	48.9
2004	950202	3963	7990	72.02	304.71	261.76	55.06
2005	1150519	4241	8107	75.68	348	298	64
2006	1439394	3269	8706	83.4	412	305	69
2007	1862260	2498	8693	103	434	316	68
2008	1997828	2578	9808	108	513	281	67
2009	2369386	2313	9517	128	747	271	66

注：1999年起邮电业务总量含移动电话和传呼费用。

Note: The total business value of post and telecommunication include fee of mobile phones and BP.

4—1 农村基层组织、户数、人口及劳动力
Farm, Township and Towns, Population and Labor Force

单位:个、户、人 (unit, person)

指 标	Item	2000	2005	2008	2009
乡镇场个数	Number of Farms, Township and Towns	208	166	111	110
村 数	Number of Villages	1938	1537	1451	1451
乡镇场户数	Number of Households of Farms, Township and Towns	772472	804681	854157	878703
乡镇场人口数	Population of Farms, Township and Towns	2680574	2708885	2775313	2815312
农村劳动力资源	Rural Labor Force	1199985	1482438	1581725	1644071
劳动力年龄内人口	Number of Laborers within Labor Ages	1178311	1272312	1375990	1416256
实有从业人员	Real Employment	1065350	1233875	1352242	1398238
第一产业从业人员	Employment of Primary Industry	700193	778440	800335	780479
第二产业从业人员	Employment of Secondary Industry	136879	188834	232262	253536
工 业	Industry	89270	118367	146131	161631
建筑业	Construction	47609	70467	86131	91905
第三产业从业人员	Employment of Tertiary Industry	137033	266601	319645	364223
交通、运输、邮电、仓储	Transportation, Storage, Post and Telecommunication	42378	45663	50014	51744
贸易、餐饮	Trade and Catering Services	51589	84797	74286	137380
其 它	Others	18032	136141	195345	175099

4—2 农 林 牧 渔
Gross Output Value of Farming, Forestry, Animal

单位:万元

项 目	Item	沈阳市 Total	苏家屯 Sujiatun
农林牧渔业合计	**Total**	**3954615**	**389562**
农业产值	**Farming**	**1463149**	**133161**
谷物及其他作物	Cereal and other Farm Crops	712426	51059
谷 物	Cereal	594867	47524
小 麦	Wheat	1423	
稻 谷	Rice	254141	26367
玉 米	Corn	333903	21105
薯 类	Tubers	10338	451
油 料	Oil – bearing Crops	52455	738
花 生	Peanuts	45194	728
豆 类	Beans	29346	2346
大 豆	Soy Bean	27105	2299
棉 花	Cotton	524	
糖 料	Sugar Crops		
其他农作物	Other Crops	24896	
饲料作物	Drinke crops	18	
蔬菜、园艺作物	Vegetables and Horticulture Crops	613515	53477
蔬 菜(含菜用瓜)	Vegetables(include Melon)	585739	50576
花 卉	Flower	20140	200
其他园艺作物	Others	7636	2701
水果、坚果、饮料和香料作物	Fruits	132380	27419
水果、坚果	Fruit and Nut	132380	27419
苹 果	Apples	8562	139
梨	Pears	14520	9148
中药材	Traditional Chinese Medicine	4828	1206
林业产值	**Forestry**	**74073**	**1392**
林木的培育和种植	Woods	59200	1388
育种育苗	Breading and Growing seedlings	13131	22
造 林	Afforestation	28745	1186
抚育和管理	Fostering and Management	17324	180
竹木的采运	Timber Cutting	14268	4
村及村以下	Timber Cutting by village	7710	4
林产品	Woods Products	605	
牧业产值	**Animal Husbandary**	**2080456**	**237893**
牲畜饲养	Raising livestock	529426	20065
牛的饲养	Cow	388688	12047
羊的饲养	Sheep and Goats	33145	2043
其他牲畜饲养	Others	6798	325
奶产品	Milk	92929	5371
牛 奶	Cow Milk	91188	5371
毛绒产品	Cashmere Products	3374	279
羊 毛	Sheep Wool	2845	110
羊 绒	Cashmere	529	169
其他牲畜副产品	Others	4492	
猪的饲养	Raising Pork	713826	56240
肉 猪	Pork	713826	56240
家禽饲养	Raising Poultry	771612	161522
肉 禽	Meat	435573	122586
禽 蛋	Eggs	335957	38854
羽 绒	Fire Soft Feathers	82	82
其他畜牧业	Others	65592	66
蚕 茧	Silkworn	151	46
兔	Rabbit	3040	14
渔业产值	**Fishery**	**174588**	**10371**
农林牧渔服务业	**Farming, Forestry, Animal Husbandry, Fishery and Service**	162349	6745

业　总　产　值（现价）
Husbandry and Fishery (at current price)

(10000 yuan)

东陵区 Dong ling	沈北新区 Shen bei new	于洪区 Yu hong	辽中县 Liao zhong	康平县 Kang ping	法库县 Fa ku	新民市 Xin min
138247	**431835**	**159524**	**844822**	**413079**	**532001**	**856097**
84369	**156368**	**72536**	**255883**	**125506**	**183438**	**373199**
33121	42837	31573	127564	93024	157044	145966
29531	42047	30781	114605	67508	108684	126055
			315	379	571	158
10730	22803	16319	79411	8388	12299	62224
18792	19244	14462	34671	56254	94436	62407
1119		16	933	1842	990	4966
805	297	9	8101	17467	16262	8145
805	293		8033	14986	15512	4208
1666	493	767	3905	6207	6214	6294
1652	490	767	3684	5058	5770	5946
					18	506
			20		24876	
					18	
37108	103483	39444	108302	25675	19820	186414
26858	103411	36170	105212	18637	19820	186414
6409		3253	3090	7038		
3841	72	21				
14124	7220	1494	19264	6807	6574	40819
14124	7220	1494	19264	6807	6574	40819
493	200	183	1939	4100	223	1016
324	1662		764	582	401	451
16	2828	25	753			
2333	**2056**	**3445**	**19310**	**8254**	**17039**	**3313**
2083	1697	3445	14783	6087	11576	1245
144	478	6	9621	1221	1639	
	222	2850	1434	2107	4754	
1939	997	589	3728	2759	5183	1245
	359		4527	2167	5108	2068
	70		1427	1760	4340	74
250					355	
50346	**239808**	**65862**	**446773**	**249378**	**312804**	**405248**
13893	71353	18484	162522	59709	118231	57471
5841	35171	6439	153976	46998	95213	29198
879	3352	573	1764	8996	7522	6969
39	84		419	1985	2377	1507
6849	32636	7328	6281	972	12313	18695
6810	32636	6011	6281	968	12081	18626
285	110	37	82	758	421	1102
187	110	37	68	758	357	1024
98			14		64	78
		4107			385	
21573	51937	24471	153131	64953	131313	171054
21573	51937	24471	153131	64953	131313	171054
14850	116518	16247	119107	79153	62900	175823
8850	72942	5426	59422	66502	40032	51925
6000	43576	10821	59685	12651	22868	123898
30		6660	12013	45563	360	900
				105		
			2750	276		
881	**9505**	**9740**	**73690**	**2082**	**2760**	**53719**
318	**24098**	**7941**	**49166**	**27859**	**15960**	**20618**

4—3 农 林 牧 渔
Gross Output Value of Farming, Forestry, Animal

单位:万元

项 目	Item	沈阳市 Total	苏家屯 Sujiatun
农林牧渔业合计	**Total**	**3761449**	**373468**
农业产值	**Farming**	**1395863**	**129353**
谷物及其他作物	Cereal and other Farm Crops	677440	47558
谷 物	Cereal	552154	43783
小 麦	Wheat	1297	
稻 谷	Rice	226237	23474
玉 米	Corn	319481	20260
薯 类	Tubers	10124	430
油 料	Oil – bearing Crops	58870	828
花 生	Peanuts	50723	817
豆 类	Beans	31465	2517
大 豆	Soy Bean	29088	2467
棉 花	Cotton	509	
糖 料	Sugar Crops		
其他农作物	Other Crops	24318	
饲料作物	Drinke crops	18	
蔬菜、园艺作物	Vegetables and Horticulture Crops	600010	52397
蔬 菜(含菜用瓜)	Vegetables(include Melon)	572234	49496
花 卉	Flower	20140	200
其他园艺作物	Others	7636	2701
水果、坚果、饮料和香料作物	Fruits	113790	28243
水果、坚果	Fruit and Nut	113790	28243
苹 果	Apples	8030	133
梨	Pears	17454	10628
中药材	Traditional Chinese Medicine	4623	1155
林业产值	**Forestry**	**74657**	**1404**
林木的培育和种植	Woods	59688	1400
育种育苗	Breading and Growing seedlings	13238	23
造 林	Afforestation	28983	1196
抚育和管理	Fostering and Management	17467	181
林木的培训和种植	Timber Cutting	14376	4
村及村以下	Tibe Cutting by village	7775	4
林产品	Woods Products	593	
牧业产值	**Animal Husbandary**	**1984589**	**227437**
牲畜饲养	Raising livestock	535343	20793
牛的饲养	Cow	375867	11649
羊的饲养	Sheep and Goats	34534	2129
其他牲畜饲养	Others	7121	340
奶产品	Milk	110086	6383
牛 奶	Cow Milk	108364	6383
毛绒产品	Cashmere Products	3351	292
羊 毛	Sheep Wool	2774	108
羊 绒	Cashmere	577	184
其他牲畜副产品	Others	4384	
猪的饲养	Raising Pork	678863	53485
肉 猪	Pork	678863	53485
家禽饲养	Raising Poultry	736952	153125
肉 禽	Meat	410827	115288
禽 蛋	Eggs	326046	37758
羽 绒	Fire Soft Feathers	79	79
其他畜牧业	Others	33431	34
蚕 茧	Silkworn	77	23
兔	Rabbit	1551	8
渔业产值	**Fishery**	**154285**	**8957**
农林牧渔服务业产值	**Farming, Forestry, Animal Husbandry, Fishery and Service**	**152055**	**6317**

业总产值（可比价）
Husbandry and Fishery (at comparable price)

(10000 yuan)

东陵区 Dong ling	沈北新区 Shen bei new	于洪区 Yu hong	辽中县 Liao zhong	康平县 Kang ping	法库县 Fa ku	新民市 Xin min
133570	**420376**	**151573**	**794790**	**378351**	**516079**	**812188**
80131	**150502**	**70464**	**240038**	**123233**	**178754**	**348965**
31215	39669	29325	118414	91616	153513	137888
27462	38807	28477	104199	63548	103320	116604
			286	346	520	145
9553	20294	14523	70695	7469	10949	55397
17901	18513	13954	33014	53405	90515	59848
1062		15	915	1817	964	4901
903	333	10	9092	19604	18251	9141
903	329		9016	16820	17410	4722
1788	529	823	4188	6647	6663	6750
1774	526	823	3953	5428	6192	6381
					17	492
			20		24298	
					18	
36298	102023	39858	105101	25483	19237	181040
26048	101951	36584	102011	18445	19237	181040
6409		3253	3090	7038		
3841	72	21				
12603	6102	1257	15802	6134	6004	30037
12603	6102	1257	15802	6134	6004	30037
470	194	168	1815	3875	216	916
400	1944		1086	678	513	645
15	2708	24	721			
2345	**2073**	**3473**	**19462**	**8320**	**17169**	**3340**
2100	1711	3473	14905	6137	11671	1255
145	482	5	9700	1231	1652	
	224	2874	1446	2124	4793	
1955	1005	594	3759	2782	5226	1255
	362		4557	2183	5150	2085
	71		1439	1775	4376	75
245					348	
50000	**236847**	**61612**	**424380**	**218871**	**302759**	**392829**
15026	76482	19314	158721	58792	117780	60360
5649	34012	6227	148898	45447	92073	28234
916	3492	597	1838	9373	7837	7261
41	88		439	2079	2490	1579
8131	38783	8446	7464	1154	14586	22203
8092	38783	7144	7464	1150	14357	22135
289	107	36	82	739	418	1083
182	107	36	67	739	348	998
107			15		70	85
		4008			376	
20516	49393	23272	145631	61772	124882	162676
20516	49393	23272	145631	61772	124882	162676
14443	110972	15632	113905	75084	59914	169334
8613	68645	5111	55964	62877	37868	49025
5830	42327	10521	57941	12207	22046	120309
15		3394	6123	23223	183	459
				54		
			1402	141		
796	**8384**	**8587**	**64861**	**1834**	**2449**	**47743**
298	**22570**	**7437**	**46049**	**26093**	**14948**	**19311**

4—4 农 林 牧 渔
Value – added of Farming, Forestry, Animal

单位:万元

指 标	Item	沈阳市 Total	苏家屯 sujiatun
农林牧渔业	**Farming, Forestry, Animal Husbandry and Fishery**		
总产值	Gross Output Value	3954615	389562
中间消耗	Middle Consume	1883934	186943
增加值	Value – added	2070681	202619
农 业	**Farming**		
总产值	Gross Output Value	1463149	133161
中间消耗	Middle Consume	621009	48708
增加值	Value – added	842140	84453
林 业	**Forestry**		
总产值	Gross Output Value	74073	1392
中间消耗	Middle Consume	31027	587
增加值	Value – added	43046	805
牧 业	**Amimal Husbandry**		
总产值	Gross Output Value	2080456	237893
中间消耗	Middle Consume	1076697	129578
增加值	Value – added	1003759	108315
渔 业	**Fishery**		
总产值	Gross Output Value	174588	10371
中间消耗	Middle Consume	90953	6288
增加值	Value – added	83635	4083
服务业	**Service**		
总产值	Gross Output Value	162349	6745
中间消耗	Middle Consume	64248	1782
增加值	Value – added	98101	4963

业 增 加 值
Husbandry and Fishery

(10000 yuan)

东陵区 Dong ling	沈北新区 Shen bei new	于洪区 Yu hong	辽中县 Liao zhong	康平县 Kang ping	法库县 Fa ku	新民市 Xin min
138247	431835	159524	844822	413079	532001	856097
70926	194360	74116	396155	202201	265914	397066
67321	237475	85408	448667	210878	266087	459031
84369	156368	72536	255883	125506	183438	373199
39597	71160	33474	100745	62753	79264	152776
44772	85208	39062	155138	62753	104174	220423
2333	2056	3445	19310	8254	17039	3313
907	544	1737	8408	4030	5559	1383
1426	1512	1708	10902	4224	11480	1930
50346	239808	65862	446773	249378	312804	405248
29867	107044	31185	228413	120510	175107	211104
20479	132764	34677	218360	128868	137697	194144
881	9505	9740	73690	2082	2760	53719
414	4399	5078	39341	1077	1196	24204
467	5106	4662	34349	1005	1564	29515
318	24098	7941	49166	27859	15960	20618
141	11213	2642	19248	13831	4788	7599
177	12885	5299	29918	14028	11172	13019

4—5 农作物播种面积
Total Sown Areas of Farm Grops

单位:公顷 (hectare)

指　标	Item	2000	2005	2007	2008	2009
农作物总播种面积	**Total Sown Areas**	**599212**	**587940**	**599171**	**608562**	**648297**
粮豆作物	**Grain Crops**	**449028**	**511446**	**490650**	**479656**	**508843**
谷　物	Cereal	382819	470994	455197	441458	473855
水　稻	Rice	113829	115876	135916	127149	126827
春小麦	Spring Wheat	26577	5686	4074	2275	2244
玉　米	Corn	227919	336970	305710	304809	339912
高　粱	Sorghum	11636	6718	5173	3321	2570
谷　子	Millet	2785	2650	2266	2400	1063
薯　类	Tubers	19120	7039	11547	11308	12358
土　豆	Potatoes	11623	5667	9488	9774	9811
豆类合计	Total Beans	41540	33413	23906	26890	22630
大　豆	Soybeans	36653	29158	20910	25780	20899
杂　豆	Mixed Beans	4887	4255	2996	1109	1711
棉　花	Cotton	552	275	415	353	128
油料作物	Oil - bearing Crops	33171	13772	21604	38741	42599
花　生	Peanuts	26378	12635	19378	33786	39190
芝　麻	Seasame	872	148	44	37	101
向日葵	Sunflower	1348	802	2182	4867	3228
甜　菜	Beetroots	4459	18	14	15	
药　材	Medicial Material	700	30	340	1462	1131
蔬菜、瓜类	**Vegetables and Melon**	**83782**	**45200**	**64180**	**69086**	**79424**
蔬菜(含菜用瓜)	Vegetables	75360	45200	50463	51705	60134
西甜瓜	Muskmelon and Watermelon	8422	6365	12618	15985	18065
西瓜	Watermelon	5933	4126	10793	13838	15194

4—6 分地区农作物播种面积
Sown Areas by District and County

单位:公顷 (hectare)

项 目	Item	沈阳市 shenyang	苏家屯 sujiatun	东陵区 Dongling	沈北新区 Shen bei new	于洪区 Yuhong	辽中县 Liaozhong	康平县 Kangping	法库县 Faku	新民市 Xinmin
农作物总播种面积	**Total Sown Area**	**648297**	**39018**	**25244**	**42121**	**25551**	**80708**	**102000**	**109483**	**197517**
粮食作物合计	**Total Grain Crops**	**508843**	**28561**	**21723**	**30024**	**20627**	**68296**	**77268**	**92094**	**150246**
其中:夏收粮食	Grain in summer	12103					966	2696	1777	6664
谷 物	Cereal	473855	27079	20451	29765	20248	65300	66070	86822	139118
稻 谷	Rice	126827	11106	4874	10718	7919	35645	4697	4994	39613
小 麦	Wheat	2244					396	560	1099	189
春小麦	Wheat in spring	2244					396	560	1099	189
玉 米	Corn	339912	15931	15559	19047	12329	29164	57928	79448	98765
谷 子	Millet	1063						773	271	19
高 粱	Sorghum	2570		18			13	1409	806	324
其他谷物	Others	1239	42				82	703	204	208
荞 麦	Buckwheat	218						218		
豆类合计	Total Beans	22630	1328	956	259	368	2418	8173	4207	3979
大 豆	Soybeans	20899	1328	951	259	368	2398	6640	4076	3937
绿 豆	Green Gram	828		3				753	43	29
红小豆	Red bean	883		2				780	88	13
薯类(折粮)	Tubers	12358	154	316		11	578	3025	1065	7149
马铃薯	Potatoes	9811					560	2136	678	6437
油料作物	**Oil bearing Crops**	**42599**	**331**	**686**	**171**	**5**	**4566**	**21216**	**8223**	**7038**
花 生	Peanuts	39190	331	686	171		4566	21143	8181	3752
芝 麻	Seasame	101						71	29	1
向日葵籽	Sunflower	3228				5		2	5	3213
棉 花	**Cotton**	**128**							**15**	**113**
糖料合计	**Sugar Crops**									
甜 菜	Beetroots									
药材类合计	**Medicial Material**	**1131**	**136**	**44**	**762**	**35**	**68**		**58**	**10**
蔬菜(含菜用瓜)	**Vegetables**	**60134**	**6950**	**2470**	**10282**	**3786**	**6866**	**3081**	**1799**	**20731**
瓜果类	**Melon**	**19290**	**556**	**32**	**647**	**195**	**663**	**407**	**370**	**15306**
西 瓜	Watermelon	15194	61	11	228	165	150	363	69	14132
甜 瓜	Muskmelon	2871	140	19	388	30	507	44	281	950
草 莓	Strawberry	737	354	2	31	6	9	224		
其他农作物	**Others**	**16172**	**2484**	**289**	**235**	**903**	**249**	**28**	**6924**	**4073**
青饲料	Succulence	962		1					592	369

4—7 农作物总产量
Total Output of Farm Crops

单位:吨 (ton)

指 标	Item	2000	2005	2007	2008	2009
粮豆作物	**Grain Crops**	**2338012**	**3427232**	**3908535**	**3586659**	**3446346**
谷 物	Cereal	2172834	3297557	3781964	3442275	3313055
水 稻	Rice	937905	898757	1252602	1124874	1088292
春小麦	Spring Wheat	55116	18845	16394	7999	7633
玉 米	Corn	1122542	2318518	2459421	2270352	2196142
高 粱	Sorghum	52423	42035	34209	22787	15378
谷 子	Millet	4390	9570	11836	10538	2162
薯 类	Tubers	81076	41811	70648	64936	84645
土 豆	Potatoes	44894	28164	54410	56805	70442
豆类合计	Total Beans	77483	87864	55923	79448	48646
大 豆	Soybeans	73140	78391	50876	77253	47276
杂 豆	Mixed Beans	4343	9473	4245	2191	1323
经济作物	**Economic Crops**					
棉花	Cotton	1584	155	625	958	327
油料作物	Oil – bearing Crops	58914	32691	61543	116343	91512
花 生	Peanuts	51697	30445	57305	107336	84674
芝 麻	Seasame	671	198	49	55	37
向日葵	Sunflower	1405	1757	4189	8724	5782
麻 类	Fiber Crops	20	2			
甜 菜	Beetroots	131141	438	390	450	
烟 叶	Leaf Tobacco	24				
其他作物	**Other crops**					
蔬菜(含菜用瓜)	Vegetables	2842299	2390541	3151381	3567179	4221392
西甜瓜	Muskmelon and Watermelon	271798	206062	571953	566152	689365
西瓜	Watermelon	203818	151685	467563	494722	591257

4—8 主要农产品产量
Yield of Major Farming Products

单位:万吨　　(10000 tons)

年份 Year	粮食及大豆 Grain Crops	蔬菜 Vegetable	猪牛羊肉 Pork, Beef and Mutton	禽蛋 Poultry Eggs	牛奶 Cow Milk	水产品 Aquatic Products	水果 Fruits
1978	175.3	122.9	0.9	0.1	1.3	0.1	0.6
1980	210.6	94.6	5.2	0.9	1.7	0.2	0.5
1985	205	107.8	7.1	4.4	3.1	0.5	1.2
1990	307.7	158.5	13	11.2	5.6	1.8	2.5
1991	308.9	175.9	15.3	14.2	6.8	2.4	3.6
1992	333.4	209.2	17.5	16.3	7.4	3.1	4.4
1993	318.3	246	17.5	16.6	6	4.3	6
1994	201.7	198.8	23.5	19.8	6.2	5.6	7
1995	215.1	196.1	15.3	18.2	6.1	6.5	7.4
1996	329.8	260	28.8	20.3	6.1	7	7.3
1997	252.5	216.7	17.3	21.6	5.1	8.4	6.9
1998	325.9	256.1	17.3	21.4	5.3	9	7.9
1999	343.3	277.2	18.5	22.5	5	9.5	8.6
2000	233.8	284.2	19.7	24.5	5.7	10	9.1
2001	251.7	272.2	20.9	27.5	6.6	11.4	8.3
2002	278.2	284.1	23.3	29.2	8.1	11.5	8.5
2003	283.2	255.9	27.8	30	12.5	13.5	9.1
2004	365.4	206.6	34.9	37.9	18.8	14.1	10.7
2005	342.7	239.1	41.7	42.5	21.2	15	11.1
2006	321.4	271.5	40.7	37.7	28.8	16.2	11.8
2007	390.9	315.1	41.8	39.4	31.2	16.8	13.5
2008	358.7	356.7	46.9	53.7	32.3	18.7	17.5
2009	344.6	422.1	53.8	57.5	37.1	20.6	17.4

4—9 畜牧业生产情况
Production of Animals Husbandry

指 标	Item	2000	2005	2008	2009
年末大牲畜头数(头)	Large Animal at Year - end (head)	417310	643755	741761	856109
马(头)	Horses (head)	79925	52712	40991	35326
骡(头)	Mules (head)	61070	31636	22598	52268
驴(头)	Donkeys (head)	117014	73007	55135	19749
牛(头)	Cattle and Buffaloes (head)	159301	486400	623037	748766
奶牛(头)	Cows (head)	13698	63986	86836	101090
改良肉用牛(头)	Meat Cattle (head)	145603	422414	523930	636679
从事农事劳役的大牲畜(头)	Large Draft Animal (head)	200085	134689	94370	74569
年末生猪存栏(头)	Hogs at Year - end (head)	1582263	2264380	2759647	3035828
能繁殖母猪(头)	Female Pigs for Breeding (head)	119835	198119	356682	442620
年末羊存栏(只)	Sheep and Goats at Year - end (head)	229111	605442	581496	662603
能繁(只)	For Breeding(head)	159826	315642	277991	304405
山 羊(只)	Goats(head)	60478	190106	229897	248702
能繁(只)	For Breeding (head)	33661	87292	99365	113194
绵 羊(只)	Sheep (head)	168633	415336	351599	413901
能繁(只)	For Breeding(head)	126165	228350	178626	191211
年末家禽存栏 (万只)	Poultry at Year - end (10000 heads)	3749.4	5107	6779	7213.2
蛋禽(万只)	Egg Poultry (10000 heads)	1937.2	3216	3900	4101.7
年末兔存栏(只)	Rabbits at Year - end (head)	35685	317147	25665	17008
年末生猪出栏(只)	Slaughtered Hogs (head)	2047009	3622753	4472181	4786257
年内牛出栏(头)	Slaughtered Cattles (head)	88581	417457	610854	802500
年内羊出栏(只)	Slaughtered Sheep and Goats (head)	152623	653519	729826	783738
年内家禽出栏(万只)	Slaughtered Poultry (10000 heads)	6059.5	12067	13763	14340.96
年内兔出栏(只)	Slaughtered Rabbits (head)	34202	124886	249370	85193
肉类总产量(吨)	Total Output of Meat (ton)	333202	703703	715319	797193
猪肉产量(吨)	Pork (ton)	179694	320041	364722	390275
牛肉产量(吨)	Beef (ton)	15822	87693	95609	137267
羊肉产量(吨)	Mutton (ton)	1944	9405	8486	10882
禽肉产量(吨)	Meat of Poultry (ton)	131284	281473	237134	253297
奶类总产量(吨)	Total Output of Milk (ton)	56863	215163	332944	378089
牛奶产量(吨)	Output of Milk (ton)	56601	212045	322689	371299
绵羊毛产量(公斤)	Output of Sheep's Wool (kg)	817081	1187683	1206753	1155425
蜂蜜产量(公斤)	Output of Honey (kg)	3410	3500	10480	12402
禽蛋产量(吨)	Output of Poultry Eggs (ton)	245421	425281	537312	575367

5—1 全社会固定资产投资和房屋建筑面积
Investment in Fixed Assets and Floor Space of Buildings

单位:万元 (10000 yuan)

指　标	Item	2000	2005	2008	2009
投资总额	**Total Investment(10000 Yuan)**	2622376	13632196	30086534	36759826
城镇合计	**Total Investment in Cities and Towns**	2477006	12900364	28423682	34342454
房地产开发	Real Estate Development	640395	4135710	10109145	11887007
农村合计	**Total Investment in Village**	145370	731832	1662852	2417372
按经济类型分	**Grouped by Ownership**				
国有经济	State－owned Economic Units	1162197	3362737	5272882	6133045
集体经济	Collective－owned Economic Units	141911	519442	1099850	1100249
私营经济	Private Economic Units	100306	2564698	7134545	9923972
个体经济	Individual Economic Units	95272	263043	481044	726158
联营经济	Joint Ownership Economic Units	1150	6787		
股份制经济	Share Holding Economic Units	556574	4474851	9533175	10776161
外商投资经济	Foreign Funds Economic Units	232579	1431421	3018016	3696914
港澳台投资经济	Economic Units with Funds from Hong Kong, Macao and Taiwan	311676	783999	2825275	3400605
其他经济	Others	20711	225218	721747	1002722
按资金来源分＊	**Grouped by Funded Sources**	2430557	13922412	29890743	37282931
国家预算内资金	State Budgetary Appropritation	171614	506864	1095698	1331862
国内贷款	Domestic Loans	552477	1428722	2357148	4756942
利用外资	Foreign Investment	202513	395983	1670023	1435915
自筹投资	Fundraising	1060442	9711051	21591488	25971479
其他投资	Others Investment	443511	1879792	3176386	3786733
按构成分	**Grouped by Form**				
建筑工程	Construction	1434026	7330954	17377239	20780745
安装工程	Installation	198366	790705	2367382	3528076
设备工具器具购置	Purchasing of Equipment,Tool and Appliance	613019	2820645	5951503	7823890
其他费用	Others	376965	2689892	4390410	4627115
按三次产业分	**Grouped by Type of Industry**				
第一产业	Primary Industry	75996	246696	626068	1108799
第二产业	Secondary Industry	759410	5203346	11256452	13895733
工　业	Industry	687304	5102628	11050792	13521808
第三产业	Tertiary Industry	1786970	8182154	18204014	21755294
房屋建筑面积(万平方米)	**Floor Space of Buildings(10000 sq. m)**				
施工面积	Floor Space under Construction	1643.7	5488.6	9824	10739.9
住　宅	Residential Building	936.2	2674.5	4610.6	5233.9
竣工面积	Floor Space Completed	808.2	2175.3	3310.1	3447.1
住　宅	Residential Building	540.9	1111.7	1212.9	1212.6

注:投资总额按资金来源分不包括农村、个人,为城镇口径。

Note:Total investment didnt include village and individual according to origin of Capital.

5—2 城镇固定资产投资和新增固定资产
Investments and Newly Increased in Fixed Assets

单位:亿元 (100 million yuan)

年份 Year	投资总额 Total Investment	国有单位 State – owned	新增固定资产 Newly Increased in Fixed Assets	交付使用率(%) Rate of Fixed Assets Put into Use
1980	9.3	8.8	6.6	71
1985	21.1	19.2	13.6	64.5
1990	39.9	36.5	39.9	100
1995	127	84.1	85.9	67.6
1996	122	80.1	104	85.2
1997	153.7	90.7	131.7	85.7
1998	163.9	102.1	143	87.2
1999	214.1	115.9	153.2	71.6
2000	241.4	116.2	180.2	74.6
2001	281.2	126.1	193.8	68.9
2002	378.8	166.7	257.3	67.7
2003	553.9	192.8	424.2	79.1
2004	936.6	222.7	560	59.8
2005	1287.8	328.4	792.8	61.6
2006	1701.1	373.4	967.7	56.9
2007	2245.7	476.4	1293.3	57.6
2008	2842.4	515.9	1588.2	55.9
2009	3434.2	601.8	2120.1	61.7

注:不包括农村集体和个人投资。
Note: Data in this table do not include rural Collective – owned and individuals invesment.

5—3 城镇工业固定资产投资额和新增固定资产
Industrial Investment and Newly Increased in Fixed Assets

年份 Year	投资额(亿元) Total Investment (100 million yuan)	占总投资(%) Percent to the Total	新增固定资产(亿元) Newly Increased in Fixed Assets (100 million yuan)	交付使用率(%) Rate of Fixed Assets Put into Use
1980	4.8	51.6	3.4	70.8
1985	10.8	51.2	7	64.8
1990	18.8	47.1	14.9	79.3
1995	41.5	32.7	29.5	71.1
1996	46.1	51	37.7	81.8
1997	49.3	39.5	42.7	86.6
1998	52	31.7	45.6	87.7
1999	51.2	23.9	28.2	55.1
2000	68.7	26.2	62.2	90.5
2001	74	24.4	43	58.1
2002	95.8	23.8	64	66.8
2003	146.7	25.2	114.3	77.9
2004	277.7	28.6	201.1	72.4
2005	488.9	35.9	333.3	68.2
2006	664.5	37.1	408.8	61.5
2007	847.3	37.7	591.9	69.9
2008	1020.9	35.9	708.0	69.4
2009	1219	35.5	1107.3	90.8

5—4 房地产开发投资主要指标
Major Indicators of Investment on Real Estate Development

单位:万元、万平方米 (10000 yuan,10000 sq. m)

指 标	Item	2000	2005	2008	2009
本年完成投资	Investments Completed in This Year	640395	4135710	10109145	11887007
商品房建设投资	Commercial Houses Development and Construction	466682	2934701		
本年新增固定资产	Newly Increased in Fixed Assets	502732	1929399	2884682	3757534
本年施工房屋面积	Floor Space of Buildings under Construction	828.4	3102	5848.5	6847.9
住 宅	Residential Buildings	635.3	2438.3	4410.3	5068.5
本年峻工房屋面积	Floor Space of Buildings completed	349.5	1057.7	1291.6	1293.5
住 宅	Residential Buildings	289.8	927.7	1077.6	1075.7
商品房销售面积 *	Sold Floor Space of Commercial Houses	210.5	761.3	1465.1	1532.9
住 宅	Residential Buildings	184	713.9	1307.2	1369.3
商品房销售额	Total Sales of Commercial Houses	565412	2367695	6046946	6843606

* 2000 年、2005 年为实际销售面积和实际销售额。

Note: Data in 2000 and 2005 is really sold floor space and tolal sales.

5—5 建筑安装企业主要经济指标
Major Indicators of Construction and Installation Enterprises

指 标	Item	2000	2005	2008	2009
全 市	**Total**				
建筑业总产值(亿元)	Gross Constructive Output Value (100 million yuan)	162.6	328.6	521	671.2
施工房屋面积(万平方米)	Floor Space of Buildings under Construction(10000 sq. m)	1929	2669.4	3271.3	3438.3
竣工房屋面积(万平方米)	Floor Space of Buildings Completed (10000 sq. m)	915.4	1262	1245.2	1559.9
竣工率(%)	Completed Rate (%)	47.6	47	38.1	45.4
职工平均人数(万人)	Average Staff and Workers (10000 persons)	25.1	26.8	39.6	51.3
年末固定资产原值(亿元)	Origial Value of Fixed Assets at Year - end (100 million yuan)	49	78.6	86.4	112.8
年末固定资产净值(亿元)	Net Value of Fixed Assets at Year - end (100 million yuan)	33.3	57.9	52.5	68.8
利润总额(万元)	Total Profits (10000 yuan)	18237	59971	164733	204081
国有企业	State - owned Enterprises				
施工产值(亿元)	Output of Construction (100 million yuan)	57.3	196	134.2	135.3
施工房屋面积(万平方米)	Floor Space of Buildings under Construction(10000 sq. m)	430.4	1794.6	539.4	619.5
竣工房屋面积(万平方米)	Floor Space of Buildings Completed (10000 sq. m)	181.1	712.1	271.7	262.2
竣工率(%)	Completed Rate (%)	42.1	39	50.4	42.3
职工平均人数(万人)	Average Staff and Workers (10000 persons)	7.6	14.3	9.6	10.8
年末固定资产原值(亿元)	Origial Value of Fixed Assets at Year - end (100 million yuan)	24.6	43.1	27.6	27.3
年末固定资产净值(亿元)	Net Value of Fixed Assets at Year - end (100 million yuan)	15.5	30	14.8	13.9
利润总额(万元)	Total Profits (10000 yuan)	231	13772	20344	13605

6—1 国内贸易主要综合指标
Main Indicators of Domestic Trade

单位:万元 (10000 yuan)

指　　标	Item	2000	2005	2008	2009
社会消费品零售总额 *	Total Retail Sales of Consumer Goods	5660080	9150855	15055377	17785858
国有经济	State – owned Enterprises	990469	925460	1210189	1316007
集体经济	Collective – owned Enterprises	510896	505624	611433	666650
私营及个体经济	Private and Individual Enterprises	3340298	5916627	9587890	11210255
其他经济	Others	718417	1803144	3645865	4592945
私营批发零售贸易业	Private Wholesale and Retail Trade				
户数(个)	Number of Economic Active Unit (unit)	8598	15860	20643	22740
人数(人)	Number of Persons (person)	98300	146020	129137	144873
个体批发零售贸易业	Indivial Wholesale and Retail Sale Trade				
户数(个)	Number of Economic Active Unit(unit)	116156	107227	126863	133804
人数(人)	Number of Persons(person)	251283	273743	276173	299836
限额以上批发零售贸易业主要财务指标	Above Designated Size in Wholesale and Retail Trade				
资产总计	Total Assets	3556223	5198536	9226719	108704704
负债总计	Total Liabilities	3006513	4365904	7297571	84748578
商品销售收入净额	Net Revenue of Sales	8107213	21755862	41304855	377039658
商品销售成本	Total Sales Cost	7694821	19766987	39082737	356975166
经营费用	Total Operating Cost	274810	554449	621702	9758829
管理费用	Total Management Cost	138332	224695	507763	4429718
营业利润	Total Operating Profits	– 26819	32235	528056	2377458
利润总额	Total Profits	6956	123740	396387	2797585

注:2003 年开始,社会消费品零售总额不含制造业和农对非零售额。
Nate:Total retail sales of consumer goods from 2003 didnt include retail sales of manufacture and farmer sold nonfarmer.

6—2 社会消费品零售总额
Total Retail Sales of Consumer Goods

单位:万元 (10000 yuan)

项　　目	Item	2000	2005	2008	2009
社会消费品零售总额	Total Retail Sales of Consumer Goods	**5660080**	**9150855**	**15055377**	**17785858**
按销售地区分	Grouped by Location				
市的零售额	City	5351381	8688016	14227872	16583045
县的零售额	County	152567	230698	408118	597669
县以下的零售额	Under County Level	156132	232141	419387	605144
按经济类型分	Grouped by Ownership				
国有经济	State – owned	990469	925460	1210189	1316007
集体经济	Collective – owned	510896	505624	611433	666650
私营经济	Private	559298	1261759	2658375	3266370
个体经济	Individual	2781000	4654868	6929515	7943885
联营经济	Joint Ownership	8145	3212	3521	3710
股份制经济	Share – holding Corporations	291629	1294634	2839667	3434491
外商投资经济	Foreign Funded Enterprises	60953	286236	458181	508083
港澳台投资经济	HongKong, Macao and Taiwan Funded Enterprises	56193	190120	307924	339264
其他经济	Others	401497	28942	36572	307397
按行业分	Grouped by Sectors				
批发、零售业	Wholesale and Retail Sale Trades	4170720	7687866	12220445	14380214
住宿、餐饮业	lodging、Catering Services	680349	1212570	2505130	3098247
其　他	Others	542468	250419	329802	307397
按商品用途分	Grouped by Using of Consumer Goods				
吃的商品	Eating	2147152	3420141	5561137	6217333
穿的商品	Clothing	1281253	2022528	3230370	3979850
用的商品	Using	2231675	3708186	6263870	7588675

6—3 社会消费品零售额发展速度
Development Rate for Total Retail Sales of Consumer Goods

（上年＝100）（preceding year＝100）

指　　标	Item	2000	2005	2008	2009
社会消费品零售总额	**Total Retail Sales of Consumer Goods**	**109.7**	**113.1**	**122.2**	**118.1**
按销售地区分	Grouped by Location				
市辖区	Districts under Administration of City	109.8	113.2	121.6	116.6
县	County	107.7	112	133.5	146.4
县以下	Under County Level	108.7	112.1	134.8	144.3
按经济类型分	Grouped by Ownership				
国有经济	State－owned	100.9	90	119.1	108.7
集体经济	Collective－owned	80	87.6	122.8	109.0
私营经济	Private	108.8	128.6	132.9	122.9
个体经济	Individual	128.5	111.2	116.3	114.6
联营经济	Joint Ownership	101.8	90.9	109.4	105.4
股份制经济	Share－holding Corporations	92.4	149.8	131.0	120.9
外商投资经济	Foreign Funded Enterprises	127.6	115.5	117.7	110.9
港澳台投资经济	Hongkong，Macao，Taiwan and Foreign Funded	125.2	113.7	120.7	110.2
其他经济	Others	89.9	87.2	115.1	840.5
按行业分	Grouped by Sectors				
批发、零售业	Wholesale and Retailsale Trades	109.4	113.4	115.4	117.7
住宿、餐饮业	lodging、Catering Services	117.3	112.1	171.7	123.7
其他行业	Others	104.1	110	121.3	93.2
按商品用途分	Grouped by Using of Consumer Goods				
吃的	Eating	109.7	113.7	121.4	111.8
穿的	Clothing	108.5	112.9	120.7	123.2
用的	Using	110.4	112.8	123.8	121.1

7—1 出口商品供货总值
Total Value of Exports

单位:万元 (10000 yuan)

指 标	Item	2000	2005	2007	2008	2009
合 计	**Total**	**994138**	**1643260**	**2205951**	**2458966**	**1990811**
按农轻重产品分	Grouped by Products					
农副产品	Farm and Side - line Products	52236	41790	40732	32619	93114
轻工产品	Light Industry Products	342601	1073632	1146545	1205428	932486
重工产品	Heavy Industry Products	599301	527838	1018674	1220919	965172
区县(市)供货情况	Grouped by District and County					
和平区	Heping District	5150	9078	22001	22654	19995
沈河区	Shenhe District	14261	16029	11506	5647	6160
大东区	Dadong District	12758	111779	180207	193413	126860
皇姑区	Huanggu District	3476	1637	41182	43948	60385
铁西区	Tiexi District	9709	347694	723240	268424	64907
苏家屯区	Sujiatun District	23131	91443	133698	144195	49362
东陵区	Dongling District	38880	130697	214556	223501	103539
沈北新区	Shenbei New District	25231	74493	152374	169999	120225
于洪区	Yuhong District	37412	90524	103960	106827	66804
辽中县	Liaozhong County	16992	31910	38704	14430	22609
康平县	Kangping County	3138	5451	1308	3642	2974
法库县	Faku County	5528	4095	4930	1331	42
新民市	Xinmin City	8504	8005	16112	22050	18831

7—2 进出口总额
Total Imports and Exports

单位:万美元 (USD 10000)

年 份 Year	进出口总额 Total Imports and Exports	进口总额 Total Imports	出口总额 Total Exports
1985	6576	4269	2307
1990	44199	11130	33069
1995	161834	70177	91657
1996	172664	85943	86721
1997	160173	74875	85298
1998	158746	81199	77547
1999	181662	101740	79922
2000	268348	138646	129702
2001	279178	154085	125093
2002	285596	145531	140065
2003	426037	225599	200438
2004	525161	285026	240135
2005	458998	221876	237122
2006	528931	263100	265831
2007	606943	275007	331936
2008	712863	300527	412336
2009	657028	304679	352349

注:1990 年以后为地区口径,1995 年以后为海关统计数字。

Note:Data in this table refer to local calculation methods since 1990,and refer to Custom's statistics since 1995.

7—3 国际旅游事业发展情况
Development of International Tourism

年 份 Year	接待国家及地区数(个) Number of Foreign Countries and Regions (unit)	接待的境外旅游人数(人) Number of Foreign Tourists (person)	外国人 Foreigners	港澳台胞 Hongkong,Macao and Taiwan Compatriot
1985	75	30407	21854	8093
1990	100	41899	26269	15045
1995	119	103696	86665	16913
1996	123	107946	91806	16051
1997	134	118740	100987	17656
1998	137	120700	96001	24642
1999	133	137576	109833	27726
2000	138	161245	132688	28497
2001	151	176961	144086	32623
2002	152	237627	194984	42643
2003	148	184255	150769	33486
2004	148	272838	222758	50080
2005	148	326513	264221	62292
2006	148	400037	332027	68010
2007	148	456013	378773	77240
2008	148	476357	399555	76802
2009	148	495517	415356	80161

7—4 利 用 外 资
Used Foreign Capial

单位:万美元 (USD 10000)

年 份 Year	新签项目数(个) New Signed Projects (unit)	新签合同外资额 New Signed Contracts of Foreign Capital	外商直接投资 Direct Foreign Investment
1985	29	5661	24
1986	33	4349	150
1987	25	4737	597
1988	89	11008	1411
1989	75	8166	2806
1990	104	15899	2747
1991	186	39615	3348
1992	708	93801	8009
1993	1129	118035	33254
1994	835	181928	40662
1995	666	116977	46052
1996	512	109669	39551
1997	492	93864	53760
1998	475	103278	56636
1999	598	110734	49836
2000	646	176835	71230
2001	569	154633	85217
2002	661	205188	140880
2003	743	225074	224237
2004	771	259650	242277
2005	901	616732	212312
2006	863	852098	303444
2007	772	1284685	504451
2008	518	1026288	600138
2009	710	1205220	541039

8—1 地方财政收入
Local Financial Revenue

单位:万元 (10000 yuan)

年份 Year	合计 Total	增值税 Value - added Tax	营业税 Business Tax	个人所得税 Individual Income Tax
1980	145226			
1985	209685			
1990	310726	85402	89474	
1995	355684	85863	118226	21213
1996	399348	94717	132569	31300
1997	479024	104722	144913	33647
1998	542011	10212	151367	37523
1999	567919	101412	166690	41852
2000	611225	102329	181231	48684
2001	808178	116022	207681	66601
2002	1018511	138751	267568	71808
2003	1039268	99954	239212	40968
2004	1395086	91920	319011	51943
2005	1815157	126103	364924	59377
2006	2457841	143852	450114	62807
2007 *	2308085	167666	553293	77831
2008	2910381	189969	645841	84298
2009	3202070	206245	725216	86929

注:2007 年以后数据为地方财政一般预算收入。
Note: Data after 2007 is general budget income of local government.

8—2 地方财政支出
Local Financial Expenditure

单位:万元 (10000 yuan)

年份 Year	合计 Total	科技三项费 Three kinds Funds of Science and Technology Promotion	城市维护费 City Maintenance Expenditure	行政管理费 Expenditure for Government Administration
1980	50245	745	5557	4751
1985	105264	1181	8902	8574
1990	230580	3672	31234	13370
1995	458861	7972	42952	30448
1996	498043	9478	57672	32831
1997	604540	10691	70680	37933
1998	708585	12965	75273	40818
1999	795998	14128	86371	43879
2000	924893	16565	102892	50559
2001	1034810	19327	139292	61458
2002	1281673	22304	146385	65118
2003	1608515	27240	172724	71667
2004	2033157	33157	234083	92593
2005	2534094	41829	314929	122771
2006	3393019	62953	395492	140937
2007 *	3396754			
2008	4067372			
2009	4758822			

注:2007 年以后数据为地方财政一般预算支出。
Note: Data after 2007 is general budget expenditure of local government.

8—3 金融机构现金收入构成
Structure of Cash Income of Financial Institutions

单位:万元 (10000 yuan)

年 份 Year	合 计 Total	商品销售 Income from Commodity Sales	服务事业 Income from Service Trade	城镇储蓄 Urban Saving Deposits	构成比例 Percentage(Total = 100) 商品销售 Income from Commodity Sales	服务事业 Income from Service Trade	城镇储蓄 Urban Savings Deposits
1980	297733	192805	25322	55101	64.8	8.5	18.5
1985	738895	397155	51957	189887	53.7	7	25.7
1990	2369559	720748	144860	1051049	30.4	6.1	44.4
1995	12191482	1837207	460051	6412058	15.1	3.8	52.6
1996	14718128	2090512	493029	7742270	14.2	3.3	52.6
1997	19247125	2606365	587254	10066725	13.5	3.1	52.3
1998	28458778	3419823	1188730	17772977	12	4.2	62.5
1999	34207693	3875475	1406592	21458851	11.3	4.1	62.7
2000	43338855	5041507	1682979	26588955	11.6	3.9	61.4
2001	50614301	5481934	1747153	32844270	10.8	3.5	64.9
2002	54450454	5569111	1594253	39085008	10.2	2.9	71.8
2003	62624497	6791921	1629555	47421365	10.8	2.6	75.7
2004	74150396	8535280	1836417	56007580	11.5	2.5	75.5
2005	80146629	9223874	1879607	60851880	11.5	2.3	75.9
2006	89444520	10251092	1903168	67447821	11.5	2.1	75.4
2007	106861303	10819075	2343599	81425740	10.1	2.2	76.2
2008	101084447	10384015	2188037	76114220	10.3	2.2	75.3
2009	101552808	10811776	1931584	76882863	10.6	1.9	75.7

8—4 金融机构现金支出构成
Structure of Cash Expenditure of Financial Institutions

单位:万元 (10000 yuan)

年 份 Year	合 计 Total	工资性支出 Wages	对个人其他支出 Other Payment to Individuals	农副产品采购支出 Purchases of Agricultural and Sideline Products	行政管理费支出 Expendure for Government Administration	储蓄支出 Expenditure for Urban Deposit
1980	290427	167175	32401	13639	18756	39439
1985	715772	329935	97936	54450	50284	137166
1990	2255369	716451	227516	82199	151572	815436
1995	10866914	1584536	551560	181850	823900	5514612
1996	12833961	1613101	525030	174571	930537	7024715
1997	17063865	1657492	547210	173137	1201663	9516636
1998	26161230	2064078	769668	223554	1977268	16888610
1999	31688916	2183532	833238	455017	2265760	20479273
2000	40453739	2227128	789967	597284	2935022	26202350
2001	47667773	2274933	652929	486505	3266925	31495089
2002	51801613	1940921	498177	498587	3263815	37561192
2003	60305593	2130431	508381	772199	4084625	45383509
2004	71627771	2383060	474231	856699	5129241	54067677
2005	77585414	2662929	541752	832137	6060267	57128594
2006	86999351	2967366	547327	741810	6630422	65966814
2007	104238035	3380334		958820	6951666	79172225
2008	98301307	3557065		918134	6517792	73896507
2009	98626792	3205814		1481359	6208954	75963886

8—5 金融机构人民币存款
Saving Deposits of Financial Institution

单位:万元 (10000 yuan)

年 份 Year	合 计 Total	企 业 Enterprises Deposits	财 政 Treasury Deposits
1980	241023	110224	5231
1985	592234	246727	1049
1990	1817149	547384	-812
1995	7638677	2259015	96777
1996	9041961	2492541	116769
1997	10661399	3355331	27280
1998	12866366	4174332	41561
1999	14810499	4832452	47768
2000	17004871	6014533	58446
2001	19070186	6514187	92245
2002	22741574	7045754	234561
2003	26917421	8103598	173388
2004	30504700	9778109	147342
2005	35630020	10435257	141276
2006	39712846	13330155	189634
2007	45497117	17101533	1534609
2008	52759189	18345237	1281317
2009	66574455	25025439	2192293

8—6 金融机构人民币贷款
Loans of Financial Institutions

单位:万元 (年末余额)(Year - end) (10000 yuan)

年 份 Year	合 计 Total	工业企业 Loans of Industrial Enterprises	商 业 Commercial Loans	农 业 Agriculture
1980	476909	123914	163466	8448
1985	830225	220910	243665	23350
1990	2481718	954692	669374	37953
1995	7158771	2349455	1714425	145387
1996	8129564	2582754	1934542	172199
1997	9988315	2853761	2373582	214749
1998	11473857	3175686	2519536	301338
1999	12941012	3318396	2849922	313185
2000	13921674	3131357	2659249	275434
2001	15472805	3445679	3051279	300743
2002	18485879	3575166	3258976	359696
2003	21721849	3585917	3272161	328460
2004	22947475	3428991	2860594	389076
2005	22885209	1985803	2365452	923562
2006	25518637	2544607	2501493	955818
2007	26997552	2715724	2472866	1005785
2008	32500508	2746408	2138102	1125437
2009	50848567	3690848	2144433	1409902

注:本表中贷款余额不包括国家开发银行贷款。

Note:Balance of Loans did not include Development Bank of China.

9—1 各类学校数
Number of Schools

单位:个 (unit)

年 份 Year	合 计 Total	高等学校 Institutions of Highter Education	中等专业学校 Specializde Secondary Schools	普通中学 Regular Secondary Schools	职业中学 Vocational Schools	技工学校 Secondary Technical Schools	小 学 Primary Schools
1952	2089	11	22	39			2015
1957	1556	10	27	135			1317
1962	1928	23	27	189			1628
1965	3299	14	19	223			2666
1970	3263	9	14	518			2722
1975	3126	9	22	515		19	2580
1978	2635	15	18	465		46	2137
1980	2732	18	27	385	18	111	2168
1985	2650	22	44	348	44	110	2069
1986	2494	23	50	340	53	118	1900
1987	2483	24	50	339	52	116	1892
1988	2481	21	46	335	52	114	1900
1989	2485	21	46	339	53	111	1892
1990	2469	21	46	334	51	110	1893
1991	2446	21	45	333	51	114	1866
1992	2311	22	45	322	53	113	1742
1993	2265	22	45	330	56	113	1685
1994	2230	22	44	335	76	108	1627
1995	2310	22	48	359	85	113	1664
1996	2344	22	50	369	97	111	1681
1997	2342	22	51	368	98	111	1677
1998	2242	20	52	373	105	63	1584
1999	2112	21	48	367	103	45	1519
2000	2040	21	42	368	92	35	1468
2001	1958	21	40	360	77	30	1415
2002	2004	24	46	365	96	93	1366
2003	1817	36	39	362	89	30	1247
2004	1670	36	40	362	98	33	1087
2005	2064	37	39	354	95	34	977
2006	1398	37	35	348	85	30	849
2007	1185	40	35	337	66	32	649
2008	1090	40	43	334	58	35	545
2009	1011	49	41	334	52	37	482

9—2 学校专任教师数
Number of Full - time Teachers

单位:人 (person)

年份 Year	合计 Total	高等学校 Institutions of Highter Education	中等专业学校 Specializde Secondary Schools	普通中学 Regular Secondary Schools	职业中学 Vocational Schools	技工学校 Secondary Technical Schools	小学 Primary Schools
1952	14580	1527	769	1778			10412
1957	21770	2915	2050	4583			11870
1962	32122	4674	1919	6270			19015
1965	39661	4063	1528	8138			23954
1970	49776	3181	668	16060			29837
1975	57186	3441	1366	23249			28946
1978	58195	5665	1468	26127			24770
1980	59509	6689	1372	25652	114	1634	23628
1985	60749	8513	2433	20318	1673	2175	25453
1986	62448	10418	2687	20289	2099	2436	26812
1987	65869	10235	2898	20891	2370	2540	26857
1988	66920	10023	3183	20402	2704	2493	27781
1989	69801	11224	3125	20330	2607	2572	29582
1990	73080	10353	3055	21255	2733	2746	32641
1991	74189	10202	3042	21792	2835	2828	33166
1992	75262	10440	3169	22174	2576	2694	33875
1993	72734	10442	3193	21976	2816	2594	31309
1994	72396	10434	3207	21487	2966	2550	31096
1995	73318	10594	3203	22313	3142	2439	31216
1996	74195	10421	3197	23209	3268	2361	31340
1997	75095	10241	3435	23668	3574	2137	31566
1998	73511	10305	3364	23258	3736	1705	30781
1999	73240	10537	3310	23449	3903	1486	30208
2000	72508	11514	2822	23693	3570	1294	29276
2001	71675	12016	2756	24032	3451	1090	27989
2002	73476	13538	3070	24689	3437	956	27435
2003	77222	17074	2743	25231	4023	1174	26589
2004	82831	22632	3042	25164	4456	1168	25978
2005	111383	19944	2871	24994	4481	431	25518
2006	77488	20980	2544	24610	3846	430	24714
2007	79167	22702	2423	24224	2464	1074	24081
2008	78461	22981	3637	24052	2339	1296	23336
2009	78831	24079	4178	23943	1616	1357	22852

9—3 在校学生数
Number of Students

单位:万人 (10000 persons)

年份 Year	合计 Total	高等学校 Institutions of Highter Education	中等专业学校 Specializde Secondary Schools	普通中学 Regular Secondary Schools	职业中学 Vocational Schools	技工学校 Secondary Technical Schools	小学 Primary Schools
1952	54.62	1.14	1.34	4.69			47.45
1957	69.59	1.71	2.24	12.25			53.39
1962	88.35	2.81	1.32	13.54			70.68
1965	115.33	1.78	1.46	20.46			91.63
1970	137.37	0.38	0.1	43.95			92.94
1975	141.26	1.11	0.65	57.98			81.52
1978	132.54	2.03	0.81	63.22			66.48
1980	116.06	2.85	1	46.37	0.28	2.17	63.39
1985	96.82	4.18	1.68	31.23	2.17	1.17	56.39
1986	101.58	4.77	2.04	32.61	3.28	1.55	57.33
1987	101.9	4.92	2.32	31.18	3.41	1.64	58.43
1988	103.75	5.85	2.57	29.11	3.8	1.55	60.87
1989	105.35	5.72	2.6	27.41	3.84	1.53	64.25
1990	106.18	5.78	2.44	28.01	2.8	1.45	65.57
1991	106.41	5.92	2.45	30.38	2.7	1.44	63.4
1992	108.37	6.33	2.69	32.92	2.83	1.74	61.7
1993	108.87	6.76	3.04	33.26	3.11	1.87	60.68
1994	111.79	7.61	3.3	34.13	3.95	2.16	60.44
1995	114.49	8.81	3.71	35.63	4.73	1.9	59.55
1996	115.1	8.98	3.85	35.71	5.25	1.81	59.35
1997	115.03	9.19	3.95	34.1	5.99	1.55	60.1
1998	113.38	9.59	3.97	32.57	6.63	1.24	59.23
1999	112.12	10.91	3.95	33.42	6.72	1.03	55.93
2000	113.48	13.97	3.71	36.49	5.67	0.97	52.54
2001	113.99	16.77	3.79	38.75	5.12	0.91	48.43
2002	113.54	20.23	1.6	39.29	5.52	0.93	45.78
2003	129.91	35.16	5.46	38.94	5.69	1.33	43.17
2004	135.02	38.6	8.66	38.1	6.25	1.49	41.77
2005	133.76	43.24	5.78	37.22	5.86	1.77	39.74
2006	133.04	45.61	5.82	36.28	5.57	1.81	37.81
2007	127.42	42.02	5.58	34.93	5.26	1.46	36.39
2008	126.55	42.92	6.47	33.42	4.17	1.71	35.63
2009	122.3	43.54	7.13	31.63	3.21	1.96	34.27

9—4 各类学校毕业生数
Number of Graduates

单位:人 (person)

年份 Year	合计 Total	高等学校 Institutions of Highter Education	中等专业学校 Specializde Secondary Schools	普通中学 Regular Secondary Schools	职业中学 Vocational Schools	技工学校 Secondary Technical Schools	小学 Primary Schools
1980	370563	3960	1863	248745		2394	112823
1985	201168	7160	4245	85095	5047	4813	94156
1990	209420	15629	8293	87316	8346	4485	85140
1995	273662	19869	9050	109834	10319	9778	114609
1996	236019	24557	9192	86467	13916	6506	95111
1997	254420	24090	9563	113397	16354	7733	83023
1998	266049	23452	10512	120606	18745	5802	86685
1999	264571	23705	10789	107561	17195	5346	99975
2000	269752	23551	9619	97953	25769	3123	109518
2001	271328	26413	9087	103424	22408	3074	106658
2002	274188	33231	10423	118056	17536	2592	92122
2003	313895	73804	13514	127278	16618	3204	79265
2004	347418	91386	30060	127782	16086	3552	78291
2005	523406	100424	21379	126222	19886	5330	77078
2006	350156	106576	17274	125129	18055	5481	77432
2007	346035	119269	19240	117579	16899	6674	66672
2008	348551	119175	17117	115242	15570	7040	65761
2009	349546	125736	19296	116806	16210	8129	61952

9—5 卫生事业基本情况
Basic Status of Public Health

年 份 Year	医疗卫生机构数(个) Number of Health Institutions (unit)	医院 Hospitals	门诊部(所) Clinics	医疗床位(张) Number of Beds (unit)	医院 Hospitals	卫生技术人员(人) Medical Technical Personnel (person)	医生 Doctors
1980	1510	221	1196	20528	18078	34395	12531
1985	1648	251	1224	26578	24881	43849	14452
1990	1753	332	1290	37390	36015	52714	20350
1995	1380	374	857	38818	37344	55332	21964
1996	747	373	227	38309	35411	52777	21299
1997	749	373	229	38581	35300	51313	21185
1998	739	369	223	38113	36929	49295	20449
1999	734	369	219	37406	35994	48182	20490
2000	738	368	243	36116	34893	47943	20656
2001	731	362	246	35759	32555	47672	20772
2002	688	367	180	33495	32498	43637	18290
2003	682	329	177	33905	32148	43726	18678
2004	669	363	174	33588	32472	42870	18122
2005	635	196	146	34033	29618	42109	17329
2006	660	211	156	35377	31129	44784	18414
2007	1856	191	136	34731	30863	48835	19700
2008	1767	183	122	35053	31130	48736	19643
2009	1771	179	118	37528	33575	49699	20303

注:2007 年开始,卫生统计口径调整。
Note: Data on index had adjused Since 2007.

9—6 文化事业基本情况
Basic Conditions of Culture

单位:个 (unit)

年 份 Year	电影放映单位(影剧院) Film Projecting (Theater)	艺术表演团体 Art Performance Troupes	图书馆 Libraries	文化馆 Cultural Centers	博物馆 Museums	广播电台(座) Broadcasting Stations	电视台(座) Television Stations	图书馆藏书(万册) Collections of Libraries (10000 volume)
1985	55	26	16	16	3	2	2	456
1990	55	17	18	16	4	2	2	529
1995	54	14	20	16	4	2	2	627
1996	54	14	20	16	4	2	2	641
1997	54	12	20	16	5	2	2	649
1998	39	13	20	16	5	2	2	655
1999	29	12	20	16	5	2	2	670
2000	29	12	20	16	5	2	2	685
2001	29	13	20	16	5	2	2	702
2002	29	13	20	16	5	2	2	740
2003	14	12	20	16	5	2	2	731
2004	14	12	20	16	5	2	2	731
2005	12	12	20	15	5	2	2	806
2006	40	12	21	15	5	2	2	839
2007	58	13	21	16	6	2	2	894
2008	59	15	21	16	6	2	2	945
2009	52	14	21	16	6	2	2	1021

注:自 1998 年始,广播电台,电视台不包括县及县以下单位。
Note: Broadcasting stations and television stations do not include units of counties and under counties since 1998.

9—7 城市火灾与交通事故
Basic Statistics on Fires and Traffic Accidents

年份 Year	火灾 Fires			交通事故 Traffic Accidents		
	发生次数（次） Numbers of Fires(case)	死亡人数（人） Deaths (person)	损失折款（万元） Losses Converted into Cash (10000 yuan)	交通事故数（起） Number of Trafffic Accidents (case)	死伤人数（人） Deaths and Injuries (person)	死亡人数 Deaths
1985	164	24	719	5535	4299	280
1990	2058	23	3359	5199	2348	292
1995	2449	19	550	3732	2087	301
1996	1548	17	6000	3150	1806	232
1997	1855	45	2678	3945	2162	233
1998	2469	31	2386	4568	2164	215
1999	2457	46	2221	3889	2185	205
2000	3387	30	2049	5887	4066	705
2001	4469	38	2005	6482	5112	809
2002	4550	41	1827	4780	4612	827
2003	5246	29	1729	3365	3652	718
2004	5683	40	1641	2948	3619	698
2005	4997	28	442	2796	3601	684
2006	6474	29	493	2162	2974	622
2007	2648	18	4164	2096	2900	614
2008	1842	18	286	2005	2652	556
2009	390	5	113	1989	2661	541

注：自 1990 年起，公安部对火灾标准重新修订，故统计口径与以前年份不可比。

Note：Standards on fires had been revised by the ministry of public security since 1996，Therefor，Statistics are not comparable with that before 1996.

10—1 城市公用设施
Urban Public Facilities

年份 Year	自来水供水量（万立方米） Supply of Tap Water (10000 cu. m)	生活用量 For Residential Use	煤气销售量（万立方米） Total Volume of Coal Gas Sold (10000 cu. m)	生活用量 For Residential Use	液化气销售量（吨） Volume of Liquefied Petroleum Sold (ton)	年末公交营运车辆（辆） Number of Public Transpor－tation Vehicles (unit)	年末公交营运线路（条） Number of Routes	客运总量（万人次） Number of Passengers (10000 persons times)	出租汽车（辆） Number of Taxis (unit)
1980	29832	10782	14666	7277	16831	919	44	62705	98
1985	35557	15621	19584	12002	18196	1124	69	65190	370
1990	55670	25395	27439	18746	33039	1356	75	71049	2998
1995	65518	34485	28631	22048	71828	2562	103	54640	13641
1996	65808	36915	26018	18479	66591	2241	112	61568	13550
1997	62777	36530	22554	16916	66242	2359	113	62505	14325
1998	62750	35964	20122	15946	75044	2462	111	61985	16104
1999	61159	26927	20826	16843	61183	3124	110	65484	16325
2000	59283	27000	21960	17472	64514	3217	111	80663	16609
2001	52535	22721	29326	19624	43653	3590	85	91712	16735
2002	51870	22143	26109	19766	40606	4420	102	108809	16735
2003	53803	13107	26792	19763	45506	4552	119	123626	17015
2004	59359	15548	30654	22473	44885	4751	119	114389	17118
2005	55985	13914	34626	24546	43900	4913	136	83785	17118
2006	66008	13894	21503	13475	44100	5096	142	90558	17316
2007	67940	14396	22403	14075	39564	5096	153	102489	17176
2008	67990	15060	22709	14366	38451	5192	192	110971	17334
2009	56935	16980	26594	11563	35300	5081	199	116000	17357

注：煤气销售量 2006 年起为天然气销售量。

Note：Total volume of coal gas sold is natural gas after 2006.

10—2 城市市政工程设施及绿化
Urban Municipal Facilities and Green Areas

年份 Year	铺装道路 Paved Roads 公里 (km)	铺装道路 Paved Roads 万平方米 (10000 sq. m)	桥梁 (座) Bridges (unit)	立交桥 Overpass	排水管道长度(公里) Length of Sewer Pipelines (km)	路灯盏数(万盏) Number of Street Lights (10000 unit)	绿地面积(公顷) Green Areas (hectare)	建城区 Developed Area	绿化覆盖率(%) Developed Areas Covering Rate
1980	877	753	85	6	963	2.3	8536	1605	11.05
1985	923	853	80	7	1004	2.8	9128	2183	15
1990	1640	1423	105	14	1578	3.2	11267	3314	22.03
1995	2452	2369	130	30	1793	3.4	18210	3398	19.33
1996	2865	2723	165	31	1814	3.5	18230	3557	19.44
1997	2918	2865	185	46	1936	4.5	18464	3734	20.19
1998	2939	2981	187	47	2007	4.6	18614	3884	21.12
1999	3008	3089	184	47	2069	5	18809	4037	22
2000	3018	3117	188	47	2116	5.2	20100	4528	23.91
2001	3018	4009	191	50	2116	6.3	20512	4729	22.9
2002	3014	4009	188	51	2209	7.8	12075	6397	28.23
2003	3057	4145	197	47	2221	12.7	13851	8385	34.4
2004	3073	4448	221	52	2284	12.7	19441	9962	38.1
2005	3117	4620	179	95	2888	14	20718	12602	40.65
2006	2533	4323	233	75	2932	15.3	21606	11974	41.1
2007	2590	4418	268	77	3115	19.6	22549	12856	41.65
2008	2603	4544	267	77	3206	20.9	22964	13812	41.81
2009	2833	5261	273	79	3850	21	25994	15159	41.83

注:铺装道路及桥梁,2006 年口径发生变化。
Note: Statistics Data have changed in 2006 in paved roads and bridges.

10—3 城市房屋住宅及用电情况
Urban Floor Space of Buildings and Electricity

年　份 Year	年末实有房屋建筑面积（万平方米） Actual Floor Space of Buildings at Year－end（10000 sq. m）	住宅建筑面积（万平方米） Floor Sqace of Residential Buildings（10000 sq. m）	人均住宅建筑面积（平方米） Per Capita Living Space of Buildings（sq. m）	城市用电量（万千瓦时） Urban Electricity Consumption（10000kwh）	工业用电 Industrial Electricity Consumption	生活用电 Living Electricity Consumption
1978	3289	1528		282854	215785	
1980	3568	1728		322666	241300	
1985	4907	2400		396705	299008	
1990	7797	3324		514613	375970	34719
1995	9603	5056	13.3	822039	530736	114697
1996	9893	5734	14.99	876665	542314	132920
1997	11006	6499	15.59	923198	545241	142428
1998	11751	6948	16.16	924147	535794	149219
1999	12287	7306	16.92	1005700	569200	180000
2000	11684	6883	17.43	1134000	609074	213900
2001	13132	7272	18.31	1151703	627485	228149
2002	13722	7641	19.12	1184221	640773	229607
2003	14578	8068	20.12	1311865	715692	246702
2004	15353	8758	21.55	1421593	761401	267711
2005	16978	9578	23.36	1542592	839082	297931
2006	18922	10455	25.24	1677550	885149	329481
2007	20291	11215	27.01	1834917	1003700	349475
2008	23325	12181	29.02	1939023	1041922	383689
2009	23520	13089	30.91	2077673	1108076	417246

11—1 重点城市地区生产总值
Gross Domestic Products of Main Cities

单位:亿元 (100 million yuan)

城市	City	地区生产总值 Gross Domestic Product	第一产业 Primary Industry	第二产业 Secondary Industry	第三产业 Tertiary Industry
沈阳	Shenyang	4268.5	207.1	2127.4	1934
大连	Dalian	4417.7	313.4	2314.8	1789.5
长春	Changchun	2919.2	236	1501.4	1181.8
哈尔滨	Harbin	3258.1	417.4	1226.9	1613.8
南京	Nanjing	4230.3	129.2	1930.7	2170.4
杭州	Hangzhou	5098.7	190.3	2434.9	2473.5
宁波	Ningbo	4214.6	183.9	2247.8	1783
济南	Jinan	3351.4	187.1	1453.6	1710.7
青岛	Qingdao	4890.3	230.3	2449.8	2210.3
武汉	Wuhan	4560.6	149.1	2142.1	2269.4
广州	Guangzhou	9112.8	172.6	3394.7	5545.6
成都	Chengdu	4502.6	267.8	2001.8	2233
西安	Xi'an	2719.1	110.4	1148.8	1460
深圳	Shenzhen	8201.2	6.5	3831.6	4363.1
厦门	Xiamen	1623.2	21	786	816.2
北京	Beijing	11865.9	118.3	2743.2	9004.5
天津	Tianjin	7500.8	131	4110.5	3259.3
上海	Shanghai	14900.9	113.8	5940	8847.2
重庆	Chongqing	6528.7	606.8	3447.5	2474.4

11—2 重点城市地区生产总值增长速度
Indices Gross Domestic Product of Main Cities

城市	City	地区生产总值 Gross Domestic Product	(上年为100 Preceding Year = 100) 第一产业 Primry Industry	第二产业 Secondary Industry	第三产业 Tertiary Industry
沈阳	Shenyang	14.1	7.3	16.4	12.3
大连	Dalian	15	7.8	16.5	14.6
长春	Changchun	15	4.5	15.9	16
哈尔滨	Harbin	13	6.8	13.3	14.4
南京	Nanjing	11.5	4.1	10.1	13.5
杭州	Hangzhou	10	3.2	6.8	13.9
宁波	Ningbo	8.6	4.1	5.4	13.3
济南	Jinan	12.2	5.2	12.1	13
青岛	Qingdao	12.2	3	12.7	12.5
武汉	Wuhan	13.7	1.6	16	12.2
广州	Guangzhou	11.5	3.9	8.8	13.6
成都	Chengdu	14.7	3.7	17.7	13.4
西安	Xi'an	14.5	6.3	14.4	15.1
深圳	Shenzhen	10.7	-18.6	9.3	12.5
厦门	Xiamen	8	1.1	3.5	14.3
北京	Beijing	10.1	4.6	9.7	10.3
天津	Tianjin	16.5	3.4	18.2	15.1
上海	Shanghai	8.2	-1.1	3.1	12.6
重庆	Chongqing	14.9	5.5	17.8	13.3

11—3 全社会固定资产投资及实际利用外资

Total Investment in Fixed Assets of Main Cities and Actual Utilization of Foreign Capital

城市	City	固定资产投资额 Total Investment in Fixed Assets		实际利用外资 actual Utilization of Foreign Capital	
		亿元(100 million yuan)	增长率(%) Increases Rate(%)	亿美元(USD 100 million)	增长率(%) Increases Rate(%)
沈阳	Shenyang	3676	22.2	54.1	2.3
大连	Dalian	3273.5	30.2	60.2	20.2
长春	Changchun	2300.3	26.5	6.4	10.1
哈尔滨	Harbin	1892.1	41.1	6	11.4
南京	Nanjing	2668	23.9	22.8	0.9
杭州	Hangzhou	2291.7	15.7	40.1	21.2
宁波	Ningbo	2004.2	16	22.1	-13.1
济南	Jinan	1655.4	20.3	9.8	13.4
青岛	Qingdao	2458.9	25.3	18.6	-29.4
武汉	Wuhan	3001.1	33.3	29.4	14.1
广州	Guangzhou	2659.9	22.3	37.7	4.2
成都	Chengdu	4025.9	34	28	24.6
西安	Xi'an	2500.1	31.2	12.2	6.2
深圳	Shenzhen	1709.2	16.5	41.6	3.2
厦门	Xiamen	882.1	-5.3	16.9	-17.4
北京	Beijing	4858.4	26.2	61.2	0.6
天津	Tianjin	5006.3	47.1	90.2	21.6
上海	Shanghai	5273.3	9.2	105.4	4.5
重庆	Chongqing	5317.9	31.5	40.4	47.7

11—4 国内外贸易

Domestic and Foreign Trade of Main Cities

城市	City	社会消费品零售额(亿元) Total Retail Sales of Consumer Goods (100 million yuan)		出口总额(亿美元) Total Exports(USD 100 million)	
		2009	增长率(%) Increases Rate(%)	2009	增长率(%) Increases Rate(%)
沈阳	Shenyang	1778.6	18.1	35.2	-14.3
大连	Dalian	1396.7	18.1	221.8	-12.5
长春	Changchun	1089.4	15.2	10.8	-33.9
哈尔滨	Harbin	1507.9	19.3	14.7	-15.7
南京	Nanjing	1961.6	18.8	184.6	-21.8
杭州	Hangzhou	1804.9	15.8	271.8	-19.1
宁波	Ningbo	1434.4	15.9	386.5	-16.6
济南	Jinan	1617.9	19.3	30.5	-33.7
青岛	Qingdao	1744	19.1	273	-16.3
武汉	Wuhan	2164.1	17	58.3	-16
广州	Guangzhou	3647.8	16.2	374.1	-13
成都	Chengdu	1950	20.3	105	15.5
西安	Xi'an	1381.1	19.7	33.3	-25.1
深圳	Shenzhen	2598.7	15.4	1619.8	-10.6
厦门	Xiamen	488.6	15.3	276.7	-5.9
北京	Beijing	5309.9	15.7	483.8	-15.9
天津	Tianjin	2430.8	21.5	298.9	-29
上海	Shanghai	5173.2	14	1418.8	-16.1
重庆	Chongqing	2479	18.6	42.8	-25.2

11—5 地方财政一般预算收支
Total Local Government General Budgetary Revenue and Expendityre of Main Cities

城市	City	一般预算收入(亿元)(100 million yuan) General Budgetary Revenue		一般预算支出(亿元)(100 million yuan) General Budgetary Expenditure	
		2009	增长率(%) Increases Rate(%)	2009	增长率(%) Increases Rate(%)
沈阳	Shenyang	320.2	10	475.9	17.0
大连	Dalian	400.2	18	471.2	14.9
长春	Changchun	142.7	19.8	306	27.3
哈尔滨	Harbin	193.4	20.3	348.4	15.1
南京	Nanjing	434.5	12.4	461.3	14
杭州	Hangzhou	520.8	14.4	490.4	16.9
宁波	Ningbo	432.8	10.9	506.1	15.1
济南	Jinan	210.2	13	259.3	17.1
青岛	Qingdao	377	10.1	433.6	17.4
武汉	Wuhan	316.1	14	452.5	19.7
广州	Guangzhou	702.6	13	790.3	10.8
成都	Chengdu	387.5	22.3	600.8	18
西安	Xi'an	181.4	24.6	276.9	22
深圳	Shenzhen	880.8	10.1	1000.7	12.5
厦门	Xiamen	240.6	9.2	268.2	12.6
北京	Beijing	2026.8	10.3	2301.7	17.5
天津	Tianjin	821.4	21.6	1438.3	27.2
上海	Shanghai	2540.3	7.7	2989.7	15.3
重庆	Chongqing	681.8	18.1	1317.5	29.7

11—6 金融机构人民币存贷款余额
Balance on Deposits and Loans of Financial Institutions of Main Cities

城市	City	存款余额(亿元) Balance on Deposits (100 million yuan)		贷款余额(亿元) Balance on Loans (100 million yuan)	
		2009	增长率(%) Increases Rate(%)	2009	增长率(%) Increases Rate(%)
沈阳	Shenyang	6657.4	22.5	5084.9	30
大连	Dalian	6874.8	30.7	4894.3	34.8
长春	Changchun	4308.8	42.5	3819.3	35.8
哈尔滨	Harbin	5031.1	28.4	3433.3	32
南京	Nanjing	10886.9	29.3	9064.1	26.4
杭州	Hangzhou	14059.2	26.1	12687.9	29.7
宁波	Ningbo	8083.9	30	7424.9	30.9
济南	Jinan	6363.3	25	5700.9	25.5
青岛	Qingdao	6302	33.4	4873.5	30.2
武汉	Wuhan	8430.7	31.8	6766.9	34
广州	Guangzhou	20401.7	24.2	12598.2	23.2
成都	Chengdu	12416	41.8	9869	41.7
西安	Xi'an	7522.1	30.8	4482.6	36.9
深圳	Shenzhen	16938.2	30.2	11646.3	29.2
厦门	Xiamen	3163.1	30.2	2633.4	25.3
北京	Beijing				
天津	Tianjin	13390.2		10513.4	
上海	Shanghai	42291.5		26196.1	
重庆	Chongqing	10933	36.3	8766.1	41.6

11—7 城市居民人均可支配收入及农民人均纯收入
Disposable Income of Residents of Main Cities and Per Capita Net Income of Rural Households

城　　市	City	城市居民可支配收入 Disposable Income of Residents		农民人均纯收入 Per Capita Net Income of Rural Households	
		元(yuan)	增长率(%) Increases Rate(%)	元(yuan)	增长率(%) Increases Rate(%)
沈　阳	Shenyang	18475	8.6	8753	9
大　连	Dalian	19014	8.7	10725	9.2
长　春	Changchun	16277	8.5	5662	7
哈尔滨	Harbin	15887	8.9	6776	13.7
南　京	Nanjing	25504	10.3	9858	10.1
杭　州	Hangzhou	26864	11.5	11822	10.6
宁　波	Ningbo	27368	9.2	12641	10.4
济　南	Jinan	22722	9.2	7805	8.7
青　岛	Qingdao	22368	9.3	9249	8.7
武　汉	Wuhan	18385	10	7161	12.8
广　州	Guangzhou	27610	9.1		
成　都	Chengdu	18650	10.1	7129	10
西　安	Xi'an	18963	24.7	6275	20.4
深　圳	Shenzhen	29245	9.4		
厦　门	Xiamen	26131	9.1	9153	8
北　京	Beijing	26738	8.1	11986	11.5
天　津	Tianjin	21430	10.3	10675	10.4
上　海	Shanghai	28838	8.1	12324	8.2
重　庆	Chongqing	15749	11.4	4621	12

11—8 城乡居民储蓄及居民消费价格指数
Saving Deposit of Urban and Rural Households and Consumer Price Index

城　　市	City	城乡居民储蓄 Savings Deposit of Urban and Rural Households		居民消费价格指数(%) Consumer Price Index
		亿元(100 million yuan)	增长率(%) Increases Rate(%)	
沈　阳	Shenyang	2948.5	19.3	99.9
大　连	Dalian	2930.7	22.6	100.2
长　春	Changchun	1834.2	21.7	99.8
哈尔滨	arbin	2249.5	18	100.2
南　京	Nanjing	3056.4	22	100.1
杭　州	Hangzhou	4223.6	23.5	98.6
宁　波	Ningbo	2869.6	21.2	99.4
济　南	Jinan	1911.5	20.3	100.3
青　岛	Qingdao	2527.9	19.1	100.5
武　汉	Wuhan	3010.1	24	99.4
广　州	Guangzhou	7954.2	15.8	97.5
成　都	Chengdu	4234	25.4	100.3
西　安	Xi'an	3084.2	22.7	99.7
深　圳	Shenzhen	5723.8	16.8	98.7
厦　门	Xiamen	1158.1	24.6	97.3
北　京	Beijing			98.5
天　津	Tianjin	4860.1		99
上　海	Shanghai	13707.3		99.6
重　庆	Chongqing	4908.7	23.1	98.4

文献·法规选编

文 献

中共沈阳市委关于加强和改进领导班子思想政治建设的规定

（2009年3月17日）

思想政治建设是领导班子建设的灵魂。为深入贯彻落实党的十七大和市委十一届五次、六次全会精神，全面做好“保增长、促和谐、抓党建”三项重点工作，完成“五大任务”，实现“三大目标”，推动沈阳老工业基地在科学发展道路上加快全面振兴，根据中央和省委有关要求，结合我市实际，现就加强和改进领导班子思想政治建设，制定如下规定：

1. 把握领导班子思想政治建设的总体要求。坚持以高举旗帜、坚定信念、践行宗旨为根本，以提高领导水平和执政能力为核心，以贯彻执行民主集中制、树立正确用人导向、改进领导作风为重点，突出针对性，提高实效性，努力把各级领导班子建设成为坚定贯彻党的理论和路线方针政策、善于领导科学发展的坚强集体，为推动沈阳老工业基地在科学发展道路上加快全面振兴提供强有力的思想、政治和组织保证。

2. 坚决同党中央保持高度一致。严格遵守党的政治纪律，善于从政治上、全局上观察和思考问题，自觉把本地区、本部门、本单位的工作置于改革发展稳定的大局中进行谋划和加以推进，始终与党中央在政治上、思想上、行动上保持高度一致，坚决贯彻执行中央的各项决策部署，确保中央政令畅通。

3. 不断增强贯彻落实科学发展观的自觉性和坚定性。把深入学习实践科学发展观作为一项重大政治任务，努力做到对科学发展观学得更自觉、懂得更深刻、信得更坚定、用得更彻底，切实把科学发展观的要求转化为领导班子谋划科学发展的共识、领导科学发展的思路、促进科学发展的决策，成为实现沈阳老工业基地全面振兴的行为准则和自觉行动。

4. 进一步解放思想、开拓创新。始终坚持以解放思想为先导，以改革创新为动力，按照市委提出的“四个深刻认识、四个不为”的要求，紧密结合本地区、本部门、本单位实际，加大解放思想力度，不断增强改革创新意识，着力破除一切阻碍科学发展的思想观念，摒弃一切束缚科学发展的体制机制障碍，解决一切影响科学发展的突出问题，牢牢把握新一轮发展的主动权，努力实现科学发展、和谐发展、率先发展。

5. 严格执行民主集中制。继续把加强民主集中制建设作为领导班子思想政治建设的重要内容，健全集体领导与个人分工负责相结合的制度，完善领导班子议事决策规则，坚持做到凡属政策性、全局性的重大决策、重要干部任免、重大项目安排及大额度资金使用由集体研究决定。要在领导班子内部充分发扬民主，积极开展批评与自我批评，努力建设团结和谐、充满活力的领导班子。

6. 坚持科学决策、民主决策、依法决策。进一步完善决策信息和智力支持系统，积极拓宽群众参与渠道，不断增强决策的透明度和公众的参与度。领导班子作出重大决策前，必须进行深入调查研究和科学论证，广泛听取各方面的意见。积极推行党务公开、政务公开，特别是对同群众利益密切相关的法规和公共政策，要实行公示、听证等制度，公开听取意见。对重大决策的实施情况、社会关注的热点问题和群众反映的突出问题的解决情况，要通过会议和新闻媒体等形式，及时向群众通报，努力提高决策科学化、民主化水平。

7. 树立有利于科学发展的用人导向。始终坚持党管干部原则不动摇、坚持德才兼备标准不降低、坚持贯彻干部选拔任用条例不含糊、坚持抵制干部选拔任用中的不正之风不妥协，不断扩大干部工作中的民主，创新干部选拔任用机制，完善体现科学发展观和正确政绩观要求的干部综合考评体系，大胆提拔重用那些不事张扬、埋头苦干，重长远、打基础的干部，绝不让老实人吃亏，绝不让投机钻营者得利，努力营造风清气正的用人环境，切实提高选人用人公信度。

8. 大力弘扬求真务实作风。继续深入开展“向潘作良同志学习，争做奋力拼搏、苦干实干的好党员好干部，争创工作一流、群众满意的好集体好部门”活动，坚持领导干部接待日、联系点、蹲点调研和下访制度，大力精简会议和文件，切实改进会风文风，使各级领导干部真正把精力用到谋振兴上，把心思用到促发展上，把劲头用到求实效上，做到情况在一线掌握、问题在一线解决、矛盾在一线化解、工作在一线落实，努力创造出经得起实践、人民和历史检验的实绩。

9. 始终保持清正廉洁的良好形象。按照“讲党性、重品行、作表率”的要求，引导各级领导干部自觉加强党性修养，牢固树立和坚持正确的事业观、工作观、政绩观，不断提高廉洁从政意识和拒腐防变能力，严格遵守廉洁自律“八项承诺”和其他廉洁从政的规定，切实管好亲属和身边工作人员，始终保持道德品行的纯洁性和先进性，干干净净做事、清清白白做人。

10. 自觉把领导班子思想政治建设贯穿于振兴发展的全过程。牢固树立“发展是硬道理，是第一要务；稳定是硬任务，是第一责任”的思想，坚持一手抓发展第一要务不动摇，一手抓稳定第一责任不放松，切实改善民生，把实现好、维护好、发展好最广大人民的根本利益作为一切工作的出发点和落脚点，紧紧围绕振兴发展大局加强领导班子思想政治建设，以振兴发展的实践成果检验领导班子思想政治建设的实际成效，以深入扎实的领导班子思想政治建设推动“五大任务”的完成和“三大目标”的实现，不断开创我市领导班子思想政治建设新局面。

中共沈阳市委关于开展深入学习实践科学发展观活动的实施意见

（2009年3月20日）

根据中央和省委关于开展深入学习实践科学发展观活动的有关要求，结合我市实际，现就全市开展深入学习实践科学发展观活动（以下简称“学习实践活动”），提出如下实施意见。

一、提高认识，深刻领会开展学习实践活动的重大意义

科学发展观是对党的三代中央领导集体关于发展的重要思想的继承和发展，是马克思主义关于发展的世界观和方法论的集中体现，是同马克思列宁主义、毛泽东思想、邓小平理论和“三个代表”重要思想既一脉相承又与时俱进的科学理论，是我国经济社会发展的重要指导方针，是发展中国特色社会主义必须坚持和贯彻的重大战略思想。开展深入学习实践科学发展观活动，是党的十七大作出的一项重大战略决策，是用中国特色社会主义理论体系武装全党的重大举措，是深入推进改革开放、推动经济社会又好又快发展、促进社会和谐的迫切需要，是提高党的执政能力、保持和发展党的先进性的必然要求。

当前，沈阳正处于老工业基地全面振兴的关键时期，全市既面临着加快发展的难得机遇，又面临着制约发展的各种难题。尤其是去年下半年以来，受金融危机快速蔓延和世界经济增长明显减速的影响，经济下行压力明显加大。能否变压力为动力，变挑战为机遇，保持经济平稳较快发展，是对全市党员干部应对复杂局面能力和各级党政组织执政能力的考验。我们必须从全局和战略的高度，充分认识开展学习实践活动的重大意义和现实紧迫性，以高度的政治责任感和使命感，积极投入到学习实践活动中来，并以此为动力，扎实做好“保增长、促和谐、抓党建”三项重点工作，为完成“五大任务”、实现“三大目标”，夺取全面振兴沈阳老工业基地新胜利奠定坚实基础。

二、深刻理解，准确把握开展学习实践活动的指导思想、目标要求和主要原则

（一）开展学习实践活动的指导思想

全面贯彻党的十七大精神，按照“党员干部受教育、科学发展上水平、人民群众得实惠”的总体要求，以“完成五大任务，加快全面振兴”为主题，把“保增长、促和谐、抓党建”作为学习实践活动的最大实践，着力转变不适应、不符合科学发展要求的思想观念，着力解决影响和制约沈阳科学发展的突出问题以及党员干部党性党风党纪方面群众反映强烈的突出问题，着力构建有利于科学发展的体制机制，提高领导科学发展、促进社会和谐的能力，努力把各级党组织建设成为贯彻落实科学发展观的坚强堡垒，把干部队伍建设成为贯彻落实科学发展观的骨干力量，把全社会的发展积极性进一步引导到科学发展上来，为推动沈阳在科学发展道路上加快全面振兴，提供牢固的思想基础、坚强的政治保证、完善的体制机制。

（二）开展学习实践活动的目标要求

开展学习实践活动，以各级领导班子和党员领导干部为重点，全体党员参加。具体达到以下目标要求：

1. 在深化思想认识上有新提高。进一步加深广大党员特别是党员领导干部对科学发展观的理解，加深对市委提出的“五大任务”是沈阳全面贯彻落实科学发展观的具体体现和生动实践的理解，坚定对科学发展观的政治信仰，真正把科学发展观转化为推动科学发展的坚强意志、谋划科学发展的正确思路、领导科学发展的实际能力和促进科学发展的政策措施，不断增强完成“五大任务”、实现“三大目标”的自觉性和坚定性。

2. 在解决突出问题上有新突破。努力解决影响和制约完成“五大任务”的突出问题，解决党员干部党性党风党纪方面群众反映强烈的突出问题；认真总结沈阳改革发展经验，进一步理清振兴发展思路，完善振兴发展规划；大力加强各级领导班子思想政治建设，推动广大党员特别是党员领导干部讲党性、重品行、作表率。

3. 在健全体制机制上有新进展。紧密围绕“五大任务”，着力构建符合科学发展观要求的行政管理体制和深化国企改革、壮大非公经济、推进科技创新、统筹城乡发展、保护生态环境、切实保障民生、化解信访积案、考核干部实绩等方面的体制机制，为推动沈阳科学发展提供有力的制度保障。

4. 在推动全面振兴上有新成效。抓住“完成五大任务，加快全面振兴”这一主题，深入扎实地开展学习实践活动，推动沈阳在科学发展道路上加快全面振兴。重点空间建设进展加快，特别是世界级装备制造业基地建设成效明显；服务业特别是现代服务业快速发展，区域性中心城市建设迈出新步伐；非公有制经济比重进一步提升，县域经济实力进一步增强；资源节约型、环境友好型社会和中国北方生态宜居城市建设不断推进；以改善民生为重点的和谐沈阳建设提高到新水平，平安沈阳建设不断推进，实现经济社会的协调发展。当前，要把“保增长”作为重中之重，把学习实践活动成果转化为“保增长”的强大动力，用“保增长”的实际成效来检验学习实践活动的成果。

（三）开展学习实践活动的主要原则

1. 坚持解放思想。以解放思想为先导，以改革创新为动力，引导广大党员特别是党员领导干部进一步解放思想、更新观念，做到“四个深刻认识，四个不为”，真正把思想和行动统一到科学发展观的要求上来。

2. 突出实践特色。紧紧围绕“完成五大任务，加快全面振兴”这一主题，以

开展党员干部“进企业解决难题，实施保增长工程”、“进万家体察民意，实施保民生工程”、“进基层化解积案，实施保稳定工程”系列实践活动为载体，把开展学习实践活动与促进沈阳改革发展稳定结合起来，与完成“五大任务”和做好“保增长、促和谐、抓党建”三项重点工作结合起来，努力提高活动水平，增强活动实效。

3. 贯彻群众路线。充分发扬民主，广泛吸收群众参与，认真听取群众意见，真诚接受群众监督，把群众满意作为评价学习实践活动成效的重要依据，让群众亲身感受到学习实践活动带来的变化和取得的实效。

4. 正面教育为主。组织广大党员特别是党员领导干部深入学习科学发展观，大力弘扬“作良精神”，实事求是查找存在的问题，深刻分析产生问题的原因，全面总结经验教训，认真开展批评与自我批评，进一步明确努力方向。

三、明确重点，努力解决影响和制约科学发展的突出问题

开展学习实践活动，关键在于取得实效。要全面把握科学发展观的要求，重点解决好以下十个方面的问题。

1. 解决思想认识方面的突出问题。着力解决对科学发展观理解还不够全面，还没有很好地将又好又快有机统一起来，甚至有对立起来的倾向，存在着在“快”上突破不够、在“好”上办法不多等问题，切实做到在“快”上不松劲、在“好”上下功夫，努力推动全市经济社会又好又快发展。

2. 解决影响做优发展空间方面的突出问题。着力解决各重点空间功能定位还不够明确、主导产业特色还不够鲜明、土地节约集约利用水平还不够高等问题，防止低水平重复建设和恶性竞争，加快空间优势向产业优势和竞争优势转化。

3. 解决影响做大中心城市方面的突出问题。着力解决服务业特别是金融、物流、信息等现代服务业发展相对较慢，总部经济发展层次不高，文化产业发展步伐不快，城市功能规划不明确，基础设施和配套设施建设与中心城市地位不相适应等问题，进一步增强城市承载能力，提高文化软实力，更好地发挥对周边城市的辐射带动作用。

4. 解决影响做强县域经济方面的突出问题。着力解决非公有制经济发展不充分、工业园区档次不高、农业产业化龙头企业不强、流通服务体系不健全等问题，尽快做大县域经济总量，切实提高“三化”水平，进一步缩小城乡差距，实现城乡一体化发展。

5. 解决生态环境建设方面的突出问题。着力解决环境保护意识不够强、循环经济发展不够快、节能减排和生态环境保护建设措施不够多、生态城市创建工作不均衡等问题，加快建设资源节约型、环境友好型社会，实现经济与人口资源环境的协调发展。

6. 解决影响民生方面的突出问题。着力解决就业结构性矛盾突出、农民工工资支付不够规范、社会保险和社会救助水平不够高、食品药品安全监管力度不够大、平安沈阳创建工作进展不够均衡、基层公共服务设施不够完备等问题，加快实施重点民生工程，千方百计为群众排忧解难，让振兴发展成果惠及千家万户，不断增强人民群众的幸福感。

7. 解决影响社会稳定方面的突出问题。着力解决发展和稳定关系统筹不够好、稳定第一责任落实不够到位、集体土地征用和房屋拆迁不够规范、被征地农民社会保障制度不够健全、信访积案解决不够及时，对造成初访责任者的追究力度不够大等问题，加快建立正确处理新时期人民内部矛盾的长效机制，为全市经济社会又好又快发展营造良好的社会环境。

8. 解决软环境建设方面的突出问题。着力解决机构设置不尽合理、部门职责交叉、政务不够公开透明，少数机关工作人员主动服务意识不强，办事拖拉、吃拿卡要、不作为、乱作为、失职渎职以及信用体系不健全等问题，进一步转变政府职能，强化责任落实，严格责任追究，努力打造一流的投资环境。

9. 解决选人用人方面的突出问题。着力解决考察干部科学化、选任干部民主化程度不高以及封官许愿、跑官要官等问题，进一步完善体现科学发展观要求的干部综合考评体系，坚持用正确政绩观评价干部，切实提高选人用人公信度，建设一支高素质的干部队伍。

10. 解决党性党风党纪方面存在的突出问题。着力解决少数党员干部宗旨意识淡薄、作风漂浮、弄虚作假和公款消费、借机敛财等问题，进一步加强党员干部党性修养，树立正确的世界观、人生观、价值观和正确的事业观、工作观、政绩观，为实现科学发展、和谐发展、率先发展提供坚强保证。

四、结合实际，认真执行开展学习实践活动的批次安排和步骤

按照中央和省委要求，我市学习实践活动从2009年3月开始，至2010年2月基本结束。共分两批进行，每批时间6个月左右。

第一批：2009年3月开始，2009年8月基本完成。包括：市，区、县（市）、开发区党政机关；市，区、县（市）人大、政协机关，人民法院、人民检察院和人民团体机关；上述各级机关管理的事业单位。市直属企业；市直属部门和单位所属的国有企业；区、县（市）所属的国有企业；市属高中等院校。党的关系在我市的中省直机关、省（部）属院校、中省直企业。

第二批：2009年9月开始，2010年2月基本完成。包括：乡镇、村；街道、社区；中小学校；未参加第一批活动的企业、社会团体、社会中介组织等。

第一批活动开展时，市和各区、县（市）要分别选择若干个乡镇、村，街道、社区，中小学校以及新经济组织、新社会组织进行学习实践活动试点。

各地区、各部门、各单位要扎实做好学习实践活动的准备工作，及时传达学习上级党委关于开展学习实践活动的有关精神，及时组建学习实践活动领导机构和工作机构，在认真调查研究的基础上，确定实践载体和具体目标，制定切实可行的实施方案，组织开好动员大会。

学习实践活动按照三个阶段有序推进。

第一阶段：学习调研。重点抓好两个环节：

1. 学习调研。要组织广大党员干部认真学习《毛泽东邓小平江泽民论科学发展》和《科学发展观重要论述摘编》，县处级以上党员领导干部还要认

真学习《深入学习实践科学发展观活动领导干部学习文件选编》。同时要认真学习党的十七大和党中央一系列指示精神,学习中央和省、市委应对当前经济形势、保持经济平稳较快发展的新部署、新要求。要创新学习方式,采取个人自学、集中培训、辅导讲座、集体研讨、中心组学习等形式,引导广大党员干部深刻领会科学发展观的科学内涵、精神实质和根本要求,切实增强贯彻落实科学发展观的自觉性和坚定性。

在学习培训的基础上,要紧紧围绕实现科学发展,把"保增长、保民生、保稳定"作为重要内容,采取多种形式,深入到矛盾集中的地方,深入到困难较多的地方,深入到群众意见较大的地方调研。要广泛听取群众意见,切实做到问政于民、问需于民、问计于民。领导班子成员要带头深入调研,带头撰写调研报告,带头交流调研成果。要把深入调研与深化学习结合起来,认真梳理、查找影响科学发展的突出问题。

2. 解放思想讨论。按照"四个深刻认识,四个不为"的要求,紧密结合当前经济形势和本地区、本部门、本单位实际,认真开展解放思想讨论,引导广大党员特别是党员领导干部把思想认识从那些不符合科学发展要求的观念、做法和体制机制的束缚中解放出来,对事关本地区、本部门、本单位科学发展全局的重大问题形成共识。解放思想讨论要坚持领导带头,坚持实事求是。

第二阶段:分析检查。重点抓好两个环节:

1. 召开领导班子专题民主生活会。各级领导班子成员要突出深入贯彻落实科学发展观这一要求,切实加强领导班子思想政治建设,紧密结合党的十六大以来本地区、本部门、本单位的发展实践,紧密联系领导班子作风建设的实际,深入查找个人和班子在贯彻落实科学发展观方面存在的突出问题,受国际金融危机的不利影响反映出来的突出问题,党性修养和作风建设方面存在的突出问题,深刻分析原因,开展批评与自我批评。民主生活会前,要采取多种形式广泛征求基层、群众对领导班子及成员的意见,领导班子成员间要开展谈心活动,沟通思想,增进理解,相互帮助,加强团结。民主生活会要坚持正面教育为主,重在总结经验教训、重在提高思想认识,不搞人人过关,不纠缠历史旧账。领导班子专题民主生活会可以和年度民主生活会合并召开,可以适当扩大列席人员范围。要组织党员召开专题组织生活会,按照科学发展观要求分析查找自身差距和不足,提高思想认识。

2. 形成领导班子分析检查报告。领导班子分析检查报告要充分运用学习调研和解放思想讨论的成果,充分反映本地区、本部门、本单位贯彻落实科学发展观的实际情况,简明扼要概述取得的成效,系统全面梳理存在的问题,实事求是分析存在问题的主客观原因特别是主观方面的原因。要深入分析当前国际经济环境对本地区、本部门、本单位带来的挑战和不利影响,充分反映本地区、本部门、本单位广大党员干部在以科学发展观为指导保持经济平稳较快发展上形成的共识,明确进一步做好工作的努力方向、总体思路和主要举措。分析检查报告要突出检查分析问题、理清科学发展思路、明确改进措施这个重点,避免写成工作报告。党委(党组)主要负责同志要全程主持分析检查报告的起草工作。分析检查报告初稿形成后,要召开党委(党组)扩大会议充分讨论,并以适当方式听取各方面意见,反复修改完善。

要认真组织对分析检查报告的群众评议。参加评议的既要有本地区、本部门、本单位的党员和群众,也要有一定数量的基层单位和服务对象的代表,特别要注意吸收熟悉情况、有较强议政能力的党代表、人大代表、政协委员、专家学者参加。要着重从领导班子对科学发展观的认识深不深、问题查找准不准、原因分析透不透、发展思路清不清、改进措施可行不可行等方面进行评议。要采取灵活多样的评议方式,尊重党员群众的评议意见,使群众评议的过程成为上下交流、取得更广泛共识的过程。分析检查报告和群众评议结果要采取适当方式,在一定范围内公布。

第三阶段:整改落实。重点抓好两个环节:

1. 制定整改落实方案。要以领导班子分析检查报告为主要依据,针对查摆出来的突出问题和需要完善的制度,制定切合实际的整改落实方案,明确整改落实的项目,明确整改落实的目标和时限要求,明确整改落实的具体措施,明确相关领导、部门的责任,并采取适当方式向党员、群众公布,作出公开承诺。整改落实方案要充分体现科学发展观的要求,充分体现人民群众的意愿,可操作、能落实、好检查。整改落实情况要向党员、群众通报,接受党员、群众的监督。

2. 集中解决突出问题。要在边学边改、边查边改的基础上,按照整改落实方案的要求,集中力量解决在思想认识、落实"五大任务"、社会稳定、软环境建设、选人用人和党性党风党纪等方面存在的突出问题。解决突出问题要坚持实事求是,尽力而为,量力而行,什么问题突出就解决什么问题,切忌搞形式主义。对涉及多个地区、部门和单位的问题,要积极探索上下互动、左右联动的解决方式,保证各项整改措施落到实处。

要把解决突出问题和创新体制机制结合起来,着眼于推进本地区、本部门、本单位重点领域和关键环节的改革,着眼于解决加快全面振兴面临的一些深层次矛盾,着眼于建立保障科学发展的长效机制,认真清理现有规章制度,努力构建充满活力、富有效率、更加开放、有利于科学发展的体制机制。

学习实践活动基本完成时,要及时做好总结工作,组织进行群众满意度测评。群众满意度测评的内容主要是对本地区、本部门、本单位开展学习实践活动情况的满意度。要合理确定参加测评人员的规模、范围,力求参评人员具有一定代表性,又规模适中。测评方式和程序要简便易行,测评结果要客观真实。根据测评情况,进一步完善整改措施,并抓好落实。

五、加强领导,确保学习实践活动取得实效

各地区、各部门、各单位党委(党组)要把学习实践活动摆上重要议事日程,高度重视,精心组织。

1. 落实领导责任。党委(党组)要全面负责本地区、本部门、本单位的学习实践活动,主要领导要认真履行第一责任人的职责。市委成立深入学习实践科学发展观活动领导小组，在市委领导下开展工作。领导小组下设办公室，负责对学习实践活动的具体指导。各地区、各部门、各单位也要成立相应的领导机构和工作机构，在同级党委（党组）和上级学习实践活动领导小组领导下开展工作。要建立党委（党组）和领导小组成员联系点制度。要充分发挥基层党组织的作用，确保广大党员全程参加。市委学习实践活动领导小组派出指导检查组，对各地区、各部门、各单位的学习实践活动进行督查指导。

2. 强化分类指导。在坚持落实学习实践活动总体要求、总体安排，确保取得实效的前提下，各地区、各部门、各单位要从实际出发，有针对性地提出学习实践活动具体要求，因地制宜地对学习实践活动的具体步骤、具体时间作出适当安排。要坚持突出各级领导班子和党员领导干部这个重点，同时抓好广大党员的学习实践活动。对新经济组织和新社会组织中的党员、流动党员、下岗失业党员、生活困难党员、离退休党员及年老体弱党员，要从实际出发，采取灵活多样的形式组织他们参加学习实践活动。流动党员在流入地参加学习实践活动，流出地党组织协助。

3. 创新活动方式。要在坚持学习实践活动基本要求的前提下，尊重基层首创精神，鼓励和支持基层单位根据各自实际，大胆探索创新，精心设计活动载体，丰富活动内容，创新活动方式。

4. 营造良好氛围。充分运用报刊、广播、电视、网络等媒体，在全社会大力宣传科学发展观的科学内涵、精神实质和根本要求，宣传中央和省、市委关于学习实践科学发展观的有关精神，宣传开展学习实践活动的重大意义、指导思想、目标要求和主要原则，宣传学习实践科学发展观的先进典型。要及时总结和推广学习实践活动中的好做法、好经验，及时报道学习实践活动取得的成效，为学习实践活动的顺利开展营造良好舆论氛围。

5. 坚持统筹兼顾。要统筹安排、协调推进学习实践活动，使学习实践活动三个阶段的各项工作有机衔接、前后呼应，把深入学习、提高认识贯穿始终，把解放思想、改革创新贯穿始终，把解决问题、完善体制机制贯穿始终，把依靠群众、发扬民主贯穿始终。要坚持两手抓、两不误、两促进，注意把党员干部在学习实践活动中激发出来的政治热情转化为完成“五大任务”、加快全面振兴的强大动力。

在全市开展深入学习实践科学发展观活动动员大会上的讲话

（2009年3月23日）

市委书记　曾　维

同志们：

这次会议的主要任务是，认真贯彻党的十七大精神，按照中央和省委的总体要求，对我市深入学习实践科学发展观活动进行统一部署，动员全市广大党员干部进一步统一思想认识，明确目标任务，以良好的精神状态、饱满的政治热情，主动自觉地投身到学习实践科学发展观活动中来，努力把我市深入贯彻落实科学发展观提高到新水平，为推动沈阳加快全面振兴提供牢固的思想基础、坚强的政治保证和完善的体制机制。刚才，辽中县委和沈鼓集团党委分别介绍了试点情况和成功经验，对我们开展好第一批学习实践活动具有非常重要的借鉴意义。特别是省委对搞好这次学习实践活动非常重视，向我市派出了以张敏同志为组长的指导检查组，来指导和帮助工作。一会儿，张敏同志还要代表指导检查组作重要讲话，大家要深刻学习领会，认真抓好贯彻落实。下面，我就如何开展好这次学习实践活动，先讲几点意见。

一、提高认识，切实增强开展深入学习实践科学发展观活动的责任感和使命感

在我们党的历史上，每当革命、建设和改革处于关键时期，我们党都特别强调用先进理论武装党员干部头脑，这是我们党的建设的成功经验。在全党开展深入学习实践科学发展观活动，是党的十七大作出的重大战略部署。全市各级党组织和广大党员干部，一定要站在战略和全局的高度，深刻认识开展学习实践活动的重大意义，切实把思想和行动统一到中央的决策和部署上来，以强烈的责任感、紧迫感和使命感，投入到学习实践活动中来。

1. 开展深入学习实践科学发展观活动，是坚持与时俱进、用马克思主义中国化最新理论成果武装广大党员干部的重大举措。高度重视并善于进行理论创新和理论武装，是我们党始终保持先进性、不断开创各项事业新局面的重要保证。十六大以来，我们党正确把握世情、国情、党情的新变化，深刻总结改革开放以来经济社会发展的经验教训，鲜明地提出了科学发展观，完整科学地回答了什么是发展、为谁发展、如何发展等一系列重大理论和实践问题。科学发展观是对党的三代领导集体关于发展的重要思想的继承和发展，是马克思主义关于发展的世界观和方法论的集中体现，是同马克思列宁主义、毛泽东思想、邓小平理论和“三个代表”重要思想既一脉相承又与时俱进的科学理论，是我国经济社会发展的重要指导方针，是发展中国特色社会主义必须坚持和贯彻的重大战略思想。科学发展观提出以来，一经与实践相结合，就展示出了强大的指导力量，越来越放射出真理的光芒，有力地推动了经济社会的又好又快发展。实践充分证明，坚持把科学发展观作为经济社会发展的指导方针不放松、作为党和国家重大战略指导思想不动摇，我们的事业就能够沿着正确的道路前进，偏离了科学发展观，党和人民的事业就会受到损失。近年来，我们把强化理论武装摆在更加突出的位置，不断深化对科学发展观的认识，牢固树立和落实科学发展观，实现了全市经济社会又好又快发展。但也应该看到，在我们的一些党员干部中，还存在着对科学发展观认识不够深刻、贯彻落实科学发展观自觉性不够坚定等突出问题。我们必须通过扎实开展好学习实践活动，引导广大党员干部不断深化对科学发展观的认识，增进对科学发展观的政治认同、理性认同和感情认同，使科学发展观真正内化为世界观和方法论，转化为政治信仰、价值追求和行为准则，

不断提高贯彻落实科学发展观的自觉性和坚定性，坚定不移地把科学发展观贯彻落实到经济社会发展的各个方面。

2. 开展深入学习实践科学发展观活动，是积极应对挑战、推动沈阳在科学发展道路上加快全面振兴的现实需要。我们在实践中深切地体会到，科学发展观是我们解决前进道路上面临的各种矛盾和问题，顺利推进老工业基地全面振兴的强大思想武器和行动指南。近年来，我们始终自觉地坚持以科学发展观指导老工业基地的全面振兴，特别是党的十七大召开后，我们积极引导全市广大党员干部认真学习贯彻党的十七大精神，进一步加深对科学发展观的理解和把握，按照科学发展观的要求重新审视市情，提出了进一步解放思想的新要求，即：深刻认识新目标新要求，不为过去成绩所自满；深刻认识新形势新挑战，不为思维惯性所羁绊；深刻认识新阶段新特征，不为传统模式所束缚；深刻认识新使命新责任，不为狭隘视野所局限，并适时召开了市委十一届五次全会，出台了《中共沈阳市委关于深入贯彻落实党的十七大精神，推动沈阳在科学发展道路上加快全面振兴的意见》，明确提出了“做优发展空间、做大中心城市、做强县域经济、加强生态建设、着力改善民生”五大任务，把全市学习贯彻党的十七大精神过程中形成的新认识、新判断、新举措加以系统化、理性化，使科学发展观与沈阳具体实际更加紧密地结合起来，有力地推动了经济社会又好又快发展，不仅赢得了全市上下的广泛认同，也为我们开展好这次学习实践活动奠定了坚实的思想和工作基础。随着五次全会精神的深入落实和“五大任务”的不断推进，全市科学发展的氛围日益浓厚，科学发展的导向日益鲜明，科学发展的成效日益显现。但对照科学发展观的新要求，对照人民群众的新期待，对照发达地区竞相发展的强劲态势，我们仍然存在很大差距，我们的发展思路还有待进一步深化和拓展，发展举措还有待进一步细化和完善，保障科学发展、促进全面振兴的体制机制还有待进一步改革和创新。特别是当前国际金融危机仍在扩散和蔓延，世界经济增长明显下滑，我国经济发展也面临很大困难，对我市的冲击也已显现。尽管我们采取应对的政策措施及时有效，经济发展的势头总体较好，但主要经济指标增幅下行压力加大，保持经济平稳较快发展、维护社会稳定的任务依然十分艰巨。解决这些影响和制约科学发展的突出问题，从容应对风险和挑战，迫切需要我们更加自觉地走科学发展之路。扎实开展好学习实践活动，就是为了更好地把握发展规律、完善发展思路、转变发展方式、破解发展难题，进而变压力为动力，化挑战为机遇，牢牢掌握各项工作主动权，保持经济平稳较快增长，实现经济社会又好又快发展。

3. 开展深入学习实践科学发展观活动，是提高党的执政能力、以改革创新精神全面推进党的建设新的伟大工程的内在要求。我们党是中国特色社会主义事业的领导核心，顺利地把改革开放和现代化建设推向前进，关键在党。近年来，随着改革开放和社会主义市场经济不断发展，以及党执政时间增加和党员队伍的变化，党的自身建设面临许多新课题新考验，党面临的执政考验、改革开放考验、发展社会主义市场经济考验比过去任何时候都更为严峻，管党治党的任务比过去任何时候都更为繁重。这就要求我们必须始终坚持以科学发展观为统领，聚精会神地抓好党的建设，不断提高党的执政能力，始终保持党员干部队伍的先进性。应该说，我市党员干部队伍整体是好的，特别是去年，全市各级党组织和广大党员干部，经受住了继续保持强劲发展势头、举办好高水平的奥足赛、缓解前所未有的信访稳定压力和应对愈演愈烈的国际金融危机等严峻考验，保证了全市经济社会的又好又快发展，充分体现了全市各级党组织强大的创造力、凝聚力和战斗力。但我们也要清醒地看到，仍有一些党员干部思想观念、能力素质、工作作风与科学发展观的要求还不完全适应、不完全符合；有些党员干部缺乏宗旨意识，作风漂浮，工作不扎实，甚至对群众呼声和疾苦置若罔闻；极少数干部党性观念不强、党风不正、执纪不严，甚至违法乱纪；个别基层党组织仍软弱涣散，等等。这些问题解决不好，沈阳振兴发展就无从谈起。我们要紧紧抓住并充分利用好这次学习实践活动的契机，以改革创新精神进一步抓好党的思想、组织、作风、制度和反腐倡廉建设，不断提高各级党组织和广大党员干部服务振兴发展、造福人民群众的能力和水平，为沈阳全面振兴提供坚强的政治和组织保证。

总之，开展好这次学习实践活动，不仅是中央、省委的要求，更是沈阳振兴发展的迫切需要。全市各级党组织和广大党员干部一定要认清形势，统一认识，真正把思想和行动统一到中央的决策和部署上来，更加自觉主动地投身到学习实践活动中来，不断增强贯彻落实科学发展观的自觉性和坚定性，切实用科学发展观引领沈阳振兴发展的伟大实践。

二、把握关键，扎实推进深入学习实践科学发展观活动有序开展

按照中央和省委的统一部署，我市学习实践活动从 2009 年 3 月开始，到 2010 年 2 月基本结束，分两批进行，每批活动时间为半年。根据我市的具体实际，我们确定学习实践活动的总体要求是：全面贯彻党的十七大精神，按照“党员干部受教育、科学发展上水平、人民群众得实惠”的总体要求，以“完成五大任务，加快全面振兴”为主题，把“保增长、促和谐、抓党建”作为学习实践活动的最大实践，着力转变不适应、不符合科学发展观要求的思想观念，着力解决影响和制约沈阳科学发展的突出问题以及党员干部党性党风党纪方面群众反映强烈的突出问题，着力构建有利于科学发展的体制机制，提高领导科学发展、促进社会和谐的能力，努力把各级党组织建设成为贯彻落实科学发展观的坚强堡垒，把干部队伍建设成为贯彻落实科学发展观的骨干力量，把全社会的发展积极性引导到科学发展上来，为推动沈阳在科学发展道路上加快全面振兴，提供牢固的思想基础、坚强的政治保证、完善的体制机制。按照这一总体要求，应重点在以下几个方面下功夫：

第一，加强理论武装，着力在深化思想认识上有新提高。深入开展学习实践活动，前提是要抓好学习，达到让党员干部受教育的目的。检查学习实践活动是否取得成效，首要的也是看党员干部在

用科学发展观武装头脑上是否下了真功夫,看对科学发展观的理解和把握是否达到了新高度,看推动科学发展的能力是否提升到了新水平。要把深入学习、提高认识、统一思想贯穿于学习实践活动始终,按照真学、真懂、真信、真用的要求,组织广大党员干部认真学习中央和省委规定的必读篇目,努力在武装头脑、指导实践、推动工作上取得新成效。一是对科学发展观的认识要提升到新高度。通过系统深入学习,推动广大党员干部深入理解和全面把握科学发展观的科学内涵、精神实质和根本要求,系统掌握科学发展观所体现的马克思主义立场、观点、方法,进一步坚定对科学发展观的政治信仰,真正让科学发展观在头脑中生根,自觉把科学发展观作为马克思主义中国化的最新成果来掌握和运用,作为推动老工业基地全面振兴的重要指针和重大战略指导思想来坚持和贯彻,不断增强贯彻落实科学发展观的自觉性和坚定性。二是在推动思想解放上要达到新境界。按照"四个深刻认识、四个不为"的要求,紧密联系党员干部的思想和工作实际,继续推进新一轮思想解放,坚持在解放思想中统一思想。特别是重点围绕如何实现又好又快发展展开大讨论,着力把思想认识从不符合科学发展观要求的观念、做法和体制机制束缚中解放出来,不断开阔眼界、开阔思路、开阔胸襟,在要不要科学发展、能不能科学发展、怎样实现科学发展等重大问题上形成共识,真正做到在"快"上不松劲、在"好"上下功夫。三是在理论联系实际上要开创新局面。坚持改造主观世界与改造客观世界相统一,提高认识与推动实践相结合,切实把科学发展观转化为推动科学发展的坚强意志、谋划科学发展的正确思路、领导科学发展的实际能力、促进科学发展的政策措施,坚定不移地把科学发展观贯彻落实到经济社会发展的各个方面,在发展理念、发展思路、发展方式、发展体制上实现根本转变,为推动全市经济社会又好又快发展奠定坚实的思想基础。

第二,突出实践特色,着力在解决突出问题上有新突破。科学发展观的一个鲜明特点就是它的实践性,只有把科学发展观运用到实践中去,才能转化为推动各项事业的物质力量,发挥其应有的理论价值和巨大威力。这次学习实践活动的一个重要原则和最大特点就是突出实践特色。我们在学习实践活动中,要做到查找差距对照实践来进行、制定措施以实践为依据、解决问题用实践来推动、检验成效以实践作标准。早在去年底,市委就开始着手准备学习实践活动,由市委常委分别牵头,对全市层面影响和制约科学发展的突出问题进行了认真调研,最近,市委又相继召开了各民主党派负责人、各区县(市)委书记、市直综合部门负责同志等多个层面的座谈会,广泛征求各方面的意见和建议,初步查找出全市亟待解决的10个方面的突出问题。一是在思想认识方面,存在对科学发展观理解还不够全面,还没有很好地将"又好又快"有机统一起来,甚至有对立起来的倾向,存在着在"快"上突破不够、在"好"上办法不多等问题;二是在做优发展空间方面,存在各重点空间功能定位还不够明确、主导产业特色还不够鲜明、土地节约集约利用水平还不够高等问题;三是在做大中心城市方面,存在服务业特别是金融、物流、信息等现代服务业发展相对较慢,总部经济发展层次不高,文化产业发展步伐不快,城市功能规划不明确,基础设施和配套设施建设与中心城市地位不相适应等问题;四是在做强县域经济方面,存在非公有制经济发展不充分、工业园区档次不高、农业产业化龙头企业不强、流通服务体系不健全等问题;五是在生态环境建设方面,存在环境保护意识不够强、循环经济发展不够快、节能减排和生态环境保护建设措施不够多、生态城市创建工作不均衡等问题;六是在民生方面,存在就业结构性矛盾突出、农民工工资支付不够规范、社会保险和社会救助水平不够高、食品药品安全监管力度不够大、平安沈阳创建工作进展不够均衡、基层公共服务设施不够完备等问题;七是在社会稳定方面,存在发展和稳定关系统筹不够好、稳定第一责任落实不够到位、集体土地征用和房屋拆迁不够规范、被征地农民社会保障制度不够健全、信访积案解决不够及时、对造成初访责任者的追究力度不够大等问题;八是在软环境建设方面,存在机构设置不尽合理、部门职责交叉、政务不够公开透明,少数机关工作人员主动服务意识不强、办事拖拉、吃拿卡要、不作为、乱作为、失职渎职以及信用体系不健全等问题;九是在选人用人方面,存在考察干部科学化、选任干部民主化程度不高以及封官许愿、跑官要官等问题;十是在党性党风党纪方面,存在少数党员干部宗旨意识淡薄、作风漂浮、弄虚作假和公款消费、借机敛财等问题。这些问题是这次学习实践活动需要下功夫解决的突出问题,是市委在前期调研和听取意见当中初步认识和查找出来的,希望大家在学习实践活动中进一步思考,以使问题查找更准确、更集中。这些问题是就全市而言的,具体到一个地区、一个部门、一个单位,情况不同,存在的问题也不尽相同。各地区、各部门、各单位都要把查找和解决问题贯穿学习实践活动始终,坚持从实际出发,边学边改、边查边改,有什么问题就解决什么问题,什么问题突出就着力解决什么问题,通过坚持不懈地努力,实实在在地在解决影响和制约科学发展的各种突出问题上有新的突破,让人民群众真正感受到开展学习实践活动带来的新气象、新变化。

第三,推进改革创新,着力在健全体制机制上有新进展。贯彻落实科学发展观,推动科学发展,必须以科学的体制机制作保障。当前,影响我市经济社会发展的因素是多方面的,既有思想观念的问题,也有干部作风问题,但深层次的矛盾和问题主要还是体制机制不科学、不完善、不健全。一些束缚科学发展的旧体制机制还没有完全破除,一些适应新形势新任务要求的新体制机制还没有完全建立起来。我们要把开展学习实践活动与深化改革紧密结合起来,把解决现实问题与建立长效机制紧密结合起来,加快重点领域和关键环节的改革攻坚,努力构建起具有沈阳特色的充满活力、富有效率、更加开放、有利于科学发展的体制机制,为加快全面振兴扫除障碍。当前,要重点围绕改革行政管理体制、深化国企改革、壮大非公经济、推进科技创新、统筹城乡发展、保护生态环境、切实保障民生、化解信访积案、干部实绩考核等方面内容，加快体制机制创新步伐。要通过这次学习实践活动，把以往工作实践中创造的好做法、好经验，用制度固定下来，形成常态化的长效机制，为推动科学发展提供有力的制度保障。同时，国有企业和高校也要按照要求，在推进制度创新上狠下功夫，努力为落实科学发展观、不断开创工作新局面提供制度基础。这里特别需要强调的是，体制机制创新是一项非常艰巨的工程，各有关部门要在市委学习实践活动领导小组的指导下，本着科学、求实的态度，对现有的政策措施和规章制度进行认真清理，在深入调查研究的基础上，积极做好废、改、立工作，力争在学习实践活动结束时，出台一批制度成果。

第四，坚持科学发展，着力在加快全面振兴上有新成果。“完成五大任务，加快全面振兴”，是这次学习实践活动的主题。我们必须按照科学发展观的要求，进一步深化对市情的再认识，以更宽的视角把握沈阳历史方位，在更高的起点谋划沈阳科学发展，用更大的力度创新工作举措，始终把“五大任务”作为沈阳贯彻落实科学发展观的具体体现和生动实践，毫不动摇、一以贯之地抓好做优发展空间、做大中心城市、做强县域经济、加强生态建设、着力改善民生各项工作，进一步把空间优势转化为产业优势和竞争优势，大力发展装备制造业，积极发展服务业，尽快做大县域经济总量，加大生态城市创建工作力度，加快实施重点民生工程，让振兴成果更好地惠及人民群众。当前，尤其是要紧紧围绕应对金融危机、保持经济平稳较快发展来开展学习实践活动，把“保增长”作为学习实践活动最主要的实践、最重要的实际和最需要取得的实效，把学习实践活动激发出的热情和干劲，转化为“保增长”的实际行动，认真落实好“保增长、扩内需、调结构”的各项政策措施，进一步加大固定资产投资规模，抓好重点项目建设，大力扶持企业发展，大力推进对内对外开放，不断优化经济发展环境，确保首季“开门红”，确保今年全市地区生产总值增长14%以上，为最终完成“五大任务”、实现“三大目标”奠定坚实的基础。

三、切实加强领导，确保深入学习实践科学发展观活动取得扎实成效

开展学习实践活动是全党政治生活中的大事，也是今年全市工作的重中之重。我们一定要本着对党和人民高度负责的精神，以科学发展的理念指导这次学习实践活动，自觉地把学习实践活动摆上突出位置，切实加强领导，精心组织，周密安排，统筹推进，确保学习实践活动顺利开展。

一是坚持领导带头，增强示范性。搞好学习实践活动，主体是党员，重点是县处级以上党员领导干部，关键在各级领导班子。各级领导干部特别是党委（党组）主要负责同志能否充分发挥示范带头作用，对学习实践活动的成效有着重要影响。在第一批学习实践活动过程中，以胡锦涛同志为总书记的中央领导集体和以张文岳书记为班长的省委领导班子为我们作出了榜样。全市各级领导班子和党员领导干部特别是党委（党组）主要负责同志一定要以中央和省委领导同志为楷模，坚持以身作则、率先垂范，带头深入学习、带头宣讲理论、带头调查研究、带头解放思想、带头分析检查、带头整改落实，积极参加支部活动，积极深入基层为群众排忧解难，努力为基层单位和广大党员干部作出表率。为了强化对学习实践活动的组织领导，按照中央和省委要求，市委专门成立了学习实践活动领导小组，由我担任组长，英杰、长义、雅琴、宏章同志担任副组长，其他市委常委同志和市人大、市政协党组副书记为领导小组成员。领导小组下设办公室，由立生同志兼任办公室主任，具体负责全市学习实践活动的组织协调、业务指导和督促检查。各区县（市）、各有关部门和单位也要迅速成立相应机构，健全组织，配备人员，确保学习实践活动组织到位、人员到位、责任到位、工作到位。

二是大胆探索创新，增强创造性。坚持把上级精神与本地实际相结合，创造性地开展工作，是坚持唯物辩证法的具体体现。在开展学习实践活动过程中，我们既要不折不扣地按照中央和省委的要求做好各项“规定动作”，又要结合实际推出“自选动作”，做到“规定动作”不走样，“自选动作”求创新。市里在积极开展省委规定的“党员干部走进千家万户、环保攻坚惠民、解难题促和谐”实践活动基础上，提出了“进企业解决难题，实施保增长工程；进万家体察民意，实施保民生工程；进基层化解积案，实施保稳定工程”三项实践载体。这三项活动具有鲜明的沈阳特色，符合沈阳实际，我们确定由市委、市政府有关领导同志牵头，负责组织实施。相关责任部门要根据市委的总体部署，认真制定具体实施方案，确保三项活动取得扎实成效。各地区、各部门、各单位也要紧紧围绕全市中心工作，紧密联系自身实际，在认真落实中央和省、市委的总体部署和要求的同时，大胆探索创新，精心设计活动载体，丰富活动内容，创新活动方式，创造性地推动学习实践活动的开展。国有企业、高校在积极参与上述实践活动的同时，还要在本单位认真组织开展多种形式的岗位奉献、争先创优和帮扶困难职工、帮扶贫困学生活动。需要强调的是，学习实践活动重在解决问题、推动工作，我们必须本着求真务实的精神抓好学习实践活动，坚持量力而行、尽力而为，不搞花架子、不铺张浪费，坚决防止文山会海和各种形式主义。

三是加强分类指导，增强针对性。结合实际进行分类指导，是我们党历来开展学习教育活动的基本方法，是实事求是思想路线的内在要求。中央和省委提出的目标要求是就总体而言的，不同地区、不同行业、不同单位党员干部的思想和工作作风状况，对科学发展的认识水平，存在的影响和制约科学发展的突出问题，群众反映强烈的突出问题，都存在这样那样的差别，不能一概而论。我们必须在遵循总体要求、总体安排的前提下，坚持从实际出发，因地制宜，分别针对不同地区、不同行业、不同单位实际情况提出具体要求，分层分类进行指导。要坚持突出县处级以上领导班子和党员领导干部这个重点，着重抓好市与区县（市）各部门、各单位领导班子和党员领导干部的学习实践活动。国有资产监管部门和教育主管部门要在党委领导下，认真组织和指导好国有企业、高校学习实践活动，尤其是要认真做好生产经营

困难和停产关闭破产国有企业中的党员、高校毕业生中的党员和离退休干部职工中的党员、新经济社会组织中的党员、农民工党员的思想政治工作，组织他们认真参加学习实践活动。学习实践活动开展后，各级党委学习实践活动领导小组要及时派出指导检查组，加强督查指导，确保学习实践活动扎实有序进行。

四是贯彻群众路线，增强开放性。学习实践活动开展得好不好，科学发展取得了多大成效，是否真正实现了预定目标，对于这些问题，人民群众感受最真切、判断最准确、最有发言权，他们是最好的评判员，人民群众满意不满意是检验学习实践活动成果的试金石。要充分尊重人民群众推动科学发展的主体地位，把群众路线贯穿于学习实践活动全过程，坚持开门搞活动，做到谋划发展思路向人民群众问计，查找发展中的问题听取人民群众意见，改革发展措施向人民群众请教，落实发展任务靠人民群众努力，衡量发展成效由人民群众评判，真正把学习实践活动打造成群众满意工程。

五是加强舆论宣传，增强导向性。注重舆论宣传引导是我们党的宝贵经验和政治优势。搞好舆论宣传，对于激发广大党员干部参加学习实践活动的热情，提高广大人民群众对学习实践活动的知晓度，推进学习实践活动扎实开展，有着非常重要的作用。宣传部门要积极组织报刊、广播、电视、网络、论坛等各类媒体资源，通过开辟专栏、举办讲座、研讨等多种有效途径，在全社会大力宣传科学发展观的科学内涵、精神实质和根本要求，宣传中央关于学习实践科学发展观的有关精神，宣传开展学习实践活动的重大意义、指导思想、目标要求和主要原则，着力把科学发展观普及到全社会，让人民群众真正明白科学发展观的要求是什么、贯彻科学发展观能带来什么、推动科学发展应该做什么，使科学发展观真正为人民群众所掌握，使人民群众从内心深处更加拥护科学发展、更加主动投身科学发展，最大限度地凝聚人民群众的智慧和力量，最大限度地把全社会的发展积极性引导到科学发展上来，形成推动科学发展的强大合力。要尊重宣传规律，掌握报道节奏，注重宣传效果，及时报道学习实践活动的进展情况和取得的成效，发现、总结和推广学习实践活动中的好做法、好经验，努力为学习实践活动创造良好的舆论环境。特别是要坚持典型引路，认真做好不同层面、不同领域先进典型的培养、选树和宣传工作，以先进典型的示范作用带动全市整个学习实践活动的深入开展。

六是坚持统筹兼顾，增强实效性。这次学习实践活动涉及人员多、时间跨度长、活动任务重、要求也很高。要坚持把深入学习、提高认识贯穿始终，把解放思想、改革创新贯穿始终，把解决问题、完善体制机制贯穿始终，把依靠群众、发扬民主贯穿始终，严肃活动纪律，严格学习调研、分析检查、整改落实各阶段工作程序，使学习实践活动的各个环节有机衔接、前后呼应、保证质量。在全面开展好第一批学习实践活动的同时，要同步选择若干乡镇、村和街道、社区以及中小学校、新经济社会组织进行试点，为全市第二批活动积累经验。要正确处理好开展学习实践活动与做好当前工作的关系，把扎实开展学习实践活动与深入贯彻党的十七大、十七届三中全会精神、全国“两会”精神结合起来，与认真落实市委十一届五次、六次全会精神结合起来，与应对当前复杂形势和各种挑战结合起来，与全面做好“保增长、促和谐、抓党建”工作结合起来，与加强领导班子思想政治建设结合起来，切实做到统筹兼顾、合理摆布、协调推进。尤其是今年“保增长”的任务十分繁重而艰巨，各地区、各部门、各单位在开展学习实践活动时，要注意充分利用好双休日和业余时间，把开展学习实践活动和完成“保增长”任务有机结合起来，真正把学习实践活动成果转化为“保增长”的强大动力，用“保增长”的实际成效来检验学习实践活动的成果，做到两手抓、两不误、两促进。

同志们，沈阳正处于振兴发展的关键时期。扎实开展好学习实践活动，对于加快完成“五大任务”、实现“三大目标”意义重大、影响深远。我们要更加紧密地团结在以胡锦涛同志为总书记的党中央周围，高举中国特色社会主义伟大旗帜，深入贯彻党的十七大精神，在省委正确领导下，扎实推进学习实践活动，把贯彻落实科学发展观提高到新水平，加快推进沈阳在科学发展道路上实现全面振兴！

中共沈阳市委 沈阳市人民政府 关于促进非公有制经济和中小企业加快发展的若干意见

（2009年3月26日）

为全面贯彻党的十七大精神，深入贯彻落实科学发展观，促进非公有制经济和中小企业又好又快发展，推动沈阳老工业基地在科学发展道路上加快全面振兴，根据上级有关精神，结合沈阳实际，现提出以下意见。

一、放宽市场准入

（一）全面贯彻平等准入、公平待遇原则。凡是国家法律法规和行政规章未禁止的即可准入，所有政府承诺对外开放的领域都要鼓励加快进入，实行市场公平准入政策，全面放开非公有制经济的经营领域。

（二）支持非公有制经济参与国有经济结构调整。鼓励非公有制企业通过并购、控股和参股等多种形式，参与国有企业和集体企业的改组改制改造。国有、集体企业改制为非公有制企业的，除法律、法规和有关政策另有规定外，可继续使用原企业名称、字号，并在有效期内继续使用原企业相关资质、资格。对兼并重组落后和困难企业的非公有制企业，政府给予适当补贴。

（三）允许非公有制经济进入公用事业、社会事业和城市基础设施建设领域。鼓励非公有制经济参与城镇供水、供气、供热、公共交通、污水垃圾处理等市政公用事业和基础设施的投资、建设与运营，具备条件的公用事业和基础设施项目，按照国家关于企业和行政事业国有资产处置的规定，经政府或有关部门批准后，可向非公有制企业转让产权或经营权。支持、引导和规范非公有制经济投资教育、科研、卫生、文化、体育等社会事业领域，对非公有制经济捐资举办的学校及其他教育机构，享有与同级同类公办学校同等的法律地位，允许符合条件的民办医疗机构进入社会医疗保险体系。允许非公有制企业按有关规定参与军工科研生产任务的竞争以及军民两用高技术开发和银行、证券、保险、电业、电信等行业的投资经营，并享受同等政策待遇。

二、降低企业设立条件

（四）放宽企业集团登记条件。母公司注册资本为1000万元以上，全资或控股子公司为3个以上，注册资本总和为2000万元以上的即可登记为企业集团。对拥有驰名商标、省著名商标或国家、省名牌产品，母公司注册资本在500万元以上且有2个以上子公司，注册资本总和为1000万元以上的也可登记为企业集团。

（五）实行注册资本分期缴付制。允许非公有制企业注册资本分期到位。首期出资额不低于注册资本20%以上，其中，注册资本50万元以下（含50万元）的公司首次出资额达到注册资本10%的即可进行工商登记，高校毕业生、留学回国人员创办企业首次出资额允许为零，其余差额部分可在三年内缴足。

（六）支持重大招商项目的引进和开发。对符合登记基本条件、尚未取得前置审批而暂不具备生产经营条件的企业，前置审批部门核发筹建临时许可证或批准文件，可由工商行政管理部门核发带有“××项筹建”字样一年期限的营业执照，待取得有关行政许可和专项审批后核准其经营资格。

（七）放宽对非公有制企业经营范围的核定。除国家法律、法规规定应当进行专项审批的经营项目外，工商行政管理部门根据企业需要依法核定具体的经营项目。注册资本5000万元以上（含5000万元）的公司，可以不核定具体经营范围。

（八）实行试营业制度。大中专毕业生、下岗失业人员、农民工、老弱病残人员、军队转业干部、复员退伍军人等申请个体工商户登记，除经营需前置审批的事项外，可申请试营业，免费核发有效期为6个月的营业执照；6个月后继续经营的，换发正式营业执照。试营业期间免收各项行政事业性收费。符合条件的可申请小额担保贷款，贷款额度最高为5万元。对不设固定地点经营的个体工商户跨区经营时，不需要重新办理工商登记。

三、加大财税信贷政策扶持力度

（九）设立市中小企业发展专项资金。从2009年起，市政府从市产业发展专项资金中统筹安排5亿元作为中小企业发展专项资金，主要用于扶持中小企业服务体系建设、信用担保体系建设、实施品牌发展战略、国际市场开拓和“专、精、特、新”项目等。

（十）增强中小企业担保机构的担保能力。市政府2009年筹资10亿元，用于补充政府出资的市级中小企业信用担保机构的资本金。积极鼓励各类投资主体投资组建中小企业信用担保机构，对投资组建注册资本金1亿元以上的中小企业信用担保机构给予50万元的补贴、注册资本金5亿元以上的给予100万元的补贴，在市中小企业发展专项资金中列支。

（十一）建立中小企业信用担保风险补偿制度。市政府从2009年起每年出资2000万元作为本年度全市中小企业信用担保机构贷款担保风险补偿金，并根据贷款担保额度的扩大适当增加，用于全市中小企业信用担保机构的贷款担保风险补偿。

（十二）发展新型金融机构。鼓励设立小额贷款公司、村镇银行、科技银行、私募股权投资机构、创业投资机构和金融租赁公司等新型金融机构，对在我市新设立注册资本金为10亿元以上的金融机构，奖励1000万元；注册资本金为5—10亿元的，奖励800万元；注册资本金为1—5亿元的，奖励500万元。设立沈阳创业投资引导基金，首期注册资金5亿元，逐步扩大规模。鼓励增加信贷投放，对在我市贷款投放余额高于上年的银行类金融机构，按新增贷款余额1‰给予奖励。

（十三）鼓励金融机构加大对中小企业的信贷支持。全国性国有和股份制商业银行、地方法人金融机构新增贷款应安排一定比例的贷款用于支持中小企业，对中小企业贷款增加幅度较大的，市政府给予适当奖励。引导中小企业与银行建立良好的信贷关系，形成银企密切合作、有效监管的互信机制。根据生产经营和资金需求情况，对信用较好、产销状况较好、市场前景较好、符合融资条件的非公有制企业和中小企业给予重点支持和保护。

（十四）支持企业上市融资。对在境内外上市的融资企业，一次性最高奖励300万元。对上市后备企业实行分阶段补助，完成企业改制后与境外上市中介机构签约或通过省证监局备案登记的，给予50万元补助；上市申报材料被中国证监会、境外证券管理部门或证交所正式受理的，给予150万元以内的补助。对在科技“新三板”挂牌的企业，一次性奖励50万元。

四、支持企业做强做大

（十五）支持企业技术改造和产品升级。鼓励非公有制企业和中小企业积极申报信息技术、先进制造及自动化、新材料、生物及制药、节能环保和现代农业领域开展的产学研合作项目，立项优先。鼓励非公有制企业申报国家级重点实验室或国家级工程技术研究中心，对非公有制科技企业申请专利技术，并形成产业化的给予重点扶持。支持非公有制企业和中小企业调整产品结构，促进产品更新换代，申报中国驰名商标、辽宁著名商标、沈阳著名商标，中国名牌产品、辽宁名牌产品、沈阳名牌产品，中华老字号和沈阳老字号，全面提高产业、产品竞争力。

（十六）积极鼓励企业自主创新。支持非公有制企业申报国家级高新技术企业，设立市级高新技术企业达标辅导期，辅导期内企业由市、区两级财政给予补贴支持。积极鼓励科技型中小企业申报国家中小企业创新基金，并为取得国家创新基金的科技型中小企业给予配套资金支持。支持自主创新能力强、具有技术优势的非公有制企业和中小企业直接采用国际和国内先进标准。对企业研制的技术标准被发布为国际标准的，资助研发经费50万元；被发布为国家标准或行业标准的，择优报市政府审批后，给予30万元以内的研发经费资助。支持非公有制企业和中小企业通过兼并、重组和扩张等方式，向规模化、集团化和国际化发展，培育一批在全国有影响的知名企业，对被列入市级以上“专、精、特、新”项目的企业，给予不超过项目总投资6%的扶持资金补助，最高补贴不超过200万元，在市中小企业发展专项资金中列支。

五、优化企业发展环境

（十七）做好非公有制经济和中小企业权益维护工作。设立沈阳市非公有制经济和中小企业维权投诉机构，及时协调处理非公有制企业和中小企业在发展过程中遇到的紧急、重大问题，及时为非公有制企业和中小企业提供法律服务，对损害非公有制企业和中小企业权益的行为进行受理和查处，并实行问责制，追究责任人工作失职、渎职的责任，其查处的情况及弥补措施要及时向被损害权益的非公有制企业和中小企业反馈，并公开透明，以消除社会影响，切实维护非公有制企业和中小企业的合法权益。

（十八）严禁乱收费、乱罚款、乱检查和乱摊派。对违反法律法规设立的收费项目一律取消。严禁下达罚款指标，依法进行的收费和罚款，一律上缴财政。禁止任何职能部门和个人利用职权向企业报销不应由经营者开支的费用、推销商品、要求征订报刊杂志、要赞助、拉广告和搭车收费。禁止安排企业开展无实际意义的达标、评比活动，参加以营利为目的的学术研讨和业务培训班。

（十九）完善对中介服务机构的监管机制。加强对中介服务机构监管，切实解决政企不分、垄断服务、执业行为不规范等问题。行政管理部门和有行政管理职能的事业单位一律不得开办或参办有偿服务中介机构，已经开办的要立即停办或彻底脱钩。严禁强制企业到指定的中介服务机构办理检测、维修、评估、咨询、商业保险等相关业务。各行业协会不得强制要求企业入会，严禁依托行政权力变相进行服务收费。

（二十）进一步加强对非公有制经济和中小企业发展工作的领导。各级党委、政府和有关部门要从全局和战略的高度，充分重视非公有制经济和中小企业发展工作，纳入重要日程，认真研究解决非公有制经济和中小企业发展中存在的问题。要积极营造非公有制经济和中小企业发展的良好舆论氛围。市委、市政府将定期表彰优秀非公有制企业，树立沈阳非公有制经济发展先进典型。各级党委宣传部门和新闻媒体要大力宣传非公有制经济和中小企业在经济发展、社会稳定、就业安置等方面所作出的突出贡献，引导全社会共同关心支持非公有制经济和中小企业的发展。

中共沈阳市委 沈阳市人民政府 关于贯彻落实《中共中央国务院关于2009年促进农业稳定发展农民持续增收的若干意见》的实施意见

（2009年4月10日）

为贯彻落实《中共中央国务院关于2009年促进农业稳定发展农民持续增收的若干意见》（中发［2009］1号）和《中共辽宁省委辽宁省人民政府关于2009年促进农业稳定发展农民持续增收的意见》（辽委发［2009］1号）精神，结合我市实际，提出如下实施意见。

一、加大对农业的支持保护力度

1. 进一步增加农业农村投入。优化财政支出结构，农业投入增幅不低于全市经常性收入增幅，优先支持农业科技项目，每年用于农村的文化、教育、卫生、环保等社会事业投入增幅高于城市增幅。统筹城乡基础设施建设，确保城建资金投入农村基础设施建设逐年提高，用于乡镇、村规划和基础设施建设、维护方面支出不低于当年新增城市维护建设税收入的30%；耕地占用税新增收入全部用于农业投入；土地出让平均纯收益的15%单独计算用于农业土地开发；土地有偿使用费地方分成部分专项用于基本农田建设和保护、土地整理和耕地开发等基础设施建设。建立农村生态环境投入增长机制，确保农村造林、农村能源、环境治理和农业污染源治理等生态环境建设方面的财政投入资金稳定增加。积极探索财政投入与金融放大效应相结合的农业投融资机制。

2. 落实好各项农业补贴政策。增加粮食直补、良种补贴、农机具购置补贴和农资综合补贴。扩大良种补贴范围，实现水稻、玉米、小麦、棉花良种补贴种植区域全覆盖。增加农民购置农机具补贴，在落实国家、省安排的农机具补贴基础上，对水稻插秧机、玉米收割机等重点农用机械进行配套补贴。建立农业生产资料储备补贴制度，对用于储备的贷款资金按一定比例给予贴息。

3. 保持农产品价格合理水平。切实落实国家提高粮食最低收购价格政策，稳定市场粮价，保护农民种粮积极性。落实省、市粮食和生猪储备任务。加强农产品市场监测，灵活运用多种手段，努力避免农产品价格下行，保障农业经营收入稳定增长。积极开拓国际市场，支持优势农产品出口。扶持重点农产品加工龙头企业扩大生产，鼓励企业带动基地发展。

4. 增强农村金融服务能力。加大财政支农资金投入，建立投融资规模8亿元、担保规模30亿元的农村投融资机构。市财政出资8000万元，支持“一市三县”搭建投融资平台，用于工业园区土地整理及基础设施配套建设。进一步完善信用担保体系，扩大农村有效抵押物范围，开展集体建设用地、林权、大型农机具等抵押物贷款试点。深化农村信用社改革，做好政府关联类不良贷款清收工作，加快全市农村信用联社向农村商业银行转制步伐，扩大村镇银行试点。大力培育由自然人、企业法人或社团法人发起的小额贷款公司，本着“成熟一家，报批一家”的原则，年内设立20家以上小额贷款公司。市财政安排2000万元，用于扩大政策性农业保险范围，设施农业保险覆盖面扩大到60%，新增粮油作物政策性农业保险面积411万亩。开展特色农业保险试点，积极引导养殖户参加能繁母猪保险，探索增加畜禽政策性保险险种，扩大林业政策性保险试点范围，加快建立农业巨灾风险分散机制。

二、进一步提升农业综合生产能力

5. 高度重视发展粮食生产。在稳定粮食播种面积550万亩、总产量达到280万吨的前提下，重点改善粮食品种、品质，提高粮食单产和质量，研发培育一批粮食作物主栽新品种，使主要农作物良种覆盖率达到98%以上。启动稻田生态农业建设工程，大力发展稻田养殖业，实现“一水两用、一季双收”；启动沈阳西北部半干旱地区高产田工程，建立玉米高产高效主体技术模式，发展稻田养殖、节水灌溉等项目，市级财政支农资金和农业综合开发资金给予重点倾斜。

6. 大力发展设施农业、高效特色农业。市财政安排1.2亿元，用于发展设施农业、高效特色农业，加快农业结构调整，提升现代农业水平，推进“一乡一业、多乡一业乃至一县一业”发展。全年新增设施农业占地面积15万亩、高效特色农业面积40万亩。充分利用农村天然旅游资源，以绿色、生态、休闲和农事体验等乡村旅游产品为特色，大力发展农业旅游，切实增加农民收入。提高农业经济区设施农业建设水平，扩大产业发展规模，延长产业链条，使其成为引领全市现代农业发展的示范区。

7. 加快发展畜牧水产规模化标准化健康养殖。市财政安排8000万元，用于支持新建畜禽标准化养殖小区320个、规模养殖场10个、小区污染治理项目10个、水产小区50个。积极争取省级标准化养殖小区改造项目，提高清洁化、标准化养殖水平。着力扶持企业建设标准化奶站，对通过无公害畜产品产地认证、产品一体化认证的企业给予补助，对购置生鲜乳收购站榨乳设备、检测仪器等给予补贴。要强化动物防疫体系建设，进一步健全完善动物防疫行政管理、监督执法、技术支撑、乡镇所和村级防疫员体系。加大资金投入力度，支持区县动物疫病预防控制中心和乡镇动物卫生监督所基础设施建设，补充更新相应技术设备，落实村防疫员补助经费，确保各项经费及时到位，切实增强基层动物防疫机构服务能力。

8. 强化农产品质量安全监管。进一步扩大监管范围，提高监管水平。完善农业标准体系，抓好24个重点乡镇30万亩蔬菜标准化生产示范基地建设。健全农药、鱼药、饲料及饲料添加剂等重要农业投入品质量监管制度，出台《沈阳市高毒剧毒农药管理办法》。在实施蔬菜、畜产品市场准入的基础上，启动水产品、水果市场准入，完善基层农产品检测、执法体系建设，确保农产品质量安全。

9. 积极扶持农产品出口。重点扶持肉鸡、肉牛、肉羊加工出口龙头企业的基地建设，新增果蔬出口备案注册基地30万亩，推进出口基地标准化建设，创建出口农产品质量安全示范区。对经出入境检验检疫部门核准备案、注册的5000亩以上集中连片的农产品出口基地，因实行标准化生产操作规程、定点采购并按标准投放农业投入品等增加的生产费用，市财政给予一定补助；对农产品出口企业，以2008年度出口额为基数，同比增量部分按每出口1美元给予0.15元人民币的标准进行补助。

三、强化现代农业物质支撑和服务体系建设

10. 加快农业科技创新步伐。加快农业技术工程中心、农业特色产业科技示范基地和农业品牌生产基地建设，依托驻沈农业科研院所、大专院校的技术和人才优势，建立农业科技创新平台。推进农业新品种、新型肥料、生物农药、农业标准化、农产品精深加工等重大关键技术研发与转化。实施农村科技人才研修工程，选派300名青年农民进入大学学习，组织农村科技培训讲师团进乡、入村培训农民1.5万人次。继续实施科技特派员示范工程，加强产学研合作，积极与大专院校、科研院所开展科技共建活动，以科技创新为手段，以项目建设为载体，组建10个专家服务团深入农村第一线开展科技指导和服务，促进先进技术成果转化，全面提升农业综合生产能力。

11. 加快高标准农田建设。加强基本农田保护示范区和高标准农田建设，不断提高耕地质量。以增加有效耕地面积、确保耕地占补平衡为目标，大力推进土地整治。大规模开展中低产田改造工程，支持改造中低产田示范区建设。鼓励、扩大农民增施有机肥、种植绿肥，扩大测土配方施肥实施范围。

12. 加强水利基础设施建设。市财政安排专项资金，用于加快病险水库除险加固实施进程。筹措6600万元，对八一灌区、石佛寺灌区等18.8万亩水田进行节水改造。完成辽滨等7座排水站更新改造任务，争取将黑鱼沟等5座大型排水站纳入国家大型灌溉排水站更新改造规划。

13. 加快推进农业机械化。推进农业生产全程机械化，重点扶持30个水稻、20个玉米生产全程机械化示范村。加强农机服务体系建设，重点扶持农机专业合作社和农机大户，组建水稻机插、机收和玉米机收专业服务队，促其向规模化、专业化方向发展。加强先进适用、生产急需的农机新机具、新技术推广引进。

14. 推进生态重点工程建设。实施辽蒙边界防风阻沙带工程、蒲河湿地森林生态景观示范带工程、辽河水系绿洲建设工程、经济林开发工程等林业重点工程，完成农村绿化和植树造林40万亩。推进“绿色村庄”建设，完成绿化达标村600个。巩固退耕还林成果，扩大退耕还林面积，增加林下经营品种，完成26万亩补植补造任务，落实后续产业发展项目。加强森林火灾监测预警体系和防火基础设施建设，建立市级森林防火指挥中心，完善重点区、县(市)级森林防火指挥中心，确保森林资源安全。积极筹措资金，加快实施卧龙湖生态环境整治的“引辽济湖”工程。

15. 加强农产品市场体系建设。以构建现代农产品市场体系为目标，加大对重点农产品批发市场的扶持力度，落实国家和省有关农产品市场建设的扶持政策。市财政继续安排500万元，用于支持“一市三县”粮食、蔬菜、肉牛、淡水鱼、蛋禽和花卉等专业市场建设，扩大经营规模，增强对外辐射能力。

16. 推进农业技术推广体系改革。坚持精简高效、职责清晰、区域设置的原则，以组建区域中心站为主要内容，推进基层农技推广体系改革，在主导产业形成区域优势的地区建立一批农业技术推广区域站。

四、稳定完善农村基本经营制度

17. 稳定农村土地承包关系。按照

"现有土地承包关系保持稳定并长久不变"的要求，继续做好农村土地延包后确权、登记、颁证工作，确保承包地块、面积、合同、证书"四到户"，完善土地承包经营权权能，依法保障农民对家庭承包土地占有、使用、收益和流转的权利。以村为单位建立农村土地承包和流转台账，县、乡两级要将土地承包合同和流转合同纳入微机管理，实行县、乡联网。

18. 建立健全土地承包经营权流转市场。推行多种形式的土地承包经营权流转模式，提高适度规模经营水平。县、乡政府要以农业、农经管理部门为载体，组建土地流转中介服务组织，建立土地流转有形市场，在新民市抓好试点基础上，逐步在全市建立以县级土地流转中心为平台、乡村服务站为依托的土地承包经营权流转市场。建立健全土地流转服务机制，搞好信息收集和发布，完善流转合同公证、登记、备案等制度，不断扩大土地流转的对象和范围。

19. 实行最严格的耕地保护制度和最严格的节约用地制度。坚持最严格的耕地保护制度，强化农村土地用途管制，严格落实耕地保护目标责任制，建立耕地保护责任的考核体系。实行最严格的集约节约用地制度，严格执行土地利用总体规划和年度计划，从严控制土地利用总体规划的修改和调整。

20. 推进集体林权制度改革。继续深化集体林权改革，完善政策，健全服务，规范管理，调动林农造林、育林和护林积极性，促进林农增收，建立现代林业长效、可持续发展的新机制。

21. 扶持农民专业合作社、中介组织和龙头企业发展。市财政安排500万元，用于支持新发展农民专业合作社200个，推行"3A"级评选认证体系。市财政安排200万元，用于支持市农民合作经济组织协会、市农民经纪人协会组织成员开展产品推介、信息服务、技术培训、农产品加工储藏和农资采购经营等服务活动。继续对农业产业化重点龙头企业给予扶持，确保新上投资1000万元以上农产品加工业项目100个。鼓励龙头企业建立直属原料基地，参照龙头加工企业固定资产投资补贴政策，给予以奖代补或贷款贴息。鼓励农业产业化龙头企业或中介组织开展农产品自营出口，并给予一定奖励。

22. 推进农业经济区体制机制创新。以农业经济区核心区为主体，按照有利于产业发展和精简效能的原则，因地制宜、稳步推进乡镇体制改革，实行合乡并镇，优化职能部门设置，建立经济和社会管理统一的农业经济区管理体制，赋予其副区县级管理权限。根据职能需要，规范事业单位设置，转换事业单位运行机制，提高公共服务能力。重点推动于洪区九龙河、苏家屯区永乐等农业经济区体制机制创新工作。

五、推进城乡经济社会发展一体化

23. 加快农村社会事业发展。加大文化资源向农村倾斜力度，深入实施广播电视村村通、文化信息资源共享、乡村文化体育设施建设、农村电影放映和农家书屋等重点文化惠民工程，提高农村公共文化服务能力。从文化发展繁荣专项资金中安排2500万元用于实施农村文化信息资源共享工程。健全农村教育经费保障机制，实施农村九年一贯制学校再提升工程，完成30所学校再提升任务；保障和改善农村教师工资待遇，加大农村教师培训力度，进一步提高农村教师队伍的整体素质。巩固发展新型农村合作医疗，加大政府投入力度，年人均筹资标准提高到150元；大力发展农村医疗卫生服务体系，加快建立健全以县级医院为龙头、乡镇卫生院为骨干、村卫生室为基础的农村三级医疗卫生服务网络。按照个人缴费、集体补助、政府补贴相结合的要求，积极开展新型农村社会养老保险试点。进一步完善农村最低生活保障制度，提高农村低保和低保边缘户标准。落实农村五保供养政策，提高供养标准，新建12所农村中心敬老院。

24. 加快农村基础设施建设。市财政安排6.5亿元，用于加快农村饮水工程建设，基本解决90万农村人口饮水安全问题。推进农村公路建设，新改建农村公路500公里；加快农村客运基础设施建设，10条农村客运班线实现公交化运行，新建农村客运候车廊1000个；新建沈北、辽中两处县域农村客运枢纽；新增、更新农村校车300台。积极推广新型能源，建设户用沼气能源生态模式1.34万个、大中型养殖能源环境工程5处。完善农村信息网络，新建村级信息站70个，扶持苏家屯区IPTV试点建设。

25. 拓宽农村劳动力就业渠道。积极发展和扶持劳动密集型、服务型等就业吸纳能力强的中小企业，就地就近优先转移农村富余劳动力。鼓励企业吸纳农村劳动力，促进返乡农民实现就业。借助"春风行动"系列活动，继续开展招聘洽谈和"三下乡"活动。扶持农民工返乡创业，组织和鼓励返乡农民工参加农业和农村基础设施建设。整合现有职业培训和教育资源，加强培训基地建设，重点对返乡农民工开展有针对性的培训，促其尽快再就业。启动农民工返乡监测机制，重点做好39个中心乡镇农民工返乡监测工作。

26. 推进农村综合改革。继续深化乡镇机构改革，增强乡镇政府社会管理和公共服务职能。完善县乡财政管理体制，探索"乡财县管"新模式。积极稳妥化解乡村债务，年内清理化解农村义务教育"普九"全部债务。锁定旧债、杜绝新债，采取有效措施，确保化解村级债务总额的10%。

27. 增强县域经济发展活力。加大对县域产业项目的扶持力度，推进工业园区和产业集群基础设施建设，壮大县域经济实力。围绕"保增长"，全力加强重大项目建设，确保县域固定资产投资增幅高于全市平均水平，占全市比重达到45%以上，农村地区主要经济指标在全省排序位次稳步前移。积极开展"扶持能人经济发展，推动全民创业"活动，大力培养一批科技带头人、致富带头人，壮大能人队伍，并加大政策、信息、技术、融资等方面的扶持力度。深入推进扩权强县改革，赋予"一市三县"市级经济管理权限，相应的市级行政审批权限全部下放。加快城镇化进程，市财政从城建资金中安排2亿元，加强县城和中心镇道路、排水等重大基础设施建设。改革财税、土地、户籍等制度，完善小城镇功能，促进产业和人口集聚。

28. 积极开拓农村市场。继续推进"万村千乡市场工程"和"新网工程"建设，新建"农家店"200个，完善配送中心建设，扩大仓储面积，增加配送车辆，提高商品配送率。做好“家电下乡”工作，将优惠政策直接补贴给农民。组织企业完善“家电下乡”网络，扩充销售网点，覆盖全市所有乡镇，逐步延伸至行政村。加大对“新网工程”建设的扶持，市财政每年安排500万元，重点用于引导建设新农村现代流通服务网络，发展连锁经营和农村综合服务社，建设货场和物流配送中心，新建或改造农副产品批发市场，培育农村商贸流通龙头企业。

29. 切实抓好农村扶贫开发。筹措扶贫开发资金9000万元，大力实施整村推进、贫困地区劳动力转移、产业扶贫、定点扶贫等重点工作，在贫困地区新建150个富民经济小区、2000个户用沼气能源生态模式，确保贫困地区农民收入有较大幅度增长。对低收入重点贫困户、享受低保和低保边缘政策并具有劳动能力的贫困户，实行扶贫开发“首扶制度”，给予到户贴息贷款优先扶持，并对新建设施农业的贫困户给予特殊扶持政策，实现低保和扶贫开发政策有效衔接。

各级党委、政府要站在战略和全局的高度，全面贯彻党的十七大、十七届三中全会、中央经济工作会议和市委十一届六次全会精神，深入贯彻落实科学发展观，始终坚持把“三农”工作作为重中之重，切实加强和改善党对农村工作的领导。要以开展深入学习实践科学发展观活动为契机，进一步加强农村基层党组织和干部队伍建设，抓好村党组织书记队伍建设，选好配好农村带头人。要完善体现“三农”工作绩效的干部考核评价体系，为推进农村改革发展提供强有力的组织保障。要增强改革创新意识，大胆探索，勇于实践，注重总结推广基层典型经验，推动“三农”工作不断向前发展。

沈阳市双拥模范区、县(市)创建命名管理办法

第一章　总　　则

第一条　为进一步贯彻落实党中央、国务院、中央军委关于做好新时期双拥工作，加强军政军民团结的要求，推动全市创建双拥模范区、县(市)活动广泛、深入、持久地开展，根据《中共辽宁省委辽宁省人民政府辽宁省军区关于印发〈辽宁省双拥模范城(县、区)创建命名管理办法〉的通知》(辽委发〔2008〕7号)精神，结合我市实际，特制定本办法。

第二条　创建双拥模范区、县(市)活动是拥军优属、拥政爱民优良传统的继承和发展，是做好新时期双拥工作的重要载体，是巩固和发展军政军民团结、促进社会主义和谐社会建设的有效途径。

第三条　双拥模范区、县(市)是双拥工作成绩突出、具有榜样和示范作用、经过一定程序命名的先进典型，是当地党委、政府、驻军领导机关和全体军民共同的政治荣誉。

第四条　创建双拥模范区、县(市)活动，要坚持以马列主义、毛泽东思想、邓小平理论和“三个代表”重要思想为指导，深入贯彻落实科学发展观，坚持以人为本，立足于巩固和发展军政军民紧密团结的大好局面，立足于支持驻军部队提高应对多种安全威胁、完成多样化军事任务能力、加快部队全面建设全面发展，立足于优抚保障水平与人民群众生活水平同步提高，把拥军优属与拥政爱民结合起来，促进经济社会全面协调可持续发展，促进国防和军队现代化建设。

第五条　市级双拥模范区、县(市)的命名范围：全市各区、县(市)和浑南新区、棋盘山国际风景旅游开发区。

第六条　对在双拥模范区、县(市)创建活动中作出突出成绩的单位和个人，应授予荣誉称号，予以表彰。评比具体条件和时间由市双拥工作领导小组确定。

第七条　命名双拥模范区、县(市)和授予单位、个人荣誉称号应坚持标准、保证质量，实行动态管理。创建省双拥模范区、县(市)应按照省推荐方案在全市评比的基础上择优推荐。

第二章　双拥模范区、县(市)的标准

第八条　双拥模范区、县(市)基本标准：

(一)组织领导坚强有力。双拥工作纳入当地经济社会发展和部队建设总体规划，有明确的目标任务、具体的实施计划、完善的保障措施。坚持党委议军会议、军地联席会议等制度，坚持把双拥工作纳入当地党政军领导干部政绩考核内容。双拥工作领导机构健全，建立由党政军主要领导负责、有关部门负责同志参加的双拥工作领导小组，并下设办公室。双拥办实行军地合署办公，有工作人员和经费保障，组织、协调和指导双拥工作有力，成员单位职能作用充分发挥，积极参与综合治理工作。街道、乡(镇)和驻军单位有双拥工作组织，坚持开展经常性活动，成效显著。

(二)宣传教育广泛深入。认真贯彻落实《中华人民共和国国防教育法》和《辽宁省国防教育条例》，将国防教育纳入国民教育体系及部队教育规划，纳入宣传、组织、教育、文化等部门的年度工作计划，有组织、有部署、有检查、有总结。有适应本地区、本单位实际情况的教育制度、教育设施和教育方法，做到人员、时间、内容三落实。领导干部带头接受国防教育，关心、支持国防建设；青少年学生和民兵、预备役人员重点接受国防教育，人民群众普遍接受国防教育，国防观念不断提高。有双拥工作简报、宣传专栏和宣传广告，在全社会营造爱国拥军、爱民奉献的浓厚氛围。

(三)拥军工作扎实有效。把支持国防和军队建设列入各级领导重要议事日程，积极探索军民结合、寓军于民的路子，推动国防和军队建设又好又快发展。大力支持部队现代化建设，配合部队完成军事训练、战备执勤、科研试验等各项任务成效明显，国防动员体系完善。发挥地方资源优势，广泛开展科技、教育、文化、法律拥军，协助军队实施人才战略工程和信息化建设。实施现役军人立功奖励制度，对特别困难的官兵家庭实行临时救助。积极支援重点军事工程建设，《辽宁省军事设施保护管理实施办法》得到落实，军事设施保护完好。军供站正规化建设成效显著，应急保障能力强。支持部队加快保障社会化进程，制定和完善相关配套优惠政策，在生活保障、通用物资储备、基础设施建设、人才培养、装备生产和维修保障等方面提供优质服务。重大节日期间，组织开展走访慰问驻军和优抚对象活动。

（四）拥政爱民成果显著。驻军部队奋勇参加抢险救灾等急难险重任务，充分发挥生力军和突击队作用。全面支持沈阳老工业基地振兴，积极参加社会主义新农村建设，开展好“百团帮百村”活动，大力支援地方重点基础设施建设。完成总部规定的义务劳动日，积极参与社会公益事业，完成扶贫帮困、捐资助学等任务。妥善处置各种突发事件，维护社会稳定作用突出。模范执行党的路线方针政策和国家法律法规，认真贯彻《辽宁省驻军拥政爱民工作若干规定》，严格遵守军队各项法规纪律，尊重少数民族的宗教信仰和风俗习惯，定期开展拥政爱民教育和群众纪律检查，做到文明执勤、依法办事、形象良好，无较大违纪现象。

（五）政策法规落到实处。落实抚恤补助金社会化发放制度，确保及时足额发放。建立并完善医疗保障制度，将重点优抚对象纳入城镇职工医疗保险、城市居民医疗保险和新型农村合作医疗保险并给予医疗补助。转业军官、复员干部、退役士兵、军队离退休干部、残疾退役军人和随军家属、无军籍退休退职职工有关安置政策得到落实。完成征兵任务，兵员数量质量得到保证；落实义务兵优待政策，城镇、农村义务兵家庭优待金达到规定标准并及时足额兑现；有切实可行并长期有效的军官家属就业优惠优待政策；在上级有关政策允许的框架内，制定切实可行的军官子女入学、入托优惠政策。加强优抚事业单位建设，烈士纪念建筑物得到及时修缮，区、县（市）级保护单位有专人管理维护，爱国主义教育基地功能突出，作用明显。

（六）双拥活动坚持长效。坚持双拥活动以基层为重点，注重落实，讲求实效，年度有计划，季度有安排，节日有走访，平时有活动。各项活动主题鲜明，内容丰富，形式多样，参与广泛，具有创新性和时代特色。健全各项制度，定期检查总结，做到双拥工作社会化、经常化、制度化。军地双方每年互办几件有影响的实事。

（七）军民共建富有成效。贯彻落实《公民道德建设实施纲要》和《军人道德规范》，牢固树立社会主义荣辱观，积极参加创建文明城市、文明村镇、文明行业、文明社区等系列创建活动。驻地单位积极与驻军结成共建对子；驻军积极与驻地单位开展共建，在群众性精神文明创建活动和建设资源节约型、环境友好型社会等活动中发挥示范带头作用。军地密切配合，通过建立培训基地、举办培训班等多种形式，培养、开发、使用军地两用人才成效显著。坚持开展军（警）民联防联治活动，在社会治安综合治理中发挥重要作用。

（八）军政军民关系融洽。地方党委、政府和人民群众爱护军队，尊重军人，关心部队建设；部队尊重地方党委、政府，热爱人民，支持地方工作。军政军民之间互相关心，互相爱护，互相支持，亲如一家。军地地界清晰，历史遗留问题和房地产矛盾得到妥善处理，无重大军政军民纠纷。

第九条 有下列情况之一的，不能申报和自荐市级双拥模范区、县（市）：发生重大军民纠纷，在国家、省和市级双拥机构或公安部门记录在案，造成严重后果的；因优抚安置政策规定不落实，造成严重后果的；双拥组织机构无工作人员和经费保障的。

第十条 市双拥工作领导小组依据第八条的规定，提出每一届市双拥模范区、县（市）评选命名的具体实施方案和要求。

第三章 命名权限与程序

第十一条 市级双拥模范区、县（市）以市委、市政府、沈阳警备区名义命名。

第十二条 市级双拥模范区、县（市）每4年命名一次。命名时间在省命名前适当时候进行。

第十三条 双拥模范区、县（市）的自荐、评选、命名坚持公开、公平、公正的原则。注重标准，讲求实绩，全面考察，综合平衡；突出新形势下解决双拥工作出现的新情况新问题；充分听取各方面和各部队的意见，坚持群众和官兵广泛参与；适当考虑驻军数量和双拥工作任务量等特点。每届命名名额由市双拥工作领导小组确定。

第十四条 市级双拥模范区、县（市）由各区、县（市）、开发区自荐，向市双拥工作领导小组提出书面申请，经市双拥工作领导小组审核同意后，报市委、市政府、沈阳警备区批准。自荐市级双拥模范区、县（市）的地区应符合本办法第八条规定和标准。

第十五条 市双拥工作领导小组办公室会同有关部门，对自荐市级双拥模范区、县（市）的地区进行考评。考评采取百分制分阶段进行的办法。

（一）实地考评（50分）。由市双拥工作领导小组办公室组织市双拥工作领导小组有关成员单位和各区、县（市）、开发区双拥办，在每届评比活动的第二年和最后一年，分两次对各区、县（市）、开发区双拥工作情况进行实地考评，投票推荐。

（二）专项考评（20分）。在每届评比活动最后一年，由市双拥工作领导小组有关职能部门对优抚政策落实、国防教育、军转干部安置、退役士兵和无军籍职工及军队离退休干部安置、军嫂就业、军官子女入学入托、军（警）民关系、按规定完成征兵任务、军民共建精神文明、军粮供应等专项工作进行考评，投票推荐。

（三）综合考评（30分）。在每届评比活动最后一年，听取自荐区、县（市）、开发区的双拥工作汇报后，由市双拥工作领导小组全体成员进行投票推荐。

汇总考评分数后，提交市双拥工作领导小组全体会议审议，在市主要新闻媒体进行为期15天的公示，公示期满，报市委、市政府、沈阳警备区批准。考评工作结束后，举行命名大会，授予奖匾，颁发荣誉证书。同时报省双拥工作领导小组备案。

实施考评时，由市双拥工作领导小组办公室制定具体实施方案。

第四章 命名后的管理

第十六条 双拥模范区、县（市）应以受到命名为新起点，坚持巩固提高、创新发展的方针，不断研究新情况，解决新问题，总结新经验，取得新成绩。

第十七条 市级双拥模范区、县（市）应将年度双拥工作总结和下年度双拥工作计划报市双拥工作领导小组办公室。

第十八条 市双拥工作领导小组办公室要不定期对市级双拥模范区、县（市）进行考评，通报情况，并作为下一届评选市级双拥模范区、县（市）的重要依据。

第十九条 被授予双拥模范区、县（市）的地区，如出现政策法规不落实或重大军政军民纠纷等突出问题，应及时纠正和妥善处理，并将情况报市双拥工作领导小组办公室。对隐瞒不报或不及时采取措施进行解决的，予以通报批评。严重影响军政军民团结和社会稳定的，将撤销其双拥模范区、县（市）荣誉称号，收回牌匾和荣誉证书，并向社会公布。

第二十条 被撤销双拥模范区、县（市）荣誉称号的地区，取消其下一届参评资格。经过认真整改，符合条件的可重新参加以后的评比。

第五章 附 则

第二十一条 本办法由市双拥工作领导小组办公室负责解释。

第二十二条 各区、县（市）、开发区双拥工作领导小组依据本办法制定实施办法或细则，并报市双拥工作领导小组备案。

第二十三条 本办法自发布之日起施行。1991年市双拥办印发的《沈阳市拥军优属、拥政爱民模范区县标准》同时废止。

中共沈阳市委关于开展向曹佰库、马鹏飞和市公安局消防支队启工中队学习活动的决定

（2009年6月6日）

近年来，在我市经济建设和社会发展中涌现出许多先进典型，北方重工集团有限公司工人曹佰库、沈阳市第147中学学生马鹏飞和市公安局消防支队启工中队（以下简称“启工中队”）就是其中的杰出代表。这些先进典型十分平凡普通，但他们都拥有高尚的品格和崇高的精神，他们的先进事迹可歌可敬、可信可学，感人至深、催人奋进。为表彰先进，大力弘扬良好社会风尚，进一步加强全社会的思想道德建设，促进我市经济平稳较快发展和社会进步，市委决定，在全市开展向曹佰库、马鹏飞和启工中队学习的活动。

曹佰库同志是北方重工集团有限公司盾构机分公司装配一车间主任。他所带领的团队在大型盾构机装配技术上达到了世界领先水平，从而开启了“沈重牌”盾构机这一国产自主品牌“穿江越海”的新时代，为发展民族装备制造业作出了重大贡献。曹佰库和他的团队自2005年承担大型盾构机装配任务以来，不畏挑战、迎难而上，在短短几年时间内，攻克了盾构机装配6大关键技术，实现工艺创新近百项，自行研制工装卡具百余套，节约价值近千万元，创造了1年装配15台盾构机的全国纪录和27天装配1台大型盾构机的世界纪录。曹佰库带领他的团队装配的盾构机，在青海大型调水工程、武汉长江过江隧道等国家重点建设项目中发挥了重要作用，也使其成为由“中国制造”向“中国创造”跨越的时代先锋。由此，曹佰库同志被评为辽宁省特等劳动模范，由他带领的团队被命名为“曹佰库团队”，并荣获全国“工人先锋号”等多项荣誉。学习曹佰库同志的先进事迹，就是要学习他与时俱进、奋勇争先的创新精神，在挑战面前迎难而上，敢于拼搏，奋发有为，不断创造新业绩；学习他锲而不舍、刻苦钻研的进取品质，不断汲取新知识、掌握新本领，争当技能型、知识型、创新型人才；学习他立足岗位、埋头苦干的敬业态度，努力做到干一行爱一行，钻一行精一行，脚踏实地，甘于奉献。同时，还要学习“曹佰库团队”凝心聚力、和谐共进的团队意识，始终坚持互相帮助、密切协作、共同进步，建设团结一致、作风过硬的团队。

马鹏飞是沈阳市第147中学七年级四班学生，自幼与身患重病的奶奶相依为命。多年来，他面对重重困难，独自挑起了家庭生活的重担，始终如一地精心照料患病的奶奶。面对沉重的生活压力，他坚持刻苦学习，关心集体，热心帮助同学，积极参与社会公益活动，受到了老师、家长、同学们的一致好评和社会各界的广泛赞誉。2007年，马鹏飞同学被评为沈阳市“感动校园的好少年”；2008年，荣获辽宁省“道德小模范”荣誉称号，入选中央电视台“感动中国2008年度人物”候选人，获“2008年全国十大真情人物”称号。他的感人事迹还受到中央有关领导同志的批示表扬。向马鹏飞学习，就是要学习他敬老爱亲、知恩重义的良好品德，孝敬长辈、尊重师长，主动关心他人，尽力回报社会；学习他自强自立、不怕困难的顽强意志，用积极乐观的心态面对生活中的艰难困苦；学习他勤奋好学、胸怀大志的进取精神，从小树立远大理想，努力成为中国特色社会主义的合格建设者和接班人；学习他艰苦朴素、勤俭节约的优秀品质，自觉践行社会主义荣辱观，不慕奢华、勤俭持家。

启工中队建队40多年来，始终牢记使命，忠诚履职，先后参加各类抢险救灾13000余次，扑救恶性火灾1000余次，抢救遇险群众3500多人，挽回经济损失数十亿元，为保卫国家利益和人民群众生命财产安全作出了突出贡献。同时，他们还积极开展精神文明共建活动，努力为民排忧解难，与人民群众建立了情同“鱼水”的警民关系。多年来，启工中队先后获得了全国首个“模范消防中队”等多个国家、省、市荣誉称号，多次立功受奖，并被中央领导同志称为是一支特别能战斗的队伍。向启工中队学习，就是要学习他们不怕牺牲、攻坚克难的英雄气概，面对急难险重任务，勇往直前，敢于胜利；学习他们牢记宗旨、一心为民的公仆情怀，扎根基层，服务群众，始终同人民群众保持鱼水情谊；学习他们科学发展、和谐发展的时代精神，视荣誉为生命，在各项工作中勇当排头兵，不断为加快沈阳全面振兴贡献力量。

先进典型是全市各行各业涌现出的优秀楷模与代表。开展向先进典型学习活动，是践行“三个代表”重要思想，贯彻落实科学发展观的重要载体，是维护改革发展稳定大局的重要举措，是加速沈阳全面振兴、构建和谐社会的重要保证。当前，沈阳正处于振兴发展的关键时期，充分发挥先进典型的引领、示范和带动作用，对于进一步激发全市各行各业和广大干部群众的工作热情与昂扬斗志，积极应对金融危机挑战，确保经济平稳较快发展和社会大局和谐稳定，汇聚

完成“五大任务”、加速全面振兴的强大力量，具有十分重大的意义。全市各地区、各部门、各单位要高度重视，加强领导，精心组织，周密部署，切实把这次学习活动与当前开展的深入学习实践科学发展观活动紧密结合起来，与落实保增长、保稳定、保民生各项措施，完成全年工作目标任务紧密结合起来，与向潘作良、杨建华、“五朵金花”等其他先进典型学习结合起来，积极发挥先进典型的激励和促进作用，迅速掀起学习先进典型的热潮。与此同时，各级党政组织要紧密结合自身实际，立足不同岗位、不同行业、不同单位，善于发现和积极树立本单位的先进典型，以身边的人、身边的事来教育身边的同志，从而形成先进典型层出不穷的喜人局面。要充分运用各种媒体，大张旗鼓地宣传先进典型的感人事迹，在全市营造出崇尚先进、学习先进、争当先进、赶超先进的浓厚氛围，教育和引导各行各业和广大干部群众以先进典型为榜样，在学习其精神实质上下功夫、见行动，自觉从我做起，从现在做起，不断创造一流业绩，为实现沈阳经济社会又好又快发展作出新的更大的贡献。

中共沈阳市委关于建立健全保障和促进科学发展长效机制的决定

（2009年8月24日中共沈阳市第十一届委员会第七次全体会议通过）

建立健全保障和促进科学发展的长效机制是深入学习实践科学发展观活动的目标要求，也是管方向、管长远、管根本的制度建设，对于加快沈阳老工业基地全面振兴具有重要而深远的意义。当前，沈阳正处在应对国际金融危机、推动科学发展、加快全面振兴的关键时期。全球范围内经济结构调整步伐明显加快，我国经济社会发展进入了科学发展的新时期，新一轮发展的要求更高、难度更大，城市之间的竞争更加激烈。这就要求我们必须始终不渝地坚持以科学发展观为指导，立足新起点，谋求新发展，实现新跨越，确保完成“五大任务”、实现“三大目标”，推动沈阳在科学发展道路上加快全面振兴。现就建立健全保障和促进科学发展长效机制作出如下决定。

1. 坚持不懈地用科学发展观进行理论武装。科学发展必须有科学理论作指导。要把理论武装作为一项长期的战略任务，始终坚持用科学发展观武装全市广大党员干部的头脑，使科学发展理念在党员干部中一代又一代地传承下去。完善党委（党组）中心组学习、党员干部教育培训等各项制度，引导广大党员干部全面准确把握科学发展观的科学内涵和精神实质，自觉加深对科学发展观的政治认同、理性认同和感情认同，切实把科学发展观作为政治信仰、价值追求和行为准则，内化为世界观和方法论，转化为推动科学发展的坚强意志、谋划科学发展的正确思路、领导科学发展的实际能力、促进科学发展的政策措施。

2. 建立又好又快的发展机制。科学发展观的实质是实现经济社会又好又快发展。要正确把握“好”与“快”的辩证关系，坚持“好”字优先、好中求快、在好的前提下能快则快，自觉把又好又快发展的要求贯彻落实到各项工作之中。建立经济社会发展综合评价体系，引导各级领导班子和领导干部切实做到在“好”上下功夫、在“快”上不松劲。着力解决在“好”上办法不多的问题，更加注重转变经济发展方式，更加注重提高自主创新能力，更加注重产业结构优化升级，更加注重统筹城乡和区域发展，更加注重节约资源、保护环境和安全生产。着力解决在“快”上突破不够的问题，继续在推进装备制造业、高新技术产业、现代服务业、县域经济和非公有制经济发展上加大力度，努力保持经济社会又好又快发展的强劲势头。

3. 建立科学民主决策机制。按照科学执政、民主执政、依法执政的要求，完善事前深入调研、事中检查评估、事后跟踪反馈的决策程序和机制。健全重大事项集体决策、专家论证、技术咨询、公示听证、法律审查制度，完善决策失误责任追究和纠错改正机制。凡涉及经济社会发展全局和人民群众切身利益的重大决策，要多方听取党代表、人大代表、政协委员、民主党派、人民团体及基层干部群众的意见，搞好政治协商，并通过新闻媒体和民意调查等形式广泛征求意见，真正做到重大问题没有充分调查研究不决策，没有进行咨询论证不决策，没有通过合法性审理不决策，没有提出两个以上预案不决策，没有经过集体讨论不决策，不断提高决策的科学化、民主化和法制化水平。

4. 健全促进科学发展的干部考评机制。立足为科学发展选干部、配班子、建队伍、聚人才，着力形成有利于科学发展的用人导向，坚持服务科学发展、促进科学发展，德才兼备、以德为先，注重实绩、群众公认，客观公正、简便易行的原则，按照中央《关于建立促进科学发展的党政领导班子和领导干部考核评价机制的意见》的要求，根据全市不同地区、不同部门、不同岗位特点，制定领导班子和领导干部各有侧重、差别化的政绩考评具体实施细则，更加注重考核经济社会协调发展、维护社会稳定、保障和改善民生的实际成效，进一步完善考核内容，改进考核方式，扩大考核民主，强化考核结果运用，以科学发展观引领正确政绩观，以正确政绩观落实科学发展观。

5. 创新适应科学发展的干部选任办法。把是否具备践行科学发展理念、谋划科学发展素质、领导科学发展能力作为选拔任用干部的基本依据，大胆提拔使用那些符合科学发展观和正确政绩观要求，不事张扬、埋头苦干，打基础、重长远的干部。实行干部初始提名、民主推荐和测评结果内部公开，扩大“公推比选”范围，推行任用重要干部票决制，探索以差额推荐、差额考察、差额酝酿、差额表决为主要内容的差额选任办法，切实提高选人用人的透明度和公信度。

6. 建立科学高效运转的行政管理体制。坚持以转变政府职能为核心，以推行大部制改革为契机，继续深化行政管理体制改革，进一步理顺职责关系，优化政府组织结构，规范机构设置，完善体制机制，推进依法行政，搞好政务公开，提高行政效能，加快形成权责一致、分工合理、决策科学、执行顺畅、监督有力的行政管理体制，使政府职能向创造良好发展环境、提供公共服务、维护社会公平正义转变，政府组织机构及人员编制向科学化、规范化、法制化转变，行政运行机制和政府管理方式向规范有序、公开透明、便民高效转变，努力建设服务政府、责任政府、法治政府、廉洁政府和效能政府。

7.健全重大事项风险评估制度。围绕关系群众切身利益的重大政策、重大改革、重大项目和社会保障、企业改制、房屋拆迁、土地征用等敏感问题，进一步完善重大事项风险评估制度，由政府有关部门、党代表、人大代表、政协委员、技术专家、法律顾问和群众代表组成评估小组，对重大事项的信访稳定和生态风险进行认真分析和充分论证，对可能引发群体性上访或破坏生态环境、存在安全隐患的事项要坚决予以调整直至否决，从源头上减少不稳定因素，切实维护和谐的社会环境和良好的生态环境。

8.完善空间规划体系。科学规划是科学发展的前提。要从长远发展的需要出发，按照合理、均衡、稳定、完整的原则，科学调整行政区划，努力形成各行政区功能明确、优势互补、错位发展的良好格局。按照统筹城乡的基本要求，充分考虑基础设施和产业布局、社会功能配置以及人口增长、自然资源可持续利用、生态环境保护等各方面因素，科学划分主体功能区，参与制定和修订沈阳经济区、沈阳全域、重点空间总体规划和控详规划，并加强与国民经济和社会发展规划相衔接，依法确立，严格实施，确保规划的权威性和约束力，以科学规划推动科学发展。

9.健全节约集约用地制度。土地是发展之基、民生之本。要坚持保障发展与保护资源相统一，积极探索节约集约用地新机制，严格保护耕地和节约集约用地，认真执行土地利用总体规划和年度计划，落实工业和经营性用地招标拍卖和挂牌出让制度，完善节约集约利用土地的评价指标体系，分区域明确土地开发强度，提高项目准入门槛，建立和完善项目用地预审制度，切实将新增建设用地优先向科技含量高、投资强度大、综合效益好、环境污染少的重大项目倾斜，最大限度地提高土地综合利用效益。

10.构建节能减排的激励约束机制。强化节能减排目标管理责任制和一票否决制。实行严格的节能减排准入机制，坚决不上高能耗、高污染项目。制定鼓励发展循环经济和绿色环保产业的政策措施，积极支持推广地源热泵、水源热泵等环保节能技术和风电、光电等清洁能源的开发利用。大力调整产业结构和产品结构，坚决淘汰严重污染企业和落后生产能力。

11.建立覆盖城乡的社会保障体系。遵循广覆盖、保基本、多层次、可持续的方针，在巩固和完善城镇职工社会保障体系的基础上，探索建立新型农村养老保险制度，严格落实被征地农民社会保障政策，加快建立农民工医疗工伤综合保险制度，不断完善新型农村合作医疗和城镇居民基本医疗保险制度，逐步提高最低生活保障标准，力争到2011年基本建立起以社会保险、社会救助、社会福利为基础，以商业保险、慈善事业为补充，覆盖城乡、惠及全民的社会保障体系，切实做到城乡统筹和应保尽保。

12.建立民生投入保证制度。围绕推进基本公共服务均等化，进一步优化财政支出结构，加大政府对民生投入的比重，优先安排就业社保、医疗卫生、科教文体、城乡住房、公共交通、扶贫开发、人居环境等重点民生领域的支出。建立民生投入情况报告、通报、考评和问责制度，各级政府每年必须向人民代表大会报告，向政协委员、民主党派、工商联负责人和无党派代表人士通报，并通过各种方式向社会公布民生投入情况，接受社会各界和群众监督。

为保证决定落到实处，必须改进作风，落实责任，强化督查。要大力弘扬优良作风，加强软环境建设，健全惩治和预防腐败体系，以好的作风保证科学发展。要层层分解任务，细化工作措施，明确责任分工，强化督促检查和跟踪反馈，确保各项工作落实到位。要加强对落实科学发展观各项重大决策部署的效能监察和跟踪审计，充分发挥党内监督、人大法律监督、政协民主监督和社会舆论监督效力，严格实行问责制和责任追究制，对那些不按科学发展观要求办事、阻碍科学发展观落实甚至造成重大损失的干部要依纪依法严肃处理，切实把各级领导班子和领导干部的思想和行动引导到科学发展上来，把科学发展观落实到经济社会发展的各个方面，推动沈阳在科学发展道路上加快全面振兴。

中共沈阳市委
沈阳市人民政府
关于进一步加强
安全生产工作的意见

（2009年8月26日）

为深入贯彻落实科学发展观，进一步加强安全生产工作，为经济社会又好又快发展创造良好环境，根据上级有关要求，结合我市实际，现提出如下意见。

一、提高思想认识，切实增强做好安全生产工作的责任感和紧迫感

党的十七大明确提出，坚持安全发展，强化安全生产管理和监督，有效遏制重特大安全事故。安全发展是科学发展的一项重要内容，安全生产是安全发展的基本任务，事关人民群众生命财产安全，事关改革发展稳定大局，对于深入贯彻落实科学发展观，构建社会主义和谐社会，实现经济社会又好又快发展，推动沈阳老工业基地在科学发展道路上加快全面振兴，具有十分重要意义。

近年来，我市认真贯彻落实党中央、国务院关于加强安全生产工作的各项部署，保持了全市安全生产形势总体稳定。但也必须清醒地看到，我市作为国家工业重镇，有近30万个生产经营单位、600余处重大危险源，安全监管任务十分繁重；影响安全生产的深层次矛盾和问题仍没有得到根本解决，各类事故时有发生；有的地区、部门和单位对安全生产的思想认识及相关责任措施、监督管理等方面仍不到位，安全生产形势依然严峻。因此，各地区、各部门和各单位要从全局和战略的高度，牢固树立安全发展理念，对安全生产工作给予充分重视，进一步增强做好安全生产工作的责任感和紧迫感，着力把安全生产工作抓实抓好。

安全生产是一项长期、复杂和艰巨的工作，坚持安全发展，做好安全生产工作，必须以科学发展观为指导，全面落实“安全第一、预防为主、综合治理”的方针，进一步完善安全生产体制机制，健全安全生产责任制度，强化安全生产工作措施，有效遏制重特大安全事故，减少事故总量，确保全市安全生产形势持续稳定好转，切实维护人民生命财产安全。

二、依法加强生产经营单位安全生

产管理,强化安全生产主体责任

明确生产经营单位安全生产管理的主体责任。生产经营单位是安全生产的责任主体,其主要负责人是安全生产第一责任人,对本单位的安全生产负全面领导责任。生产经营单位必须严格执行《安全生产法》等法律法规,建立以安全生产责任制为核心的各项安全生产管理制度和操作规程,依法设置安全生产管理机构或者配备专(兼)职安全生产管理人员。改进生产经营单位安全管理,大力开展安全生产标准化活动,严格执行保障安全生产的国家标准或者行业标准;积极推行职业健康安全管理体系(OHSAS18000)、健康安全与环境管理体系(HSE)认证工作,运用科学的管理模式和方法,不断提高企业安全生产水平。

建立健全并落实生产经营单位安全生产投入制度。生产经营单位要认真执行国家和省、市关于安全生产费用提取与使用管理的规定,建立健全安全生产费用管理制度,按规计提,专款专用,形成安全生产投入的长效机制,保障安全生产的必需投入。积极采用安全性能可靠的新技术、新工艺、新设备和新材料,不断改善安全生产条件。

进一步强化生产经营单位安全生产教育培训。各生产经营单位要针对不同岗位特点开展全员安全生产教育培训工作。特别要加强对新员工、转岗员工和外来人员的安全生产培训,并注意提高培训质量。要建立农民工安全生产培训工作长效机制,定期开展培训,不断提高农民工安全生产意识和安全操作技能。各生产经营单位主要负责人、安全管理人员和特种作业人员必须按照有关法律法规,接受规范的安全生产培训,经过安全监管部门考核合格后持证上岗。

三、大力开展安全生产宣传教育和文化建设,不断增强全民安全意识

大力开展安全生产宣传教育工作。加强各种安全宣传教育基地建设,利用党校培训等形式,定期对领导干部进行安全生产教育,特别要加强对乡镇、街道领导干部的宣传教育。借助大专院校和科研机构的力量,对安监人员和企业管理人员定期开展宣传教育。充分发挥新闻媒体作用,坚持正确的舆论导向,构建安全生产立体宣传体系,完善安全生产公益宣传机制,大力宣传安全生产方针政策、法律法规和各级党委、政府加强安全生产的重大举措,宣传安全生产工作的先进典型和经验,为搞好安全生产工作营造良好的舆论氛围。

进一步加强安全文化建设。积极组织开展形式多样、内容丰富的安全文化活动,普及安全生产知识,增强安全生产意识,营造"安全发展,关爱生命"的浓厚氛围。深入开展平安创建活动,在城区开展安全社区创建活动,在农村开展安全生产示范乡镇(街)创建活动,在企业开展安全文化示范企业创建活动。

四、强化源头监管,严格市场准入

严格执行安全生产"三同时"制度。各级政府和有关部门要把安全生产条件作为建设项目设立的前提,督促企业严格执行安全设施与主体工程同时设计、同时施工、同时投入生产和使用制度。建设项目安全设施设计未经审查的,建设项目不得进行施工;未经验收合格的,建设项目不得投入生产和使用,相关部门不予办理有关行政许可手续。

完善安全生产规划和落实安全生产许可制度。要调整优化产业结构,完善安全生产规划布局,加快"三环"内危险化学品生产企业搬迁退出,进入化工产业园区统一管理。严格落实安全生产许可制度,对非煤矿山、危险化学品、建筑和使用有毒物品作业等生产经营企业实施安全生产许可制度,严把安全生产准入关。没有依法办理安全生产许可证的危险化学品生产企业,工商行政管理机关不予核发营业执照。今后,"三环"内不再审批危险化学品生产企业;全市不再审批煤矿、烟花爆竹生产企业,不再审批安全生产高风险建设项目。

五、加强隐患治理,铲除事故根源

深入开展隐患排查治理工作。各地区、各部门和各单位要继续按照隐患排查治理常态化制度要求,建立隐患排查治理工作责任制,定期组织开展公共安全隐患和事故隐患排查治理活动。建立健全重大隐患治理分级督办机制,每年定期公示并挂牌督办一批公共安全隐患或重大事故隐患,实施排查、挂牌、治理、跟踪、销号全程监管。开展隐患排查治理联合检查,定期巡视督查各地区隐患排查治理工作情况,对隐患整治不力的地区和单位实施安全生产约谈、警示。

深入开展反违章工作和打击非法生产经营活动。围绕"学规程、反违章、除隐患、保安全,创建安全企业"的主题,在全市继续开展反违章工作,严肃查处违章指挥、违章作业、违反劳动纪律行为,及时消除事故隐患,铲除事故发生的根源。按照属地负责、部门监管的原则,建立打击非法生产经营活动工作机制,由安监部门会同相关部门联合打击安全生产领域非法行为。

六、深化重点行业和领域(区域)专项整治,严密防范重特大事故发生

深入开展重点行业和领域(区域)安全生产专项整治。各地区、各部门和各单位要坚持标本兼治、重在治本的原则,针对安全生产方面存在的突出问题,在全市重点行业和领域(区域)深入开展专项整治。要突出抓好消防、道路交通、建筑、特种设备、危险化学品、作业场所职业卫生、人员密集场所、非煤矿山、尾矿库、铁路道口、工业园区等重点行业和领域(区域)以及地铁施工、轨道交通建设、文物古迹等重点项目、场所的安全生产专项整治,针对事故易发的薄弱环节和关键部位,明确整治重点、整治责任、整治措施,严密防范重特大事故发生。

强化重大危险源(点)的监管。各地区、各部门和各单位要定期开展重大危险源(点)的普查、登记、分级、建档和备案工作,按有关规定对重大危险源(点)开展检验、检测和安全评价、评估工作。要按生产经营单位实时监控、政府分级分类监管的原则,制定相应的监控和监管措施,落实责任,确保安全。

七、加强安全生产应急救援工作,提高突发事件处置能力

加强安全生产应急救援管理。加快安全生产应急救援指挥中心建设,健全安监、公安、卫生、环保和气象等部门安全生产应急救援联动机制;搭建市和区、县(市)两级安全监管信息共享平台,形成统一指挥、纵横联网的应急救援指挥系统。整合救援资源,依托大企业的救援队伍,强化应急救援队伍的社会服务功能,提高突发事件处置能力。加强应急救援装备建设,各地区和有关单位应

根据本地区、本单位的产业结构和安全生产特点，储备必要的抢险救援物资。加强各类安全生产事故应急预案的管理，实行备案制度，定期修改、评审，并搞好培训和演练。

健全防范自然灾害预警和突发事件新闻发布制度。加强安全生产公共信息管理和服务，进一步完善和规范防范自然灾害预警预防联合处置机制，做到信息共享、反应迅速、协调有序、科学处置。气象部门要及时将灾害性天气信息通报给市政府应急办和相关地区、部门及新闻媒体，由各级政府或有关部门发布预警指令，启动相应预案。严格按照《沈阳市突发公共事件新闻报道应急办法》(沈委办发〔2009〕11号)的有关规定，在第一时间向社会发布突发事件信息，提高信息权威性和透明度。

八、加强基层和基础工作建设，促进安全生产长效工作机制建设

强化安全监管队伍建设。各地区、各部门要从机构编制、人员配备、经费保障、监察装备等方面，全面强化安全监管队伍建设，满足安全监管工作需要。乡镇(街道)的专职安全监管人员原则上不低于3人，经济发达、工业企业数量多的不低于5人。各类封闭管理的工业园区应设立专门的安全监管机构。

加强安全生产法规制度建设。适应安全生产的形势需要，依据《安全生产法》等法律法规，加快完善我市安全生产法规体系建设，贯彻落实《沈阳市安全生产条例》、《沈阳市作业场所职业卫生监督管理办法》等规章，着手制定沈阳市"十二五"安全生产发展规划。推进安全生产诚信监管机制建设，建立以企业公开承诺安全生产目标、工伤保险缴费费率与企业诚信等级挂钩浮动等为主要内容的安全生产诚信监管机制，促进企业主体责任的落实。选择具备条件的高危行业企业开展安全生产责任险和风险抵押金试点工作，及时总结经验，适时进行推广。

搞好安全生产科技创新和服务。充分利用现有资源，依托驻沈大专院校、科研机构等单位在安全生产理论和实践研究等方面的优势，建设沈阳市安全生产科学研究基地，形成安全生产科技创新和成果转化的有效运行机制，提升安全生产科技水平。加大安全生产科技投入，有针对性地解决安全生产工作中的基础性、关键性和共性技术难题。加强安全生产科技人才队伍的培养，进一步完善安全生产专家库，优化专业结构，为企业安全管理提供技术服务。开展安全生产科普教育，普及安全生产知识，增强群众对安全生产事故的防范意识和防范技能。

九、进一步加强对安全生产工作的领导，构建齐抓共管新格局

加大对安全生产工作的领导力度。各级党委要高度重视安全生产工作，协调各方履行好安全生产职责，督促同级政府做好安全生产监管工作。落实政府安全生产监管职责，明确各级政府主要领导是本行政区域安全生产工作第一责任人，对安全生产工作负总责；主管领导和分管领导按"一岗双责"原则，对主管和分管范围内的安全生产工作负责。建立市、区县(市)、街道(乡镇)和社区(村)四级安全生产监管工作责任体系，按照"分级监管，属地负责"的原则，在管理经济社会各项活动过程中，落实安全生产责任制。各地区要把安全生产工作纳入当地经济社会发展规划，巩固已建立的安全生产专项资金制度，保障有效投入。建立各级政府安全生产委员会例会制度，定期召开例会，研究、解决安全生产工作中的重大问题。

加强安全生产监管体系建设。按照"谁主管、谁负责"的原则，依法界定政府各部门的安全监管职责。各级安全生产监督管理部门对本行政区域内安全生产工作实施综合监督管理，并加强对同级政府有关部门和下级政府安全生产工作的指导、协调和监督检查；其他负有安全监管职能的部门在各自的职责范围内，依法对本行业和领域的安全生产工作实施监督管理。

健全安全生产社会监督体系。按照"安全生产，人人有责"的原则，组织动员全社会各方面力量参与安全生产监督管理。完善人大代表、政协委员安全生产监督工作机制，使其依法履行安全生产监督工作职责；发挥工会、共青团、妇联在安全生产工作中的作用，开展群众性安全生产监督检查；充分发挥新闻媒体的舆论监督作用，对安全生产违法违规行为予以曝光；鼓励社会各界和人民群众通过安全生产有奖举报平台，积极举报安全生产工作中的违法违规行为。

实行安全生产目标管理考核。按照安全发展的要求，在经济社会发展考核评价指标体系中设置安全生产考核指标，层层分解落实到各级政府、有关部门和单位，形成横向到边、纵向到底、覆盖全市的安全生产目标责任体系。对安全生产工作实行定量控制和目标考核，把考核结果作为评价领导班子和领导干部工作实绩的重要标准，对安全生产工作成绩突出的政府、部门和单位予以表彰奖励，对年度安全生产目标考核不合格的，在按照有关规定进行问责的同时，在开展评先评优和提拔任用干部时实行安全生产"一票否决"制。

实行安全生产责任追究制度。坚持实事求是、尊重科学和"四不放过"(事故原因未查清不放过、责任人员未处理不放过、整改措施未落实不放过、有关人员未受到教育不放过)的原则，严格依照有关安全生产法律法规和党员干部问责的有关规定，认真查处各类事故，不仅追究事故直接责任人的责任，还要追究有关负责人的领导责任，真正做到有责必究、有过必罚、一查到底。

中共沈阳市委 沈阳市人民政府 关于加快推进残疾人事业发展的实施意见

(2009年9月28日)

关心残疾人，是社会文明进步的重要标志。残疾人事业是中国特色社会主义事业的重要组成部分。改革开放以来，我市残疾人事业发展取得了显著成就，广大残疾人生活水平和质量不断提高，参与社会生活的环境和条件明显改善，许多工作走在全省乃至全国前列。但残疾人事业发展还面临许多困难，残疾人总体生活状况与社会平均水平仍存在较大差距。做好残疾人工作，发展残疾人事业，有利于维护残疾人的合法权益，促进社会公平与正义，发挥残疾人在促进改革发展稳定中的重要作用，对于加快推进沈阳老工业基地全面振兴具有

十分重要的意义。为进一步加快我市残疾人事业的发展，根据《中共中央国务院关于促进残疾人事业发展的意见》（中发［2008］7号）和《中共辽宁省委辽宁省人民政府关于促进残疾人事业发展的意见》（辽委发［2009］4号）精神，结合我市实际，现提出如下实施意见。

一、加快推进残疾人事业发展的总体要求

以邓小平理论和“三个代表”重要思想为指导，深入贯彻落实科学发展观，紧紧围绕全面建设小康社会和加快沈阳老工业基地全面振兴的奋斗目标，着眼于解决残疾人最关心、最直接、最现实的利益问题，坚持政府主导、部门参与，政策扶持、社会推动，统筹兼顾、分类指导，突出重点、全面推进的原则，深入开展“全国残疾人工作示范城市”创建活动，进一步健全完善残疾人事业发展的法规规章和政策措施，逐步完善残疾人社会保障和服务体系建设，积极营造残疾人平等参与的社会环境，缩小残疾人生活状况与社会平均水平的差距，保障残疾人享有与健全人平等的地位、均等的机会，实现残疾人事业与全市经济社会协调发展，努力使残疾人同全市人民一道共享沈阳振兴发展的成果。

二、着力解决残疾人最关心、最直接、最现实的利益问题

1. 促进残疾人就业创业，加强残疾人就业指导和服务。认真贯彻落实促进残疾人就业的各项法律法规和政策措施，保障残疾人平等就业的机会和权利。打造盲人按摩、肢残人杂修、聋人机修和动漫、智障人社区保洁护绿等各类残疾人就业品牌。到2013年，劳动年龄段内有劳动能力和就业愿望的残疾人就业率要达到90%以上。

把残疾人就业再就业工作纳入政府专项目标考核。各级机关团体、事业单位、国有企业要积极按比例安置残疾人就业，新录用人员时，除特殊岗位外，录用单位不得设置歧视残疾人的录用标准。未达到安排残疾人就业比例的单位，要优先录用符合条件的残疾人就业。各级政府要确定适合残疾人生产的产品作为残疾人庇护工场的专产、专营产品，同等条件下，政府应当优先采购残疾人专产、专营的产品或服务。要鼓励和扶持残疾人自主创业，开发适合残疾人的就业岗位，安排残疾人或贫困残疾人家庭成员就业。对就业困难的残疾人，优先提供就业援助。残疾人自主创业享受就业创业优惠政策。建立残疾人就业基地，扶持残疾人就业带头人。

依法征收残疾人就业保障金。鼓励企业超比例安置残疾人就业，对企业所缴纳的超比例安置残疾人就业的社会保险费给予补贴。鼓励和扶持兴办残疾人福利企业、盲人按摩机构、工（农）疗机构、辅助性工场等残疾人集中就业单位，对其按规定减免相关税费，并在生产、经营、技术、资金、物资、土地使用等方面给予扶持。完善农村残疾人就业扶贫基地扶持政策，推广“公司＋农户”的农村残疾人就业扶贫模式。扶持农村贫困残疾人从事种养殖业、手工业和多种经营。对从事各类生产劳动的农村残疾人，有关部门和单位应在生产服务、技术指导、农用物资供应、农副产品购销和信贷等方面给予优先照顾和优惠支持。加强残疾人就业服务，完善残疾人就业信息数据库。劳动保障部门所属的就业服务大厅和人事部门所属的人才市场要建立残疾人就业服务窗口，积极向用人单位推荐残疾人就业，为残疾人提供免费的职业指导服务，对持《中华人民共和国残疾人证》的残疾人应减免档案、人事关系委托保管费。

2. 加强残疾人综合康复工作，满足残疾人基本康复需求。将残疾人康复作为基层医疗卫生服务的重要内容，切实健全四级康复机构，抓好康复技术人员培训，为各级康复机构配备必要的康复器材，发挥好残疾人康复医院、康复技术指导中心的示范指导作用。加强市及区、县（市）残联系统康复机构建设，提高残疾人康复服务能力和服务水平，巩固“白内障无障碍市”建设成果，进一步完善全覆盖的长效机制。大力开展社区康复示范区、达标区创建工作，推进康复工作进社区、服务到家庭。在社区康复站配备残疾人康复基本辅助器具并提供转介服务，建立为贫困残疾人免费安装假肢的长效机制。积极开展为贫困精神病患者免费投药工作，保障其享有基本医疗卫生服务。力争到2012年实现残疾人“人人享有康复服务”的目标。

加强残疾预防工作。宣传、普及残疾预防知识，提高公众残疾预防意识。广泛开展以社区为基础、以一级预防为重点的三级预防工作，加强心理健康教育和精神残疾预防。卫生、人口计生、残联等相关部门要建立残疾报告制度，形成信息准确、方法科学、管理完善、监控有效的残疾预防和残疾儿童早诊断、早发现、早干预的随报机制，提高出生人口素质。建立市残疾预防基因检测基地及肢体（脑瘫）、聋儿、自闭症、智障、低视力五类残疾儿童早期干预基地，以“慈爱儿康行动”为载体，优先对残疾儿童进行早期干预。劳动和社会保障、卫生等部门要研究将学龄前残疾儿童医疗康复纳入城镇居民基本医疗保险和新型农村合作医疗诊疗支付项目，力争两年内形成学龄前残疾儿童早期干预康复服务工作全覆盖的长效机制。

3. 发展残疾人教育，提高残疾人综合素质。进一步完善残疾人教育体系，满足残疾人的教育需求，到2013年适龄适学的残疾儿童义务教育阶段入学率达到98%以上。区、县（市）政府要加大资金投入，切实把特殊教育学校办成残疾儿童康复基地、基础教育基地、成长期康复基地、职业技能培训基地、潜能开发基地、生活自理能力训练基地。加大在普通学校开展残疾儿童少年随班就读工作的力度。关心特殊教育工作者，认真解决他们在工作和生活中的实际困难。办好沈阳广播电视大学残疾人学院，依托现有资源，适时建立全日制本、专科班，使更多的残疾人尤其是盲人和聋人享受高等教育。创新残疾人职业技能教育模式，采取“普惠＋特惠”的方式开展残疾人职业技能和实用技术培训，突出对残疾人的个性化培训。定期举办残疾人技能竞赛，充分调动和鼓励残疾人钻研技术、提高职业技能的积极性和主动性。深入开展残疾人扫盲工作，建立盲文、聋人手语研究机构，加强盲文和聋人手语的研究与推广。开办社区残疾人科普学校，对残疾人进行文化、法律、科普、卫生健康知识和行为规范教育，不断提高残疾人的综合素质。

4. 完善残疾人社会保障体系，改善残疾人生活状况。完善残疾人社会保险政策，确保残疾职工按照规定参加基本

养老、医疗、失业、工伤和生育保险。落实城镇贫困残疾人个体户参加养老保险的补贴政策，鼓励并组织个体就业残疾人参加社会保险。落实对非正规就业劳动组织就业的残疾人给予社会保险补贴政策，促进残疾人多种形式就业。建立保障残疾人参加城镇职工基本医疗保险、城镇居民基本医疗保险和新型农村合作医疗制度，城乡低保户、低保边缘户和符合救助条件的低收入一级残疾人参加城镇居民医疗保险和新型农村合作医疗的个人缴费部分由政府适当补助。将残疾人肢体康复矫治手术、白内障复明手术、残疾儿童早期干预部分项目等符合规定的残疾人医疗康复项目纳入其诊疗支付项目。精神病患者在区、县(市)以下定点专科医院住院不设统筹基金起付标准，在区、县(市)以下定点专科医院住院治疗报销比例不低于70%；将可以在门诊治疗、且需常年依靠药物治疗的精神疾病纳入医疗保险门诊规定病种范围，其门诊治疗费用由统筹基金给予适当补偿。

完善残疾人救助制度。拓展救助形式，逐步提高救助标准。对贫困残疾人和残疾人家庭实施医疗、教育、住房、供暖、节日和突发临时困难等分类救助。城乡低保户中的重度残疾人救助标准提高20%。开展对家庭人均收入低于上年平均消费水平的一级智力和精神残疾人、一级瘫痪的肢体残疾人和一级不能自理的综合残疾人的特殊救助。对不适合劳动、无法定抚养义务人或法定抚养义务人无抚养能力、无生活来源的重度残疾人，按照规定予以供养、救助。建立健全贫困残疾人尤其是各类贫困残疾儿童的康复救助机制，安排贫困残疾人康复救助专项资金，对城乡贫困残疾人康复训练、聋儿助听器验配、人工耳蜗、残疾人辅助器具适配等给予补贴。实施对残疾人和贫困残疾人子女高中生、大学生的教育救助，减免人均收入低于700元的残疾人家庭子女参加职高、技校、中专和高职院校的学习费用。安排城市廉租住房、政府补贴住房时要优先照顾残疾人。将农村贫困残疾人危房改造纳入政府危房改造整体规划之中，结合新农村建设，确保2—3年内全部完成。充分发挥96113残疾人服务热线的作用，尽快建立残疾人求助快速反应机制。积极开展残疾人法律救助工作，对生活确有困难的残疾人，给予减免、缓交诉讼费等照顾政策。完善残疾人法律救助多部门协调机制，发挥残疾人维权示范岗和义务法律工作者的作用，建立直接为残疾人服务的法律救助工作站，为残疾人提供方便快捷的法律服务、法律援助、司法救助。完善残疾人社会福利政策，逐步扩大残疾人社会福利范围，适当提高残疾人社会福利水平，重点搞好残疾老人和残疾儿童的福利服务。大力发展残疾人慈善事业，充分发挥残疾人福利基金会的作用，面向社会广泛募集资金。

5. 繁荣残疾人文化体育事业，丰富残疾人的生活。建立完善残疾人文化体育活动体系。市属各文化演出团体每年深入农村、基层为残疾人义务演出不少于两次。各影剧院为残疾人免费放映电影每年不少于三次。市和区、县(市)图书馆应在两年内全部设立盲人有声读物阅览室(专区)。科技馆、博物馆、旅游景区等公共文化、娱乐、游览、参观等场所应对残疾人免费开放。鼓励、支持出版残疾人读物、光碟等文化产品，对残疾人创作的优秀文学、文艺作品，在出版和发行方面予以扶持。组建和发展沈阳市残疾人艺术团和残疾人特殊艺术学校，通过政府扶持、社会赞助等方式打造残疾人文化艺术品牌，开展残疾人才艺大赛，办好残疾人文化艺术节。建立残疾人特殊艺术及体育人才推荐、培养、输送、奖励机制，加大对残疾人文艺、体育基地的投入，切实解决残疾人文艺、体育人才的生活、就业、就学等基本保障问题。体育部门与残联密切配合，制定训练计划，保证教练员、训练场地和器材。财政部门给予经费保障，逐步提高残疾人训练及参赛经费。对于参加国内、国际性重要比赛取得优异成绩的残疾人运动员，按照国家规定的相应赛事级别和名次给予奖励，以不断提高我市残疾人竞技体育水平。提倡和鼓励广大残疾人积极参加全民健身及文体娱乐活动，开展趣味体育进社区活动，促进残奥、特奥、聋奥运动的开展。全市游泳场馆和其他体育训练场所及设施(器械)免费或优惠向残疾人开放。社区要配备残疾人专用的康复和健身器材，努力提高残疾人身体素质和健康水平。

6. 加强无障碍设施建设，为残疾人提供更多便利。加快无障碍设施建设和改造。按照《全国无障碍建设城市工作标准》，依法推进无障碍设施建设和改造。新建城市道路、建筑物必须符合无障碍设施标准，不符合标准的不准予施工，取得施工许可证的项目在施工中不得擅自更改无障碍设计，工程监理部门要严格把关，对不符合无障碍设施标准要求的竣工项目不予验收。对不符合无障碍标准的已建项目特别是与残疾人日常生活密切相关的社区、学校、医院、商业网点、福利机构及其它公共服务场所要加快无障碍设施改造。积极创造条件对重度残疾人家庭住宅实施无障碍改造。逐步配备方便残疾人乘坐的无障碍公交车和出租车。机场、火车站、客运站等要想方设法为残疾人出行提供实用快捷、优质优惠的服务。公共停车场要设置残疾人专用停车位。为符合机动车驾驶规定标准的残疾人优先优惠办理驾驶执照。公共服务部门要积极为残疾人提供语音、文字提示、盲文、手语等无障碍服务，积极推进信息和交流无障碍。开办聋人手语教学电视公益节目，对残疾人收看数字电视应实行减免收费的优惠政策。

7. 健全残疾人服务体系，提高为残疾人服务水平。针对残疾人特殊性、多样性、类别化的需求，建立健全以专业机构为骨干、社区为基础、家庭邻里为依托，以生活照料、医疗康复、教育就业、婚姻家庭、文化体育、信息咨询、无障碍、维权等为主要内容的残疾人服务体系。完善市和区、县(市)两级智力、精神残疾人托养服务中心(阳光工场)、街道"阳光之家"、社区"日间照料站"、"居家服务"等"五位一体"托养和职业康复服务体系。建立残疾人婚姻家庭服务体系，联合相关部门，整合社会资源，为残疾人提供更为周到细致的服务。建立残疾人家庭纠纷调解机制，努力提高残疾人婚姻生活质量。加强残疾人辅助器具服务，以市残疾人辅助器具服务中心为龙头，形成四级服务网络，开展残疾人辅助器具的展示、体验、评估、验配、改造、维修、置换等服务，方便残疾人的日常生活。大力发展残疾人服务产业，通过民办公助、政府补贴、政府购买服务等多种形式，鼓励各类组织、企业和个人建立残疾人服务设施，生产残疾人用品用具。社区内公共服务机构要优先、优惠为残疾人提供服务。

加强残疾人事业信息化建设。将残疾人生存发展状况和残疾人事业发展统计纳入社会事业发展统计内容，建立残疾人事业状况定期监测报告制度和市及区、县（市）残疾人信息资源平台、综合服务平台和应急援助平台，完善残疾人基础数据动态信息库，全面准确掌握全市残疾人基本状况。

三、优化残疾人事业发展的社会环境

1.广泛动员社会力量，大力营造扶残助残的良好氛围。大力弘扬人道主义精神和中华民族传统美德，倡导"平等、参与、共享"的现代文明社会残疾人观，增强全社会扶残助残意识，努力形成全社会尊重、理解、帮助残疾人，关心、重视、支持残疾人事业的局面。全市党政机关、群众团体、企事业单位要结合自身实际，积极支持残疾人工作。工会、共青团、妇联及老龄协会等组织要发挥各自优势，大力维护残疾职工、残疾青年、残疾妇女、残疾儿童和残疾老人的合法权益。红十字会、慈善总会、残疾人福利基金会等慈善团体要积极为残疾人事业筹集善款，开展爱心捐助活动，促进形成扶残为乐、助残为荣的社会风尚。广泛动员社会力量，发展壮大助残志愿者队伍，建立志愿者助残激励机制，更好地为残疾人提供服务。

要加大残疾人事业宣传力度。宣传、文化、新闻、出版等部门和单位要采取有效措施，积极宣传残疾人事业、残疾人自强模范和扶残助残先进事迹。要组织好"国际残疾人日"、"全国助残日"、"沈阳助残月"和"残疾人就业促进日"以及"盲人节"、"聋人节"、"肢残人节"等活动。活动期间，各新闻媒体要开设残疾人事业专题、专栏、专版，制作和刊播残疾人事业公益宣传广告。加强国际交流与合作，认真学习和借鉴国外残疾人事业发展的成功经验，加强与国外残疾人组织在文化、体育、公益慈善事业等方面的交流，展示我市经济社会发展和残疾人工作成就，扩大合作领域，促进我市残疾人事业的发展。

2.加强残疾人事业法规体系建设，依法维护残疾人合法权益。依据《中华人民共和国残疾人保障法》，适时修订《沈阳市残疾人保障规定》。制定、修订相关政府规章，保障残疾人"平等、参与、共享"的权利。各级人大代表、政协委员中，应充分考虑优秀残疾人和残疾人组织的代表。制定涉及残疾人权益和残疾人事业的法规规章和公共政策，要听取残疾人组织和残疾人代表的意见。对残疾人和残疾人组织的投诉案件，要依法予以核实并及时反馈处理结果。加大对侵害残疾人合法权益案件的查处力度，依法打击各种侵害残疾人合法权益的违法犯罪行为。加强法制宣传教育，增强全社会依法维护残疾人合法权益的意识，提高残疾人依法维权的能力。要重视残疾人信访工作，明确职责，完善机制，对残疾人反映的实际困难，要予以重视，加强调查研究，切实解决问题。

3.建立稳定的残疾人事业经费保障机制，推动残疾人事业发展。要进一步加大对残疾人事业的经费投入。残疾人事业经费要纳入各级财政预算，建立财政资金投入稳定增长机制。将残疾人专业服务设施建设、综合服务设施建设、公共服务设施和无障碍设施改造，以及残疾人最关心、最直接、最现实的利益需求纳入各级政府为民办实事的计划之中，给予重点扶持。每年应安排一定额度的专项经费，落实中央和省重点扶助项目的相应配套资金，确保残疾人事业发展的需要。社会福利彩票公益金收入用于残疾人事业的比例不低于3%；体育彩票公益金收入用于残疾人体育事业的比例不低于5%。要完善残疾人就业保障金的征收、管理和使用制度，逐步扩大残疾人就业保障金使用范围，公开保障金征收、使用情况，确保资金全部用于发展残疾人事业。

四、加强对残疾人工作的领导

1.完善领导体制，充分发挥残疾人组织作用。进一步完善党委领导、政府负责的残疾人工作领导体制，把残疾人工作纳入经济社会发展全局，统筹规划、科学安排、同步实施。各级党委、政府要分别明确一位领导同志负责残疾人工作，定期听取工作汇报，认真研究解决残疾人工作中存在的实际困难和重大问题。各有关部门、单位要将残疾人工作纳入职责范围和目标管理，对残联承办的社会事务和专业服务项目要给予相应的政策保障，并列入党政领导班子和领导干部综合考评的内容。

各级政府残疾人工作委员会要强化职责，统筹协调有关促进残疾人事业发展的方针、政策、法规、规划的制定与实施。各级政府残工委成员单位要将残疾人工作摆上重要议事日程，为残疾人提供快捷优质的服务和保障。定期对残疾人工作者（集体）、爱心助残人士和优秀残疾人进行表彰奖励。各级残联组织要担负起党和政府密切联系广大残疾人的使命，依照法律法规和章程积极开展工作，切实履行残疾人事业社会管理、公共服务的职责，发挥好代表维护残疾人共同利益、合法权益的基本职能。

2.加强队伍建设，为残疾人事业发展提供有力的组织保证。要选好配强各级残联领导班子。按有关规定选拔热爱残疾人事业、综合素质好、年富力强的优秀残疾人干部充实到残联领导班子。将残联干部队伍建设纳入当地干部队伍和人才队伍建设整体规划，加大培养、选拔和交流力度，从政治上、工作上、生活上给予关心爱护。认真执行干部双重管理的有关规定，区、县（市）党委在配备、调整残联领导班子时，应事先征求上一级残联的意见，对残联领导班子及其成员进行年度考核时，应邀请上一级残联参加。市残联要根据事业发展和实际工作需要，在现有编制基础上适时调整残联内设机构，有关部门要给予支持。"十一五"期间，区、县（市）残联必须完成残疾人干部配备任务。在街道（乡镇）现有编制内配备一名专职残联工作人员。完善并落实基层残疾人专职干事和残疾人专职委员的聘用、考核、淘汰机制，加强培训，不断提高残疾人专职干事和专职委员整体素质和工作能力。

中共沈阳市委 沈阳市人民政府 关于加快城区经济发展的若干意见

（2009年9月30日）

为深入贯彻落实全省城区经济工作会议和市委十一届七次全会精神，推动我市城区经济加快发展,现提出如下意见。

一、总体要求和目标

深入贯彻落实科学发展观,认真实施《沈阳市城区经济发展规划》,完善城区经济管理职能,拓展城区经济发展空间,优化城区产业结构,充分调动城区发展经济的积极性,全面激发城区经济活力,实现城区经济又好又快发展,为沈阳立足新起点、谋求新发展、实现新跨越,建设东北区域中心城市提供有力支撑。

加快城区经济发展,必须与统筹城乡协调发展相结合,通过推进城市化,进一步拓展城区发展空间;必须与推动现代产业体系建设相结合,通过引进重大项目,进一步做大城区经济总量;必须与加快沈阳经济区建设相结合,通过产业整合协作,进一步提升中心城市的集聚辐射功能;必须与创新体制机制相结合,通过完善城区管理职能,进一步增强城区经济发展的内在动力。

到2012年,全市城区地区生产总值、地方财政总收入、城镇固定资产投资等主要经济指标力争实现翻番。

二、突出发展服务业

服务业是城区经济的主导产业。围绕优化服务业产业结构和布局,加快东北区域金融、物流、现代商贸和休闲旅游中心建设,加速生产要素集聚和服务功能提升,促进城区经济总量扩张。未来3年,城区服务业增加值年均增长15%以上,到2012年,现代服务业增加值占城区服务业增加值比重达到65%以上。

以规划建设的服务业集聚区为载体,加快现代服务业发展。以沈阳金融商贸开发区及和平金融街为重点,进一步集聚各类金融机构,全面提升区域金融服务水平。重点规划建设沈海综合物流园区、苏桃路物流集聚带、沈西制造业物流园区等现代物流集聚区,支持第三方物流企业发展,加快构建和完善现代物流体系。以软件产业和动漫产业为重点,着力推进应用软件产业化、规模化和国际化,加快建设国家服务外包基地城市、国家动漫产业发展基地,尽快形成体系完整、效益显著的现代信息服务业新格局。以产业需求为重点,全面整合、有效配置各类科技服务资源,加快科技体制创新,加强科技服务环境和能力建设,形成具有竞争优势的科技服务创新体系。加快具有国际水准、超大体量的高端商务设施建设,着力构建以总部、楼宇经济为主导,以会展业、中介服务业和广告业为支撑,其他商务服务为补充的现代商务服务体系。以优化商贸功能区布局为重点,规划建设"大中街"、"大太原街"、南塔等3个商贸集聚区,加快特色商贸街和专业市场建设,集聚优势业态,提高商贸服务辐射能力。进一步优化房地产开发环境和开发结构,加快工业地产、商业地产发展,保持房地产投资平稳增长和供求总量基本平衡,促进房地产业良性发展。充分挖掘城区文化旅游资源潜力,放大历史文化名城和近现代工业文化影响力,大力培育新兴文化创意产业。

以《沈阳市服务业2008—2012年发展规划纲要》为指导,突出比较优势、科学合理布局、打造强势产业、实现错位发展。和平区、沈河区、皇姑区、铁西区和大东区"二环"以内区域等服务业发展主导区,要大力发展现代服务业,进一步提升现有业态,加快发展楼宇经济和总部经济。沈阳经济技术开发区、大东区"二环"以外区域、沈北新区等生产服务业发展先导区,要努力实现二、三产业协调发展,重点围绕装备制造业,发展科技信息、研发设计、现代物流、展示交易等生产服务业,加快形成更具特点、更具竞争力的优势产业。东陵区、于洪区、苏家屯区等服务业发展提升区,要重点发展物流业、专业市场、生态休闲旅游业、科技信息等产业。

以完善城区功能、填补服务链空白为重点,加快服务业项目建设。注重引进和培育高端服务业项目,重点推进投资规模在10亿元以上的115个服务业项目,特别是投资100亿元以上的重大项目。加快"金廊"项目建设,规划建设的140个项目中已完成地块招商的,3年内要全部完工。做好在建项目和闲置楼宇的二次招商工作,注重项目落地竣工过程中的业态引进,促进建设项目与服务业发展的有效衔接。

继续加大对9城区产业发展、城市建设、社会保障等专项资金投入,出台支持服务业发展的补充政策,未来3年,每年在产业发展专项资金中统筹安排1亿元,对城区服务业重点项目给予支持。

三、大力发展工业

工业是城区经济发展的重要支撑。围绕做大产业规模、推进工业结构优化升级,加快铁西装备制造业聚集区等三大聚集区和重点产业集群建设,着力打造具有国际竞争力的世界级装备制造业基地。未来3年,城区规模以上工业增加值年均增长16.6%以上,到2012年,规模以上工业总量占全市工业的80%以上。

以国家发改委批准通过的《铁西装备制造业聚集区产业发展规划》为指导,加快铁西装备制造业聚集区建设,以强化研发设计和市场营销为重点,支持远大、机床、沈鼓、北方重工、沈化、东药等骨干企业做大做强,着力发展高档数控机床、通用机械、重矿设备、输变电等重大成套设备,培育集研发、设计、制造、安装和售后服务为一体的工程总承包公司,努力打造具有国际竞争力的企业集团。以推进C系列飞机、Q400飞机大部件转包等项目建设为重点,加快沈阳航空高技术产业基地建设,大力发展航空制造业,建设民用支线飞机研发、设计和总装基地,使民用航空产业体系初步形成。以推进华晨宝马二期扩产改造、华晨金杯A级车扩产等项目建设为重点,加快东部汽车产业聚集区建设,提高整车生产及零部件配套能力,着力打造产出"双千亿"的汽车整车及零部件产业集群。高水平建设公共研发、基础制造、现代物流、金融服务、人才培养等公共平台。

按照特色发展、集群发展、优质发展的要求,做好产业集群发展规划。加快建设铁西区现代建筑产业、汽车零部件、电器及配件、仪器仪表等产业集群,大东区汽车零部件、钢材加工配送产业集群,东陵区沈抚同城产业区和动漫产业集群,于洪区家具和五金产业集群,沈北新区食品及农产品加工、光电信息产业集群,苏家屯区电力电器、钢管产业集群。到2012年,城区产业集群达到30个以上,11个产业集群实现百亿产出。

各城区要结合自身资源优势和基础

条件,注重引进和培育财力贡献大、带动能力强的重大项目,注重引进先进制造业、高新技术产业等具有发展潜力的项目。重点推进投资规模在10亿元以上的特高压输变电生产基地、CF34—10A航空发动机新基地等62个工业项目。加强引进项目的后续工作,落实责任制,强化分类指导,实施全程跟踪,搞好协调服务,确保项目尽快建成。

四、加强基础设施和环境建设

基础设施建设是城区经济发展的重要依托。依据未来城区发展实际需要,加快基础设施与环境建设,不断提高城区发展的承载能力。加快地铁及沈阳新客站等一批城市重大基础设施建设。实施《沈阳市综合交通规划》,加快"一横两纵一环"快速路和"9路8桥5节点"主干系统建设,整治维修12条城市出口路,规划建设太原街等重点商业区8处公共停车场,重点解决城市道路拥堵和重点地区停车难问题。推动桃仙空港、沈阳北站等4大综合交通枢纽建设,加强内外交通衔接。

推进沈阳艺术中心、沈阳国际展览中心、新世界会展中心等城市公共设施建设,提升城市品位和现代化水平,增强区域中心城市功能和聚集能力。完善以"金廊"为重点的中心城区基础设施配套,解决电力增容、老旧地下管网改造等问题。加强中心城区与四大发展空间之间以及城乡结合部的基础设施建设,重点做好二、三环间重点地区供热、排水管网等基础设施配套。推进工业园区、服务业集聚区、大型专业市场基础设施和配套设施的规划和建设,节约集约利用土地等资源,切实保障用水、用电、用气等生产要素供给。

积极推进城市化,加大"城中村"改造力度,重点推进东陵区、于洪区、沈北新区、苏家屯区的新城建设,统筹城区重大基础设施建设,加速新老城区融合。加强环境基础设施建设,全面提高城乡废水和生活垃圾无害化处理水平,实施雨水污水分流改造工程。加大植树绿化、水系建设力度,加强流域水治理,加快生态区县和环境优美乡镇建设步伐。加大城市地源热泵、中水回用、建筑节能等节能降耗工程的推进力度。大力发展循环经济,实施工业生态改造工程,创建生态市和全国环境建设样板城。

五、完善经济管理职能

按照省委、省政府提出的"凡是应由城区管理的权限,应尽快到位;凡是能由城区管理的权限,都要从实际出发,因地制宜,逐步到位"的要求,合理划分事权,将管理重心下移,实现责、权、利相统一。

结合政府机构改革特别是"三定"工作,扩大城区经济管理权限,赋予城区相应的发展经济的自主权、决策权,激发城区经济发展活力。健全城区管理体制机制,完善城区政府管理职能,提高城区经济管理能力。优化城区发展环境,提高服务意识和服务水平,为各类经济主体创造自由选择、公平竞争、安全有效的投资兴业环境,鼓励支持城区经济加快发展。

各垂直管理部门要合理确定市、区两级职责分工,充分发挥各分局作用,为城区经济发展提供协调有序、便捷高效的服务;建立各分局向所在区汇报工作、列席相关会议等制度;干部调配任免、年度考核应征求所在区党委、政府的意见。优化行政区域结构,适时调整行政区划,进一步消除行政壁垒,促进生产要素自由流动,充分释放各城区的发展潜能。

六、强化组织领导

成立沈阳市城区经济工作领导小组,负责指导和协调城区经济发展工作,领导小组办公室设在市服务业委。各城区也要成立相应机构,形成职责明晰、协调顺畅的工作机制。

各城区要根据全市城区经济发展总体目标和要求,科学制定本地区发展目标;要切实承担起区域经济发展的责任,正确行使下放的管理权限,促进城区经济实现跨越发展。

各市直部门要发挥宏观调控、综合平衡和监督制约的作用,加强业务指导和协调服务,强化监督检查。要完善统计指标体系和统计制度,客观、全面地反映城区经济发展状况,为制定有关政策和计划、加强经济管理提供依据。要建立健全城区经济发展工作考核体系和奖惩机制,将城区经济发展指标纳入政府绩效评估体系,充分调动各城区的积极性,为加快城区经济发展创造良好的环境。

中共沈阳市委关于开展"讲党性修养 树良好作风促廉洁自律"主题教育活动的实施意见

(2009年11月13日)

为深入贯彻落实科学发展观,进一步加强党员领导干部队伍作风建设,严格执行省委关于禁止领导干部收送钱财的"四条规定",推动沈阳在科学发展道路上加快全面振兴,市委决定,从2009年11月至2010年4月,在全市各级党组织和广大党员干部中开展"讲党性修养、树良好作风、促廉洁自律"主题教育活动(以下简称"主题教育活动")。现提出如下实施意见。

一、开展主题教育活动的重要意义

开展主题教育活动是加强党的执政能力建设和先进性建设的需要。党员干部的党性修养和作风状况,是衡量党的执政能力和先进性的重要标准。党性纯洁则作风端正,党性不纯则作风不正。开展主题教育活动,就是以坚强党性促进党的作风建设,特别是通过加大对党政机关和领导干部作风方面突出问题的整顿力度,推进党的执政能力和先进性建设,以优良党风促政风带民风,形成凝聚党心民心的强大力量。

开展主题教育活动是深入推进新形势下反腐倡廉建设的需要。加强党性修养、树立和弘扬良好作风、促进廉洁自律,是党员干部自觉抵御腐朽思想侵蚀的重要途径,是加强反腐倡廉建设的关键环节。开展主题教育活动,将进一步营造以廉为荣、以贪为耻的良好氛围,增强广大党员干部特别是各级领导干部的纪律法制观念和廉洁自律意识,增强拒腐防变和抵御风险的能力,以优良的政治品质和思想作风推动反腐倡廉建设取得新成效。

开展主题教育活动是推进全市经济社会又好又快发展的需要。开展主题教育活动,有利于进一步增强各级领导干部的党性观念和宗旨意识,牢固树立和弘扬求真务实、真抓实干的良好作风，营造廉洁高效的发展环境，为实现全市经济社会又好又快发展提供有力的保证。

二、开展主题教育活动的指导思想和目标要求

指导思想是：以邓小平理论和“三个代表”重要思想为指导，深入贯彻落实科学发展观，认真贯彻落实党的十七届四中全会精神，以学习践行社会主义核心价值体系为核心，以加强党性修养、树立弘扬优良作风、促进领导干部廉洁自律为重点，以思想教育、完善制度、集中整顿、严肃纪律为抓手，加大对党性党风党纪方面群众反映强烈的突出问题的整顿力度，为完成市委作出的“立足新起点、谋求新发展、实现新跨越”的重大部署，提供坚强的政治保证。

这次主题教育活动以各级领导班子和党员领导干部为重点，全体党员干部参加，力求达到以下目标要求：

（一）增强党性修养。着力增强宗旨观念，坚持立党为公、执政为民，切实做到权为民所用、情为民所系、利为民所谋。着力提高实践能力，切实用党的科学理论指导工作实践，不断提高干事创业能力，不断增强应对复杂局面的能力。着力强化责任意识，切实履行党和人民赋予的职责，把思想统一到干事业上，把精力集中到做实事上，把功夫下到抓落实上。着力树立正确政绩观，切实按照客观规律科学谋划发展，把工作的着眼点放在推动经济社会又好又快发展上，放在保障民生上，放在促进社会和谐上。着力树立正确利益观，切实把人民利益放在首位，不为私心所扰，不为名利所累，不为物欲所惑。着力增强党的纪律观念，切实维护党的团结统一，严格遵守组织纪律、经济工作纪律、群众工作纪律以及廉洁从政等各项纪律。

（二）树立良好作风。在全市党员干部中大兴“四风”。一是大兴密切联系群众之风。深入基层、深入群众，虚心向群众学习，热心为群众服务，诚心受群众监督，坚持问政于民、问需于民、问计于民。努力办好顺民心、解民忧、惠民生的实事，认真解决关系群众利益的突出问题，切实维护群众权益。着力解决一些部门和党员干部的群众观念淡薄、服务态度差、办事效率低，门难进、脸难看、事难办以及“吃拿卡要”等问题。二是大兴求真务实之风。营造求真务实良好氛围，使党员干部真正把心思用到干事业上，把功夫下到察实情、出实招、办实事上，努力在推动科学发展、促进社会和谐等方面不断取得实效。着力解决一些部门和党员干部热衷于搞“花架子”，不说实话、不报实情、不干实事和工作缺乏紧迫感、责任心不强、节奏缓慢、办事拖拉、效率低下等问题。严肃追究因失职渎职等引发重大事件或造成重大损失的相关领导人员的责任。三是大兴艰苦奋斗之风。始终与人民群众同甘共苦、为人民利益不懈奋斗，永葆共产党人政治本色。坚决克服铺张浪费、奢靡享乐、挥霍公款的行为。着力解决一些党员干部在社会交往、休闲娱乐、生活作风等方面存在的不良问题。四是大兴批评和自我批评之风。增强党内生活原则性和实效性，坚决反对党内生活庸俗化，完善领导干部双重组织生活制度，提高民主生活会质量。党员干部特别是领导干部要坚持原则、敢抓敢管，勇于揭露和纠正缺点错误，及时提出改进工作的要求和建议，反对和克服好人主义，同时要疏通群众批评渠道。

（三）促进廉洁自律。贯彻为民、务实、清廉的要求，通过开展主题教育活动，增强党员领导干部的廉洁自律意识，常修为政之德、常思贪欲之害、常怀律己之心，争做廉洁自律、克己奉公的模范，努力实践共产党人高尚的人生价值。要坚决执行省委关于禁止领导干部收送钱财的“四条规定”，加大廉洁自律各项规定的执行力度，坚决查处违反纪律的行为，切实维护党纪政纪的严肃性。特别在2010年元旦、春节期间，要组织开展遵守廉洁自律规定、反对奢侈浪费专项督查工作，确保廉洁过年。

三、开展主题教育活动的方法和步骤

各地区、各部门、各单位要扎实做好主题教育活动的准备工作，及时传达学习市委关于开展主题教育活动的有关精神，在认真调查研究的基础上，确定载体和目标，制定切实可行的实施方案，组织开好动员大会。

主题教育活动按照三个阶段有序推进：

（一）学习提高阶段（2009年11月中旬至2010年1月底）重点抓好三个环节：一是组织理论学习。与建设学习型党组织相结合，通过党委（党组）中心组学习、支部集中学习、领导干部讲党课、专题讲座、集中培训等多种形式，组织党员干部认真学习《党章》和中国特色社会主义理论体系、社会主义核心价值体系，特别要重点学习《中共中央关于加强和改进新形势下党的建设若干重大问题的决定》和《中国共产党党员领导干部廉洁从政若干准则》，深入领会胡锦涛总书记在十七届中央纪委三次全会上的重要讲话以及市委十一届七次全会精神，统一思想，提高认识，端正态度，增强加强党性修养、树立和弘扬优良作风、促进廉洁自律的紧迫感和自觉性。二是丰富教育内容。运用典型案例开展警示教育，召开全市领导干部警示教育大会，组织全市党员干部认真观看由市纪委和沈阳电视台制作的警示教育片和全市以案说纪演讲节目光盘。各地区、各部门、各单位要综合运用各种方式和载体，增强警示教育的感染力和说服力。开展多层次的勤廉兼优先进典型选树和宣传活动，树立一批守信念、讲奉献、有本领、重品行的典型，为加强作风建设、促进廉洁自律树立榜样。根据不同岗位职责和纪律要求，广泛开展岗位廉政教育。三是交流心得体会。每一位党员干部尤其是领导干部都要结合自身的工作实际和学习感受撰写学习心得体会，各级党组织都要开展心得体会交流活动。

（二）检查评议阶段（2010年2月初至2月底）重点抓好三个环节：一是撰写剖析报告。各级领导班子和领导干部要对照胡锦涛总书记在十七届中央纪委三次全会讲话中指出的领导干部作风方面存在的六个突出问题、省委关于禁止领导干部收送钱财的“四条规定”，以及市委十一届七次全会指出的机关作风方面存在的三个突出问题，进行自我检查、自我剖析，真正把党性修养和作风及廉洁自律方面的突出问题查清找准，在此基础上，形成领导班子和领导干部个人剖析报告。二是召开专题民主生活会。

各级领导班子要以“讲党性修养、树良好作风、促廉洁自律”为主题，召开专题民主生活会，深入分析存在的问题，提出改进措施。所有党员干部都要参加相关内容的组织生活会。三是开展群众评议。各级领导班子和领导干部个人的剖析报告要在一定范围内公布，并组织党员、群众进行评议。评议结果要以一定方式向领导班子和领导干部个人进行反馈。

（三）整改建制阶段（2010年3月初至4月中旬）重点抓好三个环节：一是制定整改方案。各级领导班子和领导干部要制定整改方案。整改方案要科学合理，既立足当前，又着眼长远，明确加强党性修养和作风建设、促进廉洁自律的举措和目标。二是集中解决问题。要围绕对照检查评议阶段所查找的问题以及整改方案中所制定的整改目标，采取有效措施，集中解决问题。三是建立健全机制。推进体制机制创新，形成有利于增强党性修养、树立良好作风、促进廉洁自律的制度环境，不断深化各项制度改革，完善党内监督，严格实行领导干部问责制。

四、开展主题教育活动的要求

各地区、各部门、各单位要高度重视，切实把开展主题教育活动作为一项政治任务，列入重要议事日程，认真组织实施，确保取得实效。

（一）加强领导。主题教育活动在市委统一领导下，由市纪委牵头，市委组织部、宣传部分工负责，指导和督促教育活动的开展。各级党组织和领导干部要深刻认识加强党性修养、树立和弘扬良好作风、促进廉洁自律的重要意义，统一思想认识，切实履行职责，认真抓好本地区、本部门、本单位的教育活动，形成主要领导负总责、班子成员具体抓、一级抓一级、层层抓落实的工作格局。

（二）精心组织。各地区、各部门、各单位要对主题教育活动作出精心安排，及时掌握进度，通报情况，总结经验，推广典型。针对不同部门、不同行业党员干部的特点，有针对性地提出开展活动的要求，实施切实有效的分类指导，形成各级党组织高度重视、领导干部率先垂范、广大党员主动参与的局面，确保教育时间、内容、步骤和人员落实，确保教育活动取得成效。

（三）强化督查。市纪委要会同市委组织部、宣传部，采取切实有效措施，加强对主题教育活动的督促检查，特别要加强对每个阶段和关键环节的督查，及时发现并纠正主题教育活动中存在的问题，杜绝不扎实、不深入、走过场的现象。主题教育活动期间，对顶风违纪的要从严惩处。

（四）搞好宣传。全市各主要新闻媒体要开办专栏、专版等形式，深入宣传开展主题教育活动的重大意义，广泛宣传党员干部特别是领导干部在党性修养、作风建设和廉洁自律方面的先进事迹，及时总结推广主题教育活动中形成的好经验好做法，营造加强党性修养、切实改进作风、促进廉洁自律的良好氛围。

（五）注重实效。坚持从实际出发，认真落实、协调推进主题教育活动三个阶段的各项工作，把深入学习、提高认识贯穿始终，把解决问题、完善制度贯穿始终，把依靠群众、发扬民主贯穿始终。坚持主题教育活动与当前工作相结合，注重在实际工作中强化党性锻炼，改进思想作风和工作作风，促进廉洁自律，推动“保增长、促和谐、抓党建”各项工作的落实，以经济社会发展的新成果来检验主题教育活动成效。

中共沈阳市委沈阳市人民政府关于进一步深化集体林权制度改革加快现代林业发展的实施意见

（2009年11月20日）

为进一步深化我市集体林权制度改革，加快现代林业发展，建设生态文明，创建国家生态市，根据《中共中央国务院关于全面推进集体林权制度改革的意见》（中发［2008］10号）、《中共辽宁省委辽宁省人民政府关于进一步深化集体林权制度改革加快现代林业发展的意见》（辽委发［2009］17号）精神和中央、省林业工作会议要求，结合我市实际，现提出如下实施意见。

一、进一步深化集体林权制度改革，加快现代林业发展的指导思想和总体目标

（一）指导思想。以邓小平理论和“三个代表”重要思想为指导，深入贯彻落实科学发展观，坚持和深化改革，不断创新林业经营管理体制机制，推动林业可持续发展；坚持兴林富民的方针，大规模植树造林，大力发展林业产业，促进县域经济发展；坚持科教兴林、依法治林，不断优化林业发展环境，加快现代林业发展；坚持全市动员、全民动手、全社会办林业，建立大林业格局，为沈阳生态文明建设和老工业基地全面振兴提供有力保障。

（二）总体目标。用5年的时间，进一步深化集体林权制度改革，健全和完善现代林业产权制度、支持林业发展的公共财政制度和金融支撑制度，优化各类服务载体，基本建立政策完善、制度完备、服务健全、管理规范、经营科学的集体林业良性发展体制机制。用现代科学技术提升林业，用现代物质条件装备林业，用现代信息手段管理林业，基本建立以数字林业为支撑、生产力水平较高、满足社会多样化需求的现代林业发展体系。到2012年，全市森林覆盖率达到30%以上，林木绿化率达到40%以上，林业总产值达到100亿元以上，林农人均营林收入达到1000元以上，逐步实现森林资源增长、林业经济发展、林农收入增加、生态环境良好、人与自然和谐发展的目标。

二、进一步深化集体林权制度改革、加快现代林业发展的主要任务

（三）建立森林资源资产评估制度。加强对森林资源资产评估的监督管理，健全森林资源资产评估机构，规范评估行为，维护林权所有者合法权益。

（四）改革和完善林木采伐管理制度。在林木采伐管理制度改革试点的基础上，进一步放活对商品林的采伐管理。非林业用地上栽植的林木不占采伐限额，实行备案制度。对定向培育的工业原料林，实行采伐限额单列。对农户个人经营的商品林，符合采伐条件的，实行即审即批。对成过熟的人工商品用材

林、亩蓄积量不足正常蓄积量70%的残次林、没有生长量的或本地不适宜栽种的老树种，在采伐限额内优先安排。简化审批程序，实行林木采伐审批公示制度。

（五）推进"一社两会"、"三场一户"建设。在坚持家庭承包经营的基础上，本着"自愿、民主"的原则，运用市场化运作方式，采取转包、出租、转让、入股、抵押等多种林地流转形式，扶持发展"一社两会"（林果专业合作社、林木加工销售协会、林业种苗协会）和"三场一户"（家庭合作林场、股份制林场、示范林场、营林大户）。引导"一社两会"、"三场一户"整合资源，扩大规模，搞活经营，规范管理，为林农开展全程化、系列化、社会化服务。

（六）开展大规模造林绿化工程。进一步加强防沙治沙工程建设，重点搞好"三北"防护林工程，大力推进沈西北边界防风阻沙带工程、辽河水系绿洲工程、蒲河湿地森林生态景观示范带工程建设，遏制土地沙漠化，维护城乡生态安全。加快建设以寒富苹果为主的经济林基地、以杨树速生林为主的工业原料林基地、以文冠果为主的生物质能源林基地、以国际清洁发展机制和中国绿色碳基金项目为主的碳汇林基地。巩固退耕还林成果，认真兑现补贴政策，大力发展后续产业。继续开展"绿色村庄"、"绿色通道"、"绿色校园"、"绿色园区"等创建活动，全面开展湿地绿化。

（七）构建大林业格局。鼓励社会各界以各种形式积极参与现代林业建设，绿化美化沈阳。进一步完善全民义务植树的组织管理，由市绿化委员会统筹规划，实行属地管理，以乡镇、街道为单位，建立健全义务植树登记制度和考核制度，推进城乡绿化一体化。加强部门绿化工作，各相关部门按事权管理，重点抓好公路铁路沿线、村屯、学校、工业园区、库区、机关单位、部队营房等绿化。继续开展农村党团员和民兵、预备役人员义务植树活动及农村妇女"巾帼绿色庭院"创建活动。

（八）做大做强林业产业。大力发展林地经济，扩大经济林特别是寒富苹果栽植规模，充分利用林下资源，积极探索林下经济的发展模式，努力提高林地的总体效益。加强基础设施建设，推进标准化生产，搞好果树早期丰产园建设，提高产量和效益。积极扶持林产品加工企业发展，重点培育以林浆纸一体化、果品鲜贮和深加工以及桑蚕生丝生产为主的龙头企业发展，努力提高林产品深加工水平，延长产业链条，增强对林地经济的牵动力。

（九）切实加强森林经营工作。进一步完善森林经营规划，调整森林结构，加大中幼龄林抚育和低效林改造的力度，提高林分质量和林地生产力，改善森林结构，增强森林功能。重点搞好生态公益林和商品林基地建设。加强防沙治沙林、水土保持林、水源涵养林以及工业原料林、碳汇林、珍贵树种、林木良种的定向培育。规范森林经营管理，建立林地管理、中幼林抚育、低产林改造和迹地更新技术规程，强化监督管理，实现森林资源的可持续发展。

（十）强化森林、湿地和野生动植物资源保护。加强生态环境脆弱地区林草植被的保护与恢复，以山区、沙区和自然保护区、生态功能保护区、重要生态保护地为重点，在全市开展季节性的封山（沙）禁牧，重点地区实行常年禁牧。严禁在林地、林区内开荒种地。严厉打击盗砍滥伐林木、乱捕滥猎野生动物、乱耕滥占林地等各种破坏森林资源行为。强化湿地保护和管理，加强自然保护区建设和野生动植物保护，凡在森林、湿地等保护地区进行开发建设的项目，必须依法执行环境影响评价制度。重点搞好美国白蛾、松毛虫、杨树蛀干害虫、杨树烂皮病等森林病虫害防治。

（十一）推进数字林业建设。本着分批投入、分期建设的原则，在市、区县（市）、乡镇和"三场一户"、专业合作社中，建立数字林业信息网络，健全森林防火远程智能监控系统、远程视频会商系统、3S（地理信息、遥感、卫星定位）系统、数据库系统、办公自动化系统，提高现代林业管理水平。

（十二）加强林改机构建设。市和区县（市）政府要明确专门机构负责林改工作；加强基层林业工作机构建设，基层林业站的恢复与建立要结合乡镇机构改革进行统筹考虑，以进一步加强对集体林权制度改革的指导与协调，强化林业综合服务职能，巩固和发展集体林权制度改革成果。

三、进一步深化集体林权制度改革、加快现代林业发展的政策措施

（十三）建立健全支持林业发展的公共财政制度。各级政府要根据财政部、国家林业局《关于印发〈育林基金征收使用管理办法〉的通知》（财综[2009]32号）要求和省有关部门制定的具体标准，征收和使用育林基金。各区、县（市）要根据乡镇林业工作站工作开展情况及其单位性质，进一步加大财政扶持力度，核定人员及公用经费。加强林业基础设施建设，将森林防火、林业有害生物防治、森林资源管理和林业行政执法体系等方面的基础设施建设纳入各级政府基本建设规划。将林区道路、供水、供电、通信等基础设施建设纳入相关行业的发展规划。进一步搞好国有林场危旧房屋改造。完善森林生态效益补偿基金制度，按照"谁开发谁保护、谁受益谁补偿"的原则，多渠道筹集森林生态效益补偿基金。根据国家、省有关规定，对森林防火、林业有害生物防治、林木良种、沼气建设、森林抚育、木本粮油、生物质能源林、珍贵树种及大径材培育给予扶持。对促进林地经济发展的龙头企业，按新增固定资产投资额给予适当扶持，其贷款可优先享受贴息补贴。继续执行市财政对常规造林补贴和经济林补贴政策，加大对大规模造林绿化的财政补贴力度，重点支持治沙造林、荒山造林和经济林等工程项目。

（十四）建立林业金融保障制度。各政策性银行、商业银行、农村合作金融机构及中国邮政储蓄银行，要积极开展林权抵押贷款，加大林业信贷投放。各级政府要逐步建立林业贷款财政贴息制度，降低林农负担。鼓励各类担保机构开办融资担保业务。设立多种形式的林农和林业生产经营者贷款担保基金。

（十五）加快建立政策性森林保险制度。遵循政府引导、政策支持、市场运作、农民自愿的原则，积极引导林农投保。财政、保监等部门要积极推进森林火灾、森林病虫害、洪涝灾害、冰雹、暴风

雨雪、低温冻害等自然灾害保险工作，切实提高林农抵御自然灾害的能力。

（十六）强化林业科技支撑。高度重视新品种、新技术、新成果、新模式在现代林业建设中的应用，加大林业科研的支持力度，重点扶持新品种引进、造林新技术和果树栽培新技术推广，提高林业生态建设和林业发展的科技含量，提高科技创新能力。加强基层林业站和林业推广体系建设，全面深化并落实科技特派员制度，与科研院所和大专院校建立制度化的技术支持渠道，扶持培育农民科技服务组织，形成林业科技服务的长效机制。积极推进林业标准化工作，建立林业质量标准和检验检测体系。

（十七）加强重大林业灾害防控工作。加大森林火灾、林业有害生物、沙尘暴、动物疫源疫病等重大林业灾害的防控工作力度。建立政府主导、部门配合、全社会参与的灾害应急机制，科学制定防控方案和应急预案，全面落实责任。建立应急资金和物资储备制度，提高重大林业灾害的防控能力。

四、进一步加强对深化集体林权制度改革、加快现代林业发展的组织领导

（十八）提高思想认识。各级党委、政府要充分认识林业在国民经济发展中的战略地位和作用，深刻认识深化集体林权制度改革对搞活农村经济、促进农民增收、改善生态环境的重要推动作用，充分认识发展现代林业是贯彻落实科学发展观、推动我市经济社会发展的重要内容，进一步统一思想，切实增强改革与发展的紧迫感和责任感。

（十九）强化组织领导。各级党委、政府要把集体林权制度改革和发展现代林业作为加快我市经济社会发展、全面振兴老工业基地的一件大事来抓，摆上重要位置。坚持党政主要领导负总责，分管领导具体负责，层层落实领导责任，建立齐抓共管的工作机制。要建立目标责任制，健全监督检查机制，为林业改革与发展提供强有力的组织保障。

（二十）加强队伍建设。林业改革与发展是一项长期、复杂的利民工程，各级党委、政府要加强林业工作机构和队伍建设，配备业务精、水平高、能力强的人员负责集体林权制度改革和现代林业产业发展工作。

（二十一）形成工作合力。林业改革与发展涉及面广、政策性强、情况复杂，各级党委、政府及其相关部门和社会各方面要通力协作，形成工作合力，共同做好此项工作。林业、宣传、发展改革、财政、科技、教育、建设、交通、金融、保险、司法、人力资源、机构编制等相关部门和共青团、妇联等群团组织要各司其职，各负其责，密切配合，积极参与林业改革与建设，主动支持林业发展，形成共同推进的工作格局，为全市林业改革与发展作出应有的贡献。

法规·规章

沈阳市城市轨道交通运营特许经营管理办法

（沈阳市人民政府令第10号）

第一条　为了促进城市轨道交通事业发展，规范城市轨道交通运营特许经营活动，保障社会公共利益和公共安全，根据国家有关规定，结合我市实际，制定本办法。

第二条　本市行政区域内的城市轨道交通运营特许经营及其监督管理活动，适用本办法。

第三条　本办法所称城市轨道交通运营特许经营（以下简称轨道交通特许经营），是指市政府按照有关法律、法规，通过市场竞争机制选择城市轨道交通运营经营者，明确其在一定期限和范围内从事城市轨道交通运营并提供服务的制度。

第四条　实施城市轨道交通运营特许经营，应当遵循公共利益优先和公开、公平、公正的原则。

第五条　市交通行政主管部门是我市轨道交通运营的行政主管部门（以下简称轨道交通运营主管部门），负责本办法的组织实施，并对轨道交通特许经营活动进行监督管理。

发展改革、规划和国土资源、建设、环保、工商、公安、城市管理行政执法、安全生产监督、外经贸、财政、国有资产、物价、审计等相关部门，共同配合，在各自的职责范围内依法实施监督管理工作。

第六条　社会公众享有对轨道交通特许经营的知情权和监督权，对侵害公众合法权益的行为有权进行投诉、举报。

第七条　特许经营权的授予程序为：

（一）由轨道交通运营主管部门会同政府相关部门拟定城市轨道交通特许经营实施方案，并组织有关专家审查和论证后，报市政府批准；

（二）轨道交通运营主管部门按照有关法律、法规的规定，通过招标或者竞争性谈判等公平竞争的方式确定特许经营者；

（三）轨道交通运营主管部门应当将选择特许经营者的结果向社会公示二十日，接受社会监督；

（四）公示期满无异议，由轨道交通运营主管部门报市政府批准后，与获得特许经营权的经营者签订特许经营协议；需要成立项目公司的，特许经营者应当在规定的期限内注册成立项目公司，轨道交通运营主管部门应当与项目公司签订特许经营协议，明确双方的权利和义务。

第八条　市政府可以收取轨道交通特许经营权使用费，法律、法规另有规定的除外。特许经营权使用费应当专项用于城市轨道交通建设和运营，不得挪作他用，并依法接受审计监督。

第九条　轨道交通特许经营项目实施方案应当包括下列内容：

（一）名称、基本经济技术指标及轨道交通服务质量标准；

（二）特许经营的方式、主要内容、范围及期限；

（三）部门间协同保障机制及谈判组织形式、人员构成、咨询方式；

（四）经营者应当具备的条件及选择方式；

（五）特许经营权使用费及其减免；

（六）投资回报和价格的测算；

（七）优惠政策及财政补贴；

（八）政府的监督管理措施；

（九）其他应当明确的事项。

第十条　申请特许经营权，应当具

备下列条件：

（一）依法成立的企业法人；

（二）具有良好的银行资信、财务状况及相应的偿债能力；

（三）具有相应的从业经历、良好的业绩和企业商誉；

（四）具有相应的注册资本金和设备、设施；

（五）具有切实可行的轨道交通经营方案；

（六）符合法律、法规、规章的其他条件。

第十一条 特许经营协议应当包括下列内容：

（一）特许经营内容、区域、范围及有效期限；

（二）经营方式；

（三）设施的权属与处置及维护；

（四）安全管理；

（五）特许经营权的终止和变更；

（六）违约责任和争议的解决方式；

（七）双方认为应当约定的其他事项。

第十二条 特许经营协议中不得承诺商业风险分担、固定投资回报率及法律、法规禁止的其他事项。

第十三条 特许经营期限最长不得超过三十年。特许经营期限届满，应当按有关规定重新选择特许经营者。特许经营者的重新确定应当于特许经营期限届满六个月前完成。

第十四条 特许经营者依法享有下列权利：

（一）独立经营管理的权利，国家机关、社会团体和其他组织不得非法干预其正常经营活动；

（二）根据特许经营协议的约定取得合法收益；

（三）对发展规划和价格等调整提出建议；

（四）享受有关的优惠政策及财政补贴；

（五）法律、法规、规章规定和特许经营协议约定的其他权利。

第十五条 特许经营者应当履行下列义务：

（一）按照规划和社会需要，在特许经营协议约定的服务区域内向消费者普遍地、无歧视地提供安全、优质、持续、高效的服务；

（二）按照特许经营协议的约定缴纳特许经营权使用费；

（三）按照相关法规、规范、标准等要求，做好污染防治工作，并对城市轨道交通设施进行定期检修保养，确保设施完好，安全稳定运行，接受政府有关部门的指导、监督、检查；

（四）将提供的轨道交通服务质量及时向社会公告，接受社会监督；

（五）及时将企业的中长期发展规划、年度经营计划、年度经营报告、董事会、监事会主要成员及总经理的变更等重大事项报送轨道交通运营主管部门备案；

（六）做好设施及运营资料的收集、分类、整理、归档和保密工作，建立完善城市轨道交通信息化管理系统，按照要求及时、准确地将运营情况、设施状况等相关资料报送轨道交通运营主管部门及其他相关部门；

（七）制定应急预案，保证城市轨道交通的安全运行。在可能危及公共利益、公共安全等情况下，服从市政府的统一指挥、调度；

（八）项目中止时，在完成接管前应当按照特许经营协议约定履行看守职责，维持正常的经营服务；项目终止时，应当按照接管单位的要求，将维持轨道交通正常运转所需的设施、设备及相关档案、资料完好移交；

（九）履行法律、法规、规章规定和特许经营协议约定的其他义务。

第十六条 特许经营者禁止下列行为：

（一）擅自转让、出租、质押或者以其他方式处分特许经营权；

（二）超越特许经营协议中约定的范围从事经营活动；

（三）擅自停业、歇业；

（四）擅自转让、出租、质押、抵押或者以其他方式处分特许经营项目资产，擅自转让项目公司股权；

（五）擅自调整轨道交通服务价格，降低服务质量和运营标准；

（六）法律、法规、规章和特许经营协议禁止的其他行为。

第十七条 特许经营期间，因不可抗力原因无法正常经营的，特许经营者应当及时报告轨道交通运营主管部门，并采取措施予以补救。

第十八条 轨道交通运营实行政府定价。价格的制定或者调整，可以由特许经营者或者轨道交通运营主管部门向市价格行政主管部门提出申请，也可以由市价格行政主管部门依法直接提出价格方案，按照规定程序报批后实施。

第十九条 轨道交通运营主管部门应当履行下列义务：

（一）协助相关部门核算和监控轨道交通运营成本，提出价格调整意见；

（二）监督特许经营者履行法定义务和特许经营协议规定的义务；

（三）对特许经营者经营计划实施情况、服务质量以及安全生产情况进行监督；

（四）受理公众对特许经营者的投诉；

（五）向政府提交年度特许经营监督检查报告；

（六）制定特许经营监管应急预案和临时接管方案，在危及或者可能危及公共利益、公共安全等紧急情况下，临时接管特许经营项目；

（七）法律、法规及特许经营协议约定的其他义务。

特许经营期限内，政府相关部门应当按照法律、法规、规章的规定对特许经营者实行监管，并履行特许经营协议中的相关政府承诺。

第二十条 确因公共利益需要，市政府可以依法收回特许经营权、终止特许经营协议、征用实施特许经营的轨道交通设施，特许经营者应当予以配合。由此给特许经营者造成直接损失的，应当依法给予相应补偿。

第二十一条 政府有关部门及其工作人员对在实施轨道交通特许经营监管中知悉的特许经营者的商业秘密、技术秘密负有保密义务。

第二十二条 特许经营者以欺骗、贿赂等不正当手段取得特许经营权的，经市政府决定，撤销其特许经营权，并由特许经营者赔偿由此而造成的损失；构成犯罪的，依法追究刑事责任。

第二十三条 特许经营者在经营期间有下列行为之一的，由轨道交通运营主管部门责令改正；拒不改正的，经市政府决定，可以收回其特许经营权，终止特许经营协议，并实施临时接管：

（一）擅自转让、出租、质押或者以其他方式处分特许经营权的；

（二）不履行普遍服务义务，或者服务质量不符合标准，严重影响公众利益的；

（三）擅自停业、歇业，影响公共利益和社会稳定的；

（四）因生产、经营管理不善，发生重大质量、安全生产事故和环境事故，或者财务状况恶化，特许经营者无法正常运行，严重影响公众利益的；

（五）因转让项目公司股权而出现不符合特许经营协议约定的授权资格条件的；

（六）在可能危及公共利益、公共安全等情况下，不服从政府统一指挥、调度的；

（七）法律、法规、规章规定和特许经营协议约定的其他情形。

第二十四条 特许经营者在经营活动中违反有关法律、法规、规章规定的，由轨道交通运营主管部门会同有关部门按照相关法律、法规、规章的规定进行处罚。

第二十五条 从事特许经营监督管理的工作人员在管理工作中滥用职权、徇私舞弊、索贿受贿的，由有关部门依法给予行政处分；构成犯罪的，依法追究刑事责任。

第二十六条 本办法自2009年1月1日起施行。

沈阳市作业场所职业卫生监督管理办法

（沈阳市人民政府令第11号）

第一章 总　　则

第一条 为了加强职业卫生监督管理，控制和消除职业病危害，保护劳动者身体健康和生命安全，促进经济发展，根据《中华人民共和国职业病防治法》等有关法律、法规，结合本市实际，制定本办法。

第二条 本市行政区域内作业场所职业病危害因素的防治及管理，适用本办法。

第三条 本办法所称产生职业病危害的用人单位（以下简称用人单位）是指产生《职业病危害因素分类目录》所列的一般和严重职业病危害因素的用人单位。严重职业病危害因素是指《高毒物品目录》所列化学因素；石棉纤维粉尘、含游离二氧化硅10%以上粉尘；放射性因素（包括核设施、辐照加工设备、加速器、放射治疗装置、工业探伤机、甲级开放型放射性同位素作业场所和放射性物质贮存库等装置或场所）；国家规定的其他应列入严重职业病危害因素范围的。

第四条 市和区、县（市）人民政府应当加强对职业卫生工作的领导，把职业卫生工作纳入本行政区域国民经济和社会发展计划，并将职业卫生监督管理经费纳入本级政府财政预算。

第五条 市安全生产监督管理部门是本市作业场所职业卫生监督管理的行政主管部门，负责全市的作业场所职业卫生监督管理工作。区、县（市）安全生产监督管理部门是本行政区域内作业场所职业卫生监督管理的行政主管部门，负责本行政区域内的作业场所职业卫生监督管理工作。市和区、县（市）卫生行政主管部门的职业病防治监管工作，按照《中华人民共和国职业病防治法》等有关法律、法规执行。市和区、县（市）人民政府有关部门应当在各自职责范围内，做好职业卫生监督管理工作。

第二章 职业卫生保障

第六条 用人单位应当为劳动者创造符合国家职业卫生标准要求的工作环境：

（一）职业病危害因素的强度或者浓度符合国家职业卫生标准；

（二）设置与职业病危害防护相适应的设施；

（三）生产布局合理，作业场所与生活场所分开、有害作业与无害作业分开；

（四）法律、法规、规章规定的其他要求。

第七条 用人单位应当采取下列职业卫生管理措施：

（一）建立、健全职业卫生责任制；

（二）建立、健全职业卫生规章制度和操作规程；

（三）建立、健全职业卫生档案；

（四）建立、健全作业场所职业病危害因素监测及评估制度；

（五）建立、健全职业病危害事故应急救援预案；

（六）法律、法规、规章规定的其他要求。

第八条 严重职业病危害因素的用人单位劳动者超过300人、职业病危害因素作业岗位在5个以上、接触职业病危害人数达到50人的，应当设置职业卫生管理机构；未达到上述条件的严重职业病危害因素的用人单位应当配备专职职业卫生管理人员。一般职业病危害因素的用人单位，其劳动者超过300人的，应当配备专职职业卫生管理人员。

第九条 用人单位应当对劳动者进行上岗前的职业卫生培训和在岗期间的定期职业卫生培训，普及职业卫生知识，督促劳动者遵守职业卫生法律、法规、规章和操作规程。

第十条 用人单位应当设专人对作业场所职业病危害因素进行日常监测，委托具有职业卫生检测资质的检测机构每年进行一次职业病危害因素检测；对使用高毒物品作业的场所每月进行一次职业病危害因素监测；每半年进行一次职业病危害控制效果分析评价。评价、监测、检测结果应当向所在地安全生产监督管理部门和卫生监督机构报告并向劳动者公布。

第十一条 用人单位必须按照国家职业卫生标准要求使用职业病危害防护设备和设施，并进行经常性的维护和检修；定期检测其性能和效果；不得擅自拆除或者停止使用。

第十二条 用人单位应当为劳动者提供符合国家职业卫生标准要求的劳动防护用品，不得采购和使用无安全标志或者未经法定认证的单位销售的特种劳动防护用品。购买的特种劳动防护用品,应当经本单位的职业卫生管理机构或者职业卫生管理人员检查验收,并指导和监督劳动者正确使用。

第十三条 用人单位作业场所职业病危害因素不符合国家职业卫生标准时,必须停止存在职业病危害的作业,立即采取相应治理措施进行治理,达到国家职业卫生标准要求时,方可重新作业。

第十四条 用人单位应当保证职业卫生资金投入,用于预防和治理职业病危害、作业场所职业卫生检测、健康监护和职业卫生培训等,其资金投入在生产成本中列支。

第十五条 用人单位建设项目产生职业病危害的,应当在竣工验收之日起30日内向安全生产监督管理部门进行职业病危害申报,申报后,因采用的技术、工艺、材料等发生变更导致所申报的职业病危害因素及其相关内容发生变化的,应当在变更后30日内进行变更申报。

用人单位的名称、法定代表人或负责人等发生改变的,应当在改变后30日内向原申报机关办理变更手续。

用人单位终止生产经营活动的,应当在生产经营活动终止的10日内向原申报机关办理注销手续。

第十六条 用人单位发生急性职业病危害事故时,应当立即采取应急救援和控制措施,单位负责人应当在1小时内向所在地安全生产监督管理部门和有关部门报告。对遭受或者可能遭受急性职业病危害的劳动者,应当及时组织救治、进行健康检查和医学观察。

第三章 监督管理

第十七条 安全生产监督管理部门应当对用人单位的下列事项进行监督检查:

(一)职业病危害防护设备、设施及其维护、保养和检测;

(二)作业场所职业病危害的监(检)测和评(估)价;

(三)职业病危害治理;

(四)职业病危害事故应急救援预案;

(五)职业病危害项目申报;

(六)与作业场所有关的职业卫生资金投入;

(七)与作业场所有关的职业卫生责任制;

(八)与作业场所有关的职业卫生管理机构的设立和职业卫生管理人员的配备;

(九)与作业场所有关的职业卫生规章制度、操作规程和职业卫生档案;

(十)用人单位的负责人、职业卫生管理人员、劳动者与作业场所有关的职业卫生培训与教育;

(十一)劳动防护用品的配备与使用;

(十二)法律、法规、规章规定的其他监督检查内容。

第十八条 安全生产监督管理部门应当按照国家职业卫生标准要求,对用人单位作业场所职业病危害程度实施监督性抽查检测,并向社会公布检测结果。监督性抽查检测应当委托具有职业卫生检测资质的检测机构承担。

第十九条 发生职业病危害事故时,安全生产监督管理部门可以采取下列临时控制措施:

(一)责令暂停导致职业病危害事故的作业;

(二)封存造成职业病危害事故或者可能导致职业病危害事故发生的材料和设备;

(三)组织控制职业病危害事故现场;

(四)其他必要的临时控制措施。

第二十条 安全生产监督管理部门应当向社会公开举报电话、电子邮件地址,建全监管体系。及时受理违反职业卫生法律、法规、规章行为的举报。

第二十一条 安全生产监督管理部门应当对职业病危害严重的用人单位建立档案,实施重点监督检查。

第二十二条 安全生产监督执法人员依法执行职务时,被检查单位应当接受检查,不得拒绝和阻碍。

第二十三条 新闻媒体应当积极进行职业卫生宣传,对违反职业卫生法律、法规、规章的行为进行舆论监督。

第四章 法律责任

第二十四条 用人单位违反本办法第六条第(一)(二)项、第十条、第十一条、第十二条、第十三条、第十六条规定,有下列行为之一的,由安全生产监督管理部门按照《中华人民共和国职业病防治法》第六十五条、第六十八条的规定,给予处罚:

(一)作业场所职业病危害因素的强度或者浓度超过国家职业卫生标准的;

(二)未提供职业病危害防护设施和个人使用的职业病防护用品,或者提供的职业病危害防护设施和个人使用的职业病防护用品不符合国家职业卫生标准要求的;

(三)未对职业病危害防护设备和设施进行维护、检修、检测的;

(四)擅自拆除、停止使用职业病危害防护设备或者应急救援设施的;

(五)未对作业场所职业病危害因素进行检测、评价的;

(六)作业场所职业病危害因素经治理仍然达不到国家职业卫生标准继续作业的;

(七)发生急性职业病危害事故时,未立即采取应急救援和控制措施的。

第二十五条 用人单位违反本办法第七条、第八条、第九条规定,有下列行为之一的,由安全生产监督管理部门按照《中华人民共和国职业病防治法》第六十三条的规定,给予处罚:

(一)未制定或者未公布与作业场所有关的职业卫生责任制、规章制度、操作规程的;

(二)未按照规定设置与作业场所有关的职业卫生管理机构或者配备职业卫生管理人员的;

(三)未按照规定组织劳动者进行与作业场所有关的职业卫生培训的;

(四)未制定和公布职业病危害事故应急救援预案的;

(五)作业场所职业病危害因素监

测、评价结果未存档、上报、公布的。

第二十六条 用人单位违反本办法第十条、第十五条规定,有下列行为之一的,由安全生产监督管理部门按照《中华人民共和国职业病防治法》第六十四条的规定,给予处罚:

(一)未进行作业场所职业病危害因素日常监测的;

(二)未及时、如实申报职业病危害项目的。

第二十七条 当事人对行政处罚决定不服的,可以依法申请行政复议或者提起行政诉讼;逾期不申请行政复议也不提起行政诉讼又不履行行政处罚决定的,由作出处罚决定的行政机关申请人民法院强制执行。

第二十八条 职业卫生监督管理人员在工作中玩忽职守、滥用职权、徇私舞弊,构成犯罪的,依法追究刑事责任;尚未构成犯罪的,依法给予行政处分。

第五章 附 则

第二十九条 本办法自2009年7月1日起施行。

沈阳市城市地下管线工程档案管理办法

(沈阳市人民政府令第12号)

第一条 为了加强城市地下管线工程档案的管理,保障地下管线安全,充分发挥地下管线工程档案在城市规划、建设、管理中的作用,根据《中华人民共和国档案法》及有关规定,结合我市实际,制定本办法。

第二条 本市城市规划区域内的地下管线工程档案的收集、保管、利用等管理活动,适用本办法。

第三条 本办法所称城市地下管线工程,是指在城市新建、扩建、改建的各类地下管线工程,包括:城市供水、排水、燃气、热力、电力、通讯、工业、人防、隧道、地铁等地下管线工程。本办法所称城市地下管线工程档案,是指在城市地下管线规划、建设、管理工作中形成的具有保存价值的文字、图表、声像、电子等各种载体形式的文件材料。

第四条 市城乡建设委员会是本市地下管线工程档案管理的行政主管部门。市城建档案管理机构具体负责对已经形成和正在形成的城市地下管线工程档案进行管理,业务上接受市档案行政主管部门的指导和监督。区、县(市)城建档案管理机构,按照其职责范围负责接收和管理城市地下管线工程档案,并接受市城建档案管理机构和同级档案行政主管部门的业务指导和监督,定期向市城建档案管理机构报送各种管线工程档案目录。各地下管线有关管理部门和权属单位应当按照各自职责,做好地下管线工程档案管理工作。

第五条 地下管线工程档案管理人员应当具备相应的地下管线工程档案管理专业知识,市城建档案管理机构应当对其进行专业培训。

第六条 城市地下管线工程档案实行集中统一管理,市城乡建设委员会应当建立城市地理信息系统,妥善保管城市地理信息系统数据,为城市规划、建设、管理服务。本办法实施前已经形成的各类专业地下管线档案应当按专业类别进行权属化管理,其档案按规定备份移交给城建档案管理机构。

第七条 建设单位、施工单位及工程测量单位应当按照城市地下管线档案业务标准、技术规范,编制和整理地下管线工程档案。

第八条 建设单位在工程设计前,应当到城建档案管理机构及有关部门查清该地段的地下管线情况,并将有关材料提供给勘察、设计、施工、工程监理等单位。

第九条 建设单位办理地下管线施工许可手续时,城建档案管理机构应当书面告知申请单位地下管线工程竣工后需移交的竣工档案材料和要求。

第十条 施工单位在施工前应当查明施工地段地下管线现状。施工过程中发现未标注的地下管线,应当及时通知城建档案管理机构。未标注的地下管线无权属单位的,由城建档案管理机构委托具有相应资质的专业技术单位及时补测;未标注的地下管线有权属单位的,由该管线的权属单位负责补测。

第十一条 地下管线工程覆土前,建设单位应当委托具有相应资质的工程测量单位,对即将完工的地下管线工程进行竣工测量,形成准确的竣工测量数据文件和管线工程测量现状图。

第十二条 多种地下管线同时施工的,各建设单位编制的地下管线工程竣工档案,应当按规定分别报送城建档案管理机构。

第十三条 抢修地下管线工程导致管线发生变更的,管线权属单位应当在抢修结束后三个月内将所形成的工程档案材料报送城建档案管理机构。

第十四条 地下管线权属单位应当将变更、废弃、漏测的地下管线工程档案技术文件材料及时修改、补充,并在三个月内向城建档案管理机构移交。

第十五条 建设单位在组织地下管线工程竣工验收前,由城建档案管理机构对该地下管线工程档案进行专项预验收。对编制不符合业务标准、技术规范要求的,建设单位应当完善档案材料。

第十六条 建设单位应当在地下管线工程竣工验收后三个月内,向城建档案管理机构移交下列档案材料:

(一)地下管线工程规划、设计、施工批准文件及其他前期审批文件;

(二)地下管线工程施工技术文件、监理文件;

(三)地下管线工程竣工验收文件及竣工图;

(四)地下管线工程测绘成果及竣工测量数据;

(五)地下管线工程的照片、录像及电子文件;

(六)其他应当归档的文件材料。

地下管线附属配套工程档案应当与管线主体工程档案同时移交。

第十七条 建设单位报送的地下管线工程竣工档案材料应当是原件,字迹工整、图样清晰,竣工图与工程实体相符,加盖竣工图章,由编制单位负责人及技术负责人签字盖章。档案材料应当完整、准确。

第十八条 建设单位移交的地下管线工程档案符合要求的,城建档案管理机构应当在五日内办理接收手续；不符合要求的，城建档案管理机构应当在五日内一次性书面告知其应补正的内容和要求，由建设单位重新编制后移交。

第十九条　建设单位应当建立、健全地下管线工程档案管理制度，设置档案管理人员，确保档案安全完好。

第二十条　工程测量单位应当及时向市城建档案管理机构移交有关地下管线工程的1:500城市地形图和控制成果。规划设计、勘察测绘单位应当将形成的本市综合专业管网规划材料、各管线专业详细规划材料、本市综合管网勘察测绘现状图及专业管网测绘材料，自形成之日起两年内向市城建档案管理机构移交。

第二十一条　市城建档案管理机构应当依据所接收的普查、测绘、补绘以及工程测量单位移交的城市地形图和控制成果，及时更新城市地下管线综合管理信息系统，实现动态管理。

第二十二条　城建档案管理机构对接收的地下管线工程档案实行分级管理，严格按照国家保密制度和有关规定划分利用范围，为社会提供服务。

第二十三条　地下管线产权单位合并的，其自管的地下管线工程档案材料由合并后的单位接收；地下管线产权单位撤销的，其自管的地下管线工程档案应当移交给城建档案管理机构。

第二十四条　违反本办法规定，建设单位未按期移交地下管线工程档案的，由建设行政主管部门责令限期改正，逾期不改的，处1万元至10万元的罚款；对单位负责人和直接责任人，处单位罚款数额5%至10%的罚款；因未按期移交地下管线工程档案，造成施工单位在施工过程中损坏地下管线的，建设单位依法承担相应责任；构成犯罪的，依法追究刑事责任。

第二十五条　地下管线专业管理单位拒绝移交地下管线工程档案的，由建设行政主管部门责令改正，并处1万元以下的罚款。

第二十六条　当事人对行政处罚决定不服的，可以依法申请行政复议，或者直接向人民法院提起行政诉讼；逾期不申请复议，也不向人民法院起诉，又不履行行政处罚决定的，由做出处罚决定的机关申请人民法院强制执行。

第二十七条　军事、涉密的人防地下管线工程档案管理按照国家有关法律、法规规定执行。

第二十八条　本办法自2009年7月1日起施行。

沈阳市地名管理办法

（沈阳市人民政府令第13号）

第一章　总　　则

第一条　为加强地名管理，适应经济社会发展、人民生活和传承文化需要，根据国务院《地名管理条例》和《辽宁省地名管理条例》的有关规定，结合本市实际，制定本办法。

第二条　本办法所称地名，是指用作标示方位的地理实体名称。包括以下范围：

（一）自然地理实体名称，指山、河、湖泊、洞、泉、滩、沟峪等各种自然地理实体名称；

（二）行政区域名称，指市、区、县（市）、乡（镇）、街道办事处名称；

（三）居民地名称，指社区居民委员会、村民委员会和农村自然村名称；

（四）城镇街、路、巷、楼门牌编码；

（五）名胜古迹、纪念地、公园、自然保护区、文化和体育场（馆）等名称；

（六）具有地名意义的隧道、桥梁（立交桥、人行天桥）、车站、机场、电站、水利设施等名称；

（七）大型建筑物及建筑群体名称；

（八）其他具有地名意义的名称。

第三条　本市行政区域内的地名管理工作适用本办法。

第四条　地名管理应当坚持尊重当地历史和现状，保持地名的相对稳定，对历史悠久、具有纪念意义的地名予以保护的原则。

第五条　地名管理实行市、区、县（市）人民政府领导责任制。市民政部门是全市地名管理工作的行政主管部门，主要职责是：编制全市地名工作规划和地名总体规划；审核、审批地名的命名、更名、废止；审定并组织编撰标准地名资料和工具图书；指导和监督标准地名的推广使用；开展地名信息公共服务；管理地名标志和地名档案；对行业管理部门使用的地名实行监督和指导；协调地名管理相关事宜；指导和监督区、县（市）地名管理部门的工作。区民政部门负责本辖区行政区划名称和道路命名、更名、废止的呈报工作；负责楼门牌编制、设置和管理工作；负责编制本辖区地名详细规划。县（市）民政部门负责本辖区行政区划名称命名、更名呈报工作；负责道路命名、更名、废止的审核、呈报、备案工作；负责建筑物及建筑群体名称的审批和楼门牌编制、设置、管理工作；负责编制本辖区地名详细规划。发展和改革、建设、规划、公安、城管、房产、交通、财政、工商、文化广电新闻出版等部门，应当按照各自职责，做好地名相关管理工作。

第六条　地名工作经费实行预算管理。地名标志设置维护所需经费列入年度市城建投资计划，地名管理日常工作经费列入年度本级政府财政预算，专款专用。

第二章　地名的命名和更名

第七条　地名的命名应当遵循下列规定：

（一）符合城乡地名总体规划要求，反映当地历史、地理、文化、经济特征，符合被命名实体的性质、功能、形态、规模和环境等实际情况，含义健康、简明、确切；

（二）一般不以人名命名，不以外国地名命名地名，禁止用国家领导人的名字作地名；

（三）乡、镇和街道办事处、社区居民委员会不重名，乡、镇内的村民委员会、自然村不重名，城镇内的街、路、巷、广场不重名；

（四）城镇内的各种综合服务大楼、大型建筑物及建筑群体不重名；

（五）具有地名意义的站、场、桥等名称应与当地主地名相一致；

（六）派生地名应与当地主地名相统一；

（七）地名用字应当规范，避免使用生僻字、同音字和错别字以及字型、字音易混淆或者易产生歧义的字；

（八）南北走向的道路通名为街，东西走向的道路通名为路，对斜向的道路适当命名为街名或者路名，不足500米长、8米宽的道路通名为巷。

第八条 地名的更名应当遵循下列规定：

（一）凡有损国家主权和尊严的，带有民族歧视性质和妨碍民族团结的，带有不健康内容和庸俗色彩，以及其他违背国家方针、政策的地名，必须更名；

（二）不符合本《办法》第七条规定的地名，在征得有关方面和当地群众同意后，予以更名。

第九条 快速路、主干路和自然地理实体名称的命名、更名、废止，由市地名管理部门会同相关部门提出意见，报市人民政府审批。次干路、支路的命名、更名、废止，由所在行政区地名管理部门提出方案，经本级人民政府审核同意，报送市地名管理部门提出审核意见后，由市人民政府审批。市地名管理部门应当自受理之日起15个工作日内提出审核意见。

县（市）范围内道路命名、更名、废止，由所在行政区地名管理部门提出方案，报本级人民政府审批，之后报市地名管理部门备案。涉及两个以上行政区的道路和自然地理实体名称的命名、更名、废止，由市地名管理部门会同相关部门提出方案，报市人民政府审批。桥梁、隧道、城市广场、公园等城市公共设施名称的命名、更名、废止，由其建设的主管部门向市人民政府提出申请，经市地名管理部门提出审核意见后，由市人民政府审批。市地名管理部门应当自受理之日起7个工作日内提出审核意见。

第十条 公交站点、车站、机场、电站、水利设施、纪念地、名胜古迹等具有地名意义的名称命名、更名、废止，由其行业管理部门征得市地名管理部门同意后，按照有关规定审批。

第十一条 城镇大型建筑物及建筑群体名称的命名、更名、注销，由开发、建设单位或者产权所有人向市地名管理部门提出申请，按照有关规定予以审批。建筑物名称与企业名称相一致的，应当以工商行政管理部门核准的企业名称为准，然后到地名管理部门办理建筑物命名、更名手续。

第十二条 新建、改建的道路命名、更名，建设单位或者管理部门应当在竣工验收后30日内，向地名管理部门提出申请。

第十三条 楼、门牌的编制、设置和管理，由区、县（市）地名管理部门按照市民政部门制定的楼门牌编制管理细则执行。凡在城镇内新建或者改建建筑物及建筑群体，开发、建设单位或者产权所有人，应当在取得建设用地规划许可证及施工许可证的同时，携带建筑设计轴线图、规划及建设用地规划许可证等相关文件，到所在区、县（市）地名管理部门申请办理楼、门、户及单元牌号码。对未办理地名审批手续的，公安、房产、工商、公共事业等部门不予办理相关手续。建筑物及建筑群体的拆迁，涉及原楼门牌号码废止的，由所在行政区、县（市）地名管理部门核准后向社会进行公布。

第十四条 乡、镇名称的命名、更名，由所在行政区的地名管理部门提出方案，经区、县（市）人民政府审核同意，报市人民政府按照相关规定审批。

第十五条 街道办事处名称的命名、更名，由所在行政区的地名管理部门提出方案，经区、县（市）人民政府审核同意后，报市人民政府审批。

第十六条 社区居民委员会、村民委员会、自然村名称的命名、更名，由所在行政区的街道办事处或者乡、镇人民政府和地名管理部门提出方案，经所在区、县（市）人民政府批准后，报市地名管理部门备案。

第十七条 地名的命名、更名，可以邀请有关专家进行论证，必要时举行听证会。

第十八条 任何单位和个人，未经批准，不得擅自对地名命名或者更名。

第三章 地名的标准化与应用

第十九条 标准地名一般由专名和通名两部分组成。专名是地名的个体属性，通名是地名的类别属性。标准地名用规范的汉字书写，以汉语普通话为标准读音。一个地名，应当只有一个标准名称和读音，不得一地多名、一名多写。

第二十条 地名的罗马字母拼写应当按照国家公布的《汉语拼音方案》作为统一规范和国际标准，并按照《中国地名汉语拼音字母拼写规则》执行。

第二十一条 少数民族地区的地名，按照国家颁布的少数民族语地名的译写规则书写。

第二十二条 各级人民政府批准的标准地名，由同级地名管理部门负责向社会公布。各机关、团体、企事业单位、部队和其他组织在公文、报刊、广告、公告、证件、广播、电视、教材、牌匾、商标、地图等方面必须使用依法批准的标准地名。

第二十三条 地名管理部门负责编辑本行政区域内的标准地名出版物。非地名管理部门编辑的地名出版物，出版前需报同级地名管理部门审核。

第四章 地名标志的设置与管理

第二十四条 地名标志的设计、加工制作及设置，应当符合国家规定的标准，实行分级设置、管理与维护。地名标志应当由取得相应资质的单位制作，同类地名标志应当采用统一标准。

第二十五条 城区内街、路、巷地名标志，由市地名管理部门设置、管理与维护。区属乡镇和县（市）范围内街、路地名标志，由所在区、县（市）地名管理部门负责设置、管理与维护。

第二十六条 建筑物及建筑群体标准名称标志的设置，设置者应当持有《辽宁省建筑名称使用证》，并报经市容行政主管部门同意。

第二十七条 地名标志的移动、拆除，由其地名管理部门组织实施。

第五章 档案管理与地名信息化

第二十八条 地名管理部门应当按照档案管理的法律、法规及规定，收集、整理、鉴定、保管地名资料，保证地名档案完整、准确，防止地名资料的丢失和损坏。

第二十九条 市和区、县(市)地名管理部门，应当建立地名信息管理系统，开发和利用地名档案为社会服务。

第六章 处 罚

第三十条 对偷窃、故意损毁或者擅自移动路牌等地名标志的，依据《中华人民共和国治安管理处罚法》规定处罚；构成犯罪的，依法追究刑事责任。

第三十一条 对损毁地名标志造成经济损失的，由直接责任者赔偿。

第三十二条 地名管理工作人员玩忽职守、滥用职权的，由所在单位或者上级主管部门批评教育，情节严重的，给予行政处分；构成犯罪的，依法追究刑事责任。

第七章 附 则

第三十三条 本办法所称大型建筑物及建筑群体名称标准是：

(一)标志性建筑：指公众认可，建筑风格别具特色，人文与自然环境相协调，体现时代感的公益性、永久性建筑物。

(二)大厦、大楼、商厦：一般用于楼层达到17层以上(含17层)，或者高度达50米以上(含50米)，或者建筑面积3万平方米以上的综合性高层建筑物或者大型楼宇名称。

(三)山庄：指占地面积1万平方米以上，花园、绿地面积不低于占地面积的50%，依山而建，环境优雅低层住宅区，或者以住宅、休闲娱乐为用途的建筑群体。不是依山而建的，不得用“山庄”作通名。

(四)小区：用于具有较完善的基础设施和公共服务设施、有相当的人工景点和一定的绿地面积，建筑面积在5万平方米以上，或者住宅建筑不少于10栋的大型居民建筑群体。对于建筑群体规模小于10栋的居民住宅，依据所从事的文化、艺术、科技等具有某种特色，可分别采用园、苑、庭、阁、家、轩、院、居、舍、坊等作通名。

(五)城：指占地面积在20万平方米以上，具有地名意义、规模较大封闭或者半封闭式的商场、专卖贸易、办公、娱乐等综合性多功能的大型建筑群和城市住宅区。占地面积在5万平方米以上，拥有单体较高层建筑、具有地名意义的大型建筑，可用“城”作通名。

(六)广场：指城市用地规模较大，占地面积1万平方米以上，或者总建筑面积10万平方米以上，具有2000平方米以上开阔、宽敞的公共场地，供人们活动、休闲、游玩等场所。

(七)中心：指占地面积2万平方米以上，或者总建筑面积20万平方米以上，具有某种单一功能，且在全市范围内是最具规模的大型建筑群。

(八)宾馆、饭店、公寓、酒店：指相对独立、具有一定建筑规模(建筑面积在3000平方米以上)的住宿、餐饮、娱乐、购物等功能的楼宇或者群楼。

第三十四条 本办法自2009年12月1日起施行。

沈阳大事记(2009年)

一　月

1日　省经济普查领导小组组长、常务副省长许卫国视察沈阳市第二次经济普查登记工作。市经济普查领导小组组长、常务副市长顾春明陪同视察。

▲　沈阳市调整失业保险金标准。其中和平区等9个市区,以及沈阳经济技术开发区、沈阳高新技术产业开发区、沈阳棋盘山国际风景旅游开发区缴纳失业保险费10年以上(含10年)的失业人员,由每月462元调整到500元;缴纳失业保险费10年以下的失业人员,由每月403元调整到440元。新民等1市3县缴纳失业保险费10年以上(含10年)的失业人员,由每月403元调整到440元;缴纳失业保险费10年以下的失业人员,由每月358元调整到390元。

4—7日　政协沈阳市第十三届委员会第二次会议召开。市政协主席刘雅琴作政协沈阳市第十三届委员会常务委员会工作报告;大会通过政协沈阳市第十三届委员会第二次会议决议;韩晓言当选为市政协副主席。

4日　辽宁省首家在工商局注册的土地股份专业合作社——长岗子辣椒专业合作社,在法库县秀水河子镇长岗子村成立。全村151户农民自愿入股成为"土地股民",集中土地61.5公顷。

5—9日　沈阳市第十四届人民代表大会第二次会议召开。大会通过关于《政府工作报告》等6项决议,补选卞富学为市法院院长。

7日　沈鼓集团自主研制的中国首台百万吨乙烯装置用裂解气压缩机组试车成功,在国家重大技术装备国产化道路上竖起新的里程碑。

8日　市长李英杰会见加拿大驻华大使罗岚,副市长邹大挺、副市级干部沙波涛参加会见。

9日　国家住房和城乡建设部在北京举行授牌仪式,正式授予沈阳市沈北新区曙光村"中国人居范例奖"荣誉称号。这是全国26个获奖项目中惟一一个以社会主义新农村建设"村庄整治"成果获奖的项目。

10日　全国"110宣传日"。沈阳全面启动5.7万余根路灯杆定位辅助报警系统,以方便群众报警求助,提高公安机关快速反应能力。

11日　美国第一能源集团(A－Power)沈阳风能装备制造基地在浑南新区东产业区投产。这是目前国内最大的已投产建设的风能装备制造基地。在投产仪式上,入驻该基地的德国富兰德风能技术(沈阳)公司揭牌,美国第一能源集团与美国通用电气公司签署合资合作协议。省长陈政高为基地建成投产发来贺信。省委常委、市委书记曾维,市长李英杰,国际商会中国国家委员会副会长王锦珍等出席仪式。

▲　"2009中国沈阳国际冰雪节、盛京灯会、关东庙会"在沈阳棋盘山冰雪大世界开幕。

12日　省委常委、市委书记曾维率沈阳市扶贫帮困慰问团前往阜新市,向阜新市捐赠钱款和物资,折合人民币600万元。这是自2001年以来,按照省委、省政府的统一部署,沈阳市连续第九年对阜新市进行对口帮扶。

▲　中国展览联盟、全国会展管理办公室在南京召开"2009年中国会展行业年会暨中国会展高峰论坛"。沈阳市举办的"中国东北亚进口商品博览会"获得"2008年中国十大政府主导型展会"称号。同时,沈阳市贸促会会长李军获"改革开放30年中国会展杰出贡献奖"。

13日　沈阳市家电下乡工作正式启动。沈阳地区农村居民可以到全市335个家电下乡网点购买享受财政资金补贴的家电产品。网点覆盖全市9个区及4个县(市)。按规定,每户每类家电下乡产品补贴数量不得超过1台,按产品最终销售价格的13%给予财政补贴。

14—15日　台湾亲民党主席宋楚瑜和夫人一行到沈阳参观访问。省委常委、市委书记曾维会见宋楚瑜一行。

18日　位于沈阳金融商贸开发区的大连银行沈阳分行正式营业。

20日　沈阳市召开会议,隆重表彰出租汽车行业先进集体和先进个人。市安运出租汽车公司等10家企业被授予"文明诚信企业"称号,65名出租车驾驶员被授予"文明服务形象大使"称号,351辆出租汽车被挂牌"模范出租汽车",3510名出租车驾驶员被评为"星级驾驶员"称号。

22日　沈阳华晨汽车集团15万辆产能A级车工厂开工奠基。省委书记、省人大常委会主任张文岳,省长陈政高,省委常委、秘书长周忠轩,副省长刘国强,市长李英杰、市人大常委会主任赵长义出席奠基仪式。

23日　市政府与中国建设银行股份有限公司辽宁省分行(以下简称省建行)签署战略合作协议。两年内,省建行将向沈阳新增贷款500亿元,重点支持沈阳能源、交通、高科技、原材料、装备制造、教育、农业基础设施、公共事业等行业的优质项目和重点骨干企业发展。

▲　新民市胡台新城至于洪区和泰馨城的153路公交线正式开通,线路里程18.4公里。这是城区进入新民境内的首条常规公交线路,也是城区与"三县一市"之间开通的首条公交线路。

▲　在奥运安保工作中劳累过度牺牲在工作岗位上的民警徐海锋,被省政府追授"辽宁省劳动模范"荣誉称号。

25日　农历除夕,市委书记曾维专程到优秀信访干部潘作良家中和优秀公安干警徐海锋父母家中,亲切看望慰问其家属。

▲　除夕之夜的零点钟声敲响之

前，沈阳市大东区莱茵河畔社区合唱团的48位老人，款款走上央视春晚的舞台，与戴玉强等歌唱家共同唱起旋律明快的《神州共举杯》。

26日 大年初一早晨，省委常委、市委书记曾维到市政府广场和公交车站点，走访慰问环卫和交通系统职工，并向在节日期间仍坚守岗位的全市广大一线职工及其家属致以新春的祝福。

二月

3日 沈阳市首家小额贷款企业——新民市汇金小额贷款有限公司在新民市行政审批服务中心注册，注册资金5000万元。

▲ 沈阳软件出口基地的沈阳正点卡通有限公司制作的52集动画片《开心小镇》，于17时45分在中央电视台动画城播出。

4日 沈阳市启动机场路改扩建工程。整个工程投资约9亿元，计划10月末通车。改扩建后，限速由110公里/小时提至120公里/小时。

12日 国家公安部批准张建勇为革命烈士。张建勇是沈阳市人，生前任北京市公安局消防局朝阳支队红庙中队指导员，副营职上尉警衔。2月10日1时40分，在扑救中央电视台新址园区在建的附属文化中心工地大火中，张建勇将自己的呼吸器让给被困人员，吸入过量毒气而英勇牺牲。

▲ 受西伯利亚冷空气和西南暖湿气流的共同影响，辽宁省迎来近25年同期最强降水天气过程。沈阳市16时开始降雨，21时30分转为降雪，最大积雪深度达到17厘米。

16日 沈阳市政府与中国工商银行股份有限公司辽宁省分行（以下简称省工行）签署战略合作协议。省工行承诺在两年内，向沈阳市新增贷款500亿元，用于支持基础设施和重大项目建设等。

16—17日 中共中央政治局常委、中央政法委书记周永康在沈阳考察工作，走访沈阳鼓风机集团有限公司等企业。

19日 北方重工集团有限公司（北方重工）董事长、总经理耿洪臣与巴西淡水河谷公司执行董事兼全球采购总裁卡拉·哥拉索女士在《阿曼球团成套项目暨合作备忘录》上签字。北方重工获得金额达4870万美元的订单，将向巴西淡水河谷的阿曼球团厂提供20条皮带输送机和1套取制样系统，以及所有附件及辅助设备。这是北方重工继2008年获得淡水河谷的赛哈苏和莫桑比克项目之后签署的又一大项目。副省长李万才、副市长王英出席签字仪式。

▲ 三九医药全资子公司深圳九新药业有限公司与新民市正式签约，投资3亿元，在辽宁新民经济开发区建设头孢原料项目。

20日 省委常委、市委书记曾维会见即将离任回国的韩国驻沈阳总领事馆总领事朴圣雄。

▲ 沈阳市养老服务协会成立。

23日 省委常委、市委书记曾维会见加拿大庞巴迪宇航（集团）总裁兼首席运营官盖伊·哈契一行，就沈阳市与庞巴迪公司发展长期战略合作伙伴关系，加快推进庞巴迪公司与沈飞集团C系列飞机和Q400飞机大部件转包等项目的合作进行商谈。

25日 沈阳市公布2009年铁路工程建设计划。今年，沈阳市拟实施的铁路工程多达15项，分为4大类，即地铁工程3项、国有铁路工程4项、铁道部部属铁路项目4项和城际铁路4项。预计总投资130亿元，其中市政府投资104.5亿元、上级部门投资19.3亿元、区县政府投资6.2亿元。

26日 省、市妇联启动万名巾帼家庭志愿者“关爱他人，奉献社会”公益活动。省总工会主席王俊莲、市总工会主席鞠秀礼出席活动。

27日 中共中央总书记、国家主席、中央军委主席胡锦涛就学习潘作良先进事迹作出重要指示，希望全国信访干部学习潘作良同志为党分忧、为民解难的崇高精神和奋力拼搏、苦干实干的优良作风，把信访部门建设成为工作一流、群众满意的部门。

▲ 沈北新区与印尼芝布特拉集团正式签署项目投资协议。项目总投资额达30亿美元、总占地面积约313公顷。省长陈政高出席签约仪式。

▲ 沈阳动漫产业基地在浑南新区举行“国家动画产业基地”揭牌仪式。这是继2007年被国家新闻出版总署正式批准为“国家动漫产业发展基地”以后，沈阳动漫产业基地获得的第二个国家级牌匾。

28日 沈阳新八王寺经过近3年重新修建，对外开放。重建后的八王寺向东移80米，占地面积8808平方米，建筑面积8100多平方米，朝向由原来的坐北朝南改为坐西朝东。

三月

5日 沈阳市政府与中纤创业投资公司在北京正式签署建设康平高性能碳纤维产业园框架协议。项目总投资30亿元，分两期建设年产1.25万吨原丝、5000吨碳纤维及一定规模的碳纤维制品。全部投产后，将建成全国最大碳纤维及制品生产基地。

▲ 沈北新区与山西唐都集团就沈北温泉开发项目正式签约。沈北温泉项目位于道义经济开发区，占地26.5公顷，项目总投资10亿元，共分3期进行。一期投资6.5亿元。

9日 沈阳水务集团启动11项供排水和污水处理等环保工程。工程总投资11.86亿元，是沈阳水务历史上投资力度最大的一次。

10日 市政府与中国国际工程咨询公司长期战略合作协议签字仪式在北京举行。省委常委、市委书记曾维，市长李英杰，中咨公司党组书记、总经理胡希捷出席签字仪式。

12日 沈阳太宇机电设备有限公司成功登陆美国纳斯达克证券交易所上市融资，这是2009年在纽约股市上市的第一家中国企业。

▲ 沈阳市职工爱心慈善基金会区、县（市）工作站成立。市总工会主席鞠秀礼为13个区县（市）和3个开发区职工爱心慈善基金会工作站授牌。

▲ 特变电工沈阳变压器集团有限公司在北京与国家电网公司签下“西电东送”重点工程6亿元订单，承接世界单台容量最大直流换流变压器产品研制任务。

17日 中国医科大学与沈北新区

正式签约，在沈北新区虎石台开发区内生命科学城建设中国医科大学新校园。校园占地面积147公顷，总投资12亿元。

18日 省委常委、市委书记曾维会见韩国新任驻沈阳总领事馆总领事辛亨根。

▲ 沈阳产品质量检验检测基地之一——法库检验基地暨沈阳陶瓷质检中心、辽宁省消防产品质检站落成，并投入使用。

18—22日 由沈阳、鞍山、抚顺、本溪、营口、阜新、辽阳、铁岭八城市共同主办，沈阳市房产局承办的中国·沈阳经济区2009春季房地产博览交易会在沈阳(国际)会展中心隆重举行。223家房地产开发企业的243个楼盘参展，提供商品住宅8.75万套，参展面积830万平方米；参展中介机构36家，提供二手房源23480套；参展装饰装修企业36家。

20日 中共中央政治局常委、国务院总理温家宝到沈阳调研，考察北方重工集团有限公司、三一重型装备有限公司、沈阳远大企业集团公司等企业生产经营情况。

23日 市委召开全市深入学习实践科学发展观活动动员大会。市委书记、市委深入学习实践科学发展观活动领导小组组长曾维作动员讲话。省委深入学习实践科学发展观活动指导检查组组长张敏，市长李英杰、市人大常委会主任赵长义出席会议。沈阳市深入学习实践科学发展观活动将分两批展开，第一批从2009年3月开始，到8月基本结束；第二批从9月开始，到2010年2月基本结束。

25日 中航工业集团沈飞民机公司在沈阳国家航空高技术产业基地举行Q400飞机大部件转包项目装配开工仪式。省委常委、市委书记曾维，中航工业集团副总经理顾惠忠出席开工仪式。

▲ 辽宁装备投资管理有限公司、香港实德环球集团、大东区政府共同签约，在大东区建立沈阳中小企业金融服务园区。

▲ 市政府出台《关于稳定就业局势促进就业创业工作的实施意见》，对大学生、企业下岗失业人员、农民工等人群就业、创业制定70项措施，力争将全市2009年城镇登记失业率控制在4.2%以内。

26日 沈阳金融家俱乐部成立，并进行首次银企对接活动，现场意向签约139.5亿元贷款。

▲ 第八届中国土木工程“詹天佑”奖颁奖大会在北京召开，沈阳奥体中心五里河体育场荣获第八届中国土木工程“詹天佑”奖，这是东北地区首次获此奖项。

27日 沈阳市非公有制经济工作会议在辽宁大剧院召开。会议表彰非公有制经济10强企业和30家明星企业，出台《关于促进非公有制经济和中小企业加快发展的若干意见》和《沈阳市中小企业服务体系建设指导意见》等文件。

▲ 新民市与吉林修正药业集团举行签约仪式。该集团总投资5亿元的物流及生产项目正式落户新民市医药产业集群。

28日 沈阳市开展全民卫生大清扫活动，共有80万人参加义务清扫活动，共清理垃圾杂物2400余吨。

30日 抚顺市党政代表团一行40余人到沈阳，对沈北新区、于洪区、铁西区、和平区等地进行考察。

▲ 由辽宁辉山控股(集团)有限公司投资建设，总额40亿元的辉山乳业良种奶牛繁育及乳品加工产业集群项目在法库县奠基。这是法库县继陶瓷产业集群后打造的又一百亿元产业集群，也是迄今为止法库县乃至沈阳市投资规模最大的农业单体项目。

31日 位于苏家屯区浑河新城，投资8亿元、建筑面积16.8万平方米的沈阳展览中心项目奠基。

▲ 以全市深入学习实践科学发展观活动动员大会为标志，“进企业解决难题，实施保增长工程”活动正式启动。按照市委深入学习实践科学发展观活动的总体安排，从3月到8月，全市将组织党员干部深入1000户产值超亿元的工业企业和投资超亿元的1000个重点项目，着力解决当前企业生产经营中的突出问题和项目建设中的瓶颈问题，支持企业发展，稳定就业岗位，形成保增长、促发展的强大合力。

四　月

1日 由沈阳市汽车流通协会和沈阳市总商会汽车销售服务行业协会合并而成的沈阳汽车流通协会正式成立。沈阳汽车流通协会共有会员单位88个。

3日 沈阳市全民义务植树活动日。省、市和沈阳军区领导以及干部和驻军共500余人，参加在浑南森林公园的植树活动，共栽植树木3000余株。当天，市区共有34870人参加义务植树活动，共栽植树木108760株。

7—11日 市长李英杰率市政府代表团赴深圳开展招商推介活动。代表团共推进重大项目67个，涉及投资额1715.5亿元，其中外资55.8亿美元；签约项目40个，涉及投资额761亿元。

8日 世界最大的丝杠生产企业日本精工株式会社代表团到沈阳访问，就开展全面技术合作与沈阳达成协议。省委常委、市委书记曾维会见日本精工株式会社社长朝香圣一。

10日 以全国政协常委、国家电监会原主席、党组书记柴松岳为组长，河北省人大常委会副主任宋长瑞为副组长的中央学习实践科学发展观活动巡回检查组到沈阳市，听取学习实践活动的情况汇报，并到沈阳机床集团进行实地察看。

▲ 市政府与深圳航空公司在深圳签署合作协议。在2009年底前，深圳航空公司将在沈阳新投放6架飞机，将运力规模增加到10架，预计投资额近40亿元。同时，在已开通20条国内外航线的基础上，陆续开通沈阳至青岛、厦门、宁波、曼谷等国内外城市的30余条航线，打造以沈阳为中心枢纽的环东北亚和东南亚航线网络。

11日 全市第十个共产党员社区奉献日。全市共有788个单位、40余万人参加全民卫生大清扫活动，其中有23万名社区党员和在职党员结合社区奉献日活动，来到各自所在社区开展卫生大清扫，总计清理垃圾、残土8350余吨，清理二环沿线重点部位、街心绿地及住宅小区的绿地230余万平方米，并植树20余万株。

13日 上海通用(沈阳)北盛汽车有限公司隆重举行雪佛兰科鲁兹新车发运仪式，6台平板车满载48台崭新的科鲁兹轿车，发往全国销售。以此次新车发运仪式为标志，科鲁兹进入批量生产阶段。

▲ 省委常委、市委书记曾维会见由淄博市委书记、市人大常委会主任刘慧晏率领的淄博市党政考察团一行。

13—14日 国家水利部副部长鄂

竟平到沈阳调研部分水利项目,先后实地考察沈北新区的新东供水工程、兴隆台集中供水工程和苏家屯区灌区续建与节水改造工程,以及现代农业优质米水稻生产节水改造项目。

15 日 拥有自主知识产权的中国原创动漫主题乐园——沈阳中国中南卡通城在沈阳棋盘山国际风景旅游开发区开工奠基。项目投资总额约为 100 亿元。

16 日 全国妇联党组书记、副主席、书记处第一书记黄晴宜率全国妇联调研组到沈阳调研指导工作。

17 日 全国政协副主席、国家科技部部长万钢到沈阳,先后视察特变电工沈阳变压器集团有限公司、沈阳鼓风机(集团)有限公司、沈阳北方重工集团有限公司和沈阳机床集团。

▲ 天然气长输管道关键设备国产化工作会议在沈阳召开。国家发改委副主任、国家能源局局长张国宝出席会议并参观考察沈阳鼓风机(集团)有限公司。

18 日 10 时 30 分,沈阳至台北直航包机航线首航仪式在沈阳桃仙国际机场举行。沈阳由此成为中国内地现有直飞台湾航点中最北端的城市,这条航线也成为目前两岸包机中里程最长的一条。

19 日 沈阳市在经济技术开发区隆重举行铁西现代建筑产业园暨远大二期项目开工奠基仪式。

▲ 市政府与中国进出口银行签署战略合作协议。中国进出口银行年内将在沈阳设立辽宁分行,支持沈阳外向型经济发展,并为进出口企业提供贷款,支持企业走出国门,谋求更大发展。

20 日 沈阳地铁一号线铁西广场以西 11 个车站实现铺设轨道畅通。铺轨长度达 33 余公里。

▲ 2009 年沈阳市知识产权宣传周活动正式启动。

20 日—5 月 2 日 市长李英杰率沈阳市政府代表团赴德国、瑞士、俄罗斯进行招商访问。访问期间,代表团与多家世界 500 强企业及跨国公司对接洽谈,推进重点项目 30 余个,欧洲直升机(德国)公司直升机及航空结构件基地、中国公务机航空基地等航空制造业重点项目,C－CON 中国沈阳有限公司、全俄列宁电工技术研究院沈阳分院等工业设计研发机构,龙升国际投融资交易服务中心等现代金融服务组织即将落户沈阳。

21 日 晚,沈阳评剧院排演的大型现代评剧《我那呼兰河》在国家大剧院戏剧场首次亮相,获得赞誉。中宣部副部长焦利、国家文化部副部长王文章,省委副书记、省政协主席岳福洪等省市领导同首都观众一道观看演出。

22 日 由新加坡维信集团投资,沈阳夏宫房地产开发有限公司建设的沈阳新夏宫项目在夏宫原址奠基。项目总投资 30 亿元,占地面积约 3.3 万平方米。省长陈政高,省委常委、市委书记曾维,常务副市长顾春明,新加坡维信集团董事局主席王南强出席奠基典礼。

▲ 第三次全国文物普查在康平县考古新发现的彩陶陶片,经多名省市考古专家鉴定、认证,是红山文化典型代表陶器的碎片,由此可以证明沈阳存在红山文化。

23 日 是"世界读书日"。上午,在沈阳科学宫会展中心广场,中央文明办协调组组长李小满宣布首届沈阳"全民读书月"活动启动暨沈阳市第 29 届书市开幕。

24 日 阜新市委副书记于言良、副市长王广利率团来沈,就沈阳阜新推进全面合作 2009 年重大项目工程进行对接。

25 日 以"逛大集、观展演、品美食、看绝活、长见识"为主题的中国·沈阳关东民俗文化节,在沈阳棋盘山关东影视城开幕。

25—26 日 全国人大财经委副主任委员闻世震率调研组对沈阳市工业企业经济运行情况进行调研,并召开座谈会听取汇报。省委常委、市委书记曾维,市人大常委会主任赵长义参加座谈。

27 日 中国大唐集团公司及其旗舰企业大唐国际发电股份有限公司共同授权在辽宁省的派出机构——大唐辽宁分公司在沈阳成立。

29 日 沈阳市在辽宁人民会堂召开庆祝"五一"国际劳动节暨先进个人先进集体表彰大会。会上,宣读《市总工会关于命名表彰"沈阳五一劳动奖状"、"沈阳五一劳动奖章"、"工人先锋号"和十大节约标兵、十大节能减排成果的决定》。

▲ 省委常委、市委书记曾维会见韩国驻华大使辛正承。韩国驻沈阳总领事馆总领事辛亨根,市委秘书长马占春参加会见。

30 日 沈阳周恩来少年读书旧址纪念馆重新开馆仪式在沈阳举行。中共中央政治局委员、书记处书记、中宣部部长刘云山为修缮后的纪念馆题写馆名。省委书记、省人大常委会主任张文岳,全国政协原副秘书长、周恩来邓颖超研究中心顾问赵炜为纪念馆揭牌。

▲ 沈阳铁路局开始开行沈阳北至上海朝发夕至的动车组列车,全程运行时间为 14 小时 12 分。这是沈阳与上海之间首次开行的动车组列车。

五　月

1 日 东北育才学校隆重集会,庆祝建校 60 周年。全国人大常委会副委员长、全国妇联主席陈至立,省委书记、省人大常委会主任张文岳,省长陈政高,副省长滕卫平,市长李英杰,分别题词或发来贺信。

▲ 市政府为市民办的 20 件实事之一——沈阳经济区旅游集散中心正式挂牌,并推出 30 多条春季踏青游线路。

4 日 沈阳隆重举行纪念五四运动 90 周年大会暨"我是青年"主题新诗会,授予白实等 11 人"沈阳市五四荣誉奖章"、才玉莹等 50 人"沈阳市五四奖章"、沈阳水务集团有限公司团委等 20 个集体"沈阳市五四奖状"。

5 日 省委常委、市委书记曾维会见公安部副部长张新枫。

6 日 市政府与中国银行股份有限公司辽宁省分行(以下简称中行辽宁分行)签署战略合作协议,建立全面金融合作关系。

7 日 大庆市党政代表团到沈阳进行考察。省委常委、市委书记曾维主持召开两市座谈会并讲话。大庆市委书记韩学键参加考察座谈,副市长戴均良介绍沈阳市经济社会发展情况。

▲ 省委常委、市委书记曾维会见中央联席会议办公室副主任、国家信访局副局长张恩玺。

▲ 市政府、沈阳地铁集团有限公司与香港铁路有限公司就合资运营沈阳地铁一、二号线进行签约。

▲ 市人大常委会主任赵长义会见以捷克共和国驻华大使维捷斯拉夫·格雷普尔为团长的捷克驻华使馆代表团。代表团来沈参加“2009 中国沈阳—捷克友好交流日”活动。

8 日 全国五一劳动奖章奖状沈阳颁奖仪式举行。市出租车联营总公司出租汽车驾驶员张雨廷等 13 名先进个人被授予全国五一劳动奖章、北方重工集团有限公司等 5 个先进集体被授予全国五一劳动奖状、北方重工集团沈阳重型机械集团有限责任公司“曹佰库团队”等 12 个先进集体被授予全国工人先锋号荣誉称号。

▲ 由致远(沈阳)置业有限公司投资 4 亿元兴建的沈阳·致远工业园在沈阳—欧盟经济开发区竣工落成。上海延锋江森座椅沈阳有限公司和延锋彼欧汽车外饰系统有限公司同时入驻工业园并投产。

9 日 2009 中国(沈阳)软件出口和服务外包峰会在沈阳召开。会上,发布 2008 年中国软件出口和外包前 20 名企业名单,东软集团股份有限公司名列榜首。市政府荣获“2008 中国软件和服务外包政府推进奖”,沈阳国际软件园有限公司董事长赵久宏被评为“2008 中国软件企业出口(外包)推动人物”。

12—13 日 省长陈政高到沈阳市进行工作调研,实地考察沈北新区和浑南新区项目建设情况。

14 日 由中央文化体制改革工作领导小组成员、国家新闻出版总署党组书记、署长柳斌杰率领的中央文化体制改革督查组来沈阳督查指导工作。

15 日 由中国食品工业协会、市政府、浙江省农业厅和辽宁省服务业委员会联合主办的 2009 中国(沈阳)食品博览会暨浙江绿茶博览会在辽宁工业展览馆开幕。

▲ 沈阳市“职工书屋”全国示范点授匾暨“职工书屋互助”活动启动仪式在沈阳机床集团举行。继 2008 年沈飞集团、沈阳黎明航发集团、沈鼓集团、沈阳化工股份有限公司和市文化宫成为“职工书屋”全国示范点后,2009 年,沈阳机床集团、东基集团、东药集团、华润三洋压缩机公司、沈阳远大集团等 5 家企业,也被全国总工会授予“职工书屋”全国示范点。

16 日 2009 年辽宁省暨沈阳市科技活动周在沈阳科学宫开幕。科技活动周主题是“携手建设创新型城市”。

▲ 总投资 7 亿元、用地 28 公顷的沈阳地铁产业园在沈阳经济技术开发区开工并举行奠基仪式。

19 日 省委常委、市委书记曾维,副省长滕卫平,市长李英杰与到沈访问的由澳门特别行政区行政长官何厚铧率领的澳门特别行政区政府及企业家代表团成员举行会谈。会谈后,何厚铧与曾维、滕卫平、李英杰、马占春、杨亚洲共同出席“沈阳丰城巴士”新增 500 辆公交车开通仪式。

21 日 省委常委、市委书记曾维会见德国驻华大使施明贤一行。

▲ 沈阳工业发展集团、特变电工沈变集团、俄罗斯全俄列宁电工研究院在北京就合作成立沈阳研发中心签约。

22 日 首届沈阳“全民读书月”活动闭幕式暨“聆听经典——名家名篇音乐朗诵会”在辽宁大剧院举行。

23—27 日 由沈阳、鞍山、抚顺、本溪、营口、辽阳、阜新、铁岭八市联合主办的 2009 沈阳经济区汽车展销会在沈阳国际会展中心举行。沈阳金宝台二手车市场、沈阳塔湾二手车市场、新民农机市场、东北摩托车市场等 4 个分展场的展销活动同时启动。参观者达 60 万人次,共销售各种车辆 7463 辆,成交额达 16634.4 万元。

25 日 由深圳华强集团投资建设的中国版“迪士尼”——沈阳华强文化科技产业基地在沈北新区开工。

28 日 沈阳东中街商业区步行街一期工程竣工暨中粮·沈阳大悦城试营业仪式举行。省长陈政高,中粮集团董事长宁高宁,省委常委、市委书记曾维和市长李英杰、市人大常委会主任赵长义、市政协主席刘雅琴出席仪式。

六 月

1 日 省长陈政高到市儿童福利院,亲切看望生活在儿童福利院的孤残儿童,与孩子们一起欢度“六一”国际儿童节,并代表省委、省政府向全省少年儿童致以节日的祝贺。市长李英杰参加活动。

▲ 沈阳市在全国率先实现便民全程代办服务全覆盖。全市 128 个街道、102 个乡镇和 906 个社区全部成立“政务服务中心”和便民全程代办窗口,1402 个村建立全程代办服务点并且全部启用。农民不用出村、市民不用出社区就能办理社会保险、报名普惠制培训等各项事务。

4 日 沈阳迄今为止投资规模最大的综合商业地产项目——沈阳奥园国际新城,正式签约落户苏家屯区浑河新城。该项目总投资达 231 亿元。市长李英杰,中国奥园地产集团董事局主席郭梓文,副市长邢凯出席签约仪式。

5 日 市儿童医院改扩建工程奠基。这是继全市 6 所重点医院启动改扩建后,市政府确定的又一个市属重点医院建设项目。改扩建后,医院面积将在已有基础上扩大 2.3 倍,病床数量将增加 2 倍,可最大限度地满足全市少年儿童医疗康复需求。

▲ 市政府召开沈阳市争创驰(著)名商标工作会议。2009 年获得中国驰名商标称号的“金杯”、“萃华”、“富友”3 件商标,各获得市政府 300 万元的奖励。

6 日 营口银行沈阳分行举行开业庆典暨战略投资者引进成交仪式。这是营口银行获准设立的第一家异地分行。

7 日 沈阳市 2009 年全国普通高等学校招生统一考试和中职升高职考试开始。全市设 13 个考区、67 个考点、1688 个考场,共有 46100 人报名参加普通高考、3730 人报名参加中职升高职考试、274 人报考小教师资班。

▲ 上海交运股份有限公司汽车零部件分公司中瑞生产基地,在沈阳—欧盟经济开发区开工建设。沈阳中瑞生产基地投资 1.9 亿元,建筑面积 2.5 万平方米,主要为上海通用生产车身配件,为华晨汽车提供仪表板骨架焊接总成线。

8 日 全国人大常委会副委员长、

全国妇联主席陈至立到沈阳，考察中航工业沈阳黎明航空发动机(集团)有限责任公司。全国妇联副主席孟晓驷，省委常委、省总工会主席王俊莲，省委常委、市委书记曾维，省人大常委会副主任王琼，市领导鞠秀礼、宋铁瑜陪同考察。

▲ 由辽宁高科能源集团有限公司控股的沈阳动力集团有限公司在浑南新区成立，该公司注册资本为10亿元。这是沈阳以国际市场为依托，做大做强工程成套企业集团的重要举措，标志着沈阳在打造具有国际竞争力的先进装备制造业基地上又迈出重要一步。

9日 省委常委、市委书记曾维会见中共中央委员、国家人口和计划生育委员会党组书记、主任李斌。

10日 市长李英杰分别会见俄罗斯新任驻沈阳总领事馆总领事谢尔盖·彼得别列兹科、韩国新任驻沈阳总领事馆总领事辛亨根。

▲ 央视“爱国歌曲大家唱”——辽宁沈阳篇，在沈阳世博园举行。刘秉义、殷秀梅等艺术家参加精彩演出。

11—15日 中共中央政治局常委、全国政协主席贾庆林在全国政协副主席兼秘书长钱运录陪同下来沈考察。

12日 “德中同行——走进辽宁·沈阳”活动的重头戏，为期9天的“德中大道”在沈阳市中山公园拉开帷幕。德国联邦教育和科研部部长安妮特·沙万博士、德国驻华大使施明贤博士，省政协副主席胡晓华，副市长杨亚洲等出席开幕式。

13日 市委书记曾维到沈阳市定点医院，看望沈阳首例输入性甲型H1N1流感患者，详细了解患者治疗情况，认真听取全市防控工作情况汇报，并对下一步做好防控工作提出具体要求。

▲ 沈阳评剧院创排的大型现代评剧《我那呼兰河》在文化部举办的第三届地方优秀剧目(南北片)调演中，以总分第一名的成绩问鼎金奖。这是新中国成立以来沈阳戏剧获得的最高奖项，实现历史性突破。

14—15日 中共中央政治局常委、全国政协主席贾庆林在沈阳调研，考察沈阳鼓风机(集团)有限公司、沈阳机床(集团)有限责任公司、沈阳华晨金杯汽车集团公司等。

14—27日 市人大常委会主任赵长义率沈阳市代表团赴南非、埃及、塞舌尔考察访问。访问期间，代表团重点围绕推进落实经贸合作项目，拓展交流合作领域、加强同非洲三国地方议会和城市间友好交往进行深入务实的洽谈，取得丰硕成果。促进北方重工集团与南非NK矿山工程公司合作建设津巴布韦日产1000万吨水泥厂等一批重要项目成功签约。

16日 沈阳东方国际广场项目开工。该项目位于和平区太原南街原解放电影院地块，为大太原街商贸聚集区的黄金地段，占地面积2.26万平方米，总建筑面积约28.3万平方米，总投资额25亿元。

▲ 沈河区与香港远东发展有限公司就开发建设金廊5号地块签订协议，将开发建设一座五星级酒店、一座四星级酒店和一个精品商场。

19日 辽宁省信访工作座谈会在沈阳召开。国务委员兼国务院秘书长马凯，省委书记、省人大常委会主任张文岳出席会议。

▲ 国土资源部部长徐绍史到沈阳调研，考察沈阳市土地利用及经济社会发展情况。省长陈政高，市长李英杰、副市长邢凯和副市级干部蹇彪参加调研。

20日 由中国群升集团投资建设的大型复合型城市综合体项目“沈阳新天地”举行奠基仪式。该项目位于南塔商圈核心，占地6.5万平方米，规划总建筑面积45万平方米，预计总投资50亿元。

23—25日 省委常委、市委书记曾维率沈阳市党政考察团赴天津、唐山两市学习考察。考察期间，中共中央政治局委员、天津市委书记张高丽接见考察团一行。

24日 凌晨1时许，辽宁出版集团办公室副主任刘军，在制止抢劫案件时，被犯罪嫌疑人刺伤，经抢救无效英勇牺牲，年仅46岁。案件发生后，市委、市政府主要领导高度重视，在外地考察的市委书记曾维专程打来电话，市长李英杰作出批示，对刘军同志的家属表达哀思和慰问，并要求公安机关全力侦破案件。市政府追认刘军为“沈阳市维护社会治安见义勇为先进分子”，并奖励18万元。和平区政府同时奖励刘军15万元。

24—28日 历时5天的“中国——沈阳2009夏季房地产展示交易会”圆满落下帷幕。展会实现房屋成交111.8万平方米，成交额40.4亿元。其中，商品住宅成交61.6万平方米，成交额24.9亿元；存量住宅成交50.2万平方米，成交额15.5亿元，成交面积、成交金额均创历届夏季房交会之最。

26日 沈阳市政府与中国民生银行股份有限公司签订战略合作协议，未来5年内，民生银行将向沈阳市政府提供不低于200亿元的政府合作授信额度，重点支持对沈阳市经济社会发展有重大影响的建设项目。

28日 沈阳市2009年中等学校统一招生考试开考。全市设13个考区、88个考点、2190个考场，共有65329人报名参加考试。

30日 全省污水处理厂集中进水试运行视频会议在沈阳市环保局监控中心召开。全省37座污水处理厂开始集中进水试运行，其中沈阳市有沈北新区新城子污水处理厂等11座污水处理厂。

七 月

1日 中航工业沈飞民机公司在沈阳国家航空高新技术产业基地，举行Q400飞机大部件转包项目首架前、后机身交付和中机身装配开工仪式。

▲ 辽宁中医药大学召开祝贺李玉奇教授荣获国医大师称号颁奖会。全国首次评选产生30位“国医大师”，辽宁省只有李玉奇教授获此殊荣。

2日 市地铁建设指挥部召开新闻发布会，通报沈阳地铁一号线3座暗挖车站主体工程告捷，标志着沈阳地铁一号线22座车站主体工程全部竣工。

6日 由中国韩国商会主办的沈阳市与韩国大型跨国企业交流会在北京举行，20多家韩国大型跨国企业主要负责人参加。省委常委、市委书记曾维出席交流会并讲话，中国韩国商会会长、LG电子株式会社社长禹南均，韩国驻沈阳总领事馆总领事辛亨根参加交流会。

7日　市政府与中国农业银行辽宁省分行签署战略合作协议。省农行将在两年内向沈阳市新增贷款500亿元，用于支持沈阳“三农”及基础设施等重大项目建设。

8日　中共中央政治局常委、中央书记处书记、国家副主席习近平到沈阳调研。

10日　华润置地（沈阳）有限公司在沈阳故宫大政殿十王亭广场启动沈阳华润中心万象城项目全球招商活动。万象城项目位于辽宁省体育馆原址，集品牌零售、特色餐饮、娱乐休闲、文化体验等多元业态于一身，是沈阳市金廊的重点项目之一。

11—15日　原中共中央总书记、国家主席、中共军委主席江泽民在省委书记张文岳、省长陈政高陪同下来沈考察。

7月14日　中华见义勇为基金会、辽宁省见义勇为基金会和沈阳市见义勇为基金会在辽宁大厦联合为刘军举行命名表彰大会，刘军被追授“全国见义勇为英雄”称号。

15日　市人大常委会主任赵长义会见由西安市人大常委会党组书记、副主任焦安发率领的西安市人大常委会考察团。

▲　“尊临天下盛世中华——中华新尊驰、中华骏捷FSV上市发布会暨‘十一五’华晨汽车销售超百万辆庆典”活动在北京水关长城举行。

16日　省委书记、省人大常委会主任张文岳到沈阳大学进行工作调研。

18日　位于法库经济开发区内的沈阳博士盖陶瓷有限公司等5个重点项目分别举行投产或奠基仪式，标志着法库县陶瓷产业结构优化升级取得重要成果。

20日　以省委常委、大连市委书记夏德仁为团长的大连市考察团来沈，对沈阳市产业结构调整、新城区开发建设以及“沈抚同城化”规划建设情况进行学习考察。

24日　沈阳——铁岭城际铁路建设启动仪式在沈北新区道义开发区隆重举行。

27日　省委常委、市委书记曾维率沈阳市慰问团到青岛，踏上沈阳市“流动的市土”——中国海军北海舰队导弹驱逐舰“沈阳舰”。曾维代表沈阳市向“沈阳舰”赠送慰问金100万元，祝愿沈阳市与“沈阳舰”“舰城同进、城舰共荣”。北海舰队司令员田中中将和舰队党委成员与市慰问团见面，向市慰问团表示衷心感谢，并代表北海舰队向慰问团赠送“沈阳舰”模型。

28日　省委常委、市委书记曾维率沈阳市党政考察团到合肥市，重点围绕产业发展、城市建设、新区开发等进行考察。安徽省委常委、合肥市委书记孙金龙陪同考察并出席两市交流座谈会。

28—29日　以市政协主席刘雅琴为团长的驻沈省政协委员赴大连市考察团，对大连市进行学习考察。

29日　省政协主席岳福洪率省委政协工作会议调研组来沈调研。

▲　市政府与宝钢集团合作框架协议签字仪式在上海宝钢集团公司大厦举行。根据协议，沈阳市政府与宝钢集团本着互惠互利、实现双赢的原则，建立重要的合作伙伴关系。

30日　沈阳——抚顺城际铁路通车仪式在抚顺北站站前广场隆重举行。

31日　常务副市长顾春明，副市长王玲接见载誉归来的东北育才代表队师生，并代表市政府给予东北育才学校30万元奖励。东北育才代表队赴南非参加第10届国际青少年数学邀请赛，取得三金一银一铜的优异成绩，为沈阳市争得荣誉。

▲　企业家之家——沈阳市铁西企业家俱乐部正式成立。该俱乐部是由铁西区政府提议、区内重点企业联合发起组建的，有沈鼓集团、机床集团、北方重工等大型企业70余家成员单位。

八　月

1日　沈阳机床（集团）有限责任公司举行“飞阳”数控系统应用成果推介会。作为中国机床企业首个自主研发、第一款系列化的“飞阳”数控系统，解决了外国“大脑”（指数控系统）指挥中国数控机床长期形成的“体”“脑”分离的弊端。

▲　由沈阳桃仙国际机场股份有限公司、中国南方航空股份有限公司和中外运空运发展股份有限公司，共同出资组建的沈阳空港物流有限公司正式投入运营。

3日　《记忆·摇篮——纪念沈阳歌舞团建团40周年、沈阳曲艺团建团50周年精品展演》在辽宁大剧院举行。裴晓云、秦月香、马太萱、张晓梅、杨振华、金炳昶等沈阳歌舞团、沈阳曲艺团的著名艺术家和青年演员们为观众献上一台精彩的文艺演出。

▲　在深圳举办的“2009全国大学生创业大赛”总决赛中，沈阳大学代表队夺得总冠军及大赛惟一的10万元创业基金。沈阳大学的程巍老师被评为大赛最佳指导教师、贾友刚同学被评为最佳CEO（首席执行官）、曹安得同学被评为最佳CMO（首席营销官）。

4日　全国交警规范执法示范活动经验交流现场会在沈阳举行。

6日　省委常委、市委书记曾维会见俄罗斯联邦新任驻沈阳总领事波德别列兹科。

▲　深圳航空公司一架空客A320飞机平稳降落在沈阳桃仙国际机场，标志着深航在沈阳驻场运行的飞机达到10架、新增航线15条、通航城市增至26个，市政府与深航签署的合作框架协议提前4个月完成。市长李英杰、深圳航空公司高级顾问李泽源参加第10架飞机驻场运行庆祝仪式。

▲　广州鼎鼎鞋业有限公司将位于广州的总部北迁到沈阳浑南新区，并举行签约仪式。

8日　国务院批准的首个全民健身日。辽宁省和沈阳市全民健身日启动仪式暨沈阳市第十二届运动会开幕式在沈阳奥体中心五里河体育场举行。

8—9日　国家商务部部长陈德铭到沈阳考察。

10－13日　市长李英杰率市政府代表团南下深圳开展招商推介活动。招商代表团共推介项目近40个，辽宁高科能源集团收购日本EVATECH公司等项目顺利签约。

12—16日 2009中国沈阳动漫电玩博览会在辽宁工业展览馆召开。动漫电玩博览会的三项主体活动——中国沈阳ACG动漫游戏展、动漫产业风险投资论坛和动漫产业发展CEO峰会取得圆满成功，展会观展人数超过10万人次。

13日 中国华能集团公司总经理曹培玺到沈阳出席与省政府的战略合作协议签字仪式，合作协议包括在沈北新区建设热电机组项目。

14—16日 全国文化体制改革经验交流会在江苏南京召开。会上，沈阳市荣获“全国文化体制改革先进地区”称号，受到中宣部、文化部、国家广电总局、新闻出版总署的联合表彰。

15—23日 中国舞蹈界级别最高的赛事——第九届“桃李杯”赛在沈阳举办。沈阳成为继北京、上海、广州、成都之后第5个承办“桃李杯”赛的城市。参赛院校多达131所，人数达到4797人，创历史之最。来自美国、加拿大、新加坡、韩国等国家的近300名外国选手报名参加。

19日 4时开始，沈阳市出现2009年以来首次区域性强降水。市气象局组织大规模的人工增雨作业，共发射增雨火箭弹134枚，在康平县、法库县燃放增雨焰条400枚，同时出动飞机相继在辽中县、新民市、康平县和法库县人工增雨。截至16时，除康平县降小雨外，全市普降大到暴雨，其中新民市、辽中县、沈北新区降暴雨。新民市降水量最大，达到87.2毫米，市区降水量为40.6毫米。人工增雨有效地缓解严重的旱情，部分地区旱情基本解除。

▲ 台风“莫拉克”引发“八八水灾”，使台湾遭受50年来最严重风灾，造成人民生命及财产重大损失，市政府通过海峡两岸关系协会向台湾灾区捐款100万元人民币。

24日 中共沈阳市第十一届委员会第七次全体会议举行。

25日 广东省委副书记、深圳市委书记刘玉浦，市政协主席王顺生率深圳市考察团来沈，对沈阳市的信访稳定工作进行考察。

26日 由中国恒天、中国化纤、扬州惠通、吉林吉研和辽宁天维等五大集团投资的沈阳中恒新材料有限公司开工奠基仪式在沈阳康平高性能纤维产业园举行。沈阳中恒新材料有限公司是康平县继康平电厂之后，引进的又一个投资额度大、科技含量高、产业链条长、市场前景好的项目。

27日 第四届全国十城市中级人民法院执行工作协作会议在沈阳举行，沈阳、重庆、西安、哈尔滨、大连、天津、北京、上海、广州、武汉等十城市17个中级人民法院参加会议。

28日 由国家文化部、国家广播电影电视总局、国家新闻出版总署、东北三省人民政府共同主办，市政府承办的第三届中国东北文化产业博览交易会在辽宁工业展览馆广场开幕。

▲ 2009中国沈阳国际旅游节在沈阳奥体中心开幕。国家旅游局副局长王志发，省委常委、市委书记曾维，省人大常委会副主任王专、副省长赵国红、市长李英杰、市人大常委会主任赵长义出席开幕式。

▲ 中国蓝星沈阳化工集团50万吨/年催化热裂解（CPP）制乙烯项目举行投产庆典仪式。该项目可使沈阳日均增加30万立方米供气能力。

▲ 中共沈阳市委党校隆重庆祝建校60周年。

九　月

1—5日 由国家发改委、商务部、中国贸促会和省政府主办，市政府、省贸促会等承办的第八届中国国际装备制造业博览会在沈阳国际会展中心举行。制博会展览面积达6万平方米，展位总数达2802个，参展企业达598家。其中，来自国内23个省、市、自治区的企业491家，展位2382个；来自澳大利亚、比利时、芬兰等16个国家和地区的投资企业107家，展位420个。参观制博会的观众达12.4万人次。参展企业产品交易额达11亿元，达成意向合资合作项目149项，意向、协议投资总额约51亿美元，其中外资额约18亿美元。

2日 东北亚发展论坛常设机构秘书处举行揭牌仪式，市长李英杰、中国国际问题研究基金会理事长张德广共同揭牌。

7日 沈阳市举行庆祝教师节暨表彰大会，岳春峰等10人被授予市教育专家称号，孙丽娜等10人被授予沈阳市属高校优秀中青年拔尖人才称号，张丹梅等20人被授予市师德标兵称号，邓学宏等173人被授予市优秀教师称号，王莉钧等29人被授予市优秀教育工作者称号，王彩华等200人被授予市师德先进个人称号。

8日 2009年沈阳经济区书记市长联席会议在沈阳举行。会议的主题是：推进沈阳经济区新型工业化综合配套改革，打造东北新的经济增长极。沈阳、鞍山、抚顺、本溪、营口、阜新、辽阳、铁岭8城市市委书记、市长在会上重点讨论《沈阳经济区新型工业化综合配套改革框架方案》（征求意见稿）。

10日 市委召开全市第二批深入学习实践科学发展观活动动员大会。按照中央、省委部署，沈阳市第二批学习实践活动从今年9月份开始，到明年2月份基本结束，主要在乡镇、街道，村、社区，中等职业学校、中小学校、医院和新经济组织、新社会组织等单位开展。

▲ 由韩国浦项（POSCO）株式会社和浦项（中国）投资有限公司共同投资的浦项（辽宁）汽车配件制造有限公司暨汽车钢板剪切中心项目，在沈阳—欧盟经济开发区开工建设。该项目一期投资3500万美元，并计划在两年内追加投资3000万美元。

12日 沈阳市第六届少数民族传统体育运动会在于洪区体育场开幕。全市各区县（市）和开发区组织15支代表队，共有208名裁判员和828名运动员参加，参会人数创历届民运会新高。

13日 2009东北亚发展论坛大型歌会暨中国沈阳韩国周开幕式在沈阳奥体中心举行。

14日 由中国人民对外友好协会、中国国际贸易促进委员会、中国人民外交学会、中国国际问题研究基金会和省政府共同主办的2009东北亚发展论坛在沈阳开幕。全国政协副主席李金华，省委书记、省人大常委会主任张文岳，中国人民对外友好协会会长陈昊苏，省长陈政高，副省长赵国红，省委常委、市委书记曾维，市长李英杰，市政协主席刘雅琴，日本前首相羽田孜、韩国前总理高建、蒙古国前总理恩赫赛汗出席开幕式。

15日 经过一年半的努力，沈飞集团与美国赛斯纳公司成功在沈合作制造出首架L162轻型运动飞机。这种新型飞机主要适用于飞行训练、私人飞行和体育运动等领域。

15—19日 中国沈阳2009秋季房地产展示交易会在沈阳会展中心举行。房交会实现房屋成交面积162.04万平方米，成交额63.44亿元，金额创历届房交会之最。其中，商品住宅成交面积105.59万平方米，成交额45.73亿元；存量住宅成交面积56.45万平方米，成交额17.71亿元。

16日 市政府与IBM公司、东北大学签约，共同成立沈阳生态城市联合研究院。

▲ 96123沈阳市民服务热线正式开通。市民凡有咨询、建议、求助、投诉和举报，都可以拨打电话96123。

▲ 浑南新区民营企业辽宁高科能源集团有限公司与日本株式会社EVATECH公司签订投资收购协议。辽宁高科公司出资4990万美元收购该公司100%的股权，由此获得该公司的核心技术和先进的研发团队与设备，形成在太阳能领域的竞争优势。

16—17日 绍兴市委书记张金如率绍兴市党政代表团一行来沈，重点围绕产业转型升级和开发区建设等方面工作进行考察。

17—20日 第六届中国辽宁（沈阳）国际农业博览会在辽宁工业展览馆开幕。农博会由省政府主办，市政府承办，国家农业部为支持单位，省内14个城市共同参与。参展企业总数达到536家，是历届农博会中参展国内外企业数量最多的一次。其中，82家企业来自日本、韩国、马来西亚等17个国家和地区。

18日 “九一八”事变78周年。当晚，辽宁省暨沈阳市勿忘“九一八”撞钟鸣警仪式在“九一八”历史博物馆广场举行。

19日 中国企业国际融资洽谈会暨第二届中国沈阳金融服务外包交易会开幕。中国人民银行副行长苏宁、中国保监会副主席魏迎宁、副省长陈超英、市长李英杰出席会议。

▲ 市十四届人大常委会第十四次会议举行。常务副市长顾春明作关于提请人事任免的说明。根据省委、省政府批准的《沈阳市人民政府机构改革方案》，市政府机构中不再保留市经委、市信息产业局、市人事局、市劳动和社会保障局、市商业局、市文化局（市新闻出版局）、市广电局等7个工作部门，新组建市经济和信息化委员会、市服务业委员会、市人力资源和社会保障局、市文化广电新闻出版局等4个工作部门，并将市政府办公厅、市行政执法局、市安监局、市政府法制办、市人防办和市国资委等6个部门列为政府工作部门，市动物卫生监督管理局由市政府工作部门调整为市农经委管理的部门管理机构。改革后，市政府设置工作部门42个。

22日 广汽日野（沈阳）汽车有限公司在沈阳经济技术开发区举行成立暨新车下线仪式。新车为适合于公路客运的SFQ6115客车，车长为11.5米，45座。

23日 省委书记、省人大常委会主任张文岳到沈阳市考察国庆安保工作，并慰问基层公安民警。

▲ “感动沈阳六十年——劳动功勋颁奖晚会”在中华剧场举行。沈阳市评选60位为沈阳发展做出杰出贡献的劳动功勋，“毛主席的好工人”尉凤英、技术革新大师张成哲、新中国第一个女火车司机田桂英等当选。

▲ 国际文化创意产业峰会暨第五届世界多媒体与互联网峰会在沈阳开幕。峰会由国际多媒体协会联盟和市政府主办，主题为“全球新媒体发展——创意设计与创新数字”。来自北美、欧洲、亚太、拉美和非洲等26个国家和地区的近60位国际代表出席开幕式。

24日 2009年东北亚高新技术博览会在沈阳国际会展中心开幕。来自21个国家和地区的63个代表团、参展商653人，国内厦门、宁波、太原、银川等20多个代表团参展参会；参展项目1062项，其中获国家科技奖励的达400个。全国政协副主席、科技部部长万钢，全国人大常委、民建中央副主席辜胜阻，国家知识产权局副局长甘绍宁，中国科协书记处书记张勤，中国科学院副院长施尔畏，省委副书记张成寅，省委常委、市委书记曾维，副省长滕卫平，市长李英杰，市政协主席刘雅琴出席开幕式。

▲ 沈阳新松机器人自动化股份有限公司创业板上市申请被中国证监会发审委正式批准，从而成为国内东北地区首家获批的创业板上市企业。“新松机器人”拟发行1350万股，预计募集资金约3亿元。

25日 市化工学校、市汽车工程学校和市计算机学校，在位于沈北新区虎石台的新校区正式竣工投入使用，这标志着沈阳市建设6所规模达到万人以上的重点职业学校的重大决策已经变成现实。包括3所学校在内的沈阳市中等职业教育园区同时落成启用。

26日 沈阳至桃仙机场、辽中至新民、沈阳至康平3条高速公路建成通车。

▲ 长江街地下工程——“地一大道”开业。工程总规划建筑面积16万平方米，一期开发完成11.3万平方米，南起昆山中路，北至崇山中路，全长1300延长米，拥有3000个档口，并与地上商业街相连。

▲ 国家文化部“文化艺术科技创新基地”在浑南新区举行揭牌仪式。中国艺术科技研究所与沈阳四维数码科技有限公司签订合作协议，在浑南新区建立4D数字技术研发基地和“中国4D数字艺术中心”。

▲ 首届中国（东北）二手车交易博览会在金宝台二手车交易市场开幕。博览会参展的二手车经销企业达372家。

27日 市第七医院皮肤科综合楼正式投入使用。综合楼共投资1.95亿元，建筑面积1.85万平方米。内设40多个皮肤专家门诊、普通门诊和光疗室、药浴室、美容室、中医治疗、皮肤外科等皮肤科五大中心，以及分子生物学、细胞培养等实验室。

28日 毗邻奥体中心的辽宁体育

训练中心游泳馆及网球中心竣工并投入使用。

▲ 盛京银行营口分行正式开业。这是盛京银行支持省内“五点一线”沿海经济带建设而设立的第一家分行。

29 日 由菲律宾裕景地产集团开发建设的裕景中心沈阳项目，在位于高登酒店东侧的金廊 28 号地块举行开工典礼。项目投资预计为 80 亿元。

▲ 国务院第五次全国民族团结进步表彰大会在北京召开，沈阳市政府、和平区西塔街道安图社区被国务院授予“全国民族团结进步模范集体”称号。

30 日 沈阳路桥建设喜迎 8 件大事：沈铁城际铁路动工兴建；沈西工业走廊出海通道（沈阳段）、沈北开发大道公铁立交桥、沈中线民家屯公铁立交桥、深得线大深井子公铁立交桥、十大线深井子公铁立交桥、十大线沈丹铁路姚千公铁立交桥竣工通车；2009 年新建的 503 公里农村公路全面竣工。市长李英杰，副市长邢凯，副市级干部蹇彪出席八大交通工程的开工、竣工仪式。

十　月

1 日 在全市人民庆祝新中国 60 华诞的日子里，市委书记曾维看望慰问节日期间坚守在国庆安保和信访稳定一线的同志，代表市委、市政府和全市人民，向他们致以节日的问候，并鼓励他们为维护沈阳和谐稳定作出更大贡献。

12 日 国庆 60 周年沈阳市安全保卫工作总结表彰大会在辽宁人民会堂举行。会上，宣读《中共沈阳市委、沈阳市人民政府关于表彰国庆 60 周年安全保卫工作先进集体和个人的决定》，授予市公安局、市信访局、市安全生产监督管理局突出贡献奖，命名和平区委政法委等 101 个单位为先进集体，并授予“沈阳五一劳动奖状”；命名高智海等 501 名同志为先进个人，并授予“沈阳五一劳动奖章”。

13 日 沈阳保税物流中心封关运行，第一单货物东药集团运往美国的 38 吨维生素 C 发出。沈阳这座内陆城市从此变身为“口岸城市”。

14 日 300 辆大型运输车载着首批 3000 头引自澳洲的纯种荷斯坦奶牛，驶入法库县秀水河子镇，平安抵达辉山乳业八家子牧场。这标志着总投资 40 亿元、产值逾百亿元的辉山乳业良种奶牛繁育及乳品加工产业集群一期项目如期投产。

▲ 沈阳市惟一一座国家级湿地监测站——卧龙湖湿地监测站，在卧龙湖的湖边建成。湿地监测站建筑面积 350 平方米，具有湿地资源监测、野生动物疫源疫病监测、野生动物救护等多种功能。

15 日 由国家工业和信息化部、辽宁省政府主办，中国中小企业国际合作协会、沈阳市政府、辽宁省中小企业厅共同承办的中国（沈阳）国际中小企业大会在沈阳开幕。

▲ 沈阳国际中小企业创业基地在沈北新区揭牌。国家工业和信息化部部长李毅中，中国中小企业国际合作协会会长郑斯林，市长李英杰为基地揭牌，并考察基地内的部分中小企业。

15—17 日 2009 中国（法库）国际陶瓷博览交易会举行。本届展会共设展位 400 余个，参展陶瓷有创意陶瓷、艺术陶瓷等七大系列、千余个品种。会展期间，共签订投资合同 5 个，投资总额 3.9 亿元；现场交易和达成销售意向总额 18.7 亿元。

16 日 由中国建筑材料联合会和沈阳市政府联合主办的“2009 中国（沈阳）国际现代建筑产业论坛”在沈阳举行。

▲ 由五爱市场开往盖州的首班大客，缓缓驶出刚刚落成的沈阳五爱深港客运站，标志着这个沈阳最大的长途客运站正式投入使用。沈阳五爱深港客运站由深圳深港集团与五爱客运总站共同投资，于 2007 年 9 月开工建设，总建筑面积 8 万平方米。

▲ 2009 中国（沈阳）保安装备技术产品博览会在沈阳国际会展中心开幕。参加本次博览会的单位约 200 余家，展示金融押运车辆、安全报警技术及产品、安全防护器械、保安技术装备、保安服装、安全锁具等一批国内最尖端的技术与产品。

▲ 位于沈北新区的沈阳国泰航空零部件制造有限公司（下称“国泰航空”）与意大利阿来尼亚（ALENIA）公司签订合同：“国泰航空”将为意大利阿来尼亚公司的涡轮螺旋桨支线飞机 ATR42/72 提供机舱门和服务门，总数量为 250 架，合同金额超千万美元。

17 日 中国改革论坛暨中国体改研究会 2009 年沈阳年会召开。论坛主题为“危机、对策、改革”。全国人大法律委员会副主任委员洪虎、国家发改委副主任彭森、全国政协资源环境委员会副主任邵秉仁、中国经济体制改革研究会会长宋晓梧、中国民营经济研究会会长保育钧，省委常委、常务副省长许卫国，省委常委、市委书记曾维，市长李英杰，市领导顾春明、马占春出席论坛。

19 日 沈阳地铁一号线东延线：即黎明（站）至望滨（站）城际铁路建设项目开工。该线路全长约 30 公里，总投资 81.3 亿元，计划 2013 年建成通车。

20 日 省委常委、市委书记曾维会见来沈访问的斯里兰卡总理维克拉马纳亚克。

21 日 经过半年多的建设，集自然景致和古朴风韵于一身的皇姑区舍利塔滩地公园开园，吸引大批市民前来参观游览。

25 日 沈阳市政府金融办与天津市政府金融办签署合作协议，约定双方建立长期稳定的战略合作关系，以促进东北老工业基地和环渤海地区发展，加强沈阳、天津两地金融合作。

29 日 中国沈阳能源集团和美国可再生能源集团及美国天空风能有限公司，在华盛顿签署总额达 15 亿美元的风能合作投资协议，这是迄今为止中美企业在新能源领域签署的金额最大的合作协议。根据协议，三方将在美国得克萨斯州合作建设一个装机总容量达 600 兆瓦的风力发电厂，这将是美国兴建的第二大风能项目。

▲ 由中国建筑业协会组织开展的新中国成立 60 周年“百项经典建设工程”评选在北京人民大会堂揭晓，沈阳奥体中心五里河体育场工程成功入选。

30日　沈阳丁香湖国际汽车城项目正式签约。该项目投资额为60亿元，在原有东北地区最大的东北汽配市场基础上升级扩建改造而成。

十一月

2日　在中央宣传部、中央文明办、国家新闻出版总署举办的“全民阅读活动经验交流会”上，“沈阳全民读书月”获得优秀项目称号。

3日　省委常委、市委书记曾维会见加拿大庞巴迪公司董事长布多昂，就双方进一步建立长期战略合作伙伴关系，推进沈飞公司与庞巴迪公司Q400项目和C系列项目的密切合作进行商谈。

5日　市长李英杰在北京丰台区实地考察北京总部基地项目，会见总部基地（中国）控股集团董事局主席许为平，并出席沈北新区政府与总部基地（中国）控股集团战略合作框架协议签约仪式。该集团计划一期投资20亿美元，在沈北新区建设集企业总部集群、金融机构、文化创意产业及生活配套设施于一体的东北总部基地项目。

6日　重建的南湖桥竣工通车。新桥长53米、宽50米，双向12车道，共耗用水泥7000立方米、钢材1200吨，设计使用年限100年。

7日　2009辽宁（沈阳）国际金融合作高峰论坛在沈阳开幕。论坛主题为“利用国际金融交易平台，促进辽沈创新经济发展”。

12日　华晨宝马二期扩建项目签约仪式在北京人民大会堂举行。华晨宝马汽车有限公司将新增投资50亿元在沈阳建设新工厂。

▲　沈阳机床（集团）有限责任公司30%国有股权通过沈阳联合产权交易所公开挂牌转让，标的底价为11.5亿元，转让方为集团控股股东沈阳市国资委。

14日　中兴沈阳软件产业园在沈北新区道义先导区光电信息产业园奠基，项目计划投资10亿元。

▲　由深圳东方银座集团投资5亿元建设的“东方银座”沈阳都市综合体项目正式落户大东区。“东方银座”项目东至大东区东辽街，西至新生三街，南至工农路，北至东北大马路，占地面积5.5万平方米，是集餐饮、购物、休闲、娱乐等功能于一体的都市综合体项目。

▲　沈阳动力集团、美国第一能源集团和美国可再生能源集团在北京签署“在美共同组建风能设备装备厂意向协议”。沈阳动力集团成为沈阳市第一家进入美国投资建厂的企业。

18日　东北总部基地项目正式签约落户沈北新区。该项目拟一期投资26亿美元，建设500栋总部大楼，建成后引进大中型企业总部500余家、地区总部及中小企业总部1000余家，成为立足沈阳、辐射东北、面向东北亚的东北总部基地。

19日　2009世界女子九球锦标赛开幕式在沈阳建筑大学举行。这届赛事是沈阳首次举办的世界最高级别的台球赛事，参赛人数为历届最多。

▲　沈阳工业大学风能技术研究所研制的具有完全自主知识产权的国内最大功率风机——3.0兆瓦双馈式变速恒频风电机，在沈阳华创风能有限公司完成装配下线，打破了欧美国家在3.0兆瓦级核心技术上的垄断。

25日　日本油研株式会社与沈阳经济技术开发区、沈阳机床集团签署战略合作协议，将投资1000万美元，在沈独资设立新工厂，为沈阳机床集团及沈阳三一重工、北方交通、三洋重机等企业生产配套液压系统产品。

▲　沈阳三一重装国际控股有限公司成功在香港上市。至此，沈阳市在国内外的上市公司总量达38家。

26日　国家统计局局长马建堂来沈调研。

27日　沈阳电视台成立30周年庆祝大会暨文艺晚会在辽宁大剧院隆重举行。

▲　市公安局在市政府广场举行“打造平安沈阳全警大巡逻出警”仪式。全市组建700人专业巡逻队伍，同时按照巡警力量1∶1的标准，组建700人的专职辅警力量，配合巡警在全市72条专业巡段巡逻；市、区公安局机关每天各出动民警300人、巡逻车200辆，由主要领导带队，主要负责全市22个易发案、治安复杂的城乡结合部派出所辖区内设置的96个巡逻路段；全市264个公安派出所实行24小时不间断巡逻。

▲　国家级加工食品及添加剂质量监督检验中心在沈北新区道义开发区正式落成。

28日　由华晨汽车与五粮液集团联合投资的50万台动力总成异地重建项目在四川省绵阳市开工。

30日　全国信访工作经验交流现场会在沈阳市召开。中共中央政治局常委、中央政法委书记周永康，国务委员兼国务院秘书长马凯出席会议。

▲　沈阳被国家住房和城乡建设部正式授予“国家节水型城市”称号，这是国家在节水方面给予城市的最高荣誉。

十二月

1日　桃仙机场沈阳城市候机楼正式启用。沈阳城市候机楼位于沈阳市沈河区青年大街56号沈阳海关原址。

2日　中国工程院2009年院士增选结果在京揭晓，沈阳农业大学教授、水稻研究所所长陈温福当选为院士。

4日　省委常委、市委书记曾维会见国家开发银行辽宁省分行行长王用生，并共同出席国家开发银行辽宁省分行支持沈抚同城建设暨泗水科技城项目签约仪式。

7日　市政府在辽宁大剧院举行迎新年经典芭蕾舞专场晚会。

11日　沈阳市第五次民族团结进步表彰大会在辽宁友谊宾馆隆重召开。会议命名表彰36个模范集体和63名模范个人。

12日　中国诺康生物制药公司在美国纳斯达克交易所挂牌上市，成功募集4500万美元资金。诺康生物制药公司成立于1997年，是位于浑南新区的高新技术企业。

▲ 中科院金属所通过与中国医科大学第一附属医院合作，成功完成新开发的可降解镁合金心血管支架的动物植入实验研究。可降解的镁合金心血管支架在沈阳诞生。这种心血管支架处于国内领先水平。

13日 “庆祝新中国成立60周年全国文化遗产保护宣传讲解大赛”在沈落幕。

▲ 由中国文联、中国戏剧家协会、厦门市政府主办的第11届中国戏剧节落下帷幕。沈阳评剧院创排的大型现代评剧《我那呼兰河》荣获戏剧节金奖第一名，主演冯玉萍获得优秀表演奖。

15日 在国家统计局公布的“2009年中国大企业集团竞争力500强”名单中，沈阳的机床、东药、九星、北方交通重工、东软、沈鼓、沈化、远大铝业、沈煤、华晨等10家企业榜上有名，比上年增加3家，占辽宁省的近一半。

▲ 沈阳公路路政管理局挂牌成立。这是年初燃油附加费改革、沈阳交通征稽局职能停止后，新成立的一个公路管理部门。

16日 辽宁中部城市群中第一家顶级金融服务机构——招商银行私人银行(沈阳)中心开业，中国顶级的银行卡——招商银行私人银行卡也正式亮相沈城。

18日 辽宁广播电视台、辽宁北方广电传媒(集团)有限公司及广联视通新媒体有限公司、沈阳鲁艺文化传播有限公司正式挂牌成立。

19日 由沈阳天工软件有限公司与黑龙江大学俄语语言文学研究中心联合筹建的中俄语言应用开发(2000万俄语语料库)工程正式启动。

20日 陕西省委常委、西安市委书记、市人大常委会主任孙清云率西安市党政考察团来沈，就沈阳市信访稳定工作和老工业基地振兴进行考察。

21日 沈阳市政府、铁西区政府、日本鹿岛建设株式会社、沈阳兆寰现代建筑产业园有限公司签署全面合作协议。鹿岛建设株式会社将与沈阳兆寰公司合作在沈阳铁西现代建筑产业园内建设2平方公里的沈阳兆寰(日本)建筑产业园，项目预计总投资48亿元。

22日 省委书记王珉到沈阳市进行工作调研，实地考察沈阳鼓风机(集团)有限公司、北方重工集团、沈阳远大集团、沈阳机床(集团)有限责任公司、沈阳飞机工业(集团)有限公司、沈阳华晨金杯汽车集团公司的生产经营和产品研发等情况。

24日 沈阳棋盘山开发区泗水科技城的健康与营养系列项目、蓝图基因检测项目、生物工程疫苗项目等3个具有国际先进水平的生物技术项目签约。

25日 中国第三代核电AP1000屏蔽主泵批量化采购合作协议和钢制安全壳(CV)钢板采购合同签字仪式在沈阳举行。

▲ 特变电工沈阳变压器集团有限公司在中国广东台山核电项目P16主变压器招标中，成功摘得2×1750MW核电机组7台70万KVA世界单相容量最大发电机变压器合同。

27日 第五届‘振兴杯’全国青年职业技能大赛决赛在辽宁交通高等专科学校开幕。

28日 中共沈阳市委十一届八次全会暨经济工作会议举行。

29日 特变电工沈变公司研制的±800kV特高压直流换流变压器在1850米世界海拔最高换流站——中国南方电网公司云南至广东特高压直流输电示范工程云南楚雄换流站一次投运成功。

30日 省委常委、市委书记曾维会见来访的韩国美洲钢轨株式会社会长金炯逸，并出席沈阳经济技术开发区管委会与韩国美洲钢轨株式会社的投资合作协议签字仪式。根据协议，美洲钢轨株式会社将投资2500万美元，在沈阳经济技术开发区建设6000平方米的厂房，生产各类高速电梯导轨，该项目是沈阳铁西现代建筑产业园十大重点项目之一。

附 录

2009年沈阳市新增国家驰名商标

序号	商标名称	注册号	商品或服务	商标注册人
1	图形	289173	汽车	金杯汽车股份有限公司
2	富友及图	1060791	玉米种子	辽宁东亚种业有限公司
3	萃华	1081612	黄金饰品	沈阳萃华金银珠宝制品实业有限公司

2009年沈阳市新增辽宁省著名商标

序号	单位名称	商标名称	商品或服务
1	沈阳大连渔港餐饮有限公司	筷道	餐馆\饭店
2	沈阳市海洁风味酒店	海洁	饭店
3	沈阳华光照明电器有限公司	华光	灯泡\灯管\照明灯
4	东北制药总厂	卡孕	西药
5	沈阳华晨金杯汽车有限公司	骏捷	汽车及零部件
6	沈阳华晨金杯汽车有限公司	金杯海狮	汽车及零部件
7	沈阳都市绿洲生态美食广场	图形	饭店、餐馆、快餐巨馆
8	沈阳同利豆业有限公司	同利	豆腐\豆腐制品\食物蛋白
9	沈阳南威尔士木业有限公司	圣耐尔 SEANEL+图	地板
10	沈阳市缘中醉酒业有限公司	缘中醉	白酒
11	沈阳市凡一寝饰用品有限公司	凡一	针织品\床上用品
12	沈阳市通用塑料厂	绿树	非金属排水管
13	辽宁嘉吉农业生产资料有限公司	八QQ奇	肥料
14	沈阳启源工业泵制造有限公司	图形	泵\阀等
15	沈阳市宏远电磁线有限公司	图形	电磁线
16	沈阳绿丰食品有限公司	金绿	火腿\加工过的肉等
17	沈阳长城电缆实业有限公司	长龙	电缆
18	沈阳市永乐经济技术开发有限公司	香野 XiangYe	新鲜水果、新鲜蔬菜
19	沈阳天乐饮品有限公司	天乐园	米露
20	沈阳军星米业有限公司	盛京	米
21	沈阳千恒门业有限公司	千恒	金属门\金属窗
22	沈阳虹祥水泥有限公司	财宝	水泥

序号	单位名称	商标名称	商品或服务
23	沈阳天维电气设备制造有限公司	天维	变压器
24	沈阳市东顺饲料有限公司	东帝宝	饲料
25	康平县海洲金辉花生杂粮精选厂	一品康	花生(果品)
26	沈阳沈康蓝昆饲料有限公司	东北丰	饲料
27	辽宁天久信息科技产业有限公司	久	已录制的计算机程序\信息处理机\闪光灯(信号灯)
28	新东北电气(沈阳)高压开关有限公司	NHVS	变压器、电开关等
29	沈阳宏达塑业有限公司	帝乐	非金属水管、非金属管道、非金属管道
30	沈阳海为电力设备有限公司	海为	变压器、互感器、高压防爆配电装置
31	沈阳化工股份有限公司	星塔	树脂,聚氯已烯
32	沈阳阿雷食品有限公司	阿雷+图	卤猪蹄\鸡爪
33	沈阳香雪面粉股份有限公司	东大	面粉\玉米面
34	沈阳斯沃电器有限公司	斯沃 SIWO	电开关
35	沈阳新恒宝茶业有限公司	新恒宝	茶
36	沈阳雯豪天夫科技开发有限公司	雯豪	纸
37	辽宁科瑞德电缆有限公司	海飞达	电缆
38	辽宁合欢宴酿酒有限公司	图形	白酒

2009年新增沈阳市著名商标

序号	单位名称	商标名称	商品或服务
1	沈阳新恒宝茶业有限公司	新恒宝	茶,茶叶代用品
2	沈阳大连渔港餐饮有限公司	筷道	餐馆、饭店
3	沈阳市海洁风味酒店	海洁	饭店
4	沈阳新四维实业有限公司	新四维+图	车辆保养修理、清洗
5	东北制药总厂	东维力	医药制剂
6	东北制药总厂	复美欣	注射用磷霉素钠
7	沈阳华晨金杯汽车有限公司	骏捷	汽车及零部件
8	沈阳华晨金杯汽车有限公司	金杯海狮	汽车及零部件
9	沈阳春蒙服装服饰有限公司	春蒙	服装
10	沈阳富雅实业有限公司	富雅	不锈钢厨房用具
11	沈阳南威尔士木业有限公司	圣耐尔 SEANEL+图	地板
12	辽宁富友种业有限公司	富友农乐+图	饲料
13	沈阳双利得食品有限公司	禾得+图	猪肉
14	沈阳新长城电缆有限公司	凯思+图	电缆、电线
15	沈阳市凡一寝饰用品有限公司	凡一	针织品、床上用品
16	沈阳市东陵区老顺口饭庄	老顺口+图	餐馆
17	沈阳市通用塑料厂	绿树	非金属排水管
18	辽宁嘉吉农业生产资料有限公司	八QQ奇	肥料

序号	单位名称	商标名称	商品或服务
19	沈阳启源工业泵制造有限公司	图形	泵、阀
20	沈阳市宏远电磁线有限公司	图形	电磁线
21	沈阳绿丰食品有限公司	金绿	火腿、加工过的肉
22	辽宁东鹰电器集团有限公司	东鹰	用于计算器操作仪器的机械装置
23	沈阳大龙酒业有限公司	马三+图	酒(饮料)、烧酒等
24	沈阳华帅门业有限公司	华帅门业+图	金属门
25	沈阳农垦锡伯贡绿色食品有限公司	锡伯贡	米
26	辽宁华达牧业有限公司	NBM+图	饲料
27	沈阳维康绿色食品有限公司	天之绿	新鲜蔬菜
28	沈阳市乾通专用汽车贸易中心	乾通	存储和运输金属容器等
29	辽中县茨榆坨镇老铁西来顺饭庄	老铁西来顺+图	饭店
30	辽宁天久信息科技产业有限公司	久	信息处理机、电脑软件等
31	新东北电气(沈阳)高压开关有限公司	NHVS	变压器、电开关等
32	沈阳市九豪管业有限公司	九豪	非金属水管、非金属管道
33	沈阳清华锅炉有限公司	恒星	锅炉
34	沈阳铭辰汽车有限公司	铭辰	改装车
35	沈阳化工股份有限公司	星塔	树脂,聚氯已烯
36	沈阳海为电力设备有限公司	海为	变压器等
37	辽宁华储资讯科技有限责任公司	华储	推销(替他人)
38	沈阳沈大内窥镜有限公司	沈大内窥镜	内窥镜
39	沈阳纤维素厂	浑河	羧甲基纤维素
40	沈阳朗峰科技有限公司	朗峰	广告、进出口代理
41	沈阳鸿宇山庄	鸿宇山庄	饭店、假日野营服务(住宿)
42	沈阳阿雷食品有限公司	阿雷+图	卤猪蹄、鸡爪
43	沈阳鑫联石化设备有限公司	XL 鑫联+图	石油开采、精炼工业用机械设备
44	沈阳香雪面粉股份有限公司	东大	面粉
45	沈阳金豆食品有限公司	金石	食用油
46	沈阳市吉祥食品机械有限公司	吉王+图	香肠机、搅拌机
47	沈阳斯沃电器有限公司	斯沃 SIWO	电开关
48	沈阳仙农科技种植养殖中心	连缘	蔬菜、活动物
49	沈阳王泰糠醛有限公司	盛京	糠醛

2009年沈阳市新增辽宁名牌产品

编号	产品名称	注册商标	单位名称
10-001	铣镗床系列	中捷	沈阳机床股份有限公司
10-002	盾构机	沈重	沈阳重型机械集团有限责任公司
10-003	换位导线	宏远	沈阳市宏远电磁线有限公司
10-004	往复压缩机	沈鼓	沈阳鼓风机集团有限公司
10-005	塑料绝缘电力电缆	力源	沈阳力源电缆有限责任公司

编号	产品名称	注册商标	单位名称
10－006	交联聚乙烯绝缘电力电缆	长龙	沈阳长城电缆实业有限公司
10－007	电线电缆	汇成	沈阳汇成电缆集团有限公司
10－008	电站用泵	沈鼓	沈阳鼓风机集团有限公司
10－009	往复式活塞隔膜泵	沈冶	中国有色(沈阳)冶金机械有限公司
10－010	1－5KW 高功率横流 CO2 激光器	大陆	沈阳大陆企业集团有限公司
10－011	清障车	凯帆	沈阳北方交通重工有限公司
10－012	低压流体输送用焊接钢管	雷明	沈阳雷明钢管有限公司
10－013	工业丙烯酸及酯	新阳	沈阳石腊化工有限公司
10－014	电缆料	Ae	沈阳美加电缆绝缘材料有限公司
10－015	涂料	金飞马	沈阳金飞马制漆有限公司
10－016	幕墙系列产品	远大	沈阳远大铝业工程有限公司
10－017	强化地板	森耐尔	沈阳市永森竹木业有限公司
10－018	强化地板	圣耐尔	沈阳南威尔士木业有限公司
10－019	浸渍纸层压木质地板	浅草绿格	沈阳兴宏迪木业有限公司
10－020	浸渍纸层压木质地板	菲乐	沈阳市凯隆木业有限公司
10－021	东软 NetEye 防火墙	东软	东软集团股份有限公司
10－022	核磁共振成像系统医用低场永磁体	东软	东软集团股份有限公司
10－023	实木家具、办公家具	宏发	沈阳宏发企业集团家具有限公司
10－024	调料	惠成	沈阳惠成调料有限公司
10－025	速冻饺子	老边	沈阳老边食品有限公司
10－026	玉米淀粉	洁鹅	辽宁省军区宁官农副业基地淀粉厂

2009 年新增沈阳名牌产品

产品	生产企业
中华牌轿车	沈阳华晨金杯汽车有限公司
金杯牌 0.5－3 吨轻型载货汽车	沈阳金杯车辆制造有限公司
中顺牌 SZS6503 系列轻型客车及 SZS5023X 系列专用车	中顺汽车控股有限公司
沈重牌烧结球团设备	沈阳重型机械集团有限责任公司
沈重牌中厚板轧制生产线精整区设备	沈阳重型机械集团有限责任公司
沈重球磨机	沈阳重型机械集团有限责任公司
SK 牌矿山机械成套设备	沈阳矿山机械有限公司
图标牌电梯、扶梯和人行道	沈阳三洋电梯有限公司
图标牌 Φ4－φ6.1M 回转窑系列	沈阳水泥机械有限公司
HB 汇博牌波纹管系列产品	沈阳仪表科学研究院
HB 汇博牌 IC、装备系列产品	沈阳仪表科学研究院
长龙牌 35KV 及以下交联聚乙烯绝缘电力电缆	沈阳长城电缆实业有限公司
沈冶牌混合机系列产品	中国有色(沈阳)冶金机械有限公司
龙士达牌钢结构及新型墙体建筑材料	辽宁龙士达钢结构有限公司
雄鹰牌镍及镍合金	沈阳合金材料有限公司

产品	生产企业
飞宇牌胶管、胶布制品	沈阳第四橡胶有限公司
碧兰牌环氧丙烷	沈阳金碧兰化工有限公司
沈桥牌钢丝绳芯输送带	沈阳长桥橡胶机带厂
禾丰牌饲料	辽宁禾丰牧业股份有限公司
克达牌畜禽饲料系列	沈阳市克达饲料有限公司
NBM 牌饲料	辽宁华达牧业有限公司
洁鹅牌玉米淀粉	辽宁省军区宁官农副业基地淀粉厂
诚信牌熟肉制品	辽宁诚信食品有限公司
克拉古斯牌系列肉制品	沈阳克拉古斯食品有限公司
金绿牌冰鲜牛肉、分割牛肉、速冻食品	沈阳绿丰食品有限公司
好利来牌月饼	沈阳好利来食品有限公司
大清宝泉牌瓶(桶)装饮用天然矿泉水	沈阳大清宝泉矿泉水饮品制品有限公司
泉城牌鲤鱼	沈阳市金山水产养殖公司
阿美莉卡牌月饼、粽子、面包、蛋糕、汉堡系列食品	沈阳阿美莉卡食品工业有限公司
福小子牌酱卤鸡制品	沈阳阿福食品有限公司
重工牌熟食系列产品	沈阳重工食品有限公司
憨馥牌杂粮系列	康平县憨馥土特产品有限公司
礼拜天牌系列雪糕	沈阳礼拜天食品有限责任公司
沈防牌气相防锈纸	沈阳防锈包装材料有限责任公司
邦迪牌地板	沈阳邦迪木业有限公司
荟华楼牌首饰	沈阳荟华楼黄金珠宝首饰有限公司
雪非雪牌系列化妆品	沈阳新生活实业有限公司
图标牌远红外系列床垫	沈阳舒迎健康用品有限公司
艺沃牌服装	沈阳新天地制衣有限公司
菲乐牌地板	沈阳凯隆木业有限公司
圣罗娜牌浸渍层压木地板(强化木地板)	圣罗娜国际木业(沈阳)有限公司
金晨牌风幕机	沈阳金晨伟业科技有限公司
丝柏牌湿巾	沈阳纳尔实业有限责任公司
多多发牌防脱洗发露	沈阳益发生物制品有限公司
天喜牌内墙砖	沈阳日日顺陶瓷有限责任公司
北霸牌盐粳 48	沈阳北霸米业集团有限公司

沈阳市旅游星级饭店一览表

五星级饭店(6 家)

单位名称	电话	传真	地址	邮编
沈阳绿岛森林公园	89579797	89579500	苏家屯区佟沟乡	110015
沈阳皇朝万豪酒店	23883456	23993991	和平区青年大街 388 号	110003

单位名称	电话	传真	地址	邮编
沈阳洲际酒店	23341999	23341198	和平区南京北街204－208号	110001
沈阳丽都喜来登饭店	23188888	23188000	和平区青年大街386号	110004
沈阳黎明国际酒店	24359999	24359000	大东区长安街10号	110042
沈阳凯宾斯基饭店	22988988	22988101	沈河区青年大街109号	110014

四星级饭店(21家)

单位名称	电话	传真	地址	邮编
沈阳新世界酒店	23869888	23217017	和平区南京南街2号	110001
沈阳凯莱大酒店	22528855	22528301	沈河区北站迎宾街32号	110013
沈阳商贸饭店	23412288	23409406	和平区中华路68号	110001
沈阳格林大饭店	22576688	22522288	沈河区北站路72号	110013
沈阳金都饭店	23510888	23510580	和平区太原南街189号	110001
沈阳高登大酒店	22818888	22818866	沈河区青年大街52号	110014
沈阳假日酒店	23341888	23341188	和平区南京北街204号	110001
沈阳时代广场酒店	22532828	22531950	沈河区北站路99号	110013
沈阳世星国际饭店	62135555	62135888	铁西区启工街8号	110026
沈阳七宝山饭店	31602888	23227645	和平区十一纬路79－81号	110003
辽宁凤凰饭店	86105858	86105340	皇姑区黄河南大街109号	110031
辽宁大厦	86081166	86809355	皇姑区黄河南大街105号	110031
辽宁政协会馆	86293888	86293555	皇姑区崇山东路73号	110032
沈阳玫瑰大酒店	24898188	24898011	沈河区中街路201号	110011
沈阳金厦酒店	82978888	82978822	沈河区大西路289号	110014
沈阳皇城商务酒店	22853838	22856366	和平区十一纬路82号	110003
辽宁天都饭店	23296666	23296166	和平区南五马路238号	110006
辽宁瑞心国际城市酒店	88598588	88598599	沈河区敬宾街3－3号	110013
沈阳市华人大酒店	23900000	23910099	和平区青年大街314号	110003
辽宁荣富饭店	25117777	25111177	铁西区北二东路17号	110025
沈阳沈飞宾馆	86598999	86598881	皇姑区陵北街1号	110034

三星级饭店(55家)

单位名称	电话	传真	地址	邮编
辽宁宾馆	23839166	23839103	和平区中山路97号	110001
沈阳鸿翔宾馆	24018888	24018855	沈河区万柳塘路53号	110015
辽宁省华峰宾馆	31519322	31207819	皇姑区崇山东路32号	110032
沈阳迎宾馆	22805588	22805603	沈河区北三经街9号	110013
沈阳亚泰大酒店	24897777	24897878	沈河区沈阳路265号	110011
沈阳空港来登饭店	89398866	89398948	东陵区沈阳桃仙国际机场	110169
沈阳鸿宇山庄	88055051	88055065	棋盘山风景区	110013
沈阳市紫薇仙庄	89591100	89591122	苏家屯区佟沟乡	110003

单位名称	电话	传真	地址	邮编
沈阳金海岸大酒店	25300688	25305688	于洪区黄海路35号	110141
辽宁省辽展饭店	83939666	83939444	和平区文化路58号	110003
沈阳市荣达饭店	24109999	24109000	沈河区南关路116号	110015
沈阳华苑大酒店	89135632	89135647	苏家屯区海棠街39号	110101
辽宁工会大厦	62235999	62234828	皇姑区崇山东路40号	110032
辽宁东盛大厦	62236666	62236565	沈河区北京街9号	110013
沈阳瑞心东方酒店	22583333	22583222	沈河区北站路112号	110013
沈阳民航宾馆	88291888	88291333	大东区小河沿路3号	110043
沈阳邮政大厦	22593333	22593077	沈河区北站路78号	110013
辽宁科技宾馆	62129088	62129087	沈河区文艺路44号	110016
辽宁省人民大厦	86681666	86223148	于洪区崇山东路41号	110032
南湖大酒店	23843939	23841129	和平区文化路63号	110003
辽宁金三角饭店	23292288	23292188	和平区中华路43号	110001
辽宁瑞心快捷北站酒店	62231888	62232888	沈河区北站路102号	110013
沈阳文华酒店	87888886	87898889	辽中县东环街59号	110200
沈阳金辉大厦	62256666	62256666	和平区南八马路27号	110005
辽宁省老道口大厦	62100399	23404508	和平区胜利北街1号	110001
沈阳正兴宾馆	22829988	22710513	沈河区一经街二纬路23号	110013
沈阳七月宾馆	23583333	23583030	和平区南京南街100号	110005
辽宁金剑宾馆	86686666	62269699	于洪区崇山东路8号	110032
沈阳市新城饭店	89819999	89119999	苏家屯区枫杨路26号	110101
沈后金辉宾馆	25688688	25688666	铁西区沈辽东路34号	110021
沈阳金山宾馆	31313333	31313399	和平区昆山北街62号	110001
沈阳雷格酒店	22946666	22919998	沈河区沈洲路2号	110011
辽宁金秋宾馆	62107777	23873576	和平区新华路10号	110005
辽宁瑞心商旅东旭酒店	23299188	23299088	和平区南京南街40号	110001
沈阳金杯汽车大厦	23868888	23879582	和平区中华路57号	110001
沈阳金星宾馆	62101111	62101187	和平区太原北街9号	110001
沈阳金城宾馆	23168888	23168777	和平区太原北街1号	110001
沈阳金利宾馆	23911171	23051690	沈河区文化路83号	110016
辽宁金科大厦	23898880	23907788	和平区文化路19号	110004
辽宁大剧院宾馆	22735688	22743953	沈河区市府大路363号	110013
辽宁国大酒店	86399000	86398898	皇姑区昆山东路28号	110032
新民市迎宾馆	87856427	87859928	新民市辽河大街135号	110300
沈阳科隆酒店	24896666	24896699	沈河区朝阳街238号	110011
沈阳兰亭宾馆	86395888	86395887	皇姑区北陵大街37号	110032
沈阳北辰大酒店	88522425	88556428	沈河区惠工街169号	110013
辽宁省柳湖宾馆	31015566	86895756	于洪区崇山东路30号	110032
沈阳市和平宾馆	23498888	23498000	和平区胜利北街104号	110001
沈阳毓英楼宾馆	31297888	31297888	沈河区六纬路23号	110014
辽宁东湖度假村	88050209	88050333	棋盘山风景区秀湖南岸	110163

单位名称	电话	传真	地址	邮编
辽宁杏林苑宾馆	88051238	88051258	东陵区高坎镇大夫村祝家沟	110163
沈阳中城商务酒店	31809777	31809808	铁西区景星南街38号	110021
沈阳韩洋酒店(预)	22859666	22713888	和平区桂林街68号	110002
沈阳军交大厦	22582666	22582699	沈河区北站路110号	110013
沈阳市共达宾馆	24344377	24327292	大东区东顺城街17号	110024
辽宁阳光宾馆	86198888	86198103	于洪区长江北街56号	110036

二星级饭店(19家)

单位名称	电话	传真	地址	邮编
沈阳汉城宾馆	23169999	23404326	和平区市府大路31号	110001
沈阳宾馆	86688888	86688007	皇姑区泰山路2号	110033
沈阳天源宾馆	88559988-6666	88530899	沈河区惠工街235号	110013
沈阳宁大宾馆	23297777	62100953	和平区市府大路45号	110001
辽宁省玉龙山庄	88058008	88058018	棋盘山风景区秀湖北岸	110164
沈阳榭园宾馆	88056088	89787172	棋盘山风景区秀湖北岸	110003
沈阳怪坡金源宾馆	89758158	89758277	新城子区怪坡风景区	110121
沈阳石化大厦	86298000	86241748	皇姑区长江街17号	110031
沈阳市康平宾馆	87325858		康平县康平镇建设街	110500
沈阳聚鑫康乐商贸中心	87330578		康平县中心街	110500
沈阳铁建宾馆	88530560	88556839	沈河区敬宾街3-1号	110013
沈阳市政府招待所	24849575	24845809	沈河区正阳街212号	110011
沈阳市德秀庄宾馆	23468385	23473348	和平区图门路8号	110002
沈阳市国兴大酒店	25305858	25308488	于洪区黄海路46号	110141
沈阳金碧大厦	25361188	25819406	于洪区沈新路188号	110141
沈阳玉龙源酒店	23315555	83300880	和平区砂南路5号	110005
沈阳市老天合宾馆二部	84183000	24807138	沈河区热闹路62号	110011
沈阳市老天合宾馆	24807158	24807138	沈河区热闹路60号	110011
沈阳翔云楼宾馆	28863335	86860145	皇姑区北陵大街9号	110032

一星级饭店(7家)

单位名称	电话	传真	地址	邮编
单位名称	电话	传真	地址	邮编
沈阳市玲珑山庄	88055007	88055008	棋盘山风景区	110161
沈阳泉银宾馆	24839800	24314148	大东区小河沿路68号	110042
沈阳翰皇国际商务酒店	88596000	88596166	大东区北顺城路188号	110041
法库宾馆	87103555	87103555	法库镇兴法路吉祥街	110400
沈阳市梅杉宾馆	22735548	82720988	沈河区小西路48号	110013
辽宁红霞宾馆	23231099	23225503	和平区光荣街26号甲	110003
辽宁九州大厦	86858687	86830033	皇姑区昆山路34号	110031

沈阳市旅行社一览表

序号	单位名称	联系人	联系电话	传真	通讯地址	邮编
1	辽宁海外国际旅行社	李会凤	86863959	86863977	皇姑区北陵大街26甲1	110031
2	沈阳市海外国际旅行社	杨培培	31875808	23260580	和平区和平南大街39号嘉环3层	110003
3	辽宁省中国国际旅行社	史　妍	86807339	86808772	皇姑区黄河南大街113号	110031
4	辽宁中辽国际旅行社	张永哲	62180809	23257202	和平区光荣街35号	110003
5	沈阳市中国旅行社	李　男	22832092	22832092	沈河区市府大路189号1号楼	110013
6	辽宁省中国青年旅行社	冯　萱	22861908	22712971	和平区北四经街28号	110003
7	辽宁省中国旅行社	徐淑华	86869098	86869008	皇姑区岐山中路50号	110031
8	辽宁国际商务旅行社	王　慧	22833399	22719676	和平区和平区十一纬12号	110001
9	沈阳青年国际旅行社	童　帅	22872753	22895510	和平区中山路111号亚贸12层	110003
10	辽宁世纪国际旅行社	王　丽	22877460	22877140	和平区广州街81号	110002
11	沈阳国际旅行社	高　琳	22733348	22733395	沈河区市府大路290号摩根甲4	110013
12	辽宁康辉国际旅行社	王　俏	22815566	2813087	和平区和平北大街69号C1408	110003
13	沈阳铁道国际旅行社	李振荣	62027253	62103467	和平区新兴街19号	110005
14	沈阳金桥国际旅行社	赵东梅	22818373	22818383	沈河区中山路355号大厦602	110014
15	沈阳文教国际旅行社	孙　娟	22718220	22836199	沈河区青年大街48甲1号	110016
16	辽宁四方蓝天国际旅行社	张秋菊	22720598	22856727	沈河区北京街19－3号	110013
17	沈阳美景商务国际旅行社	纪　宏	22518558	22518998	沈河区北站路57号财富D22－2	110013
18	辽宁欧美亚国际旅行社	王　征	23250552	23251574	和平区绍兴街18号	110006
19	辽宁光大国际旅行社	郭　颖	22685600	22685699	沈河区奉天街340号甲1格林A	110013
20	辽宁和平国际旅行社	赵锦程	22500655	22502855	沈河区北京街7号1808	110013
21	中国国旅(辽宁)国际旅行社	王　飞	23492020	23492110	和平区市府大路55号午华1－02	110003
22	辽宁招商国际旅行社	葛晓丹	86286882	62158062	和平区十四纬路19号	110003
23	辽宁九洲假日国际旅行社	赵　燕	82721090	22729299	沈河区奉天街346号格林2408室	110013
24	沈阳园林国际旅行社	徐建军	23242282	23234870	和平区南一马路121号	110001
25	辽宁新亚国际旅行社	王守江	88636000	86860734	皇姑区北陵大街45－6号6－2－1	110032
26	辽宁省国际体育旅行社	王先忠	62110111	62110111	和平区和平南大街24号	110001
27	辽宁省职工国际旅行社	刘　璞	22855597	22854723	和平区北五经街1号	110002
28	沈阳新世纪国际旅行社	于　露	86297560	86297248	皇姑区长江街59号三合12F	110031
29	辽宁东电茂霖国际旅行社	靳德勇	23148119	23148119	和平区宁波路18号	110016
30	辽宁白马国际旅行社	王　琦	22520606	22501313	沈河区北站路55号C座2－7－2	110013
31	辽宁汇点国际旅行社	常　洪	23252148	88663535	沈河区沈阳路68号216	110011
32	辽宁天兴国际旅行社	周天红	23924868	23903768	和平区文化路48－1号281	110013
33	辽宁银洲国际旅行社	孙铁楠	22520780	22526689	和平区市府大路228号	110002

序号	单位名称	联系人	联系电话	传真	通讯地址	邮编
34	沈阳招商国际旅行社	张　忠	82720007	22740059	沈河区惠工街21号	110013
35	辽宁远洋国际旅行社	张文菲	86206938	86275798	皇姑区宁山中路58号	11003
36	沈阳春秋国际旅行社	谢洪宇	31502883	22877140	和平区广州街81号	110002
37	沈阳园林旅行社	徐建军		24185009	和平区南一马路121号	110001
38	沈阳东方旅行社	杜丽娜	24826663	24824176	东陵区文化东路52号	110015
39	辽宁北国旅行社	富　瑶	88515311	88562174	沈河区山东堡路11甲2号	110013
40	沈阳客运华龙国际旅行社	高　飒	22791358	62237998	沈河区市府大路262号甲	110013
41	辽宁方舟旅行社	刘　卉	31320066	31320011	和平区十一纬路云集东巷32号141	110003
42	沈阳迎宾旅行社	史劲松	22805666	22805666	沈河区北三经街9号迎宾南园2楼	110013
43	沈阳万泉河旅行社	刘素芹	24823132	24213570	东陵区万柳塘路63号	110015
44	辽宁森林旅行社	崔　盾	86298213	86249349	皇姑区长江街126号富林605	110031
45	辽宁新力旅行社	孟　莹	84310199	84310855	和平区南京南街9号	110001
46	辽宁凤凰旅行社	陈　欣	22685600	22685699	皇姑区黄河南大街109号	110031
47	辽宁老年旅行社	杨晓文	22895992	22893579	沈河区北三经街51号	110014
48	沈阳天平旅行社	刘　娜	86858315	86272233	皇姑区北陵大街9号	110032
49	沈阳蓝天旅行社	费广林	2422238	24232207	沈河区万柳塘路53号	110015
50	辽宁新华旅行社	闫玉生	23863799	23863799	和平区南京南街36号	110003
51	沈阳市金飞马旅行社	王秋莹	24841579	24841345	沈河区沈阳路40巷5号303	110013
52	沈阳友好旅行社	李晓丹	22834345	22879611	和平区北三经街66号	110003
53	沈阳市玉麒麟旅行社	吴滟秋	22733733	22725799	沈河区南清真路52－3号济源11楼	110013
54	沈阳山水旅行社	舒佳军	22828659	22520953	沈河区中山路200号	110013
55	沈阳铁道青年国际旅行社	徐　妍	82711318	82711368	和平区南京北街113号和泰813	110003
56	沈阳市名流旅行社	庄秀玲	62225948	86743255	沈河区友好街53号	110013
57	沈阳鸿宇旅行社	付媛媛	88568181	88509858	沈河区友好街19号奉天A1303	110013
58	沈阳市天合旅行社	王铁明	24157386	24157386	沈河区热闹路60号	110011
59	沈阳华夏旅行社	梁　文	22529301	22593015	沈河区北站路78号邮政大厦10层	110013
60	沈阳创信旅行社	刘　新	25637282	25849792	铁西区兴工南街5号	110021
61	沈阳故宫旅行社	左占莲	24850686	24847417	沈河区沈阳路171号	110011
62	沈阳天马旅行社	李桂萍	24843338	24865769	沈河区朝阳街238号	110011
63	沈阳安运旅行社	姚明飞	25935488	25935488	铁西区艳华街3号3门	110023
64	沈阳奉天旅行社	毕　莹	31005627	24868200	沈河区沈阳路61号金海岸317	110011
65	辽宁先锋旅行社	卢沈香	23257134	23257134	和平区南五马路228号党刊404	110006
66	沈阳市玫瑰花旅行社	赵宝娟	22872228	22891118	沈河区北二经街87号	110014
67	辽宁友谊旅行社	曲　红	86903066	26900177	皇姑区崇山东路48号	110032
68	沈阳风采旅行社	赵　羽	22959661	22959662	沈河区大西路1号	110014

序号	单位名称	联系人	联系电话	传真	通讯地址	邮编
69	沈阳纵横旅行社	张笑峰	31320116	31320119	和平区十一纬路云集东巷32号经纬A5	110003
70	沈阳市宏信旅行社	肖艳秋	86899662	86901739	于洪区陵东街29号陵东2	110032
71	沈阳长白山旅行社	马艳丽	31320055	31320058	和平区十一纬路51号皇城2313	110003
72	沈阳教育旅行社	胡雅欣	24844815	24857936	和平区南五经街云集西巷32号	110003
73	沈阳金旅旅行社	吴小春	22714055	22829058	沈河区十三纬路123号甲	110014
74	沈阳喜来多旅行社	王艳华	24237777	24207820	东陵区文富北路42号	110015
75	沈阳佳信旅行社	刘　威	24214400	24217733	东陵区长青街35号万泉商务1层	110015
76	沈阳沪春秋旅行社	关凤艳	24339980	24339959	大东区东顺城街137号	110042
77	辽宁地质旅行社	杨秀杰	86243685	86860520	皇姑区北陵大街29号	110032
78	沈阳天一旅行社	孟　颖	62259158	62259178	和平区和平北大街28号10－1	110002
79	沈阳兰鹰旅行社	李艳红	23260388	23260288	和平区十四纬路23号	110003
80	沈阳市阳光假期旅行社	左　丹	22520068	22511955	沈河区北京街21号许兄弟503	110013
81	沈阳市康泰旅行社	闫　雪	24123450	24123450	大东区东顺城街152号中化4楼	110042
82	沈阳战友旅行社	芮英春	62150018	62579013	沈河区奉天街346号自由城B320	110013
83	沈阳市泰达旅行社	陈　艳	81005317	22835308	和平区八经街32号甲3	110002
84	沈阳华远旅行社	张　杞	23229699	23243532	和平区南京南街52号	110001
85	沈阳众合旅行社	吴　蓉	88618050	88618051	东陵区泉园一路49－3号	110015
86	沈阳国泰旅行社	焦　峰	22507155	22513881	沈河区北京街19号先锋大厦905	110013
87	辽宁君安旅行社	衣　宏	31015631	31015631	于洪区崇山东路30号	110032
88	沈阳旅游集散中心	李诗录	25874777	25874777	铁西区建设东路33号	110021
89	沈阳新联旅行社	沈　娟	62278922	62278911	新民市辽河大街288号	110300
90	沈阳天下行旅行社	刘广萍	22858613	22851956	和平区和平北大街28号18－4	110002
91	沈阳乐乐红旅行社	张秀梅	62678476	89126226	苏家屯区海棠街33号博宇3316	110101
92	沈阳绿洲旅行社	李亚红	23230100	23223812	和平区中华路45号群星1115	110001
93	沈阳海棠旅行社	杨　娜	22782818	22782877	沈河区小西路87甲号智慧1405	110013
94	沈阳春天旅行社	孙建辉	29818226	89812064	苏家屯区枫杨路139号	110101
95	沈阳卓越旅行社	王　芳	23520846	23512171	铁西区建设东路57号爱都B1－14－6	110023
96	辽宁中桥旅行社	王　颖	22518081	22518091	沈河区北站路55号财富C341	110013
97	沈阳神舟旅行社	田玉忠	88734543	88734563	大东区津桥路20号	110041
98	沈阳原野旅行社	周全臣	22846056	22895380	和平区十一纬路94号	110003
99	沈阳四海旅行社	姜　波	22723218	22723118	沈河区北京街19－3汇宝A441	110013
100	沈阳金运旅行社	杨培培	31875808	23260580	和平区和平南大街39号	110003
101	沈阳一通旅行社	赵　姗	22740707	22766007	沈河区南清真路52－2号	110003
102	沈阳市光大旅行社	孙秀云	22724326	22702505	沈河区朝阳街192号	110014
103	沈阳好运旅行社	门丛卉	63903398	85619090	和平区中华路200号	110001

序号	单位名称	联系人	联系电话	传真	通讯地址	邮编
104	沈阳绿城假期旅行社	李　申	62634909	62634910	铁西区建设东路72号爱都912	110021
105	沈阳辽之旅旅行社	赵　楠	31581018	88615659	皇姑区泰山路17号	110032
106	沈阳工惠旅行社	陈　杨	23264732	23268055	和平区十一纬路51号皇城504	110003
107	沈阳誉湾旅行社	李　伟	23242277	23872299	和平区十三纬路19号冶金406	110003
108	沈阳客运天天旅行社	高艳红	22593585	22593587	沈河区北站路78号邮政751室	110013
109	沈阳市菁华旅行社	张雯然	89376077	89372111	沈河区惠工东一街29号	110013
110	沈阳永安旅行社	李　瑶	22515557	22519993	沈河区北站路77－1号光达C836	110013
111	沈阳金色晚霞旅行社	史湘琳	86214709	86210305	皇姑区长江街17号	110031
112	沈阳运通旅行社	刘英姿	22720405	22947409	沈河区青年大街35号国贸909	110014
113	沈阳嘉航旅行社	时　聪	23869855	23890833	和平区文化路45号机械大厦805	110003
114	沈阳假期旅行社	刘　慧	28550966	88523088	沈河区友好街19号银座B1306	110013
115	辽宁中天风光旅行社	赵兴玲	24849549	24854926	沈河区正阳街253号212室	110011
116	沈阳怡乐阳光旅行社	张亚东	22826778	22826778	和平区和平南大街56号	110005
117	沈阳华洋旅行社	刘　洋	25927315	25967741	铁西区腾飞一街12号	110021
118	沈阳市国奥旅行社	梁素华	89819966	89122666	苏家屯区迎春街135号9门	110101
119	沈阳联合璧华旅行社	胡春玫	31290205	31290208	沈河区热闹路49号桓信410	110014
120	沈阳清风海岸旅行社	王　参	23417711	23400303	和平区市府大路55号年华725	110002
121	沈阳市新路旅行社	田白璐	24811855	24812222	大东区万泉街1号	110042
122	沈阳大浪花旅行社	朱翠英	23938523	23944955	沈河区沈阳路11号	110013
123	辽宁海峡旅行社	刘凤静	22859710	22859710	和平区南五马路17号	110004
124	辽宁寰宇旅行社	康　建	22863966	22895398	和平区十一纬路88号皇城702	110003
125	沈阳润博旅行社	张　琳	22744453	22724421	沈河区奉天街346号格林B1611	110013
126	沈阳浪漫假期旅行社	石春秋	22533978	22533198	沈河区北站路112号东方1136	110013
127	辽宁虎跃旅行社	卢　岩	88570377	88526655	沈河区友好街21－4号	110013
128	沈阳四海风情旅行社	刘欣欣	23251265	23256767	和平区和平南大街39号嘉环9009	110001
129	辽宁格格旅行社	赵　民	86898835	22532819	皇姑区北陵大街56号	110032
130	辽宁嘉之旅旅行社	刘　静	88310527	88310527	沈河区西顺城街246号	110014
131	沈阳欣鹭德旅行社	于佳月	23188178	24524087	和平区青年大街386号华阳0977	110004
132	沈阳市鹏宇旅行社	周大鹏	87335995	87345666	康平县康平镇中心街585号	110500
133	辽宁诚联旅行社	刘　晶	24327169	22722905	大东区东顺城街17号13幢4009	110011
134	辽宁华亿旅行社	王　璐	22515544	31289110	沈河区北站路77－1号光达1223	110013
135	沈阳科普旅行社	裴大顺	23978007	23978070	沈河区青年大街201号	110015
136	沈阳枫林假期国际旅行社	林　琳	62579045	62579046	铁西区凌空二街59号	110021
137	沈阳源泰旅行社	周卫平	62466828	62466828	沈河区沈阳路103号帅府宾馆	110011
138	沈阳万佳旅行社	黄志梅	62231396	62231398	沈河区北站路102号铁路B841	110013

序号	单位名称	联系人	联系电话	传真	通讯地址	邮编
139	沈阳宇航旅行社	张乐洋	22532993	22532993	和平区中华路121号SOHO1421	110001
140	沈阳博客旅行社	赵金辉	25933456	85891239	铁西区南滑翔路1号	110021
141	沈阳市龙游旅行社	孙智勇	22921347	62770157	和平区哈尔滨路58号房联822	110002
142	沈阳鑫源旅行社	侯晓华	86906133	86906133	康平县中兴街客运站北巡警楼4	110500
143	沈阳携程旅行社	刘　群	62233180－101	62233622	沈河区惠工街124号中韩1493	110013
144	沈阳云升旅行社	云　超	62251280	62251279	和平区十三纬路19号冶金809	110013
145	沈阳荧屏旅行社	庞雪松	23999254	23999188	和平区青年大街296号	110004
146	沈阳现代方向旅行社	韩　晶	62264888	62264990	皇姑区北陵大街6号3门	110032
147	沈阳美好时光旅行社	侯丽娣	23852308	23240651	和平区中华路121号SOHO1917	110001
148	沈阳辽沈读者旅行社	杨　柳	22699312	22698111	和平区北三经街14甲5号	110002
149	沈阳市樱桃树旅行社	佟兴刚	22944065	22942365	沈河区大西路59号	110014
150	沈阳洲际旅行社	郭海龙	82711182	82711183	和平区南京北街109号恒运A1505	110003
151	沈阳太和旅行社	郝　刚	22730101	22733535	沈河区市府大路433号峰景1604	110013
152	沈阳飞海包机旅行社	陈继华	86201717	86204533	皇姑区崇山中路63号	110031
153	辽宁民族旅行社	杜春阳	31320192	23270055	和平区十一纬路51号皇城903	110003
154	沈阳龙腾假期旅行社	王　琼	62238857	62238907	沈河区市府大路290号摩根A1610	110013
155	辽宁汇展旅行社	徐　波	23214071	23214070	和平区和平南大街39号	110003
156	沈阳启顺旅行社	朱成旭	22518388	22534699	沈河区北站路146号嘉兴1823	110013
157	辽宁恩德旅行社	朱香花	88736292		沈河区北站路59号财富E21－3	110013
158	沈阳海华国际旅行社	周静舒	23492082	23492101	和平区市府大路55号年华808	110002
159	沈阳远东旅行社	谷　明	62467158	62467148	沈河区热闹路60号民政312	110011
160	沈阳鑫洋旅行社	宫丽波	86268266	86227098	皇姑区黄河南大街28甲1－14－1海韵	110031
161	沈阳永盛假期旅行社	夏　颖	88611800	24897848	沈河区沈阳路265号亚泰	110011
162	沈阳天然旅行社	高　鹏	86417161	86416896	皇姑区步云山路26巷1号612	110031
163	沈阳华逸假期旅行社	郑学东	22814116	22813087	和平区和平北大街69号C座	110003
164	沈阳金通旅行社	朱志娇	31327788	31327788	和平区十一纬路51号皇城2409	110003
165	沈阳市航管旅行社	李　霖	88296767	88296953	沈河区万寿寺街185号	110001
166	沈阳新视野旅行社	赵春博	23526085	23526685	和平区南五马路17号商巢3114	110005
167	沈阳卓逸旅行社	罗　丽	86208910	86208910	皇姑区岐山中路1号东机1310	110032
168	沈阳关东旅行社	杜晓芬	23492838	62800111	和平区南京北街18号银调1－25－2	110015
169	沈阳黄金海岸旅行社	宋雪梅	62466661	62466661	沈河区沈阳路61号金黄岸415B	110011
170	沈阳北美风情旅行社	杨　洋	62657455	62657466	铁西区兴华南街46号惠和16－8	110021
171	沈阳鑫世博旅行社	张　华	24532008	24852633	沈河区盛京路28号	110011
172	沈阳金盛旅行社	温　阔	22525555	22961721	东陵区森林路36号	110000
173	沈阳新时代旅行社	杨亚丽	22517573	22517573	沈河区北站路146号嘉兴2023	110013

序号	单位名称	联系人	联系电话	传真	通讯地址	邮编
174	沈阳众诚旅行社	王 亮	86083599	86083966	皇姑区长江街62－3号1－16－10	110032
175	沈阳佳通旅行社	张 姝	62660506	62589959	和平区中山路111号1028	110001
176	沈阳深度旅行社	李 媛	23210222	31289332	和平区太原南街90号1513	110003
177	沈阳海洋青年旅行社	韩 莹	31871611	31871610	和平区中山路70号	110001
178	沈阳嘉华旅行社	张宏岩	31301337	31301336	沈河区惠工街205号恒基1217	110013
179	沈阳恒通旅行社	韩 兵	23215181	23860143	和平区太原南街90号	110001
180	沈阳华之信旅行社	石 华	62619360	62619560	大东区大北关街50－1号	110041
181	沈阳百信达旅行社	龚 娜	24895583	24895581	沈河区朝阳大街238号科隆8	110011
182	沈阳嘉艺旅行社	刘 靖	23988266	31500955	和平区三好街55号1009	110003
183	沈阳黑龙旅行社	周显军	22517459	22517459	沈河区北站路78号邮政624	110013
184	沈阳金玉满堂旅行社	李 丽	22520547	22520841	和平区市府大路224号4－18－5	110002
185	沈阳诚盟旅行社	张 勇	23842160	23842160	和平区文化路三巷3－1号131	110004
186	沈阳国宾旅行社	陈 滢	23842458	23842428	沈河区青年大街165－9号金廊A1716	110011
187	沈阳阳光祥云旅行社	戴秀梅	86198899	86198103	于洪区长江北街56号	110036
188	辽宁天鸿国际旅行社	杨培培	31875888	23260580	和平区市府大路200号	110003
189	沈阳金华旅行社	高爱妮	23500399	62106771	和平区太原南街97号	110001
190	沈阳金土地旅行社	符太强	23867771	23863000	和平区同泽南街37号	110000
191	沈阳中青国际旅行社	杨莉莉	22514146	22514146	沈河区惠工街124号	110013
192	万雄集团中泰世纪旅行社	马 丹	22528345	22527345	沈河区北站路77－1光达大厦1310	110013
193	沈阳林苑旅行社	李 妍	89811170	29816767	苏家屯区枫杨路186号	110101
194	沈阳福卡斯旅行社	王 晋	24850618	24852080	沈河区沈阳路21号	110011
195	沈阳古城旅行社	史宝刚	23735583	23735583	和平区夹河路10－2号	110166
196	沈阳中意国际旅行社	李志强	23520200	23520200	和平区太原南街97号	110001

索　　　引

一、本索引采用分析索引方法，按英语26个字母的顺序排列。
二、本索引依据编目、分目及主要条目所在的列序位置，分别注明页码（其中黑体字为编目），其后"a、b、c"表示所在栏目，供读者在检索时查阅。

A

爱国歌曲　38c
爱国卫生月　189b
爱心万里行　101b
爱心助学　128b
安全监管　175c
安全生产　284a、284b
安全稳定　128b
安全整治　284c
案件执行　140b
奥地利　81b

B

百姓民生　397c
颁金节　394a
办实事　76c
帮扶救助　99c
保护版权　357b
保稳定　193a
保险市场　311a
保增长　42c、79c、136b、289a
报刊市场　352c
鲍铁印　127a
北方重工　157a
倍增计划　259a
边缘户救助　392c
编校质量　357a
殡葬管理　389c
冰雪节　29a
病虫害防治　253a
病媒生物防治　189c
波德别列兹科　82a
部队建设　121a

C

财产保险　311b
财会之家　294c
财政、金融及保险业　36a
财政　410c
财政收支　291a
财政税收　291
财政预算执行审计　277c
财政运筹　402a
采摘节　228c
参政议政　118a
餐饮业　213a
残疾人服务体系　118c
残疾人合法权益　118c
残疾人婚姻家庭服务　119b
残疾人教育　119b
残疾人救助　119a
残疾人康复　119b
残疾人劳动就业　119a
残疾人宣传文体活动　119c
仓库建设　212a
测土配方施肥　253c
拆迁拆除　192a
产品认证　281c、282a
产权产籍　203b
产权管理　247a
产学研一体化　343c
产业带头人　246c
产业发展　159c、270b、408c
产业工会　100b
产业集群　143b
产业结构　402a、412b
产业联盟　317b
长客总站　177a
朝鲜族艺术馆　393c
陈德香　418b
成本监审　290b
成吉思汗　394b
成品油　218b、289c
城际轨道交通　176b
城区建设　400b
城市拆迁　398c
城市防汛　187a
城市公共交通　177c
城市供水管网　194b
城市管理　192b
城市环境　403c
城市基础设施　409b
城市建设　36b、185a、399a、410c
城市亮化　187c
城乡环境　39a、192b
城乡建设　406c、412c、414b、416a
城乡建设和管理　185
城乡卫生环境　189b
城乡一体化　189a
出国审批管理　82b
出境游　231a
出租汽车　178c
除运雪　189b
厨艺大赛　111c
传统服务业　213c
创新基金　166b
创业孵化基地　102a
创业示范园　101a
创业在东北　101c
创业周　101a
炊具城　220b
春季绿化　190b
春联征集　348c
慈善事业　390a
促销活动　226c
村级债务　244b
村务公开　243c
村镇建设　185b
存款业务　305a、307b

D

打黑除恶　133b
打击假币　134b
大部制改革　85a
大西电子　220a
大型活动　145b
大学生就业　376b
大学生文化节　348b

代表主体作用 74b
贷款管理 307b
贷款业务 305a
党风建设 283c
党内信息库 51c
党外知识分子 61a
党委(党组)调整 51c
党员服务热线 51b
党政机关 41
党组织换届 51c
档案 353b
档案服务 355b
档案馆 354c
档案知识竞赛 355a
档案资料 356a
导游员 230c、231a
道德模范 340c
道德信贷 38c
道教文化 395c、396c
道路改造 187a
道路挖掘 187a
德育督导检查 340c
德中同行 57a、80c
地方经济 240b
地方军事 121
地方立法 73b
地名管理 391c
地区经济 266a
地铁工程 191b
地铁装备产业化 191c
地震安全示范区 333c
地震安全示范校 334a
地震活动 334b
地震监测预报 331c
地震应急处置 333a
地震应急救援 333a
地震灾害预防 332a
第二产业 406a
第三产业 406b、410b
413b、415b
第一产业 405c
典当、拍卖业 214b
典当行业 219b
电力科技 195b
电力营销 195b
电脑城 219b
电气机械及器材制造业 151c
电视 358c
电视电话会议 127c
电视观众节 360a
电视台 360b
电视宣传 359a
电网安全生产 195a
电网建设 195a
电业概况 194c
电子工业 160b
电子政务 181a
调查研究 61c
调研宣传 116b
东北金融中心 398c
东北亚发展论坛 24b
东城群众文艺创作奖 348c
东药集团 153c
冬季执法 192a
动漫产业 144c
动漫扶持 351c
动漫基地 351c
动漫设计 103b
动漫游戏产业 183b
动物防疫标准 257a、279b
毒品滥用整治 135a
读书月 38b、341b
队伍建设 65b、301c、313b
对内对外开放 404b
对台交流交往 62c
对台经济 62a
对台联络 118b
对台双向交流 120a
对台宣传与涉台教育 63a
对外交流 100c、337a
对外经济技术合作 235a
对外经济贸易 235
对外经济贸易与旅游 36c
对外开放 406b、412c
对外宣传 56a

E

恩赫赛汗 80c
儿童节 111a
二次加压泵站接收与改造 194b
报废车 219a

F

法官进校园 103c、341b
法律法规 284a
法律服务 141c
法律援助 142b
法制宣传教育 142a
反腐倡廉 67c
方法制度改革 276a
防空联训区 128a
防汛及河道整治 260a
防灾减灾 334b
防灾理赔 312a
防震减灾宣传 333b
房地产市场 201a、201c
房交会 205b
房屋拆迁 203c
纺织工业 152b
非法集资 303c
非公有制经济 51a、59b、161a
164a、164b、165a
非金属矿物制品业 154c
非物质文化遗产 351a
废弃物管理 189a
丰产示范田 108a
风电产业 144c
风力发电 271c
风险防范 305b
风险投资 316c
凤来雁归 52c
佛教界 395a、395b
扶贫帮困 386a
扶贫开发 244a
服务“三农” 209c
服务管理体系 184c
服务理念 206b
服务领域 375b
服务贸易 236a
服务提升 305c
服务业标准 280a
服务业建设项目 208b
服务职能 286c
福利彩票 390b
福祉民生 412c
妇代会 114a
妇联干部 113c
妇女儿童权益 112c
妇女节 110c
妇女就业创业 111b
妇幼卫生 371c
附录 545
富民小区 258b

G

改革开放 415c
改革论坛 268a
干部监督 50a
干部考核 48c

干部理论轮训　127b
干部培训　49c、394c
干部选拔任用　48a、50b
感动沈阳人物　38b
高层人士恳谈　236b
高级人才　55b
高健　80b
高校研修班　50a
高新技术　316c、317b、317c、318a、318b
高新技术博览会　26b
高雅艺术　107b
革命传统教育　52b
工程建设管理　191b
工程质量　199b
工程中心　317a
工农业旅游　222b
工伤保险　380a
工商联　97c
工业　147
工业　35a、410a、413a
工业经济　147a、403b、415b
工业项目　148b
公安队伍管理　136b
公共服务　255a
公共图书馆　348a
公共资源交易　78a
公积金　205c、206a
公交场站设施改建　177b
公交服务　178a
公交行业管理　178a
公开选拔　51a
公路建设　174b
公路绿化　175b
公路运输市场　173b
公务员管理　381b
公务员培训　380c
公园绿化　190b
公园商场市场　220c
公证服务　141b
供热管理　204a
供销社商业　209b
共产党员奉献日　51a
固定资产投资　148b、174c、273c
挂职锻炼　48b
关东文化　233c
关税征收　239c
关注民生　375a
管理改革　259c
管理工作　211a
灌溉工程　259c
光彩事业　59b
光荣榜　429
广播　358a
广播节目　358b
归档监管　355c
规范管理监督体系　345b
规范收费　289a
规划编制　268b
规划编制和管理　195c
规划建设　146a
规模发展　184a
国防动员　123c
《国防动员法》　126a
国防教育　56c、58a、124a
国际业务　308b
国家项目支持　317a
国家宗教局　395a
国民经济　34c
国内贸易　207
国内贸易　35c
国企党建　275c
国企发展　275b
国企改革　275a
国庆安保　47a、132c
国庆中秋座谈会　120a
国有资本运营　275b
国有资产监督　275a
国债项目　375a

H

H1N1 流感　238b、342c
哈斯巴根　102a
海关　239b
海关稽查　240a
海外联谊　87c
海外统战　59b
海外学子创业周　52b
韩国周　25b
航空安全　179c
航空航天器制造业　157c
航空客货邮运输　179b
航空运输　179a
航空站　262b
航线网络化　179b
行业管理　218b、229c、262c
行业偶像　106c
行业稳定　179a
合作协议　237c
何厚铧　80c
和谐劳动关系　382c
河道生态工程　259b
黑色金属冶炼　155a
红盾文化　288b
红色旅游　223c
后勤　123b
后勤保障　129b
户外广告　188a
花卉博览园　191a
花卉装饰　190c
花坛博览会　81c、191a
华侨华人　82b
化学原料制造业　152c
环境保护　36c、197a
环境国际合作　198b
环境监测与监控　198b
环境建设　408c
环境科研　198a
环境污染防治　197c
环境宣传教育　198c
环境样板　43c
环境整治　188c
环境执法　198a
环卫科研　189a
皇姑区　401b
黄金周　227c
黄埔同学会　120a
回族公墓　394a
会计委托代理　243b
会展业　217b
婚姻登记　389a
浑河游船　234a
火炬传递　372b
货物运输　170a

I

机电产品出口　235c
机构编制　82c、83c、84b、84c
机构调整　285c
机关党建　51b
机械设备　212a
机械装备制造业　149c
基层妇联组织　114a
基层司法建设　141c
基层政权和社区建设　384c
基层组织建设　100b
基础建设　119c、306c
基础教育　338a
基础设施　145a
基础设施建设　145b、358c
绩效工资　335c
急难险重任务　125b

疾病预防控制 362a
集体合同 99b
计量 280a
计量服务 280b
计量监督 280b
记帐户观察点 244a
纪检监察 141a
纪委全会 65c
技术市场 320b
技术推广普及 250b
加工企业 211c
家电下乡 293a
家教保险补贴 106a
家庭读书 112b
家庭建档 354b
家庭教育 113b
家用电力器具制造业 152a
家政服务业 213c
贾庆林 1b
价格法制 290b
价格服务 290c
价格监测 290a
价格监督 289c
价格热点 290a
价格认证 290b
价格协会 290c
价格职能 289a
价格指数 36b
监督检查 66b
监督实效 73b
监管工作 135a
监管体系 240a
监狱劳教 141b
检察队伍建设 139a
检验检疫 237c、238a
见义勇为 132c
建议提案办理 76b
建筑 199a
建筑安全 199c
建筑产业 28b
建筑房地产 199
建筑市场 199a
建筑业 35b
建筑业企业 200b
健康教育 190a
江泽民 1a
讲党性活动 51c
讲解员大赛 351a
讲经说法 396b
讲理想、比贡献 115b
交办事项审计 278c
交流活动 227c
交通科技 174a
交通邮政 169
交通运输 36a
教师队伍 336a
教师节 336c
教师培训 344b、345c、346b
教师招聘 336b
教师资格 336b
教育 335
教育 411a
教育督导 335c
教育专家 336c
街道乡镇工会 100b
街路绿化 190b
节能标准 279c
节能减排 108b、112b
节能降耗 280a
节庆活动 227c
节日市场 209a
节水型城市 30a
结转工程 187a
捷克 81b
界线管理 389a
巾帼家庭志愿者 112a
巾帼建功 111a
金融保险 303
金融博物馆 351a
金融创新 309b
金融服务 303b
金融机构 303b
金融生态环境 303c
金融危机 56b
金融要素市场 303b
金融业 303c
金融中心 303a
金山热电厂 271c
进出口监管 240a
经济地理位置 32a
经济动员 271a
经济发展 143a、144a、145a
146c、397a、398b
经济管理 265
经济建设 238c
经济普查 275c
经济统战 59b
经济协作 40a
经济运行 404b
经济责任审计 278a
经济秩序 287a
经济总量 34c
经营创收 259c、358c
经营管理 312b
精神文明建设 38b
警民关系 136a
九三学社 95b
“九一八” 56c
酒后驾车整治 134c
救灾救济 385b
救助金发放 107a
就业创业政策 377b
就业环境 377c
就业机制 378b
就业目标 377a
就业再就业 100a、377a
居民储蓄 304b
决策咨询 62a
军事 129a
军事训练 121c
军转安置 376c

K

卡拉 OK 场所 352a
开发区建设 143
刊播安全 357a
康平电厂 271b、414c
抗旱浇水 191b
考帮建 128a
科技 411c
科技成果 356c
科技创新 144a、319b、400b
科技创新能手 116a
科技创新园 318a
科技管理 283a
科技活动周 320a
科技计划 316b
科技奖 321a、321b
325a、325b
科技奖励 321a
科技交流 317a
科技交流合作 114c
科技教育 341c
科技培训 249b 252c
科技特派员 318b
科技统计 316b
科技政策 316b
科技支撑 239a
科技专项 317c
科教工作 371a
科普大学 318c
科普惠农兴村 319a
科普培训 262c
科学发展观 44c、45c、46a
50c、53a、53c
105a、127b、276c

科学宫 320a
科学技术 315
科学年会 114b
科学普及 319c、330a
科学研究与发展 315a
课题研究 328a
口岸建设 237b
跨国企业 236b
矿产资源 196c
框架协议 105c
困难群体援助 377b
扩大内需 270b

L

莱茵河畔 350a
劳动就业与保障 411c
劳模评选 99b
老干部 64b
老龄事业 391a
离任交接 50b
离退休人员安置 388b
离休干部 48b、64b、65a
黎明航发集团 158c
李金萍 418b
李梦玲 417a
历史沿革 31a
利用外资 236b
连锁经营展览 218a
廉洁自律 66c
良种补贴 245b
梁光烈 126a
粮仓管理 212b
粮食产量 251b
粮食购销 211b
粮食流通 211b
粮食品质 212c
粮食清仓查库 211c
粮食直补 245c
粮食质量 212c
粮油保管 212a
粮油产量 211c
粮油科技 212b
两岸发展 118b
两会 43c、49b
辽海沈阳讲坛 329a
辽河流域治理 197b
辽中客运站 177a
辽中县 412a
《雷锋精神论》 109c
林权制度改革 254c
林业 414a
领导班子调整 49a、126c
领导人名单 418c、419b、419c、424a、424b、424c、425a
领事保护 82a
刘军 418a
刘兴烈 417c
流浪乞讨救助 391c
龙头企业 256b
路灯建设 195c
路政执法 176a
旅客运输 170b
旅行社 230b
旅游 221
旅游导示系统 221a
旅游饭店 230a
旅游规划 225a
旅游合作 224a
旅游集散中心 232a
旅游节 28c
旅游景点 34a
旅游联合体 225c
旅游名镇 223a
旅游培训 231a
旅游区 232b
旅游商品 227b、227c
旅游团队 232a
旅游网 225a
旅游线路 221b、231c
旅游项目 222a、233b
旅游项目库 221a
旅游宣传 225b
旅游展会 227a
旅游资源 227b
履行职能 86a
律师 141b
绿色学校 340a

M

马常利 418a
马建堂 277a
马鹏飞 39a、418b
煤气管网建设 193c
煤炭市场 218c
煤炭业 156a
煤业集团 156a
苗种生产 257c
民办非企业单位 388c
民办教育 345a
民办教育发展 345b
民兵整组 123a
民革 88a
民建 90b
民进 91b
民盟 89b
民生工程 145a、145c、399a、401a
民生审计 278a
民事审判 140a
民营经济 161
民营经济 162a
民主党派 59a
民主法制建设 398a
民主管理 99c
民族 33a
民族教育 345c
民族团结 30c、393a、394c
民族政策 393b
民族政策法规 394b
民族宗教 60a
闽南语歌曲 118a
名牌产品 279a
名师讲座 319c
命案现案侦破 133b

N

内部管理 310b
内控管理 306c
内控建设 309c
纳税服务 299c、301b
农博会 27b
农产品 246a、246b
农产品标准 279c
农产品加工 264a
农村低保 392b
农村妇女 112a
农村改厕 190a
农村合作医疗 365b
农村经济 241
农村经济 241a
农村客运站 177a
农村能源 247b
农村青年就业 109a
农村五保供养 383c
农村学校 338c
农工党 92b
农机服务 263a
农机具补贴 262c
农机作业 262b

农家书屋 358a
农经网络 249a
农民负担 245a
农民工就业 378b
农民工权益 383a
农民工维权 100a
农民专业合作组织 256c
农田基本建设 259b
农业 35c、409c、413a
农业保险 249b
农业产业化 259c
农业法制 249c
农业机械化 262a
农业经济 414c
农业旅游 231b
农业信息化 181c
农业银行 307a
农资打假 251a
女兵征集 123a
女企业家 111c
女子 9 球锦标赛 373b

P

排水设施 186c
牌匾、小招贴整治 188b
潘作良 54b
庞程 418a
培训与宣传 285c
票友大赛 348c
品牌服务 180a
品牌建设 313c
品牌宣传 375c
平安财产保险 312c
平安城区 399b
平安家庭 112c
平安建设 132a
平台建设 313b
平战结合 130a
普惠制培训 378a
普通高中 339a
普通公路与大中修工程 175b
普通话 336c

Q

棋盘山 232b
企业管理 213a
企业文化 310c
企业文化建设 57a
企业信息化 181b
气候评价 331a
气候与着装 32b
气象 330b
气源构成与供应 193b
汽车产业 160a
汽车及零部件产业 159b
汽车展销 217c、218a
汽车整车企业 159b
汽配城 220b
《前进报》 127c
侨界茶话会 82c
桥梁设施 186c
青年创业 102c、103a
青年干部 49b
青年就业 103b
《青年科学》 116c
青年农民 318c
青少年服务中心 104b
青少年维权月 103c
清真南寺 396c
庆祝活动 396b
区、县(市)概况 397
区域环境 143c
区域经济 399c、407a
渠道建设 313a
全民健身 373c
群众歌咏 348b
群众团体 99
群众文化 347c

R

热计量 289c
人才表彰 55b
人才服务保障 382b
人才强校 343c
人才引进 52c、165c
人才资源开发 52a
人大报告 13a
人大常委会议 69a、69c、71a、71c、72b、73a
人大会议 68b
人防工程 129c
人工影响天气 331b
人居环境 402b
人口 32c
人口与计划生育 375a
人口与就业 37a
人民生活 37a
人事任免 74b
人物 417
人员培训 212c
认证认可 282a
日本鹿岛 81b
软件业 182c
软件正版化 357c

S

3G 业务 184b
4D 技术中心 351c
三建三送 50c
三进三保 53b
商标、广告监管 287b
商国华 350a
商会 165a
商贸流通业 207a
商业街 208c
上水设备维修 194c
少年先锋队 105b
设施农业 252b
社防体系建设 132b
社会保险 380b
社会保障 378c、405b
社会保障体系 404a
社会服务 132b
社会福利 384a
社会救助 291c
社会面巡控 134a
社会生活 375
社会事业 37c、272a、400c、402c、404a、405b、406c、407c、409b、413b、416b
社会团体 388c
社会稳定 401a、402b
社会信息化 181a
社会治安 131c
社区干部培训 51a
社区卫生 364c
社有企业 210c
摄影大赛 229b
摄影展 393b
沈北客运站 177a
沈北新区 30b、408b
沈飞集团 157c
沈河区 398b
沈西热电厂 271c
《沈阳 1949》 57c
沈阳大事记(2009 年) 533

沈阳概貌　31
沈阳经济区　265a
沈阳燃气　193a
沈阳站客运枢纽站　176c
审计　277b
审监信访　140c
审判　139c
审判管理　140c
审议决定重大事项　74b
生产能力　211c
生产资料市场　216a
生活保障　392a
生态城区　397b
生态城市　197a
盛京银行　309a
失业保险　380a
失业预警机制　377b
施工现场　199c
十七届四中全会　44a、54a
实验室　282c
食品安全　287a
食品博览会　218b
食品药品监管　285c
食品制造业　150c
使、领馆交流　82a
市场工程　209b
市场监管　173c
市场营销体系　179b
市场运行　207c
市场秩序　352b
市场主体登记　286c
市场准入　285b
市管干部　48a
市领导出访　80a
市民热线　67b
市容环境　187b、192b、192c
市委常委会　42c
市委全会41a　41c
市委全会报告　7c
市政建设　186c
示范村　262b
事业单位　381a
事业单位改革　84b
事业建设　359b
收入分配制度改革　382b
手拉手　337c
兽医医政　257b
数字医疗产业　144b
双百人物　56c
双创双建　115c
双学双比　111c
双拥　124b
双拥共建　386c
水产品质量　258c
水产业　257c
水价改革　289b
水利科技　261c
水土保持　261b
水政　260c
水资源管理　261a
税(费)种管理　300b
税费收入　300a
税收收入　296a
税收信息化　301a
税收征管　297b、300b
税务稽查　299b、300c
私营企业　288a
思想道德建设　39c
思想政治　57a
斯里兰卡　80b
送温暖　106b、120c
送戏下乡　349a
苏家屯区　405c
诉讼监督　138c

T

台胞服务　117b
台胞教育　117a
台胞生活　117c
台北航线　237c
台盟　96b
太清宫　396a
陶博会　27a
陶瓷城　219c
特辑　1
特色农业　244b
特色学校　339c
特殊教育　346a
特种设备　282b
体校　373b
体育彩票　373c
体育产业　373b
体育局　373b
体育总局　374c
体制改革　268c
铁路车辆　173a
铁路车站　171b
铁路概况　171a
铁路机车　172b
铁路线路　172c
铁路运输　169a、171b
通信业　183c
通讯市场　219c
通用设备制造业　156b
统计队伍　276c
统计服务　276b
统计监测预警　240b
统计资料　441
统战部长会议　58a
统战调查研究　58c
统战理论研究　58c
统战信息　61b
统战宣传　58b
投融资体系　293c
投资环境　146b、237b、405a
投资项目审计　277b
土地承包　248a、248b、248c
土地市场　196b
土地资源　196b
团市委全会　100c
退伍军人安置　387c

W

外贸进出口　235b
王淮延　417a
王秀珍　417c
网吧监管　351c
网吧连锁整合　352a
网络好新闻　57b
网络频道　103b
网脉工程　110a
网上公安机关　135b
危险源监控　285a
为民服务　51b
为侨服务　82c
违法犯罪预防体系　104c
违法犯罪整治　133c
违纪违法　68a
卫生体育　361
卫生　411a
卫生创建　190a
卫生监督　368a
位置与地貌　31a
温家宝　1a
文博会　26c
文化　347
文化产业　347a
文化大篷车　348a
文化建设　100c
文化交流　349c
文化名城保护　350c
文化强市　54a
文化市场　351c

文化市场培训 352b
文化体育 411b
文化体制改革 29c、347b
文物普查 350c
文献法规选编 497
文艺演出 349a
文艺作品表彰 350b
文艺座谈会 349c
稳定机构队伍 376a
《我那呼兰河》 349c
沃土工程 252c
污染减排 197b
无线电管理 183b
无障碍设施 119a
五爱客运站 176c
五爱市场 234a
五个一工程 347b
五四运动 101a
武警支队建设 128c
物资集团 216c

X

西站综合枢纽 176c
希望工程 418a
锡伯族 394b
习近平 1b
县域经济 46c、243a、292c
县域人才队伍 52a
线路开通调整 178b
乡镇企业 263a
项目建设 145b、400a、401b
项目推介 351b
橡胶制品业 153a
消防安全隐患整治 134c
消费维权 288c
“小金库”治理” 67a、278c、294b
销售网络 215b
效益审计 278c
辛亨根 82a
新技术 178a
新技术推广 262b
新疆 394c
新疆班 346a
新开通航线 180c
新民市 409c
新年音乐会 350c
新农村建设 242a、287c
404a、409a
新三板试点 318b
新网工程 210b
新闻宣传 55c、56a
新中国成立 60 周年 54b、112a
116c、394c
信访 44c
信访和劳动仲裁 383b
信访积案化解 64a
信访经验 63a、63b
信访举报 284a
信访稳定 113a、275b
信访秩序 64b
信息编研 62a
信息产品制造业 182b
信息产业 181
信息化建设 255a、276a
信息资源共享 347b
信用担保 166a
信用分类监管 287b
信用体系 268b
星级饭店 229c
刑事案件 136c
刑事犯罪 138a
刑事审判 140a
行政复议应诉 131b
行政区划 33b
行政审判 140b
行政审批 77b
行政审批和政务公开 383c
行政体制改革 84a
行政许可 212b
行政执法 131a、212c
畜产品 257b
畜牧小区 256b
畜牧业 256c
畜禽品种改良 256c
宣传报道 54c、55a、55b
宣传部长会议 53b
宣传推广 225b
学会建设 330b
学科建设 343b
学前教育 337c、338a
学区化管理 3 38a
学术交流 329a
学习宣传文史 86c
学校管理 339b
学校体育 342a
学校与教师 335a
循环经济 279c

Y

烟草专卖 215a、216c
严打整治 132b
阳光工程 242c
阳光行动 107c、109b
阳光执法 135c
养老保险 378c
养殖品种 258a
养殖优势区 256a
药品安全 286a
药品整治 286a
野营训练 128b
业务发展 306a、310b、313a
一报告两评议 50b
一体化防空作战 126b
伊尔库茨克 81c
医疗保险 379b
医疗救助 392b、392c
医药卫生体制改革 361a
医药制造业 153b
医政 366b
依法行政 131c、276b、283b
286b、301a、376a
依法治区 408a
移动公司 183c
义务教育 338b
义务植树 190c
艺术教育 343a
艺术节 349b
银保企合作 165c
引进服务业 208a
引进人才与智力 376c
饮料制造业 151a
饮水安全 259b
隐患排查 284c
印刷产业 357a、357b
印刷业 152a
应急管理能力建设 78b
应急救援 130c、285b
应急体系建设 128a
应急信息体系 78c
应急行动 126b
应急宣传和培训 79b
应急预案体系 79a
应急指挥平台 79a
应急组织体系 78c
应用基础研究 317a
营销管理 215a
拥军优待 124c
拥政爱民 125a
用地审批 196a
用户发展与服务 193c
优待抚恤 387b
优待政策 122c
优抚保障 125a

邮政　180a
游沈阳　226a
友好交流日　81a
有色金属冶炼及压延加工业　155b
幼儿园改造　337c
渔业产业化　258b
渔业增殖放流　258a
渔政执法　258c
羽田孜　80b
语言文字　336c
预防和治理腐败　68a
援藏援疆　47c
援非志愿服务　110b
远程教育　53a
远程科技培训　250b
院士工作站　115a
越级访下降　64a
运动会　373a、394a
运河水系绿化　190b
运输保障　173c
运输组织　169b

Z

杂技演艺集团　351c
灾害性天气　331b
造林绿化　254a
曾维　1c、353c
战俘营　351b
战略平台　412b
张林　127a
张颖　417b
张振　418b
招商引资　143a、144c、146a、166b、237a、400b、401c、405a、407b、412a
招生考试　337a
阵地建设　65b
振兴杯　103b
振兴竞赛　99a
征兵　122b
征文大赛　229b
政策扶持　256a
政策研究　61b
政法　131
政府工作报告　16c
政府绩效评估　381c
政府立法　131a
政府全会　75a
政务公开 77c　290c
政协报告　21b
政协常委会议　85c
政协调研组　393c
政协全会　85b
政协提案　87a
芝加哥　81c
知识产权　29c、107b、320b、320c
执法共建　193a
执法监察　383a
执法勤务区　192c
直招士官　122c
职称评审　166a
职高优化重组　344a
职工慈善　100a
职工技协　99a
职工素质工程　99a
职务犯罪　138b
职业工会干部　100c
职业技术学校　344a
植物保护　191a
植物园　234b
指挥通信　130b
志愿者雕塑　110a
志愿者团队　418c
制博会　24c
制造业　149a
治安整治　134a
质量安全　238a
质量管理　279a、279b
质量监督　176a、281a
质量监管　281a
致公党　93c
《中国沈阳》　57c
中国银行　306a
中间业务　305b、307c
中外朋友同乐会　57b
中小企业　28a、165b
中信银行　310a
中央文件　63c
中医　367b
终身教育　344b
种子管理　251c
重大活动　24b
重大项目　148c
重点地区项目　398c
重点工程　185c、191c
重点项目　175a、272a
重难点指标达标　113b
重阳节　120b
重要会议　61b
周永康　1b
猪肉市场　214b
主体责任　284c
主要险种　311b
住房保障　202c
住房改革　202b
住宿业　213b
住宅区物业　204c
住宅小区执法　192a
专利对接洽谈　320c
专业技术　380b
专业技术人员　336c
专用设备制造业　156c
装备制造业　43a、268a
追捕逃犯　133c
资本市场　303a
资产管理　294a
资产质量　309b
自觉接受监督　139c
自来水供应与服务　193c
自然概况　31a
自身建设　74c、399c、401b、403a
宗教　33a
宗教界表彰　396a
宗教人员培训　395c
宗教文化交流　395b
组织工作会议　47c
组织机构建设　132a